AF537101

Der Krieg, der nicht enden durfte

1. Auflage Januar 2019

First published as *Prolonging the Agony* by Trine Day LCC

Titel der englischen Originalausgabe:
Prolonging the Agony – How The Anglo-American Establishment Deliberately Extended WWI by Three-and-a-Half Years

Übersetzung: Matthias Schulz
Lektorat: Christina Neuhaus
Satz und Layout: Martina Kimmerle
Umschlaggestaltung: Nicole Lechner

ISBN: 978-3-86445-656-5

Gerne senden wir Ihnen unser Verlagsverzeichnis
Kopp Verlag
Bertha-Benz-Straße 10
D-72108 Rottenburg
E-Mail: info@kopp-verlag.de
Tel.: (0 74 72) 98 06-0
Fax: (0 74 72) 98 06-11

Unser Buchprogramm finden Sie auch im Internet unter:
www.kopp-verlag.de

Jim Macgregor I Gerry Docherty

Der Krieg, der nicht enden durfte

Wie das Anglo-Amerikanische Establishment den Ersten Weltkrieg absichtlich in die Länge zog

Aus dem Englischen von Matthias Schulz

KOPP VERLAG

»Krieg ist ein schmutziges Geschäft, das war schon immer so. Er ist wahrscheinlich das älteste, bei Weitem das lukrativste und mit Sicherheit auch das übelste kriminelle Gewerbe. Krieg ist ein verschwörerisches organisiertes Verbrechen von internationalem Ausmaß, noch dazu das einzige, bei dem die Gewinne in Dollars und die Verluste in Menschenleben bilanziert werden.

Das Perfide an diesem Geschäftsmodell ist, dass die Mehrheit gar nicht mitbekommt, was da vor sich geht. Nur eine kleine Gruppe von ›Insidern‹ weiß Bescheid. Diese wenigen bereichern sich auf Kosten der großen Masse und streichen dabei riesige Vermögen ein. [...]

Immerhin stiegen während des [Ersten] Weltkrieges in den USA mindestens 21000 Profiteure in den Rang von Millionären oder Milliardären auf. So viele jedenfalls gaben ihre blutbefleckten Gewinne beim Einreichen der Steuererklärung zu. Wie viele Kriegsmillionäre allerdings ihre Ausbeute verheimlicht haben, das weiß niemand.«

Smedley Butler

Träger der Medal of Honor, 1914 und 1919
Distinguished Service Medal 1919
Generalmajor im United States Marine Corps

»Ich treffe diese Aussage als mutwillige Missachtung der Autorität des Militärs, denn ich bin der Ansicht, dass der Krieg durch diejenigen, die die Macht hätten, ihn zu beenden, vorsätzlich verlängert wird. Ich bin ein Soldat, überzeugt davon, dass ich im Namen von Soldaten handle. Ich glaube, dass der Krieg, in den ich als Verteidigungs- und Befreiungskrieg eintrat, mittlerweile zu einem Krieg der Aggression und der Eroberung geworden ist ... Ich habe das Leiden der Soldaten gesehen und ertragen, und ich kann nicht länger teilhaben daran, ihr Leiden für einen Zweck zu verlängern, den ich als böse und ungerecht erachte.«

Siegfried Sassoon

Hauptmann der britischen Armee,
Kriegsheld und Dichter,
am 6. Juli 1917 in einem offenen Brief
an seinen kommandierenden Offizier

Inhalt

Danksagung

Wir sind nicht die Ersten, die die offizielle Propaganda und die Lügen anzweifeln, die 1918 von den Siegermächten in akzeptierte Geschichtsschreibung umgewandelt wurden und die Geschichtslehre bestimmen, die man uns seither in der Schule eintrichtert. Aus diesem Grund möchten wir zu Beginn unserer Danksagung betonen, wie tief wir in der Schuld von Autoren und Historikern stehen, die die offiziellen Berichte infrage stellten und einige der Beweise lieferten, die uns halfen, das Netz der Täuschung zu zerreißen, das um den Ersten Weltkrieg gesponnen wurde.

Unser ursprünglicher Verlag, Mainstream aus Edinburgh, damals unter der Führung des gefürchteten Bill Campbell, stand rückhaltlos hinter uns und gab uns den wertvollen Ratschlag, das Ergebnis unserer Forschung in zwei Teile aufzuteilen. Der erste, *Verborgene Geschichte – Wie eine geheime Elite die Menschheit in den Ersten Weltkrieg stürzte*, konzentriert sich auf die Ursachen des Kriegs und widerlegt den Mythos, dass Deutschland die Schuld an dem Krieg trifft. Als wir den hier vorliegenden zweiten Teil, *Der Krieg, der nicht enden durfte – Wie das Anglo-Amerikanische Establishment den Ersten Weltkrieg absichtlich in die Länge zog*, fertiggestellt hatten, war Mainstream von Random House übernommen worden. Die Begeisterung eines Bill Campbell war einer einstudierten Gleichgültigkeit gewichen, und das trotz des unzweifelhaften Erfolgs von *Verborgene Geschichte*, das ins Deutsche übersetzt wurde und demnächst auch auf Französisch und Schwedisch erscheint.

Anfangs gab es Phasen, in denen es sicher leichter gewesen wäre, das Projekt einfach aufzugeben. Damals schien es, als ob nur wenige an dem interessiert wären, was tatsächlich geschehen ist. Doch diese düsteren Momente sind völlig verflogen, und der Grund dafür sind die positiven Reaktionen sowohl auf das Buch als auch unseren Blog. Die Begeisterung und die aufmunternden Worte, die uns aus aller Welt erreichten, waren für uns zugleich

Überraschung und Ansporn, die Wahrheit ans Licht zu bringen. Kris Millegan, unser amerikanischer Verleger bei TrineDay, war unerschütterlich in seinem Streben, die Wahrheit publik zu machen. In den USA stand uns auch unser unglaublich sachkundiger Kollege Peter Hof zur Seite und trug viel Wertvolles bei. Der amerikanische Fotojournalist Tom Cahill, Aktivist bei der Bewegung US Veterans Against War, hat unsere Arbeit von Anfang an unterstützt. Der in Costa Rica lebende niederländische Philosoph und Autor Mees Baaijen steuerte wiederholt gut durchdachte Anmerkungen und Hinweise bei, während unsere Arbeit voranschritt.

Aus Australien kamen von Greg Maybury, dem Autor und Betreiber des fantastischen Blogs *Pox Amerikana,* unschätzbar wertvolle Ratschläge und Werbung, während David Jones und sein Team beim Magazin *New Dawn* unsere Untersuchungen zu Gallipoli und vieles Weitere veröffentlichten. James O'Neil, ein weiterer Autor aus Australien, war ebenfalls sehr hilfreich, genauso sein Namensvetter Hugh O'Neil aus Neuseeland (die beiden sind nicht miteinander verwandt). Bei Besuchen der beiden in Schottland kamen wir in den Genuss fesselnder Debatten.

Während der vergangenen 4 Jahre haben deutsche Akademiker, Historiker und andere Personen unsere Arbeit unterstützt – allen voran Professor Hans Fenske von der Universität Freiburg, der wichtige Informationen zu unserer Blogreihe beisteuerte. Wolfgang Effenberger, selbst Autor vieler guter Bücher, gab gemeinsam mit Jim Macgregor *Sie wollten den Krieg* heraus und hat uns uneingeschränkt unterstützt. Unser deutscher Verleger – der Kopp Verlag unter der Leitung von Jochen Kopp höchstpersönlich – war unendlich hilfreich dabei, unsere Botschaft zu verbreiten und besser zu formulieren. Die Begeisterung und Hingabe, die seine Mitarbeiter – darunter Ute Kopp, Sascha Renninger und Matthias Schulz – in Rottenburg am Neckar an den Tag legen, ist zutiefst beeindruckend. Günter Jaschke hat uns sehr unterstützt, indem er Politik- und Militärunterlagen aus Österreich-Ungarn und Deutschland beschaffte und ins Englische übersetzte.

Ein ebenfalls beeindruckender Ermittler aus Europa ist Hugo Leuders aus Brüssel von der Initiative Beyond the 1914–1918 Centenary. Er hat Wichtiges zu unserer Forschungsarbeit in Belgien beigesteuert und neue Beweise beschafft, die unsere Untersuchungen zu Edith Cavell und dem Belgischen

Hilfswerk stützen. Hugo ist ein scharfsinniger Analyst, dessen Ratschlag wir stets zu schätzen wissen.

Dr. Patrick Walsh ist Historiker und forscht zu moderner irischer Geschichte. Er hat ausführlich über die irische Geschichte und den Ersten Weltkrieg geschrieben, uns unterstützt und wiederholt wichtige Einsichten beigesteuert. Dasselbe gilt für den amerikanischen Autor Richard K. Moore, einen politischen Analysten, der im irischen Wexford lebt.

Pat Mills, der berühmte britische Autor der äußerst populären Comicserie *Charley's War,* hat uns wiederholt zum Edinburgh International Book Festival eingeladen. Wir haben Vorträge in Edinburgh und an anderen Orten in Schottland gehalten, außerdem stießen wir in Namur, Brüssel, Dublin und London auf ein begeistertes Publikum. Jedes Mal wurden wir von örtlichen Akademikern und Autoren unterstützt und danken an dieser Stelle deshalb noch einmal Hugo Leuders (Brüssel), Nick Kollerstrom (London) und Anthony Coughlan (Dublin).

Wie international unsere neuen Kontakte und Partner aufgestellt sind, lässt sich an der breiten Spanne von Kommentaren und Ratschlägen ablesen, von denen wir profitieren durften. Dank gebührt unter anderem Mujahid Kamran, Physikprofessor und ehemaliger Vizedekan der Universität des Pandschabs in Lahore, dem vielgelesenen Autor und Forscher Michel Chossudovsky, emeritierter Professor der Universität Ottawa, der uns unterstützte und unsere Arbeit bei *Global Research* veröffentlichte. Zu den Kontakten aus Schweden gehören Peter Graftström und Björn Eklund, in Frankreich danken wir Pierre Mazé von *Nouvelle Terre* und bei uns vor Ort Patrick Scott Hogg, Dr. John O'Dowd, Richard Edwards und vor allem unserem IT-Genie Sally Blewitt.

Darüber hinaus gibt es eine kleine, aber wichtige Gruppe von Akademikern, die unsere Anfragen unterstützt und unsere Forschung gefördert haben, aber lieber anonym bleiben möchten. Sie sorgen sich um ihre Stellung und ihre berufliche Zukunft, denn sie haben Hypotheken abzubezahlen und ihre Familien zu ernähren. Die schwere Hand der Zensur schwebt noch immer über jenen Akademikern, die aus den orthodoxen Ansichten des Establishments ausscheren. Wir tragen eure Namen weiterhin im Herzen!

Auch wenn wir hier diesen begabten Menschen dafür danken, mit unterschiedlichen Beiträgen, Einwürfen und Korrekturen etwas zu unserem Manuskript beigetragen zu haben, bleiben wir doch weiterhin verantwortlich für das endgültige Produkt. Auslassungen und sonstige Fehler gehen voll und ganz auf unsere Rechnung. Nachdem wir dies gesagt haben, möchten wir uns verneigen vor der Geduld und gelegentlich auch der Hartnäckigkeit der vielen Bibliothekare in Edinburgh, London, Oxford, Brüssel und Washington, die uns hilfreich zur Seite standen und uns dabei unterstützten, angesichts der Mengen an Originalquellen, -unterlagen und sonstigen Dokumenten, die ihrer Obhut unterstellt sind, nicht vom Weg abzukommen. Wir sollten nicht vergessen: Bibliothekare können nur solche Beweise katalogisieren und bewahren, zu denen ihnen Zugang eingeräumt wurde. Wir entschuldigen uns bei denjenigen, die wir angegangen sind, wenn Dokumente fehlten, herausgerissen oder »nicht länger verfügbar« waren. Es war nicht eure Schuld!

Und schließlich noch ein Wort des Dankes an Joan, Maureen und unsere Familien, die uns geduldig all die langen Jahre der Recherche und des Schreibens über unterstützt haben. Sie standen unbeirrt an unserer Seite.

Jim Macgregor und Gerry Docherty
Dezember 2017

Die versteckten Kontrollmechanismen und Verbindungen der

Geheimen Elite 1891–1914

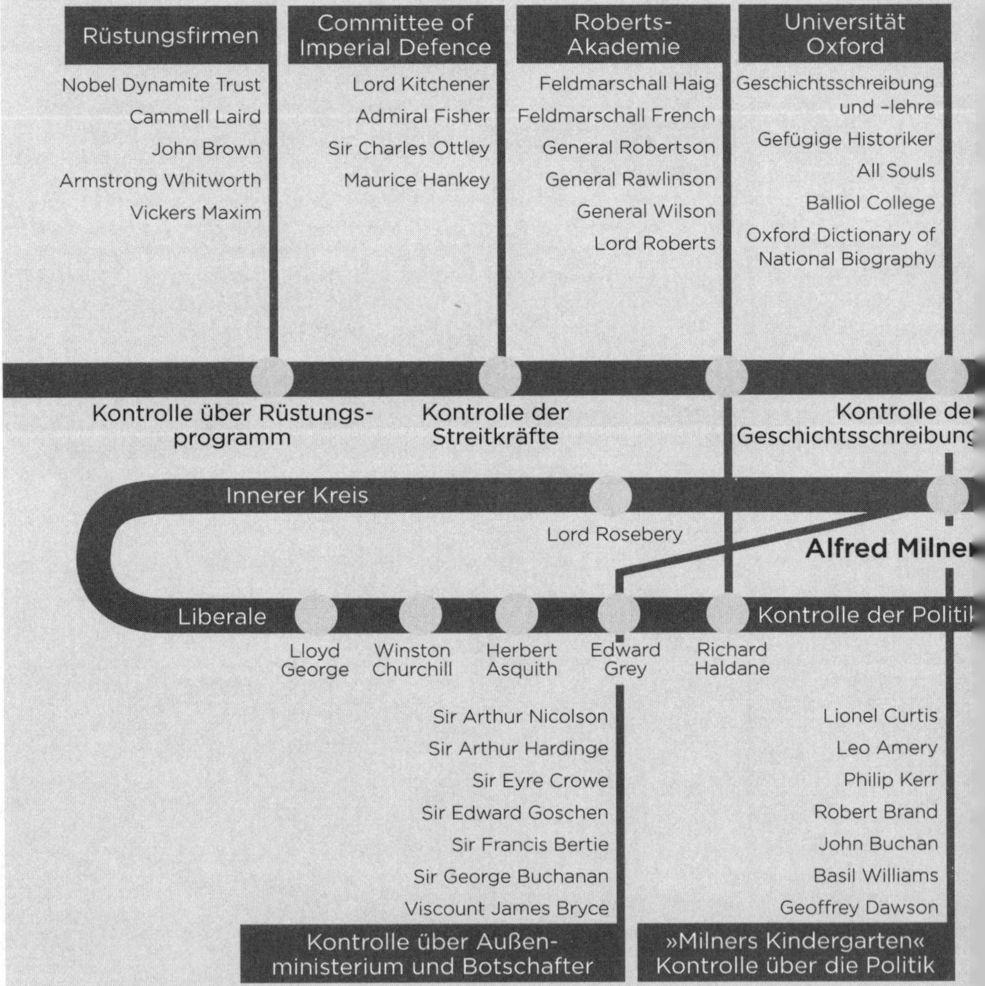

Rüstungsfirmen

Nobel Dynamite Trust
Cammell Laird
John Brown
Armstrong Whitworth
Vickers Maxim

Committee of Imperial Defence

Lord Kitchener
Admiral Fisher
Sir Charles Ottley
Maurice Hankey

Roberts-Akademie

Feldmarschall Haig
Feldmarschall French
General Robertson
General Rawlinson
General Wilson
Lord Roberts

Universität Oxford

Geschichtsschreibung und -lehre
Gefügige Historiker
All Souls
Balliol College
Oxford Dictionary of National Biography

Kontrolle über Rüstungsprogramm

Kontrolle der Streitkräfte

Kontrolle der Geschichtsschreibung

Innerer Kreis

Lord Rosebery

Alfred Milner

Liberale

Lloyd George
Winston Churchill
Herbert Asquith
Edward Grey
Richard Haldane

Kontrolle der Politik

Sir Arthur Nicolson
Sir Arthur Hardinge
Sir Eyre Crowe
Sir Edward Goschen
Sir Francis Bertie
Sir George Buchanan
Viscount James Bryce

Kontrolle über Außenministerium und Botschafter

Lionel Curtis
Leo Amery
Philip Kerr
Robert Brand
John Buchan
Basil Williams
Geoffrey Dawson

»Milners Kindergarten« Kontrolle über die Politik

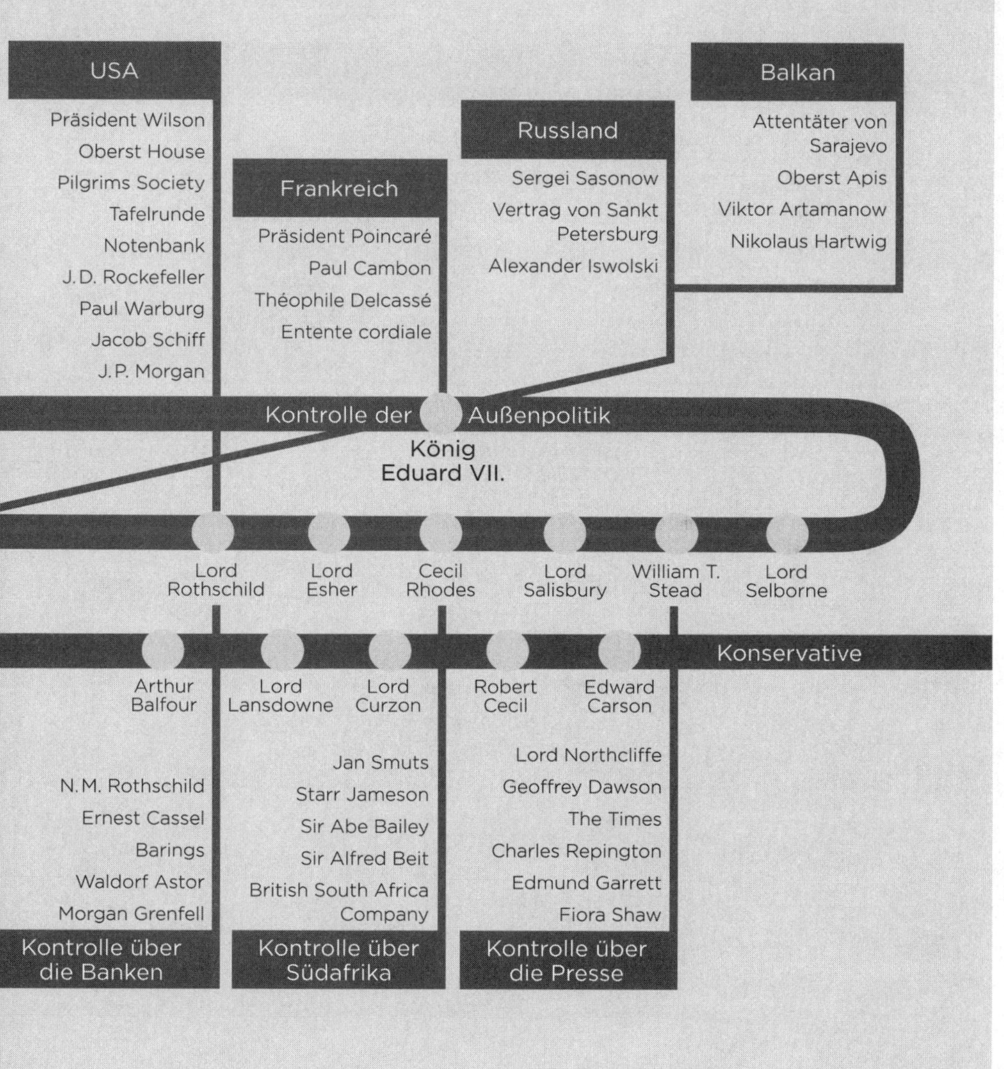
USA
Präsident Wilson
Oberst House
Pilgrims Society
Tafelrunde
Notenbank
J.D. Rockefeller
Paul Warburg
Jacob Schiff
J.P. Morgan
Frankreich
Präsident Poincaré
Paul Cambon
Théophile Delcassé
Entente cordiale
Russland
Sergei Sasonow
Vertrag von Sankt Petersburg
Alexander Iswolski
Balkan
Attentäter von Sarajevo
Oberst Apis
Viktor Artamanow
Nikolaus Hartwig
Kontrolle der Außenpolitik
König Eduard VII.
Lord Rothschild
Lord Esher
Cecil Rhodes
Lord Salisbury
William T. Stead
Lord Selborne
Konservative
Arthur Balfour
Lord Lansdowne
Lord Curzon
Robert Cecil
Edward Carson
N.M. Rothschild
Ernest Cassel
Barings
Waldorf Astor
Morgan Grenfell
Kontrolle über die Banken
Jan Smuts
Starr Jameson
Sir Abe Bailey
Sir Alfred Beit
British South Africa Company
Kontrolle über Südafrika
Lord Northcliffe
Geoffrey Dawson
The Times
Charles Repington
Edmund Garrett
Fiora Shaw
Kontrolle über die Presse

Kapitel 1

Ein Rückblick auf die bisherigen Ereignisse

Man belügt uns. Ständig. Wir leben in einer Welt, in der Fake News Auswirkungen auf Wahlen, Volksabstimmungen und Referenden hatten. So groß waren diese Auswirkungen, dass bereits die Freiheit des Internets infrage gestellt wurde. Neu ist dieses Phänomen nicht. Seit Langem werden Regierungen und Historiker manipuliert und offizielle Versionen von Ereignissen sowie amtliche Dokumente vorsätzlich gefälscht, um zu verzerren, was geschehen ist, und Hintergründe zu verschleiern.

Wir alle müssen kognitive Dissonanzen überwinden, wenn man uns auffordert zu akzeptieren, dass das Geschichtswissen, das uns an der Schule oder der Universität vermittelt wurde, inkorrekt, ungenau oder hochgradig voreingenommen ist. Noch schwieriger wird es, wenn wir die Möglichkeit in Betracht ziehen sollen, dass die Berichte über unsere Vergangenheit vorsätzlich irreführend geschrieben wurden und es sich dabei um blanke Lügen handelt, die uns als Wahrheit untergeschoben werden.

Wir alle haben Bücher gelesen oder Filme gesehen, die »auf einer wahren Begebenheit« basierten, die aber von Menschen finanziert und produziert wurden, die ein Interesse daran hatten, unser Verständnis vom eigentlichen Geschehen zu beeinflussen. Ein dazu passendes Beispiel ist eine Katastrophe mit globalen Folgen, wie es der Erste Weltkrieg war. Wie wurde er Ihnen in der Schule erklärt oder in den Büchern, die Sie gelesen haben? Heute wissen wir, dass der Auslöser für die Ereignisse vom August 1914 nicht die tödlichen Schüsse waren, die ein bosnischer Student am 28. Juni in Sarajevo auf

Erzherzog Franz Ferdinand und seine Frau abfeuerte. Dennoch wurde genau das über Generationen hinweg gelehrt und bleibt bis heute die Standardantwort auf die Frage: »Was hat den Ersten Weltkrieg verursacht?« Es ist beunruhigend, dass trotz aller Beweise, die uns inzwischen vorliegen, die alten Mythen wieder und wieder aufgewärmt werden.

Nehmen wir beispielsweise die folgende Passage: »Der Krieg begann mit der Ermordung von Erzherzog Franz Ferdinand in Sarajevo am 28. Juni 1914 …«[1] Würde es Sie überraschen zu erfahren, dass der Autor ein angesehener Journalist ist, der das für die *Irish Times* geschrieben hat, und zwar mehr als 100 Jahre nach dem Ereignis? Das ständige Wiederholen mag dieser Erzählung Glaubwürdigkeit verliehen haben, ändert aber nichts daran, dass es sich um ein bequemes Märchen handelt.

Dabei lautet die Frage nicht, warum Journalisten oder Lehrer uns Lügen auftischen, sondern sie muss vielmehr allgemeiner lauten:»Wie kann man dermaßen falsch liegen?« Als unsere Lehrer an der Universität studierten, wurden sie da von ihren Professoren und Tutoren hinters Licht geführt? Wer hat die Quellenauswahl der »Fakten« gesteuert, anhand derer sie Hausarbeiten schrieben oder Prüfungsfragen beantworteten? Wer die Ausbildung der Lehrkräfte kontrolliert, kontrolliert das Verständnis künftiger Generationen. Sind Fakten erst einmal durch Propaganda, Unterdrückung und manipulierendes Redigieren kontaminiert, werden sie alsbald durch das Zurückhalten oder die Vernichtung von Dokumenten beschränkt und durch umgeschriebene Tagebücher und stark zensierte Autobiografien jener eingetrübt, die mit der Finanzierung von Kriegen ein Vermögen gemacht haben. In solchen Fällen wird es zunehmend schwieriger, sich durch das Gespinst aus Lügen und Falschinformationen einen Weg zur Wahrheit zu bahnen.

Uns wiederum fällt es schwer, den Lügen keinen Glauben zu schenken, denn auf Gewissheiten wie diesen haben wir unser Verständnis aufgebaut. Setzt man sich mit widersprüchlichen Glaubenssätzen auseinander, löst das bei uns kognitive Dissonanzen, Missstimmungen und psychologischen Stress aus. Das führt dazu, dass wir nicht bereit sind, uns mit alternativen Beweisen zu befassen. Ein jeder tut sich nun einmal schwer damit, sich einzugestehen, dass das, woran man immer geglaubt hat, eine Lüge ist. Die Erkenntnis, dass eine Beweiskette unterdrückt wurde, die im Widerspruch zu dem steht, was wir als Wahrheit erachten, ist für uns alle ein großer Schritt hin zu der Einsicht, dass wir vorsätzlich getäuscht wurden.

Dieses Buch ist das zweite in einer Reihe, die der Leserschaft ein Konzept näherbringt, das in komplettem Widerspruch zur Mainstream-Geschichtsschreibung steht. Kognitive Dissonanzen sind da vorprogrammiert.

Hinter dem verheerenden Ersten Weltkrieg, der im August 1914 ausbrach, steckt eine kleine Clique britisch-amerikanischer Verschwörer, die den Krieg vorsätzlich und ohne Notwendigkeit über das Frühjahr 1915 hinaus verlängerte, indem sie das Deutsche Reich mit Lebensmitteln, Munition, Öl und Geld versorgte. Das Ziel dieser Clique war die vollständige und absolute Vernichtung des jungen, aufblühenden Deutschlands als wirtschaftliche, industrielle und politische Konkurrenz zu Großbritannien. Diese Männer wussten, es würde ein langwieriger, furchtbarer Krieg nötig sein, um dieses Ziel zu erreichen. Ebenso war ihnen klar, dass das von Feinden umgebene Deutschland einen langen Konflikt nicht würde überstehen können. Sehr detailliert werden wir hier Kapitel um Kapitel aufdecken, wie dieser Krieg vorsätzlich verlängert wurde – um den Preis von Abermillionen Menschenleben.

Weiter enthüllen wir, mit welchen Argumenten diese Clique den so sorgfältig angezettelten Krieg rechtfertigte, wie sie das Establishment mobilisierte (auch wenn es manchmal nur zögerlich spurte) und wie sie hochgradig ausgeklügelte Propaganda produzierte, um das neutrale Lager – insbesondere in Amerika – zu überzeugen.

Angesichts der so ans Licht gekommenen Lügen, Betrügereien und Hinterlistigkeiten ist das, was als Folge dieses furchtbaren Kriegs bleibt, gleichermaßen schändlich wie unverzeihlich. Auf beiden Seiten des Atlantiks waren verdeckt agierende Kräfte involviert und wirkten weit über den 11. November 1918 hinaus, also den Tag, der gemeinhin als letzter Tag des Ersten Weltkriegs gilt.

Sollten Sie das erste Mal von den Personen hören, die tatsächlich den Ersten Weltkrieg verursacht haben, so wird Ihnen die folgende Zusammenfassung unseres Buchs *Verborgene Geschichte – Wie eine geheime Elite die Menschheit in den Ersten Weltkrieg stürzte* hoffentlich helfen, besser zu verstehen, um welche Personen es geht und welche ruchlosen Absichten sie verfolgten.

Etwas Wichtiges vorweg: Die allgemeingültige Geschichtsschreibung rund um den Ersten Weltkrieg ist eine vorsätzlich fabrizierte Lüge. Infrage stehen in diesem Zusammenhang aber keineswegs die Opfer, die Heldentaten, die furchtbare Vergeudung von Leben und all das Leid, das folgte. Nein, das war alles ausgesprochen real. Aber die Wahrheit darüber, wie alles seinen Anfang nahm und wie der Konflikt unnötig und vorsätzlich verlängert wurde, ist ein Jahrhundert lang erfolgreich vertuscht worden. Sorgfältig wurde dabei verschleiert, dass es Großbritannien und nicht Deutschland war, das die Verantwortung für den Krieg trug. Wäre aber diese Wahrheit nach 1918 allgemein bekannt geworden, hätte das verheerende Folgen für das britische Establishment gehabt.[2]

Die Ursachen – eine kurze Zusammenfassung von *Verborgene Geschichte*

Ende des 19. Jahrhunderts gründete eine Gruppe unglaublich reicher und mächtiger Männer in London einen Geheimbund. Dieser verfolgte nur ein einziges Ziel: Das Empire sollte sich über den gesamten Globus erstrecken. Der Geheimbund löste vorsätzlich den Zweiten Burenkrieg (1899-1902) aus, um den Buren in Transvaal ihr Gold zu entreißen. In der offiziellen Geschichtsschreibung steht nichts davon, dass diese Männer für den Krieg und für die Schrecken britischer Konzentrationslager verantwortlich zeichneten, in denen 20 000 Kinder starben.[3] Ihre Schuld wurde vertuscht. Phase zwei ihres globalen Plans war die Vernichtung des größten wirtschaftlichen Konkurrenten: Deutschland.

Geschichtsfälschung? Geheimbund? 20 000 Kinder, die in britischen KZs starben? Großbritannien schuld am Ersten Weltkrieg? Man könnte meinen, dass es sich hier um hanebüchene Verschwörungstheorien handelt, aber wer das glaubt, sollte sich unter anderem die Arbeiten von Carroll Quigley ansehen, einem der renommiertesten Historiker des 20. Jahrhunderts.

Mit seinem Werk *Das Anglo-Amerikanische Establishment* hat Professor Quigley unser Verständnis der modernen Geschichte entscheidend geprägt. In diesem Buch enthüllt der Autor brisante Details darüber, wie eine

Carroll Quigley

Geheimgesellschaft internationaler Bankiers, Aristokraten und anderer mächtiger Männer die Schaltstellen in der Politik und Finanzwelt in Großbritannien und den Vereinigten Staaten kontrollierte. Wie Professor Quigley darlegt, wussten nur sehr wenige Auserwählte von dieser Gruppe, so erfolgreich konnte sie ihre Existenz verbergen. Deshalb »sind viele der einflussreichsten Mitglieder nicht einmal versierten Kennern der britischen Geschichte ein Begriff«.[4]

Gegründet wurde der Geheimbund 1891 in London von Cecil Rhodes, dem südafrikanischen Diamantenmillionär.

Professor Quigley schreibt: »London, ein winterkalter Februarnachmittag des Jahres 1891. Drei Männer sind in ein ernstes Gespräch vertieft. Was an diesem Tag besprochen wird, wird das Empire und in der Folge die gesamte Welt radikal verändern. Diese Männer rufen eine Geheimgesellschaft ins Leben, die über mehr als 50 Jahre hinweg einer der wichtigsten Faktoren beim

Formulieren und bei der Umsetzung der britischen Empire-Politik und Außenpolitik sein würde.«[5]

Bis auf einige wenige Eingeweihte wusste niemand von der Existenz dies esBundes, denn seine Mitglieder hatten begriffen: Es ist entscheidender, tatsächliche Macht zu besitzen als nur nach außen mächtig zu wirken. Das wussten sie, weil sie allesamt einer privilegierten Klasse entstammten, in der niemals infrage stand, wer Entscheidungen fällt, wie man Regierungen kontrolliert und wie man Politik finanziert. Die Zugehörigkeit zu einer bestimmten Partei war für eine Aufnahme in diesen Kreis keine Vorbedingung, viel wichtiger war Loyalität gegenüber der Sache des Empire. In Reden und Büchern heißt es über diese Klasse oft nebulös, es handle sich bei ihr um den »Geldadel«, die »versteckte Macht« oder auch den »Deep State«. All diese Bezeichnungen treffen zu, aber wir haben uns für den Sammelbegriff »Geheime Elite« entschieden.

Ziel der Geheimen Elite war es, die engen Bande zwischen Großbritannien und den Vereinigten Staaten zu erneuern, sämtliche aus ihrer Sicht relevanten Wertvorstellungen der englischen Oberschicht in die Welt hinauszutragen und alle bewohnbaren Regionen auf diesem Planeten unter ihre Kontrolle zu bringen. Ihrer Ansicht nach standen die zur Oberschicht gehörenden angelsächsischen Männer zu Recht an der Spitze einer Hierarchie, die auf einer Vormachtstellung im Handel, der Industrie, dem Bankenwesen und der Ausbeutung anderer Völker fußte.

Voller Zuversicht befand sich das viktorianische England auf dem Zenit der internationalen Macht, aber würde es sich dort auf ewig halten können? Diese Frage wurde auf den großen Landsitzen und in den mit dem Rauch exklusiver Zigarren gefüllten Salons der Macht sehr ernst debattiert. Tief saß den Eliten die Furcht im Nacken: »Wenn wir nicht entschlossen handeln, wird Großbritannien rund um den Globus an Macht und Einfluss verlieren und von Ausländern verdrängt werden – von ausländischen Unternehmen, ausländischen Gebräuchen und ausländischen Gesetzen.« Man stand vor der schweren Entscheidung, entweder drastische Schritte zu ergreifen, um das Empire zu schützen und eine künftige Expansion zu ermöglichen, oder zu akzeptieren, dass der neue, aufblühende Staat Deutschland Großbritannien auf der Weltbühne den Rang abläuft. In den Jahren unmittelbar nach Ende des Zweiten Burenkriegs wurde klar, dass die »teutonische Bedrohung« vernichtet werden musste. Nicht nur besiegt, nein, vernichtet.

Auftakt des Plans war ein vielschichtiger Angriff auf die demokratischen Prozesse. Mithilfe handverlesener und gefügiger Politiker der wichtigsten britischen Parteien übernahm der Geheimbund die Kontrolle über Verwaltung und Politik. Hinter den Kulissen dominierte diese Clique die britische Außenpolitik, und zwar unabhängig davon, welche Partei gerade an der Macht war. Die Geheime Elite holte auch die mit wachsendem Einfluss ausgestatteten Pressebarone an Bord, um die Informationskanäle zu kontrollieren, die die öffentliche Meinung beeinflussten. Noch subtiler kontrollierten sie den Fluss der Finanzmittel für Lehrstühle an den Universitäten und schufen sich so ein Monopol auf die Geschichtsschreibung und -lehre ihrer Zeit.[6] Ein frühes Beispiel war die von der *Times* veröffentlichte Geschichte des »Krieges in Südafrika« (also des Burenkriegs). Geschrieben wurde sie von den Administratoren, die Lord Alfred Milner ausgewählt und aus Oxford geholt hatte, um Südafrika zu reformieren und den Aufschwung des Landes zu verwalten. Diese Männer schrieben ihre Geschichte buchstäblich selbst, womit ihre Interpretation der Ereignisse zur allgemein akzeptierten »Wahrheit« wurde – ein Ansatz, der zum Vorbild für die offizielle Geschichtsschreibung des Ersten Weltkriegs wurde.

Folgende Hauptakteure zählten zu den Gründervätern der Geheimen Elite: Cecil Rhodes, William Stead, Lord Reginald Esher, Lord Nathaniel Rothschild und Alfred Milner. Bis 1914 nahm der Geheimbund rasch an Größe, Einfluss und Präsenz zu. Einflussreicher alter Adel, der die Politik in Westminster schon lange geprägt hatte, war ebenso stark eingebunden wie Eduard VII., der sich im inneren Kreis der Geheimen Elite bewegte. Cecil Rhodes, ein Bergbaumagnat, der in Südafrika Millionen verdiente, hatte schon seit Langem davon gesprochen, einen Geheimbund im Stil der Jesuiten aufzubauen. Er schwor, alles Notwendige zu tun, um die Macht des Empire zu bewahren und zu erweitern. Er wollte »die gesamte unzivilisierte Welt unter britische Herrschaft bringen, die Vereinigten Staaten zurück ins Empire holen und die gesamte angelsächsische Rasse in einem Empire vereinen«.[7]

Im Grunde war das schon der ganze Plan. Ebenso wie die Jesuiten ins Leben gerufen worden waren, um den Papst zu schützen und den Einfluss der katholischen Kirche auszuweiten, und ebenso nur ihrem eigenen Ordensgeneral unterstehen, so sollte auch die Geheime Gesellschaft das Empire schützen und vergrößern und dabei nur ihrem eigenen Anführer unterstehen. Ihr Heiliger Gral war jedoch nicht die Kontrolle über das Reich Gottes auf Erden im Namen des Allmächtigen, sondern die Kontrolle über die bekannte Welt im Namen des allmächtigen Empire. Beide Gesellschaften strebten die Weltherrschaft an – zwar in unterschiedlicher Ausprägung, aber mit derselben Rücksichtslosigkeit.

Rhodes' enger Verbündeter William Stead stand für eine weitere neue Macht auf der politischen Bühne – erschwingliche Tageszeitungen, die ihre Ansichten zunehmend unter der stetig wachsenden Menge arbeitender Männer und Frauen verbreiteten. Stead war der bekannteste Journalist seiner Zeit. 1885 hatte er die viktorianische Gesellschaft aufgerüttelt, als er in einem unverblümten Artikel in der *Pall Mall Gazette* Kinderprostitution anprangerte, und sich die Regierung schließlich gezwungen sah, den *Criminal Law Amendment Act* zu verabschieden, ein Gesetz zum besseren Schutz von Frauen und Mädchen. So verdiente sich Stead seinen Platz in Rhodes' Elite – als jemand, der Einfluss auf die Öffentlichkeit hatte. Er gehörte zu den ersten Enthüllungsjournalisten und baute sich ein beeindruckendes Netzwerk junger Journalisten auf, die ihrerseits die Prinzipien der Geheimen Elite in das Empire hinaustrugen.[8]

Direkt nach Rhodes' Tod sagte Stead über ihn: »Er war der erste einer neuen Dynastie von Geldkönigen, die sich in diesen Zeiten als echte Herrscher der modernen Welt erwiesen haben.«[9] Schon oft hatten große Financiers ihr Vermögen dazu genutzt, um Fragen von Krieg und Frieden in ihrem Sinne mitzuentscheiden und die Politik in eine für sie profitable Richtung zu lenken. Rhodes war in dieser Hinsicht völlig anders und stellte das ganze Prinzip auf den Kopf. Ihm ging es darum, in seinem Geheimbund möglichst viel Kapital zu sammeln, damit er seine politischen Ziele realisieren konnte. Er wollte sich Regierungen und Politiker kaufen, er wollte sich die öffentliche Meinung kaufen, und er wollte über die Werkzeuge verfügen, die nötig sind, um Einfluss auf die Öffentlichkeit zu nehmen. Die Eliten in Großbritannien und den USA sollten ihren Reichtum dazu nutzen, ihre Kontrolle über die Welt zu erweitern. Im Verborgenen.

Beim dritten Teilnehmer des Gründungstreffens der Geheimgesellschaft handelte es sich um Reginald Brett, besser bekannt als Lord Esher, enger Berater dreier Monarchen. Esher genoss immensen Einfluss in den höchsten Gesellschaftsschichten. Er vertrat die Interessen des Königshauses in den letzten Regierungsjahren von Königin Viktoria, während der Exzesse von König Eduard VII. und schließlich unter dem ruhigeren und fügsameren König Georg V. Esher war die »graue Eminenz, die England steuerte«.[10] Während der achtjährigen Herrschaft von König Eduard VII. gab ihm Esher nahezu täglich schriftliche Ratschläge,[11] und durch ihn war der König stets auf dem Laufenden, was die Angelegenheiten der Geheimen Elite anbelangte. Selbst Eshers Zeitgenossen taten sich schwer damit zu sagen, welche Rolle genau er in der britischen Politik innehatte. Er übernahm den Vorsitz wichtiger Geheimausschüsse, war für Berufungen in das Kabinett verantwortlich sowie für die Vergabe hoher Diplomaten- und Behördenposten. Er brachte sich leidenschaftlich ein, wenn es um die Besetzung von Führungspositionen in der Armee ging, und übte von seinem Standort hinter dem Thron aus eine Macht aus, die weit über das hin-ausreichte, was ihm gemäß Verfassung zugestanden hätte. Esher war der mächtigste Trumpf der Geheimen Elite.

Mit ihrem Gründungsmitglied Lord Nathaniel »Natty« Rothschild verfügte die Geheime Elite über ein echtes Schwergewicht aus der Banken- und Finanzwelt, der Welt der Investitionen, Kredite und Wertpapiergeschäfte. Die Dynastie der Rothschilds stand für den Geldadel schlechthin. In Großbritannien besaß sie enorme Macht, ebenso auf dem globalen Finanzparkett. Die Familie sah sich auf Augenhöhe mit den Königshäusern,[12] nicht umsonst hieß der Londoner Stammsitz »New Court« (»Neuer Hof«). Ähnlich wie beim britischen Königshaus lagen auch die Wurzeln der Rothschilds in Deutschland.

Das Haus Rothschild war viel, viel mächtiger als jedes andere Finanzimperium vor ihm. Die Familie verfügte über enormes Vermögen, sie agierte international, sie war unabhängig. Monarchen zitterten vor den Rothschilds, denn sie konnten das Haus nicht kontrollieren. Volksbewegungen hassten die Rothschilds, weil sie sich über das Volk stellten. Und Verfassungsfreunde hassten die Rothschilds, weil diese ihren Einfluss hinter den Kulissen ausübten.[13]

Die Rothschilds wussten, wie sie ihr Vermögen einzusetzen hatten, um von der nächsten guten Marktgelegenheit zu profitieren, unabhängig davon, wo diese sich eröffnen mochte. Sie verfügten dank ihrer engen Familienbande über praktisch unbegrenzte Ressourcen und konnten überall und jederzeit auf ein Netzwerk von Agenten zurückgreifen. Lange vor allen Wettbewerbern hatten sie begriffen, wie wichtig es ist, Dinge im Voraus zu wissen. Die Rothschilds kommunizierten regelmäßig miteinander, manchmal mehrmals am Tag, und griffen dabei auf Geheimcodes und vertrauenswürdige, gut bezahlte Agenten zurück. Vor allem in Europa hatten sie ständig den Finger am Puls des Geschehens. Das rasche Kommunikationsnetz der Dynastie, ihr Netzwerk aus Kurieren, Agenten und Familienpartnern, wurde von Regierungen und gekrönten Häuptern sehr geschätzt. Sie nutzten dieses Netzwerk gerne als Expresspost – was der Familie im Gegenzug noch mehr Informationen über geheime Machenschaften bescherte.[14] Man kann mit Fug und Recht behaupten, dass es im 19. Jahrhundert niemanden gab – keine Regierung, keinen Wettbewerber und keine Zeitung –, der früher über wichtige Ereignisse und Entwicklungen Bescheid wusste als die Rothschilds.

Sich Politiker mit Zahlungen gefügig zu machen war ein weiteres beliebtes Mittel, Dinge voranzutreiben. Vom Wesen und seiner Erziehung her mochte Natty Rothschild ein Konservativer sein, dennoch vertrat er die Ansicht, dass in Finanz- und Diplomatiefragen *sämtliche* politischen Lager auf die Rothschilds hören sollten. Zu seinem Freundes- und Bekanntenkreis zählten viele bedeutende Männer, die auf dem Papier als politische Widersacher galten. In der eng verwobenen Welt der Politik übten die Rothschilds bei Liberalen wie Konservativen gleichermaßen enormen Einfluss aus. Parteigrößen kamen zum Mittagessen nach New Court, man dinierte gemeinsam in exklusiven Clubs und lud wichtige Entscheider auf die Familienanwesen ein, wo Politiker und Adlige gleichermaßen fürstlich bewirtet wurden. Wenn Eduard VII. in Paris zu einem Streifzug durch die Bordelle der Hauptstadt eintraf, war er ein stets gern gesehener Wochenendgast im vornehmen Château der Rothschilds in Ferrières oder dem riesigen Stadthaus von Alfred de Rothschild. In diesem exklusiven, absolut privaten Umfeld erörterte die Geheime Elite ihre Pläne und Ziele für die Welt. Der Rothschild-Biograf Niall

Ferguson schreibt: »In diesem Milieu wurden viele der wichtigsten politischen Entscheidungen dieser Zeit getroffen.«[15]

Rothschild mag wie niemand sonst den Geldadel verkörpert haben, aber der unangefochtene Anführer der Geheimen Elite war von 1902 bis 1925 Alfred Milner, der spätere Viscount Milner. Erstaunlicherweise haben nur sehr wenige Menschen je von ihm gehört. Professor Quigley schrieb, alle biografischen Texte über Milner seien von Mitgliedern der Geheimen Elite verfasst worden und würden mehr verbergen als enthüllen. Dass eine der wichtigsten Personen des 20. Jahrhunderts dermaßen totgeschwiegen wurde, war laut Quigley Absicht und Teil einer vorsätzlichen Geheimhaltungspolitik. Alfred Milner war ein Selfmademan und erstaunlich erfolgreicher Staatsdiener mit allerbesten Verbindungen zu Oxford. Im Kreis dieser höchst privilegierten Personen stieg er zu beispielloser Macht auf.

Milner war willens, jene harten Entscheidungen zu treffen, die nötig waren, um das Problem zu lösen, dass die Buren in Transvaal auf reichlich Gold saßen. Sollte diese Angelegenheit aus der Welt geschafft werden, durfte man sie niemandem übertragen, der über weniger Entschlusskraft verfügte als er. Milner war bereit, diese erforderliche Führungsstärke für das Empire aufzubringen und sich den Buren entgegen zu stellen. 1897 machte er sich auf den Weg nach Südafrika. Ziel seines persönlichen Kreuzzugs war es, Südafrika in ein Territorium zu verwandeln, das der Krone so treu ergeben war wie jede andere englische Grafschaft. 8 Jahre blieb er dort, gewann noch weiter an Führungsstärke und scharte brillante Jünger um sich, die in den kommenden 30 Jahren die Ziele der Geheimen Elite vorantrieben. Sein Auftrag war eindeutig: Südafrika regieren – und zwar den ganzen Süden Afrikas. Sollten sich von Seiten der Buren Hindernisse auf dem Weg zur britischen Dominanz ergeben, waren diese aus dem Weg zu räumen. Und das Transvaal-Gold sollte gesichert werden. Milner wusste, dass das einen ausgewachsenen Krieg bedeutete. Und er wusste auch, dass es nur einen Weg gab, dem Kabinett und der britischen Öffentlichkeit einen derartigen Konflikt schmackhaft zu machen: Man musste es so hinstellen, dass der Eindruck entstand, die Aggression würde von Krugers Buren ausgehen. Für seinen Verwaltungsapparat in Südafrika scharte Alfred Milner ein Gefolge aus talentierten Oxford-Absolventen um sich. Bis

1914 stiegen diese Männer in der Londoner Finanzmeile, in der Konservativen Partei, im öffentlichen Dienst, in den wichtigsten Zeitungen und in der akademischen Welt in Machtpositionen auf. In *Das Anglo-Amerikanische Establishment* widmet Carroll Quigley ein ganzes Kapitel »Milners Kindergarten«,[16] also den Männern, die in der Regierung, der Wirtschaft und der Politik hohe Ämter bekleideten. Milner wählte diese Personen aus, er ernannte sie, er bildete sie aus, und er förderte sie – alles zu dem Zweck, die Ziele der Geheimen Elite mit unerschütterlicher Überzeugung voranzutreiben.

Bestimmte Ereignisse in Südafrika hatten zur Folge, dass Cecil Rhodes und Alfred Milner unlösbar miteinander verbunden waren. Cecil Rhodes schalt William Stead dafür, dass dieser gesagt hatte, er werde Milner bei allem, was er tue, unterstützen, nur nicht bei einem Krieg. Rhodes war in der Hinsicht nicht so zimperlich. In Alfred Milner hingegen erkannte er die Art Mann, die nötig war, um den Traum von der Weltbeherrschung verfolgen zu können: »Ich stehe hinter Milner, voll und ganz, ohne jedwede Einschränkung. Wenn er ›Frieden‹ sagt, sage ich ›Frieden‹. Wenn er ›Krieg‹ sagt, sage ich ›Krieg‹. Was auch passiert, ich werde Milner ›dito‹ sagen.«[17] Im Laufe der Zeit entwickelte sich Milner zum Fähigsten der gesamten Gruppe, zu einem Mann, an den sich die anderen um Führung und Weisungen wandten. Wenn diese Geschichte eine Hauptperson hat, dann ist es Alfred Milner.

Es gibt also fünf zentrale Akteure: Rhodes, Stead, Esher, Rothschild und Milner. Zusammen standen sie für eine neue Kraft, die innerhalb der britischen Politiklandschaft heranwuchs. Aber es waren auch mächtige, alteingesessene aristokratische Häuser beteiligt, die lange in Westminster das Sagen gehabt hatten und dabei häufig mit dem jeweiligen Herrscher unter einer Decke steckten. Von diesen Traditionsfamilien war keine stärker involviert als die Cecils.

Ende des 19. Jahrhunderts führte Robert Arthur Talbot Gascoyne-Cecil, der patriarchalisch veranlagte dritte Marquis von Salisbury, die Konservative Partei. Zwischen 1885 und 1902 übte er dreimal das Amt des Premierministers aus, insgesamt 14 Jahre lang und damit länger als alle Premiers der jüngeren Geschichte. Im Juli 1902 übergab er sein Amt an seinen Neffen Arthur Balfour, überzeugt davon, dass der Sohn seiner Schwester seine Politik fortführen werde. Lord Salisbury hatte vier Geschwister, fünf Söhne und drei

Töchter, und alle waren durch Hochzeiten mit anderen Personen aus der Oberschicht verbunden. Wichtige Regierungsposten wurden entsprechend an Verwandte, Freunde und wohlhabende Anhänger verteilt, die ihre Dankbarkeit dadurch beweisen konnten, dass sie Salisburys Ansichten in der Regierung, im öffentlichen Dienst und in diplomatischen Kreisen verbreiteten. Dieser »Cecil-Block« war in der ersten Hälfte des 20. Jahrhunderts eng verknüpft mit der Gesellschaft der Auserwählten und den Zielen der Geheimen Elite.[18]

Die Liberale Partei wiederum wurde auf ähnliche Weise von der Rosebery-Dynastie dominiert. Archibald Primrose, der fünfte Earl von Rosebery, war zweimal Staatssekretär im Außenministerium und von 1894 bis 1895 Premierminister. Wie so viele andere Mitglieder der herrschenden Klasse waren Salisbury und Rosebery Absolventen von Eton und Oxford. Politisch mochten sie Widersacher sein, aber das hinderte sie nicht daran, hinter den Kulissen im Sinne der Geheimen Elite an einem Strang zu ziehen.

Doch damit nicht genug: Rosebery hatte durch die Heirat mit Hannah de Rothschild, der vielleicht begehrtesten Erbin jener Zeit, noch mehr an Einfluss gewonnen. Diese Ehe öffnete ihm die Türen zur wichtigsten – und reichsten – Bankiersfamilie der Welt. Laut Professor Quigley mochte und bewunderte Rosebery Cecil Rhodes, der häufig sein Gast war. Er berief Rhodes in den Kronrat, und Rhodes machte ihn im Gegenzug zu einem seiner Testamentsverwalter.

Fürsprecher, blaues Blut, exklusive Bildung, Vermögen – das waren die Qualifikationen, die nötig waren, um es in der Geheimen Elite zu etwas zu bringen, ganz besonders in der Anfangsphase des Bundes. Geheimtreffen fanden in privaten Stadthäusern oder auf Anwesen statt, etwa getarnt als Wochenendausflug oder als Diner in einem Privatclub. Beliebt waren die Rothschild-Residenzen in Tring Park und Piccadilly, das Rosebery-Anwesen in Mentmore oder das Marlborough House, als es noch die Privatresidenz des Prinzen von Wales (und späteren Königs Eduard VII.) war. Zum Essen traf man sich an exklusiven Orten wie dem Grillion's, und selbst der noch ältere The Club in London diente als Sammelpunkt für Diskussionen und zum Ränkeschmieden.

Dies also waren die Architekten, die den Boden ebneten, in dem die Geheimgesellschaft Wurzeln schlagen, expandieren und zur Geheimen Elite heranwachsen sollte. Rhodes führte sie alle zusammen und überarbeitete regelmäßig sein Testament dahingehend, dass der Bund im Falle seines Todes finanziell abgesichert war. Stead kümmerte sich um die öffentliche Meinung. Esher war das Sprachrohr des Königs. Salisbury und Rosebery lieferten die politischen Kontakte. Rothschild repräsentierte das internationale Kapital. Milner war der meisterhafte Manipulator, der Intellektuelle mit dem eisernen Willen, womit er den entscheidenden Faktor beisteuerte – eine starke Führungspersönlichkeit. Es war eine kleine Clique, die sich da aufmachte, die Welt zu beherrschen, aber sie wusste internationale Finanzmacht, Großmeister der Politik und Entscheider in wichtigen Regierungsämtern auf ihrer Seite.

Vielleicht hätte die Öffentlichkeit niemals erfahren, was diese privilegierte Gruppe beabsichtigte, wenn Professor Carroll Quigley den Geheimbund nicht als größten Einflussfaktor auf die britische Politik des 20. Jahrhunderts enttarnt hätte. Bei allem, was diese Männer taten, ging es um Kontrolle – um die Kontrolle über Menschen und deren Gedanken, um Kontrolle über politische Parteien. Dabei war es ihnen vollkommen egal, wer offiziell regierte, denn längst hatten sie die wichtigsten und mächtigsten Entscheider der Finanz- und Geschäftswelt eng in ihr geheimes Universum eingebunden. Und sie kontrollierten die Geschichte – die Geschichtsschreibung und den Zugang zu Informationen. All das musste im Geheimen erfolgen, inoffiziell, mit möglichst wenigen schriftlichen Beweisen. Wie wir sehen werden, ist das der Grund dafür, warum so viele offizielle Dokumente beseitigt oder unter Verschluss gehalten wurden und nicht einmal im Zeitalter der »Informationsfreiheit« der Öffentlichkeit zugänglich sind.

1905 kehrte Alfred Milner aus Südafrika nach Großbritannien zurück und machte sich daran, das Empire für einen Krieg mit Deutschland zu rüsten. Als er die Buren in den Krieg trieb, legte Milner jene kalte Objektivität an den Tag, die nötig war, um Ergebnisse zu erzielen. Krieg war eine leidige Angelegenheit, aber unumgänglich, denn wie es mit den globalen Ambitionen der Geheimen Elite weitergehen würde, hing allein von seinem Ausgang ab. Der Burenkrieg verlief letztlich erfolgreich, die Geheime Elite kontrollierte nun Südafrikas Gold und Diamanten, aber die Verluste gingen über die reinen Opferzahlen hinaus, denn nun besaß Großbritannien weniger

Freunde als je zuvor. Doch die »Splendid Isolation«, die Nichtbeteiligung an dauerhaften Allianzen und Bündnissen, galt lange Zeit nicht als Last, denn keine andere Macht konnte die britische Überlegenheit infrage stellen. Erst als das 20. Jahrhundert aufzog, gewann ein europäisches Land an Einfluss und gefährdete diese Dominanz. Finanziell war Großbritannien zwar immer noch die absolut größte Weltmacht, und auch auf den Meeren führte kein Weg an der britischen Navy und der Handelsmarine vorbei, aber was die industrielle Führung anbelangte, hatte Deutschland den Briten mittlerweile den Rang abgelaufen – und zwar in einer Geschwindigkeit, die einigen Beobachtern Kopfschmerzen bereitete.

Immer mehr britische Industriezweige fielen hinter die deutsche Konkurrenz zurück, was Ausstoß, Kapazität und Erfindungsreichtum anbelangte. Modernste Maschinen, beste technische Fähigkeiten, das Übertragen wissenschaftlicher Durchbrüche auf Produktionsmethoden und die Bereitschaft, sich den Wünschen des Kunden unterzuordnen – das waren nur einige Gründe für Deutschlands Aufstieg. Hatte die deutsche Handelsflotte 1871 lediglich aus ein paar Seglern bestanden, die in der Ostsee herumschipperten, bot sich 1900 ein völlig anderes Bild: über 4000 Schiffe trugen deutsche Güter in alle Welt hinaus, und die Hamburg-Amerika-Linie stieg zur weltgrößten Reederei auf.

Diesen Wettkampf in der Schifffahrt nahm man im Foreign Office deutlich ernster als die Rivalitäten im Handel, denn Großbritannien hatte nun einmal die Meere zu beherrschen, das gebot allein schon die Ehre. Zudem hatte die Handelsmarine immer auch als Ort gegolten, an dem sich Seeleute ihre Sporen verdienen konnten, bevor sie zur Kriegsmarine gingen. Das rasche Hochrüsten der deutschen Handelsmarine sorgte also für Unruhe bei der Geheimen Elite. Reichskanzler Theobald von Bethmann Hollweg sagte, die Briten würden ein weiter wachsendes Deutschland als unerwünschten und störenden Eindringling ansehen, der die Unantastbarkeit der britischen Oberhoheit über den Handel und die Weltmeere infrage stelle.[19] Es wurde Zeit, sich diesen störenden Eindringling vorzuknöpfen.

In britischen Industriellenkreisen war es ein offenes Geheimnis, dass Deutschland beispielsweise bei der organischen Chemie oder bei elektronischen Gütern deutlich bessere Produkte ablieferte. Erbost prangerte die britische Presse an, mit welch »unfairen« Methoden deutsche Vertreter vorgingen: Sie kopierten einfach britisches Handelsgebaren, gingen auf die Wünsche ausländischer Kunden ein und verführten sie sogar zum Kauf, indem sie – Himmel hilf! – einfach Broschüren in andere Sprachen übersetzen ließen! Zur Jahrhundertwende wurde der deutsche Erfolg in schriller Tonlage und mit maßlosen Übertreibungen beschimpft, aber das änderte nichts an den Tatsachen: Im Verlauf von Deutschlands industrieller Expansion waren einige wichtige Industriezweige Großbritanniens abgehängt worden.

Dass Deutschlands wirtschaftlicher und industrieller Erfolg der gerechte Lohn dafür sein könnte, dass die Deutschen in mehr Bildung und neue Technologien investiert hatten, wollte man bei der Geheimen Elite nicht akzeptieren. Die Konjunktur des Kaiserreichs boomte, die nagelneue Handelsmarine sprach für eine expansive Kolonialpolitik, und nun begann Deutschland auch noch, in Rumänien und Galizien in die Ölproduktion zu investieren![20] Das war besonders alarmierend, denn die Geheime Elite wusste sehr wohl, von welch hoher strategischer Bedeutung Öl künftig für die wirtschaftliche Entwicklung und die Kriegsführung sein würde. Kurz: Die deutsche Bedrohung musste aus der Welt geschafft werden. Und das ließ sich nur durch einen Krieg erreichen.

Zimperlichkeit und Zurückhaltung waren Fremdworte für die Geheime Elite, was Kriegsfragen anbelangte. Seit Königin Viktoria 1837 den Thron bestiegen hatte, hatte Großbritannien nicht ein einziges Jahr lang Frieden erlebt, in über hundert Konflikten waren britische Truppen in allen Ecken des Empire im Einsatz gewesen.[21] Die Geheime Elite träumte den großen Traum der Weltherrschaft. Um das zu erreichen, mussten im ersten Schritt die teutonische Bedrohung ausgeschaltet, die wirtschaftliche Leistungsfähigkeit zunichtegemacht und die Oberhoheit des Empire wiederhergestellt werden. Strategisch war das ein sehr anspruchsvolles Vorhaben. Aufgrund der Splendid Isolation hatte Großbritannien keine Freunde mehr, aber auf sich gestellt, würde man Deutschland niemals vernichten können. Das begann schon damit, dass es an Stützpunkten auf dem europäischen Festland fehlte, zudem lag Großbritanniens militärische Stärke in erster Linie bei der mächtigen Navy, nicht beim Heer. Also war Diplomatie geboten, und man musste bei den alten Feinden Russland und Frankreich vorfühlen. Jetzt waren Freundschaften und Bündnisse gefragt.[22] Das war keine leichte Aufgabe, denn Feindseligkeiten zwischen England und Frankreich waren in der Welt der Diplomatie das zentrale Thema des vergangenen Jahrzehnts gewesen, und noch 1895 wäre es wegen des Sueskanals beinahe zum Krieg zwischen Franzosen und Briten gekommen.[23]

Und hier kam die ganz besondere Waffe der Geheimen Elite zum Tragen – Eduard VII. Dessen größter Beitrag bestand darin, dass er die dringend benötigte politische Kurskorrektur vorantrieb und auf diese Weise dafür sorgte, dass Deutschland, wie von der Geheimen Elite gewünscht, isoliert dastand. Die Verantwortung für die britische Außenpolitik lag letztlich bei der gewählten Regierung und nicht beim Souverän, dennoch war es der König, der Frankreich und Russland innerhalb von nur 6 Jahren dafür gewinnen konnte, Geheimbündnisse mit Großbritannien einzugehen. Für die gewaltige Aufgabe, Deutschland aufzuhalten, waren die großen Heere von Frankreich und Russland von zentraler Bedeutung. Oder anders gesagt: Die Geheime Elite wälzte das blutige Geschäft größtenteils auf andere ab. Und blutig würde ein Krieg gegen Deutschland werden, daran bestand kein Zweifel.

Am 8. April 1904 unterzeichneten Großbritannien und Frankreich die Entente cordiale. Nach nahezu 1000 Jahren war damit ein Ende der Auseinandersetzungen dieser beiden Nachbarländer erreicht. Offiziell ging es um Frieden und Wohlstand, aber parallel dazu wurden am 8. April auch Geheimklauseln unterschrieben, die die beiden Staaten zu Bündnispartnern gegen Deutschland machten.

Dass Großbritannien anschließend mit dem von einem Despoten geführten, hasserfüllten und antisemitischen Russland ein Bündnis einging, hätten die meisten Mitglieder des Parlaments und die Öffentlichkeit als völlig inakzeptabel aufgenommen, wenn es nicht dem Ziel gedient hätte, Deutschlands Vormarsch zu stoppen. Gewonnen wurde Russland mit einem Versprechen, das die Geheime Elite niemals einzuhalten beabsichtigte: Russland sollte die Kontrolle über Konstantinopel und die Meerengen des Schwarzen Meers erhalten, nachdem Deutschland erfolgreich in die Knie gezwungen worden war.

Unerlässlich für die Kriegspläne der Geheimen Elite war es, die Außenpolitik fest im Griff zu haben. Allen Mitarbeitern im Kriegsministerium, in der Admiralität und vor allem im Foreign Office musste der Wunsch nach

Krieg eingeimpft werden. Regierungen mochten kommen und gehen, aber bei aller Tagespolitik durfte niemand das eigentliche Ziel aus den Augen verlieren. Um das zu gewährleisten, gründete Premierminister Arthur Balfour das Committee of Imperial Defence (CID). Dieser Verteidigungsrat, eine sehr geheimniskrämerische und exklusive Veranstaltung, kam erstmals 1902 zusammen, um den Premier in Fragen der nationalen Verteidigung zu beraten, er wurde allerdings 1904 neu aufgestellt. Das Gremium sollte eine sehr wichtige Rolle dabei spielen, 1914 den Krieg mit Deutschland herbeizuführen. Neben Balfour gab es nur ein weiteres dauerhaftes Mitglied aus dem ursprünglichen Ausschuss: Lord Frederick Roberts, Oberbefehlshaber der Streitkräfte und langjähriger Freund von Alfred Milner.

Lord Esher erkannte die strategische Bedeutung des CID und wusste, dass dessen Arbeit auf jeden Fall weiter im Verborgenen und unter der ständigen Aufsicht der Geheimen Elite stattfinden müsse. Als zu befürchten stand, dass nach einem Regierungswechsel ein Radikaler der Liberalen Partei die Macht im CID übernehmen könne, bearbeitete Esher den Premier: Vertrauenswürdige Größen wie Milner, Feldmarschall Lord Roberts und dessen aufstrebender Protegé Sir John French sollten zu ständigen Mitgliedern des Komitees ernannt werden. Balfour lenkte zum Teil ein:[24] Esher und French wurden dauerhaft ins CID berufen. Damit war das Kabinett auf einen Schlag praktisch von allen Debatten zu Verteidigungsthemen ausgesperrt worden, und wieder war es von allerhöchster Bedeutung, dass Esher berufen worden war. So war gewährleistet, dass Eduard VII. und später dessen Nachfolger Georg V. regelmäßig Geheimberichte über alle Angelegenheiten des CID erhielten. Noch wichtiger war, dass Esher dafür sorgte, dass die Pläne der Geheimen Elite umgesetzt wurden – alles schön verdeckt und absolut verfassungswidrig, umging man hier doch das Kabinett.

Die Geheime Elite lenkte zudem die höchsten Ränge der Streitkräfte, und zwar durch Feldmarschall Lord Roberts. Ihr Werkzeug dabei war die von uns so betitelte »Roberts-Akademie«.[25] Der Kriegsminister mag geglaubt haben, die politische Kontrolle über das Heer zu besitzen, aber das stimmte nur zum Teil, denn eine kleine Clique sehr einflussreicher Offiziere war in allererster Linie Feldmarschall Earl Roberts of Kandahar treu, Freund und enger Vertrauter von Alfred Milner und der Geheimen Elite.

Lord Roberts hatte mit Alfred Milner in Südafrika gedient und kannte Cecil Rhodes gut. Er stand voll und ganz hinter ihrer Vision einer alles kontrollierenden angelsächsischen Weltmacht. Bis 1914 spielte Roberts eine sehr wichtige Rolle, denn er wählte die Mitglieder des militärischen Oberkommandos aus und prägte sie. Milner und Roberts sorgten dafür, dass die politische und die militärische Strategie der Geheimen Elite Hand in Hand gingen. Seit Jahren wussten die Männer von den Planungen für einen großen Feldzug gegen Deutschland. Sie befürworteten das Vorhaben und sorgten dafür, dass sich in den oberen Etagen der Streitkräfte kein Widerwort regen würde, sollte die Zeit für militärische Auseinandersetzungen gekommen sein.

Lord Roberts war vor allem deshalb so wichtig, weil er auf die Besetzung von Schlüsselstellen im Kriegsministerium einwirkte. Männer, die bei unterschiedlichen Feldzügen unter ihm gedient hatten, stiegen bis in die höchsten Ränge der Streitkräfte auf, darunter John French, Henry Wilson, William Robertson, Henry Rawlinson und Douglas Haig.[26] Ihre Karriere nahm Fahrt auf, weil der kleine Feldmarschall sich für sie einsetzte und sie seine »modernen Ideen« akzeptierten.[27] Sie verdankten Roberts alles, und alle waren in Südafrika ausgewählt worden, weil sie mit bedingungsloser Loyalität hinter ihm und seiner »Vision« standen. Diese Männer brachten wiederum ihr eigenes getreues Gefolge mit, das eine »neue Armee« bildete – eine Armee, die der Aufgabe gewachsen war, die ihnen die Geheime Elite stellte.[28]

Dank Lord Roberts stand die Loyalität der Streitkräfte gegenüber der Geheimen Elite niemals infrage, aber wie sah es in der Politik aus? Die britische Demokratie mit ihren regelmäßigen Wahlen und wiederholten Regierungswechseln wirkte wie ein verlässliches Sicherheitsnetz gegen Despoten. Doch der Eindruck täuschte. Seit 1866 waren Konservative und Liberale von ein und derselben Handvoll Leute dominiert worden – von einem halben Dutzend Familien, deren Verwandten und Verbündeten, ergänzt durch den einen oder anderen gelegentlichen Neuzugang mit dem »richtigen« Lebenslauf. Künftige Hoffnungsträger auszumachen wurde von der Geheimen Elite zu einer echten Kunstform erhoben. Vielversprechende Talente – die zumeist aus Oxford kamen – wurden auf politische Posten gesetzt, die ihnen bei ihren Ambitionen helfen würden.

Die Liberale Partei gewann die Wahl 1906 mit deutlichem Vorsprung. 1900 hatte sie 183 Sitze erhalten, nun stellte sie 397 Abgeordnete. Das Volk hatte gesprochen und sich mit überwältigender Mehrheit für »Frieden und Senkung der Rüstungsausgaben« entschieden, so der Wahlkampfslogan der Liberalen. Das Land war bereit für Reformen. Der Parteivorsitzende der Liberalen, Henry Campbell-Bannerman, berief einen sehr meinungsfreudigen und beliebten Politiker in sein erstes Kabinett: David Lloyd George. Der junge walisische Heißsporn stach als jemand mit beträchtlichem Potenzial hervor, ebenso wie Winston Churchill, der 2 Jahre zuvor die Tories verlassen hatte und nun als Liberaler wiedergewählt wurde. Das Parlament stotzte nur so vor neuen Gesichtern, die dem Land die dringend benötigten Reformen bringen wollten, doch noch bevor Campbell-Bannerman seinen Amtseid abgelegt hatte, sorgten interne Absprachen zwischen König Eduard, Esher, Balfour, Haldane, Grey und Asquith dafür, dass die Außenpolitik weiterhin der Geheimen Elite vorbehalten sein würde. Lloyd George sollte später schreiben, dass das Kabinett in den 8 Jahren vor dem Krieg einen »lächerlich geringen« Prozentsatz seiner Zeit mit außenpolitischen Belangen verbrachte.[29]

Aus achtzehn Männern setzte sich das liberale Kabinett zusammen, darunter neben Campbell-Bannerman und Lloyd George mindestens fünf weitere Radikale. Aber sie waren ausmanövriert worden. Als sich 1905 abzeichnete, dass die Tories die Wahl verlieren würden, hatte die Geheime Elite längst festgelegt, welche liberalen Politiker sie in einflussreichen Positionen sehen wollte – zuverlässige und vertrauenswürdige Männer, die unerschütterlich ans Empire glaubten. Milners Wahl fiel auf Herbert Asquith, Richard Haldane und Edward Grey – und ihr Aufstieg wurde vom König gutgeheißen. Grey übernahm das Außenministerium, Haldane das Kriegsministerium und Asquith sollte keine 2 Jahre später Campbell-Bannerman als Premier beerben.

Es muss die berechtigte Frage gestellt werden, wie diese kleine Gruppe von Imperialisten ihre komplexe Kriegsvorbereitung gegen den Willen des Premierministers und des Kabinetts vorantreiben konnte. Die direkte Antwort lautet: Sie ließen alle anderen über ihre Aktivitäten völlig im Dunkeln. Kabinettsmitglieder und Hinterbänkler stellten wiederholt Fragen zur Außenpolitik, und wiederholt wurden sie von Grey und Haldane belogen. Erst viele Jahre später sollten die anderen Kabinettsmitglieder von der Existenz des gefährlichen Militärpakts erfahren. Die Geheime Elite hatte dafür gesorgt, dass sich außenpolitisch nichts ändern würde, doch in Vorbereitung auf den kommenden Krieg gegen Deutschland wurde nun das Kriegsministerium von Grund auf umgekrempelt. »Parlamentarische Demokratie« – toller Scherz! Die Geheime Elite dürfte vor lauter Lachen fast ihren Champagner verschüttet haben.

Grey war im Foreign Office von erfahrenen Ministerialräten wie Sir Charles Hardinge und Sir Arthur Nicolson umgeben, bewährten Männern des Establishments aus dem Umfeld der Geheimen Elite. Kaum jemand hat die britische Außenpolitik zu Beginn des 20. Jahrhunderts so stark geprägt wie Hardinge. Er war ein enger Vertrauter von König Eduard, begleitete ihn auf vielen Reisen und spielte bei der Entente cordiale und dem Abkommen mit Russland eine wichtige Rolle.[30] Sir Arthur Nicolson wiederum, der spätere Lord Carnock, übernahm eine ähnliche Aufgabe, als er Grey durch sein Amt im Außenministerium steuerte. Wann immer es in Marokko und Sankt Petersburg kritisch wurde, war Nicolson mittendrin, später auch als Ministerialrat in London. Diese Männer steuerten Großbritanniens diplomatisches Vorgehen rund um den Globus, während Grey im Parlament die Abwehrarbeit übernahm und kritische Fragen abschmetterte.

Im Mittelpunkt des Empire-Spinnennetzes stand das Foreign Office. Von hier aus reichten die Fäden der Diplomatie und des Handels bis in die letzten Winkel des Globus. Wer hier arbeitete, wirkte unermüdlich für das »Wohl« des Empire und die Ziele der Geheimen Elite. Grey war die perfekte Galionsfigur, aber es waren Hardinge und Nicolson, die die Vorgaben der Geheimen Elite in die Praxis umsetzten.

Richard Haldane benötigte keine Aufpasser für seine Aufgabe im Kriegsministerium. Er verfügte über die Tatkraft, die Entschlossenheit und den notwendigen Intellekt, um die gewaltige Aufgabe anzupacken, das Militär neu zu organisieren – eine Armee, die mit Traditionen überfrachtet war und bei der zahllose mächtige Interessengruppen mitmischten. Noch immer lockte die Army die Söhne der Adligen und Reichen mit Offizierspatenten. Die Rangstufe und das Ausmaß der damit verbundenen Privilegien hingen nur vom Preis ab. Haldane ging seine neue Aufgabe voller Selbstbewusstsein in dem Wissen an, dass er die rückhaltlose Unterstützung von König Eduard,

Lord Esher und Alfred Milner genoss. Am 12. Juli 1906 erklärte er vor dem Unterhaus, dass er die Armee umkrempeln wolle, und zwar »in einer Art und Weise, dass eine Armee daraus entsteht, die einzig dem Zweck dient, für den eine Armee gebraucht wird: dem Zweck des Krieges«.[31]

Die Navy verfügte über eine lange und reiche Geschichte, aber das genügte der Geheimen Elite nicht. Man musste sicherstellen, dass man genauso wie beim Heer über Lord Roberts auch hier von innen heraus die Dinge kontrollieren konnte. Hilfe dabei erhoffte sich der Geheimbund von Admiral Sir John »Jacky« Fisher, der überhaupt keine Probleme damit hatte, sich einen künftigen Krieg vorzustellen. Zweifelsohne hat es Fisher in seiner beruflichen Karriere nicht geschadet, gut gestellte Freunde zu haben, aber er war auch ein Mann mit Visionen, der nicht vor revolutionären Neuerungen zurückscheute, wenn es galt, die Navy effektiver zu machen. Bei Schiffen kam es ihm auf den Nutzen im Gefecht an, und während 1904 die deutsche Kriegsmarine noch in den Kinderschuhen steckte, begann er bereits mit der Umorganisation der britischen Flotte. Sein Motto dabei lautete: »unbarmherzig, unnachgiebig und unerbittlich«. 160 Schiffe wurden eingemottet, die, wie Fisher selbst es formulierte, »weder kämpfen noch fliehen können«. Ersetzt wurden sie durch schnelle, moderne Schiffe, die für einen »sofortigen Krieg« geeignet waren.[32]

Mit Beginn des 20. Jahrhunderts brannte die Geheime Elite ein veritables Sperrfeuer aus Gerüchten und Halbwahrheiten ab, nackter Propaganda und Lügen. So entstand der Mythos vom großen Wettrüsten zur See. Dies vor dem vermeintlichen Hintergrund, dass das Deutsche Reich eine gewaltige Kriegsflotte in der Absicht baue, die Navy anzugreifen und zu zerstören, auf dass anschließend deutsche Truppen an der englischen Ostküste oder im schottischen Firth of Forth landen konnten. Diese Geschichte wurde weithin geglaubt, sogar von vielen liberalen Kriegsgegnern.[33] Sie klang zwar, als stamme sie direkt aus einem Verschwörungsroman, aber sie funktionierte: Die britische Bevölkerung glaubte fortan, dass in Deutschland ungezügelter Militarismus herrsche, und das Kaiserreich die militärische Oberherrschaft zu Lande und zu Wasser anstrebe, weil es die Welt zu beherrschen suche. Britischer Militarismus war Gotteswerk, deutscher Militarismus das Werk des Teufels, deshalb musste er auch im Keim erstickt werden, bevor es einem selbst an den Kragen ging. Wurden nach dem Krieg Dokumente der Kriegsmarine gefunden, die belegen, dass Deutschland insgeheim eine Invasion in Großbritannien oder den Bau weiterer Schlachtschiffe plante? Nein, nicht ein einziges.

Es war kein Problem, das Heer und die Marine zu kontrollieren, und es war auch kein Problem, die Kontrolle über die Presse zu erlangen. Viscount Alfred Milner wusste um die Rolle und den Einfluss der Presse. Seit er in den 1880er-Jahren bei der *Pall Mall Gazette* angefangen hatte, zählten zu seinem persönlichen Netzwerk und Freundeskreis Journalisten wie William T. Stead, Chefredakteur der *Review of Reviews,* George Buckle und später Geoffrey Dawson von der *Times,* Edmund Garrett von der *Westminster Gazette* und Edward T. Cook von *Daily News* und *Daily Chronicle.* Sie alle gehörten der Geheimen Elite an.[34] Dank der geballten Macht dieser Zeitungen und Zeitschriften konnte die Geheime Elite massiv auf die öffentliche Meinung einwirken, indem sie hinter den Kulissen die redaktionelle Linie vorgab. Wie tief diese symbiotische Beziehung wirklich reichte, zeigt sich am besten an dem intimen Verhältnis, das zwischen der *Times* auf der einen und Foreign Office, Kolonialamt und Kriegsministerium auf der anderen Seite herrschte.

Milners Leute übernahmen die *Times* »ruhig und ohne Widerstand«.[35] Auf dem Papier mochte die Zeitung anderen gehören, aber Milner sorgte dafür, dass die Meinungsmacher auf den Kommentarseiten Getreue aus den Reihen der Geheimen Elite waren. Mitglieder des innersten Kreises gingen bei der *Times* ein und aus, schrieben Kommentare und Artikel, reichten Nachrichten und Einschätzungen ein … alles im Einklang mit ihrer eigenen Agenda. Die *Times* war kein Massenblatt und versuchte auch nie, sich als Werkzeug für Massenpropaganda darzustellen. Doch Milner und seinen Mitverschwörern war klar: Die *Times* hatte Einfluss auf eine kleine, jedoch wichtige Gruppe von Menschen, die ihrerseits die Fähigkeit besaß, andere zu beeinflussen. Die Zeitung repräsentierte die Oberschicht, die Crème de la Crème aus Politik, Diplomatie, Finanzen und vermögenden Kreisen – Menschen, die Entscheidungen trafen, für sich und für alle anderen.

So machte die Geheime Elite Politik: Was ihre Zustimmung fand, wurde gutgeheißen, was nicht, wurde verspottet und abgetan. Wenn beispielsweise ein Mitglied der Geheimen Elite einen Vorschlag zur Verteidigungspolitik machte, wurde dies von einer »unabhängigen« Studie begleitet, die ein namhafter Oxford-Professor oder ein »Militärexperte« für gut befand. Die *Times* analysierte den Vorschlag und segnete ihn ab, eine begleitende Publikation wurde in der Literaturbeilage der *Times* wohlwollend besprochen.[36] Alle am Prozess Beteiligten bis hin zum anonymen Verfasser der Buchbesprechung gehörten auf die eine oder andere Weise der Geheimen Elite an oder agierten mit ihrem Segen.

Der mächtigste aller Pressebarone war Lord Northcliffe, und er leistete wertvolle Arbeit für die Geheime Elite, als es darum ging, das Kaiserreich zu verteufeln und das Land auf einen Krieg einzustimmen. Über ihn als Besitzer der *Times* und der *Daily Mail* gelang es dem Geheimbund, allenthalben den Eindruck zu vermitteln, bei Deutschland handele es sich um den Feind.

Ein großer einflussreicher Teil der britischen Presse machte sich den Fanatismus der Geheimen Elite zu eigen und arbeitete unermüdlich daran, die Köpfe eines ganzen Landes zu vergiften. Die *Times* bearbeitete die Intellektuellen, die Boulevardpresse impfte der Arbeiterklasse den Hass auf die Deutschen ein. Es grenzt an Irrsinn, was zwischen 1905 und 1914 an Räuberpistolen über kaiserliche Spione und sonstigen deutschlandfeindlichen Artikeln gedruckt wurde.

Ebenso wichtig waren die heimlichen Kriegsvorbereitungen, die die Geheime Elite abnickte und steuerte. Bis heute hält sich die Mär, Großbritannien habe Deutschland am 4. August 1914 den Krieg erklärt, weil das Deutsche Reich die Neutralität Belgiens nicht geachtet hätte. In Wirklichkeit war Belgien nie neutral. Bereits 1906 schrieb der britische General James Grierson, Leiter der militärischen Operationen, an den belgischen Stabschef. In dem Schreiben hieß es, die britische Regierung sei bereit, »vier Kavalleriebrigaden, zwei Armeekorps und eine Division berittene Infanterie« in Belgien zu stationieren. Deren ausdrückliche Aufgabe: einen deutschen Vormarsch zu stoppen.[37]

Dass Großbritannien enge militärische Verbindungen zu Belgien unterhielt, zählte zu den am strengsten gehüteten Geheimnissen. Selbst in privilegierten Kreisen wussten nur sehr wenige davon. General Grierson, Mitglied der »Roberts-Akademie«, nahm am 26. Juli 1905 gemeinsam mit Lord Roberts, Admiral Fisher, Premierminister Arthur Balfour und Kapitän Charles Ottley, dem Leiter des Marineaufklärungsdienstes, an einer CID-

Sitzung teil. Die Anwesenden beschlossen, dass der spezielle Unterausschuss, der sich um die militärischen Planungen mit Frankreich und Belgien kümmern würde, so geheim sein solle, dass ohne ausdrückliche Zustimmung des Premiers kein Protokoll erstellt oder verschickt werden sollte.[38]

Grierson erhielt Order, die Verbindungen zu Frankreich und Belgien zu vertiefen. Am 16. Januar 1906 leitete er offizielle »militärische Gespräche« mit dem französischen Major Victor Huguet ein und schrieb am selben Tag an Oberstleutnant Nathaniel Barnardiston, den britischen Militärattaché in Brüssel: Sollte es zum Krieg zwischen Frankreich und Belgien kommen, würden die Briten 105 000 Mann nach Belgien entsenden.[39]

Nachdem die Deutschen Brüssel erobert hatten, entdeckten sie in Geheimarchiven Dokumente, die belegten, dass Belgiens Generalstabschef Generalmajor Ducarne in mehreren Treffen mit dem britischen Militärattaché besprochen hatte, wie britische, französische und belgische Truppen im Falle eines Krieges gegen das Kaiserreich vorgehen würden. Es gab einen detaillierten Plan, der bestimmte, wie die britischen Truppen (explizit als »verbündete Armeen« betitelt) nach Belgien übersetzen würden, um dann weiter vorzurücken. Weiter sprach man in den Treffen darüber, den britischen Einheiten belgische Offiziere und Dolmetscher zur Seite zu stellen und wie man »die Verwundeten der verbündeten Armeen« unterbringen und pflegen wolle.[40] Grierson wurde umfassend auf dem Laufenden gehalten und hieß die Vereinbarungen gut, aber die Unterlagen belegen, dass wiederholt betont wurde, wie wichtig Geheimhaltung sei und dass auf keinen Fall die Presse Wind davon bekommen dürfe.[41]

1912 bestand die ernstzunehmende Möglichkeit, dass die Situation auf dem Balkan einen europaweiten Krieg auslöste. Die militärischen Absprachen zwischen Briten und Belgiern wurden daraufhin noch vertieft. Aus diesem Jahr stammen auch geheime Handbücher des britischen Militärs. Sie enthalten sehr detailreiche Landkarten belgischer Städte, Dörfer und ländlicher Gebiete. Die britisch-belgische Militärtaktik war sehr ausführlich ausgearbeitet worden, bis hin zur Rolle von Übersetzern, der Unterbringung britischer Verwundeter in den Krankenhäusern und vielen weiteren Punkten. So weit vorangeschritten waren die militärischen Absprachen mit Belgien, dass im Februar 1914 bereits der Wechselkurs für die in Belgien kämpfenden britischen Soldaten feststand.[42] Als der Krieg schließlich ausbrach, hatten Belgien und Großbritannien seit mindestens 8 Jahren gegen Deutschland gerichtete militärische Vorbereitungen getroffen. Ein neutrales Belgien? Das war nur Täuschung, nur ein Vorwand, um Deutschland den Krieg erklären zu können. Sir Edward Grey wusste nur zu gut, dass sich Belgien bei Kriegsausbruch gemeinsam mit Großbritannien, Frankreich und dem Zarenreich gegen das Deutsche Reich stellen würde – schließlich war es seit Langem so vorbereitet worden.

Der amerikanische Journalist und Autor Albert J. Nock hat die Vorstellung, Belgien sei »neutral« gewesen, voll und ganz zerstört. Er schrieb:

> *»Es ist völlig absurd, noch länger so zu tun, als sei die belgische Regierung von Deutschlands Handeln überrascht oder völlig unvorbereitet getroffen worden, sowie Deutschland und Belgien als Katze und Maus darzustellen und die belgische Position als etwas Anderes zu verstehen als das, was sie war – Belgien war einer von vier eng kooperierenden Verbündeten, zwischen denen eine bis ins letzte Detail ausgearbeitete Vereinbarung bestand.«*[43]

Gleichwohl wurde die absurde Idee von Belgiens Neutralität als Grund dafür herangezogen, Großbritannien in einen Krieg zu stürzen; eine Sichtweise, die seit damals von vielen Historikern propagiert wurde. In gespielter Unschuld winselnd, sollte das »neutrale« Belgien 1914, einer Sirene gleich, Deutschland in die Falle locken.

Doch Belgien war nicht der einzige heimliche Verbündete, den Großbritannien in den Plan für die Vernichtung des Kaiserreichs einweihte. Auch Frankreich und Russland würden im Kriegsfall Truppen bereitstellen müssen, denn ihre riesigen Heere in Kontinentaleuropa waren das, was Großbritannien fehlte. Insofern war es wichtig, in beiden Ländern Einfluss auf die Außenpolitik zu nehmen und die deutschlandfeindliche Stimmung anzuheizen. Aus diesem Grund suchte sich die Geheime Elite wichtige Personen, die die Ziele des Geheimbunds vorantreiben konnten, und umwarb sie, griff ihnen finanziell unter die Arme und half ihrer Karriere. In Russland setzte die Geheime Elite in allererster Linie auf Alexander Iswolski, in Frankreich gewährte man den Revanchisten Theophile Delcassé und Raymond Poincaré Unterstützung bei deren Vorhaben, ihr Land in einen Krieg zu führen.

Poincaré, später immerhin französischer Präsident, wusste von Anfang an, dass ihn ausländische Akteure dafür bezahlten, Frankreich gegen Deutschland aufzuhetzen. Ihm war vollkommen bewusst, dass er seinen politischen Erfolg und seinen Aufstieg verdeckt agierenden Mächten verdankte. Er verkaufte der Geheimen Elite seine Seele, um Elsass-Lothringen zurück nach Frankreich zu holen. Persönlich war Poincaré daran beteiligt, die französische Presse zu schmieren, und er beriet Iswolski über »den am besten geeigneten Plan, die Zuwendungen zu verteilen«.[44] Zuwendungen? Allerdings, wir sprechen hier von Korruption in ihrer krassesten Form: Französische Chefredakteure erhielten große Summen dafür, Poincarés politische Widersacher mit Beschimpfungen einzudecken. Poincaré wurde zum Ministerpräsidenten und Außenminister gewählt. Damit hatte sich Frankreich erstmals auf den Kurs der Revanchisten festgelegt – ein Wendepunkt in der europäischen Geschichte. Als Poincaré zum Ministerpräsidenten gekürt wurde, verdankte er das allein Iswolski und dessen Hintermännern. Dementsprechend lenkte er von Beginn an die französische Außenpolitik in eine Richtung, die die Zustimmung von Sir Edward Grey fand, und orientierte sich für die weitere Ausrichtung am britischen Außenministerium.[45]

Alexanders Iswolski trug noch auf eine andere Weise zum Ausbruch des Krieges bei, nämlich durch den schädlichen Einfluss, den er auf die Staaten des Balkans ausübte. Es war kein Zufall, dass er eine zentrale Rolle dabei spielte, die Stimmung auf dem Balkan anzuheizen. Als es um die Frage ging, welche einflussreichen Personen und Organisationen man in Serbien und Bulgarien beeinflussen könne, griff die Geheime Elite auf ihn und auf ihre diplomatischen Vertreter und Handelsvertreter zurück. Die Geheime Elite in London beschränkte sich jedoch keineswegs auf eine Beobachterrolle, vielmehr sorgte sie dafür, dass ihre Agenten bei jeder sich bietenden Gelegenheit in Aktion traten. Nach allgemeiner Einschätzung war Serbien 1912 »voll und ganz ein Instrument Russlands«,[46] und das stimmt in gewissem Maße auch. Anweisungen, Kapital, Hilfsversprechen – all das floss aus Sankt Petersburg zu den russischen Diplomaten in Belgrad und schien damit zu unterstreichen, wie ernst es das Zarenreich mit Serbien meinte. Doch in Wahrheit erhielten die russischen Diplomaten ihre Anweisungen von Männern, die unserer Einschätzung nach von der Geheimen Elite kontrolliert wurden – Iswolski und dessen Marionette, dem russischen Außenminister Sergei Sasonow. Die Ursprünge ihrer schwarzen Kassen lassen sich bis nach Paris und London zurückverfolgen.

Damit die Geheime Elite ihren Krieg beginnen konnte, mussten zwei Voraussetzungen erfüllt sein: Erstens mussten Großbritannien und das Empire insgesamt dazu bereit sein. Zweitens musste das Deutsche Reich dazu verleitet werden, den ersten Schritt zu machen, damit man Deutschland die Schuld an allen Geschehnissen in die Schuhe schieben konnte. Als am 28. Juni 1914 Erzherzog Franz Ferdinand, der Thronfolger von Österreich-Ungarn, ermordet wurde, war der Vorwand für eine Manipulation von gewaltigem Ausmaß gegeben.

Häufig wird der Anschlag als Auslöser des Ersten Weltkriegs angeführt – was für ein Unfug! Für sich genommen handelte es sich um nicht mehr als eine von zahlreichen politisch motivierten Ermordungen, wie sie zu jener Zeit üblich waren. Schuld war eine Gruppe serbischer Beamter, die die Attentäter ausbildete, mit Waffen versorgte und logistisch unterstützte. Dass Österreich Vergeltung übte, wurde gemeinhin als gerechtfertigte Reaktion gewertet. In unserem Buch *Verborgene Geschichte* haben wir aufgezeigt, dass eine Kommandokette existierte, die von den serbischen Verschwörern über den russischen Botschafter in Belgrad und das Außenministerium in Sankt Petersburg bis zur Geheimen Elite in London verläuft.[47] Österreich forderte die serbische Regierung auf, bestimmte Maßnahmen gegen die Schuldigen zu ergreifen und an den polizeilichen Ermittlungen beteiligt zu werden. Serbien weigerte sich. Russland, das vorgab, Serbiens Schutzmacht zu sein, sprach Belgrad seine volle Unterstützung zu.

In London fachte die Geheime Elite die Streitigkeiten vorsätzlich an, bis sie sich zu einer ernsten Krise ausgewachsen hatten. Serbien und Österreich standen sich in einem eigentlich nur regionalen Konflikt gegenüber, aber Russland begann mit voller Rückendeckung aus London und Paris am 30. Juli damit, gewaltige Truppenaufgebote in Richtung deutsche Ostgrenze in Marsch zu setzen. Eines war allen klar: Hatte die Generalmobilmachung eines Heeres begonnen, bedeutete das Krieg, und es gab kein Zurück mehr.

Deutschland war an seiner Ostgrenze der Gefahr einer Invasion ausgesetzt. Und während im Westen die Franzosen ebenfalls mit der Mobilmachung begannen, bemühte sich der Kaiser wiederholt, seinen Vetter, den russischen Zaren, dazu zu bringen, den Truppenaufmarsch abzublasen. Doch der Zar weigerte sich. Er wusste, dass Frankreich versprochen hatte, sich sofort anzuschließen, und dass die Briten sich zwar nicht öffentlich auf seine Seite geschlagen hatten, insgeheim aber auf Krieg ausgerichtet waren.

Am 31. Juli 1914 schickte Iswolski ein ausgesprochen informatives Telegramm von Paris nach Sankt Petersburg:

> *»Frankreichs Kriegsminister, in herzlicher und bester Laune, informierte mich, dass die Regierung sich verbindlich zum Krieg entschieden habe. Er bat mich, der Hoffnung des französischen Generalstabs Ausdruck zu verleihen, dass alle Bemühungen gegen Deutschland gerichtet sein werden...«*[48]

Fast 24 Stunden bevor Deutschland die Generalmobilmachung verkündete und Russland den Krieg erklärte, hatte sich Frankreichs Regierung also schon »verbindlich zum Krieg entschieden«. General Joseph Joffre zerrte an der Leine. Er stellte Poincaré ein persönliches Ultimatum: Entweder werde die allgemeine Mobilmachung angeordnet oder er gebe die Verantwortung für das Oberkommando über die französischen Streitkräfte ab.[49] Als ob Poincaré zusätzliche Ermutigung benötigt hätte … Um 16 Uhr gingen aus dem Haupttelegrafenamt in Paris Telegramme mit dem Befehl der Generalmobilmachung ab. Zu diesem Zeitpunkt hatten Serbien, Österreich, Russland, Frankreich und Großbritannien auf die eine oder andere Weise damit begonnen, ihr Militär vorzubereiten. Churchill hatte bereits am 29. Juli heimlich verfügt, die Flotte nach Scapa Flow zu verlegen und auf Gefechtsstation zu gehen.

Einzig das Deutsche Reich hatte noch nichts unternommen.[50] Am Nachmittag des 1. Juli kam die deutsche Führung im Berliner Schloss zusammen. Reichskanzler Theobald von Bethmann Hollweg und Außenminister Gottlieb von Jagow hatten sensationelle Neuigkeiten des deutschen Botschafters in London im Gepäck: Die britische Regierung hatte soeben versprochen, Frankreich werde im Rahmen einer britischen Garantie neutral bleiben. Der doch angeblich so kriegslüsterne Kaiser war ausgesprochen erleichtert und ließ Champagner kommen. Anschließend sandte er ein Telegramm an König George: »Wenn Frankreich mir seine Neutralität anbietet, die durch die britische Flotte und Armee garantiert werden muss, werde ich natürlich von einem Angriff auf Frankreich absehen.«[51] Doch es gab keine Garantie und keine französische Neutralität. Es hatte sich einfach nur um eine weitere Verzögerungstaktik gehandelt, um den Russen und Franzosen einen Vorteil zu verschaffen.

Nachdem er 24 Stunden lang vergeblich auf eine Antwort auf seine telegrafische Forderung gewartet hatte, Russland solle sämtliche Truppenbewegungen entlang der Grenze einstellen, befahl der Kaiser um 17 Uhr die Generalmobilmachung. Als letzte europäische Großmacht auf dem Kontinent entschloss sich das Deutsche Reich zu diesem unwiderruflichen Schritt. Wie passt das zu der Behauptung, Deutschland habe den Ersten Weltkrieg begonnen?

Es war 18 Uhr am 1. August 1914.

Deutschlands Kriegserklärung war als Reaktion verständlich, taktisch jedoch ein Fehler. Russland hatte mit der klaren Absicht mobilisiert, Deutschland anzugreifen, aber Außenminister Sergei Sasonow war angewiesen worden, keine tatsächliche Kriegserklärung abzugeben. Grey hatte Poincaré und Sasonow wiederholt eingebläut, dass Frankreich und Russland ihre militärischen Vorbereitungen und Kriegsabsichten vertuschen sollten, bis Deutschland den Köder geschluckt hatte. Niemals hätte sich das britische Volk in einem europäischen Krieg auf die Seite des Aggressors gestellt, deshalb musste unbedingt Deutschland als die Seite dastehen, von der die Gewalt ausging. Es war ein wenig wie auf dem Schulhof: Eine Bande legt sich mit einem einzelnen Jungen an, schubst ihn herum und bedroht ihn, aber wehe, er wagt es, sich zur Wehr zu setzen – schon ist er an allem schuld.

Was sonst hätte Deutschland tun können? Das Kaiserreich war zu einer Auseinandersetzung auf Leben und Tod provoziert worden. Nun musste es sich zwischen drastischen Möglichkeiten entscheiden: entweder geduldig die eigene Vernichtung abwarten oder in der Absicht, sich zu verteidigen, zuschlagen. In die Ecke gedrängt und in einen Verteidigungskrieg gezwungen, rief Deutschland als letzte größere Macht Europas die Truppen zu den Waffen. Um sich der Franzosen zu erwehren, die insgeheim im Westen mobilgemacht hatten, befahl der Kaiser den deutschen Streitkräften, durch Belgien auf Frankreich vorzustoßen. Eine andere Wahl blieb ihm im Grunde auch nicht. In Kontinentaleuropa herrschte Krieg.

Die Geheime Elite sah zu und wartete ab. Seit 1905 hatten Großbritannien, Belgien, Frankreich und Russland gemeinsam einen Krieg gegen Deutschland vorbereitet, aber das Ganze lief dermaßen geheim ab, dass im britischen Kabinett gerade einmal fünf von zwanzig Ministern wussten, welche Zusagen Großbritannien getroffen hatte. Am 3. August 1914 trat Sir Edward Grey vor das Unterhaus und versprach, man werde ohne die Zustimmung des Parlaments nichts unternehmen – ein leeres Versprechen, denn es kam nie zur Abstimmung. Grey argumentierte vor allem mit der Verletzung der belgischen Neutralität, dabei wusste er sehr wohl, dass diese Neutralität nichts als eine groteske Scharade war und einzig als rechtlicher und propagandistischer Vorwand diente, Deutschland am 4. August 1914 den Krieg erklären zu können. Sir Edward Grey, getreuer Diener der Geheimen Elite, log das Empire in den Krieg, und niemand stellte ihn dafür zur Rede.

Während der vergangenen 100 Jahre haben Hofgeschichtsschreiber Fakten verdreht und gefälscht. Mit außergewöhnlicher Sorgfalt haben Mitglieder der Geheimen Elite darauf geachtet, sämtliche Spuren ihrer Verschwörung zu verwischen. Briefe, Telegramme, offizielle Berichte und Notizen, die die Wahrheit verraten hätten, verschwanden spurlos. Schreiben an und von Alfred Milner wurden entfernt, verbrannt oder auf andere Weise zerstört. König Eduard verfügte, dass nach seinem Ableben belastende Schreiben unverzüglich zu vernichten seien.[52] Lord Nathan Rothschild, Gründungsmitglied der Geheimen Elite, ordnete ebenfalls an, dass seine Papiere und sein Schriftwechsel posthum verbrannt werden sollten. Er wollte nicht, dass sein Einfluss und seine Verbindungen bekannt wurden. Wie sein offizieller Biograf schreibt: »Wie viel von der politischen Rolle des Hauses Rothschild ist unwiederbringlich für die Nachwelt verloren?«[53]

Professor Quigley kritisierte, dass eine kleine Gruppe »imstande ist, ihre eigene zeitgenössische Geschichtsschreibung und deren Lehre auf diese Weise zu monopolisieren«. Seine Anschuldigung lässt keine Zweifel offen. Die Geheime Elite kontrollierte über zahlreiche Kanäle die Geschichtsschreibung und die Geschichtslehre, aber nirgends so effektiv wie in Oxford.

Fast jedes wichtige Mitglied der Milner-Gruppe gehörte einem der Colleges Balliol, New College oder All Souls an, ja die Milner-Gruppe dominierte diese Colleges, die ihrerseits auf dem Gebiet der Geschichtswissenschaften das intellektuelle Leben in Oxford beherrschten. So groß war der Einfluss der Milner-Gruppe, dass sie sogar das *Dictionary of National Biography* kontrollierten, was wiederum bedeutete, dass die Geheime Elite die Biografie ihrer eigenen Mitglieder schrieb. Sorgfältig wurde für jedes ihrer zentralen Mitglieder eine eigene offizielle Historie erschaffen, bei der alle belastenden Punkte unter den Tisch fielen und den Personen ein so großes Maß an Gemeinsinn unterstellt wurde, wie es gerade noch glaubhaft vertreten werden konnte. Darüber hinaus riefen sie Lehrstühle für Geschichte, Politik, Wirtschaftswissenschaften und ironischerweise auch für Friedensforschung ins Leben.[54]

Die britische Regierung betrieb eine systematische Verschwörung in der Absicht, alle Spuren der eigenen teuflischen Machenschaften zu beseitigen. Offizielle Erinnerungen zu den Ursprüngen des Kriegs wurden vor Veröffentlichung sorgfältig geprüft und zensiert. In den Kabinettsunterlagen für Juli 1914 geht es nahezu ausschließlich um das Thema Irland, nirgendwo ist die Rede von einer bevorstehenden globalen Krise. Anfang der 1970er-Jahre schrieb der kanadische Historiker Nicholas D'Ombrain, die Akten des Kriegsministeriums seien »ausgemistet« worden. Bis zu 5 Sechstel allen »vertraulichen« Materials verschwand, während er seine Forschungsarbeit betrieb.[55] Warum? Wohin verschwanden diese Unterlagen? Wer hatte angeordnet, sie zu entfernen? Wurden sie nach Hanslope Park geschickt, in das mit Stacheldrahtzaun gesicherte staatliche Lager, in dem bis heute mehr als 1,2 Millionen geheime Akten lagern, von denen viele mit dem Ersten Weltkrieg zu tun haben?[56] Unglaublicherweise handelt es sich hierbei aber noch nicht einmal um den schlimmsten Fall von Diebstahl und Betrug.

Herbert Hoover, im Krieg Leiter der Kommission für das Belgische Hilfswerk und später 31. Präsident der Vereinigten Staaten, verfügte über enge Verbindungen zur Geheimen Elite. Sie übertrug ihm die wichtige Aufgabe, alles, was in Europa an belastenden Materialien zu finden sei, zu entfernen, und zwar unter dem Deckmantel akademischer Ehrwürdigkeit. Hoover überredete General John Pershing, 15 Geschichtsprofessoren und etwa

1000 Studenten anzuheuern, die mit dem amerikanischen Expeditionskorps nach Europa gekommen waren. Hoover entsandte diese Männer in Uniform in jene Länder, die sein Hilfswerk mit Lebensmitteln versorgte. Mit Nahrung in der einen Hand und Beteuerungen in der anderen stießen diese Agenten auf wenig Widerstand. Sie knüpften die nötigen Kontakte, »stöberten« nach Archiven und fanden so viele, dass Hoover sie schon bald »in den leeren Frachtern, die Nahrung gebracht hatten, als Ballast zurück in die USA verschiffte«.

Die Beweise für sämtliche Aussagen in diesem Kapitel lassen sich in unserem Buch *Verborgene Geschichte – Wie eine geheime Elite die Menschheit in den Ersten Weltkrieg stürzte* nachlesen. Zusätzlich bloggen wir seit Juni 2014 regelmäßig darüber, was tatsächlich im Ersten Weltkrieg geschehen ist und wo die Wahrheit von der manipulierten Geschichtsschreibung abweicht, auf die wir uns nach dem Willen der britischen Regierung konzentrieren sollen.[57] Ein Jahrhundert der Propaganda, der Lügen und der Gehirnwäsche zum Thema Erster Weltkrieg liegt hinter uns. Aufgrund kognitiver Dissonanzen fühlen wir uns unbehaglich angesichts der Wahrheit: dass es nämlich ein Grüppchen wohlsituierter englischer Rassepatrioten war, das mit Unterstützung mächtiger Industrieller und Finanziers in Großbritannien und den Vereinigten Staaten den Ersten Weltkrieg auslöste. Die von London aus agierende Geheime Elite war fest entschlossen, Deutschland zu vernichten und die Welt zu kontrollieren. Ihre Handlungen sind für den Tod von Millionen ehrbarer junger Männer verantwortlich, die in einem stumpfen und blutigen Gemetzel verraten und geopfert wurden, um eine unehrenhafte Sache voranzutreiben.

Für uns handelte es sich bei dem Buch nicht um einen Abschluss, sondern einen Auftakt. Als wir die Aktivitäten der Menschen verfolgten, die den Krieg erfolgreich und vorsätzlich herbeiführten, fiel uns auf, dass sich diverse zeitgenössische Kommentatoren aus unterschiedlichen Bereichen und unterschiedlichen Hierarchieebenen bitter darüber beschwerten, dass sich der Erste Weltkrieg Jahr um Jahr trostlos hinschleppte und unnötig in die Länge gezogen wurde. Wir sprechen hier nicht über Friedensaktivisten, Verweigerer aus Gewissensgründen oder politische Widersacher. Unsere Recherchen förderten eine Reihe Vorwürfe zutage, die auf höchster Ebene erhoben wurden und die in einem Punkt alle einig waren: Der Krieg dauerte viel länger, als es nötig gewesen wäre. Vorsätzlich!

Eine schwer zu glaubende Behauptung, oder? Doch wann immer wir uns die Beweise ansahen, zeigte sich, dass die Vorwürfe begründet waren. Wir präsentieren hier das Bild der Ereignisse, das sich während unserer Recherchen abzeichnete. Es ist ein schockierendes Bild, abstoßend und nur schwer zu akzeptieren, denn unvoreingenommene Menschen werden es nicht glauben wollen: Am 4. August 1914 erklärte Großbritannien Deutschland den Krieg, und von jenem Tag an wurden sehr sorgfältig durchdachte Maßnahmen umgesetzt, die dafür sorgten, dass es ein langer und sehr bitterer Abnutzungskrieg wurde. Dabei darf man eins nie vergessen: Die Geheime Elite war fest entschlossen, nicht einfach nur eine Schlacht zu gewinnen und alle Soldaten zu Weihnachten wieder zu Hause haben oder schlimmer noch: den Krieg ohne eindeutiges Ergebnis beenden zu müssen. Ihr Ziel war ein anderes: Deutschland sollte völlig vernichtet, sein Wille gebrochen werden, die Wirtschaft am Boden liegen. Großbritanniens größter europäischer Konkurrent sollte auf alle Zeiten von der großen Bühne verschwinden. Wenn sich dies nicht durch einen raschen, entscheidenden Sieg herbeiführen ließ – etwas, was Lord Kitchener von Anfang an als unerreichbar prognostiziert hatte –, dann musste alles darauf abzielen, den Krieg fortzusetzen, bis der Feind so abgekämpft zusammenbrach, dass er sich nicht mehr erholen würde.

Und das ist es, was wir in diesem Werk erläutern: Seit das Foreign Office einen Kurs einschlug, der Großbritannien und das Empire in einen Krieg führen würde, agierte die Geheime Elite auf eine Art und Weise, die Millionen tapferer junger Männer ihrem allerhöchsten Ziel opfern würde – der unangefochtenen Dominanz über die zivilisierte Welt.

Schritt eins bestand darin, unbegrenzte finanzielle Mittel zur Verfügung zu stellen. Großbritannien konnte alle Vorsicht fahren lassen, denn man wusste, dass der Krieg auf Jahre hinaus Gewinne in einem Ausmaß, von dem man bis dahin nicht einmal zu träumen gewagt hatte, in die Kassen spülen würde. Die Geheime Elite mobilisierte die Banken, das Establishment, die Kirche und Oxford, und sie entwickelte eine gewaltige Propagandamaschinerie. Sie entfachte bei der Blüte der Jugend ein ebensolches Maß an Begeisterung wie auf den Fluren des privilegierten Lernens. Dieser Krieg war ein gerechter Krieg, ein Weltkrieg für die »Zivilisation«. Und eben davon mussten die Bürger des Empire überzeugt werden – ganz egal, wie albern die Behauptung auch sein mochte, denn ohne die Beteiligung des Empire würde es keinen langen Krieg geben.

Deutschland würde zur Kriegsführung und zum Überleben zwingend gewisse Ressourcen benötigen. Fehlten diese, wären das deutsche Volk und die deutschen Armeen rasch zur Kapitulation gezwungen. Zudem stand Deutschland mehr oder weniger ohne Zugang zum Meer da, und die Nordseeküste ließ sich leicht blockieren. Ohne ausreichende Versorgung mit Lebensmitteln, Kohle, Öl, Tierfutter, Erzen, Schießbaumwolle, Eisen und Stahl aber wäre der Krieg 1915 vorüber, Deutschlands Widerstand müsste angesichts fehlendem Militärgerät und einer hungernden Bevölkerung Schritt für Schritt immer weiter erlöschen. Motorisierte Transportmittel, die U-Boote, die Luftwaffe – ohne Öl wäre alles zum Stillstand gekommen, und auf den Bauernhöfen das Vieh in den Ställen verhungert.

In den folgenden Kapiteln wird im Detail aufgezeigt, wie all das erreicht wurde.

Zusammenfassung

- Die allgemein akzeptierte Geschichte des Ersten Weltkriegs ist eine vorsätzlich ausgeheckte Lüge.
- Die Ursprünge des Kriegs liegen in England, nicht in Deutschland.
- Ende des 19. Jahrhunderts entstand ein Geheimbund, an dem sich Vertreter politischer Dynastien und der Hochfinanz beteiligten. Den Anstoß gab Cecil Rhodes, und Ziel der Gruppe war es, eine neue Weltordnung herbeizuführen. Basieren sollte diese auf den (ihrer Meinung nach) besten Werten der englischen Oberschicht.

- Erstmals öffentlich identifiziert wurde die Gruppe von Professor Carroll Quigley. Sie griff die ahnungslose britische Öffentlichkeit von 3 Seiten an, indem sie die Kontrolle über die Politik, die Presse und die Geschichtsschreibung an sich riss. Auf diese Weise sollten die eigenen Ziele vorangetrieben und das wahre Ausmaß des eigenen Einflusses vertuscht werden.
- Zu den wichtigsten Anführern gehörten Lord Alfred Milner (der den Burenkrieg verursachte), Lord Nathaniel Rothschild (der reichste Mensch der Welt), führende liberale Politiker in Großbritannien, die von der Presse und insbesondere der *Times* unterstützt wurden, und schließlich noch eine Clique in Oxford, speziell am All Souls College.
- Seit 1902 zielte die britische Außenpolitik darauf ab, Deutschland zu vernichten. Das Kaiserreich erwies sich damals zunehmend als größte Gefahr für die Führungsposition Großbritanniens in der Weltwirtschaft.
- Der erste Schritt bestand darin, dass überraschend die Politik des Isolationismus aufgegeben wurde.
- König Eduard VII. spielte innerhalb dieser elitären Gruppe eine wichtige Rolle. Er wirkte 1904 an der Entente cordiale mit Frankreich ebenso mit wie an dem Geheimabkommen, das 1906 mit Russland geschlossen wurde. In beiden Fällen zielte der Vertrag auf Deutschland ab. Bis zu seinem Tod im Jahr 1910 besuchte Eduard die Herrscherhöfe Europas, warb um Freunde und verteilte Ehrenbekundungen und Titel – alles in der Absicht, möglichst viele europäische Nationen zu Großbritanniens heimlichen Verbündeten zu machen.
- Großbritanniens Kriegsminister Richard Haldane führte eine Armeereform durch und modernisierte die Streitkräfte. Insbesondere schuf Haldane das Britische Expeditionskorps, das speziell mit Blick auf den kommenden Krieg in Kontinentaleuropa ausgebildet wurde.
- In Amerika bildete sich mit den »Pilgern« eine elitäre probritische Gruppierung, die an der US-Ostküste an Macht gewann. Parallel dazu

vertieften sich die Verbindungen zwischen dem britischen Ableger der Rothschild-Dynastie und amerikanischen Finanziers um J. P. Morgan, und der Einfluss auf die US-Regierung wuchs.

- Deutschenfeindliche Propaganda sorgte in Großbritannien für Angst und negative Stimmung. Dabei wurde mit lachhaften Räuberpistolen über Spione gearbeitet und mit wilden Vorwürfen, wonach der Kaiser ein Wettrüsten zu See angezettelt habe in der Absicht, Großbritannien anzugreifen und das Empire zu bedrohen.
- Dank der direkten Einflussnahme von König Eduard VII. ernannten die Russen Alexander Iswolski zum Botschafter des Zaren in Paris. Von dort aus organisierte er die Störmaßnahmen auf dem Balkan, die ab 1912 drohten, einen europaweiten Konflikt anzustoßen.
- In Amerika war ein Geldadel entstanden, und dessen Möglichkeiten, einen Krieg zu finanzieren, nahmen 1913 mit dem Entstehen des Federal Reserve Board noch zu. Die Notenbank war imstande, Geld zu drucken und die Mittel aufzutreiben, die zum Führen eines Weltkriegs benötigt wurden.
- Nicht zuletzt durch Bestechung gelang es Raymond Poincaré, Präsident von Frankreich zu werden. Der Deutschlandhasser gehörte einer politischen Gruppierung an, die danach strebte, den Deutschen Elsass-Lothringen wieder abzunehmen. Poincaré war zweimal beim russischen Zaren und forderte ihn auf, Deutschland anzugreifen. Frankreich würde sich sofort anschließen.
- Für sich genommen war die Ermordung von Erzherzog Franz Ferdinand im Juni 1914 nichts Besonderes. Finanziert wurde der Anschlag über dunkle Kanäle, die von London aus über Sankt Petersburg nach Paris und schließlich bis nach Serbien verliefen. Österreich hing dem Irrglauben an, die offene Unterstützung aller europäischen Regierungen zu genießen, als man als Reaktion auf den Anschlag Schritte gegen Serbien unternahm, doch tatsächlich wurde die ganze Angelegenheit zu einem Vorwand für eine militärische Auseinandersetzung aufgebauscht.

Russland stellte sich gegen Deutschland und ordnete eine Generalmobilmachung an.

- Heimlich machte auch Frankreich sein Heer mobil für einen Krieg gegen Deutschland. Das vermeintlich neutrale Großbritannien versetzte seine Flotte in Kampfbereitschaft.
- Als Deutschland klar wurde, dass ein Angriff von Russland und Frankreich bevorstand, rief Deutschland als letzte Nation die Mobilmachung aus. Anschließend zog das Deutsche Reich in einen Verteidigungskrieg gegen seine europäischen Nachbarn.
- Mit einer Litanei der gebrochenen Versprechungen und der Lügen gegenüber dem britischen Parlament steuerte Sir Edward Grey das Empire in einen Krieg gegen Deutschland. Am 4. August 1914 fand sich das britische Volk in einem Kriegszustand wieder – nicht wissend, dass Geheimpakte geschlossen worden waren, und nicht ahnend, dass es niemals zur versprochenen demokratischen Abstimmung kommen würde.
- Angesehene Historiker geben die Schuld an diesem Krieg dem deutschen Kaiser und dem Deutschen Reich. Zu Unrecht.

Kapitel 2

Die ersten Opfer des Krieges

Die Wahrheit und die Menschen

Der Krieg war erklärt, woraufhin sich in Großbritannien die psychologischen Grundregeln änderten. Man mochte es bedauern, es für eine dumme Entscheidung halten, man mochte das Fehlen von Prinzipien anprangern oder vor den Risiken warnen, aber dass nun Krieg herrschte, änderte alles: Die Psyche einer gesamten Nation drehte sich auf einen Schlag um 180 Grad. Sehr gut zeigt das ein Kommentar im *Guardian* vom 5. August 1914. Der Autor räumt ein, dass es für Großbritannien nichts zu gewinnen gebe, und er warnt, dass »wir alle das eines Tages bereuen werden«, aber die neue Botschaft ließ Erinnerungen an Lord Nelson und seinen Ruf zu den Waffen aufkommen: »Allen Engländern bleibt nun nichts anderes mehr übrig, als die Reihen zu schließen und mit allen ihnen zur Verfügung stehenden Mitteln auf das Erreichen unseres gemeinsamen Ziels hinzuarbeiten – einen frühen und entscheidenden Sieg über Deutschland.«[1]

Das dürfte in der Tat Musik in den Ohren der Geheimen Elite gewesen sein. Nachdem der Krieg ausgerufen worden war, tat die öffentliche Meinung das, was sie immer getan hatte: Sie schwenkte sofort auf uneingeschränkten Patriotismus um und stellte sich hinter die Banner von Loyalität, Pflicht und Nationalstolz – alles Aspekte, die zum Teil der »Sache« wurden.

Es regte sich auch weiterhin Widerstand gegen den Krieg, wenngleich nur wenig fokussiert. War erst einmal ein Soldat oder ein Matrose für die Sache gestorben, war praktisch ein Eid mit Blut besiegelt worden, und die Nation sammelte sich nahezu geschlossen hinter den Gefallenen.

Die Demokratie war am Ende, sie wurde ein Opfer der jahrelangen Vorbereitungen, die die Geheime Elite getroffen hatte. Ein Bataillon an Notstandsgesetzen wurde durch das Parlament geprügelt, alles wurde sofort beiden Kammern vorgelegt, für Debatten oder kritische Stimmen blieb keine Zeit. Der 5. August 1914 ist ein Paradebeispiel dafür, wie man die Freiheit einer Nation ohne Gegenwehr beschneiden und wie Demokratie »zum Schutz des Reichs« gegen sich selbst gerichtet werden kann. Die Verabschiedung des *Aliens Restrictions Act* – das Committee of Imperial Defence hatte den entsprechenden Gesetzesentwurf in Vorbereitung auf den Krieg in der Schublade liegen – löste eine beispiellose Welle der Spionagebesessenheit aus.[2] Durch das Gesetz erhielt das Innenministerium weitreichende Befugnisse, was den Zuzug, die Registrierung, die Freizügigkeit und die Deportierung von Ausländern anbelangte.

Innenminister Reginald McKenna kündigte im Unterhaus an: »Während der vergangenen 24 Stunden wurden über das gesamte Land verteilt nicht weniger als 21 Spione oder mutmaßliche Spione verhaftet, vor allem an wichtigen Stätten von Militär und Marine. Einige davon waren den Behörden schon seit Langem als Spione bekannt.«[3] Gerüchte und Spionageschichten wurden ausgesprochen ernst genommen und dienten dazu, die Öffentlichkeit daran zu erinnern, wie wichtig es war, »Freiheiten« zu beschneiden. Die Regierung ließ sich Blankovollmachten dafür ausstellen, allen nicht in Großbritannien geborenen Einwohnern Einschränkungen aufzuerlegen. Wie im Oberhaus dargelegt wurde, waren die Maßnahmen sorgfältig darauf abgestimmt, ausländischen Freunden möglichst wenig Unannehmlichkeiten zu bereiten und gleichzeitig ausländische Feinde effektiv und, falls nötig, mit harten Schritten kontrollieren zu können.[4] »Ausländische Freunde«, »ausländische Feinde« – das klang schon ganz nach H.G. Wells' *Krieg der Welten*.

Drei Tage später folgte das Gesetz *Defence of the Realm Act*. Was ursprünglich nur ein kurzes Gesetz von gerade einmal 400 Worten war, wurde im Verlauf des Kriegs sechsmal überarbeitet und ergänzt, um der Regierung Befugnisse einzuräumen, wie sie ansonsten nur ein Kriegsgericht in einer Diktatur genießt.[5] Vorgeblich waren diese gesetzgeberischen Maßnahmen dafür gedacht, Spionage einen Riegel vorzuschieben und andere Handlungen zu verhindern, die die Sicherheit von Eisenbahnverbindungen, Dockanlagen und Häfen gefährdeten.[6] Auch dieses Gesetz wurde innerhalb weniger Minuten ohne Debatte verabschiedet. Mit jeder Ergänzung wuchs und wuchs es, bis es auch umfassende Einschränkungen der Freiheitsrechte enthielt.

Gleichzeitig machte sich im Oberhaus Lord Crewe für die zentralen Interessen der Geheimen Elite stark. Lord Crewe stand dem inneren Kreis des Geheimbunds nahe, und er präsentierte dessen Interessen, als handele es sich um Taten vornehmer Güte: »Während der vergangenen Tage hat sich die Regierung ausführlich mit den wichtigsten Vertretern der Finanzwelt und des Handels beraten, darunter Bankiers, Wechselmakler, die Börse, Diskontbanken, und mit praktisch allen wichtigen großen Industriezweigen – Textil, Eisen, Docks und dem Rest [Aus irgendeinem Grund brachte er es nicht über sich, »Rüstungsbetriebe« zu sagen.] … im Interesse des Landes insgesamt.«[7] Er fügte hinzu, es werde »business as usual« herrschen und es würden Finanzmittel vorhanden sein, um die »gewöhnlichen Bedürfnisse und Sorgen des Lebens« abzudecken. Was Lord Crewe nicht erwähnte: Die Vorbereitungen waren bereits seit Anfang 1912 ausführlich in Geheimtreffen des Unterausschusses des Committee of Imperial Defence (CID) erörtert worden.

Krieg, jeder Krieg, bringt Störungen für den Handel, die Wirtschaft und die Finanzwelt mit sich. Gleichzeitig eröffnen sich jedem, der ausreichend vorgewarnt ist, Möglichkeiten zu obszönen Profiten. Auch die Störungen für das Bankenwesen, Versicherer und den Wertpapierhandel können ein enormes Ausmaß annehmen. Besonders in den ersten Tagen drohen Vertrauenskrisen, sollte an der Börse Panik ausbrechen oder sollten Gerüchte kursieren, wonach einer bestimmten Bank massive Einbußen ins Haus stehen. Die Geheime Elite hatte den Finanzsektor ausgesprochen fest im Griff und jahrelang Zeit gehabt zu gewährleisten, dass bei Kriegsbeginn die eigenen Interessen geschützt sein würden. Das CID hatte 1911/12 ausführliche Ratschläge und Empfehlungen zusammengetragen, mit deren Hilfe die Regierung die Finanzmärkte in der City of London schützen sollte – dem Allerheiligsten der britischen Finanzwelt.[8] Zahlreiche Geschäftspartner von Mitgliedern der Geheimen Elite hatten hier ihre Büros.

Die Banken blieben im Anschluss an die Kriegserklärung geschlossen; der ohnehin im August vorgesehene Bankenfeiertag wurde einfach verlängert. So wollte man einen Ansturm auf die Institute vermeiden. Lord Crewe rief die Bevölkerung auf, einen kühlen Kopf zu bewahren und nicht in Panik zu verfallen. Es gebe keinerlei Grund für irgendeinen Menschen, egal, ob reich oder arm, wegen der »momentanen Schwierigkeit« beunruhigt zu sein, versprach er.[9] Was den Schutz der Nation anging, kamen die Banken an allererster Stelle. Lloyd George, einst Fürsprecher des Volkes, betitelte eines der frühen Kapitel seiner Kriegserinnerungen voller Stolz »Wie wir den Londoner Finanzdistrikt retteten«.[10] (Was er eigentlich damit sagen wollte: »Wie ich den Londoner Finanzdistrikt rettete.«) Das kann man sich ruhig noch einen Augenblick durch den Kopf gehen lassen: Es stimmt, dass sich die Regierung im Namen des Volkes große Macht herausnahm, aber wer profitierte von den ersten Maßnahmen des Kriegskabinetts Asquith? Die Banken und die Bankiers.

Das Geschäftsmodell der Londoner City basierte darauf, dass Kreditgeschäfte reibungslos über die Bühne gingen und dass ausländische Schuldner und Wechsel pünktlich bedient wurden. Eine plötzliche Lähmung der Mechanismen für Devisengeschäfte hätte zu Zahlungsausfällen führen und Banken rasch in die Knie zwingen können. Die Lösung ähnelte stark dem Weg, den Amerika mit der Einführung des Zentralbanksystems einschlug: Es wurde ein Moratorium verkündet, was bedeutete, dass Vertreter aus Banken, Industrie und Handel die britische Regierung überzeugt hatten, für Rechnungen im Wert von insgesamt über 100 Millionen Pfund »vorübergehend zu bürgen«. Oder anders gesagt: Die Banken hatten Angst vor einem Crash, also bekamen sie eine Extrawurst und durften als Agenten des Staats auftreten. Ihre Gewinne blieben unangetastet, aber für eventuelle Verluste würde der Staat geradestehen. Die Rechnung würde letztlich der gewöhnliche Bürger über die Steuern begleichen.[11] Wie vor dem Krieg erbrachte der Staat weiterhin Leistungen wie Renten- und Versicherungszahlungen und übernahm andere Verpflichtungen, aber unfassbarerweise waren Haus- und Wohnungsmieten von dem Moratorium ausgenommen.[12] Die erfolgreichen Bankiers und Industriekapitäne, die Investoren und die Finanzhäuser mochten vor Verlusten geschützt werden, während die arbeitende Bevölkerung die Kosten dafür trug, aber sie genossen keinen automatischen Schutz vor künftigem Missbrauch. Es war eine Einladung für Ganoven.

Besser als jeder Politiker wusste die Geheime Elite, wie man dafür sorgte, dass sich die Räder der Geschäftswelt weiter drehten. Sie war es dann auch, die über die Bank of England und Finanzminister David Lloyd George dafür sorgte, dass es keine Engpässe bei der Versorgung mit Geldscheinen »zur Deckung des Währungsbedarfs« gab. Dafür wurden erstmals Ein-Pfund-Noten und Zehn-Schilling-Noten ausgegeben. Das aktuelle Bankengesetz wurde ausgesetzt, um die Geldhäuser »vorübergehend« von Auflagen zu befreien[13] – zuvor war bereits mit dem *Currency and Bank Notes Act* ein neues Gesetz verabschiedet worden. Das Ergebnis der Maßnahmen: Der Goldstandard galt im Grunde nicht mehr, die Banken konnten mehr oder weniger nach Belieben Geld drucken.

Mit der für die Geheime Elite typischen Gerissenheit gratulierte Lord Lansdowne von den Konservativen der Regierung Asquith zu diesen Entscheidungen. Die Vorschläge seien »das Ergebnis sorgfältiger Beratungen mit Vertretern der finanziellen, kommerziellen und industriellen Interessen des Landes. Es steht außer Frage, dass die Regierung gute Arbeit geleistet hat … und gewiss sein kann, über die bestmöglichen Empfehlungen zu verfügen, die ihr die höchsten Autoritäten des Landes mit auf den Weg geben konnten, und dass sie sich der Unterstützung dieser Kapazitäten gewiss sein kann«.[14]

Und woher stammten diese »bestmöglichen Empfehlungen«? Von jenen, die den größten Nutzen daraus zogen. Bei jedem einzelnen Schritt, den die Regierung an jenem Tag unternahm, scheinen die Eigeninteressen der Geheimen Elite durch. Die Mitglieder wussten sehr wohl, dass Kriege vom Geldfluss abhängig waren, vom Angebot und der Verfügbarkeit des Kapitals, und wie wichtig es war, sich so positioniert zu haben, dass man vom Krieg maximal profitieren konnte.

Allerdings war das Horten ein weiteres von den Reichen verursachtes Problem. Schon am 5. August kritisierte Lloyd George das Horten von Geld. Die »selbstsüchtigen Motive der Gier … oder der Feigheit« seien in seinen Augen auch nichts anderes, als würde man den Feinden seiner Heimat helfen. Keine drei Tage später sah sich der Präsident des Board of Trade, Walter Runciman, zu einem Gesetzentwurf gezwungen, der das unverhältnismäßige

Horten von Nahrungsmitteln unterband. Aus vielen Teilen des Landes trafen Berichte ein, nach denen die »besser situierten« Menschen in ihrer Gier den unteren Klassen große Not aufbürdeten. Die Regierung fühlte sich genötigt, ein derart empörendes Verhalten rasch und entschieden einzudämmen. So wetterte Runciman gegen die Wohlhabenden, die »sich wahrlich blamiert haben, indem sie in langen Fahrzeugschlangen außerhalb der Geschäfte parkten und so viel an Vorräten davontrugen, wie das Kaufhaus abzugeben bereit war«.[15]

In diesen ersten Tagen des Augusts 1914 ergab sich noch ein weiteres Kuriosum – Großbritannien zog ohne Kriegsminister in den Krieg. Am 30. März hatte John Seely der Regierung Asquith mit seinem Rücktritt eine Blamage bereitet,[16] seitdem hatte Asquith als Premier- und Kriegsminister in Personalunion fungiert. Das hatte zur Folge, dass, wann immer das Kabinett über das wachsende Kriegsrisiko in Europa debattierte, das Kriegsministerium nicht mit einer eigenen Stimme vertreten war. Wieso hatte Asquith keinen Nachfolger für John Seely berufen, der nach der »Curragh-Meuterei« in Irland gefeuert worden war? Ganz offensichtlich hatten Asquiths Berater aus der Geheimen Elite diese Entscheidung gutgeheißen, obwohl sie auf den ersten Blick eher ungewöhnlich wirkte, schließlich war während seiner Amtszeit kein anderer Kabinettsposten unbesetzt geblieben.

Asquith hatte ein peinliches Problem: In seinem Kabinett gab es niemandem, dem man das Kriegsministerium anvertrauen konnte. Das räumte er in einem Schreiben an seine Geliebte Venetia Stanley ein.[17] Denn alle, die wussten, dass ein Krieg gegen Deutschland beschlossene Sache war, besetzten bereits Posten im Kabinett, von denen sie unabkömmlich waren. Churchill ließ sich nicht von der Admiralität wegbewegen, ebenso wenig konnte man Sir Edward Grey aus dem Außenministerium abziehen oder Lloyd George aus dem Finanzministerium. Die perfekte Wahl wäre Asquiths alter Freund und Exkriegsminister Richard Haldane gewesen, aber die Presse hatte ihn zu Unrecht als Deutschenfreund gebrandmarkt. Eine Ernennung zum Minister hätte für Unruhe gesorgt.[18] Jeder andere mögliche Kandidat hätte indes in die weit vorangeschrittenen Kriegsvorbereitungen eingeweiht werden müssen – also darüber, welche Vorarbeiten das Committee of Imperial Defence geleistet hatte und welche »Gespräche über militärische Belange« mit den Franzosen bereits geführt worden waren. Asquith steckte also in einem Dilemma: In seiner Regierung gab es niemanden, dem er dieses Wissen anvertrauen wollte, und ein liberaler Hinterbänkler wäre schon gar nicht infrage gekommen.

Auf der anderen Seite schien diese Vakanz nach außen hin zu suggerieren, dass Großbritannien nicht im Geringsten auf einen Krieg vorbereitet war. Erst war die Armee beinahe auf die Barrikaden gegangen, weil sie in Nordirland zum Einsatz kommen sollte, dann wurde das Kriegsministerium marginalisiert – auf Deutschland musste all dies wirken, als ob die Briten eher nicht ins Feld ziehen würden.

Asquith war versucht, sich über die öffentliche Meinung hinwegzusetzen und Richard Haldane erneut das Amt anzubieten, doch da spielte der innere Kreis der Geheimen Elite nicht mit. Sie mochten ihre Differenzen gehabt haben, was das Ende des Burenkriegs anbelangte,[19] dennoch gab es für Alfred Milner nur einen einzigen Mann, der für dieses Amt geeignet schien: Feldmarschall Herbert Kitchener.[20] Eigentlich hätte Kitchener im Juli 1914 auf seinem Posten in Ägypten sein sollen, aber »rein zufällig« hielt er sich gerade in England auf, um von König Georg V. zum Earl of Khartoum & Broome (einem Anwesen in Kent) ernannt zu werden.[21] Auch das war keine zufällige Zusammenkunft. Asquith hatte einige Jahre zuvor der Aufnahme von Kitchener ins CID zugestimmt, und Winston Churchill stand in regelmäßigem Kontakt mit dem Lord.[22] Sie erörterten die im CID entwickelten Pläne, und in der Woche vor Kriegsausbruch aßen Kitchener und Churchill »zwei- oder dreimal«[23] zu Mittag oder Abend. Und dennoch zögerte Asquith: Sollte er tatsächlich mit der Tradition brechen und einen Feldmarschall in sein Kabinett berufen? Sir Henry Wilson informierte Alfred Milner und dessen Kollegen von der Geheimen Elite über Asquiths Unentschlossenheit. Dort war man bestürzt, dass Asquith nicht sofort das Britische Expeditionskorps nach Frankreich in Gang gesetzt hatte. Aus Angst vor einer Schwäche, die ihren Plänen den Todesstoß versetzen konnte, sprach die Geheime Elite Kitchener direkt an und überzeugte ihn, persönlich in 10 Downing Street vorstellig zu werden und vom Premier eine verbindliche Zusage für seine Berufung einzufordern.[24]

Eine Pressekampagne mit der Absicht, Kitchener ins Kriegsministerium berufen zu lassen, gewann rasch an Gewicht. Schon im April 1914 hatte *John Bull*, Horatio Bottomleys außerordentlich beliebtes und patriotisches

Wochenmagazin, angeregt, die Regierung solle Lord Kitchener zum Kriegsminister machen. Das Thema verschwand jedoch rasch wieder aus der Öffentlichkeit – bis zum Morgen des 3. August, als die *Times* einen von Oberst Charles Repington[25] verfassten Artikel abdruckte, der denselben Vorschlag enthielt.[26] Am nächsten Tag setzte sich die *Times* mit einem Leitartikel an die Spitze der Kampagne für die Berufung Kitcheners. Von großem Vertrauen der Öffentlichkeit in Kitchener war da die Rede, und der Premierminister wurde gedrängt, den Feldmarschall formell zu berufen, »und sei es nur für die Dauer des Kriegs«.[27] Die *Westminster Gazette* und Northcliffes *Daily Express* stießen ins gleiche Horn. Gerüchte, er habe Haldane erneut ins Kriegsministerium berufen wollen, wies Asquith später mit einem Seitenhieb in Richtung Presse weit von sich:

> *»Die einzige Person – und ich möchte, dass das so offiziell vermerkt wird –, die ich je als meinen Nachfolger in Betracht gezogen habe, war Lord Kitchener, der sich dank einer glücklichen Fügung just in diesem Moment im Land aufhielt und kurz davor stand, nach Ägypten zurückzukehren ... Lord Kitcheners Ernennung stieß auf allgemeine Zustimmung, und zwar so sehr, dass es so hingestellt wurde, als habe der überwältigende Druck einer intelligenten und vorausschauenden Presse das zögerliche Kabinett zum Einlenken gezwungen.«*[28]

Eine kühne Behauptung von Asquith, die jedoch angesichts später erschienener Memoiren in sich zusammenfällt. Leopold Amery enthüllte nämlich, Milner sei so weit gegangen, Kitchener in ein Taxi zur Downing Street zu setzen, um Asquith zu einer Entscheidung zu zwingen. Sein Auftrag bestand darin, dem Premierminister mitzuteilen, dass er unverzüglich nach Ägypten zurückkehren werde, sofern man ihm nicht eine wichtigere Aufgabe übertrage.[29] Wie immer setzte sich die Geheime Elite durch, woraufhin Asquith seine Kabinettskollegen für die ungewöhnliche Idee erwärmen musste, einen Feldmarschall in ein liberales Kabinett zu berufen. Am 5. August wurde ein Kriegsrat abgehalten, an dem ausgewählte Politiker und die Spitze der »Roberts-Akademie« teilnahmen.[30] Lord Roberts war genauso anwesend wie Kitchener, Sir John French, Douglas Haig, Haldane, Grey, Asquith und auch Maurice Hankey. Im Grunde handelte es sich dabei um eine erweiterte CID-Sitzung.[31] Eine erschöpfende Erklärung dafür, warum Lord Roberts teilgenommen hatte, obwohl er 10 Jahre zuvor in Pension gegangen war, liegt nicht vor. Tatsächlich war er dermaßen tief in die Geheime Elite eingebunden, dass die Frage gar nicht erst gestellt wurde. De facto handelte es sich um den Kriegsrat der Geheimen Elite – jener Gruppe, die den Kriegsausbruch geplant und die Nation auf den Konflikt eingestimmt hatte, und die nun vorschlug, den Krieg zu leiten. Dies alles mit dem Ziel, Deutschland vernichtend zu schlagen.

Außerhalb der privilegierten Downing-Street-Clique dachten viele, spätestens Weihnachten werde alles vorbei sein. In Cambridge meldeten sich Studenten im August freiwillig in der festen Überzeugung, zum Vorlesungsbeginn am 7. Oktober wieder zurück zu sein. Selbst in Gibraltar stationierte Offiziere im aktiven Dienst fürchteten, da sie nicht zum Britischen Expeditionskorps gehörten, würden sie vom Krieg überhaupt nichts mitbekommen.[32] Doch wer geglaubt hatte, das Ganze werde ein Kinderspiel, wurde innerhalb von 2 Wochen eines Besseren belehrt. Allen Theorien, es werde ein kurzer, schneller Krieg, schob Lord Kitchener rasch einen Riegel vor. Während seiner ersten Kabinettssitzung dominierte er das Geschehen und sprach unangenehme Wahrheiten aus. In den für ihn typischen abgehackten Sätzen – Kitchener war nie ein großer Redner und erst recht kein Politiker gewesen – erklärte er dem Kabinett unverblümt, dass es kein kurzer Krieg werden würde, dass man ihn nicht auf See gewinnen könne und dass Millionen Menschen mehrere Jahre lang an dem Konflikt beteiligt sein würden.[33] Die Politiker saßen still da, größtenteils von seiner unerwarteten Prognose wie vor den Kopf geschlagen. Hat sich auch nur einer von denen, die nicht zur Geheimen Elite gehörten, in diesem Moment gefragt: »Welche Folgen wird es haben, dass wir die Kriegstreiber nicht aufhalten konnten?«

Dann trat Lord Kitchener erstmals als Kriegsminister vor das House of Lords. Auch in dieser Rede machte er alle Hoffnungen auf eine rasche Lösung zunichte. Seine Dienstzeit war genauso lang wie die aller anderen Männer, die sich gemeldet hatten – für die Dauer des Kriegs oder für 3 Jahre. Wenn sich also »dieser katastrophale Krieg in die Länge zieht«, könnten andere, »frisch und bestens vorbereitet«, an seine Stelle treten und »diese

Angelegenheit zu Ende führen«.[34] Kitchener war die inspirierte Wahl, für die der leere Kabinettsposten angeblich reserviert gewesen war, doch in Wirklichkeit kam seine Inspiration rasch an ihre Grenzen und zeitigte unvorhergesehene Folgen; so hatte er den Grabenkrieg nicht vorhergesehen. Dennoch sprachen Asquith, Grey und Balfour allesamt davon, dass Kitchener »geniale Anwandlungen« oder »Instinkte« an den Tag legte.[35] Und Kitcheners Prognose, es werde zu einem langwierigen Krieg kommen, ging als Beispiel hervorragender Weitsicht in die Geschichte ein, ganz so, als sei eine derartige Möglichkeit noch nie zuvor in Betracht gezogen worden. Wie kann das sein? Kitchener hatte an Sitzungen des Committee of Imperial Defence teilgenommen, hatte bei mehreren Gelegenheiten mit Churchill über das Thema Krieg gesprochen und war als handverlesener Kandidat der Geheimen Elite ins Amt gehoben worden. Diesen Männern war absolut klar, dass der Vernichtung Deutschlands ein langwieriger Krieg vorausgehen würde. Soweit es die Geheime Elite anging, lag Kitchener mit seinen Aussagen genau auf Kurs. 3 Jahre Krieg oder ein noch längerer Zeitraum – das versprach üppige, ganz außergewöhnliche Gewinne. Und weil diese Aussage vom Kriegshelden höchstpersönlich kam, im Kabinett geäußert, im Oberhaus wiederholt und in der Presse abgedruckt worden war, bedeutete das nichts anderes, als dass man unverzüglich in Kriegsmaschinerie investieren müsse.

Natürlich gab es auch Abweichler zu Kitcheners Meinung, aber seine Äußerungen wirkten wie eine Adrenalinspritze auf die britischen Kriegsanstrengungen. Sein Ansehen in der Öffentlichkeit war enorm, und seine Worte rüttelten die Nation in einem Maße wach, wie es niemand sonst gekonnt hätte. »Kitchener mag kein großer Mann gewesen sein, aber er war ein herausragendes Werbeplakat«, soll Margot Asquith gesagt haben. Und daran besteht kein Zweifel: Während dieser ersten Kriegswochen war es Kitcheners imposante Haltung, die gerade beim Mann auf der Straße ihre Wirkung nicht verfehlte und die Hunderttausende dazu bewegte, sich freiwillig zum Militärdienst zu melden.[36]

Doch Kitchener hatte von Haus aus eine Diktatorenader. Er misstraute Politikern und hatte seine Erfahrungen in Kriegen gemacht, die weit weg von Europa stattfanden. Haldanes Territorialarmee, die als große Errungenschaft gefeiert worden war, tat Kitchener einfach ab, und seine Manieren und sein

Auftreten im Kriegsministerium (»wie ein Elefant im Porzellanladen«) bereiteten Asquith Kopfschmerzen. Die ersten Begeisterungswellen für den Krieg aber ermutigten Kitchener: Er war der große Magnet, es war seine hypnotisierende Präsenz auf den Plakaten im gesamten Land, die etwas bewirkte. Während der ersten 18 Kriegsmonate meldeten sich 1 741 000 Menschen freiwillig zu »Kitchener's Army«, weitere 726 000 traten in die Territorialarmee ein.[37] Und dennoch zeichnete sich rasch ein dringendes Problem ab: Wo sollte all das Militärgerät herkommen, woher sollte man die Gewehre, die schweren Artilleriegeschütze und die Munition, woher die Uniformen und die Vorräte nehmen, die derartige Heere nun einmal benötigen?

Asquith nutzte am 6. August die Gunst der Stunde und beantragte beim Parlament die Zustimmung für ein Darlehen über 100 Millionen Pfund. Verwendungszweck: »Für alle Maßnahmen, die zur Sicherheit des Landes ergriffen werden müssen, zum Betreiben von Heeres- und Marineoperationen, für die Unterstützung der Lebensmittelversorgung, zur Förderung der weiteren Handels-, Industrie- und Geschäftskommunikation ... und grundsätzlich für alle Ausgaben, die sich aus der Existenz eines Kriegszustands ergeben.«[38] Schamlos sprach Asquith von Pflicht, Ehre und der Zukunft einer europäischen Zivilisation. »Wir kämpfen, um den Grundsatz zu verteidigen, dass kleine Nationalitäten nicht im Widerspruch zu internationalem gutem Glauben durch die Willkür einer starken und überwältigenden Macht erdrückt werden«, behauptete er. Das passte nicht so recht zum Umgang, den Großbritannien gegenüber den Buren an den Tag gelegt hatte, aber das hielt Asquith nicht davon ab, eloquent zu beteuern, dass die Grundsätze, für die Großbritannien in den Krieg eingetreten war, »von zentraler Bedeutung für die Zivilisation der Welt« seien.[39] Natürlich wurde sein beispielloser Antrag auf die Bereitstellung derart gewaltiger Mittel auch von den Banken der »Opposition« unterstützt, wenngleich die Summe von 100 Millionen Pfund bedeutete, dass sich die Regierung auf Monate hinaus keine Ausgaben mehr vom Parlament würde genehmigen lassen müssen. Sie war somit von der demokratischen Rechenschaftspflicht entbunden.

Die Geheime Elite hatte die britische Nation in einen Hinterhalt und auf diese Weise erfolgreich in einen Krieg gelockt. Nun fachte sie die öffentliche Stimmung an, indem sie die deutsche Führung als unmenschliche Verbrecher hinstellte. Das tat sie schnell, um zu verhindern, dass sich ein anderes Bild festsetzen konnte. Nur wenige Tage nach Kriegsausbruch lief ein ausgeklügelter Propagandaapparat an, der im Londoner Wellington House seinen Sitz hatte und sich als Stimme der Vernunft gerierte. Einige der berühmtesten britischen Akademiker, Autoren und Journalisten wirkten freiwillig in dieser Maschinerie mit und fabrizierten einen Morast aus verdrehter Logik, Unwahrheiten und erfundenen Geschichten über deutsche Gräueltaten. All das diente einem einzigen Zweck: Im In- und Ausland sollte der Krieg gerechtfertigt werden, insbesondere in Amerika. Seiner Illusionen beraubt, schrieb der liberale Abgeordnete Arthur Ponsonby:

»Fakten müssen verdreht werden, wichtige Umstände vertuscht und ein Bild präsentiert werden, dessen grobschlächtige Farbwahl das ignorante Volk davon überzeugt, dass seine Regierung schuldlos ist, dass ihre Ziele rechtens sind und dass die unumstrittene Bösartigkeit des Feindes völlig unwiderlegbar bewiesen wurde. Mit großer Geschwindigkeit zirkulieren Lügen, und die gedankenlose Masse akzeptiert sie.«[40]

Die Propaganda erfüllte zahlreiche Aufgaben. Ihr Hauptzweck bestand darin, Neutrale auf die Seite des Empire zu ziehen, ihre Einwände abzuschwächen und ihre Ängste zu zerstreuen. Vor allem, wenn Propaganda die Gründe für den Krieg rechtfertigt und – wie wir bereits erklärt haben – den Menschen versichert, dass sie für nichts Geringeres als den Fortbestand der Zivilisation zu Felde ziehen, wirkt sie sich enorm positiv auf die Moral aus. Allerdings ist Propaganda ein zweischneidiges Schwert, denn sie sickert ins Unterbewusstsein ein und hält sich dort länger als beabsichtigt. Sie kann auch 100 Jahre später noch als Wahrheit präsentiert werden und die allgemein akzeptierte Lesart bestimmter Ereignisse bleiben, und so auf subtile Weise ihr Gift auf weitere Generationen absondern.

Das deutsche Weißbuch *(Vorläufige Denkschrift und Aktenstücke zum Kriegsausbruch)* wurde dem Reichstag am 3. August vorgelegt und sollte dem deutschen Volk beweisen, dass das Deutsche Reich einen Defensivkrieg führte und sich nur gegen die Aggression Russlands verteidigte.[41] Die meisten Deutschen akzeptierten diese Einschätzung. Für die Menschen in Amerika wurde das Werk auch ins Englische übersetzt. Großbritannien musste die diplomatischen Beweise, die das Kaiserreich im August 1914 vorgelegt hatte, entkräften, denn die deutsche Darstellung unterschied sich doch sehr von dem, was das britische Außenministerium dem Parlament am 6. August vorgelegt hatte.[42] Worauf es wirklich ankam: Die neutralen Nationen mussten glauben, dass die Schuld am Krieg einzig und allein Deutschland anzulasten sei, und keine neutrale Seite war wichtiger als die USA.

Tauchten Fragen zur deutschen »Version« auf, tat die britische Presse das Weißbuch schlicht als Lügengespinst ab. Als Joseph King, liberaler Abgeordneter für Somerset North, beantragte, dass in der Bibliothek des Unterhauses auch deutsche Pamphlete ausgelegt werden, damit sich die Parlamentarier ein eigenes Bild machen könnten,[43] war sich Sir Edward Grey nicht zu fein, King den Kopf zu waschen. Aber den Parlamentariern die Arbeit zu erschweren war einfach. Deutlich schwieriger war es da schon zu verhindern, dass deutsche Flugblätter in Amerika verteilt wurden. Im neutralen Amerika. Im so wichtigen Amerika.

Wer nun allerdings glaubt, dass die Propagandamaschinerie der Geheimen Elite Ende August oder Anfang September 1914 anlief, der irrt gewaltig – tatsächlich lief der Apparat seit Jahren auf Hochtouren. Northcliffe hatte schon weit vor Kriegsbeginn über Artikel und Leitartikel in der *Times* einen ununterbrochenen Strom deutschlandfeindlicher Rhetorik abgesondert, dazu kamen lachhafte Spionageschichten[44] und ständig wieder hervorgekramte Schmähschriften, in denen der deutsche »Militarismus« angeprangert wurde. Als der Krieg erklärt wurde, erreichte die Propaganda eine neue, ausgeklügeltere und intensivere Ebene. Es ging nicht mehr darum, auf lokaler Ebene Meinungen zu beeinflussen – nun ging es um einen internationalen Kreuzzug, bei dem mit allen zur Verfügung stehenden Mitteln gekämpft wurde.

Die Besuche, die ab 1910 bei der »Tafelrunde« in Amerika stattfanden, Milners Vorlesungsreise durch Kanada, 1909 die Konferenz der imperialen Presse, die transatlantischen Treffen der elitären Pilgrims Society in London und New York – all diese Aktionen bildeten das Fundament einer extrem professionellen Propagandamaschinerie, deren erster mit aller Heftigkeit geführter Schritt darauf abzielte, Deutschlands Möglichkeiten zu beschneiden, bei diesem wichtigen Krieg der Worte auf Augenhöhe zu konkurrieren. Der angloamerikanische Geldadel wurde immer stärker in die Geheime Elite eingebunden. Er unterstützte Großbritannien und seine Verbündeten und ermöglichte es ihnen, diesen Krieg zu führen. Die amerikanische Öffentlichkeit hingegen legte kaum Interesse an den Tag, sich am Krieg zu beteiligen. Das machte sie zum Adressaten der hanebüchenen Propaganda, die in Sturzbächen von der anderen Seite des Atlantiks herüberschwappte.

Der erste Treffer im Propagandakrieg gelang Churchills Admiralität. Es war früh am 5. August – der Großteil der Welt hatte noch gar nicht gehört, dass Großbritannien und Deutschland Krieg führten –, als still und heimlich ein Beschluss umgesetzt wurde, den das Committee of Imperial Defence 1912 getroffen hatte. Die *Alert*,[45] ein dampfbetriebenes Kabelschiff der britischen Postbehörde, durchtrennte das erste von fünf deutschen Transatlantikkabeln, die von Emden aus durch den Ärmelkanal und dann weiter nach Spanien, Afrika und Nord- und Südamerika verliefen.[46] Es war nicht nur der erste Akt der Zensur, es war auch der erste Propagandaschlag in diesem Krieg.[47] Den Briten war damit ein verheerender Treffer gelungen, was die direkte Kommunikation zwischen Berlin und New York anbelangte. Man befand sich am Beginn eines Weltkriegs, es war der allererste Tag, ein Zeitpunkt, an dem erste Eindrücke Stimmungen und Diskussionen entscheidend prägen konnten – und Deutschland hatte sein wichtigstes Instrument für Nachrichten und Propaganda eingebüßt. Dass sich ein Kabelschiff genau dort befand, wo es den wichtigsten deutschen Kommunikationskanal ausschalten konnte, ist ein Beleg dafür, wie gut vorbereitet die Agenten der Geheimen Elite in der Admiralität waren.

Die Briten hielten nun alle Trümpfe in der Hand, was den wichtigen ersten Eindruck anbelangte. Tatsächlich wurden telegrafische Botschaften bereits seit Samstag, den 1. August, zensiert. Von seinem Büro in der Admiralität aus ließ Konteradmiral Sir Douglas Brownrigg als oberster Zensor der Radiotelegrafie sämtliche Telegramme überwachen. Ziel war es, dass nur solche Informationen hinausgingen, die man für unbedenklich hielt, außerdem erhoffte man sich von der Handelsmarine erste nachrichtendienstlich interessante Erkenntnisse. Brownrigg stockte seine Belegschaft auf, indem er sich von vertrauenswürdigen Munitionsfirmen und Schiffsbauern (Cammell Laird und der Fairfield Shipbuilding Company) zusätzliches Personal »auslieh«. Vier Tage, bevor der Krieg offiziell erklärt wurde, scannte die Admiralität schon Nachrichten aus aller Welt nach Erkenntnissen zu Bewegungen britischer Handelsschiffe und »feindlicher« Schiffe.[48] Großbritannien wurde also vom Krieg überrascht und war überhaupt nicht vorbereitet? Ja, gewiss …

Widerwillig ließ es die britische Presse zu, dass auch die Berichterstattung zensiert wurde. Anfänglich gab sie ihr Recht auf Informationsfreiheit und Meinungsfreiheit auf, ohne groß mit der Wimper zu zucken. Churchill, der seinen Spaß daran hatte, im Rampenlicht zu stehen, durfte am 7. August vor das Parlament treten und die Ankündigung vornehmen. Er lobte die Chefredakteure und Eigentümer, die vorsätzlich weggeschaut hatten, als die Admiralität und das Kriegsministerium 10 Tage zuvor still und heimlich die Vorbereitungen für eine Generalmobilmachung eingeleitet hatten. Nun verkündete Churchill die Schaffung eines mit weitreichenden Befugnissen ausgestatteten Pressebüros. Führen würde die Einrichtung Frederick Edwin Smith, der Juragigant der Geheimen Elite.[49] Sinn und Zweck des Pressebüros war laut Churchill

> *»... einen steten Strom vertrauenswürdiger Informationen zu liefern, die sowohl vom Kriegsministerium wie auch der Admiralität bereitgestellt werden ... Ohne Interessen des Militärs oder der Flotte zu gefährden, soll das Land ordentlich und wahrheitsgemäß tagein tagaus in Kenntnis dessen gesetzt werden, was es wissen kann, was gerecht und vernünftig ist. Indem so viel Wahrheit wie möglich geliefert wird, soll die Verbreitung unverantwortlicher Gerüchte ausgeschlossen werden.«*[50]

Vielleicht ist der Schlüsselbegriff hier »so viel Wahrheit wie möglich«. Aus dem Nichts entstand unter dem alles durchdringenden Arm des *Defence of the Realm Act*, dem Gesetz, das es der Regierung erlaubte, der Bevölkerung sehr weitreichende Kontrollen aufzuerlegen, ein Pressebüro. Die Freiheit, auf Nachrichten über den gerade ausgebrochenen Krieg zugreifen zu können, wurde eingeschränkt. Journalisten war es im August 1914 untersagt, an die Front zu reisen und von dort zu berichten. Aber das war ja auch nicht weiter schlimm, denn die Verbindungsoffiziere von Kriegsministerium und Admiralität versprachen absolute Genauigkeit.

Die Realität sah natürlich anders aus: Die Presse verkaufte ihr Ansehen und befleckte ihre Seele, indem sie sich der Regierungspropaganda ergab, für die Dauer des Kriegs jegliche Kritik ausblendete und sich willentlich an der vorsätzlichen Täuschung der Öffentlichkeit beteiligte. Northcliffe und seine Jünger von der Geheimen Elite dominierten die britische Presselandschaft so sehr, dass sich ihnen keine landesweite Publikation in den Weg zu stellen traute. Selbst 100 Jahre später hat sich die Presse in diesem Zusammenhang noch zu rechtfertigen, denn sie verbreitete die Parolen, ihre Chefredakteure und Leitartikler steuerten Schmähungen bei und suhlten sich in den Boshaftigkeiten, die sie über dem Deutschen Reich ausschütteten. Dass die Menschen, die in den Krieg zogen, angelogen wurden, was den Zweck und die Bedeutung des Kampfs anging, ist für sich genommen schon verabscheuenswert genug. Aber dass Millionen Menschen in der Fehlannahme starben, ihre Sache werde der Menschheit langfristigen Nutzen bringen, macht die ganze Angelegenheit gewiss zu einer der erschütterndsten historischen Tragödien.[51]

Die Philosophie, der die oberen Ränge der Geheimen Elite anhingen, kreiste um einen zentralen Punkt: Man musste die Bevölkerung kontrollieren, musste wissen, wie und was die Menschen dachten, und man musste bestimmen, was sie wissen durften. Gedankenfreiheit? Inakzeptabel. Kritische Stimmen? Diejenigen, die sie äußerten, waren keine »Patrioten«. Die Verachtung, die die Geheime Elite der Demokratie entgegenbrachte, erreichte nun ein neues Ausmaß. Die Massen würden nur noch das erfahren, was ihre Herren abgenickt hatten. Doch es erwies sich als schwierig, all diese harten Maßnahmen tatsächlich umzusetzen. Frederick E. Smith, der spätere Lord Birkenhead, nahm als Leiter des Pressebüros eine völlig neuartige Rolle ein. Es gab keine Präzedenzfälle, an denen man sich orientieren konnte, und kein Personal, das sich mit derartigen Aufgaben auskannte.[52] Smith brachte keinerlei Kabinettserfahrung mit, gehörte innerhalb der Geheimen Elite eher zum rechten Flügel und war bestens vernetzt in der Milner-Robert-Northcliffe-Gruppe, wo man einen Militärdienst einer Freiwilligentruppe vorzog.

Weil keine erfahrenen und zuverlässigen Journalisten Augenzeugenberichte über die Ereignisse im Norden Frankreichs und in Belgien lieferten, füllte allerlei patriotischer Unfug das Informationsvakuum. Etwa drei Wochen lang wurde der britischen Öffentlichkeit eine Reihe lachhafter Geschichten serviert, laut derer die Hälfte der deutschen Armee getötet worden war und die andere Hälfte auf der Flucht war. Jeden Tag gab es Berichte über die angebliche Feigheit der deutschen Soldaten und dass sie beim Anblick eines Bajonetts das Hasenpanier ergriffen oder schmachvoll kapitulierten. Umso glaubwürdiger wurde diese Märchenstunde dadurch, dass man der Öffentlichkeit hoch und heilig versprochen hatte, ihr durch das Pressebüro nichts als die absolute Wahrheit zu präsentieren. Und jetzt stand in der Zeitung, dass der »Kampf« gegen die deutschen Soldaten praktisch ein besserer Kindergeburtstag mit Tontaubenschießen war.[53] Niemand rechnete jetzt noch mit einer militärischen Katastrophe. Mit heiterem Unfug war die Öffentlichkeit abgespeist worden, entsprechend rechnete man nun quasi stündlich mit dem Ende der militärischen Auseinandersetzungen. Die *Daily News* druckte Korrespondentenberichte »von der Front« ab, bei denen im leichten Plauderton von »Bücklingen zur Teezeit« erzählt wurde, von »Zahnschmerzen im Schützengraben« und vom »Morgenbad des Herrn Leutnants«.[54] Diese Berichte waren nett zu lesen, verbreiteten positive Stimmung und waren einlullend. Der Haken daran war nur, dass sie überhaupt nichts mit dem zu tun hatten, was im Norden Frankreichs und in Belgien geschah. Kein Wunder, dass sich in der Frühphase des Kriegs so viele Rekruten sorgten, der Krieg könne bereits vorbei sein, bevor sie in Frankreich eintrafen.

Am 30. August jedoch brach die Brutalität des modernen Kriegs mit aller Erbarmungslosigkeit über das Mittelklasse-Großbritannien herein. Als das Britische Expeditionskorps am 23. August in der Nähe der belgischen Stadt Mons (deutsch: Bergen) die ersten Schüsse abgefeuert hatte,[55] verspürte das Korps noch kurzfristig ein Gefühl der Überlegenheit, doch dann stürmte Welle um Welle deutscher Infanterie auf die zahlenmäßig weit unterlegenen Briten zu, die schließlich zum Rückzug gezwungen waren. Am 26. August trug das Expeditionskorps die berühmte Schlacht von Le Cateau aus, bei der man mit exemplarischem Mut gegen einen Feind antrat, der über »doppelt so viele Mann und doppelt so viel Artillerie« verfügte. 8000 Soldaten verloren die Briten, bevor sie ihren Rückzug fortsetzten.[56]

Das Britische Expeditionskorps schlug sich ehrenhaft, aber die Truppen standen einem sehr disziplinierten und gut bewaffneten Gegner gegenüber, der ihnen teilweise um das Dreifache überlegen war. 13 Tage in beispielloser Angst dauerte der Rückzug, er verlief über 250 Kilometer, und die ganze Zeit über erlitten die britischen Truppen gewaltige Verluste. Das Korps sei »zerschmettert«, erklärte General Sir John French und wollte die Soldaten bis hinter die Seine verlegen.[57] Vergebens, er wurde überstimmt. Die Presse wurde nicht darüber informiert, wie drastisch sich die Lage verändert hatte. Dann erhielt die *Times* am frühen Abend des 29. August eine Depesche von einem ihrer verlässlichsten Korrespondenten. Die Meldung schlug ein wie eine Bombe. Sofort erbat die *Times* die Erlaubnis, die Geschichte drucken zu dürfen. Überraschenderweise reagierte das Pressebüro innerhalb von 3 Stunden, strich nur einige nebensächliche Details und gab dann grünes Licht. Im

Vertrauen auf ihre Quelle – und mit der Erlaubnis von F.E. Smith – berichtete die *Times* von einer »sich zurückziehenden und gebrochenen Armee … ein furchtbarer Kampf … zerstreute Teile vieler Regimente.«[58] Es war eine Katastrophe, und das britische Volk war fassungslos. War das Expeditionskorps vernichtet worden? Es war schlicht unglaublich. H.G. Wells gab den Augenblick später in seinem 1916 veröffentlichten Roman Mr. Brittlings Weg zur Erkenntnis perfekt wieder: »Es war, als habe David seinen Stein geschleudert – und nicht getroffen!«

Am darauffolgenden Tag hielten *Times* und *Daily Mail* die Artikel ihrer Montagsausgaben zurück.[59] Die *Times* änderte ihre Haltung und versuchte, per Leitartikel Schadensbegrenzung zu betreiben, eine allgemeine Panik zu verhindern und die Vorwürfe der Illoyalität zu entkräften, die im Parlament gegen die Zeitung erhoben worden waren. Anstatt sich auf den Rückzug einer »gebrochenen Armee« zu konzentrieren, stellte die Redaktion die Fakten auf den Kopf:

> *»Die britische Armee hat sämtliche Ruhmestaten ihrer langen Historie übertroffen und sich frischen, unauslöschlichen Glanz verdient. Sie hat der deutschen Armee furchtbare Verluste zugefügt und ist wiederholt trotz aussichtsloser Lage nicht gewichen. Die überwältigende Stärke und die Hartnäckigkeit des Feinds zwangen die Truppen zum Rückzug, aber die Armee hält eine ungebrochene, wenn auch unordentliche Linie …«*[60]

Es war eine Lüge, die nicht von Dauer sein konnte. Am 30. August zog sich das Expeditionskorps südwärts in Richtung Marne zurück und hinterließ dabei entlang der Straßen eine Spur aus kaputten Wagen, zerfetzter Ausrüstung und zurückgelassenen Rationen sowie bergeweise Vorräte. Denn außer Waffen und Munition ließen die Marschierenden alles zurück, was sie belastete.[61]

Die erste Meldung der *Times* hatte ein klaffendes Loch in den Schirm der Zensurmaßnahmen gerissen. Kitchener sah sich gezwungen zu behaupten: »Für jeden verlorenen Mann haben zwei andere die Front erreicht.« Die *Times* jubelte über die Beteuerung, dass die britischen Truppen noch immer Richtung Norden stünden, und zwar mit »unverminderter Stärke und unverzagten Gemüts«. Die nächste Lüge. Hatte der Zensor einen schweren Fehler begangen, als er zuließ, dass die Wahrheit publik wurde, oder steckte ein anderes Motiv dahinter? Die Empörung bei Northcliffe und seiner wichtigsten Zeitung legte sich rasch wieder, als sich herausstellte, dass der Zensor höchstselbst den Artikel nicht nur abgenickt hatte, sondern einen Kommentar hinzugefügt hatte, den Northcliffe brav abdruckte. Smith war überzeugt, dass man die schweren Verluste des britischen Expeditionskorps dazu nutzen müsse, Kitcheners Werben um Freiwillige zu unterstützen, also hatte er den Artikel zugelassen und erst am Tag darauf im Parlament eingeräumt, dass Kitchener ihn gebeten habe, »Rekruten für seine Armee« zu gewinnen. »Wir wollen Verstärkungen, Verstärkungen und noch mehr Verstärkungen«, waren die Worte, die Smith dem Artikel hinzugefügt hatte.[62] Für einen kurzen Augenblick hatte Smith gegen seine eigenen strengen Zensurauflagen verstoßen, und erstmals wurde die Angst vor einer Niederlage dazu genutzt, die Rekrutierungsbemühungen anzufachen.

Dass Fake News kein Phänomen des 21. Jahrhunderts sind, zeigt der Fall eines Zeitungsjungen aus der schottischen Hauptstadt Edinburgh. Er musste ins Gefängnis, weil er am 30. August 1914 »Falschmeldungen verbreitet« hatte.[63] Das Zensurgesetz fand sein erstes Opfer.

Ab Tag eins des Ersten Weltkriegs machte sich in London die Geheime Elite daran, die Geschichtsschreibung zu verfälschen. Es ging darum, die eigene Schuld zu vertuschen und dem Kaiserreich die Verantwortung für die Ereignisse zuzuschieben. Ihre Version wird bis heute als Wahrheit präsentiert, Generationen von Studenten haben sie wiedergekäut – aus dem einfachen Grund, dass sie von Professoren von der Universität Oxford geschrieben wurde, angeblich die weltweit beste akademische Einrichtung. Professor Carroll Quigley jedoch hat enthüllt, dass Alfred Milner und seine Gruppe so viel Macht in Oxford hatten und eine dermaßen starke Kontrolle dort ausübten, dass sie ein Monopol auf die Geschichtsschreibung und die Geschichtslehre ihrer eigenen Zeit hatten.[64] Und wie man weiß, muss man schon sehr wagemutig oder sehr verrückt sein, um die offizielle Lesart der Geschichte anzuzweifeln, die jene wichtigen Männer und Frauen in ihren Elfenbeintürmen niedergeschrieben haben.

Doch viele Akademiker pflegten seit langer Zeit gute Beziehungen zu Deutschland und zu deutschen Universitäten. Entsprechend groß war in der ersten Augustwoche, als Europa auf eine Explosion zusteuerte, ihre Furcht, dass Großbritannien in einen Krieg mit einem Land ziehen würde, das dermaßen viel zur europäischen Zivilisation beigetragen hatte. Mehrere Professoren aus Cambridge und andere wichtige Akademiker verfassten daher einen offenen Brief, der am 1. August in der *Times* abgedruckt wurde. Darin heißt es:

> *»Wir erachten Deutschland als ein Land, das in den Künsten und Wissenschaften führend ist, und wir alle haben von deutschen Gelehrten gelernt und tun es bis heute. Gegen Deutschland für die Interessen Serbiens und Russlands Krieg zu führen, ist eine Sünde gegen die Zivilisation. Sollten wir als Resultat ehrenhafter Verpflichtungen unglücklich in einen Krieg verwickelt werden, wird uns der Patriotismus zum Schweigen verpflichten, aber zum jetzigen Zeitpunkt halten wir es für gerechtfertigt, dagegen zu protestieren, dass wir in eine Auseinandersetzung mit einer Nation gezogen werden, die uns so nahesteht und mit der wir dermaßen viel gemein haben.«*[65]

Die Parameter der Diskussion verschoben sich, als deutsche Truppen in Belgien einmarschierten, aber dennoch hielt sich selbst nach Ausbruch der Feindseligkeiten ein gewisses Maß an prodeutscher Stimmung, zum Teil in Großbritannien, aber mehr noch unter den Nationen, die neutral geblieben waren. Das beunruhigte die Geheime Elite und ihren akademischen Ableger in Oxford, wo man den Krieg unterstützte. Deshalb leitete der Geheimbund sofort einen Gegenschlag in die Wege.

Die Lösung bestand in einer Reihe kurzer Pamphlete, in denen die Geheime Elite ihre Version sowohl der langfristigen als auch der kurzfristigen Gründe für den Krieg darlegte. Die Frage war nur: Wer könnte die entsprechenden Materialien liefern? Eigentlich hätten Oxfords Historiker (wie auch ihre Kollegen an den anderen britischen Universitäten) kaum darauf vorbereitet sein können, in halboffizieller Funktion die britische Kriegserklärung vom August 1914 zu entschuldigen.[66] Doch die Geheime Elite hatte Oxford in der Tasche und konnte rasch das All-Souls-Bataillon mobilisieren, das sich auch sofort auf die Herausforderung stürzte, eine Rechtfertigung für den Krieg zu fabrizieren und Deutschland in ein möglichst schlechtes Licht zu rücken.

Insgesamt gab es 87 speziell in Auftrag gegebene Oxford-Pamphlete,[67] von denen einige bis zu zehnmal nachgedruckt wurden und einen hübschen Gewinn einfuhren. Es gab Übersetzungen ins Französische, Italienische, Spanische, Deutsche, Dänische und Schwedische. Oftmals enthielten die Oxford-Pamphlete authentische Informationen, ergänzt um eine patriotische Interpretation der Autoren, die als objektive Analyse daherkam. Es handelte sich um nichts anderes als Rauchbomben, Ablenkungsversuche und Störmanöver. Die Bevölkerung sollte es glauben. Das neutrale Ausland sollte überzeugt werden. Urheber dieser Schriften waren die vermeintlich klügsten Köpfe in ganz Großbritannien. Es war das Evangelium nach Oxford. Die in London, Edinburgh, New York, Toronto, Melbourne und Bombay veröffentlichten Pamphlete konnten einzeln oder als Satz erworben werden, und zwar zu bezahlbaren Preisen.[68]

Auch Alfred Milners »Kindergarten« aus den Zeiten des Burenkriegs wagte sich in den Sumpf deutschlandfeindlicher Propaganda. Im September 1914 veröffentlichte die Gruppe eine besondere Kriegsedition des Magazins *Round Table* mit dem Titel »Germany and the Prussian Spirit« (»Deutschland und der preußische Geist«), die sich an die Mittel- und Oberschicht wandte. Das Werk war gespickt mit Klischees, mit subjektiv ausgewählten historischen Hintergrundinformationen und einem grob gezeichneten Bild eines älteren, idyllischeren Deutschlands. Inzwischen, so hieß es, dominiere dort jedoch ein neuer rücksichtsloser preußischer Stahl, dessen »rasche Gletscherströmung« Eis ins Herz des alten Rheinlands getragen habe.[69] Wie ironisch ihre Botschaft war, blieb von der britischen Presse völlig unbeachtet, während die Scheinheiligkeit gleichzeitig ein völlig neues Niveau erreichte. Laut Tafelrunde bestand die Aufgabe des Staates nicht darin, »den allgemeinen Willen des Volkes zu prägen, sondern ihn zu repräsentieren«. Dem deutschen Volk wurde vorgeworfen, blind dem »Paternalismus des preußischen Nationalismus« zu folgen.[70]

Und das aus dem Munde der Schüler von Professor Ruskin, der Erben von Cecil Rhodes, jener Männer, die die Welt unter die einheitliche Herrschaft der englischen Oberschicht-Elite stellen wollten – Männer, die privat nichts als Verachtung für die Demokratie übrighatten.[71] Es ist durchaus aufschlussreich zu beobachten, zu welcher Schlussfolgerung die Tafelrunde gelangte:

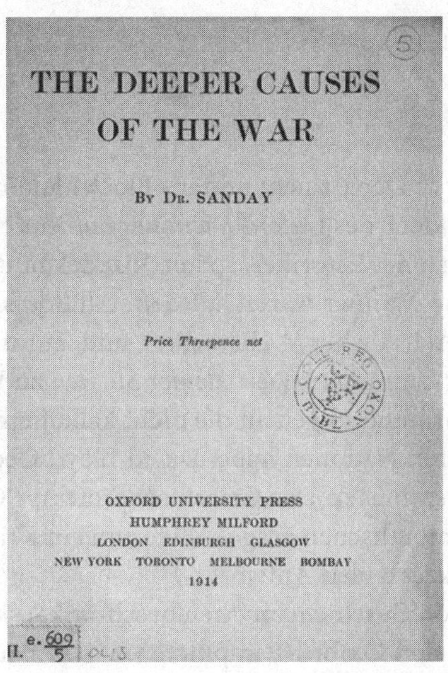

THE DEEPER CAUSES OF THE WAR

By Dr. SANDAY

Price Threepence net

OXFORD UNIVERSITY PRESS
HUMPHREY MILFORD
LONDON EDINBURGH GLASGOW
NEW YORK TORONTO MELBOURNE BOMBAY
1914

»Das Ziel des deutschen Imperialismus besteht letztlich in nichts Geringerem als der Vernichtung der britischen Macht, der Erniedrigung Englands und der Zerschlagung des Empire«.[72] Tatsächlich war das Ziel der Geheimen Elite letztlich nichts Geringeres als die Vernichtung der deutschen Macht, die Erniedrigung Deutschlands und die Zerschlagung des Deutschen Reichs. Seine eigene megalomanische Besessenheit von der Weltherrschaft übertrug der Geheimbund eins zu eins auf die Preußen. Es war Großbritannien, das Deutschland den Krieg erklärt hatte. Es waren Frankreich und Russland, die zuerst gegen Deutschland mobilmachten. Aber es ist ja seit Langem ein geflügeltes Wort, dass das erste Opfer des Krieges die Wahrheit ist.[73]

Wer stand auf der Liste der Männer, die die Pamphlete verfassten? Da waren unter anderem: Spencer Wilkinson, erster Chichele-Professor für Militärgeschichte, Oxford; W.G.S. Adam, Professor für Politische Theorie, Oxford; Charles R.L. Fletcher, ein konservativer Empire-Historiker, der mit Rudyard Kipling 1911 *A History of England* verfasste, ein Werk, in dem die Spanier als rachsüchtig, die Menschen in der Karibik als faul und boshaft und die Iren als verdorben und undankbar hingestellt wurden;[74] Henry W.C. Davis, Regius-Professor für Moderne Geschichte, den die Regierung ins

War Trade Intelligence Department und ins Blockadeministerium holte und der später Chefredakteur des *Oxford Dictionary of National Biography* wurde; C. Grant Robertson, Historiker, später Vizedekan der Universität Birmingham. Alle diese Männer waren auf dem All Souls College in Oxford gewesen. Herbert A. L. Fisher,[75] Historiker und Tutor für Moderne Geschichte, Oxford. Er kam in *Der Wert kleiner Staaten* zu Wort und erinnerte in akademischen Formulierungen an die nicht kalkulierbare Schuld, die Zivilisation bei kleineren Nationen habe. David Lloyd George machte Fisher später zum Bildungsminister. Der Griechischprofessor Gilbert Murray aus Oxford schrieb zur moralischen Frage »Wie kann ein Krieg je gerecht sein?« und kam zu einer akzeptablen Antwort.

Die Produktion von Geschichtsmythen beschränkte sich jedoch nicht auf die Universität. An den Oxford-Pamphleten wirkten auch journalistische Schwergewichte wie Sir Valentine Chirol[76] mit, Mitglied der Geheimen Elite und von 1897 bis 1912 Auslandskorrespondent der *Times*. Seine beiden Pamphlete *(Serbien und die Serben* sowie *Deutschland und die Angst vor Russland)* waren im Grunde nichts anderes als ein Vorwurf an die Adresse Deutschlands: Weil es einen Krieg wollte, habe Berlin Österreich aufgehetzt. Das ist typisch für die Art Lüge, die, wird sie nur oft genug wiederholt, schließlich als Fakt akzeptiert wird – in diesem Fall umso mehr, weil auch die Universität Oxford sie verbreitete. Eine andere wichtige Person war Konteradmiral Sir James Thursfield, Marinehistoriker und Journalist aus dem Umfeld von Lord Fisher, dem Chef der Admiralität. Thursfield hielt regelmäßig Vorlesungen an der Roberts-Akademie in Camberley und war der erste Chefredakteur der Literaturbeilage der *Times*. In seinem Pamphlet *Die Navy und der Krieg* wurde damit geprahlt, welch großen Druck die Flotte still und leise auf Deutschland ausübte; außerdem warnte Thursfield vor den Gefahren des Pazifismus. Auch der amerikanische Anwalt James M. Beck, republikanischer Politiker mit probritischer und vehement antideutscher Haltung, steuerte ein wichtiges Pamphlet bei: *Die Doppelallianz gegen die Dreifach-Entente*. Sein alles andere als objektives Urteil über die militärischen Bündnisse – Beck hielt im Grunde alles für richtig, was die Briten unternommen hatten – war willkommen und stieß auf ein positives Echo.

Wie wichtig diese intellektuelle Ebene war, sollte man nicht unterschätzen. »Kriegsdozenten« schrieben an die Oxford University Press und baten um ausführlicheres Material, das sie in ihre Vorlesungen einbauen konnten. Denn diese absurden Pamphlete galten als neue Bibel, als der »Beweis«, wonach das Empire jedes Recht hatte, gegen Deutschland zu den Waffen zu greifen. Noch wichtiger aber war es, wie sich die Pamphlete in den neutralen Ländern und insbesondere in den Vereinigten Staaten auf die öffentliche Meinung auswirkten.

Mit großer Sorgfalt wurde darauf geachtet, dass nicht der Eindruck entstand, die Oxford-Pamphlete könnten in irgendeiner Weise etwas mit dem Propagandafeldzug zu tun haben. Aus diesem Grund wurden sie auch in erster Linie über die »gewöhnlichen Handelskanäle«[77] vertrieben und verkauft. Oxford University Press berechnete üblicherweise einen Verkaufspreis zwischen 1 und 3 Pence pro Pamphlet, eine gebundene Reihe ging 1915 für einen Schilling weg. Selbstverständlich wurden die Pamphlete für ihre Authentizität gelobt, und die *Saturday Review* schrieb: »Diese kleinen Büchlein sind ohne Frage die besten Bücher über den Krieg – akkurat, ruhig geschrieben, voller Wissen und frei von Prahlerei oder Bitterkeit.«[78] Tja, die Dinge ändern sich nur wenig. Geschichtsschreibung aus Oxford lebt noch immer von den positiven Besprechungen ehemaliger Oxford-Studierender.

Vergessen wir bitte nicht die Ermahnung von Professor Quigley: Kein Land, das etwas auf seine Sicherheit gibt, sollte zulassen, dass eine kleine Gruppe (und damit meinen wir die Geheime Elite) die Veröffentlichung von Dokumenten vollständig dominiert, dass sie die Informationswege besetzt, die die öffentliche Meinung beeinflussen und dann das Festhalten und das Lehren von Geschichte monopolisiert.[79] Denn genau dieser Fall war hier eingetreten. Praktisch jeder britische Autor, der bei den Oxford-Pamphleten mitwirkte, war auf direkte oder indirekte Weise in irgendeiner Form mit der Geheimen Elite und deren hochtrabenden Plänen verbandelt. Die »Wahrheit« wurde von ihnen und in ihrem Sinne definiert.

Im September 1914 gab das britische Außenministerium grünes Licht für den Aufbau eines War Propaganda Bureau unter der Leitung von Charles Masterman, dem Kanzler des Herzogtums Lancaster, was ein zweitrangiger Posten im Asquith-Kabinett war. Asquith scheint es beim Aufbau eines

Kriegspropagandabüros vor allem darum gegangen zu sein, dass seine Geliebte Venetia Stanley über alle Ereignisse auf dem Laufenden blieb. Die britische Öffentlichkeit hingegen wurde weiter im Dunkeln gelassen. Nachdem das Kabinett in Kenntnis gesetzt worden war, dass die Einrichtung des War Propaganda Bureau geheim bleiben werde, schrieb Asquith am 5. September an seine Herzensdame: »Die Zeitungen, mit denen ich rede, lechzen (nicht ohne Grund) nach Nachrichten, denn davon hatten sie die ganze Woche über herzlich wenig. Ich werde Winston einfach sagen, er soll sein Kunststück vom vergangenen Sonntag wiederholen und ihnen seine besten journalistischen Saucen der Militärgeschichte dieser Woche servieren. K[itchener] ist von keinerlei Nutzen, was diese Dinge anbelangt, und empfindet unverhohlene Verachtung gegenüber der ›Öffentlichkeit‹ in all ihren Stimmungen und Ausprägungen.«[80]

Das ist also der stete Strom verlässlicher Informationen, den die Regierung Asquith zugesagt hatte. So viele junge Männer folgten Kitcheners Aufforderung und meldeten sich freiwillig. Wie viele wären es wohl gewesen, wenn sie gewusst hätten, dass er die Öffentlichkeit eigentlich verachtete?

Im Vorfeld seiner Berufung hielt Masterman am 2. und am 7. September 1914 Konferenzen ab, um die offizielle Propaganda, mit der im Ausland Meinungsmache betrieben werden sollte, zu organisieren und zu koordinieren. Die erste Konferenz fand mit bekannten Persönlichkeiten aus der literarischen Welt statt, die zweite mit Journalisten und Publizisten. Masterman zog für die Veranstaltungen in die Räumlichkeiten der National Insurance Commission in Buckingham Gate – Räumlichkeiten, die besser bekannt sind unter dem Namen Wellington House. Die Arbeit dort fand unter strengster Geheimhaltung statt. Masterman war überzeugt: Die Meinungsmacher, um die es ihm ging, würden sich nicht voll und ganz einbringen, würden sie die Quelle ihrer Informationen kennen.[81] Nicht einmal alle Mitglieder des Kabinetts wussten von dieser Einrichtung.

Die berühmtesten literarischen Schwergewichte jener Zeit machten mit und stopften sich die ohnehin schon gut gefüllten Taschen weiter voll, indem sie sich die Veröffentlichung ihrer Romane und Kurzgeschichten bezahlen ließen. Renommierte Autoren wie H.G. Wells, Arthur Conan Doyle, G.K. Chesterton, Sir Edward Cook und Hilaire Belloc schrieben Artikel, Erzählungen und

Geschichten, die gezielt britische Propaganda verbreiten sollten, und zwar vor allem in Amerika. Der Nachrichtendienst der Marine nahm zusätzlich die Dienste unter anderem von Rudyard Kipling, Joseph Conrad und Alfred Noyes in Anspruch.[82] Es war niemand anderer als John Buchan, während der »Kindergarten«-Jahre in Südafrika Alfred Milners Privatsekretär, der meisterhaft die Fäden dieser literarischen Propaganda zog. Ab 1916 machte er im Propagandasektor und im militärischen Nachrichtendienst Karriere, denn als Milners Stellvertreter war Buchan das Verbindungsglied zwischen Geheimer Elite[83] und dem Herz der britischen Geheimdienstgemeinde.[84] Mehr dazu später.

Mastermans Aufgabe war alles andere als einfach. Die Verbündeten waren nicht immer einer Meinung, es gab militärische Kritik am französischen Oberkommando und vom französischen Oberkommando. Immer wieder kam es zu Spannungen. Er musste sehr sorgfältig vorgehen. Hinzu kam, dass sich die Technologie rasch fortentwickelte, denn mit Foto, Film und Wochenschau betraten neue Medien die Bühne. Die Propagandabranche wuchs sich rasch von einer Heimindustrie zu einer ernst zu nehmenden internationalen Macht aus. An den Zielen änderte das nichts, es ging weiterhin darum, die gerechte Sache der Alliierten zu bewerben und die satanischen Handlungen und Absichten des Feindes zu verurteilen. Die Propagandamaschinerie erreichte mit der Zeit völlig neue Regionen des Globus. 1916 sah sich Masterman gezwungen, eine Abteilung für muslimische Angelegenheiten zu eröffnen, denn die Bedeutung von Indien, Persien, Ägypten, der Türkei und dem Nahen Osten nahm stetig zu.[85]

Zu viele Organisationen, Abteilungen und manchmal sogar Einzelpersonen mischten bei den Propagandabemühungen mit, sodass es schließlich den Anschein hatte, als habe niemand mehr den Überblick über all die Auswucherungen dieses monströsen Biests. Aktionen wurden doppelt unternommen, zwischen den Abteilungen brachen Eifersüchteleien aus und lähmten den gesamten Prozess. Effektive Propaganda erforderte Kontinuität, Kreativität und rasches Handeln.[86] Und genau das wollte die Geheime Elite. Als das Innenministerium am 26. Januar eine wichtige Konferenz unterschiedlicher Abteilungen abhielt, war die Geheime Elite durch Lord Robert Cecil[87] in seiner Funktion als parlamentarischer Staatssekretär im Außenministerium vertreten. Die Situation wuchs sich zu einem erbitterten Streit zwischen Kriegs-

und Außenministerium aus, aber letztlich konnte sich Cecil durchsetzen: Das Außenministerium würde federführend bei einer grundlegenden Neuordnung der Propagandabemühungen sein. Alle anderen Abteilungen mussten in die zweite Reihe zurücktreten und einen Verbindungsoffizier abstellen, der das Außenministerium mit allen wichtigen Informationen versorgte. Doch Cecils Sieg sollte nicht von Dauer sein, denn in einem Krieg, bei dem Flexibilität und Kreativität unerlässlich waren, erwies sich das Außenministerium als zu wenig flexibel.

Ein weiteres Organ, das aus den massiven Investitionen in einen Propagandaapparat resultierte, war das Central Committee for National Patriotic Organizations, das Zentralkomitee für nationale patriotische Organisationen. Zwei Männer trugen hier die Verantwortung, und beide hatten sie direkte Verbindungen zur Geheimen Elite. George W. Prothero stand der Cecil-Familie und Alfred Milner nahe,[88] Henry Cust hingegen wurde von William Waldorf Astor protegiert, der zum inneren Kreis der Geheimen Elite zählte.[89] Cust war Herausgeber der *Pall Mall Gazette* und verkehrte mit Arthur Balfour, Georges Curzon, Margot Asquith und Alfred Lyttelton, einer Gruppe, die häufig als »The Souls« bezeichnet wurde. Ehrenpräsident des Central Committees war Premierminister Asquith. Die Organisation veranstaltete Vorlesungen, gründete patriotische Vereine und hielt Aufmärsche sowohl in den großen Städten als auch in den Provinzstädten ab. Ziel war es, jeden Widerstand gegen den Krieg im Keim zu ersticken.

Das Zentralkomitee nahm aber auch Personen aus neutralen Ländern ins Visier. An diese trat man direkt heran und warb um Unterstützung für die Kriegsanstrengungen. Es meldeten sich angesehene Männer und Frauen für diese Aufgabe, was dazu führte, dass ausländischen Bekannten, Kollegen, Geschäftspartnern und Mitarbeitern aus aller Welt Propagandamaterial direkt nach Hause oder an den Arbeitsplatz geschickt wurde. Das Central Committee for National Patriotic Organizations verschickte während der Kriegsjahre über 250 000 Bücher, Pamphlete und andere Druckerzeugnisse ins Ausland.[90] Allein bis 1916 veranstalteten 250 Redner 15 000 Treffen. Studenten aus neutralen Ländern wie auch im Ausland lebende Briten wurden auf ähnliche Weise eingespannt.[91] In den Industriegebieten überfluteten sie die Bibliotheken mit 900 000 Flugblättern, in ähnlicher Größenordnung wurden sie an Schulen verteilt. Ohnehin nahmen Mastermans Leute im Wellington House häufig Kinder ins Visier.[92] Propaganda nimmt auf Alter keine Rücksicht.

Alle Mitarbeiter in Wellington House wurden zur Geheimhaltung verpflichtet. In den ersten zwei Kriegsjahren schieden einige Beamte aus, die von der nationalen Versicherungskommission in die Propagandaabteilung versetzt worden waren. Ihre Nachfolger, zumindest auf den höheren Ebenen, waren Milner-Männer, Leute wie James Headlam-Morley und Arnold J. Toynbee, beide Mitglieder der Geheimen Elite,[93] und Lewis Namier aus Balliol. Wellington House war sehr international aufgestellt und verfügte über Bereiche, die, entweder nach geografischen oder sprachlichen Grenzen abgesteckt, Skandinavien, Italien oder die Schweiz bearbeiteten. Mit einer belgischen Gesandtschaft arbeitete Masterman an der Propaganda, und während der ersten Monate des Kriegs fungierte sein Amt im Grunde als belgisches Propagandaministerium.[94] Jeden Tag studierten Mitarbeiter die Auslandspresse sehr gründlich und legten Akten zur öffentlichen Meinung in sämtlichen neutralen Ländern an. Um eine möglichst große Wirkung zu erzielen, wurden bestimmten Ländern spezielle »Storys« zugespielt, die größtenteils aus Lügen und Halbwahrheiten bestanden. Allerhöchste Priorität hatten in allen Fällen die USA, und das zog sich solange durch alle Ebenen, bis Amerika in den Krieg eintrat.[95]

Amerikaner konnten sich gewiss sein, dass man sie in Großbritannien mit offenen Armen begrüßte. Schamlos wurden Korrespondenten und ranghohe Besucher umworben, die Regierung Asquith oder die neue Regierungspolitik gutzuheißen. Und um aus erster Hand Informationen über die öffentliche Meinung zu erhalten, entsandte die Presse Sonderberichterstatter nach Amerika. Doch sie hatten noch einen weiteren Auftrag – wenn sich irgendwo Widerstand gegen die britische Politik regte, sollten sie aktiv werden und die Kritik entkräften. Am liebsten arbeitete die Propagandaabteilung auf persönlicher Ebene, von Angesicht zu Angesicht. Um für Unterstützung für Großbritannien und die britischen Alliierten zu trommeln, nutzte sie ihre Verbindungen im Bankenwesen, in der Geschäftswelt, der akademischen Welt, der Presselandschaft und sogar familiäre Bande. Dank all der oben genannten Organe war so gut wie niemand besser vernetzt als die Geheime Elite.

Für die Sache der Briten und der Alliierten erwiesen sich die angloamerikanischen Bande als unbezahlbarer Trumpf, der stark dazu beitrug, die Propaganda an den Mann zu bringen. Franz von Papen zufolge, dem deutschen Militärattaché in Washington, fand bereits am 23. August 1914 im New Yorker Büro von J. P. Morgan eine Konferenz statt, bei der man über Möglichkeiten sprach, britische Propaganda in Amerika zu fördern und zu unterstützen. Es sei beschlossen worden, Einfluss auf die amerikanische Presse zu nehmen, so von Papen. Kurz darauf nahmen vierzig amerikanische Tageszeitungen englische Kolumnisten unter Vertrag.[96] Natürlich standen Morgan und seine mächtigen Unternehmen hinter der Entente, schließlich war J. P. Morgan eng mit den Rothschilds und der Geheimen Elite verbunden. Der Geheimbund hatte ihn zum Alleinvertreter gekürt, was den Kauf von Munition und das Organisieren von Krediten für Großbritannien anbelangte – Aktivitäten, mit denen Morgan ein Vermögen machte.

Die USA-Abteilung im Wellington House leitete Sir Gilbert Parker,[97] und er erklärte, was die britische Regierung in Amerika unternahm, um für die Sache der Entente zu werben: 360 Zeitungen in den kleineren Bundesstaaten stellte man fortan eine englische Zeitung zu, wodurch sie eine wöchentliche Zusammenfassung des Kriegsgeschehens aus Sicht der Briten und Franzosen erhielten. Wichtige Amerikaner wurden ermutigt (auf welche Weise, lässt Parker offen), Artikel für die Lokalpresse zu schreiben, angesehene Akademiker wurden direkt und persönlich von Kollegen aus Großbritannien kontaktiert, »beginnend bei Professoren an Universitäten und Colleges«.[98] Parkers Adressverzeichnis enthielt die Namen von 260 000 bekannten Amerikanern.

Der französische Historiker und Politiker Gabriel Hanotaux schrieb eine illustrierte Geschichte des Kriegs von 1914. In diesem Werk führt er ein Interview mit Richard Bacon, dem ehemaligen amerikanischen Botschafter in Frankreich und ehemaligen Partner bei J. P. Morgan. Bacon erklärte kategorisch:

> *»In Amerika [...] gibt es 50 000 Menschen, die die Notwendigkeit erkennen, dass die Vereinigten Staaten sofort auf Ihrer Seite in den Krieg eintreten. Aber es gibt 100 Millionen Amerikaner, die daran*

noch nicht einen Gedanken verschwendet haben. Unsere Aufgabe ist es, dafür zu sorgen, dass sich das Zahlenverhältnis umkehrt und aus den 50 000 die 100 Millionen werden. Wir werden es schaffen.«[99]

Wie sich zeigte, war das keine unbegründete Prahlerei. Mit voranschreitender Dauer des Kriegs wurden mit Propaganda gefüllte Wochenschauen in den Lichtspielhäusern immer alltäglicher. Es wurde mit allen Mitteln gearbeitet, um den kleinen Mann anzusprechen – Kinos, Pamphlete, Werbung, Fotos, illustrierte Nachrichten, Romane, Interviews … Die Massenmedien waren zu einem Instrument der Kriegsführung geworden – und Amerika war ihr Hauptziel.[100]

Der für Deutschland verheerendste Meilenstein in dem Propagandakrieg um die Herzen Amerikas war der Bryce-Bericht, der »Bericht des Ausschusses zu mutmaßlichen deutschen Gräueltaten«.[101] Thema war das Verhalten der deutschen Truppen in Belgien, vermeintliche Verstöße gegen die Regeln der Kriegsführung und unmenschliche Handlungen an der Zivilbevölkerung. Viele Belgier, die im August und September 1914 nach Großbritannien geflohen waren, hatten reißerische Geschichten über deutsche Schandtaten im Gepäck, die von Zeitungen jeder politischen Couleur aufgegriffen wurden, wobei keine Publikationen lauter aufheulten als die aus dem Northcliffe-Stall. Am 12. und 17. August wetterte die *Daily Mail* gegen »deutsche Brutalität«, beispielsweise den Mord an fünf Zivilisten, belegt durch eidesstattliche Erklärungen von »Augenzeugen«. Diese Geschichten erschienen zu einem Zeitpunkt, als es nur wenige Meldungen von der Front gab, insofern stieß diese Negativpresse bei der Öffentlichkeit auf besonders offene Ohren und sorgte für mächtig Aufruhr. Am 21. August schrieb der Northcliffe-Journalist Hamilton Fyfe, der früher bei der *Times* gewesen war, von »Sünden gegen die Zivilisation«.[102] *Times* und *Daily Mail* druckten sensationslüstern spaltenweise Vorwürfe gegen deutsche Soldaten ab: Sie hätten Frauen und Kinder verstümmelt, verwundete Gegner mit dem Bajonett erstochen, Frauen die Brüste abgeschnitten, Nonnen vergewaltigt und so weiter. Und was natürlich auch nicht fehlen durfte: Am 18. September erschien ein Foto, auf dem angeblich ein unschuldiger belgischer Vater zu sehen war, der einen verkohlten Stummel hochhielt – angeblich alles, was vom Fuß seiner Tochter übrig geblieben war.[103] Belgische Flüchtlinge und britische Soldaten bestätigten die Berichte, die weltweit verbreitet wurden und der deutschen Sache enormen Schaden zufügten. Britische Parlamentarier forderten eine offizielle Untersuchung, und am 15. Dezember 1914 berief Premier Asquith die führenden Köpfe des Königreichs in einen entsprechenden Ausschuss.

Als die deutschen Truppen im August 1914 in Belgien einmarschierten, leisteten die Belgier hartnäckig und tapfer Widerstand. Dabei verloren viele unschuldige Menschen ihr Leben.[104] A.T. Dawe, der für die *Daily Mail* berichtete, folgte der deutschen Armee, während sie von Aachen auf Brüssel vorrückte. Er berichtete, Teile der Zivilbevölkerung hätten – vom Bürgermeister und belgischen Beamten dazu angestachelt – die deutschen Züge beim Einfahren in den Bahnhof mit Maschinengewehren beschossen. Die Kirche St. Pierre, von wo aus man einen Blick auf die Bahnstrecke hatte, sei in eine richtige Festung verwandelt worden, so Dawe.[105] Scharfschützen hätten die deutsche Infanterie von Fenstern im oberen Stockwerk aus unter Beschuss genommen. Und dass Belgier in jeder Stadt und jedem Dorf Straße um Straße verteidigten, stelle eine ernste Gefahr für den Zeitplan der Invasion dar. Es kam zu Vergeltungsmaßnahmen seitens der Deutschen, das steht außer Frage, aber die britischen Zeitungen überboten sich gegenseitig darin, diese Maßnahmen als brutale Gräueltaten zu vermelden, mit verstümmelten und ermordeten Kindern, mit geschändeten unschuldigen Frauen, hingerichteten Priestern und Nonnen sowie wahllosen abscheulichen Verbrechen gegen die Natur selbst.

Lassen Sie uns eines klarstellen: Es gab Gräueltaten. Dass Löwen, Andenne und Dinant niedergebrannt wurden, war ein brutaler Akt. Als Deutschland 1914 in Belgien einmarschierte, rechnete das Oberkommando mit einem schnellen Durchmarsch ohne nennenswerten Widerstand. Die Streitkräfte des Deutschen Reichs waren den Belgiern zahlenmäßig und kräftemäßig um ein Vielfaches überlegen, und die Deutschen rechneten nicht mit großer Gegenwehr. Dass sich ihnen die Belgier dann doch so vehement entgegenstellten, überraschte die deutschen Angreifer und brachte den Zeitplan für den Einfall in Frankreich in Verzug.[106] Das wiederum führte dazu, dass die deutschen Kommandeure dazu übergingen, den Widerstand der belgischen Zivilbevölkerung zu überschätzen. Entsprechend unerbittlich reagierten sie auf alles, was für sie nach Widerstand aussah. Als die deutsche Armee am 20. August durch Brüssel marschierte, waren ihre Fortschritte durch wilde und gelegentlich willkürliche Härte gegen die Zivilbevölkerung herabgewürdigt worden. In mehreren Dörfern und Städten hatten die Deutschen hunderte Zivilisten hingerichtet. Sie hatten zahlreiche Gebäude niedergebrannt. Sie hatten Geistliche getötet, die im Verdacht standen, zum Widerstand aufgerufen zu haben. Die Absicht hinter diesem Vorgehen: Die Deutschen wollten nicht gezwungen sein, zum Schutz der Kommunikationslinien und zur Abwehr von Angriffen in den Rücken eine starke Besatzungstruppe in Belgien stationieren zu müssen. Aus diesem Grund griffen sie zu einer Politik des Schreckens.[107] Die Gräueltaten waren schockierend und sind nicht zu entschuldigen, aber die Art und Weise, in der sie weit über jedes Maß an Glaubwürdigkeit hinaus aufgebläht wurden, zeigt, welche Macht der Propaganda innewohnt.

Den Vorsitz bei den von Premierminister Asquith angeordneten offiziellen Untersuchungen hatte Viscount James Bryce. Von 1907 bis 1913 hatte Bryce (ausgesprochen beliebt) als britischer Botschafter in den USA fungiert und hatte sich zu einem persönlichen Freund von Amerikas Präsident Woodrow Wilson entwickelt. Bei den Pilgrims of America war er zwei Mal Ehrengast gewesen, von 1915 bis 1917 leitete er den britischen Zweig der Pilgrims Society. Für den Ausschuss stellte ihm die Regierung drei herausragende Anwälte zur Seite sowie den Historiker H. A. L. Fisher, Mitglied im inneren Kreis der Geheimen Elite[108] und zum damaligen Zeitpunkt Vizedekan der Universität von Sheffield. Vervollständigt wurde das Komitee durch Harold Cox, den Herausgeber der *Edinburgh Review.* Er sollte sich als recht schwer kontrollierbar erweisen, denn er war kein Teil der »Gruppe«.

Das Komitee möge die gesammelten Beweise abwägen und bewerten, was »Gräueltaten anbelangt, die angeblich von deutschen Truppen im fortwährenden Krieg verübt wurden«, hieß es in der offiziellen Auftragsbeschreibung. Außerdem sollten die Männer der Regierung einen Bericht mit ihren Schlussfolgerungen vorlegen.[109] Dabei wurde der Eindruck erweckt, dass dieser illustre, mit sehr erfahrenen und vertrauenswürdigen Ehrenmännern besetzte Ausschuss 1200 Zeugen überprüft hatte, aus deren Angaben etwa 500 Aussagen erstellt worden waren. Aussagen, die dem Bericht ebenso beigefügt wurden wie 37 Tagebücher, die man toten deutschen Soldaten abgenommen hatte, und Augenzeugenberichte britischer Soldaten. Das stimmt jedoch schlichtweg nicht: Die Zeugen sprachen nicht mit einem einzigen Mitglied des Komitees.

Vielmehr lief es so ab: Im September 1914 wies der Premier den Innenminister und den Kronanwalt an, Beweise für die Vorwürfe zu sammeln, deutsche Truppen hätten in Belgien unmenschliche und empörende Taten begangen. Der Großteil der Anschuldigungen stammte von belgischen Zeugen, die zum Teil dem Militär angehörten, aber größtenteils aus den Städten und Dörfern stammten, durch die das deutsche Heer auf ihrem Weg zur französischen Grenze marschiert war. Mehr als 1200 Aussagen waren aufgenommen worden – nicht vom Director of Public Prosecutions selbst, sondern nur unter dessen Aufsicht. Beteiligt an der Arbeit waren »eine ganze Menge Prüfer«, die vielleicht über ein gewisses Maß an Rechtswissen verfügt haben mögen, jedoch keine Eide abnehmen durften. Die Zeugenbefragungen fanden »3 oder 4 Monate«, bevor das Komitee ins Leben gerufen wurde, statt.[110] Die Aufgabe der Komiteemitglieder bestand darin, Tausende Seiten Zeugenaussagen, die freiwillig, aber nicht unter Eid abgegeben worden waren, zu sichten und dann zu entscheiden, was in einen endgültigen Bericht einfließen sollte und was nicht. Die Prüfer konnten die »Anwälte«, die die Aussagen der Zeugen aufgenommen hatten, »befragen« und mit ihnen reden, aber es war ihnen untersagt, direkt mit irgendwelchen Zeugen in Kontakt zu treten.[111]

Vor allem Harold Cox schmeckte diese Vorgehensweise überhaupt nicht. Er wollte einige der Zeugen noch einmal befragen, und zwang Bryce zuzulassen, dass der Ausschuss die Rechtsteams befragte, die die Aussagen aufgenommen hatten. Ohne Cox' Intervention wäre im Vorwort des Berichts die Anmerkung nicht aufgetaucht, dass nicht mit einem einzigen Zeugen persönlich gesprochen worden war. Fast jeder Bericht, der ins Protokoll einging, war bereits in den landesweiten Zeitungen abgedruckt worden, aber dass sie in den Abschlussbericht aufgenommen wurden, steigerte ihre Glaubwürdigkeit. Die hoch geschätzten Gentlemen hatten die »Beweise« gelesen und ihre Wahrhaftigkeit bestätigt. Das quasi-legale Wesen des Komitees, das ausgeklügelte Procedere und die reglementierten Abläufe, die Anwesenheit eines renommierten Richters (Sir Frederick Pollock), die

Wortwahl (Bestätigung von Beweisen, Anwälte, Kreuzverhör, Zeugenaussage, Courts of England, britische Überseegebiete, Vereinigte Staaten, Zeugen, Verurteilungen)[112] – all das erweckte den Eindruck, es handele sich bei dem Bericht um einen sorgfältig abgewogenen Urteilsspruch des High Court of Justice. Doch er war nichts dergleichen.

Die Zusammenfassung las sich wie die Anklageschrift gegen die Mutter aller Bösewichte. Das war Absicht. Dieses Pseudogericht – bei dem Deutschland keinerlei Mitspracherecht hatte – kam zu dem Urteil, dass in vielen Teilen Belgiens vorsätzlich und systematisch durchgeführte Massaker an der Zivilbevölkerung verübt worden seien, begleitet von zahlreichen isolierten Morden und weiteren Gräueltaten. Im Rahmen der Kriegsführung habe Deutschland unschuldige Zivilisten, Männer wie Frauen, in großen Mengen abgeschlachtet, Frauen seien geschändet und Kinder erschlagen worden. Offiziere des deutschen Heers hätten die Plünderung und willkürliche Zerstörung von Eigentum angeordnet, und es seien gleich zu Beginn ausführliche Vorkehrungen für das systematische Niederbrennen und Zerstören von Städten und Dörfern getroffen worden.

Die Zerstörung habe keinerlei militärische Aufgabe erfüllt, so das Urteil des Komitees. Deutschland habe wiederholt gegen die internationalen Regeln der Kriegsführung verstoßen, insbesondere dadurch, dass vorrückende Einheiten, die unter Beschuss standen, Zivilisten, darunter Frauen und Kinder, als menschliche Schutzschilde nutzten. Weniger stark angeprangert wurde die Hinrichtung von verwundeten Feinden und Kriegsgefangenen, außerdem seien wiederholt Fahnen des Roten Kreuzes und weiße Fahnen missbräuchlich mitgeführt worden. In jedem Anklagepunkt lautete das Urteil »Schuldig«. Im vorletzten Absatz des Berichts erklärt das Komitee, sämtliche Anklagepunkte seien »durch Beweise vollständig belegt« worden.[113] Das Einzige, was bei dieser Farce von Gerichtsverhandlung noch fehlte, war die *black cap*, das schwarze Tuch, das englische Richter traditionell trugen, wenn sie ein Todesurteil verkündeten. Und die Welt glaubte ihr Urteil, obwohl nicht ein einziges Wort eines einzigen Zeugen gehört worden war.

Der Bryce-Bericht war ein Propagandaerfolg par excellence, wurde in dreißig Sprachen übersetzt und erreichte dank der britischen Propagandamaschinerie sämtliche Winkel des Planeten. Die *New York Times* brachte am

13. Mai 1915 das Bryce-»Urteil« auf 3 Seiten und 24 Spalten, begleitet von Fotos und Überschriften, die keine Zweifel an der Meinung der Zeitung ließen. Was für einen PR-Coup die Briten damit gelandet hatten, zeigte allein schon der Anfang des Artikels in der *New York Times:* »Beweise der Gräueltaten der deutschen Heere in Belgien – Beweise, die von ausgebildeten Rechtsexperten gesammelt und mit emotionsloser Direktheit nach sorgfältiger Prüfung in dem Bericht präsentiert wurden … angeführt von Viscount Bryce, dem berühmten Historiker und ehemaligen britischen Botschafter in Washington.«[114] Als Historiker war er nun gewiss nicht berühmt, aber zweifelsohne war er in den USA sehr beliebt. Es war in der Tat ein cleverer Schachzug der Geheimen Elite gewesen.

»Beweis für deutsche Gräueltaten«, »Geplantes Abschlachten in Belgien«, »Jung und Alt verstümmelt«, »Frauen angegriffen, Kinder brutal erschlagen, systematisches Plündern und Brandschatzen«, »Von Offizieren geduldet«, »Leichtfertiges Schießen auf Rotkreuzfahnen und weiße Flagge«, »Kriegsgefangene und Verwundete erschossen«, »Zivilisten als Schild genutzt« – angesichts von Schlagzeilen wie diesen fragt man sich, was die *New York Times* noch hätte tun können, um die Sache der Alliierten voranzutreiben.

Dagegen schrieb der Amerikaner Irvin Cobb, der sich 1914 als Korrespondent für die *Saturday Evening Post* in Belgien aufhielt:

> *»Es ist mir nicht gelungen, in Belgien direkte Beweise für die Verstümmelungen, die Folter und die anderen Barbareien zu finden, die die Belgier den Deutschen vorgeworfen haben … Ein ganzes Dutzend erfahrener Journalisten, Engländer genauso wie Amerikaner, stimmen mit mir überein. Sie sagen, ihre Erfahrungen in dieser Hinsicht decken sich mit den meinen.«*[115]

Ähnlich skeptisch reagierte der Anwalt Clarence Darrow, ebenfalls Amerikaner. 1915 besuchte er Frankreich, konnte dort aber nicht einen einzigen Augenzeugen auftreiben, der auch nur eine einzige der Bryce-Geschichten bestätigen konnte. Weil sein Argwohn gegenüber den vermeintlich von Bryce bestätigten Vorwürfen immer weiter zunahm, lobte Darrow schließlich die Summe von 1000 Dollar für jeden aus, der ihm einen Knaben aus Belgien oder Frankreich vorführte, dessen Hände von deutschen Soldaten abgehackt worden waren. Er fand nicht einen.[116]

Jeder Krieg bringt Grausamkeiten mit sich, das gehört leider dazu. Entschuldigt werden darf so etwas niemals, aber dennoch geschieht es. Weit von Belgien entfernt marschierte das gewaltige russische Heer in Ostpreußen ein. Die dortige Zivilbevölkerung leistete keinen Widerstand, aber von den mehr als zwei Millionen Einwohnern wurden über 866 000 aus ihren Häusern vertrieben. Rund 34 000 Gebäude wurden niedergebrannt, 1620 Zivilisten ermordet und mehr als 12 000 als Kriegsgefangene nach Russland verschifft.[117] Von diesen Gräueltaten schaffte es nicht eine in die britische oder amerikanische Presse. Egal, es waren ja ohnehin fast alles nur Deutsche …

Die belgischen Gräueltatengeschichten entstanden in den ersten Wochen des Krieges, in den Tagen zwischen dem 4. August und Anfang September, als unerfahrene deutsche Wehrdienstpflichtige auf patriotische Belgier prallten, sowohl uniformierte wie auch zivile. »Die Invasoren scheinen nach der Theorie vorgegangen zu sein, dass jeder zufällige Schuss, der überraschend auf sie abgefeuert wurde, von Zivilisten abgegeben wurde«, schreibt Bryce.[118]

Niemand bezweifelt, dass Geiseln genommen, Gebäude zerstört und ganz gewöhnliche Bürger in Gruppen hingerichtet wurden.[119] Es ist auch unbestritten, dass Geistliche und Lehrer hingerichtet oder deportiert wurden. Kardinal Joseph Mercier, der Erzbischof von Mechelen und der ranghöchste und mächtigste Vertreter der Katholischen Kirche in Belgien, wurde rasch zu einer landesweiten Galionsfigur für die Bevölkerung im besetzten Belgien. Über seine zahlreichen Verbindungen innerhalb der globalen Gemeinschaft der Kardinäle setzte er den deutschen Gouverneur Belgiens, General Moritz Ferdinand Freiherr von Bissing, unter Druck, verhaftete Priester wieder auf freien Fuß zu setzen. Offen schrieb Mercier über das »Massaker an 140 Opfern in Aershot«[120] und erklärte in einem Brief an den Kölner Kardinal Felix von Hartmann am 28. Dezember 1914, er sei persönlich mit »Hunderten bekannt, die Opfer wurden«. Außerdem sei er im Besitz von Einzelheiten, angesichts derer »es jeden unvoreingenommenen Menschen schaudern lassen würde«.[121] Als ihn der deutsche Gouverneur jedoch aufforderte, Beweise über die angeblich an Nonnen verübten Gräueltaten vorzulegen, weigerte sich Mercier. Es wäre für die Nonnen zu belastend, dazu befragt zu werden, außerdem sei ihm der Großteil dessen, was er wisse, im Vertrauen mitgeteilt worden, so der Kardinal. Darauf kam Gouverneur von Bissing zu folgender Einschätzung: »Es lässt sich sagen, dass weder Eure Eminenz noch die anderen Bischöfe irgendwelche auf Fakten basierenden Beweise vorlegen können.«[122] Dennoch gingen die Geschichten über die Vergewaltigung des katholischen Belgiens auch weiterhin um.

Die Wirkung von Propaganda nimmt enorm zu, wenn sie mit ein wenig Wahrheit durchsetzt ist. Was bis dato als Gerücht, Meinung, übertriebenes Hörensagen und Kasernengerede kursierte, wurde durch Viscount Bryce und seinen Ausschuss geadelt und zu Fakten aufgewertet. Möglicherweise ließen sich Skeptiker ja überzeugen, wenn auf »Beweise« zurückgegriffen werden könnte. Doch die von Anwälten so sorgfältig katalogisierten Namen und Adressen sämtlicher Zeugen sind leider ebenso vollständig verschwunden wie die Aussagen selbst. Insofern lässt sich nicht beurteilen, wie objektiv die Befragung durchgeführt und bei wie vielen Aussagen mit Suggestivfragen gearbeitet wurde. Was wir wissen: Ein großer Teil der Beweise basierte auf Informationen aus zweiter oder dritter Hand. In der Biografie von H. A. L. Fisher über Viscount Bryce behauptet der zur Geheimen Elite gehörende Historiker, der wesentliche Teil des Berichts sei nicht widerlegt worden und jede Geschichte solle als wahr erachtet werden, bis sie entkräftet werden könne. Aber wäre es nicht die Verantwortung von Bryce und seinem Ausschuss gewesen, den deutschen Soldaten ihre Schuld nachzuweisen? Wie die Dinge genau lagen, werden wir niemals erfahren, denn obwohl alle Unterlagen zu der Untersuchung zunächst in den Safes des Innenministeriums landeten, wurden sie später zerstört. Dessen ungeachtet war der Schaden, den der Ruf der deutschen Armee erlitten hatte, unbezahlbar, die Zahl der Freiwilligenmeldungen in Großbritannien war angestiegen, und das öffentliche Meinungsbild in Amerika hatte sich deutlich zugunsten der Entente verschoben.

Worüber nur selten gesprochen wird, ist, dass die Massen von den Kirchenkanzeln mit einer noch abscheulicheren Form der Propaganda eingedeckt wurden. Wenn die Church of England »die Konservative Partei im Gebet« war, wie es in der *Times* hieß,[123] dann vertraten die Prälaten und Theologieprofessoren, die dieser Kirche vorstanden, die Geheime Elite im Konklave. Im August 1914 riefen sie den »heiligen und gerechten Krieg«[124]

aus. Diese Männer, gefördert von mächtigen Figuren aus dem inneren Kreis der Geheimen Elite, Personen wie dem Earl of Rosebery, waren Gott, All Souls, Oxford und der Geheimen Elite treu ergeben, wenn auch nicht zwingend in dieser Reihenfolge. Sie sahen ihre Aufgabe darin, den Krieg zu rechtfertigen, den Menschen die Bedeutung des Krieges näherzubringen, die Moral an der Heimatfront zu bewahren und die Öffentlichkeit daran zu erinnern, dass es die erste Bürgerpflicht eines jeden jungen Mannes sei, sich freiwillig zu melden.[125] Anders formuliert: Es war alles die Schuld Deutschlands, und nun hatte Großbritannien die Zivilisation zu retten. Der Krieg musste zu einem erfolgreichen Ende geführt werden, egal welche Opfer es kosten würde.

Bevor wir näher betrachten, welche Rolle die Church of England ab 1914 spielte, sollten wir uns eines ins Gedächtnis rufen: Die politische Macht der Kirche lag bei einem handverlesenen Teil der Hierarchie, beim Premierminister und bei den ranghohen Mitgliedern des House of Lords, die diese Kirchenoberen ernannten. Früher lag die Kontrolle über die Kirche bei der Krone, aber zwischen dem 15. und dem 17. Jahrhundert ging diese Aufgabe langsam an das Parlament über. Der Premierminister ernannte die Bischöfe, auch wenn ein sogenanntes Domkapitel, ein Rat hoher Kirchenvertreter,[126] die finale Zustimmung geben musste. Das ganze Procedere ist ein seltsamer Anachronismus, wenn man bedenkt, dass Presbyterianer wie Campbell-Bannerman oder ein walisischer Unangepasster wie Lloyd George an der Auswahl der Kirchenfürsten beteiligt waren.

Die Church of England war die religiöse Domäne von Mittel- und Oberschicht. Das Priestertum bestand aus Hochschulabsolventen, die zumeist in Cambridge oder Oxford studiert hatten.[127] Vorkriegsgroßbritannien war eine ausgesprochen standesbewusste Welt, und das Ziel der Kirche war es, in jeder Gemeindekirche im ganzen Königreich einen gebildeten Gentleman zu platzieren.[128] Das passte hervorragend zu John Ruskins Philosophie einer oligarchischen Herrscherklasse, verprellte jedoch viele Christen aus der Arbeiterklasse. Tatsächlich lehnte die absolute Mehrheit der anglikanischen Geistlichen Gewerkschaften und Arbeitnehmerbewegungen ab und ängstigte sich vor den sozialen Unruhen, die mit dem Aufkommen derartiger Organisationen angeblich einhergingen.

England stand am Vorabend des möglichen ersten Generalstreiks in der Geschichte des Landes, als der Dekan von St. Paul's Cathedral, William Randolph Inge, die Sorge zusammenfasste, die ihn und seine Kollegen gepackt hatte: Er »prangere die Gewerkschaften als kriminelle Organisationen an, deren Anführer als Aufständische gegen die Gesellschaft hingerichtet gehören«.[129] Wir sprechen hier von demselben Dekan Inge, der sich am Krieg – den er als Gottes Werk anpries – gesundstieß. Dass er eine lukrative Aktienbeteiligung an Vickers hielt, war nichts Ungewöhnliches. Eine Untersuchung, welche Bischöfe in Rüstungsfirmen wie Vickers, Armstrong-Whitworth, John Brown & Co investiert hatten, förderte Namen wie die der Lords von Adelaide, Chester, Hexham, Newcastle und Newport zutage.[130]

Dass die wichtigsten anglikanischen Geistlichen der Geheimen Elite angehörten, zeigte sich zweifelsfrei im August 1914.[131] Nachdem Lord Rosebery ihn in All Souls rekrutiert hatte, durchlief Cosmo Gordon Lang einen kometenhaften Aufstieg durch die Ränge der Kirche. Er wurde zum Suffraganbischof von Stepney, ein vergleichsweise niedriger Posten, katapultierte sich aber 1908 in das Amt des Erzbischofs von York. Innerhalb von nur 18 Jahren stieg Lang bis in das zweithöchste Amt der Anglikanischen Kirche auf. Er erklärte, der Krieg sei »gerechtfertigt«, [132] und fand mit seinen Äußerungen die Unterstützung all seiner Bischofskollegen. Ein weiterer einflussreicher Kleriker war Henley Henson, Dekan von Durham und ebenfalls ein All-Souls-Absolvent. In seinen 1915 veröffentlichten *War Times Sermons* preist er die Sache der Alliierten. 1918 wurde er durch eine umstrittene Entscheidung als Bischof von Durham installiert und durfte damit ins House of Lords einziehen.

Nach der Kriegserklärung trugen die Oxford-Dozenten ein umfangreiches, 87-seitiges Pamphlet zusammen, in dem sie mithilfe gelehrter Rechtfertigungen die Schuld der Deutschen Punkt für Punkt »bewiesen«. Deutsche Theologen brachen daraufhin amerikanischen Zeitungen gegenüber in lautes Geschrei aus – Großbritannien spinne systematisch ein Netz aus Lügen, um Deutschland die Schuld am Krieg in die Schuhe zu schieben. Das gehe so weit, dass man Deutschland das Recht abspreche, Gott um Hilfe zu bitten. Fein, dann hätten wir das ja jetzt auch geklärt – Gott ist ein Engländer. Das Pamphlet »To Christian Scholars of Europe and America; A Reply

from Oxford to German Address to Evangelical Christians by Oxford Theologians« (etwa: »An die christlichen Gelehrten in Europa und Amerika; eine Erwiderung von Theologen aus Oxford auf die deutsche Adresse an evangelikale Christen«) wurde am 9. September 1914 veröffentlicht und ist ein perfektes Beispiel dafür, wie weitreichend der Einfluss der Geheimen Elite war. Der Geheimbund hatte nämlich umgehend vierzehn Theologen aus Oxford beauftragt, darunter fünf Professoren für Theologie, dieses Pamphlet zu erstellen und die Behauptungen der deutschen Theologen als Unsinn hinzustellen. Die Gelehrten aus Oxford warfen ihren deutschen Kollegen herablassend vor, sie hätten die Ereignisse im Vorfeld des Krieges nicht berücksichtigt. In ihrer Schlussfolgerung hieß es: »Christliche Gelehrte aus anderen Ländern teilen gewiss unsere Überzeugung, dass der Wettstreit, an dem sich unser Land beteiligt, ein Wettstreit im Namen der höchsten Interessen der christlichen Zivilisation ist.«[133] Was für eine Arroganz, was für eine Selbstbeweihräucherung hinter diesen Worten steckt. Oxford-Professoren erklärten, Deutschland habe nicht das Recht, Gott um seinen Segen für den Krieg zu bitten, außerdem hätten die deutschen Akademiker nicht die wahren Ursachen des Krieges oder die politischen »Äußerungen« ihrer eigenen Landsleute studiert. Gleichzeitig behaupteten sie, Großbritannien und das Empire würden für die »höchsten Interessen der christlichen Zivilisation« kämpfen. Die höchsten Interessen, für die britische Soldaten geopfert wurden, waren die der Bankiers, Finanziers, Waffenhersteller, Politiker und Scharlatane, die die Geheime Elite ausmachten.

Beispielhaft für ein Thema, das die anglikanische Führung wieder und wieder aufgreift, steht eine Predigt, die Cosmo Lang im Oktober 1914 hielt. Darin sprach der Erzbischof von Friedrich Nietzsche und der in Großbritannien vorherrschenden Meinung, der Tenor seiner Werke bestehe darin, dass Macht vor Recht geht. Lang erklärte: »Es kann keinen Frieden geben, bis dieser deutsche Geist zermalmt ist.« Paradoxerweise rief er dann die »Freunde des Friedens« dazu auf, »unseren Krieg zu unterstützen«.[134] Man achte hier auf die Wortwahl – der deutsche Geist solle zermalmt werden. Nicht besiegt, sondern zermalmt. Es ist schon interessant: Nur wenige sprachen sich öffentlich gegen den Krieg aus, und die wenigen entstammten größtenteils einer »wichtigen Ansammlung von Sozialisten, Liberalen und philosophischen Pazifisten«, aber bei den Geistlichen der Church of England gab es praktisch überhaupt keinen Widerstand gegen den Krieg.[135] So eine Überraschung. Wieder und wieder verleugnete die Kirchenführung die Grundlagen der christlichen Lehre und bestritt, dass es für einen anständigen Christen akzeptabel sei, sich gegen den Krieg zu stellen. Die Oberen hielten sich an die unverblümte Botschaft des Bischofs von Oxford: »Die Ansichten derer, die sich aus Gewissensgründen von Militärdienst befreien lassen wollen, teile ich unter keinerlei Umständen.«[136] Amen.

Im Sinne der Versöhnung und der Demut hätte die Anglikanische Kirche jeden Grund, sich noch einmal mit ihrem Verhalten während des Krieges zu befassen und sich zu entschuldigen. Seit Jesus in Gethsemane verraten wurde, ist das Christentum nie wieder auf derart vorsätzliche Weise verkauft worden.

Im Februar 1915 wandte sich der Erzbischof von Canterbury in Westminster im Church House an die anglikanischen Bischöfe und andere ranghohe Geistliche. Dabei kramte er die alte Rechtfertigung hervor, er hege »keinerlei Zweifel daran, dass unsere Nation dem aktuellen Weltkonflikt hätte tatenlos zusehen können, ohne die Grundsätze von Ehre und Gerechtigkeit zu opfern, die uns wichtiger als das Leben selbst sind«.[137] Damit wiederholte er praktisch Wort für Wort die Erklärung, die Sir Edward Grey am 3. August 1914 abgegeben hatte. Und nur sehr wenige äußerten Widerspruch. Wenn selbst die liberalsten Anglikaner derart geschlossen für den Krieg waren, verwundert es nicht, dass die Kanzel zur Außenstelle der Rekrutierungsbüros wurde. Der Erzbischof verstieg sich sogar zu der Aussage, es sei ihr heiliges Privileg, die Männer aufzufordern, »ohne Murren dem Ruf ihrer Nation zu folgen«.[138]

Diese Worte sollte man ruhig einen Augenblick auf sich wirken lassen. Junge Männer, die in friedlichen Provinzkirchen oder großen gotischen Kathedralen beteten, wurden angehalten, in den Krieg zu ziehen, ihre Pflicht zu erfüllen, die zu erbringenden Opfer zu erdulden. Mit Predigten, die sich auf das Alte Testament und den Zorn eines rächenden Gottes beriefen, wirkten die Geistlichen beständig auf die emotionale Verfassung der jungen Männer ein und verwandelten sich in erbitterte Rekrutierungsoffiziere. Immer wieder wurde an das Pflichtgefühl appelliert, immer wieder der Kampf für Großbritannien und Empire mit dem Kampf für Christus gleichgesetzt.[139] Andere Kleriker wetterten gegen Feigheit. Über die Menschen, die sich nicht freiwillig melden wollten, sagte der Leiter des St. Catherine's College in Cambridge:

> *»Es ist eine Schande, dass wir diese Sorte Mann nicht als ›Geschaffen in Furcht vor Deutschland‹ brandmarken können. Bei Gott, hätten wir bei ihrer Geburt nur gewusst, dass sie unser Brot essen, unter uns aufwachsen und leben, in unserem Vertrauen und mit unserer Zustimmung, um sich am Ende als Feiglinge zu erweisen. Wir hätten nicht für sie beten und arbeiten müssen.«*[140]

Können Sie sich vorstellen, dass man Ihren Bruder oder Ihren Sohn auf diese empörende Art und Weise beschreibt? Was richtet es mit dem Selbstwertgefühl eines jungen Manns an, wenn er solche Worte der Verdammnis über sich hereinbrechen hört? Das war moralische Erpressung der allerübelsten Sorte. Der schlimmste Verfechter des »tugendhaften Krieges«, der Prälat, der massiv gegen die Grenzen des christlichen Anstands verstieß, war der Bischof von London, Arthur Winnington-Ingram. Der Oxford-Absolvent hatte hart für die Armen im Londoner East End gearbeitet und war infolgedessen bei den Menschen in Bethnal Green populär. Mit dem Segen von Lord Salisbury wurde Winnington-Ingram 1901 zum Bischof von London ernannt und in der St. Paul's Cathedral in das Amt eingeführt, das er 38 Jahre lang ausüben sollte.[141] Winnington-Ingram zählte zu den lautstärksten und patriotischsten Befürwortern eines Kriegs. Kriegsministerium und Admiralität liebten und bejubelten ihn, wenn er die Truppen an der Front oder Marine-Einrichtungen besuchte.

Der Bischof behauptete, mit seinen Predigten und anderen Rekrutierungsbemühungen habe er den Streitkräften 10 000 Mann zugeführt. Wie viele wegen seiner »Bemühungen« für Gott und Nation völlig umsonst ihr Leben verloren oder zum Krüppel wurden, hat er dagegen nicht miteingerechnet. Als Bischof von London wurde er nicht müde, die Gerechtigkeit dieses Kriegs zu betonen und darauf hinzuweisen, welch wichtige Rolle die Church of England bei der ganzen Angelegenheit zu spielen habe. Sein liebster Spruch war: »Besser stirbt man, als mitzuerleben, wie England eine deutsche Provinz wird.« Im Gegenzug für seinen Einsatz ernannte König Georg V. den Bischof zum Großkomtur des Victoria-Ordens, der zweithöchsten Auszeichnung für Ritterlichkeit im Krieg.[142] Winnington-Ingrams Aussagen bewegten sich zwischen abstoßend und banal. Im Februar 1915 trat er als Redner bei einer »Demonstration ohne Schande« im Westminster Church House auf und erklärte, die Kirche müsse die Standfestigkeit des Landes stützen und verbessern, sie müsse die Trauernden trösten und ihnen beibringen, den Tod positiver und freundlicher zu sehen.[143] Wie hat man sich das vorzustellen? »Kopf hoch, Ihr einziger Sohn ist tot«? »Regen Sie sich nicht allzu sehr auf, es war doch für eine gute Sache«? Sein Konzept, die Hinterbliebenen zu trösten, erstreckte sich indes nicht auf den Feind. Eine seltsame Auslegung des Christentums.

Bischof Winnington-Ingram auf den Stufen von St. Paul's Cathedral

Lange unvergessen bleiben wird Winnington-Ingram aber für ganz andere Worte. Nach einem Jahr Krieg rief der Bischof die Männer Englands auf:

> *»… schließt euch zusammen für den großen Kreuzzug, um – wir können es nicht leugnen – Deutsche zu töten. Sie zu töten, nicht um des Tötens willen, sondern um die Welt zu retten. Um die Guten zu töten wie auch die Schlechten, die jungen Männer wie auch die alten. Um jene zu töten, die unseren Verwundeten gegenüber Freundlichkeit an den Tag legten, genauso wie jene Dämonen, die den kanadischen Sergeanten kreuzigten, die die armenischen Massaker beaufsichtigten, die die* Lusitania *versenkten … sie zu töten, ehe die zivilisierte Welt selbst getötet wird.«*[144]

Apologeten sagen, diese Worte seien aus dem Kontext gerissen, allerdings lässt sich nur schwerlich überhaupt ein Kontext vorstellen, in den sie ohne Beanstandung passen würden. Man kann diese Aussage verpacken, wie man will, aber sie ist und bleibt ein Aufruf zu einem blutrünstigen Kreuzzug gegen Deutschland. Winnington-Ingram ging noch weiter, indem er sagte: »Wie ich schon tausende Male betonte: Ich erachte ihn als einen Krieg um

Reinheit. Jeden, der in diesem Krieg fällt, erachte ich als Märtyrer.«[145] Das gilt natürlich nur für die Briten, die Deutschen landeten vermutlich direkt in der Hölle. Zu diesem Thema ist er wieder und wieder zurückgekehrt. In seiner Predigt schrieb er: »Diese Nation hat nie etwas Christo Ähnlicheres getan als im August 1914, als sie in den Krieg zog … die Welt wurde erneut erlöst durch das kostbare Blut, das auf Seiten der Rechtschaffenheit vergossen wurde.«[146] Bischof Winnington-Ingram beschwor den Gott des Krieges in der Art, wie heute Dschihadisten in die Schlacht geschickt werden.

Der Bischof war auch nur zu gern bereit, jedes einzelne Wort deutschlandfeindlicher Propaganda in sich aufzusaugen und Geschichten über Gräueltaten ungefiltert und ungeprüft weiterzuverbreiten. Eine dieser Geschichten, die in den frühen Tagen des Krieges die Runde machten, war die des bereits erwähnten kanadischen Soldaten, der angeblich gekreuzigt worden war – eine gemeine Lüge, gespickt mit Furcht und Hass in der Absicht, die Rachsucht anzufachen. Propaganda war eine wichtige Quelle für die Geschichten unverzeihlicher deutscher Boshaftigkeit, Geschichten, die die Kirchen nur zu gerne weiterverbreiteten. Geistliche aller Glaubensrichtungen beteiligten sich an Propagandahandlungen und wurden gleichzeitig ihr Opfer. Dabei taten sich viele anglikanische Geistliche zunächst schwer mit der Vorstellung, dass zivilisierte Deutsche tatsächlich für die Gräueltaten verantwortlich sein sollten, die zu Beginn des Krieges publik wurden. Doch als erst Löwen und dann die Universitätsbibliothek der belgischen Stadt in Flammen aufgingen und dann noch der Bryce-Report alle Schreckensmeldungen bestätigte, schlug die Stimmung um. Nachdem der Glaube an die Kultur der Deutschen verloren war, akzeptierte man praktisch jede Schauergeschichte, die im Umlauf war, und gab sie an die eigene Gemeinde weiter.[147] Diese Geistlichen bezogen fortan ihre Lehren aus einer anderen Bibel – einer Bibel, die von den Propagandakünstlern im Wellington House oder einem namenlosen Journalisten aus dem Northcliffe-Stall verfasst worden war.

Das Schlusswort überlassen wir am besten dem Brigadegeneral F. P. Crozier, der schrieb: »Die christlichen Kirchen sind die besten uns zur Verfügung stehenden Erzeuger eines Blutrauschs, und wir haben uns ihrer nach Herzenslust bedient.«[148]

Zusammenfassung

- Die Demokratie in Großbritannien war tot. Direkt mit Kriegsbeginn verliehen neue Gesetze, der Alien Restrictions Act und der Defence of the Realm Act, der Regierung weitreichende Befugnisse.
- Rasch wurden Gesetzesentwürfe, die das Committee of Imperial Defence bereits 1911/12 vorbereitet hatte, durch das Parlament geprügelt. Banken und Finanzwesen erhielten eine Sonderstellung, und zum Schutz des Aktienmarkts wurde ein Bankenfeiertag verlängert. Erstmals wurden Geldscheine gedruckt.
- Der Premierminister ließ den vakanten Posten des Kriegsministers unbesetzt. Der Grund? Er vertraute niemandem aus seinem Kabinett oder seiner Partei so weit, dass er ihnen die wahren Ursachen des Kriegs enthüllen mochte.
- Die Geheime Elite wusste, welches Ansehen Lord Kitchener in der Öffentlichkeit genoss. Da er sich »zufällig« zu dieser Zeit in London aufhielt, befand man, er solle zum Kriegsminister gemacht werden. Alfred Milner höchstpersönlich setzte Kitchener in ein Taxi Richtung 10 Downing Street, damit der Feldmarschall dort mit dem Premierminister sprach.
- In seiner ersten Rede vor dem Oberhaus warnte Kitchener, dass dieser Krieg mindestens 3 Jahre andauern werde.
- Ein ausgeklügelter Propagandaapparat nahm eine Arbeit auf. Sein Ziel: den Krieg zu rechtfertigen.
- Die britische Presse ließ es widerstandslos zu, dass eine Zensur eingeführt wurde. Auf diese Weise konnte die Öffentlichkeit in die Irre geführt werden, bis die Northcliffe-Presse meldete, dass sich die britischen Truppen aus Mons zurückziehen mussten. Diese Meldung ließ der Zensor durchgehen, damit deutlich wurde, dass man Verstärkungen und mehr Freiwillige benötigte.
- Die Geheime Elite mobilisierte ihre Leute an der Universität Oxford. Diese fertigten 87 Pamphlete an, in denen der Krieg gerechtfertigt wurde. Viele von ihnen richteten sich speziell an ein amerikanisches Publikum.

- Zu den Männern, die an der Geschichtsverzerrung teilnahmen, gehörten Autoren und Journalisten. Im August 1914 wurde ein geheimes Amt für Kriegspropaganda (War Propaganda Bureau) gegründet, das unter anderem mit H.G. Wells, Arthur Conan Doyle, G.K. Chesterton, Hilaire Belloc und John Buchan zusammenarbeitete.
- Amerikaner wurden massiv umworben. Ende August 1914 ließ J.P. Morgan seinen Einfluss spielen und sorgte dafür, dass 40 amerikanische Zeitungen englische Kolumnisten unter Vertrag nahmen.
- 360 Tageszeitungen aus kleineren amerikanischen Bundesstaaten erhielten wöchentliche Zusammenfassungen des Kriegsgeschehens aus britischer und französischer Sicht. 260 000 prominente Amerikaner wurden direkt und persönlich aus Großbritannien angeschrieben.
- Die Massenmedien entwickelten sich zum Kriegswerkzeug. Ihr Hauptziel: Amerika.
- Der erste große Propagandaschlag war der Bryce-Report zu deutschen Gräueltaten in Belgien. Dass Bryce ausgewählt worden war, die sogenannte Untersuchung zu leiten, lag daran, dass er als ehemaliger britischer Botschafter in den USA sehr beliebt war. Den Briten gelang mit diesem Schachzug ein enormer Propagandaerfolg.
- Der amerikanische Korrespondent Irvin Cobb und der Anwalt Clarence Darrow konnten viele der wilden Behauptungen entkräften, aber da war der Schaden bereits angerichtet.
- Die Vertreter der Church of England gossen von der Kanzel in unerträglichem Ausmaß Propaganda über ihren Gemeinden aus. Gleichzeitig hielten viele ranghohe Kleriker Aktienpakete von Rüstungsfirmen.
- Einer der größten Agitatoren in diesem Zusammenhang war der Bischof von London. Er bezeichnete den Krieg als großen Kreuzzug, bei dem es darum gehe, Deutsche zu töten, und zwar »die guten wie die schlechten«.
- Die Anglikanische Kirche hat sich nie für ihr abscheuliches Verhalten entschuldigt.

North Sea
UNITED KINGDOM
Liverpool
Trent
Severn
Cardiff
Thames
London
Southampton
Portsmouth
DARTMOOR
Strait of Dover
English Channel
CHANNEL ISLANDS (to UK)
NETHERLANDS
Amsterdam
The Hague
Antwerp
FLANDERS
Brussels
Liege
Lys
Meuse
BELGIUM
LUXEMBOURG
Düsseldorf
GERMAN EMPIRE
Hamburg
Hannover
Weser
Ems
Frankfurt
Main
Mosel
Boulogne
Lille
Somme
Amiens
ARGONNE
Le Havre
Reims
Verdun
Metz
Seine
Marne
Paris
Nancy
ALSACE
VOSGES
Rhine
Stuttgart
Strasbourg
Donau
Brest
BRITTANY
Rennes
Mulhouse
Belfort
Basel
Zurich
Loire
REPUBLIC OF FRANCE
Nantes
Besancon
Bern
SWITZERLAND
JURA
Vienne
Rhone
ALPS
Bay of Biscay
Geneva
Clermont
Lyon
MASSIF CENTRAL
MARITIME ALPS
Milan
Dordogne
Turin
Po
Bordeaux
Garonne
LES CEVENNES MTS.
Genoa
200
400 km
Ligurian Sea
Santander
Toulouse
Marseilles
PYRENEES
Pamplona
SPAIN
ANDORRA
Mediterranean Sea
CORSICA (FRANCE)

Kapitel 3

Der Skandal von Briey

Ende Juli 1914. Die Krise in Europa steuerte wie geplant auf einen Konflikt zu. Der französische Oberbefehlshaber, General Joseph Joffre, handelte rasch, denn es ging darum, vor Ausbruch der Feindseligkeiten die Truppen entlang der Grenze zu Deutschland auf Kriegsstärke zu bringen. Um zu vermeiden, dass die Deutschen den Truppenaufmarsch registrierten, wurden die Einheiten angewiesen, 10 Kilometer hinter der Grenze zu bleiben. Doch die Dinge gingen für Joffres Geschmack offenbar zu langsam voran. Am 31. Juli stellte er Präsident Raymond Poincaré vor die Wahl: Entweder werde unverzüglich die Generalmobilmachung verkündet oder er, Joffre, gebe das Oberkommando über die französischen Streitkräfte ab.[1]

Joffre zerrte an der Leine. Er war im Vorteil, doch am 1. August ergriff ihn die Sorge, Deutschland könne heimlich mobil machen. Wenige Minuten vor 16 Uhr an jenem Tag gab die französische Regierung Joffres Wunsch nach und rief die Männer zu den Waffen. Ganz Europa wusste: Eine Generalmobilmachung bedeutete Krieg[2] – und sowohl Russland als auch Frankreich hatten die erforderlichen Schritte eingeleitet, noch bevor Deutschland irgendetwas unternommen hatte. Sie wollten sich nicht überraschen lassen. Und dennoch marschierten gerade einmal 4 Tage später, am 5. August 1914, deutsche Truppen in den Bezirk Briey im Nordosten Frankreichs ein, ohne auf nennenswerten Widerstand zu stoßen. Briey war für Frankreichs Waffenschmieden von überragender Bedeutung, denn hier lagen die landesweit größten Reserven an Eisenerz und Kohle. Ministerpräsident Jean Viviani beklagte später bitter, Briey sei aufgegeben worden. Er sagte, die Schwierigkeiten, die Frankreich während des Kriegs bei der Herstellung von Rüstungsgütern hatte, seien auf die »Nichtverteidigung von Briey« zurückzuführen.[3] Dem Oberkommando der Armee warf er vor, es versäumt zu haben, diese für einen Sieg so wichtige Region zu sichern – eine Kritik, die die Militärs vehement von sich wiesen. Aber wer hatte dann entschieden, dass das gesamte Bassin de Briey in den ersten Tagen des Kriegs in die Hände der Deutschen fallen solle?

Die Eisenerzvorkommen von Briey-Thionville liegen südlich der Ardennenwälder und östlich der Kleinstadt Verdun. Bevor Frankreich 1871 im Friedensvertrag von Frankfurt Elsass-Lothringen an Deutschland abtrat, lag die erzreiche Landschaft an der französisch-luxemburgischen Grenze. Ein Blick auf eine Mineralienlandkarte der Region reicht aus, um zu erkennen, von welch strategischer Bedeutung dieser ansonsten eher provinzielle Landstrich ist. Entlang der gemeinsamen Grenze finden sich praktisch alle wichtigen Schmelzhütten Frankreichs und Deutschlands. Deutschland produzierte 1913 insgesamt 36 Millionen Tonnen Eisenerz, davon 29 Millionen in diesem Gebiet. Auf der anderen Seite der Grenze bot sich dasselbe Bild: 92 Prozent des Eisenerzes, das Frankreich 1913 produzierte, stammte aus dem Département Meurthe-et-Moselle, genauer gesagt aus Briey und der Nachbarschaft von Briey.[4] Wenn es um die Herstellung von Waffen für die moderne Kriegsführung ging, war die strategische Bedeutung des Bassin de Briey in Europa unübertroffen. Wer auch nur ein wenig vom Rüstungsgeschäft verstand, wusste das.

Die Leute, die sich in der Geschäftswelt am besten auskannten, die Leute, die weltweit Rüstungsfirmen führten, kauften, verkauften und manipulierten, diejenigen, die ein exklusives Kartell bildeten und das millionenschwere Geschäft mit dem Tod über alle politischen und nationalen Grenzen hinweg dominierten – diese Männer also wussten nur zu genau, dass es für Deutschland in diesem Krieg absolut unerlässlich war, das Bassin de Briey zu kontrollieren. Ohne die Erze aus dieser Region würde Deutschland nicht imstande sein, einen längeren Krieg durchzuhalten. 1916 waren sich führende französische Tageszeitungen wie *L'Écho de Paris*, *L'Œuvre*, *Le Temps* und *Paris-Midi* einig: Wollte man den Krieg zu einem raschen Ende führen, gab es keinen besseren und effektiveren Weg, als die deutsche Eisen- und Stahlproduktion im Raum Briey zum Erliegen zu bringen.[5] Das war allgemein bekanntes Wissen.

Militärs wie General Verraux und gewählte Politiker wie die Senatoren Henry Bérenger und Fernand Engerand stimmten in die lauthals geäußerte Forderung mit ein, die Schmelzhütten und Minen von Briey und dem benachbarten Jœuf gewaltsam zu schließen. Dass der Aufschrei der Öffentlichkeit und der Presse dennoch ungehört blieb und das Militär dennoch überstimmt wurde, lag am Veto von Männern mit noch mehr Macht. Man mag es nur schwerlich akzeptieren, aber in Verdun wurden Hunderttausende junger französischer Soldaten geopfert, während unweit davon, in Jœuf und Briey, die großen Schlote den Nachthimmel unheilvoll rot färbten. Hier wurden das Eisen und der Stahl geschmiedet, mit dem alle getötet wurden, die Hand anlegten.[6]

Der Anteil, den das Bassin de Briey an den deutschen Erfolgen zwischen 1914 und 1917 hatte, ist nicht zu überschätzen. Am 20. März 1915 schrieben sechs Wirtschaftsverbände vertraulich an Reichskanzler Bethmann Hollweg, um davon zu warnen, dass der Krieg so gut wie verloren sei, sollte die Eisenerzproduktion aus Lothringen gestört werden.[7] Auch wenn der französische Eisen- und Stahlverband im September 1915 diese sogenannte Industrielleneingabe öffentlich machte, wurden keinerlei Anstrengungen unternommen, dieses Gebiet zurückzuerobern.[8] Am 10. Oktober 1917 schrieben die *Leipziger Neuesten Nachrichten:* »Wären die Franzosen in den ersten Kriegstagen 12 Kilometer weit nach Lothringen vorgestoßen, wäre der Krieg binnen 6 Monaten beendet und Deutschland besiegt gewesen.«[9] Schon Weihnachten wäre also alles vorbei gewesen, so die Einschätzung der Zeitung.

Im Dezember 1917 warnten der deutsche Eisen- und Stahlverband und die Vertretung der Metallurgen, dass ein Rückzug aus dem Bassin de Briey eine »schreckliche Bedrohung« für Deutschlands Aussichten auf eine siegreiche Beendigung des Kriegs darstellen würde. Sie sahen es als glückliche Fügung an, dass es den Franzosen nicht gelungen war, die Fabriken, Schmelzhütten und Schmieden in der Region in und um Briey zu zerstören, denn ohne diese Ressourcen wäre der Krieg innerhalb weniger Wochen »zu unserem Nachteil« beendet gewesen, so die Industrievertreter.[10] Auf französischer wie auch auf deutscher Seite wurden wiederholt Belege dafür präsentiert, dass das Bassin de Briey für einen Sieg an der Westfront von überragender strategischer und wirtschaftlicher Bedeutung sei. Und was geschah? Nichts. Es war fast so, als gelte für Briey und Thionville eine Sonderregelung, die es ihnen erlaubte, sich aus dem um sie herum tobenden Krieg herauszuhalten.

Nach dem Krieg wurde eine Kommission eingesetzt, die die Briey-Affäre untersuchte. Die Militärkommandeure beharrten unverrückbar auf ihrer Position: Das Ganze sei nicht ihre Schuld gewesen. Es sei unmöglich gewesen, Briey zu halten, »weder durch Befestigungsanlagen noch durch flächendeckenden Beschuss«, insistierte Marschall Joffre in einer Erklärung an die Briey-Kommission.

Unterstützt wurde seine Einschätzung von General Ferdinand Pont, der mit gleicher Gewissheit aussagte, dass es unmöglich gewesen sei, das an der Grenze gelegene Briey und das dahinter gelegene Verdun zu verteidigen, ohne große Risiken einzugehen. Anfangs mag sie ihr Glaube an einen raschen Sieg geblendet haben, aber nachdem Briey den Deutschen praktisch kampflos und völlig intakt überlassen worden war, wurde viel darüber gesprochen, dass es den französischen Kommandeuren nicht gelungen war, effektiv zu handeln. Eine der Geschichten, die in Umlauf gebracht wurden, um das Militär in Schutz zu nehmen, bezieht sich auf die allgemeine Anordnung, die Ministerpräsident Viviani am 31. Juli 1914 gab, nach der sich sämtliche Truppen 10 Kilometer von der deutschen Grenze zurückzuziehen hätten. Dadurch seien Briey, Jœuf und das Bassin unbeabsichtigt aufgegeben worden.

Dass es sich bei der dieser Geschichte um eine Unwahrheit handelte, deckte niemand Geringerer als der damalige Kriegsminister Adolphe Messimy auf. In seiner Aussage vor der Briey-Kommission machte er deutlich: Er habe Joffre angewiesen, sich an die 10 Kilometer zu halten, ihm aber auch sehr detaillierte Anweisungen gegeben, im Falle strategischer Notwendigkeit oder bei zu großem Abstand von zentralen Positionen innerhalb des genannten Korridors aktiv zu werden. 5 bis 6 Kilometer Abstand reichten unter diesen Umständen aus, und dem militärischen Oberkommando stand es frei, Stellung zwischen Dörfern zu beziehen, die nur 4 oder 5 Kilometer von der Grenze entfernt waren.[11] Die französische Armee bezog also Stellung in nur 5 Kilometern Entfernung vom Ziel – und ließ es intakt. Messimy gab zu Protokoll, er habe Karten und Dokumente gesehen, in denen den Kommandeuren vor Ort entsprechende Befugnisse erteilt worden waren. Ohnehin galt dies alles nur für einen sehr kurzen Zeitraum, denn schon am Nachmittag des 2. August wurde die Anweisung zurückgenommen, sich 10 Kilometer von der Grenze zurückzuziehen.[12]

Dass Briey nicht verteidigt wurde, hatte in Wahrheit tiefergehende, düstere Gründe.

Fakt ist: Die französische Seite unternahm keinerlei Versuche, Briey zu verteidigen oder die Anlagen zu zerstören, bevor sie in Feindeshand fallen konnten. Eine derart unverständliche Entscheidung hätte eigentlich reihenweise Rücktritte auf höchster Ebene nach sich ziehen müssen, aber niemand war bereit, die Schuld auf sich zu nehmen. Während eine Kommission nach dem Krieg die »Katastrophe« von Briey untersuchte,[13] beharrte Joffre auf seinem Standpunkt, wonach das Bassin einen sehr winzigen Teil der gesamten Verteidigungsstrategie dargestellt habe. Nur wenige könnten dies ausreichend begreifen, ohne dass ihnen sämtliche Fakten vorlägen.[14] Wenn Journalisten oder ehemalige Soldaten schwierige Fragen stellten und Entscheidungen hinterfragten, die ganz offenkundig zu einer Verlängerung der Kriegshandlungen geführt hatten, wurde gerne die Karte »Das kann nur verstehen, wem sämtliche Fakten vorliegen« gezogen.[15] Joffre konnte sich unbesorgt auf diesen Standpunkt zurückziehen, denn mittlerweile war etwas Verblüffendes bekannt geworden: Am 1. September 1914 hatte der Generalstab die Anweisung erteilt, alle seit Ausbruch des Kriegs erlassenen Pläne, Befehle und schriftlichen Instruktionen systematisch zu vernichten. Das Militär leerte seine Kassetten und verbrannte seine Unterlagen. Gab es eine Bestandsaufnahme? Fehlanzeige. In den Archiven des Kriegsministeriums blieb lediglich ein Sammelsurium an Dokumenten zurück, zusammengetragen aus zufällig aufbewahrten nicht klassifizierten Dingen und Unterlagen. Als Beweise für irgendetwas taugten diese Dokumente herzlich wenig und machten eine historische Untersuchung »dieser obskuren Phase«, wie sich der französische Kriegsminister ausdrückte, ausgesprochen schwierig.[16] »Was für eine glückliche Fügung«, wird sich hingegen eine andere Gruppe gedacht haben …

Störmanöver wie diese trugen dazu bei, militärische Laufbahnen zu schützen und die Wahrheit in der Frage zu vertuschen, wer letztlich das Sagen hatte. Das große Rätsel im Fall von Briey ist die Untätigkeit der französischen Armee. Die Einheiten wurden zu einem Heeresverband namens Lothringer Armee zusammengeschlossen, aber die Truppen rückten, aus welchen Gründen auch immer, nicht auf Briey vor. Aus den Unterlagen, die das große Ausmisten überlebten, geht hervor, dass die Lothringer Armee am 19. August gebildet wurde – und zwar speziell für die Aufgabe, Briey zurückzuerobern – und dass die Truppen am 21. August zusammenkamen, am 25. August aber wieder aufgelöst wurden, ohne einen einzigen Schuss abgefeuert zu haben. Wer diese Untergruppierung der 3. Armee kommandierte, ist ebenso unklar wie die Antwort auf die Frage, ob Befehle ordnungsgemäß erteilt wurden. Im Durcheinander der Schlacht begingen beide Seiten zahlreiche Fehler, aber was der Kommission später an Beweisen vorgelegt wurde, zeigt, dass die Franzosen einen großen Sieg mit möglicherweise kriegsentscheidenden Folgen hätten verzeichnen können, hätte die Lothringer Armee am 25. August Briey zurückerobert. Stattdessen wurde die Armee aufgelöst.[17] Es habe sich um eine »Phantomarmee« gehandelt, erklärte der französische Senator Fernand Engerand.

Während dieses kurzen Zeitraums habe die Verteidigung von Paris Vorrang vor Briey gehabt, wird zur Erklärung der militärischen Entscheidungen gerne angeführt. Doch das erklärt nicht, warum die Franzosen während der ersten Kriegstage so wichtige Ziele wie die Hütten in Thionville ignorierten und warum sie Thionville und Briey nicht zerstörten, um zu verhindern, dass Deutschland in den kommenden Jahren die dortigen Minen und Schmelzhütten nutzen konnte.

Ohne Thionville hätte der Krieg ein rasches Ende gefunden, denn Deutschland hätte seinen Rohstoffbedarf für die Herstellung von Rüstungsgütern nicht mehr decken können.[18] Stadt und Land zu verwüsten, damit der Feind nicht Kapital daraus schlagen kann, ist seit jeher eine Taktik, die Armeen beim Rückzug anwenden. Unwahrscheinlich, dass dies den Franzosen nicht bekannt gewesen sein sollte, denn das hieße, sie hätten von Napoleon nichts gelernt. Aber es wurde nichts zerstört. Zudem wurden Briey und Thionville zwischen 1914 und 1917 auch nicht großflächig unter Artilleriebeschuss genommen oder von Flugzeugen aus bombardiert. Wie lässt sich das erklären?

Militärkommandeuren, den gewöhnlichen Soldaten in den Schützengräben, Journalisten, Senatoren und Abgeordneten in der Nationalversammlung, ja selbst Ministerpräsident Viviani und anderen wichtigen Vertretern der Dritten Republik war bewusst, wie wichtig das Bassin von Briey in wirtschaftlicher und strategischer Hinsicht war. Allein in Thionville gab es 28 Bergwerke und acht Fabriken und Schmelzhütten. Vom linken Ufer der Mosel bezog Deutschland 48 Prozent seiner gesamten Eisenproduktion.[19] Wiederholt wurde der Antrag gestellt, Briey und Thionville direkt anzugreifen und zu bombardieren, sogar auf Kabinettsebene plädierte man dafür. Der Vorschlag war absolut vernünftig, dennoch wurde er nie in die Tat umgesetzt. Warum nicht?

Pierre-Étienne Flandin wurde 1914 ins französische Parlament gewählt. Er verfügte über tadellose Referenzen, schließlich war seine Familie tief verwurzelt in der konservativen Rechten der französischen Politiklandschaft. Während der 1920er- und 1930er-Jahre hatte er unterschiedliche Ministerposten inne, bevor er 1934 Ministerpräsident wurde. Besonders erstaunlich allerdings ist eine Aussage, die er im Januar 1919 machte. Flandin, ein begabter Flieger, suchte wenige Tage vor Weihnachten 1916 das Hauptquartier in Souilly auf, um persönlich mit General Adolphe Guillaumat zu sprechen, dem Kommandeur der 2. französischen Armee. Er überreichte dem General einen detaillierten Plan des Bassin de Briey, auf dem die wichtigsten Anlagen und Schmelzhütten klar und deutlich eingetragen waren. Das führte dazu, dass Jœuf einige Tage später bombardiert wurde.

Es blieb indes bei diesem einen Luftangriff. General Guillaumat erhielt vom Generalhauptquartier Anweisung, derartige Angriffe einzustellen, da nur das Generalhauptquartier befugt sei, solche Entscheidungen zu treffen. Empört erklärte Flandin, die Spitzenmilitärs im Generalhauptquartier wüssten Bescheid über die Ereignisse im Lothringer Becken und sie wüssten von den »gewaltigen Interessen«, die mit der Ausbeutung der dortigen Bodenschätze zu tun hätten. Flandin nannte die Dinge beim Namen: Schlimm genug, dass Deutschland sich 27 Monate lang »ohne jedwede Störung« an den Vorkommen bedienen konnte, aber hinzu kommt, »dass einem hier eine Methode zur Verkürzung des Krieges zur Verfügung stand und diese Methode über 2 Jahre lang vernachlässigt wurde«.[20] Aus dem Munde eines französischen Parlamentariers, der später Ministerpräsident Frankreichs werden sollte, bekommen wir hier den eindeutigen Beweis geliefert, dass anonyme »gewaltige Interessen« dafür sorgten, dass die Eisen- und Stahlproduktion in

Briey ungestört weiterlief und dass Millionen Männer und ihre Familien für einen Krieg, der vorsätzlich in die Länge gezogen wurde, mit unermesslichem Leid bezahlen mussten.

General Gabriel Malleterre, ein politisch sensiblerer Offizier, besprach das Thema Briey und Thionville sowohl mit dem französischen Generalstab als auch mit dem Generalsekretär des Hüttenkomitees, Robert Pinot. Die Männer waren sich einig: Die Minen und Schmelzhütten müssten blockiert werden, außerdem müssten die Bahnhöfe bombardiert werden, damit das wertvolle Material nicht zu den Rüstungsbetrieben in Deutschland abtransportiert werden könnte. Der Plan war clever, sorgte er doch dafür, dass die Eisen- und Stahlwerke intakt blieben.[21] Diese »Blockade« wurde – auch wenn sie sich als ineffektiv erwies – in Teilen übernommen, führte aber, wie von General Malleterre vorausgesagt, nicht zu spürbaren Ergebnissen. Aber warum holte er dafür die Erlaubnis des Hüttenkomitees ein, dem Industrieverband der Stahlindustrie, der die Eisen- und Stahlproduktion in ganz Frankreich als Monopol kontrollierte? Warum war es wichtig, dass die Armee dafür die Erlaubnis der Rüstungsfirmen erhielt?

Die Antwort brach sich nach Kriegsende in der französischen Volksversammlung Bahn. Am 24. Januar 1919 gab der sozialistische Abgeordnete Édouard Barthe als Vertreter der Arbeiterinternationale die folgende Aussage ab:

> *»Ich erkläre, dass entweder aufgrund der internationalen Solidarität der Schwerindustrie oder zum Schutz privater Interessen unseren Militärkommandeuren Befehle erteilt wurden, die Fabriken im Bassin de Briey, die im Verlauf des Krieges vom Feind genutzt wurden, nicht zu bombardieren. Ich erkläre, dass unsere Flugzeuge Anweisung erhielten, die Hochöfen zu respektieren, die den Stahl des Feindes schmolzen.«*[22]

Verblüffend, unglaublich, unverständlich. Was diese öffentliche Erklärung bedeutet, lässt sich kaum in Worte fassen. Unverhohlen legte Édouard Barthe dar, dass die Kontrolle über Regierungsentscheidungen und militärische Befehle letztlich eine Ebene oberhalb von Ministerpräsident Viviani, seinem Kabinett, General Joffre, Marschall Ferdinand Foch und dem französischen

Generalstab lag. Wer also saß auf dieser Ebene? Barthe stellte ein Dossier zusammen, das jedoch von der französischen Regierung unterdrückt wurde. Es enthielt Verweise auf Lloyd George und den Waffenhändler Basil Zaharoff sowie die Behauptung, diese Männer wären sich einig gewesen, dass es unvernünftig sei, Industrieanlagen zu vernichten und nach dem Krieg mit maroden Fabriken und Massenarbeitslosigkeit dazustehen.[23] Mächte, die weit jenseits des gesunden Menschenverstandes agierten, gewährten in ganz Europa der Eisen- und Stahlproduktion besonderen Schutz vor Zerstörung. Was war das Hüttenkomitee, und über welche Macht verfügte diese Organisation? Wer war in der Position, über das Schicksal des Bassin de Briey bestimmen zu können? Auf keinen Fall die gewählten Volksvertreter oder die Offiziere der Streitkräfte.

Das Hüttenkomitee war die Vertretung mächtiger Eisen- und Stahlhersteller, deren Verbindungen zur französischen Regierung dermaßen stark waren, dass beide Institutionen oftmals als Einheit agierten. Das Hüttenkomitee orientierte sich an der amerikanischen Geschäftspraxis, wonach alle Größen einer Branche mithilfe von Kartellabsprachen operierten. Dementsprechend stimmte es seine Preise ab und stand auch in engem Kontakt mit anderen internationalen Eisen- und Stahlkonzernen, die zusammen den Weltmarkt völlig beherrschten. Das Hüttenkomitee war das Sinnbild der kapitalistischen Machtstruktur in Frankreich.[24] Einzelne Eisen- und Stahlfirmen wurden durch strenge Vereinbarungen zu Quoten und Preisen auf Linie gebracht.

Das Hüttenkomitee stellte nichts her und verkaufte nichts. Stattdessen übte es über gewählte Politiker und kostspielige Propaganda politische, strategische und wirtschaftliche Macht aus. Das Komitee besaß keine Tochterunternehmen, auch wenn die Mitgliedsunternehmen nach Produktionsmenge und Belegschaftsgröße berechnete Jahresbeiträge entrichteten. Dieser Machtblock kontrollierte durch Regionalausschüsse alle großen Eisen- und Stahlhütten im Land. Er kontrollierte die regionale Presse genauso wie die landesweite. Er beeinflusste das französische Außenministerium am Quai d'Orsay, und viele landesweite Spitzenpolitiker tauchten in den Folgejahren aus diesem Bau auf.[25]

Der erste Präsident des Hüttenkomitees war Eugène Schneider gewesen, Direktor von Creusot, Abgeordneter für Saône-et-Loire und 1851 Landwirtschaftsminister. Seinen Reichtum verdankte er dem Monopol, den französischen Staat mit Rüstungsgütern und Material für den Schienenbau zu versorgen.[26] Die französische Marine bezog ihre Panzerplatten von Schneider-Creusot, das zum Marktführer für Schiffsartillerie aufstieg.[27] Eugène Schneider war auch Direktor der Bank Crédit Lyonnais und einer der Gründer der Banque de L'Union Parisienne. Um die Jahrhundertwende herum entstand eine Erfolgsformel für alle Beteiligten: Rüstungsunternehmen, Ministerien und Banken arbeiteten auf allerhöchster Ebene zusammen daran, lukrative Aufträge aus dem Ausland zu gewinnen und die Profite zu maximieren.[28]

Vor Kriegsbeginn kürte das Hüttenkomitee François de Wendel zu seinem Präsidenten – den Mann, den der sozialistische Spitzenpolitiker Joseph Caillaux als »Symbol der Plutokratie« bezeichnete. De Wendel verkörperte alle Aspekte der industriellen Elite Frankreichs. Der Abkömmling einer Stahl- und Eisendynastie zog in die Nationalversammlung ein, wurde Regent der Banque de France und arbeitete sehr eng mit seinem großen Verbündeten zusammen, Édouard de Rothschild.[29] François war zutiefst deutschfeindlich eingestellt – kam er doch aus einer Familie, die die Blamage einer Teilung über sich ergehen lassen musste, als sich das Deutsche Reich 1871 Lothringen einverleibte –, außerdem machte er sich vehement für Raymond Poincaré und dessen Revanchistenpartei stark.

François' Vater Henri Wendel blieb im annektierten Lothringen zurück. Damit war er fortan zwar Bürger des jungen deutschen Kaiserreichs, aber so konnte er wenigstens die Kontrolle über die umfangreichen Industriebeteiligungen der Familie behalten. Tatsächlich orientierte er sich politisch sehr rasch und vertrat von 1881 bis 1890 Lothringen im Reichstag. Auch François' Cousin Charles saß von 1907 bis 1911 im Reichstag. So konnte die Familie Wendel ihre politischen und wirtschaftlichen Interessen zu beiden Seiten der Grenze wahren: Dafür sorgten François in der Nationalversammlung, sein Vater und sein Cousin im Reichstag. Zusammen gehörten ihnen die Minen, Fabriken, Anlagen und Schmelzhütten in Briey und Thionville.

Die Wendels dominierten Frankreichs Versorgung mit Eisen und Stahl. Nachdem man den Deutschen im August 1914 kampflos die Hoheit über das Bassin von Briey überlassen hatte, schrumpfte das Angebot der französischen Industrie deutlich. Zwar holte das Hüttenkomitee die Erlaubnis ein, 19000

Tonnen Metall pro Monat aus Großbritannien einzuführen, aber 7 Monate lang geschah überhaupt nichts. Dann kam eine altbewährte Vorgehensweise zum Einsatz. So wie die Briten J. P. Morgan zum Alleinvertreter für sämtliche Einkäufe in den USA ernannten, beschloss nun auch die französische Regierung, den Kauf von Eisen und Stahl in eine einzige Hand zu legen – in die von Hubert de Wendel, dem Bruder von François. Damit nicht genug: Der Militärattaché in London, zu dessen Aufgaben es gehörte, ein Auge auf den Einkäufer zu haben, war General de la Penouze, de Wendels Schwager. Und damit noch nicht genug: Im Munitionsministerium in Paris saß ein Direktor aus der Bank des Hüttenkomitees.[30] Er war dafür verantwortlich, diese wichtigen Importe zu prüfen. Dieser Prüfer wurde in den Rang eines Hauptmanns erhoben und zum Generalsekretär der Kommission für Holz und Metalle erklärt.[31] Ende 1915 kamen Vorwürfe auf, in der Eisen- und Stahlbranche würden Spekulationsgeschäfte gemacht und Wucher betrieben. Daraufhin wurde der Marktausschuss der Abgeordnetenkammer aktiv und leitete eine Untersuchung ein. Verantwortlich war das erfahrenste Mitglied – François de Wendel. 3 Jahre später warteten die Abgeordneten noch immer auf den Bericht.[32]

Verwundert es da, dass die Wendels während des Krieges und nach Ende dieses furchtbaren Konflikts in die Kritik gerieten? Sie hätten ihren enormen Einfluss dafür genutzt, ihre umfangreichen Bergbau-Vermögenswerte in Briey und Thionville zu schützen, so der Vorwurf. Das an Bodenschätzen reiche Bassin de Briey, das sich bis zum Mosel-Ostufer rund um Thionville erstreckte, war ihr persönliches Königreich; es gehörte ihnen. Ihnen gehörten die großen Bergwerke und Fabriken; sie repräsentierten die Bevölkerung sowohl in der französischen Nationalversammlung wie auch im deutschen Reichstag; sie unterstützten die Katholische Kirche und waren im Besitz der örtlichen Zeitungen. Ab 1906 subventionierte François de Wendel *L'Écho de Lorraine*, und die Familie kontrollierte *Le Journal de Debats*, ein defizitäres Politmagazin, das kostenlos allen Lehrern in Wendels Wahlbezirk zugestellt wurde.[33]

1919 wurden in der Nationalversammlung schwere Vorwürfe gegen François de Wendel erhoben. Insbesondere ging es darum, dass er die Zerstörung des Stahlwerks Briey verhindert habe. Wendel tat die Vorwürfe hochmütig ab und führte eine Liste von Generälen an, die behaupteten, sie hätten gar nicht über die Möglichkeiten verfügt, um über eine derartige Distanz etwas zu zerstören, oder sie hätten das Ziel aus militärischer Sicht als nicht angemessen erachtet.[34] Auch der Vorwurf, das Hüttenkomitee habe 1916 durch einen gefügigen Journalisten einen Bericht in *Le Temps* untergebracht, wurde zurückgewiesen. Der Präsident des Komitees höchstpersönlich, François Wendel, erklärte, man verfüge gar nicht über ein Budget für Öffentlichkeitsarbeit – eine hochgradig lächerliche Aussage, denn das Komitee kontrollierte weite Teile der Presse. In dem von Max Hoschiller verfassten Artikel hieß es, eine Zerstörung Brieys würde Deutschland überhaupt nicht entscheidend schwächen – eine aus der Luft gegriffene Behauptung, die sämtlichen anderen Einschätzungen zuwiderlief.[35]

Es überrascht wohl niemanden, dass der Verwalter der Banque de France, der Präsident des Hüttenkomitees, der Abgeordnete der Nationalversammlung, der Geschäftspartner der globalen Rüstungsindustrie, der Freund und Kollege der Pariser Rothschilds und langjährige Unterstützer von Präsident Poincaré diese Attacken ziemlich unbeschadet überstand. Ihm gewogene Historiker kamen zu dem Urteil, dass sich »keine der Behauptungen über eine Verschwörung der Wendels je nachweisen ließ«.[36] Doch was lässt sich als Beweis definieren, wenn Schlüsseldokumente fehlen oder vernichtet wurden und dem Vermögen der Familie Wendel mehr Bedeutung beigemessen wird als den Menschen, die zum Erhalt des Wohlstands ihr Leben lassen mussten. Aber auch wenn der genaue und exemplarische Blick auf eine einzige Familie lohnt und sehr Stichhaltiges zu Tage fördert, sollten wir darüber einen noch größeren Einfluss nicht aus den Augen verlieren.

Bei einer Debatte in der Abgeordnetenkammer stellte François de Wendel am 1. Februar 1919 eine sehr relevante Frage: Warum hatten die Deutschen es eigentlich unterlassen, die französischen Kohlebergwerke im Pas-de-Calais zu bombardieren und somit Frankreich seiner letzten wichtigen Kohlequelle zu berauben? Das Pas-de-Calais lag gerade einmal 15 Kilometer von der Front entfernt, und die Deutschen hätten es mit Langstreckenartillerie oder mit Zeppelinen bequem angreifen können. Schließlich waren die Luftschiffe ja auch 120 Kilometer geflogen, um Paris zu bombardieren. Der Grund, so Wendel, sei, dass derartige Angriffe deutlich schwieriger umzusetzen seien, als es die meisten Menschen glaubten.

Wendel öffnete mit seinen Äußerungen unbeabsichtigt eine Büchse der Pandora, denn dem sozialistischen Journalisten Gustave Téry wurde iin diesem Augenblick etwas Schreckliches bewusst: Hätten die Franzosen Briey zerstört, hätten die Deutschen Vergeltung geübt, indem sie das Pas-de-Calais bombardiert hätten. Doch keine der beiden Seiten hatte so gehandelt, und das bedeutete, dass man sich auf allerhöchster Ebene darauf verständigt haben musste, diese für eine lange Kriegsdauer so wichtigen Industrieanlagen intakt zu lassen. Gustave Téry war nicht der Einzige, der angesichts dieser Erkenntnis aus allen Wolken fiel – ein Kollege neben ihm rief: »Mein Gott, sie steckten alle unter einer Decke!« Téry sagte: »Es lief mir eiskalt den Rücken herunter.«[37] Und das sollte es uns allen.

Französische Zeitungen schlossen sich der Kritik an und verlangten Aufklärung, aber die konservative Tageszeitung *Le Matin* erklärte, die Entscheidung sei auf militärische Gepflogenheiten zurückzuführen – man greife derartige Ziele schlichtweg nicht an.[38] Eine völlig haltlose These, von der sich dann auch nur wenige täuschen ließen. Ganz offenkundig hatte es eine geheime Absprache zwischen den Kriegsparteien gegeben, und sie wäre niemals an die Öffentlichkeit geraten, wenn die französischen Abgeordneten nicht so vehement Sturm gelaufen wären. Dennoch war die entscheidende Frage nicht beantwortet: Der Krieg hätte nach wenigen Wochen vorüber sein können, wären Kohlebergwerke, Eisen- und Stahlwerke und chemische Anlagen zerstört worden. Wer also war verantwortlich dafür, dass diese Industriegüter für tabu erklärt wurden, wie es so unbestreitbar geschehen war?

Am 24. Januar 1919 trat der Abgeordnete Édouard Barthe ans Rednerpult der französischen Nationalversammlung und erklärte unmissverständlich, entweder hätten die internationale Rüstungsindustrie oder einflussreiche und mächtige Privatinteressen das französische Oberkommando angewiesen, Briey nicht zu zerstören, auch wenn es ganz offenkundig vom Feind ausgebeutet wurde. Barthe bestätigte, dass die Luftwaffe Anweisungen hatte, die Hochöfen, in denen der Feind Stahl herstellte, in Ruhe zu lassen, und dass »ein General, der sie hatte bombardieren wollen, zurechtgewiesen wurde«.[39]

Und dennoch wurde niemand vor Gericht gestellt. Kein Firmendirektor wurde der Komplizenschaft mit dem Feind angeklagt. Dass die Franzosen

Briey der deutschen Armee kampflos überließen, war ein Skandal, der niemals restlos aufgeklärt wurde. Die Wendels überstanden die Anfeindungen der sozialistischen Presse. Es gab keine konkreten Beweise, nichts konnte nachgewiesen werden.

Um zu ermessen, wie viel Macht und wie viel Einfluss die internationalen Rüstungskonzerne besaßen, eignen sich die Fakten aus Briey sehr gut. So erkennt man, wie sie mithilfe ihrer Manipulationen den Kriegsverlauf steuerten und die Kriegsdauer verlängerten. Die Firmen hatten Politiker in der Tasche, gelegentlich agierten sie sogar selbst als Politiker. Zeitungen sprangen in die Bresche, um die Interessen der Branche zu verteidigen und zu schützen. Die Konzerne verfügten in ihren Reihen über Bankiers und Finanziers, die über die Grenzen des politischen Nationalismus hinweg agierten. Ihre Handlanger instruierten die militärische Führungsriege, sodass sich im Nachhinein nicht mehr rekonstruieren ließ, wer letztlich diese Entscheidung getroffen oder jene Anweisung gegeben hatte.

Und das galt nicht nur für Frankreich oder Deutschland. Innerhalb dieser Welt der Schatten trieb die Geheime Elite ihre Ziele voran und weitete ihren Einfluss aus. Viele bereicherten sich persönlich durch die gewaltigen Kriegsgewinne, aber das Hauptziel verlor man dabei nicht aus den Augen: Deutschland als Konkurrenz für das Empire musste durch einen langen und in die Länge gezogenen Krieg komplett zerstört werden. Die »Nichtverteidigung« von Briey ist nur ein Beispiel dafür, wie auf dieses Ziel hingearbeitet wurde.

Außerdem hilft uns der Skandal von Briey zu verstehen, wie »verborgene Mächte« innerhalb von Landesgrenzen agierten, in diesem Fall innerhalb der französischen Grenzen: Sie verboten Militärschläge, die sich gegen ihre eigenen industriellen Interessen richteten, und sie sorgten dafür, dass Nachschub, der für eine Fortführung des Kriegs unerlässlich ist, ungehindert fließen konnte. Aber das ist nur ein Aspekt in der Art und Weise, wie die Geheime Elite Kontrolle ausübte. Das Rüstungsgeschäft war ein globales Geschäft von einem Ausmaß, das es ermöglichte, sich von sämtlichen nationalen Verpflichtungen zu lösen und von »internationalem Hermaphroditismus«[40] zu profitieren. Ob man nun bei de Wendels oder bei von Wendels einkaufte, spielte keine Rolle. Und ob man Dividenden an Vickers-Armstrong (Großbritannien),

Krupp (Deutschland), Bethlehem Steel (USA), Schneider-Creusot (Frankreich), Skoda (Österreich-Ungarn) oder an Mitglieder des Hüttenkomitees ausschüttete oder diese Gruppen an den Gewinnen beteiligte, war ebenso gleichgültig. Der Krieg war eine Gewinnquelle, von der sie alle profitierten, und je länger der Krieg dauerte, desto größer die Profite.

Wie Smedley Butler, General der amerikanischen Marineinfanterie, rückblickend über seine persönlichen Erlebnisse schrieb:

»Krieg ist ein schmutziges Geschäft, das war schon immer so. Er ist wahrscheinlich das älteste, bei Weitem das lukrativste und mit Sicherheit auch das übelste kriminelle Gewerbe. Krieg ist ein verschwörerisches organisiertes Verbrechen von internationalem Ausmaß, noch dazu das einzige, bei dem die Gewinne in Dollars und die Verluste in Menschenleben bilanziert werden.

Das Perfide an diesem Geschäftsmodell ist, dass die Mehrheit gar nicht mitbekommt, was da vor sich geht. Nur eine kleine Gruppe von ›Insidern‹ weiß Bescheid. Diese wenigen bereichern sich auf Kosten der großen Masse und streichen dabei riesige Vermögen ein. […]

Immerhin stiegen während des [Ersten] Weltkrieges in den USA mindestens 21 000 Profiteure in den Rang von Millionären oder Milliardären auf. So viele jedenfalls gaben ihre blutbefleckten Gewinne beim Einreichen der Steuererklärung zu. Wie viele Kriegsmillionäre allerdings ihre Ausbeute verheimlicht haben, das weiß niemand.«[41]

21 000 neuen Millionären oder Milliardären stehen geschätzte 8,5 Millionen Menschen gegenüber, die auf den Schlachtfeldern ihr Leben ließen. Rechnet man zivile Opfer und die Toten aus Bürgerkriegen und Gräueltaten hinzu, steigt die Zahl der Verluste auf 15 bis 20 Millionen Menschen.[42]

Und wir dürfen nicht vergessen, dass es bei dieser »Gaunerei« um mehr ging als nur darum, möglichst groß abzusahnen: Die Geheime Elite, die sich von ihren Ursprüngen in Großbritannien aus nun auch auf der anderen Seite des Atlantiks ausbreitete, wollte Deutschland vernichtet sehen und die angelsächsische Vormachtstellung in der Welt unangreifbar machen.[43] Ein kurzes Scharmützel lief ihren Interessen zuwider. Um Deutschland zu zerschmettern und die teutonische Gefahr ein für alle Mal aus der Welt zu räumen, bedurfte es eines langwierigen Krieges. Man plante auf lange Sicht, und Briey war da nur ein winziges Puzzleteil in dem ganzen Unterfangen. Jede Einzelaktion führte vorsätzlich dazu, den Gegner am Leben zu erhalten, ihm die Fortsetzung des Kampfs zu ermöglichen, den Krieg mithin zu verlängern und die Gewinne zu maximieren.

Zusammenfassung

- Am 1. August 1914 machte die französische Armee mobil. Zuvor hatte ihr Oberkommandierender, General Joffre, Präsident Poincaré die Pistole auf die Brust gesetzt: Wenn es bei der Mobilmachung zu weiteren Verzögerungen käme, würde er die Verantwortung für die französische Armee abgeben.
- Im Nordosten Frankreichs nahe der deutschen Grenze lag Briey. Hier förderte Frankreich einen Großteil seiner für die Waffenproduktion so wichtigen Eisenerze und Kohle. Briey war von überragender strategischer und wirtschaftlicher Bedeutung.
- Am 5. August 1914 marschierten die deutschen Truppen in diese »Schatzkammer« und übernahmen das Bassin de Briey, ohne dass ein einziger Schuss abgegeben wurde.
- Für die deutschen Kriegsanstrengungen war es von allerhöchster Bedeutung, das Bassin von Briey zu kontrollieren. Ohne die Bodenschätze aus dieser Region hätte das Kaiserreich einen langwierigen Krieg nicht führen können. Die *Leipziger Neuesten Nachrichten* schrieben 1917, dass Deutschland den Krieg wohl binnen 6 Monaten

verloren hätte, hätten die Franzosen die gerade einmal 12 Kilometer lange Strecke nach Lothringen hinein zurückgelegt.

- Doch obwohl die französische Armee kaum 5 Kilometer entfernt von den strategisch wichtigen Vorkommen lag, wurde sie angewiesen, untätig zu bleiben.
- Am 19. August wurde die Lothringer Armee in der Absicht zusammengestellt, Briey zurückzuerobern, aber sie rückte nie auf das Ziel vor. Stattdessen wurde sie am 25. wieder aufgelöst, ohne einen Schuss abgegeben zu haben.
- Spätere Vorschläge, Briey durch Beschuss und Bombardierungen auszuschalten, wurden durchweg abgelehnt.
- In der französischen Abgeordnetenkammer wurde die Behauptung laut, Militärkommandeure seien angewiesen worden, Briey, die Hochöfen und die Schmelzöfen nicht anzugreifen.
- Das Hüttenkomitee, dieser immens mächtige Verband französischer Eisen- und Stahlhersteller, hatte in den Ministerien enormen Einfluss und verfügte über beste Verbindungen zu Großbanken.
- Der Präsident des Hüttenkomitees, François de Wendel, wurde in die Nationalversammlung gewählt, außerdem arbeitete er eng mit Édouard de Rothschild zusammen. Bei allem, was er tat, ging es de Wendel darum, seine gewaltigen Bodenschätze in und um Briey zu schützen.
- Auf allerhöchster Ebene wurden zwischen den französischen und deutschen Rüstungsgüterproduzenten Absprachen getroffen: Die Fabriken und Minen waren zu schützen. Auf diese Weise wurde der Krieg in die Länge gezogen.
- Die Konzerne sorgten dafür, dass die Versorgung der jeweils anderen Seite mit Eisenerz gewährleistet blieb. Auf diese Weise verlängerte sich die Kriegsdauer mit dem Ergebnis, dass Tausende Geschäftsleute Millionäre wurden.

Kapitel 4

Die Mär von der »Großen Blockade«
Lug und Trug

Die Seeblockade, die Großbritannien von 1914 bis 1916 gegen Deutschland verhängte, war eine grausame Scharade, da sie von vornherein so angelegt war, dass sie scheitern musste. Während der Napoleonischen Kriege hatte sich eine Seeblockade als wirksame Waffe erwiesen, und sie galt schon lange davor als wichtiges strategisches Pfund, mit dem man wuchern konnte. Insofern mussten die Briten auch in diesem Krieg den Eindruck erwecken, sie würden mit einer Blockade arbeiten – allein schon aus dem Grund, weil die Regierung die gewaltigen Summen, die sie seit Beginn des 20. Jahrhunderts in die Modernisierung und den Ausbau der Navy gepumpt hatte, damit begründete, man wolle mit derartigen taktischen Mitteln arbeiten können. *Britannia rule the waves*, oder etwa nicht? Die britische Öffentlichkeit hätte doch lauthals »schwerer Fall von Pflichtvernachlässigung« gerufen, wenn es nicht gelungen wäre, Deutschland den Zugang zu den Weltmeeren zu verwehren.

Im Verlauf der Geschichte hat immer wieder eine Nation zum Mittel der Seeblockade gegen eine andere Nation gegriffen. In anderen Epochen wurde die Sache etwas anders angegangen, aber das Ziel war immer dasselbe – der Feind sollte nicht mehr mit wichtigen Gütern handeln können, er sollte von den Vorteilen des internationalen Markts abgeschnitten sein, die Bevölkerung sollte ausgehungert und das Land in den Abgrund und die Kapitulation getrieben werden.[1] Dass die Royal Navy militärisch imstande sein würde, Deutschlands Handelsrouten in alle Welt zu unterbrechen, stand völlig außer Frage.[2] Für die britische Öffentlichkeit war somit glasklar: Nach Kriegsausbruch würde Deutschland von den Weltmeeren ausgesperrt sein, sodass keine Lebensmittel und kein Militärgerät mehr ins Land gelangen könnten. Mit dieser Methode werde man die Deutschen rasch in die Knie zwingen. Man war daher überzeugt, dass eine effektive Blockade in Kraft getreten war. Nach 7 Monaten Kriegsdauer berichtete die *Times*, die Nation stehe weiterhin mit »absoluter und bedingungsloser Zuversicht hinter der Royal Navy«.[3] Alles andere als ein rückhaltloses Vertrauen wäre aber auch ausgesprochen demoralisierend gewesen, wenn man bedenkt, was für ein großer Anteil des Bruttoinlandsprodukts in den Bau von Dreadnoughts und anderen Kriegsschiffen floss.

Dass die Pläne der Royal Navy für den kommenden Krieg gegen Deutschland nicht gut durchdacht waren, war auch der kleinen Clique von vertrauenswürdigen Ministern klar, die sich am 23. August 1911 zu einer Sondersitzung des Committee for Imperial Defence traf. Genauso beunruhigend wie die schlechte Planung: Heer und Marine hatten sich bislang nicht auf eine gemeinsame Strategie verständigt.[4] Dieses ausgesprochen beunruhigende Treffen führte unter anderem dazu, dass Winston Churchill zum neuen Marineminister (First Lord of the Admiralty) ernannt wurde. Mit der ihm eigenen Gewissheit modernisierte er diesen Hort der Tradition, wobei er sich größtenteils von Admiral Lord John »Jacky« Fisher inspirieren ließ, dem kurz zuvor pensionierten Ersten Seelord. Was er mit Admiral Fisher aber nicht teilte, waren dessen Ansichten, wie und wo eine Seeblockade durchzuführen sei.

Fisher hatte sich dafür stark gemacht, mithilfe von Zerstörern eine aggressive Blockade sehr dicht an der deutschen Küste aufzuziehen und so eine rasche Entscheidung herbeizuführen. Deutschland würde so keine Lebensmittel und keine wichtigen Kriegsmaterialien über den Atlantik heranbringen können, und auch die Küstenschifffahrt aus Skandinavien und dem neutralen Spanien würde unterbunden. Fishers Plan sah vor, dass die britische Hochseeflotte mit ihren Dreadnoughts und Kreuzern in ständiger Alarmbereitschaft sein würde, um die Zerstörer gegebenenfalls vor deutschen Kriegsschiffen zu schützen. Eine Blockade nahe Jadebusen und Elbmündung hätte darüber hinaus den Vorteil, dass die deutsche Flotte im

Hafen gefangen wäre. Die Gefahr einer deutschen Invasion Großbritanniens oder deutscher Angriffe auf britische Handelsschiffe hätte man auf diese Weise abgewendet.[5]

Angesichts einer unmittelbar bevorstehenden Strangulation wäre die kaiserliche Flotte möglicherweise gezwungen gewesen, den sicheren Hafen zu verlassen und sich dem Gefecht zu stellen. Fisher war felsenfest davon überzeugt, dass sich in einem derartigen Fall die überwältigende Feuerkraft der britischen Großkampfschiffe durchgesetzt hätte. Kritiker dieses Vorgehens sagten, auch wenn eine strenge Blockade die größten Kriegsschiffe des Gegners binden würde, könnte Deutschland den Blockadeschiffen mit Minen, Torpedos und Unterseebooten zusetzen. Fisher wies diese Argumentation als falsch zurück – die U-Boote könnten in den flachen Küstengewässern gar nicht tief genug abtauchen, außerdem würden sie ohnehin nicht versuchen, Zerstörer zu versenken.[6]

Zerstörer waren speziell dafür ausgelegt, der Bedrohung durch U-Boote Herr zu werden. Sie waren schnell genug, um U-Boote abzufangen, konnten sie mit ihrem verstärkten Bug rammen oder mit Geschützen und Torpedos bekämpfen. Mit ihren Hydrophonen konnten Zerstörer U-Boote aufspüren und sie dann mit Wasserbomben angreifen. Zerstörer waren der wohl größte Albtraum eines jeden U-Boot-Kommandanten. Wie auch immer: Zu Kriegsbeginn verfügte Großbritannien über 73 U-Boote, auf deutscher Seite waren es gerade einmal 29 – eine Menge, mit der man im Zuge einer strengen Blockade hätte fertigwerden können.

Fishers Strategie einer strengen Blockade beruhte möglicherweise »auf einer Überschätzung des Zerstörers und einer Unterschätzung des U-Boots«, erklärte Professor Hew Strachan unlängst. Im Ernstfall hätte dieses Vorgehen die Ressourcen der Marine auf selbstmörderische Weise überbelastet. Großbritannien »besaß weniger Zerstörer als Deutschland – 1914 standen 42 britische 88 deutschen gegenüber«, so Strachan, der auf einen weiteren Punkt hinweist: »Die Blockadezerstörer hätten alle 3, 4 Tage zum Aufnehmen neuer Kohle zurückkehren müssen. Der dichteste britische Hafen lag 280 Meilen von der deutschen Küste entfernt, was bedeutet, die Blockadeflotte hätte sich auf drei Punkte verteilten müssen – ein Drittel vor Ort, ein Drittel im Hafen und ein Drittel unterwegs. Dafür wären doppelt so viele

Zerstörer nötig gewesen wie Großbritannien besaß.«[7] Strachans Statistiken indes sind falsch: Tatsächlich verfügte die Royal Navy im August 1914 über stolze 221 Zerstörer.[8]

Eine strenge Blockade sei von entscheidender Bedeutung, wolle man den Krieg rasch gewinnen, meinte Admiral Fisher. Wäre es das tatsächliche Ziel gewesen, den Krieg zügig zu beenden, hätte man deutlich mehr als 42 Zerstörer für diese Aufgabe abstellen können. Strachan erklärt zwar, dass zu jedem beliebigen Zeitpunkt zwei Drittel der Schiffe zum Bekohlen abwesend sein würden, aber man darf nicht vergessen, dass 1914 eine große Zahl Zerstörer der Royal Navy mit Öl betrieben wurde. Fisher hatte dafür gesorgt, dass alle ab 1905 gebauten Zerstörer mit Öl befeuert wurden und über Dampfturbinen verfügten. Die einzige Ausnahme war die »Beagle«-Klasse von 1908. Auf eine Anfrage des Parlaments vom Februar 1914, wie viele Marineschiffe aller Klassen für Schweröl ausgerüstet seien oder entsprechend umgerüstet würden, antwortete Winston Churchill, es handle sich um 109 Zerstörer und insgesamt 252 Schiffe.[9] Das Thema Kohle wäre also irrelevant gewesen, hätte man für eine strenge Blockade auf ölbetriebene Zerstörer zurückgegriffen. Tatsächlich aber reduzierten derartige Bekohlungsprobleme die Wirksamkeit der veralteten britischen Kreuzer stark, während diese die letztlich vereinbarte »Distanzblockade« durchführten.

Wie standen die Dinge Anfang August 1914? Hätte es einen echten Wunsch gegeben, Deutschland rasch zu besiegen, hätte eine strenge Blockade der Nordseehäfen die mit Abstand besten Erfolgsaussichten gehabt. Doch das passte nicht zu den Plänen der Geheimen Elite. Sie wollte Deutschland ein für alle Mal am Boden sehen, und diesem Ziel war ein rascher Sieg mit Waffenstillstand abträglich. Nicht nur Deutschlands Heer und seine Flotte sollten vom Antlitz der Erde getilgt werden, sondern auch die gesamte finanzielle, kommerzielle und industrielle Infrastruktur des Landes. Das allerdings würde einen langen Krieg erfordern.

Deshalb beschlossen die Männer, die die Geheime Elite in der Admiralität und im Außenministerium sitzen hatten, die deutsche Nordseeküste aus der Distanz zu blockieren und dazu den Zugang südlich von Irland. Sir Edward Grey und seine Außenministeriumskollegen von der Geheimen Elite konnten auf diese Weise viel besser steuern, wie die »Blockade« aussehen sollte.

Der Öffentlichkeit war das egal. Ihr war eine rasche und erfolgreiche Strafaktion gegen das Kaiserreich versprochen worden, insofern war es ihr anfangs auch ziemlich gleichgültig, wie genau die Blockade verlief. Die Menschen vertrauten Churchill. Höchstpersönlich hatte er die Zuversicht und die Erwartungshaltung gesteigert, dass man den deutschen Seehandel in einen unerbittlichen Würgegriff nehmen und die deutsche Wirtschaft langsam, aber sicher strangulieren werde, bis der Krieg zu einem siegreichen Ende käme. Am 9. November 1914 sprach Churchill beim Guildhall-Bankett vor Bankiers, Finanziers, Politikern und ranghohen Militärs. Auch Premierminister Asquith und Kriegsminister Kitchener waren anwesend. Churchill liebte derart öffentlichkeitswirksame Auftritte und enttäuschte auch diesmal sein Publikum nicht. Er versicherte der Nation, eine wirksame Seeblockade sei in Kraft, und behauptete mit der für ihn typischen Stentorstimme:

> *»Was wir an Bestrafung vornehmen, sieht man oftmals nicht, und selbst wenn man es sieht, lässt sich ihr Maß nicht messen. Die aus einer Seeblockade resultierende wirtschaftliche Verknappung entfaltet erst mit der Zeit ihre vollständige Wirksamkeit. Momentan sehen Sie sie erst im dritten Monat. Gedulden Sie sich ein wenig. Untersuchen Sie die Dinge noch einmal im sechsten Monat, im neunten Monat und im zwölften Monat, und Sie werden anfangen, die Wirkung zu erkennen – eine Wirkung, die schrittweise erreicht werden wird, die still und leise erreicht werden wird, die jedoch genauso sicher den Untergang Deutschlands bedeutet, wie der nahende Winter die Blätter von den Bäumen reißt.«*[10]

Es war ein leeres Versprechen, nichts als heiße Luft, ein Täuschungsversuch. 1914 und 1915 fand keine wirksame Blockade statt, aber das lag nicht an einem Fehler seitens der Royal Navy selbst. Die Schuld dafür war vielmehr bei den Herren in London zu suchen. Um die angekündigte Blockade in die Tat umzusetzen, setzten sich viele tapfere Matrosen den schwersten Stürmen aus, die der Nordatlantik für sie bereithielt, doch sie wurden hintergangen. In Großbritannien und im Empire glaubten die Menschen die Lügen und die irreführenden Behauptungen, der Gegner werde schwächer und immer schwächer und verfüge über immer weniger Kriegsgüter und Nahrung. Was

Deutschland jedoch in den ersten Kriegsjahren an Schwierigkeiten erlitt, hatte nicht das Geringste mit einer Blockade zu tun. Fakten, die in den 1920er-Jahren vorgelegt wurden, belegen, dass britische Handelsaktivitäten die deutschen Kriegsbemühungen stützten, und zwar in solch einem Ausmaß, dass der Krieg »weit über das erforderliche Maß hinaus« verlängert wurde.[11] Moment mal, konnte das sein?

Alles, was vor August 1914 an Kriegsvorbereitungen getroffen wurde, und jeder Vorteil, den Großbritannien aufgrund der konkurrenzlosen Stärke seiner Flotte genoss, sprach dafür, eine strenge Blockade gegen Deutschland zu verhängen. Doch dazu kam es nicht. Die nackten Statistiken sind schlicht atemberaubend: Mindestens die Hälfte des globalen Frachtraums segelte unter britischer Flagge. Die britische Flotte dominierte in Europa alle wichtigen Knotenpunkte – die Nordsee, den Atlantik, die Straße von Gibraltar als Ein- und Ausgang zum Mittelmeer und damit auch zum Indischen und Pazifischen Ozean. »Dass Englands Flotte über die tatsächliche Macht verfügte, Armeen und Bürger des deutschen Blocks von sämtlichem Nachschub aus Übersee abzuschneiden, stand außer Frage.«[12]

Deutschland blieben diese Seewege versperrt, und abgesehen von der Schlacht im Skagerrak verbrachte die deutsche Hochseeflotte den Krieg größtenteils im Hafen, gut behütet hinter schützenden Seeminen. Was an deutschen Kriegsschiffen bei Ausbruch des Kriegs auf See war, wurde systematisch gejagt und vernichtet. Die *SMS Emden,* ein Kleiner Kreuzer, versenkte im Indischen Ozean rund 30 Schiffe der Alliierten oder brachte sie auf. Am 9. November 1914 geriet die *Emden* vor den Kokosinseln in ein Gefecht mit dem australischen Kreuzer *Sydney.* Nachdem ein Drittel seiner Mannschaft gefallen war, steuerte Kapitän von Müller die *Emden* auf ein Riff. Am 8. Dezember 1914 verließ ein großes britisches Geschwader Port Stanley auf den Falklandinseln und vernichtete ein Geschwader, das unter dem Befehl von Vizeadmiral Maximilian von Spee stand. Nur eine Woche zuvor hatte von Spee ein Geschwader der Briten in der Nähe der chilenischen Stadt Coronel vernichtet. Nach der Schlacht bei den Falklandinseln gab es keine deutschen Überwasserschiffe mehr, die Jagd auf alliierte Handelsschiffe hätten machen können. Der Handel zwischen Großbritannien und Nord- und Südamerika verlief störungsfrei, bis im weiteren

Verlauf des Kriegs die deutschen U-Boote zu einem ernst zu nehmenden Faktor wurden.

Für sein Überleben als moderner Industriestaat hing Deutschland genauso wie Großbritannien vom Handel mit dem Ausland ab. Vor allem die Einfuhr von Nahrungsmitteln und Rohstoffen trug zum Außenhandelsdefizit bei.[13] Konnte Deutschland nicht ausreichende Mengen an Lebensmitteln einführen, würde das Land bis zur Kapitulation ausgehungert. Bei Kriegsausbruch flüchteten sich mehr als 600 deutsche Handelsschiffe in neutrale Häfen. Alle deutschen und österreichischen Schiffe in britischen, französischen und russischen Häfen wurden unverzüglich an die Kette gelegt, sodass Ende August 1914 Deutschlands Seehandel vollständig zum Erliegen gekommen war. Einzige Ausnahmen waren das Schwarze Meer und die Ostsee.[14]

Deutsche Schiffe mit insgesamt fast einer Viertelmillion Bruttoregistertonnen steckten im Hafen von New York fest, darunter mit der *Vaterland* auch das größte Passagierschiff der Welt. Dazu kamen noch drei Ozeandampfer des Norddeutschen Lloyds, die allesamt mit mehr als 19 Knoten hätten über den Atlantik dampfen können. Ein Passagierschiff der Hamburg-Amerika-Linie lag den Krieg über in Boston fest. Dass diese fünf gut motorisierten Schiffe dauerhaft in amerikanischen Häfen blieben, war für Großbritanniens Sicherheit zu See von ganz besonderer Bedeutung, denn man fürchtete, Deutschland könnte sie zu bewaffneten Hilfskreuzern umrüsten und dann auf den Atlantikrouten auf Jagd schicken. Der amerikanische Präsident Woodrow Wilson unterzeichnete am 18. August ein Gesetz *(Ship Registry Act)*, das es erlaubt hätte, diese Schiffe unter amerikanische Flagge zu stellen, aber der Kongress ratifizierte das Gesetz nicht. So waren diese großen deutschen Passagierschiffe dazu verdammt, den Krieg als Gefangene in den sicheren Häfen der USA zu verfolgen.[15] Als Amerika im April 1917 in den Krieg eintrat, wurde die *Vaterland* beschlagnahmt und unter dem Namen *SS Leviathan* als Truppentransporter eingesetzt.

Nachdem Deutschlands Handelsflotte aus dem Spiel genommen war, verkündete Churchill dem Empire vollmundig, die Seeblockade werde Deutschland und seine Verbündeten rasch in die Knie zwingen. Es blieb bei dem Wunsch. Warum? Die Regeln der Seeblockade waren seit Langem ein ausgesprochen strittiges Thema gewesen. Über Jahrhunderte hinweg hatte die britische Krone bewaffnete Schiffe und Matrosen mobilisieren können, ohne dass der Staat dafür bezahlen musste. Die Rede ist von Kaperfahrern – bewaffnete Schiffe in Privatbesitz -, die von der Krone dazu ermächtigt waren, in Kriegszeiten ausländische Handelsfahrer aufzubringen. Die geplünderten Schiffe mitsamt ihrer Fracht fielen der Krone zu, und ein »Prisengericht« der Admiralität befand über den Wert der Prise. Wurden ein Schiff und seine Fracht verkauft, teilten der Kapitän des Kaperschiffes, seine Besatzung und alle Investoren die Erlöse unter sich auf.

Mit der Pariser Seerechtsdeklaration, die 55 Staaten ratifizierten, wurden Kaperfahrten verboten. Stattdessen wurde geregelt, was im Kriegsfall als Konterbande zu gelten hatte, was aufgebracht werden konnte und was nicht. Kriegsschiffe einer kriegsführenden Nation durften auf hoher See demnach alle neutralen Handelsschiffe anhalten und die Ladung kontrollieren, neutrale Waren durften aber nicht beschlagnahmt werden. Fand sich auf der Konterbandenliste jedoch ein Handelsgut, das dem Feind helfen konnte, war es rechtens, diese Fracht zu beschlagnahmen. Dazu zählten Waffen, Schießpulver, Baumwolle oder Uniformen.

Die Pariser Seerechtsdeklaration war kein Vertrag, und Großbritannien und Amerika hatten sie auch nicht unterschrieben. Insofern blieb unklar, welche Regeln für das Stoppen, Durchsuchen und Beschlagnahmen von Handelsschiffen gelten sollten. 1908 fanden in London Gespräche zwischen den großen Seefahrernationen statt und resultierten in der Londoner Seerechtsdeklaration, die am 26. Februar 1909 beschlossen wurde. Das britische Außenministerium spielte bei der Organisation der Konferenz eine zentrale Rolle, und Außenminister Sir Edward Grey maß der Erklärung große Bedeutung bei. In der Deklaration wurde angeregt, einen internationalen Prisenhof ins Leben zu rufen. Außerdem wurden Richtlinien für Konterbande umrissen, und es wurde festgelegt, wie neutrale Nationen mit kriegsführenden Staaten Handel treiben können sollten.

Es gab zwei Arten von Konterbande. Zur ersten Gruppe auf der Banngutliste gehörten:

- Waffen aller Art und ihre Bestandteile,
- Projektile, Sprengsätze und Patronen aller Art und ihre Bestandteile,
- Schießpulver und für militärische Zwecke gedachte Sprengstoffe,

- Waffenhalterungen, Munitionswagen und Protzen, Feldschmieden und ihre Bestandteile sowie
- Kleidung und Ausrüstungsgegenstände von eindeutig militärischem Charakter.

Zur zweiten Gruppe von Banngut gehörten:

- Nahrungs- und Futtermittel,
- Stacheldraht,
- Kleidung,
- Textilstoffe sowie Stiefel und Schuhe, die im Krieg getragen werden können, und
- Treibstoffe, Schmierstoffe und Sprengstoffe.

Bei Kriegsausbruch sollten sich die Kriegsparteien die gegenseitigen Banngutlisten vorlegen, nach Beginn der Feindseligkeiten waren alle neutralen Mächte zu informieren.

Die Londoner Seerechtsdeklaration bestimmte, dass die folgenden Dinge nicht zur Konterbande gehören und deshalb während einer Blockade nicht beschlagnahmt werden dürfen:

- Rohbaumwolle, Wolle, Seide, Jute, Flachs, Hanf und andere Rohmaterialien der Textilindustrie sowie Garne,
- Ölsamen, Nüsse und Kopra (getrocknete Kokosnusskerne, aus denen man Öl gewinnt),
- Kautschuk, Gummi und Harze,
- Rohe Felle, Hörner, Knochen und Elfenbein,
- Natur- und Kunstdünger inklusive der Nitrate und Phosphate zur landwirtschaftlichen Nutzung und
- metallische Erze.[16]

Sir Edward Grey und die Geheime Elite waren mit dem Ergebnis ihrer Konferenz zufrieden, auch wenn der Ausgang in Großbritannien heftig umstritten war. Wie konnte es angehen, dass die britische Regierung Konterbandebestimmungen guthieß, die es Deutschland im Falle eines Kriegs erlauben würden, Baumwolle für die Herstellung von Sprengstoffen einzuführen, Öl für Nitroglyzerin und Dynamit, Jute für Sandsäcke, Eisen, Kupfer, Wolfram und andere Erze für die Herstellung von Pistolen, Gewehren, Bajonetten und Geschossen, Gummi für Reifen und Wolle für Militäruniformen?[17] Es verwundert nicht, dass die Kritiker von einem »in Deutschland geschriebenen Seerecht« sprachen.[18]

Wie konnte die stärkste Seemacht der Welt so dumm sein und Klauseln und Bedingungen zustimmen, die einzig der Stärkung der Feinde dienten? Das fragten sich viele Beobachter und vor allem solche aus dem Umfeld der Royal Navy. Es kam zu ernsten Spannungen zwischen Admiralität und Außenministerium auf der einen Seite und 120 Admirälen, die schriftlich Widerspruch äußerten und das Schreiben allen Mitgliedern des Unterhauses zustellen ließen, auf der anderen Seite.[19] Heftiger Widerstand regte sich, und obwohl die Londoner Seerechtsdeklaration das Unterhaus passierte, scheiterte sie im Dezember 1911 im Oberhaus.[20] Da die britische Regierung die Deklaration nicht verabschiedet hatte, galt sie dementsprechend auch nicht für Großbritannien oder das Empire – genauso wenig wie für die Vereinigten Staaten, wo die Vereinbarung es nicht durch den Kongress schaffte.[21] Ab 1911 untersuchte das Committee for Imperial Defence in einem Unterausschuss die Auswirkungen, die es hätte, in Kriegszeiten mit dem Feind Handel zu betreiben. Im Februar 1913 stellte der Ausschuss einen Geheimbericht zu diesem Thema fertig.[22] In diesem geheimen Unterausschuss saßen ranghohe Beamte aus unterschiedlichen Behörden sowie der Direktor des Marinenachrichtendienstes und der Leiter des Kriegsstabs der Admiralität.

Lord Esher als »Berater« und Maurice Hankey als Sekretär waren ebenfalls beteiligt. Esher warnte die Gruppe vor dem Einfluss der öffentlichen Meinung und den Erwartungen der Allgemeinheit, nach denen die Marine im Kriegsfall den Deutschen jeden Zugang versperren würden,[23] wodurch Deutschland mit Blick auf die Prioritäten der Kriegsführung »hermetisch abgeriegelt« würde. Mithilfe einer wirksamen Blockade der Nordseehäfen würde der Seehandel in Europa »dermaßen gefahrenbelastet, dass der Handel praktisch vollständig zum Erliegen käme«. Insofern, so Lord Esher, bestünde keine Notwendigkeit für die Verabschiedung eines diesbezüglichen Gesetzes durch das Parlament. Man könne fest davon ausgehen, dass der Handel zwischen Deutschland und Großbritannien im Kriegsfall dermaßen stark eingeschränkt würde, dass er kaum noch der Rede wert wäre. Es werde ausreichen, die Untertanen der Krone bei Kriegsausbruch an ihre Verantwortung und ihre Verpflichtungen zu erinnern.[24] Anders gesagt: Jeder erwartete eine Blockade, jeder wusste, dass er nicht mit dem Feind zu handeln hatte, warum also das Parlament mit dem Thema belästigen? Wie wir sehen werden, sorgte die Geheime Elite dafür, dass ein Hintertürchen offenblieb und dass dieses Hintertürchen es den Deutschen erlaubte, ihren Zugang zu wichtigen Lebensmitteln und Rüstungsgütern zu behalten und mit diesen Dingen auch zu handeln. Esher und Hankey hielten unverrückbar an ihrem Standpunkt fest: Man müsse gar keine neuen Gesetze verabschieden, die Baumwolle und andere wichtige Kriegsgüter zu Konterbande erklärten, da es entsprechende Gesetze bereits gebe.

Als am 20. Januar 1912 der geheime Unterausschuss zusammentrat, platzte Konteradmiral Ernest Troubridge der Kragen: Aus Sicht der Marine – und übrigens auch des Heeres – gehe es überhaupt nicht an, dass die Streitkräfte im Kriegsfall versuchen würden, den Feind niederzuringen, während gleichzeitig die neutralen Staaten Deutschland mit allem beliefern dürfen, was nötig sei, um seine Truppen auszurüsten und die Waffenproduktion am Laufen zu halten. Der Handel mit Deutschland müsse mit allen zur Verfügung stehenden Mitteln unterbunden werden, um die Deutschen so tief in die Verzweiflung zu stürzen, dass sie gefährliche Risiken eingingen und sich um Kopf und Kragen brächten.[25] Offen widersprach niemand Troubridge, der ja nur die offensichtlichen Fakten wiedergab, denn das wäre Hochverrat gleichgekommen. Aber bereits zum damaligen Zeitpunkt – mehr als 2 Jahre vor Ausbruch des Krieges – waren verdeckte Kräfte am Werk, die die Admiralität daran hinderten, mithilfe einer wirksamen Blockade einen Krieg zu einem raschen und erfolgreichen Ende zu bringen. Die Marine mochte glauben, eine Blockade unterstehe ihrer Kontrolle, und der geheime Unterausschuss mochte annehmen, dass seine Empfehlungen zur Banngutliste in die Kriegspolitik einfließen würden, doch in Wahrheit wirkten im Hintergrund viel mächtigere Akteure.

Trotz Eshers und Hankeys Appellen besagte der wichtigste Vorschlag des Unterausschusses, dass britische Schiffe keine Baumwolle aus Amerika in neutrale Häfen liefern dürften, sofern nicht absolut klar war, dass die Baumwolle nicht für Deutschland bestimmt war. Baumwolle war sehr wichtig. Sie wurde für die Herstellung von Schießbaumwolle benötigt, die bei Artilleriegeschossen, Projektilen, Maschinengewehren und Gewehren zum Einsatz kam. Für das Rüstungs- und Munitionsgeschäft war Baumwolle dermaßen unverzichtbar, dass der Unterausschuss sie an die erste Stelle auf der Liste der zu verbietenden Exporte setzte.[26]

Ohne Baumwolle hätten die großen Haubitzen nicht über weite Strecken hinweg Befestigungen, Städte und Schützengräben mit ihrem tödlichen Geschosshagel eindecken können. Den Truppen an der Front, die in ihren schlammigen Gräben hockten, wäre der gnadenlose Dauerbeschuss erspart geblieben, und Millionen Menschen hätten nicht ihr Leben im Schützengraben verloren. Baumwolle, für militärische Zwecke in Schießbaumwolle umgewandelt, war ein Rohstoff von unschätzbarem Wert, den sowohl Großbritannien als auch Deutschland einführen mussten, und zwar in erster Linie aus Amerika.

Wäre der Vorschlag des Unterausschusses zum Thema »Handel mit dem Feind« umgesetzt worden und hätten britische Schiffe den Atlantik nicht mehr überqueren dürfen, um Baumwolle aus den USA in neutralen Häfen zu löschen (von wo aus sie vermutlich weiter nach Deutschland gegangen wäre), hätte das Großbritannien einen gewaltigen Vorteil verschafft und Deutschlands Möglichkeiten, Granaten und Patronen herzustellen, ernsthaft eingeschränkt. Doch das wollte und konnte die Geheime Elite nicht akzeptieren, also leitete sie Maßnahmen ein, um ein derart direktes und möglicherweise hochwirksames Embargo zu unterbinden.

Der Unterausschuss beugte sich nicht den Wünschen der Geheimen Elite. Den ersten Schuss vor den Bug der Befürworter eines Baumwollhandelsverbots gab Sir Cecil Hurst ab, Rechtsberater des Außenministeriums. Hurst (der 1913 zum Ritter geschlagen wurde) war damals vergleichsweise unbekannt, aber Professor Quigley identifizierte ihn später als engen Gefolgsmann von Alfred Milner und der Tafelrunde der Geheimen Elite.[27] Hurst argumentierte so: Die Vereinigten Staaten besaßen nur eine vergleichsweise kleine Handelsflotte und benötigten die britischen Schiffe, um ihre Baumwollexporte nach Europa bringen zu können. Deutschland war ein wichtiger Baumwollimporteur, deshalb würde ein absolutes Verbot die Pflanzer in den amerikanischen Südstaaten in den Ruin treiben. Sperrte man die britische Handelsmarine von diesem Geschäft aus und nähme man an, dass Schiffe mit deutscher Flagge nicht mehr den Atlantik befahren würden, bliebe nicht mehr ausreichend Frachtraumkapazität aus neutralen Ländern übrig, um den Baumwollexport fortzuführen. Die Frachtpreise würden steigen, und britische Reeder könnten in Versuchung geraten, ihre Schiffe auf die USA umzuflaggen, um an den zu erwartenden gewaltigen Gewinnen zu partizipieren.

Anders gesagt: Amerikas Baumwollproduzenten wünschten sich, auch während eines Kriegs ihre Absatzmärkte zu behalten und dank der gestiegenen Nachfrage ordentliche Gewinne einzufahren. Und bei den britischen Reedern rechnete man damit, dass sie nicht davor zurückschrecken würden, aus der Situation Kapital zu schlagen und viele britische Schiffe in den USA zu registrieren. Loyalität gegenüber der Sache? Pflichtgefühle gegenüber dem Staat oder der Krone? Nichts da. Der nackte Kapitalismus war stärker als Blutsbande oder Volksverbundenheit, und Rohbaumwolle war den Kriegsgewinnlern mehr wert als ihr Gewicht in Diamanten.

Im Dezember 1911 lehnte das House of Lords die Londoner Seerechtsdeklaration ab, und 1912 stellte der Rechtsberater des Außenministeriums Cecil Hurst dem Unterausschuss den Anhang zum Handel mit dem Feind vor. Der zeitliche Ablauf ist interessant. Als die Lords die Ratifizierung kippten, hoben sie auch die Immunität der Baumwolle auf. Doch indem Hurst als Handlanger der Geheimen Elite seine Thesen dem Unterausschuss vorlegte, setzte er das Thema heimlich wieder auf die Tagesordnung. Die Botschaft hier lautete: Soll das Parlament doch ablehnen, was es will – hinter seinem Rücken hält das Außenministerium soundso daran fest, so weiterzumachen, wie es Sir Edward Grey und die Geheime Elite vorgegeben hatte. Und genau so kam es auch. Man wusste genau, was man tat, als man die Pläne des Committees of Imperial Defence torpedierte, mit Kriegsbeginn Baumwollexporte nach Deutschland zu unterbinden.

Im August 1915 fragten Journalisten der *New York Times* Lord Alfred Milner, warum Baumwolle nicht zur Konterbande erklärt wurde. Milner konnte bloß erwidern: »Ich nehme an, der Regierung oder ihren Beratern war während der ersten Kriegsmonate nicht klar, dass eine starke Nachfrage nach Baumwolle für militärische Zwecke herrschen würde.«[28] Wer soll denn einen derartigen Unfug glauben?! Wenn sich jemand mit dem Bedarf des Militärs an Baumwolle auskannte, dann war es die britische Regierung. Ihr eigener Beraterausschuss hatte empfohlen, Baumwolle ganz oben auf die Liste der Banngüter zu setzen. Ohne Baumwolle hätte die deutsche Artillerie die alliierten Einheiten an der Westfront nicht weiter mit todbringenden

Granaten eindecken können. Ohne Baumwolle hätte Deutschland den Krieg nicht über 1915 hinaus fortführen können. Milner log.

Am 4. August 1914 wurde eine Königliche Proklamation zum Handel mit dem Feind veröffentlicht. Waren wurden in drei Kategorien unterteilt: absolute Konterbande – auf dieser Liste standen ausschließlich militärisch genutzte Dinge; relative Konterbande – hierzu gehörten Dinge, die sich militärisch wie zivil nutzen ließen; und eine Liste unbedenklicher Artikel, wozu auch Lebensmittel zählten. Eine kriegsführende Nation, die eine Blockade erklärt hatte, durfte nur absolute Konterbande beschlagnahmen. Um Artikel von der Liste relativer Konterbande beschlagnahmen zu können, musste man nachweisen, dass die Waren für den Feind bestimmt waren. Alles was auf der dritten Liste stand, war sicher vor Beschlagnahmung, und dazu zählten zum Ärger vieler auch Rohbaumwolle, Öl und Gummi. Deutschland durfte Waffen und Sprengstoffe nicht einführen, die Rohstoffe, die für deren Herstellung erforderlich waren, allerdings schon. Und ein Großteil davon würde, von Amerika kommend, über neutrale Staaten ins Land gelangen. Die Admiralität protestierte vehement. Wozu dem Feind die Nutzung der Meere versagen, wenn ihm Neutrale alles liefern durften, was er benötigte?[29]

Am nächsten Tag folgte eine weitere Proklamation. Diese untersagte es britischen Schiffen, Häfen in Nordeuropa mit Konterbande zu beliefern. Die Admiralität wies britische Kohlehändler an, Handelsschiffe, die im Verdacht standen, im Auftrag des Feinds unterwegs zu sein, nicht zu beliefern. In einer Rechtsverordnung vom 20. August hieß es, die britische Regierung beabsichtige, »soweit es praktikabel erscheint«, die Regelungen der Londoner Seerechtsdeklaration zu befolgen.[30] In der Deklaration wurde das Recht der Neutralen auf Handel höhergestellt als das Recht der kriegsführenden Parteien, Blockaden zu verhängen. Die Öffentlichkeit hatte sich lautstark dagegen ausgesprochen, aus Marinekreisen waren vehemente Einwände gekommen, das Parlament hatte gegen die Deklaration gestimmt – und dennoch erklärte das Außenministerium, die Flotte werde sich daran halten. Mit den demokratischen Prozessen der Entscheidungsfindung oder dem Votum der Öffentlichkeit hat sich die Geheime Elite nie groß abgegeben. Wie so oft schon legte sie Lippenbekenntnisse gegenüber der Regierung ab und verfolgte dann ihre eigenen Ziele.

Die Royal Navy stand vor einer extrem schweren Aufgabe. Die Forderung Admiral Fishers, eine Blockade nahe der Küste durchzuführen, war wegen der angeblichen Bedrohung durch Minen und U-Boote verworfen worden. Nun musste die Flotte eine Fernblockade durchführen und dazu vor allem zwei Seerouten sperren, über die Deutschland mithilfe neutraler skandinavischer Nationen Waren erhalten konnte – die eine Route war die durch den Ärmelkanal, die andere führte um den Norden Schottlands herum. In der Straße von Dover wurde ein großes Minenfeld verlegt, das alle Schiffe in eine enge Passage zwischen den Sandbänken der Goodwin Sands auf der einen und der Küste von Kent auf der anderen Seite zwang. Jedes Schiff, das von niederländischen oder skandinavischen Häfen kam oder diese als Ziel hatte, konnte hier bequem gestoppt und durchsucht werden. So ein Vorgehen war bei der nördlicheren Route unmöglich, denn sie betraf die rund 800 Kilometer zwischen dem Norden Schottlands und Island und die etwa 380 Kilometer zwischen Island und Grönland. Die in dieser sturmumtosten Ecke des Nordatlantiks patrouillierenden Schiffe hatten also einen 1200 Kilometer breiten Streifen zu überwachen.[31]

Zwei Blockadegeschwader wurden zusammengestellt. Dem südlichen Geschwader kam die vergleichsweise einfache Aufgabe zu, im Ärmelkanal zu patrouillieren. Das nördliche Geschwader stand hingegen vor einer ungleich schwierigeren Aufgabe. Übernommen wurde diese vom 10. Kreuzergeschwader, das im Gegensatz zur Home Fleet (der späteren Grand Fleet) nach der Flottenschau in Spithead in der zweiten Juli-Hälfte wieder in alle Himmelsrichtungen verstreut wurde. Merkwürdig, nicht wahr? Die Admiralität hatte sämtlichen Vorbereitungen bis zum letzten i-Tüpfelchen durchgeplant, nur bei den so wichtigen Blockadegeschwadern, die zu einer Verkürzung des Kriegs hätten beitragen können, war das nicht der Fall.

Das 10. Kreuzergeschwader wurde zurückbeordert und versammelte sich Schiff für Schiff im Hafen von Scapa Flow auf den Orkneys. Kommandiert wurden die Schiffe von Konteradmiral Sir Dudley de Chair, einem ausgesprochen fähigen Offizier. Unter seiner Führung wurde aus dem ehemaligen Ausbildungsgeschwader das wichtigste Werkzeug der britischen Seeblockade geschmiedet. Acht der ältesten leichten Kreuzer der britischen Marine wurden Richtung Norden geschickt. Es handelte sich um Schiffe mit etwa 7000

Tonnen, alle 1891 oder 1892 gebaut. Ihr Auftrag: neutrale Schiffe zu kontrollieren, die von der Nordsee aus den Atlantik befahren wollten.[32] Sie waren für den Nordseeraum von den Shetlandinseln bis nach Island und noch weiter hoch in den Norden zuständig – eine Aufgabe, der die alternden, im Grunde genommen bereits veralteten Schiffe mit ihren Kohleöfen nicht im Geringsten gewachsen waren. Bestenfalls sechs der acht Schiffe waren überhaupt gleichzeitig einsatzbereit, die anderen mussten dicht getaktet zum Bekohlen in den Hafen zurück. Fiel ein Schiff aus, sei es aufgrund technischer Probleme oder durch die Stürme im Nordatlantik, sank die Zahl der einsatzbereiten Kreuzer natürlich noch weiter. Als der November kam, hatten die Stürme die Schiffe schon fast kurz und klein geschlagen.

Wacker kämpften sich die Kreuzer durch die mächtigen Wellenberge und setzten dabei die Pflicht an allererste Stelle. Sie stoppten neutrale Schiffe und riskierten das Leben ihrer Besatzung, die sich in kleinen, offenen Booten in die tosende See stürzte, um die Fracht der Schiffe auf Konterbande zu untersuchen. Im Dezember 1914 wurde endlich auch von offizieller Seite eingeräumt, dass die mutigen kleinen Kreuzer der gewaltigen Aufgabe nicht gewachsen waren.[33] Wenn man bedenkt, wie viele Jahre der Planung Churchill, Admiral John Jellicoe und der Stab der Admiralität in die Vorbereitung einer eventuellen Blockade gesteckt hatten, kommt es einem doch etwas lächerlich vor, dass das erste Blockadegeschwader derart antiquiert und ungeeignet daherkam.

Erschwerend kam hinzu, dass die Kapitäne und die Besatzungen immer mehr den Mut verloren, nicht, weil sie auf so veralteten Schiffen ihren Dienst verrichten mussten, sondern weil sie sahen, was mit den meisten neutralen Schiffen geschah, die, sollte auf ihnen Konterbande entdeckt worden sein, nach Schottland zum Stützpunkt Kirkwall geschickt wurden. Die Marine glaubte, sich innerhalb eines Rechtsrahmens zu bewegen, wonach neutrale Schiffe, die im Verdacht standen, Deutschland mit Konterbande zu beliefern, festgesetzt werden konnten, worauf ein Gericht oder Prisengericht über den Fall befand. Man glaubte auch, dass die Gerichte die Macht hätten, die Ladung zu konfiszieren und das Schiff zu beschlagnahmen. In der Theorie klang das zwar alles gut, aber in der Praxis blieb es die absolute Ausnahme.

Großbritannien, so erklärte es Walter Page, der US-Botschafter in Großbritannien, unternahm »alles, was nötig war, um unsere Freundschaft und unseren guten Willen nicht zu verlieren. Nicht eine einzige unserer Ladungen wurde konfisziert, selbst wenn es sich um absolute Konterbande handelte. Einige Schiffe wurden angehalten, und man kaufte ihnen die Ladung ab, aber konfisziert wurde nicht eine einzige«.[34] Wieder und wieder riskierten die Männer in wilder See also ihr Leben, nur um dann auf Anweisung aus London die Schiffe ziehen zu lassen – und das, obwohl klar war, dass die Ladung für das Kaiserreich bestimmt war.

Mehr und mehr sank die Moral die tapferen Seeleute. Sie verstanden nicht, warum derartige Fracht durchgewinkt wurde, nachdem sie so große Anstrengungen unternommen hatten, die Schiffe aufzuhalten. Walter Page, ein guter Freund von Sir Edward Grey, wusste, dass die Blockade nichts als Lug und Trug war. Amerikanische Schiffseigner, Händler, Lieferanten von Lebensmitteln, Rohstoffen und Kriegsmaterial, die Bankiers und Finanziers, die die Unternehmungen mit Kapital versorgten und den internationalen Handel finanzierten – sie alle konnten nach Herzenslust Geschäfte mit Deutschland machen und dabei gewaltige Gewinne einfahren.

Winston Churchill stellte sich derweil in Guildhall auf ein Podium und versprach der Nation, dass eine wirksame Blockade in Kraft getreten sei und dass diese in 6 bis 9 Monaten Früchte tragen werde. Die Öffentlichkeit glaubte, dass Deutschland vom Nachschub abgeschnitten wäre, wusste aber nichts von der komplexen Arbeit, die die Männer des Blockadegeschwaders leisteten. Das wahre Geschehen ließ sich bequem mit der Notwendigkeit der Geheimhaltung vertuschen. Sämtliche Einzelheiten über die Arbeit des Geschwaders würden dem Gegner in die Hände spielen, so die offizielle Argumentation. Allerdings räumte Admiral de Chair später ein: »Die Deutschen wussten über unser Geschwader mehr als unsere eigenen Leute.«[35] Den Männern des 10. Geschwaders war klar, dass Churchill die Öffentlichkeit hinters Licht führte. Sie wussten: Die Blockade war eine Alibiaktion, und sie hassten es, auf diese Weise zu Akteuren in einem Narrenspiel gemacht zu werden.[36]

Die Briten hatten eine Blockade verhängt, und von der deutschen Handelsflotte war weit und breit nichts zu sehen. Dessen ungeachtet brachten britische und amerikanische Schiffe sowie Schiffe aus neutralen Ländern alle nur denkbaren Güter aus Nord- und Südamerika nach Deutschland. Da keine direkte Zustellung möglich war, entluden die Schiffe ihre Ladung in neutralen skandinavischen Häfen, von wo aus die Waren weitergeleitet wurden. Allein das stand schon im Widerspruch zu den internationalen Blockadebestimmungen, denn das Prinzip der »einheitlichen Reise« besagt genau das, wonach es klingt: Selbst wenn die Schiffe ihre Ladung in neutralen skandinavischen Häfen löschten, hing die Frage, ob es sich um Konterbande handelte, vom endgültigen Bestimmungsort ab. Nach dem August 1914 fanden Lebensmittel und wichtiges Kriegsmaterial in gewaltigen Mengen ihren Weg nach Skandinavien. Das britische Außenministerium wusste sehr wohl, dass der Großteil dieser Güter umgehend auf Züge in Richtung Deutschland verladen wurde, änderte aber dennoch nichts an diesen skandalösen Zuständen.

Stattdessen flüchtete sich die Regierung in lahme Entschuldigungen: Man wolle sich nicht in den Transatlantikhandel neutraler Staaten einmischen, um die Unterstützung Amerikas, Hollands, Dänemarks und Schwedens nicht zu verlieren. Tatsächlich bestand diese Gefahr nicht einmal ansatzweise – zu keinem Zeitpunkt. Den offiziellen Handelsstatistiken zufolge brach der direkte Handel zwischen den Vereinigten Staaten und Deutschland von 169 Millionen Dollar im Jahr 1914 bis 1916 auf 1 Million Dollar ein,[37] aber diese Zahl war gewollt irreführend. Natürlich verlor Amerika den direkten Zugang zum deutschen Markt, machte aber umso mehr Gewinne dadurch, dass man indirekt über neutrale Staaten mit Deutschland Handel betrieb. In ihrer Verzweiflung waren deutsche Importeure bereit, hohe Preise zu bezahlen, und rücksichtslose amerikanische, skandinavische und sogar britische Händler verloren jeden Anstand oder Patriotismus, um Kapital aus dieser Notlage zu schlagen. Und damit nicht genug: Zwischen 1914 und 1916 stieg das Handelsvolumen zwischen den USA und den Alliierten von 824 Millionen auf 3 Milliarden Dollar.[38]

Die amerikanische Industrie produzierte alle Güter, die die Alliierten haben wollten, und freute sich über prall gefüllte Auftragsbücher. Kredite wurden über die mit der Geheimen Elite zusammenarbeitenden Wall-Street-Banken abgewickelt, und Amerika verwandelte sich in Großbritanniens und Frankreichs »Speisekammer, Waffenarsenal und Bank«.[39] Auf diese Weise stieg das Interesse der USA an einem Sieg der Alliierten, jeder andere Ausgang wäre katastrophal gewesen.

Jahrelang erklärte die britische Regierung gebetsmühlenartig, sie habe keine strengere Blockade durchführen können aus Angst, die Unterstützung der USA einzubüßen – ein Argument, das von den Mainstream-Kriegshistorikern wiedergekäut wurde. Ein Zitat sollte als Verdeutlichung ausreichen:

> *»Die Blockade hätte deutlich mehr erreicht, hätte die Regierung sie strenger umgesetzt. Aber aus der Sorge heraus, die Neutralen gegen sich aufzubringen und sie, insbesondere die Vereinigten Staaten, in die Arme Deutschlands zu treiben, wurden neutrale Schiffe, die Fleisch, Getreide, Wolle und so weiter an Bord hatten, immer wieder ziehen gelassen – Schiffe, die die Navy, manchmal unter Aufwendung beträchtlicher Anstrengungen, zur Inspektion in die Häfen geschickt hatte.«*[40]

Die These, die USA hätten sich auf die Seite Deutschlands schlagen können, ist ausgesprochen lächerlich. In Washingtons Korridoren der Macht wurde diese Möglichkeit niemals auch nur ansatzweise in Betracht gezogen. Das »neutrale« Amerika setzte sehr viel auf einen Sieg der Entente und unterstützte Großbritannien und Frankreich voll und ganz. Blockade? Welche Blockade? Die Geschäfte florierten, mit jedem Jahr stieg die Zahl der neuen Millionäre, die durch den Krieg reich geworden waren, um Tausende an. Die Vereinigten Staaten waren rasch dabei gewesen, ihre Neutralität zu bekunden, hatten aber mit derselben Eilfertigkeit ein verdecktes Interesse an einem Sieg der Entente entwickelt. Dazu trugen unzählige Darlehen und Munitionslieferungen bei, bei denen – wir können es nicht oft genug wiederholen – die Verbindungen der Geheimen Elite zu J. P. Morgans Finanzimperium auf der Wall Street von zentraler Bedeutung waren.[41]

Nach außen hin protestierte Präsident Woodrow Wilson, wie man es von ihm erwartete, dagegen, dass sich Großbritannien in den amerikanischen Handel einmischte. Aber das war nur eine weitere Scharade, die da zu beiden Seiten des Atlantiks aufgeführt wurde. Die Bankiers an der Wall Street und das Big Business (das seinerseits wiederum enge Verbindungen zur Geheimen Elite in London unterhielt) hatten Wilson 1912 in den Sattel gehoben.

Sie hatten ihren Mann ins Weiße Haus gebracht, aber nicht nur das – sie stellten ihm in Form von Edward Mandell House auch noch einen Aufpasser zur Seite. Der amerikanische Historiker und Journalist Webster Tarpley beschrieb House als einen »in Großbritannien ausgebildeten politischen Berater«.[42]

Rein formal war Woodrow Wilson Präsident der Vereinigten Staaten von Amerika, aber diese Figur im Schatten, die sogar über ihre eigenen Räumlichkeiten im Weißen Haus verfügte, »beriet« ihn bei jedem seiner Schritte.[43] Wieder und wieder stimmte sich House mit der Geheimen Elite in London ab, um sicherzugehen, dass alle stets am selben Strang zogen. London wusste, dass es niemals Gefahr laufen würde, die Unterstützung Amerikas zu verlieren. Präsident Wilson spielte die ihm zugedachte Rolle, indem er einige Protestnoten verschickte und damit das Argument nährte, Großbritannien dürfe keine zu strikte Blockade einziehen, weil es ansonsten Gefahr liefe, Amerika zu verprellen.

Ein Beispiel: Am 3. November 1914 informierte die britische Admiralität die Seeschifffahrt per Proklamation, dass in der Nordsee Blockadezustand herrsche und dass alle Schiffe die Region fortan auf eigene Gefahr befuhren. Aus Skandinavien kam Protest, die USA dagegen weigerten sich zunächst, sich den Kritikern anzuschließen. Erst als sich amerikanische Exporteure und Reedereien beim Außenministerium beschwerten, wurde am 26. Dezember doch noch eine Protestnote nach London geschickt, die allerdings sehr versöhnlich formuliert war. Bevor die Protestnote abging, hatten sich House und der britische Botschafter Sir Cecil Spring-Rice bereits darübergebeugt und alles gelöscht, was die Gefühle der Briten hätte verletzen können.[44]

Hätten sich die Briten für eine streng umgesetzte Blockade entschieden, hätte dies die Exporte der amerikanischen Händler nach Skandinavien nur vorübergehend gestoppt. Im Gegenzug wäre der Krieg 1915 beendet und die Störung nur von kurzer Dauer gewesen. Niemals hätten die Amerikaner versucht, die Blockade zu brechen, denn dann wären sie Gefahr gelaufen, den Zugang zu den gewaltigen Märkten in Großbritannien, Frankreich und Russland zu verlieren.

Genauso war die Sorge unbegründet, das neutrale Skandinavien könne sich auf die Seite der Deutschen schlagen, wenn Großbritannien eine strenge Blockadepolitik betrieb. Seit Langem betrieb Schweden eine Politik der

Nichteinmischung, und dass man beim Handel gleichermaßen von Großbritannien wie von Deutschland abhing, hätte jegliche andere Haltung hochbrisant gemacht. Am 3. August 1914 erklärte die schwedische Regierung das Land für neutral, und die Mehrheit der Bevölkerung stand hinter dieser Politik. In der Oberschicht gab es einige Deutschlandanhänger, aber »es gab einen Unterschied zwischen Bewunderung für Deutschland, dem Sichidentifizieren mit Deutschland und der Bereitschaft, sich im Krieg auf Deutschlands Seite zu stellen«.[45] Auch das angebliche Risiko, mit einer strengen Blockade die Skandinavier ins deutsche Lager zu treiben, war nichts als ein Trugbild, dafür gedacht, die Politik des britischen Außenministeriums zu rechtfertigen.

Die Möglichkeit, Skandinavien könne zu Deutschland überlaufen, tat auch Konteradmiral Montagu Consett ab, von 1912 bis 1918 britischer Marineattaché in Skandinavien. Consett, ein unerschütterlicher Patriot, äußerte sich sehr gut informiert über die öffentliche Meinung in Skandinavien:

> *»Es herrschte allgemein die Meinung vor, Skandinavien müsse bereit sein, Opfer zu bringen, sollte England in einen europäischen Krieg verwickelt werden. Man rechnete nicht damit, dass man von sämtlichen Lieferungen aus England abgeschnitten sein würde, aber es galt als gewiss, dass die notwendigen Bedürfnisse des inländischen Verbrauchs keinesfalls überschritten werden würden … Das Prestige dieses Lands stand noch nie auf einem dermaßen hohen Niveau. Der Name Englands wurde … mit echtem Respekt geäußert. Als der Krieg ausbrach, überraschte der Strom [an Nahrungsmitteln und Kriegsmaterial], der über Skandinavien hereinbrach, die Skandinavier doch sehr.«*[46]

Großbritannien wurde in Skandinavien bewundert und respektiert, und die Skandinavier waren bereit, Opfer zu bringen, um den Nachbarn im Krieg zu unterstützen. Die Behauptung der britischen Regierung, Norwegen, Schweden und Dänemark würden als Reaktion auf eine strenge Blockade Deutschland unterstützen, war nichts als eine verleumderische Lüge. Konteradmiral Consett schrieb: »Es ist sicher, dass Deutschland für eine Auseinandersetzung von 4 Jahren Dauer weder vorbereitet noch ausgerüstet war.« Dass die Blockade so löchrig wie ein Schweizer Käse war, bedeutete, der Krieg »wurde weit über die Grenzen des Erforderlichen hinaus verlängert«.[47] Wäre die Blockade ordentlich umgesetzt worden, wäre der Krieg in Kontinentaleuropa nach 6 bis 8 Monaten im Grunde vorüber gewesen, schätzen gut informierte Zeitgenossen.[48]

Mit zwei großen Hürden musste sich die Geheime Elite auseinandersetzen, wollte sie die Blockade unwirksam machen – die eine war die Royal Navy, die andere waren die Prisengerichte. Offiziere wie gewöhnliche Soldaten der Blockadetruppe waren fest entschlossen: Deutschland sollte vom Nachschub abgeschnitten werden. Dafür waren sie bereit, Kopf und Kragen zu riskieren. Von August 1914 bis Ende 1917 fing das 10. Kreuzergeschwader 8905 Schiffe ab, schickte davon 1816 mit bewaffneten Aufpassern in den Hafen und enterte außerdem 4520 Fischereischiffe.[49] Nur wenige Passagierschiffe, Handelsschiffe oder Fischerboote gingen ihnen im Laufe der Jahre durch die Lappen. Bei Wind und Wetter wiesen die Blockade-Einheiten im Nordatlantik Tausende Schiffe an, beizudrehen. Dann wurden Trupps in kleinen offenen Booten losgeschickt, sich die Ladung anzusehen, die Genehmigungen und die Schiffspapiere zu überprüfen und festzustellen, wohin das Schiff unterwegs war. Eine riskante Arbeit. Es gab einen »gefährlichen Moment, wenn die Maschinen gestoppt werden mussten, um die Boote zu Wasser lassen zu können oder sie wieder an Bord zu holen. Diese Augenblicke, in denen der Kreuzer regungslos in der Dünung lag, reichten dem Kapitän eines U-Boots aus, dem Kreuzer einen Torpedo in die Seite zu jagen«.

Bereits am 15. Oktober 1914 wurde die *HMS Hawke* vom 10. Kreuzergeschwader in der Nordsee von einem U-Boot torpediert. Der Kreuzer kenterte und sank, 525 Mann verloren ihr Leben.[50] Diese Männer waren die unbesungenen Helden des Kriegs in ihrem Kampf, dem Gegner das Leben so schwer wie möglich zu machen. Das 10. Kreuzergeschwader war in ständiger Alarmbereitschaft, aber die veralteten Schiffe und die unfassbaren Entscheidungen, die im Außenministerium getroffen wurden, schränkten ihre Möglichkeiten ein.

Was der Blockadetruppe an verdächtiger Fracht unterkam, wurde von der Entermannschaft sofort beschlagnahmt und zur Inspektion auf die Orkneys oder die Shetlandinseln gebracht. Die Integrität der britischen Prisenhöfe stand nie zur Debatte, und wenn bewiesen worden war, dass eine Ladung an

Man beachte, was für ein enormes Gebiet zu überwachen war – von der nördlichen Spitze Großbritanniens über Island bis hin zur norwegischen Küste

den Feind gehen sollte oder von ihm stammte, sprach das Gericht sein Urteil. Für Berufungen war ausschließlich der Rechtsausschuss des Kronrats zuständig.[51] Auf dem Papier handelte es sich um ein gerechtes und tadelloses System. Die Blockadeflotte der Royal Navy war anerkanntermaßen mit Eifer und Professionalismus bei der Sache, insofern hätte ab August 1914 eigentlich nur sehr wenig Konterbande Deutschland erreichen sollen. Und genau das dachten die britische Öffentlichkeit, die Presse und das Parlament in weiten Teilen, denn Winston Churchill hatte ja versprochen, dass man mithilfe der Blockade die Deutschen in die Knie zwingen werde. Deshalb regte sich gegen diese Aussage auch keine Kritik, aber hinter den Kulissen wirkten Mächte, die größer als die Regierung waren. Sie sorgten dafür, dass die Prisengerichte aus dem Spiel genommen wurden.

Die Prisengerichte wurden ins Aus gedrängt – hinter dem Rücken des britischen Volks und in klarem Widerspruch zum Willen des britischen Parlaments und zu internationalen Gesetzen. An ihre Stelle trat etwas Düsteres, explizit erschaffen in der Absicht, die wahre Macht über die Blockade an sich zu reißen. Voller Verzweiflung schrieb 1926 George Bowles, ein ehemaliger Anwalt der Admiralität: »Schiffe mit Konterbande an Bord wurden gestoppt und den Richtern des Prisenhofs vorgeführt, damit internationales Recht angewandt werden konnte und ihnen die illegale Fracht weggenommen wurde. Dieser Prozess wurde durch Einflüsse innerhalb des britischen Außenministeriums völlig untergraben, und zwar in Form einer Erfindung namens Contraband Committee.« Von Anfang bis Ende, so Bowles, seien rechtmäßige Prozesse »durcheinandergebracht, manipuliert und funktionsuntüchtig gemacht worden, indem vorsätzlich und durchdacht alles, was im Zusammenhang mit der Kriegsführung auf See stand, den Flotten und den Prisenhöfen weggenommen und dem Außenministerium übergeben wurde«.[52] Bowles spricht hier eine klare Sprache, die keinen Zweifel zulässt: Rechtmäßige Prozesse wurden absichtlich sabotiert.

Das Contraband Committee war ein kleiner, handverlesener Ausschuss, eine Idee des Auswärtigen Amts. Das geheime Komitee fungierte als Barriere zwischen Marine und Prisengerichten. Während die Royal Navy jedes Handelsschiff in der Nordsee stoppte und alle verdächtigen Ladungen nach Kirkwall schickte, sorgte das Contraband Committee dafür, dass nur sehr wenige Fälle es tatsächlich bis zum Prisengericht schafften. Unter dem Vorwand, »die neutrale Schifffahrt von allen vermeidbaren Verzögerungen und Unannehmlichkeiten zu befreien«, traf das Komitee die endgültige Entscheidung bei praktisch sämtlichen Schiffen, die das Blockadegeschwader angehalten hatte. Diese kompakte Gruppe von fünf, sechs nebulösen Figuren entschied darüber, was aus ihrer Sicht Konterbande war und was nicht. Sie bestimmte, welche Ladungen an ihren Zielhafen weiterreisen durften.[53] Ihr Urteil war nicht willkürlich. Wieder und wieder revidierten sie Entscheidungen der Navy und gaben Millionen Tonnen wichtiger Güter frei, die letztlich dem Zweck dienten, Deutschland ein Fortführen seiner Kriegsbemühungen zu ermöglichen.

Ein ganz typischer Fall ist der des amerikanischen Öltankers *SS Llama.* Das 10. Kreuzergeschwader konnte den vollbeladenen Tanker mit einiger Mühe festsetzen. Das Schiff wurde begleitet von bewaffneten Aufpassern nach Kirkwall geschickt. »Aber aufgrund einer rätselhaften Gesinnung ordnete jemand mit Autorität an, das Schiff freizugeben, sodass es seine Fahrt nach Deutschland fortsetzen konnte. Es kam dann auch in Swinemünde an, wo die höchst willkommene Ladung einen hohen Preis einbrachte.« Admiral de Chair fand es »unglaublich, dass wir nach den Erfahrungen von einem Jahr Krieg vorsätzlich zulassen sollten, dass Nachschub den Feind noch erreicht, obwohl wir die entsprechenden Schiffe abgefangen hatten«.[54] Die *Llama* gehörte damals Standard Oil of New Jersey und war Teil der Flotte von J.D. Rockefeller. Rockefeller wiederum war eng in die Geheime Elite in London und an der Wall Street eingebunden.[55] Als die *Llama* die Reise wiederholte, wurde sie erneut vom 10. Kreuzergeschwader gestoppt und nach Kirkwall geschickt. Ironischerweise – und zum Glück – lief sie dieses Mal auf ein Riff auf und sank.

Die wütende Breitseite, die Fregattenkapitän George Bowles abfeuerte, fasst gut zusammen, was er von dem illegalen Contraband Committee des Außenministeriums hielt: »Diese Jurisdiktion, von der man bis dato nichts gehört hatte, existierte natürlich nicht als offener Gerichtshof, sondern in einem merkwürdigen und plötzlich erfundenen Komitee, dem Personen angehörten, die zu diesem Zweck von den regulären Beamten nominiert worden waren … Der Gerichtshof handelte, beriet sich und urteilte im Geheimen. Er stand in ständigem Kontakt mit dem Außenministerium. Er war an kein Gesetz gebunden, an keinen Brauch, keinen Präzedenzfall, kein Abkommen, keine Beweisregeln, keine Verfahrensregeln oder rechtliche Einschränkungen. Gegen das Völkerrecht vertrat er auf den Meeren die Herrschaft des Ministeriums, und er wurde vom Ministerium dafür genutzt, seine Wünsche in Fällen durchzusetzen, in denen man sich nicht auf das Urteil des Prisengerichts verlassen wollte.«[56]

Fregattenkapitän Bowles hat mit seiner Einschätzung absolut recht – die Blockade wurde vorsätzlich sabotiert. Was er nicht wissen konnte, war, dass im Hintergrund ein Geheimbund wirkte und dass dieser die Politiker und

Mandarine des Auswärtigen Amts in der Tasche hatte. Seit Sir Edward Grey 1905 Außenminister wurde, besaß die Geheime Elite absolute Kontrolle über das Ministerium. Greys Aufpasser – Sir Eyre Crowe, Sir Charles Hardinge und Sir Arthur Nicolson – hatten sich als Männer des Establishments bewährt und verfügten über enge Verbindungen zur Geheimen Elite. Es waren diese mächtigen Personen, die in Wahrheit das Ministerium leiteten, während Sir Edward Grey nach außen hin als Aushängeschild auftrat und im Parlament kritische Fragen abwehrte.[57] Tagsüber saß man in den Büros in Whitehall beieinander, abends traf man sich zum Essen in den Londoner Privatclubs. Sie und das Contraband Committee verwandelten die unermüdlichen Anstrengungen, die die tapferen Männer des 10. Kreuzergeschwaders draußen im rauen, erbarmungslosen und eiskalten Nordatlantik unternahmen, in eine Farce.

> *Wie sah nun das Endresultat aus? Der Fregattenkapitän Edward Keble Chatterton fasste es so zusammen: Fracht, die ganz offensichtlich für Deutschland bestimmt war, durfte ihre Reise fortsetzen, und das, da waren sich die Blockadetruppen einig, obwohl die Prisenhöfe derartige Ladungen gewiss beschlagnahmt hätten. »Heute [1932] wissen wir alle nur zu gut, dass diese fehlgeleitete Bestimmung, zuzulassen, dass der Feind mit Nachschub beliefert werden konnte, dazu führte, dass der Krieg länger dauerte.«*[58]

Im Dezember 1914 wurden die verheizten Kriegsschiffe des 10. Kreuzergeschwaders durch eine gemischte Flotte ersetzt, die aus 24 bewaffneten Handelsschiffen von 2876 bis 21 040 Tonnen bestand. Zum Teil handelte es sich um Passagierschiffe der großen Reedereien, andere waren Frachter, die bis dahin Bananen über den Atlantik transportiert hatten. Alle Kapitäne waren von Admiral de Chair persönlich ausgewählt worden. Die Ersten Offiziere und die Kanoniere waren von der Royal Navy abgestellt worden, aber die restlichen Offiziere und Matrosen kamen in erster Linie von der Handelsmarine. De Chair sprach darüber, unter welchen unmöglichen Bedingungen seine Männer sich abmühten, die Sicherheit der Nation zu gewährleisten. Sie kämpften sich durch Schnee- und Hagelstürme und turmhohe Wellen. An Schlaf oder Ausruhen war nicht zu denken. Er sprach den Männern ein uneingeschränktes Lob aus. »Kapitäne, Offiziere und Matrosen legten die allerhöchsten Qualitäten an den Tag, was seemännisches Können und Navigationskunst anbelangte. Es steht außer Frage, dass ein jeder ein erstaunliches Maß an Disziplin, Pflichtbewusstsein und Entschlossenheit unter Beweis stellte.«[59]

Am 2. Januar 1915 gingen der Blockadeflotte zwei Matrosen verloren bei dem Versuch, die Besatzung einer norwegischen Bark, die während eines Sturms mit Windstärke 9 in Seenot geraten war, aus den turmhohen Wellen zu retten. Einen Monat später, am 3. Februar, sank die *Clan MacNaughton* samt ihrer kompletten Besatzung – 284 Offizieren und Matrosen. Inmitten tobender See fingen die Kreuzer der Nordpatrouille Woche für Woche Dutzende Schiffe ab. Zwischen März 1915 und Dezember 1916 wurden pro Monat im Schnitt 286 Schiffe angehalten.[60] Zehn Schiffe täglich, und das Tag für Tag. Und während diese Männer versuchten, Deutschland von der Versorgung mit lebenswichtigen Gütern abzuschneiden, ließen im Außenministerium und dem Contraband Committee Männer der Geheimen Elite ein Schiff nach dem anderen wieder ziehen. Schiffe, die tapfere Männer unter Einsatz ihres Lebens gestoppt hatten.

Kein Wunder, dass die Blockadetruppen ungehalten waren und dass Fregattenkapitän Chatterton viel zu kritisieren hatte! Die Geheime Elite ließ zu, dass der Feind mit Nachschub versorgt wurde und der Krieg damit verlängert wurde. Das sollten wir immer im Hinterkopf behalten: Sie zögerten das Kriegsende hinaus.

Während der ersten fünf Monate des Jahres 1915 verschifften die Vereinigten Staaten 3 353 638 Hundert-Pfund-Ballen Baumwolle nach Skandinavien und Holland – zuvor waren diese Länder mit durchschnittlich etwa 200 000 Ballen beliefert worden. Der Großteil der restlichen Menge floss weiter nach Deutschland. Britische Geschäftsleute zögerten nicht, aus der Lage Kapital zu schlagen. Indem sie den Baumwollhandel mit Deutschlands Nachbarstaaten ankurbelten, strichen sie enorme Gewinne ein. Großbritannien importierte gewaltige Mengen amerikanischer Baumwolle, um daraus Munition herstellen zu können, aber zwischen Januar und Mai 1915 führten englische Baumwollhändler 504 000 Ballen wieder aus, und zwar nach Skandinavien – ein Volumen, das etwa 15-mal größer war als für vorangegangene Fünf-

Monats-Zeiträume. Schweden beispielsweise importierte in April und Mai 1915 insgesamt 17 331 Tonnen Baumwolle (vor dem Krieg waren es für denselben Zeitraum 3900 Tonnen gewesen), davon 1500 Tonnen direkt aus Großbritannien. Die Niederlande verdoppelten im April praktisch ihre Baumwollimporte auf 16 217 Tonnen, wobei 5382 Tonnen aus Großbritannien kamen. Gleichzeitig gingen die britischen Reexporte an Länder, die nicht an Deutschland grenzten, deutlich zurück.[61] Skandalös! Bevor man mit dem Finger auf andere zeigt, die sich am Krieg bereicherten, sollte man eines nicht vergessen – die allerersten und widerwärtigsten Übeltäter kamen aus Großbritannien selbst.

Großbritannien trug also mit seinen Reexporten nach Skandinavien umfänglich dazu bei, dass Deutschland die Baumwolle nicht ausging, aber der Großteil kam aus Amerika, wo die Produzenten sich vehement an ihr Recht klammerten, ihre Baumwolle an jeden zu verkaufen, der sie haben wollte. Bei den Baumwollmillionären klingelten die Kassen wie nie zuvor. Der britischen Regierung war die Option angeboten worden, einen Großteil der amerikanischen Ernte von 1914 zu einem vergleichsweise niedrigen Preis zu kaufen, aber London lehnte dies ab.[62] Die Regierung Asquith versuchte gar nicht erst, sich mit der Baumwolllobby in Amerika anzulegen. Großbritannien stehe in der Verantwortung, »die legitimen Rechte der Neutralen zu respektieren« und die Bedürfnisse Amerikas und der skandinavischen Staaten zu berücksichtigen, erklärte am 12. Juli 1915 Lord Robert Cecil, Staatssekretär für auswärtige Angelegenheiten, gegenüber dem Parlament.[63] Würden die Neutralen von der Baumwollversorgung abgeschnitten, »brächte uns das international Schwierigkeiten ein«, lautete seine Erklärung. Abgeordnete klagten, sie »verstehen diese feige Politik nicht, Baumwolle von der Banngutliste fernzuhalten«.[64] Zu Recht, denn verstehen konnte das niemand. Die britische Öffentlichkeit war empört. Das ging so weit, dass Lord Cecil gar als »Mörder seiner eigenen Landsleute« angeprangert wurde.[65]

Dass die britische Regierung sich weiterhin weigerte, Deutschland von der Versorgung mit Baumwolle abzuschneiden, weckte in Fregattenkapitän Keble Chatterton von der Royal Navy eine kaum mehr zu verhehlende Abscheu. Für ihn war es erbärmlich, dass Deutschland sich im Rahmen der jüngsten amerikanischen Baumwollernte praktisch nach Belieben eindecken konnte, obwohl Großbritannien »fast die gesamte Lieferung hätte unterbinden können … Hätte man die Blockadeflotte einfach konsequent ihrer Pflicht nachgehen lassen, wäre Deutschland dem Untergang geweiht gewesen … Deutschland hatte auf einen kurzen, raschen Sieg gewettet – und verloren. Nichts und niemand könnte Deutschland noch vor dem Zusammenbruch retten, es sei denn, Whitehall lässt sich noch eine weitere Torheit einfallen.«[66]

Und natürlich kam es zu weiteren »Torheiten«, die in ihrer Konsequenz weitaus mehr waren als schiere Dummheiten. Ende Juni 1915 reiste eine britische Delegation zu einer britisch-schwedischen Baumwollkonferenz nach Stockholm. Das Resultat des Treffens: Schweden durfte noch mehr Baumwolle als bislang einführen. Obwohl sich dermaßen viel Protest gegen die Baumwollexporte rührte, bekam die Geheime Elite auch weiterhin ihren Willen.

Die französische Regierung habe hartnäckig dafür plädiert, Baumwolle zu Konterbande zu erklären, schrieb Archibald Bell, Historiker des Außenministeriums. Groß war das Erstaunen bei den Franzosen, als ihr Botschafter erfuhr, dass Sir Edward Grey dem britischen Kabinett tatsächlich empfohlen hatte, die Blockade zu lockern. Mitte Juli meldete der US-Botschafter in Großbritannien, Walter Hines Page, ein Mann »mit einem engen Verhältnis« zu Sir Edward Grey, nach Washington: »Die Regierung wird ernste Anstrengungen unternehmen, der Agitation zu widerstehen und Baumwolle zu Konterbande zu erklären. Zu dem Ausgang vermag ich keine Prognose abzugeben.«[67]

Die Proteste reichten so weit, dass die *Times* am 20. Juli 1915 einen Leserbrief »eines Neutralen« veröffentlichte, ein Schreiben, welches das Thema auf eine höhere Ebene hob. »Die Mütter der französischen Soldaten finden es unvorstellbar, dass Sie weiterhin dem Feind die Mittel zukommen lassen, die er benötigt, um die Söhne Ihrer Verbündeten töten zu können« – eine Aussage, die bei der aufgebrachten Öffentlichkeit auf fruchtbaren Boden fiel. Die Franzosen fragten ständig: »Was unternimmt die englische Flotte dagegen, dass Deutschland mit Baumwolle beliefert wird?«[68] Am nächsten Tag reagierte die *Times* im Kommentarteil. Sie hinterfragte die Ausfuhr von Baumwolle und Gummi nach Deutschland und sprach davon, dass »die bislang von der Regierung ergriffenen Schritte unzulänglich« seien und nicht verhinderten, dass »lebensnotwendige Produkte einen feindlichen Hafen erreichen«. Dies sorge im Inland wie im Ausland für ernste Besorgnis.

In den Chor der besorgten Stimmen stimmte auch Bertram Blount ein – ein Chemiker, der die Krone in dieser Funktion beriet. Blount sagte: »Zweifellos befänden sich die Russen jetzt nicht auf dem Rückzug, wäre Baumwolle von Anfang an zur absoluten Konterbande erklärt worden. Wären zu Kriegsbeginn die erforderlichen Schritte unternommen worden, um zu verhindern, dass Deutschland Nachschub an Baumwolle erhält, würden die britischen und französischen Truppen heute auf deutschem Boden operieren.«[69] Hier, aus der Feder eines im Dienst der Regierung stehenden Wissenschaftlers, finden wir den Beweis, dass den Alliierten ein rascher Sieg verwehrt worden war. Blount hatte indes keine Ahnung, dass der Krieg vorsätzlich in die Länge gezogen worden war.

Groß war die Abscheu in Großbritannien, aber die Regierung ließ sich von der negativen öffentlichen Meinung nicht zum Umdenken bewegen. Sie versuchte vielmehr, ihre Untätigkeit zu rechtfertigen. Später wurden Zahlen vorgelegt, die den Eindruck erwecken sollten, dass die Baumwollexporte gar nicht so groß gewesen seien, wie es in vielen Berichten geheißen hatte. Vor dem Oberhaus erklärte Lord Lansdowne:

> *»Nehmen Sie die Einfuhr von Baumwolle nach Skandinavien und Holland. Für 1913 beträgt der Wert 73 000 Tonnen, für 1915 sind es 310 000 Tonnen. Das ist eine sehr beunruhigende Zahl – ein Anstieg um nahezu das Vierfache [Anm. d. Übers.: Tatsächlich sogar mehr als das Vierfache.] Aber wenn Sie den Vergleich ziehen, der meiner Auffassung nach gezogen werden sollte, und das Jahr nicht als Ganzes vergleichen, sondern Monat für Monat, dann werden Sie feststellen … Lassen Sie es mich der Einfachheit halber so formulieren: Während der letzten sechs Monate von 1913 belief sich die Menge auf 49 000 Tonnen, während der letzten sechs Monate von 1915 hingegen waren es 52 000 Tonnen.«*[70]

Hiermit wollte man aufzeigen, dass die Entente an einem wichtigen Wendepunkt zu ihren Gunsten angelangt sei, aber Konteradmiral Consett befasste sich eingehender mit den Statistiken: Es stimmte, ein Vergleich der letzten sechs Monate zeigte einen Anstieg von nur 3000 Tonnen, aber das Wachstum in der ersten Jahreshälfte von 24000 Tonnen im Jahr 1913 auf 258000 Tonnen im Jahr 1915 war schon atemberaubend.[71] Was Lansdowne nicht sagte: Die Verfügbarkeit von Baumwolle hängt von der Ernte ab. Die findet im Herbst und den nachfolgenden Monaten statt, womit ein Export erst zu Beginn des Folgejahres stattfinden kann. Somit kommt es innerhalb dieses Kreislaufes immer wieder zu massiven Schwankungen, aber die Regierung manipulierte diesen Umstand dahingehend, dass der Eindruck erweckt wurde, die Lage bessere sich.

Weitere Faktoren spielten ebenfalls eine Rolle. Die Männer in den Schützengräben, die Familien jener, die bereits geopfert wurden, die gewöhnlichen Menschen in Großbritannien und Frankreich – sie alle hätten es der Regierung nicht erlaubt, ihre groteske Politik fortzusetzen. Die Stimmung kochte. Während des Burenkriegs hatte Alfred Milner, der oberste Kopf der Geheimen Elite, seine Anhänger noch angewiesen, »die Schreihälse zu ignorieren«[72], aber in einem Zeitalter des totalen Kriegs war es ausgesprochen riskant, die öffentliche Meinung derart selbstherrlich zu missachten. 1914 war es noch einfach gewesen, die kritischen Stimmen zu neutralisieren, aber ein Jahr später hatte sich der Wind gedreht. Parlamentarier wie der Liberale Sir Henry Dalziel ließen sich nicht mundtot machen, was den Baumwollskandal anging. Er war bereit, seine Karriere dafür aufs Spiel zu setzen.[73] Somit war klar: Die Geheime Elite brauchte eine Strategie für einen Ausweg, und zwar dringend. Ihre Lösung: Sie ließen verkünden, die Amerikaner hätten keine Einwände mehr dagegen, dass Baumwolle zu Konterbande erklärt wird.

Von jetzt auf gleich wurde die Behauptung aufgestellt, die Munitionsaufträge Frankreichs und Großbritanniens wären so groß und hätten den inländischen Verbrauch dermaßen gesteigert, dass die amerikanischen Unternehmer den Wegfall des deutschen Markts problemlos würden verschmerzen können. Präsident Wilson sei »recht zufrieden« darüber, dass Baumwolle nun auf die Banngutliste komme, meldete der britische Botschafter in Washington, Sir Cecil Spring-Rice.[74] Es blieb der Beigeschmack, dass hier ein Kumpel einem anderen Kumpel aus der Patsche geholfen hatte.

Zusammenfassung

- Die Blockade, mit der die Royal Navy Deutschland von 1914 bis 1916 belegte, war eine grausame Scharade, die von vornherein scheitern sollte.
- Britisches Außenministerium und Admiralität beschlossen, keine enge, sondern eine weite Blockade um die deutschen Häfen zu ziehen.
- Churchill sicherte der britischen Nation zu, Deutschland binnen Jahresfrist durch die Blockade auf die Knie zu zwingen. Es war ein leeres Versprechen.
- Die Regeln der Seekriegsführung wurden durch die Londoner Seerechtsdeklaration von 1909 festgelegt – ein Abkommen, das vom britischen Parlament nie ratifiziert wurde.
- Lord Esher, Mitglied der Geheimen Elite, vertrat die Ansicht, Lücken in den Blockadebestimmungen müssten nicht durch extra Gesetze gestopft werden. Das gelte insbesondere dafür, dass Baumwolle nicht auf der Liste der Konterbande stand.
- Mit Kriegsbeginn wurde das 10. Kreuzergeschwader zusammengestellt und angewiesen, den Nordatlantik zu überwachen. Acht der ältesten leichten Kreuzer (gebaut 1891/92) wurden mit der unmöglichen Aufgabe betraut, die Nordsee auf der Breite von Schottland bis zur Arktis zu patrouillieren.
- Der Warenverkehr von Amerika nach Deutschland wurde über die neutralen skandinavischen Staaten Dänemark, Schweden und Norwegen umgeleitet.
- Als Argument gegen eine vollständige Blockade wurde angeführt, diese würde katastrophale Folgen haben, weil Amerika sich dann von der Sache der Alliierten abwenden würde. Das war Unfug. Amerika hatte sich über Kredite, mit der Aussicht auf gewaltige Profite und mit gegenseitigen Eigeninteressen längst unwiderruflich auf die Seite der Entente gestellt.

- Innerhalb des Außenministeriums wurde ein geheimes »Contraband Committee« ins Leben gerufen. Dieser Ausschuss machte die Bemühungen des Kreuzergeschwaders zunichte, Deutschland von der Versorgung mit Nachschub und Rohstoffen abzuschneiden.
- Das Blockadegeschwader stoppte zahlreiche verdächtige Frachtschiffe auf hoher See und schickte sie dann nach Kirkwall auf den Orkney-Inseln. Fast alle dieser Schiffe erhielten die Erlaubnis, ihre Reise nach Skandinavien fortzusetzen – obwohl klar war, dass die Waren von dort aus weiter nach Deutschland verschifft werden würden.
- Marineexperten warfen der Admiralität vor, den Krieg in die Länge zu ziehen, indem sie zuließen, dass Nachschub in derartigen Mengen Deutschland erreichte.
- Dass Baumwolle, die in Granaten und Munition zum Einsatz kam, unbehelligt Deutschland erreichte, sorgte in der britischen Öffentlichkeit für einen dermaßen großen Aufschrei, dass die Regierung Mitte 1915 einen Kurswechsel vornahm. Auch Beschwerden der Presse und einiger Parlamentarier trugen dazu bei. US-Präsident Wilson erklärte, er sei »recht zufrieden« darüber, dass Baumwolle nun doch auf die Liste der Konterbande gesetzt wurde – eine Aussage, die ihm leichtfiel, denn die umfangreichen Bestellungen aus Großbritannien und Frankreich garantierten eine große Nachfrage.

Die Stärke der Royal Navy.

Kapitel 5

Die Mär von der »Großen Blockade«

Skandalöse Profite

Der Krieg war erst wenige Tage alt, da wurden Kaufleute und Importfirmen in Stockholm, Kristiania (dem heutigen Oslo), Kopenhagen, Helsingborg und Malmö bereits mit Aufträgen aus Deutschland überschwemmt. Es ging um Tausende Tonnen von Tierfutter, Lebensmitteln, Erzen, Baumwolle und Kohle. Die Lieferungen aus Nordamerika, Mittelamerika, Südamerika, aus Großbritannien und dem Empire sowie aus neutralen Staaten rund um den Globus berührten kaum den Kai, da waren sie schon in Frachtzüge und Zubringerboote verladen und machten sich auf den Weg zu ihrer endgültigen Zieladresse: Deutschland.

Was die skandinavischen Kaufleute an Gewinnen einstrichen, überstieg selbst ihre wildesten Träume, denn Deutschland war bereit, maßlos übertriebene Preise zu bezahlen, um nicht von der Versorgung mit wichtigen Artikeln abgeschnitten zu werden.[1] Dänemark und auch die Niederlande wurden praktisch zu Deutschlands Seehäfen, während Schweden darüber hinaus auch noch als Werkbank des Kaiserreichs fungierte. In dieser internationalen Scharade wurden neutrale Schiffe beim Übergang von der Nordsee in den Atlantik und zurück zwar kurz aufgehalten, aber den Verlust an Zeit machten die gewaltigen Gewinne, die in Amerika, Skandinavien und nicht zuletzt auch in Großbritannien eingestrichen wurden, mehr als wett.

Der Warenverkehr, der über die Nordsee abgewickelt wurde, war größer denn je. Den Handel mit Skandinavien rechtfertigte die britische Regierung damit, dass es Garantien gebe, die gewährleisten würden, dass Deutschland von diesen Exportgütern nicht profitiert. Entsprechende Versprechungen waren wertlos. Die Ministerien wussten sehr wohl, was tatsächlich geschah. Man legte ihnen Beweise vor, aber es änderte sich nichts. Der britische Marineattaché in Skandinavien schrieb: »Alle Präsentationen, [...] authentischen Bekundungen der Sachlage, begleitet von vertrauenswürdigen Analysen [die der britischen Regierung vorgelegt wurden], wurden außer Acht gelassen.«[2]

Großbritannien war nicht nur auf den Ozeanen überlegen, sondern verfügte noch über einen weiteren strategischen Vorteil: Das Land besaß gewaltige Reserven an Kohle, einem der wichtigsten Güter, das man benötigte, um Krieg führen zu können. Skandinavien dagegen konnte nur geringe Kohlereserven vorweisen. Deutschlands Vorräte reichten nur für eine begrenzte Zeit, weshalb die Kohleknappheit schon bald für große Unruhe sorgte. Eine gewisse Menge ließ sich außerhalb der eigenen Grenzen beschaffen – die belgische Armee beispielsweise hatte bei ihrem Rückzug die belgischen Kohlebergwerke nicht zerstört, und so konnte sich Deutschland »dank belgischer Kohle aus einer sehr heiklen Lage befreien«.[3] Aber das allein würde nicht ausreichen.

Der Sommer 1914 war ein heißer Sommer, weshalb Großbritannien überschüssige Kohle für den Export besaß, und zunächst unterlag die Kohleausfuhr auch keinem Embargo. Kohlehändler wurden gebeten, keine Schiffe zu beliefern, die im Verdacht standen, Geschäfte mit dem Feind zu machen, direkte Einschränkungen des Handels aber folgten erst im Mai 1915. Es wurde als ausreichend erachtet, an den Patriotismus der Kaufleute zu appellieren und sie zu bitten, sich wie anständige Briten aufzuführen. Aber auf dem moralischen Kompass eines Kriegsgewinnlers fehlt diese Himmelsrichtung.

Britische Kohle war seit jeher stark nachgefragt und galt weltweit als Qualitätsprodukt, insbesondere wenn mit Dampfkraft gearbeitet wurde. Die Öfen in den Kriegsschiffen waren für walisische, Lokomotiven für englische Kohle ausgelegt. Allein in Dänemark würden die staatliche Eisenbahn, die Gaswerke, die Stromwerke und sogar Brauereien nahezu vollständig von britischer Kohle abhängig sein, schrieb Admiral Consett.[4] Kohle war Macht, und die britische Regierung hätte diese Macht durchaus gut einsetzen können, indem sie die Ausfuhr nach Skandinavien unmittelbar beschnitt. Consett schrieb: »Besondere Schnellzüge, die mit Fisch befüllt waren, dem Grundnahrungsmittel vieler Dänen, gingen nach Deutschland ab, während in Dänemark gleichzeitig kein Fisch zu bekommen war. Es sei nur am Rande erwähnt, dass die Züge mit britischer Kohle beheizt wurden und dass die Fischfangausrüstung aus Großbritannien stammte.«[5]

Die meisten Handelsschiffe, die im Atlantik unterwegs waren, benötigten britische Kohle, und über den Globus waren Bunkerstationen verstreut, die die Flotten des Empire mit den notwendigen Vorräten versorgten. Im August 1914 hätte eine wirksame und sofort greifende Blockade verhängt werden können, indem man einfach sämtlichen Schiffen, die möglicherweise direkt oder indirekt Geschäfte mit dem Feind machten, keine Kohle mehr verkaufte. In Skandinavien ging man davon aus, dass mit Kriegsausbruch die Kohleversorgung eingestellt oder zumindest eingeschränkt werden würde, und man rechnete mit rasch eintretenden massiven Problemen für die Industrie. Wäre die Kohleversorgung gleich mit Kriegsbeginn beschnitten worden, hätte das weitreichende Auswirkungen gehabt. Keine Kohle bedeutete keinen Strom, eingeschränkte Transportmöglichkeiten, keine Heizung, keine Werksproduktion. Für Deutschland wäre das eine Katastrophe gewesen.

Schwedens Fabriken und Produktionsstätten produzierten in erster Linie für Deutschland, aber dennoch wurden in Großbritannien keinerlei Anstrengungen unternommen, die Versorgung mit Kohle zu begrenzen oder sie zu kontrollieren. Bis Ende 1915 wurde Kohle nach Skandinavien exportiert. Tatsächlich war es britische Kohle, mit der Schwedens so wertvolles Eisenerz nach Deutschland abtransportiert wurde, aber erst im Frühjahr 1918 unternahmen die Briten erste ernste Versuche, auf Schweden einzuwirken, den Export nach Deutschland zurückzufahren. Bis Kriegsende verschaffte sich Deutschland alle für die Waffenherstellung notwendigen Importe über »die verschwenderischen Kohlevorräte des närrischen und gutgläubigen Gegners«.[6] Und gleichzeitig feuerte die britische Regierung die Kumpel des Landes an, ihrer patriotischen Pflicht nachzukommen und sich für die britischen Kriegsanstrengungen härter ins Zeug zu legen.

Konteradmiral Consett konnte nicht wissen, dass es nicht Narretei und Gutgläubigkeit waren, die zu dieser Konstellation geführt hatten, sondern dass vielmehr eine sehr gut durchdachte Politik der britischen Regierung dafür verantwortlich war. Consett fiel auf, dass in sämtlichen skandinavischen Staaten den gesamten Krieg über und vor allem während der ersten beiden Jahre jede Menge deutsche Eisenbahnwaggons zu beobachten waren, die mit britischer Kohle von A nach B und zurück bewegt wurden. Zeitungsberichten zufolge hatten die staatlichen Eisenbahngesellschaften dermaßen viel zu tun, dass örtliche Interessen teilweise zurückstehen mussten. »Wir halfen nicht nur aktiv dem deutschen Handel in Skandinavien, wir erbrachten wertvolle Transportdienstleistungen für den Feind.«[7]

Diese ungezügelte Geschäftemacherei barg noch einen weiteren Aspekt. Dass Kohle exportiert wurde, bekamen die einfachen Bürger Großbritanniens zu spüren. 1915 äußerte sich Handelsminister Walter Runciman alarmiert über die exorbitanten Kohlepreise in den großen Städten des Landes, insbesondere in London, welche die armen Menschen erdrücken würden. Im Februar desselben Jahres berichtete die *Times*, dass Kohle, die an der Grubeneinfahrt für 21 Schillinge pro Tonne gekauft wurde, in London für 32 Schillinge pro Tonne wegging und weitere Preisanstiege zu erwarten seien.[8] Besorgte Parlamentsabgeordnete sprachen von einer privilegierten Klasse von Grubenbesitzern, die zu Millionären geworden waren, obwohl doch die Preise an der Grubeneinfahrt staatlich vorgegeben waren.[9] Es stand außer Frage, dass Kohlebesitzer die Preise kontrollierten und die Londoner Kohlebörse gesteigertes Interesse daran hatte, die Preise künstlich hoch zu halten.[10] Zehntausende Bergarbeiter, etwa 20 Prozent der Arbeiterschaft, hatten sich freiwillig für »Kitcheners Armee« gemeldet. Die Familien, die sie zurückließen, mussten unterdessen mit einem kriminellen Anstieg der Kohlepreise zurechtkommen.

Die Armen waren der Gnade der Kohlekaufleute und der fliegenden Händler ausgeliefert, die von Haus zu Haus zogen und kleine Mengen Kohle zu exorbitanten Preisen verkauften. Es waren vor allem arme Menschen, die unter den herzlosen Wuchergeschäften der Söldner litten.[11] Die Reichen dagegen konnten ihren Kohlebedarf jederzeit bei Harrods decken, denn sie konnten sich die Preise leisten[12], wie der Abgeordnete Sir E. Markham erklärte. Dennoch behaupteten die Politiker, dass »wir alle gemeinsam in dieser Sache stecken«. Das taten wir nicht. Wie immer waren es die Armen, die die Situation am stärksten zu spüren bekamen.

In der Heimat wurde britische Kohle dringend benötigt, aber dennoch exportierte Großbritannien weiterhin fleißig ins neutrale Ausland. Allein im September 1914 erhielt Schweden 633 000 Tonnen, ein Siebtel des gesamten Jahresbedarfs. Skandinavische Schiffe – die sich an britischen Bunkerstationen bedienten – begannen, in den Häfen ihrer Heimatländer Millionen Tonnen an Reexporten zu löschen, die von dort aus weiter nach Deutschland flossen.[13] Insgesamt exportierte Großbritannien zwischen Kriegsbeginn und Ende 1917 21 632 180 Tonnen Kohle nach Skandinavien.[14] Wie viele unschuldige Menschen erfroren während der schrecklichen Kriegswinter in britischen Armenvierteln oder in abgelegenen, isolierten Dörfern? Wie viele wurden Opfer der Kriegsgewinnler, die sich mit Kohle eine goldene Nase verdienten?

Dieser Aspekt ist lange nicht ausreichend betrachtet worden. Für den erbitterten Kampf gegen Deutschland benötigte Großbritannien ausreichend Männer und die Blockade. Anders formuliert: Das Land musste einerseits seine eigenen Kapazitäten bestmöglich an den Kriegszwecken orientieren, während gleichzeitig die Produktivität und die Ressourcen des Feindes durch die Blockade eingeschränkt werden sollten. Die Exportpolitik des Staats lief dem einen genauso zuwider wie dem anderen. Es lässt sich mithin sagen, dass Großbritannien seine Arbeitskraft indirekt zum Nutzen des Gegners einsetzte. Die Kumpel legten sich mächtig ins Zeug, um trotz deutlich geschrumpfter Belegschaftsgrößen die Produktion zu steigern – tatsächlich halfen sie damit letztlich der Produktivität des Feindes, denn von ihrer Kohle endete eine Menge in Deutschland.[15] Hätten die Bergarbeiter gewusst, dass sie für »den Hunnen« [im engl. Sprachraum verwendete abwertende Bezeichnung für die Deutschen; Anm. d. Lektorats] einfuhren, wäre die Regierung gestürzt worden. Insofern ist der Kohleskandal dem Baumwollskandal in seinem Ausmaß ebenbürtig. Man könnte durchaus behaupten, dass diejenigen, die diesen Skandal zuließen, ihr Land verrieten und sich einer besonders üblen Form des Landesverrats schuldig gemacht haben. Aber damit war noch nicht Schluss.

Von den Ressourcen, die für die komplexe Munitionsherstellung erforderlich war, produzierte Deutschland gerade einmal einen Bruchteil. Nickel,

Mangan, Aluminium, Kupfer, Wolle, Flachs, Gummi, Öl, Salpeter und Jute mussten sich Unternehmen wie der deutsche Marktführer Krupp aus dem Ausland besorgen und teuer importieren. Einer Umfrage der deutschen Marine von 1913 zufolge reichten die Lagerbestände an Rohstoffen, die die deutschen Waffenhersteller vorhielten, für durchschnittlich gerade einmal drei Monate. Den Berechnungen der Marine zufolge würde die deutsche Waffenproduktion nach diesem Zeitpunkt wegen der fehlenden Rohstoffe in sich zusammenbrechen. Aber dieser Zusammenbruch blieb aus. Der Oxford-Historiker Sir Hew Strachan schreibt: »Eisenerz, Deutschlands wichtigster Import für militärische Zwecke, schien vergleichsweise immun gegen maritime Intervention.«[16] »Schien vergleichsweise immun?« Was für eine nichtssagende Formulierung. War daran irgendetwas mysteriös? Es steht völlig außer Frage, dass Deutschland zumindest während der ersten beiden Kriegsjahre ungehindert die für seine Rüstungsindustrie benötigten Rohstoffe importieren konnte – obwohl Großbritannien ganz eindeutig imstande gewesen wäre, das zu unterbinden.

In dem Kapitel über die Nichtverteidigung von Briey wird erklärt, wie Frankreich den Krieg über einen Großteil seines wichtigen Eisenerzes aus dem an der deutsch-französischen Grenze gelegenen Bassin von Briey an die Deutschen verschenkte. In großem Stil bezog Deutschland auch Eisenerz aus Schweden – Lieferungen, die die Alliierten hätten problemlos aufhalten können. Hochwertiges Erz zählt zu Schwedens Bodenschätzen, und der erstklassige Stahl, den das Land herstellte, kam im Schiffsbau und speziell in der Herstellung von U-Booten zur Anwendung. Unmittelbar nach Kriegsausbruch zogen die deutschen Eisenimporte drastisch an, und Konteradmiral Consett warnte die Admiralität, dass man eingreifen müsse. Am meisten echauffierte sich Consett darüber, dass »die Beförderung des Erzes von den Minen zur Küste größtenteils von der mit britischer Kohle arbeitenden schwedischen Eisenbahn durchgeführt wird. Der Weitertransport per Dampfschiff über die Ostsee wurde ebenfalls (auf jeden Fall während der ersten beiden Jahre) ermöglicht durch britische Kohle.«[17]

In erster Linie wurde das schwedische Erz von dänischen Schiffen nach Deutschland gebracht. Die Dänen waren ein effektiver Ersatz für die deutsche Handelsflotte, die auf beiden Seiten des Atlantiks festsaß. Derart treue

Dienste brachten einen zusätzlichen Bonus: Die East Asiatic Company verlor während des Kriegs nicht ein einziges Schiff durch deutsche U-Boote, und die dänische Reederei konnte 1916 seinen Aktionären eine 30-prozentige Dividende auszahlen.[18] Dank britischer Kohle in den Öfen transportierten die Schiffe jährlich zwischen 4 und 5 Millionen Tonnen schwedisches Erz nach Deutschland. Ganz unverblümt kommentierte Consett: »Nichts hätte ein rasches Ende des Kriegs effektiver herbeiführen können als das Versenken von Schiffen, die im Erzhandel zwischen Schweden und Deutschland aktiv waren, oder das Ausüben von wirtschaftlichem Druck auf die schwedische Erzindustrie.«[19]

Schweden schickte noch weitere wertvolle Erze und Metalle über die Ostsee nach Deutschland, darunter auch Kupfer, das in jeder Phase der Kriegsführung zu See und zu Land benötigt wurde. Schweden verfügte über keine eigene Kupferproduktion, aber mit dem Kriegsausbruch fuhr das Land seine Importe hoch und exportierte das Kupfer dann weiter nach Deutschland – mehr als drei Mal so viel, wie man vor dem Krieg im Ausland eingekauft hatte. Den Behörden in London war das bekannt, aber anstatt britische Kupferexporte nach Schweden zu untersagen, ließen sie eine Verdopplung der Menge zu – von 517 Tonnen im Jahr 1913 auf 1085 Tonnen im Jahr 1915. Während desselben Zeitraums stiegen Schwedens Kupferexporte nach Deutschland weit über das normale Friedensniveau hinaus an.[20] Auch als der Krieg bereits seit zwei Jahren tobte, flossen diese Rohstoffe noch immer in großen Mengen über die Ostsee nach Deutschland.[21] Zwei Jahre lang konnten die deutschen Truppen an der Westfront alle Angriffe mit der tödlichen Macht ihrer Haubitzen abwehren, und ermöglicht wurde dies dadurch, dass die Importe aus Skandinavien ungehindert strömten. Kupfer kam aus Amerika und anderen Regionen der Welt mit britischen Schiffen, die britische Kohle verfeuerten, nach Großbritannien. Beträchtliche Mengen des Metalls wurden dann auf britischen Schiffen, die mit britischer Kohle fuhren, nach Skandinavien verschifft. Ein Großteil dieses Kupfers reiste dann in Schiffen, die wiederum von britischer Kohle angetrieben wurden, nach Deutschland weiter. Hier zeigt sich die menschliche Natur von ihrer schlimmsten Seite.

Man wolle die Exporte nach Schweden nicht unterbinden, weil man befürchte, dass die Schweden ihrerseits als Vergeltungsmaßnahme Exporte von Artikeln nach Großbritannien verbieten würden, die für das Land und die Kriegsanstrengungen unerlässlich seien, argumentierte die britische Regierung. Eine weitere vorgeschobene fadenscheinige Erklärung, die einer näheren Prüfung nicht standhielt. Einen Mangel an Waren wie Grubenhölzern oder Papier hätte man entweder im eigenen Land oder mithilfe des Empire abdecken können. Schweden hatte nichts im Angebot, was die Alliierten nicht auch anderswo hätten beziehen können. Großbritannien war nicht von Schweden abhängig, ganz im Gegenteil – Schweden war für eine Vielzahl von Gütern abhängig von Großbritannien und den neutralen Nationen, beispielsweise Kohle, Frühstücksflocken, Schmiermittel, Petroleum, Tierfutter und Düngemittel.[22] Wenn sie nur gewollt hätte, hätte die britische Regierung Schweden enorm unter Druck setzen können, damit die Schweden alle Exporte nach Deutschland einstellten. Tatsächlich jedoch wurde London bei diesem Thema erst sehr spät im Verlauf des Kriegs aktiv. Natürlich hätte Schweden wegen der Handelseinbußen sein Glück vor internationalen Gerichtshöfen versuchen können, aber Großbritannien und seine Verbündeten hätten in so einem Fall derartige Ängste überzeugend zerstreuen und Schweden anbieten können, ihnen alles abzukaufen, was eigentlich für Deutschland bestimmt war. Doch es sollte nicht sein.

Neben Draht, Maschinen, Holz und großen Mengen an Lebensmitteln belieferte Schweden das Kaiserreich auch mit Zink, Stahl und anderen wichtigen Metallen. Zudem schickte Großbritannien auch noch doppelt so viel Nickel nach Schweden wie vor dem Krieg. Nickel ist der wertvollste Bestandteil für gehärteten Stahl. 1915 bezog Schweden insgesamt 504 Tonnen Nickel aus dem Ausland, davon 65 Prozent aus Großbritannien und dem Empire. Davon gingen 70 Tonnen direkt weiter nach Deutschland, der Rest wurde in Schweden dafür verwendet, Militärgerät für Deutschland zu produzieren. Aufgebracht berichtete der britische Marineattaché: »Wir haben Schweden 1915 zwölfmal so viel Nickel geschickt wie 1913«[23] – und alles zum Nutzen des Feindes.

Noch einen weiteren Skandal versuchte die britische Regierung um jeden Preis vor der Öffentlichkeit zu verbergen. Deutschland bezog regelmäßig größere Mengen an Nickel aus Norwegen. Als ein sehr hartes Metall spielt Nickel eine sehr wichtige Rolle beim Härten von Stahl, wie er in Kanonen,

Schiffen und Panzerungen zum Einsatz kommt. Zum Härten des Metalls reicht ein geringer Nickelanteil aus, etwa zwei bis vier Prozent, insofern ist das Erz sehr wertvoll, und nur wenige Länder verfügen über gute natürliche Vorkommen.[24] Die meisten bekannten Nickelvorkommen kontrollierten die Alliierten bereits dank der Mond Nickel Company in Kanada und den großen Vorkommen im französischen Pazifikterritorium Neukaledonien. Deutschland konnte 1914 nur auf magere Nickelbestände zurückgreifen. Diese reichten nur für einen kurzen Krieg, und abgesehen von dem Nickel, das Deutschland dank Großbritannien über Schweden bezog, war man voll und ganz auf Norwegen als Lieferanten angewiesen. In Norwegen gab es nur eine einzige Anlage, die imstande war, den deutschen Bedarf zu decken: das Kristiansand Nikkelraffineringsverk (KNR). Dort wurden etwa 60 Tonnen Nickel im Monat produziert, und fast die gesamte Produktion ging nach Deutschland.

Die britische Regierung traf eine Vereinbarung mit KNR: Das Unternehmen sollte eine Million Pfund dafür erhalten, den Nickelexport nach Deutschland auf 80 Tonnen monatlich zu beschränken.[25] Der Versuch, die deutschen Nickelimporte einzuschränken, war für sich genommen nachvollziehbar, aber das Geschäft selber war der reinste Betrug. Die vereinbarte Obergrenze von 80 Tonnen lag über dem Gesamtausstoß des Unternehmens, was zur Folge hatte, dass Deutschland weiterhin die ursprünglich vereinbarte gesamte Bestellmenge erhielt und Großbritannien keinerlei Nutzen von dem Geschäft hatte. Unter dem Strich erhielt KNR also eine Million Pfund für einen Vertrag, der keinerlei Auswirkungen auf die Geschäfte des Unternehmens mit Deutschland hatte.[26] Wütend behauptete Consett: Hätte Großbritannien das richtige Maß an Druck ausgeübt, hätte man »die Ausfuhr des größten Teils der Nickellieferungen nach Deutschland verhindern oder die Produktion des Nickels selbst stoppen können«. Wiederholt machte er offizielle Eingaben bei der Admiralität, man solle doch die Nickelgeschäfte unterbinden. Vergeblich.[27]

Die britische Regierung mochte unwillig sein, etwas zu unternehmen, aber andere waren es nicht. Deutsche U-Boote hatten mit Torpedos, deren Stahl mit norwegischem Nickel gehärtet worden war, norwegische Schiffe versenkt, sodass im Land eine tiefsitzende Feindseligkeit gegenüber dem Kaiserreich aufkam. Norwegische Patrioten nahmen die Dinge selbst in die Hand und sprengten im Mai 1917 die Nickelfabrik in Kristiansand.[28] Für die Briten stellte das eher eine Randnotiz dar, dabei war es ein schwerer Rückschlag für die deutsche Produktion von Artilleriegranaten. Rasch wurden umfassende Anstrengungen unternommen, das Werk wieder funktionstüchtig zu machen. Dann weitete sich der KNR-Skandal aus: Kanadische Zeitungen deckten eine Verbindung zwischen der britischen Regierung, der British American Nickel Corporation und KNR auf. Der Vorwurf lautete, dass KNR auf dem Papier zwar ein norwegisches Unternehmen sei, in Wahrheit jedoch von einer Frankfurter Firma kontrolliert werde.[29] Dieser Vorwurf war voll und ganz zutreffend. Doch die Sache reichte noch weiter, als man es sich damals bewusst machte. Die trübe Welt des internationalen Rüstungs- und Waffengeschäfts ist voll von Skandalen und heimlichen Absprachen zwischen Regierungen und einflussreichen Agenturen und Kartellen, den »Händlern des Todes«.

Es waren gewaltige Mengen an wichtigem Kriegsgerät, die ihren Weg aus Großbritannien, dem Empire und anderen Ländern über Skandinavien nach Deutschland fanden, das steht völlig außer Frage. Und angesichts dieser Tatsachen bleibt nur eine – furchtbare – Schlussfolgerung übrig: Millionen Menschenleben wurden völlig unnötig geopfert, und der Krieg wurde unnötig in die Länge gezogen.

Am 18. Februar 1915 begann Deutschland damit, die britischen Inseln zu blockieren. Die Deutschen erachteten dies als Vergeltungsmaßnahme. Am 29. Oktober 1914 hatte die britische Regierung Lebensmittel und Tierfutter auf die Liste relativer Konterbande gesetzt, nachdem Deutschland alles Getreide und Mehl im Land unter staatliche Kontrolle gestellt hatte. London argumentierte, man könne nicht zwischen Militär und Zivilbevölkerung unterscheiden, insofern müssten alle Nahrungsmittel als Konterbande erachtet werden.[30] Das deutsche Oberkommando der Flotte hatte verärgert darauf reagiert, dass Großbritannien ab November 1914 die gesamte Nordsee als Kriegsgebiet betrachtete, und stufte das Lebensmittelembargo als Verkündung eines totalen Wirtschaftskriegs ein.[31]

Der deutsche Admiral Hugo von Pohl warnte die neutralen Länder, man werde ihre Handelsschiffe angreifen, sollten sie versuchen, die Blockade zu durchbrechen. Praktisch unmittelbar danach begannen die U-Boote, mit gnadenloser Präzision zuzuschlagen. Im Schnitt wurden täglich zwei Frachtschiffe mit Kurs Großbritannien versenkt, und zahlreiche tapfere Seeleute verloren in den kalten Fluten von Atlantik und Nordsee ihr Leben. Aber die Größe der britischen Handelsmarine und die schiere Menge an Waren, die sie aus aller Welt herantrugen, sorgten dafür, dass sich die deutsche Blockade zunächst kaum auf das Leben an der Heimatfront auswirkte. Unterdessen importierte Deutschland mehr und mehr Lebensmittel. Hätte Großbritannien zu Kriegsbeginn eine richtige Seeblockade durchgeführt, bevor das Kaiserreich größere Mengen an U-Booten gebaut hatte, wäre das Kaiserreich spätestens Ende 1915 in die Knie gezwungen worden.

Vor diesem Hintergrund kämpfte Deutschland um seinen Fortbestand. Eine Nation muss essen, um zu überleben, und der Zusammenbruch der Landwirtschaft und der Lebensmittelproduktion in Deutschland bedeutete, dass die Fähigkeit des Landes, über 1915 hinaus den Kampf fortführen zu können, ernsthaft bedroht war – nicht durch Kanonen und Gewehre, sondern durch den Mangel an Brot und Kartoffeln. Indem sie Deutschland einkreisten, verschafften sich Großbritannien, Frankreich und Russland eine hervorragende Ausgangsposition. Jetzt konnten sie Deutschland aushungern und auf diese Weise unterwerfen. Aber die Triple Entente ergriff die Gelegenheit nicht. Die Möglichkeit, einen kurzen, intensiven Wirtschaftskrieg zu führen, wurde vorsätzlich ignoriert, denn hier ging es nicht allein um den Sieg. Die Geheime Elite hatte stets gefordert, dass Deutschland vernichtet werden müsse.

1923 veröffentlichte Konteradmiral Consett sein Buch *The Triumph of Unarmed Forces.*[32] Es enthält Fakten, Zahlen und Informationen, die keinen Zweifel lassen: Das britische Foreign Office ließ es mehr als drei Jahre lang zu, dass die deutsche Armee über Skandinavien ernährt und ausgerüstet wurde. Dänemarks nationale Produktion reichte bei guter Einteilung gerade für die eigene Bevölkerung aus. Eine wirksame Blockade hätte im Zusammenspiel mit dem 1915 verhängten Verbot, Waren nach Dänemark auszuführen, Deutschlands Zusammenbruch herbeigeführt. Aber so kam es nicht. Die Briten schickten britische Kohle und britische Landmaschinen nach Dänemark, wo sie in einigen Fällen aus dem Frachtraum direkt auf einen Eisenbahnwaggon mit Ziel Deutschland verladen wurden.[33] Consett schreibt: »Es war eine unter den britischen Verbündeten und den Amerikanern in Skandinavien wohlbekannte Tatsache, dass Großbritannien mit den Neutralen darum konkurrierte, den Feind zu versorgen. Wäre der Nachschub zurückgehalten worden, hätte Deutschlands letztes Stündlein sehr früh geschlagen.«[34]

Die Faktenlage ist überwältigend: 1913 führte Großbritannien 370 Tonnen Tee nach Dänemark aus, 1915 waren es 4528 Tonnen. Auf den Kaianlagen des Kopenhagener Hafens stapelten sich die Kisten voller Tee, und »ein großer Teil davon stammte aus unseren Kolonien und war auf dem Weg nach Deutschland«, beobachtete Consett im März 1916. Dasselbe Spiel wiederholte sich bei Kaffee. 1913 exportierte Großbritannien 1493 Tonnen Kaffee nach Schweden, Norwegen und Dänemark und deckte damit den Bedarf vollständig ab. 1915 jedoch war das Exportvolumen um unglaubliche 500 Prozent auf 7315 Tonnen explodiert.[35] Auch Presskuchen, Pflanzenöle und tierische Fette gingen von Großbritannien über Skandinavien nach Deutschland. In Friedenszeiten kam Glyzerin in Lebensmitteln, Seifen, Schmierölen und Treibstoffen zum Einsatz, während des Kriegs dagegen nutzte man es bei der Sprengstoffherstellung. Consett erklärt: »Die Bedeutung dieser Rohmaterialien beruhte darauf, wie geeignet sie dafür waren, die hohen Anforderungen Deutschlands an Sprengstoffe zu erfüllen. 3 Jahre lang gelang es Deutschland und seinen neutralen Nachbarn, diese Wünsche in die Realität umzusetzen. Dänemark wurde vom Empire mit Ölen und Fetten und Presskuchen in Mengen beliefert, die weit über denen lagen, die das Land zu Friedenszeiten von uns bezogen hatte.«[36]

Eine Beobachtung, bei der es einem eiskalt den Rücken herunterläuft. Britische Kaufleute konkurrierten darum, den Feind mit dringend benötigten Agrarprodukten und Materialien zu versorgen, während die eigenen jungen Männer in Flandern abgeschlachtet wurden. Die deutsche Armee genoss den heimischen Komfort in Form von Tee und insbesondere Kaffee, wobei die Gewinne aus diesen Geschäften zurück nach Großbritannien und ins Empire flossen.

Die britische Regierung ging mit Dänemark eine Handelsvereinbarung ein, die viele als wertlosen Schwindel bezeichneten. Auch Lord Sydenham, ehemaliger Armeeoffizier und Kolonialverwalter, nahm die Regierung heftig in die Kritik. Am 20. Dezember 1915 wütete er im Oberhaus: »Es besteht kein Zweifel daran, dass Dänemark während der vergangenen 17 Monate gewaltigen Handel mit Deutschland und Österreich betrieben hat. Zu wessen Gunsten all das geschah, liegt nur allzu deutlich auf der Hand … Sie [die Regierung] haben dabei geholfen, und Ihre neue Vereinbarung wird mehr denn je dazu beitragen, Deutschland zu ernähren, den Krieg zu verlängern und Ihre Blockade zu einem Witz zu machen. Diese Vereinbarung ist ein großer Fehler und sollte widerrufen werden. Öffnen Sie die Augen und bringen Sie Ihre Beamten auf Trab oder entlassen Sie sie!«[37]

Harte Worte, in der Tat. Die Blockade sei ein Witz, schimpfte Sydenham. Und auch hier findet sich – wie bei so vielen anderen Kritikern vor und nach ihm – der schwere Vorwurf, dass die britische Regierung den Krieg in die Länge ziehe. Leider ging Sydenhams Mahnung, die Regierung solle die zuständigen Beamten auf Trab bringen oder feuern, am eigentlichen Punkt vorbei. Die Ausschüsse des Außenministeriums waren voll mit Leuten, die bereit waren, die Wünsche der Geheimen Elite umzusetzen. Diese Männer waren anonym.

Es lässt sich nicht bestreiten, dass Großbritannien den Handel leicht hätte unterbinden können, aber dennoch strömten ab August 1914 gewaltige Mengen an Fisch, Rindfleisch, Schweinefleisch, Fetten, Butter und anderen Milchprodukten von Dänemark aus in Richtung Deutsches Reich. Handelsvereinbarungen mit neutralen Ländern wie Dänemark waren von der Grundidee her eine solide Sache, aber in der Praxis waren sie schwach. Das Nahrungsmittelvolumen, das durch Skandinavien geschleust wurde, stieg und stieg, sodass Deutschland auch in schwierigen Zeiten das Gespenst der Unterernährung fernhalten konnte. Skandinaviens Bauern und Fischer hielten Deutschland am Leben, aber diese Branchen hingen ihrerseits von Treibstoff und Dünger ab, der oftmals direkt aus Großbritannien eingeführt wurde. Während der letzten sechs Monate des Jahres 1914 verkaufte Dänemark 68 000 Pferde an deutsche Abnehmer und jede Woche Tausende Stück Lebendvieh. Diese Tiere versorgten Deutschland mit mehr als nur Fleisch. Trotz Blockade durfte Dänemark aus Großbritannien Tierfelle, Stiefel und Schuhe importieren, deshalb konnten die Dänen ihre eigenen Pferde und Kühe, die ansonsten für die heimische Lederindustrie gedacht gewesen wären, ins Ausland weiterverkaufen.[38] Sah denn wirklich niemand die Verbindung?

117 000 Tonnen an landwirtschaftlichen Produkten exportierten die Dänen 1916 während der ersten sieben Monate nach Deutschland. Allein 62 561 Tonnen davon entfielen auf Fleisch – ausreichend für eine Million Portionen Fleisch pro Tag für die deutschen Truppen –, aber die dänische Fleisch- und Milchprodukteausfuhr nach Großbritannien sank in dieser Zeit um 25 Prozent.[39] Großbritannien lieferte Dänemark das Tierfutter und die Düngemittel, die die Dänen zur Steigerung der Agrarproduktion benötigten, und der absolute Großteil der Erzeugnisse wurde dann in der Absicht weiterverkauft, das deutsche Volk und die deutsche Armee satt zu bekommen.

Während der ersten zwei Kriegsjahre war Fisch nicht nur als Lebensmittel wichtig für die deutsche Armee, er lieferte auch das dringend für die Sprengstoffherstellung benötigte Glyzerin. Konteradmiral Consett deckte auf, wie sehr die norwegische Fischerei – die mit Abstand größte und wichtigste Fischfangindustrie in Nordeuropa – von Lieferungen aus Großbritannien oder britisch kontrollierten Gebieten abhing. »Der Augenblick und die Umstände unmittelbar nach Kriegsausbruch hätte Großbritannien keine bessere Gelegenheit eröffnen können, den norwegischen Fang im Austausch für eine garantierte Belieferung mit allem erforderlichen Zubehör zu erwerben«, so Consett. Eine Gelegenheit, die unbeachtet verstrich.

Voller Schrecken musste Consett von seinem Büro in Kristiania, dem heutigen Oslo, aus miterleben, wie sich in den skandinavischen Häfen die Exporte auftürmten und am helllichten Tag nach Deutschland weitergeleitet wurden. Wir sprechen hier nicht von einer Nacht-und-Nebel-Aktion. Hier lief alles ganz offen ab, ganz egal, was Skandinaviens Kaufleute zuvor für lockere Vereinbarungen mit Großbritannien eingegangen waren, um zu verhindern, dass ihre Schiffe auf einer offiziellen schwarzen Liste landeten. Consett war in seiner Meinung unerschütterlich: Die Blockade hätte durchgesetzt und Deutschland auf diese Weise in den Ruin getrieben werden können, doch stattdessen ließ man zu, dass der Handel ganz unverblümt über Skandinavien lief. 1917 »ernteten wir, was wir 1915 und 1916 gesät hatten, als wir große Lebensmittelindustrien aufbauten und sie vor den Toren Deutschlands errichteten«[40]

Es war skandalös, in welch gewaltigem Umfang der Warenverkehr über Skandinavien nach Deutschland lief. Man muss es Consett hoch anrechnen, dass er jedes Detail dieser Verstöße und dieses offensichtlichen Fehlverhaltens aufzeichnete. Er schickte entrüstete Berichte und Briefe an das Foreign Office, die Admiralität und, als er es leid wurde, ständig ignoriert zu werden, an jeden in Großbritannien, der bereit sein könnte, ihm zuzuhören. Sein vernichtendes Urteil zog Fragen im Parlament und kritische Artikel in der Presse nach sich – es musste etwas unternommen werden, was Consetts vernichtendes Exposé entkräftete.

Ende 1915 entsandte das Außenministerium Sir Alexander Henderson (der spätere Lord Faringdon) nach Skandinavien und Holland. Er sollte dort »unabhängige« Untersuchungen zum Handelsgebaren anstellen. Henderson, Parlamentarier und stellvertretender Vorsitzender des Shipping Control Committee, war durch finanzielle Interessen mit Mitgliedern der Geheimen Elite wie Ernest Cassel und Lord Revelstoke verbunden.[41] Diesen Insider entsandte man nun, um den Vorwürfen nachzugehen, dass über Skandinavien Lebensmittel und kriegswichtige Vorräte nach Deutschland gelangten. Consett war nach eigenem Bekunden begeistert – endlich würde ein Mitglied der Regierung mit eigenen Augen sehen, welches Ausmaß die Situation in Skandinavien erreicht hatte. Consett war überzeugt, dass sofort Maßnahmen eingeleitet werden würden.

Das Resultat der Untersuchung: Ein Geheimbericht, dessen Veröffentlichung die Regierung verweigerte. Sir Edward Grey bezeichnete ihn als »ausgesprochen zufriedenstellend«, zeige er doch, dass »die Leckage im Handel, der aus dem Ausland durch diese neutralen Staaten zum Feind fließt, […] viel kleiner ist, als man hätte vermuten können«. Um noch einmal zu unterstreichen, dass mit der Blockade alles in bester Ordnung sei, behauptete Grey: »Die Grundtendenz des Berichts besagt, dass das Maximum dessen, was getan werden kann, auch getan wird.«[42] Das war keine Untersuchung, das war ein Reinwaschen.

Erneut schalt Sir Edward Grey das Parlament dafür, das Recht der Neutralen, sich für den Eigenkonsum beliefern zu lassen, vergessen zu haben. »Sie haben nicht das Recht, die Neutralen leiden zu lassen«, lautete eine Ermahnung, zudem würden »überhaupt keine Schiffe zu den deutschen Häfen durchdringen«, so der Außenminister. Das stimmt sogar, wenn man die Analyse denn auf deutsche Häfen begrenzt. Abschließend erklärte Grey:

»Wir unterbinden den abgehenden Handel, und wir unterbinden die Einfuhren. Mehr als das kann man nicht tun.«[43] Aber Grey spielte ganz vorsätzlich semantische Spielchen: Lord Faringdon hatte nicht Deutschland besucht, sondern Skandinavien.

Grey beschloss, nicht zwischen direktem Handel (durch deutsche Häfen) und indirektem Handel (durch Skandinavien) zu unterscheiden. In Skandinavien nämlich war eine wahre Armada an Handelsschiffen, Kohlefrachtern, Öltankern, Fischereibooten, Küstenschiffen und anderen damit beschäftigt, Deutschland mit allem zu versorgen, was es dem Kaiserreich erlaubte, den Kampf fortzuführen.

Skeptische Abgeordnete wie Sir Henry Dalziel forderten Einblick in den Bericht. Grey weigerte sich. Er war nicht bereit nachzugeben. Sir Edward Grey belog das Parlament – nicht zum ersten und nicht zum letzten Mal. Auf die Frage, wie lang Lord Faringdon in Kopenhagen gewesen sei und welche anderen dänischen Häfen er besichtigt habe, erwiderte Grey, er »erachte derartige Antworten als nicht erforderlich«. Weiter betonte er, Lord Faringdon sei »durchaus in der Lage, den Wert oder die Menge an ihm zur Verfügung stehenden Informationen zu beurteilen«.[44] Ein herablassender Auftritt, wie es sich für einen Agenten der Geheimen Elite geziemt, frei nach dem Motto: »Ihr Normalsterblichen müsst gar nicht wissen, was vor sich geht und warum.«

Consett war zutiefst desillusioniert. Er wusste genau, was Henderson gesehen hatte, und tat sich schwer damit, dieses Täuschungsmanöver stillschweigend zu schlucken. Sein Konter: Der Bericht, »von dem die Zukunft und insbesondere 1916 so sehr abhing, stellte die Fakten, wie sie von meiner Wenigkeit Lord Faringdon präsentiert wurden oder wie sie von mir offiziell über die britische Gesandtschaft an das Foreign Office übermittelt wurden oder wie sie in offiziellen, nach dem Krieg veröffentlichten Statistiken wiedergegeben wurden, nicht korrekt dar. All das zeigte, dass der skandinavische Handel mit Deutschland zum Zeitpunkt von Lord Faringdons Besuch ein beispielloses Ausmaß erreicht hatte.«[45]

Faringdon beteiligte sich an der Schönfärberei. Mit beißendem Spott schrieb Consett: »Sir Alexander Henderson kam, sah und berichtete und wurde Lord Faringdon.«[46] Der Militärattaché hatte Recht. Unmittelbar nach seiner Rückkehr wurde Alexander Henderson zum Baron Faringdon of Buscot Park (seinem 3500 Hektar großen Anwesen) ernannt – es war der »gerechte Lohn« für eine monumentale Vertuschungsaktion. Faringdons kriecherische Behauptung: »Man muss der Regierung zu der Art und Weise gratulieren, wie sie mit vielen Schwierigkeiten umgegangen ist, und sie verdient ermutigende Unterstützung.« Was soll man dazu noch sagen?

Obwohl ihm London im übertragenen Sinne einen Satz Ohrfeigen verpasst hatte, setzte Consett sein Dauerfeuer an Beschwerden fort. Im Sommer 1916 entsandte London erneut jemanden nach Skandinavien, um sich die Lage vor Ort anzusehen. Dieses Mal handelte es sich um Commander Leverton Harris, im Außenministerium Leiter der Abteilung, die für die Einschränkung des feindlichen Nachschubs verantwortlich war, und später Parlamentarischer Staatssekretär im Blockadeministerium. Leverton Harris war die rechte Hand von Lord Robert Cecil. Consett warnte ihn vor zwei pressierenden Themen – den gewaltigen Mengen an Fisch, die nach Deutschland geliefert wurden, und der Notwendigkeit, die skandinavischen Fischfangflotten von der Treibstofflieferung abzuschneiden. Er erklärte: »Die Wahrheit klingt tatsächlich merkwürdiger als eine ausgedachte Geschichte. Dass wir die dänischen Fischer mit allem Erforderlichen ausrüsten, dass diese Fischer praktisch ihren gesamten Fang nach Deutschland schicken […] und imstande sind, ohne irgendwelche Behinderungen durch die britische Obrigkeit, die die Branche vernichten könnte, unbegrenzte Treibstoffmengen zu erhalten – das war sowohl seltsam als auch wahr.«[47] Seine Behauptung ist nicht zu widerlegen, aber erst im späteren Kriegsverlauf sollten sich die Dinge ändern. 1916 verfügte Deutschland noch über ausreichend Lebensmittel und Munition, um den Krieg fortführen zu können, aber viel Spielraum hatten die Deutschen nicht, auch nachdem sich ihnen in Belgien eine weitere Nahrungsquelle eröffnet hatte.[48] Deutschland wäre ohne Frage zusammengebrochen, hätten die Briten 1915 und 1916 eine wirksame Blockade installiert und britische Exporte nach Skandinavien verboten. Aber der Krieg ging weiter.

1916 schlug die Stimmung in Großbritannien um. Bislang hatte die Öffentlichkeit dank der Überlegenheit der eigenen Flotte und der vermeintlich so erfolgreichen Blockade mit einem raschen und deutlichen Sieg gerechnet, aber diese Hoffnung platzte nun endgültig. Was folgte, war eine tiefgreifende

Enttäuschung, sogar Ernüchterung. Die Presse, die 1914 noch so gefügig gewesen war und sich voll und ganz hinter die Sache gestellt hatte, begann 1916 nach Gründen dafür zu suchen, warum ein Sieg so weit entfernt wie nie zuvor schien. Sie richtete ihr Hauptaugenmerk auf die Blockade. Es wurde über Schiffe berichtet, die man ihre Fahrt zu neutralen Häfen fortsetzen ließ, obwohl sie Baumwolle, Öle, Erze, Fisch, Fleisch, Mehl, Schmalz und viele andere letztlich für Deutschland bestimmte Güter an Bord hatten. Derartige Berichte lösten wütende Reaktionen aus. Die *Daily Mail* fuhr eine Kampagne gegen die »vorgetäuschte Blockade«, auch die *Morning Post* kritisierte die »Scheinblockade«. Die Zeitungen berichteten von Gerüchten, wonach Kabinettminister vor Amtsenthebungsverfahren stünden. Sir Edward Grey war gezwungen, die Vorwürfe im Parlament zu bestreiten.[49]

Solange die Initiatoren des Kriegs im Amt waren, belogen sie das Parlament ohne Pause über die Blockade und ihre Wirksamkeit. Winston Churchill hatte im November 1914 die Erwartungshaltung angehoben, als er verkündete, Deutschland sei dazu verdammt, innerhalb eines Jahres unterzugehen, und die Blockade werde Deutschland definitiv in die Knie zwingen. Er hatte gelogen. Er log auch am 3. März 1915 im Kabinett, als er behauptete, die Blockade sei »in jeder Hinsicht ein Erfolg. Es ist der Admiralität kein Fall eines Schiffs bekannt, dessen Anhalten vom Foreign Office genehmigt wurde und das daraufhin unkontrolliert passierte. Es handelt sich hier nicht um eine auf dem Papier existierende Blockade, sondern um eine Blockade, die so real und so wirksam ist wie keine andere, die je zuvor verhängt wurde.«[50] Falsche, aber clevere Wortklaubereien. Das Außenministerium beschäftigte sich damit, alle Schiffe vor deren Konfiszierung freizugeben. Churchill kehrte vorsätzlich unter den Teppich, was tatsächlich passierte.

Was für eine Farce die Blockade tatsächlich war, beschrieb Sir Henry Dalziel am 27. März 1917 im Parlament so:

> *»Während der ersten 18 Monate des Kriegs verzweifelte die Admiralität am Handeln des Außenministeriums. Tag für Tag brachte die Flotte Schiffe herbei, die erwiesenermaßen Fracht zum Nutzen des Feindes geladen hatten. Was passierte? Ein Telegramm ging ans Foreign Office*

in London, und als Antwort erhielt man, oftmals schon wenige Stunden später, ein Telegramm mit der Anweisung, die Schiffe passieren zu lassen ... Das sorgte bei unseren Seeleuten für tiefe Depressionen und Verzweiflung ... Die ganze Geschichte wurde als Farce betrachtet und das, obwohl nach dem Kenntnisstand der Offiziere Schiff um Schiff Waren für Deutschland an Bord hatte.«[51]

Großbritannien ernährte und versorgte Deutschland sehr wirksam und zog auf diese Weise den Krieg sehr wirksam in die Länge. Eigentlich hätten dafür Köpfe rollen sollen, und man hätte die Schuldigen ohne Wenn und Aber an den Pranger stellen müssen.

Im Parlament gab es einige entschlossene Abgeordnete, die das Thema hartnäckig verfolgten, selbst dann noch, als man ihnen drohte, sie zum Schweigen zu bringen.[52] Sir Henry Dalziel sprach die Sache mit den Baumwolllieferungen an Deutschland an, »obwohl mir gedroht wurde, [...] sollte ich diesen Punkt heute Abend thematisieren«. Dalziel ließ sich nicht mundtot machen. Er wetterte, Großbritannien lasse noch immer zu, dass Baumwolle, »der wichtigste Faktor bei der Herstellung von Sprengstoffen, unseren Feind erreicht und wir ihnen bei der Herstellung von Munition assistieren, die unsere Soldaten tötet ... Ohne die Baumwolle [...] wäre Deutschland praktisch nicht imstande gewesen, den Krieg bis zum jetzigen Zeitpunkt fortzuführen«.[53]

Im Februar 1916 kritisierte die aufgebrachte Presse offen und lautstark das Fehlen einer effektiven Blockade. Im House of Lords stand Lord Charles Beresford am Rednerpult, ehemaliger Erster Seelord und hoch angesehener Admiral. Beresford erklärte ganz unverblümt: »Der Krieg wäre inzwischen vorbei«, hätte man eine vollständige Blockade durchgeführt und nicht eine so mehrdeutige und löchrige Angelegenheit, wie sie die Londoner Seerechtsdeklaration darstellte.[54]

Die Wut auf die Verantwortlichen für die Scheinblockade wurde zunehmend persönlich. Zum Kriegsende hin warf Brigadegeneral Henry Page Croft Ministern vor, sie hätten gelogen, was »den nicht zu rechtfertigenden Export essenzieller und lebenswichtiger Nahrungsmittel während des Jahrs 1915 und der ersten Hälfte von 1916 angeht.«[55] Page Croft war Abgeordneter für den Wahlkreis Christchurch und nach den Kämpfen an der Somme für seine

Tapferkeit ausgezeichnet worden. Er hatte miterlebt, mit welcher Selbstlosigkeit und mit welchem Mut die Männer an der Front gekämpft hatten, deshalb fehlte es ihm auch an Verständnis für den Opportunismus der daheim gebliebenen Politiker. Ihnen gab er die Verantwortung für das Geschehene.[56]

Croft wollte Blut sehen. Er wollte Namen in Erfahrung bringen. Er wollte, dass die Öffentlichkeit erfuhr, wer diese Entscheidungen getroffen hatte. Kein Minister sei verantwortlich, beschied man ihm. Croft antwortete mit berechtigtem Sarkasmus: »Wir haben die Deutschen durchgefüttert, weil kein Minister verantwortlich war.« Dann riss ihm der Geduldsfaden: »Kein Minister war während dieser Zeit verantwortlich, und dennoch stellen wir fest, dass Millionen Tonnen an Erzeugnissen und Rohmaterialien das Land verließen – Erze für Granaten, die unsere Männer in den Schützengräben in Stücke rissen, Baumwolle, aus denen der Sprengstoff für diese Granaten hergestellt wurde, und Essen, das die Deutschen, die diese Granaten abfeuerten, ernährte.«[57] Sprechen Sie diese Sätze einmal laut aus, dann spüren Sie den Zorn, der dabei mitschwingt. Der Brigadegeneral plädierte dafür, Amtsenthebungsverfahren gegen Außenminister Sir Edward Grey, Premierminister Herbert Asquith und Handelsminister Walter Runciman einzuleiten. Man kann sich vorstellen, was das für eine Bestürzung im Kreise der Geheimen Elite und ihrer Agenten ausgelöst haben muss. Tatsächlich jedoch geschah überhaupt nichts. Wie stets blockte die Geheime Elite die Vorwürfe ab, nahm die Schuldigen in Schutz und ignorierte kritische Fragen.

Die wichtigsten, detailreichsten und genauesten Informationen über das Versagen der Blockademethoden kamen zweifelsohne vom britischen Marineattaché in Skandinavien, Kapitän (später Konteradmiral) Consett, der alle Erkenntnisse penibel festhielt und an die Regierung weiterleitete. Wie sein belastendes Exposé Seite für Seite und Statistik für Statistik belegt, hatte Großbritannien es zugelassen, dass Deutschland über Dänemark, Schweden und Norwegen ernährt und mit Metallen für die Rüstungsindustrie versorgt wurde und dass dies dazu führte, dass der Krieg unnötig in die Länge gezogen wurde. Sir Edward Grey kritisierte die »unbedachten Äußerungen« und zeichnete ein völlig falsches Bild der Dinge. Dass Grey log, zeigte ganz deutlich eine militärische Analyse, die 1916 für eine Konferenz zwischen britischen und französischen Kommandeuren vorbereitet wurde. Die streng geheimen

»Anmerkungen zur Blockade der Nordsee« gingen im März 1916 auch an das Committee of Imperial Defence. In dem Papier heißt es:[58] »Deutschland war imstande, Waren und Wertpapiere auszuführen und auf diese Weise von neutralen Staaten Devisen und Kredit zu bekommen. Das Land konnte sogar, zugegebenermaßen zu einem sehr hohen Preis, diejenigen Vorräte und Waren importieren, an denen es den größten Bedarf hatte … die wirtschaftlichen Anstrengungen sind noch nicht in Angriff genommen worden. Es ist jedoch von höchster Dringlichkeit, dass die betroffenen Regierungen die notwendigen Maßnahmen ohne Verzögerung ergreifen.« Wenn man diese Maßnahmen umsetze, werde das »gewiss zur Folge haben, dass die Widerstandskraft des Feindes schwindet und der Krieg dadurch abgekürzt wird«.[59]

Da haben wir es schwarz auf weiß: Der Krieg läuft seit 20 Monaten, und die Blockade ist nicht wirksam. Der militärische Stab der Alliierten ging sogar so weit zu erklären, dass Wirtschaftsmaßnahmen, die den Krieg verkürzt hätten, »noch nicht in Angriff genommen« wurden. Diese Einschätzung steht in deutlichem Widerspruch zu den Lügen, die Grey und andere Kabinettsminister regelmäßig von sich gaben.

Die Fakten sprachen für sich: Eine wirkliche Blockade musste überhaupt erst in Kraft treten. Die Proteste, die folgten, waren nicht länger zu bändigen. Wieder und wieder trugen Autoren, Parlamentarier und ranghohe Militärs das Mantra vor, der Krieg hätte innerhalb von 18 Monaten gewonnen werden können, hätte es eine echte Blockade gegeben. Der konservative Abgeordnete George Bowles, Anwalt der Admiralität, erklärte sogar, der Konflikt wäre innerhalb von viereinhalb Monaten vorüber gewesen.[60] Andere, beispielsweise Lord Sydenham und Lord Beresford, sagten, der Krieg hätte vermutlich in den letzten Monaten von 1915 beendet werden können. Aber der Krieg wurde in die Länge gezogen. Millionen Menschenleben wurden geopfert. Die Gewinne stiegen und stiegen.

Schließlich griff die Presse die wütenden Stimmen der Vernunft auf und erzwang einen Wandel. Von 1917 bis 1919 trat eine völlig andere Form der Blockade in Kraft.

Wie konnte es der Geheimen Elite gelingen, nach Ende des Kriegs die Geschichtsschreibung in ihrem Sinne zu verfälschen? Wie rechtfertigte sie diese Farce von Blockade? Kritik ignorieren und jede Spur davon aus den offiziellen Unterlagen tilgen, das war die normale Vorgehensweise des Geheimbunds. »Tun wir einfach so, als wäre nie etwas gewesen. Schön alles von der Öffentlichkeit fernhalten und bestreiten.« Der Großteil der offiziellen Unterlagen der Admiralität, des Foreign Office und des Handelsministeriums wurden beiseite geschafft und vermutlich zerstört. Andere liegen möglicherweise bis heute, ein Jahrhundert später, in den geheimen Archiven der britischen Regierung in Hanslope Park in der Grafschaft Buckinghamshire.[61] Interessanterweise tauchte selbst 2005 im Buch des Kriegsmuseums zum Seekrieg von 1914 bis 1918 keinerlei Verweis auf die Blockade auf.[62] Offensichtlich fand sich in einer Historie zum Seekrieg kein Platz für die Heldentaten, die das 10. Kreuzergeschwader im Atlantik und der Nordsee vollbrachte, für ihr Leid, ihre Opfer und ihre Verluste, kurzum, für ihren ehrenhaften und großartigen Beitrag.

Doch wer versucht hatte, den Skandal um die »Blockade« vollständig zu tilgen, der sah seine Bemühungen durchkreuzt, als Konteradmiral Consett 1923 seine Abrechnung *The Triumph of Unarmed Forces* veröffentlichte und das Werk zu einer höchst außergewöhnlichen Debatte im House of Lords führte.[63] Mit Sir Edward Grey, zu diesem Zeitpunkt Viscount Fallodon, nahm der Mann an der Debatte teil, der im Mittelpunkt der Blockade-Farce stand. Er wisse über die in dem Buch aufgeführten Details nur das, was er an dem jeweiligen Tag gehört habe, behauptete er. Sein Argument: Der diensteifrige Mann vor Ort kenne immer nur einen Aspekt des Gesamtbilds, während derjenige im Zentrum, »ein Geist, der deutlich mehr in sich aufnehmen kann«, alle Konsequenzen überblicke. Hätte die Regierung die von Admiral Consett angeregten Maßnahmen umgesetzt, so Grey, »hätten wir den Krieg ganz gewiss verloren«.[64]

Eine unfassbare Aussage und zweifelsohne ein vorsätzliches Täuschungsmanöver. Greys Verteidigung: Hätte man in der Frühphase des Kriegs eine vollständige Blockade in Kraft gesetzt, »hätte Großbritannien dermaßen große Probleme mit den Vereinigten Staaten bekommen, dass es von Nachteil für die Zukunft der Alliierten gewesen wäre«. Er trug die alte Leier vor, dass es »absolut fatal« gewesen wäre, hätte Großbritannien während der ersten Kriegsjahre die USA verprellt.[65] Fatal für wen denn? Diese Aussage ist vollkommener Blödsinn. Es gab kein Szenario, bei dem Amerika den Handel mit

Großbritannien eingestellt oder sich gar auf die Seite des Gegners geschlagen hätte. 1914 hätte es zu vereinzelten Handelsschwierigkeiten kommen können, aber eine strikte Blockade hätte den Krieg sehr rasch beendet. Hatte Grey auch die *Lusitania* vergessen, die im Mai 1915 von einem deutschen U-Boot versenkt wurde? Wie groß war danach die Wahrscheinlichkeit, dass Amerika gemeinsame Sache mit Deutschland machte? Null.

Aber die Scharade dauerte an. Sie zögerte das Kriegsende hinaus und steigerte die Gewinne. Es standen noch dunklere Handlungen bevor, aber mit denen befassen wir uns später. Nachdem 1918 der Waffenstillstand unterzeichnet wurde, trat eine andere Blockade in Kraft, eine vollständige, gnadenlose, vor allem aber unnötige Blockade. Sie sorgte dafür, dass Deutschland zerschmettert wurde – nicht nur besiegt, sondern zerschmettert. Nachdem das Feuer eingestellt war, mussten in Deutschland noch Hunderttausende Männer, Frauen und Kinder sterben, bevor diese Blockade endlich aufgehoben wurde.

Zusammenfassung

- Skandinavische Kaufleute, britische Reexporteure, amerikanische Zulieferer, neutrale Getreidepflanzer, internationale Reedereien, Finanziers, Versicherer und Bankiers – sie alle verdienten ein Vermögen dadurch, dass sich der Krieg in die Länge zog.
- Das Handelsvolumen Großbritanniens mit den Ländern Skandinaviens erreichte während des Ersten Weltkriegs ein Ausmaß, das weit über allen Rekorden der Vorkriegszeit lag.
- Britische Kohle galt als die beste der Welt zum Befeuern von Dampfschiffen, Eisenbahnen und Fabriken sowie zum Heizen. In Skandinavien erwartete man eigentlich, dass die Versorgung mit Kriegsbeginn abbrechen würde.

- Hätte Großbritannien seine Kohleexporte in den ersten Kriegstagen völlig zurückgefahren, hätte dies die Kriegsdauer drastisch verkürzt. Doch das geschah nicht.
- Am Kohleexport verdienten britische Kaufleute so viel wie nie zuvor. Unterdessen stiegen in der Heimat die Kohlepreise auf ein Niveau, das es den Armen fast unmöglich machte, ihr Heim zu beheizen.
- Statt deutscher Schiffe pendelten nun dänische Schiffe über die Ostsee, denn große Teile der deutschen Handelsmarine waren in ausländischen Häfen vom Kriegsausbruch überrascht worden. Kein Schiff der dänischen East Asiatic Line wurde während des Kriegs von einem U-Boot versenkt, und allein 1916 konnte die Reederei den Aktionären eine 30-prozentige Dividende ausschütten.
- Zur Herstellung von Munition benötigte Deutschland Erze und Metalle. Diese kamen über Schweden ins Land.
- Britische Kaufleute führten einen aktiven Konkurrenzkampf mit Wettbewerbern aus Amerika und dem Empire darum, den Feind mit wichtigen Erzeugnissen beliefern zu können.
- Das britische Außenministerium entsandte Sir Alexander Henderson, den späteren Lord Faringdon, nach Skandinavien, um Beweise für Korruption und exzessiven Handel der dortigen Länder mit Deutschland zu überprüfen – die Beweise hatte der britische Marineattaché in Kristiania (dem heutigen Oslo), Kapitän M.W. Consett, an die Regierung übermittelt. Doch seine Erkenntnisse wurden geheimgehalten. Dem Parlament erklärte man, dass »das Maximale des Möglichen unternommen wird«.
- Als das Jahr 1915 zu Ende ging, wurde die Blockade im House of Lords als Witz bezeichnet, der zu einer Verlängerung des Kriegs geführt habe.
- Es mehrten sich die Beweise, nach denen eine umfassende Blockade den Krieg rascher hätte beenden können, spätestens 1916. Dennoch verteidigte Sir Edward Grey die Politik des Foreign Office, obwohl britische und französische Kommandeure im März 1916 in einem Bericht zu der Schlussfolgerung gelangten, dass ein echter Wirtschaftskrieg noch gar nicht versucht worden sei. Dabei hätte dieser die Kriegsdauer verkürzt.

Kapitel 6

Das osmanische Rätsel

Die Rettung Konstantinopels

Jahrhundertelang hatte Großbritannien zu verhindern gesucht, dass Russland in Richtung Konstantinopel expandiert. Mit viel Argwohn hatte London auf die Absichten geblickt, die das Zarenreich in Persien, Afghanistan und Indien verfolgte. All das musste nun im Interesse des Empire hintangestellt werden. 1908 ließ sich Russland durch ein erstaunliches – aber natürlich leeres – Versprechen hinters Licht führen: London erklärte in einer Geheimvereinbarung, man werde keinen Einspruch erheben, sollte sich Russland Konstantinopel unter den Nagel reißen, die Hauptstadt des Osmanischen Reichs und der »Heilige Gral« der zaristischen Außenpolitik.[1] Auch die Franzosen gaben 1908 klare Beteuerungen ab, wonach man die russische Politik am Bosporus und auf den Dardanellen unterstützen werde.[2] Es war eine vergoldete Mohrrübe, die man dem zaristischen Esel vor die Nase hielt. Russland träumte von einem eisfreien Hafen am Schwarzen Meer, der das ganze Jahr über Zugang zum Mittelmeer erlaubte. Seit der Regentschaft von Katharina der Großen galt die Eroberung Konstantinopels als zentraler Baustein dieses Traums. Historiker behaupten, Russland sei 1914 zur Unterstützung Serbiens in den Krieg gezogen, aber den Russen waren die Serben im Grunde herzlich egal. Tatsächlich ging es um eine »weitverbreitete, an Panik grenzende Obsession«, sich Konstantinopel und die Bosporus-Meerenge zu sichern.[3]

Konstantinopel war der glitzernde Preis, aber hatte man das Osmanische Reich erst einmal in ein Bündnis mit Deutschland getrieben und anschließend vernichtet, würde es noch weitere Filetstücke zu verteilen geben. Russlands Überlegung dabei war: Wenn man schon im Krieg gegen die Deutschen und Türken Millionen Menschen opferte, sollte das doch gewiss mehr einbringen als die Stadt am Bosporus. Wie wäre es mit einem Anteil der Beute aus den ölreichen Gebieten von Persien und Irak? Allerdings machten sich die Russen in diesem Punkt etwas vor, denn Großbritannien hatte »keinerlei Absicht, irgendetwas zu teilen«.[4] Die Geheime Elite hatte niemals vorgehabt, ihr Versprechen zu halten, aber ihr Plan setzte voraus, dass die Russen fest davon ausgingen, Konstantinopel zu erhalten. Wie Kaiser Wilhelm seinem Cousin Zar Nikolaus völlig zu Recht erklärte, sei den Briten nicht zu trauen, und sie würden Russland bloß als Werkzeug benutzen.[5] Stimmt.

Im Laufe ihrer langen Beziehung zu Konstantinopel hatten die Briten und Franzosen das Osmanische Reich ausbluten lassen. Sultan Abdülhamid II. hatte in London und Paris gewaltige Schulden angehäuft, im Gegenzug räumte er den Staaten Sonderrechte ein und ließ zu, dass sie sein Reich durch Korruption der allerschlimmsten Form in einen finanziellen und wirtschaftlichen Würgegriff nahmen. 1908 erschütterte ein Aufstand osmanischer Armeeoffiziere das Reich. In einem dramatischen und nahezu unblutigen Handstreich beendeten die Jungtürken die 33-jährige Autokratie Abdülhamids und führten eine konstitutionelle Staatsform ein. Diverse Offiziere hatten in Westeuropa studiert und bewunderten die Institutionen Englands und Frankreichs.

Im Verlauf der nächsten Jahre ging es politisch auf und ab, aber am 26. Januar 1913 gelang es den Jungtürken, durch einen brutalen Staatsstreich die vollständige Kontrolle über das Osmanische Reich zu erlangen. Es wurde ein Triumvirat aus Paschas installiert: Ismail Enver, Mehmed Talaat und Ahmed Kemal. Die fortan als Enver Pascha, Talat Pascha und Kemal Pascha bekannten Männer versprachen Reformen, zögerten aber auch nicht, zu den verhassten Methoden des alten Regimes zu greifen, wenn sie es für nötig erachteten.[6] Ihre liberalen Träume verkamen zu einer Diktatur. Auch die neue Regierung war finanziell bankrott. Man kehrte zu der Moral von zu Abdülhamids altem System der Zwänge und der Korruption zurück.[7]

Heer, Marine und Polizei waren veraltet und inkompetent, deshalb holte sich die Regierung für die Modernisierung ausländische Spezialisten ins

Land. Der britische Admiral Sir Arthur Limpus beispielsweise kam 1912 nach Konstantinopel, um die osmanische Marine zu befehligen. Er überzeugte die Türken, ihre maroden Häfen und Marineanlagen zu überholen und zu verbessern. Die Aufträge dafür gingen an die britischen Rüstungsriesen Armstrong-Whitworth und Vickers, an denen die Geheime Elite massiv beteiligt war. Als sich Großbritannien und Frankreich weigerten, osmanische Offiziere in ihre Militärakademien aufzunehmen, wandten sich die Jungtürken an Berlin.[8]

1913 wurde der deutsche General Otto Liman von Sanders gebeten, die osmanische Armee neu aufzustellen. Diese hatte im Jahr zuvor eine schwere Niederlage gegen die Truppen des Balkanbundes verkraften müssen. Die Franzosen waren damit beauftragt worden, die Gendarmerie zu führen, was bedeutet, dass die drei Kommandeure von Militär und Polizei von den europäischen Großmächten herstammten. Anders als von einigen behauptet, war die Ernennung von General von Sanders kein expliziter Ausdruck prodeutscher Sympathien. Zwar war ein Deutscher zum Generalinspekteur des osmanischen Heers berufen worden, aber die Jungtürken machten deutlich, dass »alles andere, also Finanzen, Verwaltung, Marine und Reformen«, unter britischer Anleitung standen.[9]

Die Jungtürken waren sehr daran interessiert, auch weiterhin ein gutes Verhältnis zu ihren traditionellen britischen Verbündeten zu pflegen. Für die Deutschen und deren wachsenden Einfluss hatten sie grundsätzlich wenig übrig.[10] Dreimal unternahm Konstantinopel einen Anlauf, einen Bündnisvertrag mit Großbritannien abzuschließen, aber jedes Mal wurden die Avancen zurückgewiesen.[11] Im Juli 1914 bat Kemal Pascha den französischen Außenminister um Aufnahme des Osmanischen Reichs in die Triple Entente[12] und »gleichzeitig um Euren Schutz vor Russland«.[13] Was die armen Narren zu diesem Zeitpunkt nicht wussten, war, dass die Entente ein Bündnis mit Russland auf Kosten der Türken anstrebte. Ein Bündnis mit dem Osmanischen Reich zum Schutz vor Russland stand überhaupt nicht zur Debatte. Die Jungtürken versuchten, eine gemeinsame Grundlage mit Briten und Franzosen zu schaffen, sogar ihrem alten Feind, den Russen, reichten sie die Hand, aber sämtliche Annäherungsversuche Konstantinopels liefen ins Leere.

Eine offizielle Übereinkunft mit den Türken hätte die Möglichkeiten der Triple Entente, Deutschland zurückzudrängen, sehr stark verbessert, urteilte der amerikanische Historiker Ron Bobroff.[14] Aber darum ging es gar nicht. Großbritannien und Frankreich verfolgten ihre ganz eigenen Pläne hinsichtlich der Zukunft des Osmanischen Reichs (auch wenn eine vollständige Übereinkunft erst noch erzielt werden musste), und Russland war weiterhin von der Aussicht auf Konstantinopel geblendet. Dieses Szenario konnte nur Realität werden, wenn zuvor das alte Reich mitsamt dem Kaiserreich vernichtet wurde. Exakt aus diesem Grund wurden die Jungtürken vorsätzlich ins deutsche Lager getrieben.

In Sankt Petersburg war unterdessen das Kriegsfieber ausgebrochen, und es gab nur ein Thema: die Eroberung Konstantinopels. Im Februar 1914 – ein halbes Jahr vor Ausbruch des Ersten Weltkriegs – arbeitete das russische Oberkommando Pläne aus, wie man von Odessa aus mit Schiffen eine Invasion Konstantinopels mit 127 500 Soldaten und schwerer Artillerie durchführen konnte. Aus russischer Sicht hatte das Ganze jedoch leider einen gewaltigen Haken: Die russische Marine war mächtig eingeschüchtert von den zwei modernen Schlachtschiffen, die gerade in Großbritannien im Auftrag der osmanischen Marine gebaut wurden. Diese Dreadnoughts könnten eine russische Invasionsflotte in die Flucht schlagen, aber schlimmer noch – die gesamte russische Schwarzmeerflotte wäre diesen neumodischen Großkampfschiffen hilflos ausgeliefert.[15] Russland bereitete sich 1914 also auf einen Krieg vor, um Konstantinopel einzunehmen. Gleichzeitig war Großbritannien im Begriff, die Türken mit zwei neuen Schlachtschiffen auszurüsten, die Russlands Pläne weit zurückwerfen würden. Was war da los?

Im Mai und Juni 1914 wandten sich Vertreter Russlands mit der Bitte, das Geschäft mit den Türken abzusagen, wiederholt an den britischen Außenminister Sir Edward Grey. Vergeblich. Ende Juli trafen mehr als 500 osmanische Seeleute auf dem River Tyne im Nordosten Englands ein, um das erste der mächtigen Kriegsschiffe nach Konstantinopel zu überführen. Die *Sultan Osman I.* und das zweite bestellte Schiff, die *Resadiye*, konnten nicht zuletzt dank der großzügigen finanziellen Unterstützung osmanischer Bürger gekauft werden. Es war geplant, die Schiffe mit Flottenparaden zu begrüßen, und die öffentliche Aufregung war groß.

Am 30. Juli wurde die Angelegenheit sehr dringlich. Russlands Außenminister Sergei Sasonow warnte Großbritannien, es sei »von allerhöchster Bedeutung«, dass die Schiffe in England blieben.[16] Sollten die Schiffe ausgeliefert werden, würde der Zar nicht länger bereit sein, in den Krieg zu ziehen, lautete die kaum verhüllte Drohung.

Nun war rasches Handeln gefragt. Marineminister Winston Churchill ließ bewaffnete Truppen nach Newcastle entsenden, die die osmanischen Seeleute am Betreten der *Sultan Osman I.* hindern sollten. Laut Sonderanweisung solle man auf keinen Fall zulassen, dass die Flagge des Osmanischen Reiches über dem Schiff gehisst werde. Die Türken reagierten empört. Churchill betonte, die Kriegsschiffe seien für Großbritannien von allerhöchster Bedeutung und »mit einer Marge von nur sieben Dreadnoughts könnten wir es uns nicht erlauben, diese beiden feinen Schiffe ziehen zu lassen«,[17] aber die Wahrheit reichte viel weiter. Die osmanischen Kriegsschiffe waren in letzter Minute festgesetzt worden, weil die Briten Angst vor der Reaktion Russlands hatten und fürchteten, der Zar könnte doch noch einen Rückzieher machen und nicht gegen Deutschland zu Felde ziehen.

Indem sie die osmanischen Kriegsschiffe requirieren ließ, erreichte die Geheime Elite zwei wichtige Ziele: Sie hielt den Zaren bei Laune und trieb die wütenden Türken ins feindliche Lager. Noch im Juli 1914 stand die Mehrheit des osmanischen Kabinetts Großbritannien »freundlich gegenüber«,[18] aber mit der Beschlagnahmung der beiden Schlachtschiffe schlug die Stimmung um. Ein wahres Lehrstück in Sachen Provokation.[19] Falls Großbritannien vorsätzlich beabsichtigt hatte, die Türken in die Arme des Kaisers zu treiben, hätte man keine wirksamere Strategie finden können.[20]

Aber das war gar nicht das Problem. Nachdem die beiden türkischen Schlachtschiffe von der Bildfläche verschwunden waren, was sollte da die Russen noch daran hindern, sich bei der nächstbesten Gelegenheit auf den Weg nach Konstantinopel zu machen? Die Antwort darauf kreuzte bereits im Mittelmeer.

Am 31. Juli, einen Tag, nachdem Sasonow seine Forderungen gestellt hatte, beschloss das britische Kabinett, dass die Kriegsschiffe bei der Royal Navy verbleiben sollten. Noch am selben Tag gingen britische Seeleute an Bord der *Sultan Osman I.*, und der osmanische Botschafter wurde informiert, dass das Kriegsschiff zunächst einmal in britischem Besitz bleibe.[21] Beglückt von dieser Nachricht und der Rückmeldung aus Frankreich, wonach die dortige Regierung »herzlicher und bester Laune« sei und sich »verbindlich zum Krieg entschieden« habe[22], setzte Russland unter Volldampf die Generalmobilmachung seiner Truppen entlang der deutschen Ostgrenze fort. Um 16 Uhr am 1. August verkündeten die Franzosen ebenfalls die Generalmobilmachung. Jetzt gab es kein Zurück mehr, das bedeutete Krieg![23] Wiederholt hatte der Kaiser in den beiden vorangegangenen Tagen den Zaren bekniet, seine Armee zurückzuziehen, ansonsten bliebe Deutschland keine andere Wahl, als zu Vergeltungsmaßnahmen zu greifen. Angesichts der Gefahr, Invasoren aus dem Osten wie aus dem Westen abwehren zu müssen, ordnete der Kaiser eine Generalmobilmachung an. Damit war Deutschland die letzte europäische Großmacht, die diesen Weg ging. Genau wie die Geheime Elite es geplant hatte, ließ sich Deutschland zu einem Vergeltungskrieg hinreißen. Am 1. August um 18 Uhr überreichte der deutsche Botschafter in Sankt Petersburg, Friedrich Graf Pourtàles, die deutsche Kriegserklärung, dann brach er in Tränen aus.[24] Im Gegensatz zu den Franzosen versetzte ihn die Aussicht auf einen Krieg nicht in »herzliche und beste Laune«.

Am selben Tag, dem 1. August, musste in Konstantinopel Kriegsminister Enver Pascha zur großen Enttäuschung der anderen Jungtürken verkünden, dass ihre beiden Kriegsschiffe von den Briten beschlagnahmt worden waren.[25] Keine 24 Stunden später hatten das Osmanische Reich und Deutschland ein »geheimes« Abkommen unterzeichnet. Es war gegen Russland gerichtet und verpflichtete die Türken nicht dazu, in den Krieg zu ziehen.[26] Der Großwesir und eine Mehrheit der Jungtürken waren ob der Beschlagnahmung ihrer Schlachtschiffe zwar zutiefst enttäuscht und fühlten sich provoziert, hofften aber dennoch, dass das Osmanische Reich nicht in den Konflikt gezogen werden würde.

In Artikel 4 des Bündnisvertrags hieß es: »Deutschland verpflichtet sich, das Gebiet des ottomanischen Reiches im Falle der Bedrohung nötigenfalls mit Waffen zu verteidigen.« Das Osmanische Reich wiederum verpflichtete sich im europäischen Konflikt zu strikter Neutralität.[27] Deutschland versprach also, den Türken bei einem Angriff Russlands zur Seite zu stehen, wiewohl das Osmanische Reich auf dem Papier neutral blieb. Trotz des

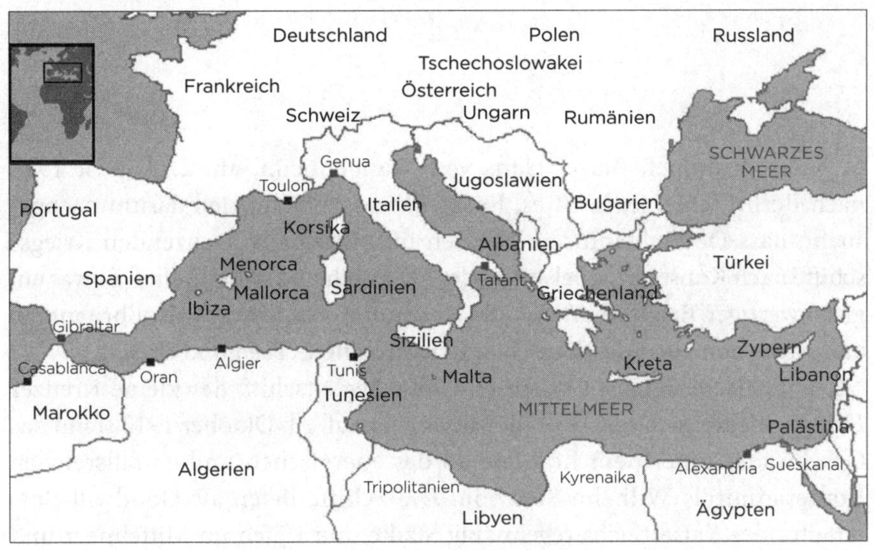

Schwarzes Meer und Mittelmeer. Karte von Gordon Smith. www.naval-history.net

Bündnisvertrags war indes noch nicht klar, ob sich das Osmanische Reich am Krieg beteiligen würde.

Es lässt sich mit Fug und Recht sagen, dass Enver Pascha die treibende Kraft hinter der Allianz mit dem Kaiserreich war. Er unterzeichnete den geheimen Bündnisvertrag, ohne dass weite Teile seines Kabinetts davon wussten oder ihm den Auftrag dazu gegeben, geschweige denn ihre Zustimmung erteilt hatten. Enver Pascha werde »von einem quasi-napoleonischen Ideal bestimmt«, während »der Sultan, der Thronfolger, der Großwesir, Dschawid Bey, eine Mehrheit der Minister und eine beträchtliche Fraktion der Regierungspartei einen Krieg mit den Alliierten ablehnten«, schrieb der britische Botschafter an der Hohen Pforte, Sir Louis Mallet.[28] Enver war dickköpfig und kühn. Er ordnete an, dass die Armee sofort mobilmachen solle und dass das Südende der Dardanellen geschlossen und vermint werde. Nur eine kleine Durchfahrt an Bosporus und Dardanellen blieb geöffnet, auf dass verbündete Schiffe passieren konnten.[29] Die Regierung hatte immer noch zu verdauen, dass Großbritannien ihre beiden Schlachtschiffe konfisziert hatte, außerdem war man sich bewusst, dass Konstantinopel der russischen Schwarzmeerflotte praktisch hilflos ausgeliefert war, deshalb wurde noch ein Alternativvorschlag gemacht. In einer Depesche, die der deutsche Botschafter in Konstantinopel, Baron Hans von Wangenheim, am 2. August 1914 nach Berlin schickte, heißt es, Enver Pascha habe offiziell darum nachgesucht, dass Deutschland seine beiden im Mittelmeer kreuzenden Kriegsschiffe nach Konstantinopel entsende.[30] Deutschland willigte ein.[31] Es war ein gleichwertiger Ersatz: Statt *Sultan Osman* und *Resadiye* aus Großbritannien hatte man nun eben die deutschen Kriegsschiffe *Goeben* und *Breslau.*

Der Schlachtkreuzer *Goeben* und sein Begleitschiff, der kleine Kreuzer *Breslau,* hielten sich seit 1912 im Mittelmeer auf. Ab Oktober 1913 stand das Geschwader unter dem Kommando des energischen und einfallsreichen Konteradmirals Wilhelm Souchon. Die Schiffe liefen als Goodwill-Botschafter des Kaiserreichs regelmäßig Städte und Häfen im Mittelmeer und der Ägäis an, darunter auch Konstantinopel. Die Royal Navy behielt die deutschen Kriegsschiffe stets im Auge und informierte die Admiralität in London laufend über ihren Aufenthaltsort.

Die *Goeben* war 1912 in Dienst gestellt worden. Der mächtige und beeindruckende Schlachtkreuzer war mit 22 640 Tonnen Verdrängung etwas kleiner als ein Schlachtschiff. Bewaffnet war er unter anderem mit zehn 28-Zentimeter-Geschützen. Die *Breslau* war mit 4570 Tonnen Verdrängung deutlich kleiner und besaß auch nur 10,5-Zentimeter-Geschütze. Die *Goeben* sollte theoretisch 26 oder sogar 27 Knoten erreichen können, hatte aber immer wieder mit Problemen zu kämpfen. Kesselfehler sorgten dafür, dass sie den Juli im Dock von Pola (heute: Pula) verbrachte, dem österreichischen Marinestützpunkt am Nordende der Adria. Bei Kriegsausbruch war der Austausch der Kessel noch nicht abgeschlossen, aber obwohl das Schiff nur eine Höchstgeschwindigkeit von 18 Knoten schaffte, stach die *Goeben* in See.[32] Dieser Punkt sollte später eine wichtige Rolle spielen.

Bei Kriegsausbruch erhielten die *Goeben* und die *Breslau* Order, vor der algerischen Küste zu kreuzen. Sie sollten dort verhindern, dass das 19. französische Korps nach Marseille verschifft wurde, von wo aus es weiter an die Westfront verlegt würde.[33] Keine leichte Aufgabe. Die beiden einzigen deutschen Kriegsschiffe waren auf sich gestellt, denn die Flotte Österreich-Ungarns blieb im Hafen. Ihnen standen insgesamt 73 britische und französische Kriegsschiffe gegenüber. Frankreich verfügte über 16 Schlachtschiffe (darunter ein modernes Dreadnought), 6 Panzerkreuzer und 24 Zerstörer.

Die britische Mittelmeerflotte hatte ihren Stützpunkt auf Malta, sie umfasste 3 Schlachtkreuzer, 4 Panzerkreuzer, 4 leichte Kreuzer und 16 Zerstörer.[34] Die 3 Schlachtkreuzer hatten eine Verdrängung von 18 000 Tonnen, liefen bis zu 23 Knoten und waren mit jeweils acht 30-Zentimeter-Geschützen ausgerüstet. Es war, als ob David gegen Goliaths Armee kämpfen musste – auf der einen Seite 2 Kriegsschiffe, das eine davon angeschlagen, auf der anderen Seite eine ganze Armada.

Die britische Flotte war in zwei Geschwader aufgeteilt. Das erste Geschwader unterstand Admiral Sir Archibald Berkeley Milne und bestand aus den 3 mächtigen Schlachtkreuzern. Zum zweiten Geschwader gehörten 8 kleinere Kreuzer und 16 Zerstörer. Diese Gruppe wurde von Konteradmiral Sir Ernest Troubridge befehligt. Admiral Milne, der Oberkommandierende der Mittelmeerflotte, war ein »Offizier geringeren Kalibers, dem es vollständig an Tatkraft und Einbildungskraft mangelte« und dessen Benennung vor allem auf »Einfluss am Hofe« zurückzuführen war.[35] Milne hatte zuvor als Flaggoffizier der königlich-britischen Yachten gedient, war eng mit der königlichen Familie befreundet und ehemaliger Unterkammerherr von König Eduard VII. Als Churchill ihn auf den Posten im Mittelmeer beförderte, kochte der Erste Seelord Admiral John Fisher vor Wut: Milne sei als Kommandeur »komplett nutzlos« und eine »Schlange der übelsten Sorte«.[36] Diente er als Vorbild für alle, die in Gallipoli etwas zu sagen hatten?

Die Geschichte, wie *Goeben* und *Breslau* in wilder Fahrt durch das Mittelmeer jagten und sich schließlich in die Sicherheit der Dardanellen retten konnten, zählt zu den Legenden des Ersten Weltkriegs. Dass die deutschen Schiffe fliehen konnten, war erstaunlich, und die Auswirkungen waren enorm. Glaubt man Mainstream-Historikern, war es aus deutscher Sicht ein Segen, geradezu ein Wunder – für die Briten dagegen stellte es eine peinliche Blamage dar. Es sei »ein Fluch«, tobte Churchill.[37] Die Wahrheit sieht ein wenig anders aus: Das britische Foreign Office und die Admiralität wussten stets genau, wo im Mittelmeer sich die deutschen Kriegsschiffe aufhielten und – wichtiger noch – wohin sie unterwegs waren. Die Geheime Elite hatte gar nicht vor, die *Goeben* und die *Breslau* zu zerstören, sorgte vielmehr für den Schutz des deutschen Geschwaders und dafür, dass die Schiffe sicher in Konstantinopel ankamen. Hätte der Geheimbund wirklich die Absicht gehabt, die deutschen Kreuzer aus dem Spiel zu nehmen, hätten weder die *Goeben* noch die *Breslau* überlebt.

Am 4. August 1914 gegen 6 Uhr früh beschossen die deutschen Kreuzer die für die Einschiffung der französischen Truppen vorgesehenen Häfen an der algerischen Küste. Anschließend machten sie sich wie befohlen auf die knapp 2000 Kilometer lange Flucht quer durch das Mittelmeer und die Ägäis. Jede Gelegenheit der Royal Navy, die deutschen Schiffe zu stellen und zu versenken, verstrich ungenutzt. Es war eine Reihe unglaublicher Fehler und Versäumnisse, die später auf Inkompetenz zurückgeführt wurden. Die Pulitzer-Preisträgerin Barbara Tuchman schreibt: »Keine andere Heldentat des Kriegs warf einen derart langen Schatten auf die Welt wie die Reise, die ihrem Kommandeur während der nächsten 7 Tage gelang.«[38] Admiral Souchon mochte ein erfahrener Seemann gewesen sein, aber aus dem Griff der Briten hätte er sich niemals befreien können, hätten sich nicht Mächte, von denen er nichts ahnte, eingemischt und ihm geholfen.

Betrachten wir die Fakten: Souchons Auftrag lautete, die französischen Truppentransporter, die zwischen der nordafrikanischen und der französischen Küste pendelten, anzugreifen und zu zerstören. Indem man die Hafenanlagen von Bône und Phillippeville in Französisch-Algerien beschoss, signalisierten die deutschen Schiffe überdeutlich ihre Präsenz. Dennoch machte sich die französische Marine nicht an die Verfolgung. Völlig unbehelligt durch die französische Flotte, die auf dem Weg südwärts von Toulon war und mit hoher Geschwindigkeit herankam, fuhren die *Goeben* und die *Breslau* ostwärts Richtung Messina. Es drängt sich die Frage auf: Warum wurden die deutschen Kreuzer, die einzige im Mittelmeerraum verbliebene Gefahr für die französischen Truppentransporter, nicht vernichtet?

Admiral Souchon wird zweifelsohne verblüfft gewesen sein, als auf dem Weg Richtung Osten niemand seine Kreuzer angriff, aber um 9:30 Uhr morgens am Horizont zwei Schlachtkreuzer der Briten auftauchten. Sie hielten mit Volldampf auf ihn zu! Es handelte sich um die *Indefatigable* und die *Indomitable,* die die ganze Nacht westwärts unterwegs gewesen waren, um die deutschen Kriegsschiffe abzufangen. Vor Bône stellte man sie. Die genauen Koordinaten gingen unmittelbar per Telegramm an die Admiralität in London, doch es fehlte ein entscheidendes Detail, nämlich die Richtung, in der die deutschen Kreuzer unterwegs waren. Angeblich nahm Churchill daraufhin an, »dass sie auf Kurs West waren, voller weiterer böser Absichten gegenüber den Franzosen«.[39] Absoluter Unfug. Churchill und die Admiralität wussten nur zu gut, dass die Deutschen Richtung Osten fuhren, um sich nach Konstantinopel zu retten.

Was auch immer die britische Marine nun unternahm, es schien nur einem Zweck zu dienen – die *Goeben* und die *Breslau* in Richtung Dardanellen zu treiben. Die *Indomitable* und die *Indefatigable* hatten ihre »Beute« ausgemacht, eröffneten das Feuer aber nicht. Churchill hatte an alle britischen Kriegsschiffe eine Warnung telegrafiert: »Das britische Ultimatum an Deutschland wird um 24 Uhr GMT des 4. August ablaufen.[40] Vor dieser Stunde sollten keine kriegerischen Handlungen durchgeführt werden …«[41] Und so kam es, dass die *Indomitable* und die *Indefatigable* dicht an der *Goeben* und der *Breslau* vorbeifuhren und die Admirale sich gegenseitig von der Brücke aus beäugen konnten.[42] Die britischen Kreuzer wendeten und hängten sich an die deutschen Schiffe. Später stieß auch noch der leichte Kreuzer *HMS Dublin* hinzu. Wie wir wissen, hatte die *Goeben* schadhafte Öfen, insofern hätte es den drei britischen Schiffen ein Leichtes sein sollen, an dem deutschen Schlachtkreuzer dranzubleiben. London erinnerte Admiral Milne, den Oberkommandierenden der Mittelmeerflotte, daran, dass »die Geschwindigkeit Ihres Geschwaders ausreichend ist, um Sie den passenden Augenblick wählen zu lassen«, [43] und mit ihren 30-Zentimeter-Geschützen hätte die britische Kampfgruppe die Goeben versenken können.[44]

Den ganzen Tag über jagte das britische Rudel die *Goeben* vor sich her. Die mediterrane Mittagshitze ließ viele Heizer zusammenbrechen. Vier von ihnen starben, furchtbar zugerichtet von dem heißen Dampf, der aus schadhaften Leitungen schoss. Die *Goeben* fuhr um ihr Leben, und es besteht kein Zweifel, dass sie auf der Flucht vor diesem übermächtigen Gegner war. Als das Ultimatum ablief, wies Churchill die Admiralität an, alle Schiffe zu informieren: »Leiten Sie unverzüglich Feindseligkeiten gegenüber Deutschland ein …« Bevor dieser Befehl gegeben wurde, hatte sich allerdings der Abstand zwischen der *Goeben* und ihren Verfolgern schon so weit vergrößert, dass sie am Ende spurlos in der Nacht verschwand. Als offizielle Erklärung wurde später angegeben, die britischen Kriegsschiffe hätten den Kurs nicht mehr halten können, weil ihnen die Heizer ausgingen.[45] Was für ein Pech … und das ausgerechnet zu diesem Zeitpunkt!

Wider alle Erwartungen hatte es Admiral Souchon mit seinen Schiffen nach Messina im Nordosten Siziliens geschafft. Die neutralen Italiener gaben ihm 24 Stunden Zeit, Kohle aufzunehmen und den Hafen wieder zu verlassen. Ebenfalls im Hafen lagen – nach vorheriger Anweisung – deutsche Handelsschiffe. Ihnen wurde das Deck herausgerissen und die Reling entfernt, um das Brennmaterial möglichst schnell entladen zu können. Jedes Besatzungsmitglied musste mit anpacken. Am Mittag des 6. August waren 1500 Tonnen Kohle von Hand verladen worden. Männer fielen in der Sommerhitze vor Erschöpfung um, und »geschwärzte und schweißgetränkte Leiber lagen wie Leichname über das Schiff verteilt«.[46] 1500 Tonnen Kohle sollten ausreichen, um die Ägäis zu erreichen, wo ein weiteres Kohleschiff auf Souchon warten sollte. Der Treffpunkt war über die griechische Regierung organisiert worden.

Solange die *Goeben* und die *Breslau* in Messina lagen, wäre es für Admiral Milne vergleichsweise einfach gewesen, ihnen den Weg abzuschneiden. Ihm stand eine große Flotte zur Verfügung, darunter drei Schlachtkreuzer und die vier Panzerkreuzer aus dem Geschwader von Admiral Troubridge, dazu vier leichte Kreuzer und sechzehn Zerstörer. Souchon wusste, seine Schiffe waren in Messina leichte Beute. Die große britische Flotte konnte entweder heranrauschen und sie zur Kapitulation zwingen, oder sie konnte warten, bis die deutschen Schiffe ausliefen, und sie dann auf See vernichten. In dem engen Kanal zwischen Sizilien und dem Zeh des italienischen Stiefels blieb nur eine schmale Ausfahrt nordwärts in Richtung westliches Mittelmeer und eine schmale Ausfahrt Richtung Osten. Am 5. August baten die deutschen Behörden ihre Verbündeten in Österreich-Ungarn, ihre Flotte in Marsch zu setzen. Sie solle ihren Stützpunkt in der Adria verlassen und südwärts fahren, um den deutschen Schiffen die Flucht aus der Straße von Messina zu ermöglichen. Aber der Oberbefehlshaber der K.-und-K.-Kriegsmarine, Admiral Anton Haus, lehnte ab. Die Mobilmachung seiner Flotte sei noch nicht abgeschlossen, erklärte er. Außerdem habe ihn das Außenministerium angewiesen, die Flotten der Briten und Franzosen zu vermeiden, deshalb blieb er im Hafen.[47] Tatsächlich wäre es ein waghalsiges Unterfangen gewesen, denn

Österreich-Ungarn befand sich zu diesem Zeitpunkt noch nicht im Krieg mit Großbritannien.[48]

Die britischen Kriegsschiffe hingegen hatten ganz klare Anweisungen: Sie hatten außerhalb der neutralen italienischen Gewässer zu bleiben und durften sich der italienischen Küste nicht auf weniger als 6 Meilen nähern. Das ist schon merkwürdig. In Messina lagen die deutschen Kriegsschiffe, um Kohle aufzunehmen. Rein formal verstieß Souchon damit gegen die italienische Neutralität, weil er sich zu diesem Zweck innerhalb italienischer Gewässer aufhielt, aber wir sollen glauben, dass der kampflustige, blutrünstige Churchill auf einmal vor diplomatischen Nettigkeiten kuschte?

Nachdem er seinen Männern 5 Stunden Ruhe gegönnt hatte, befahl der deutsche Admiral, die Kessel anzuwerfen. Um 17 Uhr brach er auf zum Spießrutenlauf, wohlwissend, welch übermächtiger Gegner auf ihn wartete. Den ganzen Tag über hatten aufgeregte Sizilianer die Kaianlagen bevölkert und den »Todgeweihten« Postkarten und Souvenirs verkauft. Die örtlichen Tageszeitungen brachten Sonderausgaben mit der Überschrift »In den Klauen des Todes«.[49] Erfüllt von dem Gefühl, ihr letztes Stündlein habe geschlagen, fuhren die *Goeben* und die *Breslau* in den Ostarm der Straße von Messina ein. Aber wo war die britische Flotte? Gesunder Menschenverstand diktierte, dass Milne an beiden Ausgängen der Straße von Messina ausreichend Kriegsschiffe postieren würde, um einen Ausbruch der Deutschen zu verhindern. Unglaublicherweise hatte er jedoch nur einen einzigen leichten Kreuzer abgestellt, um den östlichen Fluchtweg zu blockieren – die Route also, von der die Admiralität wusste, dass der Gegner sie auf dem Weg nach Konstantinopel nehmen würde! Milne war nicht ausreichend ins Bild gesetzt worden. Sein Schlachtkreuzergeschwader stand westlich von Sizilien und konnte deshalb auch nicht verhindern, dass sich Souchon Richtung Osten absetzte. Unterdessen lag Admiral Troubridge mit seinen vier Panzerkreuzern rund 150 Meilen entfernt vor Kephalonia, um die *Goeben* daran zu hindern, in die Adria vorzustoßen.

Die *HMS Gloucester* beobachtete die deutschen Kreuzer beim Verlassen der Straße von Messina, und Kapitän Howard Kelly informierte Milne sofort per Telegramm. Mit gerade einmal 4800 Tonnen und zwei 15,2-Zentimeter-Geschützen war der leichte Kreuzer *Gloucester* der mächtigen *Goeben* deutlich unterlegen, deshalb konnte er nur versuchen, nicht zu Schaden zu kommen. Souchon schlug zunächst einen Kurs nordwärts Richtung Adria ein, aber nach Einbruch der Dunkelheit setzte er einen neuen Kurs – ostwärts, Richtung Ägäis. Troubridge und seine vier Kreuzer machten sich von Kephalonia auf den Weg südwärts, um die *Goeben* abzufangen, aber schon kurz darauf drehten sie wieder um. Churchill hatte ihn angewiesen, es nicht mit einem »überlegenen Gegner« aufzunehmen – er schätzte die Goeben also stärker ein als die vier Panzerkreuzer und die sie begleitenden acht Zerstörer.[50] Der Fuchs war aus dem Bau geschlüpft und unaufhaltsam in Richtung Dardanellen und Konstantinopel gedrängt worden.

Jedes neue Kapitel in der unglaublichen Scharade, die die »Flucht« der *Goeben* und *Breslau* darstellt, ist schwieriger zu glauben als das vorherige. Zwei großen Geschwadern der mächtigen Royal Navy gelang es nicht, ein Paar deutsche Kreuzer zu stellen? Es wurde als Fiasko und Anhäufung tragischer Patzer verbucht, zurückzuführen auf das »lustlose und unbeholfene« Auftreten von Sir Ernest Troubridge und Sir Archibald Berkeley Milne.[51] Mit Ausnahme des kühnen Kapitän Kelly der *HMS Gloucester* habe sich jeder britische Marinekommandant im Mittelmeer bei der Flucht der deutschen Schiffe als inkompetent erwiesen, urteilte der Oxford-Historiker Sir Hew Strachan.[52] Der Fall liegt also ganz klar – das sensationelle Entkommen der *Goeben* nach Konstantinopel hat einzig mit der himmelschreienden Inkompetenz der Briten zu tun … und natürlich mit dem Ausfall einiger Heizer, das wollen wir nicht unterschlagen. Niemandem schien in den Sinn gekommen zu sein, wie ungemein passend es doch war, dass die deutschen Schiffe entkommen konnten. Nun würden sie die beschlagnahmten osmanischen Kriegsschiffe ersetzen und Konstantinopel vor den Russen schützen können. In Wahrheit war die »Flucht« ein Meisterstück britischer Manipulation, die nur dazu diente, die wirklichen Eigeninteressen zu schützen.

Die wahre Geschichte von der Flucht der *Goeben* unterscheidet sich dramatisch von dem, was uns der Mainstream präsentiert. Historiker erklären schlicht, Churchill und die britische Regierung hätten nichts von der Geheimvereinbarung gewusst, die das Osmanische Reich und Deutschland am 2. August unterzeichnet hatten, und sie hätten auch keine Ahnung gehabt, dass sich die deutschen Kriegsschiffe nach Konstantinopel absetzen wollten.

Offenbar zog niemand die Möglichkeit in Betracht, dass die *Goeben* und die *Breslau* in einer politischen Mission unterwegs sein könnten, die den Verlauf des Kriegs stark beeinflussen und verlängern würden.[53] Tatsächlich jedoch fing der britische Aufklärungsdienst bereits seit Längerem Botschaften zwischen der deutschen Botschaft an der Hohen Pforte und Berlin ab. Es ist schon erstaunlich: Das Abkommen zwischen Osmanischem Reich und Kaiserreich wurde vor weiten Teilen des osmanischen Kabinetts geheim gehalten, aber die Geheimdienste in Großbritannien und Frankreich wussten praktisch unmittelbar nach Vertragsabschluss davon.[54]

Am 3. August informierte Kaiser Wilhelm II. den griechischen König Konstantin I. per Telegramm darüber, dass sich die Osmanen auf die Seite der Deutschen geschlagen hätten und dass die beiden deutschen Kriegsschiffe auf dem Weg nach Konstantinopel seien. Elephtherios Venizelos, der stark probritisch eingestellte griechische Ministerpräsident, gab diese Information an den britischen Geschäftsträger weiter, der die Information wiederum nach London kabelte.[55] Und falls noch immer jemand bezweifeln sollte, dass die Behörden in Großbritannien von Anfang an wussten, wohin die *Goeben* und die *Breslau* unterwegs waren: König Konstantin teilte sein Wissen mit Admiral Kerr von der britischen Marinemission in Athen.[56] Noch bevor Großbritannien Deutschland den Krieg erklärte, wussten in London also die wichtigsten Vertreter von Außenministerium und Marineministerium, welche Befehle Admiral Souchon hatte.

Tatsächlich ist es denkbar, dass Berlins Pläne in London bekannt waren, noch bevor Admiral Souchon sie auf dem Tisch hatte. Unterlagen des Public Records Office zeigen, dass der britische Marineaufklärungsdienst die verschlüsselte Funkmeldung entschlüsseln konnte, die am 4. August von Berlin an Souchon ging. Der Befehl war kurz und knapp: »Bündnis mit Türkei abgeschlossen, *Goeben* und *Breslau* sofort nach Konstantinopel in Marsch setzen.« Die Meldung, die am 3. August aus Griechenland kam, wurde bereits einen Tag später durch die entschlüsselte Funkbotschaft bestätigt. London wusste, dass Souchon Order hatte, unmittelbar in Richtung Dardanellen zu steuern.[57] Es gibt keinen Spielraum für Zweifel in dieser Angelegenheit.

Es gab noch eine weitere Quelle, die ständig überwachte, was in Konstantinopel und um Konstantinopel herum geschah. Was Russland 1914 an

Informationen aus dem Osmanischen Reich erhielt, war von durchweg guter Qualität und allemal besser als die Erkenntnisse der Briten oder Franzosen. Während Souchon durch das Mittelmeer hetzte, »wussten die Russen ganz genau, wohin er unterwegs war und warum«.[58] Russlands Außenminister Sasonow verfügte über Informanten im osmanischen Kabinett, und auch der russische Botschafter in Konstantinopel, Michail Girs, war bestens informiert.[59] Sollten die *Goeben* und die *Breslau* Konstantinopel unbehelligt erreichen, hätte das ausgesprochen negative Folgen für die Russen. Doch selbst aufhalten konnte Russland die deutschen Kriegsschiffe nicht, dafür fehlten geeignete Schiffe im Mittelmeer. Insofern ist es unvorstellbar, dass das russische Außenministerium nicht unverzüglich alle Informationen über das deutsche Geschwader an den britischen Nachrichtendienst weiterreichte. Tatsächlich kontaktierte Sasonow Sir Edward Grey im Außenministerium und forderte, dass die deutschen Kreuzer versenkt werden. Und hier lag der Kern des Problems: Um seine imperialen Träume ausleben zu können, musste Russland dafür sorgen, dass die Bedrohung sofort entfernt wurde. Doch um Großbritanniens eigene geopolitische Strategie weiter verfolgen zu können, musste die Geheime Elite dafür sorgen, dass die *Goeben* und die *Breslau* sicher ihr Ziel erreichten.

Die wichtige Information, wohin Souchon unterwegs war, wurde den Geschwadern der Royal Navy im Mittelmeer vorenthalten. Was sie an Informationen aus London erhielten, war »entweder nutzlos oder nicht zutreffend«.[60] Konteradmiral Milne ging offenbar davon aus, dass Souchon nach dem Bekohlen in Messina wieder Richtung Westen aufbrechen werde. War der Grund für diese Annahme, dass ihm London falsche Informationen hatte zukommen lassen, oder gehörte Milne zu den Verschwörern, die den deutschen Schiffen die Flucht ermöglichen wollten? Beide Varianten würden einige der merkwürdigen Ereignisse in dieser ungewöhnlichen Geschichte erklären. War Milne voll und ganz im Bilde, würde das erklären, wie die drei Kreuzer, die die von defekten Öfen geplagte *Goeben* verfolgten, nur wenige Stunden vor der offiziellen Kriegserklärung ihre Beute »verlieren« konnten. Es würde erklären, warum er das Kreuzergeschwader im Westen Siziliens und vor der Insel Kephalonia postierte und warum er nur ein einziges, der Aufgabe überhaupt nicht gewachsenes Kriegsschiff entlang

Souchons Fluchtroute Richtung Konstantinopel platzierte. Klarer hätte Milne seine Botschaft an Souchon wohl selbst dann nicht übermitteln können, wenn er ihm per Flaggensignal mitgeteilt hätte: »Wir verhindern eure Flucht in die Dardanellen nicht!«

Betrachten wir noch einmal die geografische Position der Jäger und der Gejagten: Die Deutschen wurden daran gehindert, westwärts ins Mittelmeer oder nordwärts in die Adria zu fliehen. Eine logische Schlussfolgerung dieser Taktik lautet, dass Souchon absichtlich in Richtung Konstantinopel gedrängt wurde. Die These, dass Admiral Milne Teil der Verschwörung war, mag auf den ersten Blick hanebüchen erscheinen, ist es aber nicht. Er war ein Liebling des britischen Königshauses und stand König Eduard VII. sehr nahe, einem Mann also, der seinerseits wiederum sehr mit dem innersten Kreis der Geheimen Elite verbunden war.[61]

Als die *Goeben* und die *Breslau* Messina am 6. August verließen, gab es noch ein Haar in der Suppe: Kapitän Howard Kelly auf der *HMS Gloucester*. Die *Goeben* war seinem Schiff deutlich überlegen, trotzdem hängte sich Kelly hartnäckig an die Fersen der deutschen Kreuzer. Milne wies Kelly an, die Verfolgung abzubrechen. Warum? Geschah das wirklich zum Schutz der *Gloucester*, oder wollte der Admiral schlicht gewährleisten, dass die deutschen Schiffe in die Sicherheit des östlichen Mittelmeers entschwinden konnten? Ganz gleich, wie die Antwort lautete: Kelly setzte sich über die Anweisungen des Admirals hinweg und setzte die Verfolgung fort. Souchon sah sich gezwungen, der *Breslau* zu befehligen, zu wenden und den leichten britischen Kreuzer zu vertreiben, aber trotzig eröffnete die *Gloucester* das Feuer. Letztlich waren alle drei Kriegsschiffe an dem Kampf beteiligt, und erst am späten Nachmittag, als die *Goeben* in die Ägäis einfuhr, gab der furchtlose Kelly endlich klein bei. Am Ende des Tages war er der einzige britische Offizier, der überhaupt etwas vorzuweisen hatte. Interessanterweise wurde Kelly wegen seiner Befehlsverweigerung nicht vor das Kriegsgericht gestellt, ganz im Gegenteil: Der König ernannte ihn zum Companion des Bathordens, und Kelly machte innerhalb der Marine eine glänzende Karriere.

Am frühen 7. August setzte Admiral Milne die Admiralität in Kenntnis, dass seine drei Schlachtkreuzer den deutschen Schiffen ins östliche Mittelmeer folgen würden, sobald sein Geschwader in Malta Kohle aufgenommen hatte. Er bekam keine Antwort. Die Admiralität kannte sämtliche Einzelheiten zum Aufenthaltsort der *Goeben* und ihren Plänen, dennoch blieb Milne diesbezüglich angeblich »vollständig ohne jedwede Information«. Nachmittags um 17:40 Uhr erhielt die Admiralität noch einmal eine Meldung von Milne, in der er seine Absichten wiederholte. Von hier an wird die ganze Angelegenheit noch undurchsichtiger. Aus der Akte der Admiralität zu diesem Schriftwechsel sind »bedauerlicherweise Beweise verschwunden«.[62] Es gab zwei Berichte aus unterschiedlichen, zuverlässigen Quellen, wonach die *Goeben* vor der Ägäis-Insel Syra gesehen wurde und sie dort formal um die Erlaubnis nachgesucht hatte, Kohle aufzunehmen, dennoch wurden diese beiden Berichte kommentarlos abgeheftet, ohne dass die Informationen an Milne weitergegeben wurden. Dieser erhielt nur einen einzigen Bericht, und zwar am 7. August, wonach die *Goeben* Kap Matapan passiert hatte – eine Information, die er selbst zuvor nach London geschickt hatte.[63]

Admiral Souchon hielt sich schätzungsweise 60 Stunden in der griechischen Inselgruppe auf – verzweifelt auf seine Kohle sowie auf die Erlaubnis wartend, in die Meerenge einfahren zu können. Während dieser Zeit hätte »die britische Mittelmeerflotte mehr als ausreichend Gelegenheit gehabt, all ihre früheren Fehler wiedergutzumachen und die Beute einzuholen«.[64] Und damit wären wir auch schon beim nächsten Rätsel. Nachdem er aus Messina hatte entkommen können, bat Souchon nämlich die griechische Regierung, in der Ägäis die dringend benötigte Kohle aufnehmen zu dürfen. Hätte Athen ihm die Erlaubnis verweigert oder die Antwort so lange hinausgezögert, dass die britischen Geschwader die deutschen Schiffe hätten einholen können, wäre die Flucht des Geschwaders vermutlich an diesem Ort beendet gewesen. Stattdessen »willigte Ministerpräsident Venizelos unverzüglich ein«, 800 Tonnen Kohle aus den Beständen an deutscher Kohle freizugeben, die man im Hafen von Piräus konfisziert hatte. Der unerschütterlich probritische Venizelos, ein Freund von Lloyd George, habe schlichtweg »aus dem Wunsch heraus gehandelt, allen Seiten gegenüber fair zu sein«, hieß es später beim britischen Außenministerium.[65] Was für ein Unsinn. Der britische Nachrichtendienst wusste längst, wohin Souchon unterwegs war und dass er Kohle benötigen würde, um Konstantinopel zu erreichen. Die Briten öffneten ihm die Türen und sorgten dafür, dass er seinen Brennstoff bekam, damit die deutschen Schiffe ihre Reise vergleichsweise sicher fortsetzen konnten. Vor allem aber verheimlichten sie all das vor den Russen.

Venizelos hatte Konteradmiral Mark Kerr in Athen unverzüglich informiert, dass sich die *Goeben* in den kommenden Tagen bei Denusa mit einem Kohleschiff treffen würde. Kerr, ein unbeirrbarer britischer Patriot, war von Großbritannien abgestellt worden, die griechische Kriegsmarine zu führen. Und wir sollen glauben, dass er die Informationen über den Aufenthaltsort der *Goeben* nicht nach London weitergegeben hat? Betrachten wir die Situation aus einem anderem Winkel: Genauso wie die Admiralität wusste Kerr, dass die deutschen Schiffe Befehl hatten, Konstantinopel anzulaufen. König Konstantin höchstpersönlich hatte ihm das Telegramm gezeigt, das er am 3. August vom deutschen Kaiser erhalten hatte.[66] Es ist unrealistisch, dass er dieses Wissen für sich behielt oder zu lang wartete, bevor er schließlich das Marineministerium in Kenntnis setzte. Das Ganze war, wie auch die anschließenden Schuldzuweisungen, ein Ablenkungsmanöver, mit dem verhindert werden sollte, dass der Blick auf Admiralität und Außenministerium gerichtet blieb. Vor allem durften die Russen unter keinen Umständen erfahren, wie tief die Briten in dieses Falschspiel verwickelt waren.

Während Souchon also in der Ägäis feststeckte und auf Kohle wartete, waren Admiral Milne, seine drei Schlachtkreuzer und ein leichter Kreuzer ostwärts in Richtung Ägäis unterwegs – auf einem Kurs, der sie zu den deutschen Schiffen führen würde. Doch unterwegs erhielt er eine Warnung aus London: Österreich-Ungarn hatte Großbritannien den Krieg erklärt. Gemäß lange festgelegter ausdrücklicher Anweisungen schlug Milne Nordkurs Richtung Adria ein, um die österreichische Flotte am Auslaufen zu hindern. Später wurde er informiert, dass der Bericht falsch gewesen sei. Also kehrte er auf Ostkurs zurück, aber die Ablenkung hatte ihn 24 Stunden gekostet. Das erlaubte es Historikern zu schreiben, dass Souchon »durchaus hätte aufgespürt und vernichtet werden können, hätte die Admiralität Milne nicht am 8. August den fälschlichen Bericht geschickt …«[67] Winston Churchill zufolge war die Fehlinformation auf einen schlichten Irrtum zurückzuführen: »Das Schicksal bewog einen schuldlosen, übertrieben korrekten Schreiber der Admiralität dazu, Österreich den Krieg zu erklären.«[68] Was für eine verhängnisvolle Fügung des Schicksals. Ein »schuldloser« Schreiber übermittelte Milne und auch nur dem Admiral eine fehlerhafte Nachricht, nach der Großbritannien sich nunmehr im Krieg mit Österreich-Ungarn befände? Und das führte dazu, dass sofort Geheimbefehle in Kraft traten, die nicht nur den Kurs von Admiral Milnes Geschwader änderten, sondern auch den Verlauf der Geschichte. Sind Sie gewillt, das zu schlucken? Die Russen waren es erstaunlicherweise.

Wider alle Wahrscheinlichkeit und dank des Eingreifens der Geheimen Elite fuhren die *Goeben* und die *Breslau* am 10. August um 17 Uhr in die Dardanellen ein und erreichten am nächsten Tag unbeschadet Konstantinopel. Der All-Souls- und Oxford-Historiker Charles Crutwell schreibt, sie hätten »ein schwereres Schicksal als jedes andere Schiff der modernen Geschichtsschreibung« getragen.[69] Allein durch ihr Erscheinen wurde die gesamte veraltete russische Schwarzmeerflotte aus dem Spiel genommen. Die Kriegsschiffe hätten im britischen Interesse gehandelt, da sie die Meerenge vor den Russen schützten, räumte später Sir Louis Mallet ein, der britische Botschafter beim Osmanischen Reich.[70] Russlands Außenminister Sergei Sasonow kochte vor Wut. In einem Telegramm an London tobte er, dass Souchons Erfolg vor allem deshalb bedauerlich sei, weil Großbritannien ihn hätte verhindern können.[71] Hätte er gewusst, dass die Briten die »Flucht« nicht nur nicht verhindert, sondern sie vorsätzlich erleichtert hatten, wäre es mit der russischen Beteiligung am Ersten Weltkrieg möglicherweise vorbei gewesen.

Der osmanische Botschafter in Berlin kabelte in die Heimat: »Bedenkt man, welches Missfallen und welche Komplikationen ein Angriff Russlands auf Konstantinopel in England auslösen würden, war es ein für das Foreign Office typischer machiavellistischer Schachzug, dass die Navy zuließ, dass die deutschen Schiffe im Marmarameer Zuflucht fanden und damit die Möglichkeit zunichtemachten, dass die russische Schwarzmeerflotte etwas unternimmt.«[72] Er traf den Nagel auf den Kopf.

Zusammenfassung

- Russland erklärte sich zur Beteiligung am Krieg vor allem aus einem Grund bereit: Die Russen gingen davon aus, dass man ihnen nach dem Sieg über Deutschland Konstantinopel, den Bosporus und einen eisfreien Hafen am Schwarzen Meer zuschlagen würde.
- Das Osmanische Reich war alt und schwach geworden. Großbritannien, Frankreich und Deutschland verfolgten dort jeweils eigene Interessen.
- 1908 führte eine Gruppe junger türkischer Armeeoffiziere – die Jungtürken – einen Umsturz durch, der zu einer stärker verfassungsorientierten Regierung führte. 1913 übernahmen die Jungtürken dann in einem brutalen Staatsstreich die vollständige Kontrolle über das Osmanische Reich.
- Armee, Marine und Polizei wurden modernisiert. Beauftragt wurden damit Briten, Deutsche und Franzosen.
- Die Jungtürken wollten Teil der Entente sein, doch ihre diesbezüglichen Bemühungen waren nicht von Erfolg gekrönt. Die Geheime Elite strebte langfristig eine Zerschlagung des Osmanischen Reichs an, und dazu war es nötig, dass Konstantinopel an der Seite Deutschlands den Krieg verlor.
- Willkürlich beschloss Großbritannien, zwei vom Osmanischen Reich georderte Schlachtschiffe zu beschlagnahmen. Die Entscheidung schockierte die Osmanen und begeisterte die Russen.
- Keine 24 Stunden später unterzeichneten die Osmanen einen Geheimpakt mit Deutschland. Dieser sah allerdings vor, dass das Osmanische Reich bei einem Krieg zwischen Großbritannien, Frankreich, Russland und Deutschland neutral bleiben würde.
- Zwar hatte die britische Admiralität das Osmanische Reich seiner Kampfkraft zu See beraubt, aber sie sorgte für gleichwertigen Ersatz. Der deutsche Schlachtkreuzer *Goeben* und sein kleineres Begleitschiff, die *Breslau,* wurden von der Royal Navy in die

Dardanellen gedrängt. Nachdem die Schiffe Konstantinopel erreicht hatten, traf die deutsche Regierung eine sehr clevere Entscheidung und schenkte die Schiffe der osmanischen Marine.

- Die Scharade im Mittelmeer diente letztlich einem anderen Zweck: Auf diese Weise sollte verhindert werden, dass die Russen nicht einfach in den ungeschützten Bosporus einfahren und sich Konstantinopel holen konnten.

Kapitel 7

Das osmanische Rätsel

Neutralität, solange sie zweckdienlich ist

Die *Goeben* und die *Breslau* hatten es also sicher nach Konstantinopel geschafft. Und niemandem schien es damals in den Sinn gekommen zu sein, dass die gesamte Flucht von britischem Außenministerium und Admiralität gesteuert worden sein könnte, um eine Eroberung Konstantinopels durch die Russen zu verhindern.[1] Doch genau das war der unmittelbare Effekt. Gleichzeitig zeigte sich, wie weit Enver Pascha seine Machtbefugnisse überschritt. Ohne sich mit dem Großwesir oder einem anderen Mitglied der Regierung abzustimmen, ließ er den spektakulären Einzug der deutschen Kriegsschiffe in den Bosporus zu.

Asylsuchende waren diese Kreuzer nicht, wie sie da im Goldenen Horn ankerten. Sie waren mächtige Verteidiger des Osmanischen Reichs, auch wenn das einige völkerrechtlich unbequeme Fragen aufwarf. Das Osmanische Reich war neutral (das mit Deutschland getroffene Geheimabkommen vom 2. August verpflichtete Konstantinopel nicht dazu, den Deutschen Hilfe zu leisten), aber wie konnte man als neutrale Partei deutschen Kriegsschiffen einen sicheren Hafen bieten? Wie bereits erwähnt, hatte Enver Pascha den deutschen Botschafter gebeten, die beiden Kreuzer durch die Dardanellen zu schicken, damit sie den Platz einnehmen könnten, der ursprünglich für die beiden

Dreadnoughts gedacht war, die Großbritannien so heimtückisch beschlagnahmt hatte.[2] Damit die osmanische Neutralität gewahrt blieb, wurden die Kriegsschiffe rasch in die Flotte des Sultans integriert.[3] Aus der berühmten *Goeben* und der berühmten *Breslau* wurden die *Sultan Jawus Selim* und die *Midilli*. Die deutsche Besatzung tauschte ihre dunkelblauen Mützen gegen rote Feze aus und hisste die osmanische Flagge, ansonsten änderte sich nichts. Es waren deutsche Schiffe, kommandiert von einem deutschen Admiral und bemannt von deutschen Seeleuten, die ihre Befehle aus Berlin erhielten.

In der Öffentlichkeit gab sich Churchill aufgebracht, denn der Vorfall ließ die Royal Navy in einem sehr schlechten Licht erscheinen. Die britische Flotte erhielt sofort den Auftrag, sich vor den Dardanellen zu postieren und die Meeresenge zu blockieren.[4] Laut Herbert Asquith habe Churchill eine Flottille Torpedoboote durch die Dardanellen schicken wollen, damit sie »die *Goeben* und ihre Begleitung versenken«[5], aber das waren nur leere Drohungen. Großbritannien verlangte, die deutschen Besatzungen von den Schiffen zu entfernen, doch »zögerte man, auf die Türken dahingehend Druck auszuüben, dass sie die deutschen Schiffe fortschicken«.[6] »Man zögerte«? Tatsächlich war das mehr als nur zögern. Nachdem sie sich dermaßen angestrengt hatten, die deutschen Kriegsschiffe in die Falle zu locken, hatten Winston Churchill und die Royal Navy nun ganz gewiss nicht die Absicht, sie gleich wieder von dort zu vertreiben.

Dass die deutschen Schiffe unbeschadet in Konstantinopel eingetroffen waren, hatte eine russische Invasion von See aus praktisch unmöglich gemacht.[7] Sasonow tobte und protestierte, während London versuchte, die Situation logisch zu erklären. Es sei doch besser, wenn die Schiffe als Teil der osmanischen Marine im Marmarameer unterwegs seien, als wenn sie deutsche Kriegsteilnehmer wären, oder? Die Geheime Elite hatte es geschafft, Russland von Konstantinopel fernzuhalten, nun stand sie vor der schwierigen Aufgabe, dafür zu sorgen, dass die Russen sich auf die Ostfront konzentrierten. Wie groß würde die Begeisterung der Russen für eine Fortsetzung des Kriegs wohl sein, wenn ihnen der Hauptpreis Konstantinopel vorenthalten blieb? Hier war Fingerspitzengefühl gefragt, eine perfekte Mischung aus Zusagen und Timing. Für diese Aufgabe hatte die Geheime Elite jemanden zur Hand, der dieses Spiel meisterhaft beherrschte – Sir Louis

Mallet, britischer Botschafter an der Hohen Pforte. Gleich zu Beginn des Kriegs hatte Mallet eine wichtige Aufgabe zu erfüllen: Er musste dafür sorgen, dass das Osmanische Reich so lange neutral blieb, wie es den Briten passte. Erst wenn es nicht mehr in die Pläne passte, würde man die Türken an der Seite der Deutschen in den Krieg stoßen.

Der türkische Minister Ahmed Djamal Pascha beschrieb Mallet als »ganz besonders feinen Menschen, durch und durch aufrichtig und sehr freundlich«.[13] Als er 1913 auf den Posten berufen wurde, war die Verwunderung in Diplomatenkreisen recht groß, denn Mallet war kein Hofdiplomat, er hatte seit 1907 die Abteilung Ost im Foreign Office geleitet, Außenminister Sir Edward Grey und dessen Staatssekretär Sir Arthur Nicolson vertrauten ihm voll und ganz. Mallet stand dem inneren Kreis der Geheimen Elite nahe und arbeitete jahrelang daran, die politischen Ziele Großbritanniens in Ägypten, Persien und Indien voranzutreiben. Er war mit den geopolitischen Besonderheiten des Nahen Ostens ebenso vertraut wie mit den Interessen und langfristigen Absichten Großbritanniens in der Region. Louis Mallet wurde zum Zeichen dafür nach Konstantinopel entsandt, dass die Briten Sympathien für die Sache der Jungtürken hegten. Dementsprechend wurde die Ernennung in Konstantinopel auch als freundschaftlicher Akt aufgenommen. Seine Rolle bestand darin, die Neutralität der Hohen Pforte zu gewährleisten, um dem Empire während der schwierigen ersten Kriegsmonate Zeit zu erkaufen. Was Doppelzüngigkeit anbelangte, sollten die Osmanen in Louis Mallet ihren Meister finden.

Im Sommer 1914 reiste Mallet aus dem Osmanischen Reich ab, und er war auch »im Urlaub«, als Enver Pascha am 2. August das geheime Bündnis mit dem Kaiserreich unterzeichnete. Es ist schwer vorstellbar, dass die Mainstream-Historiker mit ihrer These Recht haben, Mallet sei einfach in die Ferien gefahren, während sich gleichzeitig eine internationale Krise von beispiellosem Format zusammenbraute. Das Foreign Office und die Admiralität entschieden über das Schicksal der osmanischen Dreadnoughts, Sasonow und die Russen forderten lautstark, dass man den Türken diese mächtigen Schlachtschiffe vorenthalten müsse, die *Goeben* und die *Breslau* flohen erfolgreich – und in all dies soll der britische Botschafter nicht zutiefst involviert gewesen sein, soll keine Ratschläge gegeben und keine

Empfehlungen ausgesprochen haben? Mallet war einer der größten Kenner, die das Empire zum Thema Osmanisches Reich besaß, aber wir sollen akzeptieren, dass er im Urlaub und demzufolge auch nicht involviert war? Seine Abwesenheit war die perfekte Entschuldigung, ihn bei allem, was sich gerade zutrug, aus der Schusslinie zu nehmen. Und so war er eben auch nicht vor Ort, als die türkischen Kriegsschiffe konfisziert wurden – was für eine glückliche Fügung.

Als es darum ging, die aufgebrachten Osmanen zu besänftigen, wurde Mallet zum Dreh- und Angelpunkt der Charmeoffensive. Am 16. August kehrte er nach Konstantinopel zurück, in der Tasche Versprechungen, die finanziellen Verluste voll und ganz wett zu machen, die durch den Wegfall der Dreadnoughts entstanden waren. Parallel dazu verfocht er entschieden die Meinung, für alle sei es am besten, wenn das Osmanische Reich neutral bliebe. Asquith brachte am 19. August seine Zufriedenheit zum Ausdruck: »Zum Glück ist Louis Mallet wieder in Konstantinopel«, und die Beziehungen »werden sich weiter verbessern, wenn wir ihnen anbieten, ihnen die beiden beschlagnahmten Schlachtschiffe nach Beendigung des Krieges zurückzugeben«.[9] Das Außenministerium hatte nur eine einzige Bedingung: Die deutschen Seeleute sollten nach Hause geschickt werden. In London wusste man sehr wohl, dass das niemals geschehen würde. Es lohnt sich, hier noch einmal genau darauf zu achten, was zwischen den Zeilen zu lesen ist. Großbritannien fordert das Osmanische Reich nicht auf, die deutschen Kriegsschiffe aufzugeben oder wenigstens zu versprechen, sie nicht einzusetzen. »Behaltet die Kriegsschiffe, verteidigt mit ihnen Konstantinopel, aber die Deutschen müssen weg.« Es war wohl ganz gut, dass Sasonow die Schreiben von Asquith nicht zu sehen bekam.

Lange bevor Mallet an die Hohe Pforte zurückkehrte, wussten er und das britische Außenministerium Bescheid über das »geheime« Abkommen zwischen den Osmanen und den Deutschen. Von seiner Residenz in Therapia aus konnte der britische Botschafter Tag für Tag mitverfolgen, wie die *Goeben* und die *Breslau* alle paar Tage kampfbereit vorbeidampften.[10] Er wusste ganz genau, was sich hinter den Kulissen abspielte, doch er tat ahnungslos. Weder Mallet noch die Londoner Verschwörer ließen sich von sanften Worten oder vagen Versprechungen aus dem Konzept bringen, aber sie spielten ein Spiel der Doppelzüngigkeit mit der Absicht, den Kriegseintritt des Osmanischen Reichs so lange wie möglich hinauszuzögern.

Zwei Ziele standen dabei an allererster Stelle: Erstens sollte sich Russland weiterhin am Krieg beteiligen. Zweitens sollte die muslimische Welt weiter auf der Seite der Briten stehen. In Indien und Arabien sollte allen klar sein, dass die Heiligen Stätten geschützt würden, sollte es zum Krieg mit dem Osmanischen Reich kommen. Seit 1517 galt der osmanische Sultan als Kalif, als religiöser und politischer Nachfolger des Propheten Mohammed. Der Kalif wurde als Anführer der weltweiten muslimischen Gemeinschaft betrachtet und als Verteidiger der heiligen Städte Mekka und Medina. Sollten die Briten gegen die einzige wichtige islamische Macht ins Feld ziehen, würden ihnen die Muslime das möglicherweise noch verzeihen. Was sie aber nicht verzeihen würden, wäre eine Störung der Pilgerreisen zu den Heiligen Stätten Arabiens.[11]

Es waren die frühen Tage in diesem Krieg, den die Geheime Elite vom Zaun gebrochen hatte, und Foreign Office und Kriegsministerium mussten dafür sorgen, dass man bei einem Kriegseintritt der Osmanen auf religiöse Aufstände eingestellt war. Kitchener und Premier Asquith waren sich einig: »Im Interesse der Muslime in Indien und Ägypten« dürfe Großbritannien nichts unternehmen, was so gewertet werden könne, als hätten die Briten im Krieg gegen die Osmanen die Initiative ergriffen. Die Türken »sollten sich gezwungen fühlen, den ersten Schlag zu führen …«.[12] 2 Wochen zuvor hatten sie Deutschland »gezwungen, den ersten Schlag zu führen« und dann dem Kaiserreich die Schuld am Ausbruch des Kriegs gegeben. Dieses Mantra wurde abermals wiederholt, bevor Großbritannien in den Krieg zog. Sir Edward Grey erinnerte Botschafter Mallet später: »Ich wüsste nicht, wie sich ein Krieg vermeiden ließe, aber wir werden den ersten Schritt nicht unternehmen.«[13] Das sagt alles. Das perfide Albion hüllte sich in scheinbare Unschuld, bevor man sich »gezwungen sah«, in den Krieg zu ziehen. Ein Akt der Scheinheiligkeit, der oft und gerne wiederholt wurde.[14]

Nachdem die osmanische Flotte Admiral Souchon mit seinen Kriegsschiffen integriert hatte, zog Churchill am 9. September 1914 Konteradmiral Sir Arthur Limpus ab, der 2 Jahre lang als Marineberater für das Osmanische Reich gearbeitet hatte. Limpus kannte sämtliche Einzelheiten der Verteidigungsanlagen auf den Dardanellen und verfügte über ein lexikalisches

Wissen, was die Planungen der türkischen Kriegsmarine anbelangte.[15] Selbstverständlich war er in jeder Hinsicht der perfekte Kandidat, um Milne als Kommandeur der Mittelmeerflotte abzulösen. Doch man versetzte ihn an einen Schreibtischposten und machte ihn zum Oberaufseher der Hafenanlagen auf Malta, während Vizeadmiral Sackville Carden, der diesen eher provinziellen Posten 2 Jahre lang innegehabt hatte, das Oberkommando übernahm.

Wie man es auch dreht und wendet, es war eine merkwürdige Entscheidung. Sackville Carden galt als langsam und ineffektiv,[16] aber die Briten wollten dem Osmanischen Reich mit dieser Wahl wohl zeigen, dass sie als natürlicher Freund Konstantinopels keinen Vorteil daraus schlagen wollten, dass sie mit Limpus über jemanden verfügten, der unschätzbares Wissen über das osmanische Militär besaß.[17] War diese Argumentation im September 1914 schon kaum nachvollziehbar, war sie es umso weniger, als Großbritannien Ende Oktober dem Osmanischen Reich den Krieg erklärte. Es ist unfassbar, aber als die Royal Navy in die Dardanellen vorstieß, verzichtete die Admiralität auf das einzigartige und detailreiche Wissen Limpus', was die Meerenge anging. Oder sie hörte schlichtweg nicht auf seine Empfehlungen.

Am 15. August sandte Churchill ein persönliches Telegramm an Enver Pascha, in dem er ihn warnte, dass die Osmanen neutral zu bleiben hätten.[18] Tatsächlich schickte Churchill mehrere Depeschen privater und persönlicher Natur direkt an Enver, was Fragen zu ihrem Verhältnis aufwirft – Fragen, die nie beantwortet wurden. Churchill erinnerte Enver daran, dass die Schlagkraft der alliierten Marine unübertroffen sei und die Kriegsschiffe imstande wären, praktisch unbegrenzte Mengen an Soldaten nach Konstantinopel zu transportieren. Sollte das Osmanische Reich allerdings streng neutral bleiben, werde nach Kriegsende die territoriale Integrität des Reichs gewahrt bleiben, versprach er.[19] Das war Teil eines ausgeklügelten taktischen Manövers. In Wirklichkeit hatte die Geheime Elite keinerlei Interesse daran, dass das Osmanische Reich neutral blieb, und genauso wenig hatte sie die Absicht, ihre sonstigen Versprechungen zu halten. Tatsächlich machte Großbritannien keine wesentlichen Zugeständnisse.[20] Es ging einzig darum, sich Zeit zu verschaffen, bevor man die Türken ins deutsche Lager stieß.

Auch Russland spielte auf Zeit. Außenminister Sasonow wies seinen Botschafter in Konstantinopel an, in Sachen *Goeben* und *Breslau* hart aufzutreten, dabei aber Vorsicht walten zu lassen. Er solle auf keinen Fall zu viel Druck ausüben oder »die Angelegenheit zum Bruch treiben«.[21] Sasonow verfolgte ebenfalls das Ziel, einen Eintritt der Osmanen in den Krieg möglichst weit hinauszuzögern, damit Russland sich nicht in einem Zweifrontenkrieg gefangen sah. Am 5. August unterbreitete Enver Pascha ein überraschendes Angebot: Gerade einmal 3 Tage nach Unterzeichnung des Geheimabkommens mit Deutschland und noch vor dem Eintreffen der *Goeben* regte er einen Bündnisvertrag mit Russland an. Dauer: 5 oder 10 Jahre. Das Osmanische Reich sei nicht an Deutschland gebunden, hege keine aggressiven Absichten gegenüber Russland und habe nur zum eigenen Schutz die Mobilmachung verkündet, so Enver Pascha. Er versprach, Russland militärische Hilfe zu leisten, wenn Russland das Osmanische Reich dabei unterstützte, die an Griechenland verlorenen Ägäis-Inseln und die während der Balkankriege an Bulgarien verlorenen Gebiete im westlichen Thrakien zurückzuerlangen.[22]

Bluffte Konstantinopel? Waren alle Seiten nur daran interessiert, auf Zeit zu spielen, bis die eigenen Truppen in Stellung gebracht worden waren? Oder war Enver tatsächlich bereit, die Deutschen zu hintergehen? Handelte es sich um einen ernst zu nehmenden Versuch, sein Land auf eine Linie mit Russland und der Entente zu bringen? Falls ja, so war das Unterfangen von Anfang an aussichtslos. Die Osmanen würden als Zeichen ihres guten Willens ihre Truppen nach Hause schicken müssen, verlangte Sasonow. Sollte Russland dann aber falsches Spiel spielen, wäre das Osmanische Reich schutzlos gewesen, weshalb diese Forderung nicht zu erfüllen war.[23] Am 9. August wurde Envers Vorschlag zurückgewiesen.[24] Später räumten die Jungtürken ein, auch sie seien nur neutral geblieben, um Zeit für die Mobilmachung zu gewinnen.[25] Es war alles nur Lug und Trug. Russland versuchte, die Osmanen aufs Glatteis zu führen, die ihrerseits die Russen aufs Kreuz legen wollten. Und keiner der beiden merkte, dass Großbritannien sie nach Strich und Faden manipulierte.

Es wurde September, und in dieser gefährlichen Scharade wurde mittlerweile um beunruhigend hohe Einsätze gespielt. Louis Mallet wurde angewiesen festzulegen, wann das Botschaftspersonal, die britischen Beamten im Dienst der osmanischen Regierung und die britischen Bürger und Schiffsagenten das Land verlassen sollten.[26] Seine Amtszeit war nahezu vorüber, aber er hatte London mit unbezahlbaren Informationen versorgen können –

Informationen, die empörenderweise in den kommenden Monaten komplett ignoriert werden sollten. So setzte er seine Vorgesetzten in Kenntnis, dass die Verteidigungsanlagen entlang der Dardanellen »rasch verstärkt« worden seien und nun von deutschen Truppen bemannt werden würden.[27] Deutschland habe mehr als 2000 Granaten für die *Goeben* und die Dardanellen-Forts geliefert, außerdem seien über die Donau Lieferungen mit Minen erfolgt. Das »neutrale« Osmanische Reich wurde von Deutschland bewaffnet, und dem Foreign Office lagen alle Zahlen und Fakten vor.[28] Allein das hätte schon als Grund ausreichen sollen, Konstantinopel den Krieg zu erklären, aber Sir Edward Grey weigerte sich, diesen Schritt zu gehen. Er wollte den Anschein erwecken, dass »wir alles in unserer Macht Stehende unternommen haben, um einen Krieg zu vermeiden, und dass die Türkei uns dazu gezwungen hat«.[29]

Während sie nach außen hin den gegenteiligen Eindruck erweckten, drangsalierten die Briten die Osmanen weiter. An dem Morgen, als Admiral Limpus Konstantinopel verließ, erging eine Warnung an alle Mitglieder des osmanischen Kabinetts: Sollten Schiffe des Osmanischen Reichs die Sicherheit der Dardanellen verlassen, würden sie als feindliche Schiffe behandelt.[30] Der Großwesir forderte die Royal Navy auf, ihre Schiffe von der Einfahrt in die Meerenge abzuziehen, aber Churchill weigerte sich. Die Osmanen hatten die Meerenge vermint, aber bislang konnten alliierte Handelsschiffe einen sicheren Weg durch das Minenfeld nehmen. Damit war am 26. September Schluss, als ein osmanisches Torpedoboot versuchte, aus der Meerenge auszufahren. Die Royal Navy forderte das Boot auf beizudrehen, dann wurde es zurückgeschickt. Diese Maßnahme entbehrte jeglicher rechtlichen Grundlage,[31] sie diente einzig dazu, die Spannungen zu erhöhen. Als Reaktion auf den Vorfall schalteten die Osmanen die Leuchttürme ab und sperrten die Durchfahrt für alle Schiffe. Wenn man sie nicht herauslassen wollte, würden sie auch niemanden hereinlassen. Damit verstießen die osmanischen Behörden gegen das Völkerrecht, wonach sie dazu verpflichtet gewesen wären, die Meerenge offen zu halten, aber »wieder einmal schienen sie durch die Handlungen Winston Churchills dazu gezwungen worden zu sein«.[32] Tatsächlich war das Ganze genauso taktlos wie die Beschlagnahme der beiden türkischen Schlachtschiffe.[33] Die Schließung der Dardanellen am 27. September hatte zur Folge, dass Russlands Auslandshandel nahezu vollständig zum Erliegen kam. Sasonow platzte vor Wut. Es wurde Zeit für Russland, mit seinem alten Erzfeind »abzurechnen« und die Frage, wem die Meerenge gehörte, ein für alle Mal zu klären.[34]

Am 11. Oktober wandte sich Enver Pascha an die deutsche Regierung: Berlin solle zur Unterstützung der osmanischen Streitkräfte 2 Millionen türkische Pfund in Gold an Konstantinopel überweisen, dann werde er die *Goeben* und *Breslau* unverzüglich anweisen, Russland anzugreifen. Die Zeit der Neutralität war vorbei. Am 29. Oktober, 9 Tage, nachdem die letzte Ladung Gold per Eisenbahn eingetroffen war, feuerte die osmanische Flotte unter Admiral Souchon die ersten Breitseiten in diesem nicht offen erklärten Krieg ab. Um 3:30 Uhr morgens wurden die russischen Schwarzmeerhäfen Odessa und Sewastopol beschossen, allerdings kam die russische Flotte nahezu unbeschadet davon. Enver Pascha hatte diesen provokanten Angriff im Alleingang befohlen, ohne sich mit den anderen Kabinettsmitgliedern abzustimmen. Das restliche Kabinett bestand sofort darauf, sich bei den Russen zu entschuldigen. Enver stand isoliert da, blieb aber uneinsichtig. Nun sollte er ernten, was er gesät hatte.[35]

Noch bevor überhaupt ein Entwurf des Entschuldigungsschreibens vorlag, wies Sir Edward Grey den britischen Botschafter an, der Hohen Pforte ein Ultimatum zu stellen: Alle deutschen Militär- und Marinemissionen seien des Landes zu verweisen, alle deutschen Seeleute innerhalb von 12 Stunden von der *Goeben* und der *Breslau* abzuziehen. Sollten die Osmanen sich weigern, hatten Botschafter und Botschaftspersonal Anweisung, um ihre Reisepässe nachzusuchen und das Land zu verlassen.[36] Es war eine von Anfang an völlig absurde Forderung[37], aber das war egal, denn nun, Ende Oktober, war der Zeitpunkt für Großbritannien gekommen, diesen Weg einzuschlagen. Die Briten waren für einen Krieg im Nahen Osten gerüstet. Die Pläne waren gemacht, die Kriegsschiffe im Persischen Golf in Stellung gebracht, die Propaganda zur Sicherung der heiligen Stätten war verbreitet worden, und man hatte die panarabische Bewegung hinter den Kulissen zum Aufstand ermutigt. Mallet hatte entscheidend dazu beigetragen, Grey und Kitchener 3 wertvolle Monate der Ruhe zu verschaffen.[38] Schockiert mussten die Osmanen mit ansehen, wie gerade einmal 1 Woche nach der Kriegserklärung britische Truppen in Kuwait standen und ein Expeditionskorps aus Indien auf dem Weg nach Bagdad war.[39]

Am 30. Oktober brach Großbritannien die diplomatischen Beziehungen zum Osmanischen Reich ab, am folgenden Tag befahl Churchill, der »ganz aus dem Häuschen war«, seinen Kriegsschiffen, das Feuer auf die Dardanellen zu eröffnen.[40] Den Befehl, »Kampfhandlungen mit der Türkei aufzunehmen«, gab er, ohne zuvor das Kabinett zu informieren oder formal den Krieg zu erklären.[41] Typisch. Aber vergessen wir Churchill für den Augenblick und sehen uns das Verhalten von Enver Pascha an. Am 2. August hatte Enver dem Geheimpakt mit Deutschland zugestimmt. Er hatte Berlin gebeten, die *Goeben* und die *Breslau* nach Konstantinopel zu schicken. Enver befahl Souchon, die russischen Schwarzmeerhäfen zu beschießen. Enver hatte den ersten Schritt gemacht. Enver hatte dafür gesorgt, dass die Bedingungen für einen Krieg gegeben waren. Enver – Churchills persönlicher und enger Freund – hatte der Geheimen Elite genau den Vorwand geliefert, den sie benötigte. Gegenüber dem Kabinett erklärte Churchill: »Es war das Beste seit Ausbruch des Kriegs.«[42] Es nimmt nicht Wunder, dass sich einem da die Frage aufdrängt, ob Enver Pascha wohl ein Agent der Geheimen Elite war?!

Am 2. November erklärte Russland dem Osmanischen Reich den Krieg, Großbritannien und Frankreich zogen nach. Russland konnte sich nun auf sein wichtigstes Kriegsziel konzentrieren: die Kontrolle über die Dardanellen und Konstantinopel zu erlangen. Der große Traum, dessen Erfüllung seit Jahrhunderten herbeigesehnt worden war, stand nun kurz davor, wahr zu werden.[43] In Petrograd war sich das Kabinett einig: Das Osmanische Reich musste kurz und klein geschlagen werden. Uneinigkeit bestand höchstens in der Frage, welche Teile des Reichs sich Russland einverleiben würde.[44] In der offiziellen Kriegserklärung schreibt Zar Nikolaus: »Mit der größten Gelassenheit … nimmt Russland das Erscheinen dieses neuen Feindes wahr … Der aktuelle Konflikt wird nur die Unterordnung unter das Schicksal beschleunigen und Russlands Pfad eröffnen, die historische Aufgabe seiner Vorfahren entlang der Ufer des Schwarzen Meers zu erfüllen.«[45] Russland sah seine Schicksalsstunde gekommen, aber die Pläne der Geheimen Elite sahen etwas völlig anderes vor.

Zusammenfassung

- Großbritanniens Botschafter in Konstantinopel, Louis Mallet, stand dem inneren Kreis der Geheimen Elite nahe und war den Osmanen mindestens ebenbürtig, was Doppelzüngigkeit anbelangte.
- Ging es nach den Briten, sollten die Osmanen so lange wie nur irgend möglich neutral bleiben – schließlich sollten sich die Russen weiter am Krieg beteiligen. Außerdem wollte London die islamische Welt nicht gegen sich aufbringen.
- Winston Churchill pflegte regelmäßig Kontakt mit dem wichtigsten Mitglied der Jungtürken, Enver Pascha.
- Beide Seiten spielten ein falsches Spiel mit gegenseitigen Versprechungen, während es ihnen einzig darum ging, möglichst viel Zeit für die eigenen Kriegsvorbereitungen herauszuholen.
- Am 27. September 1914 schloss die osmanische Regierung die Dardanellen-Meerenge.
- Am 29. Oktober 1914 genehmigte Enver Pascha einen Angriff auf die russische Schwarzmeerflotte in Odessa und Sewastopol. Zuvor hatte Konstantinopel von den Deutschen 2 Millionen türkische Pfund in Gold erhalten.
- Ende Oktober stand die britische Strategie für den Nahen Osten: Die benötigten Kriegsschiffe waren im Persischen Golf eingetroffen, die islamische Welt wurde mit Propaganda besänftigt, nach der ihre heiligen Stätten auch während eines Konflikts nichts zu befürchten hätten, und hinter den Kulissen wurde die panarabische Bewegung gefördert.
- Russland erklärte dem Osmanischen Reich am 2. November 1914 den Krieg, Großbritannien und Frankreich folgten kurz darauf.

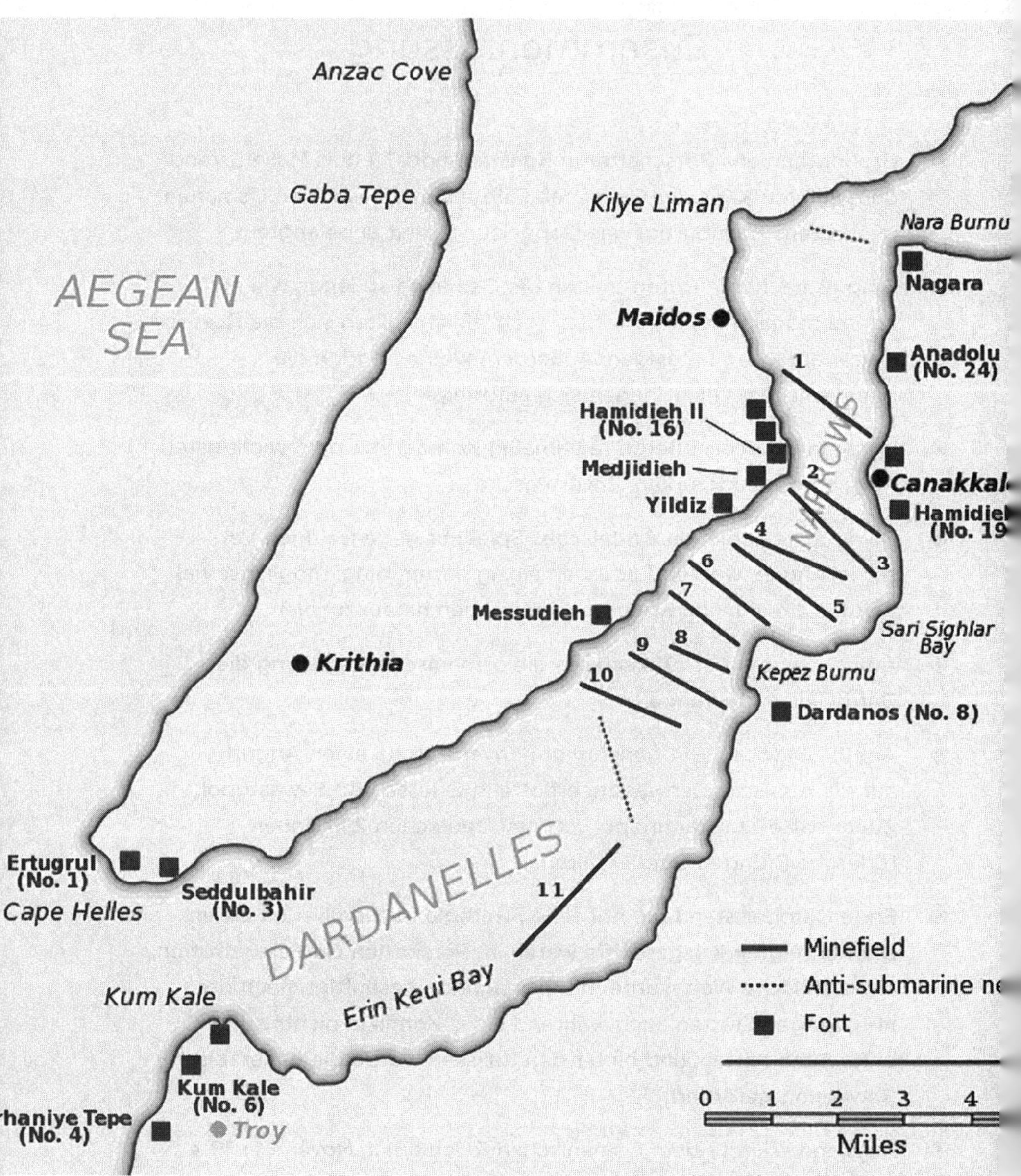

Türkische Befestigungsanlagen und Minenfelder machen die Durchquerung der Dardanellen unmöglich

Kapitel 8

Die Dardanellen
Russlands Traum

Die Entente hatte die unmittelbare Bedrohung von Paris durch die Deutschen zunächst abwenden können. Der Westfront stand nun eine 4 Jahre währende Pattsituation bevor, eine Phase schrecklichen Grabenkriegs. London dagegen hatte ein ernstes Problem: An der Ostfront mussten die Russen furchtbare Niederlagen einstecken. Sie waren in Deutschlands Osten eingefallen, wurden dann aber von den sich zurückziehenden deutschen Truppen bei Tannenberg und bei der Schlacht an den Masurischen Seen geschlagen. Zahlenmäßig waren die Russen der 8. Armee unter Paul von Hindenburg und Erich Ludendorff zunächst um fast das Doppelte überlegen, aber bis Mitte September verloren sie rund 300 000 Mann. General Alexander Samsonow erschoss sich selbst, damit er sich nicht vor dem Zaren rechtfertigen musste.

Russlands Moral war am Boden. Derart massive und unerwartete Verluste nach gerade einmal 6 Wochen Krieg! Die Begeisterung war wie weggeblasen, und zu alledem war wegen der *Goeben* nun auch noch der Weg nach Konstantinopel versperrt. Erste Berater des Zaren begannen, über einen Waffenstillstand mit Deutschland nachzudenken.[1] Doch wenn Russland das Handtuch warf, standen Großbritannien und Frankreich unmittelbar vor einem Desaster. Die gesamte Strategie, die sich die Geheime Elite für den jetzigen Zeitpunkt im Kriegsverlauf zurechtgelegt hatte, geriet in Gefahr. Dass das Kaiserreich den Krieg an der Ostfront erfolgreich beenden und dann alle verfügbaren Kräfte an die Westfront schicken könnte, war ein Szenario, das in Whitehall für Beklemmung sorgte. London musste sich nun darum kümmern, das zusehends immer zögerlichere Russland bei der Stange zu halten.

Es ist nicht so, als wäre Russland feige gewesen. Für eine Sache war man bereit, seine jungen Männer in die Schlacht und nötigenfalls in den Tod ziehen zu lassen – die Eroberung Konstantinopels und der Dardanellen! Wie sollte die Geheime Elite mit dieser Situation umgehen? Russlands Träume standen im Widerspruch zu dem, was Briten und Franzosen für die Zeit nach dem Krieg mit dem Osmanischen Reich vorhatten. Hier gab es auch keine Kompromisse. Zwei Jahrhunderte lang hatten London und Paris darauf beharrt, dass Russland von Konstantinopel ferngehalten werden müsse. Allein das schon zeigte, dass die Alliierten »alles versuchen würden, um zu verhindern, dass Russland [Konstantinopel] und den Bosporus erobert«.[2] Die Franzosen hatten ein Auge auf Syrien geworfen, die Briten wollten Persien und praktisch alles westlich davon. Und eine kleine jüdische Gruppe, die sogenannten Zionisten, redeten von einer Rückkehr nach »Palästina«. In London und Paris wurden reichlich Pläne geschmiedet, die sich nicht oder nur schwierig umsetzen lassen würden, sollte Konstantinopel in russische Hand geraten.

In einem Schreiben an seinen Botschafter in Russland drückte Frankreichs Präsident Poincaré seine Ängste später so aus: »Der Besitz von Konstantinopel … würde Russland einführen … in das Konzert westlicher Nationen und würde dem Land Gelegenheit geben, zu einer großen Seemacht aufzusteigen. Das gesamte europäische Gleichgewicht würde verändert …«[3] Poincaré war besorgt, dass Russland sich nach einem Sieg über Deutschland nicht mehr an das französisch-russische Bündnis gebunden fühlen würde und dass sein Aufstieg zur maritimen Großmacht französische Interessen schwächen würde.

Wahrhaft legendär in Sachen britischer Doppelzüngigkeit war das jährlich in der City of London stattfindende Guildhall Banquet. Am Montag, den 9. November 1914, versprach dort Winston Churchill, dass die Blockade innerhalb von 6, 9 oder 12 Monaten Deutschland in die Knie zwingen werde. Was unternahm er im Anschluss, um dieses Ziel zu erreichen? Nichts. Kitchener verkündete: »Die Männer reagieren großartig … aber ich werde mehr benötigen.« Die größte Lüge allerdings brachte Premierminister Asquith unters Volk. Er behauptete nämlich, seine Regierung habe sehr viel zum Schutz der osmanischen Neutralität unternommen, aber dennoch »sind sie es und nicht wir, die die Sterbeglocke des Osmanischen Reichs läuten … Das türkische Imperium hat Selbstmord begangen und sein Grab von eigener Hand geschaufelt.«[4] Kein russischer Imperialist hätte es treffender formulieren können: Das Osmanische Reich war zum Abriss freigegeben.[5] Es würde, als Selbstmord getarnt, in Stücke geschlagen werden.

Im November 1914 schrieb Sasonow an seinen Botschafter in London, Graf Alexander Benckendorff, und informierte ihn, dass die russischen Truppen, die gegen das Osmanische Reich vorrückten, die Neutralität Persiens würden verletzen müssen. Der britische Außenminister Sir Edward Grey untersagte das sofort. Sollte Russland in ein neutrales islamisches Land eindringen, würde das bei den Muslimen der Region die Stimmung gegen die Entente umschlagen lassen. Nur 2 Tage später landeten britische Truppen selbst am Persischen Golf. Sie besetzten die Ölfelder in der Nähe von Ahwas und rückten auf Basra vor. Am 22. November eroberten sie die Stadt.[6] Ein Einmarsch russischer Truppen in Persien würde also religiöse Spannungen der Muslime nach sich ziehen, gegen einen britischen Angriff dagegen war nichts einzuwenden? Atemberaubend, diese Scheinheiligkeit.

Dem Zaren kabelte Benckendorff eine Aussage seines Vetters König Georg V.: »Was Konstantinopel anbelangt, so ist klar, dass es Euch gehören muss.« Es war die perfekte Täuschung. Die Geheime Elite hatte niemals die Absicht, Konstantinopel in die Hände der Russen fallen zu lassen, aber Nikolaus II. nahm die Nachricht voller Begeisterung entgegen.[7] Sasonow ließ seine Persienpläne fallen – er hatte schließlich das Wort des Königs von Großbritannien und Kaisers von Indien.[8] Die britische Regierung trieb unterdessen unverzüglich ihre Interessen weiter voran und verkündete, man beabsichtige das nominell noch immer zum Osmanischen Reich gehörende Ägypten zu annektieren. Der proosmanische Khedive, der Ägypten regierte, sollte durch jemanden ersetzt werden, der London freundlicher gesonnen war. Die Russen erhoben keine Einwände, schließlich war das doch nur ein weiterer Schritt hin zu ihrem unvermeidlichen Marsch auf Konstantinopel. »Exzellent« seien die britischen Pläne, urteilte Zar Nikolaus.[9] Was das große geopolitische Ränkeschmieden und die diplomatischen Taschenspielertricks anbelangte, war der russische Monarch mit absoluter Blauäugigkeit geschlagen.

Sasonow hingegen ließ sich nicht so leicht abspeisen. Er fand, der Zeitpunkt sei gekommen, die Besitzverhältnisse in den Dardanellen ein für alle

Mal zu regeln. »Jetzt oder nie«, lautete die Devise. Wie so viele andere in Petrograd war er nicht willens, bis zum Ende des Kriegs zu warten, ehe die Russen die vollständige Kontrolle über Konstantinopel inklusive beider Seiten des Bosporus und des Marmarameers übernahmen.[10] Der große Traum sah vor, sowohl das europäische Ufer der Dardanellen wie auch das asiatische in russischen Besitz zu bringen und von dort aus das Imperium noch weiter auszudehnen. Dieser Traum und nur er allein rechtfertigte die furchtbaren Opfer, die das Heer des Zaren an der Ostfront erbrachte.

Es sei unumgänglich, dass Russland die Meerenge erobere, und dieses Ziel lasse sich »nicht durch diplomatisches Handeln allein« erreichen, schrieb Sasonow daher am 21. Dezember an General Nikolai Januschkewitsch, den Chef des Generalstabs. Sasonow verlangte zu sehen, »welche militärischen Operationen für das tatsächliche Eindringen und die Einnahme der Meerenge und ihrer Umgebung beschlossen wurden«. Die Antwort fiel nicht zu seiner Zufriedenheit aus. Der Schwarzmeerflotte mangelte es an Schlachtschiffen, schnellen Minenlegern und modernen U-Booten. Sie war kaum auf Augenhöhe mit der osmanischen Kriegsmarine, und schon der Verlust von ein, zwei Schiffen könnte das gesamte Gleichgewicht ins Wanken bringen. Vor allem waren die russischen Generäle an ihre langjährigen Vereinbarungen gebunden, ihre Anstrengungen auf die Ostfront zu konzentrieren. Januschkewitsch antwortete Sasonow am 25. Dezember: »Unter den derzeitigen Umständen … stellt sich die Frage, spezielle Streitkräfte für die Eroberung der Meerenge abzustellen, nicht, bis wir nicht einen entscheidenden Erfolg gegen unsere westlichen Feinde erreicht haben.«[11]

Sasonow musste sich der unbequemen Wahrheit stellen, dass Russland aktuell nicht imstande war, Konstantinopel aus eigener Kraft zu erobern. Seine Erwartungen waren völlig unrealistisch gewesen, aber die Geheime Elite war – wie immer – deutlich besser informiert. Oberst Alfred Knox, britischer Militärattaché in Petrograd, war ein kluger Beobachter, und ab Dezember 1914 bereitete der Inhalt seiner Berichte Lord Kitchener Sorgen. Großfürst Nikolai Nikolajewitsch Romanow, Oberbefehlshaber der russischen Streitkräfte und Kriegsminister, gab sich nach außen weiterhin zuversichtlich (Churchill sprach von blindem beziehungsweise schuldigem Optimismus),[12] aber Knox berichtete von kritischen Äußerungen russischer

Offiziere. Sie glaubten, die Verzögerung bei der französischen Offensive sei zurückzuführen auf die »diabolische Gerissenheit« der anderen alliierten Regierungen. Diese würden darauf hinarbeiten, dass Russland »seine Stärke verschwendet und nicht allzu stark aus dem Krieg hervorgeht«.[13] Weil es ihr an Artillerie und Munition fehlte und die Kommunikation zu schlecht organisiert war, war die russische Armee nicht imstande, eine ernsthafte Offensive zu führen.[14] Bei der vor Petrograd stehenden 6. Armee mussten sich drei neue Rekruten ein Gewehr teilen.[15] Die russischen Militärkreise versuchten geradezu besessen, die Lage in einem besseren Licht darzustellen, aber zunehmend sprachen ranghohe Generäle davon, dass man mit den Deutschen Frieden schließen müsse.[16] Der Vorwurf wurde laut, dass Russland einen zu großen Anteil der Kriegsbemühungen schultere und Großbritannien nicht genügend Männer für die Front abstelle.[17]

In der britischen Regierung machten sich »düstere Vorahnungen« breit, dass die russischen Armeen, gelähmt durch den Mangel an Munition, vollends zerbrechen und »zu einem Separatfrieden gezwungen« sein könnten. Indem Briten und Franzosen die Russen dazu ermutigten, »über den Preis des Sieges nachzudenken«, könnte eine derartige Katastrophe abgewendet werden, glaubte Churchill.[18] Wie alle Mitglieder der Geheimen Elite wusste er, dass »der Preis des Sieges«, also vor allem die Kontrolle über Konstantinopel und die Dardanellen, etwas war, das Russland niemals in die Hände bekommen durfte.

Die Geheime Elite musste sich etwas einfallen lassen, was den Eindruck erweckte, man würde Russland unterstützen, etwas, das einen strahlenden Erfolg versprach, der Russland zur Fortführung seiner Anstrengungen verleiten würde. Russland musste beruhigt werden, Russland musste Kriegsteilnehmer bleiben, aber Russland musste auch von den Dardanellen ferngehalten werden. Das Zarenreich starrte wie hypnotisiert Richtung in Konstantinopel, aber Sasonow wusste, dass es für die Streitkräfte des Zaren ausgesprochen schwer, wenn nicht gar völlig unmöglich sein würde, auf sich gestellt die Stadt oder die Meerenge zu erobern. Es war die emotionale Schwachstelle der Russen, und das Thema war so heikel, dass die Geheime Elite unbedingt verhindern musste, dass Russland von der Fahne ging. Wie sollte man am besten vorgehen?

Oberstleutnant Maurice Hankey, Sekretär des Kriegsrats und respektiertes Mitglied im innersten Kreis des Geheimbunds, war der Mann, den die Geheime Elite damit beauftragte, einen Ausweg aus dieser Zwickmühle zu finden.[19] Hankey war ein Stratege, dem die Geheime Elite sehr aufmerksam zuhörte. Er verbrachte den kompletten ersten Weihnachtsfeiertag damit, alle Optionen durchzuspielen. Sein tags darauf erstellter Bericht wurde als »Boxing Day Memo« bekannt,[20] benannt nach der englischen Bezeichnung für den zweiten Weihnachtsfeiertag. Hankeys Vorschlag: Ein Angriff auf die Dardanellen. Großbritannien solle drei Armeekorps abstellen und gemeinsam mit Griechenland und anderen Balkanstaaten zu Land und zu See angreifen.[21] Zweiter Weihnachtsfeiertag 1914, dieses Datum sollten wir uns merken. Hankeys Idee musste mit Blick auf Russlands Befindlichkeiten sehr sorgfältig abgewogen werden, denn sie sollte der Ausgangspunkt für die Katastrophe von Gallipoli werden, die 1915 über die britischen Truppen hereinbrach.

Russland »könnte durchaus in diesem Krieg die Seiten wechseln«, befürchtete Sir Edward Grey.[22] Das zeigt deutlich, wie explosiv das Thema Konstantinopel mittlerweile geworden war. Schlimm genug, wenn Russland einen Friedensvertrag mit seinen Gegnern eingehen würde, aber Grey befürchtete Schlimmeres: Das Zarenreich könnte sich auf Deutschlands Seite schlagen und gegen Großbritannien und Frankreich zu Felde ziehen. Diese drohende Katastrophe ließ in London die Köpfe rauchen. Arthur Balfour, der einzige konservative Politiker im Kriegsrat und ranghohes Mitglied der Geheimen Elite[23], sprach von der »bedrohlichen Konstantinopelfrage« und davon, wem die Stadt gehören würde.[24] Exakt das war der Kern des Problems – trotz aller Versprechungen konnte Großbritannien niemals zulassen, dass Russland Konstantinopel an sich riss. Russland wiederum würde es nicht dulden, dass die Stadt jemand anderem »gehörte«. Wenn die Briten vorgaben, im Namen der Russen die Dardanellen und Konstantinopel zu erobern, würde das ausreichen, um Russland weiter kämpfen zu lassen? Am ehesten würden die Russen auf dieses Manöver hereinfallen, wenn man sie dazu brachte, das Ganze als ihre eigene Idee anzusehen.

Glücklicherweise verfügte die Geheime Elite mit dem Militärattaché Brigadegeneral John Hanbury-Williams in Petrograd über genau den richtigen

Mann für die Aufgabe, die Russen subtil zu beeinflussen. Sir Hanbury-Williams hatte in Südafrika unter Lord Milner, dem Kopf der Geheimen Elite, gedient und stand weiterhin in regelmäßigem Kontakt zu ihm,[25] desgleichen zu Earl Grey, ebenfalls Mitglied im inneren Kreis des Geheimbunds.[26] Professor Carroll Quigley hat Hanbury-Williams als einen der Männer aus »Milners Kindergarten« ausgemacht, den Männern also, die im Herzen der Geheimen Elite agierten.[27] Sein Vorfahr Sir Charles Hanbury-Williams war Botschafter am Hof von Katharina der Großen gewesen, was dem Brigadegeneral Zugang zur Herrscherfamilie verschaffte. Zar Nikolaus II. erachtete ihn als »aufrichtigen Freund«.[28]

Am 30. Dezember 1914 traf sich Hanbury-Williams mit Großfürst Nikolajewitsch Romanow, dem Oberkommandeur der russischen Streitkräfte. Bei dieser Gelegenheit schnitt er das Thema einer britischen Intervention gegen das Osmanische Reich an. »Ich fragte ihn, ob seiner Ansicht nach eine Demonstration der Flotte [gegenüber den Osmanen] von Nutzen wäre, sollte sich eines Tages die Möglichkeit dazu ergeben. Er ging begeistert darauf ein.«[29] Wie clever! Nur wenige Tage, nachdem Hankey und seine Spießgesellen aus der Geheimen Elite sorgfältig ihre Strategie erörtert hatten, wie man Russland zum Weiterkämpfen bewegen könnte, erwähnte Hanbury-Williams »rein zufällig« gegenüber dem Großfürsten die Möglichkeit, dass die Briten das Osmanische Reich angreifen könnten. Die Stimmen gegen den Krieg mehrten sich, insofern fürchtete die russische Führung durchaus die Möglichkeit, dass Unruhen ausbrechen oder es sogar zu einer Revolution kommen könnte. Russlands Oberkommandeur hatte die angeknackste nationale Moral im Blick, und er hatte das Thema Konstantinopel/Dardanellen gegenüber Hanbury-Williams gar nicht angeschnitten.[30] Dessen Andeutung wurde auf subtile Weise umgewandelt in eine Bitte um Hilfe seitens des Großfürsten. Hanbury-Williams schrieb in seinem Tagebuch: »Diese Konversation war wahrlich der Ursprung dessen, woraus später die Dardanellenoperation erwuchs.«[31] Absolut richtig, aber die Saat wurde nicht vom Großfürsten gelegt, sondern von der Geheimen Elite.

Spät am 1. Januar 1915 schickte der britische Botschafter in Petrograd, Sir George Buchanan (einer der diplomatischen Handlanger der Geheimen Elite),[32] ein Telegramm nach London: Großfürst Nikolajewitsch habe

Großbritannien um Hilfe gebeten, den Druck zu lindern, unter dem seine Kaukasusarmee stehe. Noch bevor eine Antwort formuliert werden konnte, löste sich das Problem von allein. Am 29. Dezember hatten die Osmanen bei Sarikamis im Kaukasus die russischen Einheiten angegriffen, und im Zuge der Gegenangriffe verloren sie 30000 Mann. Der osmanische Kriegsminister Enver Pascha befahl seinen Männern, ihre Paletots und Rucksäcke zurückzulassen, bevor sie sich daran machten, im harschen Winterwetter die mehr als 3000 Meter hohen Pässe zu überqueren. Zehntausende Soldaten erfroren, keine 18000 Mann der osmanischen Truppen überlebten. Es war eine furchtbare Katastrophe für die Osmanen. Wie bei so vielen von Enver Paschas Entscheidungen war auch diese entweder zutiefst dumm oder diente einem geheimen Zweck. Jedenfalls veränderten seine Anweisungen die politische Gesamtlage grundlegend. Innerhalb weniger Tage war die Gefahr, die die osmanischen Truppen für die russischen Einheiten dargestellt hatten, aus der Welt, und »jeder Plan, bei den Dardanellen etwas zu erzwingen, hätte einen ziemlich raschen Tod sterben müssen«.[33] Tatsächlich hatten die Briten dem Osmanischen Reich gegenüber niemals etwas »demonstrieren« müssen, um auf diese Weise den Russen zu helfen. Buchanans Telegramm und alle folgenden Ereignisse waren Teil des Plans, den die Geheime Elite geschmiedet hatte.

Kitchener beriet sich mit Churchill über die nächsten Schritte. Er wies darauf hin, dass die zur Verfügung stehenden Truppen nicht ausreichten, um eine weitere Front zu eröffnen.[34] Sollte also irgendwo interveniert werden, dann musste es durch die Navy geschehen.[35] Am selben Tag schickte Kitchener ein Telegramm nach Petrograd: »Großfürst bitte versichern, dass Schritte für eine Demonstration gegenüber den Türken unternommen werden.« Später erinnerte sich Churchill: »Das war das Mindeste, was man als Reaktion auf die Bitte eines stark unter Druck geratenen Verbündeten sagen konnte.«[36] Das ist typisch für Churchills clevere Verdrehung der Fakten. Der wahre Grund für Gallipoli blieb verborgen, und seitdem wiederholen Mainstream-Historiker diese Unwahrheit wieder und wieder. Churchill ignorierte die Tatsache, dass der »stark unter Druck geratene Verbündete« die osmanische Armee im Kaukasus längst geschlagen hatte.

Am 3. Januar schrieb der Erste Seelord Admiral Fisher an Churchill, dass ein Angriff der Marine auf die Dardanellen nicht erfolgreich abgeschlossen werden könne. Er regte eine gemeinsame Operation von Marine und Heer an. Die Kriegsschiffe sollten die osmanische Abwehr in Schach halten, während auf dem europäischen und dem asiatischen Ufer große Mengen an Truppen an Land gehen.[37] Auch der Dritte Seelord, Admiral Frederick Tudor, erklärte Churchill, aus eigener Kraft könne die Kriegsmarine diese Aufgabe nicht bewältigen.[38] Er holte sich die Meinung anderer ein, unter anderem von Admiral Jackson, der sich ganz unverblümt äußerte: Es wäre »verrückt zu versuchen, ins Marmarameer vorzustoßen, ohne dass unsere Truppen die Halbinsel Gallipoli halten oder jedes Geschütz auf beiden Seiten der Meerenge vorher zerstört wurde«. Churchill achtete sehr darauf, dass seine Kollegen im Kriegsrat diese Einschätzungen nicht zu sehen bekamen.[39] Die Entscheidung war längst gefallen, es gab kein Zurück.

Zusammenfassung

- Russland erlitt an der deutschen Ostfront schwere Niederlagen und herbe Verluste. Die Begeisterung für den Krieg, den man selbst vom Zaun gebrochen hatte, schwand rasch.
- Der Zar wollte Konstantinopel und die Dardanellen-Meerenge, aber das stand im Widerspruch zu den Zielen der Briten und Franzosen. Frankreich hatte ein Auge auf Syrien geworfen, Großbritannien gierte nach Persien und allem, was man auf dem Weg nach Indien noch einsammeln konnte. Egal, was man öffentlich erklärte – für keinen von beiden kam infrage, dass Russland in Konstantinopel das Sagen hatte.
- Der russische Außenminister Sergei Sasonow hegte Zweifel, was die Absichten der anderen Alliierten anbelangte. Gleichzeitig wuchs in

Petrograd das Gefühl, Russland habe in diesem Krieg eine unverhältnismäßig große Last zu tragen.

- Die Geheime Elite musste den Eindruck erwecken, Russlands Pläne fänden in London und Paris Unterstützung, ansonsten bestand die Gefahr, dass sich das Zarenreich aus den Kämpfen zurückzog. Gleichzeitig musste jedoch gewährleistet sein, dass die Russen Konstantinopel nicht in die Hand bekamen.
- Maurice Hankey erstellte am 26. Dezember 1914 das »Boxing Day Memo«, in dem er anregte, dass die Briten die Dardanellen angriffen.
- Der britische Militärattaché in Petrograd, Hanbury-Williams, setzte dem russischen Oberkommandeur, Großfürst Nikolai Nikolajewitsch, einen Floh ins Ohr: Könnten nicht vielleicht die Briten etwas gegen die Osmanen unternehmen?
- Das wurde umgedeutet in ein Hilfsgesuch des Großfürsten, mit einer Militäraktion die Russen von dem Druck zu befreien, dem sie sich im Kaukasus ausgesetzt sahen.
- Churchill griff das Thema auf und schlug einen Angriff der Flotte auf die Dardanellen vor. Praktisch jeder ranghohe Admiral hielt dies für nicht machbar. Aber Churchill musste einfach immer im Rampenlicht stehen.

Kapitel 9

Die Dardanellen

Von Anfang an zum Scheitern verurteilt

Ein Angriff auf die Dardanellen würde niemals erfolgreich sein können. Das wusste man bei der Geheimen Elite, aber einen Erfolg strebte sie auch gar nicht an. Die Meerenge – und damit in der Konsequenz auch Konstantinopel – für die Russen zu erobern, war überhaupt nicht das, was der Geheimbund im Sinn hatte. Ihm ging es einzig darum, den Eindruck zu erwecken, Großbritannien bemühe sich nach Leibeskräften darum, die Operation zu einem Erfolg zu machen. Die Admiräle wussten nicht, welche geopolitischen Überlegungen hinter dem Befehl standen, die Dardanellen anzugreifen. Die Geheime Elite benötigte eine Strategie, die Kritik der Admiräle zum Verstummen zu bringen.

Churchill durchstöberte die Ränge in der Admiralität auf der Suche nach jemandem, der sein Vorgehen gutheißen würde. Er schickte Vizeadmiral Sackville Carden, dem Kommandeur des britischen Mittelmeergeschwaders, ein Telegramm mit der Frage, ob es praktisch denkbar sei, die Dardanellen von der See aus zu erobern, und fügte diesmal noch einen Kommentar hinzu in der Hoffnung, dass er das Urteil des Admirals beeinflussen werde: »Die Bedeutsamkeit der Ergebnisse würde schwere Verluste rechtfertigen.« Diese gefühllose Missachtung für das Leben anderer war typisch für Churchill und seine Spießgesellen.

Der übereifrige Carden antwortete am 5. Januar verhalten optimistisch: »Ich glaube nicht, dass die Dardanellen im Handstreich zu nehmen sind, aber durch eine langwierigere Operation mit einer großen Zahl von Schiffen könnte es möglich sein.« Endlich hatte Churchill so etwas wie Rückendeckung seitens der Marine erhalten. Am nächsten Tag versicherte er dem Vizeadmiral, dass »hohe Autoritäten hier Ihre Ansicht teilen«, und fragte, wie viele Schiffe er benötigen würde. Vizeadmiral Carden ging davon aus, dass es sich bei den »hohen Autoritäten« auch um die Admiräle Fisher und Sir Arthur Wilson handeln würde, die Vertreter der Admiralität im Kriegsrat.[1] Churchill hatte aus ihm die Antwort herausgekitzelt, die er hatte hören wollen. Es gab keine »hohen Autoritäten«, nicht eine, die seiner Meinung war. Sowohl der Erste Seelord Lord Fisher als auch Admiral Frederick Tudor hatten unverblümt erklärt, dass die Navy die Dardanellen nicht würde erobern können. Admiral Sir Arthur Wilson war als Churchills »strategischer Berater« aus dem Ruhestand zurückgeholt worden, wurde aber nicht nach seiner Meinung gefragt – Churchill wusste sehr wohl, dass Wilson niemals den Wahnsinn gutheißen würde, den ein seeseitiger Angriff auf die stark verminte Meerenge darstellte.

Die Mainstream-Historiker wollen uns weismachen, es sei alles korrekt und mit rechten Dingen abgelaufen. Wenn dem so wäre, hätte sich Churchill doch gewiss mit Konteradmiral Arthur Limpus in Verbindung gesetzt, dem größten Experten der Admiralität, was die Dardanellen anging. Der ehemalige Leiter der britischen Marinemission in Konstantinopel war »der Mann mit intimen Kenntnissen über die Türken und die Verteidigung der Dardanellen«, [2] und zwar inklusive »all ihrer Geheimnisse«.[3] Und dennoch ließ Churchill ihn links liegen? Warum? Die krasse Wahrheit: Churchill wusste, dass Limpus sein Vorhaben ebenso ablehnte wie die Admiräle Fisher, Tudor und Jackson.[4] Limpus war überzeugt, dass der erste Schritt bei einem Angriff auf die Dardanellen in der amphibischen Landung von Truppen bestehen musste.[5] Die Kriegsmarine allein würde der Aufgabe nicht gewachsen sein.

Es war nicht das erste Mal, dass diese Meinung mit allem Nachdruck geäußert worden war. 1906 erachtete die Admiralität einen Angriff auf die Dardanellen als zu riskant. Ihr Urteil: Es bedurfte »einer gemeinsamen Expedition von Flotte und Heer«.[6] Churchill höchstpersönlich hatte noch

1911 erklärt, dass es »nicht länger möglich sei, die Dardanellen zu erobern«.[7] 4 Jahre später war die Angelegenheit aus politischen und geostrategischen Gründen so wichtig geworden, dass er die höheren Ränge der Marine solange abklapperte, bis er eine Antwort erhielt, die ihm passte. Vizeadmiral Carden wurde nicht informiert, dass es einen breiten Konsens gab, der einen ausschließlich mit Kriegsschiffen durchgeführten Angriff auf die Dardanellen ablehnte. Ihm war versichert worden, »hohe Autoritäten« teilten seine Einschätzung. Der arme Carden. Der Mann, der damit beauftragt wurde, einen Angriff der Flotte auf die Dardanellen vorzubereiten, war ausgerechnet derjenige, der über das geringste Knowhow verfügte. Er erhielt keinen Zugang zu der geballten Menge an Wissen, die Admiral Limpus, Botschafter Mallet und andere über die Verteidigungsanlagen der Dardanellen zusammengetragen hatten. Carden wurde in eine Lage gebracht, in der er bei einem Scheitern des Vorhabens den perfekten Sündenbock abgeben würde – und scheitern sollte das Vorhaben.

Am 6. Januar 1915 fragte Winston Churchill Sackville Carden per Telegramm, wie viele Schiffe er benötige, um durch die Dardanellen zu brechen, und wie sein Plan aussähe? Fünf Tage später antwortete Carden und schlug eine Flotte aus 12 Schlachtschiffen, 3 Schlachtkreuzern, 3 leichten Kreuzern, 16 Zerstörern, 6 U-Booten, 4 Wasserflugzeugen und 12 Minenräumern vor. Zusätzlich würde er ein Dutzend Versorgungsschiffe benötigen. Langsam, aber sicher wurde Carden die Verantwortung für eine Operation übertragen, die von vornherein als Fehlschlag angelegt war.

Seine Antwort war im Grunde kein Plan, sondern benannte lediglich die Reihenfolge, in der die Schiffe die Forts der Dardanellen angreifen würden.[8] Dennoch präsentierte Churchill ab diesem Augenblick Cardens Liste, als handele es sich um eine sorgfältig abgewogene Strategie. Der alte Vizeadmiral stellte sich vor, dass zunächst die Schlachtschiffe aus großer Entfernung die äußeren Forts beschießen würden, die den Eingang zu den Dardanellen bewachten. Dann sollten die Minenräumer einen Weg für die Schlachtschiffe freiräumen, damit diese Stück für Stück vorrücken und die Befestigungen zerschießen könnten. Dabei ging Carden in seiner Ignoranz weiterhin davon aus, dass die Geschütze seiner Schiffe dieser Aufgabe gewachsen wären. Er hatte keine Ahnung, dass es bergeweise vertrauenswürdige Erkenntnisse der Marineaufklärung gab, wonach sich die Befestigungen auf den Dardanellen nur auf einem Weg würden ausschalten ließen: Truppen mussten in größerer Zahl angelandet werden.

Bei einem Treffen des Kriegsrats am 13. Januar präsentierte Churchill Cardens »Plan«. Es wurde wenig darüber debattiert, und entscheidende Punkte von zentraler Bedeutung wurden ignoriert. Kitchener weigerte sich weiterhin, Truppen für einen gemeinsamen Angriff von Heer und Marine abzustellen. Er fand das Vorhaben »einen Versuch wert«, und es gab keine Gegenstimmen.[9] Ranghohe Figuren aus Marine und Heer wurden nicht um ihre Meinung gebeten und gaben sie freiwillig auch nicht ab. Sie gingen nicht konform mit Churchill und Kitchener, aber aus »Loyalität« stellten sie den Gehorsam an allererste Stelle.[10] Ihre Erfahrung blieb ungenutzt. Sir Edward Grey erkannte »große politische Aussichten«, Arthur Balfour erklärte, man könne sich nur schwerlich ein nützlicheres Unterfangen vorstellen.[11] Welcher »Experte« war bereit, die Geheime Elite anzuzweifeln und damit seine berufliche Laufbahn zu riskieren?

Churchill trieb das Thema weiter voran, aber in einer verblüffenden Notiz an Asquith, Grey und Kitchener erklärte er am 14. Januar: »Stehen keine ausreichenden Militärkräfte bereit, um nach der Bombardierung die Forts zu stürmen und zu halten, dann gibt es keinerlei Mittel, gute Ergebnisse herbeizuführen.« Ein wichtiges Eingeständnis, denn es bedeutet, dass er wusste, die Festungsanlagen der Dardanellen würden sich ohne angemessene Unterstützung von Bodentruppen nicht zerstören lassen. So unmittelbar war die politische Bedrohung geworden, die Russland darstellte, dass er willens war, einen Angriff abzusegnen und dabei den nicht unwesentlichen Punkt zu ignorieren, dass ein derartiger Angriff keine Erfolgsaussichten hatte.[12]

Die Experten der Admiralität blieben unbeirrbar bei ihrer Meinung und Admiral Sir Henry Jackson warnte Churchill: Phase eins von Cardens »Plan« könnte erfolgreich sein und dazu führen, dass die äußeren Fortanlagen zerstört werden würden; doch verfügten die Osmanen über mindestens 200 von Krupp hergestellte 15-Zentimeter-Geschütze, und die müsse man alle ausschalten. Diese großkalibrigen Kanonen waren mobil, gut getarnt oder vor Direktbeschuss von der Seeseite geschützt. Zerstören ließen sie sich nur durch Bodentruppen direkt vor Ort.[13] Experten im Kriegsrat versuchten Churchill zu verdeutlichen, dass Geschütze auf Kriegsschiffen deutlich weniger präzise feuerten als Batterien an Land, doch »er verhexte sie derart, dass sie in gleichgültiges oder unterwürfiges Stillschweigen verfielen angesichts eines Vorhaben, von dem sie wussten, dass es auf einer Serie monströser technischer Denkfehler beruhte«.[14] Es waren nicht die militärischen Fähigkeiten der Osmanen, die den Admirälen Kopfschmerzen bereiteten, sondern der Wahnsinn dessen, was man ihnen abverlangte.[15] Wohlwissend, dass ein Veto scheitern würde, segnete der von der Geheimen Elite dominierte Kriegsrat Cardens »Plan« ab. Der Admiral erhielt Befehl, im Februar einen Marine-Einsatzverband vorzubereiten, der »mit dem Ziel Konstantinopel die Halbinsel Gallipoli beschießt und erobert«. Allein die Vorstellung, dass Schiffe eine Halbinsel, egal welche, erobern könnten, ist für sich genommen schon völlig absurd.

Beschlossen wurden diese Pläne, ohne dass Russland eingeweiht war. Wie würde das Zarenreich reagieren? Hanbury-Williams mochte am Hof viel Einfluss haben, dennoch rechnete das Foreign damit, dass die Russen die Absichten der Briten durchschauen könnten. Am 16. Januar warnte Sir Edward Grey: »Wir müssen Russland etwas sagen. Nicht unbedingt in allen Einzelheiten, aber ansonsten werden die Russen denken, wir kommen ihnen zuvor, um ihre Absichten bezüglich Konstantinopel zu durchkreuzen. Aufhänger für unsere diesbezügliche Kommunikation wäre der Appell, den der Großfürst vor einigen Tagen an uns richtete, durch eine Ablenkung einen zu starken Druck der Türken im Kaukasus abzuwenden.«[16] Anders formuliert: Hanbury-Williams deutet gegenüber dem Großfürsten etwas an, und dieser »Appell« dan den Großfürsten dient dem britischen Außenministerium nun dazu, sein Vorgehen zu rechtfertigen. »Wir machen das doch für euch« – diese Behauptung schimmert durch, aber wie Grey es bereits klar formulierte: Die eigentliche Absicht bestand darin, Russlands Griff nach Konstantinopel zu verhindern.

Am 19. Januar schrieb Churchill dem Großfürsten, dass Großbritannien als Reaktion auf seine »Bitte« ernsthafte Anstrengungen unternehmen werde, den Widerstand der Osmanen zu durchbrechen.[17] Großzügig deutete Churchill an, dass russische Unterstützung zu See und an Land wertvoll sein würde, dabei wusste er nur zu gut, dass die Russen keinerlei Ressourcen hatten. Der Großfürst begrüßte die britischen Pläne, bestätigte aber auch, dass weder seine Flotte noch sein Heer zur Unterstützung der Operation zur Verfügung stehen würden.[18] Und so segnete der russische Oberkommandeur, ohne es zu wissen, den Plan der Geheimen Elite ab, Russland in Schach zu halten.

Sergei Sasonow war nicht so gutgläubig. Als der britische Botschafter ihn über die angedachte Aktion informierte, so Sasonow später, »missfiel mir zutiefst der Gedanke, dass es unsere Verbündeten und nicht russische Truppen sein sollten, die die Meerenge und Konstantinopel einnehmen«.[19] Das zeigt, wie groß Sasonows (berechtigtes) Misstrauen war.[20] Der russische Außenminister fragte sofort bei den Kommandeuren der zaristischen Flotte nach, ob sie sich an der Eroberung der Meerenge beteiligen könnten. In Erwartung einer negativen Antwort stellte er die Frage, »ob es nicht besser wäre, unsere Verbündeten angesichts der zu unseren Gunsten verbesserten Situation im Kaukasus zu bitten, die beabsichtigten Aktionen gegen die Dardanellen aufzuschieben«. Sasonow hatte den Braten gerochen, aber seine militärischen Kollegen beteuerten ihm gegenüber, es sei nahezu unmöglich, dass die Marine der Alliierten die Meerenge eroberte.[21]

In London hatte man dem Ersten Seelord Admiral Fisher ganz offensichtlich die Lüge serviert, es sei der russische Oberkommandeur, der auf dem Angriff der Flotte bestehe. Er schrieb: »Anscheinend hat Großfürst Nikolajewitsch diesen Schritt verlangt, ansonsten würde er wohl Frieden mit Deutschland schließen.« Fisher weiter: »Sofern nicht eine große Veränderung erfolgt und es zu einer militärischen Operation wird, bei der 200 000 Mann gemeinsam mit der Flotte zum Einsatz kommen, verabscheue ich die Dardanellen-Operation.« Der Admiral wollte ein gemeinsames Vorgehen von Flotte und Heer oder gar keine Operation.[22] Am 25. Januar bat Fisher Churchill darum, seine Einschätzung den anderen Mitgliedern des Kriegsrats mitzuteilen, aber weder der Premierminister noch ein anderes Mitglied hatten um seine Meinung und seine Einwände gebeten.[23] Fishers Ansichten wurden genauso ignoriert wie die von Victor Augagneur, dem ehemaligen französischen Marineminister. Bei einem Treffen in London am 26. Januar informierte er Churchill, dass der Nachrichtendienst der französischen Marine der Meinung sei, eine ausschließlich von der Flotte durchgeführte Operation werde voraussichtlich nichts bringen. Die Franzosen waren fest davon überzeugt, dass zunächst Bodentruppen einen Weg freiräumen müssten. Genau wie Fisher verschwendete auch Augagneur seine Zeit. Auch die Franzosen sollten bei der Aktion Schiffe und Menschen verlieren, aber alle Entscheidungen, die die Angriffe auf die Dardanellen/Gallipoli betraf, wurden gefällt, ohne dass die Franzosen bei der Strategie und der Taktik ein Wörtchen mitzureden hatten. Sie wurden nur auf dem Laufenden gehalten.[24]

Die Experten waren sich also nahezu geschlossen einig: Der Versuch, die Dardanellen durch einen Angriff vom Meer aus zu erobern, war zum Scheitern verurteilt. Dennoch trieb der Kriegsrat am 28. Januar 1915 die Vorbereitungen voran. Aus aller Welt wurden Kriegsschiffe und Tender angewiesen, Limnos in der Ägäis anzusteuern. Die griechische Insel verfügt mit der Bucht von Moudros über einen großen natürlichen Hafen und liegt nur 3 Stunden Fahrt vom Eingang zu den Dardanellen entfernt. Die für die Aufgabe vorgesehenen Schlachtschiffe waren alt und nicht mehr zeitgemäß – tatsächlich galten sie als nicht geeignet für einen Einsatz in der Nordsee.[25] Die einzige Ausnahme war die *HMS Queen Elizabeth,* ein moderner, ölbetriebener Dreadnought. Admiral Fishers Hauptanliegen war es, die Grand Fleet nicht zu schwächen, während Churchill zeigen wollte, dass er ausreichend Schiffe für einen Angriff auf die Dardanellen zusammen bekäme, ohne die Verteidigung der Nordsee zu gefährden.[26] Bodentruppen waren nicht vorgesehen, aber Konteradmiral James Oliver, Leiter des Kriegsstabs der Admiralität, riet Churchill dazu, zwei Bataillone der Royal Naval Division mitzunehmen. Es handelte sich um rund 2000 Mann, die von Schiffen und Küsteneinrichtungen abgezogen wurden, in erster Linie also um Matrosen, die als Infanterie eingesetzt wurden. Olivers Kommentar dazu: »Sie sind ziemlich übel, aber für die schwachen türkischen Truppen, die jetzt in Gallipoli stationiert sind, sollten sie ausreichen.«[27] Zehntausende Mann sollten im Kampf gegen diese »schwachen« Truppen fallen, Konteradmiral Oliver dagegen hatte Glück: Er starb als Hundertjähriger friedlich in seinem Bett.

Am 29. Januar schrieb Admiral Fisher erneut an Churchill, und man kann herauslesen, wie sehr es ihn wurmte, dass sein Ratschlag ignoriert wurde: »Bis ans Ende der Zeit wird man sich wundern, warum keine Truppen zur Zusammenarbeit mit der Flotte mitgeschickt wurden, wo doch eine halbe Million Soldaten in England stehen.«[28] Doch vergeblich: Fisher verlor seinen Kampf innerhalb des Kriegsrats, und obwohl er unmöglich und unrealistisch war, wurde Cardens »Plan« offiziell abgesegnet. Ein Feldzug in dieser Größenordnung erfordert monatelange, detailreiche Planungsarbeit von Heer und Flotte, es braucht sorgfältige Vorbereitungen, und vor allem wurden ausreichende Mengen an Bodentruppen benötigt. Hier wurde nicht eine einzige dieser Voraussetzungen erfüllt. Die Flotte sollte »ohne die Hilfe eines einzigen Infanteristen ein Unterfangen versuchen, das in den frühen Tagen des Kriegs sowohl von Admiralität als auch vom Kriegsministerium als Aufgabe für das Heer erachtet worden war«.[29] Admiral Lord Nelson hatte den weisen Rat ausgesprochen, dass kein Schiff jemals ein Fort angreifen solle, und nahezu jeder Admiral der Flotte stimmte dieser Aussage zu – und dennoch wurde all dies bewusst ignoriert.[30] Jeder Aspekt des geplanten Angriffs schrie geradezu danach, gründlicher überprüft zu werden, aber die Mainstream-Historiker akzeptieren einfach, dass der Kriegsrat der Richtung folgte, die Winston Churchill vorgab. Auf sich gestellt, verfügte er nicht über ausreichend Einfluss, aber mit der Rückendeckung von Grey und dessen Außenministerium konnte Churchill für die Ziele der Geheimen Elite werben und sich grünes Licht für das weitere Vorgehen sichern.

Die Verteidigung der osmanischen Truppen bestand vor allem in Minen, die in mehreren Reihen quer über die Meerenge gelegt worden waren. Die Geschütze und Befestigungsanlagen dienten in erster Linie dazu, die Minengürtel zu schützen. 111 Geschütze waren auf der europäischen Seite der Meerenge stationiert, weitere 121 auf der asiatischen.[31] Zur Unterstützung der osmanischen Artillerie waren zudem 24 schwere mobile Haubitzen herangezogen worden. Um das Feuer der Kriegsschiffe auf falsche Ziele zu lenken, hatten die Truppen Geschützattrappen aufgebaut, die Rauch ausstoßen konnten.[32] Und schließlich hatten die Osmanen noch an verschiedenen Stellen entlang der Dardanellen landgestützte Torpedorohre installiert. So gewaltig waren die Verteidigungsanlagen, dass Maurice Hankey im Februar 1915 berichtete: »Von Lord Fisher abwärts glaubt jeder Marineoffizier in der Admiralität, der in das Geheimnis eingeweiht ist, dass die Flotte die Dardanellen nicht ohne Bodentruppen wird erobern können.«[33] »Jeder Marineoffizier« hielt das Unterfangen für unmöglich, aber das wusste die Geheime Elite ja längst.

Unter den ranghohen Marineoffizieren wuchs der Widerstand gegen das Vorhaben weiter und weiter, sodass am 16. Februar eine spontane Sitzung des Kriegsrats einberufen wurde. Kurz vor dem Treffen bestellte Kitchener einen seiner Nachrichtendienstoffiziere, Captain Wyndham Deedes, in sein Büro. Deedes hatte mehrere Jahre lang mit der osmanischen Armee gearbeitet und dabei die Verteidigungsanlagen auf den Dardanellen gründlich studiert. Kitchener bat ihn um seine Meinung, was die Erfolgsaussichten eines reinen Angriffs von See her anbelangt. Deedes' Antwort: Es handele sich um einen grundlegend heiklen Vorschlag. Verärgert schickte Kitchener den gut informierten Offizier fort, nicht ohne ihm zu erklären, dass er gar nicht wisse, wovon er rede.[34] Kitchener und die Geheime Elite standen vor einem Dilemma: Sie hatten sich auf eine Vorgehensweise verständigt, die dafür sorgen sollte, dass Russland weiter Krieg führte und nicht nach Konstantinopel gelangte, aber Widerstand leistende Mitglieder der Streitkräfte, die nichts von dem Geheimbund und dessen Ränken wussten, wurden immer mehr zur Belastung.

Bei der Sitzung am 16. Februar bemühte sich der Kriegsrat darum, den Kritikern den Wind aus den Segeln zu nehmen. Kitchener stimmte zu, »innerhalb von 9 oder 10 Tagen« die 29. Division, die über eine Sollstärke von 18 000 Mann verfügte, nach Limnos zu entsenden. Aktuell befand sich die Division in England und war eigentlich für die Westfront vorgesehen. Zusätzlich wurden 34 000 Mann, die in Ägypten auf ihre Verlegung nach Frankreich warteten, »für den Notfall« in Bereitschaft versetzt. Es handelte sich um Einheiten aus Australien und Neuseeland, das sogenannte Anzac-Armeekorps. Diese plötzliche Kehrtwende bedeutete nun allerdings nicht, dass aus Cardens »Plan« eine gemeinsame Aktion von Heer und Flotte werden würde. Es war eine rein kosmetische Maßnahme, ein Kompromiss. Um die vielfach geäußerte Kritik zurückzuweisen, konnte man nun behaupten, dass es sich um eine umfassende Offensive handele, aber grundlegend geändert hatte sich gar nichts. Der Angriff sollte am 19. Februar beginnen. Er wurde nicht verschoben, um auf das Eintreffen der Truppen zu warten, und »der Kriegsrat hatte nicht einen Gedanken darauf verschwendet, was diese Truppen tun sollten«.[35] Churchill und Kitchener waren sich einig: »Die Flotte sollte durch die Meerenge brechen, bevor die Truppen benötigt werden würden.«[36]

Frankreichs Regierung hatte zugestimmt, 20 000 Soldaten für die Operation abzustellen. Am 18. Februar drängte Paris London, mit der Aktion zu warten, bis die Einheiten bei den Dardanellen eingetroffen seien. Londons Antwort: »Die begonnene Flottenaktion kann nicht unterbrochen werden.« Das war gelogen. Es war noch nicht ein Schuss abgefeuert worden, aber die Meinung Frankreichs schien bei der Gallipolikampagne ohnehin nicht viel zu zählen. Und es wurde noch komplizierter, denn Kitchener warf alle Pläne für den Einsatz von Heereseinheiten über den Haufen. Am nächsten Tag, also exakt an dem Tag, als der Beschuss der Dardanellen begann, widerrief er den Einsatzbefehl der 29. Division. Die Truppentransporter, die bereits vor Ort waren, um die Männer nach Limnos zu bringen, wurden in alle Richtungen zerstreut. Kitchener begründete die Entscheidung damit, dass diese Einheiten angesichts von Rückschlägen der russischen Streitkräfte in Frankreich benötigt werden würden. Aber sein Beschluss war nicht final, er ließ sich ein Hintertürchen offen, indem er erklärte, die 29. würde zu einem späteren, nicht näher definierten Zeitpunkt zu den Dardanellen geschickt werden können – »falls erforderlich«.

Kitchener zufolge würden die australischen und neuseeländischen Divisionen aus Ägypten »zunächst ausreichen« für einen Angriff auf die Halbinsel Gallipoli. Als Premierminister Asquith später Kitchener fragte, ob die Anzacs »gut genug« für die Aufgabe seien, erwiderte Kitchener: »Sie würden gut genug sein, wenn man über nichts weiter als eine Kreuzfahrt im Marmarameer nachdächte.«[37] Was ging bloß im Kopf des Kriegsministers vor sich? Auf der einen Seite galten die Einheiten als »ausreichend« für einen Angriff auf Gallipoli, gleich darauf erklärt Kitchener, sie würden höchstens für eine Kreuzfahrt taugen. Was hat er sich nur gedacht? War er verwirrt, war er vorsätzlich verschlagen oder war er einfach nur völlig verrückt?

Am 19. Februar 1915 begann um 9:15 Uhr Phase eins von Vizeadmiral Cardens Plan – der seeseitige Angriff. Aus großer Entfernung wurden die Festungsanlagen und Verteidigungseinrichtungen in Sedul-Bahr auf der europäischen Seite und in Kumkale auf der asiatischen Seite unter Beschuss genommen. Der Beschuss dauerte den gesamten Vormittag über an, nachmittags befahl Carden seinen Schiffen, sich bis auf rund 5500 Meter zu nähern. Als die türkischen Batterien das Feuer nicht erwiderten, trauten sich einige

Schiffe noch dichter heran und beschossen das Ufer. Langsam wurde es dunkel, und bislang hatten nur zwei der kleineren Forts das Feuer erwidert, deshalb rief Carden seine Schiffe zurück. Eines war klar geworden: Die Flotte musste viel dichter an die Küste heranfahren und jedes osmanische Geschütz einzeln bekämpfen.[38] Hatte es zunächst so ausgesehen, als sei der Beschuss aus großer Distanz sehr erfolgreich gewesen, erwies sich dies rasch als Trugschluss. Die Hoffnung, mit schweren Schiffsgeschützen die Ziele an Land ausschalten zu können, war eine Illusion.[39] Es war alles exakt so, wie es die Fachleute vorausgesagt hatten. In jener Nacht kippte das Wetter, und 5 Tage lang machten raue See, bitterkalte Winde, Eisregen und Schnee weitere Angriffe unmöglich.

In London kam am 24. Februar der Kriegsrat zusammen, anschließend informierte Churchill Carden per Telegramm, dass zwei Anzac-Divisionen, die Royal Naval Division und eine französische Division, bereitstünden und in seine Nähe verlegt werden könnten. »Es ist jedoch nicht beabsichtigt, sie unter den derzeitigen Umständen zur Unterstützung der Marineoperationen einzusetzen. Diese sind unabhängig und autark.« In einem weiteren Telegramm von jenem Tag warnte Churchill Carden noch einmal davor, größere Militäroperationen in Angriff zu nehmen.[40] War Churchill genauso durchgedreht wie Kitchener? Nein, sie arbeiteten beide nur auf die Erfüllung dessen hin, was die Geheime Elite vorgegeben hatte: Russland sollte den Eindruck bekommen, beim Angriff auf Gallipoli handele es sich um eine ernst gemeinte Militäroperation, die zum Nutzen der Russen stattfinde.

Am 25. Februar legte sich der Sturm. Unter Führung von Vizeadmiral John de Robeck wurde die Einfahrt in die Meerenge angegriffen. Unter schwerem Beschuss zogen sich die osmanischen Kanoniere zurück, und zum Abend hin waren die äußeren Festungen erfolgreich zum Schweigen gebracht worden. Am nächsten Tag konnten sich Gruppen von Marineinfanteristen ungehindert entlang der Spitze der Halbinsel Gallipoli bewegen. Sie sprengten zurückgelassene Geschütze und zerstörten Geschützstände. Das Tor nach Konstantinopel stand offen – hätten die Alliierten 70 000 Mann vor Ort gehabt, wäre Gallipoli möglicherweise gefallen. Aber das war ja niemals das Ziel gewesen.

Die Woche darauf war es bereits wieder zu spät. Nachdem die Verteidiger merkten, dass sie es nicht mit einer großen Invasion zu tun hatten, kehrte ihr

Selbstvertrauen zurück. Sie schlugen mit schwerem Gewehrfeuer die Marineinfanterie zurück. Das Marinebataillon verlor insgesamt 23 Mann, 25 wurden verwundet, 4 wurden vermisst. Angesichts dessen, was noch folgen sollte, handelte es sich nur um ein kleineres Scharmützel, entscheidend daran aber war, dass die Moral der türkischen Truppen gestiegen war. Vor dem 25. April wurden keine weiteren Landungen mehr versucht, aber zu diesem Zeitpunkt hatten die Osmanen die Verteidigungsanlagen wiederaufgebaut und beträchtlich verstärkt.

Die Dardanellen waren stark befestigt. 370 Minen hatte die osmanische Flotte in 10 Reihen quer über die Meerenge gelegt, dazu kam eine 11 Reihe mit 26 Minen, die etwa 1 Kilometer parallel zum Strand der Eren-Keui-Bucht verlief. Admiral Carden hatte die mächtigen Minenräumer der Royal Navy angefordert, geschickt hatte die Admiralität unbewaffnete Fischerboote, die mit Freiwilligen bemannt waren und von einem Marineoffizier kommandiert wurden, der keinerlei Erfahrung im Minenräumen besaß.[41] Die Aufgabe, vor der die Trawler standen, war enorm schwierig, vor allem nachts, wenn starke Suchscheinwerfer die Boote erfassten und die Osmanen mit Feldhaubitzen und Feldartillerie das Feuer eröffneten. Es war ein Teufelskreis: Die Behelfsminenräumer konnten ihre Aufgabe nicht erledigen, solange die Artillerie nicht ausgeschaltet war, aber solange die Minen nicht geräumt waren, kamen die Schlachtschiffe nicht dicht genug heran, um die Geschütze ausschalten zu können.[42] Der Beschuss erreichte nur wenig. Tatsächlich »vernichtete er sämtliche Hoffnung auf einen Überraschungseffekt und war direkt dafür verantwortlich, dass der Feind seine Abwehr verstärkte und seine Möglichkeiten verbesserte, sich gegen eine militärische Landung zur Wehr zu setzen«.[43]

An der politischen Front nahm der Druck seitens Russland unterdessen weiter zu. Außenminister Sir Edward Grey warnte, dass Russland die Kontrolle über die Meerenge einfordere und auf sofortige Antwort dränge. Unterbreite Großbritannien kein detailliertes Angebot, werde Deutschland die Gelegenheit nutzen, mit Russland Frieden zu schließen, sagte der ehemalige Kriegsminister Richard Haldane, Mitglied im Kriegsrat.[44] Zar Nikolaus informierte den französischen Botschafter, dass sein Volk furchtbare Opfer erbringe, ohne einen Lohn dafür zu erhalten, und dass die Menschen sich erst dann zufrieden geben würden, wenn Konstantinopel Teil des Zarenreichs sei.[45] Um den Druck auf die Alliierten zu steigern, drohte Sasonow mit Rücktritt. Er verdeutlichte, dass er in diesem Fall sofort durch Graf Sergei Witte ersetzt werden würde, der mit den Deutschen sympathisierte und vermutlich eine Übereinkunft mit dem Kaiserreich anstreben würde.[46] Weiter und weiter drehten die Russen an den Schrauben, und die Entscheidungen des Kriegsrats waren geprägt von der Notwendigkeit, die Russen daran zu hindern, von der Fahne zu gehen.[47] Die Berater des Zaren wussten, dass ein Angriff der Flotte scheitern würde, wenn er nicht von Bodentruppen begleitet werden würde. Kitchener hatte keine Wahl mehr: Die Briten mussten sich mehr ins Zeug legen, um Russland davon zu überzeugen, wie ernst es ihnen war.

Kitchener gab dem Druck nach und entschied am 10. März, tatsächlich die 29. Division nach Gallipoli zu entsenden, wo sie sich den 34 100 Mann des Anzac-Korps anschließen sollten, die zu diesem Zeitpunkt in Ägypten standen. Hinzu kam noch eine französische Division mit 20 000 Mann. Kitchener hatte also wieder einmal seine Meinung geändert. Nach 3 Wochen »Hü und Hott« durfte die Division endlich in Richtung Gallipoli aufbrechen,[48] aber die Verzögerung sollte gewaltige Konsequenzen haben. Churchill schrieb später: »Ohne die 29. Division konnte die Armee nichts tun. Sie waren die Profis, auf die es ankam, die einzige reguläre Division, deren Bewegung und deren Eintreffen alles andere diktierte.«[49] In der Tat: Die Gelegenheit war verstrichen, aber wenn es eine Person gab, der man vorwerfen kann, sich nicht für ein gemeinsames Vorgehen von Marine und Heer stark gemacht zu haben, dann war es Churchill selbst. Laut einem offiziellen Bericht der Osmanen wäre es bis zum 25. Februar möglich gewesen, »an irgendeinem Punkt der Halbinsel anzulanden und vergleichsweise einfach die Meerenge zu besetzen«.[50] Doch als die Kriegsschiffe die Forts auf den Dardanellen angriffen, ohne in der Hinterhand über ausreichend Männer zu verfügen, die auf den Dardanellen landen und sie halten konnten, verstrich die günstige Gelegenheit komplett. Der Angriff von See erwies sich als kontraproduktiv, diente er doch einzig dazu, den Türken ausreichend Zeit zu verschaffen, ihre Abwehrmaßnahmen zu verbessern.

Der Kriegsrat intervenierte. Am 23. Februar war General William Birdwood ausgesandt worden, um »die Lage einzuschätzen«. Sein Urteil unterschied sich nicht von dem derjenigen, die die ranghohen Flottenoffiziere abgegeben hatten: Die Flotte würde die Dardanellen nicht erfolgreich angreifen können, dazu wären große Mengen an Infanterie erforderlich. Es ging nur über eine gemeinsame Operation.[51] Doch Birdwood erlitt dasselbe Schicksal wie alle vor ihm, die derselben Meinung gewesen waren – seine Einschätzung wurde ignoriert. Von den Personen in Machtpositionen war niemand willens, öffentlich einzuräumen, dass ein Beschuss mit Kriegsschiffen vergebene Liebesmüh war. Der arme Carden mühte sich nach Leibeskräften, aber es würde niemals reichen. Am 11. März wurde ein weiterer Vorstoß unternommen, und die Schiffe gerieten in schweres Feuer. Die Minenräumer flohen vom Schlachtfeld. Es waren unmögliche Zustände. Hatte man denn ernsthaft erwartet, dass sich einfache Fischer über Nacht in erfolgreiche Minensucher verwandelten?

Am selben Tag informierte Kitchener den Kriegsrat, er werde General Sir Ian Hamilton beauftragen, ein Mittelmeer-Expeditionskorps zusammenzustellen. 24 Stunden nach dieser völlig überraschenden Beförderung und ohne das erforderliche Briefing oder die erforderlichen Planungen saß Hamilton schon in einem Sonderzug, der quer durch Frankreich nach Marseille jagte. Dann ging es mit dem schnellen Kreuzer Phaeton weiter ins östliche Mittelmeer. Am 17. März traf er auf der Insel Tenedos ein (heute: Bozcaada), wo er Vizeadmiral Carden vor Erschöpfung und Sorge kollabiert vorfand. Kein Wunder. Unter normalen Umständen hätte das Kommando dem außergewöhnlich kompetenten Admiral Limpus übertragen werden müssen, dem ehemaligen Leiter der Marinemission im Osmanischen Reich. Niemand wusste besser über die Dardanellen und die Minenfelder Bescheid als er.[52] Und die Minenfelder mussten weg, ansonsten bliebe die sichere Durchfahrt durch die Meerenge eine Illusion. Trotz all seiner Schwächen und Fehler wusste Carden das sehr wohl. Er hatte das Gefühl, dass ihm die Admiralität in den Rücken gefallen war, als sie sich weigerte, ihm spezielle Minenräumer zur Verfügung zu stellen. Fischerboote waren dieser Aufgabe nun mal nicht gewachsen. Insgesamt unternahmen sie siebzehn Versuche, drangen dabei aber nur zwei Mal zum zentralen Minenfeld vor. Von den insgesamt fast 400 Minen wurden gerade einmal 2 geräumt.[53] Für das Ausmaß des Scheiterns fehlen einem die Worte, aber die Schuld liegt ganz gewiss nicht bei den Fischern, die sich freiwillig gemeldet hatten.

General Hamilton war überrascht, wie stark die Küste von Gallipoli befestigt war, aber sein erster Schock war nichts im Vergleich zu dem, was er am nächsten Tag mit ansehen musste. Am 18. März machten die Briten Ernst, was die Angriffe auf die Dardanellen anging. Der Himmel war klar, die See war ruhig, als die Hauptstreitmacht mit Schlachtschiffen und Schlachtkreuzern in drei Divisionen von je vier Schiffen in die Meerenge einfuhr. Ihnen folgten Kreuzer, Zerstörer und die Trawler, die nun von der Royal Navy bemannt wurden. Die erste Division (Linie A) bestand aus vier britischen Schlachtschiffen, darunter das neue Dreadnought *Queen Elizabeth*, und zwei weiteren flankierenden Schiffen. Eine Meile weiter achtern folgte Linie B mit vier französischen Schlachtschiffen. Am Schluss folgte Linie C mit weiteren vier britischen Schlachtschiffen.[54] Aus allen Rohren feuernd gingen sie auf die gegnerischen Stellungen los, es war eine beeindruckende Zurschaustellung von militärischer Macht zur See.

Geplant war, zunächst die Festungen an der Verengung und die Batterien auszuschalten, die die Minenfelder schützten. Dann sollten nachts die Minenräumer folgen, um eine Passage freizuräumen. Sodann würde die Flotte bei Tagesanbruch alle noch aktiven Forts aus nächster Nähe zerstören, während die letzten Minen geräumt würden. Wenn alles gut lief, würde der Schiffsverband innerhalb von 2 Tagen ins Marmarameer vorstoßen.[55] Es klang im Grunde ganz simpel, aber wie formulierte schon der schottische Dichter Robert Burns: »Der schönste Plan von Mensch und Maus/zerbricht in Stück'/und lässt uns nichts als Weh und Graus/und nicht das Glück.«[56] Vizeadmiral de Robeck wusste, vor welchen Problemen die Fischerboote standen und dass die Minenfelder noch intakt waren. Dennoch unterließ er es, die Felder räumen zu lassen. Acht kampfstarke Zerstörer, die man problemlos mit Vorrichtungen zum Minenräumen hätte versehen können, blieben an diesem schicksalshaften Tag untätig. Die Offiziere saßen herum und spielten Karten.[57]

Die Schlacht begann um 11:30 Uhr und wurde zunehmend intensiver, während eine Division nach der anderen die Festungen unter Beschuss nahm. Eine Stunde später, etwa 6 Meilen innerhalb der Meerenge, erwiderten noch immer viele Batterien am Ufer das Feuer. Das französische Schlachtschiff *Gaulois* schlug unterhalb der Wasserlinie leck und musste aufs Ufer gesetzt werden. Die *HMS Inflexible* musste sich zurückziehen, um Brände zu löschen und Schäden zu reparieren. Die Schiffe *Lord Nelson, Agamemnon, Charlemagne* und *Albion* wurden getroffen, feuerten aber weiter. Das französische Schlachtschiff *Bouvet* fuhr auf eine Mine, kenterte und sank. Der Großteil der Besatzung ging mit unter. Eine weitere Mine legte die *Inflexible* lahm, die daraufhin Schlagseite zeigte. Die *Irresistible* und die *Suffren* verzeichneten schwere Schäden. An Bord der *Ocean* kam es zu einer Explosion; sie sank einige Stunden später. Die Minenräumer wurden vorgeschickt, den Weg freizumachen, aber sie gerieten unter schweren Beschuss und flohen, obwohl sie doch inzwischen von Matrosen bemannt worden waren. Drei Schlachtschiffe waren gesunken, über 700 Mann ertrunken, drei weitere Schlachtschiffe waren schrottreif. Es war eine furchtbare Niederlage für die Alliierten. Die Flotte hatte noch nicht einmal die Enge erreicht, als der Angriff abgebrochen wurde. Auf türkischer Seite waren zwei 14-Zoll-Geschütze und mehrere kleinere Geschütze ausgeschaltet worden, aber sämtliche Geschütze, die über das Minenfeld wachten, waren noch intakt. Das Minenfeld selbst war unberührt.[58] Es war gekommen, wie so viele es vorhergesagt hatten – es war eine Katastrophe.

Während des gesamten Dardanellenfeldzugs stießen nie wieder Kriegsschiffe in die Meerenge vor. Die Hauptaufgabe der Flotte sollte fortan darin bestehen, Truppen sicher an die Strände zu transportieren. Die Operation sei wie eine »amerikanische Lichtspielschau« durchgeführt worden, sagte Maurice Hankey zu General Haig: Jeder einzelne Schritt war vor seiner Umsetzung lang und breit angekündigt worden.[59] Natürlich war er das, und es geschah dermaßen offensichtlich, dass wir glauben müssen, es sei Absicht gewesen. Dass jegliches Überraschungsmoment dahin war, war gewollt! Aber warum sollte ein militärischer Planer so etwas wollen? Der einzige denkbare Grund ist der, dass ein erfolgreicher Abschluss gar nicht beabsichtigt war. Der Angriff der Flotte war von vornherein so angelegt worden, dass er nur scheitern konnte. Was er auch tat. Und gerade einmal 5 Wochen später sollte sich das Heer den Gescheiterten zugesellen.

Zusammenfassung

- Großbritannien begann den Dardanellenfeldzug in der Absicht, den Russen vorzugaukeln, dass man die Meerenge – und damit Konstantinopel – für sie erobern wolle.
- Churchill wollte bei der Admiralität Unterstützung für das bevorstehende Narrenstück einholen, aber bis auf Vizeadmiral Sackville Carden hielt niemand das Vorhaben für eine gute Idee, und selbst Carden war nur verhalten optimistisch, was die Erfolgsaussichten anging. Doch das reichte Churchill, die Einschätzungen ranghoher Marineoffiziere mit jahrelanger Erfahrung ignorierte er hingegen.
- Einen Entwurf Cardens blies Churchill zum »Carden-Plan« auf und stellte ihn bei einem Treffen des Kriegsrats am 13. Januar 1915 vor.
- Kitchener war in seinem Urteil ganz klar: Er würde seine Armee nicht für ein Vorhaben verschwenden, das keinerlei Aussicht auf Erfolg hatte.
- Eine Reihe Kriegsschiffe wurde ins Mittelmeer entsandt, um die Festungsanlagen der Dardanellen anzugreifen. Bis auf den Dreadnought *HMS Queen Elizabeth* handelte es sich um eine Flotte von Kriegsschiffen und Begleitschiffen, die langsam und veraltet waren und als nicht für einen Einsatz in der Nordsee geeignet galten.
- Der erste Angriff fand am 19. Februar statt und brachte wenig ein. Der Beschuss aus großer Distanz erwies sich als nicht effektiv. Dann zog ein schwerer Sturm auf, der 4 Tage lang weitere Angriffe unmöglich machte.
- Die Dardanellen waren massiv befestigt. Auf der europäischen Seite standen 111 Geschütze, weitere 121 auf der asiatischen. 370 Minen in 11 Reihen waren quer über die Meerenge verlegt worden.
- Bei den von der Admiralität abgestellten »Minenräumern« handelte es sich lediglich um Fischerboote, die von ihren Besitzern ohne jegliche Erfahrung im Minenräumen bemannt wurden.

- Die Russen wussten: Ein reiner Seeangriff war nur Show. Kitchener war deshalb gezwungen, die 29. Division und das 34100 Mann starke Anzac-Korps mit australischen und neuseeländischen Truppen in Marsch zu setzen. Verstärkt wurde die Gruppe durch 20000 französische Soldaten.
- Der Angriff auf Gallipoli begann am 18. März. Die Marine erlitt dabei furchtbare Verluste. Drei Schlachtschiffe sanken, drei weitere waren schrottreif, insgesamt 700 Mann ertranken.
- Keiner der Männer an den Hebeln der Macht war überrascht vom Ausgang der Offensive. Maurice Hankey meinte, die Operation hätte einer amerikanischen Lichtspielschau geglichen – jeder Schritt sei lang und breit angekündigt worden.

Tapfer rettet ein Soldat der Anzac-Truppen einen verwundeten Kameraden

Kapitel 10

Gallipoli

Bereitmachen zum Scheitern

Der Angriff auf Gallipoli mit Bodentruppen war genauso schlecht vorbereitet, wie es der Angriff von Seeseite gewesen war. Der australische Autor Les Carlyon schrieb sehr treffend: »Anstatt dieses Unterfangen monatelang in London bis hin zum letzten Artilleriegeschoss und dem letzten Wundverband zu planen, wurde vor Ort rasch etwas zusammengeschustert, und auch das erst, nachdem ein anderes Manöver, der Angriff der Flotte, gescheitert war.«[1] Eine vergleichbare Militäroperation sollte erst 30 Jahre später an den Stränden der Normandie wieder durchgeführt werden, doch die Planungen hierfür sollten nicht nur 2 Wochen, sondern nahezu 2 ganze Jahre in Anspruch nehmen.[2]

Kein anderes Land als Großbritannien hätte die Halbinsel angegriffen, ohne vorher monatelang darüber nachzudenken und alles von einem bestens ausgebildeten Generalstab durchplanen zu lassen, in dem die klügsten Köpfe des gesamten Heeres zusammenkamen, schrieb Ellis Ashmead-Bartlett, der als britischer Kriegsberichterstatter in Gallipoli dabei war: »Noch nie habe ich miterlebt, dass einer derartigen Ansammlung ungeeigneter Menschen ein großer Feldzug anvertraut wurde … Ihr Kuddelmuddel, ihre schlechte Führung und ihre Ignoranz, was die Strategie und Taktik moderner Kriegsführung anbelangt, führten zum größten Desaster in der englischen Geschichte.«[3]

Ashmead-Bartlett konnte natürlich nicht wissen, dass die Führungsschwäche, das Kuddelmuddel und das Chaos Absicht waren. Wie hätte er ahnen können, dass vorsätzlich drittklassige Kommandeure ausgewählt wurden, um zu gewährleisten, dass der Feldzug kein Erfolg werden konnte?!

Die militärische Führung war kaum funktionsfähig.[4] Der Kriegsrat hatte weder eine Taktik für einen amphibischen Angriff auf die Halbinsel, noch gab es logistische Überlegungen. Bis zum 12. März 1915 stand noch nicht einmal fest, wer die Truppen kommandieren sollte. Wie im Fall von Vizeadmiral Carden vor ihm wurde General Sir Ian Hamilton ausgewählt, obwohl besser geeignete Offiziere zur Verfügung gestanden hätten. Die Laufbahn des freundlichen Schotten näherte sich damals bereits ihrem Ende. Hamilton war während der letzten Monate des Burenkriegs Kitcheners Stabschef gewesen. Stets hatte er Kitchener ergeben gedient[5], nie stellte er dessen Autorität infrage. Hamilton hatte Angst vor Kitchener, und wie tief diese reichte, lässt sich an einem Kommentar festmachen, den er niederschrieb, nachdem er weitere Truppen angefordert hatte: »Das ist wirklich so, als ginge man zu einem Tiger und bitte um ein kleines Stück Wild.«[6]

Dass Kitchener ihm den Posten übertrug, überraschte ihn sehr:

> *»Ich öffnete die Tür und wünschte ihm einen guten Morgen, während ich auf seinen Schreibtisch zuging. Er schrieb weiter wie ein Götzenbild. Nach einem Augenblick schaute er auf und sagte in nüchternem Ton: ›Wir entsenden eine Militärtruppe, welche die jetzt in den Dardanellen befindliche Flotte unterstützen soll. Sie sollen das Kommando übernehmen.‹ In diesem Augenblick wollte K, dass ich mich verneige, den Raum verlasse und loslege … Doch mein Wissen über die Dardanellen betrug null, das über die Türken ebenfalls null und über die Stärke meiner Truppen so gut wie null … K schrieb weiter. Schließlich blickte er auf: ›Nun?‹«*[7]

Hamilton wurde mitgeteilt, dass er am nächsten Tag abzureisen habe, da »die Zeit drängt«[8], dabei besaß weder Kitchener noch sonst jemand eine klare Vorstellung davon, was Hamilton überhaupt tun sollte. Kitchener bestellte den Direktor der Militäroperationen, General Charles Callwell, in sein Büro. Callwell sagte, der griechische Generalstab habe kürzlich die Möglichkeiten einer amphibischen Landung auf der Halbinsel Gallipoli durchgespielt. Ihren Schätzungen zufolge sei eine Truppenstärke von mindestens 150 000 Mann *unerlässlich,* sollte eine derartige Aktion überhaupt Aussicht auf Erfolg haben. Unfug, befand Kitchener und erklärte Hamilton, die halbe Truppenstärke sei mehr als ausreichend.[9] Diese Aussage ist schon etwas merkwürdig, denn gerade einmal 2 Tage zuvor hatte Kitchener höchstpersönlich bei einer Sitzung des Kriegsrats erklärt, man benötige 130 000 Mann.[10] Admiral Jacky Fisher, der völlig zu Recht eine Katastrophe prognostizierte, hatte auf einem Kontingent von 200 000 Mann bestanden.[11]

Doch zunächst wurden nur 75 000 Mann entsandt. Diese Truppenstärke hätte ausgereicht »für Garnisonsdienst rund um Konstantinopel und für Stoßtrupps auf dem Weg dorthin, aber Hamilton verfügte nicht über die Truppenstärke, um erfolgreich gegen den Widerstand von sechs türkischen Divisionen zu landen«.[12] Die Truppenstärke war auf der Grundlage der Annahme berechnet worden, dass die Flotte der Alliierten nach Konstantinopel durchbrechen würde, nicht danach, wie viele Männer für einen erfolgreichen amphibischen Angriff nötig sein würden, nachdem die Durchbruchsversuche der Marine gescheitert waren.

Kitchener wusste sicherlich, dass 75 000 Mann nicht ausreichen würden, aber er versicherte Hamilton: Wenn vor Gallipoli kurz ein britisches U-Boot auftaucht und die Besatzung den Union Jack schwenkt, »ergreift die gesamte türkische Garnison auf der Halbinsel das Hasenpanier …«[13] Ein typisches Beispiel für die Arroganz und den tief verwurzelten Rassismus des britischen Imperialisten. Hamilton, ganz der brave Schulknabe, der es sich mit dem autoritären Rektor nicht verderben will, wagte es nicht, nach zusätzlichen Soldaten zu fragen. Kitchener hätte sich ja aufregen können.[14]

Hamilton war nicht der einzige Offizier, der verblüfft auf den angedachten Feldzug reagierte. General James Wolfe Murray, Chef des Imperialen Generalstabs (CIGS), und sein Stellvertreter General Archibald Murray, wurden zusammen mit Generalmajor Walter Braithwaite in Kitcheners Büro gerufen. Braithwaite war kurz zuvor zu Hamiltons Stabschef ernannt worden – gegen Hamiltons Wunsch.[15] Es war unglaublich: Keiner dieser Stabsoffiziere hatte vom Gallipoliplan gehört, und »die Murrays waren dermaßen schockiert, dass keiner von ihnen zu einem Kommentar fähig war«.[16] Das Vorhaben war so schnell zusammengeschustert und dermaßen schlecht organisiert worden, dass nicht einmal der Chef des Imperialen Generalstabs davon Kenntnis hatte. Wie konnte das sein? Braithwaite »bat«, dass den Streitkräften moderne Flugzeuge mit erfahrenen Piloten und Beobachtern zur Seite gestellt würden. Eine durchaus vernünftige Idee, aber Kitchener ging ihn an: »Nicht einen einzigen!« Die einzigen Beobachtungsflugzeuge, die abgestellt wurden, waren alt und dermaßen schwer, dass »die verdammten Dinger es kaum aus dem Wasser herausschafften«.[17]

Betrachten wir die Gemeinsamkeiten hier: Churchill hatte einen alten, unterwürfigen Admiral mit dem Kommando einer abgetakelten Flotte beauftragt, Kitchener ernannte einen ähnlich gefügigen General für die Heerestruppen. Beide waren fehl am Platze und für die Aufgabe nicht geeignet, beiden wurde befohlen, mit zu wenig Personal und zu schlechter Ausrüstung vorzugehen. Erfahrene Offiziere, die Kritik äußerten, wurden wieder einmal ignoriert, oder sie hielten sich öffentlich bedeckt.

Am nächsten Morgen kehrte General Hamilton ins Kriegsministerium zurück, um sein erstes und einziges Briefing zu erhalten. Kitchener hatte drei unterschiedliche Anweisungen geschrieben, aber keine von ihnen half Hamilton dabei, den Feind, die politische Lage oder das Land zu verstehen. Er war auf sich allein gestellt. Auf die Schnelle waren dreizehn Offiziere herangezogen worden, um ihm als Stab zur Seite zu stehen. Nur einer hatte während des Kriegs aktiv gedient, und laut Hamilton trugen ein oder zwei zum ersten Mal in ihrem Leben Uniform: »Das Beinkleid schief, die Sporen verkehrt herum, die Gürtel über den Schulterriemen!« Und er kannte nicht einen von ihnen.[18]

Hamilton wandte sich an den Aufklärungsdienst des Heeres, um aktuelle Informationen über Gallipoli zu bekommen, aber das Einzige, was man ihm dort mit auf den Weg gab, waren zwei kleine Reiseführer über die westliche Türkei, eine veraltete und ungenaue Landkarte, die nicht für militärische Zwecke gedacht war, und ein Lehrbuch aus dem Jahr 1905 über die Streitkräfte des Osmanischen Reichs. Die Nachrichtendienstoffiziere erhielten keinerlei Informationen über die typischen Wetterbedingungen in der Region, und niemand hatte daran gedacht, etwas über Meeresströmungen zusammenzutragen – ein Faktor, der während der Anlandung der Truppen für massive Probleme sorgen sollte. Sie wussten nicht, wie viele feindliche Truppen auf der Halbinsel stationiert waren, und sie kannten die Namen der osmanischen und deutschen Kommandeure nicht.[19]

Hamilton erhielt nichts, das auch nur in irgendeiner Form Wert hatte, dabei verfügten Außenministerium, Kriegsministerium und Admiralität über bändeweise brandaktuelle Erkenntnisse zu Gallipoli und Konstantinopel, zusammengetragen von Missionen und Botschaftern sowie aus Quellen von Heer und Marine. Die Militärattachés, die von 1911 bis 1914 in Konstantinopel stationiert waren, hatten ebenso wie die auf den Dardanellen postierten Vizekonsuln ausführliche Berichte über den Stand der Verteidigungsanlagen an das Kriegsministerium geschickt. Diese Informationen wurden Hamilton oder seinem Stab nie übermittelt. Der britische Militärattaché in Konstantinopel, Oberstleutnant Charles Cunliffe-Owen, hatte die Region ausführlich untersucht und am 6. September 1914 genaue und aktuelle Berichte und Lagebewertungen an General Callwell im Kriegsministerium geschickt.[20] Enthalten waren Informationen über Geschützstellungen, Minenfelder und die Topografie der Halbinsel. Verzweifelt suchte Hamilton nach Fakten und Informationen über Gallipoli und die Dardanellen, aber der Direktor der Militäroperationen enthielt ihm die allerneuesten Berichte aus der Region vor. Er war der ranghöchste Offizier, der sich vor Kriegsausbruch im Aufklärungsdienst mit den Dardanellen befasst hatte,[21] und er hatte Zugang zu sämtlichen Informationen, die eine ganze Reihe dort stationierter Militärangehöriger zusammengetragen hatten. Und dennoch verwehrte er Hamilton all dies.[22]

Warum ließ das Kriegsministerium es zu, dass Hamilton sich wichtige militärische Erkenntnisse aus Reiseführern und veralteten Karten zusammenklauben musste? Warum schwieg General Callwell? Es gibt nur eine logische Erklärung dafür: Er hatte den Befehl zu schweigen. Alles andere wäre Hochverrat gewesen. Hätte das Kriegsministerium Hamilton mit fachkundigen Ratschlägen und zuverlässigen Informationen über die Situation vor Ort versorgen wollen, wären aus der Admiralität die Berichte von Admiral Limpus herangeschafft worden. Botschafter Mallet hätte den General persönlich informieren können. Wäre es gewollt gewesen, dass Hamilton detaillierte Erkenntnisse des Aufklärungsdienstes an die Hand bekommt, hätte man Cunliffe-Owen in den Stab des Generals abkommandiert. Er zählte zu den wenigen, die sich Gallipoli aus allernächster Nähe vor Ort angesehen hatten. Warum waren sein Wissensschatz und seine Erfahrungen nicht willkommen?

Am 13. März brach Hamilton auf dem Aufklärungskreuzer *HMS Foresight* (»Weitblick« – welche Ironie des Schicksals) Richtung östliches Mittelmeer auf. Zuvor verabschiedete er sich noch von seinem ehemaligen Boss, aber Kitchener wünschte ihm nicht einmal Glück.[23] Hamilton hatte kaum mehr im Gepäck als Begeisterung und eine Menge Wunschdenken. Es hatte keine Versuche gegeben, nicht einmal auf strategischer Ebene, die Informationen über die Verteidigungsanlagen von Gallipoli abzugleichen, und er verfügte über keinerlei Erkenntnisse über die Politik, die Prioritäten und die Pläne der britischen Regierung.[24] Gemäß der Felddienstordnung hätte er wenigstens einen Abriss des Plans erhalten müssen, dessen Umsetzung man von ihm erwartete. Die Verantwortung dafür lag ganz klar bei General Wolfe Murray, dem Chef des Imperialen Generalstabs, und bei General Callwell, dem Direktor für Militäroperationen. Einen Plan gab es nicht, und alles, was an detaillierten und aktuellen Erkenntnissen vorlag, hielt man zurück.

Weshalb wurde Ian Hamilton ausgesucht, diese Operation zu befehligen? Dafür gibt es mehrere Gründe: 1.) Er galt als unfähig, diese Aufgabe zu erfüllen. 2.) Er kannte sich mit Gallipoli und den dortigen Festungsanlagen überhaupt nicht aus. 3.) Er würde niemals Kitcheners Befehle infrage stellen, egal wie haarsträubend diese auch sein mochten. 4.) Genau wie Admiral Carden war er der perfekte Sündenbock, den man nach dem Scheitern des Gallipolifeldzugs der Öffentlichkeit zum Fraß vorwerfen konnte.

Es gibt zwar die Theorie, wonach der Generalstab von Anfang an seine Pflichten gegenüber Hamilton massiv vernachlässigt hatte,[25] aber es war deutlich mehr als das.

Lassen Sie uns das noch einmal klarstellen: Wir haben es hier nicht mit Dummheit zu tun, nicht mit Vernachlässigung der Pflichten, und es wurde auch nichts »verbockt«. Was Hamilton zum damaligen Zeitpunkt nicht wusste, war dass er ohne die Flotte an seiner Seite und ohne mindestens 150 000 gut ausgerüstete Soldaten nicht die geringste Aussicht auf Erfolg hatte. Man hatte ihn nicht geholt, um erfolgreich zu sein. »Von jetzt auf gleich übertrug man ihm einen unmöglichen Auftrag, und irgendwie musste er sich nun daran machen, diese Aufgabe zu erledigen. Es ging nicht darum, Ziegel ohne Stroh herzustellen [Anm. d. Übers.: eine englische Redewendung, die bedeutet, sich an die Arbeit zu machen, ohne dass die erforderlichen Mittel zur Verfügung stehen] – nein, er musste Ziegel herstellen ohne Lehm, Stroh, Ofen, Kohleneimer oder sonstige Hilfsmittel.«[26]

17. März 1915. Gerade einmal 5 Tage nach seiner überraschenden Ernennung landete General Hamilton auf Limnos. Am darauffolgenden Tag – an dem der große Angriff der Flotte stattfinden sollte – inspizierte er bei Tagesanbruch die Anlagen in der Bucht von Moudros. Sein Urteil: »ernstliche Mängel«. An Bord des Kreuzers *Phaeton* fuhr er die Westküste der Halbinsel Gallipoli ab, um sich einen ersten Eindruck von möglichen Landestellen zu verschaffen. Jetzt, wo das Überraschungselement dahin war, hatten sich die osmanischen Truppen »fieberhaft eingegraben«.[27] Jeder Teil der Küste, der auch nur ansatzweise für eine amphibische Landung geeignet gewesen wäre, war durch Gräben und Stacheldraht geschützt.[28] Von der Brücke der *Phaeton* aus konnte Hamilton praktisch aus der ersten Reihe mitverfolgen, wie katastrophal sich der Angriff der Flotte entwickelte. Per Telegramm informierte er Kitchener, dass Vizeadmiral de Robeck bereit sei, »es noch einmal zu versuchen«, aber er [Hamilton] persönlich halte es für unwahrscheinlich, dass sich die Dardanellen mit Schlachtschiffen allein einnehmen lassen würden. Es sei unerlässlich, Flotte und Heer zu kombinieren und durch eine »vorsätzliche und schrittweise militärische Aktion, die in voller Stärke durchgeführt wird«, der Flotte einen Weg freizuräumen. Kitchener aber erwiderte, er solle loslegen.[29]

Das war die Lage am 21. März. Trotz seiner Verluste war der Kommandeur der Flotte willens, es noch einmal ohne die Unterstützung der Armee zu versuchen, wenngleich der Heereskommandeur davon überzeugt war, dass ein derartiges Unterfangen nicht gelingen könne. Am 22. März fuhr de Robeck mit der *Queen Elizabeth* nach Limnos, um sich mit Hamilton zu besprechen. Der Vizeadmiral hatte seine Meinung geändert, nun stimmte er der Einschätzung zu, dass die Flotte sich ohne die Unterstützung durch Bodentruppen nicht werde durchsetzen können. »Es gab keine Diskussion«, meldete Hamilton, »und wir wandten uns unverzüglich den Plänen für die Landung zu.«[30] De Robeck informierte die Admiralität, dass auch er nunmehr eine gemeinsame Operation für unumgänglich halte, dass ein weiteres Vorgehen aber unmöglich sei, bevor nicht die über das ganze Mittelmeer verteilten Truppen einsatzbereit seien.[31]

Nach dem Abbruch der Flottenoperation tagte der Kriegsrat in London nie wieder zum Thema »amphibische Landung« – diese war praktisch automatisch abgesegnet. »Es gab keine Debatten, keinen Plan und keine politische Genehmigung«, dabei war hier »die Situation tatsächlich noch schlimmer als im Vorfeld des Angriffs von See«.[32] Das stimmt in der Tat, aber Historiker und Akademiker haben bisher nicht erkannt, dass es nicht der Kriegsrat war, der zentrale Entscheidungen zum weiteren Vorgehen in Gallipoli traf, sondern eine Bande von Agenten der Geheimen Elite. Churchill, Kitchener, Balfour, Grey, Hankey, Asquith, Haldane und andere Personen aus dem engeren Umfeld der Geheimen Elite trafen sich regelmäßig, um das weitere Vorgehen zu beschließen. Anders wäre es überhaupt nicht möglich gewesen, den Gallipolifeldzug so vorzubereiten, dass er zum Scheitern verdammt war. Wichtig war für den Augenblick nur, Zar Nikolaus und seinen Außen-minister Sasonow glauben zu machen, dass sich die Briten ernsthaft bemühten, für Russland Konstantinopel und die Meerenge zu erobern. Die zentralen Entscheidungen waren längst getroffen worden, bevor der Kriegsrat zusammenkam. Die »Berater« von Flotte und Heer behielten ihre Meinung für sich, denn sie waren ohnehin nur pro forma anwesend.

Das Chaos rund um den Angriff von Seeseite infizierte auch die Operation des Heeres. Es kam also genau so, wie es Churchill, Kitchener und Balfour beabsichtigt hatten. Ein verzweifelter General Hamilton schrieb: »Was die militärischen Informationen anbelangt, die mir zur Verfügung stehen, so könnten die Dardanellen und der Bosporus auch gleich auf dem Mond liegen …«[33] Ein Mangel an detaillierten Informationen war allerdings nicht das einzige Problem. Robert Rhodes James schrieb: »Niemals wurde eine tapfere Armee dermaßen erbärmlich von ihren Häuptlingen behandelt wie die Soldaten Großbritanniens und des Dominions in Gallipoli. Niemals wurde ein höherer Preis bezahlt für eine derart falsche Einschätzung der strategischen Lage.«[34] Er hat absolut Recht, stellt aber nicht die sich daraus ergebende Frage: Warum wurden diese inkompetenten »Häuptlinge« überhaupt erst ausgewählt? Dass nur zweit- und drittklassige ranghohe Offiziere abgestellt worden waren, hatte ja nicht daran gelegen, dass keine herausragenden Leute zur Verfügung gestanden hätten. Vielmehr waren Unfähigkeit und Inkompetenz genau das, was benötigt wurde, um einen Fehlschlag zu garantieren.

Die Navy war krachend gescheitert, die topografische Situation der Halbinsel sprach gegen sie, ebenso die Verteidigungsmaßnahmen – als General Hamilton am 24. März nach Ägypten übersetzte, war er entmutigt. Seine Aufgabe bestand darin, eine Streitmacht aus größtenteils unerfahrenen und nicht kampferprobten Rekruten zusammenzustellen und mit ihnen das schwierigste Unterfangen zu bewältigen, das sich einem auf dem Gebiet der Kriegsführung stellen konnte – eine amphibische Landung gegen einen gut verschanzten und schwer bewaffneten Gegner. Der Blick in die Geschichtsbücher macht eines deutlich: Die Verteidiger waren in einer solchen Situation stets ganz klar im Vorteil, sofern die Angreifer nicht zahlenmäßig deutlich überlegen waren und durch einen massiven Artilleriebeschuss unterstützt wurden.[35] Hamilton hatte weder das eine noch das andere. Zusätzlich erschwert wurden seine Vorbereitungen dadurch, dass sein persönlicher Stab und das mit logistischen Fragen beauftragte Personal nicht anwesend waren. Diese Männer hatten England noch gar nicht verlassen.[36]

Es wurde schlimmer und schlimmer. Die Truppen der Alliierten waren quer über den Mittelmeerraum verstreut, und einige Kommandeure wussten nicht, wo sich ihre Kompanien aufhielten. Derart miserabel war der Stand der Vorbereitungen, dass nicht einmal die allersimpelsten Fragen beantwortet werden konnten: Gab es auf Gallipoli Trinkwasser? Wie war es um Straßen bestellt? Mussten die Einheiten sich auf Grabenkampf einstellen, oder würden sie im offenen Feld operieren müssen? Welche Waffen würden sie benötigen? Wie tief war das Meer vor den Stränden? War die Strömung stark? Welche Art von Boot wurde benötigt, um die Männer, ihre Waffen und ihre Vorräte an Land zu bringen? Mit was für Opferzahlen war zu rechnen, und wie viele Männer würden voraussichtlich auf die Lazarettschiffe transportiert werden müssen?[37]

Angesichts des Drucks, den die lachhaft hohen Erwartungen auf ihn ausübten, verlor Hamilton immer mehr den Mut. Sein Tagebucheintrag vom 5. April zeigt einen fast schon gebrochenen Mann: »Zeit drängt. Von hinten treibt uns K. voran, von vorne der Admiral. In ihren Augen machen wir es uns an den Fleischtöpfen Ägyptens gemütlich, während wir in Wahrheit wie ertrinkende Seeleute in einem Meer des Chaos ums Überleben kämpfen. Chaos in den Büros, Chaos auf den Schiffen, Chaos in den Lagern, Chaos entlang der Hafenanlagen.«[38]

Erst am 11. April traf Hamiltons Stabspersonal in Ägypten ein und machte sich an die Arbeit – in einem heruntergekommenen ehemaligen Freudenhaus in Alexandria, in dem es weder Kanalisation, Licht noch Wasser gab.[39] Es begann eine Phase hektischen Improvisierens. Männer wurden auf die Basare von Alexandria und Kairo geschickt, um Schläuche, Ölfässer und Kerosindosen zu kaufen – egal was, Hauptsache, man konnte Wasser darin aufbewahren. Außerdem fehlte es an Geschützen, Munition, Flugzeugen und Männern. Das Kriegsministerium habe ihn mit Museumsstücken in die Schlacht geschickt, schrieb Hamilton später.[40] Theoretisch hätten die britischen Divisionen über 304 Geschütze verfügen sollen, tatsächlich waren es gerade einmal 118. Die Munitionsvorräte waren sehr knapp bemessen. Es gab keine Periskope für den Kampf in Schützengräben, keine Handgranaten und keine Minenwerfer. Material für den Bau von Pieren und Anlegern? Fehlanzeige. Weil es keine Landkarten gab, suchten die Stabsoffiziere in den Buchläden nach Reiseführern. Wiederholt bat Hamilton Kitchener um Verstärkung, um Geschütze und Granaten, aber entweder wurde ihm alles kategorisch verweigert oder er erhielt erst gar keine Antwort.[41] In seinem Tagebuch hielt Hamilton fest: »In der Heimat werden spezielle Fahrzeuge für mögliche Landungen in der Ostsee gebaut. Jeder Leichter kann 500 Mann tragen und verfügt über kugelsichere Schiffswände. Sie werden als ›Beetle‹ bezeichnet. Mit ihnen zu landen wäre ein Kinderspiel … Ich persönlich habe K um die Beetles gebeten.« Er wurde brüsk abgewiesen.[42]

Hamiltons Divisionskommandeure waren alles andere als begeistert. Ein Überraschungsangriff stand völlig außer Frage. Ein Offizier sagte: »Eine Landung wäre schon schwierig genug, wenn es ein Überraschungsmoment gäbe, aber unter den derzeitigen Bedingungen wäre es extrem gefährlich.«[43] Auch Geheimhaltung war ein Fremdwort. Die ägyptische Presse berichtete über das Eintreffen alliierter Truppen und ihr voraussichtliches Ziel.[44] Der Kommandeur des französischen Kontingents, General Albert d'Amade, gab ein Interview, in dem er ausführlich über die Invasionspläne plauderte.[45] Tatsächlich lieferte er dem Gegner eine Blaupause der Landung.[46] Osmanische und deutsche Agenten in Ägypten verfolgten sehr genau, was die Alliierten dort trieben. Sie konnten »dem Leiter der Aufklärung in Konstantinopel Mitte März eine umfassende Schlachtordnung der Alliierten liefern«.[47] Zwischen dem ersten Angriff von See und den amphibischen Landungen am 25. April verstrichen 65 lange Tage – ein Zeitraum, während dessen die osmanischen Verteidigungsanlagen grundlegend überholt wurden. Strategisch war das Ganze eine höchst lächerliche Angelegenheit.

Die griechische Regierung hatte davon gesprochen, dass man 200 000 Mann benötigen würde, und im Januar hatte Kitchener eine Schätzung von 150 000 Mann abgegeben.[48] Tatsächlich stand Hamilton bloß die Hälfte dieser Truppenstärke zur Verfügung. Darunter waren 18 000 gut ausgebildete Berufssoldaten (die 29. Division), 34 100 Anzac-Soldaten, die zwar körperlich fit, aber nicht ausgebildet waren, eine zusammengeschusterte Marinedivision mit 11 000 Mann und eine französische Division mit 20 000 Mann. Viele dieser Soldaten hatten gerade einmal die Grundausbildung hinter sich gebracht, und sie hatten noch nie zusammengearbeitet. Den meisten ranghohen Offizieren fehlte es an Erfahrung, und ihr Stabspersonal hatte wenig praktische Kenntnisse von den furchtbaren Problemen, mit denen sie sich Tag für Tag würden auseinandersetzen müssen. »Die Katastrophe war unvermeidlich.«[49]

Der Oberbefehlshaber der französischen Armee, Marschall Joffre, lehnte das gesamte Vorhaben zutiefst ab und weigerte sich zunächst, überhaupt Truppen für dieses Unterfangen abzustellen. Politische Notwendigkeiten zwangen ihn schließlich zum Einlenken.[50] Der französische Oberst Alain Maucorps hatte Jahre im Osmanischen Reich verbracht, und auch er sprach sich gegen den Angriff aus – aber wie bei allen anderen, die bestens vertraut mit dem Thema waren, wurden auch seine Proteste abgetan und seine Berichte ignoriert.[51]

Nach langem Hin und Her stimmte Kitchener schließlich zu, die 29. Division aus England in Marsch setzen zu lassen. Ihr Kommandeur, Generalmajor Frederick Shaw, hatte sich bei den Kämpfen im belgischen Mons ausgezeichnet und galt als außerordentlich fähiger und »beeindruckend professioneller Soldat«. 2 Tage vor dem Einschiffen, zu einem Zeitpunkt also, als Kontinuität eigentlich von allerhöchster Bedeutung hätte sein sollen, ersetzte Kitchener Shaw unerklärlicherweise durch Generalmajor Aylmer Hunter-Weston, einen versnobten Rüpel. Hunter-Weston weigerte sich, mit dem ihm zugeteilten Schiff zu fahren, weil es dort keine Unterkünfte erster Klasse gab. Er verlangte, dass man ihn auf den Luxusdampfer *Andania* verlege.[52] Generalmajor Shaw erging es genauso wie Admiral Limpus – ein ausgesprochen kompetenter und erfahrener Offizier wurde ausgebootet, um durch das Gespött der britischen Armee ersetzt zu werden.[53] Es war, als hätte man den Korpsgeist der 29. Division stranguliert. Der unfassbar inkompetente Hunter-Weston gilt als einer der brutalsten Kommandeure des Ersten Weltkriegs.[54]

Und so gingen die Vorbereitungen mehr schlecht als recht voran. Aus Großbritannien trafen Schiffe ohne spezifisches Ziel ein.[55] Vorräte wurden in der falschen Reihenfolge verpackt und sorgten dadurch für Chaos.[56] Hamilton blieb nichts anderes übrig, als einige der Versorgerschiffe 700 Meilen zurück nach Ägypten zu schicken, wo man sie entlud und ordnungsgemäß neu belud.[57] Das Neuordnen der Ausrüstung dauerte über einen Monat und erklärt zum Teil, warum das Heer nicht imstande war, kurz nach der katastrophalen Seeschlacht vom 18. März in Gallipoli zu landen. Die Hauptschuld für das Chaos liegt bei Graeme Thomson, Direktor des Transportwesens bei der Admiralität. Churchill persönlich hatte ihn ernannt und sich dabei über Proteste ranghoher Offiziere hinweggesetzt. Admiral Oliver etwa erklärte, dass Thomson alles über die City of London wisse, aber nichts über das Kriegsgeschäft. Hätte, wie von Admiralitätsinsidern empfohlen, der deutlich fähigere Vizeadmiral Edmond Slade den Job bekommen, wären »die Transportschiffe für die Dardanellen anständig beladen gewesen und in der richtigen Reihenfolge eingetroffen«.[58] Doch wieder einmal wurde vorsätzlich jemand Inkompetentes dem für die Aufgabe besser geeigneten Kandidaten vorgezogen.

Aufgrund der langen Verzögerungen war es Hamilton nicht möglich, einen gemeinsamen Angriff abzustimmen. Als die Royal Navy Gallipoli beschoss, hatten die Osmanen nur eine Division auf Gallipoli stationiert, doch im Lauf der kommenden Monate stockte der deutsche Militärberater General Liman von Sanders die Besatzung auf sechs Divisionen auf.[59] Im März wäre es vielleicht noch möglich gewesen, in einer abgestimmten Aktion von

Flotte und Heer die Halbinsel zu erobern. Doch durch die missratene Bombardierung wussten die Osmanen nun, dass die Dardanellen für die Alliierten von großer strategischer Bedeutung waren. Also verstärkten sie ihre Abwehrmaßnahmen und behielten die Oberhand. Was sich bereits im gesamten Mittelmeerraum herumgesprochen hatte, sollte nun endlich eintreten: Die Schafe wurden zum Schlachten nach Gallipoli getrieben.

Zusammenfassung

- Gallipoli war eine Katastrophe. Die Qualität der Planungen rangierte irgendwo zwischen »nicht existent« und »reinstem Chaos«.
- Das Oberkommando war außergewöhnlich schlecht besetzt. General Sir Ian Hamilton besaß keinerlei Kenntnisse über das Land, den Gegner, die Ziele oder die zur Verfügung stehenden Vorräte. Er kannte nicht einmal die Mitglieder seines eigenen Stabs.
- Der Aufklärungsdienst des Heers stellte ihm zwei kleine Reiseführer als Informationsquelle zur Verfügung, das Kriegsministerium, das Außenministerium und die Admiralität gaben überhaupt keine Erkenntnisse preis. Tatsächlich wurden ihm aktiv aktuellste Informationen vorenthalten.
- Während sich die Truppen der Alliierten sammelten, gruben sich die osmanischen Streitkräfte mit Hilfe deutscher Offiziere ein. Jeder Zentimeter Küste, der für eine Landung geeignet gewesen wäre, wurde mit Schützengräben und Stacheldraht befestigt.
- Geheimhaltung war auf Seiten der Alliierten völlig unmöglich. Die ägyptische Presse berichtete ungehindert über das Eintreffen der alliierten Streitkräfte und über ihre voraussichtlichen Reiseziele.
- Zwischen dem ersten Beschuss und der amphibischen Landung am 25. April verstrichen 65 Tage. In der Zwischenzeit waren die osmanischen Abwehranlagen nahezu unüberwindbar gemacht worden.

- Großbritannien kommandierte die 29. Division nach Gallipoli ab, aber ihr ausgesprochen kompetenter Befehlshaber, Generalmajor Shaw, wurde unerklärlicherweise durch Generalmajor Hunter-Weston ersetzt, der als Gespött der britischen Armee galt.
- Im März war nur eine einzelne osmanische Division auf der Halbinsel stationiert; da hätte eine amphibische Landung mit Unterstützung durch die Flotte möglicherweise noch Erfolg haben können. Ende April dagegen sahen sich die Angreifer einem Feind gegenüber, der seine Stellungen massiv ausgebaut hatte und dabei von hochkompetenten deutschen Beratern unterstützt wurde.
- Der Angriff sollte sich wie erwartet zu einem wahren Schlachtfest entwickeln.

Britisches Feldlazarett in Gallipoli

Kapitel 11

Gallipoli
Es war ihnen egal

Im Hafen von Alexandria drängten sich alle möglichen Schiffe, von Ozeandampfern bis hin zu Schleppern, die ansonsten auf der Themse unterwegs waren. Rund um die Uhr wurden schlecht beladene Schiffe entladen und neu beladen. Nachdem sie ins Hotel Metropole eingezogen waren, gingen General Hamilton und sein Stab ihre Möglichkeiten durch. Sie beschlossen, den südlichen Teil der Halbinsel Gallipoli in einem *Coup de main,* einem Handstreich zu nehmen. Ein Angriff also, bei dem es auf Geschwindigkeit und Überraschung ankommt. Was für ein schlechter Witz. Was es je an Überraschungsmoment gegeben haben mochte, war längst verpufft. 5 Wochen Vorbereitungszeit hatten die Briten den Osmanen geschenkt. Sie waren vorgewarnt, und weil Zeitungen wie die *Egyptian Gazette* lang und breit über den Stand von Hamiltons Plänen berichten konnten, waren sie auch bestens informiert.[1]

Divisionskommandeure unter Ian Hamilton waren Generalleutnant Sir William Birdwood, Aylmer Hunter-Weston und Sir Archibald Paris als Befehlshaber der Royal Naval Division. Birdwood war ein englischer Offizier, der die Anzac-Einheiten ausgebildet hatte – direkt neben den ägyptischen Pyramiden. Keinem der drei Kommandeure gefiel Hamiltons Plan. Birdwoods Stabschef, Brigadegeneral Harold Walker, war sogar »vollkommen entsetzt« – seine militärischen Instinkte trogen ihn nicht. Neben den drei Divisionskommandeuren war da noch General Albert d'Amade, der die 20 000 französischen Soldaten führte. Er hatte die Pläne für Gallipoli an die Presse und damit auch an die Osmanen weitergegeben.

Am 8. April stach Hamilton von Alexandria aus Richtung Limnos in See. Zuvor schrieb er Kitchener, dass seine Kommandeure alle Schwierigkeiten mit »außergewöhnlichem Scharfsinn« erkennen würden und dass »offenbar jeder tausend Mal alles andere lieber tun würde als das, was wir zu tun beabsichtigen«. Später fügte er hinzu: »In Wahrheit stimmt tief in seinem Herzen jeder dieser Kerle darin überein …, dass die Landung unmöglich ist.«[2] Trotz alledem fuhren Hamilton und seine Divisionskommandeure fort, wie angewiesen, und bestanden nicht darauf, die ganze Sache abblasen zu lassen. Und das tat auch Kitchener nicht. Über wie viel gesunden Menschenverstand diese Männer auch verfügt haben mochten, ihre Unterwürfigkeit und ihr Pflichtbewusstsein gegenüber der herrschenden Klasse obsiegten wie immer.

Am 20. April drängten sich über 200 Schiffe in den Hafen von Moudros. Viele Truppen sollten in Transportschiffen bis auf 3 Kilometer an die Halbinsel herangebracht werden. Dann sollten sie in völliger Stille und absoluter Dunkelheit über Holzleitern hinab in Ruderboote klettern, von denen jeweils vier zu einer Kette verknüpft worden waren. Jede Kette sollte dann von einem Leichter bis auf 150 Meter an die Küste herangeschleppt werden. Dann würde man die Leine kappen, und Marinepersonal würde die Soldaten so dicht wie möglich ans Ufer heranrudern. Die ersten schwer beladenen Truppen sollten genau mit der Morgendämmerung an Land gehen.

Fünf Strände rund um den Zeh der Halbinsel bei Helles waren für die Landung vorgesehen, und sie wurden mit S, V, W, X und Y bezeichnet. Zusätzlich sollte am Strand V das alte Kohleboot *SS River Clyde* direkt aufs Ufer vor der alten Festung Sedd-el-Bahr gesetzt werden. Die *River Clyde* war ein modernes trojanisches Pferd, so umgebaut, dass 2000 Soldaten an Bord passten und das Schiff durch Ausfalltore im Rumpf rasch würden verlassen können. Rund 25 Kilometer weiter entlang der Westküste lag Z Beach in der Nähe von Ari Burnu. Dort sollten die Anzac-Einheiten von Ruderbooten aus an Land gehen. In der Bucht von Besika und bei Kumkale auf der anderen Seite der Dardanellen würde die französische Division ein Ablenkungsmanöver starten und versuchen, die osmanischen Truppen zu verwirren. So weit der Plan. Während der nervenzerrüttenden Tage vor Limnos blieb die Invasionsarmee größtenteils an Bord der Schiffe, übte jedoch ständig an Land oder probte, rasch und lautlos aus den Schiffen in die kleinen Ruderboote zu steigen. Die Landung war für den 23. April geplant, dann war Neumond und die Nacht würde stockdunkel sein. Doch aufgrund von schlechtem Wetter musste der Termin verschoben werden.[3]

Zwischen dem 23. und 24. April machten sich 67 Transportschiffe mit 62 442 Soldaten an Bord auf den Weg in Richtung Halbinsel Gallipoli. Geschützt wurden sie von einer Armada aus schweren Kriegsschiffen, Zerstörern und kleineren Begleitschiffen. Es wurde – wie abzusehen war – ein Schlachtfest. Die *River Clyde* setzte am 25. April um 6:22 Uhr auf V Beach bei Helles auf. Die Ausfalltore schwangen auf und »innerhalb weniger Sekunden waren die Gangways blockiert mit Toten und Verwundeten, während sich das Wasser um das Schiff herum blutrot färbte«.[4] Der Grund: Osmanische Infanterie kontrollierte von vorne und von beiden Seiten aus den Strand. Einige wenige britische Soldaten schafften es von der *River Clyde* an Land, wo sie unter einem kleinen Vorsprung Schutz fanden, während viele der anderen, die vom Schiff wegliefen, von den Osmanen über den Haufen geschossen wurden. Rund 1000 Mann blieben an Bord, in Sicherheit, aber bis zum Einbruch der Dunkelheit unfähig, in das Geschehen einzugreifen. Britische Kriegsschiffe beschossen die Verteidigungsanlagen, erreichten aber wenig.

Die Dublin-Füsiliere unter dem Kommando von Brigadegeneral Henry Napier waren die ersten Einheiten, die zur V Beach geschleppt wurden. Von der *River Clyde* schrien die Offiziere zu Napier rüber, er solle umdrehen, aber er fuhr weiter. Er und sein Stab waren tot, bevor sie den Strand erreichen konnten. »Der Strand war Schauplatz eines langanhaltenden Gemetzels, nur 40, 50 Männern gelang es, zu den niedrigen Klippen zu gelangen und sich dort einzugraben.«[5] Nur wenige Soldaten überlebten die allererste Minute. »Die meisten verließen noch nicht einmal die Boote, die hilflos davontrieben, nichts als Tote an Bord.«[6] Air Commodore Samson überflog an jenem Morgen V Beach und berichtete später, dass die ruhige blaue See bis zu 50 Meter vom Ufer entfernt »rot vor Blut« war. Ineinander verwickelt lagen Leichen im undurchdringlichen Stacheldrahtbollwerk. Ein grauenvoller Anblick.

Als die Zahl der Toten aus der 29. Division in die Tausende ging, sprach jemand Hunter-Weston auf die schweren Verluste an. »Verluste?«, bellte der zurück. »Was interessieren mich Verluste?«[7] Alle drei Brigadekommandeure, die am Kap Helles im Einsatz waren, starben auch dort, und die beiden Obersten, die das Kommando übernahmen, fielen innerhalb von Sekunden. Es gab keine Stabsoffiziere mehr und kein taktisches Hauptquartier. Die Männer waren in diesem verwirrenden Chaos auf sich gestellt.

General Hamilton hatte die Landung an einem abgelegenen Flecken 4 Meilen von Y Beach entfernt befohlen. Von dort aus sollten die Männer die Türken von hinten angreifen. 2000 Männer vom Plymouth-Bataillon und den King's Own Scottish Borderers landeten dort unbehelligt. Sie hätten nach Belieben südwärts marschieren und die feindlichen Stellungen bei Sedd-el-Bahr und Teke-Burnu einkreisen können. Dort, keine Stunde Fußmarsch entfernt, wurden ihre Kameraden in Scharen abgeschlachtet. Zwei Oberste befehligten die Haupttruppe auf Y Beach, aber sie waren sich nicht sicher, wer wer von beiden das letzte Wort hatte. Elf Stunden lang lagerten diese Truppen völlig ungestört auf den Klippen über Y Beach und warteten, ohne sich einzugraben, auf Anweisungen. Dann trafen türkische Truppen in großer Zahl ein, und am nächsten Morgen verzeichneten die Briten über 700 Opfer. Die Navy evakuierte die Überlebenden,[8] ohne sich vorher die Erlaubnis dazu von General Hamilton zu holen. Der tobte. Zudem schockierte ihn der Anblick »loser Gruppen zielloser Bummler« am Strand. Er begriff nicht, warum die Männer, nachdem sie sich eingegraben hatten, keinen Brückenkopf geschaffen hatten.[9] Das Unglaubliche daran war, dass sie gar keinen Befehl zum Eingraben erhalten hatten und dies nun teuer bezahlen mussten.

Unterdessen erwies sich W Beach als Todesfalle aus Landminen, Seeminen und verborgenen Stolperfallen. In die Klippe hinein waren Löcher für verdeckte Maschinengewehre geschlagen worden, weiter hinten warteten Kanonen und weitere Maschinengewehre. Weiter nördlich am Z Beach gerieten die Anzacs in ein ähnliches Horrorszenario. In der Dunkelheit hatte eine starke Strömung die Boote ungefähr eine Meile nördlich an der vorgesehenen Landestelle vorbeigetrieben, und einige der Angreifer standen nicht wie erwartet vor einer flachen Sandbank, sondern vor steilen Klippen. Die meisten landeten südlich von Ari Burnu in einer kleinen Bucht, die später als Anzac

Cove berühmt werden sollte. Als die Boote der ersten Welle mit 15 000 Mann noch ungefähr 30 Meter vom Ufer entfernt waren, gerieten sie unter schweren Beschuss durch Gewehre und Maschinengewehre. Einige Anzac-Soldaten starben im Sitzen, andere fielen über Bord und wurden vom Gewicht ihrer Tornister hinabgezogen.[10] Während Welle um Welle Soldaten anlandete, verwandelte sich der Strand in ein »überfülltes Durcheinander, dermaßen übersät mit Verwundeten, dass es schwierig war, sich einen Weg zum Wasser zu bahnen«.[11] Allen Widrigkeiten zum Trotz schien es so, als könnten die Anzacs durchbrechen, doch dann trafen Reserveeinheiten der Osmanen ein und drängten die Angreifer zurück. Birdwood ging an jenem Abend an Land und besprach sich mit zwei Divisionsgenerälen. Diese drängten auf eine sofortige Evakuierung. Eine entsprechende Nachricht ging mitten in der Nacht an Hamilton, doch der verweigerte einem Rückzug die Erlaubnis. »Grabt, grabt, grabt, bis ihr sicher seid«, lautete seine Botschaft.[12]

Mehr als 2000 Anzac-Soldaten starben an jenem Tag, viele mehr wurden verwundet. Für die Landungen standen insgesamt nur zwei Lazarettschiffe bereit, und die waren sofort völlig überfordert. Als Verwundete endlich von den Stränden geholt wurden, brachte man sie bloß auf schmutzige und überfüllte Schiffe, auf denen es an Ärzten und Pflegepersonal mangelte. Dann stand ihnen noch eine Seereise über 600, 700 Meilen bevor, die sie ohne fachkundige Betreuung überstehen mussten. »Die Verwundeten mussten furchtbare Entbehrungen über sich ergehen lassen, und viele, die möglicherweise überlebt hätten, erlagen den Folgen des Wundbrands oder eiternder Verletzungen, bevor sie in Ägypten in ein anständiges Krankenhaus gebracht werden konnten.«[13]

Der Angriff auf die Halbinsel Gallipoli verlief genauso desaströs, wie es vorhergesagt worden war. Ohne jegliches Mitgefühl wurde jugendliche Hoffnung geopfert. Was scherten Hunter-Weston die Opfer? Nichts. Was scherte die Geheime Elite die schrecklichen Verluste? Die haben sie nie interessiert. Dieses Thema ist von Historikern nie aufrichtig behandelt worden. In Wahrheit wurde der Angriff in Erwartung eines sicheren Fehlschlags befohlen. Die Tausenden, die allein an jenem ersten Tag starben, hatten ihr Leben nicht für die Zivilisation oder für die Gerechtigkeit gelassen, sondern für die Machtfantasien wohlhabender, einflussreicher Männer aus dem Herzen des Empires.

Zwar gelang es der Entente, mit 30 000 Mann auf der Halbinsel Gallipoli zu landen, aber ihre heldenhaften Bemühungen kosteten sie 20 000 Opfer. Die Entente konnte sich festsetzen, aber es gelang ihr nicht, weiter als eine Meile landeinwärts vorzustoßen. Der Kriegsberichterstatter Ellis Ashmead-Bartlett, der die britischen Truppen begleitete, schrieb: »Bei Anzac steht ein weiteres Vorrücken außer Frage … Keine Armee fand sich je in einer aussichtsloseren, lachhafteren Position wieder, von allen Seiten von Hügeln eingeschlossen und ohne jeglichen Punkt, von dem aus man zum Angriff übergehen konnte – außer man bestieg die Hügel.« Die 29. Division hatte in Helles die Hälfte ihrer Männer verloren, und Bartletts Einschätzung lautete: »Wir können uns gerade so auf der Halbinsel halten, aber ein Vorrücken steht komplett außer Frage …«[14]

Am 29. April wurden die Vorräte an Nahrung, Wasser und Munition knapp, und der anfängliche Schwung war mittlerweile komplett verpufft. »Die Tage zogen sich hin, und die Glut der Sonne nahm zu. In den Stellungen herrschte eine Pattsituation wie in den Schützengräben von Frankreich und Flandern.«[15] Nach weniger als einer Woche glich Gallipoli im Grunde einem blutigen Patt. Jeder fähige Stratege hatte wiederholt erklärt, dass nur ein gemeinsames Vorgehen von Heer und Marine Aussicht auf Erfolg hatte. Kommodore Roger Keyes, Stabschef von Admiral de Robeck, machte sich dafür stark, erneut einen Durchbruch zu versuchen, um der erschöpften Armee zu helfen. Das Minenproblem hatte Keyes gelöst, indem er Zerstörer für die Aufgabe umrüstete, und mittlerweile waren auch neue Schlachtschiffe eingetroffen.

De Robeck bat in London um Erlaubnis für einen gemeinsamen Angriff, aber sie wurde nicht erteilt. Nicht nur das: Am 12. Mai beorderte der Erste Seelord Admiral Fisher die *Queen Elizabeth* zurück in die Heimat. Es würde keine gemeinsame Operation zu Land und zu See geben. Fisher wollte die Dardanellenexpedition umgehend beenden, und zwei Tage später trat er im Kriegsrat zurück.[16] Churchills Zukunft stand auf dem Spiel. Am 17. Mai kam es in den Räumen des Premierministers im Unterhaus zur Konfrontation mit Asquith. Das Ergebnis: Die Amtszeit von Churchill als Erster Lord der Admiralität war vorüber.[17] Am 25. Mai wurde eine neue Regierungskoalition gebildet. Churchill wurde durch Arthur Balfour ersetzt, den ehemaligen konservativen Premier und Mitglied im innersten Kreis der Geheimen

Elite.[18] Die Namen änderten sich, aber der feste Griff, in dem der Geheimbund die Politik hatte, blieb.

Den Sommer über dauerten die Kämpfe an. Während die Zahl der Todesopfer rasch wuchs, überstiegen die Inkompetenz, die Dummheit und die Unmenschlichkeit der Stabsoffiziere sämtliche Vorstellungskraft. Ashmead-Bartlett schrieb: »Wir setzen dieses hoffnungslose Spiel fort und ignorieren dabei alle strategischen Möglichkeiten … indem wir auf mörderischen Frontalangriffen auf undurchdringliche Stellungen bestehen und dabei Zehntausende unserer besten und tapfersten Männer verlieren, ohne irgendein Resultat zu erzielen …«[19] Die Befehle, die an die 29. Division ergingen, waren nur selten verständlich, und gelegentlich mussten sie verändert, angepasst oder gleich ganz ignoriert werden. Das Schicksal der Gefallenen war furchtbar. Nach fehlgeschlagenen Angriffen ließ man Tausende Soldaten zwischen den Fronten zurück, wo ihnen die enorme Hitze, Fliegen und Durst zusetzten, bis ihnen der Tod als willkommene Erleichterung erschienen sein muss. Regelmäßig stimmten die türkischen Truppen einer Feuerpause zu, um Verwundete bergen zu können. Bei Helles waren sogar sie es, die um eine Feuerpause baten, aber die britischen Kommandeure lehnten es ab. Nichts dürfte für die gewöhnlichen Fußsoldaten demoralisierender gewesen sein als das Wissen, dass nur wenige Meter weiter Hunderte Waffenkameraden verstümmelt und unversorgt lagen, mitten in der prallen Sonne, verdammt dazu, einem langsamen, grausamen Tod entgegen zu vegetieren.[20]

Opferzahlen spielten für Hunter-Weston keine Rolle, sofern nur das Ziel erreicht wurde.[21] Doch er opferte das Leben tausender Männer der 29. Division, ohne überhaupt irgendein Ziel zu erreichen. Unter seinem Kommando wurde das Äquivalent von drei britischen Divisionen beim Sturm auf die Höhe Achi Baba verloren, ohne dass dabei eine einzige angepeilte Position erobert werden konnte.[22] Seine überoptimistischen Berichte trugen entscheidend dazu bei, Sir Ian Hamilton in die Irre zu führen.[23] Hunter-Weston zog sich im Juli 1915 die Ruhr zu und wurde prompt zurück in die Heimat verlegt. Er ließ Tausende Männer zurück, denen es viel, viel schlechter ging.

John Hargrave war beim britischen Sanitätskorps in Gallipoli stationiert und schrieb darüber, in welchem erbärmlichen körperlichen Zustand sich die Truppen nur 10 Tage vor der Augustoffensive befanden. Kurz nach ihrem

Eintreffen in Limnos wurden die Neuankömmlinge so stark von der Ruhr befallen, dass einige starben. Sie waren »bereits eine Armee kranker Männer«, und anstatt sich zu akklimatisieren, wurden sie immer schwächer.[24] Sie hatten sichtlich zu kämpfen. Viele Männer litten noch unter den kürzlich verabreichten Cholera-Impfungen. Die erdrückende Hitze, die rasche Dehydrierung, die fremde Belaubung, deren Geruch ihnen in der Nase brannte, die Diarrhoe, die Orientierungslosigkeit, die Erschöpfung und die Hitzschläge – all das war selbst für die gesündesten Helden zu viel. Konnte das denn niemand erkennen? Als Vorbereitung auf den Angriff waren Truppen auf Imbros gelandet, doch selbst auf dieser Insel war das Wasser dermaßen knapp, dass die Wasserwagen von bewaffneten Soldaten bewacht werden mussten. Anstatt den Angriff zu üben, waren die Männer damit beschäftigt, zu den Latrinen zu rennen – »Dutzende Male pro Tag«.[25]

Und dennoch wurde im August zur Offensive geblasen. Ungeachtet ihres furchtbaren Zustands wurden die Soldaten »wie die Heringe in die Landungsboote und die Zerstörer gequetscht, stumm und teilnahmslos«.[26] Viele waren am 5. August seit dem Morgengrauen auf den Beinen und schmolzen nun in ihren schweren, für das Klima völlig ungeeigneten Uniformen dahin. An Bord der Transportschiffe standen die Männer dicht gedrängt beieinander, manche bis zu 17 Stunden.[27] Es herrschten Zustände wie auf den Sklavenschiffen des 18. Jahrhunderts. Beim Einschiffen hatte jeder Mann 0,75 Liter Wasser erhalten, und man schärfte ihm ein, dass er nur trinken solle, wenn es gar nicht mehr anders gehe. Ein völlig surreales Szenario. Diese Soldaten wurden Bedingungen ausgesetzt, die ihrem körperlichen Zustand massiv schadeten, sie wurden depressiv, mussten dringend auf die Toilette, wurden von gewaltigem Durst gequält und verfielen in ihrer Lethargie und Verwirrung in Orientierungslosigkeit. Zuversicht und Korpsgeist waren längst nicht mehr vorhanden. Diese Männer hätten ins Lazarett gehört, nicht aufs Schlachtfeld.

Der große Angriff der Alliierten auf Helles begann am Nachmittag des 6. August mit einem Beschuss durch die Kriegsschiffe. Erneut folgte ein furchtbares Abschlachten. Das brutal effektive Maschinengewehrfeuer der osmanischen Truppen ging in verzweifelte Kämpfe Mann gegen Mann über, und die Schützengräben quollen über vor toten und verwundeten

Soldaten. Die 88. Brigade büßte nahezu zwei Drittel ihrer Offiziere und Männer ein. Am folgenden Morgen, dem 7. August, verloren drei Brigaden des VIII. Korps nahezu 3500 Offiziere und Mannschaften. Was konnten sie im Gegenzug dafür vorweisen? Nichts.[28]

Am selben Morgen führten 20 000 kranke und geschwächte Soldaten in der Suvlabucht eine amphibische Landung durch. Hamilton hatte aus Großbritannien erfahrene Korpskommandanten angefordert, die den Angriff anführen sollten – Männer wie Sir Henry Rawlinson mit Kampferfahrung an der Westfront. Was Kitchener ihm jedoch schickte, war »die erbärmlichste Anhäufung von Generälen, die je auf einen Haufen zusammenkamen«.[29] Das Kommando über das IX. Korps erhielt der möglicherweise schlimmste von allen – der 61-jährige Generalleutnant Sir Frederick Stopford. Er war seit 5 Jahren pensioniert, hatte davor kaum aktiven Dienst geleistet und noch nie Truppen im Gefecht befehligt.[30] Stopford war dermaßen gebrechlich und körperlich angeschlagen, dass er, als er sich auf den Weg nach Gallipoli machte, beim Einsteigen in den Zug nicht einmal seine Attaché-Tasche heben konnte. Dennoch entsandte man ihn in ein Klima, das selbst die gesündesten und kräftigsten Männer in die Knie zwang. Hamilton wusste von Stopfords Defiziten, dennoch gab er ihm freie Hand bei den Planungen der Operation in Suvla – »es war, als gebe man einem Bankrotten einen signierten Blankoscheck«.[31] Während der Landung blieb Stopford an Bord der *HMS Jonquil* und schlief an Deck. Kein Offizier wurde an Land geschickt, um sich einen Eindruck von der Lage zu verschaffen. Die Befehlskette brach komplett auseinander.[32]

Viele Historiker gehen nicht darauf ein, welcher Faktor der tödlichste in der Suvlabucht war. Denn das waren nicht die Maschinengewehre der osmanischen Truppen, sondern das absolute Versagen, als es darum ging, die alliierten Truppen vor dem Verdursten zu bewahren. Völlig ausgetrocknet leerten einige Männer ihre Wasserflaschen bereits vor oder kurz nach der Landung.[33] Am 7. August trafen nur zwei von fünf Versorgungsschiffen mit Wasser ein. Allerdings liefen beide auf eine Sandbank auf und waren damit zu weit entfernt, als dass man das Wasser über Rohre hätte an Land leiten können. »Vor dem Morgen des 8. stand uns keinerlei Wasser aus ihnen zur Verfügung.«[34] Das bedeutete nichts anderes, als dass ohnehin dehydrierte

Soldaten 2 Tage oder länger in sengender Hitze mit einem 0,75 Liter Wasser auskommen mussten.

Wie viele Männer sind in der Suvlabucht an Dehydrierung gestorben? Hunderte? Tausende? Die genauen Zahlen werden wir niemals erfahren, denn das Establishment hatte ein Interesse daran, die Wahrheit zu unterdrücken. Man stelle sich vor, was geschehen wäre, hätte die Öffentlichkeit erfahren, dass ihre Angehörigen nicht ihren Verwundungen erlegen waren, sondern in der glühenden Hitze an Wassermangel starben – und das nur, weil das militärische Oberkommando es nicht geschafft hatte, das zum Überleben Allernotwendigste herbeizuschaffen. Am 5. August hatte Hamilton Kitchener über die »Krankheit aller Australier, ach, sämtlicher Truppen hier« informiert, aber seine Bedenken blieben unbeachtet.[35] Als am 12. August bekannt wurde, dass die Operation zum Stillstand gekommen war, drängte Kitchener Hamilton, die Männer »aufzupeppen«. Während er in der privilegierten Welt des Oberschichtenglands hockte, verlangte Kitchener von den ausgemergelten, sterbenden Soldaten mehr »Energie und Schneid«. Wie es für jeden auch nur halbwegs anständigen Menschen normal ist, widerte Hamilton diese Antwort zutiefst an.[36]

Zusammenfassung

- Hamilton informierte Kitchener, dass all seine Divisionskommandanten entsetzt seien und eine erfolgreiche Landung für ein Ding der Unmöglichkeit hielten.
- Wie erwartet geriet die Invasion zu einem furchtbaren Blutbad. Tausende starben, noch mehr Soldaten wurden verwundet. Die gerade einmal zwei Lazarettschiffe waren hoffnungslos überfordert.
- 30 000 Mann landeten auf der Halbinsel Gallipoli, mussten die heroischen Anstrengungen aber mit 20 000 Opfern bezahlen.

- Die Admiralität lehnte einen gemeinsamen Angriff zu Land und zu See ab. Nicht nur das: Das einzige Dreadnought, die *Queen Elizabeth,* wurde nach Hause zurückbeordert, damit sie nicht einem U-Boot-Angriff zum Opfer fiel.
- In London wurde die liberale Regierung Asquith durch eine Koalition abgelöst. Churchill verlor seinen Posten und wurde durch Arthur Balfour ersetzt.
- Im Sommer 1915 stiegen aufgrund von Inkompetenz, Dummheit, sengender Hitze, Fliegen, Durst und Krankheit die Opferzahlen rasch an.
- Am Ende gab es praktisch nur noch eine Armee kranker Männer; dennoch wurde im August die nächste Offensive gestartet. Die Verluste waren noch furchtbarer. Wie viele Soldaten allein in dieser Zeit verdurstet sind, werden wir wohl nie erfahren.

Die *SS River Clyde* vor Gallipoli, 25. April 1915

Kapitel 12

Gallipoli
Alles wird vertuscht

Die schweren Fehler, die bei der ersten Landung im April gemacht worden waren, wiederholten sich größtenteils bei der Augustoffensive.[1] Erneut opferte Großbritannien tausende Mann ohne Sinn und Verstand, und noch immer waren es die osmanischen Verteidiger, die die Höhenlagen der Halbinsel Gallipoli hielten und dadurch im Vorteil waren. Allein bei der Schlacht um Kanli Sirt (im englischen Raum wegen der einzelnen Pinie, die dort stand, »Schlacht von Lone Pine« genannt) starben 2000 australische Soldaten. General William Birdwood hatte im Dezember 1914 das Kommando über die Anzacs erhalten, aber seine Zuversicht wurde nicht durch militärische Erfolge unterfüttert. Wie andere Stabsoffiziere seiner Zeit erkannte auch Birdwood nicht, wie sehr Krankheiten wie die Ruhr seine Truppen plagten und schwächten.[2] Das hatte zur Folge, dass er über 10 000 Mann verlor. Tausende Verwundete mussten tagelang ohne Wasser in der glühenden Sonne ausharren.[3] Überall lagen aufgeblähte, verwesende Leichname herum, und der Gestank der Toten setzte den Lebenden zu.

Und als es schien, dass der Schrecken von Gallipoli nicht noch größer werden könne, starben hunderte Verwundete auf den Hängen des Scimitar Hill (türkisch: Yusufçuk Tepe) einen grausigen Tod, als ein Steppenbrand über sie hereinbrach und sie nicht mehr rechtzeitig in Sicherheit gebracht werden konnten. Ashmead-Bartlett schrieb: »Als das Feuer weiterzog, zeigten nur mehr kleine Häufchen verbrannten Khakis an, wo ein weiterer schlecht angeführter Soldat des Königs Mutter Erde zurückgegeben worden war.«[4] Diesen Männern blieb der ruhmreiche und ehrenhafte Tod verwehrt, mit dem dieses Abschlachten gerechtfertigt wurde. Sie wurden ohne jedwedes Bedauern geopfert – krank, verwundet, alleingelassen und von ihren glücklosen Kommandeuren betrogen. Den ganzen August über litten die verbliebenen Soldaten an der Ruhr oder einer ansteckenden Form von Paratyphus. Kaum jemand überlebte. Letztlich wurden Tag für Tag mehr als tausend Kranke und Sterbende evakuiert.[5] Die Anzacs waren körperlich topfit angetreten, aber vor den Augen ihres Kommandeurs verfielen sie zu wandelnden Kadavern, ausgemergelt und mit eingesunkenen Wangen. Das Australian & New Zealand Army Corps »schmolz durch Krankheit mit einer furchtbaren Quote von 10 Prozent pro Woche dahin«, und nahezu 80 Prozent der alliierten Streitkräfte auf der Halbinsel litten unter schwächenden Krankheiten. Als das Hauptquartier Ratschläge schickte, wie man mit der massiven Fliegenplage umgehen könne, antwortete ein australischer Arzt aufgebracht, das sei, »als würde ich auf einen Steppenbrand spucken«.[6] Ende August beliefen sich die Verluste der Entente auf 89 000 Mann, und die Moral der Türken stieg.[7]

Um »Informationen aus erster Hand« zu sammeln, wurde mit Maurice Hankey der Sekretär des britischen Kriegsrats nach Gallipoli entsandt. Er hatte den Rang eines Oberstleutnants inne und den »sehr ungewöhnlichen« Auftrag des Premierministers in der Tasche, zu gehen, wohin er wolle, und völlig frei und direkt der Downing Street zu berichten. Bevor Hankey London verließ, beteuerte Kitchener ihm gegenüber noch einmal: Selbst wenn man auf der Halbinsel erfolgreich sein sollte, beabsichtige er nicht, die Armee auf Konstantinopel vorrücken zu lassen.[8] Ein erstaunliches Eingeständnis und ein klares Indiz für die wahren Absichten hinter diesem Feldzug. Natürlich war das für Hankey keine Überraschung. Offiziell hatte es ja einst geheißen, man wolle sich die Kontrolle über die Dardanellenmeerenge sichern und im Namen der Russen Konstantinopel einnehmen, aber das war nicht das wahre Ziel. Niemals würde Konstantinopel Russland übergeben werden. Zehntausende Menschen waren einer Lüge geopfert worden. Zehntausende sollten folgen. Wichtig war allein, dass die Russen glaubten, den Briten wäre es ernst.

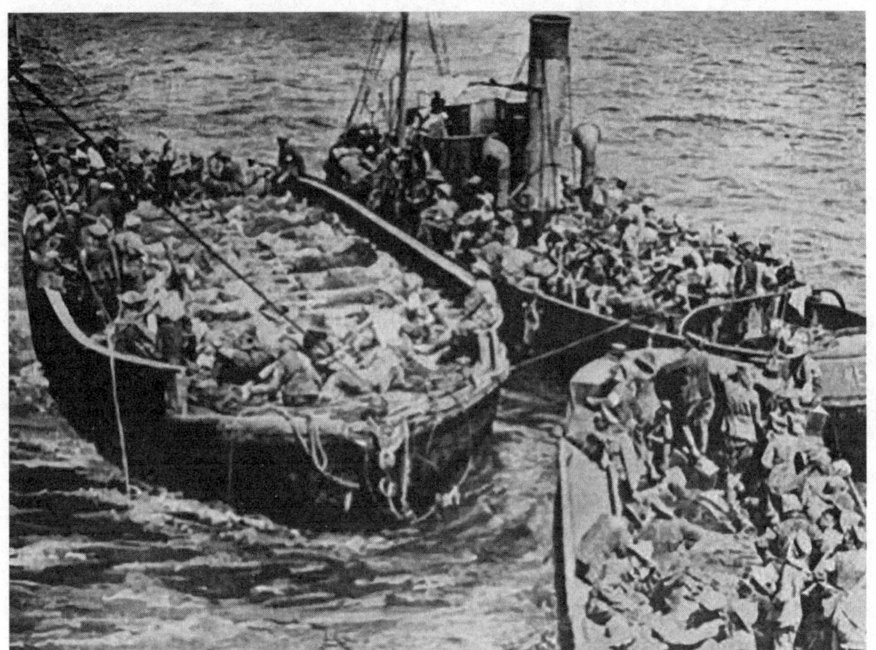

Tote, Sterbende und Verwundete werden von den Stränden abtransportiert

Am 25. Juli traf Hankey in Limnos ein und ließ sich 3 Wochen lang herumführen. Wie einst Nero auf das brennende Rom blickte, verfolgte Hankey nun die Katastrophe in der Suvlabucht. Am 14. August telegrafierte er an den Premierminister und Kitchener, der »Überraschungsangriff« sei nun »definitiv gescheitert … Der Feind gräbt sich bereits 3000 Meter von der Suvlabucht entfernt ein.«[9] Waren das verschlüsselte Botschaften? Wie hätte es Überraschungsangriffe geben können? Die Türken waren bestens verschanzt, tief eingegraben wie die Deutschen an der Westfront. Sämtliche Beweise, die Hankey vorlagen, sprachen eine ganz klare Sprache: Nur ein konzertierter Angriff durch die Flotte und eine umfangreiche Zahl an Bodentruppen hatte überhaupt Aussicht auf Erfolg. Selbst aus seiner Wortwahl »definitiv gescheitert« sprach weder so etwas wie Enttäuschung noch Verblüfftheit. Alles lief genau wie erwartet.

Während er sich an den Ufern von Gallipoli herumdrückte und für ein sehr exklusives Publikum den Fortgang der Tragödie beobachtete und festhielt, frischte Hankey einige alte Bekanntschaften auf. An allererster Stelle war das Major Guy Dawnay aus dem Generalstab von Hamilton. Dawnay und Hankey hatten 3 Jahre lang im Committee of Imperial Defence zusammengearbeitet, Dawnay hatte anschließend noch von September 1914 bis zum März 1915 im Kriegsministerium gedient.[10] Angesichts derart enger und direkter Verbindungen zu Hankey und Kitchener darf man wohl getrost davon ausgehen, dass Dawnay abkommandiert worden war, im Namen der Geheimen Elite ein Auge auf Sir Ian Hamilton zu haben.

Der arme Hamilton war in seiner Einschätzung von Maurice Hankey mehr als nur naiv. Er begrüßte ihn als »eine echte Hilfe« in seinem Hauptquartier, überzeugt, dass der Sekretär des Kriegsrats und enge Vertraute des Premiers die Dinge geraderücken werde. »Von einem persönlichen Standpunkt aus wird es uns alles wert sein, wenn aus dieser Flut an falschen Gerüchten, die sich aus dem Schreiben an unseren Dardanellenausschuss, an die Presse, nach Ägypten und an die Londoner Salons ergießt, ein Fels in Form eines Augenzeugen herausragt, und sei es nur ein einzelner kleiner Fels.«[11] Ihm stand eine bittere Enttäuschung bevor.

Am 28. August kehrte Hankey nach London zurück, im Gepäck ausreichend Beweise aus erster Hand. Seine Empfehlung: Man solle sich einen Vorwand für einen Abzug aus Gallipoli suchen. Eine »vernünftige Aussicht auf Erfolg« bestehe nur, wenn man massiv in Männer und Gerät investiere – also genau das, was Sir Ian Hamilton wiederholt gefordert, Kitchener ihm jedoch verweigert hatte. In einem »streng geheimen« Teil seines Berichts schrieb Hankey: »Die Regierung kann sich durchaus die Frage stellen, ob es gerechtfertigt ist, einen Feldzug fortzusetzen, der dem Land einen derart gewaltigen Zoll an Menschenleben und materiellen Ressourcen abverlangt.«[12] Alternativen verboten sich quasi von allein: Eine Wiederholung des Angriffs zu See oder eine peinliche diplomatische Vereinbarung mit Türken und Russen kamen überhaupt nicht infrage.[13]

Es war Maurice Hankey gewesen, der dem Kriegsrat ursprünglich empfohlen hatte, die Dardanellen anzugreifen, um so die Russen zu täuschen und zu einer Fortsetzung der Kriegsbemühungen zu verleiten. Ende August 1915 wusste er, dass sein Plan aufgegangen war. Vier russische Offiziere hatten die Landung in der Suvlabucht verfolgt und gegenüber Hamilton erklärt, mit seinen Handlungen habe er die gesamte Kaukasusarmee gerettet, und »das weiß der Großfürst auch«. Der Zar »bedauere es zutiefst«, dass sein Armeekorps wegen fehlender Vorräte »nicht habe zu Hilfe eilen können«.[14] Russland setzte seinen Kampf gegen das Deutsche Reich fort, überzeugt, Großbritannien habe in dem tapferen Bestreben, für Russland Konstantinopel zu erobern, zehntausende Mann geopfert. Von dem Abschlachten, das das Ausmaß der russischen Niederlagen an der Ostfront erreichte, waren die Offiziere zweifelsohne beeindruckt. Die Aufgabe war erledigt. Im nächsten Schritt mussten ein strategischer Rückzug vorbereitet und ein Sündenbock gefunden werden.

Die Aufgabe, diesen Prügelknaben zu suchen, kam erneut Maurice Hankey zu, auch wenn er sich bemühte, seine Rolle vor den Augen der Öffentlichkeit zu verbergen. Wie immer überließ die Geheime Elite die Schmutzarbeit anderen. Kurz nachdem er in Gallipoli mit Hankey gesprochen hatte, reiste Major Guy Dawnay nach London ab. General Hamilton setzte fälschlicherweise viel Vertrauen in Dawnay und ließ sich von ihm überzeugen, es sei wichtig, dass jemand der Regierung direkt und persönlich erkläre, von welch großer Bedeutung Truppenverstärkungen seien. Hamiltons Bitten waren bei Kitchener auf taube Ohren gestoßen, und übertriebene Gerüchte über militärische Erfolge erwiesen sich als kontraproduktiv für Hamiltons Anliegen.

Dawnay erwies sich als die wahre Natter in Hamiltons Nest. Der Major war ein Freund der königlichen Familie und des Premierministers, deshalb verfügte er über Beziehungen, wie sie sonst nur ranghohe Mitglieder der Geheimen Elite vorweisen konnten. Nach seiner Rückkehr nach London schilderte er dem König seine Sichtweise, was die Inkompetenz in Gallipoli anbelangte, und es wurde ihm erlaubt, dem Kabinett eine ungefilterte Analyse vorzulegen. Das *Oxford Dictionary of National Biography* schrieb: »Für einen jungen Stabsoffizier war es ungewöhnlich, Kabinettsministern zu empfehlen, sich über seinen eigenen Oberkommandierenden hinwegzusetzen.«[15] Zu seinem Publikum gehörten Premierminister Asquith, Lloyd George, Bonar Law, Curzon »und nahezu jeder andere mit Einfluss«.[16] Alles wurde dafür vorbereitet, Sir Ian Hamilton die Schuld am Scheitern des Gallipolifeldzugs geben zu können. Während in London die Vorbereitungen gegen Hamilton immer rascher vorangetrieben wurden, erfolgte aus einer Ecke, aus der man damit nicht gerechnet hatte, der finale Nackenschlag für Hamilton und lenkte die Aufmerksamkeit fort von der Geheimen Elite.

Die offizielle Geschichtsschreibung will uns glauben machen, dass es ein unbekannter junger australischer Journalist namens Keith Murdoch war, der Sir Ian Hamiltons Karriere und die Dardanellenoffensive beendete.[17] In Australien hat Murdoch den Status einer Legende, was das Thema Gallipoli anbelangt, aber die Entscheidung, Hamilton abzulösen, war auf Empfehlung von Maurice Hankey hin längst getroffen worden, vorangetrieben und begünstigt durch Major Guy Dawnay. Dennoch wurde der Anschein geweckt, als habe ein hartnäckiger junger Journalist enthüllt, was Gallipoli für eine Katastrophe war. In seinem meisterhaften Geschichtswerk schreibt Alan Moorehead: »Murdochs Erscheinen auf der explosiven Bühne ist einer der merkwürdigsten Zwischenfälle des gesamten Gallipolifeldzugs.«[18]

Wer war Keith Murdoch, und wie erhielt er Zugang zum britischen Establishment und zum Herzstück der Geheimen Elite? Murdochs Vater war ein schottisch-presbyterianischer Geistlicher, der 1884 nach Melbourne ausgewandert war. Murdoch wollte Journalist werden, litt jedoch unter einem schweren Sprachfehler. 1908 reiste er nach London, um es in der Fleet Street zu etwas zu bringen und sein heftiges Stottern kurieren zu lassen, aber im Gegensatz zu vielen anderen Möchtegernschreibern hatte er »einen Stapel Einführungsschreiben« des australischen Premierministers Alfred Deakin im Gepäck.[19] Ein Jahr zuvor hatte Deakin an der Kolonialkonferenz in London teilgenommen und sich dabei mit Alfred Milner angefreundet. Die beiden verband eine enge Beziehung.[20] Milner war der wichtigste Sprecher für imperiale Angelegenheiten, und angesichts seiner allerbesten Beziehungen zur Presse eine natürliche Anlaufstelle für den jungen Murdoch. Als er im November 1909 nach Australien zurückkehrte, wurde Murdoch bei der *Sydney Evening Sun* als Commonwealth-Parlamentsreporter angestellt. Schon bald stand er in engem Kontakt zu Andrew Fisher, der Deakin als Premierminister abgelöst hatte, und anderen ranghohen Ministern der Labour-Partei. Murdoch gehörte 1910 zu den Gründern des australischen Journalistenverbands AJA und stand den neuen Ideen von Milner und seinen Kumpanen von der Tafelrunde ausgesprochen offen gegenüber.[21]

Murdoch hatte Kriegsberichterstatter für die australische Presse werden wollen, doch diese Stelle ging an Charles Bean, der später Australiens offizieller Kriegshistoriker werden sollte. Darüber enttäuscht, sah sich

Murdoch nach neuen Möglichkeiten um. Aus »privater Quelle« erfuhr er, dass er einen Job im Umfeld der *Times* in London haben könne, wenn er wolle.[22] Also verließ der 29-jährige Murdoch am 13. Juli 1915 erneut Melbourne, um in London als Redakteur bei der Nachrichtenagentur United Cable Service zu arbeiten, die ihren Sitz in den *Times*-Büroräumen hatte.

Offiziellen Berichten zufolge bat ihn die australische Regierung, seine Reise in Ägypten zu unterbrechen und Nachforschungen anzustellen. Es habe Beschwerden über starke Verzögerungen bei der Feldpost gegeben. Sehr merkwürdig, dass Murdoch für eine derart alltägliche Aufgabe Einführungsschreiben von Andrew Fisher und George Pearce mitführte, dem australischen Premier und dem australischen Verteidigungsminister. In dem Schreiben des Premierministers hieß es ausdrücklich, dass »Mister Murdoch für die Regierung des Commonwealth auch auf den Kriegsschauplätzen im Mittelmeer gewisse Erkundigungen einholt«.[23] Sehr ungewöhnlich, das Ganze. Ein Journalist wurde nicht etwa von seinem Arbeitgeber, sondern von seiner Regierung darum gebeten, Nachforschungen anzustellen. In Gallipoli gab es reichlich Australier, die der Sache hätten nachgehen können, es stellt sich also die Frage, welchen Auftrag Murdoch tatsächlich erhalten hatte. Wie sahen die geheimen Anweisungen aus, die ihm die australische Regierung mit auf den Weg gegeben hatte?

Nachdem er Mitte August in Kairo eingetroffen war, schrieb Murdoch an Sir Ian Hamilton und holte die Erlaubnis ein, Gallipoli zu besuchen und mit den australischen Soldaten zu sprechen. Murdoch »scheint ein vernünftiger Mensch zu sein«, schrieb Hamilton in sein Tagebuch,[24] wunderte sich aber, warum er Australien vermeintlich mit dem Stift besser diene als mit dem Gewehr.[25] 4 Tage verbrachte Keith Murdoch in Gallipoli und traf dort Charles Bean und zwei weitere australische Journalisten. Dass mindestens drei unabhängige australische Journalisten bereits vor Ort waren, wirft die Frage auf: Warum war Murdoch überhaupt da?

Murdoch hielt vertrauliche Treffen mit dem britischen Kriegskorrespondenten Ellis Ashmead-Bartlett ab, was für die folgenden Ereignisse vermutlich relevanter gewesen sein dürfte. Laut Murdochs Biograf war Ashmead-Bartlett angewidert davon, wie Hamilton den Feldzug gehandhabt hatte, und bat Murdoch, ein versiegeltes Schreiben für Premierminister Asquith mit nach London zu nehmen und dort aufzugeben.[26] Ashmead-Bartlett wiederum erzählt eine andere Version: Nach seiner Erinnerung war Murdoch besorgt, wie sich ein Winterfeldzug auf die Moral der Australier auswirken würde, deshalb »bettelte« er ihn an, ein Schreiben an die zuständigen Stellen aufzusetzen. Er, Murdoch, würde das Schreiben dann unzensiert mit nach London nehmen. Angeblich beriet Ashmead-Bartlett Murdoch in der Frage, was er in England sagen solle, aber Murdoch habe darauf bestanden, ein Schreiben mit der persönlichen Unterschrift des britischen Kriegskorrespondenten mitzunehmen.[27] Am 8. September stimmte Ashmead-Bartlett zu, Asquith einen Brief zu schreiben und ihm darin den tatsächlichen Stand der Dinge in Gallipoli zu verraten: Männer seien unter unmöglichen Bedingungen geopfert worden. Der Zustand der Armee sei erbärmlich. Die Männer seien von Grund auf entmutigt. Schlechte Führung sei an der Tagesordnung und die Armee nicht bereit für eine weitere Offensive. Sein Schreiben beendete Ashmead-Bartlett mit folgender Aussage:

> *»Wir haben noch nicht einen einzigen Hektar Boden von strategischer Bedeutung gewinnen können.«*[28]

Für das britische Kabinett und das Kriegsministerium kam diese Einschätzung nicht überraschend. Hankey und Dawnay hatten bereits das volle Ausmaß der Katastrophe enthüllt. Offiziellen Unterlagen zufolge wartete auf Murdoch bei seinem Eintreffen in Marseille ein Empfangskommando – ein britischer Nachrichtendienstoffizier in Begleitung von britischen Soldaten und französischen Gendarmen. Der Offizier verlangte, dass Murdoch das Schreiben von Ashmead-Bartlett herausgebe.[29] Angeblich hatte ein anderer Journalist, Henry Nevison, das Gespräch zwischen Murdoch und Ashmead-Bartlett in Gallipoli mitgehört und die beiden bei den Behörden angeschwärzt. Bis heute gibt es keine überzeugenden Beweise, die erklären, wie der britische Nachrichtendienst an die Information gelangte und ob dieser Vorfall in Marseille überhaupt stattgefunden hat.

Am 21. September jedenfalls traf Murdoch in London ein und suchte sofort die Redaktion der *Times* auf – laut Professor Carroll Quigley das Sprachrohr der Geheimen Elite. Er begann damit, für seinen eigenen Premierminister einen Bericht zu schreiben, in dem er heftige Kritik an Sir Ian Hamilton übte.[30] Rein zufällig war sein erster Kontakt Geoffrey Dawson, Chefredakteur der *Times* und zugehörig zum inneren Kreis der Geheimen Elite.[31] Es war, wie der australische Autor Les Carlyon so clever bemerkte: Murdoch hätte »genauso gut mit einem Schild auf dem Rücken herumlaufen können, auf dem ›Bauer‹ stand. Mächtige Männer, die einen Abzug Großbritanniens von den Dardanellen wünschten, schoben ihn kreuz und quer über das Brett.«[32] Das taten sie in der Tat, und die Sache war erledigt.

Während der folgenden Tage traf sich dieser junge Niemand von Journalist mit Personen, die eine zentrale Rolle dabei gespielt hatten, das Desaster von Gallipoli in die Wege zu leiten, darunter Premierminister Asquith, Außenminister Sir Edward Grey, Kriegsminister Lord Kitchener, Sir Edward Carson und Winston Churchill. Hamilton und dem Generalstab warf Murdoch ein »verheerendes Unterschätzen« vor, ferner, dass Hamilton »angesichts hoffnungsloser Vorhaben stur an seiner Meinung festhielt«. Auch von »schweren Vergehen« war die Rede.[33] Davon, dass Hamilton weder über die Männer noch über die Munition verfügt hatte, die für einen erfolgreichen Feldzug benötigt worden wären, war ebenso wenig die Rede wie von den zahllosen Bitten an Kitchener, die dieser bewusst ignoriert hatte. Asquith ließ die Vorwürfe auf Briefpapier des Committee of Imperial Defence drucken, und ohne ihren Wahrheitsgehalt zu prüfen oder Hamilton Gelegenheit für eine Stellungnahme zu geben, verteilte er sie an die anderen Kabinettsmitglieder.[34] Das muss man sich einmal vorstellen: Murdochs durch nichts belegter Bericht wurde ganz offiziell an Kabinettsmitglieder verteilt, als handele es sich um ein offizielles Dokument der britischen Regierung. Hamiltons Ruf wurde durch den Schmutz gezogen, während Murdoch ab 1915 engste Verbindungen zu den mächtigsten Männern des britischen Empires aufbaute, Männern, die den Beitrag, den er zu ihrer Sache geliefert hatte, sehr zu schätzen wussten.

Unterdessen hatte General Hamilton Ashmead-Bartlett zurück nach Hause beordert. Nach seiner Rückkehr traf sich der Kriegsberichterstatter unverzüglich mit Lord Northcliffe, dem Eigner der *Times*.[35] »Der Schneeball begann, Fahrt aufzunehmen.«[36] Der oberste Hexenjäger nahm die Dinge nun selbst in die Hand. Northcliffe erzählte Ashmead-Bartlett, er trage eine große Verantwortung. Er müsse der Regierung und dem Land erzählen, wie die Dinge in Gallipoli tatsächlich stünden.[37] Es war an der Zeit, abzuziehen.

Im Oberhaus erteilte Lord Alfred Milner 3 Tage später einem Rückzug aus Gallipoli seinen Segen: »Ich will ganz offen mit Ihnen sprechen. Ich hätte gedacht, dass, was auch immer Böses von den katastrophalen Entwicklungen auf dem Balkan resultiert, es doch zumindest ein Gutes hatte: Es hat uns eine Gelegenheit eröffnet, wie wir sie möglicherweise nie wieder haben werden, uns aus einem Unterfangen zurückzuziehen, das erfolgreich abzuschließen inzwischen ein Ding der Unmöglichkeit geworden ist.«[38] Milner hatte gesprochen. Natürlich war es hoffnungslos. Die ganze Scharade war ja ausdrücklich so angelegt worden, hoffnungslos zu sein. Noch in derselben Nacht beschloss der Dardanellenausschuss, General Hamilton zurückzurufen, weil er »das Vertrauen seiner Truppe verloren hat«.[39] Hände griffen nach Hamilton und versuchten, ihn unter Wasser zu drücken,[40] und »Kitchener wurde gebeten, das Ertränken zu übernehmen«[41] – eine unglückliche Wortwahl, wie sich erweisen sollte.

Sündenbock Nummer eins bestieg am 17. Oktober die *HMS Chatham* für die lange Heimreise. Abgelöst wurde er von General Sir Charles Monro, der praktisch unverzüglich die Evakuierung der Truppen empfahl. Unterdessen empfing man Hamilton in London äußerst kühl, seine Frau und er wurden auf der Straße geschnitten.[42] In einer spektakulären Geste hatte die Geheime Elite Hamilton seines Amtes enthoben und durch ihre »Bauern« Murdoch und Ashmead-Bartlett dafür gesorgt, dass seine Karriere ihr Ende fand. Man hatte ihn als denjenigen auserkoren, der die Verantwortung für die Katastrophe trug, derjenige, der für den Tod zehntausender Männer verantwortlich war. Tatsächlich hätte unter den Bedingungen, die Kitchener vorgab, niemand in Gallipoli erfolgreich sein können. Aber wir wollen nicht vergessen – das war von Anfang nicht gewünscht, denn Konstantinopel durfte ja nicht an die Russen fallen.

Der Albtraum auf der Halbinsel jedoch war noch nicht vorüber. Kitchener fuhr Anfang November persönlich nach Gallipoli und erkannte erstmals, wie unlösbar die Aufgabe war. Er empfahl General Birdwood, »still und leise« einen Plan für den Abzug der alliierten Truppen zu entwickeln.[43] Am 23. November beschloss der Kriegsausschuss ganz offiziell, aus militärischen Erwägungen heraus abzuziehen. 3 Tage später mussten die Soldaten – die noch immer nicht über Winterausrüstung verfügten – schwerstes Wetter über sich ergehen lassen. Die Dardanellen erlebten die stärksten Regenfälle und heftigsten Schneestürme seit 40 Jahren. Wachposten starben in der Kälte, die Hand noch am Gewehr, 5000 Mann erlitten Erfrierungen. Sturzbäche ergossen sich in die Schützengräben der Alliierten und trugen die verwesenden Leichen türkischer Soldaten mit sich, die aus ihren flachen Gräbern gespült worden waren. 200 britische Soldaten ertranken. »Die Überlebenden hatten nur noch eines im Sinn: Nichts wie fort von diesem verfluchten Ort.«[44] Am 12. Dezember erfuhren die Männer in der Suvlabucht und die Anzac-Einheiten erstmals, dass man sie rausholen würde. Am 9. Januar stieg schließlich der letzte Mann in Helles in eines der Boote. Es bleibt die Frage, wie der massive Truppenabzug direkt unter der Nase der türkischen Armee gelingen konnte, ohne dass die Entente auch nur einen einzigen Verlust zu beklagen hatte.

Als die britische Regierung 1916 den Dardanellenausschuss ins Leben rief, wandte sie sich zunächst an das wichtigste Mitglied der Geheimen Elite, Viscount Alfred Milner. Premier Asquith und der Führer der Konservativen Partei, Bonar Law, baten ihn beide, den Vorsitz zu übernehmen,[45] aber Milner winkte ab, weil er dringlichere Arbeiten mit Lord Robert Cecil im Außenministerium zu erledigen hatte.[46] Eine Schönfärberei konnte schließlich jeder leiten, außerdem reichte Alfred Milners Einfluss weit über den eines Ausschussvorsitzenden hinaus. Also wandte sich die Regierung an ein anderes Mitglied der Geheimen Elite, Evelyn Baring (Lord Cromer), der den Posten übernahm, obwohl ihm völlig bewusst war, dass »es mich umbringen wird«.[47] Das tat es in der Tat. Er starb im Januar 1917 und wurde durch Sir William Pickford ersetzt.

Andere meldeten sich freiwillig. Sekretär des Ausschusses wurde der Rechtsanwalt Edward Grimwood Mears, der zur Bedingung machte, dass man ihn dafür zum Ritter schlug.[48] Mears hatte zuvor im Bryce-Ausschuss gedient, der Berichte über deutsche Gräueltaten in Belgien fälschte und bergeweise Lügen produzierte. Mears galt als verlässlicher Futterkrippenpolitiker. Kabinettssekretär Maurice Hankey »organisierte« die Beweise, die die Politiker dann der Kommission vorlegten. Er übte mit Admiral Fisher dessen Aussage ein und coachte Sir Edward Grey, Herbert Asquith und Lord Haldane.[49] Asquith bestand darauf, die Aufzeichnungen aus dem Kriegsrat unter Verschluss zu halten. Auf diese Weise konnte er vertuschen, dass er selbst für den Feldzug plädiert hatte. Churchill und Sir Ian Hamilton, die beide als Übeltäter angeprangert werden sollten, sprachen sich untereinander ab, was ihre Beweise anging. Sie wollten die Schuld an der Katastrophe Lord Kitchener in die Schuhe schieben.[50] Doch diese Strategie ging in der kalten Nordsee unter, als Kitchener 1916 vor der Küste von Orkney ertrank. Fortan und bis in alle Ewigkeit war klar: Lord Kitchener war ein großer Nationalheld und unberührbar.

Das Telegramm von Vizeadmiral Sackville-Carden (in dem er einen »Plan« für einen Angriff zu See skizziert hatte) sei das wichtigste Dokument von allen, erklärte Churchill gegenüber der Kommission.[51] Aus dem Urteil der Kommission geht allerdings nicht hervor, dass Churchill Carden dazu benutzt hatte, einen »Plan« zu produzieren, und dass er gelogen hatte, als er ihm sagte, sein Plan stoße bei »Personen hoher Autorität« auf sehr breite Zustimmung.[52] Im Abschlussbericht, dessen Veröffentlichung bis in die Friedenszeit (1919) hinausgezögert wurde, fiel die Kritik wieder einmal höflich, nichtssagend und vage aus. »Die Behörden in London hatten das wahre Wesen des Konflikts nicht begriffen«, und »die Planung für die Augustoffensive war untauglich«.[53] Stopford wurde sanft auf die Finger geklopft. Die Politik würde versuchen, den Soldaten die Schuld zu geben, erklärte Generalmajor Henry »Beau« De Lisle. Vorgeblich untersuchte die Kommission die während des Feldzugs gemachten Fehler, tatsächlich jedoch arbeitete sie effektiv daran, Kritik zu unterdrücken und die Wahrheit zu vertuschen.

Wichtiger noch, als die Schuld Einzelner zu verbergen, war es zu verhindern, dass der Bericht die Wahrheit enthüllen könnte, denn das würde der Geschlossenheit des Imperiums unwiederbringlichen Schaden zufügen. Gallipoli hatte dazu beigetragen, Australien noch enger in die Arme des britischen Empires zu treiben. Vor Veröffentlichung des Abschlussberichts warnte General Hamilton Churchill, der Bericht sei theoretisch imstande, das Empire zu sprengen, falls »der Glaube, an den sich die Antipoden noch immer voller Zuversicht klammern und demzufolge es die Expedition wert war, Schaden nimmt … Sollten die Menschen von Australien und Neuseeland das Gefühl bekommen, ihre Opfer seien völlig umsonst gewesen, dann darf man nie wieder damit rechnen, dass sie sich unserer überlegenen Führung beugen werden, wenn es um Vorbereitungen für künftige Kriege geht.«[54]

Und da lag – selbst 1919 – der Hase im Pfeffer: Die Wahrheit würde die Einheit des Empire gefährden. Sie würde den Mythos rund um die Anzacs zerstören und aufdecken, dass die offizielle Geschichtsschreibung als Mittäter geholfen hatte, Lügen als Wahrheit zu verkaufen. Vor dem finalen Bericht schrieb Hamilton an Churchill, dass der Kommissionsvorsitzende Sir William Pickford »all sein Gewicht darauf legen möge, jedwede angestellte Überlegung abzuschwächen«.[55] Anders gesagt: Es ging hier darum, sich reinzuwaschen. Die Warnung wurde befolgt, Pickford wurde im Jahr darauf als Baron Sterndale in den Adelsstand erhoben. Mears bekam seinen Ritterschlag, und alle erhielten ihren Lohn – so war es schon immer für jene gewesen, die der Geheimen Elite dienten. Leer gingen nur die Hunderttausende aus, die in Gallipoli ihr Leben gelassen oder schwere Verstümmelungen davongetragen hatten.

Die Mainstream-Geschichtsschreibung stellt die Briten, Franzosen, Neuseeländer und Australier, die in Gallipoli fielen, als Helden dar, die im Kampf zum Schutz der Demokratie und der Freiheit starben, und nicht als junge Männer, die man für eine große Lüge missbraucht hat. Und nur selten ist die Rede von der Viertelmillion osmanischer Soldaten, die starben oder dauerhaft versehrt wurden, als sie Gallipoli verteidigten und die Souveränität und die Freiheit ihrer Heimat vor aggressiven ausländischen Invasoren schützten.

Bis heute halten sich in Australien und Neuseeland die Mythen und Lügen rund um den Gallipolifeldzug. »Niemand durchläuft das australische Bildungssystem, ohne mit Gallipoli in Berührung zu kommen, aber nur wenige Schüler realisieren, dass die Anzac-Truppen die Invasoren waren. Selbst nach all den Jahren ist die Anzac-Legende wie alle Legenden ausgesprochen wählerisch bei dem, was sie als Geschichte präsentiert.«[56] Diese gut erhaltene, aber hochgradig unzutreffende Darstellung wird leicht zu beeindruckenden Schülern in Australien, Neuseeland und sonst wo eingetrichtert. Der Mythos ist so verbrämt worden, dass er die Schmerzen überdeckt, die die furchtbare Wahrheit rund um Gallipoli ausgelöst hatte. Aus ausgemergelten, dehydrierten Opfern wurden sonnengebräunte Helden der griechischen Mythologie, die ihre Loyalität gegenüber dem britischen Empire unter Beweis gestellt haben.

Gallipoli war eine Lüge inmitten der Lüge namens Erster Weltkrieg. Lassen Sie sich nicht täuschen. Diese jungen Männer starben nicht für die

»Freiheit« oder die »Zivilisation«, sondern um die Ziele der Bankiers und wohlhabenden Strippenzieher voranzutreiben, die das Empire kontrollierten. Sie starben einen furchtbaren Tod, betrogen und als entbehrlich erachtet. In den Augen der Mächtigen waren diese Männer bei der Durchsetzung strategischer Notwendigkeiten einfach nur auf der Strecke geblieben, mehr nicht. Es gab kein größeres Ziel, es ging einzig darum, bei den Russen überzeugend den Eindruck zu erwecken, dass es die Entente mit ihren Bemühungen um eine Eroberung von Konstantinopel ernst meinte. Das war alles. Russland musste dementsprechend weiter an den Krieg glauben und an seinen Traum von Konstantinopel – und das Leiden musste verlängert werden. Erreicht wurde das durch einen billigen, schlecht ausgerüsteten und schlecht geplanten Angriff, der von vornherein zum Scheitern verurteilt war.

Zusammenfassung

- Die Blüte der australischen und neuseeländischen Jugend wurde völlig unnötig geopfert – krank, verwundet, im Stich gelassen und von ihren glücklosen Kommandeuren hintergangen.
- Maurice Hankey wurde entsandt, um dem Premierminister persönlich Bericht zu erstatten. Ian Hamilton war so naiv zu glauben, dass der Besuch »die Dinge ins Lot bringen« und bestätigen würde, dass nicht seine Führungsarbeit an der Lage schuld war. Er sollte bitter enttäuscht werden.
- Die Russen schickten vier ranghohe Beobachter, die die Angriffe im August mitverfolgten. Die schweren Verluste an Menschenleben beeindruckten sie, zeigten sie ihnen doch, dass es den Briten und Franzosen absolut ernst sei. Mit anderen Worten: Russland hatte die Lüge geschluckt, dass die Alliierten für Russland die Meerenge angriffen.

- Hinter dem Rücken von Sir Ian Hamilton legte man sich alles so zurecht, dass der General als der Verantwortliche für das Scheitern dastehen würde.
- Der australische Premierminister entsandte einen kaum bekannten Journalisten, der herausfinden sollte, wie die Lage vor Ort tatsächlich war. Als Vorwand für die Untersuchung wurden Beschwerden über die Feldpostzustellung für australische Truppen genannt. Der Name des Journalisten: Keith Murdoch.
- Murdoch traf sich mit anderen Reportern und hatte angeblich bei seiner Weiterreise nach London eine geheime Botschaft für den britischen Premier im Gepäck. Dieses Schreiben soll in Marseille vom britischen Nachrichtendienst abgefangen worden sein.
- In London wurde Murdoch von der *Times* angestellt, und sein schriftlicher Bericht von Geoffrey Dawson gelesen, dem Chefredakteur der *Times* und Mitglied im inneren Kreis der Geheimen Elite. Murdoch wurde anschließend gebeten, seine Erkenntnisse vor dem britischen Kabinett zu präsentieren.
- Mit der Zustimmung von Alfred Milner kam man zu folgendem Konsens: Die Situation war hoffnungslos, die Truppen seien abzuziehen.
- Für das »Scheitern« einer Operation, die von Anfang an zum Scheitern bestimmt war, wurde General Hamilton verantwortlich gemacht.
- Die britische Regierung rief einen Dardanellenausschuss ins Leben, der die Hintermänner reinwaschen und die Schuld Hamilton und insbesondere dem glücklosen Vizeadmiral Sackville-Carden zuschieben sollte.
- Der Abschlussbericht wurde bis 1919 hinausgezögert und präsentierte sich als reinste Entlastungsorgie. Wäre die Wahrheit publik geworden, hätte sie das Empire gesprengt.
- Der Mythos um den Kampf der Anzacs in Gallipoli ist bis heute Teil der australischen Folklore. Das liegt daran, dass die Historiker den wahren Sinn und Zweck einer der scheußlichsten Scharaden der britischen Geschichte ignoriert haben.

Die Lusitania sank innerhalb von 18 Minuten

Kapitel 13

Die Lusitania

Verschollen in einem Nebel aus Lügen

Am 5. August 1914 gelang der von Winston Churchill geführten britischen Admiralität der erste nachrichtendienstliche Erfolg des Krieges.[1] Am frühen Morgen, als weite Teile Europas noch schliefen und nur die wenigsten Bewohner des britischen Empire überhaupt wussten, dass Großbritannien dem Kaiserreich den Krieg erklärt hatte, wurde still und heimlich etwas in die Tat umgesetzt, was das Committee of Imperial Defence bereits 1912 beschlossen hatte: Ein britischer Kabelleger, die *Alert,* kappte das erste von fünf deutschen Transatlantikkabeln, die von Emden aus durch den Ärmelkanal nach Spanien verliefen und von dort aus weiter nach Afrika sowie Nord- und Südamerika führten.[2] Es war der erste Schritt hin zur Lufthoheit, die Großbritannien ab 1914 in Sachen Propagandakrieg besitzen sollte.[3] Gleichzeitig ebnete es den Weg für einen geheimen Coup, in den nicht einmal alle Mitglieder der allerhöchsten Kabinettskreise eingeweiht waren.

Die Folgen für Deutschlands Kommunikation mit seinen Kolonien, Botschaften und Konsulaten sowie den Nachrichtenagenturen in den neutralen Ländern waren unmittelbar zu spüren. Ohne diese wichtige Verbindung konnte Berlin nur noch drahtlos kommunizieren, und diesen Kommunikationsweg hörte die Admiralität in London schon seit Samstag, den 1. August ab, also 3 Tage *vor* der schicksalshaften Kriegserklärung. Konteradmiral Sir Douglas Brownrigg war als Chefzensor der drahtlosen Telegraphie in die Admiralität geholt worden. Seine Aufgabe bestand darin, Funknachrichten aus aller Welt zu prüfen und ein Auge auf die Bewegungen britischer Handelsschiffe wie auch »feindlicher« Schiffe zu haben.[4]

Der mit Abstand wichtigste Aspekt des Nachrichtendiensts allerdings war in einem kleinen, abgeschiedenen Raum innerhalb der Admiralität zu finden. Nicht einmal Insider wussten so richtig, was in diesem Raum vor sich ging. Deutsche Kriegsschiffe wie auch Handelsschiffe kommunizierten verschlüsselt untereinander oder mit ihren Flottenhauptquartieren. Wer den Code knacken konnte, hielt unbezahlbare Informationen in den Händen. Anfangs ertrank der Marineaufklärungsdienst in der Flut von Nachrichten, die Postamt und Marconi Company abfingen. Der Leiter des Aufklärungsdienstes, Captain Reginald »Blinker« Hall, machte Raum 40 in der Admiralität zu seinem Stützpunkt für ein kleines Team von Codeknackern. Sie entwickelten sich zu einer Geheimwaffe, deren Bedeutung für den Ausgang des Ersten Weltkriegs genauso groß war wie die von Bletchley Park im Zweiten Weltkrieg. Raum 40 war ein Geheimnis, tief in den dunklen Fluren der Admiralität verborgen. Von seiner Existenz wusste nur eine Handvoll Auserwählter wie Churchill und Admiral Fisher. Und Wissen ist Macht.

Zu Beginn des Kriegs arbeitete die deutsche Marine mit drei hochkomplexen Codes und Chiffren, um ihre Botschaften vor neugierigen Augen und Ohren zu schützen. 4 Monate nach Kriegsbeginn besaß die britische Admiralität alle drei Codebücher und hatte damit Zugriff auf sämtliche Funkmeldungen, die die kaiserliche Flotte absetzte.

Der erste Code wurde am 11. August, noch nicht einmal 1 Woche nach Kriegsbeginn, an Bord des deutsch-österreichischen Dampfschiffs *Hobart* beschlagnahmt. Die *Hobart* war vor Melbourne gestoppt und durchsucht worden, angeblich im Auftrag der Quarantänekontrolle. Die Inspektoren standen unter dem Kommando von dem Zivilkleidung tragenden Captain J. T. Richardson von der Royal Australian Navy, und die Männer überraschten den deutschen Kapitän dabei, wie er versuchte, vertrauliche Unterlagen zu vernichten. Mit Waffengewalt nahmen sie ihm das Handelsverkehrsbuch (HVB) ab, wobei den Australiern zu diesem Zeitpunkt noch nicht klar war, dass sie damit die kostbaren Codes in Händen hielten, mit deren Hilfe die deutsche Admiralität und ihre Hochseeflotte mit den Handelsschiffen kommunizierte. Erst am 9. September erfuhr die britische Admiralität von dem glücklichen Zufallsfund. Als sie Ende Oktober in London eintrafen, hatte der Admiralität aber eine noch erstaunlichere Fügung in die Karten gespielt.

Es war eine Geschichte, wie sie direkt aus der Bibel stammen könnte – wundersam, wahrlich unglaublich , schien sie so sehr aus Gottes Hand selbst zu stammen, dass man nur ungläubig mit dem Kopf schütteln kann. Es war eine Geschichte, die eines John Buchan würdig war, doch der erschuf zum damaligen Zeitpunkt seine eigenen fiktiven Helden.[5] Britische Historiker bezeichnen die damaligen Vorgängen als reines Glück[6] oder als erstaunliche Fügung.[7] Wenn man an unfassbare Zufälle glauben möchte,[8] handelte es sich tatsächlich um zwei überraschende Fügungen, die dicht aufeinander folgten.[9]

Am 26. August lief der kleine Kreuzer *Magdeburg* im Finnischen Meerbusen im Nebel auf Grund. Bevor die Besatzung das Schiff versenken konnte, tauchten aus dem Dunst zwei russische Kreuzer auf und eröffneten das Feuer. Der Kapitän des deutschen Kreuzers und 57 Mann Besatzung wurden gefangengenommen, und den Russen fielen vertrauliche Unterlagen in die Hände. Dazu zählte insbesondere das Signalbuch der Kaiserlichen Marine, das geheimste und wertvollste Codebuch der deutschen Flotte. In offiziellen deutschen Unterlagen heißt es, sämtliche Geheimpapiere, darunter auch die Codebücher, seien über Bord geworfen worden. Ganz offensichtlich hielten die Deutschen das für zutreffend, denn sie arbeiteten weiterhin mit den alten Codes. Dennoch konnten die Russen eine Ausgabe des Signalbuchs vorweisen. Den Unterlagen der britischen Flotte zufolge wurde diese am 10. Oktober vom russischen Marinekommandanten Smirnoff übergeben und eilig nach London gebracht.

Eine andere Version präsentiert Graf Constantine Benckendorff, der Sohn des russischen Botschafters in London. In seiner Autobiografie behauptet er, die Russen hätten im Kartenhaus der *Magdeburg* einen wahren Schatz an Geheiminformationen aufgetan. Neben dem Codebuch seien darunter auch der Schlüssel und das Kriegstagebuch gewesen. Benckendorff sagte, er selbst habe den Fund zur Admiralität gebracht und sei mit einem Schiff der russischen Freiwilligenmarine nach Hull gekommen.[10]

Und dann gibt es noch eine dritte Version – nämlich die von Churchill; diese war deutlich dramatischer, dafür aber auch unwahrscheinlicher. Ihm zufolge sei die *Magdeburg* in der Ostsee vernichtet worden, und »der Leichnam eines deutschen Unteroffiziers wurde von den Russen aus dem Wasser gefischt … vor seiner Brust trug er in seinen im Tode erstarrten Armen die Chiffre- und Signalbücher der deutschen Marine und die detailreichen Karten der Nordsee und der Helgoländer Bucht«.[11] Leider hat Churchills Schilderung einen Haken: Im Nationalarchiv von Kew wird Ausgabe 151 des Signalbuchs der Kaiserlichen Marine aufbewahrt, und sie zeigt keinerlei Anzeichen dafür, jemals in Kontakt mit Salzwasser gekommen zu sein.[12] Aber Churchill war seit jeher jemand, der ein gutes Drama zu schätzen wusste, selbst wenn er darin nicht die Hauptrolle spielte. Es gibt die Theorie, wonach die Magdeburg drei Exemplare des Signalbuchs dabeihatte, die Nummern 145, 151 und 974,[13] aber warum in aller Welt sollte ein kleiner Kreuzer drei Codebücher mitführen? Und warum klingen diese unterschiedlichen Erklärungen allesamt falsch?

Lassen wir einen Augenblick außer Acht, welch glückliche Fügungen dazu führten, dass die britische Admiralität zwei Codebücher in die Finger bekam: Die Geschichte, wie das dritte Codebuch, das Verkehrsbuch, in britische Hände fiel, ist nun wirklich ein Wunder. Nachdem am 17. Oktober vor der niederländischen Insel Texel vier alte deutsche Zerstörer versenkt worden waren, barg 6 Wochen später ein britischer Trawler angeblich eine mit Blei ausgeschlagene Kiste an genau dieser Stelle. In der Truhe fand sich das unbezahlbare Verkehrsbuch, das vor allem Flaggenoffiziere nutzten, um mit dem deutschen Heer zu kommunizieren. Als die Dekodierexperten in Raum 40 das letzte Teil dieses wundersamen Puzzles entgegennahmen, sprachen sie von einem »wundersamen Fischzug«.[14] Da war also ein britischer Trawler vor der niederländischen Küste unterwegs und zog rein zufällig eine mit Blei versiegelte und mit wichtigen Dokumenten angefüllte Kiste aus dem Wasser, die aus einem der vier versenkten Zerstörer stammte?

Fassen wir die Serie der glücklichen Ereignisse noch einmal zusammen: Da hätten wir also eine vorgetäuschte Quarantänekontrolle in Australien, einen deutschen Offizier, der totenstarr aus dem Meer gezogen wird, und den einmaligen Glücksfund eines britischen Fischkutters, der zufällig zur rechten Zeit am rechten Ort war. Und all das verschaffte der Admiralität Zugang zu mehr Informationen über den Feind, als sie jedem anderen militärischen Oberkommando je zur Verfügung gestanden haben? Klingt das nicht verdächtig?

Churchill beauftragte Captain Reginald Hall im Oktober 1914 damit, das Kommando über Raum 40 zu übernehmen, und »Blinker« dehnte die Arbeit seiner Mannschaft auf kommerziellen, diplomatischen und militärischen Verkehr jeglicher Art aus. Premierminister Asquith hieß Halls Arbeit gut und schätzte sie. Um das Ausmaß der Überwachung auszuweiten, wurde eine alle Truppenteile übergreifende Abteilung ins Leben gerufen, das War Trade Intelligence Department. Da Churchill aber verständlicherweise sein kostbares Geheimnis für sich behalten wollte, machte er daraus einen kleinen Zauberkreis,[15] der umso besser für die verdeckten Operationen geeignet war, die die Geheime Elite absegnete.

Ab dem 5. Kriegsmonat konnte somit praktisch jedes Funksignal der deutschen Marine abgefangen werden. Für die Deutschen war das eine katastrophale nachrichtendienstliche Niederlage,[16] aber der Effekt wurde dadurch geschmälert, dass auf britischer Seite nur eine Handvoll Personen von diesem Erfolg wusste. Die Signalbücher waren ein Geschenk der Götter und führten dazu, dass das Augenmerk verstärkt auf die Kommunikation der deutschen Flotte und die Befehle an die U-Boote gelegt wurde. Raum 40 konnte die Bewegungen der deutschen Flotte verfolgen, kannte die Positionen der U-Boote, die aktiv im Meer unterwegs waren, und wusste, welche Boote im Hafen lagen oder vom Einsatz nicht zurückgekehrt waren.[17]

Diese Tatsache ist von zentraler Bedeutung, wenn es darum geht, das Schicksal der *Lusitania* zu verstehen!

Nachdem die *Lusitania* am 7. Mai 1915 torpediert worden war, brach in den Zeitungen rund um den Globus eine Flut von Vorwürfen, Halbwahrheiten und verwirrenden Aussagen los. Auf den ersten Blick sah es aus, als habe ein deutsches U-Boot vorsätzlich einen Transatlantikdampfer angegriffen und versenkt. Dabei starben 1195 Zivilisten, darunter 124 Bürger der neutralen Vereinigten Staaten. Für die Deutschen war das eine PR-Katastrophe, für die Sache der Entente hingegen ein Coup. Leider blieb die Wahrheit verschütt hinter all den Falschinformationen und Lügen, die den tragischen Verlust in eine massive Vertuschungsaktion verwandelten. Telegramme der Admiralität sind ebenso verlorengegangen wie Funknachrichten zu diesem Thema. Bis heute gibt es Vorwürfe und Gegenvorwürfe rund um den Kapitän des Cunard-Schiffs. In den vergangenen Jahren sind einige der größten

Lügen enthüllt worden, aber noch immer liegt die *Lusitania* nahe der südirischen Küste auf dem Grund des Atlantiks – ein Unterwasserdenkmal für all jene, die die Geheime Elite in ihrem Krieg bereitwillig opferte.

Die *Lusitania* war kein unschuldiger Transatlantikdampfer, und sie war auch gar nicht als solcher ausgelegt. Am 30. Juli 1903 hatten die britische Admiralität und die Cunard Steamship Company eine Vereinbarung unterzeichnet. Darin hieß es, dass das Finanzministerium zu deutlich reduzierten Zinssätzen (2,75 Prozent anstelle von 4,0 Prozent) 2 Millionen Pfund für den Bau von zwei Schiffen[18] verleihe. Dafür würde die Admiralität im Kriegsfall die schnellen Schiffe nutzen können, um »den Atlantik zu beherrschen« und Nachschub von Amerika nach Großbritannien zu transportieren.[19]

Das Thema wurde in einer Nachtsitzung des Unterhauses am 2. August 1904 erörtert, und die liberale Opposition protestierte in der stark verkürzten Debatte gegen das Geschäft – aus ihrer Sicht begünstige es Cunard zu sehr. Doch das war nur taktisches Geheul. Als die Liberalen ein Jahr später selbst die Regierung stellten, unternahmen die Männer, die sich gegen die Vereinbarung mit Cunard ausgesprochen hatten (Männer wie Sir Edward Grey, Winston Churchill und David Lloyd George), keinerlei Anstrengungen, den Vertrag für ungültig erklären zu lassen. Nicht nur das – sie stockten den Kreditrahmen sogar auf 2,6 Millionen Pfund auf (nach heutigem Wert weit über 200 Millionen Pfund), und die Reederei erhielt 75 000 Pfund Zuschuss pro Jahr und Schiff für den Betrieb sowie einen Postvertrag, der der Reederei weitere 68 000 Pfund jährlich einbrachte. Im Mittelpunkt dieses Geheimabkommens stand die Übereinkunft, wonach die Schiffe nach den Maßgaben der Admiralität gebaut werden würden, sodass man sie in Kriegszeiten zu Hilfskreuzern würde umbauen können.[20] Eines der Schiffe wurde in der Werft John Brown auf dem Clyde gebaut, das andere von Swan Hunter auf dem Tyne. Ihre Namen: *RMS Lusitania* und *RMS Mauretania.*

Es gibt keinen Zweifel: Die *Lusitania* wurde so konstruiert, dass sie der Royal Navy in Kriegszeiten als Hilfskreuzer dienen konnte. So wurden Geheimfächer eingebaut, in denen sich Munition lagern ließ.[21] Unmittelbar nach Kriegsbeginn wurden die *Lusitania* und die *Mauretania* als bewaffnete Hilfskreuzer requiriert.[22] In der Öffentlichkeit und gegenüber dem Parlament wurde das zwar bestritten, aber die *Lusitania* diente der Admiralität auch als

Transportschiff, während sie im Rahmen ihrer Tarnung Passagiere von Amerika nach Liverpool beförderte. Weil sie deutschen Vorwürfen, die *Lusitania* transportiere regelmäßig Munition über den Atlantik, unbedingt entgegentreten wollte, ließ die britische Regierung zu, dass das Schiff »eine Anzahl von Patronenkisten« mitführe und dass bei der letzten Fahrt im Mai 1915 »diese Munition auf der Frachtliste verzeichnet wurde«. Anders gesagt: »Ja, es stimmt, es war Munition an Bord des Passagierschiffs, aber es handelte sich um zu vernachlässigende Mengen.«[23] Die Frachtliste, die die Reederei für die finale Fahrt der *Lusitania* erstellte, wurde von der *New York Times* veröffentlicht und bestätigte diese Behauptung.[24] Sie war offenkundig falsch und Teil des Gespinsts aus Lügen und Halbwahrheiten, das seit einem Jahrhundert die offizielle Geschichtsschreibung überwuchert.[25]

Mai 1915 herrschte bei den Alliierten echte Munitionsknappheit. Es war eine Krise, deren Lösung sich J. P. Morgan, der New Yorker Verbündete der Geheimen Elite, fürstlich bezahlen ließ. Kriegsministerium, Lord Kitchener und das britische Kabinett hatten sich ein katastrophales Missmanagement geleistet, was die Munitionsversorgung anging. Nicht nur fehlte es an Munition, es fehlte auch an Sprenggranaten. Und weil es an Sprenggranaten mangelte, schienen Dauer und Wucht des britischen Artilleriebeschusses an der Westfront nicht auszureichen, um die deutschen Abwehranlagen zu zerstören oder die MG-Stellungen auszuradieren. Weil sie überstrapaziert wurde und zudem bei der Herstellung Fehler gemacht worden waren, war die britische Artillerieausrüstung in schlechtem Zustand. Dennoch dauerte das Gemetzel ungebremst an.

Genauso wie andere Cunard-Passagierschiffe hatte die *Lusitania* bei jeder Fahrt Richtung Europa regelmäßig Munition an Bord, vor allem von der durch J. P. Morgan kontrollierten Bethlehem Steel Company. Aus einem Telegramm, das der Cunard-Geschäftsführer in New York am 29. Juni 1915 an sein Vis-à-vis in Liverpool schickte, geht hervor, dass die Munition vor allem auf einem Unterdeck in einem Kielgang unterhalb der Brücke gelagert wurde, kurz vor dem vordersten Schott.[26] Etwas plump wird hier unterstellt, dass die *Lusitania* nur wenig Platz für größere Mengen an Munition hatte. Das war gelogen. Bei früheren Gelegenheiten hatte die *Lusitania* gefüllte Granatkartätschen und Zünder aus hochsensiblem Knallquecksilber transportiert, die für das königliche Arsenal in Woolwich bestimmt waren. Dr. Bernhard Dernburg, Sprecher des Kaisers in den Vereinigten Staaten und ehemaliger Staatssekretär im Reichskolonialministerium, hielt Cunard vor, die *Lusitania* habe 260 000 Pfund Messing, 60 Tonnen Kupfer, 189 Kisten Militärbedarf und 1271 Kisten Munition transportiert. Messing, Kupfer und Militärbedarf galten offiziell als Konterbande.[27]

2012 wurde der 27-seitige ergänzende Frachtbrief für die schicksalhafte letzte Fahrt der *Lusitania* in den Franklin D. Roosevelt Presidential Archives in den USA gefunden. Dieser Frachtbrief war bis dahin noch nie in einem offiziellen Dokument erwähnt worden, in keinem Bericht und in keinem Zeitungsartikel. Auch während der späteren Ermittlungen von Lord Mersey war davon keine Rede. Dass dieses Dokument überhaupt entdeckt wurde, ist einzig der Hartnäckigkeit und der Entschlossenheit des Forschers Mitch Peeke zu verdanken.[28] Auf Seite 2 des Ergänzungsfrachtbriefs[29] finden sich 1250 Kisten Kartätschen, nicht die leeren Patronen, sondern Schrapnellgeschosse, die Bethlehem Steel an das Woolwich Arsenal schickte.[30] Dazu kamen 90 Tonnen Schweinefett für die Waffentesteinrichtung der Royal Navy in Essex. Allein die 4200 Patronenkisten, die von Remington und der United Munitions Company an das Royal Arsenal in Woolwich verschifft wurden, wogen über 125 Tonnen. Hinzu kamen große Mengen Aluminium, Nickel, Kupfer, Messing und Gummi im Frachtraum. Bernhard Dernburgs Behauptungen entsprachen nicht der Wahrheit – er hatte noch untertrieben!

Sehr ungewöhnlich war, dass eine der Sendungen (Blatt 4, Beleg 86) aus Wolle für Erskine Childers bestand, den Mann, der vor dem Krieg für die Irish Volunteers Waffen geschmuggelt hatte.[31] Childers war bei Ausbruch des Krieges vom Nachrichtendienst der Admiralität einbestellt worden, und bis heute ist nicht völlig klar, auf wessen Seite er eigentlich stand. Handelte es sich wirklich um einen ganz gewöhnlichen Fall von Wollimport? Oder wurde hier hochexplosive Schießbaumwolle geladen? Gab es noch weitere Einfuhren, die für Personal der Admiralität bestimmt waren? Warum wurde auch die Originalausgabe des Frachtbriefs der *Lusitania* im Rooseveltarchiv versteckt? Diese Frage werden wir vermutlich nicht beantworten können, aber Mitch Peekes investigative Arbeit hat einen Mythos auf jeden Fall zerstört: Die *Lusitania* war beileibe nicht nur ein einfacher Transatlantikdampfer.

Die *New York Times* berichtete, dass sich der deutsche Botschafter in den USA, Johann Graf Bernstorff, Anfang 1915 mit Präsident Wilson traf und dabei direkt aus den Versanddokumenten von Bethlehem Steel zitierte. Daraus ging hervor, dass die *Lusitania* 5000 einsatzbereite Geschützkartätschen mit einem Gesamtgewicht von 103 828 Pfund an Bord hatte, was in krassem Widerspruch zu den in New York vorliegenden Zollunterlagen stand. Dudley Field Malone, oberster Zollbeamter des New Yorker Hafens, war 1913 durch das Patronat von Präsident Wilson ins Amt gekommen, nachdem er diesen zuvor im Wahlkampf unterstützt hatte. Malone war ein gefügiger Anwalt, eine politische Besetzung, die die Berater des Präsidenten zu ihrem eigenen Vorteil nutzten. Er schrieb dem New Yorker Vertreter von Cunard: »Keine Fracht wurde [in die *Lusitania*] verladen, die gegen amerikanisches Schifffahrtsrecht verstieß, insbesondere nicht gegen das Recht für Passagierdampfer.«[32] Das war eine Lüge, die später bei der offiziellen Untersuchung in London als Wahrheit präsentiert wurde. Auch wenn die Vertuschungsbemühungen auf beiden Seiten des Atlantiks noch so groß gewesen sein mögen – es steht außer Frage, dass die *Lusitania* große Mengen an Kriegsmaterial, darunter auch Schießbaumwolle, an Bord hatte, als sie auf den Grund des Atlantiks geschickt wurde.[33]

Bei der Kabinettssitzung am 11. Mai zeigte sich Premierminister Asquith besorgt über das Schicksal der *Lusitania.* Dabei galt sein Mitgefühl nicht etwa den vielen Opfern oder den Hinterbliebenen. Nein, er zog eine bissige Bilanz, die zeigt, wo seine wahre Priorität lag: »Eines muss auf jeden Fall gefürchtet und vermieden werden: Dass sie [die Amerikaner] dazu verleitet werden könnten, zum Schutz ihrer reisenden Millionäre vor weiteren Torpedoangriffen den Export von Kriegsmunition an uns zu verbieten. Das wäre nahezu fatal.«[34] Es stimmte also: Ohne es zu ahnen, dienten die reisenden Millionäre als Staffage, die davon ablenken sollte, dass Großbritannien heimlich Munition aus Amerika importierte. Dass die Deutschen davon wussten, belegt Dernburgs Äußerung gegenüber der *New York Times.* Es wurde alles dementiert, die Cunard-Reederei gab empörte Pressemitteilungen heraus, in einer Schmierenkomödie namens Untersuchung wurden alle Vorwürfe entkräftet, und Deutschland wurde mit boshafter Propaganda angeprangert, ein Kriegsverbrechen begangen und vorsätzlich unbewaffnete Zivilisten in den Tod geschickt zu haben.[35] Dabei war der britischen Regierung die ganze Zeit über bekannt, dass die *Lusitania* befugt war, dringend benötigte Munitionsvorräte und Konterbande von der amerikanischen Ostküste nach Liverpool zu bringen. Die Munition hatte das britische Kriegsministerium für das Royal Arsenal geordert. Kitchener, Lloyd George, Asquith und Churchill waren allesamt an der Sache beteiligt, und es verblüfft wohl niemanden, dass sie die Schuld jemand anderem zuzuschieben suchten.

Die deutsche U-Boot-Flotte wurde während der ersten 6 Kriegsmonate vor allem für Aufklärungszwecke und Angriffe auf Kriegsschiffe genutzt. Insgesamt versenkten die deutschen U-Boote während dieser Zeit gerade einmal zehn britische Handelsschiffe. Das erste war der Dampfer *Glitra*, der am 20. Oktober 1914 vor der norwegischen Küste torpediert wurde. Zuvor war das Schiff aufgefordert worden, beizudrehen. Die Mannschaft erhielt Zeit, in die Rettungsboote zu steigen, und es gab keine Toten.[36] Nach den hergebrachten Regeln des Völkerrechts musste der Kommandeur eines U-Boots die Identität seines Ziels zweifelsfrei bestätigen und für die Sicherheit von Crew und Passagieren sorgen, bevor er einen Frachter oder Passagierdampfer des Feindes angreifen durfte. Auf den U-Booten war kein Platz für die Menschenmengen, die sich an Bord größerer Schiffe befanden, also konnten sie das Schiff bloß stoppen und der Besatzung Gelegenheit geben, in die Rettungsboote umzusteigen.[37] Anfangs wurde das auch so gehandhabt. Anfang 1915 agierte die britische Handelsflotte praktisch noch wie zu Friedenszeiten, so etwas wie ein Konvoisystem existierte nicht. Die kaiserliche Flotte verfügte nach Einschätzung des Aufklärungsdienstes der Admiralität über bestenfalls 25 U-Boote, mit denen sie versuchen konnten, die britischen Inseln zu blockieren. Und da diese in drei Schichten agieren mussten, bedeutete dies, dass maximal acht U-Boote gleichzeitig im Einsatz waren.[38]

Grundsätzlich hielten sich die U-Boot-Kapitäne in den ersten Kriegsmonaten an internationales Recht. Als Großbritannien allerdings seine Taktik zur Bekämpfung der U-Boote umstellte, änderten auch die Kapitäne ihre Haltung, denn nun wurde es zu gefährlich, in der Nähe eines Frachters aufzutauchen und der Besatzung des Schiffes Gelegenheit zu geben, von Bord zu gehen. Zu Beginn des Krieges waren 39 große britische Handelsschiffe mit 4,7-Zoll-Deckskanonen ausgerüstet worden, und im Laufe der Zeit wurden immer mehr Handelsschiffe auf diese Weise bewaffnet. Ein Schiff konnte grundsätzlich mehrere Treffer wegstecken, aber ein aufgetauchtes U-Boot war sehr anfällig, schon nach einem Treffer konnte es möglicherweise nicht mehr tauchen. Winston Churchill als Erster Lord der Admiralität nahm eine ausgesprochen aggressive Haltung ein, was den U-Boot-Krieg anging: Er wies die Handelsschiffe an, aufgetauchte U-Boote zu rammen.

Ein weiterer Faktor, der die Risiken für aufgetauchte U-Boote noch erhöhte, war der Einsatz bewaffneter Trampdampfer (auch Q-Ships genannt) als U-Boot-Falle. Wurde ein derartiges Schiff gestoppt, ließ es die falschen Decksaufbauten fallen und eröffnete mit den dahinter verborgenen Deckskanonen das Feuer. Kurzfristig war diese Taktik erfolgreich, aber sie brachte die U-Boot-Kapitäne dazu, ihre Vorgehensweise zu überdenken. Fortan blieben die U-Boote zur eigenen Sicherheit unter Wasser. Künftig würde es keine Warnung mehr geben, den ersten (und oftmals letzten) Hinweis darauf, dass sich ein U-Boot in der Nähe befand, erhielt die Besatzung durch eine schnelle, verräterische Blasenspur, die auf ihr Schiff zuhielt. Der U-Boot-Krieg trat in eine neue Phase, nun ging es darum, sich still anzuschleichen und ohne Ankündigung mit Torpedos anzugreifen. Der erbitterte Kampf um die Vorherrschaft zu See führte dazu, dass die Handelsschifffahrt ein immer gefährlicheres Geschäft wurde.

Am 1. Februar 1915 gab der deutsche Reichskanzler grünes Licht für einen U-Boot-Feldzug gegen den Seehandel. Es war die Vergeltung für die Blockade, die Großbritannien über Deutschland verhängt hatte, und für die illegalen Methoden britischer Handelsschiffe, die fälschlicherweise unter der Flagge neutraler Länder gefahren waren.[39] Das Ziel, auf diese Weise Großbritannien von der Überseekommunikation abzuschneiden und so stark auszuhungern, dass die Briten kapitulieren würden, war allein schon angesichts des Mangels an U-Booten und des Umfangs des internationalen Seehandels völlig unrealistisch. Dennoch gab 3 Tage später auch der Kaiser seinen Segen. Das Gebiet rund um die britische Küste in den Atlantik hinein wurde zum Kriegsgebiet erklärt, Deutschland nahm für sich das Recht in Anspruch, auf das übliche Vorspiel zu verzichten und Handelsschiffe vor einem eventuellen Angriff nicht erst zu stoppen und zu durchsuchen. Kriegerische Handelsschiffe würden versenkt werden, und man könne künftig keine Rücksicht mehr nehmen auf Besatzung und Passagiere, warnten die Deutschen. Neutrale Schiffe wurden gewarnt: Ab dem 18. Februar hätten sie sich aus der Zone fernzuhalten, anderenfalls wären sie für sämtliche Konsequenzen selbst verantwortlich.

Der Aufschrei war groß. Die *Times* stellte Deutschlands Vorgehensweise als »Krieg gegen die Neutralen« dar und qualifizierte die Erklärung des Kaisers als »neue Piraterie« ab.[40] Die amerikanische Presse ging zunächst davon aus, dass es sich bei der Ankündigung lediglich um einen Bluff handele. Die Tageszeitung *Public Ledger* aus Philadelphia sprach von einem »Einschüchterungsversuch, der dazu dient, die Versicherungssummen in die Höhe zu treiben und in Schifffahrtskreisen Angst zu verbreiten«.[41] Der Völkerrechtsanwalt Frederic Coudert wiederum tobte, es handele sich um einen »beispiellosen Fall von Barbarei« und sei »in keiner Form durch Gesetz oder Moralität gerechtfertigt«. Tatsächlich zeigt eine Analyse des deutschen Kriegsgebiets eine sehr starke Ähnlichkeit zu der früheren britischen »Blockade« gegen Deutschland. Beamten im amerikanischen Außenministerium fiel auf, dass den Deutschen ein sehr cleverer diplomatischer Schachzug gelungen war.[42] Winston Churchill gab sich unterdessen unbeeindruckt: »Kein spürbarer Effekt wird bei unserem Handel zu registrieren sein, immer vorausgesetzt, dass unsere Schiffe weiterhin kühn in See stechen. Andererseits waren wir uns sehr sicher, dass die deutsche Erklärung und die unvermeidbaren Unfälle, in die Neutrale hineingezogen werden, die Vereinigten Staaten empören und möglicherweise in den Krieg verwickeln werden.«[43]

Der anfänglichen Hysterie zum Trotz begannen die Deutschen wie angekündigt am 18. Februar mit der Blockade der britischen Inseln. Noch am gleichen Tag wurde ein britisches Handelsschiff im Ärmelkanal torpediert, am Ende der ersten Woche waren elf Schiffe angegriffen und sieben davon versenkt worden. Zum Vergleich: Im selben Zeitraum hatten nicht weniger als 1381 Handelsschiffe sicher einen britischen Hafen erreicht oder waren unbehelligt aus einem ausgelaufen. Der Handel ging ungebremst weiter. Im April 1915 wurden 23 Schiffe versenkt – bei über 6000 Ankünften und Abfahrten. Sechs der versenkten Schiffe stammten aus neutralen Ländern. Mindestens vier U-Boote wurden im selben Zeitraum zerstört.[44] Das alles war von einem Armageddon weit entfernt.

Die Gesamtzahl der U-Boote, die sich zu einem beliebigen Zeitpunkt rund um Großbritannien im Einsatz befanden, war stark begrenzt. Das erlaubte es den Codeknackern in Raum 40, ab Februar 1915 den Funkverkehr dieser U-Boote zu überwachen und ihnen zu folgen, während sie sich von Gebiet zu Gebiet bewegten. Es war noch keine exakte Wissenschaft, dennoch waren die Erkenntnisse unbezahlbar. Am 15. Februar 1915 – 3 Tage, bevor die Kriegsgebieteregelung der Deutschen in Kraft treten sollte – schrieb Churchill ein geheimes Memo an Walter Runciman. In dem Schreiben legte Churchill dem Handelsminister dar, welche Möglichkeiten die deutsche Taktik bot. Es war die Geburtsstunde einer Idee, die sowohl ihm als auch dem inneren Zirkel der Geheimen Elite gefiel:

»Es ist von allergrößter Bedeutung, neutrale Schifffahrt an unsere Küsten zu locken und darauf zu setzen, dass vor allem die USA in einen Krieg mit Deutschland hineingezogen werden. Die formale Ankündigung der Deutschen, wonach ihre U-Boote keine Unterscheidung mehr treffen werden, wurde in den Vereinigten Staaten dahingehend interpretiert, dass dies eine abschreckende Wirkung auf den Verkehr habe. Wir für unseren Teil wollen diesen Verkehr – je mehr, desto besser. Und wenn ein Teil davon in Schwierigkeiten gerät, umso besser.«[45] Die Geheime Elite wollte den Feldzug der deutschen U-Boote nutzen, um ihren amerikanischen Partnern Argumente zu liefern, der starken, den Krieg ablehnenden Stimmung im Land entgegenzutreten und die USA in den Krieg mit hineinzuziehen. Raum 40 entwickelte sich zu einer Geheimwaffe, und Churchill, eine Schlüsselfigur der Geheimen Elite, war ihr Meister und Kommandeur.

Aus dem Tagesgeschäft hielt er sich zwar heraus, diese Aufgabe hatte Captain »Blinker« Hall inne, aber alle waren ihm gegenüber zur Rechenschaft verpflichtet. Gemäß einer Theorie soll die strenge Geheimhaltung innerhalb der Admiralität zur Folge gehabt haben, dass Churchill nicht sämtliche Einzelheiten rund um die Fahrt der *Lusitania* kannte. Was für ein Unfug! Er war besessen von Kontrolle, besessen von seiner eigenen Außenwirkung, besessen davon, dass die Öffentlichkeit ihn mit der Admiralität gleichsetzte. Natürlich wusste Churchill Bescheid.

Welche Informationen standen Churchill zur Verfügung? Die Kryptografen in Raum 40 wussten genau, welche U-Boote auf See waren und aktiv

Handelsschiffen nachstellten. Sie konnten den Funkverkehr verfolgen und so genau errechnen, wo sich welches Schiff aufhielt. Der Aufklärungsdienst der Admiralität verstand, wie die deutschen U-Boote agierten und welche Bedingungen sie benötigten, um erfolgreich zuschlagen zu können. Die Handelsabteilung der Admiralität wusste, welche Frachter und welche Passagierschiffe Kurs auf britische Gewässer gesetzt hatten und welche zur Abreise bereit waren. Niemand hatte unmittelbaren Zugang zu diesen Abteilungen – niemand außer Churchill, dem Ersten Seelord Jackie Fisher und Admiral Henry Oliver, dem Chef des Kriegsstabs der Admiralität.

Dank dieser detaillierten Informationen befand sich Churchill in einer Position, wie sie nur wenige Anführer je innegehabt hatten. Und so hatte er rasch erkannt, dass sich die Informationen dazu nutzen ließen, »die USA mit in den Krieg hineinzuziehen«. Wie hatte er Runciman geschrieben? Je mehr Schiffsverkehr, desto größer die Wahrscheinlichkeit, dass deutsche U-Boote ein neutrales Schiff versenkten. Und »noch besser« wäre es, wenn amerikanischer Schiffsverkehr »in Probleme geriete«. Das war keine zufällige Bemerkung, das war eine Absichtserklärung.

Die Geheime Elite hatte die Absicht, eine Krise herbeizuführen, die die amerikanische Öffentlichkeit umstimmen und dafür sorgen würde, dass die USA in den Krieg zögen. Der Plan nahm Kontur an, wurde aber nicht im Kabinett erörtert und auch in keinem offiziellen Dokument festgehalten. Churchills Schreiben zeigt jedoch deutlich, dass insgeheim auf allerhöchster Ebene darüber nachgedacht wurde. Es wurde nicht nur mit Premierminister, Außenminister Sir Edward Grey und sogar dem König darüber gesprochen, welche Folgen es hätte, wenn ein U-Boot einen Transatlantikdampfer mit amerikanischen Passagieren an Bord torpedierte, man hatte sich sogar darauf verständigt, wie ein derart traumatischer Vorfall wohl herbeigeführt werden könnte. Die Geheime Elite wollte einen internationalen Zwischenfall mit deutschen U-Booten auslösen, der Großbritannien zum Vorteil gereichen sollte. Wäre es nicht die *Lusitania* geworden, dann hätte gewiss auch ein anderes Schiff diesen Zweck erfüllt, aber die *Lusitania* war das perfekte Ziel. Geriet ein Schiff mit Auswanderern oder Arbeitern zwischen die Fronten, rief das gewiss nicht die gleiche Besorgnis hervor, wie wenn ein millionenschwerer Banker oder jemand aus der High Society zu den Opfern zählte. Was, wenn die Admiralität ein geeignetes Ziel ausmachen, es in Richtung eines lauernden U-Boots dirigieren könnte und den Dingen dann ihren Lauf ließe?

Die deutsche Seite hatte es deutlich gemacht: Für sie waren Schiffe wie die *Lusitania* legitime Ziele. Am 30. April 1915 erschienen in allen führenden amerikanischen Zeitungen Anzeigen, wonach die deutsche Regierung alle Schiffe, die unter britischer Flagge fuhren, als »zerstörungsgefährdet« betrachtete,und Reisende derartige Schiffe »auf eigene Gefahr« bestiegen.[46] Wie viele andere Zeitungen auch druckte die *Washington Times* auf der ersten Seite eine Warnung des deutschen Botschafters in den USA, Graf Bernstorff, ab. In dem Artikel heißt es: »Dutzende prominenter Passagiere haben anonyme Telegramme erhalten, die vor der Versenkung der *Lusitania* warnten«.[47] Das US-Außenministerium antwortete, man werde Deutschland streng für jedwede Tat zur Verantwortung ziehen, die das Leben amerikanischer Bürger gefährde.[48] Das klang nach einer Pattsituation ohne echten Gewinner. Viele Passagiere hielten die ganze Aufregung für einen Bluff.

Als Kapitän William Turner mit der *Lusitania* von Pier 54 in New York ablegte, hatte er 1266 Passagiere und 696 Mann Besatzung an Bord. Die düsteren Warnungen waren ihm sehr wohl bekannt, aber er war zuversichtlich, allen U-Booten, die ihn verfolgten, davonfahren zu können. Seine Anweisungen erhielt Turner von Cunards Generaldirektor in Liverpool, aber wie alle Kapitäne eines zivilen britischen Schiffs unterstand er der Kontrolle der Admiralität gemäß den Bestimmungen der Versicherung Liverpool & London War Risks Association. Diese sahen vor, dass in Kriegszeiten alle Handelsschiffe den Anweisungen der Admiralität Folge zu leisten hatten. Wer sich nicht daran hielt, lief Gefahr, dass die Versicherung im Schadensfall nicht bezahlte.[49] Für Cunard zählte Turner zu den besten Kapitänen, über die die Reederei verfügte. Er war mit der Firma verheiratet und ging keine Risiken ein. Nach 6 vergleichsweise ereignisarmen Tagen, während der die *Lusitania* durch dichten Nebel gedampft war, verzog sich der Dunst am 7. Mai um 11 Uhr vormittags. Der Tag war kristallklar, und die *Lusitania* befand sich vor dem Küstenabschnitt Old Head of Kinsale im südlichen Irland.

Ganz in der Nähe lag sein Feind, Kapitänleutnant Walther Schwieger. Schwieger und sein U-Boot *U 20* hatten in den Tagen zuvor ahnungslosen Opfern in der Region aufgelauert. Am 5. Mai hatte *U 20* den Schoner *Earl of*

Latham versenkt, der fünfköpfigen Besatzung zuvor aber noch erlaubt, in ihr Rettungsboot zu steigen. Nachdem die Männer unbeschadet bei Kinsale an Land gegangen waren, wurde die Meldung von der Anwesenheit des deutschen U-Boots nach Queenstown (heute das irische Cobh) und von dort weiter an die Admiralität geschickt. *U 20* verfolgte dann den unter kubanischer Flagge fahrenden britischen Dampfer *Cayo Romano,* konnte ihn jedoch nicht versenken. Die *Cayo Romano* erreichte den sicheren Hafen und meldete sofort den U-Boot-Angriff. Das bedeutet, sowohl die Flottenkreise in Queenstown als auch die Admiralität in London wussten, dass sich *U 20* etwa 20 Meilen vor der irischen Küste aufhielt und entlang der zentralen Schifffahrtsrouten Schiffen nachstellte, die vom Atlantik kamen. Schwiegers U-Boot wurde von den Kryptografen in Raum 40 engmaschig überwacht. Sie wussten sehr genau, welche Gebiete gefährlich waren, und hatten die beteiligten Unterseeboote identifiziert.[50]

Zuständig für den Marine-Aufklärungsdienst war Konteradmiral Henry Oliver, ein wortkarger Workaholic, der über ein tiefgehendes Wissen und Verständnis rund um U-Boot-Bewegungen verfügte. Tatsächlich hatte Raum 40 seit September 1914 jede Bewegung von *U 20* sehr genau verfolgt, doch seitdem war das Prozedere geändert worden. Aus einem nicht genannten Grund wurden seit Anfang Mai 1915 die Positionen der U-Boote nicht mehr gemeldet, und auch andere Maßnahmen, die man zum Schutz wichtiger Schiffsziele ergriffen hatte, wurden eingestellt. Es war, als habe die Admiralität just in dem Augenblick, als die *Lusitania* in ein hochgefährliches Schifffahrtsgebiet einfuhr, ihre Abläufe noch einmal von Grund auf überarbeitet.

In diesem Zusammenhang ist es wichtig, sich auch noch einmal vor Augen zu rufen, wie die *Lusitania* behandelt wurde, als sie Anfang März aus New York eintraf. Konteradmiral Oliver hatte damals zwei Zerstörer ausgesandt, um dem Schiff Geleitschutz zu geben, und die erste U-Boot-Falle, die *HMS Lyon*[51], kreuzte in der Bucht von Liverpool.[52] Anders gesagt: Die *Lusitania* hatte hohe Priorität, auch wenn es den beiden Zerstörerkapitänen damals nicht gelang, Kontakt mit ihr aufzunehmen, denn sie hatten nicht den korrekten Code erhalten. Am 7. Mai dagegen lagen die Dinge völlig anders: Dieses Mal standen keine Zerstörer bereit und auch keine U-Boot-Fallen, um die *Lusitania* sicher in den Hafen von Liverpool zu geleiten.

Während es all diese Sicherheitsvorkehrungen also nicht gab, lief ein identifiziertes U-Boot exakt auf der entscheidenden Route Amok. Und *U 20* war zügellos. Am 6. Mai hatte das U-Boot die *SS Candidate* aufgebracht und versenkt, nachdem die Besatzung angewiesen worden war, das Schiff zu verlassen. Die Crew war um 15:40 Uhr gerettet worden, und die Meldung ging raus nach London. Dann verpasste Schwieger die Gelegenheit, den 14000 Tonnen schweren Ozeandampfer *Arabic* der White-Line-Reederei zu versenken, torpedierte er dafür aber am Nachmittag die *SS Centurion*, die nach 80 Minuten Kampf schließlich sank.[53] Die Nachricht erreichte noch vor 9 Uhr morgens Queenstown und die Admiralität – dort wusste man allerdings längst Bescheid, denn in Raum 40 war die Meldung von *U 20* bereits am Vortag gelesen worden. Haben die Dampfer *Centurion* und *Candidate* der Harrison Line und die Patrouillenboote die Meldung per Funk weitergegeben? Das lässt sich nicht abschließend beantworten, denn alle relevanten Dokumente dazu »gingen verloren«. Die *Lusitania* hat zwischen dem 5. und dem 7. Mai den Empfang von mindestens fünf offiziellen Funkmeldungen bestätigt. Einige davon gingen später von der Post, die für den Betrieb der Telegrafenstationen zuständig war, an die Admiralität. Dort verschwanden die Dokumente spurlos – kein Einzelfall, wenn es darum ging, die offizielle Darstellung vom Ende der *Lusitania* zu hinterfragen.

Eines lässt sich mit absoluter Gewissheit sagen: Konteradmiral Oliver wusste am Mittag des 7. Mai 1915, dass sich *U 20* unweit der sich nähernden *Lusitania* befand. Das gilt genauso für andere wichtige Akteure. Cunard-Chairman Alfred Booth arbeitete in Liverpool. Er erfuhr, dass die *Candidate* und die *Centurion* versenkt worden waren, aber aus irgendeinem unerklärlichen Grund durfte er sein eigenes Schiff nicht warnen, denn das war Aufgabe der Admiralität. Booth war fest entschlossen, Kapitän Turner eine Warnung zu übermitteln, deshalb suchte er persönlich Admiral Harry Stileman auf. Er bat den ranghöchsten Vertreter der Admiralität in Liverpool, Turner zu informieren, und Stileman versprach, alles zu tun, was in seiner Macht stand.[54] Dennoch erhielt Kapitän Turner nie eine direkte Warnung.

Und es gab auch keinen Begleitschutz für den Passagierdampfer. Zwei Tage zuvor hatte der Kreuzer *Juno* Befehl erhalten, seinen aktuellen Auftrag, die *Lusitania* durch das Kriegsgebiet zu eskortieren, abzubrechen. Warum? Im

Kriegstagebuch der Admiralität findet sich keine Antwort. Offenbar wusste niemand, wer die Entscheidung getroffen hatte, aber eines wissen wir mit Sicherheit: Niemand hätte es gewagt, ohne die ausdrückliche Zustimmung von Churchill oder Fisher einen derartigen Befehl zu geben.[55] Kurzum: Die *Lusitania* war auf sich gestellt, während die Zerstörer *Legion*, *Lucifer*, *Laveroc* und *Linnet* sowie die U-Boot-Fallen *Baralong* und *Lyons* in Milford Haven vor Anker lagen. Während er auf das wartende U-Boot *U 20* zuhielt, wurde Kapitän Turner nicht darüber informiert, dass er keinen Begleitschutz erhalten würde.

Am selben Morgen war London Schauplatz zweier ausgesprochen merkwürdiger Zusammenkünfte. An beiden waren Männer aus der Geheimen Elite beteiligt. Edward Mandell House, der persönliche Aufpasser des amerikanischen Präsidenten, hielt sich in London auf, angeblich in einer Friedensmission. Sir Edward Grey fragte ihn, wie wahrscheinlich es sei, dass ein Ozeandampfer von einem U-Boot versenkt werde. House sagte, ein derartiger Fall würde in Amerika »eine derartige Welle der Entrüstung« losbrechen lassen, dass das Land höchstwahrscheinlich in den Krieg einsteigen würde. Der Texaner House hatte seine politische Ausbildung in Großbritannien durchlaufen und verfügte mittlerweile über großen Einfluss beim amerikanischen Präsidenten.[56] 1 Stunde nach seinem Gespräch mit Grey hatte House eine Audienz im Buckingham Palace, und König Georg V. fragte ihn: »Angenommen, die versenken die *Lusitania* mit amerikanischen Passagieren an Bord?«[57]

Wie seltsam. Besaß der König eine Glaskugel, oder woher wusste er bereits im Vorfeld so verblüffend akkurat Bescheid? Diese Männer besprachen das Thema also just in dem Moment, als die *Lusitania* ihrem Schicksal entgegenfuhr. Das wirft die Frage auf: Was genau wussten sie wirklich?

Um 14:10 Uhr feuerte U 20 aus 700 Metern Entfernung einen einzelnen Torpedo auf die *Lusitania* ab. Er schlug in der Steuerbordseite des Schiffs ein. Nur wenige Sekunden, nachdem der Torpedo explodiert war, kam es zu einer weiteren, sehr gewaltigen internen Explosion, die das Schiff auseinanderriss. Der Ozeandampfer sank rasch, 1195 Passagiere und Besatzungsmitglieder ertranken, darunter 140 Amerikaner. Und mit einem einzigen Schlag waren die zaghaften Versuche, durch Vermittlung der USA einen Frieden auszuhandeln, vom Tisch gefegt. Sofort trübte sich Amerikas Verhältnis zu

Deutschland ein, und der britische Propagandaapparat lief auf Hochtouren. Doch sobald die ersten Überlebenden Queenstown erreichten, verlor die Admiralität die Kontrolle über das Drehbuch, denn ein Trupp fähiger Journalisten traf sich mit Überlebenden und berichtete über deren Geschichte. So war das von der Geheimen Elite nicht gedacht gewesen.

Queenstown wurde zum Zentrum unzensierter Informationen. Am nächsten Morgen – dem 8. Mai – meldeten Zeitungen rund um den Globus, dass sich die Einheimischen in Queenstown sehr wohl bewusst gewesen waren, dass U-Boote vor der Küste aktiv waren. *The Scotsman* berichtete, dass am Mittwochabend die *Earl of Letham* in demselben Gebiet versenkt worden war, in dem auch die *Lusitania* getroffen wurde. Weiter hieß es: »Zuvor hatte am selben Tag dasselbe U-Boot nahe Fastnet einen Torpedo auf das britische Handelsschiff *Cayo Romano* abgefeuert und seinen Bug um einige wenige Fuß verfehlt.«[58] Während sie sich mit der Empörung befassten und spekulierten, wie Amerika wohl reagieren werde (ersten Berichten zufolge waren angeblich 80 Prozent der Passagiere Amerikaner), wurden die Redaktionen von der Admiralität rasch mit Falschinformationen gefüttert. Um zu erwartende Vorwürfe vorwegzunehmen, erklärte die *Times* kurzerhand, dass die *Lusitania* »nicht für Fracht ausgelegt war«.[59] Merkwürdig, dass gleich auf diesen Aspekt eingegangen wurde – warum sollte die Fracht denn überhaupt ein Thema werden? Etwas anderes war für Churchill und die Geheime Elite noch beunruhigender: *Die Times* kündigte frühzeitig an, dass es Fragen geben werde, ob die Admiralität besondere Maßnahmen zum Schutz des Schiffs ergriffen habe »angesichts der Bedrohung und der Tatsache, dass in den Gewässern, die sie zu durchqueren hatte, bekanntermaßen deutsche U-Boote operierten«.[60]

Die Dinge entwickelten sich überraschend schnell. Noch bevor die Regierung Ermittlungen des Handelsministeriums ankündigen konnte, begann am Nachmittag des 8. Mais, einem Samstag, in Kinsale der Untersuchungsrichter mit seiner Arbeit. London wurde von dieser Entwicklung völlig überrascht. John J. Horgan, ein örtlicher Anwalt, der gleichzeitig für Kinsale als Untersuchungsbeamter fungierte und in dieser Funktion suspekte Todesfälle zu untersuchen hatte, fuhr nach Queenstown. Dort stellte er eine Jury aus örtlichen Geschäftsleuten, Ladenbesitzern und Fischern zusammen und lud

Kapitän Turner vor. Und noch bevor der Kronanwalt eintreffen und die Gerichtsverhandlung zu dem Fall stoppen konnte, hatte Horgan seine Untersuchungen bereits abgeschlossen.[61] Horgan war aktives Mitglied der irisch-republikanischen Partei Sinn Féin im County Cork, was möglicherweise sein Vorgehen beeinflusst hat, aber in jedem Fall vereitelte sein rasches Handeln – vorübergehend – die Vertuschungsbemühungen der Geheimen Elite.

Horgans wichtigster Zeuge war William Turner, der Kapitän der *Lusitania,* den das leichte Dampfschiff *Bluebell* nach 3 Stunden aus dem Wasser gefischt hatte.[62] Sein Passagierdampfer war ihm buchstäblich unter den Füßen gesunken, dennoch blieb Turner bis zum Schluss auf seinem Posten. Sein tapferes Verhalten wirkte wie ein Leuchtturm in dem Nebel, in den die Admiralität die Tragödie zu hüllen suchte. Turner hätte mit Fug und Recht erklären können, nach seiner Erfahrung am Rande des Todes erschöpft und orientierungslos zu sein, aber er beschloss, vor dem Untersuchungsrichter auszusagen.

Unter Eid machte Kapitän Turner klar, ihm seien die deutschen Drohungen durchaus bekannt gewesen, als die *Lusitania* in New York ablegte. Dem ausführlichen Bericht zufolge, der am Dienstag, den 11. Mai, in *The Scotsman* erschien, bestritt der Kapitän jedoch, in irgendeiner Form gewarnt worden zu sein, dass vor Old Head of Kinsale kurz zuvor andere Schiffe versenkt worden waren. Vielleicht war er verwirrt, denn die *Lusitania* hatte am Abend zuvor eine allgemeine Warnung erhalten, dass vor dem Süden Irlands deutsche U-Boote aktiv seien. Angesichts der folgenden Ereignisse ist es sehr wichtig darauf hinzuweisen, dass Kapitän Turner erklärte, unmittelbar nach der vom Torpedo verursachten Explosion sei es zu einer zweiten Explosion gekommen, »die möglicherweise intern erfolgte«. Er bestätigte, dass keine Kriegsschiffe den Ozeandampfer eskortiert hätten und dass ihm »keine als auf dem Weg zu mir befindlich gemeldet wurden«. Als Mann mit großem Gerechtigkeitssinn fügte Turner hinzu, dass er die Admiralität auch gar nicht um Geleitschutz gebeten hatte, denn »das war ihre Angelegenheit, nicht meine«.[63] Der Richter beendete seine Untersuchung voll des Lobes für Kapitän Turner, und die Geschworenen kamen zu einem einstimmigen Ergebnis: Die Offiziere von *U 20,* der Kaiser und die Regierung des Deutschen Reichs sind des bewussten Massenmords schuldig.

Bei allen, die im Vorfeld davon wussten, welches Schicksal der *Lusitania* bevorstand, klingelten sämtliche Alarmglocken. Kapitän Turner war nicht mit seinem Schiff untergegangen. Seine Aussage besagte ganz eindeutig, dass die *Lusitania* nicht über U-Boot-Aktivitäten vor Kinsale informiert worden war. Vor allem aber vertrat er die Meinung, dass die zweite Explosion intern stattgefunden hatte. All dies war dokumentiert worden, bevor man Zeugen den Schweigebestimmungen unterwerfen konnte, die im Zusammenhang mit einem offiziellen Untersuchungsausschuss galten. Die Einschränkung, dass nichts gesagt werden durfte, was die offizielle Untersuchung beeinflussen könnte, hatte für die Ermittlung des Untersuchungsrichters nicht gegolten, und so kam die ungeschminkte Wahrheit auf den Tisch.

Churchills Gegner im Parlament bündelten ihre Entrüstung und brachten sie in Form sehr spitzer und peinlicher Fragen zum Ausdruck. Wie so viele andere Mitglieder der Geheimen Elite war auch Churchill »nicht in der Stadt« gewesen, als die Drecksarbeit erledigt wurde. Dass ihn »geheime Pflichten« während der entscheidenden Phase passenderweise zu einer Dienstreise veranlasst hatten, brachte einige Historiker fälschlicherweise dazu, Churchills Beteiligung am Untergang der *Lusitania* zu bestreiten. Vom 6. bis 8. Mai hatte er Unterkunft im Hotel Ritz in Paris bezogen, um an einer Konferenz teilzunehmen, bei der es um die maritimen Aspekte von Italiens Beteiligung am Krieg ging.[64] Die Franzosen registrierten seine Anwesenheit mit einer Mischung aus Amüsiertheit und Verachtung und behandelten ihn mit nur schlecht kaschierter Abneigung.[65] Denn der Sturm auf Gallipoli war in sich zusammengebrochen, seine Beziehung zu Lord Fisher in der Admiralität wurde von Tag zu Tag schlechter, und das Schicksal der *Lusitania* brachte ihm ernstzunehmende Vorwürfe von Inkompetenz ein. Im Parlament machte man sich lustig über den Besuch in Frankreich, der als reine Zeitverschwendung angesehen wurde.[66] Churchill blieb noch 2 Tage länger, um Sir John French zu besuchen. Wie schlecht es um sein Ansehen stand, schien ihm nicht im Mindesten bewusst zu sein, dabei äußerte sich selbst König Georg V. kritisch zu »Winstons Spritztouren«.[67] Eine Sternstunde war das für ihn nicht.

Die Untersuchung des Handelsministeriums begann am 14. Juni 1915 in den Parlamentsgebäuden von Westminster. Federführend war Lord Mersey als sogenannter Wreck Commissioner. Es war noch nicht lange her, dass

Botschafter Page eine Dinner-Party für den sogenannten Friedensgesandten von US-Präsident Wilson gegeben hatte, aber die politische Landschaft in Großbritannien hatte sich seitdem gewandelt. Asquith hatte sein Kabinett umgebildet und einige bekannte Personen vor die Tür gesetzt. Churchill beispielsweise hatte die Regierung aus der Admiralität abberufen, weil die Parteiführung der Tories seinen Kopf gefordert hatte. Sein Nachfolger war Arthur Balfour, aus demselben Holz geschnitzt und ebenfalls Mitglied der Geheimen Elite. David Lloyd George gab das Amt des Finanzministers ab und erhielt dafür das profilträchtigste der neu geschaffenen Ämter – er wurde Munitionsminister. Sir Edward Carson wurde Generalstaatsanwalt und damit wichtigster Rechtsberater der Regierung, seine Nummer zwei wurde Frederick E. Smith. Sir Edward Grey blieb Außenminister. Als Resultat der Personalrochaden stieg die Zahl politischer Akteure im Kabinett, die der Geheimen Elite angehörten. Allerhöchste Priorität hatte für diese Koalitionsregierung die Suche nach einer Lösung für den angeblichen Munitionsmangel, hatte dieser doch einen politischen Skandal ausgelöst.[68]

Noch mehr öffentliche Kritik konnte die neue Regierung von Premierminister Asquith gerade nicht gebrauchen, deshalb mussten sich die Ermittlungen Lord Merseys auf zwei höchst brisante Themen konzentrieren: Zum einen auf die Frage, welche Rolle die Admiralität gespielt hatte, zum anderen auf etwas, was fast ein Jahrhundert lang bestritten werden würde, dass nämlich das Passagierschiff *Lusitania* dringend benötigte Munition an Bord gehabt hatte.[69] Kapitän Turner hatte schlechte Karten, denn mächtige versteckte Interessen (allesamt von der Geheimen Elite kontrolliert) hatten ihn zum Sündenbock auserkoren.

Vor Beginn der Untersuchung spielte man Lord Mersey in den offiziellen Dokumenten versteckt eine Notiz zu. Ihr Inhalt: das Ermittlungsergebnis, das die Admiralität gerne sehen würde. Es hieß dort schlicht, es sei »politisch erforderlich, dass Kapitän Turner von der *Lusitania* möglichst prominent die Schuld für das Desaster zugewiesen wird«.[70] Die Geheime Elite wollte Kapitän Turner ruinieren, deshalb wurden nur handverlesene Zeugen gehört. Jedes Besatzungsmitglied, das den Untergang überlebt hatte, legte gegenüber dem Handelsministerium eidesstattliche Erklärungen ab, aber unerklärlicherweise wurden von den 289 Aussagen nur 13 der Öffentlichkeit zugänglich gemacht. Sie alle beginnen mit ein und demselben Eröffnungssatz, und sie alle behaupten unzutreffend, das Schiff sei von mehr als einem Torpedo getroffen worden. Damit nicht genug: Selbst die Matrosen, die des Lesens und Schreibens nicht mächtig waren und ihre Aussage mit einem »X« unterschrieben, gaben fälschlicherweise an, dass der Torpedo das Schiff mittschiffs oder achtern getroffen habe.

Das Handelsministerium hatte im Vorfeld erklärt, dass alle Passagiere, die Zeugnis ablegen wollten, dies auch tun sollten. 135 »Beweise« wurden von aussagebereiten Passagieren eingereicht, aber nur 5 wurden eingeladen, vor Gericht auszusagen. Darunter war nicht einer, der sich auf eine Explosion bezog, die weiter vorne als mittschiffs stattgefunden hatte.[71]

Beweise, die diese Darstellung infrage stellten, waren alles andere als willkommen. Als der Torpedo der *U 20* die *Lusitania* traf, befand sich der Architekt des Schiffs, Oliver Bernard, an Deck. Seine berühmte als Augenzeuge angefertigte Zeichnung vom sinkenden Passagierdampfer wurde in der *Illustrated London News* abgedruckt.[72] Bernard hatte 1916 die Offizierslaufbahn eingeschlagen, wurde Hauptmann bei den Royal Engineers und mit dem Military Cross ausgezeichnet. Er beharrte auf seiner Meinung, dass nur ein einziger Torpedo die *Lusitania* getroffen habe, und wurde deshalb nicht als Zeuge einbestellt.[73] Der amerikanische Konsul in Queenstown holte von den amerikanischen Überlebenden eidesstattliche Aussagen ein und schickte diese an das Außenministerium in Washington und per Kopie an das britische Handelsministerium. Keine Behörde arbeitete bei ihren Ermittlungen mit diesen Aussagen, und die Kopien, die an das britische Handelsministerium gegangen waren, sind bis heute spurlos verschwunden.[74]

Erkennen auch Sie darin ein Muster? Heute stehen alle Unterlagen zu Lord Merseys Untersuchung im Internet, und wenn man sich die Ereignisse in den fünf Tagen vom 14. bis zum 18. Juni 1915 ansieht, wird eines deutlich:[75] Kapitän Turner war einer breit angelegten Attacke des britischen Establishments ausgesetzt. Die »Beweise« der Regierung bestanden in einem ausgesprochen voreingenommenen Memorandum, das Captain Richard Webb erstellt hatte, der Leiter der Handelsabteilung der Admiralität. Lord Mersey hatte dieses Memorandum vor Beginn der Sitzung eingesehen.[76] Webb gibt in dem Geheimdokument die Richtung der Untersuchung vor und dirigiert den

Angriff auf Kapitän Turner. Er lenkt von Nachfragen nach der Fracht ab und vertuscht die Wahrheit in der Frage, welche Telegramme an die *Lusitania* geschickt wurden (und welche nicht). Es war das Drehbuch der Geheimen Elite abgenickt hatte, doch ein aber für ihre Maßstäbe ausgesprochen fehlerhaftes.

Am ersten Tag der Untersuchung nutzte Sir Edward Carson seine überzeugende und sorgfältig einstudierte Befragung dazu, William Turners Befähigung in Zweifel zu ziehen. Unter Ausschluss der Öffentlichkeit versuchte Carson, die seemännische Erfahrung Turners herunterzuspielen, und deutete an, Turner sei im Widerspruch zu den Anweisungen der Admiralität zu dicht an der Küste gefahren. Turner ließ sich das nicht gefallen – er steuere seinen großen Ozeandampfer nicht auf der Basis von Schätzungen und Spekulationen.[77]

Nun mussten noch weitere hinterhältige Methoden zum Einsatz kommen: Carson versuchte es so hinzustellen, als sei die Irische See mit deutschen U-Booten geradezu »verseucht«. Wiederholt übte er Druck auf Turner aus. Dieser solle zugeben, dass er eine klare Anweisung der Admiralität missachtet und die *Lusitania* nicht auf Zickzackkurs gesteuert habe. Lord Mersey bat Carson, die Direktive der Admiralität zum Zickzackkurs noch einmal vorzulesen, was bei dem Kapitän für Verwirrung sorgte. Er könne sich an den genauen Wortlaut nicht erinnern, aber »es schien mir eine andere Sprache gewesen zu sein«, beschwerte sich Turner. Zu Recht. Die Anweisungen, die vor Gericht verlesen wurden, hatte Winston Churchill erst am 25. April abgesegnet, und die allgemeine Verbreitung begann erst am 13. Mai, 5 Tage *nach* der Katastrophe.[78] Turner wurde vorsätzlich in die Irre geführt durch Carsons vehementes Insistieren, der Kapitän habe von der Admiralität Anweisungen zum Zickzackfahren erhalten und diese ignoriert. Diese Befehle waren niemals verschickt worden. Das Untersuchungsgericht wurde vom Generalstaatsanwalt vorsätzlich belogen – ein erstaunlicher Vorgang innerhalb einer Demokratie, oder?

Bei aller Verhöhnung der Rechtsordnung behandelte die Krone die Untersuchung wie ein Gerichtsverfahren und wählte ihre Beweise entsprechend aus. Ein einziger Zeuge aus der Admiralität wurde aufgerufen, Captain Anderson, und er wurde auch nur gefragt, welche Vorteile es mit sich bringe, mit höchster Geschwindigkeit einen Zickzackkurs zu fahren, und wie man auf diese Weise die Wahrscheinlichkeit eines U-Boot-Angriffs reduziere.

Fragen, was die Admiralität zum Schutz der *Lusitania* geplant hatte, wurden nicht gestellt. In der Tat waren sämtliche Punkte, die im Rahmen der Untersuchung zur Sprache kommen sollten, im Vorfeld sorgfältig ausgewählt worden. Churchill hatte zu dem Webb-Memorandum geschrieben, dass »Turner ohne Gnade verfolgt wird«.[79] Und obwohl er im Juni 1915 gar nicht mehr in der Admiralität war, änderte sein Nachfolger, Arthur Balfour von der Geheimen Elite, diesen Kurs nicht.

Doch trotz aller Voreingenommenheit scheiterte der Fall an der letzten Hürde, als nämlich Lord Mersey herausfand, dass die ihm vorgelegten Beweise sich von denen unterschieden, mit denen Carsons Stellvertreter, Solicitor General Frederick Smith, arbeitete. Verwirrung brach aus. Welche Telegramme waren denn nun an die *Lusitania* geschickt worden? Sowohl Lord Mersey als auch der Solicitor General arbeiteten im Fall *Lusitania* mit Dokumenten, die von Mitarbeitern der Admiralität erstellt worden waren, aber die Unterlagen waren nicht identisch. Jemand hatte das verbockt. Zudem fiel Lord Mersey auf, dass er in einem früheren Entwurf die Fragen gesehen hatte, die im Verlauf der Untersuchung gestellt werden sollten, und dass diese Fragen anschließend geändert worden waren. Nun fehlten sämtliche Bezüge auf eventuelle Botschaften, die die *Lusitania* erhalten hatte.[80] Es war ein Fiasko, aber so fanden die Qualen von Kapitän Turner wenigstens ein Ende. Das Gericht hatte keine andere Wahl.

Ein letztes Mal versuchte die Geheime Elite noch, Lord Mersey umzustimmen. Sir Edward Carson und Frederick Smith war es nicht gelungen, William Turner seiner Würde zu berauben, das mussten jetzt schwerere Geschütze ausrichten. Aus dem Außenministerium meldeten sich Sir Arthur Nicolson und Lord Crewe zu Wort: Sollte Turner getadelt werden, werde man keine Einwände dagegen erheben, dass dies öffentlich geschehe. Der neue Erste Lord der Admiralität, Arthur Balfour, teile diese Einschätzung und würde gerne mit Lord Mersey über das Thema sprechen, »wann immer es Ihnen passt«. Lord Mersey hatte zu viel erlebt, um sich von solchen Methoden einschüchtern zu lassen. Ihn widerte an, wofür man ihn benutzt hatte, also schrieb er Premierminister Asquith und erklärte, der Regierung für weitere Aufgaben nicht mehr zur Verfügung zu stehen. Seinen Kindern sagte er angeblich, der *Lusitania*-Fall sei eine »verdammt schmutzige Angelegenheit«.[81]

Und dennoch hatte sich die ganze Sache zur reinsten Schönfärberei entwickelt. Alle Schuld an der Katastrophe wurde jenen aufgehalst, »die das Verbrechen planten und begingen« – dem Deutschen Reich. Mit Lob überschüttet wurde der 18-jährige Ausguck Leslie Morton, der erkannt hatte, dass zwei Torpedos das Schiff getroffen hatten, und dann gemeinsam mit seinem Kumpel Perry nahezu 100 Menschenleben rettete. Ja, Sie lesen richtig. Das ist kein Hollywood-Happyend, das steht so im Untersuchungsbericht. Von dem U-Boot, das nur einen Torpedo abgefeuert hatte, trafen also zwei Torpedos ihr Ziel? Mehr noch, Lord Mersey stellte fest, dass auf die Backbordseite noch ein dritter Torpedo abgefeuert worden war, was »bewies«, dass es sich in der Tat um mehr als nur ein U-Boot gehandelt hatte. Bis auf die 5000 Patronen, die im Frachtbrief aufgeführt waren, habe sich keinerlei Sprengstoff an Bord befunden, urteilte Lord Mersey. Anderslautende deutsche Anschuldigungen, was die Fracht der *Lusitania* anging, seien nichts als »haltlose Erfindungen«.

Und ungeachtet dieser Aneinanderreihung von unsinnigen Behauptungen besaß Lord Mersey die Chuzpe, die Admiralität dafür zu loben, dass sie »sorgfältig alle zur Verfügung stehenden Informationen zusammengetragen hat, die Einfluss auf die Fahrt der *Lusitania* hatten«. Er verspüre Bewunderung dafür, »wie sie ihre Arbeit erledigte«. Keine Warnung für Kapitän Turner, kein Geleitschutz, kein Konvoi, keine präzisen Angaben zum Aufenthaltsort von *U 20*, aber die Admiralität hat gründlich gearbeitet? Auch für Kapitän Turner fand sich etwas Lob und nicht die harsche Abstrafung, die die Geheime Elite hatte erreichen wollen. Mersey schrieb in seiner Schlussfolgerung, Turner sei zwar »voll informiert gewesen«, was die Empfehlungen der Admiralität zur Vermeidung von Gefahren in Zeiten des U-Boot-Kriegs anbelangte, aber er habe »sein Urteilsvermögen zum Besten eingesetzt«. Aber letztlich war alles – wie immer – die Schuld der Deutschen.[82]

Ein verdammt schmutziges Geschäft war es in der Tat, verschlimmert durch Lügen und zahllose »verlorengegangene« Berichte, Memoranden, Dokumente und Telegramme. Und was wurde aus denen, die den Zielen der Geheimen Elite dienten? Lord Mersey wurde in den Rang eines Viscounts erhoben. Captain Webb, der Autor des gefälschten Memorandums, schaffte es als Dank für seine Dienste noch bis zum Admiral. Aus Sir Edward Carson wurde Lord Carson, und ihm wurde später ein Staatsbegräbnis zuteil. Fredrick Smith wurde der erste Earl of Birkenhead und diente von 1924 bis 1928 als Staatssekretär für Indien. Was eine brauchbare Schönfärberei doch alles einbringt …

Kapitän William Turner verzieh der Admiralität ihr Verhalten sein Leben lang nicht. 1923 veröffentlichte Winston Churchill *World Crisis,* den ersten Teil seiner Memoiren über den Ersten Weltkrieg. Die Kritik, die er darin an Turners Verhalten äußerte, öffnete alte Wunden.[83] Churchill wärmte die abwegigen Behauptungen auf, Kapitän Turner habe sich über Anweisungen der Admiralität hinweggesetzt, *U 20* habe zwei Torpedotreffer mittschiffs und achtern gelandet, und die *Lusitania* habe, was militärische Ausrüstung anbelangt, nur eine kleine Menge Gewehrpatronen und Schrapnells an Bord gehabt.[84] Churchills Lügen wurden in den Geschichtsbüchern fortgeschrieben und über Generationen hinweg an unseren Schulen und Universitäten gelehrt.

Zusammenfassung

- Die kaiserliche Marine verfügte zu Kriegsbeginn über drei hochkomplexe Sätze geheimer Funkcodes und -chiffres. Innerhalb von 4 Monaten fielen der britischen Admiralität Exemplare aller drei in die Hände. Damit verfügte sie über Zugang zu sämtlicher Kommunikation innerhalb und mit der deutschen Flotte.
- Das Entschlüsseln der Codes fand in der Admiralität statt. In Raum 40 wurde eine streng geheime Abteilung unter der Führung von Kapitän »Blinker« Hall eingerichtet.
- 1906 wurde die RMS *Lusitania* für die Cunard Steamship Company gebaut und vom Stapel gelassen. Die Regierung bezahlte Cunard viel Geld dafür, dass das Schiff spezielle Anforderungen der Admiralität erfüllte. Das geschah in der Absicht, das Schiff in Kriegszeiten in einen Hilfskreuzer umwandeln zu können.

- Als der Krieg ausbrach, transportierte die *Lusitania* regelmäßig Rüstungsgüter über den Atlantik. Die von den Briten dringend benötigte Munition wurde durch das Bankenimperium von J. P. Morgan bestellt und bereitgestellt.
- Bernhard Dernburg, Sprecher des Kaisers in Amerika, beklagte wiederholt, dass die Cunard-Schiffe Munition an Bord hätten. 2012 wurde in den Franklin D. Roosevelt Presidential Archives ein 27-seitiger Ergänzungsfrachtbrief entdeckt, der bestätigte, dass die *Lusitania* tatsächlich größere Mengen an Rüstungsgütern an Bord gehabt hatte.
- Aus der Privatkorrespondenz des britischen Premierministers geht hervor, dass der innerste Kreis der Macht Bescheid darüber wusste, dass die *Lusitania* regelmäßig Rüstungsgüter nach Großbritannien transportierte. Nachdem das Schiff versenkt worden war, trieb Asquith vor allem eine Frage um: Würde nun der Munitionsnachschub leiden?
- Von deutscher Seite wurden in Amerika Warnungen veröffentlicht, wonach deutsche U-Boote am 18. Februar ihren Feldzug beginnen würden und dass dies bedeutete, dass Schiffe wie die *Lusitania* wichtige Ziele sein würden.
- Die Geheime Elite wusste, dass sie mit den Meldungen, die in Raum 40 aufliefen, alle deutschen U-Boote überwachen konnte. Der Geheimbund führte daraufhin eine Krise herbei, um die öffentliche Stimmung in Amerika zugunsten einer Kriegsbeteiligung zu beeinflussen.
- Bei ihrer vorigen Reise von Amerika war der *Lusitania* Geleitschutz zur Seite gestellt worden. Auf ihrer finalen Fahrt hingegen kommandierte die Admiralität keinerlei Zerstörer ab, um das Passagierschiff durch die Gefahrengebiete zu geleiten.
- Kurz vor dem U-Boot-Angriff wurde der persönliche Assistent (und Aufpasser) des amerikanischen Präsidenten gefragt – und zwar unabhängig voneinander von Sir Edward Grey und König Georg V. -, wie Amerika wohl reagieren würde, wenn ein Ozeandampfer mit Amerikanern an Bord versenkt würde.

- Die *Lusitania* wurde von U 20 durch einen einzigen Torpedo versenkt. Kurz nach dem Torpedotreffer erfolgte eine zweite Explosion. Die Admiralität behauptete, das Schiff sei von zwei oder drei Torpedos getroffen worden.
- 1195 Besatzungsmitglieder und Passagiere starben, darunter 140 Amerikaner.
- Sofort nahm der Untersuchungsrichter im irischen Kinsale Ermittlungen auf. Dabei gab Kapitän Turner von der *Lusitania* zu Protokoll, er sei nicht über U-Boot-Angriffe in der Region informiert worden, es sei keine Zerstörereskorte vor Ort gewesen und es habe eine zweite Explosion gegeben, die möglicherweise interne Ursachen hatte.
- Das Handelsministerium hielt unter Führung von Lord Mersey eine förmliche Untersuchung ab und versuchte Kapitän Turner die Schuld mit der Begründung zuzuschieben, er habe Anweisungen nicht befolgt. Die britische Juristerei ging ihn hart an; zudem hatte die Admiralität im Vorfeld der Untersuchungen ein höchst voreingenommenes Memorandum zu dem Fall erstellt. Auch warf man ihm schwere Fehler vor, und er musste sich mit stark handverlesenen »Zeugen« auseinandersetzen. Dennoch brach dieser Schauprozess in sich zusammen.
- Lord Mersey sagte seinen Kindern angeblich, bei der Untersuchung habe es sich um ein »verdammt schmutziges Geschäft« gehandelt.

Lusitania-Propagandaposter

Kapitel 14

Die Lusitania

Die Schuldigen werden geschützt

Ein ganzes Jahrhundert musste ins Land gehen, bis die fragilen Überreste der damals vertuschten Beweise geborgen wurden. Anhand sehr überzeugender Belege haben Autoren und Historiker wie Colin Simpson, Diana Preston, Patrick Beesly und insbesondere Mitch Peeke das Bild aus Mythen und Lügen zerstört, hinter dem die Geheime Elite ihre Verbrechen verbarg. Wie jeder »verzichtbare« Soldat und Seemann wurde auch die *Lusitania* geopfert, um den Krieg zu verlängern und Deutschland dadurch noch gründlicher zerschmettern zu können.

Der Untergang der *Lusitania* wurde für Propagandazwecke ausgeschlachtet und diente dazu, das Ansehen Großbritanniens in den USA zu verbessern, aber es war auch ein riskantes Unterfangen. Wäre in den Tagen und Wochen nach der Katastrophe die Wahrheit publik geworden, wären die britische, aber auch die amerikanische Regierung in arge Bedrängnis geraten. Fast ein Jahrhundert lang klammerten sich die Hofhistoriker an die Lüge, die sie schützte.

Beim Verteilen von Macht und Einfluss ging es im angloamerikanischen Establishment – der expandierenden Geheimen Elite, wie sie so hervorragend von Professor Carroll Quigley identifiziert wurde[1] – nicht nach Verdienst und Fähigkeiten, sondern nach Freundschaft und Loyalität. So gelang es ihr ein Jahrhundert lang, die Politik, das Bankenwesen, die Presse und viele weitere Teile der Gesellschaft in Großbritannien und den Vereinigten

Staaten zu kontrollieren. »Deep State«, »Staat im Staat«, »Geldadel«, die »Strippenzieher« oder »die Männer hinter dem Vorhang« – egal, wie man sie nennt: Vollkommen rücksichtslos häuften diese Personen durch den Krieg gegen Deutschland gewaltige Vermögen für ihre Unternehmen, Banken und Industrien an.[2] Die Rolle, die diese Leute bei der Versenkung der *Lusitania* und den anschließenden Vertuschungsaktionen spielten, zeigt, wie groß ihr Einfluss in Whitehall und im Weißen Haus war.

In einem Artikel, der 1913 in der Londoner Ausgabe der *National Review* erschien, fing der einflussreiche Diplomat und Historiker Lewis Einstein perfekt ein, mit welchem Gefühl der gegenseitigen Abhängigkeit und gegenseitig zugesicherten Zukunft die Geheime Elite auftrat.[3] Stichhaltig argumentierte er, dass Amerika aufgrund seines Anteils an der globalen Macht dafür sorgen müsse, dass Großbritannien einen Krieg gegen Deutschland nicht verliere. Außerdem werde Amerika künftig bei jedem größeren europäischen Krieg eingreifen müssen.[4] Diese Einschätzung teilten einige: George Louis Beer beispielsweise, der anglophile amerikanische Historiker und Korrespondent für *Round Table,* das Magazin der Geheimen Elite.[5] Aber auch der amerikanische Botschafter in London, Walter Hines Page, Präsident Woodrow Wilsons persönlicher Mentor Edward Mandell House, der amerikanische Botschafter in Berlin, James Gerard, und Robert Lansing vertraten diese Ansicht.[6] Lansing, aufstrebender Berater des US-Präsidenten, war besonders wichtig im Hinblick auf Amerikas Haltung in der Frage der *Lusitania*-Versenkung.

Woodrow Wilson war eine politische Marionette der Geheimen Elite und wurde gesteuert von den Männern, die ihn umgaben und repräsentierten. Es handelte sich um Vollblutanglophile, die fest überzeugt waren, dass die Welt letztlich von der englischsprachigen Rasse beherrscht werden müsse. Während der gewöhnliche Amerikaner gedacht haben mag, dass sein Präsident und sein Land neutral wären, war in den Korridoren der Macht in Washington von Neutralität nicht viel zu sehen.

Außenminister William Jennings Bryan war ein prominenter Politiker, der sich darum bemühte, die Neutralität der USA zu bewahren. Im August 1914 riet er Präsident Wilson, nicht zuzulassen, dass das von den Rothschilds unterstützte Bankhaus J. P. Morgan Darlehen und Kredite für die Alliierten eintrieb.[7] Aber die Banker schlugen rasch zurück, und zwar über Robert

Lansing, ihren liebsten Berater des Präsidenten in Handelsfragen. Wiederholt übte Bryan Kritik, aber Lansing und das Außenministerium stellten sich auf die Seite von Banken und Munitionsherstellern und änderten die Handels- und Kreditbestimmungen. Ihre Argumentation: Es sei gegen die Verfassung, Privatunternehmen den Verkauf von Waffen zu untersagen. Auf diese Weise wurden die »neutralen« Vereinigten Staaten zur Nachschubbasis für Großbritannien und Frankreich.[8]

Dank ihres Spionagenetzwerks wussten die Deutschen Bescheid über die »geheimen« Aktivitäten der Briten, und sie wussten auch, dass der Kauf von Munition und Kriegsmaterial ständig und in großem Rahmen erfolgte. J. P. Morgan war eng mit der Rothschild-Dynastie verbunden und auf diesem Weg auch mit der Geheimen Elite. Sein Finanzimperium stand im Mittelpunkt der Verschwörung, die das Ziel hatte, die Alliierten zu bewaffnen. Im Januar 1915 unterschrieb er einen Vertrag, der ihn zum Exklusiveinkaufsagenten Großbritanniens und zum wichtigsten Vertreter des Finanzministeriums machte.[9] Morgans Geschäftspartner Edward Grenfell von der Bank of England agierte höchstpersönlich als Mittelsmann zwischen Washington und London. Morgan genoss die volle Unterstützung von Großbritanniens Chefeinkäufer für Munition, George Macaulay Booth (von der Reederei Alfred Booth).

Morgan übte nicht nur eine Führungsrolle im amerikanischen Bankenwesen aus, er kontrollierte durch sein Unternehmen International Mercantile Marine auch eine gewaltige Menge an Tonnage. George Booth wusste sehr wohl, was ein Bündnis mit Morgan bedeuten würde: Sowohl seine Schiffe als auch die von Cunard würden von der deutlichen Zunahme des Atlantikhandels kräftig profitieren.[10] Hier wartete ein Vermögen darauf, verdient zu werden. Im April 1917 traten die Vereinigten Staaten in den Krieg ein. Vom Kriegsbeginn 1914 bis zu diesem Datum schickten die USA der Entente nicht nur Waffen, sondern über 1 Million Tonnen Kordit, Schießbaumwolle, Knallquecksilber und andere Sprengstoffe. Britische Militärangehörige in Zivilkleidung kamen zum Einsatz, und an beiden Enden des Atlantiks schauten Zollbeamte weg, was die unerlaubten Geschäfte der Händler des Todes anbelangte. Die Passagiere auf den Ozeandampfern hatten nicht die leiseste Ahnung, welche Gefahren in den Frachträumen ihrer Schiffe lauerten.

In New York wurde die Ladung vom Spediteur der britischen Admiralität begutachtet, und dringend benötigte Artikel wurden gegebenenfalls auf schnellere Schiffe umgeladen. Frachtbriefe waren eine Ansammlung falscher Namen und Bestimmungsorte. Die Sicherheitsbestimmungen waren streng, und Ladungen mit Kriegsmaterial waren schwer zu verschleiern, selbst wenn Baumwolle oder Schießbaumwolle als »Pelze« oder Militärgerät als »Nähmaschinen« deklariert wurden. Dennoch war es völlig normal, dass die britischen Schiffe mit einem falschen Frachtbrief ablegten, der von Dudley Field Malone abgezeichnet worden war, dem obersten Zollbeamten des Hafens von New York und einem von Wilsons Gefolgsleuten.[11]

Malone war ein Freund und Schützling des US-Präsidenten. Er kannte Wilson seit den Anfangstagen von dessen politischer Laufbahn, und seit damals unterstützte er ihn auch. Nach einem kurzen Abstecher ins Außenministerium wurde Malone im November 1913 zum Collector of the Port of New York ernannt, zum obersten Zollbeamten im Hafen von New York. Wilson hatte Malone an die Futternäpfe geführt: 12 000 Dollar jährlich verdiente dieser nun damit, Einfuhrzölle einzutreiben – das wären nach heutigem Wert etwa eine Viertelmillion Dollar.[12]

Entsprechend einfach war es, für einen Frachtbrief die Zustimmung der Herren Wood, Niebuhr & Co zu erhalten, der für die Zollabfertigung zuständigen Spediteure, ansässig in der Whitehall Street, New York.[13] Die Admiralität in London wurde vorab informiert, welche Schiffe mit welcher Fracht beladen waren, welchen Hafen sie ansteuern würden und wann sie dort zu erwarten seien. So gut war die Verständigung zwischen den Regierungen, dass der britische Generalkonsul Sir Courtney Bennet, der in New York für die Spionageabwehr zuständig war, einen eigenen Arbeitsplatz im Büro des Cunard-Generalmanagers hatte.[14] Dass von Amerika aus Munition in »Passagierdampfern« nach Großbritannien exportiert wurde, war dermaßen offenkundig, dass jeder Historiker, der dies bestreitet oder behauptet, bei der *Lusitania* habe es sich um ein einfaches Passagierschiff gehandelt, sich in Grund und Boden schämen sollte.

Der Untergang der *Lusitania* stellte die Regierung von Präsident Wilson vor ein Problem. Am 9. Mai 1915 hieß es in einer offiziellen Erklärung der Reichsregierung, die *Lusitania* sei bewaffnet gewesen und habe eine große

Ladung Kriegsmaterial an Bord gehabt.[15] Wilson war besorgt, was dies für Folgen haben könnte. Er rief Robert Lansing an und forderte von ihm eine Erklärung, was genau die *Lusitania* an Bord hatte. Schon am Mittag legte Lansing ihm einen ausführlichen Bericht Malones auf den Schreibtisch. In dem Schreiben hieß es, dass »praktisch ihre gesamte Fracht aus Konterbande der einen oder anderen Form bestand«, in Listen wurden große Mengen an Munition aufgeführt. Das war politisches Dynamit der allerübelsten Sorte. Lansing und Wilson war klar: Sollte die Öffentlichkeit Wind davon bekommen, dass über hundert Amerikaner ihr Leben verloren hatten, weil die Neutralitätsgrundsätze unterlaufen worden waren und Passagierschiffe mit Munition und Sprengstoff beladen wurden, dann würde die Regierung die losbrechende Kritik nicht überstehen.[16]

Entsprechend hieß es in der offiziellen Stellungnahme des Collectors of the Port of New York dann auch, dass der ursprüngliche »Bericht nicht korrekt ist. Die *Lusitania* wurde wie üblich vor der Abfahrt inspiziert. Es wurden keine Waffen gefunden.«[17] Die internationale Presse griff das Dementi auf, und es wurde seitdem von Hofhistorikern mantraartig wiederholt. Der echte Frachtbrief verschwand und wäre möglicherweise nie wieder ans Tageslicht gekommen, wenn Franklin D. Roosevelt, damals stellvertretender Staatssekretär der Flotte, ihn nicht für die Nachwelt aufbewahrt hätte,[18] und wenn Mitch Peeke mit seinem Team den Frachtbrief nicht im Archiv des späteren Präsidenten ausfindig gemacht hätte.[19]

Am 11. Mai 1915 überreichten die USA Deutschland eine Protestnote. Dabei handelt es sich, was Text und Bedingungen angeht, um ein historisches und vorsätzlich harsches Dokument. Wilson verzichtete auf die üblichen diplomatischen Nettigkeiten und protestierte, amerikanische Bürger hätten das Recht, auf jedem Schiff, mit dem sie fahren wollten, auf den Weltmeeren unterwegs zu sein, selbst wenn es sich um ein kriegsführendes bewaffnetes Handelsschiff handeln sollte. Seine Äußerungen fanden die »einstimmige Zustimmung und Anerkennung der Finanzgemeinde«. Eine Gruppe führender Bankiers und Finanziers schwor, man werde im Gedenken an den Kapitalisten Cornelius Vanderbilt, der mit der *Lusitania* untergegangen war, die Sache der Alliierten finanzieren helfen.[20] In der offiziellen Antwort des deutschen Außenministeriums wurde Bedauern geäußert, dass Amerikaner eher englischen

Versprechungen vertrauten, als den Warnungen der deutschen Seite Gehör zu schenken.[21] Deutschland bedauerte den Verlust amerikanischen Lebens zutiefst und bot Schadenersatzzahlungen an, beschwerte sich aber auch, dass Winston Churchill britische Handelsschiffe angewiesen habe, deutsche U-Boote zu rammen und zu versenken. Dies bedeute, dass kein U-Boot-Kommandeur den Befehl zum Auftauchen geben könne, um das gegnerische Schiff zu warnen und Passagieren und Besatzungsmitgliedern Zeit zu geben, in die Rettungsboote zu steigen, ehe das Schiff torpediert werde. Die Deutschen weigerten sich einzugestehen, dass es sich bei der Versenkung der *Lusitania* um einen Rechtsbruch gehandelt habe, und bekräftigten (völlig zu Recht), dass es sich um ein Schiff im Hilfskreuzerdienst der britischen Handelsflotte gehandelt habe, und dass Munition und Konterbande an Bord gewesen seien.

Der endgültige und unwiderlegbare Beweis dafür, dass die *Lusitania* im Widerspruch zu internationalem Recht eingesetzt worden war, tauchte im Zusammenhang mit dem Rücktritt des amerikanischen Außenministers William Jennings Bryan am 8. Juni 1915 auf. Seine schriftliche Erklärung für den Rücktritt war klar und eindeutig, allerdings hüllte er seine Abscheu in eine rhetorische Frage: »Warum sollten amerikanische Bürger auf kriegsführenden Schiffen mit Munition an Bord reisen?«

Seiner Ansicht nach hatte die Regierung die Pflicht, alles in ihrer Kraft Stehende zu tun, um zu verhindern, dass Amerikaner auf derartigen Schiffen reisten und dadurch sich und letztlich auch die amerikanische Nation in Gefahr brachten. Seine letzte Spitze machte deutlich, was an Bord der *Lusitania* geschehen war: »Ich denke zudem, dass es amerikanischen Passagierschiffen untersagt werden sollte, Munition mitzuführen. Das Leben der Passagiere sollte nicht wegen einer Fracht gefährdet werden, die aus Munition besteht, unabhängig davon, ob die Gefahr in möglichen internen oder möglichen externen Explosionen besteht. Passagiere und Munition sollten nicht gemeinsam reisen.«[22] Genauso gut hätte er sagen können: »Es spielt keine Rolle, ob die *Lusitania* durch einen Torpedo versenkt wurde oder durch eine interne Explosion, die von Munition im Frachtraum ausgelöst wurde. Die Wahrheit ist die: Sie hatte Munition an Bord.«

Man muss es Bryan hoch anrechnen, dass er mit der Regierung Wilson nichts mehr zu tun haben wollte. Sein Nachfolger wurde Robert Lansing,

Liebling der Wall Street. Er hatte sich für den Geldadel und die Alliierten in Europa starkgemacht, und er hatte gelogen, was die *Lusitania* anbelangte – als Qualifikation reichte das aus.

Obwohl sich Bryan tapfer in die Bresche geworfen hatte, wurden Beweise weiterhin ungebremst unterdrückt. Der amerikanische Konsul in Queenstown, Wesley Frost, hatte von jedem amerikanischen Überlebenden eidesstattliche Erklärungen eingeholt und sie an das US-Außenministerium in Washington und das britische Handelsministerium in London geschickt. Doch nicht eine der 35 Aussagen wurde in britischen oder amerikanischen Ermittlungen genutzt, und die Kopien, die nach London gingen, sind – bis auf die Eingangsbestätigung – spurlos verschwunden.[23] Wie kann das sein? Wir können nur vermuten, dass sie nicht zu der Lüge passten, wonach mehr als ein Torpedo abgefeuert wurde. Der Buchhändler Charles Lauriat Junior aus Boston beispielsweise zählte zu den Überlebenden und traf sich nach seiner Rückkehr nach London mit Botschafter Page. Seine unparteiische Aussage wäre doch gewiss von Interesse gewesen, oder? Lauriat war überzeugt, dass es ein einzelner Torpedo gewesen sei, außerdem war er aufgebracht über die Art und Weise, wie die britischen Behörden in Queenstown mit den Überlebenden umgegangen waren.[24] Doch man bestellte ihn nicht ein, um seine Aussage aufzunehmen.

Und was ist mit der mächtigen und einflussreichen Gruppe amerikanischer Anglophiler, die am Abend des 7. Mai in der Residenz von Botschafter Walter Page zusammenkam? Was wussten sie? Gerade einmal 5 Tage vor dem Untergang schrieb Page seinem Sohn Arthur einen Brief, in dem er voraussagte, dass »ein Ozeandampfer mit amerikanischen Passagieren an Bord in die Luft fliegt«. Am selben Tag schrieb er: »Was wird Uncle Sam unternehmen, wenn ein britischer Ozeandampfer voller amerikanischer Passagiere in die Luft fliegt?« Man beachte die Wortwahl: Er spricht nicht von versenken, sondern von in die Luft fliegen. Und er fügte hinzu: »Das ist es, was passieren wird.«[25] Und was ist mit den Gesprächen, die House am 7. Mai erst mit Sir Edward Grey und anschließend mit König Georg V. führte? Sie sprachen ihn direkt darauf an, was es für Folgen für Amerika hätte, wenn ein Passagierdampfer torpediert werde, dennoch fand House nichts Ungewöhnliches daran, dass seine Gesprächspartner bereits über kommende Ereignisse

Bescheid wussten.[26] Sie wussten, dass eine Katastrophe bevorstand, denn sie hatten sie mit organisiert und vorbereitet. Auf beiden Seiten des Atlantiks strebten böse Menschen danach, aus dem Verlust von Menschenleben Kapital zu schlagen.

Die offizielle Reaktion der Amerikaner auf den Untergang der *Lusitania* enthält so viele Lügen und ist dermaßen stark bemüht, alles zu vertuschen, was nach Komplizenschaft der Regierung aussieht, dass es keinen Zweifel geben kann: Washington war beteiligt und trug eine Mitschuld an dem schlimmen Ereignis. Amerikanische Behörden, Bankiers, Finanziers und Politiker aus dem Umfeld der Geheimen Elite vertuschten die Tatsache, dass sie internationales Recht brachen und Großbritannien und Frankreich mit dringend benötigter Munition belieferten. Darüber hinaus ließen sie zu, dass ahnungslose amerikanische Bürger in große Gefahr gebracht wurden. Es stimmt: Letztlich war es Kapitänleutnant Walther Schwieger von *U 20,* der den schicksalshaften Torpedo abfeuerte, aber das große Passagierschiff war vorsätzlich zu einem einfachen Ziel gemacht worden – zu einem »Lebendköder«, wie es der kaltherzige, ränkeschmiedende Churchill nannte.[27]

Als Massenmord an unschuldigen amerikanischen Bürgern verurteilten aufgebrachte Zeitungsredakteure den Untergang der *Lusitania.* Die *New York Times* bezeichnete die Deutschen als »Wilde im Blutrausch«,[28] *The Nation* urteilte: »Der Torpedo, der die *Lusitania* versenkte, versenkte auch Deutschland im Ansehen der Menschheit.«[29] Diese New Yorker Publikationen waren angestachelt worden vom mächtigen Establishment der amerikanischen Ostküste und von angloamerikanischen Interessengruppen, deren Gewinne ohnehin bereits von Tag zu Tag um Millionen anschwollen. Je weiter man allerdings ins Land hinein und in Richtung Pazifikküste reiste, desto weniger Aufmerksamkeit wurde dem Schicksal des Cunard-Dampfers geschenkt. Bedauernd informierte der britische Botschafter in Washington das Außenministerium, dass die USA immer noch weit davon entfernt seien, gegen irgendjemanden in den Krieg zu ziehen. Sein Amtskollege in Paris beschrieb die Amerikaner als »verdammten Haufen Psalmen schmetternder Halunken, die einzig auf Gewinne aus sind«.[30] Es bedarf Geduld und ein ständiges Wiederkäuen der Propaganda, um einen Meinungsumschwung herbeizuführen. Dass zwei Regierungen erfolgreich ihr Tun vertuschen konnten, trug entscheidend dazu bei, dass sich die öffentliche Meinung in Amerika schließlich doch noch drehte – zwei Regierungen, die verheimlichten, wie sie dazu beigetragen hatten, dass ein großer Passagierdampfer versenkt wurde und 1195 Männer, Frauen und Kinder ihr Leben verloren.

»Seit damals blühen Verschwörungstheorien, und im Mittelpunkt steht die Verschwörungstheorie, man habe zugelassen, dass die *Lusitania* versenkt wird, weil Amerika mit in den Krieg hineingezogen werden sollte. Wie so viele Verschwörungstheorien, die auf einer Fantasiewelt der Ignoranz und Naivität beruhen, hält auch diese näherer Betrachtung nicht stand«, schreibt das britische Imperial War Museum verächtlich in *The War at Sea,* seinem eigenen Geschichtswerk zu dem Thema.

Teilen Sie diese Meinung?

Zusammenfassung

- Auf beiden Seiten des Atlantiks schloss die Geheime Elite rasch die Reihen, um die Akteure zu schützen, die an dem Debakel rund um die *Lusitania* beteiligt gewesen waren.
- Das amerikanische Bankenimperium von J.P. Morgan stand im Mittelpunkt einer Verschwörung, die das Ziel hatte, die Entente mit Munition zu versorgen. Gleichzeitig beteuerte Amerika seine Neutralität.
- J.P. Morgan kontrollierte das Unternehmen International Mercantile Marine Company und hatte auf diesem Weg während der Kriegsjahre enormen Einfluss auf das Schifffahrtsgeschäft. Die britischen Eigner von Cunard wussten, dass ein Bündnis mit Morgan gut für sie war.
- Mit Dudley Field Malone hatte US-Präsident Woodrow Wilson seinen eigenen Mann im Hafen von New York installiert. Als oberster Zollbeamter vor Ort winkte Malone alles durch, was an illegaler Fracht für die Entente in Europa vorgesehen war.

- Sämtliche Regierungsbehörden der USA wiesen die deutsche Behauptung zurück, dass die *Lusitania* Munition an Bord hatte.
- Am 8. Juni 1915 trat Wilsons Außenminister William Jennings Bryan zurück. In seinem Rücktrittsschreiben hieß es unter anderem, dass amerikanische Passagierschiffe daran gehindert werden sollten, Munition an Bord zu nehmen – ein klares Eingeständnis, dass dies seinerzeit eben doch übliche Praxis war.
- Die amerikanische Seite unterdrückte Beweise zum Untergang der *Lusitania.* US-Bürger, die das Unglück überlebt hatten, gaben eidesstattliche Aussagen ab. Diese unabhängigen Aussagen gingen verloren, wurden ignoriert oder kategorisch zurückgewiesen – und erwiesen sich später als zutreffend.
- Dass es den Regierungen der USA und Großbritanniens gelang, ihre Rolle beim Untergang des Passagierschiffs und dem Tod von 1195 Männern, Frauen und Kindern zu vertuschen, trug entscheidend dazu bei, dass sich die öffentliche Meinung in Amerika schließlich drehte und man einen Eintritt in den Krieg guthieß.

Kapitel 15

Das Belgische Hilfswerk

Der große Menschenfreund

Achtung: Alles, was über die Kommission für das Belgische Hilfswerk an offiziellen Dokumenten vorliegt, was an Journalen oder Tagebüchern von Mitgliedern der Kommission oder deren Freunden verfasst wurde, muss als verdächtig erachtet werden.[1] Wir haben es hier einmal mehr mit einer klassischen Taktik der Geheimen Elite zu tun: Die Beteiligten an einer der größten Betrügereien aller Zeiten schrieben ihre eigene Version der Geschichte. Belastende Beweise wurden entfernt oder vernichtet. Bei einer Konferenz in Brüssel mussten wir am 6. November 2014[2] zu unserer großen Überraschung erfahren, dass die wahre Geschichte des Belgischen Hilfswerks an belgischen Schulen und Hochschulen noch immer kein Thema ist.

Generationen von Belgiern ist nicht bewusst, welchen Machenschaften Bankiers und Finanziers, Politiker und Regierungen (unter anderem die belgische, die britische und die amerikanische), aber auch gewöhnliche Bürger nachgegangen sind. Sie alle haben eine wohltätige Einrichtung in der Absicht missbraucht, den Krieg zu verlängern und sich auf obszöne Weise zu bereichern. Wenn die Kommission für das Belgische Hilfswerk für das Überleben der Nation so wichtig war, warum hat man ihr dann keinen Ruhmesplatz in der belgischen Geschichte eingeräumt?

Wie formulieren es die belgischen Akademiker Michael Amara und Hubert Roland: »Bis zum heutigen Tag hängt über der Geschichte des Belgischen Hilfswerks ein dunkler Schatten. Für viele ist die Geschichte von den Lebensmittellieferungen zu einem Mythos überhöht worden, der nach dem Krieg entstand.«[3] Was ist das für ein dunkler Schatten? Worin besteht dieser Mythos? Warum wird mit dem Thema »Belgisches Hilfswerk« (auch »American Relief« genannt) nicht selten so umgegangen, als handele es sich um ein schmutziges Familiengeheimnis?

Das Königliche Armeemuseum in Brüssel stellte 2014 zum 100. Jahrestag eine Sonderausstellung über Belgiens Hauptstadt während des Ersten Weltkriegs zusammen. Es gab einen »American Relief«-Shop mit Kisten voller Lachs aus dem Columbia River, mit süßen Aprikosen aus San Francisco und anderen vergleichsweise exotischen Artikeln zu sehen. Der Hintergrundtext zur Ausstellung war eher nichtssagend und unternahm keinerlei Anstrengungen, die Hauptaufgabe der Organisation zu erläutern, die belgische Bürger vor dem Hungertod bewahrte – und gleichzeitig die deutsche Armee mit dringend benötigten Lebensmitteln versorgte. Es ist ein weiteres Beispiel für unangenehme Geschichte, die Regierungen bis zum heutigen Tag vor ihren eigenen Bürgern zu verbergen suchen.

Kein Wunder, dass die Faktenlage rund um dieses Thema dermaßen bruchstückhaft ist. Was es an relevanten Primärbeweisen über diese »Hilfsorganisation« gegeben hat, wurde nach Kriegsende von Europa nach Amerika verschifft – und zwar auf Anweisung des Direktors des Hilfswerks, keinem anderen als Herbert Hoover. Was Hoover nicht kontrollieren konnte – beispielsweise negative Presse, offizielle Gerichtsurteile oder veröffentlichte Geschäftszahlen von Unternehmen –, versuchte er zu unterdrücken. Und wer es wagte, die Legalität von Hoovers Geschäften anzuzweifeln, wurde zermalmt, bedroht oder sonst wie an den Rand gedrängt.

Die Kommission für das Belgische Hilfswerk war von 1914 bis 1917 nach eigenem Bekunden »das größte humanitäre Unterfangen, das die Welt je gesehen hat«.[4] Als die Kommission 1920 die Tore schloss und das, was als ihre Bücher durchging, zur Prüfung vorlegte,[5] hatte sie nach eigenen Angaben mehr als 13 Milliarden Dollar (nach heutigem Wert schätzungsweise 154 Milliarden Dollar) für Hilfsleistungen ausgegeben, die für das belgische Volk gedacht waren.[6] In einem offiziellen historischen Werk heißt es: »In der Geschichte des Ersten Weltkriegs wurde ein Kapitel geschrieben, das auf hunderte Jahre hinaus mit allergrößtem Interesse gelesen werden wird.«[7] Das stimmt nicht – jedenfalls nicht, wenn diejenigen, die ihren Daumen auf der Geschichtsschreibung haben, auch weiterhin ihren Willen bekommen.

Das Belgische Hilfswerk spielt in den Geschichtswerken zum Ersten Weltkrieg nur selten eine Rolle, erstaunlicherweise haben die meisten Akademiker dieses Thema völlig aus den Augen verloren. Auch die Kriegsmemoiren von David Lloyd George (britischer Premierminister von 1916 bis 1922) und Sir Edward Grey (britischer Außenminister von 1906 bis 1916)[8] erwähnen das Belgische Hilfswerk nicht, dabei hatten beide ranghohen britischen Kabinettsmitglieder direkten Kontakt mit dieser Organisation. Herbert Asquith (Premierminister von 1908 bis 1916) ist in seinen Briefen an seine heimliche Geliebte Victoria Stanley[9] normalerweise ausgesprochen wortreich, aber auch hier findet sich keinerlei Verweis auf die »humanitäre« Arbeit. Es ist, als wollten sie sagen: »Mit uns hatte das nichts zu tun.« Dabei hatte das *alles* mit ihnen zu tun.

Vorgeblich diente das Belgische Hilfswerk dazu, die Armen und Bedürftigen in Belgien und Nordfrankreich zu ernähren. Darüber hinaus aber diente es als Tarnung für einen groß angelegten Betrug, denn mithilfe dieses Projekts versorgte die Geheime Elite die deutschen Streitkräfte mit dringend benötigten Lebensmitteln. Ohne sie hätten die Deutschen nicht weiterkämpfen können. Indem die Hilfsorganisation Lebensmittel nach Belgien schickte, konnten die Belgier ein Großteil der eigenen Produktion nach Deutschland weiterleiten. Es ist eine wenig bekannte, aber stets vehement bestrittene Tatsache, dass die direkt involvierten Leute – allen voran die Bankiers – auf diese Weise ein Vermögen machten. Der humanitäre Aspekt war eine wichtige und effektive Tarnung für eine verdeckte Operation, die dem »Geldadel« diente und mit vollem Vorsatz das Kriegsende hinauszögerte.

Zwei zentrale Einrichtungen belieferten Belgien während der deutschen Besatzung mit Lebensmitteln, und es gibt eine Reihe wichtiger Personen, die bei Aufbau, Betrieb und Aufstieg der beiden Organisationen eine wesentliche Rolle spielten. Bei den Organisationen handelt es sich um die Kommission für das Belgische Hilfswerk und das Comité Nationale de Secours et d'Alimentation (CNSA) in Brüssel. Beide waren durch ihren beruflichen, geschäftlichen oder diplomatischen Status miteinander verknüpft. Eine

Kombination aus amerikanischen, deutschen und belgischen Bankiers, Geschäftsleuten und Diplomaten (von der Geheimen Elite in London und Washington ausgesucht und angeleitet) erhielt den Auftrag, etwas zu leiten, was unter normalen Kriegsumständen als »Durchfüttern des Gegners« bezeichnet werden würde. In diesem Fall jedoch wurde diese offizielle Version als Tarnung dafür benutzt, dass man beabsichtige, die hungernde Bevölkerung im besetzten Belgien und im besetzten Norden Frankreichs zu retten. Es entwickelte sich eine kühne, gut durchorganisierte Operation, die mit einer gewaltigen, von mehreren Regierungen unterstützten Propagandaanstrengung ein-herging. Rechenschaft musste das Belgische Hilfswerk letztlich gegenüber niemandem ablegen.

Hunderte Millionen Dollar gab die Organisation für den Kauf von Lebensmitteln und anderen in Kriegszeiten benötigten Vorräten aus, und zwar überwiegend, wenn auch nicht ausschließlich, in Amerika und Argentinien. Millionen Tonnen Obst und Gemüse wurden durch den neutralen Hafen Rotterdam an die Rheinmündung verschifft, wo die Lebensmittel angeblich an das Belgische Komitee übergeben und von dort aus im Land verteilt wurden. Ein Blick auf die Landkarte von Europa aber zeigt: Rotterdam ist mehr noch als Belgien das Tor zu Deutschland. Neutrale und Kriegsparteien hatten sich darauf verständigt, dass der einzige Einlaufhafen für alle Lebensmittel und Artikel mit Ziel Belgien ausgerechnet der Hafen sein sollte, der an der Mündung von Deutschlands Lebensader liegt. Von Rotterdam beziehungsweise den Niederlanden aus führten quasi alle Wege durch Deutschland oder durch von Deutschland besetzte Gebiete. Die niederländische Neutralität garantierte schlichtweg gar nichts. Das gesamte belgische Hilfsprogramm stand und fiel mit der Bereitschaft der Deutschen, diese Importe zu dulden. Diese Bereitschaft legten sie an den Tag, aber hinter diesem Schleier des internationalen Humanitarismus spielte sich auf der Weltbühne ein grausamer Trickbetrug ab.

In zehn belgischen Provinzen und sechs französischen Bezirken wurden von 1914 bis 1919 Hunderttausende hungriger und nicht selten verzweifelter Gemeinden von 4500 örtlichen Ausschüssen unterstützt, die sich aus Arbeitnehmervertretungen, katholischen und protestantischen Wohlfahrtsorganisationen und anderen örtlichen Einrichtungen zusammensetzten.

Diese guten Menschen arbeiteten unermüdlich daran, ihre Landsleute vor dem Hungertod zu bewahren, und das ist auch ausreichend belegt.[10] Viele verzweifelte und bedürftige belgische Mütter, Kinder und in Armut lebende Familien erhielten während der schwierigen Kriegsjahre tatsächlich Unterstützung von den Hilfsorganisationen, aber diese Bemühungen dienten als Tarnung und sollten die Öffentlichkeit ablenken. Hinter den Kulissen wurde es Deutschland ermöglicht, seine Armee auch noch nach 1915 – als wenn die Vorräte eigentlich aufgebraucht gewesen wären – zu ernähren und in den Kampf zu schicken. Teile der Lebensmittelsendungen des Hilfswerks gingen direkt an die deutschen Truppen an der Westfront, sodass mit den belgischen Nahrungsmitteln Städte und Dörfer in Deutschland versorgt werden konnten. Das war kein Zufall, das war Absicht. Es geschah auch nicht auf chaotische Weise und nur gelegentlich, sondern methodisch. Es existierten klar abgesteckte Kommunikationskanäle, über die regelmäßig Lieferungen organisiert wurden.

Diese Lösung, die sich die Geheime Elite da für Deutschlands Lebensmittelengpässe ausgedacht hatte, war eine Beleidigung gegenüber dem Gedanken des Humanitarismus. Für die Durchführung benötigte man einen vertrauenswürdigen und rücksichtslosen Verwalter, der seine Gier und seine Loyalität gegenüber dem britischen Establishment bereits unter Beweis gestellt hatte. Er musste den Eindruck erwecken, unabhängig zu agieren, aber in Großbritannien, Europa und Amerika gute Verbindungen in die Politik und die Finanzwelt vorweisen können. Er musste mit internationalen Banken zusammenarbeiten, die mit gewaltigen Summen hantierten, und er benötigte Verbindungen zu weltweit agierenden Schifffahrtsunternehmen, die imstande waren, sehr komplexe logistische Aufgaben zu bewältigen. Er musste aus einem neutralen Land stammen, mit der Macht positiver Propaganda vertraut sein und auf beiden Seiten des Atlantiks Zugang zur Presse haben. Die Geheime Elite kannte so einen Kandidaten, einen Mann, der sich bewiesen hatte und bei dem man davon ausgehen konnte, dass er angesichts eines moralischen Dilemmas nicht nervös werden würde.

Sein Name: Herbert Clark Hoover, der spätere 31. Präsident der Vereinigten Staaten von Amerika.

Mit Herbert Hoover hatte die Geheime Elite den perfekten Mann gefunden, was die Aufsicht über die Betrügereien in Belgien anging. Seine gesamte Karriere baute auf fragwürdigen Bergbauinvestitionen auf. Für sich und seine Auftraggeber hatte er gewaltige Vermögen angehäuft, indem er die Arbeiter grausam und gnadenlos ausbeutete. Ein Beispiel dafür war sein Wirken in der australischen Mine Sons of Glawia Anfang des 20. Jahrhunderts. Weil er an den Sicherheitsvorkehrungen sparte, kamen dort viele Bergarbeiter zu Schaden oder verloren ihr Leben. Den Zeitungen erzählte er, seine Mine würde pro Tonne Erde Gold im Wert von 140 Dollar fördern, dabei waren es mit Mühe und Not 20 Dollar. Aber sein Schönreden wirkte: Hoovers Unternehmen, Bewick Moreing aus London, strich mehr als 120 Millionen Dollar ein, als die Mine an die Börse kam. Das war eine Vorgehensweise, die Hoover immer wieder beherzigte.[11]

Jahrelang lebte der in Amerika geborene Ingenieur in London, wo er geschäftliche Beziehungen zu den Rothschilds unterhielt. Hoover war mit dem Führer der Geheimen Elite, Alfred Milner, befreundet und hatte die Sklavenarbeiter zur Verfügung gestellt, die in den Goldminen von Transvaal schuften mussten – ein Faktor von großer Bedeutung, als es darum ging, zum Ende des Burenkriegs hin die Kontrolle der Briten über Südafrika zu stärken. Hoover war ein Schwindler und Ganove, der 1901 die Chinesen betrog. Er entriss ihnen die rechtmäßige Kontrolle über die gewaltigen Kaiping-Kohlefelder und übergab sie britischen und belgischen Bankiers.[12] Er häufte für sich und seine Förderer mit unrechtmäßigen Mitteln ein Vermögen an, verschaffte der britischen Flotte mit seinem Vorgehen aber auch dringend benötigte Anlagen zum Bekohlen im Fernen Osten. Damit verdiente er sich das Vertrauen und die Dankbarkeit des britischen Außenministeriums.

Sieht man sich Hoovers Aktivitäten und die Art und Weise, wie er die Chinesen um ihre Kohlebergwerke betrog, genauer an, stößt man auf eine Verbindung zu belgischen Bankiers, Industriellen und Diplomaten. Einer davon ist Émile Francqui, der sich 13 Jahre später als ausgesprochen relevant für Hoovers Rolle in der Kommission für das Belgische Hilfswerk erweisen sollte. Als Hoover 1901 Kapital benötigte, um chinesische Beamte hinters Licht zu führen und ihnen ihre Minen abzunehmen, wandte er sich an belgische Unterstützer. Diese überzeugten die Banque d'Outremer in Brüssel,

100 000 Pfund zu investieren. Im Gegenzug erhielt die Bank eine große Aktienbeteiligung an einem Unternehmen namens Oriental Syndicate. Als Hoover nach China zurückkehrte, um sein Ganovenstück abzuschließen, wurde er vom Chevalier Emmanuel de Wouters begleitet, der als Vertreter der belgischen Banken auftrat.[13] De Wouters wurde später Mitglied im chinesischen Außenministerium und Vizepräsident der Banque Belge pour L'Étranger, mit der wir uns später befassen werden.

Nachdem Vorwürfe von Fehlverhalten und einer völligen Missachtung »verbindlicher Vereinbarungen« laut wurden, kam es zum großen Knall.[14] Am 18. Januar 1905 reichte die Chinese Engineering & Mining Company aus Tianjin in Person von Minendirektor Chang Yen Moa am Londoner High Court Klage gegen Hoover, de Wouters und das britische Bergbauunternehmen Bewick Moreing ein. Doch Hoover und das Unternehmen fuhren nicht nur eine beeindruckende Schar kostspieliger Verteidiger auf, sie wurden auch von zwei einflussreichen liberalen Parlamentariern vertreten, Rufus Isaacs und Richard Haldane, loyaler Freund von Alfred Milner und Mitglied der Geheimen Elite. Beide waren Kronanwälte. 2 Tage lang wurde Hoover im Zeugenstand vernommen und musste zugeben, bei früheren Aussagen nicht die Wahrheit gesagt zu haben.

Am 1. März kam Richter Joyce zu dem Urteil, das britische Unternehmen habe in böser Absicht gehandelt. Interessanterweise appellierte Richard Haldane im Namen des Außenministeriums an das Gericht und erklärte, das Urteil von Richter Joyce könne weitreichende diplomatische Folgen haben.[15] Als die *Times* am nächsten Tag über den Fall berichtete, lobte sie Changs juristischen Erfolg als Beleg für die britische Unvoreingenommenheit. Die Journalisten kamen zu dem Schluss, der Fall »werde für das britische Kapital und die britische Industrie nützlich sein bei dem Kampf, der derzeit gegen formidable kommerzielle Rivalen stattfindet«.[16] Ein klassisches Beispiel für die Arbeit von »Spin Doctors« – eine Niederlage wird umgedeutet in einen Sieg für das gerechte britische Justizsystem in einer Welt, die durch »formidable kommerzielle Rivalen« bedroht ist. Weder Herbert Hoover noch das Außenministerium wurden namentlich erwähnt. Und obwohl das Gerichtsurteil zu seinen Ungunsten ausgefallen war, blieb Hoover bis 1911 Board-Mitglied bei der in Verruf geratenen britischen

Chinese Engineering Mining Company – mit voller Rückendeckung des Außenministeriums, denn für die Behörde war Kohle für die Flotte wichtiger als eine etwaige Missachtung des Gerichts.

Es ergibt sich ein deutliches Bild von Herbert Hoovers Verbindungen zu den geheimen Kräften, die die Politik in Großbritannien und Amerika kontrollierten: Er hatte Alfred Milner in Südafrika beigestanden. Er hielt Aktien am Rothschild-Unternehmen Rio Tinto, und die mächtige Bankendynastie besaß auch Anteile seines Unternehmens Zinc Corporation. Er hatte den südafrikanischen Bergbaumillionären Abe Bailey und Alfred Beit geholfen, zwei weiteren Mitgliedern aus dem innersten Kreis der Geheimen Elite.[17] Vor Gericht wurde Hoover von Richard Haldane vertreten, und er kannte einige prominente Mitglieder des britischen Kabinetts näher.[18] Wir wissen, dass sein Verhältnis zum britischen Außenminister Sir Edward Grey in der Vorkriegszeit so eng war, dass Hoover ihn fragte, ob er sich für einen Sonntagsausflug Greys Auto borgen könne.[19]

Selbst heute muss man wohl schon gut mit jemandem befreundet sein, um sich dessen Auto für einen Nachmittag leihen zu können. Vor 100 Jahren dagegen spricht es für eine sehr enge Bekanntschaft. Lord Eustace Percy vom Außenministerium stand fest und loyal hinter Hoover,[20] dasselbe gilt für Lord Crewe, den Führer des House of Lords.[21] Dass Hoover über Verbindungen zu all diesen wichtigen Politikern und Bankern aus der Geheimen Elite verfügte, ist öffentlich belegt. Darüber hinaus war er eng mit belgischen Bankiers wie Emmanuel de Wouters und Émile Francqui verbunden sowie mit Geldhäusern wie der Banque d'Outremer und der Banque Belge pour l'Étranger. Bitte behalten Sie diese Verknüpfungen für den weiteren Verlauf der Geschichte im Hinterkopf. Zusammenfassend gilt: Herbert Hoover kannte »die richtigen Leute« und sie kannten ihn.

Hoover war gnadenloser Opportunist. Er hatte den Meistern der internationalen Finanzwelt geholfen und seine Laufbahn als Ingenieur damit verbracht, die Bodenschätze Chinas, Australiens, Burmas, Russlands und Südafrikas erbarmungslos auszubeuten. Er vermischte Menschenhandel mit Rohstoffen und sorgte dafür, dass ihm die wichtigen Förderer aus der Geheimen Elite gewogen blieben. Als sie 1914 für ihr jüngstes Projekt in Belgien einen passenden Leiter benötigten, wussten sie, dass Hoover der richtige war. Es hatte ihn inzwischen nach London gezogen, in die Kapitale des weltweiten Bergbaus. Als im August 1914 der Krieg ausbrach, lebte er seit über einem Jahrzehnt in London. Er besaß Aktien von Zink- und Goldminen in Australien, eine fantastische Zink-Blei-Silbermine in Burma, Kupferminen und Schmelzhütten in Russland, enorme unerschlossene Mineralienvorkommen in Sibirien und die wiederhergestellten Ölfelder Kaliforniens.[22] Als der Krieg ausbrach, war er noch keine 40 Jahre alt, aber bereits ausgesprochen wohlhabend. Sein persönliches Vermögen wurde auf 3 bis 4 Millionen Dollar geschätzt. Hoover lebte stilgerecht in einer großen Villa in Kensington und besaß ein prestigeträchtiges Büro in 1 London Wall Buildings.[23]

Er habe 1914 ein »Vom Saulus zum Paulus«-Erlebnis gehabt, wollen uns seine Biografen weismachen. Seine Erziehung als Quäker habe sich Bahn gebrochen und einen völligen Charakterwandel herbeigeführt, der Söldner-Ingenieur habe sich in einen fürsorglichen Menschenfreund verwandelt, heißt es. Sehr stark haben sich seine Jünger bemüht, Hoover als nobles Wesen zu porträtieren, das nur das eine Interesse antrieb, anderen Gutes zu tun. Doch selbst die wenigen der Öffentlichkeit zugänglichen Unterlagen zeigen einen Mann, der andere einschüchterte, der log, der betrog, der manipulierte und Dinge zum eigenen Vorteil verdrehte. Das waren die Qualitäten, die in der Geheimen Elite so sehr geschätzt wurden, denn der Bund wusste, dass Hoover – stets geschützt durch ihren globalen Einfluss – ihre Wünsche erfüllen würde.

Gerade als im August 1914 die erste Welle von Kriegsflüchtlingen über London hereinbrach, warf Herbert Hoover den Mantel des rücksichtslosen, einzig auf Gewinn fixierten, opportunistischen Ingenieurs ab und begann eine neue Laufbahn als humanitärer Wohltäter. Bei den ersten Flüchtlingen handelte es sich um Amerikaner, die vom Kriegsausbruch in Europa auf der falschen Seite des Atlantiks überrascht worden waren. Es waren in erster Linie Touristen, Schulklassen mit ihren Lehrern, Geschäftsleute und so weiter. Vier unterschiedliche Hilfsgruppen wurden ins Leben gerufen, die Amerikanern dabei halfen, sicher zurück in die Heimat zu gelangen, aber Hoover war anfangs an keiner dieser Organisationen beteiligt. Das erste American Citizens Committee leiteten Fred I. Kent, Vizepräsident der Banker's Trust

Company,[24] und der Diplomat Oscar Straus. Ihren Sitz hatte diese Organisation im Londoner Hotel Savoy.[25] Der frisch ernannte amerikanische Konsul Robert Skinner kam in den ersten chaotischen Augusttagen mit dem Beantworten der Anfragen kaum hinterher, ebenso wenig mit den wütenden Forderungen, sofort zurück in die Heimat gebracht zu werden.

Auftritt Herbert Clark Hoover. Achten Sie sorgfältig darauf, wie er agiert. Um die Kontrolle über eine Situation zu erlangen, aus der er finanziellen Gewinn schlagen konnte, ließ sich Hoover von nichts aufhalten. Er manipulierte Amtspersonen, machte Falschaussagen bezüglich seiner Umstände, erfand Referenzen, übte Druck auf Regierungskontakte in Amerika und Großbritannien aus – und kam damit durch. So betrieb Hoover Geschäfte.

Fred Kent und sein American Citizens Committee hatten den amerikanischen Botschafter Walter Page gedrängt, in Washington Finanzmittel zu beantragen, mit deren Hilfe die gestrandeten Bürger rasch in die Vereinigten Staaten zurückkehren konnten. Der US-Kongress stellte noch am 5. August einen Vorschuss von 2,5 Millionen Dollar in Gold bereit und ließ das Geld am selben Tag auf die *USS Tennessee* verladen, die Kurs auf Großbritannien setzte.[26] Hoover erkannte eine Gelegenheit und drängte sich in den Vordergrund. Er behauptete, Konsul Skinner habe ihn persönlich angerufen und um seine Unterstützung gebeten. Skinners Version der Geschichte lautet: Hoover sei aus dem Nichts aufgetaucht und habe seine Unterstützung offeriert.

Als nächstes rief Hoover Lindon W. Bates an, einen Geschäftspartner in Amerika. Er bat ihn, die Regierung Wilson in Washington mit der Bitte zu kontaktieren, Hoover zum Sonderbevollmächtigten zu ernennen, der sich um die Rückkehr gestrandeter Landsleute kümmere.[27] Er berief ein Treffen von Bergbauingenieuren und vertrauenswürdigen Geschäftspartnern ein und ließ sich zum Vorsitzenden des »Ausschusses amerikanischer Bürger in London zur Unterstützung amerikanischer Reisenden« (Committee of American Residents in London for Assistance of American Travellers) wählen. Am 6. August rief er Bates erneut an und verkündete, er sei heute zum »Präsidenten eines Hilfskomitees« in London gekürt worden, das amerikanische Bürger eingerichtet hätten, »um sich um die 40 000 gestrandeten Amerikaner zu kümmern«.[28] Was er dabei nicht erwähnte: Es war sein eigens auf ihn zugeschnittenes und völlig unautorisiertes Komitee.

Hoover fackelte nicht lang. Innerhalb von 24 Stunden ließ er Briefpapier mit dem Logo des neuen Ausschusses drucken. Wie ein Kuckuck funkte er bei Kent und dessen ursprünglichem American Citizens Committee dazwischen und drängte sie aus dem Nest. In seiner typischen Missachtung der Faktenlage erklärte er, seine Hilfsgruppe stehe unter der »offiziellen Schirmherrschaft« des US-Botschafters Walter Page, der zugestimmt habe, den Ehrenvorsitz zu übernehmen.[29] Hoover hatte nie mit dem Botschafter darüber gesprochen. Tatsächlich lud Botschafter Page Hoover am 9. August ganz explizit *nicht* ein, bei dem Ausschuss mitzuwirken, der befugt war, vor dem Eintreffen der *USS Tennessee* 300 000 Dollar zu verteilen. Hoover war nicht eingeladen, stattdessen bat Page Fred Kent um sein Mitwirken.

Die Beziehung trübte sich ein. Am 16. August traf das Geld vom Kongress in London ein, begleitet von Henry Breckenridge, Staatssekretär im amerikanischen Kriegsministerium. Großherzig bot Hoover an, gemeinsame Sache zu machen, aber sowohl der Staatssekretär wie auch der Botschafter ließen ihn knallhart auflaufen.[30] Warum sollten sie einem unbekannten amerikanischen Bergbauingenieur aus London eine gewaltige Summe von Steuergeldern überantworten?

Sowohl der amerikanische Botschafter wie auch der Staatssekretär aus dem Kriegsministerium hatten ihre Antipathie deutlich gemacht, dennoch kam es – buchstäblich – über Nacht zu einem Erdbeben, im Verlauf dessen die Karten völlig neu gemischt wurden. Es war, als hätte die Hand Gottes eingegriffen, denn die Lage drehte sich um 180 Grad. Am Abend des 17. August waren Hoover und sein Residents Committee hochoffiziell vom Botschafter eingeladen, die gesamte Verteilung der Gelder zu übernehmen und durchzuführen. Warum? Wie kam es dazu? Weder Page noch Breckinridge kannten Hoover oder hatten mit ihm gearbeitet. Wer also hatte sie angewiesen, ihm nicht nur das Geld anzuvertrauen, sondern auch noch »die gesamte Verteilung durchzuführen«, wie Hoover selbst es ausdrückte?[31] Kents Reputation in den USA war erstklassig, er galt als bekannter Bankier aus dem J. P.-Morgan-Stall, während Straus ein Diplomat war, der das Vertrauen der Regierung genoss. Wie konnte Hoover das toppen? Auch er verfügte über Verbindungen zum Morgan-Imperium in New York, aber nur er wusste die Unterstützung der britischen Politiker und Geschäftsleute aus dem Kreis der Geheimen Elite hinter sich. Und genau das machte den Unterschied aus.

Hoover triumphierte auf ganzer Linie: Ihm wurde der alleinige Zugriff auf die Kongressmittel zugeschlagen. Page autorisierte Hoover zudem, aus den Mitteln alle Kosten zu bestreiten, die dem Residents Committee bereits entstanden waren – eine »höchst opportune« Subvention, sollte er später darüber sagen.[32] Hier fand kein Sinneswandel statt, es war vielmehr ein radikaler chirurgischer Eingriff.

Der Botschafter schrieb am 23. August 1914 einen Brief an Präsident Wilson. Darin heißt es: »Die Organisation und die Maßnahmen zur Hilfe unserer gestrandeten Mitbürger waren energisch und richtig …«, und zwar dank »der fähigen Amerikaner, die das American Relief Committee leiteten«.[33] Meinte er damit Hoover? Auf welche Weise wurden Page und Breckinridge unter Druck gesetzt, wie wurde dieser vollständige Sinneswandel herbeigeführt? Wer saß in Washington in den dunkelsten Winkeln der politischen Macht und hätte eine derartige Entscheidung genehmigen können, einen Beschluss, der den ersten Eindrücken sowohl des Botschafters als auch des Staatssekretärs so völlig zuwiderlief? Diese Frage ist sehr wichtig und sie wird wieder und wieder gestellt werden. Wer stand hinter Herbert Hoover? Hoover verfügte in Washington über viele Freunde innerhalb der Regierung Wilson und deren Umfeld – und wie wir gezeigt haben, in London ganz genauso.

Präsident Wilson wandte sich 1912 an Walter Page und bot ihm die Botschafterstelle in London an. Page zögerte, die Stellung anzunehmen, denn er fürchtete, er könne sich den erforderlichen Stil nicht leisten, üppige Dinner geben und Umgang mit der wohlhabenden Oberschicht in der britischen Hauptstadt pflegen.[34] Wilson wies seinen Privatbankier Cleveland H. Dodge von der National City Bank of New York daraufhin an, Page jährlich 25 000 Dollar zu überweisen, um dessen Last etwas zu lindern.[35] Cleveland Dodge war die treibende Finanzkraft hinter Woodrow Wilson.[36]

So erhielt Großbritannien einen amerikanischen Botschafter, der von einem Großaktionär der National City Bank finanziert wurde, rein zufällig auch einer der Magnaten des Munitionsgeschäfts[37] in den USA war und ein Geschäftspartner von J. P. Morgan. Hoovers Verbindungen in Washington reichten bis zu Wilsons rechter Hand, Oberst Edward Mandell House, und Morgans Bankenimperium. Die Autobiografie *The Intimate Papers of Colonel House* geht allerdings überhaupt nicht auf Herbert Hoover ein, dabei gibt es sehr viel Schriftverkehr zwischen House und dem Präsidenten über Hoover und dessen Arbeit in Belgien. Die Schreiben finden sich in den persönlichen Unterlagen von Woodrow Wilson.[38] Was wollte House unbedingt verbergen?

Angeblich gab Hoover »seine privaten Beschäftigungen auf« und betrat zum Wohle der Menschheit »die schlüpfrige Straße des öffentlichen Lebens«.[39] Sieht man sich die folgenden Ereignisse an, erkennt man, was für eine gewaltige Lüge das war. Seine privaten Beschäftigungen gab er keineswegs auf. Tatsächlich fand Hoover einen Weg, auch durch den Krieg gewaltige Profite anzuhäufen. Er setzte sich über internationale Embargos und britische Gesetze hinweg, die den Handel mit dem Feind verboten, und kaufte im Oktober 1914 in Deutschland Zyanid, das dann in seinen Minen zum Einsatz kam. Exakt zu dem Zeitpunkt, als er sich dem britischen Außenministerium als der Mann aufdrängte, der den Hungernden in Belgien helfen könnte, erstand er über einen Schweizer Agenten eine wertvolle Lieferung der Chemikalie. Seine Lieferung wurde den Rhein hinab nach Rotterdam verschifft und vom Schweizer Mittelsmann bezahlt, damit sich die Spur des Geldes nicht zu Hoover zurückverfolgen lassen konnte. Sowohl die Niederlande wie auch Amerika waren neutrale Staaten, insofern konnte niemand etwas gegen die Transaktion einwenden. Und nachdem das Zyanid erst einmal sicher nach Rotterdam gelangt war, konnte es in praktisch jeden beliebigen Hafen der Welt verschifft werden.

Hoover verstand, wie Unternehmen rechtliche Barrieren, Steuerverpflichtungen und vertragliche Verpflichtungen manipulierten. Er wies seinen Agenten an, in seinen Depeschen nach London nicht von »Zyanid«, sondern von »Aktien« zu sprechen, damit die Zensurbehörde nicht aufmerksam wurde.[40] Einen Begriff wie Loyalität enthielt sein geschäftlicher Wortschatz nicht. Konnten die Deutschen ein Produkt günstiger liefern, kaufte er halt bei den Deutschen ein, Krieg oder kein Krieg. Die Geheime Elite brachte dafür vollstes Verständnis auf.

Er hatte seinen Raubtierkapitalismus aufgegeben und widmete sich jetzt ausschließlich dem wohltätigen Humanitarismus? Keineswegs. Von der

Adresse 1 London Wall Buildings aus trieb Hoover seine Geschäftsinteressen weiter voran. Dank seiner russischen Investitionen (die er auf wundersame Weise vor der Oktoberrevolution 1917 mit Gewinn veräußerte) verdiente er sehr ordentlich, ebenso dank seiner Beteiligungen an Lake View und Oroya in Australien.[41] Die Zinc Corporation, die er zu seinen Zeiten als Partner des (durch die Vorgänge in Keiping in Verruf geratenen) Unternehmens Bewick Moreing gegründet hatte, wuchs und gedieh.[42]

Seine Pflichten »im Zusammenhang mit seiner Position als Präsident der American Belgian Relief Commission« verhinderten 1914 seine Teilnahme an der Jahreshauptversammlung der Burma Corporation, aber sein Bruder Theodore war dort als Board-Mitglied anwesend.[43] Hoover schrieb den Bericht des Vorsitzenden. Darin wurde den Anlegern großer Wohlstand versprochen und behauptet, dass dem Unternehmen einer der zehn wichtigsten Bergbaufunde seit Beginn des Jahrhunderts gehöre. Die Burma Corporation werde »große Bedeutung für die künftige Entwicklung der weltweiten Produktion von Blei, Zink und Silber« haben, hieß es. Bei einem Förderpreis von 3 Pfund pro Tonne und einem Verkaufspreis zwischen 11 und 18 Pfund pro Tonne waren die Erwartungen hoch.[44] Seine Versprechungen waren kein hohles Geschwafel, tatsächlich verzehnfachte sich der Aktienkurs zwischen August und Dezember 1915.[45] Natürlich bezahlten beide Seiten wie in jedem Krieg viel Geld für die Erze, aus denen sich Todbringendes herstellen ließ. Nein, Herbert Hoover war nicht humanitär.

Kurz nachdem deutsche Truppen in Belgien einmarschiert waren, setzte sich ein großer Flüchtlingszug in Bewegung. Hunderttausende flohen Richtung Frankreich, über den Ärmelkanal nach England oder nordöstlich nach Holland. Zurück blieb eine unter Schock stehende und orientierungslose Bevölkerung. Die Angaben zur Zahl der Flüchtlinge schwanken stark. Das Belgische Hilfswerk gab mit 600000[46] bis etwa 1,5 Millionen[47] eine konservative Schätzung ab, was aber auch damit zusammenhängen könnte, dass die niedrigen Zahlen dem Hilfswerk in die Karten spielten: So konnte das Hilfswerk behaupten, etwa 9,5 Millionen Menschen, die »ansonsten unweigerlich verhungert wären«, hätten versorgt werden müssen.[48] Doch trotz aller Zerstörungen, die die Invasoren angerichtet hatten, gab es zunächst keinerlei Engpässe bei der Lebensmittelversorgung.[49] Einige Landesteile waren allerdings vom Vorrücken der Deutschen stark in Mitleidenschaft gezogen worden, deshalb gründeten sich zahlreiche unterschiedliche Regionalkomitees, die sich um Nahrung, Kleidung und sogar Unterkünfte für in Not geratene Menschen kümmerten. Innerhalb kürzester Zeit verschmolzen diese Gruppen zu einer gewaltigen Lieferkette, die keine der kriegsführenden Parteien »aufzuhalten wagte oder versuchte«.[50]

Bis heute haben sich einige Annahmen gehalten und dadurch mitgeholfen zu vertuschen, dass ein organisiertes System nicht nur Zivilisten in Belgien mit Lebensmitteln versorgte, sondern durch clevere Machenschaften auch die deutschen Truppen an der Westfront. Bei der ersten und wichtigsten Annahme geht es um das Bild, das von der Lage der Bevölkerung in Belgien gezeichnet wurde und davon, wie stark sie vom Hungertod bedroht war. Vorkriegsbelgien war ein stark industrialisierter Staat, aber mindestens 60 Prozent des Lands bestanden aus gutem Agrarland, das intensiv bearbeitet wurde. Während der Kriegsjahre waren die Bedingungen, unter denen die Landwirtschaft arbeitet, solide, wenn auch auf bescheidenem Niveau.[51] Bei Kriegsausbruch sah es sehr gut aus, was Lebensmittelreserven anbelangte. Die Getreideernte war überdurchschnittlich gut ausgefallen, und auch wenn eine Invasionsarmee im Land stand, kam es zunächst zu keinerlei Engpässen in der Versorgung. Die Lebensmittelpreise stiegen kaum an.[52]

Auf welchen Fakten beruht also der Mythos von einer Nation am Rand des Hungertods? Es gibt furchtbare Bilder von hungernden Burenkindern in Südafrika, von ausgemergelten Familien und Kindern im Deutschland von 1919, von den grausam zugerichteten Holocaust-Opfern 1945, von leidenden unschuldigen Bewohnern Biafras in den 1960er-Jahren – aber keine Bilder aus Belgien von 1914. Was das Hoover Institute an perfekt inszenierten Bildern veröffentlichte, zeigt junge Menschen in angemessener Kleidung,[53] mit Bettelschalen ausgestattet und möglicherweise hungrig. Zwischen hungrig und verhungernd liegen allerdings Welten. Natürlich herrschte Not, das würde niemand bestreiten, doch es gab keine Beweise für eine verhungernde Nation. In Belgien stehen keine Denkmäler, die an die Hungeropfer des Ersten Weltkriegs erinnern, so wie es sie beispielsweise in Irland gibt, um das Gedenken an die Millionen wach zu halten, die Opfer der Großen Hungersnot wurden. Warum wurde dieser Mythos als Wahrheit akzeptiert?

Ein zweiter Punkt wurde von Journalisten und Historikern verbreitet, die die Behauptungen von Herbert Hoover und seinesgleichen übernahmen, ohne sie zu hinterfragen: Die Versorgung mit den Notfall-Lebensmitteln wurde von einer einzigen Organisation durchgeführt, nämlich der Kommission für das Belgische Hilfswerk (auch als »American Relief Committee« bekannt). Das stimmt nicht. Es waren zwei Organisationen im Einsatz. Die eine wurde von New York und London, die andere von Brüssel aus gesteuert, aber sie agierten nur selten konzertiert oder sahen ihre Aufgabe als ein gemeinsames Unterfangen an.

Annahme drei: Es handelte sich bei diesen Organisationen um reine Hilfsorganisationen. Tatsächlich war »Güte« der vorherrschende Lieblingsbegriff.[54] Auch dies entspricht nicht der Wahrheit. Ein Großteil der Lebensmittel wurde verkauft, und die Gewinne flossen angeblich an die Hungerhilfe zurück, die davon weiteres Essen erstand. Über welche Summen wir hier reden, werden wir niemals erfahren, aber das ist das Hauptproblem beim Belgischen Hilfswerk: Egal in welcher Form es auftritt, alles wurde erfolgreich vertuscht oder erhielt einen anderen Namen. Erhalten geblieben ist nur noch Mythentaugliches.

Als Ende des Jahres 1914 Organisationen auf der Bühne erschienen, die in der Absicht entstanden, Belgien (und später auch den Norden Frankreichs) mit Lebensmitteln zu beliefern, häuften diese Organisationen rasch gewaltige Macht an. Dank der Rückendeckung von Bankiers, Finanziers, Anwälten, Politikern und sonstigen Gaunern wuchs ihr Prestige. Sie mussten gegenüber keinem demokratischen Organ Rechenschaft ablegen und betrieben ihre eigene Geschichtsschreibung. Nicht alle waren von Eigeninteresse und Gier getrieben, aber das System war zugunsten der mächtigen Banken ausgelegt. Und weil sich der belgische König und die Regierung im Exil befanden, sahen spätestens seit November 1914 viele Belgier das Brüsseler Comité Nationale als Übergangsregierung an.[55]

Sehen wir uns beispielsweise an, wie die erste Reaktion auf eine ernste Situation ausfiel. Die deutschen Truppen zogen durch Belgien in Richtung Paris. In dieser Situation war es ein unmittelbares Problem, die Bürger ausreichend mit Lebensmitteln zu versorgen. Viele Dörfer waren zerstört, und Städte wie Löwen, Dinant und Aarschot waren von der deutschen Armee auf

Propaganda des Belgischen Hilfswerks

ihrem Weg westwärts dem Erdboden gleichgemacht worden. Geschätzte 20 Prozent der Bevölkerung waren geflohen, und in der Hauptstadt Brüssel waren etwa 200 000 Flüchtlinge untergekommen.[56] Fabriken waren geschlossen, Beamte und Mitarbeiter der Kommunalverwaltungen erhielten keinen Lohn. In Brüssel entstand eine »private Wohlfahrtsorganisation«, die sich der zunehmenden Krise in den Weg stellen wollte, indem sie Geld einsammelte, davon Lebensmittel kaufte und damit Bedürftige, Arbeitslose und Mittellose in der Stadt und der Umgebung bedachte.

Der Erfolg geht laut Eigenbeschreibung auf gute Organisationsarbeit und sorgfältige Vorbereitungen zurück, dank derer durch örtliche freiwillige Hungerhilfeeinrichtungen, Verteilungszentren und eine einheitliche Rationierung die Auslieferung koordiniert wurde. Aber das Essen wurde nicht kostenlos abgegeben. Nur die »nachweislich Armen« wurden gratis versorgt, wer Geld hatte, musste bezahlen.[57] In Brüssel nannte sich das Organisationskomitee Comité Centrale, und es war insofern ungewöhnlich, als darin praktisch jeder ranghohe Bankier des Landes vertreten war. Banken beteiligten sich selten direkt an wohltätigen Aufgaben – außer natürlich, es stand ein Nutzen dahinter.

Die Geschichte der Rothschilds zeigt, dass bestimmte Banken stets im Vorfeld wissen, was geschehen wird.[58] Im Jahr 1912, also 2 Jahre, bevor der verheerende Erste Weltkrieg ausbrach, fanden einige Ereignisse statt, die die künftige Entwicklung vorwegnahmen und aus der »Neutralität« Belgiens einen Witz machten: König Albert berief eine Geheimsitzung des belgischen Parlaments ein, auf der er erklärte, ihm lägen Beweise vor, wonach Belgien in unmittelbarer und schwerer Gefahr sei. Daraufhin wurden zwei wichtige Schritte in die Wege geleitet. Zum einen wurde das belgische Heer auf 340 000 Mann aufgestockt, eine gewaltige Expansion, wenn man bedenkt, dass es sich bei Belgien um ein kleines und »neutrales« Land handelte.[59] Zum anderen begann die belgische Nationalbank damit, sich auf die finanziellen Notfälle einzustellen, die ein Krieg mit sich bringen würde. Unter strengster Geheimhaltung wurden 5-Franc-Scheine als Ersatz für die Silbermünzen gedruckt und die Verschiffung der Goldreserven und der Münzrohlinge in Safes der Bank of England vorbereitet.[60] Das bedeutet, die belgischen Banken bereiteten sich nicht nur auf einen Krieg vor, von dem doch angeblich niemand wusste, dass er kommen würde – sie hatten sich auch noch für eine Seite entschieden. So viel zum Thema neutrales Belgien.

Dieses Kapitel konzentriert sich auf die weniger bekannten und oftmals dementierten Methoden, mit denen wichtige Akteure Vermögen anhäuften. Das ändert allerdings nichts an der Tatsache, dass tausende Freiwillige und Beamte unermüdlich schufteten, um die gewöhnlichen Bürger satt zu bekommen, Suppenküchen zu bemannen, Tagesrationen zu verteilen, Mütter und ihre Kinder mit Milch und Babynahrung zu versorgen und den Mittellosen ein Dach über dem Kopf zu besorgen. Betrug die Kindersterblichkeit in Belgien 1914 noch 151 pro 1000 Lebendgeburten, waren es 1918 nur noch 119 – ein Ding der Unmöglichkeit für ein Land, indem angeblich eine Hungerepidemie herrscht.[61] Im September 1914 wurde in Brüssel ein Zentrallager eröffnet, in dem neben Lebensmitteln getragene Kleidung gesammelt, aufbereitet, verteilt und verkauft wurde.[62] Diese Geschichte dreht sich um die gewaltige Herzensgüte vieler – und um einige wenige, die sich die Situation auf verabscheuungswürdige Art und Weise zunutze machten.

Das Comité Centrale in Brüssel begann im September 1914 damit, in Belgien und neutralen Ländern Lebensmittel zu bestellen. Offenbar war es Dannie Heineman, ein in den USA geborener Elektroingenieur, der den Großteil seines Lebens in Deutschland verbracht hatte, der dem Comité

Centrale vorschlug, mithilfe diplomatischer Kanäle der Amerikaner und Spanier Lebensmittel im Ausland einzukaufen. Der Ausschuss beauftragte ihn daraufhin damit, sich an die deutschen Behörden zu wenden. In der offiziellen Geschichtsschreibung des Belgischen Hilfswerks wird Heineman als amerikanischer Geschäftsmann mit Wohnsitz in Brüssel beschrieben,[63] aber das führt völlig in die Irre. Seine verwitwete Mutter nahm ihn mit nach Deutschland, als er 8 Jahre alt war. Er ging dort zur Schule und machte 1895 an der technischen Hochschule in Hannover seinen Abschluss. Seine erste Anstellung hatte er in Berlin, und zwar bei einer Tochterfirma des amerikanischen Konzerns General Electric. 1905 übernahm er die Leitung eines kleinen deutsch-belgischen Drei-Mann-Elektro-Unternehmens namens Sofina (Société Financière de Transports et d'Énterprises Industrielles). Das von belgischen Bankiers gegründete Unternehmen entwickelte sich zu einem wichtigen Akteur in der jungen Strombranche, beschäftigte schließlich in In- und Ausland 40 000 Menschen und besaß Straßenbahnen und Stromversorger in aller Welt.[64] Wie konnte Heineman die Mittel für einen derartigen Erfolg auftreiben? Wer waren seine Unterstützer?

Auch wenn seine Rolle in den folgenden Ereignissen häufig unterschätzt wird: Der »Macher«[65] Dannie Heineman war ausgesprochen wichtig, denn die Deutschen trauten ihm. Das tat nicht jeder. Brand Whitlock, Leiter der amerikanischen Gesandtschaft in Brüssel, hatte seine Bedenken. Er schrieb am 14. Oktober 1914 in sein Tagebuch: »Gegen Mittag Anruf von Heineman. Mit seinen deutschen Freunden hat er über das erneute Proviantieren der Stadt und die Angelegenheit der Banken gesprochen. Heineman, unverzichtbarer cleverer kleiner Jude, Augen wie eine Ratte. Sehr eng mit den Deutschen.«[66] Lassen wir die schrecklichen antisemitischen Beschimpfungen hier einmal außer Acht, lohnt ein Blick auf die Implikationen: Dannie Heineman war in allererster Linie ein Freund der Deutschen.

Wieder und wieder sollte Heineman während der nächsten 3 Jahre »ganz natürlich« die Aufgabe zufallen, Verhandlungen mit dem deutschen Generalgouverneur zu führen.[67] Im Oktober wurde er zum Vizevorsitzenden des Belgischen Hilfswerks befördert und zum Leiter des Brüsseler Büros. Warum? Wir behaupten, diesem Mann mit seinen engen Verbindungen zum Kaiserreich wurde die wichtige operative Rolle übertragen, weil sie ihm reichlich

Spielraum gab, Lebensmittel für die Besatzer abzuzweigen. Das muss den britischen Behörden doch bewusst gewesen sein, oder? Egal was die Besatzer auch beteuert haben mögen – es liegt nahe, dass sie das vorgeschlagene System für ihre eigenen Zwecke genutzt haben, schließlich hatte man es hier mit denselben »herzlosen« Preußen zu tun, die die britische Presse ein Jahrzehnt lang wegen ihrer angeblichen Unmenschlichkeit angegangen war. Warum sollten die Deutschen der Einfuhr von Lebensmitteln in die von ihnen besetzten Gebiete zustimmen, wenn ihre eigenen Kriegs-bemühungen daraus nicht beträchtlichen Nutzen ziehen konnten? Und wie passen Heineman und die »Angelegenheiten der Banken« in dieses Puzzle? Die Antwort führt uns mitten in Herz aller Machenschaften, die die Geheime Elite hinter dieser Fassade angeblicher humanitärer Hilfe betrieb.

Heineman besprach die Vorschläge mit der deutschen Zivilverwaltung. Diese wiederum wandte sich an die Militärbehörden wegen der Erlaubnis, Essen für belgische Bürger zu kaufen. Der amerikanischen Gesandtschaft wurde zugesagt, dass die deutsche Armee die importierten Lebensmittel nicht beschlagnahmen werde. Darüber hinaus versprachen die Deutschen, Vorräte, die das Comité Centrale für die Bedürfnisse der belgischen Zivilbevölkerung gekauft hatte, nicht zu besteuern und nicht zu beschlagnahmen. Auf den ersten Blick ergab sich also folgendes Bild: Wenn die britische Regierung bereit war, sich darauf einzulassen, dass die Amerikaner belgische Zivilisten ernährten, dann wurde den deutschen Besatzern diese Verantwortung abgenommen. Aus ihrer Sicht konnten sie nur gewinnen. Wurden die Belgier mit importierten Lebensmitteln ernährt, wurde in Belgien produzierte Nahrung frei und konnte von den Deutschen zur Verpflegung ihrer Armeen genutzt werden. Von Anfang an behielt sich die deutsche Zivilverwaltung das Recht vor zu entscheiden, wie und wo Mehl und Getreide verteilt werden sollten.[68] Denn auch wenn es anders auftrat: Das Comité besaß nicht die absolute Kontrolle über die Verteilung.

Als Repräsentant gegenüber der britischen Regierung wurde Millard Shaler ausgewählt, ein enger Vertrauter Heinemans. Der Bergbauingenieur Shaler hatte seine Wurzeln ähnlich wie Émile Francqui in der grausamen und unerbittlichen Ausbeutung des Kongos durch Belgien. Shaler machte sich brav auf den Weg nach London, im Gepäck einen Kreditbrief über

20 000 Pfund und Anweisungen des Comité Centrale, in seinem Auftrag Lebensmittel zu kaufen. Ebenfalls mit sich führte er eine schriftliche Beteuerung des deutschen Generalgouverneurs, wonach die Deutschen Lebensmittel, die zur Versorgung der Zivilbevölkerung gedacht waren, nicht beschlagnahmen würden.[69]

Shaler wurde angewiesen, sich in London mit einem Abgesandten der Banque Belge pour l'Étranger zu treffen, um in Absprache mit dem dort lebenden belgischen Minister einen Unterausschuss zu gründen, der Mittel einsammeln und im Namen der Hungerhilfe Nahrung einkaufen sollte.[70] Was in diesem Zusammenhang wichtig ist: In diesen Anfangstagen handelte es sich um eine rein belgische Angelegenheit, die in Verbindung mit der belgischen Exilregierung und belgischen Banken organisiert wurde. Die Finanzierung und der Einkauf sollten über die Société Générale de Belgique abgewickelt werden. Die größte belgische Privatbank sollte eine gewichtige Rolle in allen späteren Ereignissen spielen. Ihre Verbindung zu Großbritannien war ihr Londoner Tochterunternehmen Banque Belge pour l'Étranger. 1913 war eine Direktverbindung zwischen dem Sitz der größten belgischen Bank in Brüssel und der Londoner Filiale geschaffen worden – die Bank selbst spricht in ihrer Firmenhistorie von einer »schicksalshaften Fügung«. Erstaunlich. Wie kam diese Fügung des Schicksals zustande?

Die ersten Erfolge des Brüsseler Komitees weckten großes Interesse. Bürgermeister und Gemeindevertreter aus anderen Landesteilen wandten sich an Brüssel mit der Bitte um Hilfe, und das Comité Centrale weitete seine Arbeit auf nahezu das gesamte besetzte Belgien aus. Angeführt von Präsident Ernest Solvay, dem Chef des international tätigen Konzerns Solvay Chemical, und unter der Schirmherrschaft spanischer und amerikanischer »Botschafter«[71] sowie des niederländischen Ministers bei der belgischen Exilregierung in Le Havre wuchs das Comité Centrale heran zum Comité National de Secours et d'Alimentation (CNSA), einer Organisation mit mehr Bedeutung und mehr Einfluss.

Es lässt sich mit Fug und Recht behaupten, dass das belgische Volk im CNSA ein Symbol des Widerstands gegen die deutsche Besatzung sah. Die Organisation war mit 125 000 Vertretern in den Städten und Provinzen des Landes aktiv – ein sichtbares Symbol für die Solidarität der Belgier untereinander.[72] Gewöhnliche Menschen taten ihr Bestes, um anderen zu helfen. Dass die CNSA Hand in Hand mit den deutschen Besatzern arbeitete, ahnten sie nicht.

Zwei ausgesprochen wichtige Dinge müssen an dieser Stelle noch einmal verdeutlicht werden: Erstens war die CNSA eine belgische Angelegenheit. Zweitens waren die Personen, die das Sagen hatten, vor allem Größen aus der Finanzwelt und dem Bankenwesen.

Wie konnte die belgische Hungerhilfe, die ihren Ursprung im Brüsseler Comité Centrale hatte, in den Augen der Welt zur Kommission für das Belgische Hilfswerk und damit auch zu »American Relief« werden?

Im September 1914 gab es in Großbritannien und Amerika zahllose Gruppen und Organisationen, die Geld und Spenden für Belgien und belgische Flüchtlinge sammelten. Es waren beträchtliche Summen zusammengekommen. Um Lebensmittel und sonstige lebensnotwendige Dinge durch ein Kriegsgebiet leiten zu können, mussten die Regierungen neutraler Staaten genauso mitspielen wie die Kriegsparteien. Keine leichte Aufgabe. Die amerikanische Gesandtschaft in Brüssel vertrat bereitwillig britische Themen und britische Interessen im besetzten Belgien und unterhielt eine angemessen freundliche Beziehung zur deutschen Zivilverwaltung. Diese Verbindung war die offensichtlich beste Wahl, wenn man über die Einfuhr von Lebensmitteln verhandeln wollte.

Als erster amerikanischer Diplomat eingebunden wurde Hugh Gibson, der Sekretär der amerikanischen Gesandtschaft in Belgien. Er traf in London ein, im Gepäck Schreiben, die an Walter Page gerichtet waren, den amerikanischen Botschafter in Großbritannien, und die ihre Unterstützung für das belgische Comité Centrale bekundeten. Am 6. Oktober begannen die Mühlen der Diplomatie sich zu drehen. Die britische Regierung gab grünes Licht: Unter der Aufsicht der amerikanischen Gesandtschaft durften Lebensmittel nach Brüssel geschickt werden. Allerdings hatte Washington dieser gewaltigen Verantwortung nicht zugestimmt. Tatsächlich wartete der amerikanische Außenminister noch immer auf Rückmeldung aus Berlin, ob die deutschen Behörden wirklich zustimmen würden.[73] Es war ja schön und gut, dass sich deutsche und belgische Behörden auf lokaler Ebene verständigt hatten, aber für die Umsetzung benötigte man regierungsübergreifende Zustimmung von allerhöchster Ebene. Wie es mit dem Vorschlag weitergehen würde, hing in der Schwebe. Zweifelsohne war hier viel Geld zu verdienen, aber das war niemals der Hauptgrund für das Belgische Hilfswerk gewesen. Es war auch nicht der Grund, weshalb die britische Regierung zugestimmt hatte. Nein, tatsächlich verfolgte jede Entscheidung, die von der Geheimen Elite abgesegnet wurde, ein ganz klares Ziel: Es ging darum, den Krieg zu verlängern und dadurch Deutschland endgültig zu zerschmettern.

Glauben Sie ja nicht, dass Sie all dies in den offiziellen Geschichtswerken nachlesen könnten. Dort ergibt man sich zumeist einer bequemen Plausibilität. Das bedeutet in diesem Fall: Herbert Hoover stand zufällig zur Verfügung und war ganz selbstlos bereit, zum Wohle des belgischen Volks Zeit und Mühe zu investieren. Doch das ist ein Märchen. Hoover war noch nie in Belgien gewesen, ihn verband nur eine lange Vorgeschichte mit belgischen Banken und belgischen Investoren in Fernost.

Warum aber hat sich Herbert Hoover tatsächlich bereit erklärt, die Führung des Belgischen Hilfswerks zu übernehmen? In ihrem Buch (das Hoover später einstampfen ließ) schreibt Tracy Kittredge, dass der in Brüssel lebende amerikanische Ingenieur Millard Shaler nach London reiste und sich am 26. September mit der Bitte um Hilfe an Hoover wandte.[74] In seinem Buch *Development of the Relief Movement* schreibt Shaler allerdings, als erstes habe sich ein britischer Ausschuss, der den belgischen Flüchtlingen habe helfen wollen, an Hoover gewandt und um seine Unterstützung gebeten.[75] Nun, wer mag das wohl gewesen sein? Wer war involviert in den »britischen Ausschuss«, der sich an Herbert Hoover wandte? Shalers Enthüllung ist von extremer Bedeutung, verknüpft sie doch Hoover und seine konsequente Einverleibung des Belgischen Hilfswerks mit einer nicht identifizierten Interessengruppe in Großbritannien, einer Gruppe, deren Renommee es Hoover ermöglichte, seine Pläne mit ihrem Segen und ihrer Unterstützung voranzutreiben.

Warum Hoover? Weil er perfekt für diese Aufgabe geeignet war – er war skrupellos, gierig, beutete rücksichtslos Menschen aus und ergriff dazu jede Gelegenheit. Ihm ging jede positive menschliche Regung ab. Und ihm war klar: Die dunklen Machenschaften würden den Krieg und all das damit einhergehende Leid in die Länge ziehen. Vor allem aber genoss er das volle Vertrauen der Geheimen Elite. Eigentlich hätte er neutral sein sollen, aber die Geschichte seines Lebens bis zu diesem Punkt war die Geschichte eines zügellosen Anglophilen, der innerhalb des britischen Empires ein Vermögen angehäuft hatte und dafür reichlich belohnt worden war. So lange hatte Hoover in London gelebt, dass er »ziemlich intime Beziehungen zu vielen Männern, die der britischen Regierung nahestanden, pflegte«.[76] Er kannte die wichtigen Leute in Großbritannien und wusste, was er zu tun hatte, um eine Organisation zu überrennen und zu seiner eigenen zu machen. Sein Lebenswerk baute auf diesen Taktiken eines Schulhofrüpels auf, egal, ob er es mit Farmern im Mittleren Westen der USA zu tun hatte, mit Bergbauarbeitern in Australien, mit chinesischen Beamten in Kaiping, mit chinesischen Kulis, die in die Sklaverei verkauft wurden und in Südafrikas Goldminen schuften mussten,[77] oder mit Amerikanern in London, die bereits Hilfsaktionen für ihre gestrandeten Landsleute ins Leben gerufen hatten.[78] Stets arbeitete er mit denselben Lügen, denselben Halbwahrheiten, demselben Spiel mit den Medien und derselben Patronage, um sich zu holen, was er wollte. Die allgemein akzeptierte Lesart der Art und Weise, wie Hoover diese »Übernahme« – und nichts anderes war es, was beim Belgischen Hilfswerk vonstatten ging – gelang, hat man aus offiziellen Dokumenten herausgefiltert, die von seinen sehr guten Freunden Hugh Gibson, Millard Shaler und Edgar Rickard stammen, dem ehemaligen Herausgeber der Fachzeitschrift *Mining Engineer*. Wir sprechen hier also von Männern, die, an Hoovers Rockzipfeln hängend, später selbst zu einigem Erfolg kommen sollten.

Die Londoner Eliten, die vorsätzlich den Krieg herbeigeführt hatten, hatten also Hoover für diese Aufgabe auserkoren. Am 10. Oktober suchte er Botschafter Walter Page auf, um sich diplomatischen Schutz für die Aufgabe zu verschaffen, Belgien mit Lebensmitteln zu versorgen.[79] Wir dürfen bei dieser Darstellung eines nicht vergessen: Praktisch alle »Fakten« für das Geschehen stammen von Hoover, aus seinem engsten Umfeld und von handverlesenen Mitgliedern der Kommission für das Belgische Hilfswerk, und sie stammen aus einer Zeit, als seine Führungsrolle bei der Hungerhilfe völlig unangefochten war. Zwei Jahre später versuchten die Amerikaner, die Geschichte zu verbiegen, und beanspruchten eine Präzedenz gegenüber dem belgischen Comité Nationale. Edgar Rickard behauptete in diesem Zusammenhang, Hoover habe sich bereits am 4. Oktober mit Botschafter Page in

London getroffen. Das stimmt nicht. Wieder und wieder wurden Unterlagen, die mit Herbert Hoover in Zusammenhang standen, verändert oder sie »gingen verloren«, erstaunlicherweise immer so, dass es dem »großen amerikanischen Menschenfreund« von Nutzen war.

Selbst Hoovers offizieller Biograf George Nash gelangte zu der Schlussfolgerung, Behauptungen, wonach Hoover schon vor dem 6. Oktober involviert gewesen sei, seien bestenfalls unbestätigt.[80] Alle waren sich einig: Es war Hoover, der im Oktober 1914 die Pläne des Belgischen Hilfswerks vorantrieb (was auch immer das überhaupt bedeuten soll). Doch das stimmt nicht. Kein einzelner Mensch hätte eine derart gewaltige Aufgabe ganz allein stemmen können. Die Geheime Elite sorgte dafür, dass Hoover ihr Unterfangen kontrollierte, ihre Organisation und ihre Finanzen, aber er griff dabei auf ihre transatlantischen Tentakeln zurück, also ihre Banken, ihre Reedereien und ihre Unternehmen. 1916 schrieb Botschafter Page an Hoover, dass das Belgische Hilfswerk »um Sie herum und auf Ihre Anregung« entstanden sei.[81] Glaubte er das tatsächlich, oder wollte er sich nur absichern für den Fall, dass eines Tages die Wahrheit doch noch ans Tageslicht kommen sollte? Egal, was davon nun der Grund war: Es war nicht Hoovers Anregung gewesen.

Es bildete sich eine merkwürdige Allianz – Hoover, Hugh Gibson, der als Hoovers Mann in der Brüsseler Gesandtschaft auftrat, und Botschafter Walter Page in London. Die Diplomaten verschworen sich mit Hoover. Sie manipulierten Dokumente, schrieben sich ihre eigene Geschichte und arbeiteten mit verfälschten und erfundenen Berichten, damit sie ihre Bilanzen als Fakten hinstellen und ihre Behauptungen rechtfertigen konnten. Ein hervorragendes Beispiel dieser Methode findet man, sieht man sich an, wie Hoover die amerikanische Presse manipulierte. Er führte einen Meinungswandel herbei und erschuf ein Gefühl enormer Dringlichkeit. Das Resultat: Die Öffentlichkeit unterstützte Entscheidungen der US-Regierung, die ansonsten heftig kritisiert worden wären. Als das amerikanische Außenministerium im Oktober 1914 zauderte, ob es sich mit dem Belgischen Hilfswerk einlassen sollte, wandte sich Hoover an seine Verbündeten in den Medien. Er war »gewandt darin, die Hebel der Öffentlichkeitsarbeit zu betätigen«[82] und hatte sich einen Stab an Freunden im Londoner Pressekorps herangezogen. Dazu zählten der »strategisch platzierte« Ben S. Allen von der

Nachrichtenagentur *Associated Press* und Philip Patchin von der *Tribune.* Allen hatte ebenso wie Hoover in Stanford studiert.

Erstmals berichtete die Press Association in einer Mitteilung vom 15. Oktober 1914 von einer amerikanischen Hilfsorganisation für Belgien. Hoover skizzierte in der Meldung das Vorhaben. Zunächst einmal behauptete er, es sei unbedingt erforderlich, dass sämtliche Mittel, die außerhalb von Großbritannien für Belgien gesammelt würden in seinem Komitee zusammenliefen. Angeblich ging es ihm darum, Überschneidungen zu vermeiden, deshalb wollte er eine einzige Kommission etablieren, die alle bereits in London und Belgien bestehenden Mitarbeiter und Organisationen in sich aufnehmen sollte.[83] Tatsächlich jedoch ging es hier darum, dass die Geheime Elite ihre vollständige Kontrolle gewährleistet sehen wollte. Weiter deutete Hoover an, den belgischen Flüchtlingen sei am besten geholfen, wenn man sie repatriiere. Diese Aufgabe sei nur von einer amerikanischen Organisation durchführbar, und zwar in Abstimmung mit allen betroffenen Regierungen.[84] Diese merkwürdige und geradezu lächerliche Behauptung wurde von der Entente komplett ignoriert. Vielleicht hatten seine Erfolge bei der »Repatriierung« in Europa gestrandeter Amerikaner sein Urteilsvermögen benebelt. Es war Unfug, zeigt aber, wie wenig Hoover imstande war, eine Situation wirklich einschätzen zu können, denn Flüchtlinge während des Krieges in ihre Heimat zurückzuschicken, wäre selbstverständlich ein ausgesprochen inhumaner Akt des großen »Menschenfreunds« gewesen.

Fortan gab es kein Entkommen mehr vor Hoovers Pressemitteilungen. Er schrieb die Gouverneure amerikanischer Bundesstaaten an und appellierte an deren Stolz: Sie könnten die ersten sein, die ein »Kansas«-Schiff oder eine »Chicago«-Fracht finanzierten! Er sorgte sogar dafür, dass Belgiens König Albert persönliche Bittschreiben verschickte[85] und lernte, Ereignisse so zu dramatisieren, dass jede Pressemitteilung nur so strotzte vor unmittelbaren Krisen. Er warf mit kühnen und vorsätzlich schwammig gehaltenen Behauptungen um sich: »Die amerikanische Kommission für das belgische Hilfswerk … ist der einzige Kanal, über den Nahrungsmittel nach Belgien gebracht werden können. Dank der Zusammenarbeit mit einem Komitee in Belgien ist sie die einzige wirkungsvolle Agentur für die Verteilung von Lebensmitteln in diesem Land.«

So viel zur wichtigen Rolle des Comité Nationale in Brüssel. In der Pressemitteilung hieß es darüber hinaus, 80 Prozent der Belgier seien ohne Arbeit, und um verheerende Folgen abwenden zu können, benötigten die Hilfsagenturen 2,5 Millionen Dollar im Monat. Es war zum Piepen, aber er versicherte Amerika doch tatsächlich, dass »jeder Dollar echtes Essen bedeutet«.[86] Groß und breit prangte auf den Titelseiten wichtiger Zeitungen in den alliierten Nationen die Schlagzeile: »Amerika muss Belgien diesen Winter ernähren. Es handelt sich um eine beispiellose Hungersnot.«[87] Dabei gab es gar keine Hungersnot. Es gab Nöte, aber Hoover hatte seine Lügen vorsätzlich so ausgewählt, dass sie Alarmglocken schrillen ließen. Er wollte vorsätzlich den Eindruck einer Krise erschaffen, die Regierungen und Menschen dazu zwingt, die sogenannte Herbert-Hoover-Initiative zu unterstützen.

Eines der Hauptprobleme, mit dem sich Hoover und seine Kommission für das Belgische Hilfswerk auseinandersetzen musste, war die Vielzahl an wohltätigen Einrichtungen und Kriegshilfswerken. Es wurde für Armenien gesammelt, für das Amerikanische Rote Kreuz, für Juden, die unter dem Krieg litten, für Kriegsgefangene, für die französischen Verletzten ... wohltätige Organisationen schossen in den Vereinigten Staaten wie Pilze aus dem Boden.[88] Hoover hatte keine Zeit, mit anderen Gruppen um Spendengelder zu konkurrieren. Seine Hauptsorge war die Rockefeller Foundation, die eigenständig Lebensmittel und Vorräte für Belgien organisierte. Als ob das nicht schlimm genug wäre: Nur wenige Tage bevor das Komitee für das Belgische Hilfswerk ins Leben gerufen wurde, gründete der angesehene New Yorker Philanthrop Robert de Forest ein weiteres unabhängiges belgisches Hilfswerk. Doch es war viel einfacher, das Monopol in Europa zu besitzen, als die Kontrolle über all die Organisationen in den Vereinigten Staaten zu bewahren.

Hoover sorgte sich, dass die Rockefeller Foundation einen eigenen, unabhängigen Kanal für Hilfslieferungen nach Belgien aufbauen könnte, der seine Kanäle überflüssig machte.[89] Eine derartige Situation wäre untragbar gewesen, denn wie sollte die Geheime Elite dann die deutschen Truppen versorgen? Es galt auch, die finanziellen Aspekte im Blick zu behalten. Hätte sich die Rockefeller Foundation durchgesetzt, wären alle Transaktionen über die Rockefeller-Banken abgewickelt worden anstatt über Morgans Guaranty Trust Bank, über die Hoovers Gelder fließen sollten. Hoover griff auf dieselben Kanäle zurück, mit deren Hilfe er sich die Kontrolle über das American Citizens' Committee in London gesichert hatte, und ging zum Gegenangriff über. Er log, stellte erneut seinen Status auf dieselbe Weise falsch dar und nutzte seinen politischen Einfluss, um zu bekommen, was er wollte.

Gehorsam setzte Botschafter Page ein unverblümtes Telegramm an die Rockefeller Foundation ab, das aller Wahrscheinlichkeit nach von Hoover höchstpersönlich verfasst worden war.[90] In dem Telegramm heißt es, die Kommission für das Belgische Hilfswerk sei »die einzige Organisation«, die von beiden kriegsführenden Lagern anerkannt worden sei, und die einzige, die imstande sei, Unterstützung aus allen Teilen der Welt zu organisieren. Hoover beharrte vehement darauf, dass das Verschiffen von der Kommission für das Belgische Hilfswerk organisiert werden würde, und er forderte verbindliche Zusagen, dass sich die Rockefeller Foundation auf den Einkauf und das Einsammeln von Lebensmitteln beschränken werde.[91] Mit den finanziellen Mitteln würde er sich befassen – oder genauer gesagt seine Verbündeten von der Geheimen Elite in Person von J. P. Morgan Junior und dessen Guaranty Trust Bank in New York.

Im Rahmen seines Angriffs auf die Rockefeller Foundation hatte Hoover seinen Freund und langjährigen Geschäftspartner Lindon Bates gebeten, in New York eine Filiale zu eröffnen, die sich um alle Transport- und Logistikaspekte innerhalb der USA kümmern sollte. Um den Anschein von Offenheit zu erwecken, bot Hoover sowohl der Rockefeller Foundation als auch de Forest einen Platz in seiner Kommission an, wobei es ihm nie in den Sinn gekommen wäre, etwas von der Kontrolle abzugeben. In einem Privatschreiben informierte er Bates, er habe nicht die Absicht, »sich von einem x-beliebigen kleinen Loch in der Eckorganisation in New York hineinreden zu lassen«.[92] In einem Telegramm setzte er die Rockefeller Foundation in Kenntnis davon, dass belgische Bankiers ihm ein Darlehen gewährt hatten – unverhandelbare Bedingung: Er, Hoover, müsse die völlige Kontrolle über Versand und Transport haben.[93] Lügen über Lügen. Unaufrichtigkeit und Betrug – wie passt das zu einem humanitären Unterfangen?

Dank seiner engen Verbindungen zum angloamerikanischen Establishment genoss Hoover Zugang zu den ihm gewogenen amerikanischen Botschaftern in London und Brüssel, Walter Page und Brand Whitlock. Bei jedem Thema waren sie auf den Vorteil des Belgischen Hilfswerks bedacht und vermittelten gegenüber der US-Regierung oder der Presse eine unmittelbare Dringlichkeit. Im Oktober schrieb Whitlock alarmiert an Präsident Wilson und informierte ihn: »In 2 Wochen droht der Bevölkerung Belgiens der Hungertod.« Er drang auf dringende Unterstützung, »um den Hungrigen in den dunklen Tagen des aufziehenden furchtbaren Winters Nahrung anbieten zu können«.[94] Das war bestens für die Presseberichterstattung geeignet, und so trugen Hoovers Förderer schließlich den Sieg davon.

Vereinbarungen wurden auf diplomatischen Ebenen getroffen, die weit oberhalb von allem agierten, was einem gewöhnlichen Bürger normalerweise zugänglich gewesen wäre. Auf diese Weise wurde gewährleistet, dass der Apparat des Belgischen Hilfswerks reibungslos laufen konnte. Botschafter Page bat auf Hoovers Bitte hin das britische Außenministerium, eine Verbindungsperson zu benennen, die dem Hilfswerk dabei helfen konnte, den bürokratischen Aufwand zu reduzieren, da dieser effektive Entscheidungsprozesse ständig verlangsamte. Sein persönlicher Freund, Außenminister Sir Edward Grey, berief daraufhin unverzüglich Lord Eustace Percy zum Mittelsmann. Percy, ein Mitglied des britischen Establishments und des Grillion's Club, einem bei der Geheimen Elite beliebten Treffpunkt,[95] kooperierte voll und ganz mit Hoover und machte es möglich, dass Mitglieder des Belgischen Hilfswerks nicht erst lange auf eine diplomatische Erlaubnis warten mussten, sondern sich direkt an ranghohe britische Regierungsvertreter wenden konnten.[96]

Das britische Außenministerium sprach sich mit den Belgiern so weit ab, dass Vereinbarungen zwischen den deutschen Militärbehörden und Vertretern neutraler Länder (in diesem Fall den Botschaftern Amerikas und Spaniens in Belgien) grundsätzlich abgenickt werden sollten. Der spanische Botschafter, der eindrucksvolle Rodrigo de Saavedra y Vinent, Marques de Villalobar, war ein Aristokrat der alten Schule, »verrückt und empfindlich«, wie Brand Whitlock befand.[97] Er war laut Hoover nur zur Zierde dabei,[98] aber dieses Urteil ist sowohl ungerecht als auch typisch für Hoover und seine abwertende Art. Der spanische Botschafter war jemand, der sehr hart arbeitete und vor der Arroganz der Preußen keinerlei Furcht an den Tag legte. Wenn es um Arroganz ging, spielten sie in derselben Liga.[99] Er stürzte sich in die Arbeit in dem Glauben, an einer großen humanitären Anstrengung mitzuwirken. Wir haben keine Beweise dafür gefunden, dass er der Geheimen Elite angehörte.

Im Oktober 1914 wurden die Bedingungen abgesteckt, unter denen die Hungerhilfe für belgische Zivilisten arbeiten konnte. Das britische Außenministerium erklärte Botschafter Page die Bestimmungen: »Sir Edward Grey hat Baron Henri Lambert geschrieben [ein führender belgischer Bankier, Mitglied im Comité National und durch seine Heirat mit den Rothschilds verwandt] und ihm erklärt, dass wir keine Lebensmittellieferungen mit dem Ziel Rotterdam stoppen werden – sofern sie aus neutralen Ländern an Bord neutraler Schiffe kommen und wir davon überzeugt sind, dass sie nicht für die Versorgung der deutschen Regierung oder Armee gedacht sind. Das bedeutet, wir werden uns nicht in die Lebensmittelversorgung der belgischen Zivilbevölkerung einmischen, sofern wir nicht Grund zur Annahme haben, dass die Zusagen, die Marschall von der Goltz von den amerikanischen und spanischen Ministern gegeben wurden, nicht eingehalten werden.«[100]

Das Foreign Office – der Teil der britischen Regierung, in dem die Geheime Elite so stark wie nirgendwo sonst vertreten war – machte auf diese Weise deutlich, dass Hoovers Organisation mit seinem Segen agierte. Aber Greys Schreiben war absichtlich vage gehalten. Soweit es die britische Öffentlichkeit wusste, durfte die Kommission für das Belgische Hilfswerk nur unter sehr strengen und verbindlichen Garantien handeln. Die Deutschen garantierten, dass sie keinerlei für die Zivilbevölkerung gedachten Vorräte beschlagnahmen würden.[101] Neutrale Regierungen – in diesem Fall die der USA, Spaniens und der Niederlande – stimmten zu, ein Auge auf die Hilfslieferungen zu haben, und auch die belgische Exilregierung musste dem gesamten Prozess zustimmen. Neutrale Schiffe würden die Lebensmittel zu einem neutralen Hafen transportieren, von wo aus sich das Comité Centrale (und später das Comité National) um den Vertrieb kümmern würde. Botschafter und Gesandtschaftsleiter in Washington, Madrid, London, Berlin und Brüssel standen mitten in einem Strudel aus Genehmigungen und Versprechungen.

Als neutrale Beobachter wurde eine Gruppe amerikanischer Rhodes-Stipendiaten der Universität Oxford herangezogen. Sie sollten sich die Lebensmittelimporte ansehen und kontrollieren, wohin sie geliefert und wie sie verteilt wurden. Auf diese Weise wollte die Kommission für das Belgische Hilfswerk belegen, dass die Auflagen des Auslands erfüllt wurden. Tatsächlich war es jedoch so, dass die 25 Beobachter nicht einmal zusammengenommen über die Fähigkeiten verfügten, die nötig gewesen wären, um zu begreifen, was hier passierte.

Zu keinem Zeitpunkt war es für die Kommission für das Belgische Hilfswerk leicht oder problemlos. Obwohl er so gut in der Geheimen Elite und den diplomatischen Korps der Amerikaner und Belgier vernetzt war, musste Hoover kämpfen, bis er schließlich die absolute Kontrolle errungen hatte. Dann musste er dafür sorgen, dass sein Hilfswerk – und nur sein Hilfswerk – das Monopol besaß für die Lebensmittellieferungen, die über Rotterdam nach Belgien (und wichtiger noch – nach Deutschland) gelangten. Das war der unausgesprochene Teil dieser komplexen Gleichung. In den offiziellen Geschichtsbüchern steht nichts davon, dass Lebensmittel nach Deutschland flossen, aber sie flossen, das steht außer Frage.

Nach einem halben Jahr Krieg hatte sich die Struktur mehr oder weniger vollständig ausgebildet. In 3 London Wall Buildings im Herzen des Finanzdistrikts hockte Hoover im Hauptquartier des Belgischen Hilfswerks und übte absolute Kontrolle aus. Welch glückliche Fügung hatte dafür gesorgt, dass er nur zwei Türen von seinem eigenen Firmensitz entfernt in einem ausgesprochen prestigeträchtigen Londoner Bürogebäude kostenlose Räumlichkeiten gefunden hatte?[102] Und damit der glücklichen Fügungen nicht genug: Die Firma, die die Abschlussrechnung der Organisation für den Zeitraum von Oktober 1914 bis September 1920 abzeichnete, hieß Deloitte, Plender, Griffiths & Company. Ihre Adresse? 5 London Wall Buildings. Erstaunlich. Noch ein Jahrhundert später gehören diese Grundstücke zum Londoner Imperium von J. P. Morgan.[103]

Die von Hoover geführte Organisation war in vielerlei Hinsicht absolut einzigartig. Die Kommission für das Belgische Hilfswerk war nicht als Körperschaft eingetragen, sie hatte im Handelsrecht keinen Rechtsstatus, sie war keinen Anteilseignern gegenüber rechenschaftspflichtig, gab keinen Prospekt heraus und hielt keine Jahreshauptversammlung ab, sie erstellte keinerlei Geschäftspläne und verfolgte keine ausformulierten Ziele. Aber sie unterschrieb internationale Vereinbarungen, tätigte weltweit Geschäfte und gab gewaltige Summen für Transaktionen aus, an denen sich erfolgreiche internationale Banken willig beteiligten. Sie betrieb unter eigener Flagge ihre eigene Flotte. Sie war nach eigenem Bekunden amerikanisch, aber wie wir zeigen werden, war das nur eine Billigflagge. Was Hoover da aufbaute, wurde bezeichnet als »Piratenstaat, organisiert zum Zwecke der Wohltätigkeit«.[104]

Noch zutreffender wäre es, von einem Piratenstaat zu sprechen, der von Männern und für Männer organisiert wurde, die niemandem gegenüber Rechenschaft ablegten und die gewaltigen Gewinne, die sie scheffelten, hinter den guten Taten anderer verbargen. Sie kaschierten auch ihr wahres Ziel – den Krieg so lange dauern zu lassen, bis Deutschlands Wirtschaft nachhaltig vernichtet war und das Kaiserreich keine Gefahr mehr für die weltweite Vormachtstellung der Angelsachsen darstellte. Was fehlte, war nur das Geld, um all dies zu bezahlen.

Zusammenfassung

- Bis heute liegt ein dunkler Schatten über der Geschichte des Belgischen Hilfswerks – ähnlich einem düsteren Familiengeheimnis, über das niemand reden mag.
- Alle Primärbeweise zu dieser »Hilfsorganisation« wurden nach Kriegsende auf Anweisung ihres Direktors Herbert Hoover aus dem Verkehr gezogen und nach Amerika verschifft.
- Was Hoover nicht kontrollieren konnte, versuchte er zu unterdrücken. Wer es wagte, seine illegalen Geschäftspraktiken anzuprangern, wurde zermalmt, bedroht oder auf andere Weise kaltgestellt.
- Die hauseigenen Historiker und Tagebuchschreiber der Kommission für das Belgische Hilfswerk bezeichneten die Organisation als »größte humanitäre Anstrengung, die die Welt je gesehen hat«.

- Vorgeblich war das Belgische Hilfswerk dafür gedacht, die Armen und Bedürftigen in Belgien und im nördlichen Frankreich zu ernähren. Tatsächlich wurde die deutsche Armee mit dringend benötigten Vorräten versorgt, ohne die der Krieg viel eher geendet hätte.
- Die beiden wichtigsten involvierten Agenturen waren die in New York und London ansässige Kommission für das Belgische Hilfswerk und das Comité Nationale des Secours et d'Alimentation (CNSA) in Brüssel. Beide waren durch ihre Arbeit und ihren diplomatischen Status miteinander verknüpft.
- Hoover war der Geheimen Elite bekannt, und zwar als Geschäftspartner der Rothschilds, als Freund von Alfred Milner, als Verbündeter des Foreign Office und als gewissenloser Betrüger und Opportunist.
- Im August 1914 riss er die Kontrolle über die Hilfsorganisation für Amerikaner, die aufgrund des Kriegs in Europa gestrandet waren, an sich. Botschafter Page und ein Staatssekretär aus dem US-Verteidigungsministerium versuchten, Hoover auszusperren, aber von ganz oben wurde Druck ausgeübt, sodass er die Kontrolle über die Mittel erhielt, die aus den USA geschickt wurden.
- Hoover behielt seine vielen Beteiligungen in Bergbauunternehmen und verdiente in den Kriegsjahren auf diese Weise ein Vermögen.
- Die erste Hungerhilfe in Brüssel wurde von einer Gruppe aus Bankiers, Politikern und Anwälten angeführt. Viele hatten ihr Vermögen bei der Plünderung und Ausbeutung von Belgisch-Kongo gemacht.
- Nachdem das Brüsseler Komitee erste Erfolge erzielt hatte, wurden Rufe nach einem landesweiten Gremium laut, das notleidende Menschen in ganz Belgien vertritt.
- Hoover behauptete, eine britische Interessenvertretung habe sich an ihn gewandt mit der Bitte, die Hilfsaktionen für Belgien zu leiten.
- Hoover war in der internationalen Presse gut vernetzt und nutzte seine zahlreichen Kontakte, um Schauermärchen zu verbreiten und den

Eindruck zu erwecken, die komplette belgische Bevölkerung stünde kurz vor dem Hungertod.

- Sehr effektiv würgte er sämtliche Konkurrenz bei den Hilfsunternehmungen ab, um alles an sich zu reißen und zu kontrollieren. Die finanziellen Belange liefen über die J.P. Morgan gehörende New Yorker Guaranty Trust Bank.
- Junge amerikanische Rhodes-Stipendiaten aus Oxford wurden für die Aufgabe rekrutiert, als neutrale Beobachter an dem Hilfsprojekt mitzuwirken. Sie waren hoffnungslos überfordert mit dieser Aufgabe.
- Die Kommission für das Belgische Hilfswerk existierte als Rechtsperson nicht und war auch keinerlei Anteilseignern gegenüber Rechenschaft schuldig. Dennoch betrieb sie ihre eigene Flotte unter eigener Fahne.
- Das Belgische Hilfswerk war eine Art Piratenstaat, organisiert von Männern und für Männer, die niemandem gegenüber Rechenschaft ablegten und die gewaltigen Gewinne, die sie scheffelten, hinter den guten Taten anderer verbargen.

Kapitel 16

Das Belgische Hilfswerk

Die Großzügigkeit der Bankiers

Der cleverste Aspekt der Machenschaften rund um die Kommission für das Belgische Hilfswerk war vielleicht der, dass die Organisation in erster Linie mit Geld arbeitete, ihre eigenen Bücher führte und niemandem gegenüber rechenschaftspflichtig war. Mit ungezügelter Habgier wurden alle Quellen um noch mehr Geld angegangen. Ab 1914 flutete das Hilfswerk die englischsprachige Welt mit Spendenaufrufen, und es wird oft behauptet, dass es die großzügigen Spenden der einfachen Menschen waren, die das Programm am Laufen hielten. Das stimmt schlichtweg nicht. Der Einfluss Amerikas war überall zu spüren (selbst in Belgien sprach man von »American Relief«), tatsächlich aber wurde der Großteil der Lebensmittel für Belgien und den Norden Frankreichs von den Regierungen der Entente finanziert. Dasselbe galt für die Vorräte, die an Deutschland und das deutsche Westheer gingen. Der Geldbedarf war gewaltig und überstieg alles, was im Rahmen wohltätiger Spenden möglich gewesen wäre. Um das Belgische Hilfswerk kontrollieren (und missbrauchen) zu können, waren Banken vonnöten, insbesondere Banken mit internationalen Verbindungen.

Bereits Anfang November 1914 hatten unglaublich wohlhabende belgische Bankiers aus dem Umfeld des Comité Nationale für den Kauf von Lebensmitteln für Belgien 3 Millionen Dollar bereitgestellt. Es handelte sich um ein Darlehen, nicht um ein Geschenk. Herbert Hoover war das egal: Ohne vorherige Absprache verkündete er, diese Mittel seien seiner Organisation zur

Verfügung gestellt worden und sollten in den Transport fließen. Wie an anderer Stelle erklärt, handelte es sich um eine Lüge, die darauf abzielte, eine Konkurrenzorganisation aus dem Rockefeller-Lager zu schwächen. Die Belgier hatten keine derartigen Auflagen vorgegeben.[1]

Und tatsächlich verhandelte Hoover, während er das Schreiben aufsetzte, wonach das Darlehen des Comité Nationale für Transportaufgaben gedacht sei, mit amerikanischen Lieferanten über kostenlosen Getreidetransport innerhalb der Vereinigten Staaten.[2] Hoover war fest entschlossen, als Einziger den Daumen auf dem Geldfluss, dem Lebensmitteleinkauf und dem Transport zu haben und alle anderen wohltätigen Konkurrenzorganisationen nieder zu walzen. Während der nächsten 3 Jahre biss er sämtliche Wettbewerber weg und handelte mit Regierungen und internationalen Banken erfolgreich Darlehen über viele Millionen Dollar aus … und bestimmte, wo und wofür diese Gelder ausgegeben werden sollten. Hoover riss derart viel Macht an sich, dass ein unabhängiger Beobachter durchaus hätte glauben können, es handele sich um Hoovers eigenes Geld.

Während der letzten Jahrzehnte des 19. Jahrhunderts standen Belgiens Banken im Mittelpunkt der europäischen und internationalen Finanzwelt, wo sie eine beeindruckende und über große Macht verfügende Fraktion darstellten. Reich geworden waren die Kreditinstitute durch die Ausbeutung des Kongos, Chinas und Südamerikas. Sie alle überragte die Société Générale de Belgique als wichtigste nichtstaatliche Bank des Landes. 1902 trieb die Bank mehrere Expansionsprojekte im Ausland voran, 1913 wurde die Banque Sino-Belge zur offiziellen Tochter der Société Générale de Belgique ernannt. Ihr offizieller Name war Banque Belge pour l'Étranger.[3] Im Grunde wirkte es, als handele es sich schlicht um eine natürliche Folge der Expansion, aber der Ableger in London diente der Société Générale de Belgique während der Besetzung Belgiens im Ersten Weltkrieg als Hauptquartier – eine Verbindung von allergrößter Bedeutung für die Geschäfte des Comité National.

Eine zweite wichtige Verbindung war die Banque d'Outremer, ein internationales Handels- und Industrieunternehmen. Die 1899 gegründete Firma wies eine interessante Liste von Anteilseignern auf: Rothschild-Banken, belgische Finanziers, die sich durch die Vergewaltigung von Belgisch-Kongo bereichert hatten, und britische Investoren aus dem näheren Umfeld der

Geheimen Elite. Größter Aktionär war die Société Générale de Belgique, dicht dahinter lagen die Banque de Paris & des Pays Bays aus dem Rothschild-Imperium, die Banque Léon Lambert und Cassel & Cie. Sowohl Sir Ernest Cassel – der Bankier von König Eduard VII[4] – als auch der mit Lloyd George und dem griechischen Waffenhändler Basil Zaharoff befreundete Sir Vincent Caillard vom britischen Konzern Vickers hielten Anteile. Zufälligerweise war das Unternehmen auf Bergbau und Metallurgie spezialisiert, und so kaufte die Banque d'Outremer rund um den Globus große Beteiligungen an entsprechenden Firmen.[5]

Der Zufälle nicht genug: Émile Francqui, Präsident im Exekutivausschuss der belgischen Hungerhilfe Comité Nationale de Secours et d'Alimentation (CNSA), saß bei beiden Banken im Direktorium, von 1905 bis 1911 bei der Banque d'Outremer und ab 1911 bei der Société Générale de Belgique. Als 1915 überraschend der Banque-d'Outremer-Chef Albert Thys starb, übernahm Francqui dort und bei der Société Générale de Belgique die Führung.[6] Was allein diese wenigen genannten Personen an finanzieller Macht auf sich vereinten, ist immens, und hinzu kommt noch ihre direkte Verbindung zur Geheimen Elite. Kein Wunder, dass Begriffe wie »Geldgier« üblich wurden. Wir reden hier über das Haus Rothschild, sowohl den Londoner wie auch den Pariser Ableger, über Ernest Cassel, der gemeinsam mit Nathan Rothschild das Rüstungsunternehmen Vickers groß machte, über seinen Schwiegersohn, den Baron Léon Lambert, Besitzer einer eigenen Bank, und über Émile Francqui, den König Leopold als »seinen Mann« in den Kongo geschickt hatte. In China und Südafrika kreuzten sich seine Wege mit denen Hoovers, er hatte in zwei der wichtigsten Banken des Landes das Sagen und fungierte als Präsident beim Exekutivausschuss des CNSA. All diese Männer waren auf irgendeine Weise miteinander verbunden, sei es durch Blut oder Geld. Aber das war nur die Spitze des finanziellen Eisbergs.

Fast jedes wichtige belgische Bankhaus war im CNSA vertreten. Josse Allard, ehemaliger Direktor der Belgischen Münze, stand der Banque Allard & Cie. vor, die wiederum mit der Banque Josse Allard in Brüssel verbunden und ein Geschäftspartner der deutschen Dresdner Bank war.[7] Aber die Verbindungen setzten sich auf der anderen Seite des Atlantiks fort. 1888 war die Banque Philippson gegründet worden, um Darlehen an den unabhängigen

Kongofreistaat zu vergeben. Der Bankenchef Franz Philippson tat sich mit den bekannten deutsch-amerikanischen New Yorker Bankiers Kuhn, Loeb & Co und deren Hamburger Kollegen vom Bankhaus Warburg zusammen. Sie gründeten ein Portfolio-Unternehmen, das sich auf den Verkauf amerikanischer Wertpapiere in Europa spezialisierte. Diese Banken waren von zentraler Bedeutung für das Wirtschaftsleben in Belgien und unterstützten die Deutschen, indem sie den Besatzern Zahlungen garantierten. Im Gegenzug wurden ihre ausländischen Beteiligungen nicht angetastet – eine für beide Seiten einträgliche Regelung.

Vor dem Krieg war die Belgische Nationalbank NBB exklusiv für das Drucken von Geldscheinen zuständig, aber nachdem sie im August 1914 ihre Goldreserven und »eine große Zahl von Staatsanleihen« nach London transferiert hatte,[8] wurde sie von den Deutschen bestraft. Die Besatzer beschlossen, ihre Angelegenheiten künftig über Émile Francquis Société Générale de Belgique abzuwickeln, deren Ansehen im Ausland dadurch nur noch weiter stieg. Zu den Wirtschaftsprüfern der NBB hatte Baron Léon Lambert von den Rothschilds gehört, aber faszinierenderweise auch Edward Bunge, der Bankier und Getreideimporteur aus Antwerpen.

Bunges familiäre Bande reichten bis nach Argentinien, wohin sein Bruder Ernest und sein Schwager George Born ausgewandert waren. 1909 war ihre Getreideexportfirma Bunge & Born Besitzer von Argentiniens größten und rentabelsten Getreidemühlen, Getreidesilos und Hafeneinrichtungen. Sie übernahmen in diesem Gemeinschaftsunternehmen die Exportaufgaben. Edward Bunge wiederum war der Inhaber von Bunge & Co., dem eigenständigen europäischen Ableger des gewaltigen Getreide-Importunternehmens. Als Drehkreuz für diese Unternehmen fungierte Antwerpen.[9] Wie so viele andere reiche Unternehmer beteiligte sich auch Bunge an der Ausbeutung von Belgisch-Kongo. Bunge & Co erhielt von König Leopold die Erlaubnis, den rund 30 000 Quadratkilometer großen Bezirk Mongala zu verwalten, Bunge selbst genoss das Vertrauen des belgischen Königshauses.[10] Insofern war Edward Bunge in einer perfekten Position, Hoover beim Getreideeinkauf zu unterstützen und gleichzeitig enorm davon zu profitieren.

Hoover und die Kommission legten später eine Tabelle vor, in der die Mitglieder der Kommission des Belgischen Hilfswerks aufgeführt waren, aber die Bankenverbindungen verbargen sich hinter einem undurchdringlichen Dickicht von Namen. Präsident war Ernest Solvay, Europas reichster Industrieller. Solvays Firmenimperium erstreckte sich über die ganze Welt, große Werke und Fabriken standen unter anderem in Deutschland, Österreich, Frankreich, Belgien und Amerika. Die tagtäglichen Entscheidungen wurden im Exekutivausschuss getroffen, hier hatte Émile Francqui den Vorsitz, Direktor der Société Générale de Belgique und mächtigster Bankier in ganz Belgien. Am Ende des Krieges zitterten selbst wohlhabende Bankiers vor ihm. Unterstützt wurde Francqui von Männern, die hohe Ämter bei der Société Générale de Belgique oder in Solvays Unternehmungen innehatten, beispielsweise Chevalier de Wouters d' Oplinter – ihn kennen wir bereits, denn er war 1905 in dem skandalträchtigen Londoner Gerichtsfall der Angeklagte an der Seite Herbert Hoovers.[11]

Ebenfalls Mitglied im Komitee war Baron Léon Lambert, der Leiter der Banque Lambert, der zweitgrößten Privatbank Belgiens. Lambert und Francqui waren beide an der erbarmungslosen Ausbeutung Belgisch-Kongos beteiligt und ließen sich auch von den dort verübten Gräueltaten nicht abschrecken.[12] Francqui handelte im Auftrag von König Leopold II. Darlehen beim amerikanischen Finanzier John Pierpont Morgan aus und steckte nach seiner Rückkehr nach Belgien all sein Vermögen ins Bankengeschäft.[13] Der in den USA geborene deutschstämmige Ingenieur Dannie Heineman leitete den internationalen Konzern Sofina. Er und sein Sofina-Geschäftspartner William Hulse waren prodeutsch. Sofina wurde 1898 gegründet, dem Unternehmen gehörten wichtige Tram- und Elektrizitätskonzessionen in Spanien, Argentinien, Italien, Österreich-Ungarn, Frankreich und der Türkei.

Kurzum: Dem Comité Nationale standen die wichtigsten und einflussreichsten Industriellen und Bankiers in ganz Belgien vor, Männer, deren Vermögen Landesgrenzen weit hinter sich ließ. Aber die Verflechtungen reichten noch viel tiefer. Den Männern gehörten Beteiligungen an Bergbauunternehmen und Erzminen, die kriegswichtige Dinge produzierten, an Chemikalien, die neue Möglichkeiten eröffneten, andere Menschen zu töten, an Lebensmittelproduzenten in neutralen Ländern, die die kriegsführenden Parteien mit Brot versorgen konnten. Diese Männer konnten Kredit gewähren, für Darlehen bürgen und Wechsel einlösen. Was auch immer sie taten, sie taten es mit

Gewinn. Es handelte sich wahrlich um eine der ungewöhnlichsten Ansammlungen von Menschenfreunden in der Geschichte. Tagte das gesamte Komitee, waren auch Vertreter von König Albert anwesend, dazu ranghohe Anwälte und auch echte Politiker, die das gesamte Spektrum der belgischen Gesellschaft vertraten – die Arbeiter, die Katholiken, die Konservativen – und deren Ziel es war, der bedürftigen Bevölkerung zu helfen. Aber sie stellten nur eine Minderheit und wurden von den mächtigen Entscheidern ferngehalten, die die wahren Beschlüsse trafen und die auflaufenden Gewinne einstrichen.

Das Comité Nationale war mächtiger als Englands Barone im Mittelalter. Am 31. Oktober 1914 setzte es seine eigene Gründungsurkunde auf und ließ sie von allen Delegierten aus Belgien bewilligen. Das Comité verkündete die Gründung von zwei neuen Organisationen, zum einen die Kommission für das Belgische Hilfswerk, also Hoovers Unternehmen, zum anderen die Provinzkomitees, deren Arbeit vom Comité Nationale ernannte Delegierte überwachen würden. Das Comité Nationale verkündete, man werde über das Brüsseler Büro »eine sehr enge Kooperation« mit dem Belgischen Hilfswerk betreiben. Wichtigster Punkt bei dieser Mitteilung, die praktisch die Selbstverwaltung verkündete, war jedoch ein anderer: Es sei vereinbart worden, dass »das Comité National die Bücher zentralisieren, die Preise der Waren festlegen und sich um die Bezahlung der an die Provinzkomitees verkauften Vorräte kümmern wird«.[14]

Im Rahmen dieses Systems bezahlten die Provinzkomitees dem Comité National die erhaltenen Lebensmittel und verkauften diese zu Festpreisen weiter an die Verbraucher. Die Preise waren so festgelegt, dass die Komitees »einen kleinen Gewinn« machen konnten. Die örtlichen Ausschüsse mussten zudem einen Versicherungsbeitrag bezahlen, der Schäden oder Unglücke abdeckte, die den Vorräten zustießen.[15]

Zusätzlich musste jedes Provinzkomitee bei der Société Générale de Belgique ein Konto unterhalten, das so ausreichend gedeckt war, dass es für mindestens eine Monatslieferung an Lebensmittel reichte. Wir haben es hier also nicht mit karitativem Humanitarismus zu tun, wir sprechen über monopolistische Kontrolle. Das Comité National legte die Preise für Essen und Kleidung fest, egal, ob es sich um Spenden handelte oder um Artikel, die mit Mitteln der Alliierten gekauft worden waren. Bis auf Lebensmittel für völlig

Mittellose wurde alles mit Gewinn verkauft, wobei die Zahlung garantiert war und die Société Générale de Belgique als Zentralbank auftrat. Francqui und seine Bankgenossen errichteten ein System, in dem sie ständig steigende Preise vorgeben, die knappen Ressourcen zuteilen und immer größere Gewinne einstreichen konnten. Selbst der Bargeldfluss wurde über seine allmächtige Bank abgewickelt. Und das nannten sie gütige Milde. Was für eine Frechheit!

Hoover hatte die Unterstützung der mächtigen Kreditinstitute in New York und London im Rücken, aber wenn die belgischen Banken international ihr Gewicht in die Waagschale warfen, konnten sie es auch mit dieser Macht aufnehmen. Man könnte sich nun fragen: Wenn sie doch so reich waren, warum haben die belgischen Banken dann nicht auf ihr Vermögen zurückgegriffen, um ihren Mitbürgern zu helfen? Die Antwort darauf ist ganz simpel: Es handelte sich um Banken! Und Banken haben kein Geld zu verschenken, oder? Dennoch möchten sie uns weismachen, dass sie bei diesem Hilfswerk eine gewichtige Rolle gespielt haben. So steht es zumindest in ihren Unterlagen.

Wie bereits erwähnt, hatte die belgische Zentralbank im August 1914 ihre Goldreserven und »eine große Menge an Staatsanleihen« zur Bank of England verschifft. Deutschland protestierte, dass diese Vermögenswerte zurückgegeben werden müssten, aber dennoch blieben sie gemeinsam mit den Druckvorlagen für die offizielle belgische Währung sicher in London.[16] Dieses Arrangement war zuvor von Belgien und Großbritannien vereinbart worden, und obwohl die Deutschen im Februar 1915 mehrere Mitglieder aus dem Direktorium der Belgischen Notenbank mit dem Auftrag nach London entsandten, die Staatsanleihen und das Gold zurückzuholen, war diese Mission doch kaum mehr als eine symbolische Geste. Natürlich wäre das Gold unter keinerlei Umständen zurückgegeben worden. Das wirft die Frage auf: Worum ging es also bei alledem?

Ein Thema von zentraler Bedeutung für die Bankiers war Anfang 1915 die im Umlauf befindliche Geldmenge. Sie wurde sowohl für das Belgische Hilfswerk wie auch die Besatzer immer mehr zum Problem, für das dringend eine Lösung gefunden werden musste. Ohne Geld würde der Handel zum Stillstand kommen. Im Februar 1915 reiste Herbert Hoover nach Berlin und traf sich dort unter anderem mit dem Reichsfinanzminister.[17] Die Reichsbank schlug einen Ausweg aus der Pattsituation vor: Amerika würde ein 50 Millionen Dollar schweres Darlehen zur Verfügung stellen, für das Deutschland bürgen würde, das aber von Belgien zurückgezahlt werden würde. Berlin schlug vor, eine »Hilfsbank« aufzubauen, aber der Vorschlag musste abgelehnt werden. Egal, für wie wichtig Hoover sich selbst erachtete: Er war nicht mächtig genug, der belgischen Regierung 50 Millionen Schulden aufzuhalsen.[18]

Ein anderer Vorschlag zeigt ebenfalls, wie finanziell interessant die »humanitäre Hilfe« für die internationalen Großbankiers war. Laut dem Memorandum, das Hoover zum Treffen mit den Deutschen am 4. Februar 1915 erstellte, schlugen die Deutschen vor, das Belgische Hilfswerk könne »Freunde der deutschen Regierung in New York City« nutzen und seine Wechsel über Max Warburg in Hamburg und die New Yorker Bank Kuhn, Loeb & Co. einlösen. Der internationale Handel funktionierte dank dieses Systems sehr effektiv. Ein Beispiel: Ein deutscher Importeur bezahlt amerikanisches Getreide, indem er dem amerikanischen Exporteur einen in 3 Monaten fälligen Wechsel ausstellt. Der Wechsel funktioniert im Grunde wie ein Scheck. Benötigt der Exporteur das Geld früher, geht er mit dem Wechsel zu einer Handelsbank, die den Wechsel gegen einen Abschlag einlöst. Sie zahlt ihm also sofort Geld aus, allerdings weniger, als der Wechsel tatsächlich wert ist. Die Bank kann es sich erlauben, 3 Monate auf die volle Summe zu warten. Das war schon immer ein großes Geschäft, nahm in Kriegszeiten aber gewaltige Ausmaße an.

Max und Paul Warburg waren zentrale Figuren in der internationalen Finanzwelt. Ähnlich wie beim Imperium J. P. Morgans verfügten auch die Warburgs über enge Verbindungen zu den Rothschilds.[19] Paul hatte beim Aufbau des Notenbanksystems in den Vereinigten Staaten eine entscheidende Rolle gespielt, nun waren die Brüder tief verwickelt in die Geschäfte rund um das Belgische Hilfswerk. Wie bequem für die Geheime Elite! Max Warburg bot an, den Markt für die Einlösung von südamerikanischen Getreidewechseln zu übernehmen,[20] was die Gewinne aus London abziehen würde.

Warburg traf sich am selben Abend mit Hoover im Berliner Hotel Adlon. Dort erzählte er ihm von seinen großen Erfolgen bei Geschäften mit Wechseln für Baumwolllieferungen aus den USA nach Deutschland. Dabei habe er mit Kuhn, Loeb & Co. in New York gearbeitet, so Warburg, und er sei überzeugt, sein Unternehmen könne beim Einlösen von Getreidewechseln bessere Konditionen anbieten.[21] Am nächsten Tag traf sich Hoover mit Albert Ballin, der als Vorsitzender der Hamburg-Amerika-Linie vor dem Krieg regelmäßig in London gewesen war.

Seine guten Verbindungen in Großbritannien gaben Ballin Zugang zu Politikern der Geheimen Elite. Tatsächlich war er – »vorgeblich zu Geschäftszwecken« – wenige Tage vor Kriegsausbruch noch in London gewesen. Er traf sich dort mit Sir Edward Grey, Richard Haldane und Winston Churchill, aber es ist nicht bekannt, was dort geschah.[22] In der offiziellen Geschichtsschreibung heißt es nur, die Briten hätten Ballin versichert, dass Großbritannien neutral bleiben werde, aber war das wirklich alles? Nur eine Woche später wurden Albert Ballin und Max Warburg mit der Leitung der Reichseinkaufs-Gesellschaft (später: Zentral-Einkaufsgesellschaft, ZEG) beauftragt, einem staatlichen Unternehmen, das im Ausland Lebensmittel für Deutschland beschaffen sollte.[23]

Laut Hoover-Memorandum erklärte Ballin, ihm sei daran gelegen, die beschlagnahmten Handelsschiffe der Hamburg-Amerika-Linie für die Nutzung durch das Belgische Hilfswerk freizubekommen,[24] aber Hoover wusste, dass die britische Öffentlichkeit es nicht akzeptieren würde, wenn deutsche Schiffe mit ihrer Fracht ungestört den Atlantik überquerten. Nach ihrer Entladung in Rotterdam hätten sich Ballins Schiffe relativ einfach in deutsche Gewässer flüchten können. Das war selbst für die Geheime Elite zu viel. Allerdings galt es, einen anderen Aspekt zu bedenken: Beide Männer konkurrierten um einen knappen Rohstoff, nämlich Lebensmittel.

Hoover hatte den großen Vorteil, dass er Zugang zum Weltmarkt hatte, während sich Ballin auf Rumäniens Getreideernte beschränkten musste und auf das, was sich an der Scharade von Blockade vorbei aus Amerika einführen ließ. Ballin dürfte bewusst gewesen sein, welch gewaltige Mengen das Belgische Hilfswerk über Rotterdam importierte, und wahrscheinlich hat er exakt gewusst, wie viel davon nach Deutschland umgeleitet wurde. Albert Ballin war verantwortlich dafür, Lebensmittel einzukaufen, und Herbert Hoover leitete das Belgische Hilfswerk – wie wahrscheinlich ist es da, dass sich die beiden ausschließlich über Schifffahrt und Finanzen unterhielten? Sollen wir glauben, dass die beiden das Thema Lebensmittelimporte völlig ausklammerten? Wir dürfen nicht vergessen, dass Hoovers Schreiben das einzige bekannte Dokument zu ihren Unterredungen ist.

Doch das war noch nicht das Ende von Hoovers Besuch. Als Nächstes traf er sich mit dem Finanzberater der Kaiserlichen Reichsregierung in Begleitung von Max Warburg, der »zwei- oder dreimal« betonte, dass der Einfluss, den sein Bruder auf Amerikas Notenbanken habe, finanziell von Vorteil für das Belgische Hilfswerk sein könne.[25] Die Warburgs wollten sich um jeden Preis ihren Weg in den Markt für Wechselgeschäfte bahnen. Die Behauptung, dass sie bei der New Yorker Fed Einfluss hätten, basierte auf Tatsachen, aber leider (aus Sicht der Warburgs) ließ sich dasselbe über J. P. Morgan sagen. Beide Seiten mussten eine Lösung für das knifflige Problem der Geldversorgung finden. Ohne Geld würden Arbeiter nicht bezahlt, Rentnern ginge das Geld aus, und der Handel käme zum Erliegen. Angesichts dieser Tatsachen verständigten sich die belgische Exilregierung und die deutschen Besatzer auf eine für beide Seiten vorteilhafte Lösung.

Die Société Générale de Belgique von Émile Francqui erhielt die Befugnis, als belgische Zentralbank aufzutreten. Sie erhielt das Exklusivrecht, bis zum 20. November 1918 Banknoten auszugeben.[26] Auf Anweisung der deutschen Behörden trugen diese Geldscheine kein Landeswappen, kein Bild des belgischen Königshauses und auch sonst nichts, was als patriotische Loyalität durchgehen konnte.[27] Émile Francqui galt mittlerweile als »nationaler Vermittler«,[28] was nicht verwundert, wenn man bedenkt, welche Macht seiner Bank verliehen worden war. Natürlich stellten die Banken ihre Dienstleistungen in Rechnung, und die Société Générale de Belgique hatte viel zu gewinnen, aber wichtiger noch: Die Vereinbarung kam allen Beteiligten, sowohl den kriegsführenden Parteien wie auch dem neutralen Lager, gut zupass und trug dazu bei, den Krieg zu verlängern.

Als Herbert Hoover mit den Regierungen der Entente über die gewaltigen Kredite für das Belgische Hilfswerk verhandelte, griff er dabei auf die Organisationen von J. P. Morgan in Amerika zurück. Koordiniert wurde die Sache durch Morgan Guaranty Trust in New York, wo man sich auch um den Transfer nach London kümmerte. Ein Teil des »Geldes« floss auf dem Papier an die Banque Belge pour l'Étranger in London, die Beamte, Rentner, Lehrer und viele andere Bedienstete des belgischen Staats bezahlte.

Von dort aus wurde das Geld an die Société Générale de Belgique in Brüssel überwiesen.

Das Ganze lief über Sachkonten ab und funktionierte tadellos. Die Société Générale de Belgique druckte mit Genehmigung der deutschen Behörden schätzungsweise 1,6 Milliarden belgische Francs – Geld, das innerhalb der Wirtschaft zirkulierte und den Handel stützte. Die Summe, die Francquis Bank ausgeben durfte, überstieg die Goldreserven des Kreditinstituts, seine Devisen, seine Reichsmarkbestände und seine Kreditlinien bei ausländischen Banken um das Dreifache.[29] Die Macht der Société Générale de Belgique war dadurch alles überragend, Francqui war der Bankier der Bankiers. Zu diesem Zeitpunkt – eine akzeptable Währung war im Umlauf und wurde von der Öffentlichkeit wie auch von internationalen Banken genutzt – verhängte die deutsche Regierung eine Steuer auf Belgien, die sich auf 40 Millionen Francs pro Monat belief, was nach heutigem Wert etwa 130 Millionen Euro entspricht. Gedämpft regte sich Wut, aber dabei blieb es dann auch. Die Bankiers protestierten, bezahlten aber lieber, anstatt ihr persönliches Vermögen zu riskieren. Die Deutschen hatten einem wichtigen Kompromiss zugestimmt: Sie mischten sich nicht in die ausländischen Geschäfte der belgischen Banken ein. Möglicherweise ist das der Grund, warum die Proteste der Finanzinstitute so verhalten blieben.

Dass so wenig Geld im Umlauf war, brachte noch ein weiteres Problem mit sich. Belgier waren von Haus aus vorsichtig und trugen ihr Geld lieber aufs Sparbuch, anstatt es auszugeben. Außerhalb der »American Relief«-Geschäfte in Brüssel und Antwerpen war allerdings nur wenig Luxus zu erstehen. Im September 1916 griffen die Besatzer streng durch, was öffentliche Sparkonten bei der Belgischen Nationalbank und der Société Générale de Belgique anbelangte. Berlin forderte, dass alle in Reichsmark gehaltenen Gelder wieder deutscher Kontrolle unterstellt würden, und drohte bei Zuwiderhandlung mit Beschlagnahmen. Egal, ob die Gefahr nun real war oder nicht: Umgerechnet 120 Millionen Dollar flossen auf diese Weise nach Berlin.[30] Erst verhängte Deutschland eine Steuer und schleppte etwa ein Viertel des durch amerikanische Darlehen garantierten Geldes weg, dann riss man sich in großem Stil Ersparnisse unter den Nagel. Dieses Geld kam der Reichsbank zugute und wurde von der Reichsregierung für den Einkauf ausländischer Güter genutzt. Auf diese Weise wurde die Kriegsdauer deutlich verlängert, denn das Belgische Hilfswerk versorgte Deutschland mit Lebensmitteln für seine Streitkräfte und mit Geld zum Bezahlen seiner Kriegsanstrengungen.

Gemeinhin wird vermutet, dass die Gelder für das Belgische Hilfswerk vorrangig aus Spenden der Öffentlichkeit stammten und hier vor allem aus den USA. Das stimmt nicht. Hoover war ständig dabei, Geld einzuwerben und Organisationen und Einzelpersonen um Geld zu bitten – sogar Papst Benedikt XV., dessen päpstliche Botschaft Anfang Dezember 1916 an Amerika erging. Das war alles strategisch so abgestimmt, dass die Spenden rechtzeitig zum weihnachtlichen Verteilen von Geschenken und milden Gaben vorlagen.[31] Und trotzdem: Haupteinnahmequelle waren offizielle Staatsdarlehen, die das amerikanische Konsortium J. P. Morgans organisierte. Anfang 1915 vereinbarte Hoover mit Geldgebern in Großbritannien, Frankreich und Belgien eine Kapitalspritze von 5 Millionen Dollar monatlich, 1916 wurde der Betrag um die Hälfte auf 7,5 Millionen Dollar erhöht.[32]

1917 veröffentlichte die *New York Times* einen Artikel, in dem angedeutet wurde, Hoover sei »beschämt« über das geringe Spendenaufkommen aus Amerika. Von den 250 Millionen Dollar, die man bis Ende 1916 ausgegeben habe, seien gerade einmal 9 Millionen Dollar, nicht einmal 4 Prozent, aus den USA gekommen – »und das trotz der fetten Gewinne, die Amerika mit dem Verkauf von Vorräten an Belgien eingestrichen hat«.[33] Mit diesem cleveren Schachzug zielte Hoover auf das Gewissen der amerikanischen Öffentlichkeit ab, denn ihm war es letztlich egal, woher seine Mittel kamen. Darüber hinaus ergeben seine Zahlen auch keinen Sinn. Es waren Tausende Komitees gegründet worden, um Geld zu sammeln. Allein der *Literary Digest* spendete mehr als 300 000 Dollar, und zahlreiche amerikanischen Einrichtungen, Magazine und Zeitungen »gaben, bis es schmerzte«.[34] Welche Ausmaße die Betrügereien erreichten, werden wir vermutlich niemals mit letzter Gewissheit erfahren.

Im April 1917 traten die USA in den Krieg ein, nun hatte Hoover Zugriff auf noch größere finanzielle Unterstützung durch die US-Regierung. Sie willigte ein, direkt etwas beizutragen. Im Mai 1917 erhielt Hoover 75 Millionen Dollar zu seiner Verfügung. Unglaublich in diesem Zusammenhang ist, dass diese Beträge den Regierungen Frankreichs, Großbritanniens und Belgiens in Rechnung gestellt wurden, das Geld aber ausschließlich vom Belgischen

Hilfswerk ausgegeben wurde. Die US-Regierung stellte 12,5 Millionen Dollar monatlich bereit, davon gingen 7,5 Millionen an Belgien und 5 Millionen an Frankreich – unabhängig davon, ob diese Länder darum gebeten hatten.[35] Wir sprechen hier von gewaltigen Beträgen, und die von Hoover verwendete Sprache zeigt, dass er das letzte Wort hatte bei der Entscheidung, wofür die Mittel ausgegeben wurden. Es waren seine Agenturen, die beschlossen, was rund um den Globus eingekauft wurde, welche Reedereien die Fracht bewegten und welche Lieferanten alles auslieferten. Hier waren Vermögen zu verdienen.

Hoover hatte keinerlei Probleme damit, zu viel Geld anderer Leute auszugeben. Mitte 1916 überstiegen die Ausgaben des Belgischen Hilfswerks die Einnahmen um monatlich 2 Millionen Dollar.[36] Aber Hoover wusste, er würde auch weiterhin Geld erhalten, und zwar aus einem ganz einfachen Grund: Es war bereits so geplant. Die politische Bereitschaft war vorhanden, jetzt mussten nur noch gute Gründe gefunden werden. Und die Hochfinanz war nie weit vom Zentrum seiner Macht entfernt. Die Morgan-Rothschild-Achse durchdrang das gesamte Projekt, aber die Banken waren hier nicht die Geldgeber, sie traten nicht als Spender auf. Sie stellten vielmehr die Mittel bereit … gegen einen gewissen Preis. Sie waren schließlich Bankiers.

Zusammenfassung

- Es waren Banken und Darlehen aus Amerika und nicht großzügige Spenden, die die Arbeit der Hungerhilfe in Belgien ermöglichten – und damit auch die Versorgung Deutschlands gewährleisteten.
- Die mächtigen belgischen Banken wurden dominiert von der Société Générale de Belgique, an deren Spitze der ehemalige Kollege und jetzige Freund Hoovers, Émile Francqui, stand.
- Am belgischen Comité Nationale war praktisch jede belgische Bank beteiligt. Die Organisation verantwortete die zentrale

Buchhaltung, legte Preise für die Waren fest, die im Rahmen der Hilfslieferungen eingingen, und verkaufte sie mit Gewinn weiter. Lokale Ausschüsse mussten zum Schutz vor Verlusten sogar eine Versicherungsprämie bezahlen.

- Im August 1914 hatte die Belgische Nationalbank alle Goldreserven, Staatsanleihen und Druckvorlagen nach London verschifft.
- Hoover musste sich auf dem Markt für Lebensmittel mit Konkurrenz auseinandersetzen. Aus Deutschland drängten die Warburgs mit ihren direkten Verbindungen zur New Yorker Bank Kuhn, Loeb & Co auf die Märkte, die Hoover im Auftrag der J.P.-Morgan-Banken dominierte. Die Warburgs erklärten, sie hätten Einfluss auf die New Yorker Notenbank und könnten dem Belgischen Hilfswerk gute Konditionen für Wechselgeschäfte bieten.
- Ein Mangel an Banknoten wurde in Belgien zum Problem. Die deutsche Besatzungsmacht ermächtigte daraufhin die Société Générale de Belgique, Banknoten auszugeben.
- Morgan Guaranty Trust koordinierte die Geldströme zwischen New York und London. Von dort floss das Geld weiter an die Londoner Banque Belge pour l'Étranger und an die Société Générale de Belgique in Brüssel. Dort wurde Geld für den Alltagseinsatz gedruckt.
- Deutschland besteuerte die Belgier und riss sich etwa ein Viertel des Geldes, das durch amerikanische Bürgschaften gedeckt war, unter den Nagel. Im nächsten Schritt wurden Spareinlagen beschlagnahmt.
- Als Amerika 1917 in den Krieg eintrat, wurden die Einsätze noch einmal höher. Monatlich gab das Hilfswerk inzwischen 2 Millionen Dollar mehr aus, als es einnahm.

Kapitel 17

Das Belgische Hilfswerk

Piraten im Krieg

In der offiziellen Geschichtsschreibung zum Ersten Weltkrieg fehlt die Kommission für das Belgische Hilfswerk, was vielleicht erklärt, warum das Ausmaß der Täuschung unbeachtet blieb. Wie war es möglich, eine Versorgung an Lebensmitteln aufrechtzuerhalten, die die belgischen Bedürfnisse mehr oder weniger gut abdeckte und es gleichzeitig ermöglichte, das deutsche Volk und die deutschen Truppen von den gewaltigen zur Verfügung stehenden Vorräten profitieren zu lassen? Ist denn wirklich niemand darüber gestolpert? Hat sich niemand beschwert? Es flossen gewaltige Beträge zwischen New York und London, und das Handelsvolumen zwischen Amerika, Rotterdam und Brüssel war dermaßen riesig, dass Fehlverhalten doch gewiss hätte öffentliche Aufmerksamkeit erregen müssen. Die Antwort darauf ist ganz simpel: Es gab keine öffentliche Aufmerksamkeit, denn die Öffentlichkeit bekam von alledem schlichtweg nichts mit.

Wir wissen, dass die Deutschen in einem Schreiben, das am 14. November 1914 der amerikanischen Gesandtschaft unter Brand Whitlock überreicht wurde, die erforderlichen förmlichen Zusagen bezüglich des Belgischen Hilfswerks gaben. Sie versprachen hoch und heilig, sehr genau darauf zu achten, die Finger von allen importierten Vorräten zu lassen, nichts zu beschlagnahmen oder zu requirieren. Über diese Vorräte und deren Verteilung würde einzig das Comité Nationale de Secours et d'Alimentation entscheiden.[1]

Alles lief gut, bis Hoovers Behauptung, eine Katastrophe stünde unmittelbar bevor, am 22. November 1914 in der *New York Times* als Lüge enttarnt wurde. Der persönliche Adjutant des Militärgouverneurs von Antwerpen machte sich über das Gerücht lustig, wonach die belgische Bevölkerung kurz vor dem Verhungern stehe. Er erklärte: »Auf unser Anraten hin wurde eine gemeindeübergreifende Kommission organisiert, alle Bezirke werden versorgt.«[2] Der Adjutant erklärte weiter: »Hätte Amerika nicht so ein weiches Herz und würde uns Lebensmittel schicken … hätten wir es gewiss als unsere Pflicht erachtet, Nahrung aus Deutschland zu holen, denn … es ist unsere Pflicht, dafür zu sorgen, dass die Menschen nicht verhungern.«[3]

Natürlich hatte der Mann absolut recht, aber Botschaften wie diese hätten die Kommission für das Belgische Hilfswerk zerlegen können, noch bevor sie ihre Arbeit richtig aufgenommen hatte. Hoover und die Kommission stürzten sich dementsprechend auch sofort darauf. Hoover drohte damit, das Hilfswerk zu schließen, und die deutsche Regierung widersprach unverzüglich der Behauptung des Adjutanten und dankte den Amerikanern für ihre wichtige Arbeit bei der Bekämpfung einer Hungersnot.[4] Ganz offensichtlich habe es sich um ein Missverständnis gehandelt, das durch eine schlechte Übersetzung noch vergrößert worden sein. Nur stimmt das nicht. Es war die Wahrheit und wurde genau deshalb von allen gefürchtet, die an einer der größten Betrügereien der Menschheitsgeschichte beteiligt waren.

Von nun an war allerhöchste Vorsicht angesagt. Auf keinen Fall durften Abweichler Wind von den Machenschaften bekommen. Das britische Kabinett war gespalten, was Lebensmittellieferungen an Belgien anbelangte. Tatsächlich wurde im Oktober 1914 der Eindruck erweckt, die Diskussion drehe sich um eine ganz andere Frage: Sollte man zustimmen, dass durch Garantien spanischer und amerikanischer Minister gedeckte Lebensmittel nach Holland geliefert und dann für belgische Flüchtlinge verwendet werden?[5] Von der gesamten Zivilbevölkerung war gar nicht die Rede. Kitchener, Churchill und Lloyd George äußerten Bedenken, dass die Deutschen diese Vorräte beschlagnahmen und sich auch noch die belgische Ernte einverleiben könnten, aber Grey, Haldane und Asquith waren dafür, und so schritt die »Hungerhilfe« trotz aller Einwände voran. Wie ungewöhnlich. Der Kriegsminister und die Admiralität, die Stimmen von Heer und Flotte, lehnten es vehement ab, Belgien den Import von Lebensmitteln zu erlauben, genauso war auch eine Mehrheit im Kabinett dagegen, aber trotzdem kam es anders.

Als Hoover Anfang Dezember 1914 noch damit haderte, wie langsam die erforderlichen Mittel für einen raschen Start des Belgischen Hilfswerks zusammenkamen, traf ein kluges Schreiben von Lord Eustace Perry aus dem Außenministerium ein. Hoover wusste, wen und was er repräsentierte, und ging davon aus, dass sich ihm alle Türen öffnen würden und all seine Anträge automatisch abgenickt werden würden. Aber nicht einmal die Geheime Elite konnte für einen sofortigen totalen Erfolg sorgen. Die Meinung der Menschen auf der Straße blieb weiterhin wichtig, das Volk musste den Krieg befürworten. Das machte es erforderlich, entscheidende Dinge hinter verschlossenen Türen zu regeln.

Churchills Ministerium agierte offensichtlich als Hemmschuh. Die Handelssparte der Admiralität wandte sich eigenmächtig an Schiffsbesitzer und riet ihnen, keine Lebensmittel in holländische Häfen zu transportieren.[6] Ganz unverblümt hieß es: »Die Admiralität erachtet es als ausgesprochen unerwünscht, dass britische Schiffe dazu beitragen, die ohnehin bereits sehr großen Vorräte an Getreide etc., die nach Holland fließen, noch weiter zu vergrößern.« Eine derartige Einmischung musste selbstverständlich unterbunden werden, und so eilte Lord Percy Hoover zu Hilfe und erklärte: »Ich werde das Thema mit aller mir zur Verfügung stehenden Macht vorantreiben.«

Was Lord Percy versprach, war eindeutig. Seine Handlungen bestätigten, dass es innerhalb des Kabinetts eine Gruppe gab, die sich voll und ganz hinter das Belgische Hilfswerk stellte, obwohl Zeitungen wiederholt moniert hatten, dass die Deutschen sich an den Lebensmittelvorräten bedienen würden. Percy glättete die Wogen und versicherte Hoover:

> *»Lassen Sie sich nicht von den momentanen Schwierigkeiten entmutigen, die durch das Vorgehen überarbeiteter Beamter der Admiralität oder andernorts entstanden sind. Sie dürfen sich auch nicht verletzt fühlen, sollte ich Ihnen gelegentlich die unbegründeten Gerüchte vortragen, die wir über die Ereignisse in Belgien hören. Ich möchte die Lügen festnageln, sobald sie auftauchen, aber Sie dürfen derartige Nachfragen nicht als Zeichen dafür deuten, dass unsere Sympathie Ihnen und Ihrer Arbeit gegenüber in irgendeiner Weise erlahmt. Welchen Eindruck es auch immer erwecken mag,*

> *akzeptieren Sie bitte mein Ehrenwort, dass uns nur der Wunsch, Ihnen zu helfen, antreibt, nicht das Ansinnen, uns einzumischen.«*[7]

»Unbegründete Gerichte … Lügen festnageln … mein Ehrenwort … wir wollen nur helfen.« Dieses Schreiben war eine Bekräftigung, ein Versprechen an Hoover, dass das Foreign Office hinter ihm stehe, auch wenn es in der Öffentlichkeit hier und da nicht so aussehen mochte. Es wurden Spielchen gespielt. Unterschiedliche Lager mussten den Eindruck erwecken, miteinander über Kreuz zu liegen. Aber Hoover konnte unbesorgt sein, denn »unsere Sympathie Ihnen und Ihrer Arbeit gegenüber« würde ja nicht erlahmen. Das Schreiben war wie ein Blankoscheck, und Lord Eustace Perry – und durch ihn die Geheime Elite – war jemand, der zu seinem Wort stand.

Nicht so Hoover. Er war bereit, jedes Versprechen abzugeben, alles zu beteuern und jede nur erwünschte Antwort aus dem Ärmel zu schütteln, wenn es nur half, sein Projekt voranzutreiben und das wahre Bild zu verschleiern. Eine große Hilfe dabei war ihm dabei der dramatische Wandel, den David Lloyd George durchlief – vom Skeptiker im Kabinett zum begeisterten Befürworter im Finanzministerium. Hoover schrieb ein Protokoll zu einem Treffen vom 21. Januar 1915, bei dem er mit Lloyd George, Lord Emmott,[8] Lord Eustace Perry und dem Generalstaatsanwalt Sir John Simon zusammengekommen war. Letzterer war ein persönlicher Freund von Alfred Milner, dem Anführer der Geheimen Elite, und ein geschätztes Mitglied des Geheimbundes.[9] Zu Beginn des Treffens machte Lloyd George deutlich, er werde sein Veto gegen Hoovers Vorschlag einlegen, mithilfe internationaler Geldwechselvorkehrungen die Arbeit des Belgischen Hilfswerks zu erleichtern. Der Grund: Das Belgische Hilfswerk helfe dem Feind. Offenbar hatte er bei dem Treffen einen echten Erweckungsmoment, denn letztlich gab er seine sofortige Zustimmung zu Hoovers Vorschlägen.[10] Und wieder hatte ein zentraler Akteur seine Haltung geändert und sich auf die Seite der Geheimen Elite gestellt. Wie konnte das passieren? Zu Beginn des Treffens ist Lloyd George überzeugt, dass das Belgische Hilfswerk dem Feind hilft und auf diese Weise den Krieg verlängert, am Ende legt er eine 180-Grad-Wende hin und spricht der Hungerhilfe seine rückhaltlose Unterstützung aus?

Im Februar 1915 bat Lloyd George Hoover, die Bedürfnisse der belgischen Zivilbevölkerung schriftlich zu formulieren. Hoover produzierte daraufhin ein Memorandum, das mit folgenden Worten beginnt: »Bis auf die von dieser Kommission importierten Brotprodukte gibt es heutzutage nicht eine Unze Brot in Belgien.«[11] Eigentlich sollte ihm bewusst gewesen sein, dass es in Belgien und Holland reichlich Zivilisten gab, die es besser wussten. Es gab Spionageringe, und regelmäßig flossen Informationen aus Belgien über den Ärmelkanal nach Großbritannien.[12] Jede angebliche Tatsache, die Hoover anführte, ließ sich überprüfen, aber ihm ging es nur darum, der Propagandamaschinerie Futter zu liefern. Hoovers Schreiben fuhr in ähnlich bombastischem Ton fort, er war aber zumindest bereit einzuräumen, dass »Lebensmittel mit kleinem Gewinn verkauft werden, um die besser situierte Bevölkerung dazu zu bewegen, etwas zur Unterstützung der Bedürftigen beizutragen«. Absoluter Schwachsinn. Die Lebensmittelpreise wurden regelmäßig vom Comité Nationale angehoben und die Gewinne nie auf zufriedenstellende Art und Weise in den Geschäftsbüchern erfasst.

Herbert Hoover erklärte kategorisch: »Es gab (seitens der deutschen Regierung) niemals Versuche, sich bei den von uns eingeführten Lebensmitteln einzumischen. Wir können zur vollsten Zufriedenheit eines jeden Buchprüfers Rechenschaft ablegen über jeden einzelnen Sack Getreide, vom Zeitpunkt, an dem er Rotterdam verlassen hat, bis er den zivilen belgischen Verbraucher erreicht hat.«[13] Diese Lüge sollte später aufgedeckt werden, aber im Februar 1915 erhöhte Hoover den Einsatz sogar noch mit einer extremeren Drohung: »Sofern Belgien nicht Nahrungsmittel aus ausländischen Quellen erhält, wird die Dezimierung dieser Bevölkerung in 30 Tagen einsetzen.«[14] Die Drohung, die belgische Nation werde verhungern, entwickelte sich dank Nachrichtenartikeln und Appellen der Mitglieder des Belgischen Hilfswerks zu einem Dauerthema. Beweise für dieses »endgültige Verhungern« wurden nie vorgelegt. Und dennoch hält sich dieser Mythos bis heute in Belgien. Merkwürdig.

Anfang März 1915 beschwerte sich Hoover beim amerikanischen Gesandten Whitlock: »Die englische Regierung hat mich diese Woche in ein ernsthaftes Kreuzverhör genommen, was unsere gesamte Organisation in Belgien anbelangt.«[15] Er war aufgebracht darüber, dass die Regierung seinen früheren

Behauptungen nachging, die er gemacht hatte »wegen der ständigen verlogenen Berichte in der englischen Presse, wonach unsere Lebensmittel von den Deutschen abtransportiert werden oder im operativen Gebiet ihren Requirierungen dienen«. Hoover wusste, dass es in Großbritannien ein Lager gab, zu dem auch Churchill und Kitchener zählten, und dass diese »militärische Partei«, wie er sie nannte, ständig darauf aus war, bei Hoover Fehler zu finden.

Hoover musste vorsichtig sein. Es hatte Beschwerden gegeben, dass nicht ausreichend unabhängige Amerikaner die Verteilung kontrollieren: »Ich erklärte ihnen, dass etwa 50 Amerikaner für uns arbeiten. Das wurde als unzureichend erachtet.« Im selben Brief räumte Hoover ein, dass er die britische Regierung belogen habe: »Ich bin überzeugt, wenn sie erführen, dass unser Personal auf 25 Personen begrenzt wurde, würden sie sofort erklären, dass dies vollkommen unzureichend ist.«[16] Dass Hoover sich so rücksichtslos dem Gesandten anvertraute, ist ein klares Indiz für Komplizenschaft. Die Kommission für das Belgische Hilfswerk konnte den offiziellen Forderungen nicht nachkommen. Das musste sie auch gar nicht. Wie Lord Percy erklärt hatte: Es mochte einen anderen Anschein haben, aber »akzeptieren Sie bitte mein Ehrenwort, dass uns nur der Wunsch, Ihnen zu helfen, antreibt.«[17]

Diese Passage untergräbt Hoovers Behauptung, man könne für jeden Sack Getreide Rechenschaft ablegen, voll und ganz. Gleichzeitig enthüllt sie die Lüge, es seien ausreichend unabhängige amerikanische Beobachter im Einsatz gewesen, die darüber wachten, dass sich die Deutschen wie zugesagt nicht einmischen. Wir reden über Tausende Kilometer an belgischen Kanälen und Flüssen, zerstörte Straßen und Eisenbahnverbindungen, auf denen man sich vorsichtig bewegen musste und wo Umleitungen und das Ausweichen auf Nebenstrecken an der Tagesordnung waren – wie sollten 25 amerikanische Rhodes-Stipendiaten, die frisch von der Uni Oxford kamen, diese Aufgabe anstandsgemäß erfüllen?[18] Sie mochten voller guter Absichten gewesen sein, und sie mochten vielleicht sogar ein wenig Französisch sprechen, aber Flämisch oder Wallonisch beherrschten sie gewiss nicht. Zudem wurden sie auf Schritt und Tritt von Deutschen begleitet, die bestimmten, was sie zu sehen bekamen und wo sie es zu sehen bekamen.[19] Man hatte die »Beobachter« gewarnt, dass sie sich auf einige Härten würden einstellen müssen, aber die Realität sah anders aus. Sie wurden »mit Luxus überschüttet, lebten in Chateaus, fuhren in Automobilen herum und erhielten für ihre Arbeit Büros zugewiesen«.[20]

Damit nicht genug: Das Personal der amerikanischen Gesandtschaft in Brüssel gelangte rasch zu dem Urteil, dass die Rhodes-Stipendiaten nicht reif genug waren, dass es ihnen an Besonnenheit mangelte und dass sie so von sich selbst eingenommen waren, dass es die Beziehungen erschwerte. Ein Freiwilliger aus Oxford erklärte Brand Whitlock, Gott habe ihn aufgefordert, nach Belgien zu gehen. Whitlock war fest entschlossen, »durch Hoovers Vermittlung« Gott dazu zu bewegen, den jungen Mann wieder zurückzurufen.[21] Die Deutschen sorgten dafür, dass es den amerikanischen Studenten unmöglich war, einen allzu gründlichen Blick auf die Einfuhr und die Verteilung ausländischer Lebensmittel zu werfen. Die Rhodes-Stipendiaten erfüllten eben die Aufgabe, die ihnen die Geheime Elite zugedacht hatte: Sie waren Staffage und sorgten dafür, dass es so aussah, als hätte alles seine Ordnung und als würden die Lebensmittel ausschließlich belgische Münder erreichen.

Hoover log ohne jedwede Schuldgefühle. Deutlich zeigt das sein Schriftwechsel mit dem deutschen Generalgouverneur für Belgien, Generaloberst Moritz von Bissing. Während er bei Lloyd George um finanzielle Unterstützung warb, warnte Hoover gleichzeitig die Deutschen: Die englische Regierung lehne es vehement ab, der Einfuhr von Lebensmitteln nach Belgien zuzustimmen, weil es Deutschland von der Pflicht entbinde, die Belgier zu ernähren. »Das ist ein großer militärischer Vorteil für die Deutschen und ein großer militärischer Nachteil für die Engländer.«[22] Und schließlich folgte noch eine Aussage, mit der er nicht ganz unrecht hatte: »Wir denken, wiewohl unser Dienst von persönlichem Vorteil für die belgische Zivilbevölkerung ist, ist er doch aus jedweder Hinsicht für die Deutschen von der allerhöchsten Bedeutung.«[23]

An Lloyd George hatte Hoover appelliert, dass Großbritannien in der Pflicht sei, die Belgier vor dem Hungertod zu bewahren. Gegenüber Generaloberst von Bissing erklärte er, die gesamte Organisation funktioniere »in jedweder Hinsicht« zum größten Nutzen der kaiserlichen Streitkräfte. Das war eindeutig auch eine indirekte Warnung: Sollte das Belgische Hilfswerk seine Zelte abbrechen, wären die Folgen für die deutschen Kriegsbemühungen katastrophal.

Die Deutschen gaben sich zum Teil sehr kompliziert, was die Zahl der Pässe für amerikanische Beobachter anging. Nachdem das Aufpassen auf Rhodes-Stipendiaten erst einmal den Reiz des Neuen eingebüßt hatte, begannen einige Deutsche, die Amerikaner verächtlich zu behandeln. Der amerikanische Staatssekretär Hugh Gibson nahm sich im November 1915 Oscar Freiherr von der Lancken-Wakenitz zur Brust, den Leiter der Politischen Abteilung in Belgien. Gibson verfasste im Anschluss ein denkwürdiges Memorandum dieses Treffens, bei dem er sich bitter darüber beschwerte, dass die deutschen Behörden dem Belgischen Hilfswerk alle nur erdenkbaren Hürden in den Weg legten. Die Militärbehörden im Norden Frankreichs hingegen wüssten »um die zentrale Bedeutung dieser Arbeit«. Gibson warnte den Baron, dass, sollten sich die Amerikaner aus der Hilfsarbeit zurückziehen, die britische Regierung nicht zulassen werde, dass eine andere neutrale Macht die Arbeit fortführt. Von der Lancken erwiderte verdrossen, dass Deutschland »inzwischen reichlich Nahrung vom Balkan erhält und die Belgier schon nicht verhungern werden«.[24]

Sehr aufschlussreich ist Gibsons Antwort. Mit triefendem Sarkasmus drückte er sein Bedauern aus, dass die Deutschen das Belgische Hilfswerk davon nicht bei einem früheren Treffen in Kenntnis gesetzt hätten. Die Hungerhilfe habe ihre Arbeit nur deshalb fortgeführt, »weil wir dachten, dass die deutsche Regierung und andere kriegsführenden Parteien es als notwendig erachten«. Was für eine Aussage! Gibson räumte ein, dass die Kommission für das Belgische Hilfswerk nur noch deshalb im Land sei, weil die deutsche Regierung die Einfuhr von Lebensmittel für notwendig hielt. Das Belgische Hilfswerk arbeitete auch für Deutschland. Von der Lancken wusste das natürlich und entschuldigte sich ausführlich für seine Äußerung.[25]

Der ganze Austausch zwischen Gibson und von der Lancken war ein doppelter Bluff, der die Scharade, die rund um die Einfuhr von Vorräten gespielt wurde, nur noch verstärkte. Mit den tatsächlichen Ereignissen hatte das wenig zu tun. Beide Seiten wussten, dass die deutsche Armee die Nahrungsmittel, die durch den Hafen von Rotterdam flossen, dringend benötigte. Oscar Freiherr von der Lancken-Wakenitz sprach mit der Doppelzüngigkeit, die wir von ranghohen Mitgliedern des diplomatischen Korps erwarten. Seine Berichte nach Berlin lasen sich da ganz anders. Er und die Mitglieder seiner

Abteilung trafen sich tagtäglich mit dem Comité National, und jeden Tag durchkreuzte er – zumindest in seiner Wahrnehmung – aufs Neue die Versuche des Comités, in Belgien zu bestimmen, wie die Dinge zu laufen hätten.[26] Den Deutschen war zudem bewusst, wie anfällig sie für feindliche Spionagetätigkeiten waren, deshalb ergriffen sie Schritte, »Spionage und die von einigen Mitgliedern des Comité Nationale praktizierte Übermittlung illegaler Informationen nach Großbritannien unmöglich zu machen«.[27] Dieser Kommentar stammt aus dem August 1915.

Deutschlands blankes Überleben hing davon ab, dass die belgische Hungerhilfe weiterlief. Die Londoner Presse berichtete, Deutschland habe belgisches Obst und Gemüse beschlagnahmt, woraufhin das Foreign Office Bedingungen festlegte und Forderungen stellte, was das Belgische Hilfswerk anbelangte. Diese Dinge ließen sich nicht ignorieren. In seinem Bericht nach Berlin schrieb von der Lancken im August 1916, das Thema Getreideimporte sei dermaßen überlebenswichtig, dass man der britischen Regierung keinerlei Vorwand liefern dürfe, die Aktivitäten des Comité Nationale auszusetzen. In mehreren Berichten aus diesem Jahr räumte er ein, es sei von »hohem Eigeninteresse für das Reich«, dass die Lebensmittelversorgung von Belgien und Nordfrankreich fortgesetzt werde.[28] Nachdem die deutschen Behörden davor zurückgescheut hatten, die belgische Ernte pauschal zu requirieren, beobachtete von der Lancken interessanterweise, dass deutsche Soldaten weiterhin Obst und Gemüse bei Belgiern einkaufen konnten und dass dies von der britischen Regierung abgesegnet war.[29] Was hätten wohl die alliierten Truppen, die unter unsäglichen Bedingungen im Grabenkrieg kämpften, dazu zu sagen gehabt?

Von der Lancken war stolz darauf, wie Deutschland die Kommission für das Belgische Hilfswerk für seine eigenen Zwecke nutzte, das geht aus den offiziellen Berichten hervor, die er zwischen 1915 und 1918 verfasste. Er machte sich sogar darüber lustig, wie ineffektiv die Stichproben seien, die die Rhodes-Studenten vornahmen:

»Der Überwachung zum Trotz ist es uns zum wiederholten Male gelungen, eine nennenswerte Menge an Lebensmitteln an die [West]Front oder nach Deutschland umzuleiten und … regionale Produkte für die Besatzungstruppen zu verwenden … mit Hilfe der Klauseln, die freiwillig dehnbar gestaltet oder insgeheim mit dem neutralen Komitee ausgehandelt oder von ihm unausgesprochen geduldet wurden.«[30] Das war ein atemberaubendes Eingeständnis und macht sämtliche Beteuerungen zunichte, wonach Deutschland sich angeblich nicht bei den Lebensmittellieferungen nach Belgien eingemischt habe.

Von der Lanckens Berichte sprechen für geheime Absprachen und Kollaboration. Er gesteht ganz unzweideutig, dass die deutschen Behörden heimlich nennenswerte Mengen an Nahrung aus der Hungerhilfe umleiteten und damit sowohl die kämpfenden Truppen im Feld versorgten als auch die Zivilbevölkerung in Deutschland. Er erklärt auch, wie das Ganze vonstatten ging: Eigentlich sollten die Bestimmungen dafür sorgen, dass nur die bedürftige belgische Bevölkerung Nahrung erhielt, aber die wachsweichen Regeln führten das Ganze ad absurdum. In einem weiteren Bericht spottete er über die »vorsätzlich verschwommenen und vagen« Vereinbarungen, innerhalb derer das deutsche Besatzungsheer agieren sollte. Der Nutzen, den Deutschland aus der Arbeit des Belgischen Hilfswerks ziehe, werde zunehmend immer größer.[31] Leider scheint kein Mainstream-Historiker diesen Skandal angeprangert zu haben.

Eines ist völlig klar: Der Fortbestand der deutschen Streitkräfte und ihre Fähigkeit, den Krieg fortzuführen, hingen davon ab, dass die Kommission für das Belgische Hilfswerk ungestört agieren konnte. Deutlicher lässt es sich nicht sagen. Das Belgische Hilfswerk trug vorsätzlich dazu bei, das Kriegsende hinauszuzögern.

Die Kommission für das Belgische Hilfswerk konnte auf die Rückendeckung der mächtigsten Personen in Großbritannien, Frankreich und den USA zurückgreifen, dennoch wurde die Organisation international, aber auch auf lokaler Ebene immer wieder in Streitigkeiten verwickelt, die drohten, das Hauptziel der Hungerhilfe zu untergraben: Es ging darum, den Krieg in die Länge zu ziehen, indem man nicht nur Belgien, sondern auch die deutschen Truppen ernährte. Persönliche Schwierigkeiten, menschliche Schwächen, Eifersucht, die Verlockung, sich von dem ohnehin reich gedeckten Tisch noch stärker zu bedienen … als das befeuerte eine Gier, die auf vielerlei Art und Weisen hätte böse ausgehen können.

In der Frühphase des Kriegs waren die Unmutsbekundungen der Abgeordneten in Westminster noch leise, aber ab 1916 stellten mehr und mehr Parlamentarier Fragen zur Hungerhilfe. Sie fragten nach dem Gesamtwert der Lebensmittel, die das Belgische Hilfswerk nach Belgien eingeführt hatte, sie wollten wissen, wie hoch der Anteil der Vereinigten Staaten war, wie viel andere neutrale Staaten sich daran beteiligten, wie viel das Empire und wie viel die anderen Alliierten beigesteuert hätten.[32] Kritiker wurden rasch mit einer Lawine aus Falschinformationen überschüttet, beispielsweise was die Tonnenzahl an Lebensmitteln anging oder die Angaben, wie viel Schinken und wie viel Schmalz geliefert worden war. Vor allem Schmalz war ein besonders interessanter Artikel, denn daraus ließ sich Glyzerin für Sprengstoffe gewinnen.[33]

Der Argwohn des Parlaments war voll und ganz gerechtfertigt. Natürlich flossen Lebensmittel in die deutschen Reihen, sei es, weil die Deutschen vor Ort Agrarprodukte beschlagnahmten oder weil skrupellose Belgier Importe weiterverkauften – aber in allererster Konsequenz, weil Geheimabsprachen zwischen Belgischem Hilfswerk und Comité Nationale auf der einen und der deutschen Regierung auf der anderen Seite dieses Vorgehen sanktionierten. Das beweisen die offiziellen Berichte von Baron von der Lancken.[34]

Am 21. Januar 1916 schrieb Lord Eustace Perry besorgt an Herbert Hoover. Thema waren die Reisvorräte, die das Belgische Hilfswerk in Belgien gelagert hatte. Er sei »zutiefst besorgt« festzustellen, dass große Mengen über Holland weiter nach Deutschland exportiert und »vom Hilfskomitee in Belgien« an die Deutschen verkauft worden seien.[35] Émile Francqui beteuerte Hoover, man habe das Thema untersucht und die »Information« von Lord Percy sei übertrieben. Offenbar handelte es sich um den Fehler eines deutschen Privatunternehmens, welches die Lebensmittel bei einem belgischen Händler erworben hatte, der den Reis wiederum von »Verbrauchern« gekauft hatte. Hoovers Problem dabei: Er hatte vom Foreign Office die Erlaubnis, 5000 Tonnen Reis im Monat einzuführen, aber von September bis November waren etwa 34 000 Tonnen eingetroffen, also mehr als doppelt so viel wie vereinbart. Percy drohte, die Einfuhr von Reis zu untersagen, bis die Deutschen aus eigenen Beständen eine gleichwertige Menge aushändigten. Hoover reagierte, indem er zunächst einmal die Statistiken des Außenministeriums zurückwies und hinzufügte: »Angesichts der fantastischen Preise, zu denen sie Reis verkaufen konnten, haben einige regionale Ausschüsse völlig unschuldigen Herzens den Reis verkauft und das Geld in Kartoffeln investiert ...«[36] Schwarzmarkthändler und unschuldige Herzen?!

Im März 1916 schrieb Lord Percy erneut besorgt an Hoover. Von einer »üblicherweise vertrauenswürdigen« Quelle habe er erfahren, dass im Bezirk Gent bis zur Hälfte aller von der Kommission eingeführten Lebensmittel direkt an die deutsche Armee gingen oder ins schlesische Breslau umgeleitet wurden. Zwischen November 1915 und Januar 1916 seien britischen Quellen zufolge sieben Schiffsladungen Kaffee, Reis, Bohnen, Mehl und Nüsse über die Niederlande nach Deutschland verschifft worden, 4200 Tonnen insgesamt. Namentlich benannte Lord Percy den Besitzer einer Mühle in Brüssel, der das beim Mahlen gewonnene Öl »zu Munitionszwecken« an die Deutschen verkaufte.[37] Hoover antwortete wie gehabt: Insgesamt sei der Schwund sehr gering, allerdings sei der Schmuggel ausländischer Güter durch Holland viel größer als bislang angenommen.[38] Dementieren, vom Thema ablenken und täuschen – so arbeitete Hoover. Und dennoch nahmen die ständigen Beschwerden, dass man über das Belgische Hilfswerk in Wirklichkeit den Feind ernährte, immer weiter an Lautstärke zu.

Die ganze Angelegenheit hatte noch eine zusätzliche Dimension, die von jedermann absichtlich ignoriert zu werden schien: Die Belgier wussten, dass ihre eigenen Landsleute das System missbrauchten. Zunächst unternahm das Comité Nationale nur geringe Anstrengungen, die tagtägliche Arbeit der Provinzkomitees zu kontrollieren, aber im Dezember 1915 musste die Organisation »zahllose Verstöße gegen unsere Anweisungen« eingestehen, die in Summe zu schweren Fällen von Missbrauch und negativen Äußerungen im Ausland geführt hatten. In seinem Tätigkeitsbericht für 1915 räumte das Comité Nationale ein, dass die eingeführten Lebensmittel nicht ausschließlich in den zugewiesenen Geschäften verkauft und auch nicht immer als Produkte der Hungerhilfe ausgewiesen wurden, wie es die Grundsatzvereinbarung vorsah.[39] Anders gesagt: Das Augenmerk beschränkte sich auf Belgier, die sich über die Regeln hinwegsetzten und Lebensmittel an die Deutschen (weiter)verkauften. Durch dieses Vorgehen lenkte man die Aufmerksamkeit weg von dem eigentlichen Skandal – dem faustischen Pakt, den Hoover mit der Reichsregierung eingegangen war.

Als die deutschen Besatzer begannen, arbeitslose Belgier mithilfe von Lebensmittelzuteilungen dazu zu bewegen, für sie zu arbeiten, gewannen die Nachfragen im britischen Parlament weiter und weiter an Schärfe.[40] Lord Robert Cecil, Staatssekretär im Außenministerium, wies alle Anschuldigungen zurück: »Ich kann nicht zustimmen, dass die angeblichen Fakten eingeräumt wurden.« Das Außenministerium winkte schlichtweg alle Diskussionen ab.[41] Die Abgeordneten waren zu Recht besorgt angesichts der Mengen an Mais und anderen Lebensmitteln, die Belgien über Holland einführte (auch hier gab es den Verdacht, dass die Produkte weiter nach Deutschland exportiert wurden).

Cecil versicherte ihnen: Niederländischen Statistiken zufolge seien in jenem Jahr »nur 2 Tonnen pflanzlicher oder tierischer Öle« nach Deutschland exportiert worden.[42] 2 Tonnen? Lachhaft. Wieder und wieder wurden berechtigte Fragen mit schwachen Beteuerungen gekontert, oder man wich einer Antwort gleich vollständig aus. Im August 1916, nach 2 Jahren Krieg, kam endlich die unverhohlene Frage auf den Tisch:

> *»Ist die Regierung Seiner Majestät davon überzeugt, dass die Mittel des Komitees für das Belgische Hilfswerk tatsächlich der Versorgung loyaler Belgier in den besetzten Gebieten zukommen und nicht Deutschen oder Belgiern, die für das deutsche Heer arbeiten?«*[43]

Die Antwort von Lord Robert Cecil war alles andere als überzeugend. Er schwafelte etwas von »zufriedenstellenden Garantien bezüglich sämtlicher inländischer Nahrungsmittel«, musste allerdings auch einräumen, dass »es immer noch zu Verstößen gegen diese Garantien der Deutschen kommt«, und das, obwohl »Vertreter der Vereinigten Staaten, Spaniens und der Niederlande in Brüssel energische Schritte ergreifen [um dies zu unterbinden]. Die Deutschen sind sich sehr wohl dessen bewusst, dass eine Fortsetzung derartiger Verstöße die gesamte Arbeit gefährden wird.« War das eine ernsthafte Absicht? Bedeuteten Zusagen irgendetwas? Lord Cecil bestand darauf, dass »die Regierung Seiner Majestät zufriedengestellt ist, dass die vom

Hilfswerk importierten Lebensmittel nicht Gefahr laufen, vom Feind angeeignet zu werden.«[44] Zufriedengestellt? Er wusste doch, was dort ablief. Das britische Außenministerium hatte Beweise dafür, dass die Deutschen sich Lebensmittel aneigneten, dass Eisenbahnwaggons von den Niederlanden nach Deutschland rollten, dass Lebensmittelvorräte verschwanden. Aber natürlich räumte das Foreign Office nichts dergleichen ein. Wie konnte es auch, schließlich mischte doch die Geheime Elite mit.

Die Antwort des Außenministeriums war die Standardantwort: »Die Regierung Seiner Majestät hat die Arbeit der Hungerhilfe entsprechend den Wünschen der Alliierten, darunter auch der belgischen Regierung, und im Interesse der gesamten Bevölkerung unterstützt.«[45] Wenn Nachfragen kamen, etwa zum Umfang der Einfuhren nach Belgien, gab es als Antwort ein: »Unsere Zahlen stimmen sehr häufig nicht mit denen an anderer Stelle veröffentlichten überein.«[46] An dieser Linie hielt die Regierung fest, obwohl es immer wieder lautstarke Proteste und knifflige Nachfragen gab. Unterdessen ernährten die Deutschen weiterhin ihre Soldaten und ihre Zivilbevölkerung aus dem gut bestückten Lager namens besetztes Belgien. Mitte November berichtete das Belgische Hilfswerk der amerikanischen Gesandtschaft, dass die Deutschen »3000 Stück Vieh pro Woche nach Deutschland verschiffen und reichlich Schmiere dazu«.[47] Hier handelte es sich nicht um etwas Schwund, es war ein Sturzbach, und hinter den Kulissen fand ein verzweifelter Kampf um die Oberhoheit statt.

Die Spannungen zwischen dem Belgischen Hilfswerk und dem Comité Nationale in Brüssel nahmen 1916 zu. Inzwischen war das System mehr oder weniger etabliert, und die Belgier hatten das Gefühl, die Welt überschütte die Amerikaner mit viel zu viel Lob, während gleichzeitig die eigenen enormen Anstrengungen häufig unbeachtet blieben. Die Belgier waren eifersüchtig. Es kam zu einem Kampf der Dickköpfe, mit Hoover und dessen rechter Hand Hugh Gibson in der einen Ecke und Émile Francqui und dem Comité Nationale in der anderen.

Wenn Diebe sich überwerfen, geht das niemals gut aus. Die belgische Exilregierung in Le Havre stimmte zu, das Comité Nationale des Secours et Alimentation – »Francqui & Company«, spottete Brand Whitlock voller Sarkasmus – als ihre Vertretung in Belgien anzuerkennen. Im Gegenzug stimmte

Francqui zu, »abzudanken, wenn der König zurückkehre«.[48] Whitlock, Leiter der amerikanischen Gesandtschaft, befand, Francqui »habe die Macht und den Rang eines Diktators angenommen. Er hat sogar gegenüber Hoover erklärt, dem Comité Nationale sei der Respekt zu erweisen, den man einer Regierung erweise«.[49] Nun war Whitlock voreingenommen, aber dass er explodierte, als Francqui erklärte, Belgien wolle keine milden Gaben von den Amerikanern mehr und die Amerikaner seien »Invasoren«, ist schon klassisch. »Die Schikanen, die Betrügereien, der schwarze Verrat einiger Teilnehmer« sei so verabscheuenswert, dass ihm die Worte fehlten.[50] Aber die Welt nahm an, dass die Kommission für das Belgische Hilfswerk und sein belgischer Ableger, das Comité Nationale, ein und dasselbe wären und auf das gemeinsame Ziel hinarbeiteten, die Bedürftigen und Mittellosen in Belgien zu speisen. Es war ein Skandal von globalem Ausmaß.

Es ging um enorme Einsätze. Den Bankiers im Comité Nationale war sehr wohl bewusst, dass es Hoovers Organisation war, die beim internationalen Transportgeschäft und dem Handel mit Nahrungsmitteln und Kleiderspenden den Rahm abschöpfen konnte. Nun forderten sie ihren Anteil ein.

Hoover hatte Whitlock im August 1916 gestanden, dass das Belgische Hilfswerk gewaltige Gewinne in Höhe mehrerer Millionen Dollar angehäuft hatte. Angeblich habe er Francqui vorgeschlagen, das Geld dafür zu nutzen, dass belgische Schüler nach dem Krieg mit einem Stipendium an amerikanischen Universitäten studieren könnten und andersherum.[51] Die Parallelen zu Cecil Rhodes und seinen Oxford-Stipendien müssen wie Musik in den Ohren der Geheimen Elite geklungen haben. Vielleicht war es sogar ihr eigener Vorschlag?

Hinter den Kulissen wurde unterdessen heftig gegeneinander ausgeteilt. Hoover bezeichnete Francqui als »Finanzpiraten«, und Joseph Green, Leiter der Inspektionsabteilung des Belgischen Hilfswerks, warf Francqui vor, in Brüssel einen korrupten Finanzring zu leiten. Francquis fragwürdiger Ruf habe sich »über drei Kontinente hinweg in Finanzkreisen herumgesprochen«.[52] Auffällig ist, wie stark hier der finanzielle Aspekt betont wird. Reduziert man das Gezanke auf seine Grundlagen, dreht sich alles um Macht, Geld und Kontrolle.

Hoover geriet zudem in eine hitzige Diskussion mit der belgischen Exilregierung. Er legte ihr eine geprüfte Bilanz vor, wonach das Belgische Hilfswerk bis Ende 1915 insgesamt 65 Millionen Dollar ausgegeben hatte – Geld, das von den Darlehen der Entente in Amerika an die belgische Regierung umgeleitet worden war. Der belgische Finanzminister Aloys van de Vyvere erklärte, er werde den Anspruch nicht endgültig absegnen, bis die Exilregierung nicht nach Brüssel zurückgekehrt sei und die Daten habe überprüfen können. Hätte er Hoovers Bücher ohne sorgfältige Prüfung einfach durchgewinkt, hätte er seine Pflichten vernachlässigt. Herbert Hoover tobte vor Wut. Seiner Ansicht nach war seine Organisation keiner Regierung gegenüber Rechenschaft schuldig. In einem Memorandum, das er Botschafter Walter Page schickte, damit dieser es unterschrieb, jammerte Hoover, er habe keinerlei rechtliche Verantwortung gegenüber der belgischen Regierung.[53] Er ganz allein entscheide darüber, wie die Geschenke, die man seiner Organisation gespendet hatte, zu verwenden seien.[54] Francqui und Hoover waren aus demselben – völlig verkommenen – Holz geschnitzt: Ihre Arroganz kannte keine Grenzen.

Beide Organisationen, sowohl das Belgische Hilfswerk wie auch das Comité Nationale, führten sich auf wie Ganovenbanden. Sie beschimpften einander, hänselten einander und drohten sich gegenseitig heftige Konsequenzen an, während sie versuchten, die vollständige Kontrolle über das von beiden beanspruchte Territorium zu erlangen. Aber es war Hoover, der unter dem Schutz des Großen Bruders stand. Das Foreign Office entschied, wie die Dinge zu laufen hatten. Der kurz zuvor zum Lord gekürte Edward Grey verfügte, das Belgische Hilfswerk solle nicht nur die ungeteilte Verantwortung für die Einfuhr von Lebensmitteln haben, sondern auch über die Verteilung und die Verwendung der aus dem Verkauf eingespielten Mittel entscheiden.[55] Lord Eustace Percy mischte sich ebenfalls ein und warnte, nach Auffassung britischer Vertreter komme das Comité Nationale seinen Inspektionspflichten nur ungenügend nach, insofern sei nicht gewährleistet, dass die Deutschen keinen Missbrauch mit den importierten Artikeln trieben. Er hatte recht – die Abläufe des Comités waren korrupt und ermöglichten einen grassierenden Missbrauch.

Francqui wies die Staatsanwaltschaft an, dem Belgischen Hilfswerk keine Informationen mehr darüber zu geben, wer wegen Verstoßes gegen die Lebensmittelbestimmungen angeklagt worden war. Solche Berichte hatten künftig direkt an sein Büro zu gehen, und alle Anfragen würden über das Comité Nationale laufen. Ab August 1916 unterdrückte er wichtige Fälle und manipulierte und verzerrte offizielle Zahlen auf eine Weise, die es unmöglich machte nachzuvollziehen, wie sehr in Belgien Schindluder getrieben und in welchem Umfang Lebensmittel an Deutschland verkauft wurden.[56] Ab Oktober begann das Comité Nationale, in den Verteilstellen amerikanische Flaggen und Poster, die auf das Belgische Hilfswerk verwiesen, abzuhängen und durch eigene Banner zu ersetzen. Es mag einem kleingeistig vorkommen, aber Botschafter Page in London war beleidigt. Er wollte eine klare Botschaft senden, als er sagte: »Das Comité Nationale ist nicht der Dreh- und Angelpunkt für die Hilfsarbeit in Belgien.«[57]

Die Geheime Elite begann nun mit aller Macht, Druck auf Francqui auszuüben. Mitte Dezember 1916 schließlich lenkte die belgische Regierung ein und stimmte zu, dass das Belgische Hilfswerk fortan die Verteilung von Lebensmitteln in Belgien kontrollierte. Hoover hatte sich durchgesetzt, aber Francqui ließ sich davon nicht unterkriegen. Er musste akzeptieren, dass sich die Briten hinter Hoover gestellt hatten, aber gleichzeitig versetzte ihn das in die Lage, seine eigene Trumpfkarte zu spielen: Er habe eine 600-seitige Abhandlung über das Belgische Hilfswerk geschrieben, erklärte Francqui dem Leiter der amerikanischen Gesandtschaft. Er fragte, ob Hoover riskieren wolle, dass man ihn in einem Buch auffliegen lasse, »dass ein Standardwerk der Geschichtsschreibung bleiben wird«?[58]

Es gebe sogar ein Kapitel darüber, welche Minister Hoover geschützt hätten, habe Francqui noch hinzugefügt, erklärte Whitlock. Ein derartiges Traktat hätte nicht nur das sofortige Aus von Herbert Hoover bedeutet. Leider wurde das versprochene Buch nie veröffentlicht. Mühsam wurde der Streit beigelegt, aber die Beziehungen blieben angespannt. Der Strom an Lebensmitteln nach Deutschland riss nicht ab, und die Geheime Elite hatte deutlich gemacht, dass sie Herbert Hoover vertraute. Unterdessen ging der echte Krieg weiter und forderte seinen Blutzoll.

Ein gewiefter Anleger zeichnet sich dadurch aus, dass er den richtigen Moment zum Verkaufen erkennt und dann weiterzieht. Ein wirklich erfolgreicher Investor zeichnet sich noch durch einen weiteren Vorteil aus – er besitzt Insiderinformationen. Herbert Hoover verfügte über gut verborgene Kontakte, die seine Karriere begleiteten und sie im richtigen Moment auf die richtige Bahn schoben. So war es auch in diesem Fall: Eine Schließung des Belgischen Hilfswerk würde höchstwahrscheinlich einen Sturm nach sich ziehen, also brachte er rechtzeitig seine Schäfchen ins Trockene. Es war Ende 1916, und Hoover wollte raus. Seit fast 2 ½ Jahren hatte er als Aushängeschild der internationalen Geldsammelaktionen für die Hungerhilfe fungiert und sich dabei ein gutes Image aufgebaut. Daraus wollte er nun weiteren Nutzen ziehen.

William Honnold, Hoovers Büroleiter in New York, erklärte ihm im Vertrauen, Präsident Wilson wolle eine amerikanische Hilfsorganisation aufziehen, die Geldmittel koordinieren und einsammeln solle. Hoover erkannte sofort seine Chance auf einen Posten in der Regierung Wilson. Einem Bekannten vertraute er im November 1916 an: »Ich würde gerne aus Europa raus und hätte gerne einen würdevollen Abgang.«[59]

Hoover unternahm den Versuch, ein neues Finanzierungsmodell für das Belgische Hilfswerk zu entwerfen. Bislang finanzierten Großbritannien und Frankreich die Kommission mit Darlehen aus Amerika, künftig sollte ihre finanzielle Belastung sinken. Die Lösung: Anstatt die Mittel erst nach Großbritannien und Frankreich zu schicken, die dann das Belgische Hilfswerk versorgten, sollte gleich ein amerikanisches Darlehen aufgenommen werden. J. P. Morgan und seine Kumpane von den Banken wussten, die Entente würde Belgien nicht in alle Ewigkeit unterstützen können, deshalb rieten sie Hoover zu einem direkteren Vorgehen.[60] Voller Zuversicht berichtete er im Dezember 1916: »Zu den Bankiers zählen Morgans Guaranty Trust und alle anderen wichtigen Gruppen, die einzig aus einem guten Gefühl heraus agieren«, und sie seien bereit, den Kredit zu unterstützen. Bankiers, deren einziger Antrieb ein gutes Gefühl ist? Das kann doch nur ein Scherz sein.

Als nächstes wies Hoover seine Leute in Europa an, sie sollten den Regierungen von Frankreich und Belgien empfehlen, die Einzelheiten mit J. P. Morgans Bank in London zu klären.[61] Natürlich konnte sich J. P. Morgan persönlich unmöglich für ein Darlehen starkmachen, das seine Banken über das Zentralbanksystem finanzieren und an dem sie reichlich verdienen würden. Aber sollte der entsprechende Vorschlag vom Leiter des Belgischen Hilfswerks kommen, stünden die Chancen, den Antrag durch den Kongress zu bringen, doch gleich deutlich besser.

Als Hoover am 13. Januar 1917 in Richtung Amerika aufbrach, hatte er ein klares Ziel vor Augen: Er wollte seine Karriere neu ausrichten. Die Aussichten für das Belgische Hilfswerk waren unterdessen nicht ganz so rosig. Das Miners' Bataillon aus dem australischen New South Wales stellte bei seinem Hilfsausschuss den offiziellen Antrag, kein Geld mehr an das Belgische Hilfswerk zu schicken, denn sie wüssten, dass die Deutschen die Lebensmittelvorräte requirieren.[62] Abgesehen von den Neuseeländern hatte New South Wales pro Kopf mehr für Belgien gespendet als jeder andere Staat weltweit. Das hatte auch Belgiens König Albert öffentlich gewürdigt.[63]

In dem Bericht des Bataillons heißt es, australische Soldaten hätten dermaßen viele Fälle beobachtet, in denen Essen der Hungerhilfe bei deutschen Truppen landete, dass das Hilfswerk aufgefordert wurde, 220 000 Dollar zurückzugeben, die bislang noch nicht in Anspruch genommen wurden.[64] Mehrere Kontinente entfernt ignorierten Hoovers Leute die absolut berechtigten Vorwürfe und schlugen mit einem »Trommelfeuer« positiver Artikel in der *New York Times* zurück, Stücke, in denen voller Bewunderung auf die Leistungen des Hilfswerkmanagements eingegangen wurde.[65]

Es schien, als sei Herbert Hoover immer zur rechten Zeit am rechten Ort. 1914 zu Kriegsbeginn hielt er sich in London auf, 1915 war er bei Arthur Zimmermann und dem Bankier Max Warburg in Berlin.[66] Am 31. Januar 1917 kehrte er nach Washington zurück und kam am selben Abend, an dem Deutschland den totalen U-Boot-Krieg erklärte, mit Präsident Wilson zusammen.[67] Allein in den ersten 3 Tagen wurden die *Euphrates* und die *Lars Cruse* versenkt, zwei Frachter des Belgischen Hilfswerks, die mit 2300 Tonnen Mais beladen waren.[68] Der gesamte Schiffsverkehr des Hilfswerks wurde daraufhin ausgesetzt. Zwei Schiffe schafften es noch nach Rotterdam, zwei weitere wurden torpediert, der Rest suchte Zuflucht in britischen Häfen.

London erklärte, es wäre ein Verbrechen, Schiffsladungen dringend in Großbritannien benötigter Lebensmittel der Gefahr durch deutsche Torpedos auszusetzen. Also erging der Befehl, alle Lebensmittel abzuladen.[69] 25 000 Tonnen an Waren, die in Großbritannien gekauft worden waren, wurden auf einen Schlag zurückgehalten, 45 000 Tonnen an Lebensmitteln wurden »unvermeidbar« festgehalten, weitere 40 000 Tonnen, die bereits in Richtung Belgien unterwegs waren, wurden in britische Häfen zurückbeordert.[70] Angeblich sollten die Lebensmittel einlagert werden, bis die Deutschen absolut wasserfeste Garantien für einen unbeschadeten Transport abgegeben hatten.[71] Auf einen Schlag gingen auf diese Weise 100 000 Tonnen an Lebensmitteln für Belgien verloren. Sie wurden stattdessen an Großbritannien verkauft oder requiriert.[72]

Hoover stand nun vor einem persönlichen Dilemma: Welche Folgen hätte es für ihn, sollte er das Belgische Hilfswerk auflösen? Sein Misstrauen gegenüber Francqui und dem Comité Nationale kannte keine Grenzen. Er schickte ein dringendes Telegramm nach London: »Ich möchte es unmissverständlich deutlich machen: Die Kommission für das Belgische Hilfswerk muss liquidiert werden und verschwinden.« Sie solle nur noch als spendensammelnder Wohltätigkeitsverein in Amerika existieren. »Die Gesamtheit der Akten muss nach New York verschifft werden.«[73] Er bestand auf einem klaren Schnitt, und dazu gehöre die vollständige »Auflösung« des ursprünglichen Belgischen Hilfswerkes. Er werde sich, egal wie die Bedingungen sonst aussehen würden, »positiv weigern«, das Geld, die Organisation oder die Schiffe des Hilfswerks aufzugeben.[74] Für wen hielt sich Hoover eigentlich? Allein auf seine Anweisung hin sollte das länderübergreifende Hilfsprogramm abgewickelt werden? Woher die Panik? Wurde ihm plötzlich bewusst, dass der wahre Sinn und Zweck des Belgischen Hilfswerks aufgedeckt werden würde, wenn jemand anderes die Verantwortung übernahm?

Am selben Abend besuchte Hoover ein ganz besonderes Dinner im New Yorker Hotel Astor. Er war Hauptgast unter den 500 bekanntesten Bürgern des Bundesstaats. Es war kein offizielles Treffen der Pilgrims Society, aber ansonsten war alles gegeben, was die Elite auszeichnete. Hoover wusste natürlich, was für endgültige Anweisungen er gerade nach London geschickt hatte, und das macht seine offenbar improvisierte Rede auf zynische Weise besonders unaufrichtig: »Sollten wir aufhören müssen … müssen andere Neutrale diese Aufgabe übernehmen. Die Welt kann nicht untätig danebenstehen und zusehen, wie das belgische Volk und die belgischen Kinder verhungern … Das amerikanische Volk ist auch weiterhin Belgien gegenüber verpflichtet.«

Hoover stand da auf dem Podium im Hotel Astor und sprach diese Sätze, obwohl er doch gerade angeordnet hatte, das ganze Programm aufzulösen. Seine Frechheit war wirklich außerordentlich. Als Rechtfertigung für das Geschehene erklärte er: »Die deutsche Armee hat niemals ein Zehntel eines Prozent der gelieferten Nahrung gegessen. Die Regierungen der Alliierten hätten uns niemals 200 Millionen Dollar zur Verfügung gestellt, hätten wir die deutsche Armee beliefert.«[75] Und die versammelte Elite glaubte ihm jedes einzelne Wort.

Wir wissen nicht, wer welchen Druck auf ihn ausgeübt hatte, jedenfalls sandte Hoover am nächsten Morgen ein dringendes Telegramm nach London mit der Anweisung, die Liquidierung zu stoppen. Jeder wurde angewiesen, auf seinem Posten zu bleiben. Hoover hatte einen Fehler begangen, der »große Menschenfreund« hatte sich übernommen, schließlich war er doch jemandem gegenüber Rechenschaft schuldig. Ob und wann das Belgische Hilfswerk geschlossen und Deutschland nicht länger mit Nahrung versorgt werden würde, das hatte nicht Hoover zu entscheiden, darüber befand allein die Geheime Elite.

Dass er das nicht zu entscheiden hatte, war für Herbert Hoover nur schwer zu verdauen. Brand Whitlock in Brüssel war dafür, das Hilfsprogramm unter der Kontrolle spanischer und belgischer Einrichtungen laufen zu lassen.

Weil Hoover Francqui nicht ausstehen konnte und ihm und dem Comité Nationale nicht traute, machte er sich dafür stark, dass die Holländer übernahmen. Die Verwirrung hielt weiter an, es erging ein Strom von Anweisungen an Brand Whitlock und das Büro des Belgischen Hilfswerks in Brüssel, aber am 5. März 1917 schrieb Hoover einen langen und vertraulichen Brief an Vernon Kellogg in Belgien und enthüllte, worum es ihm in Wirklichkeit ging. Einen ganzen Monat, ehe Amerika Deutschland den Krieg erklärte, bereitete Hoover seine wichtigsten Leute in Belgien auf diese Eventualität vor. Sie erhielten Order, »nichts zu unternehmen, was den Anschein erweckt, ich würde das Hilfswerk im Stich lassen«. Ganz offensichtlich war er von der Geheimen Elite angewiesen worden, ihre Standardtaktik anzuwenden und dafür zu sorgen, dass die anderen Schuld hatten – in diesem Fall Deutschland oder das US-Außenministerium, falls es die Amerikaner auffordern sollte, das Land zu verlassen. Sollte das Belgische Hilfswerk gezwungen sein, »seine Mission aufzugeben«, dann solle die Organisation voll und ganz als Unternehmen liquidiert und von sämtlichen finanziellen Verpflichtungen entbunden werden.[76]

»Hoover verliert wohl die Nerven«, befand Whitlock, als Hoovers Instruktionen in Brüssel eintrafen.[77] Hoover sei 3000 Meilen entfernt, glaube aber, die Situation besser als die Leute vor Ort in Belgien einschätzen zu können, und er sei »fähig, dem Außenministerium seinen brutalen Willen aufzuzwingen«, tobte Whitlock.[78] In gewisser Hinsicht hatte er mit dieser Einschätzung sogar recht. Hoover hatte seine Freundschaft zu Edward Mandell House gepflegt, dem Berater des US-Präsidenten und Agent der Geheimen Elite aus dem Umfeld des Morgan-Bankenimperiums. Darüber hinaus war Hugh Gibson (mit dessen Geschichte wir uns in den nächsten Kapiteln befassen werden) von der US-Botschaft in London nach Washington entsandt worden. Wieder einmal war Hoovers zuverlässige rechte Hand dort im Einsatz, wo Hoover sie haben wollte: im Mittelpunkt der amerikanischen Außenpolitik.

Und so kam es, wie es die Geheime Elite angeordnet hatte. Am 23. März wurden drei Schiffe des Belgischen Hilfswerks versenkt, und das US-Außenministerium wies Brand Whitlock und alle amerikanischen Mitglieder der Hungerhilfe an, Belgien zu verlassen.[79] Am 2. April verließ auch das diplomatische Personal das Land. Prentiss Grey und drei Buchhalter des Belgischen

Hilfswerks blieben zurück, um »die Bücher abzuschließen« und ihre Nachfolger einzuarbeiten.[80] Hoover persönlich kümmerte sich im Londoner Büro um die geschäftlichen Angelegenheiten. Beschönigend könnte man sagen, seine Aufgabe war es, alle losen Enden zu verknüpfen. Tatsächlich handelte es sich um eine Vernichtung belastender Beweise in großem Stil.

Am 6. April 1917 erklärten die Vereinigten Staaten Deutschland den Krieg. Für das Belgische Hilfswerk fand sich eine Lösung, die Hoover die Kontrolle beließ, ihn aber aus der direkten Schusslinie nahm. Er (oder vielmehr seine angloamerikanischen Herren) schlugen vor, unter der Schirmherrschaft des Königs von Spanien und der Königin der Niederlande ein Comité Neutre de Protection et Secours ins Leben zu rufen. Die unmittelbare Schirmherrschaft würden Botschafter und Minister aus Spanien und den Niederlanden übernehmen. Die Kommission für das Belgische Hilfswerk bot an, die finanzielle Kontrolle über den Einkauf und das Verschiffen der Nahrungsmittel zu behalten. Die Vorräte würden dem Comité Nationale in Belgien und dem Comité Francais im Norden Frankreichs ausgehändigt.[81] Hoover vollzog wieder einmal eine 180-Grad-Wende, was seine früheren Vorschläge anging, und beschloss, als Vorsitzender des Komitees an Bord zu bleiben.

Nur dass das klar ist: Die Versorgung der Deutschen lief unterdessen weiter. Als Baron von der Lancken seinen Halbjahresbericht für den Zeitraum Februar bis Juli 1916 nach Berlin schickte, war darin zu lesen: »Wir haben weiterhin nennenswerte Mengen an Lebensmitteln erfolgreich nach Deutschland exportieren oder unter unseren Truppen verteilen können. Bestimmte Teile der Vereinbarung sind freiwillig [von den Belgiern] ausgenutzt worden. Die Vorteile, die Deutschland aus der Arbeit der Hungerhilfe entstehen, nehmen weiterhin zu.«[82]

Im Mai 1917 stimmte Amerika zu, die neu aufgestellte Kommission mit 75 Millionen Dollar zu unterstützen. Am Ablauf änderte sich nichts: Das Geld wurde den Regierungen Großbritanniens und Frankreichs in Rechnung gestellt, aber ausgegeben wurde es vom Belgischen Hilfswerk. Nur in einem Punkt verweigerte der Kongress die Zustimmung: Hoover hatte eine Zahlung in Höhe von 2 Millionen Dollar beantragt, um damit seine Verwaltungskosten zu decken.[83] So etwas wie Schamgefühl war ihm völlig fremd. Als er seinen Antrag offiziell zurückzog, führte er gleich noch eine andere

Lösung an, wie er seine Kosten decken könne: »Wir waren gezwungen, eine große Menge erworbener Lebensmittel weiterzuverkaufen, aber nachdem unser Betrieb nach Ausbruch des U-Boot-Kriegs eine Zeitlang stillgelegt war, haben wir mit diesen Artikeln einen beträchtlichen Gewinn erlöst. Diesen können wir mit den laufenden Kosten der Kommission verrechnen …«[84] Anders gesagt: Wenn sich der Kongress weigert, für die Verwaltungskosten aufzukommen, dann nimmt er eben das Geld aus dem Verkauf von Lebensmitteln, die eigentlich für »die hungernden Armen« in Belgien gedacht waren. So viel zum Thema milde Gaben.

Präsident Wilson ernannte Herbert Hoover im Mai 1917 zum Food Commissioner der Vereinigten Staaten[85] – »frisch zurück von seinem Triumph im Belgischen Hilfswerk«.[86] Ein weiterer Schritt auf der Karriereleiter, die mit seiner Wahl zum 31. Präsidenten der USA enden sollte.

Hätte die Geheime Elite nicht schützend die Hand über Herbert Hoover gehalten, hätte sein Ruf die Kriegsjahre nicht unbeschadet überstanden. Aus dem skrupellosen und durchtriebenen Bergbauingenieur war ein Quasi-Diplomat geworden – das humanitäre Aushängeschild der sogenannten Hungerhilfe. Nun hatte er Zugang zu den allerhöchsten Regierungsebenen in Amerika, Großbritannien und Deutschland. Die Unterlagen der Kommission für das Belgische Hilfswerk zeigen, dass er zwischen 1914 und 1916 Gespräche mit dem britischen Außenminister Sir Edward Grey,[87] mit Premierminister Herbert Asquith[88] und mit Finanzminister David Lloyd George[89] führte, aber interessanterweise bei keinem der drei in den offiziellen Memoiren auftaucht. Wie kommt das? Amerikas Präsident Woodrow Wilson und diverse US-Außenminister sprachen mit Hoover über politische Belange, ebenso der deutsche Staatssekretär im Auswärtigen Amt Arthur Zimmermann[90] und Reichskanzler Theobald von Bethmann Hollweg.[91] Die Könige von Spanien und Belgien kannten Hoover persönlich, ebenso zahllose ranghohe Diplomaten aus ganz Europa, aber ihre Wortkargheit in Sachen Belgisches Hilfswerk spricht Bände.

Um Hoovers Ruf als »der große Menschenfreund« zu schützen, wurden Kritiker kaltgestellt, scharf angegangen oder auf andere Weise ins Abseits gedrängt. Je erfolgreicher Hoover beim Belgischen Hilfswerk damit war, den Krieg in die Länge zu ziehen, desto stärker war der Schutzwall, den die

Geheime Elite rund um ihn errichtete. Wer Hoover kritisierte oder infrage stellte, wurde nahezu ausnahmslos niedergemacht, diskreditiert, unterworfen oder durch massive Drohungen und rechtliche Schritte dazu gezwungen, seine Behauptungen zu widerrufen. Es war, als habe es seine Vergangenheit niemals gegeben. Zumindest nicht offiziell.

Schon im April 1915 wies die britische Admiralität den Marineaufklärungsdienst an, Hoovers Hintergrund zu durchleuchten, denn sie hegte den Verdacht, die Arbeit des Belgischen Hilfswerks schade den britischen Kriegsanstrengungen. Es standen Vorwürfe im Raum, wonach Hoover »nicht vertrauenswürdig ist und über halbseidene geschäftliche Verbindungen zu deutschen Bergbauunternehmen verfügt«, und angeblich seien »seine Lebensmittel in deutsche Hand übergegangen«.[92] Es gab eine offizielle Untersuchung, angeführt von Sir Sidney Rowlatt, der die Ergebnisse seiner Ermittlungen brav schönte und dem Außenministerium förmlich seinen Segen gab, was eine Zusammenarbeit mit Hoover anging. Rowlatt, ein loyales Mitglied des britischen Establishments, sollte später in Indien verantwortlich für den *Rowlatt Act* sein, ein Gesetz, das schwere Unruhen im Pandschab auslöste und 1919 das schockierende Amritsar-Massaker nach sich zog.[93]

Unbeirrbar log Hoover, was seine geschäftlichen Verbindungen anging. Zunächst gab er an, als Direktor seiner Bergbauunternehmungen zurückgetreten zu sein, denn das Hilfswerk lasse ihm keine Zeit für andere geschäftliche Belange.[94] Angeblich erklärte er: »Soll mein Vermögen doch vor die Hunde gehen.«[95] Und trotzdem: Unterlagen des *Skinner's Mining Manual* zeigen, das er 1914 bei vierzehn Unternehmen im Board of Directors saß und 1915 gar bei sechzehn. Auch 1916 änderten sich die Dinge nicht groß: Er war weiterhin in dreizehn Gremien vertreten, war darüber hinaus Chairman eines Boards und einer der Geschäftsführer sowohl der Burma Corporation als auch der Zinc Corporation.[96] Seine Unternehmen erwirtschafteten während der Kriegsjahre gewaltige Dividenden, weil die Nachfrage nach Metallen und Munition rasant gestiegen war. 1916 machten Gerüchte die Runde, Hoover habe sich bei der Zinc Corporation Betrügereien zuschulden kommen lassen, und es wurden Klagen eingereicht. Er wandte sich an das britische Außenministerium mit der Bitte, es solle sich direkt zu seinen Gunsten einschalten, schließlich sei seine Arbeit beim Belgischen Hilfswerk doch so wichtig für die

Kriegsanstrengungen. Auf sein Drängen hin bestätigten die Botschafter in Belgien und Frankreich, was für eine wichtige Rolle Hoover bei der Hungerhilfe spiele. Das Außenministerium informierte Hoovers Anwalt: Sollte das Gericht Auskunft über die Bedeutung von Hoovers Arbeit benötigen, sei man sehr gerne zu einer Aussage bereit. Das britische Establishment wusste die seinen zu schützen.

Beim Verfahren gegen die Burma Corporation versuchte Hoover, die Justiz hinters Licht zu führen, indem er behauptete, er sei bereits aus dem Unternehmen ausgeschieden. Sein »Rücktritt« war nichts als ein Trick, eine vorübergehende Maßnahme, die dazu dienen sollte, Klagen zu vermeiden. Im Dezember 1917 saß Hoover wieder im Board der Burma Corporation und vermittelte ein Geschäft zwischen dem Büroleiter des Belgischen Hilfswerks in New York und Ernest Oppenheimer. Es ging darum, in der südafrikanischen Region Witwatersrand Goldminen zu erschließen. Die notwendigen finanziellen Vorkehrungen wickelte er fast ausschließlich über die Bankiers des Belgischen Hilfswerks ab, also über J. P. Morgan & Company und die Morgan Guaranty Trust Company of New York. Das war die Geburtsstunde der Anglo American Corporation of South Africa, vom Tag der Gründung an einer der Giganten der Bergbauindustrie.[97]

Sehen wir uns diese Verbindungen noch einmal an: Hoover benutzte die Banken des Belgischen Hilfswerks dafür, ein Geschäft einzufädeln, das ihm eine gewaltige Aktienbeteiligung (plus Optionen) einbrachte – ein Paket, mit dem er gleich das nächste Vermögen machte.[98] Wer hat da wem das Händchen geschmiert? Hoovers Zugang zu »Insiderwissen« brachte ihm eine »gewaltige glückliche Fügung« ein. So wie Lord Rothschild vor ihm liquidierte auch er Ende 1916 all seine direkten Beteiligungen in Russland – gerade rechtzeitig, um zu vermeiden, dass im Zuge der Oktoberrevolution alles beschlagnahmt wurde. Jedes einzelne seiner früheren russischen Unternehmen wurde verstaatlicht, aber die daraus resultierenden Verluste mussten andere ausbaden.[99] Lügen, Ausflüchte, Betrügereien und Fehlverhalte: Sie alle waren fester Bestandteil von Hoovers Mentalität. Aber das war nicht weiter schlimm, denn seine Herren bei der Geheimen Elite vertuschten seine schmutzigen Geschäftspraktiken erfolgreich.

Zum Ende des Kriegs hin übertrug die Geheime Elite Herbert Hoover eine letzte in Europa zu erledigende Aufgabe. Es war nahezu eine Kopie seiner Rolle bei der Kommission für das Belgische Hilfswerk, aber dieses Mal waren die Untertöne noch düsterer. Mit diesem Skandal werden wir uns später befassen.

Zusammenfassung

- Im Oktober/November 1914 behauptete Hoover, Belgien stünde unmittelbar vor einer Hungerkatastrophe. Das war schlichtweg gelogen. Im Stab des deutschen Militärgouverneurs von Antwerpen machte man sich öffentlich über die Behauptung lustig, aber als Hoover mit der Schließung des Hilfswerks drohte, lenkte die deutsche Regierung ein und entschuldigte sich: Es habe sich offenbar um einen Übersetzungsfehler gehandelt.
- Kitchener, Churchill und Lloyd George sprachen sich öffentlich gegen die Idee aus, Lebensmittel nach Belgien zu schicken. Man sollte meinen, dass das ausgereicht hätte, um das Vorhaben im Keim zu ersticken, aber dem war nicht so. Andere Kräfte setzten sich über alle Proteste hinweg.
- Hoovers Freunde im britischen Außenministerium schützten das Unterfangen. Lord Eustace Percy schrieb Hoover einen Brief, in dem er ihm versprach, man sei einzig von dem Wunsch getrieben, Hoover zu helfen.
- Hoover log, was den Zustand der belgischen Bevölkerung, die Exportkontrollen, den massiven Schwund in Richtung Deutschland und die Zahl der Rhodes-Stipendiaten anging, die die Verteilung überwachten. Mit seiner Arbeit zögerte er das Kriegsende heraus,

denn er sorgte dafür, dass die deutschen Truppen ausreichend Nahrung zur Fortsetzung des Konflikts hatten.

- »Abstreiten, ablenken und täuschen« – das war das Motto, unter dem Hoover agierte.
- Die Spannungen zwischen Hoovers Belgischem Hilfswerk und dem Comité Nationale von Émile Francqui verstärkten sich. Das Belgische Hilfswerk befand sich in einer Position, in der es sich gut die Taschen vollstopfen konnte. Beim Comité hingegen hatte man das Gefühl, der eigene Beitrag werde von Hoovers Leuten nicht ausreichend gewürdigt.
- Francqui sei ein »Finanzpirat«, erklärte Hoover, und seine Unterstützer in London stellten sich geschlossen hinter ihn, auf dass Hoover im Streit mit Francqui die Oberhand behielt.
- Zwar warnte der belgische Bankier die Amerikaner mit dem Hinweis, er habe ein 600-seitiges Dossier über das Belgische Hilfswerk angelegt. Doch leider gelangte das Buch nie an die Öffentlichkeit, und der Riss wurde übertüncht.
- 1917 bereitete Hoover seinen Ausstieg vor. Die Beschwerden nahmen zu. Hoover ordnete an, die Kommission für das Belgische Hilfswerk zu liquidieren und verschwinden zu lassen.
- Auch als Amerika im April 1917 Deutschland den Krieg erklärte, hörte die Versorgung Belgiens (und Deutschlands) mit Lebensmitteln nicht auf.
- Hoover forderte 2 Millionen Dollar zur Deckung seiner Verwaltungskosten, aber der US-Kongress sperrte sich.
- Präsident Woodrow Wilson ernannte Hoover zum Food Commissioner für die Vereinigten Staaten.
- Wer es wagte, an Hoovers Bild als »großer Menschenfreund« zu kratzen, wurde zum Schweigen gebracht oder abgekanzelt.

Kapitel 18

Das Martyrium der Edith Cavell

Edith Cavell war die größte Heldin, die der Erste Weltkrieg in Großbritannien hervorbrachte. Die Leiterin des Berkendael-Instituts, einer Brüsseler Krankenschwesternschule, wurde auf Anordnung eines deutschen Militärgerichts am 12. Oktober 1915 hingerichtet. Sie hatte zuvor gestanden, über 200 alliierten Soldaten bei der Flucht aus dem besetzten Belgien geholfen zu haben – ein direkter Verstoß gegen die Auflagen des deutschen Militärs. Wie viele Soldaten dank Edith Cavell sicher zu ihren Einheiten in Frankreich oder Großbritannien zurückkehren konnten, ist ungewiss. Dame Stella Rimington, ehemalige Chefin des britischen Geheimdienstes MI5, erklärte im September 2015 im britischen Radio, die tatsächliche Zahl dürfte sich eher auf circa 900 belaufen haben.[1]

Cavell starb als Patriotin und stieg dadurch in England und Belgien zu einer Märtyrerin von legendärem Ruf auf. Ihr tatsächliches Schicksal ging unter in einem Strom falscher Behauptungen, von offizieller Seite manipulierter Berichte und Hagiografien, in denen ihre Tugenden so weit übertrieben wurden, bis Cavell als Heilige dastand. Das alles ändert nichts daran, dass Cavell zweifelsohne eine mutige Patriotin war, die die Gesundheit und Sicherheit der Menschen in ihrer Verantwortung über ihr eigenes Wohl stellte.

Cavell wurde unter Ausschluss der Öffentlichkeit hingerichtet, aber die britische Propagandamaschinerie griff ihre Taten sofort auf und verwandelte sie in einen Schlachtruf für Männer und Frauen gleichermaßen. Hier hatte man den Beweis für die Bösartigkeit des Hunnen und dafür, wie wenig heilig ihm die Frauen waren![2] Ihr Tod bescherte der Armee einen stärkeren Zulauf an Freiwilligen als die Versenkung der *Lusitania* und war aus Propagandasicht nahezu ebenso wertvoll.[3] Es wurden Poster, Artikel und Flugblätter gedruckt, es gab Erinnerungsmedaillons und Statuen. Straßen, Krankenhäuser, Schulen, Gärten, Parks und sogar ein Berg tragen Cavells Namen. Und dennoch, die offizielle Geschichte, wie sie die amerikanische Gesandtschaft in Brüssel und das britische Foreign Office verkündeten, mag nicht so recht passen zu den Umständen ihrer Verurteilung und ihrer Hinrichtung.

Edith Cavell wurde 1865 in Swardeston in der Grafschaft Norfolk geboren. Sie war das älteste von vier Kindern und wurde als Tochter des örtlichen Geistlichen streng christlich erzogen. Einige Jahre lang arbeitete sie als Gouvernante, bevor sie im Alter von 30 Jahren entschied, Krankenschwester zu werden. Nach 4 Jahren an einer Schwesternschule in London trat sie ihre erste Stelle im Nachtdienst des Krankenhauses St Pancras an. Anschließend ging sie als stellvertretende Oberschwester an ein Krankenhaus in Shoreditch, bis man der sittenstrengen, gläubigen Christin im Alter von 41 Jahren einen prestigeträchtigen Posten in Belgien anbot.

Ihre Arbeit galt als bahnbrechend. Cavell war bestens organisiert und maß ihr Personal an den allerhöchsten Standards, als sie 1907 von Dr. Antoine Depage angeworben wurde, einem renommierten belgischen Chirurgen. Er wollte Cavell als Oberschwester für seine gerade gegründete Schwesternschule, die École Belge d'Infirmières Diplômées. Unter ihrer progressiven Führung wuchs die Schule beständig, und bei Kriegsausbruch bildete sie Schwestern für drei Krankenhäuser und dreizehn Kindergärten aus.[4] An dem Projekt war auch der belgische Industrielle und Philanthrop Ernest Solvay beteiligt; er unterstützte die Schule mit rund 300 000 belgischen Franken.[5] Solvay war ein ausgesprochen wichtiger Geschäftsmann und später auch Präsident der belgischen Hungerhilfe Comité National de Secours et d'Alimentation..

Cavells Eintreffen in Brüssel sorgte nicht für einhellige Begeisterung, denn bislang hielten die Barmherzigen Schwestern das Monopol bei der Ausbildung von Krankenschwestern, und der katholische Orden hatte »seine eigenen Methoden, die Dinge zu erledigen«.[6] Damit nicht genug, wagte sich Cavell auch noch auf das Feld des Journalismus vor und veröffentlichte ab 1910 mit *L'Infirmière* ein eigenes Fachmagazin.[7]

Bei Kriegsausbruch war Cavell in England bei ihrer Mutter zu Besuch. Es wäre für sie ein Leichtes gewesen, dort in vergleichsweise großer Sicherheit zu bleiben. Stattdessen kehrte sie unverzüglich nach Brüssel zurück, wo die Kliniken und Depages Schwesternschule dem belgischen Roten Kreuz überantwortet wurden. Cavell stürzte sich sofort auf die Aufgabe, Notfallhospitäler und Anlaufstellen für Verwundete zu organisieren.[8] Ihre Biografen berichten von Oberschwester Cavell, wie sie auf dem Schlachtfeld verwundete Belgier, Franzosen, Briten und zu einem gewissen Teil auch deutsche Soldaten versorgte. Es steht außer Frage, dass sie dieser Aufgabe mit großer Hingabe nachkam,[9] aber das war nicht ihr einziger Beitrag.

Nicht nur wegen ihrer Verbindung zu Antoine Depage und dessen Frau Marie hatte Edith Cavell in belgischen Pflegekreisen eine sehr prominente Stellung inne. Depage hatte das belgische Rote Kreuz gegründet und war sein Vorsitzender, außerdem war er Leibarzt von König Albert, mit dem er auch ins Exil ging. Damit nicht genug – er gründete auch die belgische Pfadfindervereinigung und arbeitete dabei mit mehreren Persönlichkeiten aus höchsten gesellschaftlichen Kreisen zusammen, etwa mit Ernest Solvay, dessen gewaltiger Chemiekonzern in ganz Mitteleuropa aktiv war.[10] Auch Marie Depage war im Roten Kreuz sehr aktiv. Während der ersten 2 Monate deutscher Besatzung blieb sie in Brüssel, schloss sich aber später ihrem Mann an, der beim König in De Panne im Exil war. 1915 reiste sie in die Vereinigten Staaten, um Spenden für das belgische Rote Kreuz zu sammeln. Sie war darin enorm erfolgreich, bestieg dann aber für die Rückreise unglücklicherweise die *Lusitania*.[11] Marie Depage ertrank, als das Schiff versenkt wurde. Ihr Leichnam wurde geborgen, und der trauernde Ehemann kam, um ihn persönlich zu überführen. Marie Depage wurde wie diejenigen, für die sie sich so nobel eingesetzt hatte, ein Opfer des Kriegs.

Als Edith Cavell die Leitung der Kliniken und Hospitäler in Belgien antrat, wusste sie nur zu gut, dass sie damit Zugang zu den Kreisen der Macht erhielt, die noch im Land waren. Sie hatte Umgang mit der aristokratischen Familie de Croy, den Depages, mit Kirchenmännern und mit Diplomaten der amerikanischen Gesandtschaft. Sie kam im Zuge ihrer Arbeit mit immer mehr Soldaten in Kontakt, mit vielen Verwundeten und mit Männern, die im Chaos des Gefechts von ihren Einheiten getrennt worden waren. Sie alle waren auf der Flucht vor den Deutschen und wussten, dass ihnen ein Gefangenenlager oder Schlimmeres drohte, sollten sie erwischt werden. Laut deutschem Militärrecht war es ein Kapitalverbrechen, feindlichen Soldaten Unterschlupf zu gewähren, und in öffentlichen Aushängen wurde davor gewarnt, dass Verstöße eine strenge Bestrafung nach sich ziehen würden.[12]

Eine Untergrundbewegung, mit der Cavell zusammenarbeitete, brachte heimlich gestrandete Soldaten nach Brüssel. Betrachtet man die offiziellen Dokumente zu den tapferen Handlungen von Schwester Cavell, könnte man zu dem Schluss kommen, dass sie in diesen gefährlichen Kriegstagen eine Einzelkämpferin war. Tatsächlich war sie jedoch Teil eines streng organisierten Netzwerks, dem mehr als dreißig ebenso mutige belgische Patrioten ange-hörten, die unermüdlich dafür sorgten, alliierte Soldaten in Sicherheit und zurück in ihre Heimat zu bringen.[13]

Der Herbst von 1914 ging in den Winter über, und an der Westfront begannen die Soldaten damit, sich dauerhaft in den Schützengräben einzurichten, die im westlichen Belgien und weiter südlich auch in Frankreich durch weite Strecken Niemandsland verliefen. Die Abwehrbollwerke sorgten für eine Pattsituation, und im Chaos der Gefechte war es schwierig, den genauen Verlauf einer Front zu bestimmen. Am 23. August 1914 kam es bei Mons zur ersten großen Schlacht. Im Anschluss daran fanden sich Männer beider Seiten in seltsamem, nicht vertrautem Gelände weitab von ihren Einheiten wieder. Rasch bildeten sich in Belgien Untergrundbewegungen, um Soldaten der Entente zu helfen sowie Botschaften und Informationen nach London weiterzugeben: Kurz: Die daran arbeiteten, wollten den deutschen Besatzern das Leben so schwer wie möglich machen. Es gab zahllose Spionageringe,[14] und in Brüssel waren die Geheimdienste bereits seit Langem sehr aktiv.[15] Eine wesentliche Aufgabe bestand darin, alliierten Soldaten, die hinter den feindlichen Linien feststeckten, zur Hilfe zu kommen, egal, ob sie verwundet waren oder nicht. Aber das Sammeln von Informationen über die deutschen Streitkräfte war ebenfalls sehr wichtig.

Truppenbewegungen, Standorte von Munitions- und Vorratslagern, Fahrpläne der Bahn, Informationen über die Moral der gegnerischen Truppen – alles war von Interesse. Die Untergrundaktivisten transportierten Briefe und private Nachrichten von Brüssel nach London und umgekehrt, und sie halfen bei der Verteilung von gegen die Deutschen gerichteten Postillen.[16] All das war in höchstem Grad gefährlich, und wer erwischt wurde, galt automatisch als Spion. Hinter all diesen Aktivitäten steckte in erster Linie der britische Geheimdienst, er fungierte auch als Geldgeber. Regelmäßig gelangten über Brüssel und Holland Berichte über die deutschen Besatzer nach London zum dortigen Kriegsministerium.[17] Der britische Militäraufklärungsdienst wusste Bescheid über die Organisation, die erfolgreich Hunderte Soldaten außer Landes gebracht hatte. Auch das Foreign Office war im Bilde. Damit hätten wir schon einmal zwei wichtige Akteure, die an diesem höchst suspekten Lügengespinst beteiligt waren.

Das Untergrundnetzwerk, in dem Edith Cavell eine so wichtige Rolle spielte, agierte im französisch-belgischen Grenzgebiet zwischen Bellignies, Mons und Maubeuge. Von da aus ging es über Brüssel und Antwerpen an die niederländische Grenze. Die Organisation war ausgesprochen angesehen; ihr stand der belgische Aristokrat und Diplomat Prinz Réginald de Croy vor. Auch seine Schwester, Prinzessin Marie de Croy, war involviert, und ihre Memoiren der Kriegsjahre liefern einzigartige Einblicke in die Ereignisse rund um die 1915 erfolgte Verhaftung der Mitglieder und die Gerichtsverfahren gegen sie. Die de Croys zählten zu den angesehensten Familien von Europa, und ihre Bande erstreckten sich über mehrere Grenzen hinweg.

Zum Netzwerk der de Croys gehörten Männer und Frauen aus sämtlichen Schichten der Gesellschaft. Krieg ist in dieser Hinsicht oftmals ein großer Gleichmacher. Viele geflohene alliierte Soldaten wurden im großen Schloss der de Croys in Bellignies versteckt, vor allem nach der Schlacht von Mons. Hatten sich die Soldaten halbwegs erholt, wurden sie mit Unterstützung von Edith Cavell in Brüssel in sicheren Häusern untergebracht.[18] Adlige Damen wie die Prinzessin de Croy und die Gräfin de Bellevilles arbeiteten Seite an Seite mit Bediensteten und Städtern daran, buchstäblich Hunderte verzweifelter Soldaten durch gefährliche Wälder, über Nebenstraßen und wenig benutzte Pfade über die Grenze zu schleusen. Auch katholische Geistliche und Kircheneinrichtungen waren an diesen »Werken der Barmherzigkeit«, wie sie es sahen, beteiligt. Überall entlang des Wegs riskierten ganz gewöhnliche Bürger ihr Leben, um diesen gehetzten und oftmals Hunger leidenden Flüchtlingen zu helfen. Sie versorgten sie mit Essen, Kleidung, falschen Papieren und mit Geld, auch wenn es oftmals Wochen dauerte, bis alles Erforderliche beisammen war. Die Belgier taten dies, ohne eine Gegenleistung zu erwarten und ohne Rücksicht auf ihre persönliche Sicherheit. Und in einem Punkt besteht keinerlei Zweifel: Für den Brüsseler Bereich der Schleuserorganisation der de Croys war Edith Cavell zuständig.[19]

An dieser Stelle ist es unerlässlich darauf einzugehen, wie gut die de Croys international vernetzt waren. Prinz Reginald de Croy war ein belgischer Diplomat, der gleichzeitig als Kurier und Mittelsmann für den Widerstand fungierte. Vor dem Krieg hatte er 10 Jahre in der belgischen Botschaft in London gearbeitet, nun lief er ständig Gefahr, verhaftet zu werden, weil er quer durch Belgien zwischen der französischen und der niederländischen Grenze pendelte.[20] In ihren Memoiren schreibt seine Schwester Marie: »Ihm wurden Botschaften der Franzosen an die Kommission für das Belgische Hilfswerk anvertraut. Diese brachte er nach Brüssel, wo das Komitee saß, außerdem zur amerikanischen Botschaft [gemeint ist die Gesandtschaft], da mehrere Schreiben Verstöße gegen die Regeln der Kriegsführung beschrieben. Natürlich war es vergebens, sich über Verstöße zu beklagen.«[21]

Was mögen das für Verstöße gegen die Regeln der Kriegsführung gewesen sein, die für das Belgische Hilfswerk von Belang waren? Welche Verstöße wären für die amerikanische Gesandtschaft in Brüssel von Interesse? Die Amerikaner gaben doch an, neutral zu sein, während die Kommission vorgeblich nur daran interessiert war, die hungernden Belgier und Franzosen in den besetzten Gebieten mit Lebensmitteln und Kleidung zu versorgen. Die »Verstöße« müssen sich insofern auf einen Missbrauch bei der Lebensmittelversorgung bezogen haben. Am wahrscheinlichsten ist es, dass der Widerstand beobachtete, dass die Nahrung nicht ausschließlich der belgischen Bevölkerung zukam, sondern dass auch die deutschen Soldaten an der Front davon profitierten. Bis 1915 hatten sich diese Vorwürfe bis in die höchsten Ebenen des britischen Foreign Office herumgesprochen und entsprechende Äußerungen ausgelöst – etwa das, was Herbert Hoover als »ständige stets verlogene Berichte in der englischen Presse« bezeichnet hatte.[22]

Reginalds Bruder Leopold diente in den erbitterten Kämpfen rund um Ypern und war offenbar ausgesprochen wichtig für die britischen Kriegsanstrengungen. Wie sonst ist es zu erklären, dass er bei seinem Rückweg über London »beim Kriegsministerium vorstellig wurde, wo er sich mit Nachrichten ›aus der Heimat‹ auf den neuesten Stand bringen konnte, die ihm ein Dutzend Männer gaben, die unlängst aus Bellignies zurückgekehrt waren«.[23] Beide Brüder waren regelmäßig in London, wo Soldaten, die über das Netzwerk der de Croys hatten fliehen können, befragt wurden. Der britische Aufklärungsdienst wusste dank einer Vielzahl von Quellen bestens Bescheid darüber, was in diesem Teil Belgiens geschah. Die Briten kannten das wertvolle Netzwerk der de Croys, und sie wussten (das steht außer Frage), welche Rolle Edith Cavell spielte. Aber waren sie einfach nur passive Empfänger gelegentlicher Neuigkeiten, oder steuerten sie aktiv ein Spionagenetz, das sich bis in die höchsten Ebenen erstreckte?

Um ein Haar hätte eine peinliche Sicherheitspanne das ganze Netzwerk auffliegen lassen. Wie Marie schreibt, war ihr Bruder Reginald nach einem Besuch im britischen Kriegsministerium auf dem Weg zu dem Boot, das ihn zurück nach Holland bringen sollte, als sein Blick auf einen Zeitungsartikel fiel, der sich mit dem Untergrundnetzwerk der de Croys befasste. Es fehlte eigentlich nur noch, dass die Familie namentlich genannt wurde. Marie schreibt: »Reginald eilte zu einem Telefon und rief einen Beamten an, mit dem er in Kontakt gestanden hatte. Er bat ihn dringlich, dass derartige Veröffentlichungen aufzuhören hätten, sofern man nicht wünsche, dass wir erschossen werden.«[24] Kurz darauf schalteten sich die Zensoren ein. Was sie allerdings nicht unterbinden konnten, war, dass einige gerettete Soldaten Edith Cavell Postkarten schickten, auf denen sie ihre Dankbarkeit zum Ausdruck brachten und erklärten, dass sie sicher zu Hause angelangt seien.

»Reggie« sei sich sehr wohl bewusst gewesen, wie sehr sich Edith Cavell persönlich für die Sicherheit der alliierten Soldaten einsetzte, schreibt Marie de Croy. Cavell hatte ihre gesamten Ersparnisse für Kleidung und Lebensmittel ausgegeben, Dinge, die »sofort bar zu bezahlen waren. Reginald war fest entschlossen, finanzielle Unterstützung der Armee einzuholen, speziell für Miss Cavell«.[25] Die Krankenschwester war Teil eines prominenten Netzwerks, von dessen Existenz die britische Regierung ebenso wusste wie die amerikanische Gesandtschaft, die belgische Exilregierung, das Comité National in Brüssel und das Belgische Hilfswerk. Die Schleuserorganisation fungierte aktiv als Verbindungsglied zwischen ihnen, wurde von ihnen unterstützt, wandte sich bei Bedarf an sie und bat um finanzielle Unterstützung.

Wie so viele Personen ihrer Generation war auch Edith Cavell eine sehr aktive Briefschreiberin. Sie saß in der Redaktion, die 1910 Belgiens erstes Krankenschwestermagazin *L'Infirmière* herausgab, und schrieb gelegentlich für die wöchentlich erscheinenden britischen Publikationen *Nursing Mirror and Midwives Journal.* Die Arbeit als Krankenschwester lag ihr sehr am Herzen, sie interessierte sich für Pflege insgesamt und für die Verbesserung der Standards. Zudem war ihr bewusst, wie wichtig es ist, mit lehrreichen Artikeln ein möglichst großes Publikum zu erreichen. Kurz nach Kriegsausbruch, am 12. August 1914,[26] schrieb sie an die *Times* und bat die britische Öffentlichkeit um Unterstützung. Sie rechne damit, dass in Bälde »mehrere Hundert« verwundete Soldaten in Brüssel eintreffen würden, und benötige Hilfe bei ihren Vorbereitungen. Unterschrieben war der Brief mit »Direktorin des Medizinischen Instituts Berkendael«.

Nach Kriegsausbruch kontaktierte Cavell zudem die Herausgeber von *Nursing Mirror and Midwives Journal* und schrieb einen Artikel mit der Überschrift »Pflege in Zeiten des Kriegs«, der am 22. August 1914 abgedruckt wurde. Im März 1915 wiederholte sie den ganzen Prozess noch einmal mit einem Artikel über das Leben in Brüssel unter den deutschen Besatzern. Damit verstieß sie streng genommen gegen deutsches Militärstrafrecht. Der Artikel erschien anonym, war aber unterschrieben von »Ihrer Krankenschwester-Korrespondentin«.[27]

Ausführlich erklärte der Chefredakteur der Leserschaft des *Nursing Mirror,* dass das Paket aus Brüssel »auf beiden Seiten aufgerissen« worden war und das Schreiben »vom Hauptpostamt in London neu versiegelt« bei ihm eintraf. Es war auf den 24. März datiert, aber der Stempel auf dem Umschlag war vom 15. April. Das liegt höchstwahrscheinlich daran, dass Cavell den Brief jemandem mitgegeben hatte, dem sie vertraute oder der zur amerikanischen Gesandtschaft gehörte und den Brief weiter nach England leiten konnte. Das Schreiben war vermutlich in London und vermutlich von einem Staatsdiener geöffnet worden. Was noch im Paket gewesen ist, wissen wir nicht. Waren Dinge entfernt worden? Wer im Kriegsministerium, im

Außenministerium oder in der militärischen Aufklärung hatte ein zentrales Interesse an der Korrespondenz von Edith Cavell?

Fragen müssen auch gestellt werden zu den Briefen und Postkarten, die Edith von Soldaten erhielt, denen sie die Flucht aus Brüssel ermöglicht hatte. Es mag uns heute vollkommen lächerlich vorkommen, aber es gab tatsächlich dankbare Soldaten, die sich bei Schwester Cavell meldeten, um ihr mitzuteilen, dass sie es unbeschadet zurück nach England geschafft hatten. Eine dieser belastenden Postkarten wurde bei ihrer Gerichtsverhandlung als Beweisstück vorgelegt. Da sie Post aus England erhielt, musste diese über vertrauenswürdige Kontakte oder die amerikanische Gesandtschaft nach Belgien gelangt sein. Und da die Gesandtschaft nur Schreiben britischer Regierungseinrichtungen akzeptierte, musste die Post über offizielle Kanäle gelaufen sein. Das bedeutet, Edith Cavell war für Offiziere im britischen Geheimdienst ein vertrauter und vertrauenswürdiger Kontakt.

Was Cavell an Nachrichten nach England schickte, war nicht nur für den *Nursing Mirror* gedacht. Sie stand auch in ständigem Kontakt mit ihrer Familie und ihren Freunden. Am 15. September 1914 schrieb sie einen zurückhaltenden Brief an ihre Mutter, in dem sie behauptete, dass »das Leben wie gewohnt weitergeht«. 3 Tage später äußerte sie in einem Brief an ihre Schwester Florence Besorgnis über die Obdachlosigkeit und darüber, was für ein Leid ein harter Winter über die Menschen in Belgien bringen könnte.[28] In diesen Fällen wurde ihre Post über Vecht und später Bergen op Zoom in den Niederlanden umgeleitet, aber in ihrer Korrespondenz nach Hause wurde Cavell immer unvorsichtiger. In einem Schreiben, das auf den 11. März 1915 datiert ist, erklärt sie ihrem Vetter Eddy, sie habe seinen Brief über den amerikanischen Konsul erhalten. Außerdem legte sie eine Liste mit Namen von Soldaten bei, von denen sie wissen wollte, ob sie sicher nach Hause gekommen seien. Ungewollt wurde Edith Cavell indiskret. Am 14. März erklärte sie ihrer Mutter, sie könne ihr »viele Dinge erzählen, aber ich muss sie mir für später aufheben«.[29] 10 Tage später schickte sie ihre Abhandlung an den Herausgeber des *Nursing Mirror.*

Der internationale Postverkehr unterlag jeder Menge Einschränkungen und war im Grunde für alles geschlossen, was nicht offizieller Schriftwechsel war. Edith Cavell verfügte jedoch über diplomatische Kontakte, die ihr ein gewisses Maß an Zuversicht verliehen. Am 14. Juni 1915 bestätigte sie gegenüber ihrer Mutter: »Sollte mir etwas sehr Ernstes zustoßen, könntest du mir möglicherweise über den amerikanischen Botschafter in London eine Botschaft zukommen lassen (kein Schreiben).«[30] Das war ganz offensichtlich ein Privileg, das ihr sehr viel bedeutete, sie jedoch geheim halten musste. Das zeigt auch ihre Bitte an den Herausgeber des *Nursing Mirror*, gar nicht erst zu versuchen, eine Kopie des Magazins nach Brüssel zu senden. Sie hatte nicht den Wunsch, ihre Kontakte nach London öffentlich zu machen.[31]

Der zweite Artikel, den Cavell für den *Nursing Mirror* verfasste, liest sich zunächst wie ein gelassener und durchdachter Bericht über den Alltag in Brüssel. Tatsächlich war er so wenig kontrovers, dass man sich als Leser durchaus fragen konnte, warum das Stück überhaupt abgedruckt wurde. Sinn und Zweck des Artikels scheint gewesen zu sein, der vorherrschenden Botschaft zu widersprechen, die das Belgische Hilfswerk verbreitete und wonach das ganze Land in einer schweren Krise steckte. Cavell führte die Leserschaft durch die erhofften Erfolge in den ersten Augusttagen, »als wir voller Begeisterung für den Krieg und voller Zuversicht für die Alliierten waren«, durch das Eintreffen der Deutschen mit »viel Glanz und Gloria«. Dem allgemeinen Eindruck, wonach Belgien systematisch von den vorrückenden deutschen Truppen vergewaltigt wurde, setzte Cavell in ihrem Artikel ein völlig anderes Bild entgegen:

> *»Am 21. August passierten noch viel mehr Truppen ... einige waren zu müde zum Essen und schliefen mitten auf der Straße. Wir waren zerrissen zwischen Mitleid für die armen Kerle, so weit von ihrem Land und ihrem Volk entfernt ... und dem Hass für einen grausamen und rachsüchtigen Feind, der über Hunderte glücklicher Haushalte und ein wohlhabendes und friedliches Land Not und Elend gebracht hatte. Einige Belgier sprachen die Invasoren auf Deutsch an und stellten fest, dass diese eine nur sehr vage Vorstellung davon hatten, wo sie waren und glaubten, bereits in Paris zu sein. Sie waren überrascht, als sie erfuhren, dass sie mit Belgiern sprachen, und konnten sich nicht vorstellen, was es für einen Streit mit Belgien geben könne. Ich*

habe mehrere Männer dabei beobachtet, wie sie kleine Kinder hochhoben und ihnen Schokolade gaben oder sie auf ihre Pferde setzten. Einige hatten Tränen in den Augen, weil sie an ihre Kleinen daheim denken mussten.«[32]

Dieses Bild passt nicht zu dem, was die Propagandamaschinerie den Menschen weismachen wollte: Keine Vergewaltigungen? Keine Plünderungen? Keine hungernden Kinder? Keine Erschießungen oder sonstigen abscheulichen Misshandlungen? Himmel, im Mai sollte doch der Bryce-Bericht erscheinen, da stand die Geschichte im *Nursing Mirror* im absoluten Kontrast zu den Gruselstorys und den Vorwürfen gegen die Deutschen, die in diesem schändlichen, der Verbreitung von Propaganda und Hass dienenden Instrument zu lesen waren! Cavells Porträt über Brüssel ist ein nahezu stummes Werk ohne Autos oder Fahrräder in den Straßen. Keine Geschäftigkeit, keine Zeitungen bis auf die von den Deutschen abgesegneten Ausgaben, nichts aus England, keine Telefonkontakte und massive Einschränkungen beim Fahren mit dem Zug. In ihrem letzten Absatz beschreibt Cavell die Haltung der Belgier gegenüber den Eindringlingen als ruhige, aber durchdachte Ablehnung: »Die Menschen sind dünn und still geworden unter der furchterfüllten Belastung. Sie gehen Schulter an Schulter mit dem Feind durch die Stadt, sehen ihn nie, geben kein Zeichen. Aber sie verlassen die von ihnen frequentierten Cafés, kehren ihnen den Rücken zu, leben weit entfernt und separat.«[33]

Das Leben im besetzten Brüssel verlief ruhig, die Menschen behielten ihre trotzige Haltung bei. Aber was ist mit dem Bild von der grassierenden Hungersnot, wie es die Kommission für das Belgische Hilfswerk verbreitete? Was ist mit der hungernden Bevölkerung, die Herbert Hoover umtrieb? Wahrscheinlich lebten diese unglücklichen Menschen auf dem Land, oder? Doch Belgien war ein hauptsächlich ländlicher und stark von der Landwirtschaft geprägter Staat. Da würde man die hungernden Massen doch eher in den größeren Städten erwarten … in Städten wie, nun ja, in Brüssel eben. Natürlich gab es Not, natürlich gab es Armut, das ist das Los armer Menschen überall auf der Welt. Es sind immer diejenigen, die ohnehin nichts haben, die im Krieg als erste zu leiden haben. Das galt für Glasgow und London ganz genauso wie für Brügge und Brüssel. Aber dieser Aspekt stand nicht im Mittelpunkt von Cavells Aufmerksamkeit. Sie schrieb über den Charakter der Menschen, nicht über ihren Hunger. Das Ganze beißt sich, es kann nicht beide Welten gegeben haben. Für Cavell spricht, dass sie keine Hintergedanken hatte. Ihr ging es einzig darum, Leben zu retten und alliierten Soldaten den Weg zurück in die Heimat zu ermöglichen.

Die deutschen Behörden untersagten es Cavell und anderen britischen Krankenschwestern, ihre Verwundeten zu behandeln. Cavell konnte ihrem Beruf nicht nachgehen. Ein Großteil der deutschen Truppen wurde »direkt so weit wie möglich in die Heimat« geschickt und alliierte Verwundete »kommen keine«. Im zum Militärhospital umfunktionierten Königspalast in Brüssel wurden einige wenige Verwundete betreut, Männer, die zu schwer verletzt waren, als dass sie je wieder würden kämpfen können. Aber »sie wurden von belgischen Pflegekräften und deren eigenen Ärzten versorgt«.[34] Cavell war der Zugang zu der Aufgabe versagt, die sie als ihre Bestimmung ansah. Sie war – anders als es die Legenden später berichteten – nicht daran beteiligt, sich um die Verwundeten und die Sterbenden beider Seiten zu kümmern. Stattdessen saß sie arbeitslos oder bestenfalls massiv unterbeschäftigt herum. Das erklärt auch, warum sie die Zeit hatte, sich so aktiv in die Untergrundbewegung einzubringen.

Einen interessanten Beitrag zum Leben im besetzten Belgien liefert Harry Beaumont, einer der alliierten Soldaten, denen Edith Cavell zur Flucht verhalf. Beim Rückzug aus Mons am 24. August 1914 wurde Beaumont verletzt, und eine belgische Familie namens Neussy rettete ihn davor, von den Deutschen gefangengenommen zu werden. Er floh über Brüssel, Löwen und die Abtei Averbode, wo die Mönche sich mit großem Aufwand um eine Gruppe verwundeter britischer Soldaten kümmerte.[35]

Edith Cavell »leite« die Fluchtroute, und der belgische Kurier habe versprochen, »unsere Position Schwester Cavell zu melden«, berichtete Beaumont. Seine Geschichte ist keine Geschichte von Not und Enthaltung. Er erzählt nicht von hungernden Kindern und langen Schlangen von Menschen, die verzweifelt auf Lebensmittel warten. Ganz im Gegenteil: Beaumont schilderte voller Begeisterung einen Unterschlupf: »Unsere Gastgeberin war eine sehr wohlhabende Frau. Ihr Haus war mit dem Besten vom Besten bevorratet, und 8 Tage lang lebten wir wie die feinen Leute.«[36] Dermaßen großzügig waren die Menschen, dass er und seine Mitflüchtlinge deutlich mehr erhielten als das, was möglich gewesen wäre, wären die Menschen einzig auf Lebensmittelrationen angewiesen gewesen. Fleisch und Mehl waren knapp, aber Gemüse und Eier gab es reichlich, und die örtliche Gemeinschaft lieferte noch Extras.[37]

In aller Unschuld zeigte Beaumont zudem auch auf, dass die Kommission für das Belgische Hilfswerk ganz offensichtlich bestens über das Netzwerk der de Croys Bescheid wusste. Als einer der belgischen Agenten in Antwerpen Bargeld dafür verlangte, Beaumont vor den Deutschen zu verstecken, gingen Beaumont und sein irischer Begleiter zum Hauptquartier des Belgischen Hilfswerks. Sie erzählten dort, dass sie geflohen seien und nun Geld benötigten. Das Geld wurde ihnen rasch bereitgestellt. Außerdem übernahmen die Amerikaner die ganze Angelegenheit und finanzierten Beaumonts vergleichsweise langen Aufenthalt in Antwerpen. Er erhielt ein Taschengeld von 16 Francs pro Tag, und die geflüchteten Soldaten wurden in einem geheimen Unterschlupf ihrer Wahl untergebracht. Endlich, nach mehreren Wochen, bestieg Beaumont am 16. Mai 1915 eine Straßenbahn zum Stadtrand – zuvor hatte er zur Feier des Tages noch eine Flasche Champagner geköpft – und gelangte schließlich nach Holland und in Sicherheit. Seinen Begleiter stellte das Belgische Hilfswerk.[38] Und nun soll man denken, dass die Amerikaner in Brüssel nicht voll und ganz Bescheid darüber wussten, was ihre Landsleute in Antwerpen trieben? Natürlich waren sie im Bilde. Sie waren aktiv und geheim beteiligt.

Beaumonts Bericht enthält einige erhellende Informationen: Edith Cavell in Brüssel organisierte das Netzwerk für Flüchtlinge. Die Soldaten wurden gut verpflegt und gut behandelt. Vom Hunger und der Bedürftigkeit, die angeblich grassierten, haben sie offenbar nichts mitbekommen. Die Amerikaner wussten über die Schleuserbande Bescheid und unterstützten sie, wenn auch verdeckt. Sie wussten über den Schriftwechsel von Edith Cavell Bescheid, und vermutlich wussten sie auch sehr genau, was Cavell an Informationen nach London weitergab. Seine Verbündeten zu bespitzeln ist kein neuer Trend. Am 5. August wurde Edith Cavell in ihrem Büro von den Deutschen verhaftet. Die Polizei stellte bei ihr einen Brief aus London mit dem Siegel des amerikanischen Konsulats in Brüssel sicher.[39]

Cavell war eine wichtige Figur in den medizinischen Kreisen Brüssels. Ihr Arbeitgeber, der Leibarzt des belgischen Königs höchstpersönlich, schätzte ihre Arbeit sehr. Sie galt als eine der führenden Pflegekoryphäen im Land, aber die Besatzer untersagten es ihr, ihrer Arbeit nachzugehen. Cavell war in einem Untergrund- und Spionagenetzwerk aktiv, das – unter anderem – Soldaten, die sich hinter den feindlichen Linien wiederfanden, zurück in ihre Heimat verhalf. Sie führte eine breit gestreute und furchtlose Korrespondenz, nicht nur mit ihrer Familie, sondern auch mit der britischen Presse und dem *Nursing Mirror.* Sie schrieb über die Lebensbedingungen so, wie sie sie vorfand, und lieferte deutliche Hinweise auf ein Fehlverhalten. Für die Obrigkeit in London und Brüssel war sie wichtig genug, dass die amerikanische Gesandtschaft Cavells Korrespondenz weiterleitete. Als sie verhaftet wurde, hatte sie gerade ein Schreiben aus London erhalten.

Und trotz alledem sollten die Amerikaner von der Gesandtschaft und vom Belgischen Hilfswerks erklären, sie hätten keinerlei Kenntnis von Cavells Verhaftung!

Zusammenfassung

- Edith Cavell zählt zu den berühmtesten britischen Helden im Ersten Weltkrieg. Die Leiterin der Brüsseler Schwesternschule Berkendael war vom Leibarzt des belgischen Königs persönlich für diesen Posten angeworben worden.
- Sie war eine herausragende Ausbilderin im Pflegebereich, gründete das Fachmagazin *L'Infirmière,* schrieb für die britischen Magazine *Nursing Mirror and Midwives Journal* und verfasste Briefe an die *Times.* Cavell war in mehrfacher Hinsicht eine sehr talentierte Korrespondentin.
- Bei Kriegsausbruch hielt sie sich bei ihrer Mutter in England auf, beschloss aber, unverzüglich nach Brüssel zurückzukehren. Nach der Schlacht von Mons im August 1914 herrschte Chaos. Hunderte,

möglicherweise sogar Tausende britische und französische Soldaten fanden sich hinter den feindlichen Linien wieder. Cavell wurde Teil eines Netzwerks, das diese Männer in Sicherheit brachte und ihnen zur Flucht in die Heimat verhalf.

- Ihre Arbeit im von der belgischen Aristokratenfamilie de Croy organisierten Schleusernetzwerk trug entscheidend zum Erfolg der Bemühungen bei.
- Beweise zeigen deutlich, dass dieses Netzwerk eine Verbindung zum britischen Kriegsministerium hatte. Cavell operierte in einem Verbund, von dessen Existenz die britische Regierung, die amerikanische Gesandtschaft, die belgische Exilregierung, das Comité National de Secours et d'Alimentation in Brüssel und auch das Belgische Hilfswerk wussten. Das Netzwerk war ein aktives Verbindungsglied zwischen diesen Akteuren, wurde von ihnen unterstützt und erhielt im Bedarfsfall Finanzmittel von ihnen.
- Cavell nutzte die amerikanische Gesandtschaft in Brüssel, um ihre Korrespondenz nach England weiterleiten zu lassen. Im März 1915 schrieb sie ihrer Mutter, sie verfüge über Informationen, die sie der Post nicht anvertrauen könne, die sie ihr aber später erzählen werde.
- Ihre Berichte im *Nursing Mirror* standen im Widerspruch zur britischen Propaganda über deutsche Gräueltaten in Belgien.
- Ein englischer Soldat, der über seine Flucht aus dem besetzten Belgien berichtete, schilderte Cavells Rolle in dem Schleusernetzwerk ebenso wie die Tatsache, dass die Amerikaner das Ganze aktiv unterstützten. *Old Contemptible,* Harry Beaumonts Geschichte, ist bis heute eine fantastische Lektüre – und ein unumstößlicher Beleg für Cavells Rolle.

Kapitel 19

Cavell? Niemand wusste Bescheid

Schritt für Schritt kam die deutsche Geheimpolizei dem Netzwerk der de Croys auf die Schliche, und der Schleuserorganisation wurde bewusst, dass man unter Beobachtung stand. Im Laufe des Jahres 1915 wurde ihnen dann klar, dass auch ihre »sicheren Verstecke« nicht mehr sicher waren. Im April trafen sich Marie de Croy und Edith Cavell heimlich in Gent. Anschließend mussten beide eine Hausdurchsuchung über sich ergehen lassen. Marie de Croy wollte das Schleusernetzwerk schließen, aber Cavell hörte nicht auf sie. Sie erklärte: »Sollte einer dieser Männer erwischt und erschossen werden, wäre das unsere Schuld.«[1] Die beiden Frauen schlossen einen Kompromiss: Es würden keine alliierten Soldaten mehr zu Cavells Klinik gebracht werden, aber Marie de Croy könne weiterhin die Begleiter organisieren und dirigieren, die auf den Fluchtrouten nach Holland arbeiteten. Doch es war bereits zu spät.

Die deutsche Polizei stellte Fallen und konnte durch den Verrat eines Kollaborateurs namens Gaston Quien die Schleuserbande nahezu vollständig ausheben. Insgesamt verhaftete die Geheimpolizei in einer großangelegten Aktion in Brüssel und umliegenden Gebieten 70 Personen.[2] Als erste traf es Phillipe Baucq und Louise Thuliez. Der Architekt Baucq war ein leidenschaftlicher Patriot, der Gratiszeitungen druckte und verteilte, in denen er Stimmung gegen die Deutschen machte. Mit ihrem Sarkasmus und ihren Spitzen brachte Baucqs Untergrundzeitung *La Libre Belgique* den deutschen

Generalgouverneur in Rage, der in dem Blatt die Zielscheibe vieler Attacken war.[3] Tatsächlich nahm es Generalgouverneur Moritz von Bissing ausgesprochen persönlich, verspottet zu werden.[4] Die Lehrerin Louise Thuliez gehörte zu den wichtigsten Führern, die Soldaten der Entente durch Belgien und in die Niederlande lotsten.

Ein deutsches Kriegsgericht verurteilte Thuliez zum Tode, aber das Urteil wurde in eine lebenslange Haftstrafe umgewandelt. Als sie 1918 aus deutscher Gefangenschaft nach Belgien zurückkehrte, verfasste sie einen langen Bericht über die »Cavell-Organisation«, wie sie das Netzwerk nannte. Darin räumte sie ein, dass sie, während sie mit Edith Cavell arbeitete, aktiv militärische Informationen über ein Vorratslager im von Deutschen besetzten französischen Cambrai eingeholt hatte.[5] Das zeigt deutlich, dass Cavell innerhalb eines belgischen Spionagerings aktiv war. Aber es ging noch weiter: Oberschwester Cavell verfügte »über enge Verbindungen zu den britischen Aufklärungsdiensten«, schrieb Thuliez.[6]

Henry Baron war ein britischer Agent in Frankreich, der »mit der Cavell-Organisation arbeitete«.[7] Als er später erfuhr, dass seine ehemalige Kontaktperson Louise Thuliez etwas über die »Cavell-Angelegenheit« veröffentlichen wollte, wandte er sich beunruhigt an den britischen Geheimdienst. Thuliez' Enthüllungen würden Cavell als Spionin hinstellen, aber auch »die Beteiligung von Mitgliedern der Behörde an der Cambria-Spionageaffäre« aufdecken.[8] Derart explosive Informationen mussten unterdrückt werden. Weil man wusste, dass die offizielle britische Linie nicht mehr zu vertreten wäre, wenn publik würde, dass Cavell an Spionageaktivitäten beteiligt war, wurde die Publikation des Werks verboten. Die britischen Militärbehörden erachteten es als ausgesprochen unerwünscht, dass vor dem Abschluss des Friedensvertrags von Versailles irgendetwas erschien, das Edith Cavell in »Spionageangelegenheiten« hineinzog, beschied man Baron.[9] Das Werk wurde nie veröffentlicht.

Im Musée Royal de l'Armée in Brüssel ist kürzlich in den Privatarchiven eine weitere Quelle belastender Beweise aufgetaucht.[10] Herman Capiau war 1915 Teil des Untergrundnetzwerks von de Croy und Cavell, und wie Louise Thuliez wurde er verhaftet, vor Gericht gestellt und zum Tode verurteilt. Doch sein Urteil wurde in 15 Jahre harte Zwangsarbeit umgewandelt.[11]

Vor seiner Verhaftung schrieb Capiau einen Geheimbericht, in dem er einen weiteren Agenten identifizierte, der in die Spionageaktivitäten des Untergrundnetzwerks involviert war. Auch hier wusste Edith Cavell Bescheid und gab ihren Segen. Capiau schrieb: »… in Übereinstimmung mit Miss Cavell und Mademoiselle Thuliez schickte ich der französischen Regierung durch den Geheimdienstagenten Paul Godefrey eine Bitte um materielle Unterstützung für eine groß angelegte Aktion, in deren Zuge junge französische Rekruten evakuiert werden sollen …« Das heißt: Nicht nur der britische Geheimdienst steckte hinter Cavells Arbeit in Brüssel, auch die französische Regierung wurde direkt um Unterstützung und Hilfe angegangen. Diese Hilfe dürfte finanzieller Art gewesen sein, denn Soldaten in ihre Heimat zurückzuschleusen, war ein kostspieliges Unterfangen. Der Großteil der belgischen Bevölkerung unterstützte die Schleuser zwar, ohne dabei auf den eigenen Vorteil zu achten, aber es gab auch einige Menschen, die auf Bezahlung bestanden.[12]

Aus Capiaus Bericht wird allerdings deutlich, dass es hier um mehr ging als darum, Soldaten, die hinter die feindlichen Linien geraten waren, bei der Flucht zu helfen: »… wann immer es möglich war, interessante Erkenntnisse über militärische Aktivitäten zu senden, wurden diese Erkenntnisse pünktlich und zügig dem englischen Aufklärungsdienst zugestellt.«[13] Spionage war keine nebenbei betriebene Aktivität, vielmehr wurden, wie Capiau einräumt, bei jeder sich bietenden Gelegenheit Erkenntnisse über Aktivitäten des deutschen Militärs an den britischen Geheimdienst weitergegeben, und zwar »pünktlich und zügig«. Soldaten, die zurück in die Heimat gebracht wurden, trugen ab Mai 1915 in die Kleidung eingenähte Informationen über Grabenstellungen, Fahrzeug- und Truppenbewegungen, Waffenlager und Luftwaffenmanöver im Raum um Valenciennes mit sich.[14]

Herman Capiau gab Paul Godefroy als seine Verbindung zu den Geheimdiensten an, aber Godefroy starb leider 1916 im Gefängnis Rheinbach.[15] Nach dem Krieg zogen vorübergehend britische Einheiten in das Gefängnis ein, und die Akten über Godefroy verschwanden. Warum? Herman Capiau hinterließ auch eine handschriftliche Notiz, die sich momentan unter dem Titel *L'Affaire Cavell* im Brüsseler Museum befindet. In der Notiz werden Edith Cavell, Louise Thuliez, Paul Godefroy und Capiau selbst als Mitglieder

der »Organisation« angegeben, außerdem hängt am Dokument eine weitere Namensliste.[16] Diese Untergrundorganisation war nicht nur damit beschäftigt, alliierten Soldaten außer Landes zu helfen, sie war auch ein Spionagering, der die deutschen Truppen im Blick behielt.

In Capiaus Liste wird Edith Cavell zudem als zentrales Verbindungsglied im Brüsseler Drehkreuz des Netzwerks angegeben. Dessen *grand chef* war »Doktor Bull aus dem Kriegsministerium«. Die Rede ist von Doktor Telemachus Bull, laut dem Whitlock-Familienarchiv der persönliche Zahnarzt des belgischen Königs und über seine Ehefrau mit Brand Whitlock verwandt.[17] Aus unbekannten Gründen scheint er aus der Edith-Cavell-Geschichte vollkommen herausredigiert worden zu sein. Das änderte sich erst kürzlich, als die Sendung *Secrets and Spies* auf BBC Radio 4 Bull als Agenten des britischen Geheimdienstes enthüllte, der von Belgien aus eine Reihe von Netzwerken betrieb.[18] Bull wurde von der deutschen Geheimpolizei verhaftet, wegen Verrats angeklagt und am 19. Mai 1916 in Antwerpen vor Gericht gestellt. Er kam mit einer ausgesprochen milden Strafe davon – 3 Monate Gefängnis und 5000 Mark Bußgeld.[19] Wie locker auch immer die verwandtschaftlichen Bande zu den Whitlocks gewesen sein mögen, sind sie dennoch ein erstaunlicher Zufall. Whitlock, Leiter der amerikanischen Gesandtschaft in Brüssel, bereitete gerade eine Feier zur Freilassung Bulls vor, als er erfuhr, dass Bull gleich noch einmal vor Gericht musste, dieses Mal wegen seiner Verbindungen zu Edith Cavell.[20] Diese Verhandlung fand – in Anwesenheit eines Vertreters der amerikanischen Gesandtschaft – am 16. Oktober 1916 statt. Bull und sechzehn weitere Personen waren der Verschwörung angeklagt. Sie hätten, so hieß es, Edith Cavell dabei geholfen, »jungen Menschen den Grenzübertritt zu ermöglichen«, außerdem sollen sie Cavell finanziell unterstützt haben. Bull wurde zu 6 Jahren Gefängnis verurteilt.[21]

Dass Bull direkt involviert war, bedeutet, Cavells Aktivitäten waren Teil eines laufenden verdeckten Unternehmens von britischem Kriegsministerium und Geheimdienst, sofern sich nicht noch weitere, bislang allerdings unbekannte Verbindungen auftun. Edith Cavell tat viel mehr, als sich nur um Verwundete zu kümmern, und das von ihr beschriebene Brüssel muss sich auf einem anderen Planeten befunden haben, der weit entfernt war von den Zuständen, die Herbert Hoover schilderte.

Im ersten Quartal 1915 stand der Fortbestand des Belgischen Hilfswerks auf der Kippe. In Großbritannien bekam die Organisation schlechte Presse, im Unterhaus wurden Fragen zu den Lebensmitteln gestellt, die die deutsche Armee »beschlagnahmte«. Das wirkte sich nachteilig auf die Unterstützung aus, und nun kam für Herbert Hoover noch der Verdacht hinzu, dass Personen in Belgien die Arbeit seiner Organisation untergruben. In einem auf den 6. März 1915 datierten Schreiben an Brand Whitlock beschwerte sich Hoover, er habe sich heiklen Fragen stellen müssen zu den Mengen an Lebensmitteln, die die deutschen Besatzer requirierten. Er zeigte sich alarmiert, dass die Regierung in London Behauptungen prüfen wollte, die ihren Ursprung in Belgien hatten. Er schimpfte über die »ständigen verlogenen Berichte in der englischen Presse, wonach unsere Lebensmittel von den Deutschen abtransportiert werden oder im operativen Gebiet ihren Requirierungen dienen«.[22]

Wer in Belgien verfügte über die Kontakte und das erforderliche Maß an Selbstvertrauen, derart heftige Vorwürfe zu erheben? Wer könnte moralisch dermaßen aufgebracht sein, dass er sich angesichts einer scheinbar untätigen Regierung direkt an seine Kontakte in der britischen Presse wenden konnte? Bei diesen Berichten handelte es sich nicht um »ständige verlogene Berichte«, sondern um das Ergebnis guter Aufklärungsarbeit.

Hoover selbst war ein vollendeter Lügner und ein Meister der Pressemanipulation. Lügen waren sein täglich Brot. Nun wurden die Propagandabemühungen des Belgischen Hilfswerks sofort intensiviert. In der New Yorker Carnegie Hall fand ein Sondertreffen statt, bei dem es um Spenden für die Verbündeten ging. Auf der Veranstaltung wurde eine Nachricht von Brand Whitlock verlesen: »Die Lebensmittelvorräte in Belgien reichen mittlerweile nur noch für den Rest des Monats. Ab dem 1. April wird der Bedarf an Nahrung und Kleidung dringlicher denn je. Die gesamte belgische Bevölkerung bedarf für ihr Überleben weiterhin der Großzügigkeit des amerikanischen Volks.«[23]

Die gesamte belgische Bevölkerung? Blödsinn, aber als druckfähiges Zitat perfekt.

Dennoch berichtete der *Nursing Mirror* im April 1915, dass im Brüssel von Edith Cavell die Cafés weiterhin geöffnet hatten und noch immer Zigarren geraucht wurden.[24] Cavells Artikel stand in krassem Widerspruch zu den alarmierenden Berichten Hoovers. Wie groß muss die Wut bei den Hintermännern des Belgischen Hilfswerks gewesen sein, als sie davon erfuhren! Diese Frau war gefährlich, was würde sie wohl als Nächstes schreiben? Sie verfügte über Geheimdienstquellen im ganzen Land, was wusste sie noch? Was hatte sie bereits gemeldet? War die Schleusergruppe tatsächlich wie von Herman Capiau angedeutet die »Cavell-Organisation« und nicht die aristokratischere »De-Croy-Organisation«, dann muss Cavell auch eine aktivere Rolle darin gespielt haben. Wem erstattete sie Bericht?

Im Juni 1915 verließ Hoover sein gemütliches Heim in London und reiste nach Belgien, um sich persönlich mit Baron Oscar von der Lancken-Wakenitz zu treffen, dem deutschen Leiter der Politischen Abteilung beim Generalgouvernement Belgiens und einer der wichtigsten internationalen Ansprechpartner des Belgischen Hilfswerks. Es ist an dieser Stelle wichtig, sich noch einmal in Erinnerung zu rufen, dass die Führung des Belgischen Hilfswerks wie auch des belgischen Comité National de Secours et d'Alimentation in den Chefetagen der deutschen Verwaltung von Belgien ein und ausging. Hoover war vor Ort, um das Schicksal der bevorstehenden Ernte auszuhandeln – eine Rolle, die er trotz lautstarker Proteste des Comité National übernommen hatte.[25] Ihm war sehr wohl bewusst, dass London wollte, dass die Berichterstattung aufhörte, wonach die Deutschen Missbrauch mit dem Belgischen Hilfswerk trieben. Daran war den Deutschen ganz genauso gelegen. Um den Kampf fortführen zu können, brauchten sie unbedingt die Lebensmittelvorräte, an die sie über Belgien gelangten.

Edith Cavell war in einer herausragenden Position, britischen Diensten regelmäßig Informationen zukommen zu lassen, dafür sorgten das Untergrundnetzwerk, für das sie arbeitete, und die direkten Verbindungen nach London, in deren Genuss sie dank der de Croys kam. Wir wissen, dass sie direkt an den *Nursing Mirror* und an den Herausgeber der *Times* geschrieben hat,[26] aber wenn man sich Cavells Beteiligung an Spionageaktivitäten ansieht, wird die britische Aufklärung dies und deutlich mehr gewusst haben. Schließlich berichtete sie an diese Behörden. Derartiges Wissen wäre auch ein Thema für das Belgische Hilfswerk und die amerikanische Gesandtschaft gewesen, denn sie waren die ersten Anlaufstellen, wenn es darum ging, Informationen nach London weiter zu leiten. Hatte Cavell sich zu einer Gefahr für das Belgische Hilfswerk und die Geheime Elite entwickelt? Oberschwester Cavell war ziemlich bekannt, und in der britischen Presse hatte ihre Stimme Gewicht. Ihre Aussagen könnten das gesamte Vorhaben des Belgischen Hilfswerks zu Fall bringen.

Nur noch einmal zur Erinnerung: Edith Cavell wurde in ihrem Büro in der Berkendael-Schule am 5. August 1915 verhaftet, einem Donnerstag.[27]

Cavell sei »still und leise verhaftet worden«, und es habe »einige Zeit« gedauert, ehe die Neuigkeit in der amerikanischen Gesandtschaft in Brüssel die Runde gemacht habe, schrieb Hugh Gibson, damals Erster Sekretär in der Gesandtschaft, in seinen zum eigenen Vorteil gefärbten Memoiren.[28] Diese Aussage stimmt von vorn bis hinten nicht. Cavell wurde von Otto Mayer aus dem Büro geführt, dem Chef der deutschen Geheimpolizei, und Cavells aufgeregtes Personal verfolgte die Aktion von Anfang bis Ende. Sie hatte damit gerechnet, verhaftet zu werden. Am Samstag, den 31. Juli, waren Louise Thuliez und Philippe Baucq verhaftet worden, und die Nachricht von der Verhaftung ihrer beiden Mitverschwörer hatte sich rasch herumgesprochen. Reginald de Croy erkannte, dass das gesamte Netzwerk gefährdet war. Er eilte nach Brüssel, um Cavell und andere Mitglieder der Gruppe zu warnen und sie anzuweisen, alles belastende Material zu vernichten. Wir haben es hier nicht mit einer Nacht-und-Nebel-Aktion zu tun. Zum einen war Cavell eine von zunächst 70 Personen, die verhaftet wurden. 35 davon wurden angeklagt, feindlichen Soldaten Unterschlupf geboten und sie zurück hinter Feindeslinien geführt zu haben.[29] Kurz darauf wurde Marie de Croy festgenommen, aber zum Ärger der deutschen Behörde konnte sich Prinz Reginald de Croy dem Zugriff der Polizei entziehen. Dass derart prominente Persönlichkeiten verhaftet und ins Gefängnis geworfen werden könnten, ohne dass das Belgische Hilfswerk etwas davon mitbekam, ist eine absolut lächerliche Vorstellung.

Cavell wurde zunächst in einer Gemeinschaftszelle für Frauen in der Brüsseler Polizeikommandantur gegenüber vom Warandepark festgehalten. Dort saß sie 2 Tage ein, dann wurde sie ans andere Ende der Stadt ins weniger freundliche Gefängnis Saint-Gilles verlegt. Hugh Gibsons Behauptung, nichts von der Verhaftung Edith Cavells gewusst zu haben, wird noch lachhafter, wenn man sich überlegt, dass sie anfangs gerade einmal eine Straße entfernt von Hoovers Hauptquartier hinter Gittern saß. Ende Dezember 1914 hatte Herbert Hoover das Büro des Belgischen Hilfswerks von der Rue de Naples 48 in die Rue des Colonies 66 verlegt. Hier, im prächtigen Gebäude der Société Générale de Belgique, belegte die Organisation drei Stockwerke.[30] Das Gebäude war zuvor das Hauptquartier der Banque Belge pour L'Étranger gewesen und stand als prächtiges Beispiel imperialen Glanzes auf dem Hügel, der zur Kommandantur führte. Hoover und Cavell waren hier praktisch Nachbarn, die Entfernung betrug kaum 200 Meter.

Von Anfang an bestritt jeder, der offizielle Kontakte zum Belgischen Hilfswerk besaß, jegliches Wissen um die Vorgänge. Bedenkt man, dass das Netzwerk der de Croys über enge Verbindungen zu den Amerikanern verfügte,[31] dass Edith Cavell bei ihrer Verhaftung ein Schreiben mit sich führte, das über die amerikanische Gesandtschaft zugestellt worden war,[32] und dass die Vielzahl von Verhaftungen große Wellen schlug, ist es einfach unvorstellbar, dass Hugh Gibson und seine Kollegen nicht gewusst haben wollen, was um sie herum vorging. Aber genau das haben sie behauptet, und die britische Regierung akzeptierte diese Aussagen, ohne groß nachzufragen. Vielmehr dienten sie der Regierung in London als Rechtfertigung, weshalb man nicht schnell genug habe handeln können, um Edith Cavell zu retten.

Die folgenden Ereignisse glichen einer makabren Scharade, in der sämtliche wichtigen Akteure, die Einfluss auf die Deutschen hätten nehmen können, ihr Eingreifen so lange hinauszögerten, bis gewährleistet war, dass Edith Cavell ihrem Schicksal nicht mehr entgehen konnte. Nach der deutschen Besetzung Belgiens hatte die amerikanische Gesandtschaft international die Verantwortung für sämtliche britischen Staatsbürger dort übernommen und stand insofern rechtlich in der Pflicht, sich um Edith Cavell zu kümmern. Der ranghöchste Diplomat, der für diese Aufgabe verantwortlich war, der Gesandte Brand Whitlock, lag zu diesem Zeitpunkt »krank im Bett«.[33] Seine Funktion übernahm ein getreuer Gefolgsmann Hoovers, der bereits erwähnte Hugh Gibson, seit Oktober 1914 Mitglied des Belgischen Hilfswerks in Brüssel.

Am 12. Oktober 1915 schickte Gaston de Leval ein offizielles Schreiben an Brand Whitlock. Der belgische Rechtsberater de Leval arbeitete seit vielen Jahren für die Amerikaner. Er schrieb: »Sobald die Gesandtschaft eine

Andeutung erhielt, Miss Cavell könne verhaftet worden sein, wurde Ihr Schreiben vom 31. August an Baron von der Lancken (den Leiter der Politischen Abteilung der deutschen Besatzungsmacht in Brüssel) versandt.«[34] Ganz offensichtlich war es de Leval wichtig, seinem Freund und Arbeitgeber Whitlock ein förmliches Schreiben zu überstellen und dadurch aktenkundig zu machen, dass die amerikanische Gesandtschaft mehr als 3 Wochen nach der Verhaftung Edith Cavells das erste Mal davon gehört habe. Als Reaktion auf ihre Hinrichtung begannen die Amerikaner sofort, ihre eigenen Spuren zu verwischen. Das Schreiben diente rückwirkend als Entschuldigung für ihre vorsätzliche Untätigkeit.

Andere dagegen machten sich unverzüglich dafür stark, dass Cavell freigelassen wurde. Die loyalen Krankenschwestern, die Zeuge ihrer Verhaftung gewesen waren, eilten sofort zur Kommandantur, mussten dort aber den Hohn und Spott der Wachen über sich ergehen lassen. Am 10. August erfuhren die Krankenschwestern, dass Cavell nach Saint-Gilles verlegt worden war, also wandten sie sich an den einen Freund, »dem wir uns anvertrauen konnten und den wir um Informationen bitten durften«: Maitre van Alteren, der Anwalt, der das Direktorium der Schwesternschule vertrat. Er versprach, sich bei den Militärbehörden für Cavell zu verwenden. Doch van Alteren wurde unverzüglich verhaftet und ins Gefängnis geworfen.[35] Die medizinische Gemeinde in Brüssel wusste, dass Cavell verhaftet worden war, auch das Direktorium der Schwesternschule war im Bilde – aber de Leval behauptet, die amerikanische Gesandtschaft habe fast einen Monat lang keinerlei Kenntnis von dem Vorfall gehabt.

Betrachten wir die ganze Angelegenheit noch einmal näher: Edith Cavell wurde am 5. August am helllichten Tag verhaftet, aber die amerikanische Gesandtschaft, die doch bestens über das De-Croy-Netzwerk informiert war, will erst 26 Tage später davon erfahren haben? Das ist nicht nur höchst unwahrscheinlich, sondern auch unmöglich. Netzwerke halten Verbindungen aufrecht, das ist ihre Natur. Reißt der Kontakt irgendwo ab, treten diese Störungen sofort zu Tage. Cavells Familie in England wurde von einer holländischen Quelle darüber informiert, dass Edith Cavell verhaftet worden war. Die Familie wusste sogar, dass die Verhaftung am 5. August stattgefunden hatte. Obwohl er nur diese bruchstückhaften Informationen hatte, schrieb

Dr. Longworth Wainwright, Edith Cavells Schwager, am 24. August direkt an Sir Edward Grey im Foreign Office. Der britische Außenminister wandte sich hochoffiziell an Walter Page, den amerikanischen Botschafter in London, und bat ihn, nachzuforschen, was in Brüssel geschehen sei.[36] Page sandte Brand Whitlock am 27. August ein Telegramm, aber der später vom Foreign Office veröffentlichte Bericht, der sehr ausführlich in der *Times* abgedruckt wurde,[37] will uns glauben machen, dass die amerikanische Gesandtschaft erst am 31. August von Edith Cavells Verhaftung erfuhr und sich an die deutschen Behörden wandte. In Hugh Gibsons veröffentlichtem Tagebuch steht ganz unmissverständlich, dass dem so gewesen sein soll. Wieder handelte es sich um eine empörende Lüge.

Und es wird noch absurder: 10 Tage lang will die Gesandtschaft angeblich abgewartet haben, ehe ihr Anwalt de Leval offiziell um die Erlaubnis bat, Edith Cavell im Gefängnis zu besuchen. 2 Tage später hätten die deutschen Behörden seinen Antrag abgewiesen, sagt de Leval.[38] Was Edith Cavell an Rechtsvertretung zur Seite gestellt wurde, war eine Farce, ein abgekartetes Spiel. De Leval traf sie nicht, und er vertrat sie nicht, auch wenn »die Geschichte« etwas anderes behauptet. Es war wie immer: Die Geheime Elite vertuscht die Spuren ihrer Einflussnahme, und Fakten und Realitäten verschwinden in einem Wirbel der Konfusion. Das gilt auch für die Rechtsvertretung von Edith Cavell. Es war die Pflicht der US-Gesandtschaft, britische Staatsbürger in Belgien zu vertreten, aber aus irgendeinem nicht bekannten Grund übernahm das Comité Nationale de Secours et d'Alimentation diese Aufgabe von Émile Francqui. Eugène Hanssens, eines der ranghöchsten Ausschussmitglieder, erklärte sich bereit, Edith Cavell zu verteidigen.[39]

Die Sache hatte nur einen Haken: Hanssens war Anwalt für Verfassungsrecht und besaß nicht die erforderliche Akkreditierung, um als Verteidiger vor einem Militärtribunal agieren zu dürfen. Also wählte er als seinen Vertreter Thomas Braun aus dem Comité Nationale. Braun stammte aus einer angesehenen Juristenfamilie, sein Vater war als Verteidiger für Prinzessin Marie de Croy berufen worden. Der entscheidende Punkt hier ist: Hanssens und Braun waren führende Mitglieder des Comité Nationale; sie können über die belgischen Kriegsarchive zum Comité Nationale identifiziert werden.[41] Die Amerikaner und der von ihnen bezahlte Anwalt behaupten, von nichts gewusst zu haben, während gleichzeitig die Männer vom Comité Nationale, mit denen sich die Amerikaner regelmäßig, in manchen Fällen sogar täglich trafen, ein Anwaltsteam zusammenstellten, welches Mitglieder des De-Croy/Cavell-Netzwerks verteidigte. Die Männer, mit denen sie sich die Verantwortung teilten, tagtäglich Lebensmittel zu verteilen, waren angetreten, das Netzwerk – und damit auch Edith Cavell! – zu verteidigen.

Nun wird es auf mysteriöse Weise unübersichtlich. In den von Brand Whitlock freigegebenen Dokumenten und Schreiben heißt es, die Gesandtschaft habe am 31. August an Baron von der Lancken geschrieben, um sich über Edith Cavell zu erkundigen.[42] Die Gesandtschaft sei dann in Kenntnis gesetzt worden, dass Anwalt Braun als Rechtsvertreter von Edith Cavell agiere und er »bereits mit den zuständigen deutschen Behörden in Kontakt getreten sei«. Diese offizielle Antwort von der Lanckens stammt vom 12. September,[43] aber die Angaben enthalten einen beunruhigenden Fehler. »Anwalt Braun« war nämlich längst von dem Fall abgezogen worden. Braun hatte ein auf den 1. September 1915 datiertes Schreiben der deutschen Besatzungsmacht erhalten, in dem ihm vorgeworfen wurde, sich vor Gericht ungebührlich aufgeführt und die deutsche Regierung diffamiert zu haben. Es sei ihm unmöglich, objektiv zu sein, und er nutze seine Position zum eigenen politischen Vorteil aus, hieß es.[44] Auf Anweisung des deutschen Militärs war es Thomas Braun also ab dem 1. September untersagt, irgendjemanden vor Gericht zu vertreten. Und dennoch konnte Whitlock ein Schreiben von der Lanckens vorweisen, das 10 Tage später datiert ist und in dem es heißt, Braun sei als Verteidiger Edith Cavells aktiv. Entweder log einer von beiden oder beide.

Innerhalb von 24 Stunden wurde Edith Cavell also zwischen dem 31. August und dem 1. September von jeglicher Verbindung abgeschnitten, die in irgendeiner Form direkt zur Kommission für das Belgische Hilfswerk führte. Kaum musste die amerikanische Gesandtschaft einräumen, dass sie von Cavells Verhaftung gehört hatte, schlossen die Deutschen Thomas Braun aus dem Verfahren aus. Gab es hier heimliche Absprachen?

Für Hoover waren die vorangegangenen Monate sehr anstrengend gewesen. Während er mit London und Berlin darüber verhandelte, dass die Gelder weiter flossen und weiterhin Lebensmittel in Rotterdam eintrafen, häuften sich in der Presse die Vorwürfe. Dass Cavell über Verbindungen zur

Presse und zum Kriegsministerium in London verfügte, haben wir bereits aufgezeigt. Und wenn man davon ausgeht, dass nicht nur Cavells Familie ihre Post las, dürfte die Aussage, sie besitze belastende Informationen, die sie eines Tages öffentlich machen werde, reichlich Sorge ausgelöst haben. Wir müssen also die Frage stellen: War der Zeitpunkt der Ereignisse reiner Zufall, oder wurden die Deutschen gebeten, das Belgische Hilfswerk von jeglicher Verantwortung für Cavells Schicksal zu entbinden? Auf einen Schlag war niemand, der auch nur lockere Verbindungen zu Hoover besaß, an den Rettungsversuchen für Edith Cavell beteiligt.

Der Nächste, dem die undankbare Aufgabe zufiel, Cavell verteidigen zu »dürfen«, war Sadi Kirschen, ein Brüsseler Anwalt, der nichts mit dem Comité National zu tun hatte. Am 7. September sprachen sowohl Hanssens als auch Braun den Brüsseler Anwalt an.[45] Kirschen schrieb Cavell und fragte, ob sie ihn als ihren neuen Verteidiger akzeptieren würde, aber sein Brief hat sie nie erreicht. Zudem beschlossen die Deutschen unmittelbar vor der Gerichtsverhandlung, Kirschen den Zugang zu Cavell zu verweigern.[46] Er erhielt auch keinerlei Einsicht in die Beweise der Staatsanwaltschaft. Kirschen beriet sich mit seinen Amtskollegen, und die Anwälte waren sich einig: Schlimmstenfalls würden Cavell etwa 5 Jahre Gefängnis drohen.[47]

Gaston de Leval schrieb später einen Bericht, der im Grunde nichts Anderes als eine Aneinanderreihung von Ausflüchten darstellt. In diesem Bericht betonte er, wie sehr er doch interessiert daran gewesen sei, persönlich an der Verhandlung teilzunehmen. Kirschen habe ihm davon jedoch abgeraten, damit seine Anwesenheit die Deutschen nicht verärgere. Seine Teilnahme hätte also zu einer Voreingenommenheit der Deutschen in diesem Fall geführt? Was für eine bizarre Ausrede. Jeder Satz in de Levals Bericht dient einzig dazu, dem Autor, den Amerikanern und den hohen Tieren des Belgischen Hilfswerks Absolution zu erteilen. Niemand von ihnen trage die Schuld, niemand habe sich der Komplizenschaft schuldig gemacht.[48]

Warum legten sich die Amerikaner zu ihrem eigenen Schutz dermaßen stark ins Zeug, aber nicht für Cavell? Die ständigen Dementis gehen einem doch auf die Nerven. Die Männer klammerten sich an die von ihnen abgefasste Erklärung, die von der britischen Regierung rasch übernommen, in Gibsons Tagebuch wiedergekäut und von Brand Whitlock »authentifiziert«

wurde. Auf diese Weise schrieben diese Personen ihre eigene Version der Geschichte, eine Version, die nicht hinterfragt wurde, und mochte sie noch so lächerlich sein.

1919 verfasste Brand Whitlock den zweiten Band über seine Jahre in Belgien. Seinen Bericht über den traurigen Verrat an Edith Cavell beginnt er mit den folgenden Worten: »Anfang August hatten Brüssel und ganz Belgien – oder zumindest der Teil Belgiens, der in Schlössern lebte – gehört, dass Prinzessin Marie de Croy und die Gräfin Belleville verhaftet worden waren.«[49] Während er sich auf die belgischen Adligen konzentrierte, erwähnte er »Mademoiselle Thuliez und gewisse andere« und behauptete, die Prinzessin habe nicht gewusst, was aus den von ihr beschützten alliierten Soldaten geworden sei, »nachdem sie Brüssel erreichten«. Mit sorgfältig gewählten Worten heißt es dann: »Eines Tages im August wurde in der Gesandtschaft bekannt, dass eine englische Krankenschwester namens Edith Cavell verhaftet worden war.«[50] Das ist nichts als leeres Gewäsch, ein offenkundiger Versuch, den eigenen Hintern zu retten.

Indem er von »eines Tages im August« schwadroniert, will Whitlock die Geschichte neu schreiben. So kann er eingestehen, »ganz Belgien« habe von den Aristokratinnen und dem Aus des Untergrundnetzwerks gewusst, und sich gleichzeitig aus der Verantwortung stehlen, die er eigentlich für Edith Cavell hatte. Dass es sich um den 27. August handelte, war ihm offensichtlich entfallen. Die Lügen werden schlichtweg immer lächerlicher. Die Behauptung, Marie de Croy habe nicht gewusst, was passierte, sobald die Soldaten Brüssel erreichten, ist völlig absurd. Prinzessin Marie de Croy schrieb nach der Rückkehr aus der Gefangenschaft ein sehr detailreiches Buch, in dem sie in allen Einzelheiten erklärte, wie ihr Bruder Reginald im Untergrund gearbeitet hatte. Darin erzählt sie auch von ihrem Besuch bei Cavell und wie sehr ihr Bruder Cavell für ihre Entschlossenheit bewundert habe.[51]

Hugo Lueders und seine Partner in Brüssel haben durch hartnäckige Recherchen Beweise dafür aufgedeckt, dass sich Edith Cavell und Marie de Croy im April 1915 im Hotel Ville D'Audenarde in Gent getroffen haben. Cavell stieg mehrere Mal in dem Gästehaus ab, das als wichtiges Drehkreuz für Mitglieder des belgischen und des französischen Widerstands galt wie auch als Anlaufstelle für Profitjäger aus dem Umfeld der Hungerhilfe.[52] Die Prinzessin wusste, wovon sie sprach – ganz im Gegenteil zu Brand Whitlock.

Marie de Croys autobiografische Schilderung ihres Gerichtsverfahrens fügt der ganzen Angelegenheit noch eine weitere Wendung hinzu. De Croy wurde von Alexander Braun vertreten, dessen Dienste viele ihrer einflussreichen Freunde in Brüssel in Anspruch genommen hatten. Ganz ausdrücklich jedoch spricht die Prinzessin von Brauns Sohn Thomas, der Teil des Verteidigungsteams für alle Angeklagten gewesen sei. Er habe »mit einem feinen Schlussplädoyer« aufgewartet und erklärt, die belgischen Angeklagten hätten vor einer schwierigen Wahl gestanden: Sollten sie ihren Landsleuten helfen, oder sollten sie diese denunzieren?[53] Thomas war also von Cavell abgezogen worden, blieb jedoch eine der Hauptfiguren der Verteidigung. Diese erstaunliche Aussage bestärkt die Theorie, wonach das Belgische Hilfswerk wollte, dass niemand, der mit der Organisation in Verbindung stand, etwas mit der Verteidigung von Edith Cavell zu schaffen hatte.

Auf *www.firstworldwar.com* lässt sich der Bericht von Gaston de Leval über die Hinrichtung von Edith Cavell als Primärdokument abrufen. Es handelt sich um wenig mehr als eine Ansammlung irreführender, selbstsüchtiger Behauptungen, die einer ernsten Überprüfung nicht standhalten. Der Bericht ist Teil der Propagandaaktivitäten, an denen sich die britische Regierung 1915 nur allzu gerne beteiligte – und die noch 100 Jahre später als Wahrheit präsentiert werden.

Wie gesagt: 70 Personen verhaftete die deutsche Geheimpolizei, 35 davon wurden gemeinsam vor Gericht gestellt. Die Verhandlung fand am 7. und 8. Oktober 1915 im Senatsgebäude in Brüssel statt. Den 22 Männern und 13 Frauen wurde eine ganze Reihe von miteinander zusammenhängenden Verbrechen vorgeworfen, darunter das Befördern von Soldaten zum Feind, das Gewähren von Unterschlupf für feindliche Soldaten, die Verbreitung aufrührerischer Flugblätter und das gesetzwidrige Befördern von Briefen und Schriftverkehr.[54] Die Verhandlung fand unter Ausschluss der Öffentlichkeit statt, neutrale Beobachter waren nicht zugelassen. Die Namen der fünf Richter sind nicht bekannt, aber der vorsitzende Richter, Kriegsgerichtsrat Eduard Stoeber, war angeblich »extra für den Fall nach Brüssel geholt worden, weil er als Richter bekannt war, der häufig Todesurteile verhängte«.[55]

Cavell bekannte sich schuldig, was das Schleusen feindlicher Soldaten zurück in deren Heimat anbelangte. Zu ihren anderen Aktivitäten wurde sie nicht befragt. Laut Paragraph 58 des deutschen Militärstrafgesetzbuchs ist mit dem Tode zu bestrafen, wer »feindliche Kriegsgefangene freilässt«[56], aber offenbar rechnete niemand damit, dass es so weit kommen würde. Wir wissen, dass Cavell regen Schriftverkehr führte und die Deutschen einen Brief in Händen hatten, den Cavell kurz zuvor von der amerikanischen Gesandtschaft erhalten hatte. Sie war also ganz offensichtlich im Besitz von illegaler Korrespondenz, aber niemand klagte sie an, gesetzeswidrig Post verschickt oder erhalten zu haben. Welch peinliche Enthüllungen hätte das Schreiben ans Tageslicht gebracht, wäre es dem Gericht als Beweis vorgelegt worden? Warum wurde mit keiner Silbe darauf eingegangen? Es gibt die These, dass Cavell mit ihrem Schuldbekenntnis die Gelegenheit ergriff, »noch größere und ernsthaftere Aktivitäten wie etwa Spionage zu verheimlichen«.[57]

Das ist eine interessante Methode anzudeuten, dass Cavell in irgendeiner Form Einfluss auf die Anklagepunkte nehmen konnte. Dass das Verfahren ein abgekartetes Spiel war, lag jedoch einzig und allein am deutschen Gericht. So bleibt ein Punkt, bei dem hartnäckig nachgefragt werden muss: Warum wurde sie nicht zu dem Inhalt des Schreibens befragt oder nach der Häufigkeit derartiger Korrespondenz? Cavell galt als ehrliche, aufrichtige, gottesfürchtige Frau, sie hätte unter Eid nicht gelogen. Hätte sie auf Nachfrage womöglich berichtet, was die Deutschen mit den Lebensmittelimporten des Belgischen Hilfswerks anstellten? War es das, was sie meinte, als sie ihrer Mutter schrieb, sie könne ihr »viele Dinge erzählen, aber ich muss sie mir für später aufheben«?[58] Hätten die Deutschen oder die Kommission für das Belgische Hilfswerk es gewagt, ein derartiges Risiko einzugehen?

Zusammenfassung

- Nachdem der Argwohn der Deutschen gegenüber der De-Croy-Organisation – die sie für einen Spionagering hielten – geweckt war, verhaftete die Geheimpolizei im August 1915 insgesamt 70 Personen. Edith Cavell wurde vor den Augen ihrer Krankenschwestern am 5. August in der Schwesternschule verhaftet.
- Eine damals ebenfalls verhaftete Frau schrieb später einen ausführlichen Bericht über die »Cavell-Organisation«, der sie enge Verbindungen zum britischen Geheimdienst nachsagte. Der Bericht wurde von den Militärbehörden unterdrückt.
- Im belgischen Kriegsmuseum sind vor kurzem weitere Beweise entdeckt worden, und zwar von Herman Capiau, einem weiteren Mitglied des Netzwerks. Capiau wurde zeitgleich mit Cavell verhaftet, und er schrieb einen Bericht mit dem Titel *L'Affaire Cavell (Die Cavell-Affäre).* Darin schildert er, welche Spionagetätigkeiten die Mitglieder ausgeübt haben und welche Verbindungen sie zum britischen Kriegsministerium besaßen.
- 1915 stand der gesamte Fortbestand von Hoovers Belgischem Hilfswerk auf der Kippe, nachdem der Londoner Presse Informationen zugespielt worden waren, wonach für Belgien gedachte Hilfslieferungen in Wahrheit in Deutschland landeten.
- Hugh Gibson von der amerikanischen Gesandtschaft in Brüssel behauptete, man habe nicht gewusst, dass Edith Cavell am 5. August verhaftet worden war. Das ist ausgemachter Unsinn, denn in ganz Brüssel redete man über die Verhaftungswelle.
- Der Anwalt, den die Schwesternschule Cavell zur Seite stellen wollte, wurde seinerseits verhaftet und hinter Gitter gebracht.

- Cavells gesetzliche Vertretung war eine Farce. Tapfer bemühten sich Mitglieder des Comité National darum, einen angemessenen Verteidiger für Cavell zu finden. Die Wahl fiel schließlich auf Sadi Kirschen.
- Schwester Cavell erklärte sich schuldig, feindlichen Soldaten dabei geholfen zu haben, in die Heimat zurückzukehren. Erstaunlicherweise wurde sie nicht angeklagt, illegale Post verschickt und empfangen zu haben. Auch Spionage warf man ihr nicht vor. Warum nicht?

"PRO PATRIA"

She was glad to die for her Country! — *Her Spirit Endureth Ever!*

Kapitel 20

Edith Cavell
Ein unerquicklicher Affenzirkus

Edith Cavell war nicht die einzige Nicht-Belgierin, die vor Gericht musste; sie war noch nicht einmal die einzige Engländerin, die angeklagt wurde. Die bekannteste weibliche Gefangene, Prinzessin Marie de Croy, war sogar in London geboren worden, was auch in ihrer Anklageschrift festgehalten und dem Gericht verkündet wurde.[1] Hätte Sinn und Zweck der Gerichtsverhandlung darin bestanden, der Bevölkerung Angst einzujagen, sie zur Kooperation zu zwingen und das Schleusen feindlicher Soldaten zu beenden, dann hätte es vermutlich schon ausgereicht, diese Aristokratin hinzurichten. Sie gehörte dem englischen wie dem belgischen Adel an, und ihr Bruder galt als Kopf der Untergrundbewegung.

Doch die Deutschen verschonten Marie de Croy und richteten stattdessen die englische Krankenschwester hin sowie einen weiteren Angeklagten, Philippe Baucq, den Mann hinter dem Pamphlet *La Libre Belgique*, in dem er sich über General von Bissing lustig gemacht hatte. Spaniens Botschafter, der König von Spanien,[2] ja sogar Papst Benedikt XV. schlossen sich den Gnadengesuchen aus dem In- und Ausland an. Bei allen anderen mit Edith Cavell zum Tode verurteilten Mitgliedern des Netzwerks wurde das Urteil in eine Haftstrafe mit Zwangsarbeit umgewandelt. Nur Cavell und Baucq wurden am 12. Oktober im Schnellverfahren von einem Erschießungskommando getötet. Und die Kommission für das Belgische Hilfswerk, die amerikanische

Gesandtschaft und das Comité National wollen uns allesamt weismachen, sie hätten für Edith Cavell alles in ihrer Macht Stehende unternommen. Urteilen Sie selbst:

Brand Whitlock ging es nicht gut, er hielt sich aus allem raus. In welch brisanter Lage Edith Cavell steckte, war ihm allerdings bekannt. Am 11. Oktober schrieb Whitlock in sein Journal: »Ich kann mich nicht entsinnen, ob ich sie bereits erwähnt habe oder nicht. Sie wurde vor Wochen verhaftet …«[3] Er konnte sich nicht erinnern, ob er sie bereits erwähnt hatte?! Neben einem schlechten Erinnerungsvermögen räumt Whitlock hier ein, bereits zuvor Interesse an Cavells Schicksal gehabt zu haben, auch wenn in seinen früheren Tagebüchern oder Journalen nicht die Rede von ihr gewesen war. Jetzt, 5 Minuten vor 12, wurde er aktiv. Schenken wir den Berichten von Hugh Gibson und Gaston de Leval Glauben – und das sind nun einmal die Quellen, aus denen die Historiker ihre Schlussfolgerungen abgeleitet haben –, dann verlief die Tragikomödie der Gnadengesuche in allerletzter Minute wie folgt:

Sein Freund und Vertrauter de Leval habe ihm am 11. Oktober um 21 Uhr die Kunde von Cavells Todesurteil überbracht. De Leval »hatte gerade von den Krankenschwestern, die ihn auf dem Laufenden hielten, erfahren … dass um 2 Uhr an diesem Nachmittag das Todesurteil gegen Miss Cavell gefällt worden war und sie am nächsten Morgen erschossen werden sollte.«[4] In seinem später verfassten Bericht *Belgium Under German Occupation* ändert Whitlock den Zeitpunkt. Dort heißt es: »Das Todesurteil gegen Miss Cavell war um halb 5 Uhr nachmittags verkündet worden, und sie sollte um 2 Uhr früh am nächsten Morgen erschossen werden.«[5] Vielleicht wollte er nur die Spannung erhöhen, aber noch ein weiterer Punkt ist interessant: Wie kann es sein, dass diese Krankenschwestern über die Ereignisse Bescheid wussten, aber die einflussreichsten Männer im Land angeblich nicht? Diese Frage ist nie befriedigend geklärt worden. Und damit nicht genug: Offenbar von gottgegebenen Vorahnungen erfüllt – oder vermutlich in Erwartung derartiger Nachrichten –, hatte Brand Whitlock bereits am Nachmittag ein an General von Bissing, den deutschen Generalgouverneur, gerichtetes Gnadengesuch unterschrieben, ebenso ein Begleitschreiben, das Baron von der Lancken überreicht werden sollte, dem Leiter der deutschen Politischen Abteilung in Belgien. Whitlock selbst spricht von einem Vorgefühl.[6] Sie behaupteten, nichts vom Urteil des Gerichts gewusst zu haben, hatten aber bereits im Vorfeld Gnadengesuche vorbereitet. Was für eine erstaunliche Voraussicht.

Während sich der Zirkus versammelte, blieben zentrale Akteure unauffindbar. General von Bissing hielt sich in seinem Landschloss in Trois Fontaine auf, wo er offenbar Bridge spielte. Hugh Gibson und Gaston de Leval trafen den spanischen Botschafter, den Marques de Villalobar, im Haus von Baron Lambert. Dort hielt sich auch Émile Francqui auf, der mächtigste Bankier Belgiens und Präsident des Comité Nationale. Das Mahl konnten ihnen die Neuankömmlinge nicht mehr verderben, denn die Herren waren bereits beim Kaffee. Bis auf Francqui eilten nun alle zum Büro des Barons von der Lancken in der Rue Lambermont, wo man ihnen mitteilte, der Baron halte sich im »Le Bois Sacre« auf, einem Varieté von zweifelhaftem Ruf.[7] Von der Lancken bestand darauf, sich die Vorstellung bis zum Schluss anzusehen. Die Behauptung, Cavells Hinrichtung stehe unmittelbar bevor, tat er als »unmöglich« ab, ließ sich jedoch dazu herab, das Gefängnis anzurufen. Nach eigener Aussage hörte er nun zum ersten Mal davon, dass Cavell tatsächlich mitten in der Nacht hingerichtet werden sollte. Zumindest behaupten das die Amerikaner.

Lassen Sie uns die Dinge an dieser Stelle noch einmal zusammenfassen: Von der Lancken gibt an, nicht gewusst zu haben, dass Edith Cavell und Philippe Baucq erschossen werden sollten. Von Bissing hockte auf seinem Schloss. Émile Francqui, die wichtigste Persönlichkeit der belgischen Politik und Finanzwelt, blieb lieber im Haus seines Freundes und trank seinen Kaffee aus, während die anderen wie kopflose Hühner durch die Gegend rannten. An welchem Punkt prallten Zufall und Zweckmäßigkeit aufeinander und mutierten zu Fiktion?

Während Gibson, de Leval und der Marques de Villalobar offenbar um Gnade baten oder zumindest darum, die Vollstreckung des Todesurteils aufzuschieben, wurde eine neue Runde von Schuldzuweisungen eingeläutet. Baron von der Lancken behauptete, von Bissing – immerhin Generalgouverneur – habe nicht die Macht, den neuen Militärgouverneur General Traugott von Sauberzweig bei Urteilen eines Militärgerichts zu überstimmen. Es sei General von Sauberzweig, erst seit wenigen Tagen im Amt, der einen Aufschub gewähren könne. Doch der weigerte sich. Interessanterweise wurde von Sauberzweig später vertretungsweise Generalquartiermeister des deutschen

Heeres, was dafür spricht, dass er ein mehr als nur oberflächliches Interesse an der Arbeit des Belgischen Hilfswerks hatte.

Um Mitternacht wurden die pro forma abgegebenen Gnadengesuche abgelehnt. Hugh Gibson zufolge wurde Edith Cavell 2 Stunden später vor das Erschießungskommando geführt.[8] »Zu schön, um wahr zu sein«, trifft auf Gibsons Schilderung haargenau zu. Cavell wurde in den Morgenstunden des 12. Oktobers 1915 exekutiert. Bei ihr war ein weiterer Held, Philippe Baucq. In ihren letzten Stunden sprach sie mit dem britischen Kaplan H. Stirling Gahan und zog dabei gefasst Bilanz: »Ich bin dem Tod so oft begegnet, dass er mir nicht fremd oder angsteinflößend erscheint.«[9] Sie starb, wie sie gelebt hatte, als Heldin und Patriotin … und als wichtiges Mitglied einer Untergrundorganisation, die erfolgreich die deutschen Invasoren bespitzelte.

Im besetzten Belgien kam es regelmäßig zur Erschießung von Spionen, und es war nichts Neues, dass auch weibliche Agenten dieses Schicksal erleiden mussten. Im März und im Mai 1915 richteten die französischen Behörden Marguerite Schmidt und Ottilie Voss wegen Spionage hin,[10] aber Edith Cavell war gar nicht der Spionage angeklagt worden. Von deutscher Seite aus wurde sie später als »die Spionin Cavell« bezeichnet, aber dennoch schien niemand damit gerechnet zu haben, dass das Kriegsgericht tatsächlich ein Todesurteil fällen würde. Dabei waren überall in Brüssel Warnungen angeschlagen worden, die darauf hinwiesen, welche Folgen es haben würde, feindlichen Soldaten zu helfen. Spione wurden erschossen, das stimmt, aber wer Soldaten außer Landes schleuste, der wurde ins Gefängnis geworfen. So geschah es immer. Nur dieses eine Mal nicht.

Arthur Zimmermann, Unterstaatssekretär im Auswärtigen Amt, gab zu Edith Cavells Hinrichtung eine förmliche Pressemitteilung heraus. Darin hieß es sinngemäß, kein Kriegsgericht der Welt hätte zu einem anderen Urteil kommen können, handelte es sich doch nicht um die von Emotionen getriebene Handlung einer einzelnen Person, sondern um eine gut durchdachte Verschwörung mit zahlreichen weitreichenden Auswirkungen. 9 Monate lang sei es ihr gelungen, zum großen Schaden der deutschen Truppen dem Feind wertvolle Dienste zu leisten.[11]

Das mag sein, aber warum galt das dann nicht für alle Angeklagten? Zimmermann fügte hinzu, die Hinrichtung sei bedauerlich, aber notwendig und gerecht gewesen, denn als Folge ihrer Untergrundhandlungen würden nun zahlreiche belgische, französische und englische Soldaten wieder auf Seiten der Entente kämpfen. Das sei die Schuld der Gruppe, »deren Kopf die Cavell gewesen ist«.[12] Die deutschen Behörden in Belgien wussten sehr wohl, dass Edith Cavell das Netzwerk nicht angeführt hatte. In einem Brief, den von Bissing am 23. Oktober 1915 an seinen Vetter schrieb, heißt es, dass Reginald de Croy, »der Bruder der Prinzessin«, die Organisation geleitet habe und dass er, hätte man ihn verhaftet, zweifelsohne zum Tode verurteilt worden wäre.[13] Die Deutschen wussten also, dass Edith Cavell direkt beteiligt war, aber nicht der Kopf der Organisation war. Hat der deutsche Unterstaatssekretär gelogen, oder lagen ihm nicht alle Fakten vor?

Generalgouverneur von Bissing hatte kein Interesse daran, Milde walten zu lassen. Marie de Croy meinte, ihn am ersten Tag der Verhandlung inmitten anderer Offiziere in der Königlichen Loge des Senatsgebäudes gesehen zu haben, aber »später wurde bekanntgegeben, er habe sich zu dem Zeitpunkt nicht in Brüssel aufgehalten«.[14] Was für ein merkwürdiges Dementi! Warum sollten es die deutschen Behörden für nötig erachten, eine Verbindung des Generals zu dem Gerichtsverfahren zu bestreiten? Sinn ergäbe das nur, wenn seine Komplizenschaft viel weiter reichte, als es die Historiker bislang erkannt haben. Und wovor hatten die Deutschen so große Angst, dass sie Cavell unter Ausschluss der Öffentlichkeit zum Tode verurteilten und das Urteil praktisch umgehend vollstreckten? Diese Fragen sollten wir nicht aus den Augen verlieren, denn Edith Cavells Hinrichtung hatte weitreichende Folgen. Sie ließ die Emotionen hochkochen, und gegenseitige Schuldzuweisungen wuchsen rasch zu einem Wirbelsturm der Propaganda an, der Lügen und der Verachtung gegenüber Deutschland heran. Heute wie damals steht ein dunklerer Sinn und Zweck dahinter. Cavells Tod lenkte die Aufmerksamkeit fort vom Belgischen Hilfswerk und dessen Rolle als Versorger der deutschen Armee … eine Rolle, die belgische Historiker offenbar um jeden Preis vertuschen wollen.

In seinem später verfassten Bericht machte Hugh Gibson viel Aufhebens darum, wie heftig er am Vorabend von Edith Cavells Hinrichtung bei Baron von der Lancken protestiert haben will, aber Gibson war in allererster Linie eines – ein Hoover-Mann, insofern sind Zweifel angebracht. Bei seiner »Zeugenaussage« legte Gibson den Schwerpunkt auf sich, auf Brand

Whitlock, den Marques de Villalobar und auf Gaston de Leval. Aber er wusste: Die wichtigste und einflussreichste Person in Belgien war Émile Francqui, Präsident des Exekutivausschusses des Comité National. Francqui fasste es als persönlichen Affront auf, dass sich Hoover in Belgiens Angelegenheiten einmischte, aber wenn irgendjemand die Chance gehabt hätte, Edith Cavell in letzter Minute noch retten zu können, dann war er es. Doch er rührte keinen Finger. Warum nicht? War der Tod von Edith Cavell gut für das Belgische Hilfswerk und das Comité National? Hielt man sie für die Quelle kritischer Artikel in der britischen Presse? Hatte das Paket, das aufgerissen und untersucht worden war, bevor es die Redaktion des *Nursing Mirror* erreichte, ausführliche Informationen darüber enthalten, wie die Deutschen Schindluder mit den für Belgien gedachten Hilfslieferungen trieben? Wir wollen nicht vergessen, was Hoover gefordert hatte: Es müsse Schluss sein mit derartigen Lecks.

Und was ist mit dem einfallsreichen Maitre Gaston de Leval, den die *New York Times* fälschlicherweise als »Rechtsbeistand Edith Cavells« beschrieb?[15] Diese Behauptung impliziert, dass Cavell anwaltliche Unterstützung erhalten hatte, aber diejenigen, deren Aufgabe Cavells Sicherheit gewesen wäre, vertraten sie zu keinem Zeitpunkt. Und mit de Leval sprach sie überhaupt nicht. Er war ein Mitläufer und spielte eine wichtige Rolle, als der Eindruck erweckt werden sollte, Brand Whitlock und seine amerikanischen Kollegen hätten alle Hebel in Bewegung gesetzt, um Cavell das Erschießungskommando zu ersparen. De Leval wurde eingeladen, am 26. Januar 1916 in New York zu den Pilgrims of America zu sprechen, eine Organisation, die quasi das amerikanische Herzstück der Geheimen Elite darstellt. Anwesend war auch Lord Bryce, Autor des Bryce-Berichts über die Gräueltaten der deutschen Streitkräfte in Belgien.[16] Zufall? Welches Schicksal brachte den Mann, der das größte antideutsche Lügen- und Propagandawerk der ersten Kriegsjahre verfasst hatte, mit dem Mann zusammen, der behauptete, Edith Cavell vertreten zu haben und dessen Falschaussage die Amerikaner von jedweder Komplizenschaft reinwusch?

Gaston de Levals Geschichte wurde in den USA gefeiert und fiel mit jeder Wiederholung großartiger aus. Er wiederholte auch seine Vorwürfe gegen Sadi Kirschen, den Anwalt, der Edith Cavell tatsächlich vertreten hatte.

Kirschen habe ihn vorsätzlich im Dunkeln gelassen und sei an dem Abend, als das Urteil gegen Cavell gefällt wurde, auf mysteriöse Weise nicht aufzufinden gewesen. Das stimmt tatsächlich. Kirschen hatte Brüssel über das Wochenende verlassen, nachdem man ihm erklärt hatte, in den nächsten Tagen werde mit den Gefangenen nichts geschehen. De Leval wurde kühner, seine Anschuldigungen wurden immer boshafter, und die Presse hatte keine Probleme damit, die rufschädigenden Äußerungen großflächig zu verbreiten. De Leval behauptete, Thomas Braun habe darum gebeten, als Cavells Anwalt abgelöst zu werden, und bei Kirschen handele es sich um einen Österreicher und einen Spitzel. Cavell sei in der Stunde allergrößter Not im Stich gelassen und einem Anwalt der Gegenseite überlassen worden, erklärte de Leval.[17]

Kirschens Ruf war ruiniert, weshalb er die Dinge selbst in die Hand nahm – das ist in diesem Fall buchstäblich zu nehmen, denn an Heiligabend 1918 konfrontierte er de Leval im Brüsseler Justizpalast, warf ihm Verleumdung vor und schlug ihn zu Boden. Der Fall ging vor die Brüsseler Anwaltskammer. Dabei wurde festgestellt, dass de Leval zwischen dem 8. und dem 11. Oktober keinerlei Versuche unternommen hatte, Kirschen zu treffen. Anders gesagt: De Leval hatte gelogen, und sich der Verleumdung schuldig gemacht. Das war zu diesem Zeitpunkt aber auch nicht mehr von Bedeutung, denn er hatte die Aufgabe, die er für die Amerikaner erfüllen sollte, gut erfüllt.

De Leval war ein Mann ohne Ehre, dessen Gier nach Ruhm keinerlei Grenzen kannte. Als Cavell später in England beerdigt wurde, gerierte sich Gaston de Leval als einer der größten Trauernden. Er schloss sich sogar der Familiengruppe an, die dem Sarg am 15. Mai 1919 in die Westminster Abbey folgte.[18] Er hatte Edith Cavell nie kennengelernt, nie mit ihr gesprochen, sie nie vor Gericht vertreten, lebte aber die Lüge, er habe alles in seinen Kräften Stehende unternommen, um sie zu retten. Abscheulich.

Ein weiterer Zwischenfall wird von den Historikern größtenteils ignoriert. Als das Foreign Office beschloss, die Briefe und Berichte de Levals und Brand Whitlocks zur Veröffentlichung in der *Times* freizugeben, waren die deutschen Behörden entsetzt und Baron von der Lancken ganz besonders. Am 25. Oktober 1915, einem Montag, bestellte er Whitlock in sein Büro und verlangte vom Leiter der amerikanischen Gesandtschaft, seine Behauptungen zurückzuziehen und sich formal zu entschuldigen. Vor allem de Levals sogenannter »Bericht« empörte ihn, denn wie wir gezeigt haben, strotzte er vor Lügen. Von der Lancken drohte, den belgischen Anwalt in ein Konzentrationslager in Deutschland schicken zu lassen.[19] Die komplett unzutreffende Darstellung, die Gibson und Whitlock in Umlauf gebracht hatten, regte ihn sichtlich auf, und er wies auf die Lügen in den Berichten hin. Von der Lancken sagte Whitlock ganz unverblümt, als Leiter der amerikanischen Gesandtschaft habe er keineswegs regelmäßige Erkundigungen zum Zustand von Edith Cavell und zum Stand ihrer Rechtsberatung angestellt,[20] und die amerikanische Gesandtschaft habe auch nie darum gebeten, über die rechtlichen Abläufe auf dem Laufenden gehalten zu werden.[21]

Von der Lancken forderte eine sofortige Richtigstellung. In den Straßen Brüssels wurden Anschläge verbreitet, in denen stand, es sei nicht wahr, dass Whitlock von dem Todesurteil nichts gewusst habe und dass die deutschen Behörden ihn durch ihr rasches Handeln daran gehindert hätten, sich für die Verurteilte zu verwenden.[22] Kurzum: Die »offizielle« Version, wie sie das Foreign Office abgesegnet hatte und nun verbreitete, wurde als komplett falsch angeprangert. Brand Whitlock änderte seine Darstellung nie, holte sich aber von Washington die Erlaubnis ein, Gaston de Leval unverzüglich mit einem amerikanischen Pass auszustatten und rasch außer Landes zu bringen. Denn das letzte, was man nun hätte gebrauchen können, wäre ein Verhör de Levals durch die deutsche Geheimpolizei gewesen.

Mit de Levals erzwungener Ausreise war der Schlusspunkt der Angelegenheit aber noch nicht erreicht. Was Hugh Gibson über das Verfahren gegen Edith Cavell geschrieben hatte, verziehen ihm die Deutschen nicht. Er wurde zur Persona non grata.[23] Gibson blieb in der amerikanischen Gesandtschaft, aber die Anfeindungen gegen ihn nahmen stetig zu, bis von der Lancken schließlich am 7. Februar 1916 vor Whitlocks Tür stand und forderte, Gibson müsse »heute noch, allerspätestens morgen« das Land verlassen.[24] Die Begründung, wie Whitlock sie niederschrieb, war sehr detailliert: Gibsons »unbeirrbare Haltung in der Edith-Cavell-Affäre und seine diesbezüglichen anschließenden Äußerungen haben nun eine Krise ausgelöst. Es wurde als wünschenswert erachtet, ihn freizustellen.«[25]

Dass Whitlock nur verhalten gegen den Verlust seines Sekretärs protestierte, spricht für sich. Dafür wurde nun Hugh Gibson, ein junger aufstrebender Bursche, der Typ Mensch, mit dem sich Hoover gerne umgab und der seine Loyalität gegenüber dem Belgischen Hilfswerk unter Beweis gestellt hatte, in die amerikanische Botschaft in London versetzt. Hoover höchstpersönlich hatte ihm den prestigeträchtigen Posten besorgt.[26]

Und was war mit der britischen Regierung? In dieser eines Pontius Pilatus würdigen Farce spielte auch das Foreign Office seinen Part, als es darum ging, sich möglichst weit von der Hinrichtung Edith Cavells zu distanzieren. Zunächst erklärte das britische Außenministerium, es sei machtlos gewesen und habe nicht eingreifen können. Man habe jedoch zuversichtlich darauf gesetzt, dass die amerikanische Gesandtschaft in Brüssel dafür sorgen werde, dass Cavell ein gerechtes Verfahren zuteil werden würde. Sir Horace Rowland vom Außenministerium »fürchtete, es werde vermutlich recht hart werden für Miss Cavell«. »Jegliche Repräsentation unsererseits wird ihr gewiss mehr Schaden zufügen als Nutzen bringen«, schrieb Lord Robert Cecil im Stile eines de Leval in Dokumenten, die erst 2005 publik wurden.[27] Im Klartext gesprochen: Das britische Außenministerium tat überhaupt nichts.

Nachdem Cavell hingerichtet worden war, unternahm das Foreign Office etwas Beispielloses: Es veröffentlichte sämtliche Berichte und Schreiben, die von der amerikanischen Gesandtschaft in Brüssel eingegangen waren. Dank der Mithilfe der Nachrichtenagentur *Reuters* war ein weltweites Publikum garantiert. Brand Whitlocks Falschaussage wurden ein Leitartikel und eine gesamte Seite in der *Times* eingeräumt.[28] Whitlock, Gibson und de Leval wurden für ihren »ritterlichen Eifer« gerühmt, den sie bei dem Versuch, »das Leben unserer Mitbürgerin« zu retten, an den Tag gelegt hatten.[29] Was für eine schamlose Heuchelei.

Durch ihren Tod versorgte Edith Cavell den britischen Propagandaapparat mit der perfekten Cause célèbre – der heiligen Patriotin, der Matrone im Gewand der Märtyrerin, im Tode verwandelt in einen Schlachtruf gegen die gottlosen Hunnen. Lord Desart (Mitglied des Committee of Imperial Defence) fasste im britischen Oberhaus die Stimmung im Land perfekt zusammen, als er empört wetterte: »Es wurde kaltblütig über sie gerichtet, sie wurde kaltblütig verurteilt und kaltblütig hingerichtet.« Lord Lansdowne beteuerte unterdessen, dass bis zum allerletzten Augenblick »die Vertreter der Vereinigten Staaten und Spaniens in Brüssel keine Gelegenheit verstreichen ließen, auf eine Umwandlung des Todesurteils gegen Miss Cavell hinzuarbeiten oder wenigstens einen letzten Aufschub zu erreichen, ehe das Urteil umgesetzt wurde.«[30]

Was für eine clever formulierte Absolution, klingt es doch, als hätten die amerikanischen und spanischen Repräsentanten alles nur Menschenmögliche für Cavell getan. Wir indes wissen inzwischen, dass sie so schrecklich langsam gehandelt haben, dass es für jede Chance auf Rettung zu spät war. Cavells Verbindungen zu den de Croys und ihre Briefe an den *Nursing Mirror* wurden sorgfältig aus dem Geschichtsbild herausretuschiert und an ihre Stelle fabulöse Geschichten und glatte Lügen gesetzt.[31] Vor allem wurde dafür gesorgt, dass das Belgische Hilfswerk aus der Schusslinie genommen wurde. Sämtliche möglichen Verbindungen zwischen Cavells Tod und dem Belgischen Hilfswerk wurden entfernt. Hinter den Propagandapostern mit Edith Cavell standen nur Lügen und Mythen, aber ihr Wert, was das Rekrutieren neuer Soldaten, die Rechtfertigung des Kriegs und die Agitation der amerikanischen Öffentlichkeit anbelangte, war nicht zu beziffern.

Seit einem Jahrhundert dürfen sich diese traurigen Lügen halten, und so lange schon werden sie von Historikern des Establishments immer wieder in Umlauf gebracht. Aktuelle Forschung hat die betrügerischen Behauptungen und die vorsätzlichen Halbwahrheiten enthüllt, aber dennoch werden sie wieder und wieder aufgewärmt. Wir schließen uns denjenigen an, die schon vor uns die Frage gestellt haben: Was war der wahre Grund dafür, dass Edith Cavell einen »Märtyrertod« sterben musste?

1919 wurde das anonyme Grab von Edith Cavell in Brüssel geöffnet. Ihr Leichnam erhielt auf dem Gare du Nord in Anwesenheit der alliierten Kommandeure einen förmlichen Gedenkgottesdienst. Unter Ehrenbekundungen wurde der Sarg auf einen schwarz verhüllten Sonderzug verladen und mit schönen Blumen verziert. In England wurden ihre sterblichen Überreste in einer großen Zeremonie in Empfang genommen, und Königin Alexandra nahm an dem militärischen Gottesdienst in der Westminster Abbey teil. Schließlich wurde Edith Cavell außerhalb der Kathedrale von Norwich mit allem Pomp begraben, den eine dankbare Nation aufbieten konnte.[32]

Lassen Sie uns eines ganz klar machen: Edith Cavell war eine Patriotin, die bereitwillig ihr Leben gab, um tapfere Männer zu retten. Ihre Opferbereitschaft steht außer Frage und ist der allerhöchsten Ehren wert. Sie wurde als Märtyrerin bezeichnet und inmitten des kirchlichen Prunks der Kathedrale mit Triumphbekundungen überschüttet.[33] Tatsächlich aber war Edith Cavell eine überzeugte und zentrale Akteurin in einer belgischen Widerstandsgruppe, die für die Entente spionierte und London mit militärischen Informationen belieferte.[34] Außerdem verfügte sie über brisantes Wissen.

Die Mythen, die über sie verbreitet wurden, die Heroisierung ihrer Person und ihrer Leistungen trugen dazu bei, die Kritik von der Kommission für das Belgische Hilfswerk und das Comité National de Secours et d'Alimentation abzulenken. Wichtiger noch: Es kaschierte die Tatsache, dass die Alliierten mithilfe dieser Organisation die deutsche Armee ernährten. Nachdem die Cavell-/De-Croy-Organisation zerschlagen war, ließ der Strom negativer Kritik aus Belgien etwas nach. Es würde keine belastenden Schreiben aus der Berkendael-Schule mehr geben. Die Lebensmittelversorgung der deutschen Truppen lief weiter, und die Kämpfe dauerten fort. Das gewaltige internationale Geflecht aus Bankiers und Finanziers, Reedern und Getreideexporteuren, das in Summe das Belgische Hilfswerk bildete, konnte aufatmen. Und dasselbe galt für die belgischen Bankiers. Eine mögliche Whistleblowerin war zum Verstummen gebracht worden.

Zu allem Überfluss kam die Geheime Elite ironischerweise auch noch in den Genuss eines Bonus: Während der Leichnam von Edith Cavell 1915 in einem anonymen Grab in Belgien verscharrt wurde, bemächtigte sich die Propaganda Edith Cavells christlicher Werte und verzerrte diese in einer Weise, bis aus dem lebensrettenden Gnadenengel ein Racheengel geworden war.[35] »Das Blut dieser tapferen Frau wird die Saat bewaffneter Männer sein«, verkündete der Bischof von London.[36] Auf den Rekrutierungspostern war Cavells Bild zu sehen, dazu der Text: »Von den Hunnen ermordet.« Ihr Beispiel an Selbstlosigkeit wurde leider missbraucht für den Aufruf, sich freiwillig zu den Waffen zu melden. Sinn und Zweck ihres Lebens hatte darin bestanden, andere zu retten – nun benutzte man ihr Andenken dazu, Zehntausende an die Westfront in den Tod zu schicken. Jüngsten Schätzungen zufolge hat die Cavell-Propaganda rund 40 000 Männer mehr dazu veranlasst, sich zu melden; das entspricht zwischen zwei und drei Infanteriedivisionen.[37] Der Zeitpunkt war perfekt, denn die Zahl der Männer, die dem Aufruf von Lord

Kitchener folgten, verebbte zusehends. Cavells Opfer ebnete den Weg für anhaltend hohe Rekrutierung auch im Jahr 1916. Und das alles aufgrund übelster Propagandamethoden.

Im November 1918 rief das britische Kriegskabinett einen Geheimausschuss ins Leben, der vom Generalstaatsanwalt geleitet wurde und Verstöße der Deutschen gegen die Gesetze der Kriegsführung untersuchen sollte. Dabei ging es auch um den Fall der Krankenschwester Edith Cavell. In einem Bericht, der ganz tief vergraben wurde, kam der Ausschuss zu dem Urteil, das Feldgericht habe sie in den Anklagepunkten zu Recht für schuldig befunden und sei gesetzlich befugt gewesen, sie zum Tode zu verurteilen.[38] Doch 2 Jahre nach Kriegsende ging man das Thema etwas nüchterner an. In dem Geheimbericht vom 26. Februar 1920 heißt es: »Es lässt sich wohl unmöglich behaupten, dass das Gericht, das Miss Cavell verurteilte, oder die Personen, die das Urteil umgesetzt haben, ein Kriegsverbrechen begangen haben.«[39] Entsprechend gebe es keinerlei Aussicht, dass »die strafrechtliche Verfolgung einer der am Prozess gegen Miss Cavell beteiligten Personen zu einer Verurteilung führen würde«. Nachdem sie die Wahrheit begraben hatte, verlor die Geheime Elite das Interesse an weiteren Debatten über das Thema. »Kaltblütig verurteilt«, hatte Lord Desart gewettert.[40] Cavell war eine Patriotin gewesen, aber sie hatte sich auch des Anklagepunkts schuldig gemacht, den die Deutschen nicht gegen sie erhoben: Spionage. Edith Cavell war ohne Frage ein Opfer des Kriegs, aber wessen Opfer?

Nehmen wir nur diesen einen »Zufall«: Herbert Hoover war während Edith Cavells Gerichtsverhandlung in Brüssel. Er traf sich am 6. Oktober mit Brand Whitlock zum Mittagessen und sprach am Nachmittag des 8. Oktober mit Baron von der Lancken.[41] Am 9. Oktober verließ der Vorsitzende des Belgischen Hilfswerks die belgische Hauptstadt wieder – an exakt dem Samstag, an dem die deutschen Militärrichter hinter verschlossenen Türen über das Urteil berieten.[42] Das war nur 3 Tage vor der Hinrichtung von Edith Cavell.

Das Belgische Hilfswerk und sein belgischer Partner, das Comité National, haben an jedem Aspekt von Edith Cavells Verhaftung, ihrer Zeit im Gefängnis und ihrer Hinrichtung gedreht. Alle historischen Werke bauen ihren Bericht von Cavells Schicksal auf »Beweisen« auf, die Mitglieder der amerikanischen Gesandtschaft präsentiert haben – Leute, die mit dem Belgischen

Hilfswerk verbunden waren. Und diese »Beweise« wurden als Fakten akzeptiert, sodass sich die Lügen auf diese Weise fortsetzten.

Nicht nur das, die Lügen wurden auch immer finsterer. General Traugott von Sauberzweig, der deutsche Militärgouverneur, der Cavells Hinrichtung für die Morgenstunden des 12. Oktober 1915 befahl, wurde als stämmiger, aggressiver Klotz hingestellt, der kein Problem damit habe, Gewalt als taktisches Mittel anzuwenden.[43] Sein Aufenthalt in Brüssel war im Vergleich dermaßen kurz, dass sich die Schlussfolgerung aufdrängt, er sei ganz speziell entsandt worden, um einen Auftrag zu erfüllen. Brand Whitlock sagte, er habe Sauberzweig nie kennengelernt. Am Tag vor Cavells Hinrichtung schrieb Whitlock in sein Tagebuch, von der Lancken habe »endlich den Militärgouverneur angeschrieben. Ist ein neuer, ich muss seinen Namen herausfinden …«[44] Wir sollen also glauben, dass der Leiter der amerikanischen Gesandtschaft den Namen des kurz zuvor ernannten deutschen Militärgouverneurs nicht kannte, obwohl sich gerade dermaßen viele belgische Bürger vor einem Militärgericht verantworten mussten? Vielleicht hatte Whitlocks Erinnerung ihn einfach nur wieder im Stich gelassen. Am 2. November hieß es, Sauberzweig sei abgelöst und ersetzt worden,[45] aber das war möglicherweise bloß Wunschdenken. Anderen Quellen zufolge hatte er den Posten noch bis zum Juni 1916 inne.[46] Was auch immer der Wahrheit entspricht: Wahrscheinlich hatte man ihn rasch als Militärgouverneur eingeflogen, damit gewährleistet war, dass Edith Cavell wirklich kaltgestellt wurde.

Es ist und bleibt eine seltsame Geschichte, aber auch nicht seltsamer als das Treffen, dass der vermaledeite General im August 1916 offenbar mit Herbert Hoover und Vernon Kellogg, einem Kollegen Hoovers beim Belgischen Hilfswerk, vereinbaren wollte, als diese »sich rein zufällig in Berlin aufhielten«. Sauberzweig hätten Gewissensbisse geplagt, berichtet Hoover, deshalb habe er mit ihm sprechen wollen und ihm dabei eingestanden, er sei dafür verantwortlich, dass Edith Cavell erschossen wurde, bevor Zeit für einen realistischen Einspruch war. Wie bequem für Hoover und das Belgische Hilfswerk: Sauberzweig übernahm die volle Verantwortung, titulierte sich selbst als »der Mörder«,[47] und das Ganze exklusiv gegenüber Hoover und Kellogg. Hier war er nun, der für die Historie endgültige »Beweis«, dass Cavells Tod nicht das Geringste mit dem Belgischen Hilfswerk zu tun hatte.

Vernon Kellogg malt in seinem Bericht ein anderes Bild, was Sauberzweigs Gewissensbisse anbelangt. Er sei betrunken gewesen, »bei seinem x-ten Whisky«, und gerade aus dem Krankenhaus zurückgekehrt, wo sein Sohn blind und verstümmelt lag. »Und der Anblick seines Sohnes und die Erinnerung an Miss Cavell verleiteten ihn zu der Bemerkung, dass es ein furchtbarer Krieg sei.«[48] Wiederholt sprach er von »der Cavell« und dass »die Cavell« eine Sache gewesen sei, die der deutschen Kontrolle von Belgien im Weg stand. »Wir mussten sie loswerden, also ließ ich sie erschießen.«[49] Egal, wie man es interpretiert: Es klingt überhaupt nicht nach Gewissensbissen. Aber was meinte er damit, dass Edith Cavell die deutsche Kontrolle über Belgien gefährdet habe? Nach seiner Stationierung in Brüssel wurde Sauberzweig ins oberste Hauptquartier der kaiserlichen Streitkräfte abkommandiert und zum amtierenden Generalquartiermeister ernannt.[50] Wer würde besser verstehen, wie wichtig eine ungestörte Versorgung der deutschen Truppen mit dem Nachschub vom Belgischen Hilfswerk war, als der Mann, dessen Aufgabe es war, die deutschen Soldaten satt zu bekommen?

Schwierige Treffen hin, bittere Vorwürfe her – was da zwischen dem Belgischen Hilfswerk und der deutschen Kriegsmaschinerie ablief, lässt sich nur als Kollaboration bezeichnen. Und wer den Status quo gefährdete, mischte sich in die Kriegsbemühungen ein, und zwar nicht nur die deutschen. Das Belgische Hilfswerk und sein Wirken waren auf sämtlichen Etagen durchdrungen von Eigeninteressen. Auf den allerhöchsten Ebenen der Macht in Amerika, Großbritannien, Frankreich und Deutschland wurden Entscheidungen getroffen. Ein Zerfall des Belgischen Hilfswerks hätte unmittelbare Folgen für die amerikanische Wirtschaft gehabt. Die Morgan-Rothschild-Achse, das Bankhaus Kuhn, Loeb & Co, Bethlehem Steel und die aufblühende amerikanische Rüstungsindustrie – sie alle hatten viel investiert und alles, was zu einem abrupten Ende des Kriegs hätte führen können, hätte sie alle stark in Mitleidenschaft gezogen. Einige Autoren haben geschrieben, die Entscheidung, Edith Cavell müsse getötet werden, lasse sich bis zu Sir William Wiseman zurückverfolgen, dem britischen Leiter des Secret Service in New York. Das stimmt so nicht. Wiseman erholte sich in Großbritannien von einer Gasvergiftung, die er sich 1915 in Flandern zugezogen hatte, und als er im Dezember in die Vereinigten Staaten versetzt wurde, war Edith

Cavell bereits seit 2 Monaten tot.[51] Und trotzdem: Die Verbindungen nach Amerika reichten weit über Herbert Hoover und die amerikanische Gesandtschaft hinaus.

Und wir sollten uns auch nicht der Vorstellung hingeben, die Briten hätten sich nicht die Hände schmutzig gemacht. Offiziell wurde nie eingestanden, Edith Cavell sei eine Spionin gewesen (welche Regierung würde das auch eingestehen?), aber wir haben aufgezeigt, dass sie für die Geheimdienste gearbeitet hat. 100 Jahre später räumte Stella Rimington, die ehemalige Generaldirektorin des MI5, dies öffentlich ein.[52] Vor allem aber wusste das britische Außenministerium in Person von Sir Edward Grey und Lord Eustace Percy, dass gewaltige Mengen an Lebensmitteln und Tausende Stück Vieh nach Deutschland flossen, während sich das Belgische Hilfswerk weiterhin als »humanitäre Einrichtung« präsentierte. Sie wussten, unter welchem Druck Hoovers Leute standen zu verhindern, dass die brisanten Informationen nach London gelangten. Das ist aktenkundig.[53] Sie steckten alle unter einer Decke.

Auf dem Weg in ihr deutsches Gefängnis saß Prinzessin Marie de Croy an einer Bahnhofsstation auf ihren Koffern und fasste dabei unbewusst mit einer einzigen Beobachtung diese gesamte Episode zusammen:

> *»Der Feldwebel sagte mir, er habe Fronturlaub, und wie alle deutschen Soldaten, die ich reisen sah, war er schwer mit Vorräten beladen, die er mit nach Hause nahm. Amerika war versprochen worden, dass die Lebensmittel Belgien nicht verlassen würden. Das war die Bedingung, die die USA gestellt hatten, bevor sie sich bereit erklärten, die belgische Bevölkerung zu versorgen. Und trotzdem fand dies ganz offenkundig statt.«*[54]

Die Kommission für das Belgische Hilfswerk war nicht nur damit beschäftigt, die »hungernde« belgische Bevölkerung mit Lebensmitteln zu versorgen, sie ernährte auch Deutschland. Sie fütterte die deutschen Armeen durch und versorgte die deutsche Bevölkerung. Wenn man das Haus der Lügen einreißt, das rund um Edith Cavell errichtet wurde, bleibt der klare Beweis, dass die Obrigkeiten in Deutschland, Amerika, Belgien und Großbritannien gemeinsame Sache machten. Hätte Edith Cavell lange genug gelebt, um die

Wahrheit hinter dem Belgischen Hilfswerk aufzudecken, wären die Folgen für die Geheime Elite katastrophal gewesen. Ihr Tod sorgte dafür, dass das Leid dieses furchtbaren Kriegs noch weniger schnell ein Ende fand.

Zusammenfassung

- Ein deutsches Militärgericht verurteilte Edith Cavell zum Tode. Sie wurde zusammen mit einem weiteren Angeklagten, Philippe Baucq, standrechtlich erschossen.
- Die amerikanische Gesandtschaft tat alles in ihren Kräften Stehende, um zu vertuschen, wie tief sie in Cavells Hinrichtung verwickelt war. Der Gesandte Brand Whitlock »fühlte sich nicht wohl« und hielt sich aus allem heraus.
- Als Quellen für die Ereignisse in Brüssel wurden die Darstellungen von Hugh Gibson und Gaston de Leval, einem Anwalt des Belgischen Hilfswerks, hergenommen. Beide waren jedoch sehr tief in die Bemühungen verwickelt, dafür zu sorgen, dass Edith Cavell ihrem Schicksal nicht entging.
- Was folgte, war ein wahrer Affenzirkus, ein Trauerspiel. Jeder behauptete, er habe nicht gewusst, wo sich die entscheidenden Ansprechpartner aufhielten, ob überhaupt eine Hinrichtung angeordnet sei und wer die Befugnis besaß, das Gerichtsurteil aufzuheben.
- Gaston de Leval lernte Edith Cavell niemals kennen, und zu keinem Zeitpunkt agierte er als ihr Rechtsberater. Dennoch trat er auf als der Mann, der versuchte, sie zu retten. Man holte ihn nach Amerika, wo er bejubelt wurde und viel Geld mit Vorträgen verdiente, die Amerika von jeglicher Verantwortung im Fall Cavell freisprachen.
- De Leval warf Sadi Kirschen vor, er habe als Anwalt Cavells seine rechtlichen Pflichten vernachlässigt und stellte skurrile und komplett

erfundene Behauptungen auf. Das brachte ihm eine Abreibung ein, und in einem späteren Gerichtsverfahren wurde nachgewiesen, dass de Leval ein Lügner war.

- Die Falschaussagen und die unberechtigten Vorwürfe von de Leval und Gibson versetzten die deutschen Besatzer in Belgien in Rage. Gibson wurde an die US-Botschaft in London versetzt.
- Rund um Edith Cavell entstand eine gewaltige aberwitzige Propagandakampagne, die Cavells bereitwillig geleistete patriotische Arbeit in eine Farce verwandelte.
- 1918 untersuchte ein Geheimausschuss des britischen Kriegsministeriums den Fall und kam zu dem Schluss, das deutsche Gericht habe rechtens gehandelt und sei befugt gewesen, Cavell zum Tode zu verurteilen.
- Später wurde bekannt, dass Herbert Hoover zum Zeitpunkt von Cavells Verhandlung in Brüssel gewesen war. Am 6. Oktober aß er mit Brand Whitlock zu Mittag, mit Baron von der Lancken traf er sich am 8. Oktober. An dem Tag, als die Richter hinter verschlossenen Türen über Cavells Urteil berieten, reiste er wieder ab.
- Die ehemalige MI5-Chefin Dame Stella Rimington räumte in einer Radiosendung ein, dass Edith Cavell spioniert und Botschaften außer Landes geschleust habe.

Kapitel 21

Öl

Keine Chancengleichheit

Um den Krieg in die Länge zu ziehen, belieferte die Geheime Elite Deutschland über das Frühjahr 1915 hinaus mit den Rohstoffen, die das Kaiserreich zur Waffenherstellung benötigte, und mit Nahrung für die Truppen. Diese enorme Täuschung besaß zahlreiche Facetten.

Wir haben bereits ausführlich über das Bassin de Briey gesprochen, wo Deutschland sich mit dringend benötigtem Eisenerz versorgte. Die Franzosen hatten den Truppen des Kaisers die Rohstoffschatzkammer völlig unbeschädigt überlassen, obwohl durchaus Zeit und Gelegenheit gewesen wäre, die Anlagen für den Feind unbrauchbar zu machen. Auf deutscher Seite gestand man ein, ohne den Nachschub aus Briey wäre der Krieg im Sommer 1915 vorbei gewesen.

Gleichzeitig tat Großbritannien offiziell so, als würde es eine Seeblockade betreiben. Lebensmittel, Schießbaumwolle, sehnsüchtig erwartete Mineralien wie Zink und Kupfer und was sonst noch für militärische Anstrengungen benötigt wurde strömten trotz »Blockade« ungehindert nach Deutschland.

Parallel zu alledem fand unter dem Deckmantel humanitärer Hilfe ein gewaltiger Betrug statt: Das Belgische Hilfswerk war in Wirklichkeit eine Fassade, hinter der das deutsche Heer mit Lebensmitteln versorgt werden konnte. Auf diese Weise war es Deutschland möglich weiterzukämpfen, was das Kriegsende hinauszögerte.

Wäre nur einer dieser Pfeiler weggebrochen, hätte das Deutschlands Kriegsanstrengungen stark in Mitleidenschaft gezogen und der Wegfall aller drei hätte zweifelsfrei dazu geführt, dass der Krieg schon Anfang 1915 vorbei gewesen wäre. Aber das entsprach nicht dem, was die Geheime Elite im Schilde führte.

Sie zog das Kriegsende auch deshalb hinaus, damit Deutschlands Ölversorgung ungestört blieb – ein Faktor von allerhöchster Bedeutung für die militärischen Aktivitäten. Ohne ausreichende Ölreserven ließ sich ein moderner Krieg nicht führen, und wer die Ölreserven kontrollierte, der kontrollierte den Krieg. 1914 sprachen Beobachter von einer Revolution in der Militärstrategie und davon, welch gewaltige Vernichtungskraft Maschinen mit sich brachten.[1] Der Verbrennungsmotor veränderte jede einzelne Dimension der Kriegsführung und die Art und Weise, wie sich Streitkräfte zu Lande, zu Wasser und nun auch in der Luft bewegten. Zu den technischen Innovationen gehörten mit Öl befeuerte Schiffe und U-Boote, motorisierte Divisionen, Flugzeuge und Panzer. Doch praktisch jede dieser neuen Entwicklungen setzte voraus, dass man Zugang zu größeren Mengen an Benzin hatte, und von Jahr zu Jahr schmierte das Öl die Mühlen des Kriegs mehr und mehr. Der französische Politiker Henry Bérenger sagte: »Auf dem Schlachtfeld, zu Lande, zu See und in der Luft ist ein Tropfen Benzin wie ein Tropfen Blut.«[2] Da alle aber – Großbritannien, Frankreich, Deutschland – auf eigenem Territorium über keinerlei Zugang zu Ölvorkommen verfügten, hatte ein reibungsloser Zugriff auf ausländisches Öl absolute Priorität.

Auch hier im Mittelpunkt: Die Geheime Elite, der Verursacher des Ersten Weltkriegs.[3] Sie kontrollierte rund um den Globus die Ölproduktion oder pflegte zumindest ein sehr enges Verhältnis zu jenen, die es taten. Dazu zählten in Europa die Rothschilds[4] und in Amerika das Imperium des J. D. Rockefeller.[5] Die Rothschild-Dynastie agierte stets einen Schritt außerhalb des Rampenlichts und einen Schritt vor der Konkurrenz. Durch gewaltige Investitionen ins Bankenwesen und die Ölindustrie verfügten sie über geopolitische Macht, die ihresgleichen suchte. Die Geheime Elite wusste: Europa stand ein langwieriger Krieg bevor und da war es absolut unerlässlich, dass nicht nur die Entente, sondern auch die Deutschen über eine zuverlässige Versorgung mit Öl verfügten. Der Geheimbund sorgte dafür, dass die britische Regierung und insbesondere das Foreign Office auf dem neuesten Stand waren, was die Erschließung potenziell wichtiger neuer Ölquellen in Burma, auf Sumatra, in Mexiko, Mesopotamien und im Persischen Golf anging. Tatsächlich war es kein Zufall, dass einer der ersten Beschlüsse des Parlaments zu Kriegsbeginn darin bestand, die Anglo-Persian Oil Company zu verstaatlichen.[6]

In dem Wissen, dass ein Krieg aufzog, schlossen die Admiralität, das Foreign Office und das Handelsministerium noch vor Ausbruch der Feindseligkeiten Verträge mit mehreren Ölunternehmen. So viel zu der Behauptung, Großbritannien sei »erschreckend unvorbereitet« in den Krieg gegangen.[7] Lord Curzon, ranghohes Mitglied der Geheimen Elite, erklärte 1918 noch einmal, wie wichtig die Kontrolle über das Öl war: »Die Sache der Alliierten wurde auf einer Welle aus Öl zum Sieg gespült.«[8]

Die deutsche Regierung wusste natürlich ebenso um die strategische und wirtschaftliche Bedeutung des Öls, hatte aber Probleme damit, eine reibungslose Belieferung zu garantieren. Vor dem Krieg herrschte in Deutschland die Meinung vor, es sei absolut inakzeptabel, komplett abhängig von einem ausländischen Konzern wie J. D. Rockefellers Standard Oil zu sein. Aus dieser Haltung erwuchs die Sorge, der Mangel an Rohöl könne in einem künftigen Krieg mehr Schaden anrichten als der mächtigste aller Widersacher.[9] Im Jahr 1914 war Deutschland führend beim produzierenden Gewerbe und im Exportwachstum, ein Umstand, der »John Bull schwer im Magen lag«.[10] Deutschlands Vorkriegswirtschaft war ausgesprochen dynamisch und strotzte geradezu vor Selbstvertrauen und technischem Innovationsgeist. Doch Deutschland mochte noch so sehr versuchen, sein Schicksal in die eigenen Hände zu nehmen – das Land hing bei der Erdölversorgung von einer kleinen Zahl ausländischer Produzenten, Raffinerien und Vertriebsfirmen ab. Und nicht einmal Berlin wusste bis ins letzte Detail, wem diese Firmen gehörten. Das Geflecht europäischer Banken und Erdölkonzerne war dermaßen verworren, dass nur wenige Personen eine Vorstellung davon hatten, wer tatsächlich die Hand am globalen Ölhahn hatte.

Wie auch Großbritannien verfügte Deutschland über anständige Vorräte an Kohle, nicht aber über Öl. In den Vorkriegsjahren hatte sich Rockefellers Standard Oil mit einer Heimlichkeit und einer Entschlossenheit, die für weite

Teile der Branche typisch waren, eine zentrale Stellung auf dem deutschen Markt erarbeitet. Besonders gerne schluckte Standard Oil bestehende Firmen und führte sie dann unter ihrem alten Namen weiter, als seien sie noch immer in deutscher Hand. Prominente deutsche Ölhändler wurden als Aktionäre eingebunden, was den Vorteil hatte, dass auf diese Weise der Widerstand gegen das monopolartige Wachstum des fremdländischen Unternehmens abgeschwächt und die Öffentlichkeit besänftigt wurde.[11] Unter dem Namen Deutsche Petroleum Verkaufs-Gesellschaft bündelte Standard Oil bis 1912 gleich 91 Prozent des deutschen Markts unter seinem Dach. Die Deutsche Bank durfte sich einkaufen, allerdings betrug die Beteiligung kaum mehr als 9 Prozent. Ohne eine unabhängige und sichere Versorgungsquelle war Deutschland also fest im Griff von Standard Oil gefangen.[12] Der Konzern strich dank seiner Monopolstellung gewaltige Gewinne ein, was europäische Investoren ebenso auf den Plan rief wie andere Unternehmen, die versuchen wollten, Standard Oils Klammergriff zu brechen.

Standard Oil hatte den globalen Markt erschaffen und war versiert darin, mit nationalen, regionalen und lokalen Behörden Bedingungen auszuhandeln und profitable Vereinbarungen abzuschließen.[13] Zwischen 1910 und 1912 allerdings steckte das Unternehmen in einem erbittert geführten und langwierigen Zwist mit Österreich-Ungarn. Österreichs größte Zeitung, die *Neue Freie Presse*, sprach gar von einem »Petroleumkrieg«.[14] Die Probleme hatte allerdings nicht Standard Oil selbst, sondern die Wiener Tochterfirma Vacuum Oil Company AG.[15]

Amerikas Vormachtstellung im Ölgeschäft war ungebrochen, 60 Prozent der globalen Produktion entfielen auf die USA. Aber dank seiner Ölfelder in Galizien konnte Österreich-Ungarn für sich beanspruchen, hinter den USA und Russland die weltweite Nummer drei zu sein. Das Land produzierte deutlich mehr, als auf dem nationalen Markt benötigt wurde. Standard (beziehungsweise das Tochterunternehmen Vacuum Oil) sah seine Monopolstellung gefährdet und griff zu hinterhältigen Methoden, um die österreichischen Produzenten zu schwächen. Es entbrannte ein Streit, in den sich die Regierungen von Österreich-Ungarn und Amerika einschalteten. Das US-Außenministerium engagierte sich massiv und schuf dadurch einen interessanten Präzedenzfall für die »Globalisierung« des 20. Jahrhunderts. Der Fall zeigte deutlich, dass selbst so mächtige Unternehmen wie Standard Oil auf die diplomatische Unterstützung durch ihre Regierungen angewiesen waren.[16] Das war nichts Neues. Im 18. Jahrhundert hatte sich die Britische Ostindien-Kompanie im Zuge diplomatischer und militärischer Intervention Englands auf dem indischen Subkontinent ausgebreitet, ein Jahrhundert später dienten die Opiumkriege als Erweiterung der kommerziellen und politischen Ambitionen, die westliche Firmen und die Regierungen ihrer Heimatländer teilten.

Dieser »Petroleumkrieg« war nur eine Randnotiz in der Geschichte der globalen Ölindustrie. Relevant ist er deshalb, weil er zeigt, dass selbst im 20. Jahrhundert Unternehmen, die auf internationaler Bühne erfolgreich waren, im Zweifelsfall zu ihrer Regierung liefen, wenn sie Schutz und Unterstützung benötigten. Ironischerweise hatte die Ölförderung in Galizien 1909 ihren Zenit erreicht, aber das war zum damaligen Zeitpunkt niemandem bewusst. Auf jeden Fall war die US-Regierung der Meinung, sie habe das Recht, sich in einen Streit zwischen dem Staat Österreich und einem in Österreich eingetragenen (aber von amerikanischen Aktionären dominierten) Unternehmen einzumischen. Da biss die Maus keinen Faden ab: Die Vacuum Oil Company war unter dem Strich ein amerikanisches Unternehmen,[17] wie konnte sich da irgendein fremdes Land erdreisten, die Kontrolle übernehmen zu wollen? Behalten Sie diesen Fall im Hinterkopf, wir werden ihn noch einmal benötigen, wenn wir uns ansehen, aus welchen Quellen Deutschland während des Ersten Weltkriegs sein Öl erhielt.

Theoretisch stand das Bündnis aus Kaiserreich und K.-und-k.-Doppelmonarchie vor einem gewaltigen Problem: Man verfügte nur über ein einziges Ölvorkommen, nämlich das in Galizien, und das lag in Händen ausländischer Unternehmer. Bis 1914 stieg die Zahl der großen ausländischen Aktiengesellschaften, die in die Ölförderung in Galizien investierten, rapide an. Eines dieser Unternehmen war Vacuum Oil aus dem Rockefeller-Stall. Größter britischer Akteur war die 1910 gegründete Premier Oil & Pipe Line Company,[18] die zahlreiche Wettbewerber aller Größenordnungen schluckte. Zu Beginn des Krieges war Premier Oil das wichtigste ausländische Unternehmen, das in Galizien aktiv war. 1912/13 besaß das Unternehmen dort rund 1100 Hektar Land und förderte mehr als 262 000 Tonnen Rohöl, fast ein Viertel der gesamten galizischen Produktion. Während der Kriegsjahre hinterfragten britische Aktionäre wiederholt die Legitimität des Vorgehens und die Beziehungen der Firma zu deutschen Banken,[19] aber als der Krieg vorbei war, stand Premier Oil mit zwölf österreichischen Tochterfirmen, 8500 Hektar Land, 110 Ölquellen und vier großen Raffinerien da.[20] Das phänomenale Wachstum des Londoner Unternehmens beruhte darauf, dass man auch während der Kriegsjahre den Feind mit dem dringend benötigten Öl belieferte.

Laut der Historikerin Alison Frank deckten die Ölquellen in Galizien geschätzte 60 Prozent des Bedarfs der Mittelmächte und vor allem den von Österreich-Ungarn.[21] Allerdings fielen die Fördermengen genau in dem Moment, als der Krieg ausbrach und die Nachfrage explosionsartig anstieg. Die Eigentümer der Förderfirmen mochten in Großbritannien, Amerika, Frankreich oder Belgien sitzen, trotzdem belieferten sie den österreichischen Feind mit Rohöl und Benzin. Aber wie war es um Deutschland bestellt? Galizien würde nicht imstande sein, die wachsende Nachfrage aus Deutschland zu bedienen, woher also sollte das Kaiserreich sein Öl bekommen, wo es doch von Feinden umgeben war?

Die deutsche Regierung, die deutschen Firmen und die deutschen Banken hatten in den Jahrzehnten vor Kriegsausbruch durchaus erkannt, wie verwundbar die Abhängigkeit von Ölimporten das Land machte. Aus den ergiebigen russischen Feldern bei Baku am Kaspischen Meer wurde Öl über 700 Kilometer durch eine Landpipeline gepumpt, dann vom Schwarzmeerhafen Batumi auf Tankschiffe nach Rumänien verladen und schließlich in Lastkähnen die Donau hinauf zu Vorratslagern in Regensburg transportiert. Rumänien selbst hatte das Glück, im eigenen Land über größere Ölvorkommen zu verfügen, und weil es viel dichter an den Fabriken Mittel- und Norddeutschlands lag als Russland, entwickelte es sich zu Deutschlands wichtigstem Lieferanten. Rumänisches Öl tauchte erstmals 1857 in internationalen Statistiken auf, damals mit einer Fördermenge von 250 Tonnen.[22]

Anfangs ging die Entwicklung nur langsam voran, aber zur Jahrhundertwende stürzten sich die Geier – internationale Ölmagnaten, Banken und Investoren – auf der Suche nach dem schnellen Geld auf Rumänien. Rumänien stieg zur weltweiten Nummer drei unter den Ölländern auf. Der größte Wettbewerbsvorteil bestand darin, dass Rumänien vergleichsweise dicht an den meisten europäischen Hauptstädten lag und man mit der Donau über einen recht guten Transportweg verfügte. Die größten Felder befanden sich bei Ploieşti und Câmpina, etwa 80 Kilometer nördlich von Bukarest, und verfügten über eigene Raffinerien und Tanklager. 1900 betrug die Produktion bereits 250 000 Tonnen, 1914 erreichte sie etwa 1,8 Millionen Tonnen.[23] Angesichts dieses spektakulären Wachstums könnte man meinen, dass der rumänische Staat ein gewichtiges Wörtchen mitzureden hatte und kontrollierte, was mit seinem Öl geschah. Falsch: Eigner waren ausländische Investoren, die ihre eigenen Ziele verfolgten und dafür sorgten, dass die Gewinne ins Ausland abflossen, statt dem rumänischen Volk zu Wohlstand zu verhelfen.

Deutsches Kapital übernahm 1903 Steaua Română, eines der größten rumänischen Ölfelder. Deutschland kontrollierte nun offenbar rund 35 Prozent der nationalen Produktion. Das Româno-Americană-Feld beispielsweise sicherte sich 1904 Rockefellers Standard Oil, das zweitgrößte Ölfeld Astra Română ging 1910 an britische Investoren von Royal Dutch Shell. 1914 befand sich das rumänische Öl fest in ausländischer Hand: Interessengruppen aus Großbritannien, den Niederlanden, Frankreich und Amerika kontrollierten eine Mehrheit der Ölquellen.[24]

Und wem gehörten die Unternehmen, die die rumänische Produktion dominierten und die Deutschland auch während der Kriegsjahre belieferten? 1913 führte Deutschland jährlich 125 000 Tonnen Öl aus Rumänien ein, etwa 10 Prozent der gesamten rumänischen Fördermenge. Der Krieg schnitt Deutschland von seinen anderen Lieferanten ab, insofern benötigte man nun jeden Tropfen Öl, der sich aus Rumänien herauspressen ließ. Abgesehen von den kleinen und rasch versiegenden Vorkommen in Galizien blieb Deutschland nur noch Rumänien als zentrale Anlaufstelle für Öl.[25]

Nominell kontrollierten die Deutschen 1914 insgesamt 35 Prozent des rumänischen Öls, aber hinter dieser nackten Zahl wartet eine andere Frage – was genau bedeutete »in deutschem Besitz«? Sprechen wir vom deutschen Staat oder von deutschen Industriellen, Handelsbanken und Investoren? Oder gab es noch andere *Eigentümer?* Durch die Deutsche Bank und die Disconto-Gesellschaft schien Deutschland einen beträchtlichen Anteil der Aktien zu halten, aber die Disconto-Gesellschaft war in Wahrheit eine Bank, die den Rothschilds gehörte,[26] insofern stand sie eher unter britischem und französischem Einfluss als unter deutschem. Die Disconto-Gesellschaft übernahm drei größere rumänische Unternehmen – Concordia, das nach Öl bohrte, den Raffineriebetreiber Vega und Creditul Petrolier, das für die Lagerung und den Transport von Öl zuständig war. Tatsächlich kontrollierten die Deutschen nur etwa 20 Prozent des rumänischen Öls, also deutlich weniger, als es die Statistiken vermuten lassen.

Wer waren die Personen, die die Handelsvereinbarungen und die Absprachen zuließen, die regelten, wie im Vorfeld des Kriegs und während des Kriegs selbst das Öl floss? Es war wie immer: Die dunkle, undurchsichtige internationale Geschäftswelt stand bereit, für Gewinn allen Patriotismus über Bord zu werfen. Es ist wichtig, einige historische Fakten zu beleuchten: Während des 19. Jahrhunderts und bis zum Ersten Weltkrieg war J. D. Rockefeller der größte Name im globalen Ölgeschäft. Aber seine Position war nicht unumstritten. 1911 wurden Forderungen laut, Rockefellers Standard Oil aufzuspalten,[27] aber nicht nur das: Mit den Rothschilds hatte er es mit einem noch gefährlicheren Feind zu tun. Sie wollten nicht tatenlos zusehen, wie Rockefeller sich ein Monopol auf die europäischen Ölfelder sicherte, deshalb schlugen sie rasch zu und sicherten sich den Zugriff auf das russische Öl, das in Baku am Kaspischen Meer gefördert wurde.

In der Region, die heute in Aserbaidschan liegt, war man in den 1850er-Jahren auf Öl gestoßen. So gewaltig waren die Vorkommen in diesen Feldern, dass Russland 1901 mehr Öl förderte als Amerika, aber diese Situation war nicht von Dauer. Prinz M. Golizin, damals Generalgouverneur des Kaukasus, fasste die Investitionsprobleme so zusammen: »Das Fehlen freien Kapitals, die begrenzte industrielle Infrastruktur, das geringe Maß an landwirtschaftlicher Aktivität, der Mangel an technischem Wissen und der nur schwach ausgeprägte Geschäftssinn der einheimischen Bevölkerung stellen langfristige Hürden für das Wirtschaftswachstum der Region dar.« Händeringend wurden ausländische Investoren gebraucht[28] – und gefunden, beispielsweise die Brüder Robert und Ludvig Nobel oder eben die allgegenwärtigen Rothschilds.

Die Nobels kamen ursprünglich aus Schweden. Zur Geschichte, wie sie es aus ärmlichen Verhältnissen zu unglaublichem Reichtum schafften, gehört auch die versponnene Episode, wie Robert auf der Suche nach seltenem Walnussholz für Gewehrkolben durch Russland reiste. Dabei gelangte er zufällig auch nach Baku, wo ihm auf den ersten Blick klar gewesen sein soll, welche wirtschaftlichen Möglichkeiten die Ölquellen darstellten. Die Brüder gründeten 1876 das Unternehmen Branobel Oil, kauften in der Nähe Bakus Ölfelder und bauten eine 8 Meilen lange Pipeline, über die das Öl ans Kaspische Meer transportiert wurde. Sie bauten auch den ersten Öltanker der Welt, die *Zoroaster,* die das Rohöl zu Exportmärkten transportierte. Innerhalb weniger Jahre zogen die Nobels ein Eisenbahnsystem auf, das hunderte Tankwaggons und ein Netzwerk an Lagereinrichtungen umfasste. Branobel wuchs zu einem Schwergewicht auf dem russischen Ölmarkt heran, und erstaunlicherweise gelang es den Nobels, Standard Oil auf Abstand zu halten.[29] Diese systematische und gekonnt durchgeführte Entwicklung war das genaue Gegenteil dessen, was in Österreich-Ungarn in Galizien erfolgte. Da fragt man sich doch, wie es den Nobel-Brüdern gelang, diese unglaublich großen Investitionen aufzubringen. Die Antwort ist ganz einfach: Das taten sie auch gar nicht. Die Rothschilds taten es.

Standard Oil kamen Berichte zu Ohren, wonach die Nobels ihren Verpflichtungen nicht mehr nachkommen konnten und sich massiv bei den Pariser Rothschilds verschuldet hatten.[30] Das gewaltige Vermögen der Rothschild-Dynastie entstand auch dadurch, dass man Firmen mit hohen Erfolgsaussichten schluckte und Banken aufkaufte, die sich übernommen hatten. Es mochte den Anschein haben, als würden die Nobel-Brüder das russische Öl in Baku kontrollieren, tatsächlich jedoch waren sie Frontmänner für die Interessen der Rothschilds. Den größten Trumpf der Nobels in Baku stellten ihre guten Beziehungen zur zaristischen Regierung dar.[31] Die Rothschilds dienten dem Zaren als offizielle Bankiers, ein Pfund, mit dem Rockefeller/Standard Oil nicht wuchern konnte. Bis zur Jahrhundertwende hatten die Rothschilds gewaltige und in hohem Maße rentable Investitionen in Baku angehäuft. Für Standard Oil blieb da nur noch wenig Raum.

So schien es zumindest. In den 1890er-Jahren fochten die Rothschilds und Rockefellers einen »Ölkrieg« aus, rissen die Kontrolle über alle Ölfelder und Ölfirmen an sich, die sie bekommen konnten, doch hinter den Kulissen herrschte ein völlig anderes Verhältnis. Natürlich gab es Phasen »massiven Wettbewerbs«,[32] aber es gab auch die Bereitschaft, den anderen an der Beute teilhaben zu lassen und sich den Markt zu teilen.

1892 lud Rockefeller Baron Alphonse de Rothschild nach New York zu Geheimunterredungen ein. Die Gespräche fanden im New Yorker Stammsitz von Standard Oil hinter verschlossenen Türen statt. Der Rockefeller-Biograf schreibt: »Um den Anschein von Wettbewerb zu erwecken, waren die Rothschilds sehr daran interessiert, eine Einigung mit Standard Oil herbeizuführen.«[33] Aus Sicht der Rothschilds haben sich die Dinge vermutlich genau umgekehrt dargestellt, aber das ändert nichts daran, dass beide den Nutzen einer monopolistischen Kartellabsprache erkannten. John Archbold aus der Standard-Oil-Geschäftsführung meldete Rockefeller, man habe sich sehr rasch auf eine vorläufige Regelung verständigt (er war allerdings nicht indiskret genug darzulegen, wie diese Einigung im Detail aussah). Archbold betonte: »Beide Seiten erachteten es als wünschenswert, die Angelegenheit vertraulich zu behandeln.«[34] Tatsächlich erachtete es Alphonse de Rothschild als wünschenswert, die Nobel-Brüder aus den Gesprächen herauszuhalten. Auch wenn das Rothschild und das Rockefeller-Lager es gerne anders verkauften: Während der Vorkriegsjahre war ihre vermeintliche Rivalität größtenteils bequeme Fassade.

Diese Mächte dominierten die Ölindustrie und sicherten sich Schritt für Schritt ein immer größeres Stück des Weltmarkts. Sie waren eng eingebunden in die Geheime Elite, die angloamerikanische Clique, die Deutschland vernichten wollte. Und ironischerweise würde man, um das Ziel zu erreichen, die Deutschen mit Öl versorgen. Die Beziehungen der Deutschen Bank zur rumänischen Ölindustrie werfen ein interessantes Licht darauf, wie komplex die Besitzverhältnisse waren. 1903 erwarb ein Konsortium unter Führung der Deutschen Bank die Steaua Română Petroleum Company, deren Hauptabnehmer Deutschland war. Steaua hatte Zugriff auf beträchtliche Ölvorkommen südlich der Karpaten und besaß Lastkähne, die das Öl die Donau hoch nach Deutschland transportierte.

Historiker, die imperialistische Träume als treibende Kraft im deutschen Kaiserreich ausmachen, haben die Theorie aufgestellt, die Deutsche Bank habe auf Drängen der deutschen Regierung Steaua übernommen. Das stimmt nicht. Der Impuls entsprang der deutschen Wirtschaft, nicht der deutschen Politik, auch wenn die Grenzen hier oftmals verschwammen.[35] Bis 1914 wuchs Steaua zum größten und produktivsten Werk in ganz Rumänien heran,[36] und während der Kriegsjahre spielte es eine zentrale Rolle bei der Versorgung Deutschlands. Dieser Erfolg ließ sich allerdings nur mit massivem Kapitalaufwand erreichen – und ein Großteil dieser Gelder stammte von den Rothschilds.

Nach einiger Zeit berief die Deutsche Bank Emil von Stauss zum Chef von Steaua Română. Stauss, ein Freund und Kollege der Rothschilds, war Geschäftsführer der Europäischen Petroleum Union (EPU), dem Ölkonsortium von Rothschild, Nobel und Deutscher Bank, das in der Absicht gegründet worden war, den immer ehrgeizigeren Zielen Standard Oils etwas entgegenzusetzen.[37] So entstand in den Vorkriegsjahren eine Strategie, wie man unter der wohlwollenden Führung der Rothschilds die Ölversorgung Deutschlands auch künftig garantieren konnte. Nachdem dieser Punkt geklärt war, nahm bei der deutschen Regierung die Zuversicht zu, dass die Konjunktur ungebremst weiterwachsen würde, allerdings war ihre Ölquelle alles andere als exklusiv deutsch. Die Rothschilds, die mit zu den ersten gehörten, die in die europäischen Ölmärkte investierten, verfolgten ihre eigenen Ziele und hatten keineswegs die Absicht, sich die Macht mit der deutschen Regierung zu teilen … oder mit irgendeiner anderen. Sie bauten ein immens rentables System für die Produktion rumänischen Öls und den Transport dieses Öls nach Deutschland auf und sorgten dafür, dass die Kontrolle in ihren Händen blieb. Die Deutsche Bank als führendes Kreditinstitut des Kaiserreichs spielte eine wichtige Rolle im rumänischen Ölgeschäft, aber die Rothschilds spielten eine wichtige Rolle bei der Deutschen Bank. Es war niemals ausschließlich »deutsches« Öl.

Die Disconto-Gesellschaft und das Bankhaus Bleichröder mischten als wichtige Rothschild-Banken in der europäischen Ölindustrie mit. Durch Zusammenschlüsse wuchs die 1851 gegründete Disconto-Gesellschaft zu einem wichtigen Akteur der deutschen Bankenlandschaft heran. Sie galt allgemein als Marionette der Rothschilds. 1901 übernahm die Disconto-Gesellschaft offiziell das Bankhaus Rothschild & Söhne in Frankfurt, den Originalsitz der Dynastie. Angeblich sei die Bank aus zwei Gründen verkauft worden, hieß es damals: Es gebe keinen männlichen Rothschild-Erben in Frankfurt, und das Institut arbeite nicht gewinnbringend. Das komplette Personal der Rothschild-Bank wechselte zur Disconto-Gesellschaft, und der Name Rothschild wurde gestrichen.[38]

Was könnte der Grund für diesen Schritt gewesen sein? Deutschland erlebte zum damaligen Zeitpunkt ein gewaltiges wirtschaftliches, industrielles und technologisches Wachstum. Deutschland war *der* aufstrebende europäische Produktionsstandort.[39] Tatsächlich galt Deutschland der Geheimen Elite als gefährlichste Bedrohung ihrer globalen Ziele.[40] Banken boomten. Sich von einem derart wichtigen Teil des Imperiums zu trennen, noch dazu einem mit einem derart hohen nostalgischen und geschichtlichen Wert wie Frankfurt, passte überhaupt nicht zur Vorgehensweise, die die Rothschilds in den beiden Jahrhunderten zuvor an den Tag gelegt hatten. Die Rothschilds waren dafür bekannt, Vermögenswerte anzuhäufen, nicht, sie zu liquidieren. Bei dem Verkauf handelte es sich ganz offensichtlich um eine Täuschung. Bis auf den Namen der Bank hatte sich wenig geändert. Die Disconto-Gesellschaft war nur ein Deckmantel. Die Vermögenswerte und das Personal wechselten von hier nach da, hinter den Kulissen blieben die Rothschilds auch weiterhin am Ruder.

1902 schrieb die *New York Times* über den deutschen Aktienmarkt und enthüllte die »Disconto-Gesellschaft und andere Beteiligungen der Rothschild-Gruppe« als die Agenten hinter einer massiven, 1 Million Kronen schweren Umschuldung, deren Nutznießer die ungarische Regierung war.[41] Und 1909 stellte der amerikanische Senator Nelson Aldrich dem Kongress einen Bericht vor, den er gemeinsam mit Professor Reißer von der Universität Berlin zum Zustand der europäischen Banken erstellt hatte.[42] In der Schlussfolgerung heißt es: »Die Disconto-Gesellschaft als Teil des Rothschild-Syndikats beteiligte sich an einer Vielzahl staatlicher, Eisenbahn bezogener und sonstiger Transaktionen in Österreich-Ungarn.«[43] Ganz offensichtlich wussten die Amerikaner, dass die Disconto-Gesellschaft allen Beteuerungen zum Trotz, es handele sich nunmehr um ein eigenständiges deutsches Unternehmen, zum Rothschild-Stall gehörte. So arbeiteten die Rothschilds nun einmal: Sie kontrollierten Hunderte Banken, Öl- und Industriefirmen, zogen sich weitestgehend aus dem Blick der Öffentlichkeit zurück, sorgten aber gleichzeitig dafür, ihren Einfluss auf Regierungen möglichst groß zu gestalten, und zwar unabhängig davon, gegen wen diese Regierungen bei einem Krieg kämpfen mochten.

Auch das Bankhaus Bleichröder war eine Tarnung für die Rothschilds.[44] »Es unterhielt enge Kontakte zur Rothschild-Dynastie. Das Bankhaus Bleichröder trat als Berliner Ableger der Rothschild-Bank auf.«[45] Bleichröder war als Bismarcks Bankier bekannt. Der Name Rothschild mochte von den Firmenschildern verschwunden sein, aber die Rothschilds bewahrten sich hinter den Kulissen von Disconto-Gesellschaft und Bankhaus Bleichröder sowie durch ihre Beteiligung an der Deutschen Bank all ihren Einfluss und all ihre Macht.

Das wichtigste Produkt, auf dass sich dieser Einfluss und diese Macht erstreckten, war Öl. Durch die genannten Firmen kontrollierten die Rothschilds Deutschlands europäische Ölversorgung. Man traf die Dynastie auf jeder Ebene des europäischen Ölgeschäfts an, wie sie sich still und heimlich ein Monopol aufbaute. 1904 kauften die Rothschilds die Deutsche Petroleum AG sowie Raffinerien in Galizien und andernorts. Das Ganze wurde zu einem neuen Unternehmen verschmolzen, OLEX.[46] 1 Jahr später folgte eine kleine, aber nicht unbedeutende Anzahl rumänischer Ölproduzenten, die zur Allgemeinen Petroleum-Industrie (APIAG) verschmolzen wurden. In dem Wissen, dass ein großer globaler Krieg aufzog, war das eine sehr gute Geschäftsidee.[47]

Die Beteiligungen der Rothschilds erstreckten sich über ganz Deutschland und ließen die Dynastie auf jeder Ebene der raschen wirtschaftlichen Expansion mitverdienen. Deutschland, nicht Großbritannien, zog in den ersten Jahrzehnten des 20. Jahrhunderts beim Wirtschaftswachstum davon. Die Durchbrüche, die Deutschland in der Wissenschaft und der Technologie gelungen waren, befeuerten den erwachenden Koloss, und die Erfolge nährten den Wunsch, die industrielle Entwicklung noch weiter voranzutreiben.[48]

Hinter ihrem undurchdringlichen Dickicht aus Firmennamen saßen die Rothschilds, entwickelten Tankwaggons für die Eisenbahnen, Lagereinrichtungen und Raffinerien für die Herstellung von Benzin und Kerosin, und sie feilschten mit Regierungseinrichtungen um Konzessionen und günstige Frachtraten für die Eisenbahn. Die Leitung wurde bei der Berliner Tochter OLEX-Petroleum-Gesellschaft gebündelt, wodurch das Unternehmen als in Deutschland ansässiger Betrieb auftrat, der aus dem Herzen der kaiserlichen

Hauptstadt agierte, aus dem engsten Umfeld der politischen und militärischen Entscheider. OLEX war sicher in Berlin angesiedelt, jetzt rief die Disconto-Gesellschaft eine weitere Rothschild-Beteiligung ins Leben, die Deutsche Erdöl-Aktiengesellschaft (DEA). Die DEA übernahm APIAG in Rumänien und erlangte die Kontrolle über norddeutsche Raffinerien. Die Disconto-Gesellschaft als DEA-Hauptaktionär verwaltete die Finanzen dieser frisch integrierten Ölunternehmen direkt.[49]

Namensänderungen, Firmenfusionen, Aufkäufe, Beteiligungswechsel, Ableger und aggressive Übernahmen – eines änderte sich bei diesem verwirrenden Durcheinander nicht: Die Rothschild-Dynastie hatte in Deutschland den Daumen auf der Versorgung mit rumänischem Öl, seiner Verteilung und seiner Lagerung. Ihre Firmenbeteiligungen produzierten einen Großteil des Öls und transportierten es per Eisenbahn in Tankwaggons durch Österreich-Ungarn bis nach Deutschland selbst. Sie lagerten das Öl in großen, extra zu diesem Zweck angelegten Depots und raffinierten es zu vermarktbaren Endprodukten. Letztlich sorgten sie dafür, dass Deutschland und die anderen Achsenmächte über ausreichend Öl und Infrastruktur verfügten, um den von der britischen Geheimen Elite geplanten langen Krieg durchstehen zu können. Und all diese Vorbereitungen wirkten auch noch wie völlig normales Geschäftsgebaren.

Oftmals betrieben die Rothschilds ein komplexes und ausgeklügeltes System ineinander verschränkter Deckfirmen und Trusts, das nicht nur das wahre Ausmaß der Rothschild-Beteiligung an zentralen Branchen vertuschte, sondern auch, wie beispiellos viel Macht die Familiendynastie über ganze Staaten besaß. Sie besaß die finanziellen Mittel, sie leitete die Handelsbanken, auf die es ankam, sie kontrollierte die Politiker und gelegentlich die komplette Regierung.

Vor allem aber besaßen die Rothschilds eines: Wissen.[50] Sie verfügten über einen erstklassigen Nachrichtendienst, der sich über die gesamte Wirtschaftswelt und Politik erstreckte und der es ihnen ermöglichte, mit raschen Schachzügen, die ihre Konkurrenten auf dem falschen Fuß erwischten, ihren Einsatz zu verdoppeln und noch einmal zu verdoppeln. Sie waren besser informiert als jeder Geheimdienst. Sie wussten, was gerade vor sich ging. Überall. Wichtiger noch: Sie wussten, was als Nächstes geschehen würde.

Ihre Verbindungen zu zahllosen Regierungen sind legendär, und die Familie sorgte dafür, dass innerhalb der Dynastie alle auf dem erforderlichen Kenntnisstand waren. Ihre Agenten wussten mehr über den Zustand der örtlichen Wirtschaft, über Handelsvereinbarungen, über drohende Arbeitskämpfe, über Verträge und Konzessionen als jedes Ministerium oder Außenministerium. Die Rothschilds wussten genau, was sie da in Zentraleuropa aufbauten und was sie da möglich machten. Wie viel Macht und wie viel Einfluss das Haus Rothschild in Deutschland besaß, lässt sich nicht überschätzen. Wohlwissend, dass Deutschland ein Krieg bevorstand, erweckten die Rothschilds den Eindruck, als hätten sie ihre finanziellen, industriellen und kommerziellen Interessen dort aufgegeben. Doch nichts könnte weiter von der Wahrheit entfernt sein.

Zusammenfassung

- Wir haben uns angesehen, wie der Krieg dadurch verlängert wurde, dass die Franzosen das Bassin de Briey nicht verteidigten. Wir haben gesehen, dass die Briten nur eine Schein-Blockade durchführten und dass die deutschen Truppen im Zuge einer Belgisches Hilfswerk genannten gewaltigen Täuschung mit Lebensmitteln versorgt wurden. Nun wenden wir uns dem nächsten Skandal zu: Wie dafür gesorgt wurde, dass Deutschland über ausreichend Öl verfügte, um sich auf einen Weltkrieg einzulassen.
- Den Weltmarkt für Erdöl teilten die Rothschilds in Europa und das Rockefeller-Imperium in Amerika größtenteils unter sich auf.
- Großbritannien besaß zum damaligen Zeitpunkt keinerlei Erdölproduktion auf eigenem Boden. Insofern war dem Foreign Office absolut bewusst, wie wichtig die Vorkommen in Burma, Sumatra,

Mexiko, Mesopotamien und im Persischen Golf waren. Dass die britische Regierung nur wenige Tage vor der Kriegserklärung die Anglo-Persian Oil Company verstaatlichte, war kein Zufall.

- Die Deutschen wussten, wie anfällig ihre Abhängigkeit von ausländischem Öl sie machte. 1912 hielt Standard Oil praktisch ein Monopol auf die Versorgung Deutschlands mit Öl. Das Tochterunternehmen Deutsche Petroleum-Verkaufsgesellschaft kontrollierte 91 Prozent des Markts.
- In Galizien, also im Osten von Österreich-Ungarn, wurde Öl gefördert, die Produktion lag allerdings in den Händen ausländischer Firmen. Rockefeller war dort mit der Vacuum Oil Company aktiv, während die Premier Oil & Pipeline Company ein britischer Konzern war. Bis Ende des Kriegs verdiente Premier Oil gewaltige Summen, indem es Deutschland mit dringend benötigtem Öl belieferte.
- Bei Kriegsausbruch begannen die Ölvorkommen in Galizien zum Leidwesen von Deutschland und Österreich bereits zu versiegen.
- Rumäniens Ölfelder bei Ploieşti und Câmpina wurden rasch ausgebaut. Sie wiesen den großen Vorteil auf, nahe der Donau zu liegen, was den Abtransport ins Herzen Europas erleichterte. Auch diese Ölfelder wurden von ausländischen Investoren kontrolliert.
- Deutschland mischte vermeintlich stark im rumänischen Ölgeschäft mit, aber das »deutsche« Unternehmen Disconto-Gesellschaft wurde in Wirklichkeit von den Rothschilds kontrolliert.
- Über die Nobel-Brüder Robert und Ludvig kontrollierten die Rothschilds auch die Ölfelder bei Baku am Kaspischen Meer.
- Nach außen hin mochte es so wirken, als würden sich Rockefeller und Rothschild einen erbitterten Konkurrenzkampf liefern,

tatsächlich jedoch hatten sie sich bereits 1892 darauf verständigt, ihre Preise zum beiderseitigen Vorteil abzusprechen.

- Das Bankhaus Bleichröder gehörte in Wirklichkeit ebenfalls den Rothschilds. Es fungierte als Berliner Filiale der Rothschild-Bank.
- Die Rothschild-Dynastie kontrollierte einen Großteil der europäischen Ölindustrie und hatte ihre finanziellen, kommerziellen und industriellen Interessen in Deutschland niemals aufgegeben.

Ölquelle der Anglo-Persian Oil Company, 1914

Kapitel 22

Öl
»Britain First«

Großbritannien selbst verfügte über keinerlei eigene Ölquellen und war deshalb Ende des 19. Jahrhunderts auf Lieferungen aus Amerika, Russland oder Mexiko angewiesen. Schon in Friedenszeiten gab die Abhängigkeit von ausländischen Firmen Anlass zur Besorgnis, aber in Zeiten eines bewaffneten Konflikts war es ein völlig unhaltbarer Zustand.[1] Bevor sie die Hunde des Kriegs von der Leine lassen konnte, musste die Geheime Elite also zunächst dafür sorgen, dass britische Unternehmen dieses Manko behoben.

Es sei an dieser Stelle noch einmal betont: Ihren Ausgang nahmen all diese Unternehmungen keineswegs 1914. Die strategische Bedeutung einer sicheren Ölversorgung und die wirtschaftlichen Notwendigkeiten beschäftigten die klugen Köpfe der Geheimen Elite schon weit vor diesem Datum. Es heißt, die eifrigsten und einflussreichsten Befürworter des Öls, ja die Männer, die dafür eintraten, eine Öl-Politik zu formulieren, seien der Erste Seelord Winston Churchill und Admiral Jackie Fisher gewesen, der 1912 den Vorsitz der Königlichen Kommission zu Ölbrennstoffen übernahm.[2] Ohne Frage waren sie wichtige Galionsfiguren. Churchill war persönlich mit Nathaniel Rothschild befreundet und gab viel auf dessen Ratschläge. Doch Churchill wie auch Fisher wurden stark von Männern unterstützt, die globale Ambitionen für Großbritannien hegten und alles zum Schutz des Empire zu tun bereit waren. Als es darum ging, sich Zugang zu Öl zu verschaffen, kamen also politische, finanzielle, kommerzielle, strategische und imperiale Interessen zusammen, als es darum ging, sich Zugang zu Öl zu verschaffen. Auch wenn das damals größtenteils außerhalb der öffentlichen Wahrnehmung stattfand: Diese Initiativen waren bereits im ersten Jahrzehnt des 20. Jahrhunderts kräftig im Gange.

Zu den britischen Firmen, die auf Rumäniens Ölfeldern aktiv waren, zählte auch Royal Dutch/Shell. Das Unternehmen war 1907 aus dem Zusammenschluss der niederländischen Royal Dutch Petroleum Company mit der britischen Shell Transport & Trading hervorgegangen, einer Firma, die eng mit den Rothschilds verknüpft war. Fusionen und Zusammenschlüsse waren damals sehr als Mittel angesagt, Kosten zu senken und Gewinne zu steigern. In abgelegenen Regionen Öl zu fördern war ein riskantes Unterfangen, und das raffinierte, leicht entzündliche Petroleum erforderte komplexe und technisch anspruchsvolle Transportlösungen.

Der Gründer von Shell Transport & Trading, Marcus Samuel, erkannte die Notwendigkeit, spezielle Tankschiffe zu bauen, die man völlig sicher beladen, bewegen und wieder entladen konnte. Er begann damit, Handelsschiffe in Tanker umzubauen, damit sie Erdöl von den russischen Feldern der Rothschilds abtransportieren konnten.[3]

1906 kaufte der Konzern Felder in Rumänien, 1908 rief er zwei Tochterfirmen ins Leben: Die Bataafsche Petroleum Maatschappij in den Niederlanden und die Anglo-Saxon Petroleum Company in London. Shell Transport & Assets brachte sämtliche Aktiva in diese Firmen ein, die auch die Vermögenswerte von Royal Dutch/Shell hielten.[4] Was an Konkurrenz auf der Bildfläche auftauchte, wurde zugekauft oder geschluckt. Zwischen 1910 und 1914 erwarb das Unternehmen Felder in Russland (1910), Ägypten (1911), Venezuela (1913) und auf Trinidad (1914). Der Royal Dutch/Shell-Chairman Henry Deterding[5] erklärte später, man habe Deutschland gründlich den Boden unter den Füßen weggezogen. Zum Teil erfolgte das dadurch, dass man sich in Ölfelder einkaufte, auf die Deutschland ebenfalls ein Auge geworfen hatte, zum Teil dadurch, dass man den Einfluss von Royal Dutch/Shell auf dem deutschen Markt ausbaute – und damit auch auf innenpolitische Angelegenheiten des Kaiserreichs.[6]

Geologen waren zu dem Schluss gelangt, Persien und der Arabische Golf seien sehr verheißungsvolle Kandidaten für Probebohrungen, allerdings gab es einige unmittelbare Probleme – nicht viele, aber dafür wichtige. Rein formal gehörte das Land den Osmanen und den persischen Herrschern. Damit nicht genug: Auch Russland mischte mit, hatten sie doch seit Langem ein Auge auf die Region geworfen, um dort einen ganzjährig schiffbaren Hafen aufzubauen. Zu Beginn des 20. Jahrhunderts verfolgten der konservative britische Außenminister Lord Lansdowne und sein liberaler Amtsnachfolger Sir Edward Grey eine identische Linie, abgesegnet von der Geheimen Elite. Ruhig und ohne dass der Begriff »Öl« dabei fiel, bauten sie die britischen Interessen in der Region aus und sorgten dafür, dass sich dort ständig britische Kriegsschiffe aufhielten.

Geheime Elite, Foreign Office und Admiralität waren – wie stets – untrennbar miteinander verknüpft und arbeiteten eng abgestimmt daran, die Pläne des Empire voranzutreiben. Es wurden Konzessionen gekauft, Beamte bestochen, Probebohrungen durchgeführt, Verträge unterschrieben. Über 2 Jahrzehnte lang wurde in mühsamer Kleinarbeit alles vorbereitet. Und als alle Puzzleteile an Ort und Stelle waren, fand man ein Objekt, das verlässliche Liefermengen an Öl garantierte, das allerdings, weil es auf dem direkten Weg nach Indien lag, die Anwesenheit eines Briten erforderlich machte. William Knox D'Arcy, reicher Direktor einer Goldmine, wurde als Strohmann für die britischen Anstrengungen um persisches Öl auserkoren. Tatsächlich standen im Hintergrund die unausgesprochenen Ziele der Admiralität und des Foreign Office sowie die der Männer dahinter. Es entstand ein Unternehmen, das »wenig bekannt, aber eng verbunden war mit dem britischen Außenministerium und den Geheimdiensten, die auf der Suche nach neuen Ölfunden waren. Das Unternehmen hieß D'Arcy Exploitation Company«.[7]

Royal Dutch/Shell hielt nicht allzu viel von D'Arcy, was dafür spricht, dass hier eher die Geheime Elite die Hand im Spiel hatte.[8] »Nur ein Punkt ist noch nicht klar: Hat er [D'Arcy] diese extrem wichtige Angelegenheit ganz auf eigene Initiative und auf eigene Rechnung hin unternommen, oder handelte es sich [bei ihm] von Anfang an um einen vertraulichen Agenten politischer Kreise, die den britischen Imperialismus vertreten?«[9] In der offiziellen Firmengeschichte der British Petroleum Company liest es sich anders. D'Arcys Handeln sei »schlichtweg eine persönliche Initiative« gewesen, die »auf Profit abzielte«, heißt es dort. Die »eines Machiavelli würdigen Motive, die angeblich hinter seiner Investition stehen«[10], wurden als Nonsens abgetan. Das überrascht niemanden, oder?

Natürlich wurde er benutzt, und er ließ es bereitwillig zu, denn persisches Öl sollte auch sein Vermögen kräftig mehren, außerdem steigerte das Ganze sein Ansehen innerhalb der Geheimen Elite. 1901 verlieh der Schah von Persien D'Arcy einen Ferman, die Erlaubnis des Herrschers, für einen Zeitraum von 60 Jahren nach Öl zu bohren, sofern der Schah 16 Prozent des Gewinns erhielt, der mit dem geförderten Öl erzielt wurde.[11] Es war ein Geschäft historischen Ausmaßes: Das Zeitalter des Öls aus dem Mittleren Osten hatte begonnen. Und eingeläutet wurde es durch eine Schmiergeldzahlung, die dem Schah half, seinen verschwenderischen, extravaganten Lebensstil fortzusetzen. Es sollte nicht der letzte korrupte Akt bleiben.

D'Arcys Unternehmungen in Persien entwickelten sich nicht sofort zum Erfolg. Bis 1903 waren nur wenige Hinweise auf Ölvorkommen gefunden worden, weshalb D'Arcy aussteigen wollte. In London brach hinter den Kulissen hektische Aktivität aus. Gesucht wurde ein verlässlicher Mann, der dafür sorgen würde, dass die Konzession nicht verfiel. Man machte Burmah Oil das Geschäft in Persien schmackhaft. Burmah Oil war ein britisches Ölunternehmen, das eine schottische Investorengruppe in Burma gegründet hatte und 1908 mit D'Arcy und Royal Dutch/Shell verschmolzen wurde. Die Kombination wirkte durch und durch »britisch«, was als Botschaft sowohl an die Investoren als auch an die Öffentlichkeit gedacht war. D'Arcy trug Lord Alfred Milner den Posten des Chairman bei diesem neuen Unternehmen an, aber der Anführer der Geheimen Elite lehnte ab. Er war der Puppenspieler, keine Marionette.[12]

Der Börsenprospekt, der für das neue Unternehmen veröffentlicht wurde, sorgte in den Korridoren der Macht für Schnappatmung, hieß es doch dort völlig unverblümt, es sei die Idee der Admiralität gewesen, den persischen Markt zu entwickeln.[13] Sofort wurde das Unternehmen in Kenntnis gesetzt: Die Admiralität würde die Aussage vehement bestreiten, sollte es öffentliche Kommentare zu diesem Punkt geben. Was für ein erstaunlicher Fauxpas. Da wird sorgfältig und unter großer Geheimhaltung ein Plan für Persien ausgearbeitet und hinter Handelsinteressen versteckt, nur um dann en passant enthüllt zu werden. Noch bezeichnender ist, dass die Regierung das Unternehmen sofort warnte: »Wir sind bereit zu lügen, sollte die Geschichte öffentlich werden.« Schließlich hatte sie »wie ein Tiger gekämpft«, um die Kontrolle über die persischen Ölvorkommen zu erringen.[14]

Die britische Ölindustrie war vor dem Ersten Weltkrieg deutlich aktiver als gemeinhin bekannt. Nur wenige Mainstream-Historiker befassen sich mit der Frage, welchen Aufwand die britische Regierung betrieb, um Ölvorkommen zu entdecken und zu schützen. Dabei spielten Mitglieder der Geheimen Elite oder Personen aus deren Dunstkreis zentrale Rollen. Die Rothschilds belieferten nicht nur Deutschland, sie investierten auch rund um den Globus in Ölfelder, die für die Alliierten von unschätzbarem Wert sein würden. Personen wie Marcus Samuel und Lord Cowdray, deren Ölbeteiligungen sich von Rumänien und Russland bis nach Mexiko und Fernost erstreckten, waren ebenfalls mit der Geheimen Elite und der britischen Regierung verbandelt. »Neue« Leute, loyale und zuverlässige Diener des Empires, deren Vermögen von Erfolgen in Kanada und Australien abhing, wurden ermutigt, sich bei der Suche nach »britischem« Öl einzubringen.[15] Im Grunde lässt sich sagen, dass sich die britische Seite im Vorfeld des Krieges so große Anteile am globalen Öl sicherte, wie es nur ging. Und auf Schritt und Tritt standen den Briten Foreign Office und Admiralität zur Seite und trieben ihre streng geheimen militärischen und strategischen Pläne voran.

William Knox D'Arcy reichte es mittlerweile. Er hatte einen großen Teil seines Privatvermögens in die Suche nach persischem Öl gepumpt, ohne dafür entsprechende Gewinne zu erzielen. Weit und breit war nichts zu sehen von den erwarteten Reichtümern, also verkaufte er seine Anteile an Burmah Oil, was auch kein schlechtes Geschäft war. Er bekam seine gesamten Auslagen erstattet und erhielt 170 000 Burmah-Aktien im Wert von knapp 895 000 Pfund, nach heutigem Wert rund 83 Millionen Pfund,[16] für sich und seine Geschäftspartner.[17] Der Geheimen Elite war klar: D'Arcy lag mehr an seinem Privatvermögen als an der Zukunft des Empires, deshalb blieb seine »Loyalität« auch unbelohnt, nicht einmal ein Adelstitel fiel für ihn ab.

Kurz darauf dann das lang ersehnte Ereignis: Die karge Wüste gab ihre Schätze frei, das unbezahlbare Öl sprudelte in einem Areal, das man bereits mehr als ein halbes Jahrhundert zuvor als ölreich identifiziert hatte.[18] Entweder hatte D'Arcy extremes Pech gehabt, oder er wurde zum Opfer eines abgekarteten Spiels. Wie auch immer: Im Sommer 1908 stieß man auf zwei ausgesprochen rentable Quellen, was D'Arcys Nachfolger, den in Schottland geborenen kanadischen Finanzier Lord Strathcona und die anderen Investoren mächtig gefreut haben dürfte.

Strathcona verfügte als Chairman der Hudson Bay Company und imperialistischer Philanthrop[19] über alle internationalen Kontakte, die nötig waren, um sich tatkräftig einzubringen. Ab 1909 spielte er als erster Chairman der Anglo-Persian Oil Company eine aktive Rolle und wurde dabei vom britischen Geschäftsmann Charles Greenway fähig unterstützt. Greenways Ziele deckten sich mit denen der Geheimen Elite: Er wollte ausreichend Kapital auftreiben, um Anglo-Persian zu einem Schwergewicht der globalen Ölindustrie auszubauen. Er wollte die unerwünschten Avancen von Royal Dutch/Shell abwehren, und er wollte von der Admiralität den Auftrag bekommen, die britische Flotte mit Öl zu versorgen. 1913 bot er der Admiralität einen Vertrag mit 20 Jahren Laufzeit, der die Versorgung durch einen »britischen« Konzern garantieren … und der rein zufällig das Unternehmen gleichzeitig aus finanziellen Nöten befreien würde.[20] Greenway war sich nicht zu schade, das »Jüdischsein« von Marcus Samuel und das »Holländischsein« von Henry Deterding zu thematisieren, um seine eigenen patriotischen Absichten in ein besseres Licht rücken zu können. Wiederholt argumentierte er, dass Anglo-Persian die natürliche Verlängerung der britischen Strategie und Politik sei und insofern einen wichtigen nationalen Wert darstelle.[21]

Admiral Fisher mochte in Pension gegangen sein, aber sein Einfluss bei der Admiralität war noch immer sehr groß. Greenways Ideen beeindruckten ihn, und im Mai 1914 wurde ein Vertrag mit der britischen Regierung geschlossen. Weite Teile von Greenways voreingenommener Rhetorik fanden sich in der Rede wieder, die Churchill am 17. Juni 1914 vor dem Parlament hielt. In der Rede bat er um die Zustimmung des Parlaments für den Kauf einer Mehrheitsbeteiligung an der Anglo-Persian Oil Company. Kaufpreis: 2,2 Millionen Pfund.[22] Das Geschäft sei deshalb so wichtig, weil »wir über die gesamte Spanne dieser gewaltigen Region die Macht erhalten, Entwicklungen im Sinne von Flotteninteressen und nationalen Interessen zu regeln«.[23] Klassischer britischer Imperialismus der schlimmsten Sorte. Der Oberbegriff »nationales Interesse« deckte eine ganze Bandbreite von Sünden ab.

Churchills Rolle bestand darin, ein Geschäft über die Bühne zu bringen, das der bisherigen Philosophie vom liberalen Freihandel komplett zuwiderlief. Begleitet von Vorwürfen, Judenverfolgung zu betreiben, schleuste er den

Vorschlag erstaunlich erfolgreich und problemlos durch das Parlament. Durch seine Intervention wurde der Kauf persischen Öls in eine Marineuniform gehüllt und im Red Ensign eingewickelt, der Flagge der britischen Handelsmarine, und auf diese Weise wurde die Aufmerksamkeit auf die Flotte gelenkt, auf den Ölpreis, auf die Manipulationsversuche gieriger multinationaler Ölkonzerne und auf die Rivalität mit Deutschland. Es wurde an alten Fanatismus und neu entdeckte Ängste appelliert. Sir Marcus und seinen Kollegen bei Royal Dutch/Shell dürfte angesichts des Spotts und der Falschaussagen Churchills der Blutdruck in die Höhe geschnellt sein[24], aber an den Absichten der Regierung änderte das nichts.

Rasch und effektiv wurde der Union Jack im Persischen Golf gehisst. Etwa 7 Wochen vor Ausbruch des Krieges erwarb die Regierung eine 51-prozentige Beteiligung an der Anglo-Persian Oil Company und änderte auf einen Schlag die geltenden Regeln. Hinter dem Anspruch auf persisches Öl stand nunmehr nicht irgendeine Firma, sondern die geballte Macht der britischen Regierung. Der Vorschlag wurde dem Parlament 11 Tage vor dem Attentat auf Erzherzog Franz Ferdinand in Sarajevo vorgelegt. Oppositionsführer Ramsay MacDonald von der Labour-Partei warnte, der Vertrag sei »in seiner Signifikanz deutlich politischer als wirtschaftlich«, und fügte mit erstaunlicher Weitsicht hinzu: »In der Vergangenheit hatten kommerzielle Konzessionen – vor allem dann, wenn Regierungsgelder involviert waren – die unglückselige Neigung, sich zu territorialen Übernahmen zu wandeln.«[25]

Sechs Tage nach der Kriegserklärung segnete der britische König das Gesetz ab.[26] Der Geheimen Elite war ein meisterlicher Schachzug geglückt, bei diesem »Spiel um die Beherrschung der Welt«, wie Lord Curzon, eine der zentralen Figuren des Geheimbunds, es formulierte.[27] Das Foreign Office hatte im Grunde in der Nachbarschaft von Ägypten und dem Sudan und auf dem Weg nach Indien ein neues Protektorat erschaffen – ohne die Zustimmung irgendeiner anderen Regierung einzuholen und auf eine Art und Weise, die es London erlaubte, jedwede böse Absicht vehement zu bestreiten. Und alles hatte damit begonnen, dass sich D'Arcy durch ein Schmiergeld eine Konzession des Schahs von Persien sicherte.[28]

Sobald das Geschäft mit Anglo-Persian in trockenen Tüchern war, kontaktierte Churchill Henry Deterding bei Royal Dutch/Shell. Es ging darum, eine neue Vereinbarung auszuhandeln. Erst hatte Churchill öffentlich ihren Ruf ramponiert, nun sicherte er sich still und heimlich ihr Öl. Deterding versprach, es solle Großbritannien »im Falle eines Kriegs nicht an Öl oder Tankern mangeln«.[29] Sir Edward Grey mochte es bestreiten, aber hier ging es in erster Linie nicht um die Verfügbarkeit oder den Preis von Öl, es ging um ein strategisch wichtiges Stück Land im Nahen Osten. Hinter dieser Entscheidung steckte nicht allein die Admiralität, deren technische Zwänge es verlangten, dass Deutschland im Flottenwettrennen niemals die Oberhand bekommen durfte, sondern wichtiger noch das Foreign Office. Das Geschäft sicherte die Zukunft von Anglo-Persian als »britischem« Mineralölunternehmen, und es signalisierte, dass diese Region nun mitten im britischen Machtbereich lag.

Und woher kam das Geld für den Aktienkauf? Im Marinehaushalt war es nicht vorgesehen, insofern konnte rein formal die Admiralität nicht zur Kasse gebeten werden. Erstaunlicherweise stellte der Finanzminister die Summe bereit, ohne dafür zusätzliche Mittel aufnehmen zu müssen.[30] Erstaunlich, dass ein derart großer Betrag – nach heutigem Wert immerhin rund 189 Millionen Pfund[31] – gerade einfach so herumlag. Finanzministerium, Admiralität und Außenministerium steckten natürlich unter einer Decke. In einem Monat, in dem sich die innenpolitische Lage rasch einem Siedepunkt näherte, erwarb ein Kabinettstriumvirat der Geheimen Elite im Namen der Nation den Anspruch auf ein kleines Stück Land in Persien, ohne dass im Parlament groß darüber debattiert wurde. Auf diesem Stück Land gab es Öl, und die Navy brauchte Öl. Das war die öffentliche Haltung. Auf den Korridoren des Außenministeriums wurde das Öl zu einem Instrument der nationalen Außenpolitik. Die Regierung erhielt auf diese Weise Anspruch auf ein Stück Persien.

Und so zementierte Großbritannien unmittelbar vor Kriegsausbruch seinen Status als Besitzer einer Ölquelle von möglicherweise unschätzbarem Wert für die Zukunft. Deutschland war größtenteils abhängig von Monopolen, die es nicht brechen konnte. Für Großbritannien hingegen war es relativ einfach, Öl aus Amerika, Mexiko, Trinidad, Borneo, Rumänien und anderen

Ländern zu kaufen und sich per Schiff liefern zu lassen und auf diese Weise der Royal Navy den Nachschub zu gewährleisten. Es bestand also keine Dringlichkeit, keine unmittelbare Notwendigkeit, selbst in Kriegszeiten die Ölversorgung der Navy schützen zu müssen. Das Geschäft, das da im Eiltempo durchs britische Parlament gepeitscht wurde, zielte ganz klar auf künftige Vorhaben ab. Es würde noch dauern, bis Anglo-Persians Ölfeld wirtschaftlich arbeitete, und die Resultate waren auf lange Sicht eher ermutigend.[32] Wichtiger jedoch war: Während sich Großbritannien mit Deutschland auf einen Kampf der Titanen einließ, hatte es Anspruch angemeldet auf die noch zum zerfallenden Osmanischen Reich gehörende Region am Persischen Golf.

Selbst wenn ausschließlich wirtschaftliche Aspekte die britische Regierung bewogen hätten, die Aktienmehrheit an Anglo-Persian zu erwerben, wäre es ausschließlich darum gegangen, die Ölversorgung der Navy zu gewährleisten. Diese Überlegung wirft eine ganz andere Frage auf: Die Politik und die strategischen Planer wussten doch, welch zentrale Bedeutung dem Öl in Kriegszeiten zukommen würde. Wieso haben sich die Alliierten nicht gleich zu Kriegsbeginn bemüht, Deutschland und den Mittelmächten den Zugang zum Öl zu blockieren? Niemand vermag zu behaupten, die britische Regierung habe von dem Thema nichts gewusst. Churchill sprach vor dem Unterhaus über die Folgen eines derartigen Embargos: »Wenn [der Feind] imstande wäre, Ölschiffe zu stoppen und seine Doktrin der Konterbande umzusetzen, dann könnte er auch die Getreideschiffe, die Fleischschiffe und die Schiffe, die Baumwolle und alle anderen Arten von Rohstoffen in unser Land bringen, stoppen. Natürlich könnte er auf diese Art und Weise den Krieg sehr rasch zu einem Ende bringen.«[33] Churchill lag100-prozentig richtig, insofern gilt: Hätte Großbritannien Deutschland mit Kriegsausbruch den Zugang zum Öl und anderen Rohstoffen versagt, hätten der Konflikt ein sehr rasches Ende gefunden.

Und wir wollen einen anderen Punkt nicht vergessen, den Churchill völlig richtig darstellte: Es war eine vergleichsweise kleine Gruppe sehr mächtiger Ölkonzerne, die die globalen Ölvorkommen kontrollierte. Das waren in erster Linie Standard Oil (USA) und Royal Dutch/Shell (niederländisch-britisch), dahinter folgten mit deutlichem Abstand Mexican Eagle (britisch) und das junge Unternehmen Anglo-Persian Oil (britisch). Deutschland konnte über die Aktienpakete der deutschen Bank einigen Einfluss ausüben, aber der Großteil der Beteiligungen an rumänischem und russischem Öl lag in den Händen der Rothschild-Dynastie, und diese Anteile waren 1914 unter dem Dach von Royal Dutch/Shell gebündelt worden.[34] Nachdem sich die Dinge an der Westfront festgefahren hatten und klar war, dass der Krieg länger dauern würde, als es die meisten Beobachter erwartet hatten, hätte die Lage für das Deutsche Reich eigentlich desaströs werden müssen, zu groß war der Würgegriff, in den das feindliche Lager den Ölmarkt genommen hatte. Doch es kam anders.

Warum hat die britische Regierung zu Kriegsbeginn die international tätigen Mineralölunternehmen mit Sitz in Großbritannien nicht gezwungen, Deutschland nicht länger zu beliefern? Das hätte Firmen wie die der Rothschilds oder die von Marcus Samuel betroffen. Als Entschuldigung lässt sich nicht behaupten, die Regierung habe die Lage schlecht eingeschätzt. Sie hatte im Vorfeld des Kriegs einen sehr gründlichen Blick auf die Ölbranche geworfen, sodass man in den zentralen Ministerien und im Kabinett sehr wohl um die präzise Natur und Struktur der globalen Ölindustrie wusste.[35]

Churchill fasste die Lage 1 Jahr vor Kriegsbeginn vor dem Parlament wie folgt zusammen: »Unsere Macht, in Zeiten eines Kriegs zusätzlichen Nachschub an Ölbrennstoff zu erlangen, hängt davon ab, dass wir die Meere beherrschen.« Er sprach von »zwei gigantischen Unternehmen … in der Neuen Welt ist das Standard Oil, in der alten Welt deckt die große Kombination aus Shell und Royal Dutch mit all ihren Tochterfirmen und Nebenbranchen praktisch alles ab und hat sogar ihre Fühler Richtung Neue Welt ausgestreckt.«[36] Die britische Regierung hatte die weltweiten Ölbestände sehr detailliert erfasst, um in den Genuss einer zuverlässigen Versorgung zu kommen. London wusste exakt, wo das Öl war, wer es besaß und wie Deutschland an diesen wertvollen Rohstoff heran kam.

Mit Kriegsausbruch hätte Deutschland eigentlich von Amerika kein Öl mehr direkt beziehen können dürfen, doch Öl stand zunächst nicht auf der Liste der Konterbande, insofern konnte Deutschland weiterhin völlig legal Öl aus den USA und anderen neutralen Ländern importieren. Eigentlich hätte sich dieser Zustand im November 1914 ändern sollen, als das britische Unterhaus in Kenntnis gesetzt wurde, dass »die Regierung Seiner Majestät zuverlässige Informationen erhalten hat, wonach sämtliches Öl, Kupfer und gewisse andere Substanzen, die nach Deutschland oder Österreich importiert werden, ausschließlich für kriegsartige Zwecke zur Verwendung kommen«. Weiter heißt es, die Regierung »erachte sich aus diesem Grunde als berechtigt, diese Gegenstände auf die Liste der absoluten Konterbande zu setzen. Es werden sämtliche Anstrengungen unternommen zu gewährleisten, dass für neutrale Länder gedachtes Öl und Kupfer davon nicht in Mitleidenschaft gezogen werden«.[37]

Das waren die Worte von Premierminister Asquith, und wir wollen sie noch einmal näher betrachten. Seine Regierung behauptet also, dass alles Öl, das nach Deutschland gelangt, »ausschließlich für kriegsartige Zwecke zur Verwendung kommt«. Und trotzdem erklärt die Regierung dem Parlament, dass Öllieferungen an neutrale Staaten dadurch nicht eingeschränkt werden sollen. Ein klassischer Fall von »das eine sagen, das andere meinen«. Die Regierung wusste nämlich sehr wohl, dass ein Großteil des Öls und der anderen Waren, die man trotz Seeblockade in neutrale Häfen in Skandinavien durchließ, letztlich weiter nach Deutschland verschifft wurde. Öl auf die Liste der absoluten Konterbande zu setzen, war eine Nebelkerze, dieser Schritt änderte nicht das Geringste. Deutschland konnte weiterhin Öl in großen Mengen von seinen Nachbarstaaten beziehen.

Und die Verlockung war gewaltig. 1915 bot Deutschland 1800 Mark für das Fass Öl, das entsprach 90 Pfund. Im benachbarten Dänemark kostete ein Fass Öl 125 Kronen, was etwa 7 Pfund entsprach. Schmiermittel waren in Deutschland seit jeher knapp, aber ganz besonders schlimm wurde die Situation 1915 und 1916.[38] In seinem Kriegstagebuch schrieb James W. Gerard, der US-Botschafter in Berlin, im Dezember 1915: »Die möglicherweise größte Not in Deutschland herrscht bei Schmieröl für Maschinen.«[39] Der stellvertretende Generalstabschef Erich Ludendorff schrieb später: »Österreich konnte uns nicht mit Öl versorgen, und all unsere Anstrengungen, die Produktion zu erhöhen, blieben fruchtlos, insofern war rumänisches Öl von zentraler Bedeutung für uns. Aber selbst mit den rumänischen Öllieferungen blieb die Frage der Ölversorgung weiterhin sehr ernst und bereitete uns große Schwierigkeiten – nicht nur für die militärischen Anstrengungen, sondern für das Leben des Landes.«[40]

Hier sollten zwei Punkte bedacht werden. Wieder einmal räumt das deutsche Oberkommando ein, dass der Krieg ohne Öl nicht hätte fortgeführt werden können. Und General Ludendorff hielt das rumänische Öl für kriegsentscheidend. Wem aber gehörten diese rumänischen Ölfelder »von zentraler Bedeutung«? Internationalen Konzernen mit engen Verbindungen zur Geheimen Elite.

Dass Deutschland über Skandinavien amerikanisches Öl importierte, wussten die britischen Behörden schon in einem sehr frühen Stadium des Krieges. Konteradmiral Consett sandte aus seinem Büro in Kopenhagen wiederholt detaillierte und dringliche Alarmmeldungen an die Admiralität, aber es geschah nichts. Die Verstöße gegen die Konterbande-Bestimmungen nahmen ein solches Ausmaß an, dass es der reinste Skandal war. In Kopenhagen lagen deutsche Schiffe ganz offen neben Tankern aus Amerika und luden das Öl um. Bis zum letzten Tropfen ging die komplette Ladung nach Deutschland. Ein ähnliches Bild bot sich in Schweden, wo man jedwede Öllieferung, die via Stockholm importiert wurde, weiter nach Deutschland exportierte.[41] Die Amerikaner und Skandinavier strichen gewaltige Gewinne ein, aber welchen Nutzen hatte die britische Regierung davon, beide Augen zuzudrücken?

Zusammenfassung

- Bei den Bestrebungen, Großbritanniens Ölversorgung zu sichern, arbeiteten politische, finanzielle, wirtschaftliche, strategische und imperiale Interessen Hand in Hand. Schon im ersten Jahrzehnt des 20. Jahrhunderts waren diese Bestrebungen voll im Gange, fanden aber wenig öffentliche Beachtung.
- In Russland, Ägypten, Venezuela und Trinidad schluckte Royal Dutch/Shell reihenweise Wettbewerber.

- Geologen hatten erkannt, dass der Persische Golf eine sehr vielversprechende Region für Probebohrungen war, doch es gab ein Problem: Die betreffenden Areale gehörten entweder den Osmanen oder den Persern.
- Die britische Regierung und speziell das Foreign Office machten sich auf die Suche nach britischen Geschäftsleuten, die geeignet waren, potenzielle Ölfelder zu übernehmen.
- William Knox D'Arcy erklärte sich bereit, die britischen Interessen in Persien zu vertreten, aber 1908 gab er auf und übertrug seine Aktien der Burmah Oil Company. 1909 übernahm Lord Strathcona, ein in Schottland geborener kanadischer Unternehmer und Philanthrop, das Ruder bei dem Unternehmen, das mittlerweile als Anglo-Persian Oil Company firmierte.
- Kurz darauf wurden zwei überaus rentable Ölquellen entdeckt. In Persien begann das Ölzeitalter.
- Gemeinsam peitschten Admiralität und Foreign Office ein Gesetz durchs Parlament: Sieben Wochen vor Kriegsbeginn erwarb der britische Staat 51 Prozent der Anteile an Anglo-Persian.
- 6 Tage, nachdem der Krieg begonnen hatte, unterschrieb König Georg V. das Gesetz. Damit hatte Großbritannien seine Flagge auf persischem Boden gehisst.
- Die Kontrolle über das Öl und die Besitzrechte lagen in den Händen einiger weniger, dafür sehr mächtiger Unternehmen. Da stellt sich die Frage: Warum hat die britische Regierung nicht von den britischen Konzernen gefordert, Deutschland nicht länger mit Öl zu beliefern?
- Admiralität und Außenministerium wussten, dass Deutschland über Skandinavien amerikanisches Öl importierte. Doch obwohl Öl zu Konterbande erklärt wurde, unternahmen sie nichts, um dem Handel einen Riegel vorzuschieben.

Deutsches U-Boot in Baltimore, 1916

Kapitel 23

Öl
Der Krieg muss weitergehen

Die Regierungen der Entente-Staaten mochten noch so vehement behaupten, sie würden doch alles unternehmen, um zu verhindern, dass das Deutsche Reich mit Öl versorgt werde, aber ihr Tun zog die Anstrengungen, die die Royal Navy in den gefährlichen Gewässern der Nordsee unternahm, ins Lächerliche.[1] Nachdem deutsche U-Boote amerikanische Schiffe versenkt hatten, brach auf beiden Seiten des Atlantiks ein Sturm der Entrüstung los,[2] aber das hielt amerikanische Unternehmen nicht davon ab, den Deutschen genau den Treibstoff zu liefern, den diese zum Betrieb ihrer Unterseeboote benötigten. Und das war längst nicht alles, was sie lieferten.

Am 9. Juli 1916 erreichte das große deutsche Handels-U-Boot *Deutschland* den Hafen von Baltimore, nachdem es 16 Tage zuvor in Bremerhaven abgelegt hatte. Seine Ankunft wurde mit Sirenen begrüßt, der Bürgermeister der Stadt lud zu einem offiziellen Festmahl.[3] Ihre Fracht – chemische Bleichen, Edelsteine und medizinische Produkte – wurde gelöscht, und als das Schiff am 2. August wieder in Richtung Heimat aufbrach, hatte die *Deutschland* 341 Tonnen Nickel (sehr wichtig für die Waffenproduktion, weil man damit Stahl härtet) an Bord sowie 93 Tonnen Zinn und 348 Tonnen Gummi. Im November 1916 steuerte die *Deutschland* Connecticut an und machte sich mit einer Ladung auf dem Heimweg, zu der 6,5 Tonnen Silberbarren gehörten.[4] Amerika belieferte Deutschland jedoch nicht nur mit Öl und notwendigen Rohstoffen zur

Herstellung schwerer Waffen, die Amerikaner halfen den Deutschen auch, ihre Kriegsanstrengungen zu finanzieren. Was für eine atemberaubende Scheinheiligkeit: Der amerikanische Präsident rief Europa dringend auf, Frieden zu schließen, *gleichzeitig ermöglichte es amerikanisches Geld den kriegführenden Parteien auf beiden Seiten, den Kampf fortzuführen!*

Aber Amerika war keineswegs das einzige Land, das ein derart heuchlerisches Spiel trieb. Großbritannien ließ trotz Blockade vorsätzlich Ladungen mit Silber, Nickel, Zinn und Gummi sowie dringend benötigte Lebensmittel passieren. Ebenso versorgten Firmen, die in britischer Hand waren, Deutschland während der ersten beiden Kriegsjahre mit Öl. Handelsminister Walter Runciman wurde im Juli 1916 im britischen Unterhaus gefragt: »Kann er herausfinden, welche Verkäufe und Lieferungen […] von Petroleum, Benzin, Kerosin oder anderen Petroleumprodukten an feindliche Staaten vorgenommen wurden […], und welche Firmen, die unter der Kontrolle der Shell Trading & Transport Company oder einer ihrer anderen assoziierten Unternehmungen stehen, dies außer der Astra Română Company getan haben?« Runciman antwortete nicht persönlich, er entsandte seinen Stellvertreter Lewis Harcourt, seit Langem der Geheimen Elite[5] nahestehend. Seine Antwort fiel entsprechend kryptisch aus: »Ich habe keinerlei Grund zu der Annahme, dass derartige Verkäufe oder Lieferungen von Petroleumprodukten vorgenommen wurden, und Shell Transport & Trading informiert mich, dass sie nichts Derartiges getan haben.«[6]

Gestellt worden war die Frage von Major Rowland Hunt, und ihm war sehr wohl bewusst, dass vom Feld Astra Română, das dem britischen Unternehmen gehörte, Öl an Deutschland verkauft wurde. Tatsächlich wollte er nicht wissen, *ob* das Unternehmen Öl an die Deutschen verkaufte, sondern *wie viel.* Es ist erstaunlich, wie süffisant die Antwort ausfiel. Als Sprecher der Regierung erklärte Harcourt, er »habe keinen Grund zu der Annahme, dass derartige Verkäufe oder Lieferungen« stattgefunden hätten. Shell behauptete also, man habe nichts dergleichen getan, und damit war die Angelegenheit erledigt. Keine weitere Diskussion, keine unabhängige Ermittlung zu diesem brisanten Thema. Ein multinationaler Konzern vervielfachte seine Gewinne, indem er den Feind belieferte, und die Regierung nahm das Wort des Unternehmens (scheinbar) für bare Münze.

Natürlich steckte nicht Naivität dahinter, sondern es ging wieder einmal um Vertuschung. Ölkonzerne, an denen auch britische Aktionäre beteiligt waren, zogen den Krieg vorsätzlich in die Länge, indem sie den Feind belieferten – und sie machten dabei gemeinsame Sache mit den höchsten Ebenen der Macht in Großbritannien.

Britische Marineoffiziere und Seeleute hatten zwischen 1914 und 1916 Kopf und Kragen riskiert, um im Zuge der Seeblockade zu verhindern, dass amerikanisches Öl nach Deutschland gelangt. Wütend erlebten sie mit, wie gesichtslose Männer aus der britischen Regierung anordneten, die Schiffe ihre Reise fortsetzen zu lassen.

Die Mengen an Öl, die unerklärlicherweise die Seeblockade passieren durften, halfen Deutschland zweifelsfrei, aber der Großteil der Lieferungen kam aus Rumänien über die Donau. Während der ersten beiden Kriegsjahre blieb Rumänien neutral, insofern stand es der Regierung in Bukarest nach internationalem Recht frei, jeden zu beliefern, den sie beliefern wollte. Doch die Ölfelder gehörten weder der rumänischen Regierung noch dem britischen Volk – sie gehörten Personen aus dem engen Umfeld der Geheimen Elite. Rumäniens Neutralität war insofern ein passender Umstand, aber letztlich ohne Bedeutung.

Hätten die Rothschilds und Rockefellers je die Absicht gehabt, die rumänischen Ölfelder zu schließen und Deutschlands einzige wichtige Versorgerquelle zum Versiegen zu bringen, dann wäre es auch so gekommen. Royal Dutch/Shell hätte mit Fug und Recht behaupten können, britisch zu sein, stattdessen spielte das Unternehmen die Hollandkarte und erklärte sich neutral. Rockefellers Standard Oil zog mit Verweis auf seine österreichischen Verbindungen nach. Französische Banken kontrollierten das Feld Aquila Franco-Română, und die Rothschild-Banken und -Firmen, die sich an der Pariser Rue Lafitte niedergelassen hatten, belieferten den Kaiser mit Öl aus ihren Beständen. Die Deutsche Bank mochte beträchtliche Anteile am rumänischen Steaua-Feld halten, aber sie war nur Aktionär, ihr gehörten keine kompletten Felder. Natürlich hätte eine Schließung der Felder die Investoren und die Banken um viel Gewinn gebracht, andererseits verdienten sie bereits prächtig dadurch, dass sie die Alliierten belieferten. Es gab niemals einen abgestimmten Versuch, die Verbindung Deutschlands zum rumänischen Öl zu kappen. Im Gegenteil: Auf geheimnisvolle Weise wurden Hürden aus dem Weg geräumt, und tausende Lastkähne schipperten unablässig und ungehindert mit deutschem Öl an Bord die Donau auf und ab. Im britischen Parlament wurden die kritischen Stimmen in dieser Angelegenheit immer lauter, und der Druck auf die Regierung von Asquith, endlich etwas zu unternehmen, nahm zu.[7]

Bis 1916 machte die mechanische Kriegsführung schnelle und gewaltige Fortschritte. Entsprechend gewann die ausreichende Belieferung mit Öl für das Überleben Deutschlands immer mehr an Bedeutung.[8] Ohne Öl war die Niederlage unvermeidbar. Was für ein Glücksfall für die Kriegstreiber und Ölbarone, dass es der Entente im August 1916 gelang, Rumänien zur Teilnahme am Krieg zu bewegen. Als Mohrrübe diente das Versprechen, Rumänien werde nach dem endgültigen Sieg ein schönes Stück ungarisches Territorium abbekommen.[9] Auf den ersten Blick mag es wie ein genialer Schachzug gewirkt haben: Die Alliierten erhielten Verstärkung, und der Druck auf die Westfront wurde gelindert. Zusätzlicher Nutzen: Nachdem Rumänien Deutschland und Österreich den Krieg erklärt hatte, würden die Öl- und Getreidelieferungen an die nun mehr zu den Feinden zählenden Staaten aufhören. Ein Kriegsende in den nächsten Monaten schien in greifbare Nähe zu rücken … doch das war nie der Gedanke hinter diesem Vorgehen gewesen.

Rasch fegte die 650 000 Mann starke rumänische Armee mit 23 Divisionen die Truppen Österreich-Ungarns aus Transsilvanien, doch dann mischten sich deutsche Truppen unter General Erich von Falkenhayn in die Kämpfe ein und überrannten die Rumänen.[10] An Weihnachten 1916 hatte das deutsche Heer weite Teile des Landes erobert und Bukarest eingenommen. Bevor die Truppen die Hauptstadt erreichten, sicherten sie die Ölfelder in Ploieşti. Dieselben Ölquellen und dieselben Getreidefelder, die Deutschlands Bedarf zwischen 1914 und 1916 in großen Teilen gedeckt hatten, dienten nun dazu, die deutschen Kriegsanstrengungen am Laufen zu halten. Es war eine Katastrophe, oder wie Lloyd George es formulierte: »Ein Schnitzer völlig unerklärlicher Art.«[11]

»Unerklärlich«? Nicht im Mindesten. Die Alliierten hatten gewusst, dass die rumänische Armee weder über schwere Artillerie noch über ausreichend Munition verfügte. Lloyd George ging sogar so weit zu schreiben: »Unsere

Militärberater müssen doch gewusst haben, dass die Rumänen, sollten die Deutschen beschließen, den Angriff auf Verdun abzubrechen und ein paar ihrer Reservedivisionen nach Rumänien zu entsenden, einem solchen Angriff nicht im Mindesten gewachsen wären.«[12]

Angeblich habe niemand über die Möglichkeit nachgedacht, dass Deutschland angesichts der Gefahr, den Zugang zu wichtigen Ressourcen zu verlieren, nicht untätig bleiben, sondern reagieren würde. Für Rumänien bestimmte Munitionslieferungen aus Westeuropa wurden auf dem Gebiet der russischen Eisenbahn vorsätzlich auf Nebenstrecken umgeleitet.[13] Erst nachdem Rumänien dem deutschen Vormarsch fast überhaupt nichts mehr entgegenzusetzen hatte, »improvisierten die Alliierten in aller Eile Expeditionen, um [Rumänien] vor seinem Untergang zu retten«.[14] Sollte Deutschland Rumänien erobern, würden, so Lloyd George, die arg geleerten Vorräte der Deutschen mit großen Mengen an Öl und Getreide gefüllt werden, und die Mittelmächte wären in diesen beiden Punkten von jeglichen Sorgen befreit. Und dennoch erachtete es offenbar niemand als seine Verantwortung, einen Plan auszuarbeiten, der »eine mögliche Katastrophe der ersten Größenordnung von ihrer Sache abwenden könnte«.[15]

Niemand will darüber nachgedacht zu haben? Wie wahrscheinlich ist das? Tatsächlich überließ man Rumänien seinem Schicksal, opferte das Land vorsätzlich. Warum sollte jemand eine Strategie absegnen, die es dem Feind erlaubte, den Kampf fortzusetzen – es sei denn, dies war von vornherein die Intention? Und das aus der Feder von Lloyd George. Unter dem Deckmantel alliierter Inkompetenz und Versäumnisse konnten die Ölunternehmen Deutschland also auch weiterhin mit Öl versorgen, ohne dass man sich deswegen lästigen Fragen allzu neugieriger Parlamentarier ausgesetzt sah.

In Großbritannien wurde die Geschichte in Umlauf gebracht, die rumänischen Ölfelder seien komplett zerstört worden.[16] Und die Getreidelager habe man unbrauchbar gemacht, sodass die Mittelmächte nur wenig von einer Kapitulation Rumäniens zu gewinnen hatten. Eine fantastische Story, der Stoff, aus dem Legenden sind.[17] Den Zeitungsberichten zufolge habe der britische Oberstleutnant und Parlamentarier Norton Griffiths ganz alleine die – sich über mehrere Hundert Quadratkilometer erstreckenden – Ölfelder nur wenige Minuten vor dem Eintreffen der deutschen Truppen zerstört.

Angeblich habe er dabei nicht nur die Ölquellen, sondern auch 70 Raffinerien und 800 000 Tonnen Rohöl vernichtet.[18] Dermaßen gewaltig sei die Zerstörung gewesen, dass noch im 60 Kilometer entfernten Bukarest Rauchwolken den Himmel bedeckten. Das klingt, als habe sich Indiana Jones mit der gesamten deutschen Armee angelegt und ihren teuflischen Griff nach dem rumänischen Öl vereitelt.

Tatsächlich war Norton Griffiths leider nur eine hausgemachte Legende, deren Heldentaten der eigenen Fantasie entsprangen. Für die Propagandamaschinerie indes war es ein gefundenes Fressen, wenngleich der Großteil Rumäniens mit all seinem Öl und all seinem Getreide »unter dem Stiefelabsatz des Invasoren« lag.[19]

Die Produktion nahm einigen Schaden, und es gab auch Störungen, aber bis zum Kriegsende flossen über 1 Million Tonnen Öl aus den Feldern von Ploieşti an die Mittelmächte und insbesondere an Deutschland. Ohne diesen Nachschub wäre der deutsche Kriegsapparat völlig zum Stillstand gekommen. Das ist keine bloße Theorie, denn nachdem Bulgarien am 3. Oktober 1918 zusammenbrach, stellte sich das deutsche Oberkommando die Frage: »Sollte Rumänien heute wegfallen, wie lange könnten wir mit unserem Petroleum durchhalten? Wird uns der Wegfall Rumäniens dazu zwingen, die Feindseligkeiten unmittelbar einzustellen?« Die nackte Wahrheit: »Die Luftwaffe kann volle Einsatzbereitschaft für rund 2 Monate aufrechterhalten (einen Monat an der Front, einen in der Heimat). Dann wird sie auf halben Dienst umstellen müssen. Schmieröl ist für 6 Monate vorrätig, dann werden sämtliche Maschinen zum Stillstand kommen ... die Leuchtölbranche [gemeint ist die Bereitstellung von Petroleum für die Zivilbevölkerung und die Landwirtschaft] wird innerhalb von 1 bis 2 Monaten zusammenbrechen ...«[20]

In Anwesenheit des Reichskanzlers erklärte der deutsche Kriegsminister am 1. Oktober 1918, Deutschland werde den Kampf nur noch anderthalb Monate fortsetzen können, sollte Rumänien nicht mehr zur Verfügung stehen. In seinen Memoiren schrieb David Lloyd George, hätten die Alliierten 1915, »wie wir es hätten tun sollen«, den Balkan gesichert und damit die Kontrolle über das rumänische Öl übernommen, »hätte das Fehlen des Ölnachschubs den Krieg um mindestens 2 Jahre verkürzt«.[21] Machen wir uns nichts vor: Die Deutschen wussten, dass ohne Zugang zu rumänischem Öl der Krieg binnen 6 Wochen vorüber gewesen wäre. Lloyd George räumte später ein, der Krieg wäre 1916 beendet gewesen. Im Rückblick ist man immer schlauer, aber wenn die britische Regierung – wovon man felsenfest ausgehen muss – dieses Wissen bereits besaß, bevor der Krieg überhaupt erklärt wurde, warum wurden dann 1914/15 keine Schritte eingeleitet, Deutschland vom Nachschub abzuschneiden?

Nein, Royal Dutch/Shell und alle anderen alliierten Unternehmen lieferten weiterhin Öl, auch Standard Oil, nachdem Amerika 1917 in den Krieg eingetreten war. Geld kennt keine Loyalität, es ist die Maßeinheit für Gier. Die Ölkonzerne häuften während des Kriegs gewaltige Reichtümer an und dienten allen Herren, die den geforderten Preis zu zahlen bereit waren. Das konsolidierte Umlaufvermögen, das Anglo-Persian meldete, wuchs zwischen 1914 und 1919 von 226 297 Pfund auf 4 352 083 Pfund, eine Steigerung um das etwa 18-fache.[22] Das Geschäftsergebnis des Konzerns legte von 62 258 Pfund (1914/15) auf 2 651 913 Pfund (1918/19) zu, um etwas mehr als das 40-fache also. Das ermöglichte eine Kapitalrendite von 30,1 Prozent pro Jahr und eine Dividende von 10 Prozent.[23]

Genauso atemberaubend sind die Zahlen bei Royal Dutch/Shell. Nach Kriegsende verkündete Sir Marcus Samuel bei der Aktionärsversammlung in London, die Barreserven beliefen sich auf 24 Millionen Pfund und die Tonnage der Shell-Flotte sei von 255 965 Tonnen vor Kriegsausbruch bis 1919 auf 263 746 Tonnen gestiegen. Dabei hätten die Anleger eigentlich mit einem deutlichen Rückgang rechnen müssen, berücksichtigt man die Gefährdung durch U-Boote. Auch die Dividenden waren fantastisch. »Obwohl die rumänischen und preußischen [in Galizien liegenden] Ölfelder während des Kriegs abgeschnitten waren, schüttete das Unternehmen Shell weiterhin hohe Dividenden aus.«[24]

In Wahrheit waren die rumänischen Ölfelder niemals von Deutschland »abgeschnitten«. Die Auszahlungen beliefen sich zwischen 1913 und 1918 auf 35 Prozent jährlich. 1918 wurde eine Aktiendividende in Höhe von 60 Prozent ausgeschüttet. Bankiers, die 1919 an einer Aktienausgabe an der Wall Street interessiert waren, versicherten Sir Marcus, dass das Unternehmen mit weiteren Gewinnsteigerungen rechne, jetzt wo in Großbritannien die Übergewinnsteuer von 80 auf 40 Prozent gesenkt worden war.[25] Wer Aktien besaß, konnte wahrlich gigantische Dividenden erzielen – aber zu welchem Preis für die Männer in den Schützengräben oder auf hoher See?

Hätte man den Mittelmächten 1914 den Zugang zum Öl blockiert, wären die Dinge komplett anders verlaufen. Die Führungsriege der großen Ölmonopolisten, der Treuhandgesellschaften und der Handelsbanken stand den Männern in der Regierung sehr nahe und bewegte sich auf den höchsten Ebenen der Macht. Die Rothschilds in London und Paris traten als Agenten für die Kredite der Entente auf, Marcus Samuel und Henry Deterding von Royal Dutch/Shell trafen sich mit dem britischen Außenminister Sir Edward Grey, mit Winston Churchill und ranghohen Kabinettsministern. Rockefeller und J. P. Morgan hatten jederzeit Zugang zu Edward Mandell House und Präsident Woodrow Wilson.

Die Welt der Politik, die Welt der Finanzen und die Welt der Wirtschaft zogen an einem Strang. Warum aber haben sie nicht entschlossen gehandelt und Deutschland und den Mittelmächten den Zugang zum Öl gesperrt? Reicht Gier hier als Antwort aus? Nein. Der Geheimen Elite ging es darum, Deutschland durch einen langwierigen und zermürbenden Krieg völlig zu vernichten. Ein simpler Sieg, der die Vormachtstellung Großbritanniens nicht endgültig absicherte, lag nicht in ihrem Interesse. Dass man dabei gewaltige Gewinne einstrich, war sehr willkommen, aber nur ein netter Nebeneffekt. Es regierte der Größenwahn.

Zusammenfassung

- Unternehmen in britischem Besitz belieferten Deutschland zwischen 1914 und 1916 mit Öl in signifikanten Mengen.
- Shell Oil (Shell Trading & Transport Company) verkaufte Öl von seinem Feld Astra Română an Deutschland, erklärte aber auf

Nachfragen von Parlamentariern gegenüber der Regierung, nichts dergleichen getan zu haben.

- Die Regierung hinterfragte die Aussage dieses multinational agierenden Konzerns nicht, der die Gewinne seiner britischen Aktionäre vervielfachte.
- Die Alliierten unternahmen keinerlei gemeinsame Anstrengungen, Deutschlands Versorgung durch rumänisches Öl zu kappen.
- 1916 trat Rumänien aufseiten der Entente in den Krieg ein, wurde aber von deutschen Truppen unter dem Befehl von General Falkenhayn überwältigt.
- Für die Alliierten war das eine Katastrophe, denn das besetzte Rumänien versorgte Deutschland weiterhin mit Öl und Getreide.
- Der britische Agent und Parlamentarier Norton Griffiths will nahezu eigenhändig die rumänischen Ölfelder und 70 Raffinerien zerstört haben. Leider war Norton Griffiths vor allem in seiner eigenen Fantasie ein Held.
- Bis Kriegsende flossen 1 Million Tonnen Öl von den Ölfeldern bei Ploieşti nach Deutschland und zu Deutschlands Verbündeten.
- In seinen Memoiren räumte David Lloyd George ein, dass der Krieg 2 Jahre eher beendet worden wäre, hätten die Alliierten 1915 den Balkan unter ihre Kontrolle gebracht.
- Die Ölkonzerne scheffelten während der Kriegsjahre gewaltige Reichtümer und dienten jedem, der den geforderten Preis zu zahlen bereit war. Das konsolidierte Umlaufvermögen, das Anglo-Persian meldete, wuchs zwischen 1914 und 1919 von 226 297 Pfund auf 4 352 083 Pfund, eine Steigerung um das etwa 18-Fache.
- Ähnlich profitabel entwickelte sich Royal Dutch/Shell. Nach Kriegsende beliefen sich die Barreserven auf 24 Millionen Pfund, und die Tonnage der Shell-Flotte war von 255 965 Tonnen vor Kriegsausbruch bis 1919 auf 263 746 Tonnen gestiegen – und das trotz der Bedrohung durch deutsche U-Boote.

Lloyd George spricht zu einer Menschenmenge

Kapitel 24

Lloyd George

Für alles zu haben

Großbritanniens private Rüstungsfirmen genossen reichliche Vorteile, dennoch wurde die Versorgung mit Waffen und Munition behindert, weil bei Ausbruch der Feindseligkeiten das britische Kriegsministerium von internen Querelen, mangelnder Koordination und großem bürokratischen Verwaltungsaufwand geplagt wurde. Richard Haldanes Reformen hatten ab 1906 zum Entstehen eines kleinen, gut bewaffneten Expeditionskorps geführt, aber die Führungsebene des Heeres wurde voll und ganz von Männern der »Roberts-Akademie«[1] dominiert, und die war in der Tradition der Kavallerieregimenter aufgewachsen. Sie hatten ihre Wurzeln im Burenkrieg. 1914 standen den britischen Truppen Schätzungen zufolge etwa 2,5-mal so viele Geschosse zur Verfügung wie 1899.[2] Den Bedarf hatte man geschätzt und dabei mit der Prämisse gearbeitet, man werde während der ersten 2 Monate des Krieges vier große Schlachten von jeweils 3 Tagen Dauer schlagen müssen.[3] Bis in den August 1914 hinein regte sich keinerlei Widerspruch gegen diese These.

Während die Freiwilligen die Rekrutierungsstellen überrannten, weil sie unbedingt dabei sein wollten, wenn die Deutschen bis spätestens Weihnachten besiegt waren, hatte niemand einen echten Gedanken darauf verschwendet, dass all diese kampfwilligen jungen Männer, die sich nun in Scharen meldeten, ja auch Gewehre, Kanonen, Maschinengewehre, Mörser, Uniformen oder andere Ausrüstungsgegenstände benötigen würden. Als Kitchener 1914 seine Kampagne begann, rechnete man im Kabinett mit etwa

100 000 Freiwilligen, aber die Begeisterung der Öffentlichkeit zwang die Regierung dazu, diese Schätzung zunächst auf 500 000 und dann noch weiter nach oben zu korrigieren. An Freiwilligen herrschte kein Mangel, aber was nützte das? Selbst wenn ihre Generäle sie kompetent geführt hätten, fehlte es ihnen dennoch an Granaten, Maschinengewehren, Artillerie und Flugzeugen. Pferde gab es ausreichend. 25 000 standen 1914 zur Verfügung, bis Kriegsende kamen mehr als eine halbe Million zum Einsatz. Wenn Pferde und ihre Reiter es mit Granaten und Maschinengewehr-Enfiladen zu tun bekamen, war das Ergebnis indes unausweichlich. Die Roberts-Akademie hatte sich auf den falschen Krieg vorbereitet.

Seit Ende des Burenkriegs verfielen die Waffenlager, die sogenannten Royal Arsenals, in Woolwich, Enfield Lock und Waltham Abbey, und ein Großteil der Gerätschaften dort war in schlechtem Zustand.[4] Die privatwirtschaftlichen Munitionshersteller hatten sich größtenteils auf den Schiffsbau und Aufträge der Flotte verlegt, Vickers (Newcastle), Armstrong-Whitworth (Elswick) und die Birmingham Small Arms Company hatten in andere Maschinenbaubereiche expandiert, beispielsweise in Motorräder, Autos und Flugzeuge. Rein theoretisch bestand das Potenzial für eine Ausweitung der Produktion, aber in der Praxis verwandelten sich entsprechende Bemühungen in einen Albtraum aus Bürokratie, Traditionen, Bockbeinigkeit, Eigeninteressen und Gier.

Der Berg an Neuaufträgen zwang das Kriegsministerium in die Knie. Das Feldzeugamt hatte es bis dahin mit einem kleinen Kreis zugelassener Auftragnehmer zu tun gehabt und tat sich schwer damit, weitere Lieferanten zu akzeptieren. Nachdem jahrelang zu wenig in die Royal Arsenals investiert worden war, musste man nun der Tatsache ins Auge blicken, dass die Waffenlager für die bevorstehende Aufgabe nicht ausgestattet waren. Viele der traditionellen Lieferanten übernahmen Aufträge, von denen von vornherein klar war, dass sie den Liefertermin nicht würden einhalten können – während sie gleichzeitig gewaltige Zusatzaufträge der russischen Regierung akzeptierten. Gier ist ein mächtiger Antrieb, und diese Männer befanden sich in einer Position, die es ihnen erlaubte, die eigenen Vorteile zu maximieren. Die Rüstungsfirmen sprachen untereinander über das Risiko einer Überexpansion. Was, wenn man neue Fabriken baute, und der Krieg tatsächlich bis Weihnachten vorüber war?

Die Westfront war ein völlig neu gearteter Kriegsschauplatz. Rasch standen sich die gegnerischen Truppen dort in einer Pattsituation gegenüber. Die Sprenggranaten, die die deutschen Haubitzen mit buchstäblich durchschlagender Wirkung verfeuerten, hatten in den ursprünglichen strategischen Abwägungen der Briten keinerlei zentrale Rolle gespielt.[5] Mobilität und rasches Handeln, das war es, worauf es in den Vorkriegsplänen der »Roberts-Akademie« angekommen war. Schrapnellgeschosse waren die bevorzugten Granaten, entsprechend lag der Anteil an georderten Sprenggranaten auch nur bei etwa 30 Prozent aller bestellten Granaten. Ironischerweise hatte sich die britische Armee jahrelang gründlich auf den Krieg vorbereitet, war aber bei weitem nicht so gut aufgestellt, wie sie gedacht hatte. Im August 1914 waren sämtliche 13- und 18-Pfünder des britischen Heers ausschließlich mit Schrapnellgranaten ausgerüstet.[6]

Schlimmer noch: Bei gut gebauten Brüstungen, bei tiefen Schützengräben mit Blockhütten, bei MG-Stellungen und bei Abwehranlagen mit Stacheldraht erzielten Schrapnellgeschosse überhaupt keine Wirkung. Bereits in der ersten Septemberwoche orderte das Generalhauptquartier in Frankreich Sprenggranaten nach, aber es gab schlichtweg keine. Am 15. und am 21. September wurden erneut und dringend größere Mengen speziell dieser Geschosse angefordert. Die Armee gab an, man benötige dringend eine Umstellung: 50 Prozent der Granaten müssten Sprenggranaten sein, aber im Kriegsministerium wurden die Antragsteller behandelt wie Schuljungen, denen gerade die Nerven etwas durchgingen. Warum? Weil das Feldzeugamt der Ansicht war, »dass sich das Wesen dieser Operationen so, wie es in früheren Zeiten der Fall gewesen ist, wieder ändern könnte«.[7] Aber inwieweit war der Munitionsmangel real?

In einem zentralen Bereich herrschte niemals Knappheit, in dem der Granaten nämlich, tatsächlich bestand dort sogar dauerhaft ein Überangebot. Dennoch wurde 1915 das Fehlen von Granaten zur »nationalen Krise« hochgeschrieben, und zwar von der Northcliffe-Presse, die der Regierung Asquith schaden wollte; eine Darstellung, die Historiker und Journalisten übernahmen, ohne sie zu hinterfragen. In Wahrheit gab es reichlich Granaten – allerdings für Dreadnoughts und Schlachtschiffe.[8] Die Marine beanspruchte eine Vorzugsbehandlung, was die Herstellung von Granaten und das Kordit anging, das man brauchte, um die gewaltigen Geschosse über 8 bis 14 Kilometer abfeuern zu können. Anfang 1914 beschloss die Admiralität, die Zahl der gelagerten Granaten auf Schlachtschiffen von 80 auf 100 Stück und auf Schlachtkreuzern auf 110 Stück zu steigern.

1916 führten die mit acht Geschützen bewaffneten Schlachtkreuzer 50 Prozent mehr Munition mit als eigentlich vorgesehen.[9] Churchill musste im Oktober 1914 eingestehen, dass die Marine überversorgt war, und die Anweisung ausgeben, dass 1000 Tonnen Kordit an das Heer abgetreten werden.[10] Das änderte grundsätzlich nichts daran, dass die Marine überversorgt wurde. Rüstungsunternehmen produzierten weiterhin fleißig Granaten schweren Kalibers, obwohl es nur sehr wenige Seegefechte gab, bei denen diese Munition hätte zum Einsatz kommen können. Bei den Konzernen aus der Privatwirtschaft genoss die Marine weiterhin Vorrang vor dem Heer, und während an der Westfront Mangelzustände beklagt wurden, waren die Bestände, auf denen die Admiralität hockte, »üppig«.[11] Es wurden also Granaten schweren Kalibers in großen Mengen produziert, aber nicht für die Landstreitkräfte. Dort war »Knappheit« zum tagtäglichen Mantra geworden.

Sprenggranaten wurden als technologisches Allheilmittel erachtet,[12] ihr Fehlen diente gerne als Grund für ein Scheitern. Gleichzeitig wurden die Granaten zu einem zentralen Teil des Problems: Sollte der einzige Ausweg aus der Pattsituation an der Westfront darin bestehen, noch mehr schwere Artillerie einzusetzen, dann würden die Mangelzustände mit jedem Abfeuern der Geschütze – und häufig wurden sie wahllos abgefeuert – nur noch schlimmer. Solange die Regierungen bereit waren, für diese »Lösung« immer mehr Geld auszugeben, konnten sich die Rüstungskonzerne über beispiellose Gewinne freuen. Kitchener hielt die Berichte von Munitionsknappheit für übertrieben, aber seine im Feld stehenden Generäle waren ganz fixiert auf diesen gottgegebenen »Grund«, dank dem sie ihr Versagen rational erklären konnten und der ihr strategisches Vorgehen rechtfertigte. Sie wollten mehr, noch mehr, immer mehr Munition.

Man steckte in einer Sackgasse. Das Kriegsministerium wollte die volle Kontrolle über die Munition behalten. Mit großem Argwohn beobachtete die Behörde Angebote amerikanischer Unternehmen und Aufträge, die Vertreter der britischen Regierung in Amerika platzierten. Genauso wenig trauten sie Dutzenden kleinerer Unternehmen im Land, die anboten, ihre Produktion auf die Herstellung von Granaten umzustellen. Kitcheners starrsinniger Generalfeldzeugmeister Sir Stanley von Donop musste alle Aufträge abnehmen, und er bestand darauf, ausschließlich mit Firmen zusammenzuarbeiten, die Erfahrungen im gefährlichen Geschäft der Waffenherstellung vorweisen konnten und deren Belegschaft qualifiziert war genug, um sicher zu produzieren.

Die Männer, welche die privaten Rüstungsfirmen, deren Versorgung, deren Herstellung und deren Preise kontrollierten, waren im Grunde eine Unterabteilung der Geheimen Elite. Um ihren Würgegriff nicht lockern zu müssen, wollten sie dem Kriegsministerium die Macht entreißen. Aber wie? Lloyd George fand einen Weg. Obwohl Kitchener protestierte, rief die Regierung im Oktober 1914 einen Kabinettsausschuss ins Leben, der sich mit der Munitionsversorgung befassen sollte. Das Kriegsministerium verlor auf diese Weise zwar nicht sofort die absolute Kontrolle, aber innerhalb von 8 Monaten sah sich Kitchener an die Seitenlinie gedrängt.

Am 13. Oktober traf sich Lloyd George in seiner Funktion als Schatzkanzler mit Vertretern von Armstrong, Vickers, den Coventry Ordnance Works und Beardmore. Was er ihnen anbot, war ein Blankoscheck. Es war unglaublich, aber wahr: Das Land hatte sich zur Geisel machen lassen. Lloyd George versprach, der britische Steuerzahler werde die Kosten für die Ausweitung der Produktionslinien übernehmen, für den Bau neuer Werke und für Investitionen in neue Gerätschaften, und zwar unabhängig davon, wie lange der Krieg andauern sollte. Lloyd George verpflichtete die Regierung dazu, für alle Verluste aufzukommen, die den Firmen oder ihren Subunternehmern entstehen sollten. Die Protokolle des Kriegsministeriums, die auf den Schutz des Staatssäckels bedacht waren, landeten im Reißwolf.

Wenig überraschend zeigte das großzügige Angebot des Staats auf wundersame Weise Wirkung. Die Händler des Todes versprachen umgehend, die Produktion auf jede nur denkbare Weise zu steigern. Statt 878 Artilleriegeschützen beispielsweise sollten nun 1606 hergestellt werden, nahezu doppelt so viele, und die Auslieferung sollte bis allerspätestens August 1915 abgeschlossen sein.[13] Diese großen Firmen, die von eigennützigen Kapitalisten geleitet wurden, die im Parlament, auf der Kanzel und in der Presse mit ihrem Patriotismus angaben, wurden praktisch vom Staat dafür subventioniert, mehr zu produzieren und sich dabei die Taschen mit unglaublichen Gewinnen vollzustopfen. Die Geheime Elite hatte einen Ausweg aus der Pattsituation gefunden. Wie viel war ihr diese Form von Patriotismus wert?

David Lloyd George entwickelte ein starkes Eigeninteresse an Munitionsfragen. Als Schatzkanzler sollte er eigentlich mit Geldangelegenheiten, dem Staatshaushalt, der Vergabe von Kriegsdarlehen und der Kreditpolitik mehr als genug zu tun haben, aber in seiner Funktion als Stimme der Geheimen Elite im Kabinett Asquith geriet er wiederholt mit Kitchener aneinander. Er mischte sich in Anweisungen des Kriegsministeriums ein, stellte dem Generalfeldzeugmeister 20 Millionen Pfund zur Verfügung und löste das Feldzeugamt praktisch aus der Kontrolle des Finanzministeriums heraus.[14] Außerdem wandte er sich Hilfe suchend an Amerika.

Das angloamerikanische Establishment schloss die Reihen hinter seinen britischen Verbündeten. Die Bankendynastie J. P. Morgans hatte beim US-Außenministerium angefragt, ob man nicht Kredite an die Entente vergeben könne, aber die Behörde hatte den Antrag zunächst abgelehnt. Am 15. Oktober 1914 erklärte das Außenministerium dann jedoch, dass man bei genauerer Betrachtung »nicht über die Befugnis verfüge zu intervenieren, wenn kriegsführende Parteien Waren erstehen, und handele es sich auch um Munition«. Im Übrigen wäre es in hohem Maße unneutral von der Behörde, wenn sie intervenierte.

Die Regierung von Präsident Woodrow Wilson war unter Druck gesetzt worden, den kriegsführenden Parteien zu erlauben, in Amerika Waren und Rohstoffe zu erwerben.[15] Dieser Druck ging direkt von der J. P.-Morgan-Gruppe aus, von den mit ihnen verbündeten Rothschilds, von der einflussreichen Pilgrims Society – ein ausgesuchtes »Kollektiv wohlhabendster Personen sowohl aus Großbritannien als auch aus den Vereinigten Staaten, die eng mit der Geheimen Elite verbunden waren«[16] – und von Robert Lansing, dem Berater des Präsidenten.[17] Nach außen hin beteuerte man eine völlig neutrale Haltung, aber ab Oktober 1914 öffnete die Regierung Wilson den Alliierten alle Türen zur amerikanischen Finanzwelt.

Am 21. Oktober trat der Ausschuss des britischen Kabinetts zusammen und verständigte sich darauf, den Vertreter des britischen Kriegsministeriums in Amerika zu kontaktieren. Sein Auftrag: 400 000 Gewehre beschaffen. 3 Tage später sandte man Captain Bernard Cecil Smyth-Pigott als Vertreter nach New York. Was dem Komitee nicht bekannt war: Die Geheime Elite hatte sich darauf verständigt, dass Lloyd George das letzte Wort haben würde, und dieser hatte bereits eigenständig gehandelt. Er hatte mit Basil Blackett seinen vertrauenswürdigsten Experten aus dem Finanzministerium nach Amerika entsandt. Er sollte den Rückstau untersuchen, der beim Einkauf von Militärgütern entstanden war. In seinen ersten Berichten drang Blackett darauf, dass Kriegsministerium und Admiralität ihren Einkauf zusammenlegen müssten, da die Lieferanten die Preise anhöben und eine Partei gegen die andere ausspielten.[18]

Im November 1914 kontaktierte Schatzkanzler Lloyd George seinen Bekannten Edward Charles Grenfell, der Seniorpartner bei Morgan-Grenfell & Co. war und im Direktorium der Bank of England saß. Mit Grenfell sprach Lloyd George darüber, ob man die Gewehrproduktion in den USA steigern und Produktionslinien auf die Herstellung von Munition umstellen könne. Der Kontakt verlief vom Finanzministerium in Person von Lloyd George über Grenfell zu J. P. Morgan & Co., Amerikas größter Investmentbank. Morgan versprach, sich sofort mit den Rüstungsunternehmen Remington und Winchester in Verbindung zu setzen. Diese seien »Freunde« seines Konzerns, so Morgan. Rasch gelangte man zu einer Einigung.[19] Die Lieferung allerdings werde 11 Monate in Anspruch nehmen.[20] Zuverlässige Agenten der Geheimen Elite hatten eine Vereinbarung erzielt, die sehr zum Vorteil Großbritanniens war und allen Beteiligten von großem Nutzen sein würde, sollte es zu einem langwierigen Kriegsverlauf kommen.

Kitchener jedoch wollte davon nichts hören. Er wandte sich direkt an J. P. Morgan und verlangte, dass der Auftrag gestrichen werde. Die Versorgung mit Munition war seiner Auffassung nach exklusiv eine Angelegenheit des Kriegsministeriums, ansonsten habe niemand darüber zu befinden. Lloyd George war wütend, Edward Grenfell empört. Kitcheners Einmischung schien die sorgfältig ausgearbeitete transatlantische Übereinkunft torpediert zu haben, aber das letzte Wort war nicht gesprochen. Der Schatzkanzler verfügte auf beiden Seiten des Atlantiks über mächtige Freunde. Grenfell beschwerte sich bitterlich, dass »sich die Art und Weise, in der das

Kriegsministerium verfahren ist, was den vorgeschlagenen Gewehrauftrag mit Morgan, Grenfell & Co. anbelangt, nachteilig auf die öffentliche Meinung in Amerika auswirken wird«.[21] Das war immer ein guter Ansatzpunkt – der britischen Regierung war es sehr wichtig, wie die Öffentlichkeit in Amerika dachte. Am selben Tag bemühte sich Lloyd George darum, Grenfell zu besänftigen. Er beteuerte, Kitcheners Austausch mit Morgan basiere auf einer bedauerlichen »Fehleinschätzung«, und bat um Morgans Kooperation.[22] Folgeaufträge ergingen ohne jegliche Einmischung an Morgans Leute.

Die britische Botschaft in Washington meldete, dass von den Einkäufern eine große Anzahl ihre Stellung ausgenutzt hatte und lachhaft hohe Preise für in Amerika gekaufte Waren akzeptiert hatte. Daraufhin wurde George Macaulay Booth von der Reederei Alfred Booth in die USA entsandt, um das Ausmaß der Probleme herauszufinden. Er stellte fest, dass die britischen Käufer 37 Schilling für Mäntel bezahlten, die für 24 Schilling zu haben gewesen wären. Kitchener hasste es, wenn sich Außenstehende in Angelegenheiten des Kriegsministeriums einmischten, aber Booths Effizienz und seine harte Arbeit beeindruckten ihn doch sehr. Lloyd George war weniger überzeugt, bewahrte sich jedoch seine rosige Meinung von Unternehmern.[23]

Der britische Botschafter Cecil Spring Rice empfahl, zum Schutz britischer Interessen J. P. Morgan zum alleinigen Einkäufer zu ernennen. Das deckte sich mit dem Urteil, zu dem Booth nach seiner Rückkehr Mitte November gelangte: Es gab dringenden Bedarf für einen Alleinabnehmer … und der beste Mann für die Stelle war Morgan. Booth wusste sehr gut, dass Morgan nicht nur eine zentrale Rolle im amerikanischen Bankenwesen spielte, sondern über International Maritime Marine auch über reichlich Frachtschiffe verfügte. Ein Bündnis mit ihm würde bedeuten, dass Booths Unternehmen für die Interessen der Alliierten genutzt werden würde. Historiker sind zu dem Schluss gelangt, es sei »nicht völlig klar, welcher Kabinettsminister wann welchen britischen oder amerikanischen Morgan-Partner förmlich gebeten hat, diese Verantwortung zu übernehmen«.[24] Dabei war es ganz eindeutig Lloyd George. Er genoss das Vertrauen der Geheimen Elite, und sie hatte die Vereinbarung in die Wege geleitet.

Wie auch immer: Im Januar 1915 unterzeichneten J. P. Morgan und das britische Finanzministerium einen Vertrag, in dem das New Yorker Unternehmen zum alleinigen Einkäufer Großbritanniens in den Vereinigten Staaten ernannt wurde. Überraschend kam das nicht. Morgan war eng in die Geheime Elite eingebunden,[25] verfügte über Büros in London (Morgan-Grenfell), Paris (Morgan, Harjes & Co.) und New York (J. P. Morgan & Co.) und E. C. Grenfell höchstpersönlich fungierte als Mittelsmann. Das war keineswegs normales Geschäftsgebaren. Unter normalen Umständen wäre die britische Botschaft in Washington der zuständige Ansprechpartner gewesen. Tatsächlich war diese neue Regelung einzigartig: Ein amerikanischer Plutokrat und sein britischer Agent in London erhielten die Verfügungsgewalt über tausende Millionen Pfund britischer Steuergelder.

Jeden Morgen rief Edward Grenfell bei der Bank of England an und gab aus Amerika die jüngsten Entwicklungen im Wechselkurs von Pfund zu Dollar durch. Er besprach dies mit den Staatssekretären des Finanzministeriums, dann ging er zurück in sein Büro in der Old Broad Street. Dort ließ er die Aufträge des Tages verschlüsseln und per Geheimdepesche direkt nach New York schicken. Und hier finden wir ein weiteres Beispiel dafür, dass sich die Agenten der Geheimen Elite über das Gesetz stellten, ohne das Wissen des Kabinetts, gegen das Reichsverteidigungsgesetz *(Defence of the Realm Act)* verstoßend und über den Kopf der Zensurstelle hinweg. Lloyd George gewährte Grenfell in London Zugang zu einer uneingeschränkten telegrafischen Verbindung mit J. P. Morgan in New York, damit er die Botschaften noch sicherer und in völliger Geheimhaltung verschicken konnte.[26]

Sehen wir uns dieses einmalige Arrangement noch einmal in Ruhe an: Tagtäglich gingen von London aus unkontrollierte und verschlüsselte Telegramme an eine New Yorker Bank. Inhalt: Kaufaufträge, Anweisungen für Bankgeschäfte, Wechselkurse. Letztlich bedeutet das nichts anderes, als dass die Männer, die das Federal Reserve System ersannen und lenkten, gemeinsame Sache mit der britischen Zentralbank machten und heimlich den Wert ihrer jeweiligen Währungen festlegten. Kein politisches oder demokratisches Organ warf einen Blick darauf, was dort getrieben wurde. Die Geheime Elite, verkörpert durch das angloamerikanische Establishment, genoss vollständige Kontrolle.

Man könnte sagen, dass die britische Wirtschaft aus den Büroräumen von J. P. Morgan in New York gelenkt wurde. Gibt es ein klareres Beispiel für die sogenannte Geldmacht? Als Gerüchte in der Presse über eine Vereinbarung der Regierung kursierten, wurden im Parlament Fragen gestellt. Morgan war bekannt dafür, seine eigenen oder ihm nahestehende Unternehmen vorzuziehen oder andere sogar völlig auszuschließen. Das war ein Geschäftsgebaren, das natürlich im Widerspruch zur Staatstätigkeit stand und negative Folgen für Großbritanniens produzierendes Gewerbe haben konnte. John Mooney, der Abgeordnete für Newry, erhob den Vorwurf, Morgans Unternehmen würden Waren kaufen und zu höheren Preisen an die britische Regierung veräußern.[27] Doch vergeblich.

Treten wir noch einmal einen Schritt zurück und betrachten ganz nüchtern die Vereinbarungen. Im September 1914 hatte sich Lloyd George in die Waffen- und Munitionsgeschäfte eingemischt. Zu diesem Zeitpunkt informierte er das Kriegsministerium, dass er als Schatzkanzler 20 Millionen Pfund bereitgestellt habe für die Aufgabe, Firmen die Umstellung auf eine Waffenproduktion zu erleichtern. Gut dokumentiert ist seine Abscheu angesichts der Unnachgiebigkeit der Unternehmen, in das Waffengeschäft einzusteigen und für weitere Vorräte an »Kanonen, Gewehren und Munition« zu sorgen.[28] Ein weiterer interessanter Aspekt: Lloyd George war der erste, der ernste Bedenken anmeldete, was die Wahrscheinlichkeit echter Munitionsengpässe anging.[29] Vehement argumentierte er in Kabinettssitzungen gegen Kitchener und erklärte, die Praktiken des Kriegsministeriums seien veraltet. Seine Informanten waren »prominente Industrielle«, und zwar »aus allen Teilen des Landes«.[30] Anders formuliert: Lloyd George war die Stimme der Rüstungskonzerne im Kabinett. Dermaßen groß war sein Selbstvertrauen, dass er Anweisungen gab und Prozesse einläutete, dass er Vereinbarungen abnickte und Auflagen des Kriegsministeriums umging – wohlwissend, dass er über starke Rückendeckung verfügte. Da wundert es nicht, dass Kitchener das Gefühl hatte, man untergrabe seine Stellung.

Verglichen mit anderen Kabinettsministern befand sich Lloyd George in einer einzigartigen Lage. Er wusste, dass Sir John French regelmäßig mehr Granaten für seine Haubitzen angefordert hatte – solche Anfragen strömten in »nahezu täglichen Telegrammen« von der Front herein.[31]

Kitchener bereitete es Sorge, mit welcher Geschwindigkeit Granaten aufgebraucht wurden. Er forderte Sir John French auf, Maß zu halten. Gleichzeitig traf sich Lloyd George mit Vertretern von Vickers, Armstrongs, Beardmore und Coventry Ordnance und versprach ihnen, die Regierung werde die Mittel finden, die Kapitalausgaben der Firmen für Munition zu steigern.[32] Dieses Geld würde aus Amerika kommen, und ein Großteil dieses Geldes würde in Amerika für Waffen und Einzelteile ausgegeben werden. Die Rechnung dafür würde letzten Endes der britische Steuerzahler begleichen.

Für Demokratie und Parteipolitik hatten Alfred Milner und seine Spießgesellen kaum mehr als Verachtung übrig.[33] Je größer die Macht der Geheimen Elite, desto besser konnte sie das Empire in Richtung ihrer Vision von einer Weltregierung steuern. In die Karten spielte dem Geheimbund dabei das im März 1915 vom britischen Parlament verabschiedete zweite Reichsverteidigungsgesetz.[34] Das erste Reichsverteidigungsgesetz hatte viele persönliche Freiheiten beschnitten,[35] nun weitete Lloyd George in einem kühnen Schritt die Kontrolle der Regierung über die Produktion und die Fertigung in Großbritannien aus. Er sei dazu gezwungen, weil die arbeitende Bevölkerung in erster Linie durch Trägheit und Trunkenheit auffalle, erklärte er.

Lloyd Georges Gesetz war mehr als ein Appell, für die wichtige Arbeit in den Munitionsfabriken mobil zu machen. Es gab der Regierung zugleich die Macht, Werke und Fabriken zu übernehmen, die sich für die Kriegsproduktion umrüsten ließen. Es war ein dramatischer, ja sogar drastischer Schritt, denn der Staat konnte Unternehmen nun anweisen, die Waren zu produzieren, die die Regierung haben wollte. Die liberale Wirtschaftspolitik wurde schlagartig, ohne Vorwarnung und ohne vorherige Diskussionen über Bord geworfen. Jede Arbeit in jeder Fabrik konnte auf Anweisung der Admiralität oder der Armee verändert werden,[36] ein Werk konnte auf Anweisung abgerissen, Land beschlagnahmt und die Waffenproduktion von den Arbeitsschutzgesetzen ausgenommen werden.[37] Auch die Freizügigkeit der Bevölkerung wurde eingeschränkt, sodass Arbeiter aus Schlüsselbranchen nicht einfach so in andere Bereiche wechseln konnten, in denen höhere Löhne gezahlt wurden. Vermutlich hätte nur Lloyd George die Arbeitnehmervertreter davon überzeugen können, dass dies alles ausschließlich im nationalen Interesse geschah. Das war es, was David Lloyd George für die

Geheime Elite so unschätzbar wertvoll machte. Er – als Einziger unter den Parlamentariern – konnte die Arbeiterschaft davon überzeugen, dass sie ihm vertrauen konnten.

Vom 17. bis zum 27. März tagten Gewerkschaftsvertreter, dann unterzeichneten sie eine Vereinbarung mit dem Finanzministerium, in der sie versprachen, bis Kriegsende keinen Arbeitskampf zu führen, während im Gegenzug klar war, dass die privaten Arbeitgeber keine zusätzlichen Gewinne machen sollten. Nach Einschätzung der Gewerkschaften zeigte das vorgeschlagene Paket, dass Arbeitgeber und Arbeitnehmer willens waren, auf ihre Rechte zu verzichten, solange es dem Erreichen des gemeinsamen Ziels diente, nämlich den Krieg zu gewinnen. Wie naiv! Die internationale Rüstungsindustrie beugte vor keiner Regierung das Knie, und die Vorstellung, sie könnte die Leitung ihrer Geschäfte irgendeinem Exekutivausschuss überlassen, war schlichtweg Fantasterei. Die einzige wichtige Einschränkung, die sie hinnehmen musste, war die später eingezogene Begrenzung der Gewinne.[38] Lloyd George beabsichtigte, die Organisation der Munitionsproduktion in Großbritannien zu beaufsichtigen und dabei die Gewinne seiner Geschäftsfreunde anzukurbeln. Dazu war es nützlich, der Öffentlichkeit weiszumachen, die Krise in der Granatenproduktion sei viel größer als bisher angenommen – und müsse dringend gelöst werden.

Natürlich steht außer Frage, dass die Verschwendung von Granaten bis dahin exzessiv gewesen war. Der deutsche Tagebuchschreiber Rudolf Binding hielt Ende Oktober 1914 fest: »So geht tagtäglich ein wahrer Abendsegen von Schrapnells und Granaten über die Gegend. Nie ganz ohne Opfer.«[39] Abfällig heißt es weiter: »Die französische Artillerie schießt dann selbst auf einzelne Reiter.« Inwieweit hatten die angeblichen Engpässe mit militärischer Unfähigkeit zu tun? Als man das Scheitern der britischen Truppen bei der Schlacht von Neuve-Chapelle im März 1915 untersuchte, hieß es, das Fehlen von Sprenggranaten habe den Ausschlag gegeben. Am 15. März sprach Kitchener im House of Lords und brachte dabei seine Besorgnis zum Ausdruck. Er räumte öffentlich ein, eine sehr große Zahl an Aufträgen sei nicht rechtzeitig fertiggestellt worden. Aber wessen Schuld war das? Die des Kriegsministeriums? Der Waffen- und Munitionskonzerne? Nein, die Schuld lag offiziell beim gewöhnlichen Arbeiter. Kitchener behauptete:

»... während die Arbeiter im Großen und Ganzen ... loyal arbeiteten, gab es, wie ich leider einräumen muss, Zwischenfälle, bei denen Abwesenheiten, Unpünktlichkeit und eine träge Arbeitseinstellung zu einem spürbaren Rückgang beim Ausstoß unserer Werke geführt haben ... Es ist mir bei mehr als einer Gelegenheit zu Ohren gekommen, dass Einschränkungen durch Gewerkschaften zweifelsohne zu unseren Schwierigkeiten beigetragen haben, weniger bei der Beschaffung ausreichender Mengen an Arbeitskräften als vielmehr dabei, diese Arbeitskräfte bestmöglich zu verwenden.«[40]

Im ganzen Land wurde der Mangel an Arbeitskräften spürbar, in der Landwirtschaft bis hin zur Schwerindustrie und den Rüstungsbetrieben. Facharbeitermangel wurde zum Problem für die Munitionsindustrie, auch wenn das Handelsministerium zu verhindern suchte, dass Ingenieure und andere sehr erfahrene Arbeitnehmer von der Armee angeworben wurden. Jeder Mann, der sich freiwillig melden wollte, sollte das tun können, war Kitcheners Meinung, und diese Haltung hielt die ersten acht Kriegsmonate vor. Erst im März 1915 akzeptierte Kitchener den offensichtlichen Grundsatz, es sei vorteilhafter, einen Facharbeiter an der Werkbank zu belassen, anstatt ihn in den Kampf zu schicken, wo sein Wissen nicht von Nutzen war. Zwar vertrat Kitchener auch weiterhin die Ansicht, Kommandeure wie Sir John French würden aus reiner Extravaganz heraus Munition verschwenden, aber mit einem gefühllosen Nachsatz machte er deutlich, wo seine Prioritäten lagen: »Es geht mir nicht um die Männer. Männer kann ich sofort ersetzen. Granaten dagegen kann ich nicht so einfach ersetzen.«[41]

Der Druck der Öffentlichkeit, wonach sich alle Männer, die dazu gesundheitlich imstande waren, freiwillig zu melden hätten, war so enorm, dass die Mitarbeiter von Rüstungsfirmen spezielle Abzeichen erhielten, damit man sie auf der Straße nicht als Feiglinge beschimpfte. Wie nicht anders zu erwarten war, reagierten die Gewerkschaften negativ darauf, dass ihre Rechte beschnitten wurden und nur mäßig oder gar nicht ausgebildete Arbeiter und Arbeiterinnen auf Posten gesetzt wurden, die bis dato männlichen Fachkräften vorbehalten waren. Ein plötzlicher Preisanstieg Anfang 1915 verschlimmerte die Lage nur und verschärfte den Mangel an fähigen männlichen

Fachkräften in Betrieben, die im Auftrag der Regierung tätig waren. Den Unruhen folgten größere Streiks. Lloyd Georges Antwort bestand darin, den Griff um diese Arbeiter und Arbeitsstätten noch zu intensivieren, aber das erforderte eine Entschlossenheit, die anderen Mitgliedern der liberalen Regierung schlicht abging.

Asquith leugnete, dass es überhaupt echte Probleme gab. Am 20. April hielt er eine Rede in Newcastle, bei der er behauptete, den Alliierten sei kein schwerer Schaden dadurch entstanden, dass »es uns nicht gelungen ist, die notwendige Munition herbeizuschaffen. Diese Aussage enthält nicht einen Funken Wahrheit … sie zielt vielmehr darauf ab, unsere Truppen zu entmutigen, unsere Verbündeten zu entmutigen und die Hoffnungen und die Aktivitäten unserer Feinde zu stimulieren«.[42] Kitchener hatte dem Premierminister versichert, die britische Armee verfüge über so viel Munition, »wie seine Truppen bei der nächsten Vorwärtsbewegungen einzusetzen imstande sein werden«.[43] Die Verwirrung hielt an.

In diesem Klima widersprüchlicher Meinungen innerhalb des Kabinetts legte Lloyd George dem Unterhaus am 29. März spezielle Vorschläge der Regierung vor. Er wollte drastisch gegen den Alkoholkonsum von Angestellten der Munitionsfabriken durchgreifen. Er malte ein grelles Bild von den Arbeitern und ungelernten Kräften der Fabriken an Clyde und Tyne, wie sie »in Kneipen herumlungern, anstatt ihrer ehrlichen Arbeit nachzugehen«.[44] In Schottland gebe es in der Nähe der Werften eine Straße, in der auf einer halben Meile Länge dreißig Pubs gezählt wurden. Ebenfalls in Schottland gebe es eine große Bar, die am Samstagabend 100 Flaschen Whiskey bereitstelle in der Erwartung, diese zwischen 21:30 Uhr und Zapfenstreich an den Mann gebracht zu haben.[45] An den Dockanlagen käme es zu Rückstaus, so Lloyd George, weil die Männer innerhalb weniger Tage genügend Geld verdienen würden, um den Rest der Woche trinken zu können. Die Schuld an den Zuständen liege bei der willensschwachen Arbeiterklasse und dem Dämon Alkohol, erklärte Lloyd George und schlug vor, das Reichsverteidigungsgesetz dafür zu nutzen, alle Kneipen zu schließen, die als abträglich für die Produktion in den Munitionsfabriken erachtet wurden. Außerdem wollte er Spirituosen und Wein mit einer deftigen Zusatzsteuer belegen. Es waren drakonische Maßnahmen, dienten seinen Zwecken aber sehr gut.

Der Staat brauchte dringend Geld, und auf diese Weise wurden die Einnahmen erhöht. Außerdem musste die Kritik von Staat und Rüstungsindustrie fortgelenkt werden. Insofern waren Lloyd Georges Vorschläge gewieft, wie so oft.

Sir Richard Cooper, liberaler Abgeordneter für Walsall, stemmte sich gegen die Absicht des Schatzkanzlers, anderen die Schuld zuzuschieben. Er erklärte: »Dieser Beschluss ist nichts als ein Versuch, der arbeitenden Bevölkerung dieses Landes die Verantwortung für die Verzögerung aufzuladen, zu der es bei der Herstellung von Munition für den Krieg gekommen ist.« James O'Grady, Labour-Abgeordneter für Leeds East, zerpflückte Lloyd Georges Statistiken. Er verwies darauf, dass die Männer auf den Werften während des härtesten Winters seit Jahren nur mit Mühe und Not furchtbare Arbeitsbedingungen überlebt hatten und dass es oftmals an Materialien mangele. Er erklärte, dass eine Vielzahl von Bestellungen – darunter auch Munition – ins Ausland exportiert worden sei. Wichtiger noch: O'Grady legte dar, dass die körperliche Erschöpfung und der Krankenstand so hoch seien, weil die Männer mindestens 53 Stunden die Woche arbeiteten. Auch wer dauerhaft in der Nachtschicht arbeitete, hatte mindestens 45 Arbeitsstunden die Woche zu absolvieren. Viele arbeiteten länger. Er führte das Beispiel von zwei Stahlarbeitern aus Sheffield an, beide Sekretäre der Gewerkschaft und beide Abstinenzler. Erstmals seit 10 Jahren konnten beide nicht zur Arbeit erscheinen, weil sie zu erschöpft waren. Und schließlich äußerte er sich zu den Bemerkungen, die Asquith in Newcastle gemacht hatte: »Angeblich haben wir ausreichend Munition für den Krieg, aber die Arbeiter arbeiten 67 bis 69 Stunden die Woche.«[46]

Lloyd Georges zweifelhafte Behauptungen wurden durch einen Bericht, der am 3. April 1915 veröffentlicht wurde, weiter widerlegt. Autor des unabhängigen Reports war Harry J. Wilson, der in Glasgow als Werksinspekteur arbeitete. Er befragte Schiffsbauer, Maschinenbauer und den Polizeichef von Govan, um festzustellen, wie groß die durch Alkohol verursachten Probleme wirklich seien. Wilson berichtete, seit Kriegsbeginn hätten sich die Trinkgewohnheiten nicht spürbar verändert. Bei einer Werft mit einer Belegschaft von 10 000 Mann sei es ungewöhnlich, abends mehr als drei Männer vorzufinden, die betrunken seien – 0,003 Prozent stellen kaum eine Epidemie dar.

Wilson stellte fest, dass einige Personen, die es mit den Arbeitszeiten nicht so genau nähmen, durchgeschleppt wurden, weil ein Mangel an qualifizierten Männern herrsche. Sein Fazit: Schuld an dem Problem sei eine kleine Minderheit von Männern in wichtigen Werften, und landesweit würden die Arbeiter sich dagegen verwehren, nun deswegen kollektiv bestraft zu werden.[47]

Doch Lloyd George setzte sich durch. Erfolgreich lenkte er die Aufmerksamkeit weg von der Regierung und hin auf die gewöhnliche Arbeiterschaft. Dabei genoss er die Rückendeckung von König Georg V., der schrieb, »wenn es als ratsam erachtet wird«, würde er persönlich ebenfalls dem Alkohol entsagen und ihn aus dem königlichen Haushalt verbannen, »damit keinerlei Unterschied gemacht wird … zwischen den Reichen und den Armen.«[48] Damit war alles klar: Alkohol und Faulheit waren schuld, und der König höchstpersönlich würde ebenfalls darauf verzichten (zumindest für den ersten Part), um sein Teil zu den Kriegsanstrengungen beizutragen. Asquith, der gerne mal einen hob, konnte sich zu einem derart großzügigen Angebot nicht durchringen.

Nachdem die Briten am 9. Mai bei der Schlacht um die Loretto-Höhe scheiterten,[49] begann die von Northcliffe dominierte Presse, allen voran die *Times* und die *Daily Mail*, sehr persönliche Angriffe gegen Lord Kitchener zu fahren. Die Schlacht um die Loretto-Höhe endete aus britischer Sicht in einer reinen Katastrophe. Es gab keinerlei Landgewinn zu verzeichnen, und es wurden keine taktischen Vorteile errungen, aber binnen eines einzigen Tages, dem 9. Mai 1915, hatten die Briten 11 000 Opfer zu verzeichnen. 3 Tage dauerte es, bis die Feldambulanzen sämtliche Verwundeten abtransportiert hatten.[50] Die deutschen Verluste wurden mit weniger als 1000 Mann beziffert.

Ein furchtbarer Fehlschlag, und die Schuld dafür wurde Kitchener zugewiesen. Ihm sei es nicht gelungen, Sprenggranaten heranzuschaffen. Vor dem Angriff hatte Sir John French als Oberkommandeur der britischen Truppen in Frankreich dem Kriegsministerium versichert, er verfüge über ausreichend Munition.[51] Noch am 2. Mai hatte French Kitchener geschrieben: »Mit der Munition wird es keine Probleme geben.«[52] Nach dem Desaster lenkte Sir John French von seiner eigenen schlechten Führungsarbeit ab und sagte dem Korrespondenten der *Times*, den er in Erwartung »einer der größten Schlachten, die die Welt je erlebt hat«[53] persönlich eingeladen hatte, die Kämpfe mitzuverfolgen, man habe verloren, weil es zu wenig Granaten gab.[54] Das war nicht nur illoyal, es war eine Lüge. Dem Angriff auf die Loretto-Höhe war ein intensives und langes Trommelfeuer der Artillerie vorausgegangen, das die anwesenden Beobachter »die vollständige Zerstörung der feindlichen Linien« erwarten ließ.[55] Es blieb bei der Erwartung.

Die Geheime Elite hieß die Angriffe auf Kitchener gut. Seine Haltung in der Munitionsfrage, seine Unfähigkeit, im Team zu arbeiten, und das Getuschel der unter ihm dienenden Kommandeure wie General Sir Henry Wilson, die das Vertrauen der Geheimen Elite genossen – all das untergrub seine Position. Der Herausgeber der *Times*, Geoffrey Dawson, machte gemeinsame Sache mit dem unangefochtenen Anführer der Geheimen Elite, Lord Milner,[56] der darüber hinaus fest entschlossen war, die liberale Regierung um Premierminister Asquith zu stürzen. Die herbeigeschriebene »Granatenkrise« stellte ein weiteres Problem für die Regierung dar, die mit Gallipoli, Aufruhr in den Straßen und der Versenkung der *Lusitania* ohnehin alle Hände voll zu tun hatte. Seinem engen Freund Sir Harry Birchenough,[57] der ebenfalls zum inneren Kreis der Geheimen Elite gehörte, sagte Milner: »Die Stunde der Abrechnung ist gekommen.«[58]

Doch es galt noch eine enorme Hürde zu nehmen. Das Reichsverteidigungsgesetz besagte, alle Nachrichten von der Front müssten zunächst vom Zensor freigegeben werden. Am 11. Mai schrieb der Kriegsberichterstatter der *Times*, Charles Repington, privat an Geoffrey Dawson. Ungewöhnlicher Inhalt des Schreibens war die Ankündigung, dass Dawsons Bericht mit dem Stempel des Zensors eintreffen werde, obwohl der Zensor den Bericht gar nicht zu sehen bekommen werde.[59] Anders gesagt: Jemand Anonymes würde die offizielle Zustimmung der Zensurbehörde fälschen, damit die *Times* die Lüge von Sir John French abdrucken konnte. Ein strafbares Verbrechen, das verkauft wurde als die Pflicht, die »Wahrheit« aufzudecken, und das so ganz nebenbei die Position von Kitchener und Asquith schwächte.

Am 14. Mai 1915 hieß es in der *Times* in großen Lettern: »Bedarf an Granaten und Mangel an Sprenggranaten.« Mithilfe seiner *Daily Mail* hielt Northcliffe den Druck auf Kitchener hoch. Die *Daily Mail* schrieb, was für eine Narretei es sei, gegen die massiven deutschen Schützengräben und Stacheldrahtlabyrinthe mit Schrapnellgranaten vorzugehen. Das habe dieselbe

Wirkung, als schieße man mit einer Erbsenpistole.[60] Am 21. Mai schließlich ließ Northcliffe sämtliche Zurückhaltung fahren und schrieb höchstpersönlich den Leitkommentar der *Daily Mail* unter der Überschrift »Kitcheners fataler Schnitzer«. Die Samthandschuhe legte er ab: »Lord Kitchener hat die Armee in Frankreich ausgehungert, was Sprenggranaten angeht. Es ist ein zugegebener Fakt, dass Lord Kitchener … darauf bestand, Schrapnell zu schicken – eine im Grabenkrieg nutzlose Waffe. Wiederholt wurde er gewarnt, dass eine ausgesprochen explosive Bombe als Granate benötigt werde, die sich ihren Weg durch die deutschen Gräben und Drahtverhaue sprengt, um es unseren tapferen Männern zu ermöglichen, sicher vorzurücken.«[61]

Diese »vollkommen monströse« Attacke gegen Kitchener »brachte die Männer an der Front zur Raserei«. Generalmajor Sir Henry Rawlinson übte heftige Kritik an der »teuflischen Verschwörung«, das Augenmerk auf Sprenggranaten zu lenken. Er erklärte: »Die wahre Ursache unseres Scheiterns liegt in fehlerhafter Taktik begründet, außerdem haben wir die Stärke und die Widerstandsfähigkeit des Gegners falsch eingeschätzt. Sich nunmehr hinzustellen und zu behaupten, dass die Opfer in einem Fehlen von Sprenggranaten für die 18-Pfünder begründet sind, wäre eine Verdrehung der Fakten.«[62] Auch die Soldaten in den Schützengräben waren angewidert davon, dass die Presse nun, zu einem Zeitpunkt, an dem alle hätten an einem Strang ziehen sollen, Angriffe fuhr.

Northcliffes Tiraden ließen keineswegs die öffentliche Stimmung gegen Kitchener überkochen, sondern lösten ganz im Gegenteil einen Sturzbach von Hassbekundungen gegen ihn selbst und seine Zeitungen aus. »Es schockierte die Öffentlichkeit, erschütterte Whitehall und ließ Northcliffes Kritiker in Wutanfälle ausbrechen.«[63] Die Reaktion ließ nicht lange auf sich warten. Die Clubs der Streitkräfte in Pall Mall verbannten die *Times* und die *Daily Mail* aus ihren Räumen. Abonnements wurden gekündigt, die Anzeigen gingen zurück. In der Londoner Börse, auf Handelsplätzen in Liverpool, London und Cardiff wurden Ausgaben der *Daily Mail* und der *Times* verbrannt. Die *Westminster Gazette* lobte »den männlichen und ehrwürdigen Impuls« der Aktienhändler, die sich für Kitchener stark machten und Northcliffe ausbuhten, aber diesen angeblich spontanen Unmutsbekundungen haftete doch ein Beigeschmack von Vergeltung an.[64]

3 Jahre zuvor nämlich hatte Charles Duguid von der *Daily Mail* wegen der hohen Transaktionskosten im Aktienhandel an der London Stock Exchange beschlossen, ein eigenes Aktienhandelsangebot der *Daily Mail* zu starten, natürlich mit Rückendeckung von Northcliffe. So enorm war die Nachfrage, dass Duguid ein kleines Büro einrichten musste, das sich mit den Verwaltungsaufgaben befasste, die durch den Betrieb der Do-it-yourself-Aktienbörse anfielen. Am 31. Juli 1914 blieb die London Stock Exchange für den Handel geschlossen, aber die *Daily Mail* Exchange verkündete in halbseitigen Anzeigen in der *Financial Times* und der *Financial News*, man habe geöffnet.[65]

Dass die Aktienhändler Northcliffes Zeitungen verbrannten, hatte nichts mit Patriotismus zu tun, es ging ihnen um gehässige Rache. Doch das änderte nichts daran, dass sie die öffentliche Meinung wiedergaben. Kitchener war unberührbar, eine nationale Legende, von den Massen noch immer verehrt. Am Morgen des Angriffs auf Kitchener lag die verkaufte Auflage der *Daily Mail* bei 1 386 000 Exemplare, über Nacht brach sie auf 238 000 Exemplare ein.[66] Das war nicht die Wirkung, die Northcliffe hatte erzielen wollen, aber er hörte nicht auf und ruderte nicht zurück.

Indem sie Northcliffes Behauptungen zurückwies, tat die Öffentlichkeit zugleich etwas noch Bedeutsameres: Sie weigerte sich, den Mangel an Granaten als »Krise« aufzufassen, auch wenn die Versorgung mit Rüstungsgütern weiterhin hohe Priorität hatte. Offizielle Historiker übernahmen später Northcliffes Argumente, die These, es habe eine Krise gegeben, setzte sich entsprechend durch. Der Fall hatte allerdings bedeutende Konsequenzen: Herbert Asquith konnte die Regierung, die 1910 ohne Erfahrung, wie man einen Staat durch einen Krieg führt, gewählt worden war, nicht mehr zusammenhalten. Die Liberalen fürchteten, bei Neuwahlen von den Konservativen aus dem Amt gefegt zu werden, also gab Asquith dem massiven außerparlamentarischen Drängen nach und stimmte einer rasch vereinbarten, dramatischen Koalition zu.[67] Auch die Geheime Elite hatte Lektionen aus diesen Ereignissen gezogen: Sie durfte die Zustimmung der öffentlichen Meinung nicht als gegeben hinnehmen, die Öffentlichkeit musste vielmehr sorgfältig manipuliert werden, wollte man größere Umwälzungen vornehmen. Aber der Geheimbund konnte auch einen großen Erfolg verzeichnen:

Er hatte dem weiterhin beliebten Lord Kitchener die Kontrolle über die Munitionsbeschaffung wegnehmen können.

Die Koalitionsregierung von 1915 erschuf ein eigenes Munitionsministerium, und angeführt wurde es von ihrem würdigen Agenten – David Lloyd George. Wenn man zuvor Schatzkanzler gewesen war, mag das in der Karriereentwicklung wie Stagnieren erscheinen, aber das täuscht. In vielerlei Hinsicht war dies der wichtigste Posten, den Lloyd George hätte einnehmen können. Die Geheime Elite strebte danach, die vollständige Kontrolle über die gesamte Kriegsproduktion an sich zu reißen, um unter dem Deckmantel, die Kriegsanstrengungen voranzutreiben, die Gewinne zu maximieren. Lloyd George hatte seinen Wert unter Beweis gestellt.[68] Er war ein ehemaliger Pazifist, der sich für Rüstungskontrollen stark gemacht hatte, und ein beliebter walisischer Parlamentarier. Er war der Einzige, der im August 1914 mit einiger Aussicht auf Erfolg den Widerstand gegen den Krieg hätte anführen können, doch stattdessen verkaufte er sich an das Kapital.

Seine Verbindungen reichten über die politische Welt hinaus, und dank seiner Kontakte zu Geschäftsmännern und Finanziers in Großbritannien und Amerika verfügte er über mehr Macht und Ansehen als selbst der Premierminister. Lloyd George hatte enge Beziehungen zu Personen aufgebaut, die eigentlich seine politischen Feinde hätten sein müssen. Regelmäßig beriet er sich mit Arthur Balfour, dem ehemaligen Parteivorsitzenden der Konservativen und Premierminister, und genoss dadurch das Vertrauen von Andrew Bonar Law, der 1915 die Opposition anführte. Für Alfred Milner, aus dessen Sicht eine Wehrpflicht der einzig logische nächste Schritt war, war Lloyd George der beste Mann in der Regierung.[69] Milner wusste sehr gut, wie er den Waliser manipulieren konnte, und schrieb: »Bei richtigem Umgang wird er sich [für die Wehrpflicht] starkmachen, und er ist der einzige Mann, der es schaffen könnte, sofern man ihn dazu verleiten kann, es zu versuchen.«[70]

König Georg V. unterschrieb das Gesetz *Ministry of Munitions Act* am 9. Juni 1915. Es folgte eine Kabinettsanweisung, die dem Kriegsministerium die wesentlichen Aufgaben bei der Ausschreibung, dem Einkauf und der Inspektion von Munition wegnahm und sie einem eigenständigen Amt übertrug, das von dem Mann geführt wurde, der den Posten am dringendsten hatte haben wollen – David Lloyd George. Der *Defence of the Realm Act* of

1915 (Nr. 2 vom März 1915) ermöglichte es seiner Behörde, jede Fabrik und jede Belegschaft zu übernehmen und in den Dienst der Waffen- und Munitionsproduktion zu stellen. Lloyd George wollte als der Mann in die Geschichte eingehen, der das Land aus der »Munitionskrise« führte, entsprechend wichtig verkaufte der Egozentriker seine Aufgabe: »Eine Wildnis voller Risiken und keinerlei Oase in Sicht.«[71] Tatsächlich genoss er die volle Unterstützung der Mächte, die diesseits und jenseits des Atlantiks hinter den Kulissen wirkten. Um seine politische Karriere voranzutreiben, verkaufte der einst von Prinzipien geleitete Waliser seine Seele und zeigte, dass ihm sämtliche moralischen Qualitäten abgingen.[72] Lloyd George befand sich auf dem aufsteigenden Ast, und durch ihn verstärkte die Geheime Elite ihre Kontrolle über Ausstoß und Produktion. Der frühere Pazifist war begierig darauf, dem Geheimbund die Möglichkeit zum Einfahren gewaltiger Gewinne zu geben. Dafür sollten sie ihm Granaten liefern.[73]

Mit seinem Wechsel vom Finanzministerium in das neu geschaffene Munitionsministerium betrat Lloyd George eine neue Welt – eine Welt, in der es ihm freistand, unbegrenzt Geld auszugeben für Dinge, die im Zusammenhang mit dem Krieg benötigt wurden. Es gab keine Zielvorgaben, keine Obergrenzen. In der Öffentlichkeit bedeuteten mehr Granaten eine höhere Gewissheit, den Krieg zu gewinnen. Wer Kritik an dieser Denkweise äußerte, lief Gefahr, als Verräter gebrandmarkt zu werden. Angeblich hat Lloyd George den Bedarf an Granaten nach folgender Regel ermittelt: »Man nehme Kitcheners Maximum zum Quadrat, verdoppele dies und verdoppele es dann, damit es Glück bringt, ein weiteres Mal.«[74] Was er tat, übertraf selbst die allerwildesten Träume der Rüstungskonzerne. Erneut positionierte er sich als Freund des Big Business und der industriellen-finanziellen Elite, bei der er sich bereits 1906 im Handelsministerium lieb Kind gemacht hatte.[75]

Lloyd George versammelte Männer aus der Wirtschaft und der Industrie um sich, darunter den Ruskin-Anhänger Sir Hubert Llewellyn Smith, der Alfred Milner noch von der Uni Oxford kannte. Smith[76] zeichnete verantwortlich für das System der Versicherungen gegen Kriegsrisiken, das zum Schutz der Schiffseigner gedacht war. 1915 war er entscheidend daran beteiligt, dem Kriegsministerium die Verantwortung für die Munitionsbeschaffung wegzunehmen. Später verfeinerte er Lloyd Georges Personalpolitik für die Kriegszeit so, dass sie Milners Zustimmung fand. Sir Percy Giraud, Geschäftsführer der Fabrik Elswick, die zum Rüstungsriesen Armstrong-Whitworth gehörte, wurde Generaldirektor der Munitionsversorgung, ihm folgte Sir Frederick Black, Direktor der Flottenaufträge. Es war eben jener Black, dem gegenüber George Macaulay Booth die Empfehlung ausgesprochen hatte, J. P. Morgan zum einzigen Einkäufer Großbritanniens auf dem US-Markt zu machen.[77] Das ganze Namenswirrwarr mag zunächst überwältigend sein, aber es zeigt das Beziehungsgeflecht, das Lloyd Georges Munitionsbehörde durchzog und an dem einflussreiche Geschäftsleute, amerikanische Bankiers, ranghohe Staatsdiener und Agenten der Geheimen Elite beteiligt waren.

Lloyd George zum neuen Munitionsminister zu machen, sei eine Entscheidung, die »das Land zufriedenstellen werde«,[78] jubelten seine Anhänger in der britischen Presse, allen voran die Northcliffe-Publikationen. Der Eigner der *Times* schickte ihm eine persönliche Note, in der es hieß, Lloyd George habe »die größte Verantwortung übernommen, die einem Briten seit 100 Jahren zugekommen ist«.[79]

Die allgemeine Einschätzung lautete: »Kriegsministerium böse, Munitionsministerium gut.« Die Legende jedoch, wonach Lloyd George 1915 und Anfang 1916 das Land rettete, ist lachhaft,[80] auch wenn die nackten Zahlen diese Behauptung zu stützen scheinen: Lloyd George trat sein Amt Pfingstmontag, den 24. Mai 1915, an. Bis Jahresende wurden 16 460 501 Granaten ausgeliefert, die absolute Mehrheit davon zum Jahresende hin. Tatsächlich waren 13 746 433 dieser Granaten bereits vor seinem Amtsantritt in Auftrag gegeben worden und hatten insofern nichts mit dem »raschen Zu-Hilfe-Eilen« zu tun, als das es das Lloyd-George-Lager hinstellen wollte.[81] Tatsächlich waren diese beeindruckenden Zahlen die Folge der stetigen Umstellung und Ausweitung der Kriegsindustrie, die seit August 1914 stattfand[82] – eine Expansion, die in erster Linie von Lord Kitchener in Gang gebracht worden war.

Dass Lloyd George ein paar fähige Organisationstalente installierte, steht außer Frage. Sir Eric Geddes stand hier für den Ansatz »richtiger Mann am richtigen Ort«. Er wurde stellvertretender Direktor für Munitionsversorgung und als solcher zuständig für Gewehre, Maschinengewehre, Feldhaubitzen, Lastkraftwagen, Feldküchen und zahllose andere Dinge. Als Leiter der Granatenabteilung verdiente er sich die ewige Dankbarkeit der Soldaten, indem er rechtzeitig zum Beginn der Somme-Offensive die Produktion hochfahren konnte.[83] Die zusätzlichen Vorräte für die schwere Artillerie erlaubten es den Generälen, ihre Politik der unglaublichen Verschwendung fortzusetzen. Und ironischerweise war es Lloyd Georges radikales Vorantreiben der Dinge, das es ihnen erlaubte, an ihrer orthodoxen Militärstrategie festzuhalten.[84] An der Somme wurden über einen Zeitraum von 6 Tagen nahezu 2 Millionen Granaten auf die deutschen Stellungen abgefeuert, bevor die unselige Infanterieattacke folgte. Nimmt man allein den verschwenderischen Einsatz von Munition zum Maßstab, könnte man meinen, die Briten hätten an der Somme einen glänzenden Sieg erzielt – tatsächlich handelte es sich um ein schreckliches Gemetzel und ein sinnloses Opfern verstümmelter Armeen.

Lloyd George setzte den Wunsch der Geheimen Elite um, Politiker und traditionelle Bürokraten durch Geschäftsleute zu ersetzen, die, wie er es formulierte, »an jeder Stelle das industrielle Leben des Landes und des Empire berührt hatten«.[85] Die Vorbehalte des Kriegsministeriums wurden über Bord geworfen, an ihrer Stelle machten sich Manager und Innovatoren breit. Das Munitionsministerium führte eine landesweite Erhebung der Ressourcen im Maschinenbaubereich durch. Das Land wurde in Bereiche aufgeteilt, in denen örtliche Verwaltungsgremien auf dieser Ebene Aufträge vergaben. Es schien, als würde Lloyd George die Munitionsindustrie verstaatlichen, tatsächlich tat er nichts dergleichen. Unter beträchtlichem Getöse wurde eine Reihe staatlicher Werke gegründet, aber die meisten örtlichen Gremien entschieden sich für Verträge mit den großen Rüstungsunternehmen.[86] Dank diesem cleveren Schachzug blieb das Verhältnis zwischen Ministerium und Rüstungskonzernen auf beiden Seiten freundschaftlich und produktiv. In vielen Fällen wurden die nationalen Werke in bestehende Unternehmen integriert oder an sie angegliedert. Die Preise blieben exzessiv hoch.

Das Kontrollbedürfnis der Geheimen Elite reichte weit und deutlich über den Bereich der Munition hinaus. Die mächtigen Gewerkschaften mussten auf Kurs gebracht werden. Lloyd George begann eine Kampagne, die das Land davon überzeugen sollte, dass die Arbeit in den Rüstungsfabriken an Bedeutung nur noch vom Fronteinsatz der Streitkräfte des Empire übertroffen wurde. Widerspruch ließ er nicht gelten, und einschüchtern ließ er sich auch nicht, als er zu seinem Kreuzzug aufbrach, die Arbeitskämpfe zu beenden – wie stets der Unterstützung durch Northcliffes Zeitungen gewiss. Natürlich unterstützte die *Times* die Forderung Lloyd Georges, gewerkschaftliche Praktiken aufzuweichen und der Beschäftigung von Frauen in Munitionswerken den Weg zu ebnen.[87] Wiederholt drohte Lloyd George, die ihm vom Reichsverteidigungsgesetz eingeräumten Befugnisse anzuwenden – es war ein Vorgeschmack auf den Kurs, den er einschlagen wollte. Am 10. Juni fand im neuen Ministerium eine nicht öffentliche Konferenz statt, an der 75 Vertreter von 22 großen Gewerkschaften teilnahmen. Am 16. Juni folgte eine zweite Konferenz im Handelsministerium, dieses Mal mit 40 Gewerkschaftsvertretern. Lloyd George hatte den Mut, es zu einer persönlichen Angelegenheit zu machen, sich den Arbeitern und ihren Vertretern zu stellen und ihnen »die Wahrheit zu sagen«, wie er es nannte.[88] Die Wahrheit und David Lloyd George waren sich schon lange nicht mehr über den Weg gelaufen, aber seine Rhetorik sprach die Massen an und begeisterte die Arbeitgeber.

Er reiste nach Cardiff, um eine nationale Munitionsfabrik im Süden von Wales ins Leben zu rufen. Lloyd George ließ keine Gelegenheit aus, über die Notwendigkeit von Zwängen zu sprechen, aber er drängte sein Publikum auch: »Hisst die Flagge über eurer Werkstatt, macht Gebrauch von jeder Drehbank, die euch zur Verfügung steht.«[89] In Bristol wurde das Publikum ermahnt: »Lasst die Männer in den Schützengräben die Schmieden Großbritanniens hören, den Hammer auf dem Amboss …«[90] Eine Arbeiterdelegation von den am Clyde gelegenen Werften Wm. Beardmore & Co. und Dalmuir war nach Frankreich entsandt worden, um die Truppen an der Front zu besuchen. Nach ihrer Rückkehr drängten die Abgesandten: »Mehr Granaten, mehr Sprenggranaten.«[91] Es besteht kein Zweifel: David Lloyd George war landesweit der einzige Politiker, dem es gelingen konnte, die umfassendsten Restriktionen der persönlichen Freiheit seit Oliver Cromwell durchzudrücken, ohne dass es dabei zu einer Revolte kam. Sein Wert für die Geheime Elite war nicht zu beziffern.

Mit dem Gesetz Munitions of War Act vom 2. Juli wurde der britische Arbeiter mit beispiellosen Auflagen konfrontiert. Das Gesetz mochte einen unauffälligen Titel tragen, beschnitt die Rechte der arbeitenden Männer und

Frauen aber drakonisch. Bei Streit um Löhne, Arbeitszeiten und Arbeitsbedingungen wurden nun zwingend Schiedsgerichte einberufen. Fabriken konnten zu »kontrollierten Einrichtungen« erklärt werden, deren Gewinne durch eine Munitionsabgabe oder eine Steuer geschmälert wurden. Für Gehaltserhöhungen wurde die Zustimmung von Lloyd Georges Ministerium benötigt. Apologeten bezeichneten den Schritt als Beleg für eine gerechte Herangehensweise,[92] aber dass Gewinne fortan bei 20 Prozent über dem Durchschnitt der vergangenen zwei Friedensjahre gedeckelt wurden, ging am eigentlichen Punkt vorbei, denn bereits vor Kriegsausbruch waren die Gewinne exorbitant gewesen. Inzwischen erreichten die Aufträge ein so enormes Volumen, dass auch weiterhin massive Zugewinne möglich waren. Auf den ersten Blick immerhin schien das neue Gesetz Kapitalisten wie Arbeitern Opfer in gleicher Höhe abzuverlangen, und das war die Botschaft, die Lloyd George vermitteln wollte.[93]

Streiks waren verboten, Aussperrungen ebenso. Ohne ausdrückliche Genehmigung konnten Arbeitnehmer nicht mehr innerhalb des Landes umziehen. Wer dies dennoch wünschte, benötigte eine schriftliche Bestätigung seiner Gemeinde. Der Minister selbst konnte Freiwillige für die Munitionsproduktion abkommandieren, er konnte anordnen, dass aus Bereichen, in denen keine Munition hergestellt wurde, Arbeitskräfte abgezogen wurden, und er konnte die Abzeichen ausgeben oder einziehen, anhand derer Männer identifiziert wurden, die für die Produktion vorgesehen waren, weshalb sie sich nicht freiwillig melden konnten. Arbeiter waren gezwungen, bestimmte Jobs zu akzeptieren und Überstunden zu machen, bezahlte oder auch unbezahlte. Wer in der Munitionsbranche arbeitete, war zwar formal weiterhin Zivilist, seine persönlichen Rechte unterlagen jedoch quasimilitärischen Beschränkungen.

Gegen Ende 1915 eskalierte ein Mietboykott in Glasgow zu einem allgemeinen Protest gegen gierige Vermieter, die die Wohnungsknappheit dazu nutzten, die Mieten in ausgesprochen schlechten Wohnungen zu erhöhen, während die Hauptverdiener der dort lebenden Familien an der Westfront kämpften – und starben. Die Armen litten, und dass die Vermieter und deren Handlanger nun diese Situation herzlos ausschlachteten, um Kriegsgewinne einzustreichen, und dass sie zu diesem Zweck auch nicht davor zurückschreckten, Mieter reihenweise vor die Tür zu setzen, ließen sich die Menschen nicht mehr gefallen. Linke Gruppen in und um Glasgow und am Ufer des Clyde, darunter auch die Labour-Partei und Gewerkschaften, unterstützten die Proteste, an denen größtenteils Frauen beteiligt waren.[94] Die Proteste wirkten sich auf die großen Rüstungsbetriebe aus, auf die Maschinenbauer und die Werften entlang des Clyde. Der Widerstand der Frauen drohte, die Produktion nachhaltig zu stören, sodass sich die Regierung gezwungen sah, per Gesetz eine Mietpreisbremse zu beschließen.[95] Nicht der Wunsch nach sozialer Gerechtigkeit war es, der diese ehemals liberale Regierung antrieb, sondern das Anliegen, alles aus der Welt zu schaffen, was die Kriegsproduktion zu gefährden drohte.

In der gesamten Maschinenbaubranche gab es ernste Probleme dadurch, dass Arbeitern Aufgaben zugewiesen werden konnten, für die sie eigentlich unterqualifiziert waren, und dass diese Jobs mithin an Wertigkeit verloren. Aber der Munitionsminister ließ sich davon nicht beirren und trieb seine Pläne voran, 80 000 neue Arbeiter in »dem Staat gehörenden, vom Staat gegründeten, vom Staat kontrollierten und vom Staat ausgerüsteten Fabriken« unter Vertrag zu nehmen, und zwar »ohne Profite für jedwede Kapitalisten«.[96] Das war zwar hanebüchener Unsinn, aber es klang gut. In der öffentlichen Wahrnehmung überstrahlte Lloyd George alle, sogar Kitchener. Sein Ansehen innerhalb der Geheimen Elite wuchs und wuchs – und katapultierte ihn aus den Amtsräumen in Whitehall Gardens in die Downing Street.

David Lloyd George besaß einen ganz speziellen Freund in der Rüstungsbranche, allerdings bestritt er das offiziell.[97] Der Waliser baute sich im Verlauf seiner Karriere eine halbseidene Welt auf und wandte sich von allen Prinzipien ab, die ihm einst lieb und teuer gewesen waren. In dieser Welt gab es keine Beziehung, die seltsamer war als die zu Basil Zaharoff, einem internationalen Waffenhändler. Churchill, Sir Edward Grey, Asquith und Lloyd George – nicht einer von ihnen erwähnt Zaharoff namentlich in seinen Biografien, aber wir dürfen nicht vergessen, dass stets der Zensor einschritt und dafür sorgte, dass Einzelheiten, die der Staat nicht publik gemacht sehen wollte, vor der Veröffentlichung der Werke gnadenlos gestrichen wurden. Zaharoff agierte im Schatten von Whitehall und betrieb seine Geschäfte und

Gaunereien vor allem durch das Büro von Lloyd George, egal, ob dieser nun gerade Munitionsminister oder Premier war.

Wer war diese zwielichtige Figur, um die die offizielle Geschichtsschreibung nach Kriegsende einen weiten Bogen machte?

Basil Zaharoff wurde 1849 im anatolischen Muğla in eine Mittelklassefamilie geboren und starb am 27. November 1936 umgeben von allem nur erdenklichen Luxus im Hotel de Paris in Monte Carlo. Seine Familie waren Griechen, die im türkischen Vorderasien lebten, bis die Verfolgung griechisch-orthodoxer Christen völkermordartige Ausmaße anzunehmen drohte. Die Familie floh nach Odessa in Russland, blieb dort aber nicht lange und kehrte, nachdem sich die politische Lage im Osmanischen Reich wieder beruhigt hatte, ins griechische Viertel von Konstantinopel zurück.[98] Zaharoff ließ alles an Unterlagen und Tagebüchern vernichten, was mit seinem Leben zu tun hatte. Sein Biograf Robert Neumann verzweifelte schier daran, dass es keine historischen Belege gab:

»Man fragt nach seiner Geburtsurkunde. Leider hat ein Feuer alle Unterlagen der Kirche vernichtet. Man fragt im Archiv des Wiener Kriegsministeriums nach einem Dokument, das mit ihm zu tun hat. Der Ordner ist da, aber das Dokument fehlt … Man holt die Genehmigung ein, die Unterlagen in einem Rechtsfall zu inspizieren … aber leider kann niemand im Büro sie finden.«[99]

So erfolgreich wurde Zaharoff aus der Mainstream-Geschichtsschreibung herausretuschiert, dass er in den Kriegsmemoiren von David Lloyd George komplett fehlt und ihn praktisch alle Lloyd-George-Biografen ignorieren.[100] Das öffentlich zugängliche Archiv der *Times* gibt für den Zeitraum zwischen dem 11. Mai 1914 (da spendete er 20 000 Pfund für das französische Sportnationalkomitee) und dem 6. Juli 1918 (als er bei einem Benefizkonzert für Belgien 10 Guineen gab) exakt null Treffer aus.[101] Das verrät uns Zaharoffs Fähigkeit, während des Kriegs völlig anonym zu bleiben, wiewohl er während dieser Jahre tief verwickelt war in Munitionsgeschäfte und die internationale Politik. Und was vielleicht noch wichtiger ist – er war ein Rothschild-Mann.

In der Zeit vor dem Ersten Weltkrieg lebte Zaharoff in Paris, wo er für Vickers im Aufsichtsrat der Société Francaise des Torpilles Whitehead saß. Als Albert Vickers sich im Frühjahr 1913 aus dem Aufsichtsrat des französischen Unternehmens Le Nickel zurückzog, folgte ihm Zaharoff nach, der »wegen seines großen Fachwissens und der umfassenden Verbindungen zur Industrie« als besonders geeignet erachtet wurde.[102] Le Nickel war ursprünglich ein australisches Unternehmen, das auf der französischen Pazifikinsel Neukaledonien aktiv war. Dann stiegen die Rothschilds ein, die den Großteil der europäischen Nickelraffinerien übernommen hatten. Als in Kanada größere Nickelvorkommen entdeckt wurden, waren sie gezwungen, eine Absprache mit der American-Canadian International Nickel Company zu treffen.[103] Nickel ist ein zentraler Bestandteil der Stahlherstellung und als solcher von unschätzbarer Bedeutung. Das von den Rothschilds unterstützte Unternehmen betrieb in Großbritannien zwei Nickelwerke, und dank einer Kartellabsprache zwischen Le Nickel und den britischen Nickel-Stahl-Herstellern hielten sie die Preise künstlich hoch.[104] Kurzum: 1914 saß also Basil Zaharoff, ein Ziehsohn Frankreichs, im Aufsichtsrat von Vickers und Le Nickel, beide von den Rothschilds finanziert und beeinflusst.

Wie groß der Graben zwischen Gut und Böse war, zeigen sinnbildlich zwei Ereignisse, die am 31. Juli 1914 in Paris stattfanden. Der uralte Groll des Kriegstreibers machte alle Hoffnung auf einen Frieden zunichte, indem er den Friedensstifter umbrachte. Und der böse Einkäufer erhielt eine öffentliche Plattform und wurde vom französischen Präsidenten zum Kommandanten der Ehrenlegion ernannt.[105] Um 21:20 Uhr an jenem Tag saß der charismatische Sozialist Jean Jaurès im Pariser Stadtviertel Montmartre im Café Croissant und sprach mit den Herausgebern seiner Zeitschrift *L'Humanité* über die schwierige Lage in Europa, als er aus allernächster Nähe zweimal in den Hinterkopf geschossen wurde. Den Geschichtsbüchern zufolge wurde der Politiker von dem rechtsgerichteten 29-jährigen Studenten Raul Villain getötet, aber es gab niemals ernstgemeinte Anstrengungen, der Frage nachzugehen, »ob die Hand des Attentäters durch eine andere Antriebskraft geführt wurde«.[106] Villain wurde später vom Anklagepunkt des Mords freigesprochen.

Nur wenige Tage zuvor hatte Jaurès in Lyon-Vaise auf einem Podium gestanden und seine sozialistischen Genossen in Frankreich, Großbritannien, Deutschland, Russland und Italien aufgefordert, sich zusammenzuschließen und sich »gemeinsam von dem Albtraum abzuwenden«, vor dem Europa stand. Jaures wetterte gegen den Krieg sowie gegen diejenigen, die nach Krieg strebten, und seine Botschaft hatte viel Gewicht.[107] Am 29. Juli hielt sich Jaurès gemeinsam mit James Keir Hardie, dem Vorsitzenden der schottischen Sozialisten, in Brüssel auf und dankte den deutschen Sozialdemokraten dafür, dass sie so großartige Demonstrationen für den Frieden organisiert hatten. Voll leidenschaftlicher Eloquenz drängte er Arbeiter in ganz Europa, die Zivilisation vor einem desaströsen Krieg zu bewahren.[108] Nach einem Krisentreffen mit Rosa Luxemburg kehrte er nach Paris zurück, und als er ermordet wurde, steckte er gerade mitten in einer Diskussion zu der Frage, wie sich der Krieg noch abwenden lassen könnte.

Schock und Bestürzung machte sich auf den Straßen von Montmartre breit. Die Pariser Polizei reagierte mit einem Sicherheitskordon rund um das palastartige Anwesen auf der 41 Avenue Hoche – das Zuhause von Basil Zaharoff.[109] Was auf den ersten Blick wie eine merkwürdige Reaktion erscheint, ist durchaus logisch, denn der Waffenhändler Zaharoff war im Juli 1914 von unschätzbarem Wert für Frankreichs Kriegsvorbereitungen. Am selben Tag hatte der französische Präsident Raymond Poincaré verkündet, Zaharoff zum Kommandanten der Ehrenlegion zu erklären. Was für eine abscheuliche Ironie. Der Friedensstifter Jaurès wird kaltblütig ermordet, während Zaharoff, der Händler des Todes, als herausragende französische Persönlichkeit gewürdigt wird. Tatsächlich waren die Pariser zu stark traumatisiert, um ihren Zorn gegen Zaharoff zu richten, und dann wurden sie so rasch in den Krieg hineingezogen, dass der Augenblick, sofortige Vergeltung zu verüben, ohne Zwischenfälle verstrich.

Als Waffenhändler war Zaharoff herausragend zu seiner Zeit, aber er war mehr als bloß ein weiterer millionenschwerer Kaufmann, der an jedem wichtigen Munitionsherstellungsunternehmen in Europa als Aktionär beteiligt war. Es gibt nur wenige Personen, über die dermaßen viele Geschichten erzählt werden, die sich allesamt nicht bestätigen lassen. Als »geheimnisvollsten Mann Europas« bezeichnete ihn Walter Guinness später im britischen Parlament. Die Wortwahl ist ein wenig unglücklich, denn Zaharoffs verdeckte Aktionen erhalten dadurch eine rätselhafte Note. Seine Verbindungen zu David Lloyd George wurden in einer Legende ertränkt, die von einem Bündnis ablenkt, das über die Geheime Elite untrennbar mit den Kriegsanstrengungen verknüpft war. Angeblich führte Lloyd George eine außereheliche Beziehung mit Emily Ann Burrows, Zaharoffs englischer Frau.[110] Dieses Wissen soll es gewesen sein, das Zaharoff ein Druckmittel gegen den britischen Munitionsminister in die Hand gab. Bewiesen wurde dieser Vorwurf nie, aber hinter dieser unheiligen Beziehung steckte noch mehr.

Absolut entscheidend war die Dominanz, die Zaharoff in der Welt des internationalen Waffenhandels besaß. Der erste Weltkrieg stellte den Höhepunkt seiner Karriere und seines Einflusses dar, man bezeichnete ihn sogar als »praktisch [den] Munitionsminister für alle Alliierten«.[111] Angeblich hat jede Regierung der Entente-Staaten Rücksprache mit ihm gehalten, bevor es daran ging, große Offensiven zu planen. Glaubwürdiger ist da eher der Vorwurf, es sei Zaharoff gewesen, der dafür sorgte, dass die Kriegsparteien während der Auseinandersetzungen Minen, Werke, Hochöfen und Rüstungsstätten wie Briey und Thornville verschonten und nicht zerstörten, weil Zaharoff an ihnen beteiligt war.[112]

Im Dezember 1916 wurde David Lloyd George britischer Premierminister und zog in 10 Downing Street ein. Von da an griff er nach Belieben auf Zaharoff zurück. Der Grieche war zwar kein Bauer, aber in jedem Fall eine Figur in dieser tödlichen Partie Schach. Der alte Waffenhändler stellte seinen Wert unter Beweis, indem er Lloyd George geheime Kanäle eröffnete, über die er Einfluss auf Politiker auf dem Balkan ausüben konnte. 1917 wurde Zaharoff in verdeckter Mission in die Schweiz entsandt, er überbrachte den Osmanen geheime Zusagen der britischen Regierung, und er wurde sogar dafür benutzt, die türkische Regierung in die Irre zu führen, was die Zukunft Mesopotamiens und Palästinas anbelangte. Von allen Vorwürfen, die man gegen ihn erhoben hat, ist der wohl schlimmste der, dass er sich aus Eigennutz ständig darum bemühte, den Krieg in die Länge zu ziehen. Gegenüber dem griechischen Ministerpräsidenten erklärte Zaharoff 1916, Deutschland sei stark verwundbar, und »ausschließlich unfassbare Dummheit seitens der Entente könnte Deutschland zum Sieg verhelfen«. Und weiter sagte er: »Ich hätte der Entente drei Punkte zeigen können, wo sie, wenn sie zugeschlagen hätten, das Rüstungspotenzial des Feindes komplett hätten vernichten können. Aber das hätte das über einen Zeitraum von mehr als einem Jahrhundert aufgebaute Geschäft ruiniert …«[113]

Im Kapitel über Briey haben wir gezeigt, dass Zaharoff absolut recht mit seiner Behauptung hatte, die deutsche Rüstungsproduktion hätte leicht lahmgelegt werden können. Völlig falsch allerdings lag er mit seiner Andeutung, nur er habe davon gewusst. Die Handlanger der Geheimen Elite in London und Paris wussten sehr wohl, dass man im Sommer 1915 Deutschlands Rüstungsindustrie hätte ausschalten können. Die Entente hätte über die Mittel dazu verfügt, beispielsweise indem sie Briey zerstört und im Zuge der Seeblockade dafür gesorgt hätte, dass Deutschland die für die Waffenherstellung unerlässlichen Materialien nicht mehr erhielt. Stattdessen entschied sich der Geheimbund dafür, den Krieg unnötig in die Länge zu ziehen.

1917 fragte man Zaharoff um Rat, ob es empfehlenswert sei, den Frieden nach Europa zu bringen. Angeblich bestand er darauf, dass man den Krieg bis zum bitteren Ende bringen müsse.[114] Das war natürlich seit jeher das Ziel der Geheimen Elite gewesen – die vollständige Zerstörung des Deutschen Reichs. Dermaßen viel Selbstsucht, dermaßen viel Leid. Doch Zaharoff erging es wie der überwiegenden Mehrheit der reichen alten Männer, die vorsätzlich diesen Krieg angezettelt hatten, bei dem Dutzende Millionen junger Männer abgeschlachtet oder schwer verstümmelt wurden: Er starb friedlich in seinem Bett. Seine letzten Jahre verbrachte er zurückgezogen auf Schloss Balincourt, wo er rund um die Uhr von Leibwächtern beschützt wurde. Auf seine Anweisung hin wurden seine Unterlagen und Erinnerungen vernichtet. Er unternahm enorme Anstrengungen, um seine Anonymität zu schützen. Das ging so weit, dass er sämtliche Postkarten aufkaufte, die sein Privatschloss in Balincourt zeigten. Zu neugierige Journalisten und Privatdetektive »verschwanden«.[115] Man kann nur hoffen, dass seine Besessenheit, einem Attentat zum Opfer zu fallen, darauf zurückzuführen ist, dass ihm klar war, für welch großes Übel er verantwortlich war. Aber das bleibt wohl nur ein schöner Traum. Unterdessen war David Lloyd George das, was er ständig war – für jede Art von Geschäft zu haben.

Zusammenfassung

- Lord Kitcheners Aufruf an die britischen Männer, sich freiwillig zum Militär zu melden, war dermaßen erfolgreich, dass es sofort zu Problemen kam: Es fehlten Gewehre, Kanonen, Maschinengewehre, Mörser, Uniformen und grundlegende Ausrüstungsgegenstände, um all die Freiwilligen, die sich in Scharen meldeten, versorgen zu können.
- Was es reichlich gab, waren Pferde. Da das Oberkommando der Streitkräfte seine Wurzeln vor allem in den Kavallerie-Einheiten hatte, kann man wohl mit Fug und Recht behaupten, dass sich die »Roberts-Akademie« auf den falschen Krieg vorbereitet hatte.
- Sprenggeschoss der Wahl war völlig unbestritten die Schrapnellgranate. Das führte dazu, dass die Nachfrage nach Sprenggranaten zunächst bei ungefähr 30 Prozent der bestellten Gesamtmenge gedeckelt wurde.
- Bei allem Gerangel um Granaten und Munition sollte man eines nicht vergessen: Seit Jahren forderte die Navy hinsichtlich der Bestellungen Vorrang für sich ein (und erhielt ihn auch eingeräumt).
- Kitcheners Kriegsministerium hatte keineswegs die Absicht, sich die Munitionsbestellung aus der Hand nehmen zu lassen. Angebote amerikanischer Unternehmen wurden ebenso argwöhnisch beäugt wie Aufträge, die Agenten der britischen Regierung in Amerika abgaben.
- Im Oktober 1914 rief die Regierung einen Kabinettsausschuss ins Leben, der sich mit dem Thema Munitionsversorgung befassen sollte. Zwar büßte das Kriegsministerium nicht sofort die absolute Kontrolle ein, aber innerhalb von 8 Monaten fand sich Kitchener im Seitenaus wieder.
- Schatzkanzler Lloyd George bot den Rüstungsunternehmen einen Blankoscheck, der sie und ihre Tochterfirmen vor Verlusten schützte. Außerdem setzte er sich ohne das Wissen des Kabinettsausschusses

mit Charles Grenfell in Verbindung, Seniorpartner bei Morgan-Grenfell und einer der Direktoren der Bank of England.

- Im Januar 1915 wurde J.P. Morgan zum Exklusiveinkäufer für britischen Munitionsbedarf in den USA ernannt. Ein amerikanischer Plutokrat und sein britischer Agent in London erhielten die Verfügungsgewalt über tausende Millionen Pfund britischer Steuergelder.

- Lloyd George gewährte Edward Grenfell Zugang zu einer unkontrollierten geheimen Telegrafenverbindung mit J.P. Morgan in New York. Tagtäglich gingen somit – an der Zensurbehörde vorbei – Telegramme mit Kaufaufträgen, Anweisungen und Wechselkursinformationen an ein New Yorker Kreditinstitut.

- Mittels eines neuen Gesetzes erhielt der britische Staat die Kontrolle über die Freizügigkeit der Bevölkerung und zielte insbesondere auf Arbeiter in kriegswichtigen Branchen ab.

- Das eigentliche Problem war weniger ein Mangel an Granaten als vielmehr sinnlose Verschwendung von Granaten. Ebenfalls fehlte es an Facharbeitern, weil sich allzu viele gut ausgebildete Männer freiwillig zum Militärdienst gemeldet hatten.

- Zeitungen und einige ranghohe Militärs gaben Kitchener die Schuld an dem vermeintlichen Fehlen von Granaten, aber die Schuldzuweisungen erwiesen sich als Bumerang und fielen auf die Kritiker zurück – zu groß war die Bewunderung der Öffentlichkeit für den altgedienten Soldaten.

- Asquith sah sich gezwungen, eine neue Regierung zu bilden. Im Mai 1915 entstand eine Regierung der nationalen Einheit. Lloyd George wurde versetzt, er übernahm das Amt des Munitionsministers. Der Öffentlichkeit galt er als Macher. Er stärkte die Verbindungen zwischen einflussreichen Geschäftsleuten, amerikanischen Bankiers, vertrauenswürdigen, ranghohen Staatsdienern und den Agenten der Geheimen Elite.

- Es gelang ihm, die Gewerkschaften und die Arbeitnehmervertreter dazu zu bewegen, auf Rechte zu verzichten und starke Einschränkungen ihrer persönlichen Freiheit hinzunehmen. Diese Schritte wurden im Juli 1915 im Munitions of War Act festgeschrieben.
- Hinter den Kulissen unterhielt Lloyd George Verbindungen zu Basil Zaharoff, einem im Schatten agierenden Manipulator der Munitions- und Rüstungsbranche. Die wahre Natur ihrer Verbindung wurde zum Teil aus dem schwammigen Doppelsprech der offiziell abgesegneten Geschichtsschreibung herausredigiert, zum Teil gingen entsprechende Informationen schlicht verloren.

Kapitel 25

Das Schicksal eines Feldmarschalls

Lord Kitchener war kein Mensch, der sich tatenlos ins Abseits drängen lässt. Dennoch blieb er im Amt und arbeitete weiter als Kriegsminister, nachdem ihn Feinde und Abweichler 1915 in seiner Rolle beschnitten hatten. Während er beispielsweise Gallipoli besuchte, um sich im Namen der Regierung ein Bild von der Lage zu machen, wurden hinter seinem Rücken Entscheidungen gefällt. Wie die *Times* schrieb, wurde »während der Abwesenheit von Lord Kitchener« ein kleines Kriegskomitee ins Leben gerufen, das fortan die Art und Weise koordinierte, wie die Regierung für den Krieg aufgestellt war.[1] Diesem Gremium gehörten Asquith, A.J. Balfour, Lloyd George, Bonar Law und Reginald McKenna an, während Sir Edward Grey auf Abruf bereitstand, was dann auch für Kitchener galt, nachdem er aus Gallipoli und dem Nahen Osten zurückgekehrt war.[2]

Das Jahr 1915 neigte sich dem Ende zu, und Kitchener wusste ganz genau, womit er es zu tun hatte. Lloyd George hatte ihm die Kontrolle über die Munitionsbestellung abgenommen und die Befugnisse in einer neuen Behörde, dem Munitionsministerium, gebündelt.[3] Sir William Robertson wurde am 21. Dezember zum Chef des Generalstabs ernannt und war damit praktisch verantwortlich für die Strategie an der Westfront. Robertson lag auf einer Linie mit der Geheimen Elite, was das endgültige Ziel anbelangte: Er wollte den Krieg in Europa konzentrieren, um Deutschland in die Knie zu zwingen. Fehlende Erfolge an der Westfront und das Debakel in Gallipoli schadeten Kitcheners Ansehen innerhalb des Kabinetts, aber in der Bevölkerung war seine Beliebtheit weiterhin ungebrochen. Asquith nahm Kitchener die Verantwortung für die Strategie ab, aber er war klug genug, ihn im Amt zu belassen.

Der kenntnisreichste und erfahrenste Stratege im Land war Maurice Hankey – zugleich der Dreh- und Angelpunkt der Geheimen Elite in 10 Downing Street.[4] In seinem Tagebuch findet sich für den 8. Dezember 1915 ein Eintrag, wonach Asquith Kitchener loswerden wollte, der »den Ratschluss verdunkelt und ein wirklich schlechter Verwalter ist. Offensichtlich sucht er nach einer Methode, K. [Kitchener] in seine Pläne auf eine Weise einzubinden, bei der die Regierung weiterhin seinen großen Namen nutzen und seine Autorität als Idol des Volkes nutzen kann … Ich für meinen Teil kann keinen Weg erkennen, ihn einzubinden, ohne ihn in jeder Hinsicht zu einer Null zu degradieren.«[5]

Genau das war das Problem: Wie konnten die Hohepriester das Volksidol vom Sockel stürzen, ohne ihre Glaubwürdigkeit zu verlieren? Der einzige Weg bestand darin, ihn mit Nebenaufgaben zu beschäftigen und auf diese Weise vom Zentrum der Macht fernzuhalten.

Aber Kitchener war stets seinen eigenen Weg gegangen. Auf Politiker gab er nichts, und er zweifelte daran, dass sie imstande waren, vernünftig zu handeln. Mit ehrlicher Klarheit äußerte er sich gegenüber Sir William Robertson: »Ich hege keinerlei Zweifel, dass wir letztlich siegen werden, aber ich hege große Furcht, ob wir einen guten Frieden erzielen.«[6]

Derartige Ansichten erschütterten die Geheime Elite und insbesondere Alfred Milner. Alarmglocken schrillten bei jenen, die mit Lord Milner in Südafrika gedient hatten. Damals hatte sich Lord Kitchener zum Ende des Burenkriegs hin eingemischt, um seinen Frieden herbeizuführen. Milner musste seinen gesamten enormen Einfluss aufbieten, um zu verhindern, dass Kitchener noch einen Termin aushandelte, an dem die Buren ihre Selbstverwaltung zurückerhielten.[7] Milner war gegen die Buren in den Krieg gezogen, um alte Strukturen zu zerschlagen und das Land neu zu formen, nicht um einen politischen Frieden auszuhandeln. Zu Friedensverhandlungen gehörten stets auch Kompromisse. Aber Kitchener »lähmte« Milner und verriet – zumindest aus Milners Sicht – den Frieden.[8] Führen wir uns noch einmal vor Augen, worauf es der Geheimen Elite wirklich ankam: Sie wollte Deutschland zerschmettern und das Land und seine Kolonien so umformen, dass es nie wieder eine Bedrohung für die britische Weltherrschaft darstellen konnte. Kitchener würde es doch wohl nicht wagen – immerhin schrieben wir mittlerweile 1916! –, sich in einen europäischen Frieden einzumischen?!

Kitchener sah sich selbst als jemanden, der einen guten Frieden vermitteln konnte, und er wurde in seinen Absichten unterstützt von Lord Derby,[9] der später in seinen Tagebüchern über den geistigen Zustand Herbert Kitcheners sinnierte.[10] Hätte er versucht, diese Fakten in den Jahren unmittelbar nach Kriegsende zu veröffentlichen, hätte der Zensor eingegriffen und die Informationen redigiert, zurückgezogen oder vernichtet. Derbys Tagebücher wären ganz tief vergraben worden, doch durch eine günstige Fügung des Schicksals veröffentlichte Lord Derby sein Buch erst 1938, zu einem Zeitpunkt also, an dem die Zensur bereits weitaus weniger streng war.

Kitchener besaß sehr starke Überzeugungen und hatte die Absicht, diese in den Vordergrund zu stellen, wenn es schließlich daran ging, einen Frieden auszuhandeln. 3, 4 Tage, bevor er zu seiner finalen schicksalhaften Reise aufbrach, saß er mit Lord Derby beim Abendessen zusammen und erzählte ihm von seiner Philosophie. Derby machte sich unmittelbar im Anschluss Notizen, damit er sich nicht ausschließlich auf seine Erinnerung würde verlassen müssen. Er hielt fest, Kitchener sei fest davon überzeugt, dass, »was auch immer geschehen mag« die Unterhändler nach Ende des Kriegs nicht »einem Land Territorium wegnehmen und es einem anderen geben sollten«. Er sprach auch über das Schicksal von Elsass-Lothringen: »Ich glaube, nimmt man Elsass-Lothringen den Deutschen weg und gibt es Frankreich, wird es einen Vergeltungskrieg geben.« Er beharrte auch darauf, Deutschland nicht die Kolonien wegzunehmen, denn »wenn sie über Kolonien verfügen, werden sie friedlich dort hingehen und sich nicht auf Kriege um neues Territorium einlassen«.[11] Seine Vorstellung von einem »guten Frieden« hatte nicht das Geringste mit der vollständigen Zerstörung Deutschlands zu tun.

Die Haltung Kitcheners war das genaue Gegenteil dessen, wofür die Geheime Elite kämpfte. Den Deutschen Elsass-Lothringen lassen? Ihnen die Kolonien lassen? Grundgütiger, was würde er als Nächstes fordern? Den Wiederaufbau des Osmanischen Reichs?! Kitchener verfügte im Osten noch immer über Einfluss, und die Regierung hatte große Ziele für Persien, was die Zeit nach dem Krieg anging. Kitcheners Ansichten waren nicht im Mindesten akzeptabel; was er da redete, glich Ketzerei. Derartige Ansichten konnten alles zu Fall bringen, was die Geheime Elite so sorgfältig für Deutschlands Zukunft vorbereitet hatte.[12]

Auch gegenüber Sir Douglas Haig hatte sich Kitchener geöffnet und ihm erklärt, weitere Kriege in Europa ließen sich nur durch einen entscheidenden Sieg über Deutschland und einen fairen Friedensvertrag im Anschluss verhindern.[13] Er war zu der Erkenntnis gekommen, dass es in diesem Krieg nicht um die Eroberung Deutschlands gehen solle.[14] Doch aus Sicht der Geheimen Elite war er damit völlig vom Weg abgekommen. Was, wenn die Vorstellung eines »gerechten Friedens« zu den Soldaten in den Schützengräben durchgedrungen wäre? Der große Mann höchstselbst dachte über Frieden nach, das würde nicht ohne Auswirkungen für die Fortsetzung des blutigen Kriegs bleiben. Und dann nicht nur Frieden, sondern auch noch ein gerechter Frieden? Für die Männer hinter den Kulissen war dergleichen undenkbar. Kurzum: Kitchener war nicht mehr nur Ballast, er entwickelte sich zur Gefahr für die Ziele der Geheimen Elite. Seine Pläne für die Zukunft warfen einen Schatten auf alles.

1916 war die Situation besonders heikel. Es wurde über Frieden gesprochen und über Friedenskonferenzen. Dahinter stand größtenteils Amerika, wo Präsident Wilson eine Wahl zu gewinnen hatte und Rufe nach Frieden eine gute Methode darstellten, Wähler von sich zu überzeugen. Der Krieg hatte sich festgefahren, ein Sieg war vermutlich nur noch durch einen Abnutzungskrieg zu erzielen. Natürlich stand Sir Edward Grey in regelmäßigem Kontakt mit Wilson, und zwar durch das Büro von Edward Mandell House, Wilsons Aufpasser.[15] Frieden war ein Thema, über das keine der Kriegsparteien laut nachdenken wollte. Und trotzdem nahm eine mögliche Vereinbarung Gestalt an. House und Grey entwarfen am 22. Februar 1916 ein vertrauliches Memorandum, das vom US-Präsidenten bestätigt wurde. Der Inhalt: Belgien muss seine Unabhängigkeit zurückerlangen, Deutschland tritt Elsass-Lothringen an Frankreich ab, Russland erhält Zugang zu den Weltmeeren, und Deutschland wird für den Verlust seiner außereuropäischen Gebiete entschädigt. Wenn Großbritannien und Frankreich den Zeitpunkt für gekommen hielten, würde Präsident Wilson eine Konferenz einberufen »in der Absicht, diesen Krieg zu beenden. Sollte die Entente diesen Vorschlag annehmen und Deutschland sich weigern, würden die Vereinigten Staaten vermutlich in den Krieg gegen Deutschland eintreten«.[16] Grey hatte gemeinsam mit House ein Memorandum erarbeitet, das laut Definition die Grundlage für einen ausgehandelten Frieden war.[17] Doch Sir Edward Grey erlebte das Jahresende nicht mehr in seinem Amt.

Aber was sollte mit Kitchener geschehen? Er war in der Tat ein Rätsel. Im Juni 1916 warf ihm Asquith hinter seinem Rücken vor, er habe seine Pflichten im Stich gelassen und er habe gelogen. Natürlich kam es dem Premierminister gut zupass, Kritik von sich selbst wegzulenken. Er spottete über Kitcheners umständliche Redeweise und seine ständigen Wiederholungen,[18] sah sich jedoch gezwungen, ihn im Parlament zu verteidigen – in einer kurzen, aber brillanten Ansprache, für die er von allen Seiten viel Lob einheimste.[19] Kitchener für seinen Teil glaubte weiterhin an Asquith. In seinem Tagebuch schrieb Lord Derby, Kitchener sei dem Premier treu ergeben und möge ihn sehr, was zum Teil wohl auch erklärt, warum er sein Amt nicht verließ.[20] Als sich Asquith nach der erwähnten Rede vom 1. Juni setzte, lehnte sich der konservative Parteivorsitzende Bonar Law zum Premier hinüber und flüsterte: »Das war eine großartige Rede, aber wie sollen wir ihn nun jemals loswerden?«[21]

Im inneren Kreis der Geheimen Elite war man sehr besorgt: Man hatte Kitchener falsch eingeschätzt. Das galt vor allem für Lord Milner. Er hatte Lord Kitchener im August 1914 überredet, das Amt des Kriegsministers zu übernehmen, weil er davon ausging, Kitchener würde anders als im Burenkrieg vorgehen. Größtenteils hatte sich das auch bestätigt. Hatten Kitcheners Beteuerungen, der Krieg werde 3 Jahre oder noch länger dauern, ihn fälschlich in Sicherheit gewogen? Kitchener war der erste gewesen, der öffentlich einen langen Krieg prognostizierte, aber 1916 sah sich Kitchener als »einen der englischen Abgesandten, wenn Frieden geschlossen wird«.[22] Das durfte unter keinerlei Umständen zugelassen werden. Die Geheime Elite beabsichtigte, Deutschland völlig umzukrempeln und die Vormachtstellung des Empire zu zementieren. Kitcheners geflüsterte Absichten brachten all das – und noch viel mehr – in Gefahr.

Lord Kitchener wusste sehr wohl, dass die Regierung ihn aus dem Weg haben wollte,[23] entsprechend argwöhnisch reagierte er auf alles, was Auslandsreisen betraf. Ende April 1916 schlug Asquith erstmals eine politische Mission nach Russland vor, die dazu dienen sollte, über das Munitionsthema zu sprechen und dem Zar den Rücken zu stärken, damit er den Kampf gegen Deutschland fortsetze. Ursprünglich hatte der Premier Lloyd George als Leiter der Delegation vorgesehen, Maurice Hankey sollte ihn begleiten.[24] Noch am selben Tag behauptete Hankey, gehört zu haben, Kitchener wolle unbedingt nach Russland.[25] Er begann, sich dafür einzusetzen. In seinem Tagebuch hielt er fest: »K[itchener] wird wahrscheinlich akzeptieren und mich wahrscheinlich fragen [ob ich ihn nicht begleiten möchte] – aber ich werde nicht gehen.«[26]

Hankey blieb bei seinem Entschluss und weigerte sich, mit nach Russland zu fahren. Gleichzeitig aber machte er sich aktiv stark dafür, dass Kitchener in das Kriegskomitee aufgenommen wurde. Rufen wir uns noch einmal in Erinnerung, dass Hankey rein theoretisch bloß der Sekretär dieses Gremiums war. Mittlerweile wissen wir, dass er eine zentrale Figur innerhalb der Geheimen Elite war,[27] dessen Einfluss tagtäglich wuchs. Betrachten wir noch einmal den Ablauf der Ereignisse: Eine Mission nach Russland wird geplant und soll unter Führung von Lloyd George und Hankey, beides Männer der Geheimen Elite, rein politische Zwecke erfüllen. Dann wird die Planung dramatisch verändert, nun soll Lord Kitchener das Ganze anführen. Seinen Biografen zufolge verkündete Kitchener »plötzlich, dass er die Mission gerne leiten würde«.[28]

Hier wirkten merkwürdige Kräfte, und nicht eine davon war über Nacht auf der Bildfläche erschienen. Sir John Hanbury-Williams,[29] der Agent der Geheimen Elite in Petrograd, ermutigte Kitchener, nach Russland zu kommen. Am 12. Mai schrieb er den britischen Kriegsminister direkt an und betonte, wie erfreut der Zar doch gewesen sei zu hören, dass Kitchener möglicherweise nach Russland kommen werde[30] – exakt 2 Wochen, bevor das Kriegskomitee die Mission abnickte. König Georg V. erhielt am 14. Mai zu seiner Überraschung ein fröhliches Telegramm des Zaren, in dem Lord Kitcheners Russlandbesuch als »ausgesprochen nützlich und bedeutsam« begrüßt wurde. Jemand hatte sich ungebührlich benommen, und der britische König verlangte, dass die Angelegenheit aufgeklärt werden würde. 12 Tage vergingen, ehe die Entscheidung, Kitchener zu schicken, abgesegnet wurde. Bis dahin wurde folgender Erklärungsversuch angeboten: Der russische Botschafter habe gehört, Kitchener werde *möglicherweise* nach Russland kommen, und habe dieses Gerücht als Tatsache an den Hof des Zaren in Petrograd weitergegeben.[31] In einem Punkt sind sich jedenfalls alle Berichterstatter einig: In der dritten Maiwoche wusste jeder, dass Kitcheners Besuch bevorstand.[32] Auch die Deutschen, so die dahinterstehende implizite Andeutung.

Interessant, das Ganze. Das Kriegskomitee in London hatte noch keine verbindliche Entscheidung gefällt, und als schließlich ein Beschluss feststand, waren die getroffenen Vorkehrungen deutlich anders als bislang erwartet. Erstens wurde Lloyd George aus der Gleichung entfernt. Dann entschied Asquith, dass er Lloyd George in Irland benötige, um dort die Folgen des Osteraufstands aus der Welt zu schaffen.[33] Asquith schrieb am 22. Mai eine sehr knappe und geheime Notiz an Lloyd George, in der er ihn drängte, »sich mit Irland zu befassen, jedenfalls für kurze Zeit«.[34] Das ist schon merkwürdig, oder? Lloyd George hatte noch nie etwas mit irischer Politik zu tun gehabt … und was sollte »für kurze Zeit« bedeuten? Wie Lloyd George es formulierte: »Ganz gegen meine eigenen Neigungen entschied ich, ich könne die Bitte von Mr Asquith [mein Augenmerk von Russland auf Irland zu lenken] nicht ablehnen.«[35] Lloyd George tat nie etwas, was nicht mit seinen eigenen Interessen deckungsgleich war. Und so wurde am 26. Mai entschieden, Kitchener werde in Begleitung seines persönlichen Stabs reisen.[36] Weder weitere ranghohe Politiker würden sich mit auf den Weg machen, noch jemand von der Geheimen Elite.

Angeblich hatte die Meldung von dem bevorstehenden Besuch in Petrograd bereits große Kreise gezogen. Die Beweislage sieht jedoch anders aus.

Endgültig abgesegnet wurde Kitcheners Russlandmission am 26. Mai. Einen Tag später wurde Hanbury-Williams informiert, dass Lord Kitchener und sein Stab (dem drei Diener angehörten) in See stechen und den russischen Hafen Archangelsk ansteuern würden.[37] Einerseits war Kitchener sehr daran interessiert, den Zaren zu treffen, andererseits misstraute er seiner eigenen Regierung – was würde sie anstellen, während er im Ausland war? Er vereinbarte mit Lord Derby einen Geheimcode, mit dessen Hilfe dieser ihn informieren sollte, falls es während seiner Abwesenheit zu weiteren Veränderungen kommen sollte.[38]

Kitchener tat ausgesprochen gut daran, argwöhnisch zu sein. Anfang Juni wurde er informiert, dass die geplante Visite möglicherweise um einige Wochen verschoben werden müsse, damit er auch den russischen Finanzminister treffen könne. Um ein Haar hätte Herbert Kitchener daraufhin die ganze Mission abgeblasen. Er schrieb Hanbury-Williams, wegen »der militärischen Lage« könne er im weiteren Verlauf des Jahres keine Zeit erübrigen.

Sollte ein Aufschub unumgänglich werden, müsse der Besuch ganz aufgegeben werden.[39]

Er kannte den Fahrplan für die geplante Sommeroffensive in Frankreich und war fest entschlossen, vor Beginn der Kampfhandlungen zurück an seinem Schreibtisch im Kriegsministerium zu sitzen. Das war so nicht erwartet worden. Hanbury-Williams reagierte rasch. Sofort beteuerte er gegenüber Kitchener, er habe mit dem Zaren gesprochen, und »dieser hat zweimal wiederholt, er wünsche, dass Sie kommen«. Der Zar halte »Ihren Besuch für eine Visite von Bedeutung und von Nutzen für beide Nationen«.[40] Die Geheime Elite wollte Kitchener unbedingt nach Russland schicken. Aber warum? Wenn er selbst am 3. Juni 1916 den Russlandbesuch noch hätte absagen können, konnte die ganze Angelegenheit nicht wirklich von zentraler Bedeutung sein.[41]

Fassen wir zusammen: Aus einer politischen Mission von Lloyd George und Hankey wird eine persönliche Audienz von Feldmarschall Earl Kitchener beim Zaren. Die ganze Angelegenheit wird als der persönliche Wunsch des Zaren dargestellt. Am 26. Mai setzt Kitchener den russischen Botschafter davon in Kenntnis, der Kriegsrat habe beschlossen, er solle die Einladung des Zaren nach Russland annehmen.[42] Wie clever! Sollte irgendjemand unbequeme Fragen über Sinn und Zweck von Kitcheners Reise stellen, lautete die Antwort: Er war auf persönliche Einladung von Zar Nikolaus II. unterwegs.[43]

Am 31. Mai waren die Kritiker des Kriegsministers im Parlament mit einem Tadelsantrag gescheitert,[44] einen Tag später traf sich Kitchener mit mehr als 200 Abgeordneten, um ihnen Gelegenheit zu geben, sich seine Meinung zum bisherigen Kriegsverlauf anzuhören. Er beantwortete ihre Fragen offen, und die Abgeordneten dankten es ihm mit warmem, anhaltendem Applaus.[45] Am selben Abend suchte er König Georg V. auf, um sich von ihm zu verabschieden, und fuhr vom Buckingham Palace zur Downing Street, wo er ein längeres Treffen mit Premierminister Asquith hatte. Rückblickend kommt es einem wie eine Abschiedstournee vor.

Just zu diesem Zeitpunkt kam es in der Nordsee nahe der dänischen Halbinsel Jütland zum einzigen ernsten Aufeinandertreffen der britischen Grand Fleet und der kaiserlichen Hochseeflotte. Die Briten mussten schwere Verluste hinnehmen, darunter sechs Kreuzer und acht Zerstörer.[46] Fast unmittelbar im Anschluss befahl Admiral Sir John Jellicoe eine Untersuchung zu der

Frage, wie so viele Kreuzer verloren gehen konnten.[47] Während sich die grün und blau geprügelte Navy nach Scapa Flow zurückschleppte, begannen die Schuldzuweisungen. 6097 Tote waren ein schwerer Schlag für das Renommee der Admiralität, andererseits blieb die deutsche Hochseeflotte, bei der sich die Verluste auf 2557 Mann belaufen hatten,[48] für die restliche Dauer des Kriegs mehr oder weniger an den Hafen gefesselt. Beide Seiten nahmen den Sieg für sich in Anspruch, aber Jellicoes Ruf erholte sich nicht mehr. Er stand körperlich wie mental bereits unter großem Druck.[49]

Und mitten hinein in dieses traumatische Erlebnis der Royal Navy platzte der legendärste Soldat des Empire – Kitchener war auf dem Weg nach Russland. Gemeinsam mit seinem Stab brach der Kriegsminister in einem Sonderzug vom Londoner Bahnhof King's Cross auf und fuhr die 700 Meilen zur schottischen Küste. Am nächsten Morgen – es war Montag, der 5. Juni 1916 –, traf er im Hafen Scrabster bei Thurso ein, von wo aus er an Bord des Zerstörers *HMS Oak* innerhalb von 2 Stunden die raue Überfahrt auf die Orkneys absolvierte. Wichtig bei den folgenden Ereignissen ist, dass sich der Kriegsminister voll und ganz in der Hand der Admiralität befand und die Admiralität sich voll und ganz in der Hand von Arthur Balfour befand, seines Zeichens Mitglied der Geheimen Elite.[50] Es war Admiral Jellicoe, der den alten, noch mit Kohle befeuerten Panzerkreuzer *HMS Hampshire* für die Aufgabe abstellte, die kostbare Fracht nach Archangelsk zu befördern, obwohl das Schiff Berichten zufolge in Jütland leicht beschädigt worden war. Es war Jellicoe, der am 4. Juni Kapitän Herbert Savill von der *Hampshire*, der seit über einem Jahr die Gewässer um die Orkneys befuhr, seine Anweisungen gab. Und noch wichtiger: Es war Jellicoe, der im letzten Augenblick diese Anweisungen noch einmal änderte und den Kreuzer anwies, die Route entlang der Westküste der Orkney-Inseln zu nehmen. Angeblich handelte es sich hierbei um die weniger gefährliche, besser geschützte Route. Abgesehen vom soliden Hafen von Scapa Flow gab es rund um die Orkneys keinen Schutz vor schweren Stürmen.

Es herrschte schlechtes Wetter, tatsächlich ging es für Juni kaum noch schlechter. Die örtliche Zeitung *The Orcadian* sprach von einem Sturm mit Windstärke 9, der die Insel heimsuchte. Einen schwereren Sommersturm hatten die Orkneys seit Jahren nicht erlebt. Die Behauptung, Jellicoe und sein

Stab hätten nicht erwarten können, dass der Sturm rund um die Orkneys mit einer derartigen Wucht wüten würde, wurde später von Alexander McAdie widerlegt, Professor für Meteorologie an der Universität Harvard. Ein klar identifizierter Wirbelsturm zog vom Atlantik in die Nordsee und stand kurz davor, in Richtung Arktis abzudrehen. »Der Meteorologe in London hätte davor gewarnt, unter diesen Bedingungen aufzubrechen«, schrieb McAdie. »Wer in Klimadingen erfahren war, hätte dazu geraten, zu warten und dem Tiefdruckgebiet lieber zu folgen als zu versuchen, vor ihm wegzufahren.«[51] Apologeten für die Admiralität und Jellicoe führten die Ereignisse auf »schlechtes Urteilsvermögen und Selbstgefälligkeit« zurück.[52] McAdie machte derartige Theorien 1923 zunichte, als er erklärte: »Dass es kein genaues Wissen über die Position des Sturms gab, erscheint unentschuldbar.«[*53]

Wir reden hier von der Admiralität, einer Einrichtung, die jahrhundertelange Erfahrung besaß, was Wetterbedingungen und Seefahrt anbelangte. Die Admiralität war verantwortlich dafür, die Einzelheiten von Kitcheners Seereise auszuarbeiten. Jellicoe war Befehlshaber der Grand Fleet, er kannte Scapa Flow, er kannte die Tiefdruckgebiete und die Stürme, die die Region heimsuchten. Er stand in regelmäßigem Kontakt mit London. Tatsächlich kabelte Jellicoe am 5. Juni um 18 Uhr 8 der Admiralität und holte die Erlaubnis ein, die *Hampshire* für die Dauer von Kitcheners Besuch in Archangelsk zu belassen.[54] Die *Hampshire* war zu diesem Zeitpunkt bereits unterwegs. Als Befehlshaber der Grand Fleet hätte Jellicoe eine derartige Entscheidung doch gewiss auch selbst treffen können, oder? Wofür benötigte er die Genehmigung Londons? Es steht außer Frage, dass die Orkneys und London wegen der *Hampshire* kommunizierten, bevor es das Schiff in Stücke riss. Insofern ist es unmöglich, von »Verwirrung und schlechter Kommunikation« zwischen Admiralität auf der einen und Jellicoe in Scapa Flow auf der anderen Seite zu sprechen. Es herrschte keinerlei Verwirrung.

Schon bald nach dem Untergang der *HMS Hampshire* kamen Fragen auf, warum denn ausgerechnet dieses Schiff ausgewählt worden war, um Kitchener durch die Arktis nach Archangelsk zu transportieren. Ein wütender Vikar aus Portsmouth schrieb der *Times* am 9. Juni: »Gibt es keine Erklärung dafür, warum das wertvollste Leben, das die Nation besaß, in einem alten Schiff wie der *HMS Hampshire* riskiert und von keinerlei Eskorte bewacht wurde?«[55] Die

Kitchener in Scapa Flow auf den Orkneys

Frage ist berechtigt. Die *Hampshire* war ein 13 Jahre alter Panzerkreuzer der Devonshire-Klasse, der genauso gut bereits hätte abgewrackt werden können. Im Februar 1914 legte Winston Churchill als damaliger Erster Lord der Admiralität dem Parlament eine Liste mit 252 Schiffen vor, die mit Öl befeuert wurden, demnächst auf Ölbefeuerung umgerüstet werden sollten oder sowohl für Öl als auch für Kohle ausgerüstet werden sollten. Auf der Liste stand alles von Schlachtschiffen bis hin zu Torpedokanonenbooten – aber keine *HMS Hampshire*.[56] Und dennoch war der alte Kreuzer mit seinen Kohleöfen und vier Schornsteinen Jellicoes Wahl gewesen. Unter Volldampf wäre dieses Schiff wohl kaum unauffällig gewesen.

Um 16:45 Uhr am 5. Juni 1916 verließ die *HMS Hampshire* die relative Sicherheit von Scapa Flow und setzte zunächst westlichen, später nördlichen Kurs – mitten hinein in den Sturm. Sie wurde begleitet von den beiden Zerstörern *Unity* und *Victor*,[57] die beide dem Frontalangriff des Sturms nicht gewachsen waren. Um 17:45 Uhr stießen sie zur *Hampshire* und taten so, als würden sie dem Kreuzer zur Seite stehen. 35 Minuten lang mühte sich die *Unity* vergeblich, Anschluss zu halten, aber obwohl Kapitän Savill die Geschwindigkeit zweimal reduzieren ließ, war es in der gewaltigen Dünung ein hoffnungsloses Unterfangen. Um 18:20 Uhr wurde der Zerstörer angewiesen, nach Scapa Flow zurückzukehren. Die *Victor* hielt es im schweren Sturm zehn Minuten länger aus, dann kehrte auch sie um. Ab 18:30 Uhr kämpfte sich die *Hampshire* langsam und allein durch die See. Alle Luken bis auf die zu Messe 14 waren dicht. Die *Hampshire* war wie ein schwimmender Sarg mit einem einzigen Luftloch. Sie wurde auf die Route gesteuert, die Jellicoe selbst angeordnet hatte, vorbei am Hoy Sound, wo sie vom Sturm unerbittlich hin und her geworfen wurde. Der offiziellen Geschichtsschreibung zufolge waren es »nicht miteinander in Zusammenhang stehende Zufälle«,[58] die das unselige Schiff in das Minenfeld führte, welches das deutsche U-Boot *U-75* vor Marwick Head gelegt hatte. Nur zwölf Mann überlebten, Kitchener war nicht darunter.

Dass westlich der Orkney-Inseln ein »unbekanntes« deutsches Minenfeld gelegen haben soll, ist eine Aussage, die näher überprüft werden muss. Im Marinehauptquartier in Longhope auf der Orkney-Insel South Wallis gingen am Nachmittag des 5. Juni wichtige Nachrichten ein, wonach U-Boote exakt auf der Strecke aktiv waren, die Jellicoe für die *Hampshire* angewiesen hatte. Dass dem so ist, zeigen inzwischen aufgetauchte Beweise. Doch offenbar schenkte niemand den Meldungen Beachtung.[59] Der wichtigste Passagier, der je in Scapa Flow angelandet war, befand sich bereits auf dem Stützpunkt, und niemand hatte Anweisung gegeben, Oberbefehlshaber Admiral Jellicoe oder wenigstens dessen Stab über U-Boot-Bewegungen entlang der gewählten Route auf dem Laufenden zu halten? Das ist schlicht unglaublich. U-Boot-Aktivitäten in der Nähe von Scapa Flow hatten seit jeher allerhöchste Priorität. Nur an wenigen Orten auf dem Globus wusste man besser Bescheid über die Gefahren, die ein Unterseeboot darstellen konnte. Die Grand Fleet war nach der Skagerrakschlacht anfällig, insofern war es von allerhöchster Bedeutung zu wissen, wo sich die deutschen U-Boote befanden. Hätte niemand die ranghohen Offiziere der Flotte über U-Boot-Sichtungen in Kenntnis gesetzt, hätte diese Pflichtverletzung eine Verhandlung vor dem Kriegsgericht nach sich ziehen müssen. Tatsächlich jedoch wurde niemand zur Rechenschaft gezogen.

Der Krieg war noch keine 4 Monate alt, als die britische Admiralität bekanntlich alle drei zentralen Verschlüsselungsmethoden in Händen hielt, mit denen die kaiserliche Marine arbeitete, um Informationen an ihre Schiffe und Unterseeboote weiterzugeben. Die Entschlüsselungsexperten in Raum 40 der Admiralität konnten jede Funkkommunikation des Feindes entschlüsseln, daraus Schiffsbewegungen der Deutschen ableiten und detaillierte Profile der U-Boot-Kommandanten erstellen.[60] Während sich die Deutschen auf die Auseinandersetzung vorbereiteten, die als Skagerrakschlacht in die Geschichte eingehen sollte, wurden drei ozeantaugliche Minenleger-U-Boote ausgeschickt, um die Seerouten am Firth of Forth, am Moray Firth und um Orkney zu verminen.

Der Kommandeur von *U-75*, Kurt Beitzen, legte seine Minen in fünf Gruppen à vier Minen genau auf der Strecke, die Jellicoe für die *Hampshire* ausgewählt hatte. In Raum 40 waren der Kurs von *U-75* und den beiden Schwesterschiffen entdeckt und entschlüsselt worden. Das bedeutet: Als Kitcheners Reise geplant und genehmigt wurde, kannte die Admiralität die Risiken, die in Form der U-Boote bestand. Auch Jellicoe wusste davon. Anhand zweier abgefangener Botschaften vom 31. Mai und 1. Juni wurde das neue ozeantaugliche Minenleger-U-Boot *U-75* westlich von Orkney verortet. Am 3. Juni wurden die Bewegungen von *U-75* an die Station Longhope übermittelt, und aus den Unterlagen der Admiralität geht hervor, dass am 5. Juni in drei Botschaften von 14:40 Uhr, 17:15 Uhr und 19:15 Uhr, alle von der Station Cape Wrath datiert, ein U-Boot identifiziert wurde – *U-75*.[61] Die *Hampshire* war um 16:45 Uhr in See gestochen, stand aber in Funkkontakt mit Longhope. Es lässt sich nicht bestreiten: Jellicoe hatte die *HMS Hampshire* angewiesen, Kurs auf einen Abschnitt zu nehmen, von dem man wusste, dass sich dort ein U-Boot mit der Fähigkeit, Minen zu legen, aufgehalten hatte.[62] Wir sprechen hier nicht von Fehlern, die einem jungen Rekruten oder einem unerfahrenen Auszubildenden unterlaufen sind. Jede dieser Entscheidungen wurde von Admiral Sir John Jellicoe diktiert, dem Befehlshaber der Grand Fleet. Es heißt, dass Kitchener erpicht darauf war, seine Reise den schlechten Wetterbedingungen zum Trotz fortzusetzen, und dass deswegen die Abreise der *Hampshire* nicht verzögert wurde. Ist dem so?

Sollen wir glauben, Kitchener hätte sich über die Empfehlung von Admiral Jellicoe hinweggesetzt, hätte dieser sich die Zeit genommen, ihm zu erklären, was für verheerende Folgen ein Sturm mit Windstärke 9 haben kann? Tatsächlich fand eine derartige Diskussion überhaupt nicht statt. Jellicoe schrieb später: »Ich erachtete die Verzögerung nicht als erforderlich. Hätte die Notwendigkeit bestanden, hätte ich nicht gezögert, noch in derselben Nacht und auf derselben Strecke mit der Grand Fleet in See zu stechen …«[63] Natürlich wollte Kitchener vorankommen, aber er war erfahren genug zu wissen, was »Eile mit Weile« bedeutet. Kitchener war ein schlechter Seemann. Schuld sei Kitchener, weil er so fest entschlossen war, unbedingt durch den Sturm segeln zu wollen, heißt es, doch diese Behauptung klingt hohl. Dasselbe lässt sich über die Wahl der *HMS Hampshire* sagen. Unter allen Optionen, die Jellicoe zur Verfügung standen, war der alte Panzerkreuzer die mit den geringsten Kosten verbundene. Seine Kohlenöfen erzeugten Antrieb und Dampf, und hätte das Schiff es sicher nach Petrograd geschafft, wie viele U-Boot-Rudel hätten dann wohl auf der Lauer gelegen und auf die *Hampshire* gewartet?

In den folgenden Wochen und Monaten gab es reichlich Vorwürfe und Spekulationen, wer außerhalb Großbritanniens von Kitcheners geplantem Besuch in Russland gewusst haben könnte und wer nicht. Als ob das irgendeine Auswirkung auf das Resultat gehabt hätte. Ein einziger Faktor zählte und nur der: Wer Bescheid wusste über *U-75* und darüber, dass das U-Boot rund um Orkney Minen legte, der wusste auch, dass die Passage nach Marwick Head einer tödlichen Falle gleichkam. Wer auch immer Kapitän Savill anwies, diese Route zu nehmen, trägt zumindest einen Teil der Verantwortung. Aber handelte Jellicoe allein? Wie weit reicht die Linie der Komplizen? In der Admiralität gab es einen Mann aus dem inneren Kreis der Geheimen Elite, dessen Autorität größer war als die aller anderen – die Rede ist von Arthur J. Balfour, Erster Lord der Admiralität und damit Marineminister.

Am 5. Juni 1916 wurde um 19:45 Uhr GMT vom Postamt Birsay ein dringendes Telegramm nach Kirkwall und Stromness geschickt. Darin hieß es: »Schlachtkreuzer zwischen Marwick Head und Brough of Birsay anscheinend in Not.« 20 Minuten später folgte die Mitteilung: »Schiff gesunken.«[64]

Der Kreuzer befand sich etwa 2,5 Kilometer vor der Küste in stürmischer See, war aber von dem Marinebeobachtungsposten an Land deutlich auszumachen. Marwick Head ist eine zerklüftete Küstenfestung aus Klippen und wenig einladenden Felsen. Wenn es einen Ort gibt, der perfekt für einen Hinterhalt mit möglichst wenig Überlebenden geeignet ist, dann ist das Marwick Head. Die Begleitschiffe hatten in den unmöglichen Wetterbedingungen nicht mit dem schnelleren Kreuzer mithalten können und waren nach Scapa Flow umgekehrt.[65]

Es gab Zeugen. Joe Angus, Kanonier bei der Küstenpatrouille,[66] sah eine große Rauch- und Feuerwolke hinter der Brücke der *Hampshire* hervorbrechen. Er war es auch, der den Alarm auslöste.[67] Nachdem er alarmiert worden war, jagte Korporal Drever, der den Beobachtungsposten der Flotte bemannte, zum Postamt.[68] Was folgte, war im wortwörtlichen Sinne diabolisch.

Zeitpunkt: 5. Juni 1916, 19:45 Uhr GMT[69]

Die *Hampshire* befand sich auf nördlichem Kurs bei 30 Grad Ost.[70] Sie lief auf eine Mine auf, die direkt hinter der Brücke explodierte[71], aber sie sank nicht sofort. In dem Chaos überlebten nur zwölf von etwa 700 Mann[72] den Untergang des Schiffs, die tobende Nordsee und die erbarmungslosen Felsen. Von diesen zwölf Überlebenden gaben neun ausdrücklich an, eine einzelne Explosion habe das Schiff in Stücke gerissen. William Bennet, Wachoffizier im Maschinenraum, sagte, es seien zwei gewesen, möglicherweise sogar drei. Die Männer mussten sich durch giftige Dämpfe und erstickenden Rauch kämpfen, um an Deck zu gelangen. Schätzungen zufolge vergingen zwischen der Explosion und dem Untergang 10 bis 20 Minuten. Der heulende Wind und die peitschende See trugen noch zur Verwirrung bei. Rettungsboote ließen sich nicht ausbringen, weil das Schiff nicht mehr über Strom verfügte. Freigeschnittene Boote wurden in der lähmend kalten Brandung zerschmettert. Verzweifelt sprangen Männer mit angelegten Rettungsringen über Bord. Nur die Rettungsinseln, sogenannte Carley-Flöße, boten überhaupt eine Chance, lebend aus dieser Sache herauszukommen.[73]

Zeitpunkt: 5. Juni 1916, ab 20 Uhr GMT

Heizer Walter Farnden war einer von schätzungsweise vierzig Mann, die sich anfangs an Floß Nummer drei mit seinem korkverstärkten Rand und den Seilgriffen klammerten. Einer nach dem anderen sanken sie hinab in die Tiefe, erschöpft, halb erfroren. Sie waren nicht imstande, andere Männer zu bergen, die in den Trümmern noch immer um ihr Leben kämpften. Über die Tortur, die er und seine Kameraden durchmachten, sagte Heizer Farnden später: »Eine Stunde verging, dann zwei, und der Sturm trieb uns näher und näher in Richtung Land. Inmitten des ganzen Leidens starben weiterhin Männer, bis gerade einmal vier von uns noch am Leben waren.«[74] Hunderte Seeleute versanken in der tosenden See, denn es war niemand vor Ort, um sie zu retten. Diese Tragöde spielte sich nur knappe 2 Kilometer vor der Küste ab, sie wurde innerhalb weniger Minuten nach ihrem Beginn beobachtet und nach Scapa Flow gemeldet, dennoch überließ man die verzweifelten Seelen ihrem Schicksal – praktisch völlig verlassen außerhalb des größten Naturhafens, über den das Empire verfügte. Wie kann das sein?

In dem Augenblick, als eine rasche Reaktion auf den Notruf möglicherweise Dutzenden Menschen hätte das Leben retten können, scheiterte die Navy an sich selbst. Später wurde eine lahme Entschuldigung veröffentlicht, wonach das erste Telegramm nicht präzise genug gewesen sei. Doch selbst das verlor jegliche Relevanz, als das Telegramm von 20:20 Uhr eintraf: »Schiff gesunken.« Eine dritte verzweifelte Botschaft folgte um 20:35 Uhr: »Kreuzer mit vier Schornsteinen vor 20 Minuten gesunken. Noch keine Hilfe vor Ort. Schicken Sie Schiffe, um Leichname zu bergen.« Seit fast einer Stunde waren Seeleute im Wasser, aber noch immer zauderte die Admiralität.

Vizeadmiral Osmond Brock von der Station Longhope auf Orkney erhielt Kenntnis davon, dass ein Schiff gesunken sei. Trotzdem setzte er nicht sofort eine Rettungsflotte in Marsch. Zeit wurde damit verschwendet, die Telegramme zu bestätigen. Brock war einer der Gäste bei dem speziellen Mittagessen gewesen, das Admiral Jellicoe an jenem Tag zu Ehren Kitcheners veranstaltet hatte. Brock wusste Bescheid, dass der Kurs der *Hampshire* kurzfristig noch geändert worden war. Er wusste über Kitcheners Russlandmission Bescheid. Dass er nicht sofort handelte, ist und bleibt unverständlich. Nur ein einziges

Kriegsschiff befand sich auf dieser speziellen Route. Brock wusste, dass es sich bei dem betroffenen Schiff nur um die *Hampshire* handeln konnte.[75] Sein Zögern kostete zweifellos vielen Dutzend Männern das Leben. Wäre Kitchener im Wasser gewesen, wäre er auch verloren gewesen. Osmond Brock beendete seine Laufbahn übrigens als Flottenadmiral.[76]

Die Menschen von Orkney, die zu Augenzeugen der Tragödie wurden, konnten erkennen, dass sich zwischen den dahintreibenden Leichnamen auch Überlebende befanden, aber die Klippen standen wie ein natürliches Bollwerk zwischen den verzweifelten Seeleuten und der Rettung. Die folgenden Ereignisse sind – sofern es nicht Geheimbefehle gab – eine Anhäufung von inkompetentem Verhalten, Panik und Verwirrung in einem Ausmaß, das nicht den geringsten Sinn ergibt. Bei alledem darf man nicht vergessen, dass das Schiff gerade einmal 2 Kilometer vor der Küste der Orkneys sank, einer Region mit massiver Flottenaktivität, direkt vor der Haustür der Grand Fleet.

In Stromness erreichte die Meldung vom Untergang des Kreuzers rasch das Royal National Lifeboat Institute. Der Sekretär des Instituts, G.L. Thomson, informierte umgehend die Marinebehörden und wollte sofort das Seenotrettungsboot losschicken. Zu seiner allergrößten Verblüffung wies man ihn an, nichts dergleichen zu unternehmen. Er verlangte, den befehlshabenden Offizier zu sprechen, erhielt aber zur Antwort, das gehe ihn »verdammt noch mal nichts an«. Sollte er versuchen, das Seenotrettungsboot einzusetzen, werde man ihn der Meuterei anklagen, wurde er sehr drastisch und ausdrücklich gewarnt. So hitzig wurde die Angelegenheit, dass man Thomson und seinen Männern androhte, sie zu verhaften.[77] Die Aufgabe von Seenotrettungsbooten besteht darin, Menschen zu Hilfe zu eilen, die auf See in Not geraten sind. Sie retten Leben. Die Geschichte von Seenotrettungsbooten in den Gewässern Großbritanniens ist eine Geschichte großer Selbstaufopferung und des Wagemuts. Dass die Navy Befehl gegeben haben soll, ein Seenotrettungsboot nicht auslaufen zu lassen, ergibt überhaupt keinen Sinn. Oder hegte die Admiralität den Wunsch, dass es keine Überlebenden geben solle?

Die Handvoll Bewohner aus Birsay, die von der Katastrophe erfahren hatte, wollte helfen, aber in einigen Fällen wurde sie »gewaltsam und unter schärfsten Drohungen daran gehindert, sich auf den Weg zu den Überlebenden zu machen«. Es hieß sogar, sie hätten von der Küste wegzubleiben, ansonsten werde man auf sie schießen. Die Einheimischen waren überzeugt: Hätten sie sofort handeln dürfen, hätte man gewiss fünfzig Menschen mehr retten können.[78] Was für ein Gedanke!

Zeitpunkt: 5. Juni 1916, 21:45 Uhr GMT bis Mitternacht

Mehr als 2 Stunden dauerte es, bis sich ein Schlepper und zwei Trawler von Stromness aus auf den Weg machten. Um 22 Uhr folgten vier weitere Zerstörer. Beobachter auf der Insel Birsay erinnerten sich später, dass keines dieser Schiffe vor Mitternacht die Unglücksstelle erreichte. Gegen 1 Uhr wurde eines der Carley-Flöße eine halbe Meile nördlich von Skaill Bay an das felsige Ufer eines kleinen Stroms angespült. Als es von der sinkenden *Hampshire* abgelegt hatte, waren etwa vierzig Mann an Bord gewesen, weitere dreißig hatten diese aus der eiskalten See gezogen, aber nur sechs überlebten die Landung, bei der das Boot gegen die Felsklippen geschleudert wurde. 15 Minuten später erreichte ein zweites Floß ein kleines Stück weiter nördlich die Küste. Hier waren neben vierzig, fünfzig Leichnamen nur noch vier Überlebende an Bord. Was für eine körperliche und mentale Erschöpfung das für diese Menschen gewesen sein muss! Und noch waren sie längst nicht in Sicherheit. Sie trieben auf die nachtschwarzen Klippen zu, und es war niemand zu sehen, der ihnen hätte helfen können, niemand, der ihnen ein Seil hätte zuwerfen oder ihnen zurufen können, wie sie in der Dunkelheit blind die Klippe bezwingen konnten. Ein, zwei Mann erreichten einen Bauernhof, völlig erschöpft und halb tot.

Zeitpunkt: 6. Juni 1916, 10:30 Uhr GMT

Zunächst wussten die Behörden nichts von Überlebenden, deshalb erging am 6. Juni um 13:40 Uhr eine offizielle Mitteilung an die Presse, dass die Admiralität um 10:30 Uhr eine Telegramm vom Kommandeur der Grand Fleet erhalten habe, also von Admiral Jellicoe. Der Inhalt des Telegramms:

»Mit tiefem Bedauern muss ich melden, dass die HMS Hampshire *(Kapitän Robert J. Savill) mit Lord Kitchener und seinem Stab*

> *an Bord vergangene Nacht gegen 20 Uhr westlich von den Orkneys versenkt wurde, entweder durch einen Minentreffer oder einen Torpedo. Beobachter an Land haben gesehen, wie vier Boote von dem Schiff abgelegt haben. Der Wind stand nordnordwestlich bei schwerer See. Patrouillenboote und Zerstörer machten sich unverzüglich auf den Weg zu der Stelle, und die Küste wurde abgesucht. Bislang konnten jedoch nur einige Leichname und ein gekentertes Boot gefunden werden. Ich fürchte, da die gesamte Küste abgesucht wurde, besteht nur wenig Hoffnung auf Überlebende. Von den Suchmannschaften an Land liegt noch kein Bericht vor. Die* Hampshire *war auf dem Weg nach Russland.«*[79]

Die Vertuschungsaktionen hatten begonnen. Das Empire war informiert worden, es gebe »nur wenig Hoffnung auf Überlebende«. *War Illustrated* erklärte glattweg: »Lord Kitchener [...] an Bord der *HMS Hampshire* ist zusammen mit seinem Stab und der gesamten Besatzung dieses Kreuzers ertrunken.«[80] Die *Times* druckte den Bericht eines Sonderkorrespondenten, der erklärte, Hilfe habe sich unverzüglich auf den Weg gemacht. »Schiffe, die sofort angewiesen worden waren, sich auf die Suche zu machen, fanden keine Spur des gesunkenen Kriegsschiffs oder, zumindest eine Zeitlang, nicht einmal treibende Leichname.«[81] Die ersten Mitteilungen waren falsch. Unglaublicherweise gab es Überlebende. Und Schiffe waren keineswegs sofort in Gang gesetzt worden. Dafür hatte Konteradmiral Brock gesorgt.

Zwei Stunden nachdem die *Hampshire* gesunken war, passierte der in Aberdeen registrierte Trawler *Effort* die Stelle. Nach Einschätzung der Besatzung war die See nicht so rau, als dass man keine kleinen Boote hätte ausbringen können, aber von dem Wrack war nichts zu sehen. Zu diesem Zeitpunkt hatte sich das Wetter etwas beruhigt. Seltsamerweise heißt es in dem Bericht der *Effort:* »Das einzige Schiff, das wir beobachteten, war ein niederländisches Schiff, das sehr dicht vorbeidampfte.«[82] Woher ist das denn gekommen? Um wen es sich bei dem geheimnisvollen Schiff gehandelt haben soll, konnte nie geklärt werden.

In den nächsten Tagen trafen, so berichten es Einwohner der Orkneys, zwei Lastkraftwagen voller Leichname am Pier von Stromness ein. Die Toten waren kaum bedeckt, die leblosen Seeleute lagen gut sichtbar übereinander gestapelt, einige nahezu nackt. Sie wurden auf einen wartenden Schlepper geschoben und zur Beerdigung fortgebracht.[83]

Erst Stunden später wurden Schiffe ausgesandt, um nach Überlebenden zu suchen. Die beiden Zerstörer HMS Unity und HMS Victor, die ursprünglich der *Hampshire* hatten Geleitschutz geben sollen, stachen um 21:10 Uhr wieder in See – so steht es in ihren Logbüchern.[84] Sie benötigten anderthalb Stunden, um das Gebiet des Untergangs zu erreichen.[85] Vizeadmiral Brock, der über den Kurs der *Hampshire* bis ins letzte Detail informiert war, entschied (kriminellerweise, wie einige sagen) nicht sofort, Hilfe zu entsenden.

Eigentlich sah das Protokoll vor, dass, wann immer ein Schiff auf See verloren ging, ein öffentliches Militärgericht den genauen Gründen nachgehen solle, dennoch lehnte die Admiralität eine öffentliche Untersuchung zum Verlust der *Hampshire* ab. Der Tod von Lord Kitchener sorgte für riesiges öffentliches Interesse und viele Bedenken, aber es gab keine öffentliche Untersuchung.

Indem sie sich weigerte, Fragen zu beantworten, sorge die Admiralität bloß dafür, dass wilde Spekulationen ins Kraut schössen, sagten einige Parlamentarier. War die Route, auf der die *HMS Hampshire* unterwegs war, nach Minen abgesucht worden? Das wollte die Admiralität nicht beantworten. Wir wissen, dass es nicht geschehen ist, denn Jellicoe räumte es in seiner eigenen Geschichte der Grand Fleet später persönlich ein.[86] Die förmliche Mitteilung vom Verlust der *Hampshire* wurde am 6. Juni 1916 um 14 Uhr veröffentlicht. Noch am selben Abend gab man Einzelheiten zum Gedenkgottesdienst in der St. Pauls-Kathedrale ab, der zu Ehren Kitcheners abgehalten werden sollte – die Bekanntmachung erfolgte aber zu einem Zeitpunkt, als das Kriegsministerium noch gar nicht wirklich überzeugt sein konnte, dass Kitchener nicht überlebt hatte.[87]

Die Toten, die man aus dem Meer bergen konnte oder die an den Felsen zerschmettert worden waren, wurden eingesammelt und rasch beerdigt. Es gab keine Untersuchung des Untersuchungsrichters beziehungsweise eine »fatal accident inquiry«, wie sie in Schottland bei derartigen Vorfällen üblich ist.[88] Es wirkte fast, als müssten die Beweise vom Ort eines Verbrechens weggeschafft werden. Um die Dinge noch zu verschlimmern, verhängte die

Admiralität am 7. Juni strenge Auflagen für alle, die auf die Orkneys reisen oder die Inseln verlassen wollten. Warum wollte sie die Presse von der Insel fernhalten? Auf Schritt und Tritt führte die Obrigkeit sich auf, als habe sie etwas zu verbergen.

Am Samstag, den 10. Juni, veröffentlichte die Admiralität ihre öffentliche Stellungnahme.[89] Die Schilderung der Ereignisse fiel knapp aus und war fast schon eine reine Wiederholung dessen, was in den Zeitungen bereits berichtet worden war. Es ging um das Wetter, um die überraschende Mine und die Würde von Lord Kitchener, während er tapfer seinem Tod ins Antlitz blickte. Was für eine günstige Fügung, dass ein Augenzeuge, Marineunteroffizier Wilfred Wesson[90], bestätigen konnte, dass man Lord Kitchener zuletzt kurz vor dem Untergang an Deck stehend gesehen habe.

Viele Jahre später warf Wessons in einer Zeitung abgedruckte Schilderung doch viele Fragen auf.[91] Es tobte ein Sturm, und an Bord herrschte heilloses Durcheinander, aber »es wurden Befehle gerufen. Der Großteil ging im Orkan verloren … der Wind heulte … unermessliche Wogen brachen in schaudernden Kaskaden über das Schiff herein … und dann kam Lord Kitchener an Deck. Ein Offizier rief: ›Macht Platz für Lord Kitchener!‹ Der Kapitän hatte ihn zu sich auf die Brücke gebeten … da sah ich Lord Kitchener das letzte Mal.«[92] Wenn man künstlerische Freiheit außer Acht lässt, muss man sich doch die Frage stellen, wie Marineunteroffizier Wesson mitten in einem heftigen Sturm gehört haben will, was er angeblich hörte. Der Admiralität war das egal. Sie hatte einen Augenzeugen, der bestätigen konnte, dass Herbert Kitchener es an Deck geschafft hatte und deshalb zusammen mit dem Kapitän und anderen ranghohen Offizieren untergegangen sein musste.

Im House of Commons erklärte am 6. Juli 1916 Dr. Thomas McNamara, der parlamentarische Staatssekretär der Admiralität, es sei eine »vollständige und gründliche Untersuchung« durchgeführt worden, und man habe eine vollständige Zusammenfassung des Berichts veröffentlicht, der die Aussagen jedes einzelnen Überlebenden abdeckte.[93] Sieht man sich die folgenden Zeugenaussagen an, scheint es, als hätten sich die Nachfragen beschränkt auf Punkte wie »Glauben Sie, die *Hampshire* wurde von einer Mine getroffen?« und »Haben Sie Lord Kitchener gesehen?« Warum diese Fragen? Gab es Grund zu der Annahme, dass die *HMS Hampshire* nicht von einer Mine getroffen wurde? Gab es Sorge, dass Gerede über eine interne Explosion andere Fragen aufwerfen könnte? Und was machte es für einen Unterschied, ob der Kriegsminister an Deck gesehen wurde oder nicht? Es scheint ganz so, als wurden den Augenzeugen Suggestivfragen vorgesetzt.

Die Aussage der Besatzung des Trawlers *Effort*, wonach das Meer deutlich ruhiger gewesen sei, als sie die Stelle mit den Trümmern erreichte, war der Navyführung keine Untersuchung wert, ebenso wenig die Geschichte von dem niederländischen Fischerboot, das am Schauplatz des Unglücks unterwegs gewesen sein soll.[94]

»Einer der Gründe, weshalb die Admiralität in jüngerer Vergangenheit eine Abneigung gegen Militärgerichte entwickelt hat, ist der, dass diese Urteile fällen, in denen die Admiralität die Schuld erhält«, erklärte Commander Carlyon Bellairs, der eine verblüffende Aussage hinterherschob: »In den Zeitungen erschien eine Kolumne über die *HMS Hampshire* und die Skagerrakschlacht – einige von uns wissen, dass die *Hampshire* niemals an der Skagerrakschlacht teilgenommen hat.«[95] Wie bitte? Commander Bellairs, ein pensionierter Navyoffizier und Abgeordneter, galt als Experte für Marinebelange.

Die offizielle Schlachtordnung behauptet etwas anderes – aber Bellairs arbeitete als Marinekorrespondent bei *War Illustrated* und war innerhalb der Admiralität bestens vernetzt. Gewiss hat er sich geirrt – oder haben wir hier einen weiteren Fall von Geschichtsrevision, vorgenommen von Lord Jellicoe, nachdem man ihn zum Ersten Seelord befördert hatte?[96] Je mehr man über die Beteiligung der Admiralität an der Vertuschung von Wahrheiten herausfindet, desto mehr fragt man sich, wie diese Wahrheit ursprünglich einmal ausgesehen haben könnte.

Es gab in der Tat einen vollständigen offiziellen Bericht – er wurde geheim gehalten. Im Parlament wurde die Regierung gefragt, wo die offizielle Untersuchung erfolgt sei und wer sie durchgeführt habe. Die schwammige Antwort: »Auf einem Marinestützpunkt unter dem Vorsitz eines Kapitäns der Royal Navy.«[97] Keine Namen, keine Angaben zu Zeit und Ort. Kein Wunder, dass nur wenige Tage nach Kitcheners Tod die ersten Gerüchte über eine Vertuschung die Runde machten. All die Spekulationen trübten das Wasser mit ihren Andeutungen, dass beim Untergang der *Hampshire* etwas nicht mit rechten Dingen zugegangen sei. Hatte Sinn Fein den Kreuzer mit einer Explosion versenkt, um sich für den Osteraufstand zu rächen? Oder hatte jemand in Russland den Mund nicht halten können, woraufhin die Deutschen ein U-Boot in Marsch setzten, das die *Hampshire* auf den Meeresgrund schickte? Ein anderes Gerücht besagte, Kitchener habe Selbstmord begangen, weil ansonsten seine Homosexualität bekannt geworden wäre. Derartige Behauptungen lenkten die Aufmerksamkeit von allen Fakten ab, die wir kennen.

Die Admiralität war dermaßen schuldig, dass wir mit Fug und Recht eine Mittäterschaft unterstellen können. 10 Jahre nach Kitcheners Tod hatte Sir George Arthur genug von all den Nachfragen zur »Wahrheit«. Arthur, ein Freund Kitcheners und dessen Biograf, schrieb einen offenen Brief an die *Times*, in dem er das falsche Spiel der Admiralität enthüllte:[98] »… Anfang 1920 lud mich der Erste Seelord der Admiralität (der inzwischen verstorbene Lord Long) ein, den geheimen – oder nicht veröffentlichten – Bericht zum Untergang der *Hampshire* zu lesen. Bedingung war, dass ich niemandem auch nur ein Wort zum Inhalt enthüllen würde. Ich weigerte mich, das Dokument unter diesen Auflagen zu lesen […] Ich erklärte dem Ersten Seelord, ich würde in meinem Buch schreiben, dass der Admiralität oder dem Befehlshaber der Grand Fleet Nachlässigkeit oder in jedem Fall Gedankenlosigkeit bei den für die Reise von Lord Kitchener getroffenen Vorkehrungen anzukreiden sei.«[99]

Die Folgen dieser Enthüllung trafen die Admiralität wie eine Breitseite: Es hatte einen Geheimbericht gegeben! Es gab unterschiedliche »Versionen« der Tragödie! »Nachlässigkeit« oder »Gedankenlosigkeit« waren vertuscht worden! Arthur erzwang eine Entscheidung. Die Admiralität war gezwungen, in Form eines Weißbuchs die offizielle Schilderung des Untergangs der *Hampshire* zu veröffentlichen.[100] Zum Preis von 6 Pennys war das Werk ab August 1926 käuflich zu erstehen, doch den bereits bekannten Informationen hatte es nur wenig Neues hinzuzufügen. Der Inhalt bestand größtenteils aus Aussagen, die schon veröffentlicht worden waren.

Es gibt noch einen weiteren wichtigen, wenn auch strittigen Fakt. Laut den Unterlagen der Marine gehörte das Fischerboot *Laurel Crown* zu einer aus acht Schiffen bestehenden Flottille, die am 22. Juni, 17 Tage nach der Tragödie, an der Stelle, wo die *Hampshire* gesunken war, auf eine der Minen von

U-75 lief. Es gab keine Überlebenden. Niemanden, der berichten konnte, was genau geschehen war. Fragen wurden laut. Die *Laurel Crown* war ein kleines, gerade einmal 81 Tonnen schweres Fischerboot, das man zum Minenräumdienst verdonnert hatte. Wie konnte so eine Nussschale auf eine sorgfältig identifizierte, 7 Meter unter der Wasseroberfläche schwimmende Mine laufen?[101] Einer der Stützpfeiler in der Argumentationskette, wie es zum Untergang der *HMS Hampshire* kommen konnte, besagte, das Gewicht des Schiffs habe es in Kombination mit der tobenden See so tief ins Wasser gedrückt, dass es auf die Mine aufprallte. Theoretisch zielte die Falle, die *U-75* aufgebaut hatte, auf noch deutlich größere Beute als sogar die *Hampshire*. Und nun zündet ein winziges Fischerboot eine dieser Minen? Sehr bizarr.

Zweitens findet sich in den offiziellen Unterlagen ein deutlicher Unterschied, was das Ende der *Laurel Crown* angeht. In dem 1919 veröffentlichten Dokument »Navy Losses, 1914-1918« heißt es zu dem gemieteten Fischerboot *Laurel Crown:* »Am 2.6.16 westlich der Orkneys durch eine Mine versenkt.«[102] In der offiziellen deutschen Marinehistorie wird die Fahrt von *U-75* vom Mai 1916 beschrieben[103] und angegeben, dass »am 2. Juni das Fischerboot *Laurel Crown* auf eine der Minen von *U-75* lief und versenkt wurde«. Aus den offiziellen Unterlagen beider Kriegsparteien geht also ganz eindeutig hervor, dass die *Laurel Crown* am 2. Juni 1916 versenkt wurde.[104] Die beiden Dokumente bestätigen einander, insofern muss die Admiralität von der Minensperre von *U-75* gewusst haben. Die Behörden in Scapa Flow müssen ganz genau gewusst haben, dass die Route, die *HMS Hampshire* nehmen sollte, vermint war. Und wir sollen akzeptieren, dass in dem Durcheinander nach der Skagerrakschlacht Berichte über den gesunkenen Trawler verzögert, ignoriert oder sonstwie der Führung in Scapa Flow vorenthalten wurden?

In den Unterlagen der Commonwealth War Graves Commission allerdings wird als Todesdatum für die Besatzung der *Laurel Crown* Dienstag, der 22. Juni 1916, angegeben. Dasselbe Datum nennt auch die gerichtliche Untersuchung, die 1 Woche später in Kirkwall durchgeführt wurde.[105] Wurden auch diese Angaben angepasst, um besser zu den Vertuschungsmaßnahmen der Admiralität zu passen? In der offiziellen, von Henry Newbolt verfassten und 1928 veröffentlichten britischen Flottenhistorie *Naval Operations, vol. IV* taucht der Untergang der Laurel Crown nicht auf.[106] Wie merkwürdig. Offizielle Datumsangaben, geänderte Datumsangaben, ungewöhnliche Auslassungen … Aus welchen Gründen auch immer, aber der Untergang der *Laurel Crown* wird bis heute begleitet von reichlich Unklarheit bezüglich des tatsächlichen Zeitpunkts.

Eigentlich sollte man davon ausgehen, dass die offiziellen Angaben in Großbritannien und Deutschland korrekt sind. Das würde bedeuten, der Stab von Lord Kitchener und etwa 700 Matrosen wurden geopfert, um sicherzustellen, dass der alte Feldmarschall auf See sein Ende fand. Erscheint Ihnen der Preis für ein solches Unterfangen zu hoch, daher halten Sie es für unglaubwürdig? Nun, kaum einen Monat später wurden im Namen der Zivilisation Hunderttausende tapfere Männer auf den Schlachtfeldern der Somme verheizt. Es ging nur darum, Deutschland zu zerschmettern. Da war es gewiss kein Problem, in den turbulenten Nachwehen der Skagerrakschlacht noch ein weiteres Schiff zu verlieren.

Schon die erste Reaktion auf die Meldung von Kitcheners Ableben macht stutzig. David Lloyd George erklärt, er habe die »erschreckende Nachricht« am 6. Juni auf dem Weg zu einer Sitzung des Kriegsrats in der Downing Street erhalten. Er habe das Kabinettzimmer betreten, wo »der Premierminister, Sir Edward Grey, Balfour und Sir Maurice Hankey am Tisch saßen, allesamt erschüttert wirkend«. Hier haben wir es in der Tat mit einem inneren Kreis mächtiger Männer zu tun, die begriffen, was geschehen war. Und dennoch soll es ihnen nicht gelungen sein, über die Konsequenzen zu sprechen? Wenn man bedenkt, wie gewaltig die Meldung war, die sie gerade erhalten hatten, ist Lloyd Georges Reaktion erstaunlich: »Für den Augenblick vergaß Sir Maurice tatsächlich, dass wir beide sein Schicksal geteilt hätten, wären da nicht die irischen Verhandlungen gewesen.«[107] Das entspricht nicht der Wahrheit – Hankey hatte von Anfang erklärt, er werde nicht gehen.[108] Offensichtlich hatten Lloyd George und Hankey »tatsächlich vergessen«, dass sie auf diesem unglückseligen Schiff hätten sein sollen.[109] Wie viele Menschen hätten derart kaltblütig reagiert? Menschlich ist das nicht.

Tatsächlich verlor Lloyd George keine Zeit und hielt auch nicht inne, um all der Leistungen des verstorbenen Kriegsministers zu gedenken. Er wusste nämlich, dass »durch das Ableben von Lord Kitchener ein Platz im Kriegsministerium frei geworden war. Mir wurde bewusst, dass man mir diesen

Platz anbieten könnte.«[110] Was für ein abscheulicher Zynismus dieses Ränkeschmieds, dieses Mannes, der so viele hinter ihrem Rücken schlecht gemacht hatte, der die Presse und vor allem Northcliffe gegen Kitchener aufgehetzt hatte. Tatsächlich akzeptierte Lloyd George am 4. Juli das Amt – nicht ohne vorher dafür zu sorgen, dass der Kriegsminister sämtliche Befugnisse, die Kitchener auf Lloyd Georges Betreiben hin zuvor systematisch entzogen worden waren, nun wieder zurückerhielt.

Als er vom Tode Kitcheners hörte, platzte Northcliffe angeblich in den Salon seiner Schwester und verkündete: »Das Schicksal ist auf der Seite des Empire!«[111] Die Schuldigen überschütteten den Verblichenen nun mit kriecherischen Tributsbekundungen. Die Flotte trauere um einen Soldaten, »dessen Verlust wir aufs Tiefste bedauern«, verkündete Admiral Jellicoe feierlich. »Es war unser Privileg, ihn als letztes sehen zu dürfen. Er starb gemeinsam mit vielen unserer Kameraden.«[112] Davon, dass die Fahrroute nicht von Minen geräumt worden war und welcher Dinge sich die Admiralität sonst noch schuldig gemacht hatte, war keine Rede.

Betrachten wir noch einmal das Ausmaß, in dem sich die Admiralität schuldig gemacht hat: Die *HMS Hampshire* war kaum einsatzbereit, und ihr Verlust trug nur wenig zu den Sorgen bei, die die Navy nach der Skagerrakschlacht plagten. Jellicoe und seine Herren bei der Admiralität hatten abgesegnet, dass der Kurs des Schiffs durch ein bekanntes Minenfeld führte. Die Marineaufklärung in Raum 40 hatte sorgfältig sämtliche U-Boot-Aktivitäten überwacht. Hinweise auf das Minenfeld und den Untergang des Fischerboots *Laurel Rose* wurden entfernt oder so verändert, dass sie zur »Erklärung« beitrugen, als schwierige Fragen zum Schicksal der *Hampshire* laut wurden. Der offizielle Bericht wurde unter Verschluss gestellt. Zentrale Dokumente sind bis heute nicht freigegeben.

Herbert Kitcheners Tod hatte enorme Folgen, denn bei seiner Reise nach Russland ging es um mehr als nur Munition. Er hatte gehofft, zwischen den beiden Reichen engere Beziehungen bis hin zu echter Freundschaft herbeiführen zu können. Man ging zudem davon aus, dass er den Intrigen des britischen Botschafters George Buchanan einen Riegel vorschieben würde. Egal, wie Großbritanniens führender Staatsmann zur Zarenherrschaft in Russland stand – es war unverzeihlich, den radikalen Oppositionselementen in der Duma Unterstützung zu gewähren und die politische Einheit des Landes zu untergraben. Die Russen hatten gehofft, Kitcheners Anwesenheit in Petrograd würde die internen Intrigen beenden können und der Regierung die Art moralischer Unterstützung verschaffen, die sie so dringend benötigte.[113] Aber das stand nicht im Einklang mit den Absichten der Geheimen Elite. Aufgrund von Kitcheners Tod fehlte zudem während der Waffenstillstandsphase von 1918/19 eine Stimme der Vernunft. Kitchener hätte einen gerechten Frieden verlangt. Doch es sollte nicht sein.

Kitcheners Ermordung wurde mit vor Plattitüden triefenden Allgemeinplätzen und zynischen Nachrufen überhäuft. Im britischen Oberhaus verkündete Lord Lansdowne, Kitcheners Tod sei »ein großer und würdevoller Abgang von der Bühne, auf der er während seiner langen Lebenszeit eine dermaßen prominente Rolle gespielt hat«.[114] Der janusgesichtige Asquith klagte: »Seine Karriere wurde abrupt beendet, während er noch im Vollbesitz unermüdlicher Kräfte und Möglichkeiten war.«[115] John Buchan, Mitglied der Geheimen Elite, kam zu dem Urteil, dass »in gewisser Weise seine Arbeit getan war« und »sein Tod einen passenden Abschluss zum Drama seines Lebens« bildete.[116] »Blödsinn« mag keine anerkannte historische Einschätzung sein, aber das ändert nichts daran, dass das alles reiner Blödsinn ist. Wie Betrüger warfen sie mit Lügen nur so um sich.

Alles, was im Staatsdienst und Kirchendienst Rang und Namen hatte, versammelte sich am 13. Juni in der St.-Pauls-Kathedrale und hielt einen Gedenkgottesdienst für Lord Kitchener und dessen Stab ab. Zum Ende der Veranstaltung wurden alle drei Strophen von »God Save the King« gesungen.[117] Auf diese, mit perfektem Gespür für das theatralische Element umgesetzte Art und Weise ging seine Erinnerung in die Geschichtsüberlieferung ein. Wie britisch durch und durch! Für den Mord an Lord Horatio Herbert Kitchener und 700 weiterer Männer wurde nie jemand zur Verantwortung gezogen.

Zusammenfassung

- Asquiths neue Regierungskoalition schränkte Kitcheners Befugnisse im Kriegsministerium stark ein. Ein kleines Kriegskomitee wurde ins Leben gerufen und erhielt die Aufgabe, die Strategie der Regierung zu koordinieren. Kitchener war kein festes Mitglied dieses Gremiums.
- Kitchener war weiterhin extrem beliebt beim Volk und bei den Truppen, insofern konnte man ihn nicht einfach so feuern. Also beschnitt man seine Macht über die Streitkräfte.
- Kitchener begann, seine Sorgen zu äußern. So erklärte er, die Regierung sei nicht imstande, »einen guten Frieden abzuschließen«. Gegenüber Lord Derby sagte er, wenn die Entente Deutschland Elsass-Lothringen wegnehmen würde, würde das einen Vergeltungskrieg nach sich ziehen. Seine Vorstellung von einem guten Frieden hatte nichts gemein mit der Absicht der Geheimen Elite, Deutschland zu zerschmettern.
- Gegenüber Sir Douglas Haig erklärte er, nur ein gerechter Friede könne weitere Kriege in Europa verhindern.
- Das waren gefährliche Äußerungen zu einer schwierigen Zeit. Amerikas Präsident Wilson kandidierte für seine Wiederwahl, und vom Frieden zu reden, kam bei der Wählerschaft gut an. Die britische Regierung wollte Kitchener loswerden.
- Man entwickelte die Idee, eine diplomatische Delegation nach Russland zu entsenden, die dem Zaren den Rücken stärken sollte. Ursprünglich sollte die Abordnung von Lloyd George und Hankey angeführt werden.
- Die Pläne wurden geändert. Beide Männer wurden abgezogen, stattdessen kürte man Kitchener zum Anführer der Mission.
- Als ein Aufschub der Reise drohte, hätte Kitchener um ein Haar das ganze Vorhaben abgesagt, woraufhin sämtliche Hindernisse doch

noch rasch aus dem Weg geräumt wurden. Die Geheime Elite wollte nämlich unbedingt, dass Kitchener nach Russland fuhr. Aber warum?

- Kitcheners Reise von Scapa Flow auf den Orkneys nach Russland lag voll und ganz in der Verantwortung der Admiralität und insbesondere in den Händen von Admiral Jellicoe. Die Flotte stellte dafür einen alten, noch mit Kohle beheizten Panzerkreuzer ab, die *HMS Hampshire*. Auf ihm sollte die kostbare Fracht zum russischen Nordmeerhafen Archangelsk gebracht werden.
- Jellicoe höchstpersönlich wies den Kapitän der *HMS Hampshire* an, die Orkneys über die ungewöhnliche Westroute zu verlassen, obwohl dort ein gewaltiger Sturm tobte und sich deutsche U-Boote in der Gegend herumtrieben.
- Die *Hampshire* lief angeblich auf eine Mine auf und sank rund 2,5 Kilometer vor der Küste im Blickfeld von Beobachtern auf den Klippen. Scapa Flow wurde umgehend informiert, aber 2 Stunden lang geschah überhaupt nichts. Es gingen 4,5 Stunden ins Land, ehe Zerstörer das Gebiet erreichten, in dem die *Hampshire* gesunken war. Mittlerweile war es Mitternacht.
- Eine öffentliche Untersuchung des Vorfalls lehnte die Admiralität ab. Es gab auch keine gerichtliche Untersuchung. Journalisten durften ab dem 7. Juni 1916 die Insel nicht mehr besuchen. Ein offizieller Bericht der Admiralität blieb bis 1926 unter Verschluss, aber er enthielt praktisch keinerlei neue Erkenntnisse zu dem, was in den 10 Jahren zuvor kleckerweise an die Öffentlichkeit gegeben worden war.
- Für den Mord an Lord Herbert Kitchener und über 700 weiteren Personen ist niemals jemand zur Verantwortung gezogen worden.

Lord Alfred Milner, der unangefochtene Anführer der Geheimen Elite

Kapitel 26

Der große britische Coup von 1916

Großbritannien war von seiner Regierung in den Krieg getrieben worden, dabei war diese Regierung weder fähig, Krieg zu führen, noch war sie zu diesem Zweck gewählt worden. Die Einschätzung, die Macht der Flotte und die wirtschaftliche Schlagkraft würden für einen Sieg über Deutschland schon ausreichen, war einer der zentralen Gründe für den in Großbritannien weit verbreiteten Glauben, es handele sich um »Business as usual«.[1] Eine große Zahl an Fehlinformationen wurde gestreut, um die leichtgläubige Öffentlichkeit zu beruhigen: Die Navy werde Großbritannien vor einer Invasion schützen können, sie werde die deutsche Wirtschaft in den Würgegriff nehmen und den Krieg kostengünstig gewinnen. Ein Jahrzehnt lang war in die Flotte investiert worden, das würde schon dafür sorgen.

Doch es gab gar keine Invasion. Zu keinem Zeitpunkt im Verlauf des Kriegs bereitete Deutschland einen Einfall in Großbritannien vor. Die viel gepriesene Seeblockade wurde hinter den Kulissen in einen Mummenschanz verwandelt. Von »Business as usual« war hier keine Rede. Der Krieg hätte im Frühjahr oder Sommer 1915 vorüber sein können, hätte man es tatsächlich darauf angelegt. Auch wenn Generäle im Feld immer wieder durch Inkompetenz auffielen, lag es nicht an ihnen, an falschen Einschätzungen oder einem falschen Umgang mit dem Konflikt, sondern an sorgfältig umgesetzten Strategien zur Versorgung des Feindes und zur Verlängerung des Kriegs.

Tatsächlich waren die Männer der Geheimen Elite, die im Staatsdienst aktiv waren, sehr gut darin, das Kriegsende hinauszuzögern. Premierminister Asquith war unentschlossen, und es gelang ihm nicht, das Wesen der

Entscheidungsprozesse im Kabinett zu verändern, was sich als Hemmschuh für Fortschritte erwies. David Lloyd George arbeitete unter der Aufsicht des Banken- und Finanzsektors auf beiden Seiten des Atlantiks und nutzte dank dieser Rückendeckung das exklusive J. P. Morgan/Rothschild-Portal für Kredite und Munitionsbeschaffung.[2] Die Männer von Sir Edward Grey im Außenministerium legten sich mächtig ins Zeug, um die Interessen der Amerikaner zu bedienen und die tapferen und unermüdlichen Bemühungen der Marine um eine effektive Seeblockade komplett zunichtezumachen. Sie segneten das von Herbert Hoover angeführte Belgische Hilfswerk ab, das hinter den Fassaden gewährleistete, dass Deutschland mit dringend benötigten Lebensmitteln versorgt wurde.[3]

Ein Sieg auf dem Schlachtfeld war kein Ziel, sofern es nicht der entscheidende Schritt bei der vollständigen Vernichtung Deutschlands als wirtschaftlicher Konkurrenz war, und dieses Ziel würde Zeit und absolutes Engagement erfordern. Zwei sehr unterschiedliche Ansätze kursierten. Der Großteil des liberalen britischen Kabinetts brach zu einer zu vage skizzierten Reise auf, überzeugt, dass ein kurzer Krieg auf See gewonnen werde und es ausreichend sei, für den Landkrieg auf dem Kontinent nur ein kleineres Truppenkontingent abzustellen. Die Männer der Geheimen Elite dagegen brachen auf zu einem langwierigen, lähmenden Krieg, der ihre Interessen schützte, gewaltige Profite versprach und für den ihnen die gewaltigen Ressourcen der Vereinigten Staaten zur Verfügung standen.

Die liberale Mehrheit im Kabinett Asquith tat sich schwer, ihre Laisser-faire-Grundsätze aufzugeben, aber Lloyd George erkannte: Um die soziale Ordnung aufrechtzuerhalten, war es unerlässlich, das Eisenbahnnetz zu kontrollieren und den Schifffahrtsversicherern Garantien an die Hand zu geben.[4] Anders gesagt: In Zeiten moderner Kriegsführung blieb einer Regierung keine andere Wahl, als direkt einzugreifen. Bezeichnenderweise bestanden die ersten Schritte von Lloyd George darin, die Banken, die Geldmärkte und das Kriegsgeschäft zu schützen. Er schrieb sich auf die Fahnen, die Londoner Finanzmeile vor Schaden bewahrt zu haben, nachdem er Empfehlungen von Nathaniel Rothschild und denen »eines Teils der Geschäfts- und Finanzwelt« befolgte.[5] Natürlich befolgte er deren Empfehlungen, schließlich war er ihr Mann.

Für die Geheime Elite war es natürlich sehr einträglich, den Krieg künstlich in die Länge zu ziehen, aber über allem stand das Ziel, den Krieg zu gewinnen. 1915 erkannte die Geheime Elite, dass Asquith mit seiner Art und Weise der Kriegsführung einen falschen Weg einschlug. Er und seine Minister befassten sich nicht länger mit den politischen Themen, deretwegen man sie gewählt hatte, und die Geheime Elite konnte sich nicht darauf verlassen, dass das Kabinett geschlossen hinter dem Vorhaben stand, Deutschland zu zerschmettern. Was die Geheime Elite brauchte, war eine Regierung, die sich auf die Vernichtung Deutschlands konzentrierte, und die Politiker, die jetzt an der Macht waren, waren dieser Aufgabe nicht gewachsen. Hunderttausende junge Männer waren bereits geopfert worden. Für die Aufgabe, den Krieg in die Länge zu ziehen, wurden Männer mit kaltem Herzen benötigt, Männer, denen es an Mitgefühl mangelte und die unerschütterlich hinter der Sache der Geheimen Elite standen.

Was hatte Milner noch gesagt, wie man die stählerne Unerbittlichkeit an den Tag legt, die nötig ist, um einen Krieg bis zur Vernichtung des Feindes fortzusetzen? »Ignoriere die Schreihälse«, hatte er Richard Haldane während des Burenkriegs empfohlen.[6] Um humanitäre Belange auszublenden, um das absolute Chaos zu ignorieren, die das Opfern so vieler Menschen auslöst, und um die Bereitschaft aufzubringen, noch viele Menschen mehr auf die Schlachtbank zu schicken, bedarf es schon einer ganz besonderen Art von »Stärke«. Milner war durch und durch erfüllt von diesem kalten Stahl. Seine tief sitzenden Ängste waren aus Sicht der Geheimen Elite absolut berechtigt.

Seit dem Tod von Campbell-Bannerman war der demokratische Liberalismus weiter und weiter verwässert worden,[7] bis Großbritannien nicht mehr imstande war, die Kriegsbemühungen koordiniert zu steuern. Aus dem Kabinett Asquith erkannte nur David Lloyd George die Notwendigkeit, die traditionelle Herangehensweise an die Regierungsarbeit radikal zu überdenken. Ohnehin entwickelte er sich mehr und mehr zum einzigen Kandidaten, der es wert war, von der Geheimen Elite unterstützt zu werden. Selbst eine vorgetäuschte Demokratie würde nicht zum endgültigen Sieg führen, sondern wäre Gift für die Sache der Geheimen Elite.

Ein Wandel war gefragt. Im Mai 1915 schrieb Andrew Bonar Law, der Vorsitzende der Konservativen, an Herbert Asquith: »Unserer Meinung nach können die Dinge nicht weitergehen, wie sie bislang verlaufen. Veränderungen am Zustand der Regierung erscheinen uns unvermeidlich, damit sie sich ein Maß an öffentlichem Vertrauen bewahren kann, wie es erforderlich ist, um den Krieg zu einem erfolgreichen Abschluss zu bringen.«[8]

Anschließend schickte Bonar Law eine Kopie dieses Schreibens an Lloyd George. Ganz offensichtlich steckten die beiden unter einer Decke.[9] Lloyd George und Bonar Law bezeichneten sich als Freunde, dem Finanzminister selbst zufolge »erfüllt von einer größeren Herzlichkeit, als es üblich ist«.[10] Tatsächlich stand Lloyd George hinter den zentralen Punkten, die Bonar Law angesprochen hatte, weil die vorgeschlagene Regierungskoalition für seine Karriere keineswegs eine Bedrohung darstellte.

Die folgenden Ereignisse waren eher arrangiert als echt. Erstaunlich rasch akzeptierte Asquith das Angebot, eine Koalition zu bilden. Lloyd George agierte als Heiratsvermittler und brachte Bonar Law höchstpersönlich ins Kabinettzimmer in 10 Downing Street, damit er dort die Bedingungen erörtern konnte, denen sich die Konservativen der Regierung anschließen würden. Es dauerte gerade einmal 15 Minuten, dann gehörte die letzte ausschließlich liberale Regierung der britischen Geschichte der Vergangenheit an. Und so nahmen die Dinge ihren Lauf.

Zumindest erzählt man es uns so.

Denn das Angebot erging doch sicherlich in die andere Richtung, oder? Um der Glaubwürdigkeit willen und um sich als Regierung zu präsentieren, die das Beste für das Empire im Sinn hat, war es doch gewiss das Lager von Premier Asquith, das die ersten Schritte eingeleitet hat, nicht wahr? Eines darf man nicht vergessen: Es mochte den Anschein haben, als hätte der Premierminister das Sagen, aber hinter ihm wirkten stets verdeckte Kräfte.

Tatsächlich war es so, dass man Asquith (im übertragenen Sinne) eine Waffe an den Kopf hielt und er nicht lange zögerte, sondern kapitulierte. Aber warum? Wer hatte mit ihm gesprochen? Stunden später sollte er König Georg V. sagen: »Die Regierung muss auf einer breiten und Parteien übergreifenden Basis erneuert werden.«[11] 2 Tage später verkündete der Premierminister im Unterhaus: »Es werden Schritte erwogen, die den Umbau der Regierung auf einer breiteren, persönlichen und politischen Basis beinhalten.« Er verdeutlichte drei Punkte und ließ dabei durchscheinen, sie seien allesamt seine Ideen gewesen. Er und Sir Edward Grey würden definitiv im Amt bleiben. Die Fortsetzung des Kriegs werde »mit jeder nur möglichen Energie und unter Berücksichtigung jeder zur Verfügung stehenden Ressource« erfolgen. Schließlich erklärte er noch: »Jeglicher Umbau, der vorgenommen wird, dient ausschließlich den Zwecken des Krieges allein …«[12]

Die Geheime Elite war dabei, sämtliche Aspekte der Kriegsregierung zu übernehmen. Die ersten Schritte waren in Arbeit, aber die Lunte brannte nur langsam. Man musste sich an die politischen Gepflogenheiten halten. Die wichtigste Bedingung, die Bonar Law für die »Einheit« auf den Tisch legte, war die sofortige Entlassung Winston Churchills. Nach dem Abgang von Lord Fisher waren die Konservativen nicht bereit, Churchill noch länger in der Admiralität zu dulden. Hinzu kam sein Beharren darauf, die Dardanellen anzugreifen, außerdem würden die Ulster-Unionisten Churchill weder vergessen noch verzeihen, wie er ihnen vor dem Krieg gedroht hatte. Und schließlich: Hatte er 1904 nicht seinen Stand und seine Partei verraten, indem er zu den Liberalen übergelaufen war?

Auch Richard Haldane, einen seiner besten Freunde, ließ Asquith fallen und befleckte damit seinen eigenen Charakter nachhaltig. Es war Haldane gewesen, der das Britische Expeditionskorps ins Leben gerufen hatte. Es war Haldane gewesen, den Asquith am 4. August ins Kriegsministerium geschickt hatte, damit er die Mobilmachung einleite. Und es war Haldane gewesen, den er im Mai 1915 nach »einer der schändlichen Schmutzkampagnen der britischen Geschichte« aus dem Amt entließ.[13] Die Zeitungen hatten Haldane unterstellt, insgeheim mit den Deutschen zu sympathisieren.

Warum war die Geheime Elite bereit, den Verlust von zwei ihrer Handlanger hinzunehmen, die Großbritannien in den Krieg geführt hatten (Churchill und Haldane)? Im Grunde vor allem deshalb, weil sie ersetzbar waren. Unabhängig von ihrer politischen Zugehörigkeit waren sämtliche Politiker ersetzbar. Das sind sie bis heute. Alfred Milner wusste das, deshalb schloss er sich dem Kabinett von Asquith auch nicht an. Milner saß natürlich im House of Lords, wo er sich für eine Wehrpflicht starkmachte und es ablehnte, auf freiwillige Meldungen zu bauen. Für Asquith wäre es in jedem Fall eine hochgradig schwierige Aufgabe geworden, die Regierungskoalition zusammenzuhalten, und er hätte immer den direkten Einfluss fürchten müssen, den Milner bei so vielen seiner Kabinettsmitglieder besaß. Alfred Milner stand bereit, wartete aber geduldig die Gezeitenwende ab.

Das neue parteiübergreifende Kabinett sei aufgrund seiner Inklusivität so stark, jubelten Großbritanniens Zeitungen, aber John Redmond, der Vorsitzende der Irish Parliamentary Party, lehnte Asquiths Offerte ab, einen zweitrangigen Posten zu übernehmen. Ihm blieb kaum eine andere Wahl als abzulehnen, schließlich gehörten dem Kabinett führende Persönlichkeiten der Ulster-Kampagne an, die von 1912 bis 1914 gegen die Home Rule propagierte, also die Selbstverwaltung Irlands. Männer, die ganz offen gedroht hatten, in Belfast eine abtrünnige Regierung zu installieren, waren jetzt in Westminster wieder an der Macht. Es entbehrt nicht einer gewissen Ironie, dass die Verantwortung für die britische Justiz Leuten in die Hände gelegt wurde, die im Juli 1914 offen bereit gewesen waren, sich der Rechtsstaatlichkeit zu widersetzen,[14] indem sie in Nordirland eine illegale Privatarmee aufstellten und bewaffneten und Großbritannien damit an den Rand eines Bürgerkriegs führten.[15]

David Lloyd George wurde bezahlt, was er verlangte. Seine Illoyalität wurde mit der Erschaffung eines Munitionsministeriums erkauft, als dessen unangefochtener Herrscher er installiert wurde.[16] Er wusste: Das dringlichste Thema in jenem Augenblick war der vermeintliche Mangel an Munition und schwerer Artillerie. Ihm war bewusst, dass die Generäle nach besseren Granaten riefen. Er wusste, dass der übertrieben dargestellte Mangel an Waffen von der Öffentlichkeit thematisiert werden und es empörte Proteste geben würde, sollte sich keine Lösung abzeichnen. Lloyd George war überzeugt, dass nur er geeignet sei, diesen Job zu übernehmen, und dass sich seine Unterstützer in Großbritannien und Amerika voll und ganz hinter ihn stellen würden. Er sollte recht behalten.

Am 1. Juni 1915 erhielt Lloyd George einen bemerkenswerten Brief von Theodore Roosevelt, Ex-Präsident der Vereinigten Staaten, Mitglied der Pilgrims Society[17] und enger Vertrauter des Kreises um J. P. Morgan. Roosevelt trat leidenschaftlich dafür ein, das englischsprachige angelsächsische Element stärker in die Welt hinauszutragen,[18] was ihn zum Agenten der Geheimen Elite machte. In dem Schreiben hieß es:

»Ich möchte Ihnen gratulieren zu dem, was Sie unternommen haben, um zu einer Koalitionsregierung zu gelangen, und insbesondere zu Ihrer Rolle dabei. Mehr als alles andere möchte ich Ihnen gratulieren zu dem, was Sie in Verbindung mit diesem Krieg geleistet haben … Ihr zentrales Geschäft besteht darin, Ihr Land zu retten.«[19]

Ein ehemaliger US-Präsident erteilt dem neu ernannten britischen Munitionsminister rückhaltlose Zustimmung für »das, was Sie unternommen haben«. Ein apostolischer Segen von der anderen Seite des Atlantiks. Lloyd George war es, dem gratuliert wurde, nicht Asquith, nicht Bonar Law. Roosevelt wusste, dass Lloyd George der Architekt dieser Koalition war und dass er der Mann war, der wusste, was zu tun ist. Er war ihr Mann. Dieses Schreiben bestätigte ihre Zustimmung.

Im Mittelpunkt der Kriegsbemühungen stand für die Geheime Elite weiterhin Maurice Hankey.[20] Er blieb im Zuge der Umbildung exakt dort, wo er immer gewesen war – im absoluten Mittelpunkt der Entscheidungsprozesse. Bei jeder Umordnung, bei jedem Stühlerücken, bei jeder Machtkonsolidierung, bei jeder Änderung oder Neugründung von Ausschüssen und Räten mit Macht und Einfluss, bei allem, was den inneren Kreis des Kabinetts betraf, die echten Entscheidungsträger, blieb Hankey still und leise im Hintergrund, fungierte als Sekretär oder Schriftführer. Seine Hand war stets präsent, seine Hand zeichnete das Protokoll auf, und er war es, der den Mitgliedern immer stärker beratend zur Seite stand.[21] Mehr noch als alle anderen war es Hankey, der auf dem Laufenden war.

Aber Asquith blieb im Vordergrund, was deshalb auch auf die meisten Probleme zutraf. Es geht nie ganz gefahrlos vonstatten, gewählte Staatsdiener loszuwerden, und in diesem Fall herrschte das Gefühl vor, es werde dieser Regierung der nationalen Einheit an der Kompetenz fehlen, die nötig war, um die Nation auch tatsächlich zu einen. Genau betrachtet waren einige Stühle verrückt worden, aber mit Ausnahme der neuen Rolle, die Lloyd George übernahm, blieb im Grunde ansonsten alles beim Alten.

Die Koalition, die Asquith im Mai 1915 bildete, änderte nur wenig an Großbritanniens Umgang mit dem Krieg. Wie sollte es auch anders sein, schließlich wurden hier einfach nur alte Männer und noch ältere politische Ansichten etwas durcheinandergewirbelt. Alfred Milner war sich dessen sehr wohl bewusst, insofern passte es der Geheimen Elite auch gut, noch etwas Geduld an den Tag zu legen, bevor sie ihren neuen Anführer an die politische Front katapultieren würde. Aktiv wurde Milner anfangs, weil Asquith unfähig war, klare Entscheidungen zu treffen. Er kritisierte die »Widersprüche und Unbeständigkeiten, die unser Handeln als Nation charakterisiert haben«.[22] Anfang 1916 begann er, dem Premierminister im Oberhaus die Daumenschrauben anzulegen, während Sir Edward Carson im Unterhaus dasselbe tat.[23] Carson war ursprünglich ein Schützling Alfred Balfours gewesen, und auch er gehörte der Geheimen Elite an. Es dauerte nicht lange, da begann das unnatürliche Bündnis von Konservativen und Liberalen im Kabinett erste Risse an den Tag zu legen.

Die Generäle »bluten uns zu Tode aus«, fürchtete Maurice Hankey.[24] Er warnte Lloyd George, die britische Armee werde angeführt »von der konservativsten Klasse der Welt, die die mächtigste Gewerkschaft der Welt bildet«.[25] Eine sehr zutreffende Beobachtung. Der »Stabsring« (Originalton Hankey!), den Milners großer Verbündeter und ehemalige Armeechef Lord Roberts in den Vorkriegsjahren zusammengestellt hatte,[26] war ein eng gestrickter Verbund ehemaliger Kavallerieoffiziere, die dermaßen selbstgefällig und von sich selbst eingenommen waren, dass Ansichten Außenstehender schon aus Prinzip abgelehnt wurden.[27] Die Folgen ihrer Fehler mochten noch so obszön sein, sie wiederholten sie wieder und wieder, erfüllt von der Arroganz jener, die davon überzeugt sind, es besser zu wissen.

Milner und die Geheime Elite fühlten sich in ihren Ansichten bestätigt: Die demokratischen Prozesse hatten nicht die Führung und den Organisierungsgrad hervorgebracht, die nötig waren, um den Krieg nach ihren Bedingungen zu gewinnen. Also begannen Milner und Konsorten nun damit, die Regierung zu untergraben und mit ihren eigenen Agenten zu durchsetzen. Im Januar 1916 bildete eine kleine Gruppe von Milners engsten Freunden und Anhängern eine sehr charakteristische und geheime Clique in der Absicht, die Nation auf einen radikalen Wandel einzustimmen – so radikal, dass es sich um nichts weniger als einen Staatsstreich handelte, eine geplante Übernahme der Macht durch Männer, die nicht auf einen Handlungsauftrag der Öffentlichkeit aus waren, sondern danach strebten, ihre eigene Form der Herrschaft durchzudrücken.[28] Nachdem sie dafür gesorgt hatten, dass der

Krieg unnötig in die Länge gezogen wurde, wollten sie nun auch, dass er bis zum Ende geführt werde, bis zur völligen Zerstörung Deutschlands.

Die Männer hinter dieser sorgfältig geplanten Verschwörung waren Alfred Milner, Leo Amery, Sir Edward Carson, *Times*-Herausgeber Geoffrey Dawson, der einflussreiche Autor F. S. Oliver, für den Krieg eine unabdingbare Notwendigkeit war,[29] und William Waldorf Astor, Eigner des *Observer.* Regelmäßig an Montagabenden kamen sie zusammen und formulierten beim Abendessen ihre Alternativpläne für die Kriegsführung. Diese Männer stellten den innersten, vertrauenswürdigsten Kreis von Milners Gefährten.[30] Hinzugebeten wurden unter anderem David Lloyd George, Sir Henry Wilson (der damals an der Westfront ein Heereskorps kommandierte), Philip Kerr (ein weiterer Milner-Protegé aus seiner Südafrikazeit) und Sir Leander Starr Jameson, der 1896 mit seinem gescheiterten Angriff auf den Transvaal um ein Haar die britische Regierung gestürzt hätte.[31] Fast hätte er den großen Traum von Cecil Rhodes zunichtegemacht,[32] nun, rund 20 Jahre später, tauchte er in London im Herzen einer sehr mächtigen Verschwörung wieder auf. Wer hätte das gedacht! Aber er war schon immer der Diener des mächtigen südafrikanischen Arms der Geheimen Elite gewesen.

Diese Bande wird nur sehr selten von den Historikern erwähnt, und wenn, dann meist als eine Art Aktionsgruppe. Wieder einmal eine Nebelkerze. Sie strebten nicht danach, die Opposition gegen Herbert Asquith anzufachen, sie wollten vielmehr an seiner Stelle regieren. Milners Biograf spricht von einer sehr mächtigen Gemeinschaft, frei von Parteimitläufern und gesichtslosen Staatsdienern.[33]

Carson, noch immer der Held der Ulster-Unionisten, war der führende Tory-Kritiker im Unterhaus. Dawson von der *Times* war der einflussreichste Journalist im gesamten Empire und genoss die rückhaltlose Unterstützung von Lord Northcliffe, dem Eigner der Zeitung. Mit Astors *Observer* gewannen Milners Bataillone in der Presse noch einmal entscheidend an Gewicht, und Oliver war fanatisch in seiner Abneigung gegenüber katzbuckelnden Friedenstreibern. Er schlug eine Wehrpflicht für die gesamte Nation vor, nicht nur für die Streitkräfte.[34]

Unangefochtener Anführer dieser »Montagabendbande« war Alfred Milner.[35] Die Tagesordnung für eines der Treffen im Februar zeigt ganz deutlich, dass der Gruppe daran gelegen war, die allgemeine Einschätzung aus der Welt zu schaffen, wonach es keine Alternative zum Team Asquith und Bonar Law gab. Ihre Lösung: »Während der Saison und außerhalb der Saison« wieder und wieder zu betonen, dass die aktuelle Koalition die Kriegsführung lähme und dass es absurd sei zu glauben, es gäbe keine Alternative.[36] Sie waren die Alternative!

Hier erleben wir eines der wenigen Beispiele dafür, wie die Geheime Elite im Detail daran arbeitete, die britische Politik zu beeinflussen und zu dominieren. Der Bande gehörten die zentralen Figuren des Widerstands gegen Asquith an. Sie instruierten ihre Anhänger und Handlanger, sowohl innerhalb wie außerhalb des Parlaments für die politischen Botschaften zu werben, die im Zuge der Privatdinners festgelegt worden waren. Das Fußvolk war selbstverständlich niemals eingeladen zu diesen exklusiven Veranstaltungen, diese blieben ausschließlich einem handverlesenen Grüppchen vorbehalten.[37] Ein zweiter Angriff wurde über die Presse gestartet. Auch die wichtigsten Presseköpfe gehörten der »Montagabendbande« an. Es galt, die öffentliche Meinung gegen Asquiths Koalition aufzuhetzen. Eines der wichtigsten Mittel der Geheimen Elite, Einfluss zu nehmen, besteht darin, dass sie der Öffentlichkeit einreden kann, sie wolle die Veränderungen tatsächlich, die ihr die korrupte Presse eingebläut hat.

Von seinem Büro bei der *Times* aus führte Geoffrey Dawson die Attacken an. Er kannte den Milner-Katechismus vom Scheitern der Koalition, und so waren seine Leitartikel der Ausgangspunkt für die Kampagne, Alfred Milner ohne Nebensächlichkeiten wie ein politisches Mandat ins höchste Amt zu katapultieren. Die erste Salve in dieser Offensive feuerte Dawson am 14. April in seinem Leitartikel ab:

> *»Lassen Sie mich eines ganz klarstellen: Was das Land will, sind Anführer, die keine Angst davor haben, für den Sieg in diesem Krieg alles zu geben und alle Opfer zu bringen, sei es auf Parteiebene oder persönlich. [...] Wir glauben, dass sie in Lord Milner über einen weiteren Anführer verfügen, dessen Mut und Charakter in einer landesweiten Krise benötigt werden. Dass ein derartiger Mann zu einem derartigen Zeitpunkt nicht eingebunden ist, ist ein vernichtendes*

Urteil der Koalition und insbesondere jener unionistischen Anführer, die freie Hand bei der Stärkung der Zusammensetzung hatten.«[38]

Über mehrere Monate hinweg waren sorgfältig Pläne geschmiedet worden, dann ging es daran, die Planungen in die Tat umzusetzen. In einer Reihe von Leitartikeln wurde die Öffentlichkeit mit Milners Intentionen vertraut gemacht. Das neue Mantra lautete: »Veränderung ist erforderlich. Veränderung ist wichtig, um das Land vor der Katastrophe zu retten.« Aber nicht jeder würde geopfert werden, nein, ganz und gar nicht. Stattdessen wurde etwas viel Subtileres vorgeschlagen. Der Vorschlag besagte, dass die von der Geheimen Elite ausgewählten Männer im Kabinett (Balfour und so weiter) ein besser organisiertes (und hinter ihnen stehendes) System benötigten. Es gebe »keinerlei Grund, weshalb sie nicht weitermachen sollten …« Doch das galt nicht für alle. Wer seinen Zweck erfüllt hatte, wer »in den alten Gewohnheiten der Partei verknöchert war, erschöpft … von einer Amtszeit, die in einigen Fällen länger als ein Jahrzehnt gedauert hat … ist eine reine Gefahr für den Staat.«[39] Auf spezifische Personen übertragen war hier die Rede von Herbert Asquith, Sir Edward Grey, Lord Lansdowne, Walter Runciman und den Resten der ursprünglichen liberalen Regierung.

Dawson wütete gegen »schwache Methoden« und »schwache Männer«, die das Land im Stich ließen. Ungelöste Probleme der Arbeitskraft, der Lebensmittelkontrolle, der Nahrungsproduktion, der Konflikt über die Fertigung von Flugzeugen und Handelsschiffen – für all das gab die Bande einem System die Schuld, bei dem das Land von einer Reihe Debattierclubs geführt wurde. Der Kriegsausschuss sei zu seinen alten Gepflogenheiten »endloser Memoranden« zurückgekehrt, tobte Dawson und zeterte darüber, dass es unmöglich sei, den Leitern großer Behörden auch die kollektive Verantwortung dafür zu übertragen, die Kriegsarbeit der Regierung abzustimmen. Jede Idee, auf die sich die »Montagabendbande« verständigt hatte, wurde von Dawson über die *Times* in die Welt hinausgetragen.

Beliebte Zeitungen sorgten dafür, dass die Botschaft der Gruppe ohne Unterlass gestreut wurde. Der *Daily-Mail*-Herausgeber Tom Clarke schrieb in sein Tagebuch, Northcliffe habe ihn im Dezember 1916 angewiesen, den Premierminister zu schwächen. Er solle ein Bild des lächelnden Lloyd George finden und »Mach es jetzt« daruntersetzen. Daneben solle ein Foto von Asquith stehen, auf dem er besonders unansehnlich sei. »Abwarten und Tee trinken.«[40] »Der Macher gegen den Zauderer«, diese Botschaft galt es zu vermitteln.

Größter Nutznießer der Erkenntnisse, zu der die »Montagabendbande« gelangt war, war David Lloyd George. 1905 war er zum Handelsminister ernannt worden, seit damals verfolgte er ein einziges Ziel: Er wollte es nach ganz oben schaffen. Mit seiner leidenschaftlichen Redekunst war er zum Liebling des Volks aufgestiegen, doch das war nur die Tarnung für seine machiavellistischen Eigeninteressen. Er ließ sich dafür loben, dass alte Menschen eine Rente bekamen, gleichzeitig freundete er sich mit Industriemagnaten an, mit Bankiers und Finanziers aus der Londoner City, mit den Geldleuten aus New York und mit Medienbaronen wie Northcliffe und Max Aitken (der spätere Lord Beaverbrook). Viele Jahre zuvor[41] hatte die Geheime Elite erkannt, dass keine Person ihrer Politik so viel öffentliche Rückendeckung würde verschaffen können wie David Lloyd George. Dennoch mussten die Verhandlungen mit den Verschwörern weit entfernt von neugierigen Blicken der Öffentlichkeit stattfinden.

Sie wählten Arthur Lee als Vermittler.[42] Viele der Geheimtreffen zwischen David Lloyd George, Maurice Hankey, Alfred Milner und Geoffrey Dawson fanden in Lees Haus im Abbey Garden in Westminster statt.[43] Lee, in früheren Zeiten ein Widersacher von Lloyd George, hatte in die New Yorker Finanzelite eingeheiratet, und seine Frau Ruth erbte ein beträchtliches Vermögen. Er war eng mit Theodore Roosevelt befreundet und unterhielt mit ihm eine regelmäßige Korrespondenz.[44] Offenbar wuchs bei Lee die Frustration darüber, wie die Regierung Asquith Krieg führte, weshalb er sich an David Lloyd George als das aus seiner Sicht einzige Kabinettsmitglied wandte, das »über ausreichend Courage und dynamische Energie verfügte, darauf zu bestehen, dass Dinge tatsächlich erledigt werden«.[45] Wichtig in diesem Zusammenhang: Es war Lee, der sich Lloyd George anbot. Lloyd George wiederum lud ihn als parlamentarischer Militärsekretär ins Munitionsministerium ein. In seinen Kriegsmemoiren legte Lloyd George großen Wert darauf, Lees »unermüdliche Geschäftigkeit, die großen Kapazitäten und praktischen Fähigkeiten«[46] zu loben. Dass Lee als Mitverschwörer daran mitwirkte, an Asquiths Stuhl zu sägen, unterschlägt Lloyd George.

Als Lloyd George ins Kriegsministerium einzog, wurde Lee sein Privatsekretär, der auch Mitglied des Kriegskomitees der Unionisten war, in dem sich 1916 der Widerstand der Hinterbänkler gegen die Asquith-Koalition bündelte.[47] In den wichtigen Monaten vor dem Umsturz sorgte die Geheime Elite dafür, dass Arthur Lee sich in einer guten Position befand, ein Auge auf Lloyd George zu haben. War sich Lee dessen bewusst? Wir wissen es nicht. Auf jeden Fall zogen die Verschwörer den stets gefügigen Lloyd George tiefer und tiefer in ihr Spinnennetz hinein, und das Ganze geschah fernab allzu neugieriger Blicke. Sein engster Berater sorgte dafür, dass die Geheime Elite Lloyd George problemlos kontaktieren konnte, ohne dass Normalsterbliche Verdacht schöpften. Die Geheime Elite organisierte ihre politische Stoßrichtung, beschloss ihre Taktik und wählte sich ihre Leute aus. Sie stand davor, die Verwaltung des Krieges zu übernehmen und ihn nach ihrem Gusto zu führen, aber vorher musste die alte Ordnung entsorgt werden. Bei Milner war es wie immer: Er wartete darauf, dass sein Widersacher, in diesem Fall Herbert Asquith, seinen ersten unverzeihlichen Fehler beging.

Über weite Teile des Jahres 1916 setzten die »Montagabendbande« und Milners Freunde und Verbündete ihre Manöver fort. Vor allem ein Thema beflügelte ihre Sorgen – das Gerede von Frieden. Die Geheime Elite hatte in den Krieg investiert, sie hatte ihn finanziert und erleichtert, insofern war jetzt ein entscheidender Augenblick gekommen. Sie war weit davon entfernt, ihre Ziele erreicht und ihre Wünsche erfüllt zu haben. Ein Ende des Kriegs wäre eine größere Katastrophe als der gewaltige Verlust an Menschenleben, den eine Fortsetzung der Kampfhandlungen bedeuten würde.

Das Blutvergießen an der Westfront reduzierte die Massen, die sich ansonsten gegen die Plutokratien hätten erheben können, aber noch 1916 wurde auf den höchsten Ebenen der Macht verdrängt, welch hohen Preis an Menschenleben man zahlte. Anfang Februar erklärte Sir Edward Grey Oberst Edward Mandell House, dem Gesandten von US-Präsident Wilson, Großbritannien sei durch den Krieg nicht ernsthaft in Mitleidenschaft gezogen worden, »da nur wenige seiner Männer getötet wurden und in das Territorium nicht eingefallen wurde«.[48] War das eine dumme Lüge oder eine gefühllose Missachtung der Tragödien, von denen jeder Teil des Landes betroffen war? Es lässt sich nicht sagen, aber im selben Monat druckte die *Times* jeden Tag Spalte um Spalte die Namen der Gefallenen und Vermissten ab.[49]

Über die Kosten eines Friedens wurde gar nicht erst nachgedacht, warum auch? Die gewaltigen, in ihrem Umfang beispiellosen Kredite konnten nur zurückgezahlt werden, wenn es Siegesbeute zu verteilen gab. Die Gelder, die die Fabrikanten in neue Werke, neue Infrastruktur und neue Kapazitäten gepumpt hatten, waren für einen langen Krieg gedacht. Mit Wucherpreisen ließen sich Milliarden Pfund und Dollar verdienen, aber zuvor waren anhaltende und kostspielige Investitionen erforderlich. Die Profitjäger hatten sich anfangs überhaupt erst durch die Aussicht auf einen langen Krieg zur Aufnahme von Krediten und zum Bereitstellen der Munition bereit erklärt. So ist das nun einmal mit der Gier.

Ein ausgehandelter Frieden würde darüber hinaus auch nicht die Zukunft des Empire absichern, sondern vielmehr die gegenteilige Wirkung haben. Wenn es Großbritannien, dem Empire und der Entente nicht gelingen sollte, Deutschland, Österreich-Ungarn und das Osmanische Reich zu besiegen, dann war die Botschaft an den Rest der Welt eindeutig: Die Zeit der alten Ordnung war abgelaufen. Kanada, Australien, Südafrika und Neuseeland hatten bereits massive Verluste an Menschenleben verzeichnen müssen. Sollte nun ein schwaches Mutterland den Kampf nicht bis zum Ende führen, würde sich das Gemurre in lautstarken Protest verwandeln. »Commonwealth of Nations«? Diese Idee würde in einem Sturm aus Hohn und Spott fortgeweht.[50] Der wahre Kriegsgrund – die Vernichtung Deutschlands als Konkurrenz auf der Weltbühne – wäre noch nicht einmal berührt worden. Unter derartigen Umständen käme ein Frieden für die Geheime Elite einer Katastrophe gleich. Allein schon davon zu reden war praktisch ein Sakrileg.

Er lasse »Friedensdrachen steigen«, schrieb Maurice Hankey über den Ansatz von House. Für Milners Intriganten hatte dieses Vorgehen aber auch seine Vorteile, denn hier trennte sich sozusagen die Spreu vom Weizen: Diejenigen Kabinettsmitglieder, die sich für Friedensverhandlungen aussprachen, offenbarten zugleich, dass es ihnen an Entschlossenheit fehlte, bis zum Erreichen des ultimativen Ziels durchzuhalten. Finanzminister Reginald McKenna erklärte, Großbritannien werde jetzt, im Januar 1916, »einen besseren Frieden als später erzielen, wenn Deutschland sich nur

David Lloyd George in typischer Pose

noch in der Defensive befindet«.[51] Die Geheime Elite beobachtete und hörte zu. Buchstäblich.

Als persönlicher Vertrauter von Asquith und als Sekretär des Kriegsrats[52] wurde Hankey von vielen ins Vertrauen gezogen, aber selbst er war schockiert, als er erfuhr, dass William »Blinker« Hall, der Leiter des Marineaufklärungsdienstes, den diplomatischen Code der Amerikaner geknackt hatte und nun die Telegramme überwachte, die House an Präsident Wilson schickte. Die Amerikaner behaupteten, sie würden einen »vernünftigen Frieden« aushandeln und eine Konferenz einberufen.[53] Sollte sich das Deutsche Reich weigern teilzunehmen, würden die USA möglicherweise auf der Seite der Entente in den Krieg eintreten.[54] Wohlgemerkt, ein absolutes Versprechen war das nicht. Ende Januar suchte Hankey unter einem anderen Vorwand Hall in der Admiralität auf.[55] Dabei stellte er fest, dass die Visite von Oberst House ein »Friedens-Showeinlage« war. 1916 war schließlich

Wahljahr, und Präsident Wilson musste, wollte er wiedergewählt werden, den Eindruck vermitteln, er sei ernsthaft an einem Frieden interessiert. Doch das war alles nur Lug und Trug. Zu seinem Schrecken entdeckte Hankey, dass Sir Edward Grey den Amerikanern zugesagt hatte, Großbritanniens Blockadepolitik (euphemistisch umschrieben als »Freiheit der Meere«) aufzugeben, wenn das Kaiserreich seinen Militarismus beende.

Hall behauptete, diese unbezahlbare Geheiminformation sei nicht mit Marineminister Arthur Balfour geteilt worden. Da drängt sich die Frage auf: Mit wem denn dann? Der Außenminister macht hinter dem Rücken seiner Kabinettskollegen Versprechungen, und wir sollen glauben, dass Hall niemandem davon erzählt hat? Grey war offensichtlich mental ausgelaugt. Getrieben von der Sorge, er könne die Gelegenheit für einen »anständigen Frieden« verpassen, sollte sich der Krieg »in die falsche Richtung« entwickeln, trug Grey dem Kriegsausschuss im März 1916 die amerikanischen Vorschläge vor. Das Komitee ignorierte sie. Im Mai 1916 hakten die Amerikaner noch einmal nach und wollten wissen, wie das Interventionsangebot des Präsidenten aufgenommen worden sei. Das Kabinett war gespalten. Asquith, Grey, McKenna und Balfour waren offensichtlich dafür, Lloyd George und Bonar Law, der Vorsitzende der Konservativen, waren dagegen.

Die Alarmglocken läuteten. Der Armeerat – ein Gremium, dessen Bewunderung für Alfred Milner kaum noch größer hätte ausfallen können – drohte mit Rücktritt, sollte der Kriegsrat darauf bestehen, »die Friedensfrage« weiter zu erörtern,[56] aber damit war die Gefahr noch nicht aus der Welt. Asquith war bereit zu akzeptieren, dass »die Zeit gekommen ist, in der es sehr erstrebenswert ist«, klare Ideen zu Friedensvorschlägen zu formulieren. Ende August schlug er vor, dass die Kabinettsmitglieder ihre Ideen zu Papier brachten und verteilten, damit man darüber reden könne.[57] Im September erklärte Munitionsminister Edwin Samuel Montagu, man dürfe die Möglichkeit eines plötzlichen Friedens nicht außer Acht lassen, da die Deutschen wahrscheinlich eher als alle anderen bereit seien, aus den Kampfhandlungen auszusteigen.[58] Weiter wollte er wissen, wie ein bedingungsloser Sieg aussehen würde. Der Generalstab legte sein eigenes Memorandum vor,[59] in dem es fälschlicherweise hieß, Frankreichs Ministerpräsident Aristide Briand habe dafür gesorgt, dass »unter seiner Führung von sehr fähigen Personen, die ihm dienen und nicht auf der Oberfläche des politischen Lebens auftauchen, sehr dezidierte Ansichten ausgearbeitet wurden«.

Im Oktober 1916 teilte das britische Außenministerium Unterlagen mit dem Kabinett, die zeigten, dass Deutschland bereit war, Belgien unabhängig von der britischen Haltung Frieden anzubieten. Herbert Hoover, der das skandalöse Belgische Hilfswerk leitete, warnte das Foreign Office: Die deutsche Regierung beabsichtige, Verhandlungen mit der belgischen Exilregierung aufzunehmen. Hoover hatte erfahren, dass die Deutschen anbieten wollten, das Land zu räumen, Belgien vollständige wirtschaftliche und politische Freiheit zu garantieren und finanzielle Mittel für den Wiederaufbau des Landes bereitzustellen. Um den Konflikt mit Frankreich beizulegen, waren die Deutschen bereit, Lothringen komplett abzutreten, sofern die Franzosen Deutschland jedes Jahr 5 Millionen Tonnen Eisenerz liefern würden. Zu den deutschen »Bedingungen« zählte auch Unabhängigkeit für Polen und eine nicht näher spezifizierte »Vereinbarung« für den Balkan.[60]

Für derartige Vorschläge hatte Hoover nichts übrig. Bei seinem nächsten Besuch in Brüssel sprach ihn Dannie Heineman an, ein deutsch-belgisches Mitglied des belgischen Comité Nationale. Heineman erkundigte sich, wie die britischen Bedingungen für einen Frieden aussähen. Er sei nicht im Friedensgeschäft, erwiderte Hoover daraufhin. Das war er ganz gewiss nicht – sein Geschäft bestand darin, sich am Krieg zu bereichern. Eine bezeichnende Frage stellte am 13. November 1916 der umsichtigere Lord Lansdowne, im Kabinett Asquith Minister ohne Portefeuille: »Wie ist es um unsere Chance bestellt, unter derartigen Umständen und in einem derartigen Zeitrahmen [den Krieg] so zu gewinnen, dass wir unseren Feind zu Boden schlagen und ihm die Bedingungen aufzwingen, die wir hier so offen erörtern?« Lansdownes Zukunft in der Politik erreichte damit ihr Haltbarkeitsdatum.[61]

Lord Kitcheners verdächtiges und verfrühtes Ableben im Juni 1916 beendete jegliche Aussicht auf einen gerechten Frieden, der Kitcheners Hoffnung entsprochen hätte.[62] Die Geheime Elite hingegen richtete ihr Augenmerk nun auf Politiker, denen es offensichtlich an der Willenskraft mangelte, die Vernichtung Deutschlands tatsächlich bis zum Ende durchzuhalten. Asquiths Uhr beispielsweise war abgelaufen. Seine Ausweichmanöver und seine Fähigkeit, Dinge einfach auszusitzen, waren fehl am Platz in einer Zeit, in der die Geheime Elite festes, entschlossenes Handeln erwartete. Im Oktober 1916 legte sich Asquith im Parlament noch einmal sehr ins Zeug, um alle Ideen einer Einigung im Keim zu ersticken, doch da war es bereits zu spät. Mit spürbarem Schmerz erklärte er:[63]

> *»Die Belastung, die der Krieg uns selbst und unseren Verbündeten auferlegt, das Leid, das dieser Kampf, wie wir ganz offen zugeben, einigen auferlegt, die nicht direkt von den Auseinandersetzungen betroffen sind, die Störungen des Handels, die Vernichtung von Gebieten, der Verlust unersetzlichen Lebens – diese lange, düstere Abfolge von Grausamkeiten und Leid, erleuchtet von unsterblichen Beispielen des Heldentums und des Muts, darf nicht in einem zusammengeschusterten, wackligen und schändlichen Kompromiss enden, der sich als Frieden maskiert.«*[64]

Keine 2 Monate später waren die Männer, die bereit gewesen waren, über die Bedingungen eines Friedensvertrags nachzudenken, aus der Regierung verschwunden – Grey, Lansdowne, Montagu und McKenna hatte man abserviert. Sie hatten ein Sakrileg begangen: Sie hatten die unverzeihliche Sünde begangen, über Frieden nachzudenken. Frieden würde es nicht geben, jedenfalls jetzt noch nicht.

Ab September 1916 folgte David Lloyd George, inzwischen Kriegsminister, der Fahne Lord Milners. Nachdem er sich heimlich mit Vertretern der »Montagabendbande« getroffen hatte, bekräftigte er öffentlich die Politik der Geheimen Elite: Es könne nur einen Sieg geben. Zunächst gab er Roy Howard, dem Vorsitzenden des amerikanischen Presseverbands, ein Privatinterview. In diesem Gespräch fegte er alles Gerede über einen Frieden vom Tisch, und seine Botschaft wurde in alle Welt hinausgetragen. Lloyd George warnte, dass England jeden Schritt »der Vereinigten Staaten, des Vatikans oder sonst eines Neutralen in Richtung Frieden als nicht neutralen und prodeutschen Schritt werten« werde. Hier gab Lloyd George erstmals das Versprechen ab, dass »der Kampf bis zum Ende geführt werden muss – bis zu einem Niederschlag.«[65]

Lloyd George, der noch nie ein Problem damit gehabt hatte, die Ideen anderer als die seinen auszugeben, begann nun, im Kriegsausschuss Ideen der

Geheimen Elite für die Fortführung der Kampfhandlungen vorzutragen. Aus dem Nichts heraus regte er am 10. November an, das Amt eines »Schifffahrtdiktators« zu erschaffen, der sämtliche Aspekte der Schifffahrt und des Schiffbaus kontrollieren solle. Hankey tat dies als »unverdaute und dämliche Verschwendung kostbarer Zeit« ab.[66] Doch siehe da – 6 Wochen später wird die »Idee von Lloyd George« in die Tat umgesetzt. Einen ähnlichen Ansatz schlug er in einem Memo vor, bei dem es um Probleme mit der Lebensmittelversorgung ging. Auch hier sprach er sich dafür aus, die Kontrolle über zentrale Aspekte der Nahrungsbeschaffung in eine Hand zu legen. Ohne dass es die anderen wirklich begriffen, hatte der Kriegsminister damit begonnen, einen völligen Umbau der Regierung und ihrer Funktionen zu propagieren. Hinter diesen Ideen stand Milners Überzeugung, für einen Erfolg müsse man sich auf nationaler Ebene organisieren.[67]

Als Nächstes »übernahm« Lloyd George die Idee, dass sich nur noch einige wenige Auserwählte im Parlament um das tagtägliche Kriegsgeschäft kümmern sollten. Sie würden sich darauf konzentrieren, die streng ausgerichtete Führung zu gewährleisten, die für einen endgültigen Sieg erforderlich war. In seinen Kriegsmemoiren schreibt Lloyd George, die Idee dazu stamme aus einem Gespräch, das er am 15. November 1916 in Paris mit Maurice Hankey führte, als die beiden zu einer Ministerkonferenz in der französischen Hauptstadt waren.

Der Geschichte zufolge, die seitdem getreu von anderen Historikern wiedergekäut wird,[68] hielt Hankey dramatisch neben der Siegessäule auf der Place Vendome, bevor er Lloyd George drängte: »Sie sollten darauf beharren, für die tagtägliche Abstimmung des Kriegs einen kleinen Kriegsausschuss ins Leben zu rufen und ihm alle Macht zu übertragen. Er muss unabhängig vom Kabinett sein. Er muss den Kontakt mit dem P.M. [= Premierminister] halten, aber der Ausschuss sollte ständig tagen, und das könnte der P.M. als Chef der Regierung nicht erbringen … Nach allem, was er in den vergangenen zweieinhalb Jahren durchgemacht hat, ist auch er ein wenig erschöpft.«[69] Was für eine spezifische Beschreibung von Zeit und Ort, detailreich und präzise – aber leider alles nur Fiktion. Lloyd George wollte der Nachwelt weismachen, dass die Strategie, mit der er gegen die Regierung vorging, auf dem Mist von Asquiths vertrautem und unersetzbarem Berater Hankey gewachsen war und nicht von der »Montagabendbande« entwickelt und dann in geheimen Essen, bei denen Lloyd George mit Alfred Milner, Edward Carson und Arthur Lee zusammenkam, verfeinert wurde. Die Wahrheit hätte er kaum einräumen können.

Hankey erinnert sich an einen morgendlichen Spaziergang mit Lloyd George, »der voller Pläne steckte«,[70] aber es fehlen jegliche Hinweise darauf, dass man die Idee für eine neue Art des Regierens entwickelt hatte. Tatsächlich steckte der Waliser immer voller Pläne, aber besonders interessant ist hier, welche zentrale Rolle Maurice Hankey eingeräumt wird. Aus dem Werk von Professor Quigley wissen wir,[71] dass Hankey zum inneren Kreis von Milners Geheimer Elite gehörte. Was wir nicht wissen, ist, seit wann er dazu gehörte. Wie sich später zeigte, hatte Lloyd George vor seiner Reise nach Paris bereits mit anderen über diesen Kriegsausschuss gesprochen. Den Zeitungsbesitzer Max Aitken hatte er gebeten, das Konzept mit Andrew Bonar Law zu erörtern, dem Vorsitzenden der Konservativen.[72] Wenn man das weiß, fragt man sich, warum Lloyd George dermaßen bemüht war, Maurice Hankey die Schuld (oder den Ruhm, je nachdem) für die Idee zuzuschieben? Seine Inspirationsquellen waren ganz offensichtlich Alfred Milner und die »Montagabendbande«. War das alles nur Teil seiner Täuschungsmanöver?

In einem Anfall Shakespeare'scher Grausamkeit, auf den wohl selbst Brutus neidisch gewesen wäre, rammte Lloyd George Asquith das Messer in den Rücken. Er stellte Asquith ein Ultimatum und drohte mit Rücktritt, sofern der Premierminister nicht ein neues, kleineres Kriegskomitee ins Leben rief, besetzt mit Lloyd Georges politischen Verbündeten und angeführt von Lloyd George. Asquith könne, wenn er denn wolle, weiterhin das Amt des Premierministers ausüben, mit den Kriegsbemühungen werde er jedoch nichts mehr zu tun haben. Auch Lloyd Georges Freunde von der »Montagabendbande« zückten die Messer. In einem Leitartikel in der *Times* pries George Dawson den Kriegsminister und fügte, ohne rot zu werden, hinzu: »Soweit wir wissen, stellte sich Lloyd George, was seine Kollegen im Kabinett anbelangt, völlig allein auf diesen Standpunkt. Diese Tatsache widerlegt alles Gerede über Intrigen.«[73]

Was für eine verblüffende Täuschung! Es war eine lachhafte Lüge. Der Herausgeber der *Times* war Teil der Clique gewesen, die von Anfang an

Asquiths Sturz hintertrieben hatte, ja, er spielte sogar einen zentralen Part in dieser Intrige. Jedes Detail über das Kräftemessen, das sich Asquith und Lloyd George darum lieferten, wer in 10 Downing Street das Sagen haben würde, erschien in der Northcliffe-Presse. Er sei nicht der Maulwurf, protestierte Lloyd George, aber niemand glaubte ihm damals – und niemand sollte es heute tun. Der Umsturz war im Gange.

Die Verschwörer gingen nun auf volles Risiko: Lloyd George, Bonar Law und Sir Edward Carson traten zurück. Damit wurde Asquith die Unterstützung von Liberalen, Konservativen und Ulster-Unionisten entzogen. Mit Blick auf die Nachwelt beendete Lloyd George sein Rücktrittsschreiben mit folgenden Worten: »Tatkraft und Vision sind zur jetzigen Stunde von allerhöchster Notwendigkeit.«[74] Seine Betrügereien waren wirklich grenzenlos. Lloyd George stellte sich nämlich vor, dass er von sich selbst spreche.

Nachdem seine Regierungskoalition in sich zusammengefallen war, bot Asquith dem König seinen Rücktritt an. Lloyd George hatte bei Geheimgesprächen, die er im September 1915 mit Alfred Milner und Geoffrey Dawson führte, durchsickern lassen, er sei bereit, die Führungsrolle zu übernehmen. Damals war es sein offenes Eintreten für eine Wehrpflicht, die das Interesse der Geheimen Elite geweckt hatte. Lloyd George nutzte jede Gelegenheit, um seine Verbindungen zu den Verschwörern, die den Sturz der Regierungskoalition planten, weiter zu stärken.

Ein kleines, aber bezeichnendes Beispiel dafür, wie sehr diese Männer darauf bedacht waren, ihre Spuren zu verwischen, liefert ein spezielles Meeting: »Am 30. September wurde nach einer anständigen Phase des Planens in Milners Haus in der 17 Great College Street für ein Mittagessen gesorgt. Dawson hatte zunächst vorgeschlagen, Milner und Lloyd George sollten in sein Haus kommen, aber als der Minister [Lloyd George] herausfand, dass [Finanzminister] Reginald McKenna auf der anderen Straßenseite wohnte, weigerte er sich, dorthin zu fahren.«[75] Ganz offensichtlich hatte Lloyd George nicht die Absicht, sich auf der Türschwelle des *Times*-Herausgebers erwischen zu lassen.

Obwohl die Intrige bestens dokumentiert ist, gab Asquith einen anderen Grund für seinen Rücktritt an, einen Grund, der offiziell bis heute auf der Website der Bibliothek des House of Commons steht – »feindselige Presse«.[76] Unglaublich. Seine Regierung wurde von innen heraus gesprengt, er selbst wurde von Ränken ehemaliger politischer Weggefährten und Oppositionsführer, die die Rückendeckung der unglaublich mächtigen Geheimen Elite besaßen, aus dem Amt gedrängt. Und bei alledem wird Asquiths Sturz aus dem allerhöchsten Regierungsamt hinter einer Lüge versteckt. Bei keinem anderen Premierminister wird dieser Grund als Anlass für einen Rücktritt oder eine Niederlegung des Amts angeführt. Die Erklärung ist völlig irreführend und dient nur dazu, Verwirrung zu stiften rund um einen wichtigen Vorfall in der Geschichte von Großbritanniens sogenannter Demokratie, einen Vorfall, über den Historiker regelmäßig hinwegsehen. Würde Lloyd George noch leben, er würde wahrscheinlich bis heute darüber lachen. Das britische Establishment wird natürlich bis zum Sankt-Nimmerleins-Tag abstreiten, dass Asquith das Opfer eines friedlichen Umsturzes wurde.

Am 5. Dezember 1916 war die Koalitionsregierung von Premierminister Asquith endgültig zerfallen. Unter dem Tarnmantel einer verwaltungstechnischen Neuordnung folgte eine Säuberungsaktion, der die alte Garde der liberalen Regierung zum Opfer fiel.[77] Das Militär spielte bei diesem Putsch keinerlei Rolle, aber altgediente Militärkommandeure wie Sir Henry Wilson beklatschten die Entwicklung. »Asquith ist raus, hurra!«, schrieb er in sein Tagebuch. »Ich bin zuversichtlich, dass wir, wenn wir die Dinge ordentlich leiten, Asquith totkriegen.«[78] Er spricht hier von »wir« als Verweis darauf, dass er Teil der »Montagabendbande« ist, die den Sturz der Regierung geplant hatte.[79] Insofern gab es zumindest im inneren Kreis der Verschwörer eine Beteiligung des Militärs.

Am 7. Dezember 1916 erging die Einladung des Königs an Lloyd George, eine neue Regierung zu bilden. Er akzeptierte sofort. Seine eigene Darstellung der Ereignisse trieft vor Unaufrichtigkeit und vermittelt den Eindruck, die schwerwiegende Verantwortung, der Regierung vorzustehen, sei ihm plötzlich und wie durch Zauberei aufgebürdet worden. »Sobald der König mich mit der Aufgabe betraute, eine Regierung als Nachfolge des verschwundenen Kabinetts zu bilden, verschaffte ich mir einen Überblick über die Aufgaben, die vor mir lagen ...«[80] Was für ein ausgemachter Unfug. »Verschwundenes Kabinett« ... wir reden hier doch nicht über einen Harry-Potter-Film! Vielleicht dachte er eher an ein »Verschwindenlassen« im Mafia-Stil. Das wäre ein Umfeld gewesen, in dem er sich wohlgefühlt hätte.

Eine seiner ersten Handlungen bestand darin, Maurice Hankey ins Kriegsministerium zu bestellen und mit ihm ein »langes Gespräch über das Personal der neuen Regierung zu führen, über die Verfahrensweise des exklusiven Kriegsausschusses und über die Zukunft des Kriegs«.[81] Er bat Hankey, seine Einschätzung des Kriegs schriftlich festzuhalten, und schon am 9. Dezember verbrachte Hankey den ganzen Tag mit dem neuen Kriegskabinett.[82] Hätte er auf irgendeine Weise noch dichter dran sein können an all den Gesprächen, in denen Lloyd Georges Entscheidungen letztlich abgesegnet wurden?[83] Anders als viele Zeitgenossen war Maurice Hankey nicht überrascht, dass Alfred Milner direkt ins Herz der britischen Kriegsplanung berufen worden war. Der nicht gewählte und vielen gewöhnlichen Menschen völlig unbekannte Milner tauchte scheinbar aus dem Nichts auf und nahm seinen Platz unter der politischen Elite ein, die mit der Aufgabe betraut war, den Krieg bis zum endgültigen und absoluten Sieg zu führen.[84] »Ich habe das Amt des Premiers weder gesucht noch danach gestrebt«, behauptete Lloyd George lächerlicherweise, und über die Beteiligung Milners sagte er, dieser repräsentiere die »Tory-Intelligenzia und die Hardliner«.[85] Was für Lügen! Lloyd George hatte stets ungezügelten Ehrgeiz ausgestrahlt, und an dem Plan, Asquith zu stürzen, arbeitete er monatelang mit Milners Leuten. Dass er überhaupt Premierminister wurde, hing von ihrer Zustimmung ab. Lord Milner wurde der Ehrenplatz an seiner Seite zuteil.

Mit »blitzartiger Geschwindigkeit« habe Lloyd George »das Allerbeste britischen Lebens« um sich versammelt, schrieb Lord Northcliffe in einem Artikel, den In- und Auslandspresse am 10. Dezember abdruckten.[86] Die Geburtsstunde eines Mythos. Northcliffe war einer der großen Unterstützer von David Lloyd George gewesen, größtenteils, wenn auch nicht ausschließlich, über den *Times*-Chefredakteur Geoffrey Dawson. Northcliffe mochte nichts Besonderes daran finden, seinen Premierminister auch einmal direkt anzurufen,[87] aber auch der Eigner der *Times* konnte es nicht verhindern, dass andere Einflussgruppen Lloyd George dazu zwangen, Kabinettsämter mit Personen zu besetzen, die Northcliffe als »Ehemalige« abtat.[88] Die Forderungen von *Daily Mail* und *Evening News*, Arthur Balfour und dessen Vetter Lord Robert Cecil abzusägen, verhallten ungehört. Wusste Northcliffe denn nicht, wie tief verwurzelt beide Männer in der Geheimen Elite waren? Offensichtlich nicht.

Eines steht völlig außer Frage: Der Umsturz wurde von Mitgliedern und Agenten der Geheimen Elite erdacht und umgesetzt. Nachdem Asquith ersetzt worden war, durchdrangen sie die neue Regierung von oben nach unten und auf allen Seiten.[89] Lloyd George mag die Galionsfigur gewesen sein, aber die »Montagabendbande« und ihre Unterstützer in der Geheimen Elite entschieden über alle wichtigen Staatsämter. Lloyd George wurde auf allen Ebenen unmerklich, aber zuverlässig eingehegt. Freie Hand würde er nicht haben.

So manövrierte die Geheime Elite ihre Männer auf wichtige Posten, zusätzlich wurde eine Handvoll nützlicher Abgeordneter der Konservativen und von der Labour-Partei mit Ämtern ausgestattet, damit gewährleistet war, dass die neue Regierung alle Abstimmungen im Parlament überleben würde. Als er am 10. Dezember nach London zurückkehrte, musste Hankey »zu einem Termin bei Lord Milner«. In seinem Tagebuch schrieb er: »Ich habe seine [Lord Milners] Politik immer gehasst, fand den Mann aber sehr attraktiv und voller Persönlichkeit. Wir haben uns blendend verstanden.«[90] Natürlich haben sie das, ansonsten hätte Hankey nicht überlebt. Er wusste sehr wohl um die Macht und den Einfluss Milners.

Ein weiterer, immer noch stark verbreiteter Mythos besagt, dass Lloyd George, dieses walisische Genie, das spezielle Kabinett, das buchstäblich die Kontrolle über jeden einzelnen Aspekt der Kriegsführung übernahm, in halsbrecherischem Tempo zusammenstellte. Bevor Berufungen verkündet wurden, hatte die »Montagabendbande« allerdings monatelang hinter verschlossenen Türen diskutiert und beraten und sich auf die gewünschte Taktik festgelegt. Die endgültige Auswahl, die angeblich die Handschrift von Lloyd George trug, umfasste die Männer, denen die Geheime Elite vertraute. Zum Kriegsausschuss gehörten anfangs Premierminister David Lloyd George (den die Geheime Elite seit 1910 in der Tasche hatte),[91] Viscount Alfred Milner, der wichtigste Einfluss innerhalb dieser Geheimbewegung,[92] George Curzon vom All Souls College und ehemaliger Vizekönig Indiens,[93] Andrew Bonar Law, formal noch immer Parteivorsitzender der Tories, sowie der Labour-Abgeordnete Arthur Henderson, der sich stets für eine Fortführung des Kriegs starkgemacht hatte.[94] Dieser innere Kreis übernahm die Kontrolle. Tagtäglich kam man zusammen, um den Krieg besser managen zu können, manchmal waren es zwei oder sogar drei Meetings an einem Tag. Diese fünf Männer waren der oberste Rat des Staats, wenn man so will.[95] Gleichgestellt waren sie dabei allerdings keineswegs.

Die alte Ordnung der liberalen Politiker wurde gnadenlos ausgemerzt. Asquith hatte dem Staat jahrelang loyal gedient, jetzt wurde er vor die Tür gesetzt. Sir Edward Grey hatte seinen Amtsanspruch eingebüßt, als er begann, mit den Amerikanern die Möglichkeit eines Friedens auszuloten. Ihn schickte man aufs Altenteil. Reginald McKenna war Lloyd George schon lange ein Dorn im Auge gewesen, jetzt wurde er gefeuert. Lord Crewe stellte sich loyal hinter Asquith und wurde nicht berücksichtigt. Zu seiner großen Enttäuschung wurde auch Winston Churchill als nicht geeignet erachtet. Er hatte viele Feinde bei den Tories. Samuel Montagu, treuer Anhänger der Liberalen, hatte im Juli 1916 das Munitionsministerium übernommen, als Lloyd George ins Kriegsministerium wechselte. Nun musste er seinen Stuhl räumen, um den Platz für andere freizugeben. Dass er dieses Spiel geduldig ertrug, sollte sich schon wenige Monate später bezahlt machen, als er neuer Staatssekretär für Indien wurde.[96] Genauso verteilt die Geheime Elite ihre Zuneigungsbekundungen und kümmert sich um die Ihren. Das gilt bis heute.

Jedem wichtigen Bereich der Regierung drückte die Geheime Elite ihren Stempel auf. Sir Edward Carson zog in die Admiralität ein, Arthur Balfour ins Foreign Office, Lord Derby wurde Staatssekretär im Kriegsministerium, Lord Robert Cecil blieb als Blockademinister im Amt. Der neue Innenminister Sir George Cave hatte nur wenige Monate zuvor gemeinsam mit F.E. Smith erfolgreich gegen Sir Roger Casement geklagt und verhindert, dass er sich für eine Berufung an das Oberhaus wenden konnte.[97] Agenten der Geheimen Elite, jeder einzelne von ihnen.

Milner sorgte dafür, dass seine guten Freunde einflussreiche und machtvolle Posten bekamen. Nehmen wir beispielhaft den kometenhaften Aufstieg von Rowland Prothero, der nach eigenem Bekunden nur zwei Männer kannte, die »im öffentlichen Leben prominent« sind.[98] Wie sich herausstellte, handelte es sich bei diesen Männern um Lord Milner und Lord Curzon. 1914 wurde Prothero als Abgeordneter der Uni Oxford ins Parlament gewählt. Ende 1915 diente er an der Seite von Alfred Milner im Ausschuss für die Inlandsproduktion von Lebensmitteln. 1916 erhielt Milners Freund den Posten als Landwirtschaftsminister.[99] Vom Rekruten zum Kabinettsminister in gerade einmal zweieinhalb Jahren!

Arthur Lee, der bei vielen der Geheimtreffen, die dem Umsturz vorausgingen, als Gastgeber fungiert hatte, wurde zum Generaldirektor der Lebensmittelproduktion gemacht. Aber damit nicht genug der Mitglieder und Anhänger der Geheimen Elite, die schamlos vom Coup profitierten – da wären noch H. A. L. Fisher (Bildungsminister),[100] Walter Long (Kolonialminister) und Sir Henry Birchenough (Handelsminister).[101] Sie waren überall … und nicht nur in der Politik.

Es war die unsichtbare Hand der Geheimen Elite, die David Lloyd George in die allerhöchsten Ämter trug. Sein Auftreten als Handelsminister[102] garantierte ihm das Wohlwollen einflussreicher Personen aus der Schifffahrt und dem Schiffbau. Als Finanzminister erhob er den Anspruch, den Londoner Finanzbezirk gerettet zu haben.[103] Er hörte auf Lord Rothschild, Finanziers und Versicherungsmakler, verknüpfte durch die Morgan-Grenfell-Verbindung die britische mit der amerikanischen Wirtschaft und pflegte Umgang mit den großen Bergbaumagnaten und Industriellen seiner Zeit. Im Dezember 1916 revolutionierte er die Art und Weise, wie die Regierung die Produktion kontrolliert, indem er Geschäftsleuten politische Ämter übertrug. Leider entwickelte sich die Idee, interessierte Personen auf Posten zu heben, von denen aus sie dafür hätten sorgen können, dass ihre Unternehmen gewaltig profitieren, zu keinem Erfolg.

Das Schifffahrtsgeschäft wurde Sir Joseph Maclay unterstellt. Der schottische Reeder hatte die Zugeständnisse kritisiert, die die Regierung gegenüber den Gewerkschaften gemacht hatte, und er lehnte eine Verstaatlichung der Schifffahrtsindustrie ab. Die Admiralität trat Maclay mit tief verwurzelter Feindseligkeit gegenüber, und als Deutschland im Februar 1917 die uneingeschränkte U-Boot-Offensive ausrief und Maclay die Bildung von Konvois anregte, sperrte sich die Admiralität gegen die Idee. Maclay hatte recht,[104] dennoch strichen die Schiffseigner unfassbare Gewinne ein.

Der neue Premierminister Lloyd George ernannte Lord Devonport zum obersten Lebensmittelkontrolleur. Devonport leitete von 1909 bis 1925 die Londoner Hafenbehörde, 1912 zwang er die streikenden Dockarbeiter auf die Knie und sorgte damit in East London für reichlich Not und Elend.

In der Erwartung, dieser »harte Hund« sei entsprechend charakterstark, machte ihn Lloyd George zum Minister für Lebensmittelkontrolle.[105] Doch er hatte sich geirrt: Devonport schützte seine eigenen Interessen im Lebensmittelgeschäft (er besaß über 200 Läden) und sperrte sich bis Mai 1917 gegen die Rationierung von Lebensmitteln.

Der walisische Kohlemagnat und Industrielle Lord Rhondda wurde zum Präsidenten des Local Government Board ernannt, eine Art Kommunalministerium. Seine Beliebtheit nahm zu, als man ihn bat, den inkompetenten Devonport als Minister für Lebensmittelkontrolle zu ersetzen. Er biss in den sauren Apfel, diktierte die Preise von Lebensmitteln und sorgte dafür, dass die Regierung Grundnahrungsmittel einkaufte.[106] Verglichen mit seinen Amtskollegen war er eine positive Erscheinung.

Weetman Pearson, der spätere Viscount Cowdray, wurde Luftfahrtminister. Dank seiner fragwürdigen Beziehungen zum mexikanischen Diktator Perfirio Diaz war es Pearson gelungen, sich in Mexiko Ölkonzessionen zu beschaffen.[107] Für ihn als Besitzer der Mexican Eagle Petroleum Company (die 1919 Teil von Royal Dutch/Shell wurde) sprudelten die Gewinne den gesamten Krieg über vorzüglich. Sir Alfred Mond, den Lloyd George 1916 zum Minister für öffentliche Arbeiten ernannte, war Geschäftsführer der Mond Nickel Company und Direktor der kanadischen International Nickel Company. Nickel dient dazu, Panzerungen und bestimmte Stahlarten zu verstärken. Das strategisch wichtige Erz rückte erstmals im Vorfeld des Ersten Weltkriegs während des Flottenwettrüstens zwischen Großbritannien und Deutschland in das öffentliche Interesse.[108]

Dadurch, dass sich der Krieg hinzog, strichen die (Alfred) Mond-Unternehmen enorme Gewinne ein. 1915 verschiffte Großbritannien zwölf Mal so viel Nickel nach Schweden wie 1913.[109] Dort wurde es entweder für die Herstellung von Rüstungsgütern verbraucht, die dann nach Deutschland verschickt wurden, oder es wurde gleich als Rohstoff ans Kaiserreich geschickt. Es ist unfassbar: Der Vorsitzende eines der wichtigsten Metall verarbeitenden und exportierenden Betriebe des gesamten Empire, eines Unternehmens, das Deutschland direkt und indirekt belieferte, wird zum Minister für öffentliche Arbeiten gemacht. Was folgte, waren sehr fragwürdige Geschäfte, die die britische Regierung mit der britisch-amerikanischen

Nickel Corporation einging, Geschäfte, die im Parlament heftig kritisiert wurden.[110] Dennoch beendete Alfred Mond seine Laufbahn als Lord Melchett of Landforth. Es ist zu unglaublich, um erfunden zu sein.

Milner und seine Spießgesellen von der Geheimen Elite übernahmen darüber hinaus auch das Privatsekretariat von Lloyd George. Bereits am 10. Dezember wurde Hankey klar, dass er nicht das einzige Mitglied im Sekretariat des neuen Premiers sein würde. Auf Bitten Milners wurde Leo Amery, der ihm in Südafrika als Leutnant treu gedient hatte, ohne nähere Erklärung in den Stab des Kriegskabinetts aufgenommen, wenn auch nicht als Erster Co-Sekretär. Hankey blieb die Nummer eins, genoss das Vertrauen von Lloyd George – und war verantwortlich für die Organisation des Kriegskabinetts.[111]

Außerhalb der Residenz des Premierministers in der Downing Street spielte sich ein interessantes neues Kapitel ab. Im Garten der Downing Street wurden Behelfsbüros errichtet, in die eine exklusive Gruppe vertrauenswürdiger Verwaltungsbeamter einzog, die sämtliche Kontakte zwischen Lloyd George und den Behörden kontrollierten und dirigierten.[112] Geleitet wurde diese Schnittstelle von W.G.S. Adams, einem Oxford-Professor aus der Entourage Milners[113] und laut Professor Carroll Quigley Mitglied der Geheimen Elite.[114] Adams sollte später Chefredakteur der Berichte des Kriegskabinetts und Rektor des All Souls College in Oxford werden. Dieser Ernennung folgten rasch zwei weitere Namen, die zu Milners berühmtem »Kindergarten« zählten[115]: Philip Kerr wurde Privatsekretär von Lloyd George, und mit Lionel Curtis wurde noch ein weiterer Milner-Getreuer herangezogen. Damit nicht genug: Kurz darauf kamen noch Waldorf Astor und Cecil Harmsworth, der jüngere Bruder von Lord Northcliffe, hinzu.

Milner wollte das Rudel vervollständigen, deswegen bearbeitete er Lloyd George, John Buchan (den Autor der Richard-Hannay-Geschichten) wieder in seinen Stab aufzunehmen. Buchan, der Haig in Schutz genommen hatte, war bei der Verteilung von Posten leer ausgegangen. In einem privaten Brief, der nur deshalb überlebt hat, weil er nicht zu den sorgfältig gefilterten und vernichteten Papieren Milners gehörte, sondern im Archiv von Lloyd George lag, schreibt Milner: »Mein lieber Premierminister, halten Sie mich nicht für zu aufdringlich! Ich wünschte, Sie würden John Buchan nicht abweisen, ohne ihn persönlich getroffen zu haben … Ich bin nicht zufrieden damit, ihn wegen Gerüchten abgewiesen zu sehen & schlecht informierten Gerüchten noch dazu.«[116] Buchan wurde als Informationsdirektor in den Stab des Premiers aufgenommen. Und uns wollen die Historiker weismachen, das seien Lloyd Georges Personalentscheidungen gewesen …

Es hatte fast den Anschein, als habe die »Montagabendbande« den Premierminister entführt. Zur Jahrhundertwende hatte Alfred Milner junge Imperialisten von der Universität Oxford gefesselt und in seinen Bann geschlagen, dann nahm er sie mit nach Südafrika, damit sie ihm halfen, nach dem Burenkrieg das Transvaal und die Kapkolonien zu erneuern und zu regieren. Jetzt waren es dieselben Männer, die Lloyd George »anleiteten« und die Informationen filterten, die in der Downing Street eingingen. Das waren nicht Lloyd Georges Männer … es waren die Männer von Lord Milner. Er hatte das Sagen.

Die politischen Verbündeten von Herbert Asquith litten Höllenqualen: Die neue Bürokratie hatte sich unter den Maßgaben Alfred Milners in ein undemokratisches Monster verwandelt. Das Asquith-Lager erkannte, was vor sich ging, und lief dagegen Sturm.

Die Frage, die man sich in diesem Zusammenhang stellen muss: Warum wird dieser Staatsstreich von Mainstream-Geschichtsforschern so absolut ignoriert? Warum wird ständig über die Regierung von Lloyd George und das Sekretariat von Lloyd George geschrieben, wenn Lloyd Georges Positionen doch von Milner und den Aufpassern im Garten vorgegeben und kontrolliert wurden? Der radikale Journalist H.W. Massingham veröffentlichte Anfang 1917 einen bitterbösen Angriff auf Milners Organisation:

> *»Eine neue doppelte Wand aus Bürokraten wurde zwischen das Kriegsministerium und die Leitung der Abteilungen gestellt, deren Verantwortung gegenüber dem Parlament bislang direkt gewesen war … Die erste ist das Kabinettssekretariat … die zweite eine kleine Gruppe von Illuminaten, die im Garten des Premierministers Residenz bezogen haben … Diese Herren stehen in keinerlei Hinsicht für ein Kabinett des öffentlichen Dienstes, vielmehr handelt es sich um eine Klasse reisender Empiriker des Empire, die mit Lord Milner kamen … Die Regierungsideen sind nicht die des Mister Lloyd George … sondern die von Lord Milner … Mr. George hat den Tory-ismus dazu genutzt,*

> *die liberalen Ideen zu vernichten, aber er hat ein Monster erschaffen, das, zumindest im Augenblick, beides dominiert. Das ist die neue Bürokratie, und sie droht, England zu beherrschen …«*[117]

Dem war in der Tat so. Es war der bislang erfolgreichste Streich der Geheimen Elite, und gelungen war er ihr, weil eine gefügige Presse geschwiegen und sich zum Komplizen gemacht hatte. Die gewählte parlamentarische Regierung war einer Säuberung zum Opfer gefallen. Die Geheime Elite lehnte die Demokratie ab, weil sie nicht funktional war. Dass sie eine Diktatur eingeführt hatte, kaschierte der Geheimbund mithilfe von Lloyd George, der gerne als derjenige posierte, der den Krieg gewinnen würde. Haben auch Sie das so im Geschichtsunterricht gelernt? Es ist ein Mythos. David Lloyd George agierte innerhalb einer politischen Zwangsjacke und stand einer undemokratischen Regierung vor.

Und so setzte sich das Abschlachten der Jugend fort, und die Kriegsgewinne wuchsen und wuchsen.

Zusammenfassung

- Herbert Asquith, der liberale Politiker, der seit 1908 als Premierminister regierte, bildete im Mai 1915 eine neue Regierungskoalition. Zu dieser Entscheidung gedrängt worden war er von seinem Finanzminister David Lloyd George und von Andrew Bonar Law, dem Vorsitzenden der Konservativen.
- Lloyd George bekam, was er gefordert hatte. Seine Illoyalität wurde ihm dadurch gelohnt, dass man ihn zum Munitionsminister erklärte. Aber das politische Bündnis zeigte schon bald erste Auflösungserscheinungen.
- Milner und die Geheime Elite sahen sich in ihrer Meinung bestätigt: Der demokratische Prozess hatte es nicht geschafft, die Führung, die

Organisation und vor allem auch den Willen an den Tag zu legen, die nötig waren, um den Krieg unnötig in die Länge zu ziehen. Milner und seine Spießgesellen begannen daraufhin, die Regierung zu untergraben und mit ihren eigenen Agenten zu unterwandern.

- Angeführt von Milner und seinen Kameraden aus der Geheimen Elite bildete sich eine Verschwörergruppe, die 1916 jeden Montagabend zusammenkam (die »Montagabendbande«). Bei den Treffen wurde daran gearbeitet, die politische Demokratie in Großbritannien zu beenden.
- Die Männer strebten an, sich selbst als alternative Regierung ins Spiel zu bringen.
- Ein Mitglied der Clique war Geoffrey Dawson von der *Times*. In den Kommentarspalten seiner Zeitung trommelte er für die Ideen der Verschwörer.
- Vor allem eines lag diesen Männern am Herzen – sie wollten jegliches Gerede von einem Frieden zunichtemachen. Sollte Deutschland nicht zerschmettert werden, wäre der Krieg völlig sinnlos gewesen.
- 1916 stand US-Präsident Wilson vor einem harten Kampf um seine Wiederwahl. Sein Berater Edward Mandell House lotete deshalb aus, wie es um die Wahrscheinlichkeit von Friedensverhandlungen bestellt war. Dabei wurde er vom britischen Marineaufklärungsdienst bespitzelt.
- Grey, Lansdowne, Montagu und McKenna mussten gehen. Sie hatten die unverzeihliche Sünde begangen, über Frieden nachzudenken.
- »Der Kampf muss bis zum Ende geführt werden – bis zu einem Niederschlag«, erklärte Lloyd George gegenüber der Presse.
- Die Geheime Elite regte an, einen kleinen Kriegsausschuss zu gründen – ohne Asquith. Als der sich weigerte, gab es Rücktrittsdrohungen.
- Nachdem die Regierung gescheitert war, beauftragte der König Lloyd George am 7. Dezember 1916 damit, eine neue Regierung zu bilden. Lloyd George sagte sofort zu. Er war die Galionsfigur, aber die »Montagabendbande« und ihre Unterstützer aus der Geheimen Elite übernahmen sämtliche wichtigen Ämter.

- Lloyd George revolutionierte die Art und Weise, wie der Staat die Produktion kontrollierte, indem er Geschäftsleute in politische Ämter hob. Einige wie Sir Joseph Maclay (Schifffahrtsminister) leisteten dort sehr gute Arbeit, andere wie Lord Devonport (Minister für Lebensmittelkontrolle) hatten nur den Schutz ihrer eigenen Interessen im Sinn.
- Es war, als habe die »Montagabendbande« den Premierminister entführt. Er war umgeben von Milners Leuten. Als Privatsekretäre lenkten sie seine Politik in die richtigen Bahnen und hatten ein Auge auf den wankelmütigen Waliser.
- Der Geheimen Elite war ihr bislang größter Erfolg gelungen, und ermöglicht wurde das auch durch die stillschweigende Komplizenschaft der gefügigen Presse. Die gewählte parlamentarische Regierung war gesäubert worden.

I WANT YOU
FOR U.S. ARMY
NEAREST RECRUITING STATION

Kapitel 27

Märchenstunde in Amerika

»Er hat uns aus dem Krieg herausgehalten«

Woodrow Wilsons erste Amtszeit von 1912 bis 1916 war das Resultat eines Wahlsiegs, den der New Yorker Geldadel wollte und den er finanziert hatte.[1] Sein Wahlkampfslogan lautete »Neue Freiheit«, und er trat an als jemand, der sich dem Big Business und der Macht der Kartelle in den Weg stellen wollte.[2] Aber wie bei so vielen Präsidenten vor und nach ihm strafte sein Handeln seine Versprechungen Lügen.

Im Wahlkampf musste er es mit Amtsinhaber William H. Taft aufnehmen. Der Republikaner Taft hatte unermüdlich den Einfluss der Wirtschaft in den USA als zu groß attackiert, und er war beim Volk beliebt. Wilson stand vor einer sehr schweren Aufgabe, ein Wahlsieg schien alles andere als realistisch.

Tafts Beliebtheit beruhte auch darauf, dass das Oberste Gericht Klagen gegen Standard Oil und die American Tobacco Company zugunsten der Regierung entschied.[3] Im Oktober 1911 klagte das Justizministerium U.S. Steel an und forderte, dass mehr als hundert Tochterunternehmen des Konzerns unternehmerische Eigenständigkeit erhalten sollten. Die Behörde zerrte prominente Manager und Finanziers als Angeklagte vor Gericht. Das Big Business war aufgebracht, William Taft machte sich zahlreiche einflussreiche Feinde. Er war zunächst klarer Favorit für die Präsidentschaftswahlen von 1912, aber eine gut durchdachte Teilung der republikanischen Wählerbasis machte seine Erfolgsaussichten zunichte. Mit der finanziellen Rückendeckung von J. P. Morgans Geschäftspartnern erschuf der ehemalige Republikaner Theodore Roosevelt aus dem Nichts eine dritte Kraft – die Progressive Partei. Bei den Wahlen im November 1912 wurde Wilson mit 42 Prozent der Stimmen zum Präsidenten gewählt. Roosevelt kam auf 27 Prozent, Taft auf gerade einmal 23 Prozent. Zusammengerechnet kamen die Republikaner auf 7,5 Millionen Stimmen, Wilson und seine Demokraten nur auf 6,3 Millionen.[4]

Bei den Wahlen 1916 standen die Chancen für die Republikanische Partei wieder besser. Der Graben zu Roosevelt und seinen Progressiven schloss sich rasch. Wilsons vermeintlich neutrale Haltung war dermaßen offensichtlich falsch, dass gewisse Bereiche der Wählerschaft zu seinem Widersacher überliefen, dem Republikaner Charles E. Hughes, einem ehemaligen Richter am Obersten Gerichtshof. Vor allem Deutsch-Amerikaner und Irisch-Amerikaner waren verärgert, weil sie Präsident Wilsons Verhalten für parteiisch hielten. Sie wollten für die Republikaner stimmen. Der Präsident ging diese Bevölkerungsgruppen wegen ihrer »Illoyalität« massiv an. In seiner jährlichen Ansprache vor dem Kongress schimpfte Woodrow Wilson am 7. Dezember 1915 über jene, die unter ausländischer Flagge geboren wurden und »dank unserer großzügigen Einbürgerungsgesetze alle Freiheiten und Möglichkeiten Amerikas genießen, aber das Gift der Illoyalität in die Arterien unseres nationalen Lebens geschüttet haben … die danach streben, dieses stolzes Land erneut in eine Brutstätte europäischer Leidenschaft zu verwandeln«.[5]

Voller Verachtung äußerte sich Wilson über jene, die sich an ihre ursprüngliche nationale Identität klammerten und dabei die Interessen Amerikas nicht an die erste Stelle setzten. Er sprach von »Bindestrich-Amerikanern«.[6] Seine Haltung gegenüber den Deutsch-Amerikanern war streng, aber die deutschstämmigen Amerikaner hatten von der anderen Seite des Atlantiks mit ansehen müssen, wie ihre alte Heimat vom britischen Establishment in einen zermürbenden Krieg gezogen wurde – einem Establishment, das von Amerika finanziert und versorgt wurde.

1916 gab es wichtige und einflussreiche Gruppen dieser »Bindestrich-Amerikaner«.

Tabelle 1

1910
Volkszählung in den Vereinigten Staaten.
Gesamtbevölkerung: 91 972 266.[7]

Definiert nach Geburtsort oder dadurch, dass beide Elternteile aus jenem Land stammten oder eines der Elternteile im Ausland geboren wurde:

Deutscher Abstammung:	8 282 618
Österreich-ungarischer Abstammung:	2 701 786
Irischer Abstammung:	4 504 360
Englischer/schottischer/walisischer Abstammung:	3 231 052
Russisch/finnischer Abstammung:	2 752 675
Italienischer Abstammung:	2 098 360

Hinweis:
Nicht berücksichtigt bei der Volkszählung von 1910 wurden im Ausland geborene Großeltern und die gewaltigen Mengen europäischer Einwanderer, die in den zweieinhalb Jahrhunderten zuvor Amerika besiedelt hatten.

Soziale Spannungen verwässerten die Unterstützung der Demokraten durch die irisch-amerikanische Gemeinde. Viele Katholiken waren nicht irisch, und nicht alle Iren waren Katholiken, aber an der amerikanischen Ostküste bestand eine starke Verbindung zwischen Rasse und Religion. Nach dem Osteraufstand 1916 in Dublin machte sich Wilson noch unbeliebter, als er sich weigerte, ein Gnadengesuch für Roger Casement zu unterstützen.[8] Als Wilson den kirchenfeindlichen mexikanischen Präsidenten Venustiano Carranza unterstützte, machte die Behauptung die Runde, Wilson sei ein Gegner der Katholiken.[9] Die New Yorker Wochenzeitung *Irish World* warf der Regierung Wilson vor, »all das für England getan zu haben, was ein englischer Vizekönig getan hätte«.[10] Eine wohl gesetzte Beleidigung. Rassismus und Scheinheiligkeit lagen nur Zentimeter unter der Oberfläche der amerikanischen Möglichkeiten.

Nur wenig wurde von einem neuen Machtblock gesprochen, der damals gerade begann, seine Stimme zu finden – die amerikanischen Juden. Die Ausbreitung des Zionismus in Amerika brachte frischen politischen Einfluss mit sich. Am Wahltag 1916 steckte die Bewegung noch in den Kinderschuhen, aber gewisse prozionistische amerikanische Juden wie der von Wilson gerade ans Oberste Gericht berufene Louis Brandeis genossen in der jüdischen Gemeinde hohes Ansehen. Brandeis – und damit auch Wilson, der ihn schließlich ernannt hatte – wurde ursprünglich hart in der Presse angegangen,[11] aber das schien im November 1916 keine großen Auswirkungen zu haben. Das sollte sich später ändern.

Woodrow Wilson verfügte über einen wichtigen Trumpf: die wirtschaftliche Lage. Als in Europa Krieg ausbrach, steckte Amerika in einer wirtschaftlichen Depression, die ernster war als die von 1907/8, aber das Kriegsgeschäft bescherte Amerika phänomenalen Wohlstand.[12] Genau die Konzerne, gegen die Wilson gewettert hatte, strichen Profite in einem Umfang ein, wie man es bis dahin noch nicht erlebt hatte. Dank der enormen Aufträge aus Großbritannien und Frankreich – die exklusiv über die Banken von J. P. Morgan und Rothschild abgewickelt wurden –, blühte der militärisch-industrielle Komplex auf und damit auch die angrenzenden Gemeinden. Es gab mehr und besser bezahlte Arbeitsplätze. Am 21. August 1915 erklärte Finanzminister William McAdoo (seinem Schwiegervater) Präsident Wilson: »Großer Wohlstand kommt. Er ist zu weiten Teilen bereits hier. Er wird gewaltig ansteigen, wenn wir unseren Kunden vernünftige Kredite einräumen können.«[13] Die Kunden, auf die er sich dabei in erster Linie bezog, waren Großbritannien und Frankreich. Wilsons Amerika schmiedete eine wirtschaftliche Solidarität mit der Entente, die das Neutralitätsprinzip ad absurdum führte, dennoch lautete das stillschweigende Versprechen, mit dem die Demokraten 1916 in die Präsidentschaftswahlen zogen: »Er hat uns aus dem Krieg herausgehalten.« Das stimmte bis dahin, aber Wilson behauptete niemals, dass er diese Politik fortsetzen werde.

Bei Präsidentschaftswahlen in Amerika kommt es letztlich nicht darauf an, wer wie viele Stimmen der Wähler erhalten hat, sondern wie die Wahlmännerverteilung aussieht. Für die Wahlen von 1916 zeichnete sich in dieser Hinsicht ein sehr enges Rennen ab. 1912 hatte es 530 Wahlmänner gegeben,

um zu gewinnen, musste man also mindestens 266 Stimmen auf sich vereinen.

Als die ersten Ergebnisse aus den Bundesstaaten an der Ostküste eintrafen, sah es nach einem klaren Sieg von Hughes aus. Um 19 Uhr am 7. November 1916 stand fest, dass Wilson New York verloren hatte, Schlag auf Schlag ging es in den anderen bevölkerungsreichen Staaten im Nordosten weiter: New Jersey, Connecticut, Rhode Island, Massachusetts, Illinois, Wisconsin und Delaware – sie alle fielen an die Republikaner. Es war ein Durchmarsch für Hughes.[14]

Rasch wurden mit Schildern bewaffnete Wahlkampfhelfer auf die Straßen geschickt. Unter einem großen Foto von Hughes stand auf den Schildern zu lesen: »Gewählter Präsident, Charles Evans Hughes«. Als die Nacht über Washington hereinbrach, machten sich seltsame Kräfte in den USA ans Werk. Joseph Tumulty, der Privatsekretär des Präsidenten, weigerte sich, Wilsons Niederlage einzugestehen. Berichten zufolge hatte er einen geheimnisvollen anonymen Anruf erhalten, bei dem er gewarnt wurde, »auf keinen Fall und nicht auf nur durch das allerkleinste Signal hin den Kampf aufzugeben«.[15] Erstaunlicherweise schrieb der amerikanische Historiker und Journalist Walter Millis *(New York Herald Tribune):* »Wer der Anrufer war, hat er nie erfahren. Vielleicht war es ein Wunder.« Absurd. Lächerlich. Unsinnig. Muss man uns denn stets und überall für Narren halten? Wie viele anonyme Anrufer haben wohl die Telefonnummer vom Privatsekretär des Präsidenten? Wie viele könnten ihn anweisen, die Wahl nicht verloren zu geben? Hier waren üble Machenschaften am Werk.

In London verkündete die *Times* »Mr Hughes gewählt« und sprach von einem erdrutschartigen Sieg der Republikaner. In einer nüchternen Analyse kam die Zeitung zu dem Schluss, Wilson habe nicht *wegen,* sondern *trotz* seiner Neutralität verloren.[16] Die *Kölnische Volkszeitung* schrieb »Deutsch-Amerikaner haben Wilson besiegt«, die *Neue Freie Presse* in Wien behauptete, Hughes sei gewählt worden, um eine Ära zu beenden, in der »Steel Trust und die Bethlehem-Werke weitere Gewinne einstreichen und der Preis von Aktien der Munitionshersteller weiter in die Höhe getrieben werden kann, während

Morgan sein Finanzreich weiter ausweitet.«[17] Die Schlussfolgerung lautete: Das Volk hatte sich gegen die militärisch-industriellen Kriegsgewinnler gestellt.

Doch alle Einschätzungen waren vorschnell. Am Morgen des 8. November verkündete die *New York Times* die Niederlage Wilsons, aber Tumulty blieb ungerührt. Er verfügte über Informationen, wonach Hughes' Siegesserie in Ohio mit einem Vorsprung von 60 000 Stimmen gestoppt worden war. Mandell House wies das demokratische Hauptquartier an, in sämtlichen umkämpften Staaten in ganz Amerika die Bezirksvorsitzenden in höchste Alarmbereitschaft zu versetzen. Sie wurden angewiesen, bei jeder Urne mit »allerhöchster Wachsamkeit« zu agieren.[18] Merkwürdig, dass derartige Anweisungen einen Tag *nach* der Wahl gegeben werden. Was wusste Mandell House, was andere nicht wussten? Die Vorhersagen, wonach Hughes gewonnen hatte, veränderten sich von »hat deutlich gewonnen« hin zu »hat möglicherweise gewonnen«. Schließlich hing der Wahlsieg vom Ergebnis aus Kalifornien ab. In Kaliforniens größten Bezirken wurden Agenten des Secret Service und US Marshalls abgestellt, die Wahlurnen zu bewachen und ein Auge auf die Dinge zu haben.

Mit seinen 13 Wahlmännerstimmen würde Kalifornien darüber bestimmen, wer die Wahl gewonnen hatte. Am 8. November stand es 264 für Wilson und 254 für Hughes. Ehe sich mitten in der Nacht auf mystische Weise der Wind drehte, hatten die Demokraten ihre Niederlage in Kalifornien bereits eingeräumt. Nun erklärten sie, diese Entscheidung sei zu früh getroffen worden. Nachdem 2 Tage lang neu ausgezählt worden war, wurde Wilson zum Sieger in Kalifornien erklärt – mit einem Vorsprung von 3420 Stimmen bei insgesamt 990 250 abgegebenen Stimmen. Gerüchte von Wahlbetrug und Stimmkauf ließen die Republikanische Partei sofort vor Gericht ziehen,[19] aber es konnte nichts Entscheidendes festgestellt werden. Die Republikaner waren schlichtweg zu spät dran. Proben ergaben geringe Abweichungen bei der Stimmenauszählung, aber die betrafen beide Seiten und schienen zufällig zustande gekommen zu sein. Nichts sprach für betrügerische Handlungen.

Wütend und von Argwohn erfüllt, weigerte sich nun die Republikanische Partei, die Niederlage einzuräumen. Eine letzte Neuauszählung in Kalifornien ergab, dass Wilson 46,65 Prozent der Stimmen erhalten hatte und Hughes 46,27 Prozent. Der republikanische Kandidat scheute allerdings davor zurück, seinem Widersacher Wahlbetrug vorzuwerfen. In seiner finalen Stellungnahme erklärte er, »solange kein absoluter Beweis für Betrug vorliegt, sollte eine derartige Behauptung nicht erhoben werden, um den Titel des nächsten Präsidenten der Vereinigten Staaten nicht zu überschatten«.[20] »Absoluter Beweis« setzt ein sehr hohes Maß an Gewissheit voraus. In New Hampshire wechselte die Führung wiederholt, letztlich gewann Wilson den Staat mit gerade einmal 56 Stimmen Vorsprung.[21]

Verdeckte Interessen schalteten sich ein mit dem Ziel, die Republikaner mundtot zu machen. Die Londoner *Times* mochte nach eigenem Bekunden nicht glauben, dass »die patriotischen und gewieften Männer, die die Wahlbelange der Republikanischen Partei handhaben, ohne klare und schlüssige Beweise versuchen werden, diese Entscheidung [Wilsons Erklärung zum Wahlsieger] anzufechten«.[22] Was für ein enormer Druck da auf Hughes ausgeübt wurde! In Europa tobte der Krieg. Eine neu gewählte US-Regierung hätte einen Personalwechsel in allen zentralen Kabinettsposten mit den entsprechenden Folgen für die bestehenden Verbindungen bedeutet. Was hätte das für eine Verwirrung gegeben, wenn ein Präsident Hughes neue Botschafter, neue Konsuln, neues Personal im Außenministerium, im Weißen Haus und so weiter berufen hätte!

Mandell House sagte dem Präsidenten: »Deutschland wünscht sich bis zum praktisch letzten Mann geschlossen, dass Sie verlieren, während Frankreich und England Ihnen fast bis zum letzten Mann geschlossen Erfolg wünschen.«[23] Sie wünschten ihm nicht nur den Erfolg, sie brauchten ihn. Letztlich erhielt Wilson mehr Stimmen (9 129 606 gegenüber 8 538 221 für Hughes), und es fanden sich keine klaren Beweise für Wahlmanipulation. Am 22. November akzeptierte Charles Hughes das vorliegende Ergebnis. Sein Einlenken sollte ihm nicht zum Nachteil gereichen – von 1921 bis 1925 diente er als Außenminister, von 1928 bis 1930 als Richter am Ständigen Internationalen Gerichtshof und von 1930 bis 1941 als Vorsitzender Richter am Obersten Gerichtshof der USA. Sein Sohn Charles Evans Hughes Junior wurde von Herbert Hoover zum Justizminister ernannt.

Seine zweite Amtszeit begann Präsident Woodrow Wilson auf Drängen seiner überglücklichen Unterstützer mit unerwarteter Theatralik. Seit George Washington hatte kein Präsident seine erste offizielle Ansprache mehr vor dem Senat selbst gehalten. Wilson tat das am 22. Januar 1917 in einer mitreißenden Rede, in der er den Eindruck eines erleuchteten, wohlwollenden Staatsmanns erschuf, auf den die Welt hören sollte. Er rief auf zum »Frieden ohne Sieg«, denn:

> *»Sieg würde bedeuten, dass dem Verlierer ein Frieden aufgezwungen wird, dass dem Bezwungenen die Bedingungen des Gewinners auferlegt werden. Erniedrigt und unter Zwang würde Frieden akzeptiert werden, ein nicht hinzunehmendes Opfer. Es würde ein Stachel bleiben, eine Ablehnung, eine bittere Erinnerung, auf der die Bedingungen des Friedens ruhen würden, nicht dauerhaft, sondern wie auf Treibsand. Nur ein Frieden zwischen Gleichen kann von Dauer sein.«*[24]

Tapfere, prophetische Rhetorik, aber als politische Idee überlebte sie nicht lange. Um seine hehre Vision für Frieden und die Zukunft zu realisieren, müssten die Kernwerte Amerikas von widersprüchlichen Bündnissen befreit werden, erklärte Wilson.[25] Zentraler Bestandteil seiner leuchtenden neuen Utopie war ein Bund der Völker, der Frieden durchsetzen können sollte. Der Senat hörte ihm gebannt zu, und am Ende dieses beeindruckenden Auftritts erhoben sich viele Senatoren und salutierten. »Die größte Botschaft des Jahrhunderts«, schwärmten Demokraten über Wilsons Rede, »die bedeutsamsten Äußerungen, die in dieser höchst außergewöhnlichen Ära getan wurden … schlichtweg großartig … das wunderbarste Dokument, das er je geliefert hat.«[26] Seine republikanischen Widersacher hielten sich mit ihrem Lob zurück und kritisierten Wilsons Rede als »anmaßend« und »schlechterdings unausführbar«.

Wie nicht anders zu erwarten, reagierte die amerikanische Presse gespalten. Die *New York World* lobte Wilson für seine Grundsätze von Freiheit und Gerechtigkeit. Der *Public Ledger* erklärte, Wilsons Rede sei von weltfremdem Idealismus geprägt gewesen, die *Washington Post* sprach von einem leuchtenden Ideal. Die konservative *New York Sun* befand bissig, nachdem es Wilson innerhalb von 4 Jahren nicht gelungen sei, einen Frieden mit Mexiko herbeizuführen, stehe es ihm nicht zu, der Welt Vorhaltungen zu den Bedingungen eines eventuellen Friedens in Europa zu machen. Der *New York Herald* wiederum warnte: »Mr. Wilsons Vorschläge würden zu einer Hegemonie der angelsächsischen Nationen führen … entsprechende Propaganda ist seit einem Vierteljahrhundert in Umlauf.«[27]

Die Reaktionen aus Europa waren natürlich von Eigeninteresse geprägt. Die britische Regierung weigerte sich vor allem deshalb, über seinen Vorschlag nachzudenken, weil der US-Präsident eine Passage zum Thema »Freiheit auf den Meeren« hinzugefügt hatte, die das »gottgegebene Recht« der Briten, auf den Ozeanen zu herrschen, infrage stellte. Dass die Briten einen »Frieden ohne Sieg« vehement ablehnten, lag nicht nur daran, dass auf den Feldern Flanderns und darüber hinaus ganze Ströme an Blut geflossen waren. Der französische Autor und Literatur-Nobelpreisträger Anatole France verglich einen Frieden ohne Sieg mit »Brot ohne Hefe … Pilze ohne Knoblauch … Liebe ohne Streit … Kamel ohne Höcker«.[28]

Aber Wilson trieben dunklere Motive auf die Weltbühne. Man muss sich fragen: Wer hat ihm eingeflüstert, dass ihm all seine visionären Verkündigungen am Kriegsende keinen Platz am Verhandlungstisch sichern würden, und dass er Amerika in den Krieg würde führen müssen, um dieses Ziel zu erreichen? Sofern die Vereinigten Staaten nicht als voller Partner an einem absoluten Sieg beteiligt waren, gab es keinen logischen Grund, weshalb Wilson an der endgültigen Lösung des Konflikts mitwirken sollte. »Frieden ohne Sieg« war ein hohles Versprechen, eine Irreführung für die Hoffnungsvollen.

Am 4. März 1917 hielt Präsident Woodrow Wilson seine zweite Amtsantrittsrede vor dem Kongress und erklärte dabei, Amerika stünde »fest in bewaffneter Neutralität«. Er warnte jedoch auch, dass »die Umstände selbst uns dazu bewegen könnten … unsere Rechte aktiver zu vertreten.«[29] Am 2. April, 29 Tage später, sprach er erneut vor dem versammelten Kongress. Dieses Mal ersuchte er die Zustimmung für einen Krieg mit Deutschland. In einer hochtrabenden Rede schwang er sich auf dieselbe moralische Ebene, von der aus zuvor die Geheime Elite und ihre Agenten in Großbritannien ins Feld aufgebrochen waren. Es gehe darum, die Zivilisation zu retten, hieß es in der Rede, die gut und gerne auch aus der Feder von Sir Edward Grey hätte stammen können:

»Es ist eine furchtbare Sache, dieses große, friedliebende Volk in den Krieg zu führen, in den schrecklichsten und verheerendsten aller Kriege. Die Zivilisation höchstselbst scheint auf dem Spiel zu stehen. Aber das Recht ist wertvoller als der Frieden, und wir werden für die Dinge kämpfen, die wir immer an unserem Herzen getragen haben – für Demokratie, für das Recht derer, die einer Obrigkeit untertan sind, eine Stimme in ihrer eigenen Regierung zu haben, für die Rechte und Freiheiten kleiner Nationen, für eine allgemeine Herrschaft des Rechts durch einen solchen Bund freier Völker, der allen Nationen Frieden und Sicherheit bringt und schließlich die Welt selbst befreit.«[30] Amerika wurde ermutigt, für die Demokratie in den Krieg zu ziehen. Das haben wir doch schon mal gehört …

Vier Tage später erklärte Amerika diesen Krieg.[31] Der Senat stimmte mit 82 zu 6 Stimmen dafür, das Repräsentantenhaus mit 373 zu 50 Stimmen. Im Senat regten sich nur einige wenige verzweifelte Stimmen gegen diesen »groben Schnitzer«. Die Kritiker im Repräsentantenhaus wiesen darauf hin, dass keine Invasion drohe, kein amerikanisches Territorium gefährdet sei, keine Souveränität in Zweifel, keine nationale Politik infrage stehe und keine Ehre beschmutzt worden sei.[32]

Eines sei an dieser Stelle ganz deutlich gemacht: Es gab in der amerikanischen Bevölkerung keine lautstarken Forderungen, in den Krieg zu ziehen. In den Straßen drängten sich keine erregten Menschenmengen. In der Schaltzentrale des britischen Propagandaapparats, Wellington House in London, registrierte man mit Besorgnis, dass die amerikanische Presse, »bis auf einige wenige Zeitungen an der Ostküste, keinerlei Hinweise auf Begeisterung abdruckte«.[33]

Die Menschen waren ernstlich unsicher, warum die Vereinigten Staaten nun überhaupt in den Krieg eingetreten waren, aber in Amerika war Loyalität gegenüber der Fahne stets sehr wichtig gewesen. Die statistischen Angaben zu den Personen, die sich gemeldet haben, eröffnen einen interessanten Blick auf die amerikanische Gesellschaft. Vor 1917 hatten die Autoren, Anwälte, Bankiers und Finanziers, die Lehrer und Prediger an der amerikanischen Ostküste, kurzum alle, die in New York und Washington »etwas darstellten«, die Staaten an der Westküste gescholten, weil diese eine angeblich nicht patriotische Haltung gegenüber dem Krieg an den Tag legten. Die Meldezahlen zeigen, dass an der Westküste deutlich stärker rekrutiert wurde als bei den Landsleuten an der Ostküste der USA.[34]

Es gab soetwas wie einen Kitchener-Effekt in Amerika. Die britischen Propagandisten beobachteten den Mangel an Begeisterung mit echter Sorge.

Woodrow Wilson rief am 14. April das Committee on Public Information in der Absicht ins Leben, die Öffentlichkeit zu »berechtigtem Zorn« aufzuhetzen.[35] Dabei konnte der Ausschuss auf zweieinhalb Jahre Propagandaarbeit des Wellington House zurückgreifen, die Erkenntnisse analysieren und neu aufwärmen, was funktioniert hatte. Und dennoch meldeten sich zwischen dem 1. April und dem 16. Mai gerade einmal 73 000 Mann freiwillig.[36] Bis Juni stieg die Zahl der Männer, die sich für die reguläre Armee gemeldet hatten, auf 117 974, aber die Menge der Neuanmeldungen war rückläufig. Im Juli gab es nur 34 962 Meldungen, im August 28 155, im September 10 557.[37] Was gebraucht wurde, war eine Wehrpflicht. Am 18. Mai 1917 verabschiedete der 65. Kongress ein Gesetz, das es dem Präsidenten erlaubte, vorübergehend die Mannstärke der Armee heraufzusetzen. Die Wehrpflicht wurde Gesetz.[38]

Er mochte viel davon sprechen, die kriegsführenden Parteien in Europa an einen Tisch bringen zu wollen, und es gab auch viele Berichte über Versuche, eine Versöhnung herbeizuführen, aber unter dem Strich steht: Präsident Wilson führte sein Land in den Krieg. Er stellte Männer bereit, die geopfert wurden, und er fachte den Hass und die Propaganda an, die nötig war, um der Bevölkerung das Schlachtfest an der Westfront schmackhaft zu machen. Warum tat er das? Er ließ sich wiederwählen mit der stolzen Behauptung, er habe Amerika aus dem Krieg herausgehalten. Nur wenige Monate später war alles ganz anders, war jede Position revidiert, jedes Versprechen gebrochen. Warum? Einige Historiker behaupten, Deutschland habe Präsident Wilson mit zwei Akten atemberaubender Dummheit dazu gezwungen, eine Kriegserklärung auszusprechen. Lenkt man das Augenmerk auf diesen Aspekt, lenkte man es gleichzeitig weg von viel mächtigeren Interessensgruppen, die Wilson nicht ignorieren konnte.

Am 17. Januar 1917 entschlüsselten die britischen Codeknacker eine erstaunliche Botschaft, die Arthur Zimmermann, der deutsche Staatssekretär im Auswärtigen Amt, an seinen Botschafter in Washington geschickt hatte. Die Analysten aus Raum 40 der britischen Admiralität konnten Teile der wesentlichen Botschaft lesen, aber endgültig war der neue Code, den das Fracht-U-Boot *Deutschland* im November 1916 an die Botschaft in Washington übergeben hatte, noch nicht geknackt. Führende britische Kryptografen arbeiteten daran, hinter diesen speziellen Code zu gelangen, aber es reichte bislang nur für einen unvollständigen Text.[39] Dem ersten Eindruck nach schien es, als ob Zimmermann Johann Graf von Bernstorff, den deutschen Botschafter in den USA, gebeten habe, über die deutsche Botschaft in Mexiko Kontakt mit dem mexikanischen Präsidenten Venustiano Carranza aufzunehmen und ihm ein einträchtiges Bündnis anzubieten. Der Leiter des britischen Marineaufklärungsdiensts, »Blinker« Hall, übernahm daraufhin höchstpersönlich die Kontrolle über den Fall. Niemand kannte sich so gut mit effektiver Propaganda aus wie er. Hall wusste: Man würde sehr, sehr vorsichtig mit dem vollständig entschlüsselten Text umgehen müssen, zum einen, um das Geheimnis von Raum 40 zu bewahren, zum anderen, um die Amerikaner von der Echtheit des Telegramms zu überzeugen.

Raum 40 konzentrierte sich auf die Aufgabe, die diplomatischen Botschaften zwischen Berlin und Amerika zu entschlüsseln, und am 19. Februar lag endlich der vollständige Text von Zimmermanns Anweisungen an seinen mexikanischen Botschafter vor. Die Nachricht war über einen Funkkanal nach Washington geschickt worden, dessen Nutzung Wilson und House zuvor zugelassen hatten, um mit Deutschland heimlich über eine mögliche Friedensinitiative reden zu können. Diese Unverfrorenheit von deutscher Seite setzte dem Ganzen die Krone auf. Sobald Admiral Hall den entschlüsselten und übersetzten Text in Händen hielt, war ihm klar, dass er einem Propaganda-Coup von gewaltiger Bedeutung auf die Spur gekommen war. Zimmermanns Nachricht lautete wie folgt:

»Washington an Mexiko, 19. Januar 1917.

Wir beabsichtigen, am ersten Februar uneingeschränkten U-Boot-Krieg zu beginnen. Es wird versucht werden, Amerika trotzdem neutral zu halten. Für den Fall, dass dies nicht gelingen sollte, schlagen wir Mexiko auf folgender Grundlage Bündnis vor:

- *Gemeinsame Kriegführung.*
- *Gemeinsamer Friedensschluss.*
- *Reichlich finanzielle Unterstützung und Einverständnis unsererseits, dass Mexiko in Texas, Neu Mexico, Arizona früher verlorenes Gebiet zurückerobert. Regelung im Einzelnen Euer Hochwohlgeborenen überlassen.*

Euer Hochwohlgeborenen wollen Vorstehendes Präsidenten streng geheim eröffnen, sobald Kriegsausbruch mit Vereinigten Staaten feststeht, und Anregung hinzufügen, Japan von sich aus zu sofortigem Beitritt einzuladen und gleichzeitig zwischen uns und Japan zu vermitteln. Bitte Präsidenten darauf hinweisen, dass rücksichtslose Anwendung unserer U-Boote jetzt Aussicht bietet, England in wenigen Monaten zum Frieden zu zwingen. Empfang bestätigen.

Zimmermann«[40]

Nachdem das britische Außenministerium einen Weg gefunden hatte, zu verheimlichen, wie man in den Besitz der Depesche gekommen war, überreichte man den Text Walter Page, dem amerikanischen Botschafter in London. Dieser sandte es sofort an sein Außenministerium in Washington. Am 24. Februar 1917 hielt Woodrow Wilson die Abschrift in Händen und musste verblüfft feststellen, dass die Deutschen Missbrauch getrieben hatten mit der Telegraphenleitung, die er ihnen für Friedensverhandlungen frei gehalten hatte.[41] Es dauerte 4 Tage, dann gab Präsident Wilson das Telegramm für die Nachrichtenagentur *Associated Press* frei. Als Zweifel an der Echtheit des Schreibens laut wurden, autorisierte der Präsident Senator Thomas Swann aus Virginia, am 1. März vor dem Senat zu erklären, der Text der Zimmermann-Depesche sei inhaltlich korrekt wiedergegeben. Robert Lansing aus dem Außenministerium gab eine ähnliche Erklärung ab. Offensichtlich war die amerikanische Öffentlichkeit nicht leicht zu überzeugen.

Liest man die Depesche Zeile für Zeile, wird rasch offensichtlich, dass sie ins Wahnsinnige spielt. Ein Bündnis wird nicht per Telegramm geschmiedet. Vage Versprechen großzügiger finanzieller Hilfe, Einzelheiten, die von der mexikanischen Regierung festzulegen seien, und die anschließende »Rückeroberung« weiter Teile Amerikas – das alles ergab überhaupt keinen Sinn. Die Mexikaner reagierten nicht sofort, aber der japanische Botschafter wies den Vorschlag bestimmt zurück. Und warum spricht Zimmermann vom »rücksichtslosen« U-Boot-Krieg? Die ganze Sache wirkt konstruiert.

Ein großer amerikanischer Zeitungseigner tat die Zimmermann-Story entschieden ab: William Randolph Hearst. Ihm war es gelungen, den britischen Zensor aus seinem Stall an Zeitungen herauszuhalten. Er hatte sich geweigert, die Mär von einer eindeutigen Kriegsschuld zu schlucken, und schenkte Gerüchten von Kriegsgräueln ebenso wenig Glauben wie Propaganda bezüglich der Kriegsziele. Nun schrieb Hearst seinen Chefredakteuren, die Zimmermann-Depesche sei »aller Wahrscheinlichkeit nach« eine »komplette Fälschung und Erfindung«. Er vermutete dahinter die Absicht, dem Kongress so sehr Angst zu machen, dass dieser dem Präsidenten die gewünschten Befugnisse einräumte. Hearst trieb die Sorge um, dass »die gesamte Bevölkerung dieses Landes, von denen 90 Prozent keinen Krieg wollen, aufgrund dieser Falschdarstellungen in den Krieg gezogen wird«.[42] Darüber hinaus warf er Colonel Mandell House, dem Chefberater des Präsidenten, vor, Lobbyist der Wirtschaft zu sein. In den Wochen vor Kriegseintritt Amerikas hielt sich Hearst in Palm Beach auf, und seine privaten Telegramme an seine Chefredakteure und die Chefredaktionen anderer Zeitungen wurden später in der Absicht publik gemacht, ihn zu diskreditieren.[43]

Die Veröffentlichung des Telegramms löste im Westen und Mittleren Westen der USA einigen Ärger aus, aber grundsätzlich ließen die amerikanischen Zeitungen jegliche Bezugnahme auf den Umstand unter den Tisch fallen, dass das angedachte Bündnis erst in Kraft treten würde, sollten die Vereinigten Staaten Deutschland den Krieg erklären.[44]

Das ursprüngliche Schreiben war unter derart starker Geheimhaltung der US-Botschaft in London zugespielt worden, dass das Außenministerium Nachfragen der Medien, wie man denn an die Nachricht gekommen sei, nicht beantworten konnte.[45] Tatsächlich litt der Propagandawert unter dem Verdacht, dass es sich, wie von den Hearst-Zeitungen angedeutet, um eine Fälschung handele. Doch dann räumte zur unermesslichen Erleichterung der Kriegstreiber in Großbritannien und Amerika Zimmermann voller Naivität ein, er sei der Autor. Bei einer Pressekonferenz am 2. März forderte W. B. Hale, der Korrespondent der Hearst-Presse in Berlin, Zimmermann dazu auf, die Geschichte zu dementieren. Stattdessen entschied er sich dazu, sie für wahr zu erklären.[46] Ein klassisches Eigentor. Einige halten die Affäre um die »Zimmermann-Depesche« für einen zentralen Auslöser des Kriegseintritts der USA. Doch das war er nicht. Erst am 3. April 1917, ganze 6 Wochen, nachdem die Briten ihm das Telegramm zugespielt hatten, bat Woodrow Wilson den amerikanischen Kongress um die Zustimmung für eine Kriegserklärung.

Für sympathisierende Historiker war der Grund für den Kriegseintritt ganz offensichtlich – deutscher Militarismus. Die diplomatischen Unterlagen lassen da keinerlei Zweifel: »Es war der deutsche U-Boot-Krieg und sonst nichts, der [Wilson] dazu zwang, Amerika in den Krieg zu führen.«[47] Kriegsminister Newton D. Baker gelangte zur selben Schlussfolgerung, verpackte sie allerdings sorgfältig in einer Warnung. Er schrieb, »der Anlass« für den Kriegseintritt Amerikas sei die Wiederaufnahme des U-Boot-Kriegs gewesen.[48] Bitte nicht Ursache und Anlass verwechseln! Tatsächlich sollte man sich diesen Satz noch einmal durchlesen und Anlass dabei durch Vorwand ersetzen.

Am 31. Januar 1917 hatte die deutsche Regierung den uneingeschränkten U-Boot-Krieg angekündigt. Von diesem Tag an waren alle U-Boot-Kommandanten angewiesen, innerhalb eines klar definierten Bereichs von Atlantik und Nordsee alle Schiffe zu versenken, neutral oder Kriegsgegner, Passagierschiff oder Frachter. Obwohl Amerika der Form halber protestierte, zeigte die britische Blockade ab Ende 1916 doch Wirkung auf deutscher Seite. Hunger war eine Waffe, die beide Seiten zu ihrem Vorteil einzusetzen verstanden. Die deutschen Strategen wussten, dass eine derartige Taktik Amerika vermutlich in den Krieg hineinziehen würde, waren jedoch zu dem Schluss gelangt, dass Großbritannien ausgehungert werden könne, ehe Amerika eine schlagkräftige Streitmacht auf die Beine stellen und auf den europäischen Kriegsschauplatz verlegen könne. Nach aktuellem Stand würde Amerika als kriegsführende Partei der Entente kaum mehr bieten können als das, was man als Neutraler ohnehin bereits tat.[49] Eine unvorhergesehene Konsequenz dagegen wirkte sich sehr rasch aus – Amerikas Schifffahrt war vorübergehend gelähmt.[50] In den Lagern stapelten sich große Mengen an Getreide und Baumwolle, der amerikanischen Wirtschaft drohte eine gefährliche Störung. Amerikas Handelsschifffahrt blieb, um sicher zu sein, in der Nähe der amerikanischen Küste, und der Handel kam zum Erliegen.

Sehen wir uns die beiden »Gründe« für Amerikas Kriegserklärung noch einmal näher an, also die Zimmermann-Depesche und Deutschlands uneingeschränkten U-Boot-Krieg. Rasch stoßen wir dabei auf Ungereimtheiten. Grund eins war kein *Casus belli.* Es handelt sich vielmehr um einen Propaganda-Coup, der die Haltung der amerikanischen Öffentlichkeit in der Kriegsfrage aufweichen, Beleidigung in Groll verwandeln und Angstgefühle anfachen sollte. Egal, wie albern die Vorstellung auch sein mag, dass mexikanische Truppen in Texas, New Mexico oder Arizona einfallen – allein schon die Andeutung eines Bündnisses, das dazu führen könnte, dass diese drei gewaltigen amerikanischen Staaten in mexikanische Hand gelangen, ließ Deutschland in einem sehr schlechten Licht erscheinen. Zimmermann räumte ein, der Verfasser der Depesche gewesen zu sein, aber die heimliche Art und Weise, wie der britische Geheimdienst dafür sorgte, dass Washington die Informationen erhielt, und die Gründlichkeit, mit der die Amerikaner sämtliche Spuren einer britischen Beteiligung verwischten, lassen Fragen offen. Entweder sind Zimmermann einige Synapsen durchgeschmolzen, oder er verriet Deutschland, indem er Wilson auf einem silbernen Tablett einen Vorwand lieferte, sich mitten ins Getümmel zu stürzen. Was auch immer der Grund war, es war nicht die Ursache für den Krieg.

Bedeutsamer könnte da schon die allgemeine Einschätzung sein, wonach es der absolute U-Boot-Krieg gewesen ist, der Wilson zu seiner schicksalhaften Entscheidung zwang. Um die Wichtigkeit dieses einzelnen Faktors zu beweisen, haben Historiker Statistik um Statistik angeführt. Im ersten Monat des uneingeschränkten U-Boot-Kriegs gingen 781 500 Tonnen Schiffsraum verloren.[51] Nachdem Woodrow Wilson im Februar seine Warnung ausgesprochen hatte, wurden zehn amerikanische Frachter, Schoner und Tanker versenkt. Neun Schiffe wurden von U-Booten torpediert, ein weiteres wurde Opfer einer Mine (die ursprünglich von der Royal Navy gelegt worden war). Der Verlust an amerikanischem Leben lag bei 24 Seeleuten, insgesamt endeten 38 534 Bruttoregistertonnen amerikanischer Schiffsraum auf dem Boden des Meeres.[52] Reichte das als Grund für einen Krieg aus? Diejenigen Medien, die für einen Krieg waren, tobten vor Empörung, als gemeldet wurde, dass am 18. März gleich drei amerikanische Schiffe versenkt worden waren, die *Vigilancia*, die *City of Memphis* und die *Illinois*. Die *New York World* schrie: »Ohne den Krieg erklärt zu haben, führt Deutschland Krieg gegen Amerika.« Die *New York Tribune* behauptete, Deutschland führe sich auf, als sei man bereits im Krieg, der *Public Ledger* forderte die Regierung Wilson auf, sofort zu handeln. Die US-Regierung stehe in der Pflicht, darauf zu reagieren. Die *St. Louis Republic* gab sich zuversichtlich, dass der Präsident und seine Berater klug handeln würden.[53]

Die Chefredakteure und Besitzer amerikanischer Zeitungen hatten 1917 zweifelsohne starken Einfluss auf die öffentliche Meinung – so wie es Lord Northcliffe im Vorkriegs-Großbritannien gehabt hatte. Tatsächlich wurde die Presse in den Vereinigten Staaten sorgfältiger und besser abgestimmt kontrolliert, als es in Großbritannien der Fall war. Der texanische Kongressabgeordnete Oscar Calloway deckte auf, mit welchen Machenschaften sich der Geldadel mehr und mehr Einfluss über die vierte Gewalt sicherte, um die öffentliche Meinung hin zu einem »erforderlichen Krieg« zu steuern. Am 9. Februar 1917 gab er öffentlich vor dem Kongress zu Protokoll:

> *»Im März 1915 beförderten die Interessenvertreter von J. P. Morgan, der Stahl-, Schifffahrts- und Pulverbranchen sowie deren Tochterunternehmen zwölf Mann auf hohe Posten innerhalb der Zeitungswelt und wiesen sie an, die einflussreichsten Nachrichtenleute der Vereinigten Staaten in ausreichender Zahl auszuwählen, auf dass sie die politische Ausrichtung der Tagespresse in den Vereinigten Staaten kontrollieren.«*[54]

Der Kongressabgeordnete Calloway enthüllte, dass Morgans zwölf Männer mehr als 170 Zeitungen in ganz Amerika lenkten. Seine Schlussfolgerung: Würden sie 25 der bekanntesten Titel aufkaufen, könnten sie tatsächlich die politische Haltung und Ausrichtung der öffentlichen Meinung kontrollieren. Es wurde still und heimlich eine Vereinbarung getroffen, wonach diese Männer aus dem Haus Morgan monatliche Zahlungen erhielten. In jeder Zeitung wurde ein gefügiger Redakteur positioniert, der ein Auge auf die »Nachrichten« hatte und sie gegebenenfalls überarbeitete.

Vor dem Hintergrund der angeblichen deutschen Aggression und dem doppelten Spiel Mexikos kamen Fragen auf, wie es denn um Amerikas Kriegsbereitschaft bestellt sei. Die Haushaltspolitik der Regierung wurde angegriffen, ebenso »andere Dinge nationaler und internationaler Natur, die als wichtig für die Interessen des Einkäufers erachtet werden«.[55] Eines ist gewiss: J. P. Morgan und seine Partner saßen am Steuer und lenkten die öffentliche Meinung in Amerika in Richtung Schlachthaus Erster Weltkrieg. Warum? Um ihr obszönes Gewinnstreben zu schützen. Ein Kriegseintritt Amerikas war alles andere als unausweichlich, auch wenn die Deutschen jede Hoffnung auf eine ausgewogene Neutralität hatten fahren lassen. Nein, es war erforderlich, das Volk zu manipulieren.

Der entscheidende Faktor war im Herzen der Wall Street zu finden. Hier saß der Geldadel, und er beschloss, es müsse ein Ende haben mit der vorgetäuschten Neutralität. Amerika musste in den Krieg ziehen, ansonsten hätten die Verluste der Wirtschaft das Genick gebrochen. Es ist ein Fakt, aber diese These wird seit damals stets vehement dementiert. Typisch für diese Haltung ist die Behauptung des amerikanischen Historikers Charles Tansill:[56]

> *»Es gibt nicht den kleinsten Beweis, dass der Präsident während der 100 Tage im Vorfeld des amerikanischen Kriegseintritts in irgendeiner Form auf die Forderungen des ›Big Business‹, Amerika müsse eingreifen, um die durch eine mögliche Niederlage der Entente bedrohten Investitionen zu schützen, eingegangen ist.«*[57]

Was für ein Unfug. Amerikas Wirtschaft war untrennbar mit einem Sieg der Entente verbunden. Hätten sich die Briten und Franzosen nach 1917 mit Deutschland auf einen Frieden einigen müssen, wären die möglichen Verluste katastrophal hoch gewesen. Und im April 1917 war sich die Wall Street durchaus bewusst, dass sich das Kräfteverhältnis in Europa nach dem Sturz des Zaren schlagartig zugunsten des Kaisers verlagert hatte. Thomas W. Lamont von der Morgan Bank schätzte, dass eine halbe Million Amerikaner in Darlehen für die Entente-Staaten investiert hatten, darunter viele Bürger aus dem wohlhabenden und einflussreichen Ostküsten-Establishment.[58] Lassen wir uns das auf der Zunge zergehen: Eine halbe Million gut situierter und einflussreicher Amerikaner hatte ein verdecktes Interesse daran, dass die Entente den Krieg gewinnt. Und werden diese Leute sich ruhig zurückgelehnt und abgewartet haben, wie sich ihre Investitionen entwickeln, während Großbritannien und Frankreich angesichts der Pattsituation im Gemetzel an der Westfront ins Straucheln gerieten? Eine Situation, die sich mit dem Sturz des Zaren und dem Ausstieg Russlands aus einem hoffnungslosen Krieg nur verschlimmern konnte? Und das war nur die Spitze des Eisbergs, was verdeckte Interessen anbelangte. Angeblich bemühte sich Woodrow Wilson bis zuletzt darum, einen Frieden herbeizuführen, doch es war alles vergebens.

Sollte Präsident Wilson gehofft haben, die Banken überzeugen zu können, sie sollten doch den kriegsführenden Parteien kein Geld mehr leihen, damit er Zeit habe, sie in Richtung Friedensschluss zu drängen, wäre er einem Irrglauben aufgesessen. Zu viele gute finanzielle Gelegenheiten taten sich auf und ermöglichten es New York, den Markt zu dominieren, während die Konkurrenz durch den Krieg gelähmt war.[59]

Amerikanische Banken hatten im großen Stil ausländische Staatsanleihen gekauft und dazu London und Paris direkt Geld geliehen. 1914 hielten die amerikanischen Banken ausländische Staatsanleihen im Wert von etwa 15,6 Millionen Dollar. Innerhalb von 2 Jahren verzehnfachte sich diese Summe auf 158,5 Millionen Dollar. Ende September belief sich das Gesamtvolumen ausländischer Staatsanleihen auf fast 240 Millionen Dollar, was der Wall Street natürlich eine globale Vormachtstellung verschaffte, von der aus sie die massiven Investitionen in die inländische Rüstungsbranche zu finanzieren vermochte.[60] Konnte der Geldadel angesichts einer derart beträchtlichen Kriegskasse tatsächlich etwas anderes als Krieg in Betracht ziehen? Nein.

Als die Deutschen 1917 beschlossen, einen uneingeschränkten U-Boot-Krieg zu führen, brach bei den Händlern entlang der geschäftigen amerikanischen Atlantikküste natürlich sofort Panik aus. Reeder beschlossen, ihre Schiffe nicht länger in das Kriegsgebiet auf dem Atlantik zu schicken, und Waren, die die Morgan-Banken in den USA gekauft hatten, lagen auf den Hafenkaien herum. Die Gewinne waren in Gefahr, die amerikanische Wirtschaft reagierte verängstigt. Morgan hingegen machte seinen Einfluss beim Weißen Haus geltend, da kannte J. P. Morgan nichts. Am 4. April 1917 schrieb er an den Präsidenten und sicherte ihm seine Unterstützung zu. Gleichzeitig erinnerte er Wilson an seine Verbindungen:

> *»Wir stimmen mit ganzem Herzen mit Ihnen überein, was die Notwendigkeit für die Vereinigten Staaten anbelangt, den Alliierten mit Kriegsmaterial und Krediten zur Seite zu stehen. Diesen Angelegenheiten haben wir während der vergangenen zwei Jahre unsere*

gesamte Zeit und all unsere Gedanken gewidmet. Ich schreibe Ihnen, um noch einmal zu beteuern, dass das Wissen, das wir in den zwei Jahren erlangten, während derer wir eng mit den Alliierten bei diesen Themen zusammenarbeiteten, jederzeit voll und ganz der Regierung der Vereinigten Staaten zur Verfügung steht ...«[61]

Was er verschwieg: Dass er während der vergangenen zwei Jahre all seine Zeit und seine Gedanken darauf verwendet hatte, sich am Krieg eine goldene Nase zu verdienen. Seine Stellung als einziger Lieferant und Exklusivvertreter der britischen Regierung verschaffte ihm enormen Wohlstand und ein hohes Ansehen. Die Erinnerung hätte kaum zu einem besseren Zeitpunkt erfolgen können, es war fast so, als hätte er dem Präsidenten gesagt: »Sie wissen, um das Geld kümmere ich mich ... legen Sie einfach mit dem Krieg los.«

Zwei Tage später, als der Krieg erklärt worden war, nahm das Haus Morgan die Zügel in die Hand und hatte fortan das Sagen, was Geldbelange in den Vereinigten Staaten anging. Alle früheren Einschränkungen fielen weg, nun übernahm J. P. Morgan dank seiner Verbindungen zu Oberst Edward Mandell House und Präsident Wilson die praktisch uneingeschränkte Kontrolle über die großen internationalen Darlehen, die in den USA vergeben wurden.

Am 24. April 1917 unterschrieb Wilson ein Gesetz zur Finanzierung des Kriegs. Die Fluttore des Federal Reserve System wurden aufgestoßen, Morgans Banken von allen eventuellen Verbindlichkeiten befreit. Es war wie bei Midas: Alles, was Morgan anfasste, wurde zu Gold. Großbritannien erhielt unverzüglich einen Kreditrahmen über 200 Millionen Dollar. Alle Formalitäten fielen weg. Wie die *New York Times* berichtete, hatte es das US-Finanzministerium mit der Kreditvergabe dermaßen eilig, dass man nicht einmal so lange wartete, bis die britischen Staatsanleihen in New York eingetroffen waren. Unterzeichner erhielten 4 Monate Zeit für ihre Ratenzahlung, »wie es Finanzminister McAdoo von Bankengruppen und anderen mit starker Unterstützung vorgeschlagen worden war«. Selbstverständlich sprachen die Banken McAdoo ihre uneingeschränkte Unterstützung aus, schließlich war es ihre Idee gewesen ...

Ostern und Weihnachten fielen nun auf einen Tag, die Begeisterung kannte keine Grenzen. Wie die *New York Times* weiter schrieb: »Von diesem Geld wird wenig, wenn überhaupt etwas, im Ausland ausgegeben. Praktisch der gesamte an die Entente vergebene Kredit wird in unserem Land für Lebensmittel, Munition und Vorräte verwendet.«[62] So groß war das Interesse der Banken, dass der Kredit bereits um 10 Uhr am Tag der Ausgabe überzeichnet war und Finanzminister McAdoo das Limit auf 250 Millionen Dollar erhöhte.

Was war hier geschehen? J. P. Morgan verbrachte die ersten beiden Kriegsjahre damit, mithilfe seiner Kollegen aus dem Banken- und Finanzwesen britische Staatsanleihen auf dem amerikanischen Markt zu verkaufen. Das Geld gab er – in Amerika – für Militärgerät und entsprechendes Zubehör aus. Seine Agenten kontrollierten die Aufträge für Stahl und Rüstungsgüter, für Baumwolle, Getreide und Fleisch. Ferner kontrollierten sie auch den Transport dieser Waren über den amerikanischen Kontinent sowie die Flotten, die mit den Gütern in See stachen. Was das bedeutete, zeigt allein schon ein einziges Beispiel, und zwar aus den Ermittlungen, die ein Kongressausschuss 1934 gegen die Munitionsindustrie führte. Das Unternehmen Du Pont räumte ein, dass J. P. Morgan & Co. Agenten bei Geschäften waren, die sich auf ein Gesamtvolumen in Höhe von 351 259 813,28 Dollar beliefen, was fast 72 Prozent aller Militärgeschäfte entspricht, die während des Kriegs für die Briten und Franzosen abgewickelt wurden. Bei gerade einmal 1 Prozent Provision verdiente Morgan allein hier 3 512 598 Dollar.[63]

Nachdem Amerika erst einmal die Illusion von Neutralität abgelegt hatte, stieg Morgan zum wichtigsten Agenten der Kriegsregierung Wilson auf. Kredite, die er im Auftrag der Entente ausgab und unterzeichnete, wurden von der amerikanischen Regierung garantiert. Damit war es für seine Banken unmöglich, Geld zu verlieren! Die amerikanische Wirtschaft blühte weiter auf. Irgendwann würde man die Steuerzahler in Großbritannien und Frankreich zur Kasse bitten, damit diese die Schulden beglichen. Es war, als sei er ein Rothschild. Was uns zu einer anderen Frage bringt: Wo waren eigentlich die Rothschilds?

Sie waren da, wo sie immer waren – im Zentrum des Geldadels, auch wenn das nicht immer unter eigenem Namen der Fall war. Die persönlichen Verbindungen zwischen J. P. Morgan und dem Haus Rothschild reichten zurück ins Jahr 1899, und von da an vertrat er die Interessen der Rothschilds in den Vereinigten Staaten.[64] Die ersten Telegramme, die zu Kriegsbeginn bei Morgan & Co. in New York eingingen, kamen am 3. August 1914 von Rothschild Frères in Paris. Die französische Regierung sah einige Probleme auf sich zukommen, deshalb wandte sie sich für einen Kredit über 10 Millionen US-Dollar an Rothschild und Morgan sowie deren französische Bank Harjes & Co. Zunächst konnten sich die Amerikaner nicht über die Haltung ihrer Regierung hinwegsetzen, wonach ein derartiges Darlehen »nicht im Einklang stünde mit dem Geist wahrer Neutralität«.[65] Es war Lord Nathaniel Rothschild in London, der persönlich den britischen Finanzminister David Lloyd George beriet,[66] bevor J. P. Morgan als Exklusiveinkäufer für Großbritannien in Amerika ausgewählt wurde. Während die Finanzautokraten hinter den Kulissen die Fäden zogen, trieben auch Woodrow Wilson persönliche Ziele um. In seiner Funktion als amerikanischer Präsident war seine Anwesenheit auf der Weltbühne zeitlich begrenzt. Also musste er seine Macht ausüben, ehe seine Zeit vorüber war. In der Überzeugung, dass ein Sieg Amerika in den Mittelpunkt einer neuen Weltordnung rücken würde, blickte Wilson in die Zukunft. Gleichzeitig würde das seine Aussichten auf eine dritte Amtszeit verbessern.

Es war die Finanz-Wirtschafts-Rüstungs-Lobby, die Amerika in den Krieg drängte. Das letzte Wort zu diesem Thema gebührte Ray Stannard Baker, enger Freund Wilsons und dessen Biograf. Der Pulitzer-Preisträger, Journalist und Historiker war überzeugt davon, dass die Würfel von Anfang an gefallen waren: »Bis Ende 1914 hatte der Kriegsgüterhandel mit der Entente tiefe Wurzeln in der amerikanischen Wirtschaft geschlagen. Die Wahrscheinlichkeit, sich durch eine Diplomatie der Neutralität, wie meisterhaft auch immer umgesetzt, aus dem Krieg heraushalten zu können, tendierte gegen null. Im Oktober, möglicherweise noch früher, war unsere Sache verloren.«[67]

Ob Amerika sich aktiv in den Krieg einmischen würde, war nie die Frage gewesen. Es ging einzig um die Frage, *wann*. Der Anlass mag durchaus der uneingeschränkte U-Boot-Krieg Deutschlands gewesen sein, aber den Grund findet man viel eher an der Wall Street. Sollte die Entente diesen schrecklichen Abnutzungskrieg nicht gewinnen, drohte der amerikanischen Wirtschaft ein Kollaps. So weit durfte es nicht kommen.

Zusammenfassung

- Präsident Wilson stand 1916 vor der Wiederwahl, und es würde kein leichter Wahlkampf werden. Seine vermeintliche Neutralität war so offensichtlich falsch, dass Teile der amerikanischen Wählerschaft zu Wilsons Widersacher abwanderten, dem Republikaner Charles E. Hughes.
- Wilsons Strategie bestand in dem Versuch, die Stimme der »Bindestrich-Amerikaner« zu untergraben, also der Deutsch-Amerikaner, Irisch-Amerikaner, Englisch-/Walisisch-/Schottisch-Amerikaner.
- Sein Wahlkampf basierte auf dem Slogan »Er hat uns aus dem Krieg herausgehalten«.
- Der jüdisch-amerikanische Machtblock steckte damals noch in den Kinderschuhen, verfügte 1916 mit Richter Louis Brandeis vom Obersten Gerichtshof aber über eine erste Galionsfigur, hinzu kamen starke und einflussreiche Zionisten.
- Die Wahl selbst verlief ausgesprochen knapp. Die ersten Ergebnisse sprachen sogar dafür, dass Charles Hughes und die Republikaner mit deutlichem Vorsprung gewinnen würden.
- Am Ende aber stand und fiel alles mit dem Ergebnis in Kalifornien – wo die Demokraten eigentlich bereits ihre Niederlage eingeräumt hatten.
- Oberst House sagte Präsident Wilson, dass Deutschland geschlossen hinter den Republikanern stehe, während Großbritannien und Frankreich seine Wiederwahl unterstützten.
- Im Januar 1917 hielt Wilson eine denkwürdige Ansprache an das Volk, in der er von »Frieden ohne Sieg« sprach. Das klang gut, beeindruckte diejenigen, die Deutschland um jeden Preis zerschmettern wollten, aber nicht im Geringsten.
- Am 2. April stand Wilson vor dem Kongress und bat um Zustimmung für die Kriegserklärung an Deutschland. So viel zum Thema »Ich halte Amerika aus dem Krieg heraus«.

- Die Kriegsbegeisterung in den USA war eher verhalten. Warum also führte Wilson das Land dann überhaupt in den Krieg? War es die groteske »Zimmermann-Depesche«, die der britische Aufklärungsdienst ausgegraben hatte? In dem Telegramm verspricht der deutsche Staatssekretär im Außenministerium Mexiko ein Bündnis für den Fall, dass die Mexikaner gegen die USA in den Krieg ziehen.
- Oder war es doch der deutsche U-Boot-Krieg, der den Ausschlag gab? Allerdings war der Verlust an amerikanischen Schiffen und Menschenleben nicht hoch.
- Aus Kongressunterlagen geht hervor, dass die J.P.-Morgan-Lobby die einflussreichsten Zeitungsleute des gesamten Landes dazu nutzten, die öffentliche Meinung zu manipulieren und in Richtung Krieg zu drängen.
- Den entscheidenden Faktor findet man im Herzen der Wall Street, wo der Geldadel beschlossen hatte, es sei an der Zeit, die Illusion von Neutralität aufzugeben. Amerika musste in den Krieg ziehen, ansonsten hätten die drohenden Verluste der Wirtschaft das Genick gebrochen.
- Eine halbe Million Amerikaner hätten in Darlehen an die Entente investiert, schätzte Thomas W. Lamont von der Morgan-Bank. Viele dieser Menschen stammten aus dem wohlhabenden und einflussreichen Ostküsten-Establishment.
- Am 24. April 1917 unterschrieb Präsident Wilson ein Gesetz zur Finanzierung der Kriegsanstrengungen. Die amerikanische Notenbank warf die Tore zu den Geldspeichern auf und entband Morgans Banken von sämtlichen Verpflichtungen. Nun gab es keine Grenzen mehr, was die Profitmacherei anging.
- Anlass für den Kriegseintritt mag durchaus der uneingeschränkte U-Boot-Krieg gewesen sein, aber die Gründe für den Eintritt findet man an der Wall Street. Denn sollte es der Entente nicht gelingen, diesen furchtbaren Abnutzungskrieg zu gewinnen, würde die amerikanische Wirtschaft in den Abgrund stürzen. So weit durfte es nicht kommen.

Kapitel 28

Die Balfour-Deklaration

Mythos und Geschichte

Als sich der Erste Weltkrieg zum 100. Mal jährte, war möglicherweise kein Punkt so umstritten wie die Balfour-Deklaration vom November 1917. Sie hat dermaßen viele Kontroversen ausgelöst und gilt als Grund für so viele Feindseligkeiten, dass wir alle Anstrengungen unternommen haben, im Rahmen unseres Berichts einen genauen Blick auf die Balfour-Deklaration zu werfen. Doch zunächst eine Erklärung.

2008 riskierte der angesehene israelische Historiker Schlomo Sand mehr als nur seinen Ruf,[1] indem er eine Neubewertung der jüdischen Geschichte veröffentlichte. Ihm ging es darum, die »alltäglichen Lügen über die Vergangenheit« aufzudecken,[2] die wie alle historischen Falschdarstellungen dazu dienen, die traditionelle Geschichte fortzuschreiben, mit deren Hilfe die Eliten ihre Vorrangstellung rechtfertigen. Er hinterfragte die orthodoxen Ansichten der »Sachwalter der Erinnerung«, die standhaft alle Abweichungen von der gültigen Version der jüdischen Geschichte leugneten. »Sachwalter der Erinnerung« – was für ein wunderbarer Begriff. Es ist die Stimme jener, deren Forschung und Schreiben als ausschließliche Wahrheit akzeptiert wird. Die zionistischen Historiker des Establishments haben Professor Sand inzwischen verstoßen und gegeißelt, weil er sich weigerte, Begriffe wie »das jüdische Volk«, »die alte Heimat«, »Exil«, »Diaspora«, »Eretz Israel« und »Land der Erlösung« zu verwenden, allesamt Schlüsselbegriffe in der Mythologie von Israels nationaler Geschichte. Dass Sand sich weigerte, mit diesen

Begriffen zu arbeiten, wurde ihm als Ketzerei ausgelegt, aber Schlomo Sand war nicht allein mit seinen Protesten.

Wer von uns mit christlichen Traditionen aufgewachsen ist, hat in der Schule, in der Kirche oder vielleicht sogar von den Eltern Bibelgeschichten gelernt. In der zweiteiligen Auflistung von Ereignissen (der Bibel), deren Autorenschaft auf ewig ungeklärt bleibt, galt das Alte Testament als Geschichte des jüdischen Volks – obwohl es für zentrale Annahmen überhaupt keine Beweise gibt. So heißt es beispielsweise, dass das jüdische Volk von den Römern ins Exil getrieben wurde. Die Archive des Römischen Reichs sind gewaltig und gut dokumentiert, aber nirgendwo gibt es historische Beweise dafür, dass nach drei Aufständen beziehungsweise Kriegen im ersten Jahrhundert entlang der Grenzen Judäas eine Massenflucht einsetzte. Wäre eine Völkerwanderung in Gang gekommen, würde dies in den Unterlagen auftauchen.[3] Einige Juden mögen aus Angst um ihr Leben geflohen sein, aber die römischen Eroberer haben keineswegs ein Exil erzwungen. Einen entsprechenden Erlass des Kaisers gab es nicht.

Ein anderer israelischer Historiker, Edya Horon, stellte die Behauptung auf, die Kaiser Titus und Hadrian hätten die Juden nach der Zerstörung des Tempels von Jerusalem beziehungsweise nach dem jüdisch-römischen Krieg gar nicht aus Palästina vertrieben. Auch er war der Meinung, dass diese Idee auf historischer Ignoranz basierte und von den Kirchenvätern erfunden wurde. Sie wollten zeigen, dass Gott die Juden dafür bestrafte, Jesus gekreuzigt zu haben.[4] Der Mythos der Entwurzelung und Vertreibung wurde durch die christliche Legende fortgeführt, zog von dort aus in die jüdische Tradition ein und wuchs zur akzeptierten »Wahrheit« heran, die sich in der Geschichtsschreibung festgesetzt hat.[5]

Der israelische Historiker Ilan Pappe[6] wiederum, Professor an der Universität Exeter, hat die »Gründungsmythen« der israelischen Historie attackiert, wonach »Palästina ein Land ohne Volk war, das auf ein Volk ohne Land wartete«.[7] Das ist nicht nur schlechte Geschichte, es ist offenkundig falsch.

1976 zeigte der in Ungarn geborene Jude Arthur Koestler, der später die britische Staatsbürgerschaft annahm, in seinem bemerkenswerten Buch *Der dreizehnte Stamm* einen weiteren Irrglauben auf. Die aschkenasischen Juden, die heute den Großteil der jüdischen Weltbevölkerung ausmachen, stammen von Barbaren ab, die im uralten Reich der Khasaren zwischen Kaspischem und Schwarzem Meer lebten.[8] In *Licht aus dem Osten*, seinem Meisterwerk der Weltgeschichte, erklärte Peter Frankopan, Leiter des Oxford-Zentrums für Byzanz-Forschung, darüber hinaus, wie sich das Judentum im 9. Jahrhundert ausbreitete, als die Khasaren freiwillig in Scharen übertraten.[9] Das löste Spekulationen aus, es handele sich bei ihnen um einen der verlorenen Stämme des alten Israels, aber das stimmt nicht. Viele dieser konvertierten Juden zogen in das Gebiet des heutigen Polen und des heutigen Russland, aber die historische Beweislage zeigt, dass sie keinerlei Verbindung zum »Heiligen Land« oder »Palästina« hatten. Und eine noch viel größere Ironie liegt in dem Umstand, dass von den Juden, die in der ersten Hälfte des 7. Jahrhunderts, als die Muslime die Levante eroberten, zum Islam übergetreten waren, möglicherweise sehr viele der Palästinenser abstammen, die im Verlauf der letzten 100 Jahre aus ihrer alten Heimat vertrieben wurden.

Der israelische Genforscher Eran Elhaik hat 7 Jahre in der israelischen Armee gedient und gilt keineswegs als Israelkritiker. Er hat an der Johns Hopkins University Genomstudien durchgeführt, und als er die geografische Positionierung einiger aschkenasischer Juden verfolgte, fand er heraus, dass die Vorfahren dieser Menschen mitnichten im Nahen Osten oder im Mittelmeerraum gelebt hatten, sondern aus einer Region stammten, die im heutigen Nordosten der Türkei liegt.[10] Dieser wissenschaftliche Beweis untermauert die historischen Erkenntnisse von Schlomo Sand und anderen, die die Thesen von einem uralten jüdischen Heimatland und einem Leben in der Diaspora widerlegen. Lassen Sie sich nicht beirren von dem Aufruhr, der über diese mutigen Berufshistoriker und professionellen Wissenschaftler hereingebrochen ist. Sie wurden verspottet und als »Juden, die sich selbst hassen« beschimpft.[11] Das Establishment bemüht sich nach Leibeskräften, die Wahrheit nicht ans Licht kommen zu lassen. Wird man bei der Suche nach Wahrheiten vom Establishment an den Pranger gestellt, dann ist das bedauerlich, aber nicht ungewöhnlich.

Warum beginnen wir unsere Kapitel über die Balfour-Erklärung auf diese Art und Weise? Wir möchten, dass der Leser, der über die Folgen des Ersten Weltkriegs nachdenkt, begreift, dass mehrere wichtige Erklärungen über Palästina abgegeben wurden, über seinen aktuellen Status und seinen künftigen. Die meisten gebildeten Briten akzeptierten die Vorstellung vom jüdischen Volk, das entfremdet von seiner »biblischen Heimat« auf Wanderschaft war und nach einer »Diaspora« suchte. Die christliche Tradition ist gespickt mit derart herablassenden Postulaten und ihre Begriffe wurden über zahlreiche Landesgrenzen hinweg nicht hinterfragt.

Ende des 19. Jahrhundert kam der politische Zionismus auf und hauchte dem Konzept einer jüdischen »Heimat« neues Leben ein. Mehr und mehr griff der Zionismus zu nationalen Begrifflichkeiten, als repräsentiere er einen Nationalstaat. In den kommenden Kapiteln werden wir zeigen, warum eine Fraktion (die Politischen Zionisten) und eine andere Gruppe (die Geheime Elite und die Entente) einander erfolgreich dafür nutzten, ihre eigenen Ziele voranzutreiben. Wir verwenden Begriffe wie »jüdisches Heimatland« und »Diaspora« nicht, weil wir ihnen zustimmen oder sie für richtig halten, sondern weil sie Teil der damaligen Sprache waren. Bitte behalten Sie dies im Hinterkopf.

Schreiben von Arthur Balfour an Lord Walter Rothschild

Foreign Office, 2. November 1917

Verehrter Lord Rothschild,

ich bin sehr erfreut, Ihnen im Namen der Regierung Seiner Majestät die folgende Erklärung der Sympathie mit den jüdisch-zionistischen Bestrebungen übermitteln zu können, die dem Kabinett vorgelegt und gebilligt worden ist: Die Regierung Seiner Majestät betrachtet mit Wohlwollen die Errichtung einer nationalen Heimstätte für das jüdische Volk in Palästina und wird ihr Bestes tun, die Erreichung dieses Zieles zu erleichtern, mit der Maßgabe, dass nichts geschehen soll, was die bürgerlichen und religiösen Rechte der bestehenden nichtjüdischen Gemeinschaften in Palästina oder die Rechte und den politischen Status der Juden in anderen Ländern infrage stellen könnte. Ich wäre Ihnen dankbar, wenn Sie diese Erklärung zur Kenntnis der Zionistischen Weltorganisation bringen würden.

Ihr ergebener Arthur Balfour[12]

A. J. Balfour

Der obige Brief wurde vom britischen Außenministerium freigegeben und am 9. November 1917 in der *Times* abgedruckt.

Warum beschloss das britische Kriegskabinett zu diesem wichtigen Zeitpunkt, Palästina öffentlich als nationale Heimat der Juden zu begrüßen? Unser Instinkt rät uns, diese Frage umzuformulieren: Wie passt dies zu den Plänen der Geheimen Elite, Deutschland zu zerschmettern und den Griff nach der Weltherrschaft voranzutreiben? Wie passt das zusammen? Wie konnte es sein, dass das Thema, man könne einer religiösen Gruppierung eine neue Heimat zuweisen, auf der Kriegsagenda auftauchte, als würde damit ein unausgesprochenes Problem gelöst? Selbst wenn irgendjemand die Lüge geschluckt hätte, dass die Entente für die Rechte kleinerer Nationen kämpfte, bleibt die Frage, seit wann religiöse Identität ein Thema für eine Staatsgründung war? Hatte irgendjemand darüber nachgedacht, den Katholiken in Irland oder den Muslimen in Indien derartige Rechte einzuräumen? Sollte die Welt jetzt in exklusive, von der Religion vorgegebene Territorien aufgeteilt werden? Natürlich nicht. Und um die Dinge noch weiter zu verkomplizieren, versprach eine Nation (Großbritannien) einer Gruppe, die im Laufe der Zeit zu einer zweiten Nation werden würde (dem jüdischen Staat Israel), feierlich eine eigene Heimat, allerdings auf Gebiet, das einem anderen Volk (den palästinensischen Arabern) gehörte, das wiederum zentraler Bestandteil einer vierten Nation war (des Osmanischen Reiches / der Türkei).[13]

Die Balfour-Deklaration erfüllte die Wünsche einer kleinen Gruppe Zionisten und verriet damit auf bizarre, betrügerische und vorsätzliche Art und Weise diejenigen Araber, die loyal an der Seite der Briten Wüstenkrieg gegen die Türken führten. Das perfide Albion sank so tief wie wohl kaum zuvor. Welche Macht besaßen diese Zionisten, dass sie sich auf dem Weg zu einem zionistischen Staat die rückhaltlose Unterstützung der britischen Regierung sichern konnten – und zwar zulasten der rechtmäßigen Besitzer Palästinas?

Die geplante völlige Vernichtung Deutschlands und seiner osmanischen Verbündeten versprach, den Weg für eine Neuordnung der Landkarten und der Einflusssphären zu bereiten, und zwar auf eine Art und Weise, die der alles überragenden Strategie der Geheimen Elite zuträglich war – sprich, die es dem englischsprachigen Raum leichter machen würde, die Welt zu beherrschen. Schon lange hatte die Geheime Elite ein Auge auf die strategisch wichtigen Wüstengebiete Arabiens und die ölreichen Regionen von Persien, Syrien und Mesopotamien geworfen. Das war einer der Aspekte, die nach 1919 den Nahen Osten vor allem zugunsten Großbritanniens verändern würden. Als neutrales Land musste Amerika sehr vorsichtig sein, was eine offene Intervention anging. Das galt auch nach dem Kriegseintritt, insofern agierte Großbritannien in gewisser Weise als Amerikas Stellvertreter, indem es die neue Weltordnung absteckte. Wir sollten eines nicht vergessen: In der Frühphase der Diskussionen über die Zukunft einer jüdischen Heimat in Palästina war nur sehr wenig von einer amerikanischen Beteiligung zu hören. Dabei lagen die Dinge in Wirklichkeit völlig anders – Amerika war durch geheime Intrigen direkt und indirekt sehr umfassend involviert.

Das gilt auch für kleine, aber einflussreiche Gruppierungen von Bankiers, Politikern und Geschäftsleuten, englischen, amerikanischen, französischen und russischen Juden aus aller Welt. Sie unterstützten die aufstrebende Bewegung, die sich für die Gründung eines jüdischen Staats starkmachte. Diese Bewegung waren die sogenannten Zionisten.

Mit diesem Begriff geht man besser vorsichtig um. Anfänglich gehörten dazu diverse jüdische Gruppierungen mit unterschiedlichen Ansichten und Zielen. Für einige war der Zionismus eine rein religiöse Manifestation des »Jüdischseins«, doch eine kleine, aber immer lautstärker und mächtiger werdende Gruppe verfolgte auch politische Ziele. Zu dieser späteren Form des Zionismus zählen auch jene, die entschlossen waren, für ihre Brüder und Schwestern im Glauben eine nationale Heimstätte »wiederherzustellen«. Der ehemalige Vizekönig von Indien, Lord Curzon, sagte, »eine nationale Heimstatt für die jüdische Rasse oder das jüdische Volk« impliziere einen Ort, an dem die Juden als Volk wieder zusammengeführt werden könnten und an dem sie »die Privilegien einer unabhängigen nationalen Existenz genießen«.[14] Wie stellt man eine Nation wieder her? Wenn die aschkenasischen Juden »wieder zusammengeführt« werden sollten, dann hätte das ehrlich gesagt doch entlang der Wolga im wahren khasarischen »Heimatland« erfolgen müssen und nicht in Palästina entlang des Jordans.

Es gab einige Vorschläge, wo diese neue Heimat entstehen könne, darunter auch in Uganda, doch zu Beginn des 20. Jahrhunderts richteten entschlossenere zionistische Elemente ihre Aufmerksamkeit immer stärker auf das ehemalige Judäa im Nahen Osten. Sie sprachen davon, in Palästina einen autonomen jüdischen Staat aufzubauen, eine politische Einheit, die sich aus Juden zusammensetzte, von Juden regiert wurde und vor allem in ihrem Interesse verwaltet werden würde. Anders gesagt: Der semi-mythische jüdische Staat aus der Zeit vor der »Diaspora« sollte wiederauferstehen.[15] Nur wenige kritische Stimmen wurden laut und fragten, was das bedeuten sollte, auf welcher Beweisgrundlage gehandelt werden sollte oder wie das Ganze überhaupt zu rechtfertigen sei. Es stand in der Bibel, also musste es wahr gewesen sein. Doch nicht jeder Jude war auch Zionist, ganz im Gegenteil. Auch dies ist ein wichtiger Faktor, zu dem wir zu gegebener Zeit zurückkehren werden.

Wieder und wieder liest es sich in der Geschichtsschreibung so, als sei ein bestimmtes Ereignis »einfach so« eingetreten. Historiker beginnen ihre Schilderung an einem bestimmten Punkt und erwecken den Eindruck, es gäbe keine zu berücksichtigende Vorgeschichte und keine anderen Einflüsse, die sich auf das wesentliche Geschehen auswirkten. Ein Beispiel dafür ist die Ermordung von Erzherzog Franz Ferdinand in Sarajevo am 28. Juni 1914.

Seit Generationen wird Schulkindern eingetrichtert, dass es dieser Mord war, der den Ersten Weltkrieg ausgelöst hat. Wie wir gesehen haben, trug derartiger Unfug dazu bei, von den wahren Schuldigen abzulenken. Ein weiteres Beispiel ist bei der Einordnung der Balfour-Deklaration zu beobachten. Sie wurde beschrieben als schriftliche Zustimmung der britischen Regierung zur Gründung einer Heimat für Juden – ganz so, als habe das Schreiben eines Tages beim Außenminister auf dem Tisch gelegen, und er habe es zusammen mit dem anderen Schriftverkehr unterzeichnet. Die ganze Angelegenheit wurde heruntergespielt. In den Erinnerungen und Tagebüchern der Politiker, die sehr sorgfältig an diesem einen Satz feilten, wird das Ganze bestenfalls am Rande erwähnt. Die Balfour-Deklaration war viel mehr als ein schwammiges Versprechen, das britische Politiker aus der Not der Überforderung in Kriegszeiten heraus abgaben. Eine derart simple Lesart kaschiert, wie viel Druck auf beiden Seiten des Atlantiks hinter den Kulissen ausgeübt wurde, um eine monumentale politische Entscheidung herbeizuführen, die letztlich der Gründung des Staates Israel den Weg bereitete.

Am 31. Oktober 1917 kam das britische Kriegskabinett zum 261. Mal zusammen. Den Vorsitz hatte Premierminister David Lloyd George, weiter anwesend waren Lord Curzon, Lord Milner, Andrew Bonar Law, Sir Edward Carson (der Parteivorsitzende der Konservativen), George Nicoll Barnes von der Labour-Partei, der südafrikanische General Jan Smuts und Außenminister Arthur Balfour. Dies war der innere Kreis, der von den politischen Agenten der Geheimen Elite ins Leben gerufen worden war, um die Kriegsanstrengungen zu leiten. Nachdem andere kriegsspezifische Themen erledigt waren, tagten sie in 10 Downing Street hinter verschlossenen Türen weiter. Die Repräsentanten von Heer und Flotte wurden entlassen, dann diskutierte die Clique namens Kriegskabinett das laufende Thema »Zionistenbewegung«. Protokoll führte wie immer Lloyd Georges Sekretär für das Kriegskabinett, Sir Maurice Hankey. Diese Ansammlung britischer Imperialisten und Mitglieder der Geheimen Elite war sich einig: »Aus rein diplomatischer und politischer Sicht war es wünschenswert, jetzt eine Erklärung zugunsten der Ziele der jüdischen Nationalisten abzugeben.«[16] Zu diesem Zweck wurde eine sorgfältige Formulierung vereinbart, und das Kriegskabinett autorisierte Außenminister Balfour, »bei passender Gelegenheit die folgende Sympathiebekundung bezüglich der Ziele der Zionisten abzugeben«. Es war kein Zufall, dass der Chefredakteur der *Times* das Kabinett 5 Tage zuvor zu eben so einer Erklärung gedrängt hatte.[17] Den genauen Wortlaut, wie ihn das Kriegskabinett einstimmig absegnete,[18] finden Sie zu Beginn dieses Kapitels.

Im englischen Original sind es 78 Wörter, die den Kern der Balfour-Deklaration ausmachen und die bis heute eine ausgesprochen explosive Wirkung auf die Weltgeschichte gezeitigt haben. In unserer Betrachtung hier müssen wir uns aber auf den Zeitraum von 1917 bis zum Ende des Kriegs konzentrieren. Wer war überhaupt an den geheimen Machenschaften beteiligt, wie wurden Gelegenheiten zum eigenen Nutzen manipuliert, wer finanzierte und förderte die Idee von den ersten Anfängen bis hin zur endgültigen Umsetzung?

2 Tage nach dem Beschluss des Kriegskabinetts sandte das Außenministerium ein Schreiben an Lord Lionel Walter Rothschild (2. Baron Rothschild) in London. In dem Schreiben hieß es, der Lord möge doch »diese Erklärung zur Kenntnis der Zionistischen Weltorganisation bringen«. Unterschrieben war das Schriftstück von Arthur James Balfour, und so ging es als Balfour-Deklaration in die Geschichte ein, auch wenn das Dokument viel, viel mehr Väter hatte als einzig den britischen Außenminister.[19] Der exakte Wortlaut kursierte innerhalb der jüdischen Gemeinschaften, wo das Schreiben als Startschuss in eine neue Epoche der jüdischen Geschichte bejubelt wurde. Das Kriegskabinett hatte offensichtlich viel Sorgfalt darauf verwendet, Bedingungen zum Schutz nichtjüdischer Gemeinschaften zu formulieren und insbesondere die Rechte der palästinensischen Araber, denen das Land gehörte, zu schützen. Dennoch feierten Zionisten rund um den Globus die Deklaration als »Nationalcharta« für einen jüdischen Staat.[20] Der Geist war aus der Flasche.

In Wahrheit ist das Schreiben das Ergebnis jahrelanger umsichtiger Lobbyarbeit in Großbritannien und Amerika. Es war weder ein Anfang noch ein Endpunkt. Die Kommunikation fand eigentlich zwischen der britischen Regierung und der Zionistischen Föderation in Großbritannien statt, liest sich aber fast salopp, als ob sich hier einfach Balfour und Rothschild austauschten, zwei Mitglieder des britischen Adels. Doch die Deklaration war alles andere als salopp und deutlich konstruierter als eine Vereinbarung unter Gentlemen.

Nach allen Maßstäben von Rechtmäßigkeit und Moral war das Ganze einfach lachhaft. Sehen wir uns an, was diesen Vorschlag so beispiellos macht: Großbritannien verfügte über keinerlei souveräne Rechte in Palästina und keinerlei Autorität, das Land nach eigenem Gutdünken zu verteilen.[21] Als würde das nicht bereits für ausreichend Verwirrung sorgen, hatte das britische Außenministerium den Franzosen bereits Teile von Palästina versprochen, ebenso den Arabern, denen das Land ohnehin gehörte, und schließlich der internationalen jüdischen Gemeinschaft. Gab es je ein besseres Beispiel für die rücksichtslose Arroganz der imperialistischen Herrscherschicht Großbritanniens? Der Wortlaut der Balfour-Deklaration war mehrdeutig, die genannten Bedingungen unmöglich. Was genau war mit »eine nationale Heimstätte« gemeint? Im Völkerrecht existierte diese Bezeichnung nicht als klar definierter Begriff. Wie konnte eine ausländische Regierung versprechen, weltweite Zustimmung für eine nationale Heimstätte der Juden in arabischem Land einzuholen, ohne gleichzeitig die Rechte der Araber zu beschneiden, deren Vorfahren dort seit Tausenden von Jahren gelebt hatten?[22] Die Unbestimmtheit der Formulierung öffnete Interpretationen und Erwartungen Tür und Tor, bittere Dispute waren unvermeidlich. Was war da los?

Die Antwort findet man, indem man sich frühere Versionen dieses umstrittenen Dokuments ansieht und erkennt, wie stark Zionisten auf beiden Seiten des Atlantiks daran arbeiteten, die Erklärung voranzutreiben und zu schützen.

Es ist nicht so, als wären die britischen Politiker plötzlich und schlagartig zum Zionismus übergelaufen. Politische Überlegungen, den Juden im Sand der Wüste eine Heimat zu errichten, wurden vielmehr bereits seit Jahren erörtert – ein Fakt, der in der offiziellen Geschichtsschreibung, in Memoiren und offiziellen staatlichen Erklärungen wohlweislich unter den Tisch fiel.

Bei einem früheren Treffen des Kriegskabinetts, am 4. Oktober 1917, war ein nahezu identischer Entwurf der Deklaration diskutiert worden. Er stammte von Lord Milner, dem Anführer der Geheimen Elite. Sein Vorschlag enthielt die Formulierung »mit Wohlwollen die Schaffung einer Nationalen Heimat für die jüdische Rasse …«.[23]

Die Großschreibung von »Nationale Heimat« wurde später ebenso geändert wie die für Milner typische Verwendung des Begriffs »jüdische Rasse«.

»Nationale Heimat« impliziert, dass Juden rund um den Globus ein definiertes Gebiet haben sollten, das sie als ihre Heimat bezeichnen können, darüber hinaus wird in Milners Version »die Schaffung« eines derartigen Orts gutgeheißen. Es wird nicht die Rückkehr auf ein Gebiet impliziert, dessen rechtmäßige Besitzer fortan die Juden sein sollten. Ein zweiter Punkt: Für Alfred Milner war »Rasse« ein Punkt von großer Bedeutung. Er selbst definierte sich voller Stolz als britischen »Rassenpatrioten«.[24] Seine Wortwahl war eine Respektbekundung, aber andere hielten es für eine gefährliche Formulierung, die aggressiv ausgelegt werden könnte. Es passte nicht zum Konzept der jüdischen Anpassung (wie »jüdische Amerikaner«) und deutete an, dass Juden als Glaubensgruppe einer speziellen Rasse angehörten. Milners Version wurde also abgeschwächt.

Als die vermeintlich endgültige Fassung des Textes stand, beschloss das Kriegskabinett, noch einmal heimlich die Meinung von »repräsentativen Zionisten« (ihre Wortwahl) einzuholen wie auch von Juden, die die Idee einer nationalen Heimat ablehnten. Es muss an dieser Stelle noch einmal darauf hingewiesen werden: Innerhalb der internationalen jüdischen Gemeinschaft gab es sehr starke Meinungsverschiedenheiten, was die Idee eines jüdischen »Heimatlands« anging. Dass diese Strömungen offenbar gleichberechtigt behandelt wurden, spricht dafür, dass diese Frage die jüdische Gemeinschaft in Großbritannien ganz genauso spaltete. Aber das stimmt nicht. Die Zahl aktiver Zionisten war vergleichsweise klein, sie verfügten aber über großen Einfluss.

Darüber hinaus holte sich das Kriegskabinett auch die Meinung des amerikanischen Präsidenten ein, was die Frage einer jüdischen Heimat in Palästina anging.[25] Das Protokoll des 245. Treffens des Kriegskabinetts zeigt, dass Woodrow Wilson direkt am endgültigen Entwurf der Deklaration beteiligt war. Dasselbe gilt für seinen Aufpasser Edward Mandell House[26] und Louis Brandeis, den einzigen Juden am Obersten Gerichtshof der USA.[27] Beide sandten ihre – voneinander abweichende – Meinung per Telegramm an die britische Regierung.[28] Am 10. September deutete House an, der Präsident rate zur Vorsicht, am 27. September schrieb Richter Brandeis, der Präsident stehe voll und ganz hinter der Deklaration. In der Politik können zweieinhalb Wochen eine lange Zeit sein.

Schicht um Schicht, wie bei einer Zwiebel, legen wir den verborgenen Kern dieser Deklaration frei, und es wird immer deutlicher, dass in der offiziellen Version wichtige Figuren und zentrale Aspekte ausgeblendet wurden. Diese Geschichte enthält verborgene Tiefen, die die Mainstream-Historiker der Öffentlichkeit vorenthalten haben und die Beteiligten vorsätzlich falsch darstellten oder aus ihren Erinnerungen gestrichen haben.

Die vorhergehende Sitzung des Kriegskabinetts fand am 3. September 1917 statt, und das Protokoll zeigt, dass auch bei diesem Treffen die Mitglieder der Geheimen Elite und ihre Kumpane zahlreich vertreten waren, darunter Milners ehemaliger Gefolgsmann aus Südafrika, Leo Amery.[29] Bei Punkt zwei auf der Tagesordnung ist die Rede von »beträchtlicher Korrespondenz … zwischen dem Außenminister (A.J. Balfour) und Lord Walter Rothschild … zur Frage der politischen Haltung, die gegenüber der zionistischen Bewegung einzunehmen ist.«[30]

Wie bitte? »Beträchtliche Korrespondenz« wurde zwischen Lord Rothschild und dem Außenministerium ausgetauscht?! Wir reden hier nicht von einer schriftlichen Anfrage, sondern von einem regen Schriftwechsel. Eine Kopie von einem dieser Schreiben, das aus der Rothschild-Villa in 148 Piccadilly am 18. Juli 1917 abging, hat in den Unterlagen des Kriegskabinetts überlebt. Sein Inhalt macht kurzen Prozess mit der Illusion, wonach die britische Regierung ganz allein auf Anregung des Außenministeriums und Minister Arthur Balfour hin öffentliche Unterstützung für eine nationale Heimat der Juden in Palästina zum Ausdruck brachte. Das Schreiben von Lord Rothschild beginnt wie folgt:

> *»Sehr geehrter Herr Balfour,*
>
> *endlich bin ich imstande, Ihnen die gewünschte Formulierung zu senden, um die Sie mich gebeten hatten. Falls mir die Regierung Seiner Majestät eine Nachricht bezüglich der Zeilen dieser Formulierung zusenden könnte und selbige Ihrer aller Zustimmung findet, werde ich sie den zionistischen Föderationen aushändigen und bei einem zu diesem Zwecke einberufenen Treffen verkünden …«*[31]

Rothschild legte seine Empfehlungen für einen Entwurf der Deklaration bei. Der Entwurf bestand aus zwei Sätzen: (1) Die Regierung Seiner Majestät akzeptiert den Grundsatz, wonach Palästina als Nationale Heimat des jüdischen Volks wiederhergestellt werden sollte. (2) Die Regierung Seiner Majestät wird sich nach besten Kräften bemühen, das Erreichen dieses Ziels zu gewährleisten, und sie wird die notwendigen Methoden und Maßnahmen mit den zionistischen Organisationen erörtern.«[32]

Balfours Antwort »akzeptierte den Grundsatz, wonach Palästina wiederhergestellt werden sollte«. Man werde »bereit sein, sich alle Vorschläge anzuhören, die die Zionisten-Organisation vorzutragen wünscht«. Wie bitte? Wie läuft denn die »Wiederherstellung« eines Landes ab? Es ist interessant, über diesen Präzedenzfall noch einmal nachzudenken. Heißt das, dass Amerika eines Tages vielleicht als Gruppe von Staaten der amerikanischen Ureinwohner wiederhergestellt wird oder Teile Englands als Wikingerreich? Erstaunlicherweise wurde die zionistische Bewegung eingeladen, ihre Pläne für die britische Außenpolitik in Palästina vorzugeben.[33]

Wir reden hier nicht über eine Form von lockerer Beteiligung, es war Komplizenschaft. Durch das Kriegskabinett machte die Regierung Lloyd George gemeinsame Sache mit der Zionistischen Föderation und braute eine Absichtserklärung zusammen, die die Zustimmung der Zionisten hatte. Darüber hinaus wurde vereinbart, dass Großbritannien sich bei einem so wichtigen Thema wie der Zukunft Palästinas mit seinen Verbündeten und »im Speziellen mit den Vereinigten Staaten« beraten sollte.[34] Das alles hat den Beigeschmack einer internationalen Verschwörung.

Wie viele Lügen finden sich rund um die Entstehung und die Hintergründe der Balfour-Deklaration? Lord Walter Rothschild agierte als zentraler Mittelsmann zwischen der britischen Regierung und der Zionistischen Föderation. In dieser Funktion war er daran beteiligt, eine neue, explosive britische Politik auszuarbeiten und zu formulieren, nämlich das Versprechen eines zionistischen Staats in Palästina. Mehr noch: Rothschild und seine Mitstreiter strebten danach, die »Methoden und Mittel« zu kontrollieren, mit deren Hilfe dieser Staat entstehen würde. In den kommenden Jahren änderte sich nichts an dieser Haltung.

Welche Einflüsse wirkten hier und bewegten im November 1917 David Lloyd George und Woodrow Wilson zu einer derartigen Haltung? Wer zog hinter den Kulissen die Strippen? Wer waren diese Zionisten, und warum wurden sie dermaßen stark von der Geheimen Elite und speziell den politischen Akteuren der Geheimen Elite in Großbritannien unterstützt? Wie konnte es sein, dass eine Minderheitengruppe ohne großen früheren Einfluss auf beiden Seiten des Atlantiks schlagartig derartige Macht aufbieten konnte? Diese winzige Minderheitengruppe, die zuvor weder in der Politik noch in der Religion etwas zu sagen hatte, deren Ideologie viele führende Rabbiner als nicht zum wahren jüdischen Glauben passend verurteilt hatten, tauchte wie aus dem Nichts auf der Weltbühne auf. Das war kein Zufall.

Der Begriff Zionismus wurde im späten 19. Jahrhundert für die Bewegung geprägt, die eine Rückkehr der Juden in ihre »historische Heimat« in Palästina propagierte, auch wenn dieser Begriff von Anfang an von jüdischen und nichtjüdischen Gemeinschaften unterschiedlich ausgelegt wurde. Die Bewegung der Zionisten entstand in der zweiten Hälfte des 19. Jahrhunderts und wuchs aus bescheidenen Bedingungen heran. Der erste Zionistische Kongress fand vom 29. bis zum 31. August 1897 in Basel statt und hatte das Ziel, für die Juden ein anerkanntes und »rechtlich abgesichertes« Zuhause in Palästina zu erschaffen.[35] Unter dem Vorsitz des österreichisch-ungarischen Journalisten und Aktivisten Theodor Herzl gründeten die rund 200 Teilnehmer die Zionistische Weltorganisation. Wer hätte ahnen können, dass aus einem derart bescheidenen Anfang eines Tages ein neuer Staat erwachsen würde?

Die Zionisten mochten nur wenige sein, aber sie waren Eiferer und kompromisslos in ihrer Haltung. Kritik akzeptierten sie nicht und blickten auf alle Juden herab, die sich darum bemühten, sich in den Ländern, in denen sie lebten, einzugliedern, und die die politischen Ziele der Zionisten hinterfragten. Ein Jahr später, beim zweiten Kongress in Basel, war klar, dass sich nur sehr wenige Juden für den Vorschlag interessierten, woraufhin die Zionisten ihren Schwerpunkt verlagerten. Herzl wusste, er musste die jüdischen Gemeinden aufrütteln, denn die meisten kannten die zionistischen Ideen nicht, interessierten sich nicht im Geringsten für sie oder lehnten sie grundsätzlich ab.

Im Dezember 1901 wurde in Großbritannien ein Jüdischer Nationalfonds (JNF) aufgelegt, der Land in Palästina als »unveräußerliches Vermögen des jüdischen Volks« erwerben sollte.[36] Ob es überhaupt irgendeine völkerrechtliche Bestimmung gibt, die ein »unveräußerliches« Recht anerkennt, sei dahingestellt, wichtig ist jedoch, dass der JNF Teil des langsamen und nicht von Erfolg gekrönten Versuchs war, jüdische Siedler zum Umzug nach Palästina zu bewegen. Dieser starre Blick auf Palästina war etwas, wovon sich die Zionisten nicht abbringen ließen. Vor diesem Hintergrund sollte man sich in Erinnerung rufen, dass zum damaligen Zeitpunkt viele Juden litten, speziell in Russland, wo Pogrome ein barbarisches Armutszeugnis für das Romanow-Reich darstellten. Diese Zustände wirkten sich stark auf die junge zionistische Bewegung aus. Aus ihrer Sicht war es eine Krise, die nur sie zu lösen imstande war.

Keine andere Weltmacht war so progressiv liberal in ihren Ansichten zur Integration der Juden wie Großbritannien. Mehr und mehr wurden wohlhabende Juden aus dem Bankenwesen, der Finanzwelt und der Wirtschaft in die »feine Gesellschaft« integriert. Juden saßen im Parlament, wurden in den Adelsstand gehoben und ins House of Lords aufgenommen. Juden, die vor den Pogromen aus Russland geflohen waren, ließen sich im Londoner East End und in anderen Großstädten nieder. Für die verarmten Einwanderer war das Leben beileibe kein Zuckerschlecken, aber Großbritannien war ein vergleichsweise sicherer Zufluchtsort und stand den Juden offener gegenüber als Frankreich. Die ersten Rufe nach einem »Heimatland« erhoben nicht die gewöhnlichen jüdischen Flüchtlinge, sondern die zionistische Lobby, die um die Jahrhundertwende herum begonnen hatte, die ersten Gehversuche zu unternehmen.

1903 wurde auf dem sechsten Kongress über das Angebot Großbritanniens diskutiert, jüdischen Siedlern ein autonomes Heimatland in Ostafrika zu erschaffen.[37] Die Zionisten verständigten sich darauf, eine Delegation nach Uganda zu entsenden, die sich ansehen sollte, ob es machbar wäre, Juden dort anzusiedeln. Das Urteil der Delegation: Nein. Ungeeignet. Die Zionisten hatten keinerlei Absicht mehr, sich in Uganda niederzulassen. Niemals. Das war nicht das »verheißene Land«. Theodor Herzl wandte sich heimlich an die britische Regierung, um über die Besiedlung von al-Arisch zu sprechen, ein Gebiet im Süden Palästinas an der Grenze zu Ägypten. Doch auch diese Idee wurde als unpraktisch verworfen.[38] Wichtig war, dass die britischen Politiker den Eindruck erweckten, sie befürworteten die Sache der zionistischen Bewegung.

1904 starb Herzl, und nach beträchtlichen Querelen übernahm der charismatische und überzeugende Chaim Weizmann die Führung der Zionisten. Er dominierte 1907 den achten Kongress und konnte den Politischen Zionismus mit dem Praktischen Zionismus zu einem »Synthetischen Zionismus« verschmelzen, indem er auf den gemeinsamen Grundlagen der unterschiedlichen zionistischen Strömungen aufbaute. Fortschritte wurden nur langsam erzielt, die Mitgliederzahlen blieben vergleichsweise gering. Aber am Ziel änderte sich nichts: Palästina.[39]

Dass Professor Carroll Quigley in seinem bahnbrechenden Werk *Das Anglo-Amerikanische Establishment* nicht auf die Aktivitäten von Chaim Weizmann in Großbritannien vor und während des Ersten Weltkriegs eingeht, erscheint merkwürdig. Umso verblüffender ist dies im Hinblick auf die vielen und regelmäßigen Kontakte, die Weizmann zu zentralen politischen Figuren des britischen Establishments unterhielt. Er durchdrang das verborgene Netz politischer Einflüsse wie kein anderer vor ihm. Jede Tür öffnete sich ihm und alles, was sich als belastend erweisen oder als geheime Absprache interpretiert werden konnte, verschwand aus den Archiven.[40] Ab 1904/05 agierte Weizmann als Anführer der Zionisten in Großbritannien. Er traf sich mit politischen Sympathisanten und nutzte seine Kontakte dafür, ein Netzwerk an Beziehungen aufzubauen, das für seine Sache würde von Vorteil sein können.

Weizmann lernte den Tory-Vorsitzenden Arthur Balfour während der Parlamentswahlen von 1906 kennen.[41] Damals arbeitete Lord Nathaniel Rothschild eng mit dem britischen Premierminister zusammen.[42] Balfour wollte wissen, warum den Zionisten die praktische Lösung der britischen Regierung nicht gefalle und sie sich nicht in Uganda niederlassen wollten? Weizmann trug seine Ansichten mit absoluter Klarheit vor, ging auf die spirituelle Seite des Zionismus ein und auf seine »zutiefst religiöse Überzeugung«, wonach ausschließlich Palästina geeignet sei. Aus seiner Sicht war jegliche Abweichung von Palästina »eine Form von Götzenanbetung«,[43] was eine interessante Wortwahl ist und religiös motivierter Abscheu entspringt. Palästina habe für Juden einen magischen und romantischen Reiz, erklärte

Weizmann, keine andere Heimat könne das jüdische Volk dazu bewegen, in der Ödnis etwas aufzubauen und sie bewohnbar zu machen.

Nun war Palästina weder eine Ödnis, noch war es unbesiedelt. Doch Weizmann trug diese Lüge sehr überzeugend vor. Er verfolgte eine andere Politik als die wohlhabenden Juden, die innerhalb der britischen Gesellschaft derartige Fortschritte erzielt hatten. Hier handelte es sich nicht um einen Engländer, der stolz darauf war, Engländer *und* Jude zu sein. Weizmann war kein privilegierter Rothschild und keiner der vielen anderen reichen Engländer aus der oberen Mittelschicht, die dem jüdischen Glauben angehörten und voll und ganz in die britische Gesellschaft integriert waren. Weizmann war ein zionistischer Eiferer. Lord Nathaniel Rothschild nicht.

Hinter Weizmann stand ein besonders einflussreicher Mentor, der ganz genau wusste, wer in Großbritannien die wirklich wichtigen Entscheidungen traf: Baron Edmond de Rothschild, der den französischen Zweig der Bankendynastie führte. Auch Edmond de Rothschild glaubte voller Leidenschaft an Palästina. Zwischen 1880 und 1895 finanzierte er die Gründung jüdischer Siedlungen in Palästina und wurde später als Vater der jüdischen Kolonialisierung bejubelt.[44]

Die ersten Kriegsmonate verliefen alles andere als verheißungsvoll für Frankreich und seine Verbündeten, dennoch war Edmond de Rothschild davon überzeugt, dass seine Seite letztlich siegen würde. Er hielt Weizmann für einen fähigen Anführer, und was er ihm riet, spricht für die vorwärts gerichtete Geisteshaltung des zionistischen Denkens. Das war die Gelegenheit; jetzt, in den ersten Monaten eines mörderischen Weltkriegs, war der rechte Zeitpunkt zum Handeln, »damit wir in der allgemeinen Schlichtung nicht vergessen werden«.[45]

Sehen wir uns diesen Ratschlag noch einmal an: Rothschild warnte Weizmann vor, dass dieser Krieg mit der Schlichtung widersprüchlicher Ansprüche enden würde. Er empfiehlt den Zionisten, unverzüglich zu handeln, damit gewährleistet sei, dass ihre Forderungen erfüllt werden. Weizmanns Aufgabe war es, britische Staatsmänner und Politiker dahingehend zu beeinflussen, dass sie die zionistische Sache in Palästina unterstützten. Es ist unvorstellbar, dass Rothschild nicht gewusst haben könnte, wer die zentralen Personen der Geheimen Elite darstellten, wer ihre zuverlässigen Handlanger und Mitglieder waren und wessen Unterstützung von zentraler Bedeutung war, um die Ziele der Zionisten zu erreichen. Eine andere Erklärung gibt es nicht, denn wenn wir uns ansehen, an welche Männer und Frauen sich Weizmann mit der Bitte um Unterstützung wandte, dann sind es genau die Menschen, die den Kern dieser Geheimgesellschaft bildeten, deren Existenz Professor Quigley enthüllte.[46] Dass sie an der Weltherrschaft arbeiteten, mag Weizmann nicht in vollem Umfang klar gewesen sein, aber hier hatte er es mit exakt den Personen zu tun, die das Vorhaben, den ersehnten Heiligen Gral Palästina in einen jüdischen Staat zu verwandeln, absegnen konnten. Und genau sie waren es, die er unverzüglich ins Visier nahm.

Die Judenverfolgung in Russland im ersten Jahrzehnt des 20. Jahrhunderts führte dazu, dass viele osteuropäische Juden nach Amerika auswanderten.[47] Versuche, in den USA zionistische Gesellschaften zu organisieren, stießen allerdings zunächst auf sehr wenig Begeisterung. Von zwei, drei Ausnahmen abgesehen wollten die reichen Juden in Amerika überhaupt nichts mit dem Zionismus zu tun haben, in welcher Form auch immer.[48] Die gesetzte, wohlhabende obere Schicht bestand in erster Linie aus deutschen Juden und glaubte an Integration. Ihr Wohlstand und ihr sozialer Rang waren für sie Beweis genug, dass die Theorie vom Schmelztiegel stimmte. Vor allem aber wollten sie nicht, dass irgendjemand ihre Loyalität gegenüber Amerika infrage stellte oder ihr mit allen Annehmlichkeiten ausgestattetes Boot ins Schlingern brachte, indem er eine Ideologie propagierte, die für die Erschaffung eines speziell für Juden gedachten Lands eintrat.[49] Etwas Derartiges hätte die Lage sehr unbequem machen können, vor allem dann, wenn sich die Diskussion auf den erforderlichen Landraub in einem der arabischen Staaten konzentrierte oder auf die Notwendigkeit, dass Juden dort hinziehen und dort leben müssten.

Andererseits schien es, als würde die Unterstützung durch einige der ärmeren Immigranten lauter werden, mochte es auch noch am Wunsch hapern, tatsächlich aus dem »Land der Freien« in die Wüste Palästinas zu ziehen. »Amerika ist unser Zion«, erklärten die Führer der jüdischen Gemeinde in Amerika, Jacob Schiff und Rabbi Isaac Meyer Wise.[50] Die jüdische Gemeinde in Amerika gab kein klares Bild ab. Es gab keinen Ansturm auf das Banner der Zionisten, und das US-Außenministerium tat die Bewegung als politische

Splittergruppe ab, der es an Geld, Einfluss und gesellschaftlichem Renommee mangelte.[51] Doch das State Department hörte nicht gründlich genug hin. Langsam begann nämlich eine neue Generation von Zionisten ihre Muskeln spielen zu lassen und sich in der aufstrebenden Mittelklasse festzusetzen, bei Lehrern, Anwälten, Geschäftsleuten und Professoren. Es fehlte nur ein Anführer, der sich für die Sache starkmachte.

Fahnenträger des Zionismus in den USA war Louis Brandeis, ein Anwalt aus Boston, der als Mann des Volkes galt. Bereits 1890 hatte er in der Rechtswelt mit einem Aufsatz in der *Harvard Law Review* zum Recht des Bürgers auf Privatsphäre für großes Aufsehen gesorgt.[52] 1905 nahm er es wegen einer geplanten Fusion im Eisenbahnsektor erfolgreich mit dem Banken- und Finanzkonglomerat von J. P. Morgan auf. Er wetterte gegen den Missbrauch, den Monopole betrieben, und in einem sehr öffentlichkeitsträchtigen Fall gegen den Staat Oregon setzte er sich für die Rechte der Frauen am Arbeitsplatz ein.[53] Seine Widersacher hielten Brandeis für gefährlich, denn er ließ sich nicht kaufen. Als er Missbrauchsfälle bei der New Haven Railroad Company anprangerte, überschütteten Magazine und Journale, die im Besitz des Eisenbahnunternehmens waren oder von ihm finanziell unterstützt wurden, Brandeis mit empörenden antisemitischen Tiraden.[54] Brandeis ließ sich davon nicht beeindrucken, er kämpfte weiter und gewann.

Zum Zionismus fand Louis Brandeis vergleichsweise spät. Osteuropäische Juden lernte er erstmals kennen, als er die New Yorker Textilarbeiter beim großen Streik von 1910 unterstützte. Die Sache der Zionisten fand er reizvoll, weil in Boston der Antisemitismus grassierte und Brandeis immer wieder mit Vorurteilen zu kämpfen hatte. In einem Interview mit der Zeitschrift *Jewish Advocate* räumte er 1910 offen ein, dass er dem Zionismus mit Sympathie gegenüberstand.[55] Innerhalb von 2 Jahren entwickelte sich der Zionismus zu der Sache, die seinem Leben Sinn und Zweck verlieh.

Am 30. August 1914, der Krieg war kaum einen Monat alt, fand in New York eine bemerkenswerte Konferenz amerikanischer Zionisten statt. Louis Brandeis, der Anwalt aus Boston, wurde bei dieser Veranstaltung ohne Gegenstimmen zum Präsidenten des Vorläufigen Exekutivausschusses für Allgemeine Zionistische Belange gewählt. Das rüttelte die jüdische Gemeinde auf: Hier war ein landesweit angesehener Anführer, der im Ruf stand, unerschrocken für das Wohl des Volkes zu kämpfen.[56] Er verlieh dem Amt Respekt und Autorität, und nun setzte in der zionistischen Bewegung ein Zustrom anderer renommierter amerikanischer Juden ein. Brandeis glaubte an einen kulturellen Pluralismus, bei dem die ethnischen Gruppen ihre Identität bewahrten – so wie es Amerikaner mit schottischen, irischen, deutschen oder anderen Wurzeln auch taten. Seine Botschaft lautete, dass es kein Widerspruch sei, loyal zu Amerika zu stehen und loyal zum Judentum. Einige europäische Zionisten taten dies als windelweiche Abschwächung ihrer eigenen Leidenschaft ab,[57] aber Brandeis' Zionismusansatz gelang es, die Unterstützung aus Amerika für ein »Heimatland« in Palästina deutlich auszubauen. Das hieß aber nicht, dass die Unterstützer auch die Absicht hatten, dorthin zu ziehen und dort zu leben.[58] Dergleichen kam überhaupt nicht infrage.

Brandeis wirkte in jüdischen Kreisen wie ein Magnet, und seine Beliebtheit stieg noch, als Präsident Wilson ihn überraschend am 28. Januar 1916 für einen Sitz am Obersten Gerichtshof nominierte.[59] Daraufhin brach ein Feuersturm des Protests los, eine Hasstirade des Antisemitismus. Zeitungen schalten Louis Brandeis einen leidenschaftlichen Radikalen, die *Sun* erklärte es zur Pflicht des Senats, »den Obersten Gerichtshof von einer dermaßen, geradezu lachhaft ungeeigneten Ernennung« abzubringen. Präsident Wilson habe noch nie zuvor einen derart katastrophalen Fehler wie die Nominierung Brandeis' begangen, schrieb die Presse: »Sollte er sie nicht zurückziehen, sollte der Senat der Vereinigten Staaten die Nominierung kippen.«[60] 6 Monate lang wurde der Anführer der Zionisten von seinen Kritikern nach allen Regeln der Kunst in die Mangel genommen, dann gab der Senat im Juni 1916 endlich seine Zustimmung.

Nachdem aus Mister Brandeis Richter Brandeis geworden war, hätte er seine Beteiligung in der zionistischen Bewegung eigentlich zurückfahren müssen. Hätte. Stattdessen verhundertfachten sich der Einfluss und die Macht, die Louis Brandeis besaß. Eigentlich hätte er seine offizielle Beteiligung an *allen* offenkundig jüdischen Angelegenheiten reduzieren müssen, aber er gab von seinem Einfluss nichts auf.[61] Tagtäglich stand er per Telefon und Telegraf oder bei Konferenzen mit allen anderen Anführern der Bewegung in Kontakt, und seiner Aufmerksamkeit entging nur wenig. Brandeis war dabei zu rekrutieren. Ihm war völlig klar, welche Macht gewöhnliche Juden an der

Wahlurne würden entwickeln können. Doch der Streit um die Kontrolle über das amerikanische Judentum, den die wenigen außergewöhnlich Reichen und die breite Masse miteinander führten, verkam zu einer Abfolge gegenseitiger Anschuldigungen.

Der New Yorker Finanzier Jacob Schiff, Leiter der Großbank Kuhn Loeb & Co., war der führende jüdische Finanzier in den USA. Sein philanthropischer Einsatz für jüdische Belange war legendär. Dennoch wurde er im Juni 1916 zu seinem großen Schrecken zur Zielscheibe heftiger persönlicher Angriffe. Schiff hatte sich ursprünglich von Theodor Herzl und dem offen politischen Zionismus ferngehalten. In einer Rede vor dem Central Jewish Institute erklärte er angeblich, die Juden in Russland seien an vielen ihrer Probleme selbst schuld, weil sie »sich als eigenständiges Volk abgesondert haben«.[62] Schiff erklärte stets, die prozionistische jüdische Presse habe ihn falsch wiedergegeben, es handele sich um ungerechtfertigte und unlautere Verleumdung. Der *New York Times* sagte Schiff, man habe ihn gewarnt, dass sein Widerstand gegen den Jüdischen Kongress zu derartigen Angriffen führen werde. Die Zionisten würden einen gut durchdachten Plan verfolgen, der das Vertrauen der Juden in ihn untergrabe, so Schiff. Egal, was er sage, seine Kritiker hätten vor, ihn auf jeden Fall anzugreifen.

Die Vorwürfe trafen Schiff zutiefst. Er schwor, dass Zionismus, jüdischer Nationalismus, die Kongressbewegung und jüdische Politik jedweder Form für ihn kein Thema mehr seien.[63] Später legte sich Schiffs Wut wieder, und er ließ sich überzeugen, den Juden in Palästina zu helfen – vorausgesetzt, das Projekt konnte ihm so präsentiert werden, dass es keinerlei Verbindung zum Zionismus gab.

Die Botschaft war deutlich: »Leg dich nicht mit dem Zionismus an, selbst dann nicht, wenn du einer unser reichsten Glaubensbrüder bist.« Diesem Rufmord haftete etwas wenig Subtiles an: Egal, wie viel Geld jemand besaß, wie einflussreich, wie großzügig er war – niemand durfte Kritik an den Zielen der Zionisten üben. *Niemand.* Viele andere haben seitdem ein ähnliches Schicksal erlitten.

Unterdessen gewann Louis Brandeis weiter an Statur. Der US-Präsident hörte auf ihn. Warum das so war, kann man nur mutmaßen. Brandeis hatte Wilson zuvor als Berater dabei geholfen, den Kompromiss auszuhandeln, der zur Verabschiedung des Zentralbankgesetzes *Federal Reserve Act* von 1913 geführt hatte. Ohne dieses Gesetz zur Schaffung des Zentralbanksystems hätten die amerikanischen Bankiers den Weltkrieg niemals finanzieren können.[64] Aus diesem Blickwinkel betrachtet, muss man sich allerdings auch fragen, ob Brandeis' Ruf als Kämpfer gegen Kartelle wirklich so makellos ist.

Als Richter am Obersten Gerichtshof hätte er seine Pflichten weit entfernt von den Belangen des für alle internationalen Angelegenheiten zuständigen State Departments halten müssen, dennoch ließ Brandeis keinerlei Zweifel daran, wie seine Haltung in der Palästinafrage war. Er sprach Woodrow Wilson direkt zu diesem Thema an und »erhielt mündliche Zusagen« zu dessen Palästinapolitik und der Palästinapolitik der Entente. In einem Artikel für den *New Statesman* und *The Nation* plädierte er im November 1914 dafür, Palästina in ein britisches Protektorat zu verwandeln.[65] Im November 1914! Drei Jahre vor der allgemeiner gehaltenen Balfour-Deklaration wurde die Idee, Palästina als Protektorat den Briten zu unterstellen, von einem amerikanischen Zionisten in Umlauf gebracht. Wie tief im fruchtbaren Erdboden keimte diese Idee?

Viele Juden hatten direkt unter russischer Brutalität gelitten und taten sich nun emotional schwer damit, die Entente zu unterstützen. Viele konnten auch nicht begreifen, wie gerade die Briten Seite an Seite mit den verhassten Romanows kämpfen konnten. Brandeis sah über diesen Hass hinweg. Er wusste: An einem internationalen Kongress, auf dem über die Zerschlagung des Osmanischen Reichs entschieden wurde, musste Amerika um jeden Preis beteiligt sein. Wie könnte man eine Form von Engagement finden, die den Juden Palästina einbringen würde? Mit dieser Frage wandte sich Brandeis an Chaim Weizmann, den Anführer der Zionisten auf der anderen Seite des Atlantiks.[66]

Der Journalist Charles Prestwich Scott war ein wertvoller Freund Weizmanns. Der spätere Inhaber des *Manchester Guardian* hatte in Oxford studiert und galt als zuverlässiger Liberaler. Von 1895 bis 1905 saß er als Vertreter des Wahlkreises Leigh im Parlament, wo er Lloyd George dafür lobte, offene Kritik am Burenkrieg zu üben.[67] Die Freundschaft mit Weizmann überstand auch schwierige Zeiten, und Lloyd George schätzte die Meinung Scotts.[68] Der Zeitungsmann hatte sich, als er an der Universität von Manchester lehrte, mit Weizmann angefreundet und erwies sich als »von unschätzbarem Wert«, wie Weizmann selbst sagte. Er machte den Zionistenführer auf Herbert Samuel aufmerksam, der als einziger Jude im Kabinett Asquith saß und sich nach Scotts Meinung als sehr hilfreich herausstellen könnte.[69]

Samuel war kein praktizierender Jude und hatte vor dem Krieg niemals über Zionismus gesprochen. Trotz dieses scheinbaren Mangels an Interesse schlug er im November 1914 vor, Großbritannien solle sich dafür verwenden, dass nach dem Krieg in Palästina ein jüdischer Staat entstehe.[70] Rothschild, Brandeis, Weizmann, Samuel ... war es Zufall, dass auf beiden Seiten des Atlantiks einflussreiche jüdische Finanziers und Politiker auf das Ende des Krieges blickten und erkannten, welche Möglichkeiten sich dann eröffnen würden? Brandeis und Samuel gaben zufällig beide ihre Vorschläge im November 1914 ab. Seinen Memoiren zufolge ließ sich Samuel davon inspirieren, dass er der erste Jude war, der jemals einem Kabinett der britischen Regierung angehörte. Er habe sich Rat suchend an Weizmann gewandt, schreibt Samuel.[71] Anschließend sprach er mit Außenminister Sir Edward Grey über die Zukunft Palästinas. Dass dieser Teil der Welt einer anderen Kontinentalmacht in die Hände fallen könnte, beunruhigte ihn, dafür sei die Region für das Empire von zu großer strategischer Bedeutung. Ein jüdischer Staat in Palästina werde »Zentrum einer neuen Kultur sein«, schwärmte er, »ein Quell der Erleuchtung«.[72]

Am 3. Dezember 1914 folgte ein sehr interessantes Frühstück einer Gruppe von Personen, die prozionistisch eingestellt waren, darunter auch Lloyd George. Das Treffen beschreibt Weizmann in seiner Autobiografie in aller Ausführlichkeit[73], David Lloyd George dagegen unterschlägt diese wichtige Zusammenkunft in seiner Autobiografie komplett. Sehr faszinierend. In seinen selbstverherrlichenden Memoiren datiert der Waliser das erste Treffen mit Chaim Weizmann ausdrücklich auf 1916, als der Chemiker Weizmann, damals Professor an der Universität Manchester, für das Munitionsministerium tätig war. Tatsächlich versuchte Lloyd George vorsätzlich den Eindruck zu erwecken, dass die Balfour-Deklaration eine Belohnung für die Dienste war, die Weizmann der britischen Nation geleistet hatte. (Weizmann entwickelte eine neue Herstellungsmethode für Aceton, das in der Munitionsproduktion eine wichtige Rolle spielt.)[74] Was für ein Unsinn.[75] Warum sah sich Lloyd George genötigt, seine eigene Historie zu verfälschen? Lloyd George lernte Chaim Weizmann am 3. Dezember 1914 kennen, anwesend waren zudem Herbert Samuel, C.P. Scott und Josiah Wedgwood, und ihr einziges Gesprächsthema war Palästina.[76] Die Darstellung des Finanzministers ist derart lachhaft, dass man sich schon fragen muss: Was versuchte er zu verbergen? Waren spätere politische Entwicklungen in Palästina peinlich für Lloyd George? Gab es andere verdeckte Einflüsse, die er vor allzu neugierigen Nachfragen zu schützen suchte?

Herbert Samuel erwies sich als wichtiger Fürsprecher, was die Gründung eines zionistischen Staates in Palästina anbelangte. Informell warb er bei seinen Ministerkollegen für die Idee, und im Januar 1915 verfasste er den Entwurf eines Memorandums für das Kabinett, in dem er zu der Schlussfolgerung gelangte, die Annektierung Palästinas durch das Empire sei in Kombination mit einer aktiven Kolonialisierung durch jüdische Siedler die beste Lösung für Großbritannien.[77] Premierminister Asquith war nicht beeindruckt.[78] Samuel überarbeitete das Memorandum und legte es im März 1915 dem Kabinett erneut vor. Asquith fällte sein Urteil mit beißender Schärfe und bezeichnete die Vorschläge als »dithyrambisch«, im Grunde auch nur eine in Bildungssprache verpackte Standpauke, die Samuels Ideen als wild, völlig überzogen und möglicherweise unter Alkoholeinfluss entstanden abtut. Aber damit nicht genug: Um seine Ablehnung noch deutlicher zum Ausdruck zu bringen, legte Asquith mit einer rassistischen Spitze nach. Er sei dagegen, »dass wir Palästina erobern, damit die in alle Winkel des Globus verstreuten Juden dorthin zurückschwärmen und irgendwann auf Home Rule plädieren können«.[79] Insekten schwärmen, Menschen nicht.

Auch für die Vorstellung, dass Lloyd George die Zukunft Palästinas auch nur im Mindesten am Herzen liege, hatte Asquith nur Spott übrig: »Lloyd George … sind die Juden, ihre Vergangenheit oder ihre Zukunft vollkommen egal, aber aus seiner Sicht wäre es empörend, wenn die heiligen Stätten der Christen in den Besitz des agnostischen atheistischen Frankreichs gerieten oder ihr Protektorat würden!«[80] Warum erachtete Asquith Lloyd Georges Haltung als »ausgefallen«? Bevor er 1906 in die Regierung wechselte, hatte die Kanzlei von Lloyd George Theodor Herzl vertreten, als dieser über den Uganda-Vorschlag verhandelte. Es war Lloyd George gewesen, der der britischen Regierung Herzls Einschätzung des Angebots vorgelegt hatte.[81] Seine Verbindungen zum Zionismus waren wahrlich nichts Neues.

Unter den wichtigen Politikern und Kabinettsmitgliedern, die positiv auf Herbert Samuels Memorandum reagierten, waren Sir Edward Grey, Englands Lord Chief Justice Rufus Isaacs, Finanzminister Richard Haldane, der ehemalige Botschafter in den USA Lord James Bryce und Arthur J. Balfour, der 1916 Grey als Außenminister ablösen sollte.[82]

Alfred Milner stand der »jüdischen Rasse«, wie er sie nannte, von Grund auf positiv gegenüber. 1902 schrieb er dem Präsidenten der Zionistischen Föderation von Südafrika: »Ich habe die Juden als herausragende Kolonialisierer des Kaps kennengelernt, als geschäftig, gesetzestreu und von Grund auf loyal.«[83] Herzl schrieb 1903 an Milner und unterbreitete ihm seine Argumente für eine nationale Heimstatt der Juden in Palästina. Außerdem lobte er die Bande, von denen er glaubte, dass »sie uns [Juden] alle eng an unsere Nation binden«.[84] Weizmann schätzte die starke Unterstützung durch Milner und war der Meinung, Milner habe voll und ganz verstanden, dass allein die Juden imstande wären, Palästina wiederaufzubauen und zu einem Platz in der Familie moderner Nationen zu verhelfen.[85] Ein derartiger Unfug hätte eigentlich pauschal abgeschmettert werden müssen, aber Milner hatte dringendere Sorgen, und eine davon war die strategische Verteidigung des Empire, ein starker Motivator. Die Geheime Elite wusste, welche Vorteile ein gefügiges jüdisches Palästina mit sich bringen würde. Es würde das Westufer des Sueskanals schützen und alle einhergehenden Interessen in Persien.

Weizmann führte einzelne Gespräche mit einer ganzen Reihe von Politikern und Agenten der Geheimen Elite und impfte sie mit prozionistischen Ansichten.[86] Ganz besonders ins Visier nahm er die Aufpasser von Premierminister Lloyd George, die in den Gärten der Downing Street saßen.[87] Die unterschwellige Botschaft war keineswegs schwer zu begreifen: Großbritannien sollte sich darauf verlassen, das eine jüdische Heimat in Palästina den Sueskanal ebenso schützen werde wie das Einfallstor zu Persien und Indien.

Weizmann verfügte über einen weiteren Vorteil: Er wusste um die Macht der Frauen in den jüdischen Haushalten und schlug daraus Kapital. Während James de Rothschild in der britischen Armee diente, freundete sich Weizmann mit dessen Frau Dorothy Pinto an und gewann sie für den Zionismus. Jessica Rothschild, die Frau von Nathans zweitem Sohn Charles, erwies sich ebenfalls als wertvoll und öffnete dem Anführer der Zionisten viele Türen in der Londoner Gesellschaft.

So kam es, dass die einflussreichen Kreise – zumeist mächtige, reiche Juden – Chaim Weizmann adoptierten. 1917 waren die Büroräume, die die englische Zionistische Föderation in der Fulbourne Street im Londoner East End belegte, zu klein geworden. Weizmann will uns weismachen, dass »wir nach langem Abwägen und gründlicher Prüfung des Gewissens beschlossen, ein Büro in 175 Piccadilly zu eröffnen«. So harmlos formuliert, so völlig irreführend ist seine Aussage. Vom East End nach Piccadilly war es ohnehin ein gewaltiger Schritt, aber dann auch noch nach 175 Piccadilly? Wo man ein Nachbar der »Rothschild Row« wurde, Menschen also, mit denen man rein zufällig befreundet war?[88] Wie wunderbar. Aber das ist hier gar nicht der wichtige Punkt. Wichtiger ist, dass die englische Zionistische Föderation vom Empire House aufgesogen wurde, der Heimat von Milners Magazin *Round Table Quarterly Review.*[89] Das war das Herz des Machtblocks, der die gesamte politische Landschaft Großbritanniens dominierte. Weizmann und seine Organisation wurden von der Denkfabrik im innersten Kreis der Geheimen Elite buchstäblich mit offenen Armen empfangen. 175 Piccadilly wurde zum Dreh- und Angelpunkt, »zu dem alles im zionistischen Leben tendierte«.[90] Unfassbar: Ein Gebäude, zwei Organe des politischen Einflusses und ein gemeinsames Interesse. 175 Piccadilly war eine sehr bedeutsame Adresse, und ihre Bedeutung wurde gut vor den Augen der Öffentlichkeit verborgen.

Hinter dem Rücken ihrer politischen Verbündeten arbeiteten Louis Brandeis und Chaim Weizmann eng daran, die Ziele der Zionisten voranzutreiben. Sie gingen dabei sehr umsichtig vor. Der Brandeis-Biograf Alpheus Thomas Mason wurde vom Richter höchstselbst ausgewählt und erhielt Zugang zu sämtlichen öffentlichen Unterlagen, Notizbüchern, Tagebüchern, Memoranden, archivierten Schreiben und jeglicher persönlichen Korrespondenz.[91] Doch in seinem 240 000 Wörter umfassenden Werk finden sich nur zwei winzige Absätze, gerade einmal zehn Zeilen lang, zur betriebsamen Geschäftigkeit, die Brandeis zwischen April und Juni 1917 an den Tag legte.[92] Die Wahrheit bleibt deutlich aussagekräftiger.

Die 3 Monate von April bis Juni 1917 waren erfüllt von dringenden Depeschen zwischen Brandeis in Washington und Weizmann und James Rothschild in London. Man brachte sich gegenseitig auf Stand, was privilegierte Audienzen sowie Meinungen und Schritte anging, die zu ergreifen waren, um die Pläne der Zionisten voranzutreiben.[93] Ohne dass gewählte Politiker und Kabinettsmitglieder in beiden Ländern etwas davon mitbekamen, betrieben diese Männer eine versteckte Zelle, eine zionistische Interessengruppe, die ein ganz spezielles Ziel verfolgte: Die Idee einer jüdischen Heimat in Palästina sollte als normale, berechtigte und schützenswerte Idee akzeptiert werden. Sie zielten dabei vor allem auf A.J. Balfour und Präsident Woodrow Wilson ab. Vom britischen Außenminister wusste man, dass er der Idee offen gegenüberstand, der amerikanische Präsident dagegen musste seine Zustimmung erst noch geben.

Vor dem Kriegseintritt Amerikas am 6. April 1917 übte die Londoner Clique bereits dahingehend Druck aus, dass sich der amerikanische Präsident hinter die Sache der Zionisten stellte. Jede sich bietende Gelegenheit musste genutzt werden. Auf Drängen des amerikanischen Botschafters in London, Walter Page, beschloss die britische Regierung, am Tag bevor die USA Deutschland den Krieg erklärten, eine hochkarätig besetzte Kommission nach Amerika zu entsenden.[94] Durch den Kriegseintritt der USA änderten sich die Grundregeln massiv, aber nicht das letztendliche Ziel – es ging weiterhin darum, Deutschland zu zerschmettern. Lloyd George bestimmte den fast 70-jährigen ehemaligen Premierminister und amtierenden Außenminister Arthur Balfour, die Charmeoffensive in den USA anzuführen.

Die USA-Reise von A.J. Balfour erwies sich als zentraler Wendepunkt. Weizmann hatte den Außenminister instruiert, sich in Washington mit Brandeis zu treffen. Die beiden Männer wurden einander am 23. April bei einem Empfang im Weißen Haus vorgestellt, und angeblich begrüßte Balfour den Richter mit den Worten: »Sie zählen zu den Amerikanern, die ich treffen wollte.«[95] Warum, wenn nicht, um auszuloten, wie stark Amerikas Juden hinter dem Streben nach einer Heimat in Palästina stehen? Sie trafen sich mehrere Male, aber nicht im Weißen Haus. Während der folgenden Tage frühstückten der Richter am Obersten Gericht und der britische Außenminister erstmals zusammen, ohne das Wissen des amerikanischen

Präsidenten und ganz privat.[96] Was auch immer dort erörtert wurde, bleibt ein Geheimnis.

Balfour war nach Washington gekommen, um die Sache der Entente voranzutreiben. Mit Edward Mandell House, dem wichtigsten Berater des US-Präsidenten, sprach Balfour ganz ausdrücklich darüber, welche Bedingungen man einem besiegten Deutschland aufzwingen könne. Am 28. April zückte Balfour eine Karte von Europa und Vorderasien, auf der die Ergebnisse der Geheimabkommen und Vereinbarungen zwischen Großbritannien und Frankreich verzeichnet waren (die sogenannte Sykes-Picot-Linie). Wie House es formulierte: »Sie hatten das Fell des Bären verteilt, noch bevor der Bär tot war.«[97] Interessanterweise war Konstantinopel auf dieser Karte nicht länger als in russischem Besitz angegeben, und es gab keinerlei Hinweis auf eine jüdische Heimatnation.[98] Keinen. Nachdem er das erfuhr, sah sich Brandeis genötigt zu intervenieren. Am 6. Mai traf er sich eine Dreiviertelstunde lang mit Wilson und versicherte dem Präsidenten, dass die Gründung eines jüdischen Palästinas voll und ganz in Einklang mit Wilsons Konzept eines gerechten Friedensvertrags stehe.

Die britischen Zionisten forderten Zusagen, dass die amerikanischen Mitstreiter den allgemeinen Plan für eine jüdische Heimat in Palästina mittrugen und öffentlich ihre Unterstützung erklären würden. Am 9. Mai sandte Brandeis eine Depesche an James Rothschild, in der er die Unterstützung der amerikanischen Zionisten für das britische Programm zum Ausdruck brachte.[99] Es folgte eine weitere geheime morgendliche Diskussion mit A.J. Balfour, und am 15. Mai meldete Brandeis Weizmann und Rothschild, man habe das gewünschte Ziel erreicht. Der genaue Wortlaut zeigt das Ausmaß, in dem die zionistische Führung auf beiden Seiten des Atlantiks ihre jeweilige Regierung bearbeitete. In Brandeis' Depesche hieß es:

> *»Gespräche mit Präsident und Balfour verliefen zur allergrößten Zufriedenheit und bestätigen unsere frühere Einschätzung bezüglich zuverlässiger Unterstützung in beiden Richtungen. Habe Ansichten in Übereinstimmung mit Ihrem Programm präsentiert, wurde [aber] versichert, dass aktuelle Umstände Äußerungen der Regierung nicht wünschenswert machen.«*[100]

Der Inhalt privater Gespräche zwischen dem Präsidenten der USA und dem britischen Außenminister wurde heimlich über den Atlantik verschickt, ohne Skrupel und ohne Rücksicht darauf, dass man gegen diverse Gesetze zur Geheimhaltung verstieß.

Louis Brandeis setzte Wilson weiter unter Druck, sich öffentlich für einen jüdischen Staat auszusprechen, aber in dieser Angelegenheit war Umsicht angezeigt. In seiner Depesche vom 23. Mai an James Rothschild zitiert Brandeis Balfour mit den Worten: »Wenn wir Geduld walten lassen und erlauben, dass die Dinge ihren natürlichen Gang gehen, dann erreichen wir mehr.« Brandeis zufolge zögerte Präsident Wilson damit, eine öffentliche Erklärung abzugeben, weil die Vereinigten Staaten sich nicht im Kriegszustand mit der Türkei befanden. Richter Brandeis beschränkte seine Aktivitäten also auf juristische Angelegenheiten, ja? Seine geheimen Absprachen mit britischen Zionisten hätten Bedenken wecken sollen, was mögliche Interessenskonflikte anbelangte, aber dieser Aspekt tritt stark in den Hintergrund vor der Tatsache, dass Brandeis daran mitwirkte, eine geheime Europamission der USA zu torpedieren.

Anfang Juni 1917 tätigte ein außerordentlich besorgter Louis Brandeis ein dringendes Telefonat nach London. Er hatte herausgefunden, dass eine geheime amerikanische Mission auf dem Weg in die Schweiz war, angeführt von Henry Morgenthau, dem ehemaligen Botschafter der USA in Konstantinopel. Die Aufgabe der Delegation: Sie sollte die Türkei dazu bringen, ihre Bündnispartner Deutschland und Österreich im Stich zu lassen. Ein derartiger Schritt hätte die geopolitische Lage nach Kriegsende massiv durcheinandergebracht. Mehr noch: Der Krieg hätte dadurch rascher beendet werden können. Der ehemalige Botschafter Morgenthau vertrat die Ansicht, dass die Dominanz der Deutschen und eine kriegsbedingte Hungersnot das Leben in der Türkei unerträglich machten. Selbst die Jungtürken hätten »ihre deutschen Herren mittlerweile herzlich satt«.[101]

Henry Morgenthau war davon überzeugt, die Denkweise der Türken begriffen zu haben. Er wollte sich in der Schweiz mit ehemaligen Mitgliedern des osmanischen Kabinetts treffen, großzügige Bedingungen für einen Frieden anbieten und »alles darüber hinaus Erforderliche« (also Schmiergelder), um die Türken zum Bündnisbruch zu bewegen. Der US-Außenminister Robert Lansing hatte den Vorstoß anfangs mit Arthur Balfour besprochen. Der britische Außenminister schlug vor, Ägypten als Stützpunkt zu verwenden, da es in der Schweiz vor Spionen nur so wimmele. In Ägypten nicht? Ägypten lieferte allerdings die sehr passende Ausrede, dass die amerikanische Delegation besorgt war, was die Bedingungen der Juden in Palästina anbelangte. Lansing stimmte zu, und die Delegation wurde um den amerikanischen Zionisten Felix Frankfurter ergänzt.

Leider war die Mission angestoßen worden, ohne dass man sich ausreichend Gedanken um mögliche Konsequenzen gemacht hatte. Richter Louis Brandeis erfuhr von der Aktion erst, nachdem die Delegation zu einem Treffen mit ihren Verbündeten in Europa abgereist war.[102] Er erkannte sofort die gewaltige Gefahr, die eine Versöhnung mit den Türken für die Pläne der Zionisten bedeuten würde. Brandeis alarmierte Chaim Weizmann. Beiden war klar: Diese Verhandlungen konnten ihre sorgfältig durchdachten Pläne vollständig durchkreuzen. 1917 gab es so etwas wie ein jüdisches Heimatland nicht. Das Konzept war kaum mehr als eine Idee auf einem Stück Papier und musste überhaupt erst einmal von irgendeiner Großmacht offiziell gutgeheißen werden. Ein großzügiges Angebot an die Türken würde höchstwahrscheinlich bedeuten, dass sie Palästina behalten konnten. Das hätte noch vor Ende des Weltkriegs das Aus für die Ambitionen der Zionisten bedeutet.

Weizmanns Kontakte im Londoner Außenministerium teilten Brandeis' Besorgnis. Weizmann fand heraus, dass zur angedachten britischen Delegation Gesandte gehören sollten, die er als »nicht geeignet« für eine derartige Mission erachtete.[103] Seit wann urteilen unbeteiligte Beobachter darüber, wer oder wer nicht für einen Auftrag des Außenministeriums geeignet ist? Weizmann kontaktierte C.P. Scott beim *Manchester Guardian* und traf sich wenige Tage später hinter verschlossenen Türen mit dem frisch aus Washington zurückgekehrten Balfour.

Was nun geschah, ist das erstaunliche Eingeständnis, dass die Zionisten daran beteiligt waren, die amerikanische Mission zu torpedieren. Unter völliger Geheimhaltung ernannte Balfour Weizmann zum britischen Vertreter, der sich mit Morgenthau treffen sollte. Weizmann! Kein Berufsdiplomat! Kein jüdisches Mitglied des Oberhauses oder des Unterhauses! Nein, Balfour übertrug die Aufgabe einer »geeigneten Person«. Chaim Weizmann, der

Präsident der Zionistischen Bewegung in Großbritannien, wurde vom Außenministerium förmlich als Großbritanniens Vertreter bei einer Geheimmission ernannt, die, hätte man sie ungestört laufen lassen, durchaus zu einer radikalen Verkürzung des Kriegs hätte führen können. Weizmann bekam ausgezeichnete Referenzen und einen eigenen Nachrichtendienstoffizier an die Hand – und die Aufgabe, Henry Morgenthau aufzuhalten.[104]

Weizmann nutzte die Gelegenheit. Die Geheime Elite beschloss, ihn für ihre eigenen Zwecke zu nutzen. Hätte Morgenthau die Türkei aus dem Krieg geführt, hätte das nicht nur die Pläne der Geheimen Elite für Palästina, sondern für den gesamten Nahen Osten massiv gefährdet. Die Zionisten benötigten eine Großmacht, die noch vor Ende der feindlichen Auseinandersetzungen erklärte, der Kampf der Juden für eine Heimat in Palästina sei berechtigt.

Begleitet von Sir Ronald Graham[105] und Lord Walter Rothschild traf sich Weizmann erneut mit Balfour. Sie äußerten eine Bedingung: Der Zeitpunkt war gekommen, die Pläne für die Schaffung einer jüdischen Heimat in Palästina unmissverständlich zu unterstützen. Das müsse jetzt geschehen, und zwar dringend, damit nicht ein überraschender Frieden die Gelegenheit zunichtemachen konnte. Balfour stimmte zu. Tatsächlich tat er deutlich mehr als das: Er bat Weizmann, eine Formulierung vorzulegen, die den Wünschen der Zionisten genügen würde, und versprach, diese Formulierung dem Kriegskabinett um Premierminister David Lloyd George vorzulegen.[106] Hier war die goldene Gelegenheit, die Chance, die man sich nicht entgehen lassen durfte. Das war der Ausgangspunkt für die förmliche Erklärung, die das Kriegskabinett später verabschieden sollte.

Unterdessen gelang es Louis Brandeis hinter den Kulissen, Robert Lansing im Außenministerium zu einer 180-Grad-Wende zu bewegen. Der offiziell abgesegnete Plan musste über den Haufen geworfen werden. Am 25. Juni – Morgenthau überquerte zu diesem Zeitpunkt an Bord der *SS Buenos Aires* den Atlantik – ging von Washington ein dringendes Telegramm an Balfour ab, in dem die Briten über Morgenthaus Eintreffen in Europa informiert wurden. Lansing schrieb explizit: »Es ist von enormer Bedeutung, dass Chaim Weizmann Herrn Morgenthau in Gibraltar trifft.«[107] Wie außergewöhnlich! Der amerikanische Außenminister Lansing bat darum, dass sein eigener ehemaliger Botschafter sich vor seiner Weiterreise mit Chaim Weizmann trifft, dem Anführer der britischen Zionisten. Am selben Tag wies Lansing den US-Botschafter in Madrid an, dafür zu sorgen, dass Morgenthau unmittelbar nach seiner Landung davon in Kenntnis gesetzt wurde, dass er sich in Gibraltar mit Weizmann zu treffen habe. Diese Anweisung sei mit »speziellem roten Code streng vertraulich« zu senden.[108] Wer hatte eigentlich das Sagen in der amerikanischen Außenpolitik, Lansing oder Brandeis?

Weizmann als Chefunterhändler der Briten zu benennen war eine hervorragende Idee gewesen, aber es verwundert nicht, dass seine Beteiligung wie auch die gesamte Mission überhaupt strenger Geheimhaltung unterlag. Die Amerikaner wurden in Gibraltar unter dem Vorwand gestoppt, man müsse sich darauf verständigen, wie man am besten an die Türken herantrete. Weizmann warf das ganze Gewicht und die Autorität seiner zionistischen Referenzen in die Waagschale und setzte Morgenthau unter Druck, wie es denn um dessen Absichten bestellt sei. Warum ging er, Morgenthau, davon aus, dass die zionistischen Organisationen auf beiden Seiten des Atlantiks sein Vorgehen gutheißen würden? War er sich denn nicht darüber im Klaren, dass seine Vorschläge alles gefährden würden, worauf die jüdischen Organisationen hingearbeitet hatten? Morgenthau wurde bewusst, wogegen er hier antrat. Nachdem Weizmann 2 Tage lang auf ihn eingeredet hatte, gab er die Mission auf, zog sich in die Annehmlichkeiten von Biarritz zurück und verließ Frankreich am 12. Juli, ohne Botschafter Willard über seine weiteren Pläne zu informieren.[109]

Morgenthau, dessen Ego arg ramponiert war, setzte seine eigene, von Herzen kommende Beschwerde nach Washington ab. Dort reagierte man entsetzt – wusste er denn nicht, wie leicht sich diplomatische Depeschen abfangen ließen? Aus dem Büro von Minister Lansing kam eine gepfefferte Kritik zurück, die für ausländische Mitleser genauso gedacht war wie für Morgenthau. Im Telegramm hieß es:

> *»Ministerium überrascht und beunruhigt, dass Ihr Text den Schluss zulässt, Sie wären befugt gewesen, Verhandlungen aufzunehmen, die zu Sonderfrieden mit Türkei führen ... Endgültige Anweisungen lauteten, sich ausschließlich mit Zustand der Juden in Palästina zu befassen ... unter keinen Umständen zu interner Lage in der Türkei*

oder einem Separatfrieden konferieren, Debatten führen oder Botschaften überbringen.«[110]

Im Gleichschritt bewegten sich fortan die Ziele von Geheimer Elite und zionistischer Bewegung voran. Sehen wir uns noch einmal ganz gründlich an, was geschehen war: Brandeis hatte sich direkt in die Politik des amerikanischen Außenministeriums eingemischt. Er zögerte zudem auch nicht, Geheiminformationen an Chaim Weizmann und James Rothschild in London weiterzugeben, um auf diese Weise (offiziell im Namen der britischen Regierung) Morgenthaus Plan zu durchkreuzen. Weizmann wiederum wurde vom britischen Außenministerium ins Spiel gebracht. 1917 war er zwar ein eingebürgerter Brite, dennoch war Chaim Weizmann weder ein Diplomat noch ein Beamter. Er war ein Eiferer in einer kompromisslosen Sache. Indem sie einen überaus fähigen und erfahrenen jüdischen Unterhändler auf einen (bestenfalls) mittelmäßigen amerikanischen Diplomaten und Juden losließ, segnete die Geheime Elite eine inspirierte Personalentscheidung ab. Weizmann überrollte Morgenthau mit einer Leidenschaft, die von Herzen kam. Und geht man auf eine noch tiefere Verschwörungsebene, so muss man sagen, dass Brandeis zwar der Fahne die Treue geschworen hatte, nur handelte es sich nicht um das Sternenbanner, sondern um die zionistische Fahne von Chaim Weizmann und James Rothschild.

Der Eiferer Weizmann lebte 1917 nur für einen einzigen Zweck. Seine Entschlossenheit war absolut. An Philip Kerr, einen Milner-Zögling, der zu den »Sekretären« von David Lloyd George gehörte, schrieb Weizmann: »Einige Juden und Nichtjuden scheinen eine fundamentale Tatsache nicht zu erkennen, dass nämlich passieren mag, was wolle: Wir werden nach Palästina gehen.«[111] Und was war mit Louis Brandeis? Er entschied sich dafür, die zionistische Vision von der Heimat der Juden in Palästina zu fördern und zu schützen. Für ihn war dies wichtiger als ein Unterfangen, das den Krieg hätte beenden können, noch bevor die ersten amerikanischen Truppen in Europa landeten. Amerikanische Leben oder eine jüdische Heimat in Palästina? Hat Louis Brandeis diese Punkte je gegeneinander abgewogen?

Sehr viel später, im September 1922, sprach sich Präsident Warren G. Harding für die Gründung eines jüdischen Heimatlands in Palästina aus,[112] auch wenn ihm sein Außenministerium davon abriet.[113] Zu den wenigen, die sich gegen die gut organsierte jüdische Lobby stellten, gehörte Professor E.B. Reed aus Yale, der 1919 dreieinhalb Monate für das Rote Kreuz in Palästina gearbeitet hatte. Er gab zu Protokoll, das zionistische Programm unterdrücke die arabische Mehrheit in Palästina, es sei unrechtmäßig und verletze die Rechte der Araber.[114] In seinen Memoiren bezeichnet Chaim Weizmann Professor Reed unzutreffend als Senator. Ihn ärgerte Reeds Vorwurf, die Führung der zionistischen Bewegung bestehe aus Unwürdigen und er (Weizmann) habe den Krieg verlängert, indem er die Morgenthau-Mission torpedierte.[115] Merkwürdig, dass er das weiterhin so vehement abstritt.

Zusammenfassung

- Mehrere angesehene jüdisch-israelische Historiker haben die historischen Falschdarstellungen aufgezeigt, die die offizielle Version der jüdischen Geschichte enthält. Schlomo Sand attackierte die »Sachwalter der Erinnerung«, die mit Begriffen wie »Exil«, »Diaspora« oder »Gelobtes Land« arbeiten.
- Andere wie Edya Horon und Ilan Pappe haben historische Mythen entkräftet, die allgemeine Akzeptanz gefunden haben. Christen neigten dazu, die Erzählungen aus der Bibel für tatsächliche Historie zu halten, auch wenn es für Konzepte wie die »Diaspora« keinerlei Belege gibt.
- Der Mythos eines 13. Stammes, also der alten aschkenasischen Juden, wurde von Arthur Koestler und später von Peter Frankopan widerlegt. Tatsächlich handelt es sich um einen Massenübertritt zum Judentum aus dem 9. Jahrhundert. Der israelische Genforscher Eran Elhaik hat nachgewiesen, dass die Wurzeln dieser Menschen nicht im Nahen Osten oder auch nur im Mittelmeerraum liegen, sondern in eine Region reichen, die heute zum Nordosten der Türkei gehört.

- Wenn also die Agenten der Geheimen Elite in London von Palästina als Heimat der Juden sprechen, arbeiten sie mit biblischen Begriffen, die heute stark hinterfragt werden würden.
- Die Balfour-Deklaration, das Schreiben, das der britische Außenminister Arthur Balfour am 2. November 1917 an Lord Walter Rothschild schickte, zählt bis heute zu den explosivsten Dokumenten der neueren Geschichte. Voraus ging eine mehrjährige Lobbyarbeit wichtiger britischer und amerikanischer Zionisten, die den Krieg als Gelegenheit dafür nutzten, ihr langfristiges Ziel zu bewerben, nämlich die Errichtung eines jüdischen Staats in Palästina.
- Alfred Milner war ein eifriger Unterstützer einer »nationalen Heimstätte« für die »jüdische Rasse«. Dasselbe gilt für Leo Amery und Arthur Balfour. Der endgültigen Balfour-Deklaration ging, wie sich inzwischen herausgestellt hat, ein umfangreicher Schriftwechsel zwischen der britischen Regierung und Walter Rothschild, Chaim Weizmann und der Zionistischen Föderation in Großbritannien voraus.
- Der endgültige Wortlaut musste zudem von Amerikas Präsident Wilson abgenickt werden, der unterstützt wurde von Louis Brandeis, Richter am Obersten Gerichtshof und Zionist.
- Zionismus tauchte auf dem politischen Radar zu Beginn des 20. Jahrhunderts auf, wobei die Wurzeln weiter zurückreichen. Mit dem Begriff muss vorsichtig umgegangen werden. Anfangs glaubten viele Juden an die Spiritualität des Zionismus, doch eine kleine, aber sehr entschlossene Gruppe trat für eine radikalere politische Lösung für ihr vermeintliches Problem ein. Diese Gruppe wurde von Chaim Weizmann in England angeführt und wollte ein Heimatland in Palästina errichten.
- In Amerika agierte Louis Brandeis als Fahnenträger des Zionismus. Der Bostoner Anwalt wurde von Woodrow Wilson ans Oberste Gericht berufen.
- Als Amerika Deutschland den Krieg erklärte, schlossen sich Weizmann und Brandeis zusammen, um die zionistischen Ziele für Palästina

besser vorantreiben zu können. Sie untergruben die Morgenthau-Mission, die die Absicht verfolgte, die Türkei zum Bündnisbruch mit Deutschland zu bewegen und auf diese Weise den Krieg zu verkürzen.

- Hinter dem Rücken seiner Kollegen in der Regierung Wilson machte Brandeis gemeinsame Sache mit Weizmann und James Rothschild in England. Er sorgte dafür, dass sie über den Inhalt geheimer Unterredungen auf dem Laufenden waren. Außerdem überzeugte Brandeis den amerikanischen Außenminister Lansing, Exbotschafter Morgenthau zurückzupfeifen.

Kapitel 29

Die Balfour-Deklaration

Das perfide Albion

Zu Beginn des Ersten Weltkriegs stellte das Gebiet zwischen Kaspischem Meer und Rotem Meer, das wir als Naher Osten bezeichnen, ein Mischmasch dar aus Gruppierungen und Stämmen, Gemeinden voller vererbter religiöser Spannungen, eine Landschaft voller Ödnis und Wüsten, abgelegener Städte und Dörfer mit biblischen Namen. Das Osmanische Reich regierte diese Gebiete mit einer Politik des Schreckens und der Grausamkeit. Thomas Edward Lawrence, der legendäre Held des Aufstands der Araber von 1916, beschreibt diesen Flickenteppich der Einheimischen in seinem Buch *Die sieben Säulen der Weisheit.*[1] Das Bild, das er zeichnet, ist das eines bunten Landes, das sich aus zahlreichen Religionen und Kulturen zusammensetzte, die wenig für Toleranz übrighatten.

Vom Tal des Euphrat im Norden bis zur Südküste des Mittelmeers fand man Menschen, die dem Islam misstrauten – Kolonien syrischer Christen, Armenier und Drusen. Im Nordosten lebten Kurden, und sie hassten – in absteigender Reihenfolge – die eingeborenen Christen, die Türken und schließlich alle Europäer. Östlich von Aleppo gab es niedergelassene Araber, muslimische, halbnomadische Gemeinden, Beduinen und einige ausgestoßene Ismailiten. Zwischen Tripoli und Beirut lebten libanesische Christen, Maroniten und Griechen, die einander kaum ausstehen konnten, sich aber in ihrer Abneigung gegen Muslime einig waren. Im Jordantal lebten am Ufer des Flusses algerische

Flüchtlinge in Sichtweite jüdischer Dörfer. Und auch in diesen fand sich eine große Vielfalt, von traditionellen hebräischen Gelehrten bis hin zu neu aus Deutschland eingetroffenen Juden, die in Häusern europäischen Stils wohnten, welche ihnen wohltätige Organisationen bezahlt hatten.

Lawrence erschien das Land Palästina als zu klein und als zu verarmt, um Siedler aufzunehmen. Galiläa schien Neuankömmlingen offener gegenüberzustehen als Judäa, doch es gab Fehden an jeder Ecke. Die Drusen hassten die Maroniten und forderten immer wieder Blutopfer. Muslimische Araber verabscheuten sie zutiefst. In der Gegend um Jerusalem sahen sich die deutschsprachigen Juden gezwungen, an der Seite »stumpfer palästinensischer Bauern« um ihr Leben zu kämpfen. Lawrence beschrieb diese »Bauern« als »noch dümmer als die Kleinbauern Nordsyriens, materialistisch wie die Ägypter und bankrott«.[2]

Wenn ein englischer Oberschicht-Gentleman voller Herablassung mit rassistischen Klischees um sich wirft, kann man das nicht einfach unkommentiert stehen lassen. Die Vorfahren der Felhaini bearbeiteten seit Tausenden von Jahren dieses Land, nun kamen ausländische Fremde daher und nahmen es ihnen weg. War es da überraschend, dass ihnen das die Stimmung verhagelte? Es gab deutliche Unterschiede zwischen den alten Siedlern, mit denen die Araber seit Generationen friedlich koexistierten, und der neuen Gattung imperialistischer Kolonialisierer, die den einheimischen Arabern mit Gewaltandrohungen begegneten.[3]

Im Süden verlief entlang des Roten Meers der Hedschas mit den heiligen Städten Mekka und Medina. Die großen Städte Jerusalem, Beirut, Damaskus, Aleppo, Hama und Homs unterschieden sich allesamt voneinander und verfügten eine wie die andere über ihre spezifische Mischung von Religion und Geschichte. Jerusalem besaß eine ganz eigene Qualität. Lawrence schreibt: »Jerusalem war eine verkommene Stadt, die jede abrahamitische[4] Religion für heilig erklärt hatte.«[5] Hinter seinem viel gerühmten Engagement für arabischen Nationalismus und seinem Wissen um die arabischen Stärken und Schwächen besaß T.E. Lawrence auch ein erhebliches Maß an Sympathie für den Zionismus.[6]

Im damals als Palästina bekannten Land lebten rund 500 000 Muslime, 60 000 Juden und ähnlich viele Christen.[7] In einem von Lord Curzon verfassten Dokument des britischen Kriegskabinetts heißt es, dass es unter dem Joch der Türken kein Land namens Palästina gebe, denn »es war unterteilt in das Sandschak Jerusalem und die Wilajets von Syrien und Beirut«.[8] Seiner Schätzung nach lebten dort 600 000 bis 700 000 Menschen, von denen weniger als ein Viertel Juden waren. Ihm zufolge handelte es sich um einen Flickenteppich vor allem armer Gemeinden und Stämme ohne Gemeinsamkeiten, voller Argwohn gegenüber den anderen und stets kurz davor, sich gegenseitig an die Gurgel zu gehen. Es war nicht die Heimat eines einzigen Volks, aber eines war es ganz ohne Frage – überwiegend arabisch.

Und trotzdem gelang den Jungtürken etwas nahezu Unmögliches: Mit rücksichtsloser Grausamkeit schafften sie es, sämtliche religiösen und ethnischen Gruppen gegen sich aufzubringen.[9] In Syrien behandelten die Osmanen die Araber, den größten der einheimischen Stämme, mit Verachtung, unterdrückten deren Kultur und Sprache, lösten ihre Verbände auf und setzten ihnen nach eigenem Gutdünken Anführer vor die Nase. Die Türken versuchten, alle Gedanken an einen arabischen Nationalismus im Keim zu ersticken, aber die Araber hatten sehr aufmerksam verfolgt, was mit den Armeniern geschehen war – sie wurden isoliert und systematisch ausgelöscht. Deshalb strebten sie nun danach, eine eigene, souveräne Nation zu gründen,[10] doch um das zu erreichen, benötigten sie Verbündete, die ihnen gegen die verhassten Türken zur Seite standen.

Die Bedeutung, die die arabische Bevölkerung für die Kriegsanstrengungen der Entente hatte, lässt sich kaum zu hoch einordnen. Kitchener war von 1911 bis 1914 als Generalkonsul in Kairo, und ihm war sehr wohl bewusst, welche Unterströmungen in den Wüstengebieten am Wirken waren. Dank der Berichte seiner Spione wusste er, wer loyal war und wo sich Bündnisse gerade verschoben. Kitcheners wichtigste Aufgabe bestand darin, die Interessen des Empire zu schützen. Er wusste, dass der Traum von einer Unabhängigkeit der Araber vom Scherif von Mekka, Hussein ibn Ali al-Haschimi, und dessen Söhnen ausging. Sie strebten danach, unter ihrer Oberhoheit eine gewaltige arabische Konföderation aufzubauen und wieder ein arabisches Imperium ins Leben zu rufen.[11]

Auch als Kitchener in den Wirren der Westfront steckte, behielt er seine Verbindung zu den Husseins, den Hütern der heiligsten Schreine des Islam, aufrecht. Als man den sinnlosen Angriff auf die Dardanellen vorsätzlich scheitern ließ (siehe Kapitel 9 und 10), hoffte London, durch ein Bündnis mit den Arabern die Gefahr auszuschalten, dass der osmanische Herrscher zum Dschihad rief. Die Briten wollten »dem Aufruf zum Heiligen Krieg seinen wichtigsten Blitz stehlen«, indem sie mit den Husseins höchstpersönlich eine Abmachung trafen.[12] Also instruierte das Außenministerium den britischen Hochkommissar in Ägypten, Sir Henry McMahon, Hussein Zusagen bezüglich eines unabhängigen arabischen Staats zu machen. Die Rede war von einer »festen und dauerhaften Allianz, deren unmittelbare Folge die Vertreibung der Türken aus den arabischen Ländern sein wird ...«.[13] Dieses förmliche Versprechen wurde im Oktober 1915 abgegeben.[14] Zu dem Gebiet, das gemäß dem Versprechen der britischen Regierung das unabhängige arabische Land bilden sollte, gehörte auch Palästina.[15] Der Aufstand der Araber gegen ihre türkischen Herrscher beruhte auf dieser unzweideutigen Zusage.

Im Anschluss legte das Foreign Office los und traf mit den Franzosen eine vollkommen andere Abmachung. Im Januar 1916 hatten die Briten ein Arabisches Büro gegründet, um sich bei einer Vielzahl von politischen Aktivitäten im Nahen Osten abzustimmen, um ein wachsames Auge auf die Aktivitäten von Deutschen und Türken zu haben und um die Propaganda zu koordinieren. Behördenübergreifend einigte man sich bei einer Tagung darauf, ein einzelnes Büro in Kairo einzurichten, das sich auf die arabischen Aktivitäten konzentrieren sollte. Zu der ausgewählten Gruppe, die diese Entscheidung fällte, gehörten Captain »Blinker« Hall, Leiter des Marineaufklärungsdienstes, Kabinettssekretär Sir Maurice Hankey und Sir Mark Sykes vom Außenministerium.[16]

Großbritanniens Einsatz für die Araber sollte nicht von Dauer sein und war vollkommen wertlos. Nur selten wurde einem Volk erst so viel versprochen, um ihm dann den gerechten Lohn mit einem hohen Maß an gefühlloser Missachtung zu verweigern. Sir Mark Sykes erhielt vom Foreign Office Anweisung, gemeinsam mit Charles Georges-Picot die künftige Aufteilung des türkischen Territoriums auszuhandeln. Picot hatte früher als Generalkonsul in Beirut gearbeitet und beriet nun das französische Außenministerium zu Angelegenheiten, die den Nahen Osten betrafen.

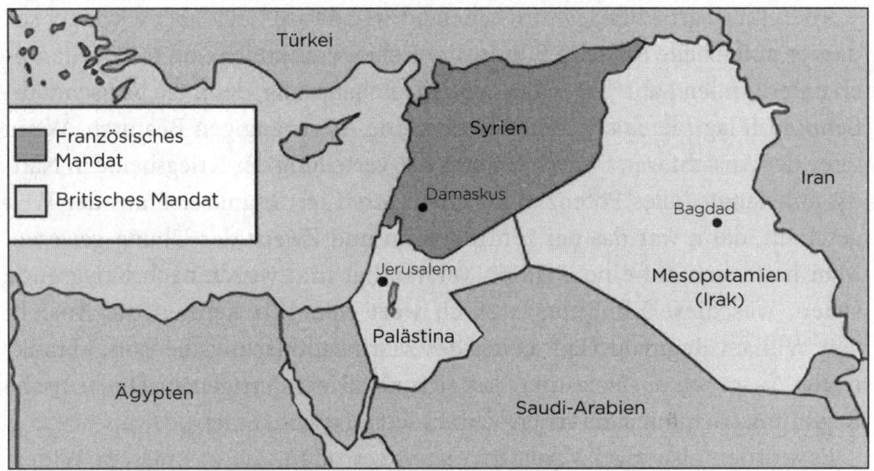

Landkarte des Nahen Ostens nach dem Ersten Weltkrieg

Sykes und Picot verständigten sich darauf, wie nach der erfolgreichen Beendigung des Kriegs die arabischen Gebiete aufzuteilen seien. Auch der russische Außenminister Sasonow war beteiligt, denn das Zarenreich hatte die Absicht, sich ebenfalls ein Stück des verwesenden osmanischen Kadavers unter den Nagel zu reißen. Sykes und Picot zogen Linien, um eine französische Zone abzustecken. Zu ihr gehörte ganz Syrien nördlich von Akkon und westlich von Damaskus und Aleppo. Das britische Territorium umfasste Tigris und Euphrat von einem Punkt nördlich Bagdads bis zum Persischen Golf, durch das nördliche Arabien bis zum späteren Jordanien. Palästina sollte der gemeinsamen Verantwortung der beiden Entente-Mächte unterstehen.[17] Seit Jahrhunderten hatten klassische Gelehrte mit unterschiedlichen Namen und Interpretationen gearbeitet, was das Gebiet anging, das Vorderasien oder Mesopotamien und Syrien genannt wurde. Es gab kein Land, das tatsächlich als Palästina bezeichnet wurde, aber der Name tauchte als geografischer Begriff in der christlichen Welt auf und umfasste das »Heilige Land«.[18] Während sich die arabischen Stämme in der Wüste gegen die Türken erhoben, spielten ihre betrügerischen Verbündeten aus Großbritannien ein doppeltes Spiel.

Sykes sei zu großzügig gewesen, befand Sir Edward Grey, aber wichtiger sei, dass er potenzielle Risse im Bündnis zwischen Frankreich und Großbritannien unterbunden habe.[19] Eine erstaunliche Behauptung, denn die britische Außenpolitik lag niemals in den Händen eines nachrangigen Beamten. Wenn Grey der Ansicht war, Sykes habe, was die Verteilung der Kriegsbeute in Nahost anbelangte, alles Potenzial für einen Streit mit Frankreich aus der Welt geschafft, dann war das der zentrale Sinn und Zweck der Übung gewesen. Man hatte sich auf eine Position verständigt und würde nach Kriegsende sehen, was diese Einigung letztlich wert war. Wir kennen die Ansicht von William Reginald Hall, Leiter des Marineaufklärungsdienstes: »Frankreichs Anspruch auf Palästina lässt sich nicht rechtfertigen.«[20] Die britische Regierung trieb mit sämtlichen Verbündeten falsches Spiel.

Es wurden also zwei Vereinbarungen getroffen, die in krassem Widerspruch zueinander standen. Zum einen lag das eindeutige Versprechen gegenüber den Arabern vor. Zum anderen gab es den Verrat, der ihnen die versprochene vollständige Unabhängigkeit verweigern würde. Die Araber hatten keine Ahnung von der Existenz des Sykes-Picot-Pakts. Sie tappten im Dunkeln, bis in Russland die Bolschewiken an die Macht kamen und das geheime Doppelspiel aufdeckten.

Die Sache der Araber litt massiv darunter, dass sie niemanden hatten, der im Herzen der Geheimen Elite für sie eintrat oder sich im britischen Parlament für sie verwendete. Die Finanzbranche und die Industrie wollten nur an die Rohstoffe unter dem Wüstensand heran, die Belange der einheimischen Bevölkerung interessierten sie wenig. Tatsächlich waren die Araber nur »Bauern« in einem internationalen Schachspiel. Selbst auf den unteren Ebenen der Macht hatten sie keinen einflussreichen Fürsprecher. Sie wurden stets und überall benachteiligt. T. E. Lawrence hatte Seite an Seite mit Faisal und den Husseins gekämpft, aber auch er wusste, dass er nur ein Rädchen in einer Verschwörungsmaschinerie war. Er hatte höchstpersönlich die Zusagen des britischen Kabinetts unterstützt und den Arabern gegenüber beteuert, der Lohn für ihren Einsatz werde die Selbstbestimmung sein. Er schrieb von »unserer grundlegenden Unaufrichtigkeit« und von seiner Überzeugung, »es ist besser, wenn wir gewinnen und unser Wort brechen, als dass wir [den Krieg in Arabien] verlieren«. Seine viel gerühmte Beziehung zu den Arabern basierte auf einem Betrug, und Lawrence wusste das.[21] Seine Äußerungen fielen im Zusammenhang mit der Sykes-Picot-Vereinbarung, über die er bestens informiert war. An der Balfour-Deklaration war Lawrence nicht beteiligt, aber seine Sympathien für die Zionisten wurden später augenscheinlich.

Die machiavellistischen Intrigen, die in London und Washington abliefen, verliehen dieser Täuschung noch eine zusätzliche Ebene. Es gibt die These, der britischen Regierung und insbesondere A. J. Balfour sei gar nicht wirklich bewusst gewesen, was sie da taten, als sie die schicksalhafte Entscheidung trafen, sich für eine Heimat der Juden in Palästina starkzumachen. Das entspricht nicht im Geringsten der Wahrheit. Lord George Curzon, der ehemalige Vizekönig und Generalgouverneur von Indien, sowie Edwin Montagu, Staatssekretär für Indien, also zwei der erfahrensten Politiker im gesamten Empire, sprachen sich gegenüber dem Kriegskabinett dagegen aus, eine Vereinbarung mit den Zionisten einzugehen, solange man nicht in einer gründlichen Analyse alle Vor- und Nachteile abgewogen habe. Eigentlich hätten ihre Schriften zur Zukunft Palästinas[22] und zum Zionismus[23] ernst genommen werden müssen, stattdessen ignorierte man sie. Tatsächlich wurden die Abhandlungen dem Kriegskabinett dermaßen spät unterbreitet, dass es fast nach einer kosmetischen Aktion aussieht, als wolle man schnell noch den Eindruck erwecken, das Für und Wider sorgfältig abgewogen zu haben. Reine Schau, das Ganze.

Curzon klagte über die Zustände in Palästina, wo die Türken jüdische Siedlungen aufgelöst oder die Menschen vertrieben hatten. Er warnte, nach den Verwüstungen des Kriegs und jahrhundelanger Vernachlässigung und Unterdrückung würden enorme Investitionen erforderlich werden, um der Region neues Leben einzuhauchen. Palästina verfüge über keinerlei natürliche Reichtümer, brachte er vor, es gebe keine wertvollen Mineralien, keine Kohle, kein Eisenerz, kein Kupfer, kein Gold oder Silber.

Vor allem jedoch ging Curzon auf ein noch dringlicheres Problem ein: Was würde mit den nichtjüdischen Bewohnern geschehen? Er schätzte, es gebe »über eine halbe Million syrischer Araber – eine gemischte Gemeinschaft mit arabischem, hebräischem, kanaanitischem, griechischem und ägyptischem Blut und möglicherweise auch dem der Kreuzfahrer. Sie und ihre Vorväter haben in den letzten 1500 Jahren fast durchgängig dieses Land bewohnt. Ihnen gehört der Boden … sie hängen dem mohammedanischen Glauben an. Sie werden es nicht einfach hinnehmen, für jüdische Einwanderer enteignet zu werden oder für Letztere bloß als Holzhauer oder Wasserträger zu fungieren«.[24] Curzon warnte auch alle, die voreilig von einer jüdischen Hauptstadt in Jerusalem träumten. Wer das tue, unterschätze »die Komplexität der heiligen Stätten«. Zu viele Völker und zu viele Religionen hätten ein leidenschaftliches und dauerhaftes Interesse an diesem Ort, als dass ein derartiges Szenario »auch nur ansatzweise« denkbar sei. Seine abschließende Warnung war von absoluter Klarheit: »Meiner Einschätzung nach ist [der Zionismus] eine Politik, die sehr weit von den romantischen und idealistischen Zielen der vielen zionistischen Anführer entfernt ist, deren Literatur ich studiert habe. Was auch immer geschehen wird, es wird meiner Meinung nach nur einer sehr geringen Fraktion des jüdischen Volks ein nationales, ein materielles oder womöglich ein spirituelles Zuhause bieten.«[25]

Eine hervorragende Analyse, doch seine Worte setzten im Archiv des Kabinetts Staub an und wurden ignoriert, zerstörten sie doch die von den Zionisten wieder und wieder vorgetragene Illusion von einem Land ohne Volk, das auf ein Volk ohne Land warte.

Beim selben Treffen wurde auch die Abhandlung Edwin Montagus zum Thema Zionismus verteilt. Sie enthält einen ausgesprochen scharfsinnigen Bericht von Gertrude Lowthian Bell, der kommissarischen politischen Offizierin in Bagdad. Die in Oxford ausgebildete Autorin und gelegentliche Agentin des britischen Geheimdienstes schreibt: »Jüdische Einwanderung wurde künstlich durch Finanzspritzen und Subventionen von millionenschweren Glaubensbrüdern in Europa gefördert. [Keiner gab so viel wie Edmond de Rothschild.] … Fraglos existiert der fromme Wunsch, eines Tages in Palästina einen unabhängigen jüdischen Staat zu begründen, aber es muss hinterfragt werden, ob die örtlichen Juden tatsächlich den Wunsch nach Umsetzung hegen, außer als Weg, der türkischen Unterdrückung zu entgehen. Möglicherweise ist dieser Wunsch lebendiger in der Brust jener, die weit entfernt von den Felshügeln Palästinas leben und keineswegs die Absicht hegen, ihren Wohnsitz zu ändern.« Lord Cromer erzählte gerne von einer Unterhaltung zu dem Thema, die er mit einem der bekanntesten Juden Englands führte. Dieser sagte: »Sollte in Jerusalem ein jüdisches Königreich gegründet werden, würde ich keine Zeit verschwenden und mich umgehend auf die Stelle als Botschafter in London bewerben.«[26]

In den hochgradig akkuraten Beobachtungen Gertrude Bells findet sich der Schlüssel zum Verständnis dessen, was dort gerade geschah. Es waren nicht die kleinen älteren oder kürzlich erst gegründeten jüdischen Gemeinden in Palästina, die zur Gründung eines jüdischen Heimatlands aufriefen. Diese Juden hatten genauso wie ihre arabischen und muslimischen Nachbarn unter dem Joch der harten türkischen Hand gelitten, und natürlich sehnten auch sie einen Wandel herbei. Was Bell anzweifelt, ist die Ernsthaftigkeit jener, die lautstark für eine »Heimat« warben, in die sie unter keinen Umständen zurückkehren wollten. Wie viele Briten und Amerikaner, die die Idee eines jüdischen Heimatlands unterstützten, dachten mehr als nur oberflächlich darüber nach, ihre Sachen zu packen und in eine Gemeinde in Palästina zu ziehen? Aber das war nicht die Botschaft, über die die Geheime Elite nachdenken wollte.

Edwin Montagu war als Staatssekretär für Indien der zweite Jude, der ein Amt im britischen Kabinett übernahm. Er hatte ein reges Interesse an den Belangen der Muslime, und seine Einwände spiegeln wider, dass er sich der Empfindsamkeiten durchaus bewusst war. Montagu machte eine Äußerung über Chaim Weizmann, die im Einklang mit den hier präsentierten Beweisen steht. Während er einerseits Weizmanns Einsatz für die Sache der Entente lobte und seinen Ruf als herausragender Chemiker unterstrich, erinnerte Montagu das Kabinett daran, dass Weizmann ein religiöser Fanatiker war, ein Eiferer, der sich den Großteil seines Lebens vom Zionismus hatte leiten lassen. Für Montagu brachte Weizmanns überwältigender Enthusiasmus nur dessen Unvermögen zum Ausdruck, die Gefühle jener Glaubensbrüder und -schwestern zu berücksichtigen, die eine andere Meinung vertraten. Und ganz genauso galt das – und das ist ein wichtiger Punkt – für Menschen anderer Religionen, die Weizmann, sollten seine Aktivitäten von Erfolg gekrönt sein, enteignen würde.[27]

Montagu legte eine Liste prominenter, öffentlich aktiver britischer Juden bei, die er als Antizionisten bezeichnete. Auf diese Weise wollte er den Eindruck zerstreuen, dass die Weizmann-Schule des Zionismus innerhalb der Gemeinde der britischen Juden breite Zustimmung findet. Auf der Liste standen Professoren, Rabbiner, jüdische Mitglieder der Regierung

(Sir Alfred Mond und Lord Reading), drei Rothschilds, Sir Marcus Samuel (von Royal Dutch/Shell) und viele weitere britische Juden.[28] Er forderte das Kriegskabinett auf, innezuhalten und sich die Dinge noch einmal gründlich durch den Kopf gehen zu lassen, ehe man die Stimmen der vielen britischen Juden ignoriere, die »seit Generationen in diesem Land leben und sich selbst als Engländer erachten«.[29] Der Behauptung, die Juden in Amerika stünden hinter dem Zionismus, trat er entgegen, indem er aus der Übereinkunft zitierte, zu der die amerikanischen Rabbiner im Juni 1917 auf ihrer Zentralkonferenz gekommen waren: »Das religiöse Israel besitzt die Zustimmung der Historie. Es darf nicht dem rein rassischen Israel der Moderne geopfert werden.« Interessant, wie hier der Begriff »Israel« verwendet wird. Jacob Schiffs Meinung wurde wiedergegeben, und es wurde besonders betont, dass er der Ansicht war, es solle »keinerlei Anstrengung unternommen werden, wieder eine jüdische Nation zu errichten ...«. Montagu fügte ähnliche Äußerungen führender französischer und italienischer Juden bei.

Es handelte sich um tief empfundene Plädoyers. Curzons Warnung hätte die erfahrenen Politiker im Kriegskabinett eigentlich wachrütteln sollen. Milner war gegen die Buren ins Feld gezogen, um das Empire und dessen Goldminen zu schützen. General Smuts wusste, wie schnell die Ablehnung einer Bevölkerung gegen Eindringlinge aufflammen konnte, wenn diese territoriale Ansprüche anmeldeten. Sir Edward Carson hatte 1914 Irland an den Rand eines Bürgerkriegs geführt, weil man sich um die Rechte unterschiedlicher Gruppen im Norden und Süden der Insel gestritten hatte. Aber die Geheime Elite hatte nun einmal ihre Entscheidung getroffen, andere Ansichten waren nicht willkommen. Curzon hätte den Mut aufbringen sollen, seinen Rücktritt einzureichen, aber als es zur Abstimmung kam, lenkte er stillschweigend ein.[30]

Balfour vertrat die Meinung des Foreign Office.[31] In den Aufzeichnungen des Kriegskabinetts zur Sitzung von Mittwoch, 31. Oktober 1917, heißt es, man sei einhellig der Meinung:

> *»... aus rein diplomatischer und politischer Sicht wäre es wünschenswert, wenn baldmöglichst eine Erklärung zugunsten der Ziele der jüdischen Nationalisten abgegeben würde. Die große Mehrheit der*

Juden in Russland und Amerika, ja, in aller Welt, scheint dem Zionismus inzwischen positiv gegenüberzustehen. Könnten wir eine diesem Ideal gegenüber wohlwollende Erklärung abgeben, sollten wir in der Lage sein, sowohl in Russland wie auch in Amerika mit ausgesprochen nützlicher Propaganda fortzufahren.«[32]

Balfour verpasste der Kabinettsentscheidung einen Anstrich von Diplomatie und Politik. Russland befand sich mitten in einer Revolution, und es bestand die Möglichkeit, dass das Land einen Separatfrieden mit Deutschland einging, insofern musste jedes zur Verfügung stehende Propagandamittel zum Einsatz kommen. Chaim Weizmann hatte sich profiliert. Es gab reichlich Beweise, die dagegen sprachen, dennoch wurden zur Rechtfertigung der Kabinettsentscheidung lachhafte Behauptungen aufgestellt, die sich niemals hätten belegen lassen. Von wem beispielsweise stammte die Passage »die große Mehrheit der Juden … in aller Welt«? In Großbritannien war die jüdische Gemeinde bei diesem Thema ganz offensichtlich gespalten, das hatte Edwin Montagu ausreichend belegt.[33] Allein schon die Behauptung, der Zionismus genieße derart große Unterstützung, war reines Wunschdenken. Das war nur eine Botschaft der Eiferer. Das war etwas, was Brandeis und Weizmann gegenüber Balfour beteuerten. So oft wurde die Lüge innerhalb des erlauchten Kabinetts wiederholt, dass nur zwei Männer es wagten, sich dagegen auszusprechen. Die Beweise allerdings sprechen eine andere Sprache. Es war Lug und Trug, eine Entscheidung, die den Eindruck erwecken sollte, dass dem britischen Kabinett die Zukunft der verarmten Juden am Herzen lag. Die verarmten Araber spielten keine Rolle.

Wie Lloyd George schrieb auch Weizmann seine Erinnerungen durch eine rosarote Brille nieder, durch ein selbstgefälliges Prisma, das seine ausgewählten Anhänger in ein vielfarbiges Licht tauchte. Die Auslassungen und der Wirklichkeit widersprechenden Darstellungen verfälschten die Geschichte. Er schrieb von »britischen Staatsmännern alter Schule«, die »aufrichtig religiös« waren. Im Rahmen ihrer christlichen Moralvorstellungen hätten sie »als Realität das Konzept von der Rückkehr des jüdischen Volks ins Gelobte Land begriffen. Es sprach ihre Tradition und ihren Glauben an.«[34] Ein dermaßen großer Blödsinn, dass es einem glatt den Atem verschlägt. Diese

Männer waren »aufrichtig religiös«?! Diese Männer, die die Massaker im sudanischen Omdurman abgenickt hatten, die die Stämme der Matabele abschlachten ließen, um Rhodesien zu gründen,[35] die den Burenkrieg verursachten,[36] die zuließen, dass in den höllischen Konzentrationslagern auf dem Veldt 10 000 Frauen und Kinder starben,[37] die diesen Krieg planten und auslösten, der gerade weltweit tobte? Sie als »aufrichtig religiös« zu bezeichnen trotzt jeglicher Vernunft. Sie hingen einer ganz anderen Religion an. Die Geheime Elite strebte danach, eine aus ihrer Sicht würdige Zivilisation zu kontrollieren, zu führen und gewinnbringend zu machen, eine Zivilisation, die im gesamten Empire auf den Wertvorstellungen der englischen Herrscherklasse errichtet werden sollte.[38] Wie kann man je die Sünden abwägen, die im Namen religiöser Männer begangen wurden?

Es waren bloß Betrachtungen, eine Rechtfertigung für die Entscheidung der britischen Regierung. Sie enthielten nicht die Einsicht, dass der Geldadel auf beiden Seiten des Atlantiks grünes Licht für die Balfour-Deklaration gegeben hatte. Natürlich stand in den Köpfen von Lloyd George, Milner, Curzon und den anderen Politikern der Geheimen Elite die Vormachtstellung des Empire an allererster Stelle, aber ihr Handeln hing von der Zustimmung der Finanziers und Bankiers ab.

Einige Historiker schreiben, es sei Weizmann gelungen, das Kriegskabinett für die Sache der Zionisten zu begeistern,[39] aber die »diplomatischen und politischen Interessen«, an die sich die Geheime Elite so fest klammerte, waren die imperialen Träume, die die Grundlage ihrer Absicht bildeten, sich zum Herrscher über alle Reiche aufzuschwingen. Es ist gesagt worden, dass Großbritannien die Zionisten, wenn sie nicht existiert hätten, hätte erfinden müssen.[40] Palästina war der finale Baustein in einer Kette, die sich von Indien über Persien durch den Mittleren Osten erstrecken, den Sueskanal schützen und den Briten ungehinderten Zugang zu den Seewegen nach Persien, Indien und Fernost erlauben sollte.

Ein ernstes und anhaltendes Problem waren die Absichten Frankreichs. Ob die Vereinbarung zwischen Sykes, Picot und Sasonow tatsächlich Bestand haben würde, wenn es endgültig daran ging, die Kriegsbeute aufzuteilen, ließ sich 1917 nicht abschätzen. Eine jüdisch-palästinensische Pufferzone, die unter wie auch immer gearteter britischer Kontrolle stand, war aus britischer

Sicht einem französischen Protektorat entlang des Sues jedenfalls deutlich vorzuziehen.[41]

Von Warnungen, Palästina verfüge nicht über ausreichend Ressourcen, um dort eine jüdische Heimstätte zu errichten, ließ sich Balfour nicht abschrecken. Er erklärte seinen Kabinettskollegen, wenn Palästina erst einmal technisch entwickelt sei, könne dort auch eine viel größere Bevölkerung leben, als es unter der türkischen Schreckensherrschaft der Fall gewesen war. (Man kann sich lebhaft die Stimmen von Brandeis und Weizmann dazu vorstellen.) Interessant auch seine Definition einer »nationalen Heimat«. Balfour meinte damit »eine Form von britischem, amerikanischem oder anderem Protektorat, das den Juden alle Mittel an die Hand gibt, ihre eigene Rettung auszuarbeiten und mithilfe der Bildung, Landwirtschaft und Industrie ein echtes Zentrum der nationalen Kultur und der Konzentration auf nationales Leben aufzubauen«.[42]

Es handelt sich hier um eine verallgemeinernde Interpretation, geradezu eine Wegwerfinterpretation, die alles zu vermeiden schien, was anderen Gemeinden in Palästina bedrohlich erscheinen könnte. Hätte er seine Äußerungen an dieser Stelle beendet, hätte man sich noch einen letzten Rest an Zweifeln bewahren können, ob ihm überhaupt klar war, was als Nächstes geschehen würde. Tatsächlich jedoch verdeutlichte Balfour seine Ansichten und räumte damit ein, dass die Gründung eines jüdischen Staats wahrscheinlich war. Den Kabinettsprotokollen ist seine Behauptung zu entnehmen, dass »dies nicht notwendigerweise die frühe Gründung eines unabhängigen jüdischen Staats umfasst. Das ist eine Angelegenheit, die schrittweise im Einklang mit den gewöhnlichen Gesetzen der politischen Evolution zu erfolgen hat.«[43]

Welche Logik steckt hinter diesen Worten? Seine Botschaft richtete sich an Weizmann, die ausländischen Bankiers und alle, die direkt und indirekt Einfluss auf die britische Politik nahmen: »Ergreift die Gelegenheit, die Großbritannien euch bietet, und ein unabhängiger jüdischer Staat ist zum Greifen nahe.« Ganz einfach gesagt, hörten die Juden rund um den Globus folgende Botschaft: »Wenn ihr Großbritannien unterstützt, unterstützt Großbritannien euch.« Allerdings widersprach sich Balfour sofort selbst, indem er hinzufügte, dass die angedachte Deklaration falsche Erwartungen wecken könnte, Erwartungen, die möglicherweise niemals Realität werden würden.[44] Klassische Doppeldeutigkeit.

In den ersten Wochen des November 1917 wuchsen die Erwartungen innerhalb der jüdischen Gemeinde in Großbritannien in ungeahnte Höhen, und die Balfour-Deklaration wurde als »größtes Ereignis in der Geschichte der Juden seit ihrer Zerstreuung« gerühmt.[45] »Das Haus Israel ist sich der enormen Bedeutung, die das Versprechen der britischen Regierung hinsichtlich seiner Wiederherstellung hat, voll und ganz bewusst«, hieß es in festlicher Sprache, die kein Wenn und Aber duldete. Balfours Schreiben an Walter Rothschild wurde in Synagogen verlesen und diente zahllosen Predigten als Grundlage. Zwei wichtige Entwicklungen verknüpften Erwartungen mit Handeln. Die jüdische Gemeinschaft in aller Welt – und insbesondere in Großbritannien und Amerika – stellte sich schlagartig hinter die Sache der Entente, die »Prinzipien der Unantastbarkeit der Integrität kleinerer Nationen«. Durch den Zusammenbruch des verhassten Hauses Romanow in Russland fiel eine Hürde weg, die eine umfassende Unterstützung der alliierten Sache durch die Juden bislang verhindert hatte, und das britische Versprechen weckte nun eine Welle der Begeisterung für einen Sieg. Juden glaubten, sie hätten nun ein persönliches Interesse der allerhöchsten Kategorie. Bei der zionistischen Konferenz in Baltimore wurde einstimmig eine Resolution verabschiedet, die mit den Worten endete: »Wir und unsere Verbündeten sind bereit, jedes Opfer an Vermögen und Leben zu bringen, bis der Große Krieg mit dem Triumph der hohen Ziele der alliierten Nationen endet.«[46]

Am 2. Dezember 1917, einem Sonntag, fand in der Londoner Oper ein großes Treffen statt, zu dem jüdische Gemeinden, Synagogen und Gesellschaften aus ganz Großbritannien Abgesandte in Marsch gesetzt hatten. Den Vorsitz hatte Lord Walter Rothschild, und die *Times* druckte die gehaltenen Reden nahezu wortwörtlich ab. Auch Rothschild sprach von der historischen Bedeutung der Deklaration und versprach feierlich, man werde die nichtjüdischen Nachbarn in Palästina respektieren – den Begriff »Araber« verwendete er dabei nicht. Lord Robert Cecil machte das Wort »Befreiung« zum Thema seiner Grundsatzrede und begrüßte Vertreter der arabischen und armenischen Rasse, die, wie er ergänzte, ebenfalls für ihre

Freiheit kämpften. Seine Rede war die stolze Ansprache eines englischen Imperialisten, der aus tiefster Überzeugung hinter der Sache der Geheimen Elite steht. Cecil betonte: »Stets hat das Empire danach gestrebt, allen darin enthaltenen Völkern das vollste Maß an Selbstverwaltung einzuräumen, zu dem sie fähig sind.« Ganz offensichtlich zählten dazu nicht die irischen Nationalisten, die nach dem Osteraufstand in britische Gefängnisse kamen.«[47] Er beendete seine Rede mit einer Äußerung, die sich heute wie eine Prophezeiung liest, bei der es einem kalt den Rücken herunterläuft: »Ich glaube, es wird einen weitreichenden Einfluss auf die Geschichte der Welt haben und unvorhersehbare Konsequenzen für die künftige Geschichte der menschlichen Rasse.«[48]

Zu den Teilnehmern gehörte auch Sir Mark Sykes, der Mann, der für Großbritannien das Sykes-Picot-Sasonow-Abkommen ausgehandelt hatte. Vielleicht waren ihm die verschiedenen falschen Versprechungen entfallen, an denen er mitgewirkt hatte. Hier war der britische Diplomat, den das Foreign Office ermächtigt hatte, die Landkarte des Osmanischen Reichs neu zu ordnen. Diese Neuordnung sah vor, dass Palästina künftig gemeinsam von London und Paris aus regiert werden sollte. Als Mitglied des Arabischen Büros in Kairo stand er hinter dem Aufstand von Faisals Wüstenarabern. Nun erschien er als begeisterter Befürworter eines Palästinas, das den Juden als Heimat dienen sollte. In jedem Szenario war Palästina – oder Teile Palästinas – jemand anderem versprochen worden: gemeinsamer Besitz mit Frankreich, arabische Oberhoheit, jüdische Heimstätte. Lügen und falsche Versprechen schienen ihm keinerlei Sorgen zu bereiten.

Mark Sykes sprach von der großen Mission des Zionismus, die Spiritualität Asiens nach Europa zu tragen und Europas Vitalität nach Asien. Er beendete sein Geschwafel mit einem hohlen Lob für die Juden dafür, dass sie »ihre Mitleidenden, die Armenier und die Araber«, mit aufgenommen hatten. Hörte irgendjemand zu? Es gab einen Redner, Scheich Ismail Abdul al-Akki, der zu den Versammelten auf Arabisch sprach. Er war von den Türken zum Tode verurteilt worden, weil er sich der Bewegung der arabischen Nationalisten angeschlossen hatte. Al-Akki plädierte an die Versammelten, nicht zu vergessen, dass auch die Söhne Ismaels[49] in alle Himmelsrichtungen zerstreut und mit einem Fluch belegt worden seien, sich nun aber »mit dem Gefühl der

Märtyrer erstarkt« erheben würden.[50] Das Publikum jubelte begeisterte, so gut inszeniert war die ganze Angelegenheit.

Eine Woche später folgte im Hippodrom in Manchester eine ausgelassene Feier jüdischer Dankbarkeit. Sir Mark Sykes traf eine höchst interessante Beobachtung. Er war der Einzige gewesen, der zur Vorsicht gemahnt hatte, was den Wahrheitsgehalt der Aussagen der Armenier und Araber anbelangte, die in Palästina oder den angrenzenden Gebieten lebten. Seine Worte hallen seit einem Jahrhundert nach: »Es war das Schicksal der Juden, eng mit dem Wiederaufleben der Araber verbunden zu werden. Den Ersteren verlangte es Kooperation und guten Willen ab, ansonsten würden letztlich Juden genauso wie Araber von einer Katastrophe befallen.«[51] Leider stießen seine Worte nicht auf Gehör. Chaim Weizmann protestierte gegen die Warnung von Sir Mark Sykes: »Es ist in der Tat seltsam, die Furcht geäußert zu hören, dass der Jude, der doch stets das Opfer war, der Jude, der stets für andere den Kampf der Freiheit ausgefochten hat, schlagartig zum Aggressor werden sollte, nur weil sein Fuß palästinensischen Boden berührt.«[52]

Was für eine ungewöhnliche Überreaktion. Weizmann und die Zionisten hatten eine sehr kurze Lunte, was Kritik anbelangte. In den anschwellenden Kammern der organisierten Feiern wurde Großbritanniens Versprechen, die Gründung einer nationalen Heimat für Juden »zu erleichtern«, durch ausgelassene Predigten, aufgeregte Mundpropaganda und jubilierende Kommentatoren in der Presse in ein Fait accompli transformiert. Die Gläubigen hörten das Versprechen, ins Gelobte Land zurückkehren zu können. Das Tragische daran war, dass die Geheime Elite Erwartungen erschaffen hatte, die sie niemals würde kontrollieren können. Natürlich hätte dem zweiten Teil der Balfour-Deklaration mehr Gewicht beigemessen werden sollen: »... dass nichts geschehen soll, was die bürgerlichen und religiösen Rechte der bestehenden nichtjüdischen Gemeinschaften in Palästina oder die Rechte und den politischen Status der Juden in anderen Ländern infrage stellen könnte.«[53] Dieser Teil wurde ignoriert.

Der unmittelbare Gewinn, den die Briten aus der Balfour-Deklaration zogen, bestand in ihrem Propagandawert. Das Außenministerium rief mit dem Jewish Bureau eine spezielle Abteilung für jüdische Propaganda ins Leben, die dem Innenministerium angegliedert wurde und die man dem »sehr aktiven Zionisten«[54] Albert Montefiore Hyamson unterstellte, dem früheren Herausgeber der *Zionist Review.* Hyamson belieferte täglich *American Hebrew* und *American Jewish Chronicle,* die beiden jüdischen Tageszeitungen Amerikas. Über deutschem und österreichischem Gebiet wurden Flugblätter mit dem Inhalt der Balfour-Deklaration abgeworfen. Jüdischen Einheiten ließ man auf Jiddisch verfasste Flugblätter zukommen, in denen die Soldaten ermutigt wurden, ihren Kampf gegen die Entente einzustellen: »Ein Sieg der Entente bedeutet eine Rückkehr der jüdischen Bevölkerung nach Zion.«[55]

Unterdessen schwächte die Revolte der Araber, angeführt von Scherif Hussein, dem T.E. Lawrence als Berater zur Seite stand, die türkischen Abwehrstellungen in der Wüste. Zwei Mal versuchte Sir Archibald Murray vergebens, Gaza zu erobern, woraufhin General Edmund Allenby die Leitung der Wüstenkriege übertragen wurde. Im Juli eroberten die Araber Akaba, Allenbys Truppen nahmen Beerscheba und dann Jaffa ein, wobei ihnen der Umstand zugutekam, dass der Krieg im Nahen Osten inzwischen der nach der Westfront zweitgrößte Kriegsschauplatz war. Am 9. Dezember 1917 ergab sich Jerusalem kampflos, am 11. Dezember betrat Allenby die Stadt. Er war klug genug zu erkennen, wie groß die symbolische Bedeutung der Stadt für ihre Einwohner und für religiöse Gemeinschaften rund um den Globus war. General Allenby beschloss, die Stadt zu Fuß durch das Jaffa-Tor zu betreten und der britischen Propagandamaschinerie auf diese Weise eine wunderbare Fotogelegenheit zu verschaffen. Die bescheidene und respektvolle Art und Weise, in der er die Schlüssel zur Stadt entgegennahm, war ein gewollter Kontrast zum Auftreten von Kaiser Wilhelm II. Dieser hatte 1898 darauf beharrt, auf einem weißen Pferd in die Jerusalemer Altstadt einzureiten.[56] Der französische Gesandte Charles Picot durfte an dem verhalten triumphalen Einzug in Jerusalem teilnehmen und verkündete daraufhin, er werde sofort eine Zivilverwaltung unter französischer Jurisdiktion errichten. Allenby ließ ihn glatt auflaufen. Die Zivilverwaltung werde erst dann errichtet, wenn er, Allenby, zu der Einschätzung gelangt sei, dass es die militärische Situation zulasse.[57] Großbritannien hatte keineswegs die Absicht, die mühsam erkämpften Gebiete Palästinas einfach den Franzosen zu überlassen. Was hätte das den Zionisten für eine Botschaft vermittelt, wenn nun auf einmal die Franzosen das Sagen gehabt hätten!

Aus offensichtlichen Gründen war die Balfour-Deklaration in Palästina nicht veröffentlicht worden, aber die Nachricht sprach sich dennoch herum. Am 20. Dezember schrieb Sir Gilbert Clayton vom Arabischen Büro einen Bericht an das Außenministerium. In dem Schreiben hieß es: »Die Araber sind weiterhin nervös und haben das Gefühl, die zionistische Bewegung entwickele sich in einer Geschwindigkeit, die ihre Interessen bedroht. Diskussionen und der Austausch mit den Juden werden ihre Ängste gewiss beschwichtigen, vorausgesetzt, Letztere verhalten sich gemäß der liberalen Grundsätze, die die jüdische Führung in London vorgegeben hat.«[58] Und genau da haben wir den Knackpunkt.

Januar 1918 kam, und dem Kriegskabinett von David Lloyd George wurde klar, dass man dem beispiellosen politischen Erfolg, den die Deklaration der Regierung mit sich gebracht hatte, nun auch Taten folgen lassen müsse. Also entsandte man unter Führung von Chaim Weizmann, dem die Geheime Elite sehr großes Vertrauen entgegenbrachte, eine zionistische Kommission nach Palästina. Mit William Ormsby-Gore war auch einer von Lloyd Georges prozionistischen Aufpassern mit dabei.[59]

Vor dem Besuch der Delegation erhielt der Hochkommissar in Ägypten klare Anweisungen vom Foreign Office: Man solle am Erschaffen jüdischer Institutionen mitwirken, »sofern es die militärischen Umstände zulassen«. Die britische Regierung »begrüßte« die Gründung einer jüdischen Universität und einer medizinischen Fakultät. »Die jüdische Welt misst dem große Bedeutung bei, und für diesen Zweck gehen große Summen ein ...«[60] Aus welchen Quellen kamen diese Gelder? Wer investierte in die Entwicklung des Traums von der Heimat?

Gleichzeitig wollten die Briten ein gutes Verhältnis zu den nichtjüdischen Gemeinden unterhalten und die Kommission als direkte Verbindung zwischen Militär und jüdischen Interessen in Palästina nutzen. Eine gewaltige Aufgabe. Es musste alles nur Denkbare unternommen werden, um der zionistischen Kommission in den Augen der jüdischen Welt Glaubwürdigkeit zu verleihen und gleichzeitig den Argwohn der Araber zu zerstreuen, was die endgültigen Ziele des Zionismus anbelangte.[61] Selbst Herkules hätte angesichts dieser Aufgabe wacklige Knie bekommen.

Ronald Storrs, Militärgouverneur von Jerusalem, teilte die Ansichten Chaim Weizmanns nicht. Er weigerte sich zu akzeptieren, dass Weizmann dafür verantwortlich sei sicherzustellen, dass Araber und Syrer die britische Palästina-Politik akzeptierten. Storrs verwies auf die vielen Artikel in der britischen Presse, die sich positiv über die Ziele der Zionisten äußerten. Natürlich hatten diese das Vertrauen der Muslime untergraben. Verschlimmert wurde das durch öffentliche Treffen, bei denen Redner aufzeigten, wie eine Übernahme des »Gelobten Lands« durch das jüdische Volk vonstatten gehen könnte. Was hatte Weizmann denn erwartet? Palästina, so betonte Storrs, sei ein muslimisches Land, das in die Hände einer christlichen Macht gefallen sei, die unverzüglich verkündete, ein beträchtlicher Teil des Gebiets werde freigegeben für die Besiedelung durch ein »alles andere als beliebtes Volk«.[62] In Kairo hatte man die Delegation gewarnt, dass in der gesamten Region Gerüchte und falsche Annahmen kursierten. Die Gesandtschaft müsse eine klare Ansage machen und ihre Absichten unmissverständlich darlegen. Doch diese Absicht hatte die Kommission nicht.

Ende April 1918 schlug Weizmann einen anderen Kurs ein und gab Versicherungen gegenüber den einheimischen Arabern ab. Er erklärte, die Kommission werde niemals Kapital daraus schlagen, dass aufgrund des Krieges die Landpreise stark gefallen waren. Er behauptete, er wolle mehr Möglichkeiten für alle kreieren und technische Schulen und andere Einrichtungen erschaffen, die Muslimen, Christen und Juden gleichermaßen offenstünden. Dieses versöhnliche Auftreten zeigte Wirkung, aber hinter den Kulissen machte Weizmann die Araber schlecht. Ende Mai schrieb er an Balfour und führte die »Probleme«, die der zionistischen Kommission zusetzten, auf »das verräterische Wesen der Araber« zurück. Nach Weizmanns Berechnungen kamen »fünf Araber auf einen Juden«, doch sie würden niemals imstande sein, ein arabisches Palästina aufzubauen, denn der »Fellache« (so heißen die Ackerbau treibenden Araber) sei mindestens 400 Jahre hinter der Zeit zurück. Der »Effendi« (»Meister«) hingegen sei »unaufrichtig, ungebildet, gierig und genauso unpatriotisch wie ineffizient«.[63] Das waren keineswegs versöhnliche Töne, sondern nackter Rassismus, der als Entschuldigung für eine Kolonialisierung diente.

Hinter diesen Machenschaften steckte eine klare Absicht. Weizmann war sich bewusst, dass der Krieg enden konnte, bevor es in Palästina zu größeren Veränderungen gekommen war, deshalb drängte er darauf, rasch klare Fortschritte zu erzielen. Es galt, die Gründung einer Jüdischen Universität und mehr Autonomie für die jüdischen Siedlungen zu vereinbaren, damit, »wenn die Zeit für die Friedenskonferenz gekommen ist, bestimmte Schritte unternommen wurden, die den Zionisten ein Recht darauf verleihen, angehört zu werden«.[64] Endlich mal die Wahrheit.

Vor November 1917 gab es in Großbritannien keine öffentliche Haltung zur Zukunft Palästinas. Anschließend gab es den Vorschlag, unter gewissen Auflagen ein jüdisches Heimatland zu begründen. Aber die Zukunft Palästinas spielte eine Rolle in drei Verpflichtungen, die die britische Regierung eingegangen war und die sich radikal voneinander unterschieden – Verpflichtungen gegenüber den Franzosen, den Arabern und den Juden. Erstere würde man mit Syrien abspeisen können. Die Araber? Die waren in den Augen der Geheimen Elite ohnehin nur eine minderwertige Rasse und würden sich vermutlich in eine andere Richtung drängen lassen. Aber da war diese Splittergruppe der globalen jüdischen Gemeinde, diese Strömung, die sich damals selbst als Zionisten bezeichnete, und die stellte eine höchst interessante Gelegenheit dar. Durch ein jüdisches Palästina, das seine Existenz Großbritannien verdankte, würde sich die strategische Sicherheit des Empire massiv verbessern lassen.

Bei aller politischer Begeisterung, die das Kriegskabinett so öffentlich einer Heimat für die Juden entgegengebrachte, muss man sich doch eine Frage stellen: Wer beeinflusste sie? Wer aus der kleinen Gruppe enthusiastischer Zionisten stieß bis in die innersten Kreise der Macht vor und fand bei der Geheimen Elite ein offenes Ohr? Das war in erster Linie das Haus Rothschild. Sicher nicht jeder Rothschild, das nicht, aber während der Jahre von 1914 bis 1917 machten sich mächtige Rothschilds für die Sache der Zionisten stark und wurden von der Öffentlichkeit und insbesondere der jüdischen Öffentlichkeit als ihre wahren Anführer erachtet.

Der Pariser Baron Edmond de Rothschild war von den Rothschilds des 19. Jahrhunderts der Erste, der 1881/82 Opfern der hässlichen Pogrome in Russland dabei half, nach Palästina auszuwandern. Während der Vorkriegszeit erwarb und förderte er mehrere Gemeinden in Palästina. 28 jüdische Siedlungen existierten 1903 in Palästina, davon finanzierte er 19 teilweise oder komplett. Angeblich stand hinter Edmonds Engagement nicht die Absicht, einen jüdischen Staat zu erschaffen.[65] Doch als der Krieg im Gange war, war es überraschenderweise Edmond, der Weizmann drängte, die Gelegenheit zu nutzen und ein jüdisches Palästina aufzubauen.[66]

Die Londoner Rothschilds hatten unter der Schirmherrschaft von Lord Nathaniel anfangs offenbar keine besonders starke Begeisterung für Palästina an den Tag gelegt. Das änderte sich erst, als Nathaniel 1915 starb. Bei seiner Beerdigung bezeichnete ihn der höchste Rabbiner des britischen Empire als »Anführer seiner über alle Welt verstreuten Brüder … den Prinzen der Diaspora Israels«.[67] »Natty« habe »innerhalb des britischen Judentums quasi einen Monarchenstatus genossen«.[68] Und wieder einmal bringen die Mythen der Geschichte neue extravagante Titel hervor. Plötzlich stand Natty Rothschild als mythische königliche Figur da, die über eine mythische Diaspora herrschte.

Wenn Nathaniel der König war, war Walter sein Erbe. Und so war es auch Walter Rothschild, an den Außenminister Balfour sein Schreiben adressierte, denn im Jahr davor hatte Walter gemeinsam mit Chaim Weizmann aktiv Werbung für den Zionismus betrieben. Walter ist immer wieder als Zoologe dargestellt worden, der exotische Vögel und Tiere sammelte, als zögerlicher Bankier und als sehr schüchterner Mensch mit einer Sprachstörung.[69] Die Beweise, mit deren Hilfe wir die Balfour-Deklaration analysiert haben, sprechen eine andere Sprache. Es war Walter Rothschild, der 1917 mehrere Schreiben an Außenminister Balfour entwarf und überarbeitete.[70] Er sprach sich gegen die Überlegung aus, die Macht in Palästina zwischen Großbritannien und Frankreich aufzuteilen, und er war es, der Chaim Weizmann erklärte, Palästina müsse ein britisches Protektorat werden.[71]

Walter zuckte nicht zurück, als ihm die vielen Juden entgegentraten, die den Politischen Zionismus ablehnten, sondern er ging zum Frontalangriff über. Wiederholt schrieb er der *Times* und verurteilte führende jüdische Widersacher. Als sich die Präsidenten des Jewish Board of Deputies und der Anglo-Jewish Association mit einem Beitrag zu Wort meldeten, den Rothschild als Manifest gegen den Zionismus auffasste, reagierte er mit heftiger

Ablehnung. Beim nächsten Treffen des Board of Deputies ließ er dann die Autoren des Schreibens tadeln, wobei er sich zur Rechtfertigung seiner Stellung auf den Namen seines Vaters berief. Nach allgemeiner Auffassung hatte Natty Rothschild wenig für Zionisten übriggehabt, aber Walter wusste zu berichten: »In seinen letzten Jahren hat [mein Vater] mir wiederholt erklärt, er sei im Prinzip dafür, eine jüdische nationale Heimstätte in Palästina zu errichten, aber nicht, solange Palästina in türkischer Hand ist.«[72] Walter drängte Lloyd George und Balfour, klare Bekenntnisse zu einem jüdischen Staat abzulegen, und er begleitete Weizmann, als dieser zu Balfour ging, um ihm darzulegen, warum einer jüdischen Heimat noch vor Kriegsende Unterstützung bekundet werden müsse.[73] Nach der Deklaration hatte Walter bei der triumphalen Massenveranstaltung am 2. Dezember in der Londoner Oper den Vorsitz inne und hielt dort eine gute Rede. Walter Rothschild war ganz offensichtlich mehr als nur ein gewöhnlicher Zoologe, er war vielmehr sehr eng involviert in die erfolgreiche Umsetzung der Balfour-Deklaration.

Das galt genauso für den in Frankreich geborenen James de Rothschild, den Sohn von Edmond. James studierte am Trinity College in Cambridge und teilte die Begeisterung seines Vaters für jüdische Siedler in Palästina. Weizmann führte einen Briefwechsel mit ihm[74] und besuchte James' Frau Dorothy Pinto, als James in Frankreich diente.[75] James gehörte zu den Teilnehmern eines speziellen Treffens am 17. Februar 1917, bei dem auch Weizmann, Walter Rothschild, Herbert Samuel und Sir Mark Sykes zugegen waren. Diese Pressuregroup wurde ausdrücklich in der Absicht gegründet, die britische Regierung dazu zu bringen, sich in einer öffentlichen Erklärung zur Zukunft Palästinas zu äußern.[76] James kannte die Mentalität der Franzosen und gab eine Warnung ab: Sollten sich die britischen Juden Hilfe suchend an die französische Regierung wenden, würden die Franzosen ihre eigenen Rabbis auffahren und ein französisches Mandat für Palästina einfordern.

James war ins Tagesgeschäft involviert und spielte im April und Mai eine wichtige Rolle bei den Brandeis-Weizmann-Depeschen. Auch er sprach bei der großen Veranstaltung am 2. Dezember und verwies auf die unerschütterliche Unterstützung, die auch schon sein Vater Edmond für Palästina an den Tag gelegt hatte. Er erklärte: »Bis heute wurden jüdische Ideale am Tor abgefangen und nicht eingelassen. Mit einem Federstrich hat die englische Regierung diese Tore nun weit aufgestoßen.« Der Rothschild-Historiker Niall Ferguson sagt, das Treffen in Covent Garden sei abgehalten worden, um den Beitrag zu betonen, den die Rothschilds bei diesem historischen Durchbruch, auf den sich der Staat Israel zurückverfolgen lässt, geleistet haben.[77]

Dieser »Durchbruch«, diese »jüdische Charta«,[78] brachte ein heikles und vertracktes Rätsel mit sich. Wie konnte ein Land, das von sich behauptete, zum Schutz der Rechte der kleinen, selbstbestimmt agierenden Nationen in den Krieg gezogen zu sein, eine nicht existierende »Nation« zu einer internationalen Konferenz mitbringen und behaupten, ihr Recht, anerkannt zu werden, sei größer als das Recht anderer? Der erste Schritt war die Balfour-Deklaration, eine Absichtserklärung, an der Gründung einer »Heimstätte« mitwirken zu wollen. Der folgende Ausbruch internationaler und arrangierter Zustimmung war in dieser Hinsicht gewiss sehr hilfreich. Aber was fehlte, war eine besser zu greifende Grundlage, ein positiver Nachweis, dass es sich um eine gerechte Sache handelte. Das war der Grund hinter der zionistischen Kommission. Sie zielte darauf ab, den Ansprüchen der Zionisten Glaubwürdigkeit zu verleihen und den Zionisten das Recht auf Anhörung zu verschaffen, wenn die Welt nach Ende des Kriegs neu aufgeteilt wurde. Zusätzlich änderte sich die Mitgliederschaft innerhalb der Geheimen Elite auf subtile Weise – ein Umstand, auf den sich Carroll Quigley nicht offen bezog. Vielleicht ist »Partnerschaft« an dieser Stelle das bessere Wort.

Mehr und mehr wirtschaftliche Macht floss durch die Achse Morgan-Rothschild-Rockefeller-Kuhn-&-Loeb in den USA, die politischen Bündnisse im Zusammenhang mit wichtigen Themen wie Palästina wuchsen enger zusammen. Warum aber gab man sich so außerordentlich viel Mühe, eine Mythen-Historie zu erschaffen? Die Brandeis-Weizmann-Verbindung schlug sich nieder in den Übereinkünften zwischen Balfour und Lansing. Langsam begann das angloamerikanische Establishment, seine Haltung und seine Politik zu korrigieren. Aus dem Streben nach einer Weltregierung wurde eine gemeinsame Agenda, die in den kommenden Jahrzehnten deutlicher zutage treten sollte. War es in der künftigen Ordnung weiterhin die britische Elite, die das Sagen hatte? Falls ja, wie lange würde das noch so bleiben?

Zusammenfassung

- Bei Ausbruch des Ersten Weltkriegs war das Gebiet zwischen Kaspischem und Rotem Meer, das wir als Nahen Osten bezeichnen, ein Mischmasch aus Gruppierungen und Stämmen, Gemeinden voller vererbter religiöser Spannungen, eine Landschaft voller Ödnis und Wüsten, abgelegener Städte und Dörfer mit biblischen Namen.
- Im heutigen Palästina lebten damals rund 500 000 Muslime, 60 000 Juden und ähnlich viele Christen.
- Auch nachdem er nicht mehr die britischen Truppen in Ägypten befehligte, pflegte Lord Kitchener ein gutes Verhältnis zu den Husseins, den Hütern der heiligsten Stätten des Islam. Kitchener hoffte, einem Aufruf des osmanischen Sultan-Kalifen zum Heiligen Krieg durch ein Bündnis der Araber mit Großbritannien entgegentreten zu können. Also ging Großbritannien im Oktober 1915 ein »festes und dauerhaftes Bündnis« mit den Arabern ein und versprach, einen unabhängigen arabischen Staat zu unterstützen.
- Im nächsten Schritt schloss das Foreign Office dann einen ganz anderen Pakt mit den Franzosen. London wies Sir Mark Sykes an, mit dem französischen Vertreter Charles Georges-Picot eine geheime Regelung zu treffen, wie man das Osmanische Reich unter sich aufteilen wolle.
- Im Herzen der Geheimen Elite hatte die Sache der Araber keine Stimme, und auch im britischen Parlament gab es keine Fürsprecher. Die Finanzbranche und die Industrie wollten an die Bodenschätze unter dem Wüstensand. Die Interessen der einheimischen Bevölkerung waren ihnen dabei herzlich egal.
- Das britische Kriegskabinett wurde gewarnt, welche Gefahren es mit sich bringen könnte, sollte man die Forderungen der Zionisten in Bezug auf Palästina gutheißen. Doch der Bericht von Lord Curzon

zur Zukunft Palästinas wurde ignoriert, die darin enthaltenen Warnungen missachtet.

- Die britische Geheimdienstoffizierin Gertrude Bell hinterfragte jene, die für eine »Heimstätte« in Palästina eintraten, aber nicht im Mindesten die Absicht hatten, dort eines Tages hinzuziehen.
- Der Indien-Staatssekretär Edwin Montagu wies die Kollegen darauf hin, dass Weizmann nicht dazu imstande sei, auf die Gefühle von Glaubensbrüdern anderer Meinung einzugehen, ebenso wenig auf die Gefühle von Andersgläubigen, die als Folge von Weizmanns Aktivitäten ihre Heimat verlieren würden.
- Seinen Kollegen aus dem Kriegskabinett erklärte Balfour, nur weil die britische Regierung sich für eine jüdische Heimat in Palästina ausspreche, müsse dies nicht zwingend die rasche Gründung eines unabhängigen jüdischen Staats nach sich ziehen. Die künftige Entwicklung werde vielmehr den herkömmlichen Gesetzen der politischen Evolution folgen.
- Die jüdische Gemeinde feierte die Balfour-Deklaration überschwänglich.
- Sir Mark Sykes warnte, dass von Anfang an kooperiert werden und guter Wille an den Tag gelegt werden müsse, ansonsten würde es für Juden wie für Araber gleichermaßen katastrophal enden. Niemand wollte ihm zuhören.
- In den jüdischen Gemeinschaften in Großbritannien und Amerika lief die Propagandamaschinerie zugunsten der Sache der Entente heiß. Eine zionistische Kommission wurde nach Palästina entsandt, um die Gründung einer jüdischen Universität und einer jüdischen medizinischen Fakultät in die Wege zu leiten.
- Warum die Eile? Wenn nach Kriegsende die Friedenskonferenz stattfand, wollten sich die Zionisten durch konkrete Schritte den Anspruch erworben haben, angehört zu werden.

- Die Rothschild-Dynastie in Großbritannien und Frankreich war eng involviert und von großer Bedeutung, was die Finanzierung und die Förderung zionistischer Aktivitäten in Palästina anbelangte.
- Das Lieblingsszenario der Geheimen Elite in Großbritannien: Die Juden kontrollieren das Ostufer des Sueskanals und schützen die Schifffahrtslinien zu Englands zahlreichen Interessen in Indien und Persien.

Kapitel 30

Die Oktoberrevolution

Der Weg wird geebnet

Am 25. Oktober 1917 (nach dem julianischen Kalender gerechnet[1]) übernahmen bolschewistische Revolutionäre die Macht in Russland. Sie brachten dem Land den Kommunismus – und waren Auslöser massiver Auseinandersetzungen, die weite Teile der Welt über fast das gesamte 20. Jahrhundert hinweg in Atem hielten.

Für diejenigen, die in moderner russischer Geschichte nicht sattelfest sind, sei noch einmal erwähnt, dass die bolschewistische Revolution sich stark von der Revolution unterschied, die 8 Monate zuvor in Russland stattgefunden hatte. Der Krieg hatte Russland buchstäblich und im übertragenen Sinn ausgeblutet. Bis zum Januar 1917 waren in 2,5 Jahren tödlicher Kämpfe 6 Millionen junge Russen getötet schwer verwundet oder als vermisst gemeldet worden. Dem standen keine wesentlichen territorialen oder strategischen Gewinne gegenüber. Die Lebensmittel waren knapp, es herrschte Hunger, und die Proteste gegen den Krieg nahmen im gesamten Zarenreich ebenso zu wie die Unruhen.

Am 22. Februar 1917 legten in Petrograd, dem vormaligen Sankt Petersburg,[2] 12 000 Arbeiter des gewaltigen Produktionsbetriebs Putilow die Arbeit nieder. Auf den Straßen schlossen sich ihnen Tausende von Demonstranten an, die »Nieder mit dem Zaren« skandierten. Die Obrigkeit setzte die Stadtgarnison in Marsch, damit diese die Anführer verhaftete und die

Proteste im Keim erstickte, aber die Soldaten weigerten sich, auf die wütende Menge zu schießen. Der Zar dankte daraufhin praktisch sofort ab, angeblich weil er glaubte, das Militär stehe nicht mehr hinter ihm. Mehrere Offiziere wurden von ihren eigenen Leuten erschossen, ansonsten verlief die ganze Angelegenheit unblutig. So beendete die erste russische Revolution, die sogenannte Februarrevolution, 300 Jahre autokratischer Herrschaft. Liberale Abgeordnete aus der Duma, dem russischen Parlament, gründeten mit Sozialisten und Unabhängigen eine »Provisorische Regierung«, die im Petrograder Winterpalast die Arbeit aufnahm. Dieses Organ sorgte auch dafür, dass Russland weiter Krieg gegen das Kaiserreich führte, außerdem entwickelte es Pläne für eine demokratische Herrschaft durch eine gewählte Volksversammlung.

8 Monate später, während der Nacht vom 24. auf den 25. Oktober, besetzte eine Gruppe bewaffneter Kommunisten wichtige Gebiete von Petrograd, drang in den Winterpalast ein und übernahm dort die Kontrolle. Der Staatsstreich wurde angeführt von Wladimir Lenin und Leo Trotzki, zwei extrem-marxistischen Revolutionären, die erst 1917 aus dem Exil zurückgekehrt waren, in das sie hatten fliehen müssen. Das nun war die bolschewistische oder Oktoberrevolution. Lenin und Trotzki erstickten die ersten Gehversuche einer demokratischen Regierungsform, beendeten Russlands Krieg mit Deutschland und installierten ein gnadenlos agierendes kommunistisches System, das Russland die nächsten 74 Jahre beherrschen sollte.

Nach allgemeiner Auffassung war die Februarrevolution ein völlig spontaner Aufstand der Menschen. Das stimmt nicht. Der Putilow-Streik und die Weigerung der Garnison, gegen die Streikenden vorzugehen, waren vom Ausland organisiert worden, und zwar von finanzkräftigen Agenten, die unter den Arbeitern und Soldaten mit Propaganda und Geldgeschenken für Unruhe sorgen wollten. Und die Oktoberrevolution wurde von denselben internationalen Bankiers beeinflusst, auch dank ihrer gewaltigen finanziellen und logistischen Mittel konnten Lenin und Trotzki die Macht übernehmen.

Seit Iwan dem Schrecklichen, der von 1547 bis 1584 geherrscht hatte, wurde Russland bis zur Abdankung von Nikolaus II. im Februar 1917 von Zaren regiert, die sich auf ihr »gottgegebenes Recht« beriefen. Die Romanows zählten zu den reichsten Familien der Welt und mussten sich nicht hinter den

Rothschilds verstecken. Ihnen gehörten gewaltige Ländereien mit großen Palästen, dazu Jachten, eine umfangreiche Diamantensammlung (mit insgesamt 25 300 Karat), Smaragde, Sapphire und 54 der unbezahlbaren, mit Juwelen besetzten Fabergé-Eier.[3] Im Mai 1917 schätzte die *New York Times* das Gesamtvermögen der Familie auf 9 Milliarden Dollar,[4] heute schon eine atemberaubende Summe, aber vor einem Jahrhundert um ein Vielfaches mehr. Unter den Russen der Oberschicht und Mittelschicht, der Bourgeoisie, befanden sich in größeren Mengen Kaufleute, Staatsdiener, Anwälte, Ärzte und Offiziere, die ein gutes Auskommen hatten und sich einen entsprechenden Lebensstil erlauben konnten. Die Arbeiter in den Städten (das Proletariat) und die in der Landwirtschaft tätigen Menschen (die Bauern) stellten die absolute Mehrheit der 175 Millionen Russen, die 1914 das Land bevölkerten. Sie versuchten, immer einen Schritt schneller als Armut und Hunger zu sein, standen Revolutionären aber nicht grundsätzlich positiv gegenüber. Sie zeigten vielmehr »einen festen Glauben an den Zaren«.[5]

1861 hatte Alexander II. die Leibeigenschaft abgeschafft, sich dabei jedoch gegen Bestrebungen nach politischen Reformen gesperrt. Er überlebte mehrere Attentate, fiel dann aber 1881 einem Anschlag auf den Straßen von Sankt Petersburg zum Opfer. Dahinter steckte die revolutionäre Gruppe Narodnaja Wolja (»Volkswille«), die von der Jüdin Wera Figner angeführt wurde. Anschließend wurden die Juden im Ansiedlungsrayon[6] zum Opfer einer Reihe furchtbarer religiös-ethnisch motivierter Massaker, der sogenannten Pogrome.

In den folgenden Jahrzehnten erhoben sich die Bauern immer wieder gegen eine Besteuerung, die dazu führte, dass sie ihr Leben hoch verschuldet und ohne jegliche Aussicht auf Besserung fristen mussten. Arbeiter streikten für mehr Lohn und bessere Arbeitsbedingungen. Studenten forderten Bürgerrechte für alle, und selbst die bequeme Bourgeoisie meldete sich mit Rufen nach einer repräsentativen Regierung zu Wort.

Inmitten all dieser sozialen Unruhen wurde 1897 der 27-jährige marxistische Anwalt und intellektuelle Radikale Wladimir Iljitsch Uljanow von der Ochrana verhaftet, der Geheimpolizei des Zaren. Ein Gericht verurteilte Uljanow wegen subversiver Tätigkeiten zu 3 Jahren Verbannung nach Sibirien. Verglichen mit seinem älteren Bruder Alexander kam Wladimir

Uljanow noch milde davon. Alexander hatte zehn Jahre zuvor ein Attentat auf Alexander III. geplant und landete dafür am Galgen. Wladimir Uljanow nahm den Kampfnamen »Lenin« an und stieg im Zuge der Oktoberrevolution zum mächtigsten Mann in ganz Russland auf.

Geboren ist Lenin in Simbirsk, einer an der Wolga gelegenen Stadt etwa 900 Kilometer östlich von Moskau, die 1924 zu Lenins Ehren in Uljanowsk umbenannt wurde. Sein Vater war Schulinspektor, seine Mutter war die Tochter des zum christlichen Glauben übergetretenen jüdischen Arztes Alexander Blank[7] und kaufte für 7 500 Rubel einen 80 Hektar großen Bauernhof in der Nähe von Samara. Dass Lenin jüdische Ahnen hatte, ist eigentlich völlig belanglos, wäre da nicht der Umstand, dass viele die Oktoberrevolution für eine zionistische Verschwörung halten.

Es ist wichtig, den Hintergrund von Personen, die an derart umwälzenden Ereignissen beteiligt sind, frei von Antipathie oder Sympathie auszuleuchten, auch wenn uns das den – völlig unberechtigten – Vorwurf des Antisemitismus oder Judenhasses einbringen sollte.

Hinter der Balfour-Deklaration vom 2. November 1917 standen mächtige Strippenzieher aus der Geheimen Elite, die den Zionismus unterstützten. Keine 72 Stunden nach dieser Erklärung übernahmen Personen, die von denselben Kreisen finanziert und unterstützt wurden, die Kontrolle über Russland. Es bedarf natürlich keiner großen mentalen Anstrengung, um zu der Frage zu gelangen, ob diese beiden erderschütternden Augenblicke in der Menschheitsgeschichte nicht in irgendeiner Form miteinander verbunden sein könnten.

Im März 1919 war in der *Times* zu lesen: »Zu den ungewöhnlichsten Aspekten der bolschewistischen Bewegung zählt der hohe Anteil nichtrussischer Elemente in der Führungsriege. Von den 20 oder 30 Anführern, die die zentrale Maschinerie der bolschewistischen Bewegung bedienen, sind nicht weniger als 75 Prozent Juden …«[8] Interessant, dass die *Times* zwischen Russen und Juden unterscheidet, als ob es nicht möglich sei, beides zu sein. Unterdessen betonte der *Jewish Chronicle* die Bedeutung des jüdischen Einflusses auf den Bolschewismus: »So viele Juden sind Bolschewiken, und die Ideale des Bolschewismus stehen in vielerlei Hinsicht im Einklang mit den besten Idealen des Judentums.«[9] Und das jüdische Magazin *American Hebrew* schrieb:

Lenin

»Was jüdischer Idealismus und jüdische Entrüstung so stark in Russland beigetragen haben, das wollen dieselben historischen Qualitäten des jüdischen Geistes auch in anderen Ländern verbreiten ... Die bolschewistische Revolution in Russland war das Werk jüdischer Köpfe, jüdischer Unzufriedenheit, jüdischer Planung, deren Ziel eine neue Weltordnung ist. Was dank jüdischer Köpfe – und auch wegen jüdischer Unzufriedenheit und durch jüdische Planung – auf so hervorragende Weise in Russland geleistet wurde, soll durch dieselben mentalen und körperlichen jüdischen Kräfte in der ganzen Welt Realität werden.«[10]

Das ist interessant. 1920, gerade einmal 3 Jahre nach der Balfour-Deklaration diskutierten jüdische Magazine offen über die Führungsrolle der Juden in einer neuen Weltordnung.

»Einige nennen es Marxismus – ich nenne es Judaismus«, kommentierte Rabbi Stephen Wise später die russische Situation.[11] Der Autor Alexander Solschenizyn, der als Opfer des kommunistischen Regimes viele Jahre in Sibirien im Exil verbrachte und später den Nobelpreis für Literatur erhielt, erklärte mit Nachdruck, dass die Juden an der ersten Revolution nicht beteiligt gewesen seien: »Die Februarrevolution wurde nicht von den Juden für die Russen veranstaltet, sie wurde ohne Frage von den Russen selbst durchgeführt … Wir selbst waren die Urheber dieses Schiffsbruchs.«[12]

Solschenizyn fügte allerdings hinzu: »Über den Sommer und Herbst 1917 hinweg gewann die zionistische Bewegung in Russland weiter an Stärke. Im September verfügte sie über 300 000 Anhänger. Weniger bekannt ist, dass die Organisationen der orthodoxen Juden 1917 sehr populär waren. Geschlagen geben mussten sie sich nur den Zionisten, aber sie lagen vor den sozialistischen Parteien.«[13] Er schrieb weiter: »Es gibt viele jüdische Autoren, die bis zum heutigen Tage entweder bestreiten oder wütend zurückweisen, dass Juden den Bolschewismus unterstützt haben, oder die nur defensiv darüber sprechen … Diese jüdischen Abtrünnigen waren jahrelang Anführer im Zentrum der Bolschewistischen Partei, an der Spitze der Roten Armee (Trotzki), des Allrussischen Zentralen Exekutivkomitees, der beiden Hauptstädte, der Kommunistischen Internationale …«[14] Wenn man bedenkt, wie stark Juden in Russland unterdrückt wurden, sollte es nicht überraschen, dass sie damals die Reihen der aktiven Revolutionäre auffüllten. Sie hatten die Schrecken der Pogrome miterleben müssen. Sie verspürten echten Hass, weil der Zar sie unterdrückt hatte. Sie waren entschlossen, die Welt zu verändern.

In seinem Pamphlet *Der Judenstaat* erklärt Theodor Herzl, einer der Väter der zionistischen Bewegung, das Verhältnis zwischen Juden und Revolutionären. In dem an die Rothschilds adressierten Werk heißt es: »Wir werden nach unten hin zu Umstürzlern proletarisiert, bilden die Unteroffiziere aller revolutionären Parteien, und gleichzeitig wächst nach oben unsere furchtbare Geldmacht.«[15] Nach Herzls Tod trat der in Russland geborene David Wolffsohn Herzls Nachfolge als Präsident der Zionistischen Weltorganisation an. In seiner Abschlussrede auf dem Internationalen Zionistenkongress 1907 in Den Haag rief Wolffsohn zu mehr Einigkeit unter den Juden auf und sagte, früher oder später »müssen sie die Welt erobern«.[16] Zur möglichen Rolle der jüdischen bolschewistischen Revolutionäre bei diesen globalen Zielen der Juden äußerte er sich nicht, aber aus seiner Sicht liegt es nahe, dass Politischer Zionismus und die künftige »Heimstätte« ganz gewiss eine Rolle spielen.[17] Wolffsohn wurde 1911 als Präsident der Zionisten von Otto Warburg abgelöst, einem renommierten Wissenschaftler aus der Bankiersfamilie

Der junge Trotzki

der Warburgs, die in diesem Buch eine zentrale Rolle spielt. Warburg sprach später von »glänzenden Aussichten Palästinas« und davon, wie eine weitreichend jüdische Kolonialisierungsbewegung »in benachbarte Länder expandieren« könnte.[18]

In einem Bericht des britischen *Secret Service* heißt es 1919: »Es liegen inzwischen eindeutige Beweise vor, wonach die internationale Bewegung des Bolschewismus von Juden kontrolliert wird. Zwischen den Anführern in Amerika, Frankreich, Russland und England wird mit Blick auf eine Abstimmung des weiteren Vorgehens kommuniziert.«[19] Der britisch-französische Autor, Philosoph und liberale Parlamentarier Hilaire Belloc schrieb: »Sollte jemand noch immer nicht wissen, dass die aktuelle revolutionäre Bewegung in Russland jüdisch ist, handelt es sich vermutlich um einen Mann, der der Unterdrückung durch unsere verabscheuungswürdige Presse zum Opfer gefallen ist.«[20]

Jahre, bevor die Bolschewisten die Macht ergriffen, wurden Lenin und viele andere junge Revolutionäre nach Sibirien ins Exil geschickt. Einer davon war Lew Dawidowitsch Bronstein alias Leo Trotzki, verurteilt zu 4 Jahren in der eisigen Wildnis. Trotzki war wie Lenin Marxist und kannte ihn gut, aber er gehörte anfangs zu einem friedlicheren Flügel der Sozialisten und nicht zu Lenins Hardlinern, den Bolschewiki. Als später beide von westlichen Bankiers finanziell unterstützt wurden, um im Oktober 1917 die Macht ergreifen zu können, wechselte er in das Lager Lenins über und wurde zur Nummer zwei der Bolschewiken. Er gründete die Rote Armee und war genauso berühmt-berüchtigt wie Lenin.

Trotzki kam 1879 in Janowka zur Welt, einem kleinen Dorf in der südlichen Ukraine. Sein Vater war zwar Analphabet, stand aber für einen Bauern vergleichsweise gut da. Bronstein Senior war einfallsreich und habgierig, besaß über 100 Hektar Land und beschäftigte zahlreiche Menschen. Trotzkis Eltern waren Juden, aber im Gegensatz zu Trotzkis bäuerlichem Vater war seine Mutter eine gebildete und kultivierte Frau aus Odessa. Religiöse Gepflogenheiten waren für beide nicht von großer Bedeutung, aber sie sandten Leo auf eine jüdische Schule.[21]

1902 floh Trotzki aus seinem Exil in Sibirien und ließ dabei seine Frau Alexandra und ihre beiden jungen Töchter zurück. Es sei Alexandra gewesen, die darauf bestanden habe, dass er seine Pflicht gegenüber der Revolution über die Familie stelle, sagte Trotzki.[22] Er gab »dem Schicksal« die Schuld an ihrer Trennung, aber seine Taten sprechen für uneingeschränkten Pragmatismus und den »Drang, eine Last abzuwerfen, um sich höheren Dingen zuwenden zu können«.[23] Kurz nachdem er Frau und Kinder in Sibirien zurückgelassen hatte, ließ er sich von Alexandra scheiden und heiratete Natalja Sedowa, die Tochter eines reichen Kaufmanns.

Zu Beginn des Jahrhunderts verließen viele Revolutionäre Russland und zogen nach Westeuropa, zum Teil, weil sie ihre Verbannung abgesessen hatten, zum Teil, weil sie aus Sibirien geflohen waren. Viele Tausend strömten nach New York und bildeten dort eine mächtige Gruppe von Exilrevolutionären. Lenin durfte Petrograd nicht betreten, also siedelte er mit seinem Mitstreiter Julius Martow nach München um und warb dort für die Sozialdemokratische Arbeiterpartei Russlands (SDAPR). Lenin war der Meinung, die Partei müsse von außerhalb Russlands geführt werden. Die SDAPR nannte ihre Parteizeitung *Iskra (»Der Funke«),* weil sie der Überzeugung war, aus dem Funken werde die Flamme der Revolution entspringen: »Die Agenten verteilten sie, verbreiteten über die örtlichen Zellen die Parteipropaganda und kanalisierten die Informationen, die an das Zentralkomitee flossen. Die Zeitung würde dabei helfen, eine zusammenhängende Partei zu erschaffen, die bis dahin nur als eine Reihe unabhängiger Gruppen existiert hatte.«[24] Lenin glaubte fest an das Diktum von Karl Marx, wonach es unvermeidbar sei, dass der Kapitalismus in Russland und andernorts zerfallen werde, weil er die Kräfte seiner eigenen Zerstörung bereits in sich trage. Anschließend würden die Arbeiter die Macht an sich reißen, die Männer und Frauen, die vom Kapital ausgebeutet wurden.

Ende 1901 flohen Lenin und die *Iskra*-Redakteure vor der Münchner Polizei in den Londoner Stadtteil Finsbury. Dort schloss sich ihnen eine Zeit lang auch Leo Trotzki an. Debatten in der Frage, wie man die Revolution in Russland und in anderen Ländern am besten herbeiführen könne, führten mehr und mehr zu Konflikten, insbesondere zwischen Lenin und seinem Freund und Kameraden Julius Martow. Die internen Querelen explodierten 1903 beim Parteikongress. Er begann im Juli in Brüssel, wurde jedoch aus Angst unterbrochen, dass die Proteste der russischen Botschaft die belgische Polizei zum Handeln bewegen würden. Die Delegierten mussten ihre Angelegenheiten in London zu Ende besprechen. Es war die »erste größere Konferenz, die wirklich repräsentativ war, mit Abgesandten aus Russland und ganz Europa«.[25] Teilnehmer waren von den 25 anerkannten sozialdemokratischen Organisationen entsandt worden, und jede Organisation besaß zwei Stimmen – nur die Vertreter des Allgemeinen Jüdischen Arbeiterbunds durften »wegen des Sonderstatus, der ihnen beim ersten Kongress eingeräumt wurde«, drei Stimmen abgeben.[26]

Auf dem Kongress dominierte die *Iskra*-Gruppe, aber Lenin erkannte, dass er die Partei nicht in die gewünschte Richtung würde lenken können, also führte er vorsätzlich eine Spaltung herbei. Die Revolutionäre brachen auseinander in einen »harten« und einen »weichen« Flügel. Lenin wollte klare, perfekt definierte Beziehungen innerhalb der Partei, und hinter den Kulissen wurde um die Stimme jedes einzelnen Abgeordneten gekämpft. Lenin versuchte, Trotzki dazu zu bewegen, zur »harten« Fraktion überzutreten, doch der weigerte sich.[27] Der »harte« Flügel wurde von Lenin angeführt, der seine Anhänger als *Bolschewiki* bezeichnete, als »Mehrheit«. Marxistische Intellektuelle und Befürworter einer weniger intensiven Ideologie zog es zum »weichen« Flügel, während die Bolschewiken zwar auch über ihren Anteil an Intellektuellen verfügten, aber stärkeren Zuspruch bei den Parteiarbeitern der

Provinz und den professionellen Revolutionären fanden – »die Bakterien der Revolution«, nannte Lenin sie. Die »Weichen« setzten eher auf Diskussionen, während die Bolschewiken militant waren und sich als die einzig wahren Kämpfer für die russische Arbeiterklasse sahen.

Lenin wollte eine Partei, die er an der kurzen Leine halten konnte. Das gelang ihm durch eine Truppe ausgesprochen disziplinierter Geheimagenten, die er in einer semimilitärischen Art und Weise einsetzte. Es war *seine* Idee, *seine* Partei, und vor allem war es *seine* Absicht, die Partei als Instrument zur Revolution und zum Sturz der Monarchie einzusetzen – obwohl er wusste, dass sich dieses Ziel »nicht ohne zahllose Opfer würde erreichen lassen«.[28]

Die Gruppe von Julius Martow, zu der auch Alexander Kerensky gehörte, machte angeblich nur die Minderheit *(menschinstwo)* in der SDAPR aus und wurde deshalb als *Menschewiken* bezeichnet. Sie plädierte für eine parlamentarische Regierungsform ähnlich der französischen. Zunächst wollten die Menschewiken innerhalb des Systems arbeiten, da sie überzeugt waren, die Revolution in Russland werde nicht vom Proletariat, sondern von der Mittelschicht ausgehen. Trotzki weigerte sich geradeheraus, sich den Bolschewiken anzuschließen, aber auch bei den Menschewiken fühlte er sich nie so recht zu Hause. Er war bemüht, eine Art Schnittmenge zwischen den Gruppen zu besetzen.[29] Trotzki war ein Internationalist, der an die Abschaffung nationaler Grenzen glaubte. Das passte natürlich hervorragend zu den langfristigen Zielen der Globalisten, die unabhängige Nationalstaaten durch eine Weltregierung ersetzen wollten – der große Traum der Geheimen Elite. Als die Menschewiken Trotzkis Aufruf zu einer Versöhnung ignorierten, distanzierte er sich von ihnen. Doch rein formal war er immer noch ein Menschewik, als er am fünften Parteikongress der Bolschewiken teilnahm, der 1907 in London stattfand. Dort lernte er Josef Stalin kennen.[30]

In der SDAPR herrschte die Auffassung vor, dass die Revolution zu einer »verfassungsgebenden Versammlung« führen solle, die vom gesamten Volk auf der Grundlage eines »allgemeinen, gleichen und direkten Wahlrechts in geheimer Wahl« bestimmt werden solle. Auch Lenin befürwortete dies. Von den »weichen« Menschewiken unterschied ihn allerdings die Art und Weise, wie es Lenin zufolge zu diesen Wahlen kommen sollte. Dafür, dass die Menschewiken auf friedliche demokratische Prozesse setzten, hatte er nur

Verachtung übrig. »Ohne bewaffneten Aufstand ist eine verfassungsgebende Versammlung nur ein Phantom«, wetterte er, »ein Satz, eine Lüge, ein Frankfurter Redekreis.«[31] Beim dritten Kongress der Bolschewiken, der im April 1905 in London stattfand, redete Lenin lange über die Notwendigkeit eines bewaffneten Aufstands und gab sich empört darüber, dass die Menschewiken die Sozialdemokraten eingeladen hatten, sich an den Wahlen zum zaristischen Parlament zu beteiligen. Den langsamen Ablauf der Parlamentsreform erachtete er als Blasphemie, und sein Ton gegenüber den Menschewiken wurde immer extremer. Das führte dazu, dass eine Wiedervereinigung der Partei in immer weitere Ferne rückte.[32]

Trotzki ermutigte Julius Martow dazu, die Spaltung zu beenden, und der dachte ebenfalls darüber nach, aber Lenin sah eine Wiedervereinigung der Partei als Gelegenheit an, die Menschewiken zu schlucken. Letztlich winkte Martow ab, denn er wollte das demokratische Prinzip in der Partei erhalten. 1908 schrieb er an seinen Menschewiken-Genossen Pavel Axelrod: »Ich muss gestehen, je mehr ich darüber nachdenke, desto mehr halte ich es für einen Fehler, auch nur oberflächlich mit dieser Ganovenbande Kontakt zu pflegen.«[33]

Es war diese »Ganovenbande«, die dank der internationalen Bankiers im Oktober 1917 die Macht in Russland übernahm. Letztlich unterschieden sich die beiden Flügel dadurch, dass die Bolschewiken an einen Sozialismus auf der Basis einer Diktatur glaubten, während die Menschewiken auf eine demokratische Basis setzen wollten.[34] Der Riss wurde größer und tiefer, bis es 1912 zur offiziellen Trennung kam.[35]

Im Laufe der Jahre beharkten sich Lenin und Trotzki aufs Heftigste. Trotzki glaubte zutiefst an den »verwestlichenden« demokratischen Grundsatz, Lenin wiederum hielt Trotzki für ausweichend und hinterhältig und warf ihm vor, dass er »doch nur als Linker posiere«. Trotzki konterte: »Die gesamte Struktur des Leninismus basiert derzeit auf Lügen und Unwahrheiten. Sie trägt die giftige Saat der eigenen Zerstörung bereits in sich.«[36] Trotzki zufolge hatte Lenin den Kampf um die Emanzipation der arbeitenden Klasse aus den Augen verloren. Er habe sich in einen Despoten verwandelt, der vom Sieg des Proletariats rede, tatsächlich jedoch den Sieg *über* das Proletariat meine.[37] Trotzki hatte recht.

Im Februar 1904, gerade einmal 6 Monate nach der SDAPR-Konferenz in Brüssel und London, die zum Bruch geführt hatte, ließ sich Russland zu einem katastrophalen Krieg gegen Japan verleiten. Hier mischte die Geheime Elite mit, unter anderem in Person von König Eduard VII., Sir Ernest Cassel und Jacob Schiff von der Wall-Street-Bank Kuhn, Loeb & Co.[38]

Die schrecklichen judenfeindlichen Pogrome in Russland hatten Schiff schockiert, insofern war es für ihn eine Frage der Ehre, Japan finanziell bei dem Krieg gegen das Zarenreich zu unterstützen. Als die japanische Regierung in London und New York wegen eines 10 Millionen Pfund schweren Kredits anklopfte, meldete sich Schiff zur Überraschung und Freude Tokios freiwillig. Er wusste, dass die japanische Flotte in britischen Werften bauen ließ und dass ihre modernen Schiffe besser bewaffnet und schneller waren als die antiquierte Flotte des Zaren. Es stand außer Frage, dass Japan zu See gewinnen würde. Den ersten von fünf großen Krediten, den Kuhn, Loeb & Co. Japan gewährte, nickte König Eduard VII. höchstpersönlich als Vertreter der Geheimen Elite bei einem Essen mit Schiff und Sir Ernest Cassel ab. In Deutschland segnete Arthur Zimmermann, Staatssekretär im Außenministerium, das Vorgehen ab und autorisierte Max Warburg, Verhandlungen mit Japan aufzunehmen.[39]

Im Verlauf des russisch-japanischen Krieges taumelte Russland von einem Desaster ins nächste. Die politischen Unruhen im Land nahmen zu. Beim »Petersburger Blutsonntag« feuerten am 22. Januar 1905 Truppen des Zaren auf eine gewaltige, aber friedliche Demonstrantenschar, die, angeführt vom charismatischen Priester Georgi Gapon, zum Winterpalast zog. Die Menge wollte dem Zaren eine Petition vorlegen, in der sie um allgemeines Wahlrecht bat. Etwa tausend friedliche Demonstranten und Umstehende wurden getötet. Nikolaus II. hatte die Stadt in der Nacht zuvor verlassen, und er war es auch nicht persönlich, der den Schießbefehl gegeben hatte, dennoch büßte er den Respekt vieler Russen ein. 1905 war ein Jahr mit zahlreichen Demonstrationen wütender Arbeiter, mit Streiks und Rebellion von Teilen des Heeres und der Flotte. Die Besatzung des Schlachtschiffs *Fürst Potjomkin von Taurien* meuterte und tötete den Kapitän sowie mehrere Offiziere.

Streikende Arbeiter bildeten »Sowjets« genannte Arbeiterkomitees, die das gemeinsame Vorgehen koordinierten. Es gab sie in großen und kleinen

Städten, unter anderem in Sankt Petersburg, wo der damals 23-jährige Trotzki eine wichtige Rolle spielte. Er war unerlaubt unter falschem Namen aus Finnland zurückgekehrt, verkleidet als ein erfolgreicher Unternehmer. Trotzki schrieb sofort Proklamationen, die in Fabriken verteilt und in der gesamten Stadt angeschlagen wurden. Ein lokaler Streik von Druckern weitete sich im Oktober 1905 zu einem landesweiten Protest aus. Ermutigt von der Polizei, hielten Banden bewaffneter Rechtsextremisten mit Bannern wie »Heiliges Russland« und »Gott schütze den Zaren« Gegendemonstrationen ab. Als Reaktion auf die gewalttätigen Banden begannen die Arbeiter, sich ihrerseits zu bewaffnen.

Im Dezember wurde das Ismailowski-Regiment angewiesen, den kompletten Exekutivausschuss des Sowjets in der Hauptstadt Sankt Petersburg in Arrest zu nehmen. Daraufhin rief der Moskauer Sowjet zum Streik auf, und tausende Moskauer strömten protestierend auf die Straßen. Die Behörden setzten Kosaken in Gang, die Moskauer Demonstrationen aufzulösen, aber sie verweigerten zweimal den Befehl zum Angriff und schlugen sich stattdessen auf die Seite der Streikenden. Die Elitesoldaten der Semenowski-Garde waren weniger mitfühlend. Im Moskauer Arbeiterviertel Presnja trieben sie Demonstranten zusammen und nahmen dann 3 Tage lang das Gebiet unter Beschuss. Viele hundert Menschen starben, darunter 86 Kinder.[40]

Begonnen hatte es 1905 mit dem Petersburger Blutsonntag, es endete mit dem Massaker von Presnja. Die Truppen des Zaren, darunter die gefürchtete Geheimpolizei Ochrana, hatten sich durchgesetzt. Trotzki und dreizehn andere Mitglieder des Sankt Petersburger Sowjets wurden wegen politischer Ränke verhaftet und warteten die nächsten 13 Monate im Gefängnis auf ihre Gerichtsverhandlung. Im Januar 1907 wurden alle Angeklagten zu lebenslanger Verbannung in einem kleinen sibirischen Dorf nördlich des Polarkreises verurteilt, knapp 1000 Kilometer von der nächsten Eisenbahnverbindung gelegen. Auf der Reise ins Exil gelang Trotzki die Flucht, und er kämpfte sich hunderte Kilometer durch den Ural, ehe er schließlich nach Finnland entkam. Nach einem extrem frostigen Treffen mit Lenin reiste er von Finnland über Stockholm weiter nach Wien.

Gnadenlos ließ Nikolaus II. die Aufrührer verfolgen, dennoch leitete er auch Reformen ein. Er gewährte einige grundlegende Bürgerrechte und die

Gründung einer Landesversammlung, der Duma. Die Duma war vergleichbar mit einem Parlament, aber ähnlich wie das britische Parlament im frühen 19. Jahrhundert durften nur männliche Grundbesitzer und Steuerzahler es wählen. Der Zar kontrollierte die Staatsminister, und sie mussten ihm gegenüber und nicht gegenüber der Duma Rechenschaft ablegen. War er mit der Volksvertretung nicht mehr zufrieden, konnte er sie nach Belieben auflösen und Neuwahlen ansetzen.

Die Unruhen dauerten an. Ministerpräsident Pjotr Stolypin, ein leidenschaftlicher Monarchist, überlebte im August 1906 ein Attentat. In seinem Haus explodierte ein Sprengsatz, während er dort eine Feier veranstaltete. 28 Gäste wurden getötet, viele weitere verletzt, darunter auch seine beiden Kinder. Im Juni 1907 löste Stolypin die Zweite Duma auf, feuerte eine Reihe Liberale und ersetzte sie durch Konservative und Monarchisten. Um den Revolutionären Einhalt zu gebieten, ließ er zudem die Polizei hart gegen Demonstranten vorgehen, deren Forderungen sich gegen die Obrigkeit richteten. Andererseits führte er Agrarreformen durch, die vielen Bauern, die verzweifelt Land haben wollten, zu ihrem eigenen Grund und Boden verhalfen. Die Lebensmittelproduktion stieg sprunghaft an. Der britische Botschafter in Sankt Petersburg, Sir George Buchanan, schrieb, Stolypin sei es nicht gelungen, die im Untergrund weiter schwelende Unzufriedenheit völlig aus der Welt zu schaffen, er habe das Land jedoch vor Anarchie und Chaos gerettet. Mit seiner Landwirtschaftspolitik übertraf er sämtliche Erwartungen, und als Stolypin starb, hatten die Agrarkomitees über 7,5 Millionen Hektar Land an einzelne Bauern verteilt.[41]

Mit Abscheu verfolgten die Bolschewiken die Emanzipation der Bauern und den resultierenden Anstieg der Lebensmittelproduktion. Sie beabsichtigen, alles Land dem Staat zu unterstellen und Kooperativen zur Lebensmittelproduktion ins Leben zu rufen. Trotzki hatte die Bauern als »gewaltiges Reservoir potenzieller Revolutionäre« ausgemacht und »akzeptiert, dass der Aufstieg des Bauern als Ergänzung zur Hauptaufgabe des Proletariats von unerlässlicher Bedeutung ist«.[42] Das Ziel war die Revolution und eine vom Proletariat kontrollierte Regierung, wobei mit Proletariat die Arbeiterklasse gemeint war, die ihre Arbeit gegen Geld verkaufte, jedoch nicht die Produktionsmittel besaß.

Sollte die Revolution gelingen, mussten die Bauern mit an Bord geholt werden, aber das wurde immer unwahrscheinlicher, je mehr von ihnen ihren eigenen Hof erhielten. Sowohl dem zaristischen Regime wie auch den Bolschewiken war klar: Die Bauern würden kein politisches System unterstützen, das es ihnen untersagte, eigenes Land zu besitzen. Stolypins Erfolg war eine Gefahr für die Revolution, seine Landreformen mussten enden. Am 14. September 1911 besuchte Stolypin in Anwesenheit von Zar Nikolaus II. eine Vorstellung in der Oper von Kiew, als ihn der jüdische Revolutionär Mordko Gerschkowitsch erschoss. Trotzki kommentierte das später so: »Stolypins Verfassung … hatte sehr gute Chancen zu überleben.«[43] Ganz genau. Die Revolutionäre töteten Stolypin nicht deshalb, weil es ihm nicht gelungen war, den Hunger der Bauern zu stillen oder ihr Leben auf andere Weise zu verbessern, sondern weil er genau dabei zu erfolgreich war.

7 Monate später, im April 1912, legten Bergarbeiter in den Goldfeldern von Lena im nordöstlichen Sibirien die Arbeit nieder. Die Minen brachten ihren Eignern, in London eingetragenen Unternehmen, große Gewinne, aber die Arbeiter bekamen dafür, dass sie täglich 16 Stunden unter erbärmlichen Bedingungen arbeiten mussten, nur einen Hungerlohn ausgezahlt. Der Streik wurde brutal niedergeschlagen. Es war das schlimmste Massaker seit dem Blutsonntag. Mehr als 500 Menschen starben, als Soldaten in die Menge streikender Arbeiter feuerten.[44] Das Gemetzel läutete eine neue Reihe von Arbeitskämpfen ein, eine abermalige Welle der Agitation und steigenden Anspannung im ganzen Land. 2 Wochen nach dem Massaker riefen die Bolschewiken eine Zeitung ins Leben – die *Prawda* (»Wahrheit«).

Trotz dieser tragischen Ereignisse nahmen die Vorbereitungen für den Ersten Weltkrieg Fahrt auf. Nach der blamablen Niederlage gegen Japan 1905 erholte sich Russlands Wirtschaft spektakulär, was vor allem daran lag, dass die Rothschilds und andere internationale Banken gewaltige Geldmengen in das Land pumpten. Um durchschnittlich 8,8 Prozent jährlich wuchs die russische Volkswirtschaft, und 1914 standen allein in Sankt Petersburg nahezu tausend Fabriken, von denen viele für den Rüstungssektor produzierten. Erschrocken verfolgten die Militärstrategen in Berlin, wie rasch Russlands Kriegsindustrie und das russische Schienennetz nach Polen wuchsen. Doch das Ganze hatte auch seinen Preis. »Der russische Boom in den Vorkriegsjahren war massiv durch Schulden finanziert und hing von einem steten Zustrom ausländischen Kapitals ab. Sollte dieser Zustrom je versiegen, würde Russlands gesamte Wirtschaft in Gefahr geraten.«[45]

Schiffbau, Eisenbahnbau, die Produktion von Waffen und Munition – sie alle legten massiv zu. Die ausländischen Bankiers strichen dank der hohen Kreditzinsen sensationelle Profite ein, gleichzeitig konnte Russland auf diese Weise ein umfassendes Aufrüstungsprogramm in die Wege leiten und sich auf den aufziehenden Krieg der Geheimen Elite gegen Deutschland vorbereiten. Millionenfach wurden Patronen und Granaten gefertigt, auf den Werften des Landes entstanden neue Schlachtschiffe, Kreuzer, Zerstörer und U-Boote. Große Darlehen wurden unter der ausdrücklichen Auflage vergeben, dass das Geld ausschließlich für neue Schienennetze zu verwenden sei, die in Richtung deutsche Grenze führten.

Warum war dieser spezielle Aspekt so dermaßen wichtig? Es war noch nie einfach gewesen, eine Millionen Mann schwere Armee zu mobilisieren, dafür bedurfte es effizienter Planung und sorgfältiger logistischer Vorbereitungen. Um Russlands gewaltige Heere in Gang setzen zu können, wenn der Krieg gegen Deutschland anbrach, musste man auf ein gut funktionierendes Schienennetz zurückgreifen können.[46] Sehen wir uns noch einmal an, wer diese Bedingung einforderte: Internationale Bankiers. Schon merkwürdig … sofern es nicht sie waren, die den Krieg planten.

Ende Juli 1914 zwang Zar Nikolaus II. unter dem Vorwand, man müsse Serbien vor Vergeltungsmaßnahmen Österreichs schützen, das Deutsche Reich dazu, Russland den Krieg zu erklären. Angestachelt wurde der Zar in seinem Leichtsinn vom französischen Präsidenten Poincaré und den Geheimabkommen mit der britischen Regierung. Nikolaus orderte eine Generalmobilmachung an und ließ enorme Mengen an Truppen entlang der deutschen Ostgrenze aufmarschieren. Eine Generalmobilmachung galt damals nach allgemeinem Verständnis sämtlicher Staaten als kriegerischer Akt. Angesichts der Gefahr, dass Millionen russische Soldaten ungehindert in deutsches Gebiet einfallen könnten, blieb der Regierung des Kaisers keine andere Wahl, als ihrerseits die Truppen zu mobilisieren und gegen Russland in den Kampf zu ziehen.[47] Um dem Zaren seine »Loyalität« zu danken, hielt die Geheime Elite ihm eine schmackhafte Karotte hin – die Erfüllung von

Russlands großem Traum: Nach dem Sieg über Deutschland würde Russland Konstantinopel und den Bosporus bekommen. Das war seit Jahrhunderten Russlands Heiliger Gral gewesen, und deshalb zog Russland im Juli 1914 in den Krieg. Mit Serbiens Schutz hatte das nichts zu tun. Doch als sich der Krieg immer weiter in die Länge zog und die Zahl der Toten und Schwerverletzten 6 Millionen erreichte, meldete sich auch beim Zaren der Verdacht, dass das perfide Albion ihn mit leeren Versprechungen in den Krieg gelockt hatte.[48] Wie richtig er doch damit lag.

Was sich an Opposition regte, wurde im Keim erstickt. Fünf Sowjet-Abgeordnete und andere Mitglieder der Duma, die sich gegen den Krieg geäußert hatten, wurden verhaftet und in die Verbannung nach Sibirien geschickt. Die *Prawda* wurde unterdrückt, die zentrale bolschewistische Organisation in Russland von der Obrigkeit buchstäblich zerschlagen. Ortsgruppen setzten ihre heimliche Propagandaarbeit fort, aber die Kommunikation mit Lenin und dem in der Schweiz residierenden Zentralkomitee war sporadisch und schwierig. Als der Krieg begann, blieb Lenin in Wien, aber dann zog er um in die Bequemlichkeit der neutralen Schweiz, wo er schrieb, beobachtete und abwartete. Die bolschewistische Bewegung war vergleichsweise still, da so viele führende Mitglieder sich entweder im Ausland im Exil befanden oder nach Sibirien geschickt worden waren. Lenins kleine Exilantengruppe hielt eine Konferenz in Bern ab und rief dort alle Armeen auf, ihre Waffen »nicht gegen Brüder und die Lohnsklaven anderer Länder zu richten, sondern gegen die reaktionären und bourgeoisen Regierungen aller Länder«.[49] Die Kommunikation mit Russland lief nur sehr langsam ab, aber bei Lenin festigte sich der Eindruck, dass wegen der kriegsbedingten Not und den ständigen Niederlagen »ein Erdbeben« bevorstehe.

Die ersten beiden Kriegsjahre verbrachte Lenin in der Schweiz, während Trotzki sich 1915 und 1916 auf der anderen Seite der Grenze in Frankreich aufhielt, wo er die Behörden immer wieder irritierte. Im September 1915 nahm er an der internationalen Konferenz der Sozialisten im schweizerischen Zimmerwald teil, auf der die Teilnehmer ein Ende der Kampfhandlungen forderten. Außerdem schrieb er aufhetzende Artikel für *Nasche Slowo (»Unser Wort«),* ein kleines, antimilitaristisches Magazin der Menschewiken.

Im September 1916 drehte in Marseille eine Gruppe russischer Soldaten, die zur Besatzung eines Transportschiffs gehörte, durch und steinigte ihren Oberst. Der Aufstand wurde niedergeschlagen, die Soldaten wurden verhaftet. Im Besitz einiger Männer fand sich das Magazin *Nasche Slowo,* das von Trotzki verfasste Artikel gegen den Krieg enthielt. Trotzki erklärte, die Zeitungen seien den Männern von der französischen Polizei untergeschoben worden, damit die Behörden einen Vorwand hatten, ihn des Landes zu verweisen. Am 30. Oktober 1916 begleiteten zwei Gendarmen Trotzki zur spanischen Grenze, von wo aus er sich nach Madrid begab. Am 9. November, nach 10 Tagen uneingeschränkter Freiheit in der spanischen Kapitale, spürten ihn spanische Detektive auf und verhafteten ihn als »bekannten Anarchisten« und »unerwünschten Ausländer«.[50]

Ein unbekannter Wohltäter sorgte dafür, dass Trotzki aus dem Gefängnis entlassen wurde und man ihn – unter polizeilicher Aufsicht – zum Hafen von Cádiz im Süden Spaniens brachte. Dort wartete er weitere 6 Wochen. Am 24. November schrieb Trotzki einen langen und aufschlussreichen Brief an seinen Kameraden Moissei Urizki in Kopenhagen. In dem Schreiben erzählt Trotzki, dass er nur noch 40 Francs besaß, als er in Cádiz eintraf. Der Brief fiel auf unbekannte Weise in die Hände des britischen Geheimdienstes. Unter der Ägide des Marineaufklärungsdienstes, der von William »Blinker« Hall geleitet wurde,[51] verfolgten die Briten jeden Schritt Trotzkis. Hall spielte eine zentrale Rolle, was das Wirken der Geheimen Elite in der Admiralität anbelangte. Zu seinen fragwürdigen Leistungen gehört es, die *Lusitania* 1915 vor der Südküste Irlands einem deutschen U-Boot in die Arme getrieben zu haben. Außerdem überwachte er die Kommunikation zwischen der amerikanischen Botschaft in London und Washington.

Aber wer war Moissei Urizki? Der russische Anwalt gehörte der jüdischen sozialistischen Partei an, dem Arbeiterbund, und verbrachte einige Zeit im Exil. Nach der Machtergreifung der Bolschewiken übertrugen sie ihm die Leitung der Tscheka in Petrograd. Als Chef der gefürchteten Geheimpolizei der Bolschewiken war Urizki direkt dafür verantwortlich, dass zahlreiche unschuldige Menschen gefoltert und getötet wurden. In Kopenhagen unterhielt Urizki enge Verbindungen zu Alexander Israel Helphand-Parvus,[52] einem anderen Revolutionär und einer Schlüsselfigur in den Intrigen der Geheimen Elite. Diese Verbindungen können kein Zufall sein.

Nachdem er sich in Cádiz erholt hatte, brachte man Trotzki nach Barcelona, von wo aus er nach New York »deportiert« werden sollte. Warum Barcelona? Cádiz war als Hafen genauso wichtig und lag dichter an New York. Trotzki schreibt: »Es gelang mir, die Erlaubnis einzuholen, dorthin zu reisen und meine Familie zu treffen.«[53] Trotzkis zweite Frau Natalja und ihre beiden Söhne wurden durch eine »Sondervereinbarung« aus Paris nach Barcelona geholt, wo sie in Begleitung der Detektive die Stadt besichtigten. Von wem hatte Trotzki die Erlaubnis erhalten? Das war kein übliches Verhalten – erstklassige Gefängniszelle, Unterbringung in Hotels in Cádiz und Barcelona, Besichtigungen in Begleitung der Polizei?! Dieser Mann wurde nicht wie ein gewöhnlicher »unerwünschter Ausländer« behandelt, er und seine Familie wurden verwöhnt. In Barcelona bestieg er am Heiligabend 1916 das spanische Passagierschiff *Montserrat*, das in Richtung New York in See stach. Sieht man sich die Archive der amerikanischen Einwanderungsbehörde für Ausländer an, die 1916 in Ellis Island eintrafen, so stellt man fest, dass die Familie Trotzki erster Klasse nach New York gereist ist. Ferner liest man dort, dass nicht etwa Trotzki die Tickets erworben hat, sondern dass sie für ihn bezahlt wurden.[54] Von wem?

Auf der Überfahrt ließ sich Trotzki mit nur wenigen Mitreisenden ein. Einer davon war Arthur Cravan, Preisboxer in der Halbschwer-Gewichtsklasse, der kurz zuvor vor 30 000 Zuschauern einen Titelkampf in Barcelona verloren hatte. Der genaue Grund für Cravans Reise ist unbekannt, aber es gibt die faszinierende Theorie, dass er ein britischer Agent war, der den Auftrag hatte, aus Trotzki so viele Informationen wie nur möglich herauszuholen. Nach dem Eintreffen in New York hätte er dann Sir William Wiseman Bericht erstattet, dem Chef des britischen Geheimdienstes in den USA.[55] Darüber hinaus besteht die Möglichkeit, dass der großgewachsene, kräftige Cravan als Trotzkis persönlicher Leibwächter an Bord des Schiffs und bei der Landung in den USA fungierte.

Das mag auf den ersten Blick weit hergeholt erscheinen, ist es aber nicht. Trotzki wurde während seines gesamten Aufenthalts in Spanien außerordentlich gut von Zivilpolizisten geschützt. Die amerikanische Presse berichtete über sein Eintreffen in den USA, und zwar genau zu dem Zeitpunkt, als die antideutsche Propaganda und der Hurrapatriotismus auf Hochtouren liefen. Die internationalen Bankiers wollten Trotzki als zentrale Schachfigur für ihre Intervention in Russland nutzen, da konnten sie nicht zulassen, dass ihm etwas zustieß, noch ehe das Spiel überhaupt begonnen hatte.

Die *Montserrat* legte spät in der Nacht des 13. Januar 1917 in New York an. Aus der Passagierliste, die den amerikanischen Einwanderungsbehörden vorgelegt wurde, geht hervor, dass Trotzki mindestens 500 Dollar dabeihatte (was etwa 10 000 heutigen Dollar entspräche). Als erste Adresse gab er das luxuriöse Hotel Astor in New York an. Die Reservierung war von Personen vorgenommen worden, die bislang unbekannt sind.[56]

In seiner Autobiografie unterschlug Trotzki, dass er und seine Familie im Astor abstiegen, stattdessen erzählte er, wie er in einem »Arbeiterviertel« eine Wohnung »mietete« und drei Mieten im Voraus bezahlte. Die Wohnung auf der Vyse Avenue in der Bronx verfügte über sämtliche Annehmlichkeiten, darunter »ein Gasherd, ein Bad, Telefon, einen automatischen Fahrstuhl und eine Müllrutsche«.[57] Es gab sogar einen Hausmeisterdienst. Möglicherweise am erstaunlichsten von allem: Die Familie ließ sich in einer Limousine mit Chauffeur herumfahren. Der »verarmte, unerwünschte« Revolutionär Trotzki hatte in Madrid den Aufenthalt in einer Zelle erster Klasse genossen, war in Cádiz und dann Barcelona 6 Wochen lang in netten Hotels abgestiegen, hatte mit seiner Familie geführte Besichtigungen absolviert, reiste innerhalb von 13 Tagen erster Klasse per Dampfschiff nach New York und stieg dort in einem Luxushotel ab, bevor er eine sensationelle Wohnung in New York bezog und dort ein stilvolles Leben inklusive eigenem Fahrer genoss. Wie kann das sein?

Die Ereignisse, die sich unterdessen in Russland zutrugen, standen in krassem Gegensatz zu Trotzkis immensem Glück. In Russland steuerte alles auf eine Katastrophe zu. Der Zar und das Militär erkannten, dass im ganzen Land die Unzufriedenheit wieder zunahm. Gleichzeitig war ihnen bewusst, dass »gewaltige Kräfte am Wirken waren und eine Revolutionsbewegung von beispiellosem Ausmaß schürten«.[58] Ende Dezember 1916 wurde der höchst umstrittene russische Heiler Grigori Rasputin auf brutalste Weise ermordet. Die

Zarin war seit 1907 dem Einfluss Rasputins komplett erlegen. Sie war überzeugt, nur er könne ihren Sohn, der an der Bluterkrankheit litt, noch retten.

Noch weitere gewalttätige Ereignisse kündeten von dem »Erdbeben«, das Lenin vorausgesagt hatte, aber der Zar hoffte, mit einem erfolgreichen Abschluss des Kriegs und der Eroberung Konstantinopels die Revolution noch abzuwenden. Im verzweifelten Bestreben, dieses Ziel zu erreichen, bereiteten Russlands fähigste Militärstrategen eine große Sommeroffensive für 1917 vor. Über 7 Millionen Soldaten sollten an der Ostfront zum Einsatz kommen und Berlin, Wien und Konstantinopel erstürmen. Der Mangel an Artillerie war ein Problem, aber die Planer waren zuversichtlich, dass Großbritannien und Amerika das Benötigte liefern würden. Die Russen glaubten: »Allein der Druck, den diese kolossale Armee ausgeübt hätte, hätte in Verbindung mit einer gleichzeitigen Offensive von Briten und Franzosen an der Westfront Deutschland in die Knie gezwungen und bis September 1917 einen überwältigenden Sieg nach sich gezogen.«[59]

Eine gewaltige russische Offensive, die den Krieg in naher Zukunft beenden würde? Für so etwas hatte die geheime Clique in London keinen Bedarf. Seit Anfang 1915 wäre es ein Leichtes gewesen, den Krieg erfolgreich zu beenden – Deutschland hätte einfach nur von der Versorgung mit Lebensmitteln, Öl, Bodenschätzen, Schießbaumwolle und allem für die Munitionsproduktion Erforderlichen abgeschnitten werden müssen. Die Geheime Elite hatte dem Zaren versprochen, Russland werde nach Kriegsende Konstantinopel als gerechten Lohn für seine Mühen erhalten, war aber fest entschlossen, es niemals so weit kommen zu lassen. Beim Angriff auf die Dardanellen und Gallipoli hatte die Entente 1915 eine Viertelmillion Mann geopfert, aber wie wir an anderer Stelle dargelegt haben, geschah dies vorsätzlich, um zu verhindern, dass Konstantinopel in russische Hände geriet. Dass die Russen 1917 durch eine groß angelegte Offensive Besitz von der osmanischen Hauptstadt ergriffen und den Krieg beendeten, würde die Geheime Elite unter keinen Umständen erlauben. Sie wollte das Osmanische Reich nach eigenem Gutdünken aufteilen, und Russland würde dabei ganz gewiss kein Wörtchen mitreden, das würde man zu verhindern wissen.

In gewisser Hinsicht war es eine Neuauflage von Gallipoli. Bis die Vereinigten Staaten in den Krieg eintraten und amerikanische Truppen auf europäischem Boden landeten, waren die russischen Einheiten noch sehr wertvoll, aber es ging nicht an, dass Russland nach dem endgültigen Triumph bei der Aufteilung der Beute mitredete. Es musste unbedingt verhindert werden, dass der Zar 1917 eine erfolgreiche Offensive durchführte. Rasch wurde eine Konferenz der verbündeten Mächte in Petrograd arrangiert, bei der es theoretisch darum ging, die angedachte Offensive abzustimmen, sich auf die Versorgung Russlands mit den wichtigsten Rüstungsgütern zu verständigen und die russische Moral zu stärken. Auftritt Alfred Milner. Der Kopf der Geheimen Elite leitete die britische Delegation und war Kabinettsunterlagen zufolge befugt, »Russland Zusagen bezüglich Nachschub zu machen, sofern die Russen seiner Einschätzung nach diese Vorräte gut gebrauchen können«.[60]

Was für eine Macht! Für die geplante Offensive war es unerlässlich, dass Russland mit Rüstungsgütern beliefert wurde, aber Milner konnte ganz allein und persönlich darüber befinden, ob Großbritannien das Benötigte tatsächlich liefern würde. Einzig in seinen Händen lag die Macht zu entscheiden, ob der Krieg im Sommer/Herbst 1917 enden sollte, oder ob er länger anhalten würde. Ohne die Artillerie wäre Russlands Sommeroffensive zum Scheitern verurteilt, es würde keinen Sieg geben, und das Schicksal des Zaren wäre besiegelt.

Vom schottischen Oban aus stachen Milner und die britische Delegation am 20. Januar 1917 in See. Bruce Lockhart, der britische Konsul in Moskau, schreibt: »Selten in der Geschichte großer Kriege haben so viele wichtige Minister und Generäle ihre jeweilige Heimat für ein derart sinnloses Unterfangen verlassen.« Die Briten hatten die größte Delegation in Marsch gesetzt, neben Lord Milner gehörten ihr seine politischen Berater Lord Revelstoke (ein Bankier) und George Clerk an, dazu seine militärischen Berater Sir Henry Wilson und fünf weitere Generäle.[61] Die Franzosen schickten einen Politiker und zwei Generäle, die Italiener einen Politiker und einen General. Warum war der Anteil an Generälen in der britischen Delegation dermaßen hoch?

General Sir Henry Wilson aus dem engen Umfeld der Geheimen Elite war dabei, um die endgültige Entscheidung aus militärischer Sicht abzusegnen. Wilson war Milner hörig, niemals hätte er es gewagt, ihm zu widersprechen. Nur wenige britische Generäle wiederum hätten es gewagt, General Wilson zu widersprechen. Sie führten Gespräche mit ranghohen Vertretern des russischen Militärs, die sie, wie es hieß, herzlich wenig beeindruckt hatten. Es war offenbar ganz so, wie der britische Konsul gesagt hatte, ein »sinnloses Unterfangen«. Tatsächlich jedoch war es ein voller Erfolg, denn das eigentliche Ziel wurde erreicht: Russland würde keine Fortschritte machen, was eine Eroberung von Konstantinopel betraf.

Die Reise von Schottland nach Russland war gefährlich, Lord Kitchener war 1916 bei einer ähnlichen Fahrt ums Leben gekommen. Lord Milner trat die beschwerliche Reise an, obwohl ihm Lord Esher, ein weiteres Mitglied der Geheimen Elite, davon abgeraten hatte. Direkt nach seiner Ankunft in Petrograd ließ Milner keinen Zweifel daran, dass er Bedenken hatte – noch bevor er sich überhaupt mit den Russen getroffen oder mit ihnen über mögliche Waffenlieferungen gesprochen hatte. Von Anfang an führte er die »Ineffizienz der Russen« als Vorwand dafür an, ihre Bitte um die Lieferung von Artillerie abzuweisen.[63] Wiederholt traf er sich mit dem Zaren und warnte ihn: Sollte Großbritannien Russland schwere Artillerie, die man selbst so dringend benötigte, abtreten, müsste Russland zunächst einmal nachweisen, dass die eigenen Bestände erschöpft waren. Außerdem benötigte Milner Zusagen, dass Russland überhaupt imstande war, Deutschland militärisch zu besiegen. Viele unabhängige, »gut informierte Quellen« hätten ihm zugetragen, dass es Russland bislang nicht gelungen sei, seine Mannstärke und seine eigenen gewaltigen Ressourcen voll und ganz einzubringen, erklärte er ganz unverblümt.

Milner versprach Nikolaus II. rein gar nichts. Am 3. März 1917 traf er wieder in London ein und informierte seine Regierung über sein Urteil: Keine Artillerie für Russland. 3 Tage später legte er dem Kriegskabinett seinen offiziellen Bericht über die Konferenz der Alliierten in Russland vor und kam darin zu einem abfälligen Urteil: Es hätten zu viele unnötige Personen teilgenommen – was schon ironisch ist, wenn man berücksichtigt, wie groß die ihn begleitende Delegation gewesen war –, und es seien zu viele persönliche und mit dem eigentlichen Thema nicht zusammenhängende Dinge angeschnitten worden. Er sei schockiert, wie schlecht ausgebildet die russischen Soldaten an modernen Waffen seien, gab er zu Protokoll, die Organisation sei chaotisch verlaufen. Die russische Regierung unter dem Zaren sei »ein hoffnungsloser Fall« und mit Besserung nicht zu rechnen. Aus seiner Sicht jedoch sei »das Gerede über eine Revolution stark übertrieben«.[64] Insbesondere widersprach er der Auffassung, dass eine Revolution kurz bevorstehe. Eine erstaunliche These, die wir uns einmal näher ansehen sollten.

Milner erstattete vor einem Kriegskabinett, dem die Premierminister von Kanada und Neuseeland angehörten, mündlich Bericht. Alle politischen Akteure der Geheimen Elite waren anwesend. Protokoll wurde nicht geführt, und wir werden nie genau erfahren, was gesagt wurde.[65] In seinem schriftlichen, auf den 13. März datierten Memorandum für das Kabinett heißt es, es werde keine Revolution geben – unterschrieben wurde es 5 Tage *nach* Beginn der Revolution! Unmöglich, sich vorzustellen, dass dem Foreign Office das nicht bekannt war oder dass Milner nicht noch den Inhalt seines Schriftstücks hätte ändern können, wenn er das gewollt hätte. Es war eine wohlbedachte Äußerung, die ablenken sollte von seinen im Bericht nicht erwähnten Gesprächen mit anderen Personen. Lord Alfred Milner wusste ganz genau, was in Petrograd geschehen würde, denn die Geheime Elite spielte bei den dortigen Ereignissen eine zentrale Rolle.

Lord Milners Einschätzung, es werde nicht zur Revolution kommen, war ein Schock für Bruce Lockhart, den britischen Konsul in Moskau. Er argwöhnte, dass das Außenministerium einen falschen Bericht vorbereitet hatte. Nichts habe bei Milners Besuch darauf hingedeutet, dass dieser auch nur das geringste Vertrauen in den Zar hatte, erklärte Lockhart.[66]

Milners Bericht wurde in Absprache mit dem Außenministerium in der Absicht erstellt, seine Zeitgenossen – und gewiss auch spätere Historiker – auf eine falsche Fährte zu locken. In seinen Kriegsmemoiren beklagt sich Premierminister David Lloyd George, Milner habe offensichtlich nicht erkannt, wie ernst die Lage gewesen sei: »Von allen Seiten sind Warnsignale auf sie eingeprasselt, insofern ist es unverständlich, wie sie so blind und taub sein konnten.«[67] Milner war weder das eine noch das andere. Mit der Kritik konnte er – wie immer – gut leben, täuschte sie doch über seine eigentlichen Intentionen hinweg.

Während seines Aufenthalts in Russland traf sich Milner auch mit Fürst Georgi Lwow, einem Mitglied der Duma. Bei der Unterredung ging es ganz spezifisch um die Möglichkeit, dass »innerhalb der kommenden 3 Wochen« eine Revolution losbrechen könnte.[68] Lloyd George übte scheinbar Kritik an

Milner, aber das war Teil der Tarnmanöver, mit deren Hilfe historische Wahrheiten unter den Teppich gekehrt werden sollten. David Lloyd George war eine politische Marionette der Geheimen Elite, war in die Pläne eingeweiht und spielte bereitwillig mit. Seine Seele hatte er ohnehin bereits Jahre zuvor an internationale Bankiers veräußert und im Austausch Macht und materiellen Reichtum erhalten.[69]

Fast 3 Wochen nach den Privatunterredungen von Milner und Fürst Lwow kam es in Petrograd zur »spontanen Revolution«. Zar Nikolaus dankte ab und Lwow wurde neuer Ministerpräsident.

Es ist keine leichte Aufgabe, das Netz an Intrigen zu entwirren, das die Geheime Elite im Verlauf ihrer Russlandmission geflochten hatte. Eines war jedoch ganz klar: Alfred Milner war kein Mann, der Zeit zu verschwenden hatte, und schon gar nicht jemand, der sich mitten im tiefen Winter auf die Reise durch mit feindlichen U-Booten verseuchte Gewässer machte, sofern es nicht um ein Thema von allergrößter Bedeutung ging. Dass er sich keine 3 Wochen bevor die Lage explodierte, in Petrograd aufhielt, war keineswegs reiner Zufall. Er sah, was dort geschah, und er wusste, was kurz bevorstand. Der Grund für den Besuch war ganz bestimmt nicht der, über Geschützlieferungen an Russland zu sprechen. Seine Anwesenheit auf einer »Konferenz der Alliierten« war die perfekte Tarnung, denn Milner hatte viel wichtigere Geschäfte zu erledigen. Zum selben Zeitpunkt schmierten Handlanger der Geheimen Elite nämlich Arbeiterführer in den gewaltigen Putilow-Werken und Soldaten der örtlichen Garnison. Die Vorbereitungen für die bevorstehende Revolution wurden getroffen, während sich Milner in Petrograd aufhielt.

Wir wissen, dass er Privatunterredungen mit dem Zaren geführt hat, und es ist nicht völlig ausgeschlossen, dass Milner Nikolaus II. davon in Kenntnis setzte, dass die britischen Nachrichtendienste über hieb- und stichfeste Indizien für bevorstehende massive Unruhen in der Hauptstadt verfügten – Unruhen, die die persönliche Sicherheit des Zaren und die seiner geliebten Kinder stark gefährden würden. Hauptziel der Geheimen Elite bei dieser Operation war es, ihre eigenen Agenten in Russland an die Macht zu bringen. Nikolaus hatte seine Schuldigkeit getan. Hat Milner Nikolaus zum Rücktritt gedrängt und ihm im Gegenzug versprochen, Großbritannien werde ihm und seiner

Familie sicheren Unterschlupf bieten? Viele Beobachter waren überrascht davon, wie rasch der Zar zurücktrat und wie wenig Widerstand er leistete.

Die Theorie von Milners Beteiligung ist nicht weit hergeholt. Im Parlament warf man ihm vor, in Russland Reden gehalten zu haben, über die aufgrund der Zensur nicht in Großbritannien berichtet wurde. John Dillon, Anführer der irischen Nationalisten, ging Milner an, weil dieser das Regime des Zaren unterstützte und er in Moskau Unsinn verbreitet hätte, was das Ausmaß anging, das die Empörung der russischen Bevölkerung erreicht hatte.[70] Nach seiner Rückkehr nach London wurde Milner in der *Times* mit der Aussage zitiert: »Es ist ziemlich falsch anzunehmen, dass es in Russland Kontroversen um die Führung des Kriegs gibt.«[71] Natürlich ist das Unfug, aber derartige Äußerungen dienten einzig dazu, die Aufmerksamkeit weg von den eigentlichen Ereignissen zu lenken.

2 Tage später brach die Revolution los. Auf Fragen aus dem Parlament antwortete Schatzkanzler Andrew Bonar Law, ein Mann der Geheimen Elite, am 3. April 1917: »Mir sind Aussagen unserer Feinde untergekommen, wonach es an Lord Milner gelegen habe, dass der Zar gestürzt wurde.«[72] Wie bitte? Milner hat Reden gehalten, deren Inhalt nicht veröffentlicht wurde, und er hat Personen getroffen, von denen wir nicht genau wissen, um wen es sich handelte. Aber was genau wussten die Deutschen sonst noch? Wo sind die Beweise, dass Milner für den Sturz des Zaren verantwortlich war? Erneut erreichen wir eine Sackgasse, was Milners Aktivitäten anbelangt. Später wurden Berichte und Unterlagen entfernt, Korrespondenzen auf sein Geheiß hin verbrannt und alle Hinweise auf seine Machenschaften vernichtet. Alfred Milner mag vieles gewesen sein, ein »Argloser im Ausland« war er ganz gewiss nicht. Er wusste, was vor sich ging, denn wie seine Freunde aus den Rothschild-Kreisen und der Geheimen Elite hatte er den Finger am Puls, noch bevor das Herz überhaupt schlagen konnte.

Wenn die allgemeine Geschichtsschreibung des Ersten Weltkriegs zutrifft, stellt sich die Frage, warum Milner andeutete, Russland bei der geplanten gewaltigen Sommeroffensive mit Militärgerät zu unterstützen – eine Offensive, die mit hoher Wahrscheinlichkeit die feindlichen Kräfte an der Ostfront aufgerieben und den Krieg damit erfolgreich zum Abschluss gebracht hätte. Warum lehnte er die Gelegenheit ab, Russland lukrative Kredite für Waffenkäufe unterzujubeln? Britischen Rüstungskonzernen hätte das beträchtliche Profite beschert. Die Antwort war dieselbe wie immer: Konstantinopel. Niemals durfte es geschehen, dass Russland Konstantinopel in die Hände bekam.

Während die Behörden des Zaren alles versuchten, um die Flammen der Revolution zu ersticken, fachte die Geheime Elite die Glut noch an. Der Entdecker, Journalist und Russlandexperte George Kennan enthüllte in einem Artikel für die *New York Times,* dass Jacob Schiff von der Wall-Street-Bank Kuhn, Loeb & Co. Anfang 1917 russische Revolutionäre finanziell unterstützte. Das geschah durch eine Organisation namens Gesellschaft der Freunde russischer Freiheit.[73] Tatsächlich hatte Schiff bereits seit mindestens 1905 russische Revolutionäre finanziert.

Der Zar beriet sich mit George Buchanan, dem britischen Botschafter in Petrograd, und informierte ihn, er werde Friedensverhandlungen mit Deutschland aufnehmen, sollte die geplante Offensive nicht stattfinden können, weil die Briten keine Artillerie lieferten. Nikolaus II. hatte ja keine Ahnung, mit welcher Entschlossenheit Großbritannien handeln würde, um zu verhindern, dass Russland und Deutschland miteinander sprachen. Der britische Botschafter in Russland höchstpersönlich stand im Mittelpunkt von Machenschaften, die darauf abzielten, den Zaren zu stürzen, sollte er die Bereitschaft verlieren, den Krieg fortzusetzen. Zu diesem Zweck hatte Buchanan eine »Clique wohlhabender Bankiers, liberal gesinnter Kapitalisten, konservativer Politiker und verärgerter Aristokraten« um sich geschart.[74]

Leere Drohung oder nicht – der Zar hatte darüber diskutiert, ob man mit Deutschland Frieden schließen solle. Der Geheimen Elite war klar: Der Zar musste weg. Viele örtliche Beobachter, Besucher und Medienmenschen berichteten während und unmittelbar nach Milners Russlandvisite, dass alles von britischen und amerikanischen Agenten wimmele und diese vor allem in Petrograd Gelder für einen Aufstand verteilten. Britische Agenten wurden dabei beobachtet, wie sie Soldaten des Pawlowski-Regiments 25-Rubel-Noten in die Hand drückten – wenige Stunden bevor die Soldaten gegen ihre Offiziere meuterten und sich auf die Seite der Revolutionäre stellten.[75] Nachfolgend veröffentlichte Erinnerungen und Unterlagen machten deutlich, dass Milner die Mittel bereitgestellt hatte und das Vorgehen über Sir George

Buchanan steuerte. Es war ein Vorgehen, das sich in der Vergangenheit so viele Male als erfolgreich für die Geheime Elite erwiesen hatte. Die Mitglieder der Tafelrunde[76] waren wieder einmal auf beiden Seiten des Konflikts aktiv und arbeiteten daran, die ins Visier genommene Regierung zu schwächen und zu stürzen. Zar Nikolaus hatte guten Grund zu der Annahme, dass die Briten die Allerletzten wären, die Ränke gegen ihn schmiedeten, schließlich war Großbritannien ein enger Verbündeter Russlands. In Wahrheit jedoch repräsentierte der britische Botschafter höchstselbst die im Dunkeln agierende Kabale, die den Sturz der russischen Regierung finanzierte.[77]

Zusammenfassung

- 300 Jahre lang regierten die Romanows das russische Reich autokratisch. Sie genossen fantastischen Reichtum, während die überwältigende Mehrheit der 175 Millionen Russen am Rande der Armut und des Hungers lebte.
- 1881 wurde Zar Alexander II. von Mitgliedern einer revolutionären Gruppe um die Jüdin Wera Figner ermordet. Anschließend wurden Russlands Juden zur Zielscheibe schrecklicher Pogrome – sie waren zum Sündenbock auserkoren worden.
- Im ganzen Land wuchs die Unruhe. Die Menschen forderten bessere Zustände, eine repräsentative Vertretung und Bürgerrechte.
- Tausende junge revolutionäre Sozialisten wurden verhaftet und in die Ödnis von Sibirien verbannt, darunter auch Wladimir Lenin und Leo Trotzki. Viele flohen in den Westen oder die USA oder setzten sich nach ihrer Freilassung dorthin ab.
- Russische Revolutionäre, die nach Westeuropa ins Exil gegangen waren, warben dort für die Sozialdemokratische Arbeiterpartei

Russlands (SDAPR), die sich nach heftigem Streit in zwei Lager aufteilte, Bolschewiken und Menschewiken.

- Die Bolschewiken propagierten einen bewaffneten Aufstand gegen den Zarismus, die Menschewiken strebten einen friedlichen Machtwechsel an, der durch demokratische Prozesse erreicht werden sollte.

- Die bolschewistische Führung bestand zu drei Vierteln aus Juden. Ein jüdisches Magazin aus Amerika bezeichnete die bolschewistische Bewegung als Produkt jüdischer Unzufriedenheit, jüdischer Denkleistung und jüdischer Planungen. Das Endziel sei, wie auf dem Weltzionistenkongress von 1907 geäußert, eine neue Weltordnung.

- Im Januar 1905, Russland befand sich gerade im Krieg mit Japan, töteten Truppen des Zaren rund 1000 friedliche Demonstranten, die auf den Winterpalast in Sankt Petersburg zumarschierten. Die sozialen Unruhen nahmen zu, das ganze Jahr über kam es immer wieder zu Arbeitsniederlegungen und Demonstrationen.

- Die streikenden Arbeiter gründeten als Sowjets bezeichnete Arbeiterkomitees. Ein lokaler Druckerstreik schaukelte sich Ende 1905 zu einem landesweiten Protest hoch. Revolution lag in der Luft, aber die Truppen des Zaren, darunter die sehr gefürchtete Geheimpolizei, schlugen die Proteste nieder.

- Zar Nikolaus II. ließ die Aufrührer gnadenlos verfolgen, gleichzeitig führte er aber einige grundlegende Bürgerrechte ein und ließ eine Landesversammlung gründen, die Duma.

- Nach einer vergleichsweise ruhigen Phase erschoss im September 1911 ein jüdischer Revolutionär den Ministerpräsidenten Pjotr Stolypin. Die Behörden griffen wieder hart durch. 7 Monate später streikten die Arbeiter auf dem Lena-Goldfeld, das zum Teil auch britischen Geschäftsleuten gehörte. Regierungstruppen rückten an und erschossen oder verwundeten rund 500 Streikende.

- Das Lena-Massaker schien eine neue Phase des Arbeitskampfes einzuläuten, aber ausländische Geldgeber pumpten in Vorbereitung auf den kommenden Krieg gewaltige Kredite nach Russland. Das löste einen Wirtschaftsboom aus, der die Spannungen linderte.
- Ende Juli 1914 ordnete Zar Nikolaus II. eine Generalmobilmachung an – getrieben auch von den falschen Versprechungen der Briten, dass Russland Konstantinopel erhalten werde. Als die gewaltigen Heerscharen an der deutschen Ostgrenze aufzogen, blieb dem Kaiserreich keine andere Wahl, als ebenfalls zu reagieren. Der Erste Weltkrieg begann.
- Ab Dezember 1916 schien eine Revolution immer wahrscheinlicher. Leo Trotzki wurde in Frankreich vor die Tür gesetzt, woraufhin der »verarmte« Revolutionär und seine Familie von der spanischen Polizei verwöhnt wurden, ehe sie erster Klasse nach New York fuhren. Dort stiegen sie zunächst in einem Fünf-Sterne-Hotel ab, bevor sie in ein Luxusapartment umzogen.
- Russland hatte in den ersten 2 Kriegsjahren über 6 Millionen Opfer zu beklagen. Das führte zu Elend und fachte soziale Unruhen an.
- Der Zar begann, für den Sommer 1917 eine große Offensive zu planen. Er war der Auffassung, seine aus 7 Millionen Mann bestehenden Heere würden die deutschen Truppen rasch niederwerfen können, doch zunächst benötigte man noch von den Alliierten Geschütze. Ein Sieg hätte es Russland erlaubt, sich Konstantinopel einzuverleiben, aber das hätte die Geheime Elite niemals zugelassen.
- Der Anführer der Geheimen Elite, Alfred Milner, reiste nach Russland und weigerte sich anschließend, der russischen Bitte um mehr Waffen und Militärgüter nachzukommen.
- Milner erklärte kategorisch, es werde keine Revolution geben. Das tat er, um zu vertuschen, wie stark die Geheime Elite die revolutionären Aktivitäten in Petrograd beeinflusste. Agenten der Geheimen Elite hatten die Saat der Revolution gesät, indem sie Fabrikarbeiter und Soldaten der Garnison von Petrograd bestachen.

Kapitel 31

Russlands Ausverkauf

Die Russische Revolution begann am 22. Februar 1917 (nach dem julianischen Kalender). Sie wird immer wieder als spontaner und führerloser Aufstand des geknechteten und unterdrückten Proletariats hingestellt, aber das stimmt nicht im Geringsten. Die Revolution war vielmehr die direkte Folge dessen, was die Arbeiterführer der gewaltigen Putilow-Rüstungsbetriebe in Petrograd taten. Sie und Arbeiterführer anderer großer Industriebetriebe in der russischen Hauptstadt wurden dafür bezahlt, die Arbeit niederzulegen und soziale Unruhen zu entfachen.

Nach einer wütenden und erbitterten Tirade gegen die Lohnpolitik der Unternehmensführung riefen die Arbeiterführer die 30 000 Mitarbeiter der Putilow-Werke dazu auf, in den Ausstand zu treten. In den folgenden Tagen wurden die Belegschaften weiterer Fabriken in der Stadt auf ähnliche Weise angestachelt, aktiv zu werden und durch Streiks zu bekunden, dass man hinter den Kollegen von Putilow stehe. Am 22. Februar schloss die Geschäftsleitung des großen Rüstungsbetriebs die Fabriktore. Hatten die Bosse vorab eine Warnung erhalten, dass Sabotageakte drohten? Am nächsten Tag war Internationaler Frauentag, und es wurde erwartet, dass zehntausende Frauen gegen den Krieg demonstrieren würden, darunter viele Kriegswitwen und Frauen, deren Männer an der Front schwer verwundet worden waren.

Die Belegschaft der Putilow-Werke schloss sich den Frauen auf den Straßen an, dazu kamen 90 000 weitere Arbeiter. In Scharen zogen die Menschen durch die Stadt und protestierten gegen die Lebensmittelknappheit. Sie riefen dazu auf, die Kampfhandlungen einzustellen und die Monarchie zu stürzen. Am nächsten Tag waren noch deutlich mehr Menschen auf den Straßen. Sie schlugen Schaufensterscheiben ein, und hungrige Demonstranten bedienten sich in Bäckereien selbst. Die Polizei von Petrograd erschoss einige Demonstranten, aber sie war zahlenmäßig hoffnungslos unterlegen.

Kurz bevor es in Petrograd zu den »spontanen« Gewaltausbrüchen kam, verabschiedete sich der britische Botschafter Sir George Buchanan aus der Stadt – »in sichere Entfernung zum Schauplatz eines Tumults, den er selbst zu entfachen mitgeholfen hatte«.[1] Ein alter Kniff. Zar Nikolaus II. befand sich rund 800 Kilometer entfernt in Weißrussland, wo er seiner Rolle als Oberkommandierender der Streitkräfte nachging. Am 25. Februar kamen etwa dreißig Arbeiterführer zusammen und gründeten die später als Petrograder Sowjet der Arbeiter- und Soldatendeputierten bekannte Arbeitervertretung. Am 26. Februar, einem Sonntag, befahl der Zar dem Militär, gegen die Demonstranten vorzugehen. Soldaten der Stadtgarnison erschossen vierzig, vielleicht auch fünfzig Demonstranten, aber es mehrten sich die Berichte, wonach Truppen desertierten. Immer mehr desillusionierte Soldaten schlossen sich den Demonstranten an.

Duma-Präsident Michail Rodzjanko sandte dem Zaren dringende Telegramme. Am 26. informierte er Nikolaus II., dass die Lage ernst sei und die Regierung die Dinge nicht mehr im Griff habe:

> *»Die Regierung ist gelähmt; der Transportdienst hat seine Tätigkeit eingestellt; Lebensmittel- und Treibstoffvorräte sind ein völliges Durcheinander. Die Unzufriedenheit ist allgegenwärtig und nimmt zu. In den Straßen wird wild geschossen, Truppen beschießen sich gegenseitig. Es ist dringend erforderlich, dass jemand, der das Vertrauen des gesamten Landes besitzt, mit der Bildung einer neuen Regierung beauftragt wird. Es darf keinen Aufschub geben. Zu zögern wäre fatal.«*[2]

Am 27. Februar sandte Rodzjanko ein weiteres Telegramm ab. Seine Verzweiflung war noch größer geworden:

> *»Die Lage wird schlimmer. Es sollten unverzüglich Maßnahmen ergriffen werden, morgen wäre es bereits zu spät. Die letzte Stunde hat geschlagen, nun wird sich das Schicksal des Landes und des Herrscher-*

hauses entscheiden. Die Regierung ist nicht imstande, die Unruhen einzudämmen. Auf die Einheiten der Garnison ist kein Verlass. In den Reservebataillonen der Garderegimenter wird rebelliert, die Offiziere werden getötet. Die Soldaten schließen sich dem Mob und der Revolte des Volks an und marschieren auf die Büros von Innenministerium und Duma zu. Eure Majestät, zögert nicht. Sollte der Aufruhr auf die Armee übergreifen, wird Deutschland triumphieren, und die Zerstörung Russlands zusammen mit der Dynastie ist unvermeidlich.«[3]

Nikolaus las das Telegramm, verspottete Rodzjanko und blieb an der Front … noch 3 kurze Tage.

Am 2. März 1917 (nach julianischer Zeitrechnung) dankte Zar Nikolaus II. ab – anfänglich zugunsten seines Sohns Alexej, einem 13-jährigen Bluter, doch dann änderte er rasch seine Meinung und wollte seinen Bruder als neuen Regenten installieren. Doch Großfürst Michail lehnte ab. Er war Realist. Lenin hat angeblich gesagt, Michail sei ein Befürworter der Februarrevolution gewesen und habe sogar ein rotes Band in seinem Knopfloch getragen.[4] Der Zar gab mehr oder weniger kampflos auf, und so fand nach 300 Jahren die Herrschaft der Romanows ein abruptes Ende.

Die Mainstream-Geschichtsschreibung stellt es so dar, als wäre er zurückgetreten, weil er nicht mehr auf die Loyalität seiner Armee bauen konnte, aber ist diese Loyalität überhaupt auf die Probe gestellt worden? Nikolaus verkündete, er werde im Interesse des Militärs zurücktreten, aber in sein Privattagebuch schrieb er: »Um mich herum nur Verrat, Feigheit undBetrug!«[5] Unterwürfig räumte er den Zarenthron, dabei hatte Rodzjanko doch ganz deutlich geschrieben, der Mob marschiere auf die Duma zu, nicht auf den Zaren. Er kommandierte noch immer das Heer. Rodzjanko warnte, dass Deutschland den Krieg gewinnen werde, »sollte der Aufruhr auf die Armee übergreifen«. Das Heer im Feld stand loyal zu seinem Monarchen, darüber hinaus verfügte der Zar über fünf Schwadronen Kavallerie und Kosaken. Wer also hat den letzten Zaren betrogen und getäuscht?

Was hatte man ihm ins Ohr geflüstert? Welche Rolle spielte Alfred Milner bei der Entscheidung des Zaren abzudanken? Welche Warnungen, welche Zusicherungen waren geäußert worden, als sich Milner nur wenige Wochen zuvor privat mit Nikolaus II. traf? Wir haben aufgezeigt, dass Milner bereits vor seiner Abreise aus Russland gewusst hat, was geschehen würde. Daran ändert auch nichts, dass er nach seiner Heimkehr Ablenkungsmanöver startete und in einer öffentlichen Erklärung das genaue Gegenteil dessen verkündete, was er eigentlich wusste. Hatte man Nikolaus Zuflucht in Großbritannien zugesagt? So, wie man ihm zuvor Konstantinopel versprochen hatte?

Nachdem Nikolaus II. abgedankt hatte, wurde unverzüglich eine provisorische Regierung zusammengestellt. Den Großteil der Minister stellten Liberale aus der vorherigen Duma, die großen Rückhalt bei der Mittelklasse genossen. Die liberalen Kräfte wollten eine kapitalistische Demokratie nach britischem Vorbild aufbauen. Wichtiger noch war, dass sie den Krieg bis zum Sieg über Deutschland fortführen wollten.

In London reagierte Premierminister David Lloyd George zufrieden auf die Meldungen von einer Revolution und dem Abdanken von Nikolaus II.[6] Auf der anderen Seite des Atlantiks sprach US-Präsident Woodrow Wilson zum Kongress über »diese wundersamen und beruhigenden Ereignisse« in Russland, wo »die Autokratie« endlich besiegt worden war.[7] Ob dem Zaren wohl je die Möglichkeit in den Sinn gekommen ist, sein Gerede von einem Frieden mit Deutschland könne dazu führen, dass er durch eine Regierung ersetzt wird, die den Krieg fortführen würde?

Mit wahrlich atemberaubender Geschwindigkeit distanzierte sich die britische Regierung vom Zaren. Nachdem Sir George Buchanan und Hanbury-Williams das Kriegskabinett beraten und auf den neuesten Stand gebracht hatten,[8] legte das Kabinett dem Parlament eine Resolution vor, »der Duma väterliche Grüße zukommen zu lassen und dem russischen Volk von Herzen zu gratulieren«. Ausdrücklich gelobt wurde das »neuerliche Maß an Standhaftigkeit und Energie«, das Russland »bei der Fortführung des Krieges gegen den autokratischen Militarismus, der die Freiheit Europas bedroht«, an den Tag lege.[9] Wie bitte? Gab es keine Ironie mehr? Und wer sollte glauben, dass sich das russische Volk, das gerade das Joch des zaristischen autokratischen Militarismus abgeschüttelt hatte, nichts sehnlicher wünschte, als den Krieg gegen den angeblichen autokratischen Militarismus fortzuführen, der angeblich Europa bedrohte?! Die Geheime Elite kannte wirklich keinerlei Scham. Nicht nur, dass sie ohne zu zögern den Zaren fallen ließ, sie wies

Hanbury-Williams auch noch an, sich möglichst fern von Nikolaus II. oder anderen Mitgliedern des Herrscherhauses zu halten. Man wollte ja zeigen, dass Großbritannien ein gutes Verhältnis zur Provisorischen Regierung wichtiger sei.

Die Gespräche über die Zukunft des Zaren endeten mit dem Urteil, dass »sie ihre Zweifel hatten, ob Großbritannien der richtige Ort für ihn sei«.[10] Andere Stimmen hinterfragten, ob dies ratsam sei, denn der Zar könne in einem neutralen Land Zuflucht suchen und dort Intrigen spinnen. Also änderte das Kriegskabinett innerhalb von 24 Stunden seine Meinung.[11]

Theoretisch hätte der Zar in Großbritannien Zuflucht finden können, doch so weit kam es nie. Aber hier sieht man, was der britischen Elite am Herzen lag. Wie eine heiße Kartoffel ließ man den Zaren fallen, alle Versprechen wie die bezüglich Konstantinopel waren vergessen. Alles Schnee von gestern, überhaupt kein Thema mehr.

Erster Ministerpräsident der nachzaristischen Zeit wurde Fürst Lwow, mit dem sich Alfred Milner gerade wenige Wochen zuvor getroffen hatte. Zufall? Eher nicht. Der Menschewik Alexander Kerensky wurde zum Kriegs- und Flottenminister ernannt. In den kommenden Monaten durchlief die neue Regierung, die von internen Machtkämpfen und Autoritätsstreitigkeiten geplagt wurde, mehrere personelle Veränderungen.

Auf die umwälzenden Ereignisse von Februar/März 1917 oder die neue Regierung hatten die Bolschewiken kaum Einfluss. Sie waren eine winzige Splittergruppe, mehr oder weniger gelähmt dadurch, dass ihre Anführer sich größtenteils im Exil aufhielten. Noch schlimmer, falls das überhaupt möglich war, erging es den Menschewiken. Sie »zerfielen nahezu vollständig und waren von anderen ›Progressiven‹ nicht zu unterscheiden. Sie verbanden eine patriotische Haltung, was den Krieg angeht, mit der Forderung nach ›demokratischen Reformen‹.«[12]

Lenin, der isoliert in Zürich saß, reagierte angeblich sprachlos auf die Meldung, dass der Zar abgedankt habe. Sofort schickte er eine Depesche an seinen getreuen Gefolgsmann Grigori Sinowjew (alias Hirsch Apfelbaum), den Sohn eines jüdisch-ukrainischen Milchbauern. Sinowjew stieß in Zürich zu Lenin und half ihm, ihre Rückkehr nach Russland vorzubereiten. Sie wollten der provisorischen Regierung unbedingt die Kontrolle über den weiteren

Verlauf der Revolution aus den Händen reißen, saßen aber fernab des Geschehens in Zentraleuropa. Die erste Aufgabe bestand also darin, nach Russland zurückzukehren – rasch! Am besten wäre es gewesen, mit der Bahn nach Stockholm zu fahren und von dort aus weiter nach Petrograd zu reisen, aber dazu müsste man Deutschland durchqueren. Sie bemühten ihre Kontakte, es wurden Optionen abgewogen und eine ungewöhnliche Abmachung mit der deutschen Regierung getroffen. Schon nach wenigen Tagen erhielt Lenin die Nachricht, sein alter Wegbegleiter Helphand-Parvus werde sich demnächst bei ihm melden.[13]

Parvus hatte Trotzki auf dessen Reise in die Vereinigten Staaten begleitet. Jetzt übernahm er erneut eine wichtige Rolle für die Geheime Elite, indem er Lenin sicher durch feindliches Territorium nach Russland schleuste. Parvus war eine faszinierende und mysteriöse Person, die durchaus einen gründlichen Blick lohnt. Geboren wurde er 1867 in Weißrussland als Israil Lasarewitsch Gelfand, seine Eltern waren Juden. Als er 1900 in München Lenin kennenlernte, war Gelfand ein brillanter junger Journalist und Marxismus-Theoretiker, der an den ersten Ausgaben von *Iskra* mitwirkte. 1905 wurde er zusammen mit Trotzki verhaftet und zu 3 Jahren Exil in Sibirien verurteilt. Gelfand agierte bei der Entstehung der Theorie der Permanenten Revolution als Trotzkis Mentor, ehe beiden die Flucht gelang. Er schlug sich nach Deutschland durch und änderte seinen Namen von Gelfand in Helphand, aber bekannt war er vor allem als Parvus.

Um 1908 herum zog er nach Konstantinopel und verbrachte dort die nächsten 5 Jahre. Er pflegte Umgang mit den Jungtürken, produzierte Propagandaschriften und richtete sich als Getreideimporteur ein, vor allem aber als Waffenhändler. Parvus wurde immens reich, aber über seine Jahre in Konstantinopel ist wenig dokumentiert. Sein wichtigster Kontakt war Basil Zaharoff, der führende Waffenhändler weltweit und Agent der Rothschilds und ihres mächtigen Waffenkartells Vickers Armaments. Indem er für Zaharoff Waffen verkaufte,[14] häufte Parvus ein Vermögen an und war tief verwickelt in den Sturz des Zaren.

17 Jahre waren seit dem ersten Treffen mit Lenin vergangen. Parvus hatte sich zu einem extrem fetten, bizarren, fantastischen Paradox entwickelt. Auf der einen Seite war er ein extravaganter Mogul, der die schlimmsten Seiten

bourgeoiser Vulgarität an den Tag legte, dennoch war er ein genialer marxistischer Denker. Der millionenschwere Marxist entwickelte sich zum Abziehbild einer Karikatur »mit einem gewaltigen Wagen, reihenweise Blondinen, dicken Zigarren und einer Leidenschaft für Champagner, oftmals begann er den Tag gleich mit einer ganzen Flasche zum Frühstück«.[15] Parvus hielt sich für einen Königsmacher, für die Macht hinter dem Thron, den Lenin besteigen würde. Viele Sozialisten und Revolutionäre waren entsetzt darüber, dass Lenin Umgang mit dem Millionär pflegte, und offiziell erklärte Lenin auch, dass er Parvus verabscheue. Das mag stimmen oder auch nicht, aber hinter verschlossenen Türen machten die beiden fröhlich gemeinsame Sache.

Als Parvus 1915 nach Bern kam, begrüßte Lenin ihn herzlich, und die beiden zogen sich zu einem privaten Treffen zurück. Was dort besprochen wurde, ist bis heute unbekannt, hatte aber enormen Einfluss auf die Weltgeschichte. Parvus und seine Organisation ließen den Bolschewiken Millionen Goldmark zukommen, ohne sie hätte Lenin es niemals bis zur allerhöchsten Macht geschafft. »Es war eine merkwürdig entfremdete Verbindung. Keiner stand in direktem Kontakt mit dem anderen, und beide bestritten die Existenz der Verbindung aufs Heftigste …«[16] Wie passend.

Parvus hatte seit Beginn des Jahrhunderts viel Zeit in Deutschland verbracht, und viele, darunter auch die deutschen Behörden selbst, schätzten ihn als loyalen deutschen Agenten. Sieht man sich allerdings seine Aktivitäten ab 1908 an, als er nach Konstantinopel zog, so kann es keinen Zweifel geben, dass er ein Doppelagent war, der auch für die Briten arbeitete, oder genauer gesagt, für die Rothschilds. Parvus war eine extrem wichtige Spielfigur für sie, denn er konnte völlig ungehindert in Deutschland agieren und Umgang mit anderen wichtigen Rothschild-Agenten pflegen, etwa mit Max Warburg. Das Vermögen, das er in Konstantinopel dank Zaharoffs Hilfe anhäufte, ermöglichte ihm Zugang zu Vertretern des deutschen Außenministeriums, speziell zu Staatssekretär Arthur Zimmermann. Parvus behauptete, das deutsche Kaiserreich und die russischen Marxisten besäßen ein gemeinsames Interesse, beiden nämlich sei daran gelegen, die russische Autokratie zu zerstören. Also überzeugte er sie, großzügig Finanzmittel bereitzustellen, damit man den Sturz des Zaren und einen Separatfrieden mit Deutschland herbeiführen könne. Die Deutschen entsprachen seinem

Wunsch. Seit Kriegsausbruch hatten sie die Revolutionsbewegung unterstützt, indem sie Russland über Parvus Geld zukommen ließen, Geld, das dazu dienen sollte, »das größtmögliche Maß an Chaos in Russland zuverursachen«. Allein am 5. April 1917 überwies das deutsche Finanzministerium Parvus mehr als 5 Millionen Goldmark, die politischen Zwecken in Russland zukommen sollten.[17]

Es war unglaublich: Die Entente und ihre deutschen Kriegsgegner spielten in Russland dasselbe Spiel und bezahlten für dasselbe Spiel, auch wenn ihr jeweiliger Antrieb ein völlig anderer war. Die Deutschen dachten, Parvus tanze nach ihrer Pfeife, aber die Geheime Elite wusste, dass er für sie arbeitete. Die deutsche Seite dachte, sie würde Parvus' Netzwerk nutzen, um den Zar so stark unter Druck zu setzen, dass dieser schließlich um Frieden bitten würde. Die Briten dagegen drängten Parvus, unterstützt von Botschafter Buchanan, alles zu torpedieren, was einem Separatfrieden zwischen Russland und Deutschland in die Karten spielen würde. »Die vor Parvus liegende Aufgabe wurde von der hilflosen Naivität seines Kontaktmanns erleichtert, dem deutschen Botschafter in Kopenhagen, Graf Brockdorff-Rantzau«.[18]

Die Geheime Elite beschloss, Lenin und Trotzki schnellstmöglich nach Russland zu expedieren. Das war Parvus' Meisterstück.[19] Unmittelbar nach der Februarrevolution nahm er Verhandlungen mit den deutschen Behörden auf, weil er Lenin und seine Anhänger per Sonderzug sicher von der Schweiz durch Deutschland transportieren wollte. Interessanterweise war es Arthur Zimmermann, der den ersten Kontakt anbahnte, indem er Parvus zu einem Treffen einlud. Anschließend überwachte Zimmermann höchstpersönlich die Vereinbarungen.[20]

Wir müssen Zimmermanns Handlungen hinterfragen, sowohl hier als auch später, als er Woodrow Wilson mit seiner berühmt-berüchtigten und grotesken Depesche die perfekte Vorlage lieferte, Deutschland den Krieg zu erklären und die USA dadurch in die Auseinandersetzung hineinzuziehen. Hat Zimmermann in geheimer Absprache mit Max Warburg und anderen Rothschild-Agenten wie Zaharoff im Interesse von Bolschewismus und Zionismus und gegen die Interessen Deutschlands gehandelt? Er brachte zweifelsohne der Sache der Zionisten Sympathien entgegen, er schützte palästinensische Juden, als ihnen Gefahr durch türkische Behörden drohte, und er warf im März 1917 die Idee auf, Osmanisches Reich und Kaiserreich sollten sich in einer gemeinsamen Erklärung für die Besiedelung Palästinas durch Juden aussprechen.[21] Ließ Zimmermann den Kaiser im Dunkeln? Wo lagen seine wahren Loyalitäten? Bis heute gibt es unterschiedliche Meinungen in der Frage, ob Zimmermann Wilhelm II. über Lenins Reise durch Deutschland informierte. Der Autor Michael Pearson stellte die These auf, der Kaiser und seine Generäle hätten die Operation im Vorfeld abgesegnet, Professor Anthony Sutton wiederum behauptet, sie seien erst informiert worden, als es Lenin sicher über die Grenze nach Russland geschafft hatte.[22]

Man könnte Lenins Handlungen als Hochverrat bewerten, schließlich hatte er Hilfe von Russlands Todfeind angenommen, der profitieren würde, wenn Lenin seine erklärte Absicht in die Tat umsetzte. Am 9. April 1917 bestiegen Lenin, Grigori Sinowjew, Karl Rade, weitere Bolschewiken und ihre Frauen einen Schweizer Zug, der die insgesamt 32 Personen von Bern nach Zürich brachte. Als sie in einen anderen Zug umstiegen, der sie zur deutschen Grenze bringen sollte, wurden sie von etwa hundert Russen übelst beschimpft und lauthals als »Spitzel«, »Schweine« und »Verräter« tituliert.[23] Die Reisenden wechselten schließlich in einen deutschen Zug, der »plombiert« wurde, um keinen Kontakt zur Außenwelt zu erlauben. Der berühmte »plombierte Zug« fuhr über Frankfurt und Berlin zum Ostseehafen Sassnitz, von wo aus die Gruppe eine schwedische Fähre nach Trelleborg bestieg. Am nächsten Tag wurden sie am Kai von einem gewissen Jakow Fürstenberg aufs Herzlichste begrüßt.

Fürstenberg alias Jakub Ganezki spielte eine wichtige Rolle bei der Rückkehr Lenins aus dem Exil, wie auch beim Transfer großer Summen deutschen Geldes von Parvus zu Lenin. Fürstenberg entstammte einer reichen jüdischen Familie, der eine Fabrik in Trelleborg gehörte. Er unterhielt zudem Kontakte zur halbkriminellen Unterwelt. Selbst Lenins enge Kameraden hielten ihn für einen üblen Charakter,[24] aber Lenin hielt ihn für einen zuverlässigen Freund. Fürstenberg war darüber hinaus Parvus' »rechte Hand« und Präsident eines Unternehmens, das er während des Kriegs in Kopenhagen gegründet hatte. Das »Unternehmen« war in Wahrheit die Tarnung für ein Spionagenetzwerk, dessen Agenten innerhalb und außerhalb Russlands agierten, das russische Produkte nach Deutschland verkaufte und deutsche nach Russland. Mit Chemikalien, Pharmazeutika, chirurgischem Besteck und vielen anderen Dingen verdiente das Unternehmen prächtig an den kriegsbedingten Einschränkungen.[25] Teile des Gelds wurden dazu genutzt, um ab dem ersten Tag Lenins Propaganda zu finanzieren.[26] Lenin, »der rein sozialistische Revolutionär« und »Mann des Volks«, steckte tief unter einer Decke mit diesen abscheulichen Charakteren, und zog Nutzen aus den obszönen Profiten, die diese Leute auf Kosten jener verdienten, die in den Schützengräben getötet oder aufs Furchtbarste verstümmelt wurden. Fürstenberg war in der Tat Lenins vertrauenswürdigster Agent.[27] Die beiden bildeten eine eigene Achse des Bösen.

Der Revolutionär und der zwielichtige Kriegsgewinnler gaben ein ungewöhnliches Paar ab. Theoretisch repräsentierte Fürstenberg alles, was der Bolschewistenführer verabscheute: Er verdiente sein Geld damit, alltägliche Bedarfsartikel zu vertreiben, die knapp waren: Medikamente und Verbandsmaterial für die Verwundeten beispielsweise oder Präservative für die Soldaten. Seine Schwarzmarktmethoden waren genauso anrüchig. Fürstenberg war elegant, flott und trug stets eine Blume im Knopfloch. Er war ein Dandy, dem der Bolschewismus unlogisch erschien. Die beiden Männer hatten sich 1903 auf der traumatischen Konferenz in London kennengelernt, bei der Lenin die Spaltung der Partei herbeiführte.[28] In Trelleborg stieß Fürstenberg zu Lenin, und er und die anderen Bolschewiken reisten weiter nach Malmö, um dort den Nachtzug nach Stockholm zu nehmen. Unterdessen verfolgte in der Berliner Wilhelmstraße Arthur Zimmermann »mit großem Interesse«,[29] wie die Reisenden vorankamen.

Seit Beginn des Krieges hatte Schweden den illegalen Handel zwischen den Entente-Staaten und Deutschland dominiert. Im Mittelpunkt dieses Geschäfts standen der schwedische Geschäftsmann Olof Aschberg und sein Finanzinstitut Nya Banken. Fürstenberg war ein Geschäftspartner Aschbergs,[30] und von dem Geld, das aus den USA und aus Deutschland an die Bolschewiken floss, strömte viel über die Nya Banken. In London agierte die British Bank of North Commerce als Agent für Aschberg.[31] Ihr Chairman Earl Grey verfügte über Kontakte in die innersten Kreise der Geheimen Elite. Eine weitere wichtige Verbindung zur Nya Banken war die über Max May, Vice President des New Yorker Kreditinstituts Guaranty Trust, das

J. P. Morgan gehörte. Auch May pflegte enge Beziehungen zu Olof Aschberg.[32] Der Großteil des »deutschen« Geldes, das über die Nya Banken seinen Weg zu den Bolschewiken fand, kam von der Frankfurter Disconto-Gesellschaft.[33] Wenn man sich vor Augen führt, dass die Disconto-Gesellschaft zur Rothschild-Gruppe gehörte[34] und J. P. Morgan an der Wall Street als Frontmann für die Rothschilds agierte, dann tritt die verborgene Hand der Rothschilds wieder einmal zu Tage.[35]

Max Warburg war einer der mächtigsten Bankiers in Deutschland und der ältere Bruder von Paul Warburg, der treibenden Kraft hinter der Gründung des Federal Reserve System in den USA. Dank des Notenbanksystems konnte die Wall Street den Krieg in Europa finanzieren. Es sei an dieser Stelle noch einmal darauf hingewiesen, dass Max Warburg, Rothschild-Agent und angeblich während des Kriegs Chef des deutschen Spionagesystems,[36] gemeinsam mit Arthur Zimmermann dafür sorgte, dass Lenin Deutschland unbeschadet passieren konnte. Genauso war Max Warburg daran beteiligt, Trotzki sicher nach Russland zu bringen. In einer »Bolschewismus und Judaismus« betitelten, auf den 13. November 1918 datierten Akte des US-Außenministeriums heißt es, es gebe keine Zweifel daran, dass die »jüdische Firma« Kuhn, Loeb & Company und ihre Partner die Revolution in Russland »gestartet und gesteuert« haben. Max Warburg, so der Bericht weiter, habe zudem Trotzki finanziert, und auch Aschberg und die Nya Banken seien involviert.[37] Dieses verworrene Geflecht ergibt nur dann Sinn, wenn man begreift, wie eng all die genannten Bankiers und Bankhäuser miteinander verknüpft waren und dass sie alle ein gemeinsames Ziel verfolgten – international die Macht an sich zu reißen.

Am späten Abend des 17. April 1917, Ostermontag, traf Lenins Zug am Finnland-Bahnhof in Petrograd ein. Vor dem Bahnhof und im Bahnhof spielten Orchester die Marseillaise, und während eine Ehrenwache die Waffen präsentierte, wurde Lenin ein großer Blumenstrauß überreicht.[38] Der Bolschewikenführer prangerte unverzüglich die Mitglieder der Provisorischen Regierung an und verkündete ein Zehn-Punkte-Programm, die sogenannten Aprilthesen. Er forderte, dass sich Russland aus dem Krieg zurückziehe und alle politische Macht in die Hände der Sowjets von Arbeitern und Soldaten gelegt werde.

Es steht außer Frage, dass Lenin von der finanziellen Unterstützung aus Deutschland profitiert hat und speziell von den Intrigen der Männer wie Parvus und Max Warburg, die Verbindungen zu den Rothschilds unterhielten. Aber wie sah es bei Trotzki aus, der auf seiner Reise von Barcelona nach New York so dermaßen großzügig bewirtet worden war? Geschichtsprofessor Richard Spence von der University of Idaho hat sehr sorgfältig das Gespinst an Verbindungen zwischen Trotzki und internationalen Bankiers dokumentiert.[39] Wer ein tieferes Verständnis der bolschewistischen Revolution sucht, für den ist die Arbeit von Professor Spence Pflichtlektüre. Weniger beeindruckend erscheint sein Verständnis, was die Verbindungen zwischen den internationalen Bankiers selbst oder ihre globalistischen Ziele anbelangt. Spence zitiert Berichte des französischen Geheimdienstes von 1917, die aus Barcelona kommen und zeigen, dass Trotzkis Wohltäter der russische Emigrant Ernst Bark aus Madrid war. Bark war die treibende Kraft hinter der Freilassung Trotzkis aus dem Gefängnis, er sorgte dafür, dass Trotzki in spanischen Hotels untergebracht wurde und erster Klasse nach Amerika reiste. Er war ein Cousin von Pjotr Bark, 1914 russischer Finanzminister. Der ausländische Agent für die finanziellen Belange von Pjotr Bark wiederum war niemand anderes als Olof Aschberg.

Wir haben gesehen, wie eng Aschberg und seine Nya Banken mit Parvus zusammenarbeiteten, als es darum ging, Lenin zurück nach Russland zu bringen. Insofern überrascht es wohl auch nicht, dass sie auf ähnliche Weise an der Rückkehr Trotzkis mitwirkten. Professor Spence gelangte zu der Schlussfolgerung, bei Ernst Bark handele es sich um »Parvus' Marionette in Spanien«.[40] Übrigens: Pjotr Bark wurde nach der Revolution verhaftet, aber auf Anweisung von oben sofort wieder auf freien Fuß gesetzt. Anschließend zog er nach England, wurde Geschäftsführer der Anglo-International Bank in London und erhielt einen Adelstitel. Dieser Mann verfügte auch in britischen Bankenkreisen über beste Kontakte.[41]

Trotzki war ein alter Freund von Parvus, und genau wie Lenin distanzierte er sich später von dem Champagnersozialisten und kritisierte ihn öffentlich. Richard Spence könnte mit seiner These recht haben, dass die öffentliche Kritik an Parvus dazu diente, eine »geheime und fortwährende Kollaboration« zwischen den beiden zu verschleiern. Derartige Winkelzüge gehörten schlicht

Lenins triumphale Rückkehr

zum großen internationalen Spiel dazu, bei dem man die Massen hinters Licht führt, während man nach der Macht greift. Es steht außer Frage, dass Parvus enge Verbindungen zu Lenin und Trotzki unterhielt und eine zentrale Rolle dabei einnahm, die beiden nach Russland zurückzubringen, wo sie die Macht an sich rissen. Wir haben gesehen, dass Parvus genauso eng mit dem Rothschild-Agenten Sir Basil Zaharoff verbunden war. Diese Verbindung ist nur eines von zahlreichen Beispielen dafür, wie zutreffend die Behauptung von G. Edward Griffin ist, wonach die »Rothschild-Formel« die Oktoberrevolution entscheidend geprägt hat.

Als die *Montserrat* in New York anlegte, wartete Arthur Concors auf dem verregneten Pier auf Trotzki. Concors war der Leiter der Hebrew Sheltering and Immigrant Aid Society. Im Beirat dieser Organisation saß Concors mit den großen Namen des jüdischen Establishments in Amerika zusammen, darunter mit dem wichtigsten Geldgeber, Jacob Schiff von Kuhn, Loeb & Co.[42] Bei einem mit der *New York Times* arrangierten Interview diente Concors Trotzki als Dolmetscher. Warum wurde ein verarmter »unerwünschter Ausländer« in Amerika von einem Vertreter einer jüdischen Organisation begrüßt, der über beste Verbindungen zu den allerhöchsten Rängen der zionistischen Bewegung in den USA verfügte? Diese Frage ist nie beantwortet worden.

Professor Spence geht kurz auf die Rolle ein, die William Wiseman, der Leiter des britischen Geheimdienstes in den USA, bei Trotzkis kurzem Aufenthalt in Amerika spielte, nennt allerdings nur wenig Einzelheiten. Wiseman unterhielt enge Verbindungen zu Edward Mandell House, dem Aufpasser von Woodrow Wilson, und seine Dienste wurden nach Kriegsende mit einer einträglichen Partnerschaft in der Wall-Street-Bank Kuhn, Loeb & Co. versilbert.

Sehr viel Aufmerksamkeit erhielt die Funktion, die Jacob Schiff bei der finanziellen Unterstützung von Trotzki übernahm, aber Professor Spence riet zur Vorsicht, wenn es um Schiffs Verbindungen zu Trotzki ging, und erklärte, es gebe »keine nachweisbare direkte Verbindung«. Ein »nachweisbarer« Beleg wird möglicherweise niemals auftauchen, aber Professor Spence wusste, dass Männer wie Schiff sehr gut darin waren, ihre Intrigen zu verschleiern. Schiff hieß die Februarrevolution öffentlich gut und schrieb in einem am 17. März veröffentlichten Brief an die *New York Times,* er danke »dem Allmächtigen, dass ein großes und gutes Volk von seinen autokratischen, zaristischen Fesseln befreit wurde«.[43] 2 Tage später verkündete er seine Einschätzung, Russland werde schon bald zu den finanziell am besten dastehenden Nationen auf den internationalen Geldmärkten zählen.[44] Interessanterweise enthielt dieselbe Ausgabe der *New York Times* einen Bericht, wonach 24 Stunden *vor* Ausbruch der Revolution die russischen Börsentransaktionen in London deutlich angestiegen waren. Jaja, die Rothschilds wieder – wie immer einen Tag schneller als der Rest der Welt. Reiner Zufall, hieß es als offizielle Begründung.

Jacob Schiff hegte einen tief sitzenden Groll gegen das zaristische Russland, weil es mit Juden immer wieder so abscheulich umgesprungen war. Er war gerne bereit, während des Russisch-Japanischen Kriegs revolutionäre Propaganda zu finanzieren, ebenso vor und während des Ersten Weltkriegs.[45] Im jüdischen Einwohnerregister von New York für 1917/18 hieß es: »Mister Schiff hat sein Vermögen und seinen Einfluss stets für das beste Interesse seines Volks verwendet. Er hat die Feinde des autokratischen Russlands finanziert und seinen Einfluss genutzt, um Russland vom amerikanischen

Kapitalmarkt fernzuhalten.«[46] Schiff gehörte 1910 zu einer Gruppe Amerikaner, die dafür eintrat, dass man ein Handelsabkommen mit Russland aufkündigte, weil das Land die Juden so schlecht behandelte. Als sich die Regierung des Zaren wegen Krediten an ihn wandte, lehnte er ab, und bei Kuhn, Loeb & Company war es allen anderen untersagt, Russland Darlehen zu gewähren. Nachdem der Zar abgedankt hatte, gab Schiff seinen Widerstand gegen die russische Regierung auf. Eine ähnliche Kehrtwende legte er hin, was seine Ansichten bezüglich des Zionismus anbelangte. Ursprünglich hatte er den Zionismus abgelehnt und als säkulare, nationalistische Perversion des jüdischen Glaubens verteufelt, die mit einer amerikanischen Staatsbürgerschaft nicht zu vereinbaren sei. Er finanzierte allerdings landwirtschaftliche Projekte in Palästina und machte sich später für die Vorstellung von einer kulturellen Heimat der Juden in Palästina stark.[47]

Schiff rief zur bewaffneten Revolte gegen den Zaren auf und finanzierte entsprechende Bemühungen. Er ließ jüdischen Selbstverteidigungsgruppen in Russland finanzielle Unterstützung zukommen, darunter auch Bolschewisten und anderen sozialistischen Revolutionären. Schiff war darauf aus, in Russland eine Revolution zu schüren. Der amerikanische Autor G. Edward Griffin fällte ein ganz klares Urteil zu Schiffs Rolle: Schiff sei »einer der zentralen Förderer der bolschewistischen Revolution und hat Trotzkis Reise von New York nach Russland aus eigener Tasche bezahlt«.[48] Jahre später räumte der Enkel von Jacob Schiff ein, sein Großvater habe etwa 20 Millionen Dollar ausgegeben, damit der Kommunismus in Russland triumphieren konnte.[49]

Schiff habe »eine Vorgeschichte, was das Finanzieren von Revolutionären angeht« und sei »prodeutsch«, befand auch Professor Spence.[50] Die zweite Beobachtung allerdings entwertet seine These etwas. Der in Deutschland geborene Schiff war nicht *pro*deutsch. Er und die Warburgs, sowohl seine ebenfalls in Deutsc hland geborenen Partner bei der Wall-Street-Bank Kuhn, Loeb & Co. als auch sein guter Freund Max Warburg in Deutschland, agierten nicht nach einer nationalistischen Agenda, sei sie nun deutsch, britisch oder amerikanisch, sie dachten vielmehr global. Und das galt genauso für die eng mit ihnen verbandelten Rothschilds in Frankreich und London. Bei der Agenda ging es darum, das politische System jedes Landes und die Weltwirtschaft insgesamt zu dominieren.[51]

Diese internationalen Bankiers deutsch-jüdischer Herkunft konnten für Deutschland nur wenig patriotische Begeisterung oder Unterstützung aufbringen. Sie gehörten einer geheimen Clique an, die vorsätzlich einen Weltkrieg in der Absicht anzettelte, Deutschland zu zerstören. Der führende deutsche Finanzier Max Warburg höchstpersönlich war tief in diese Verschwörung verwickelt. Sie waren zuallererst Globalisten und strebten die Kontrolle über die ganze Welt an. Wenn man die Oktoberrevolution und die Balfour-Deklaration betrachtet, ist daher die Frage von nicht eben geringer Bedeutung, weshalb sie den Politischen Zionismus unterstützten und wie das zu ihren Plänen passte. Wann genau sich die Gewichte innerhalb der angloamerikanischen Elite verschoben, wann sich die Macht weg von London nach New York verlagerte und wie der stetig wachsende Einfluss des politischen Zionismus dazu passt, kann nicht abschließend bestimmt werden. Doch wenn man sich nicht mit diesen Themen befasst, wird die Wahrheit auf ewig verborgen bleiben.[52]

11 Wochen führte Trotzki mit seiner Familie ein sehr bequemes Leben in New York, dann erhielt er am 25. März 1917 die Unterlagen für seine Reise nach Russland. Es würden sich auf dem Weg keinerlei Hindernisse ergeben, versicherte ihm das britische Konsulat. »Alles war in bester Ordnung«, so Trotzki.[53] Wer verfügte über die Macht, derart zuverlässige Genehmigungen zu erteilen? Die überraschende Antwort lautet: Die allerhöchste Regierungsebene in Washington. Wie Professor Antony Sutton enthüllte: »Präsident Woodrow Wilson war die gute Fee, die Trotzki mit einem Reisepass für die Rückkehr nach Russland versorgte, damit er dort die Revolution weiter vorantreibe.« Mit dem Reisepass einher gingen ein Einreisevisum für Russland, ein Transitvisum für Großbritannien[54] und 10 000 Dollar in bar. Auf der *SS Kristianiafjord,* einem Schiff der Reederei Den norske Amerikalinje, wurden Trotzki und seinen Mitrevolutionären eine Kabine erster Klasse und 16 Kabinen zweiter Klasse reserviert. Das Schiff stach von New York aus in Richtung Oslo in See, von dort aus sollte es weiter nach Petrograd gehen. Niemand hätte damit gerechnet, dass es unterwegs Ärger geben könnte, aber bei einem geplanten Zwischenstopp im kanadischen Halifax wurden Trotzki und seine gesamte Entourage verhaftet und in einem Internierungslager eingesperrt. Die Behörden in Halifax waren von Trotzkis Mission nicht in Kenntnis

gesetzt worden und hielten den Mann deswegen natürlich für eine Gefahr für die Sache der Entente. Eine Flut wütender Telegramme brach über die Männer herein. Trotzki und die anderen sollten freigelassen werden, um ihre Reise nach Russland fortsetzen zu können.

Oberstleutnant John Maclean, ein kanadischer Nachrichtendienstoffizier, schrieb später einen Artikel mit der Überschrift »Warum haben wir Trotzki gehen lassen? Wie Kanada die Gelegenheit verpasste, den Krieg zu verkürzen.« Maclean zufolge wurde Trotzki »auf Bitte der britischen Botschaft in Washington« freigelassen, und diese habe »sich auf Wunsch des amerikanischen Außenministeriums eingeschaltet, das für jemand anderen agierte«.[55] Um wen es sich bei »jemand anderem« gehandelt haben könnte, führte Maclean nicht aus. Die kanadischen Behörden wurden angewiesen, gegenüber der Presse zu erklären, dass es sich bei Trotzki um einen amerikanischen Staatsbürger handele, der mit amerikanischem Pass reise, und dass das US-Außenministerium um seine Freilassung gebeten habe. Ganz offensichtlich genoss Trotzki starken Rückhalt auf den allerhöchsten Ebenen der Macht in Großbritannien und den USA, und es wurde die Anweisung ausgegeben, ihm sei »mit allem Respekt« zu begegnen.[56] Entsprechend wurden Trotzki und seine Entourage wieder auf freien Fuß gesetzt, sodass sie ihre Reise fortsetzen konnten.

Und wer war dieser »jemand anderes«, der dermaßen viel Einfluss besaß und auf beispiellose Weise intervenierte, damit Trotzki nicht in einer Zelle in Nova Scotia versauerte? Als Dominion des britischen Empire hätte Kanada brav alle Anweisungen des britischen Foreign Office umgesetzt, und der dort zuständige Mann war rein zufällig Lord Arthur Balfour, Teil des innersten Kreises der Geheimen Elite und exakt der Mann, der später die Balfour-Deklaration unterzeichnen sollte.

Trotzki behauptet, es sei ursprünglich Pawel Miljukow gewesen, Außenminister in der postrevolutionären russischen Regierung, der seine Freilassung arrangieren wollte. 2 Tage später jedoch »zog er seine Bitte zurück und verlieh seiner Hoffnung Ausdruck, dass unser Aufenthalt in Halifax sich in die Länge ziehen möge«.[57] Das klingt glaubwürdig, denn die provisorische russische Regierung wusste durchaus, dass Trotzki und Lenin ihre Legitimität nicht anerkennen wollten und dass sie, sollten sie auf russischen

Boden zurückkehren, eine ernst zu nehmende Bedrohung für die Regierung darstellen würden. Miljukow und Alexander Kerensky waren entschlossen, den Krieg fortzuführen, Trotzki und Lenin waren genauso entschlossen einen Friedensvertrag mit Deutschland zu schließen und die Kampfhandlungen zu beenden. Die Behörden in Großbritannien und Amerika kannten die Fakten.

Anfang Mai erreichten Trotzki und seine Gefolgschaft Kristiania, wie Oslo damals noch hieß, und reisten von dort mit der Bahn weiter nach Russland. Am 18. Mai 1917 stiegen sie – genau wie Lenin einen Monat zuvor – am Finnland-Bahnhof in Petrograd aus dem Zug. Wäre da nicht Trotzkis ungeplanter Zwischenstopp in Nova Scotia gewesen, wären sie nahezu zeitgleich eingetroffen.

Die Geheime Elite in London und die internationalen Bankiers in den USA hatten mit dem stillschweigenden Einverständnis der von ihnen kontrollierten Regierungen zwei Männer zurück nach Russland geschickt, von denen sie wussten, dass diese vorhatten, Russland den Frieden zu bringen. Es waren Themen von großer Bedeutung, die ihnen diese Neuausrichtung der Außenpolitik ermöglichte. Sie wussten: Eine Friedensvereinbarung zwischen Russland und Deutschland würde an der Ostfront mehr als 1 Million deutscher Soldaten freisetzen, aber das ließ sich durch einen anderen Umstand kompensieren: Die Vereinigten Staaten waren gerade in den Krieg eingetreten, und der Wegfall der russischen Einheiten wurde mehr als wettgemacht durch die frischen jungen Amerikaner, die zu gegebener Zeit schon geopfert werden würden. Offizielle Berichte zeigen, dass der Krieg mehr als ein Jahr früher zu Ende hätte sein können,[58] denn hätte Russland keinen Separatfrieden mit Deutschland geschlossen, wäre die kombinierte Truppenstärke zu viel für das Kaiserreich gewesen. Millionen Männer starben noch 1918 völlig unnötig oder erlitten furchtbare Verletzungen, denn die Geheime Elite verlängerte den Krieg wieder und wieder. Die Gewinne vervielfachten sich.

Die provisorische Regierung in Petrograd schleppte sich von einer Krise zur nächsten. Russland steckte eine heftige militärische Niederlage nach der anderen ein, und die Zahl der Toten stieg unaufhörlich. Soldaten und Zivilisten gleichermaßen forderten, dem Wahnsinn ein Ende zu bereiten.

Demonstration in Petrograd am Frauentag

Im Mai fand ein Allrussischer Bauernkongress statt, auf dem die sozialistischen Revolutionäre dominierten und man der provisorischen Regierung die Unterstützung aussprach. Eine Konferenz der Fabrikarbeiter von Petrograd dagegen bekundete als erste Vertretung den Bolschewiken ihre Unterstützung. Im Juni kamen zum allerersten Allrussischen Sowjetkongress 822 stimmberechtigte Delegierte zusammen. 285 gehörten der Partei der Sozialrevolutionäre an, 248 waren Menschewiken und 105 Bolschewiken. Die restlichen 184 Delegierten teilten sich auf diverse Splittergruppen auf oder waren unabhängig. 3 Wochen dauerte die Konferenz, und Trotzki stand während dieser Zeit entschlossen hinter den Bolschewiken. Doch der Kongress sprach der Regierung das Vertrauen aus und lehnte die Resolution der Bolschewiken ab, in der gefordert wurde, »alle Macht in die Hände des Allrussischen Sowjets der Arbeiter-, Soldaten- und Bauerndeputierten zu legen«.[59]

Ab dem 3. Juli kam es in Petrograd 4 Tage lang zu bedrohlichen Demonstrationen. Nach allgemeiner Einschätzung steckte dahinter Lenin, der nach der Macht griff. Die Unruhe wuchs. Eine militärische Offensive in Galizien führte zu einer Niederlage mit schweren Verlusten. Fürst Lwow trat als Ministerpräsident zurück und wurde vom Menschewiken Alexander Kerensky abgelöst. Er versprach, Russland werde den Krieg fortsetzen. Kerensky hasste den Bolschewismus, und die Bolschewisten hassten ihn. Bolschewismus sei »der Sozialismus der Armut und des Hungers«, erklärte er und beharrte darauf, es könne keinen Sozialismus ohne Demokratie geben.[60]

Trotzki hatte einst mit Kerensky auf einer Seite gestanden, aber hier vertrat er eine andere Meinung. Er und etwa 4000 weitere Mitglieder der Meschrajonzy, der »Zwischengruppe« zwischen den »weichen« Menschewiken und den »harten« Bolschewiken, stellten sich auf die Seite Lenins. Trotzki beschloss, künftig den Mann zu unterstützen, den er zuvor als »Despoten« tituliert hatte, den Mann, dessen politische Philosophie laut Trotzki »auf Lügen und Verfälschungen basiert«. Trotzki höchstpersönlich hatte vorhergesehen, dass Lenins Erfolg »zu einer Diktatur über das Proletariat« führen würde anstatt zu einem Triumph des Proletariats. Und so trug Trotzki dazu bei, seine eigene Prophezeiung wahr werden zu lassen. Er wurde mit gerade einmal drei Stimmen weniger als Lenin ins Zentralkomitee der Bolschewiken gewählt. Durch dieses politische Bündnis gestärkt, rief Lenin seine Bolschewiken auf: »Wappnet euch für den bewaffneten Aufstand!« Russland befinde sich in der Hand einer Diktatur, erklärte er.[61]

Unglaublich, welche Ironie seine Worte enthalten. Im August wies General Lawr Kornilow, Oberbefehlshaber der Streitkräfte der Provisorischen Regierung, die Truppen an, gegen die Regierung zu marschieren, aber dank des bolschewistischen Einflusses auf die Soldaten scheiterte der Putschversuch. Kerensky stand geschwächt da, während Lenin, Trotzki und die Bolschewiken an Popularität hinzugewannen und die Mehrheit in den Sowjets von Petrograd und Moskau erobern konnten. Anfang Oktober wurden die Vorbereitungen für einen bewaffneten Aufstand abgenickt. Örtliche Garnisonen wurden »bestochen, damit sie neutral blieben«, und der Petrograder Sowjet rief einen militärischen Revolutionsausschuss ins Leben und unterstellte ihn der Führung Trotzkis. Die Bolschewiken trieben ihre militärischen Vorbereitungen schneller und schneller voran. Was im Mai noch eine Randpartei war, stand im Oktober kurz davor, die Macht zu übernehmen.[62]

In den frühen Stunden des 25. Oktober 1917 (nach julianischem Kalender, nach gregorianischem Kalender war es der 7. November) besetzten bewaffnete Einheiten der Bolschewiken Schlüsselpositionen in Petrograd, darunter die zentrale Telefonvermittlung, die Post, die Bahnhöfe und die

Kraftwerke. Um 2 Uhr rückten sie ruhig in den Winterpalast ein, den Regierungssitz, verkündeten ihren Sieg und riefen eine »Volksrepublik« aus. Bolschewistische Propagandafilme sollten später zeigen, wie sich Männer tapfer durch die Straßen der Stadt kämpften und dann den Winterpalast »stürmten«. Alles gelogen. Es fielen kaum Schüsse in jener Nacht. Ministerpräsident Kerensky floh, und nach 2 Tagen waren sämtliche Minister der Provisorischen Regierung verhaftet.[63]

Am 26. Oktober 1917 unterzeichnete Lenin das »Dekret über den Frieden«, das den sofortigen Rückzug Russlands aus dem Weltkrieg vorschlug. Am 21. November einigte man sich mit Deutschland und den Mittelmächten auf eine Feuerpause an der Ostfront, am 4. Dezember wurde eine Vereinbarung zum Waffenstillstand unterzeichnet. Sporadisch brachen noch immer Kämpfe los, aber Russland unterschrieb am 3. März 1918 in Brest-Litowsk einen Friedensvertrag. Frieden an der Heimatfront blieb allerdings weiterhin eine Illusion. Der amerikanische Korrespondent Eugene Lyons fasste später die Folgen zusammen, die die Machtergreifung der Bolschewisten hatte:[64]

> *»Innerhalb weniger Monate lebte der Großteil der zaristischen Praktiken, die die Leninisten verteufelt hatten, wieder auf, in der Regel in noch ominöserer Form: politische Gefangene, Aburteilungen ohne Gerichtsverfahren und ohne formelle Anklage, erbarmungslose Verfolgung abweichender Ansichten, Todesstrafen für eine größere Bandbreite von Verbrechen als in jeder anderen modernen Nation, die Unterdrückung aller anderen Parteien.«*[65]

Lenin löste das gewählte Parlament auf und ließ seine Gesetze vom *Sownarkom* absegnen, dem Rat der Volkskommissare. Theoretisch unterstand dieses Gremium dem Sowjet, aber die meisten Mitglieder wurden von den Bolschewiken ernannt.[66] Als die verfassungsgebende Versammlung gewählter Repräsentanten vor die Tür gesetzt wurde, stürmten die Massen keineswegs protestierend auf die Straßen, denn »erst später fiel den Menschen auf, dass das bolschewistische Staatsschiff auf geradem Kurs in Richtung totalitäre Diktatur segelte«.[67] Als die Erkenntnis einsetzte, waren dennoch viele willens, sich gegen diese Diktatur zur Wehr zu setzen. In Russland brach der blutigste Bürgerkrieg seiner Geschichte aus.

Nun begannen die Bolschewiken damit, sich ernsthaft über die Reichtümer des Landes herzumachen. Die ersten Schritte waren einige Monate zuvor ergriffen wollen, als die Bankiers der Wall Street sich eine amerikanische »Rotkreuzmission« zunutze machten.[68] Weil die Banken nicht auf die diplomatischen Kanäle zurückgreifen wollten, wurden als Mitarbeiter des Roten Kreuzes verkleidete Agenten des Geldadels und des Big Business nach Russland in Marsch gesetzt. Vorgeblich handelte es sich um einen großzügigen Akt amerikanischen Humanitarismus, dazu gedacht, den leidenden russischen Massen Linderung zu verschaffen. Der »Rotkreuz«-Delegation gehörten vornehmlich Finanziers, Anwälte und Buchhalter New Yorker Banken und Investmenthäuser an, Ärzte waren nur eine Handvoll vertreten. Mit großen Spenden hatten die internationalen Banken das amerikanische Rote Kreuz gefügig gemacht und den Laden buchstäblich übernommen, um im Namen der Organisation agieren zu können.[69]

1917 war das amerikanische Rote Kreuz massiv von der Unterstützung der Wall Street abhängig, speziell von den Mitteln, die der Konzern von J. P. Morgan zur Verfügung stellte. Morgan und seine Partner aus der Finanzwelt und der Industrie waren fest entschlossen, sich nach der Machtergreifung der Bolschewiken Russlands gewaltige Reichtümer unter den Nagel zu reißen. William Boyce Thompson leitete die Rotkreuzmission nach Russland, und auch wenn er möglicherweise keinen Verband anlegen konnte, brachte er als Direktor der New Yorker Notenbank und als Agent für das britische Wertpapiergeschäft von J. P. Morgan ganz eigene Qualitäten mit.[70] Die echten Mediziner, die die Mission begleiteten, wurden nach wenigen Wochen zurück in die Heimat geschickt, zurück blieben Thompson und fünfzehn Geschäftsleute und Bankiers aus der New Yorker Finanzelite, sie hatten den Großteil der »Rotkreuz«-Delegation gestellt. Hier ging es nicht um Akte der Gnade und des Mitgefühls. Es wäre zutreffender gewesen, das Ganze als kommerzielle oder finanzielle Mission zu betiteln, aber gleichzeitig handelte es sich um eine subversive Lobbygruppe.[71]

Wie auch Herbert Hoover hatte Thompson sein Vermögen im Bergbau gemacht, ehe er sich dem Finanzwesen und den Banken zuwandte. Er hatte

Russland bereits vor dem Krieg besucht, erkannt, über was für gewaltige Bodenschätze das Land verfügte, und leitete nun die Rotkreuzmission nach Russland auf der Suche nach Profiten. Sein Interesse galt dem potenziellen russischen Markt und der Frage, wie sich dieser Markt beeinflussen und für die Ausbeutung durch die Wall Street in den Nachkriegsjahren vorbereiten und unter Kontrolle bringen ließ. [72]

William Boyce Thompson hielt sich von Juli bis November 1917 in Russland auf und spendete den Bolschewiken eine Million Dollar.[73] Seine »Großzügigkeit« brachte ihm in den USA Vorhaltungen ein, aber die *Washington Post* berichtete, er habe die Finanzmittel beigesteuert »in dem Glauben, es sei gut angelegtes Geld für die Zukunft Russlands und die Sache der Alliierten«.[74] Es war schon immer so, dass eine wohlwollende und gut kontrollierte Presse eine der Vorbedingungen war, unter denen die Geheime Elite agierte. Der Wall-Street-Bankier Thompson entwickelte eine enge Beziehung zu Lenin und Trotzki, und er nutzte dieses Verhältnis, um sich von der neuen Regierung »rentable Geschäftskonzessionen zu sichern, die die ursprüngliche Investition gleich mehrfach wieder einspielten«.[75]

Den Mitgliedern der »Rotkreuz«-Mission lag überhaupt nichts an humanitärer Hilfe, Bolschewismus, Sozialismus oder Kommunismus. Für sie gab es nur einen »Ismus«, der sie interessierte, und das war der Kapitalismus. Ihnen ging es nur darum, wie sich der russische Markt so manipulieren und beeinflussen ließ, dass er ihnen nach dem Krieg in den Schoß fallen würde. In seinen Memoiren schweigt Trotzki sich aus, was die Rotkreuzmission, William Boyce Thompson oder Jacob Schiff angeht. Was sagt uns das? Als die Bolschewiken an die Macht kamen, wurde eine einzige ausländische Bank nicht verstaatlicht – die Petrograder Filiale der National City Bank of New York (bei der Jacob Schiff im Vorstand saß).[76] Die Frage nach dem Warum stellt sich gar nicht erst.

Kurz vor Weihnachten 1917 kehrte Thompson in die Vereinigten Staaten zurück, und sein bisheriger Stellvertreter Raymond Robins löste ihn als Leiter der Rotkreuzmission ab. Robins wurde zum Mittelsmann zwischen den Bolschewiken und der US-Regierung, und er war der einzige Mensch, für den Lenin *immer* Zeit hatte.[77] Raymond Robins war ein Agent der Geheimen Elite, ein Zögling von Edward Mandell House, und auch der amerikanische

Präsident erwies sich als begeisterter Freund von Robins. Wilson hatte sich eingemischt und Trotzki einen Reisepass verschafft, damit dieser nach Russland zurückkehren und die Revolution »vorantreiben« könne. Wilson hielt sich mit amerikanischer Unterstützung für die Regierung Kerensky zurück, er äußerte sich begeistert über die bolschewistische Revolution, und am 28. November 1917 ordnete er seinen Regierungsapparat an, sich herauszuhalten. 700 000 Tonnen an Lebensmitteln schickte die US-Regierung nach Russland. Das bewahrte nicht nur das bolschewistische Regime vor dem Zusammenbruch, sondern verlieh Lenin »die Macht, seinen Kontrollgriff zu festigen«.[78]

Die Vereinigten Staaten hätten ihren Einfluss dazu nutzen können, ein freies Russland zu erschaffen, aber das Land wurde von internationalen Bankiers kontrolliert, die ein zentralisiertes zaristisches Russland akzeptieren konnten oder auch ein zentralisiertes marxistisches Russland, aber ganz gewiss kein dezentralisiertes freies Russland. Und so wurde das korrupte Zarensystem durch das korrupte Bolschewiken-System ersetzt.[79] Die politische Ausrichtung der Regierung – *jeder* Regierung – war irrelevant für die Bankiers, solange sie diese Regierung kontrollierten. Und diese Kontrolle war beträchtlich einfacher zu arrangieren, wenn man mit einer zentralisierten Regierung in einem gut durchorganisierten Staat arbeitete.

Ähnlich ging der britische Flügel der angloamerikanischen Elite vor. Die britische Regierung richtete inoffizielle Verbindungen zur bolschewistischen Regierung ein und unterhielt eine enge Beziehung zur Rotkreuzmission. Verbindungsmann war der schottische Diplomat Bruce Lockhart, der des Russischen mächtig war. Er wurde für diese Aufgabe nicht etwa vom Außenminister oder dem Foreign Office ausgewählt, wie man glauben könnte, sondern von Alfred Milner, dem Big Boss der Geheimen Elite. Lockhart beschrieb später, wie er sich vor seiner Abreise nach Russland nahezu jeden Tag mit dem großen Mann unterhielt und mit ihm in Westminster im Brooks› Club für Gentlemen dinierte. Lockhart, der Milner voll und ganz ergeben war, stellte fest, dass Milner »an einen hochgradig organisierten Staat glaubt«.[80] Milners junger Agent baute engste Kontakte zu Raymond Robins und der Wall Street/Rotkreuzmission in Petrograd auf.

Raymond Robins habe als Mittelsmann zwischen den Bolschewiken und der amerikanischen Regierung agiert, so Lockhart. Robins sprach kein

Russisch und wusste auch nur wenig über das Land, aber er machte es sich zur Aufgabe, Präsident Wilson dazu zu bewegen, das Sowjetregime anzuerkennen. Das erforderliche Wissen und die benötigten Argumente lieferte ihm sein Assistent Michael Gumberg.[81] Gumberg hieß eigentlich Michail Gruzenberg und stammte aus dem weißrussischen Janowitsch. Er verfügte über zahlreiche Decknamen, denn er war der wichtigste bolschewistische Agent in Skandinavien und arbeitete als solcher eng mit Parvus und Fürstenberg zusammen. Gleichzeitig war er »vertraulicher Berater der Chase National Bank in New York … Diese Doppelrolle war seinen sowjetischen und amerikanischen Arbeitgebern bekannt und wurde von ihnen akzeptiert«.[82] Als die Bolschewiken begannen, Russland ernsthaft zu plündern, führte Gumberg Diamanten, die in seinen Aktenkoffer eingenäht waren, in die USA aus und verkaufte sie dort.[83] Gumberg war ein internationaler Agent, der »für die Wall Street und die Bolschewiken arbeitete «.[84]

Gumberg stand Bruce Lockhart und Raymond Robins nahe, zwei hochprivilegierten Agenten der Geheimen Elite: »Wir hatten keine Probleme, zu den unterschiedlichen Kommissaren vorgelassen zu werden. Wir durften sogar bei bestimmten Sitzungen des zentralen Exekutivkomitees anwesend sein.«[85] Lockhart sah Trotzki täglich, besaß seine private Telefonnummer und konnte jederzeit persönlich mit ihm sprechen.[86] Laut Professor Antony Sutton hat Alfred Milner Lockhart auf die Machtübernahme der Bolschewiken vorbereitet, was die Frage aufwirft, wie Milner schon vorab wissen konnte, dass derartige Umwälzungen bevorstanden, schließlich hatte er nach seiner Rückkehr nach Großbritannien doch noch behauptet, nicht über derartiges Wissen zu verfügen. Milner setzte den jungen Schotten ins Bild und schickte ihn dann nach Russland, im Gepäck die Anweisung, »informell« mit den Sowjets zu arbeiten.[87]

Robins aus Amerika und Lockhart aus Großbritannien – die Geheime Elite hatte zwei Agenten nach Russland entsandt, wo sie im engsten Umfeld der ebenfalls von der Geheimen Elite nach Russland geschickten Herren Lenin und Trotzki agierten und Zugang zum Herzen der bolschewistischen Regierung genossen. Die Bolschewiken wussten ganz genau, mit wem sie es zu tun hatten und wen Robins und Lockhart repräsentierten, und das galt andersherum ganz genauso. Lockhart erinnerte sich an eine Party, die er für

Botschaftspersonal und andere prominente Vertreter in Petrograd gab: »Mein Hauptgast war Robins. Er traf spät ein und kam direkt von Lenin … Während des Abendessens sprach Robins wenig, aber anschließend … appellierte er bewegend dafür, dass die Alliierten die Bolschewiken unterstützen sollten.«[88]

Die offiziellen diplomatischen Vertreter der Regierungen von Großbritannien und den USA waren neutralisiert worden, verdrängt von inoffiziellen Agenten, die die Bankiers zur Unterstützung der Bolschewiken entsandt hatten. Die Berichte dieser inoffiziellen Botschafter standen in direktem Widerspruch zu den Hilfsgesuchen, die aus Russland an den Westen gingen. Lenin und Trotzki nahmen das Land in den eisernen Griff des Polizeistaats, und was sich an Protesten rührte, wurde ignoriert.[89] Viele Russen hatten unter dem Zaren Hunger und Not erleiden müssen, nun sollten viele weitere Millionen den Hungertod sterben, erschossen werden oder die eisige Hölle der sibirischen Arktis nicht überstehen. Am Horizont zeichnete sich die Fata Morgana einer von Hunger geplagten Ödnis ab, während Lenin und Trotzki es zuließen, dass die westlichen Bankiers, die die Revolutionäre finanziert, gefördert und geschützt hatten, ihre Taschen mit russischem Gold und anderen Schätzen des Landes füllten. Was auch immer an Geld ins Land kam, wurde dazu genutzt, Abweichler auszuschalten und den »Roten Terror« zu finanzieren.

Der fünfmal für den Literaturnobelpreis vorgeschlagene russische Autor Maxim Gorki sagte, es sei wie ein Experiment, dem das geplagte, halb verhungerte russische Volk unterzogen wurde: »Kaltblütig opfern sie Russland im Namen ihres Traums von einer weltweiten und europäischen Revolution. Und so lang ich kann, werde ich dem russischen Proletariat zurufen: Ihr werdet in die Zerstörung geführt! Ihr dient als Material für ein unmenschliches Experiment!«[90] Wie recht Gorki doch hatte. Das korrupte, autokratische System der Zaren wurde von einem Totalitarismus abgelöst, der unendlich korrupter und autokratischer war. Die Bolschewiken hatten der provisorischen Regierung die Macht aus den Händen gerissen, aber in den ersten Wahlen für die verfassungsgebende Versammlung kamen sie auf nicht einmal ein Viertel der Stimmen. Ihnen fehlte die Rückendeckung der Wählerschaft, insofern wussten sie, dass es nur einen Weg gab, wie sie an der

Macht bleiben konnten: durch eine Schreckensherrschaft. Versuche, ihr brutales Vorgehen zu rechtfertigen, unternahmen sie nicht, sie behaupteten schlicht: »Die revolutionäre Klasse sollte mit allen zur Verfügung stehenden Mitteln ihre Ziele erreichen. Falls nötig, durch einen bewaffneten Aufstand, falls erforderlich durch Terrorismus.«[91]

Ihre Diktatur übertraf die schlimmsten Albträume der Zarenzeit. Wenn Grigori Sinowjew erklärt, was als Nächstes zu tun war, läuft es einem kalt den Rücken herab: »Um unsere Feinde zu überwinden, müssen wir von den 100 Millionen Menschen in Sowjetrussland 90 Millionen mitnehmen. Was die Übrigen angeht, so haben wir ihnen nichts zu sagen. Sie müssten ausgelöscht werden.«[92] 10 Millionen Russen sollten »ausgelöscht« werden, damit die Ziele erreicht werden. Die Bolschewiken erschufen die Tscheka, die gefürchtete Geheimpolizei, die absolut rücksichtslos gegen alle politischen Abweichler vorging. Trotzki befehligte die Rote Armee, sein alter Freund Moissei Urizki stand an der Spitze der Tscheka in Petrograd, und so blieb für die Stimme der Vernunft kein Platz mehr. Nachdem die Rote Armee in diversen Teilen des Landes Kornspeicher geleert hatte, ohne dafür zu bezahlen, musste die Tscheka Bauernaufstände niederschlagen. Auch Streiks des Proletariats wurden erbarmungslos unterdrückt.[93] Ironischerweise wurden hunderte Arbeiter, die in den Putilow-Werken gestreikt hatten, also genau dort, wo die Revolution begonnen hatte, ohne Gerichtsverfahren hingerichtet. Kurzum: Die Bolschewiken waren durch und durch besessen von »Gewalt, Diktatur und Zwang«.[94]

Richtig in Fahrt kam der »Rote Terror« im August 1918, als Lenin angeschossen und schwer verwundet wurde. Am selben Tag fiel Moissei Urizki einem Attentat zum Opfer. Niemand hat gezählt, wie viele Menschen nun abgeschlachtet wurden, aber die Schätzungen gehen in die Millionen. Zu Hunderttausenden wurden unschuldige Menschen barbarisch von der Tscheka gefoltert, und alles geschah mit dem vollen Wissen und der vollen Unterstützung von Lenin und Trotzki. Zu dieser Zeit entstanden auch die berüchtigten Arbeitslager, über deren Existenz Alexander Solschenizyn die Welt später in seinem Werk *Der Archipel Gulag* aufklären sollte. Millionen starben in Hungersnöten oder wurden bei Massakern niedergemacht. Und die ganze Zeit kassierten die internationalen Bankiers, die dieses Gemetzel finanziert und ermöglicht hatten, in großem Stil ab.

Die Bolschewiken ließen die Petrograder Filiale der National City Bank of New York in Ruhe und eröffneten mit der Ruskombank ihre erste internationale Handelsbank. Der kommunistischen Theorie nach hätte der Staat die Bank besitzen und führen müssen, stattdessen standen diverse private Geldgeber hinter diesem Kreditinstitut. Dazu zählten ehemalige Bankiers des Zaren und Vertreter von Bankhäusern aus Deutschland, Schweden, Großbritannien und Amerika. Der Großteil des ausländischen Kapitals kam aus England, unter anderem von der britischen Regierung höchstselbst. Zum Leiter der Auslandsabteilung der neuen bolschewistischen Bank wurde Max May bestimmt, Spitzenmanager bei J. P. Morgans Guaranty Trust.[95] Vorstandsvorsitzender wurde Olof Aschberg, der schwedische Agent der Geheimen Elite, der Trotzkis Rückkehr nach Russland und viele andere Dinge erleichtert hatte.[96]

Mit der Gewissheit im Rücken, aus dem Ausland finanzielle und politische Rückendeckung zu erhalten, trieben die Bolschewiken und ihre kapitalistischen Verbündeten Russlands Plünderung weiter voran. Als er bei der Ruskombank anfing, erklärte der Wall-Street-Bankier Max May, die Vereinigten Staaten hätten großes Interesse daran, ihre Produkte nach Russland zu exportieren, vor allem mit Blick darauf, dass das Land in sämtlichen wirtschaftlichen Bereichen derart großen Nachholbedarf habe. Die Bank, so May, sei »sehr wichtig und wird in erster Linie sämtliche Bereiche der russischen Industrie finanzieren«.

Die Bolschewiken vergaben wie am Fließband Aufträge an britische und amerikanische Unternehmen, die der Geheimen Elite gehörten. Ausschreibungen gab es selbstverständlich keine. Kredite wurden in Gold bezahlt, wofür man unter anderem auf die beträchtlichen Reserven der zaristischen Regierung zurückgriff. Verschifft wurde das Gold vor allem nach Amerika und Großbritannien. 1920 ging eine Goldlieferung mit einem Schätzwert von 39 Millionen schwedischen Kronen über Stockholm nach New York. Drei weitere Lieferungen gingen direkt nach New York, insgesamt 540 Kisten mit Gold in einem Wert von 97,2 Millionen Goldrubel. Und wir reden hier über den Wert von 1920! Koordiniert wurden die Lieferungen von

Kuhn, Loeb & Co., der Bank von Jacob Schiff, eingelagert wurde das Edelmetall von J. P. Morgans Guaranty Trust.[97]

Etwa zur selben Zeit schickte die US-Regierung 700 000 Tonnen Lebensmittel an die Russen. Christliche Nächstenliebe war nicht der Grund, vielmehr strich die U.S. Food Administration, die für diese gewaltige Operation zuständige staatliche Lebensmittelverwaltung, ansehnliche Gewinne für die beteiligten privatwirtschaftlichen Firmen ein. Chef der U.S. Food Administration war natürlich niemand anders als Herbert Hoover, Geschäftsführer war Lewis Lichtenstein Strauss, Ehemann von Alice Hanauer, der Tochter einer der Partner von Kuhn, Loeb & Company. Was für die britische Aristokratie galt, traf auch auf die interfamiliären Verflechtungen innerhalb der Bankenelite zu – jeder war irgendwie mit jedem verwandt. Die Profitjäger aus dem Ausland verdienten sich am Bolschewismus dumm und dämlich. Standard Oil und General Electric lieferten dem neuen Regime Maschinen im Wert von 37 Millionen Dollar. Möglicherweise bis zu 3 Millionen Zwangsarbeiter starben in den eisigen Minen Sibiriens, wo sie für das in Großbritannien registrierte Unternehmen Lena Goldfields nach Erz gruben. Der amerikanische Eisenbahnmogul Averell Harriman, der 1943 Botschafter in Russland wurde, erwarb ein auf 20 Jahre angelegtes Monopol für die gesamte russische Manganproduktion.[98]

Die totalitären Herrscher des Bolschewismus machten gemeinsame Sache mit den internationalen Bankiers und waren ihnen verpflichtet. Sie stahlen Russland sein Gold und seine Diamanten und erhielten im Gegenzug reichlich Waffen, mit deren Hilfe sie die Massen kontrollieren und abschlachten konnten. Es ist schon ironisch: Die Waffen, die dem Zaren 1917 vorenthalten worden waren und die den Krieg in jenem Jahr hätten beenden können, wurden, nachdem er abgedankt hatte, frei und ungezügelt gehandelt. Es gab aus dem Ausland rechtliche Bemühungen, zu verhindern, dass hunderte Tonnen geplünderter russischer Goldbarren und Goldmünzen abtransportiert und verkauft wurden, aber über diese Hürden setzten sich die Geschäftsinteressen problemlos hinweg. Der Großteil des Goldes ging nach Stockholm, wurde dort eingeschmolzen und neu zu Barren mit schwedischem Prägestempel gegossen. Hier war in der Nachkriegszeit eine Umkehr der Methoden zu beobachten, mit deren Hilfe die Seeblockade umgangen worden war und die den Ersten Weltkrieg verlängert hatten. Stockholm kam in den Genuss eines Goldwäschebooms, wie ihn die Stadt zuvor nie erlebt hatte. »Die Bolschewiken waren dick im Geschäft.«[99]

Weil sie dringend Waffen benötigten, verkauften die Bolschewiken auf den internationalen Märkten Gold und Diamanten zu Schleuderpreisen. Mit den Waffen wiederum bereiteten sie allem Widerstand gegen ihre Tyrannei ein Ende. Der Bürgerkrieg in Russland ist als Thema zu groß, als dass wir in diesem Buch ausführlich auf ihn eingehen könnten, deshalb spulen wir vor: 2 Jahre nach der Machtergreifung hatten sich die schwer bewaffneten Bolschewiken endgültig durchgesetzt. Die Kosten: Millionen Tote und Verwundete.

Ab 1920 regierten die Bolschewiken völlig unangefochten über ein zerstörtes und völlig bankrottes Land. In Petrograd lebten vier Fünftel weniger Menschen als vor Kriegsbeginn, und die verbliebenen 20 Prozent vegetierten eher vor sich hin, als dass man von »leben« sprechen konnte. In Moskau lagen die Dinge ähnlich. Die Straßenbahnen fuhren nicht, es grassierten Epidemien, und die leidgeplagte Bevölkerung fand in den Krankenhäusern nur wenig Hilfe, denn Ärzte und Pflegepersonal raffte es ganz genauso dahin. Der Kriegskommunismus warf das russische Volk auf eine geradezu prähistorische Stufe zurück – viele Menschen wurden, um irgendwie zu überleben, zu Jägern und Sammlern und durchstöberten die Müllhalden.[100] Schätzungen zufolge starben bei diesem grotesken Experiment in Sozialkontrolle 60 Millionen Russen an Hunger oder wurden hingerichtet. Und diese Schätzungen sind vermutlich noch konservativ.

Zu den größten Mythen der zeitgenössischen Geschichtsschreibung gehört die Behauptung, bei der Oktoberrevolution habe es sich um einen Volksaufstand gehandelt und die geknechteten Massen hätten sich gegen die verhassten Zaren erhoben. Das nackte Gewicht der Geschichte straft diese These Lügen. Die Planung, die Führung und vor allem das Geld kamen voll und ganz aus dem Ausland, größtenteils waren Bankiers in Deutschland, Großbritannien und den Vereinigten Staaten verantwortlich. Wir haben Ihnen die Beweise dafür vorgelegt, welche Rolle internationale Bankiers bei der Februar- und der Oktoberrevolution in Russland spielten, und obwohl es den Eindruck erweckt, als ob die Rothschilds hier nicht an vorderster Front mitmischten, erklärte G. Edward Griffin: »Die Rothschild-Formel hat diese Ereignisse entscheidend geprägt.«[101] Man sollte Griffins Behauptung nicht einfach so abtun.

Rothschild-Biografen schreiben, dass in praktisch jedem Land der Welt einflussreiche Persönlichkeiten und Staatsmänner auf den Gehaltslisten der Rothschilds standen[102] und dass der Großteil der europäischen Königshäuser ihrem Einfluss erlegen war.[103] Die Rothschilds hatten ein derart großes Vermögen angehäuft, dass nichts und niemand gegenüber ihrer Finanzkraft immun war. Indem sie vor allem innerhalb der Familie heirateten, ließen sie sich von Außenstehenden nicht in die Karten schauen, dennoch boten sie anderen Männern Gelegenheit, hochgesteckte politische und finanzielle Ziele zu verfolgen. Sie nahmen Einfluss, wenn es um die Besetzung hoher Ämter ging, tauschten sich nahezu täglich mit den wichtigsten Entscheidern aus[104] und kontrollierten über sie die Politik, während sie gleichzeitig im Hintergrund blieben. Die Rothschilds legten großen Wert auf ihre Anonymität, und da sie grundsätzlich all ihre Geschäfte hinter den Kulissen betrieben, konnten sie ihre Angelegenheiten viele Jahre lang geheim halten.[105] Ihr traditionelles System mit einem globalen Netz halbautonomer Agenten war unübertroffen.[106] Ihre typische Vorgehensweise bestand darin, angeschlagene Banken oder marode Industriekonzerne mit großen Finanzspritzen zu retten und anschließend als Tarnung für ihre eigenen Zwecke zu nutzen. Jeder Bankier, der in diesem Kapitel namentlich genannt wird, der die Herrschaft des Zaren untergrub und die Bolschewiken finanziell und auf anderen Wegen unterstützte, verfügte über enge Verbindungen zu den Rothschilds: In Deutschland die Warburg-Banken und die Disconto-Gesellschaft, an der Wall Street Kuhn, Loeb & Company, J. P. Morgan und der Guaranty Trust, in London Morgan Grenfell. Sie alle waren Komplizen.

Als die Hamburger Warburg-Bank 1857 vor dem Zusammenbruch stand, pumpten die Rothschilds enorme Beträge in das Finanzinstitut.[107] Von diesem Zeitpunkt an agierten die M. M. Warburg Bank und ihre Partner praktisch als Deckadresse für die Rothschilds. Mit der gewaltigen finanziellen Schlagkraft der Rothschilds im Rücken wurde aus einer winzigen Bank mit einem Büro und einer Handvoll Personal eine der größten und bedeutendsten Banken Deutschlands. Die Warburg-Brüder spielen in diesem Buch eine wichtige Rolle, denn sie handelten als verdeckte Agenten der Rothschilds. Nur, um es noch einmal zusammenzufassen:

- Max Warburg, ihr wichtigster Bankier in Deutschland und angeblich während des Ersten Weltkriegs Leiter der deutschen Spionageabwehr,[108] war eine der zentralen Gestalten bei der Finanzierung von Lenin und Trotzki. Außerdem ermöglichte er die Fahrt des »verplombten Zugs« durch Deutschland.
- Fritz Warburg hielt sich während des Kriegs in Stockholm auf und organisierte von dort aus größere finanzielle Transaktionen zwischen Deutschland und den Bolschewiken. Der britischen Aufklärung zufolge pflegte er zudem engen Kontakt zu Parvus.[109]
- Paul, ein weiterer jüngerer Bruder von Max, war gemeinsam mit Jacob Schiff Seniorpartner bei Kuhn, Loeb & Co., einer Bank, die praktisch eine weitere Rothschild-Tarnorganisation darstellte. Die Vorfahren der Schiffs und Rothschilds waren Nachbarn im Frankfurter Ghetto gewesen, und Jacob Schiff war ein weiterer Rothschild-Agent. In einer »Bolschewismus und Judaismus« betitelten und auf den 13. November 1918 datierten Akte des US-Außenministeriums heißt es, es gebe keine Zweifel daran, dass die »jüdische Firma« Kuhn, Loeb & Company und ihre Partner die Revolution in Russland »gestartet und gesteuert« haben. Max Warburg, so der Bericht weiter, habe zudem Trotzki finanziert, und auch Aschberg und die Nya Banken seien involviert.[110]

Jacob Schiff hatte seit dem Russisch-Japanischen Krieg über ein Jahrzehnt zuvor zarenfeindliche Aktivitäten in Russland finanziert. Er kam für einen Großteil der bolschewistischen Propaganda auf sowie für den Löwenanteil der Schmiergelder, die an die Arbeiter und Soldaten der Garnison von Petrograd im Vorfeld der Februarrevolution und der Oktoberrevolution von 1917 flossen. Professor Antony Sutton hielt es für einen Fehler, Juden als verantwortlich für die Oktoberrevolution zu bezeichnen, denn auch Nichtjuden wie J. P. Morgan und William Boyce Thompson waren involviert.[111] Aber Thompson war ein getreuer Morgan-Anhänger, und J. P. Morgan sowie das gesamte Morgan-Empire waren sehr, sehr eng mit den Rothschilds verbunden.[112]

Professor Sutton verfasste seine Abhandlung 1974, und ihm war dabei ganz offensichtlich nicht bekannt, dass praktisch die gesamte internationale Bankiersclique durch eine komplexe Kette verbunden war, die zurück zu den

Rothschilds in London und Paris führte. Olof Aschberg und seine Nya Banken in Stockholm beispielsweise standen in engem Kontakt mit dem Guaranty Trust in den Vereinigten Staaten. Guaranty Trust wiederum gehörte zum Kreis um J. P. Morgan, und dieser wiederum stand unter dem verdeckten Einfluss des Rothschild-Imperiums. Aschberg und die Nya Banken ließen den Bolschewiken von diesen Banken Geld zukommen, ebenso die gleichermaßen von den Rothschilds kontrollierte deutsche Warburg-Bank. »Deutschland« habe Lenins Machtübernahme 1917 finanziert und erleichtert, schreiben die Mainstream-Historiker, aber es steckte nicht die deutsche Regierung dahinter, sondern deutsche Kreditinstitute, die wiederum letztlich von den Rothschilds gesteuert wurden.

Jacob Schiff, die Warburgs, die Rothschilds und andere, vorwiegend jüdische internationale Bankiers standen der Regierung des Zaren in Russland zweifelsohne mit beträchtlichem Hass gegenüber, weil ihre Glaubensbrüder so brutal verfolgt wurden. Doch diese Männer haben der bolschewistischen Revolution nicht aus religiösen Gründen zum Erfolg verholfen – ihre Gründe reichen viel weiter. Es ging nicht um Liebe für die Bolschewiken, Sorge um die Opfer des Zarismus oder das Leid des gewöhnlichen geknechteten russischen Juden. Hier ging es ums Geschäft und um die Zukunftspläne für die Welt. Bevor sich eine neue Weltordnung errichten ließ, musste zunächst einmal die alte Ordnung zerstört werden. Diese Männer wollten das russische Zarenreich zum Einsturz bringen und ausbluten lassen. Gleichzeitig konzentrierten sich ihre Freunde und Mitverschwörer in Großbritannien darauf, die alte Ordnung in Europa zu zerschlagen – das Osmanische Reich, Österreich-Ungarn und vor allem das Deutsche Reich. Die Geheime Elite förderte Revolution und Kommunismus, weil es in ihre Pläne passte, und aus diesem Grund förderte sie auch den Zionismus. Das galt auch für den New Yorker Geldadel. Die politischen Ideen waren für sie nichts als Bausteine, die sie zum Erreichen ihrer globalistischen Träume zusammenfügten. Nur wenige Tage nach der Oktoberrevolution in Russland wurde in London die Balfour-Deklaration unterzeichnet. Zufall? Eine Fügung des Schicksals, mit der niemand hätte rechnen können? Sollten Sie sich wundern, warum die Geschichtsforschung nicht ausführlicher auf diesen Umstand eingegangen ist, stellen Sie sich folgende Frage: Wem gehört die Geschichte?

Antwort: Der Geheimen Elite, den Männern mit gewaltiger Macht und gewaltigen Reichtümern. Sie veröffentlichen Geschichte in einer Fassung, die ihnen genehm ist.

Bei der Balfour-Deklaration und ihrer Zustimmung durch die Mächtigen handele es sich um einen Akt höchster Diplomatie, schrieb im Jahr 1917 Louis Marshall, ein führender amerikanischer Zionist und Anwalt für Kuhn, Loeb & Company. Damit ist mehr und gleichzeitig weniger gemeint, als man auf den ersten Blick annehmen könnte. Zionismus ist »ein Zufall eines weitreichenden Plans, einfach nur ein praktischer Haken, an dem man eine mächtige Waffe aufhängen kann.«[113] Professor Carroll Quigley hielt in dieser Hinsicht ebenfalls nicht hinter dem Berg: »Die Mächte des Finanzkapitalismus verfolgten einen weitreichenden Plan, nichts weniger als die Erschaffung eines Weltsystems der finanziellen Kontrolle durch private Hand, imstande, das politische System jedes Landes und die Wirtschaft der Welt als Ganzes zu dominieren.«[114]

Die Geheime Elite finanzierte auf dem Weg zur Umsetzung ihres »weitreichenden Plans« Bolschewismus und Zionismus, und dieser Plan war ihre Albtraumvision einer neuen Weltordnung.

Zusammenfassung

- Im Februar 1917 kam es in den riesigen Putilow-Werken in Petrograd zu schweren Arbeitskämpfen. Ermutigt wurden die Arbeiter durch Schmiergelder, die Handlanger der Geheimen Elite an die Arbeiterführer verteilten.
- Die Streiks fielen mit dem Weltfrauentag am 23. Februar zusammen. Arbeiter anderer Fabriken schlossen sich den Demonstrationen an, und so schwoll die Menschenmenge rasch an.

- Auch Soldaten der Garnison waren bestochen worden. Nun weigerten sie sich, gegen die Menge vorzurücken, und immer mehr Soldaten meuterten.
- Viele regierungstreue Truppen wurden zurückgehalten, aber angeblich gewann der Zar den Eindruck, die Armee stehe nicht mehr hinter ihm, woraufhin er rasch abdankte. Nach einwöchigen Unruhen übernahm eine provisorische Regierung die Macht. Sie beabsichtigte, den Krieg gegen Deutschland fortzuführen.
- Der britische Premierminister David Lloyd George und der amerikanische Präsident Woodrow Wilson begrüßten die Revolution öffentlich.
- Die Geheime Elite setzte sofort Pläne in Kraft, Wladimir Lenin und Leo Trotzki zurück nach Russland zu bringen.
- Lenin wurde von einem Netz internationaler Verschwörer geholfen. Es handelte sich größtenteils um Juden, internationale Bankiers und Rothschild-Agenten wie Max Warburg in Deutschland.
- Trotzki wurde vom Wall-Street-Bankier und Rothschild-Agenten Jacob Schiff sowie einem großen zionistischen Element in New York unterstützt.
- In Nova Scotia holten nichteingeweihte kanadische Zollbeamte Trotzki vom Schiff nach Russland und steckten ihn in ein Internierungslager. Auf Anweisung von allerhöchster Stelle sowohl der Briten als auch der US-Regierung wurde Trotzki jedoch rasch wieder auf freien Fuß gesetzt.
- Nach seiner Ankunft in Russland tat sich Trotzki mit Lenins Bolschewiken zusammen. Sofort begannen sie, der provisorischen Regierung Ärger zu bereiten.
- Anfang Oktober hatten die Bolschewiken ihre Vorbereitungen für einen bewaffneten Aufstand abgeschlossen. Ohne ernsthaften

Widerstand rückten sie ganz ruhig in Petrograd in den Winterpalast ein, den Regierungssitz. Sie verkündeten ihren Sieg und riefen eine »Volksrepublik« aus.

- Lenin und Trotzki lösten die Regierung auf und ersetzten sie durch etwas, das im Grunde eine bolschewistische Diktatur war. Am folgenden Tag unterzeichnete Lenin das »Dekret über den Frieden«, in dem von einem sofortigen Rückzug Russlands aus dem Krieg die Rede war.
- Sofort nach der Revolution setzte die Plünderung Russlands ein, es ging um Gold, Diamanten und andere Edelsteine. Eine wichtige Rolle spielte hier eine betrügerische Mission des amerikanischen Roten Kreuzes, die von einem Wall-Street-Bankier angeführt wurde. Sie raubte dem Land all seine Reichtümer und lieferte dafür im Gegenzug Waffen und Munition.
- Es kam zum Bürgerkrieg und zur Schreckenszeit des »Roten Terrors«. Millionen gewöhnlicher Bürger wurden abgeschlachtet oder gefoltert.
- Zwei Agenten der Geheimen Elite, ein Amerikaner und ein Brite, bekamen Zugang zum Herzen der bolschewistischen Regierung und uneingeschränkten Zugang zu Lenin und Trotzki.
- Die Bolschewiken gründeten eine Auslands-Handelsbank und beriefen Bankiers aus Stockholm und New York an die Spitze des Kreditinstituts. Die zentralen Figuren waren allesamt direkt oder indirekt mit den Rothschilds verbunden.

Kapitel 32

Ein Krieg ohne Ende

Seit Jahrzehnten erzählt man uns, dass der Erste Weltkrieg im August 1914 begann und im November 1918 endete. In Schulen und Universitäten wird gelehrt, dass der Erste Weltkrieg vorüber war, als am 11. November 1918 in Nordfrankreich im Eisenbahnwaggon von Marschall Foch im Wald bei Compiègne der Waffenstillstand unterzeichnet wurde. Um 11 Uhr verstummten an jenem Tag die Waffen, und »1914 bis 1918« bleibt in Stein gemeißelt, aber der Krieg gegen Deutschland war noch nicht vorbei.

Verdeckte Kräfte in Großbritannien hatten mit der Hilfe ihrer amerikanischen Verbündeten vorsätzlich einen brutalen Krieg vom Zaun gebrochen, der Deutschland zerschmettern sollte, und sie hatten dafür gesorgt, dass die Kämpfe unnötigerweise weit über 1915 hinaus andauerten. Entsprechend wenig Skrupel zeigten sie nun nach Ende der Feindseligkeiten und setzten ihr zerstörerisches Werk fort. Als Mittel der Wahl griffen sie ironischerweise zu einer strengen Blockade, was Deutschlands Einfuhr von Lebensmitteln und anderen für die Zivilbevölkerung überlebenswichtigen Dingen anging. Eine derart scharfe Blockade hätte den Krieg schon 1915 beendet, stattdessen wurde sie *nach* dem Waffenstillstand umgesetzt und sorgte 1919 dafür, dass in Deutschland und Österreich viele Menschen hungerten und starben.

Vielleicht wäre es tröstlich gewesen, wenn das Establishment diesen historischen Fakt vor allem deshalb bestreiten würde, weil ihm die ganze Angelegenheit peinlich ist oder es Schuldgefühle bei ihm auslöst, schließlich hatten die Alliierten doch Krieg geführt, um die Zivilisation zu retten. Doch davon war nichts zu spüren. Derartige Gefühle waren der herrschenden Klasse des Empire stets fremd gewesen.

In Großbritannien wird der 11. November 1918 bis heute gefeiert, als stellte er das Ende des Schreckens dar. Jahr für Jahr wird dann jener gedacht, die im Ersten Weltkrieg ihr Leben geopfert haben. Remembrance Day wird am Sonntag nach diesem Datum in jedem britischen Dorf und in jeder Stadt an den Kriegsdenkmälern begangen. Es ist nicht nur wichtig, sich zu erinnern, es ist unerlässlich. Aber wir sollten richtigstellen, *was* in Erinnerung bleiben sollte. Zur großen Lüge vom 11. November gesellen sich die Lügen auf diesen Kriegsdenkmälern – die Lüge, wonach Großbritannien und das Empire sich auf dieses bittere Ringen einließen, um die Welt vor satanischen Deutschen zu schützen; die Lüge, wonach Millionen junger Männer um »der Herrlichkeit Gottes willen« und zum Schutz von »Freiheit« und »Zivilisation« ihr Leben opferten oder sich furchtbar verstümmeln ließen. Tatsächlich aber waren *sie* es, die geopfert wurden. *Sie* waren die ahnungslosen Opfer, die zum Nutzen von Bankiers und Finanziers starben, zum Vorteil geheimer Cliquen und Machtlüsterner auf beiden Seiten des Atlantiks. Der triumphierende Militarismus, der mit diesen Gedenkgottesdiensten einhergeht und den vor allem noch immer das Königshaus, die religiösen Führer und die Politik praktizieren, beschmutzt allerdings diesen Erinnerungsprozess. Die unterschwellige Botschaft verspottet »Dulce et Decorum Est«, das Antikriegsgedicht von Wilfred Owen.[1] Die große Lüge wird fortgeführt, und Gewalt gilt weiterhin als probates Mittel der Konfliktlösung, während der Schrecken, die grausame Realität und die wahren Ursachen des Kriegs weiterhin im Verborgenen bleiben.

Doch egal wie viel Scheinheiligkeit den Remembrance Day umgibt, es ändert nichts daran, dass der Krieg keineswegs mit dem Waffenstillstand endete. Das ist nur eine der vielen Unwahrheiten rund um den Ersten Weltkrieg, die bis heute als Tatsache verkauft werden. An der Westfront kamen die Kämpfe zum Stillstand, aber die Attacken auf deutsche Männer, Frauen und Kinder setzten sich unkontrolliert fort. Tatsächlich sorgte eine gnadenlose und zynische Lebensmittelblockade gegen Deutschland dafür, dass die Angriffe noch extremer wurden.

An der Ostfront endeten die Feindseligkeiten zwischen Deutschland und dem mittlerweile bolschewistischen Russland im Oktober 1917, im März 1918 wurde das Ende der Kämpfe durch den Vertrag von Brest-Litowsk offiziell. Im Verlauf des Jahres 1918 konnten die Alliierten einige Erfolge verzeichnen, aber die grundsätzliche Pattsituation an der Westfront hatte weiterhin Bestand und sorgte dafür, dass die ermüdende und lähmende Verschwendung von Menschenleben andauerte. Das Kriegskabinett in London[2] sah die Leistungen ranghoher britischer Kommandeure wie General Haig und trieb seine Planungen für Offensiven in den Jahren 1919 und 1920 weiter voran.[3] Ein unmittelbares Ende der Auseinandersetzungen zeichnete sich aus Sicht des Kabinetts nicht ab. Manche glaubten, der Krieg werde insgesamt 7 Jahre dauern, aber Deutschland verfügte für eine Fortsetzung des Krieges nicht mehr über die erforderlichen Reserven. Die Zahl der erschöpften und unzufriedenen deutschen Soldaten stieg und stieg genauso wie die Angst vor einer Revolution, also wies der Kaiser Feldmarschall Paul von Hindenburg an, sich auf eine Verteidigungslinie zwischen Antwerpen und der Mosel zurückzuziehen.[4] Die deutsche Regierung hatte Woodrow Wilsons Rede vor dem Kongress am 8. Januar 1918[5] sehr wohl gehört und war überzeugt, der US-Präsident werde dafür sorgen, dass man einen ehrenvollen Frieden schließen könne. Wilson hatte gesagt:

> *»Unser Wunsch, unsere Absicht ist dies: Wenn die Friedensverhandlungen begonnen haben, sollen sie ganz und gar öffentlich geführt werden und sollen demnach keinerlei Geheimabkommen enthalten oder ermöglichen. Die Tage der Eroberungen und Gebietserweiterungen sind vorüber … Die Welt soll so geordnet sein, dass das Leben darin sichergestellt ist; insbesondere wollen wir, dass Völker, die wie wir den Frieden lieben, die ihr eigenes Leben zu führen und sich ihre eigene Verfassung zu bestimmen wünschen, unbehelligt bleiben und seitens der anderen Völker Gerechtigkeit und Achtung erwarten können.«*[6]

Es folgten die berühmten 14 Punkte, mit denen Präsident Wilson eine neue Weltordnung definierte, in der alles einem friedlichen Wandel unterzogen werden würde. Zu diesen Punkten gehörten ein Ende der Geheimabkommen, die uneingeschränkte Freiheit der Schifffahrt auf hoher See, Freihandel und der Wegfall von Wirtschaftsbarrieren sowie Bürgschaften, dass man sich bei den Rüstungen auf das Mindestmaß beschränke, das zur Gewährleistung der Selbstverteidigung erforderlich sei. Die Souveränität kleinerer Nationen und anhängiger Kolonien sollte durch ein Gleichgewicht rechtmäßiger Ansprüche und Selbstbestimmung entschieden werden. Die politische Entwicklung in Russland wurde begrüßt und unterstützt, Russland, so hieß es, solle Aufnahme finden in die »Gesellschaft der freien Nationen« und jede nur denkbare Unterstützung dabei bekommen, die eigene Zukunft zu bestimmen.

Ein Sonderfall war Belgien. Belgiens Souveränität als freie Nation musste ganz unmissverständlich zum Ausdruck gebracht werden. Deutschland habe sich von belgischem Gebiet zurückzuziehen, damit das Vertrauen in Gerechtigkeit und internationales Recht wiederhergestellt werden könne. Die Provinzen Elsass und Lothringen, die Frankreich nach dem deutsch-französischen Krieg von 1871 an Deutschland abtreten musste, sollten »befreit« werden und zurück an Frankreich fallen.

Detailliert spricht Wilson in seinem großen Plan über den neuen Verlauf der italienischen Grenzen, von Schutzmaßnahmen für die Völker Österreich-Ungarns, Territorialvereinbarungen für die Balkanstaaten, den »türkischen Teil des Osmanischen Reichs« und von einem unabhängigen Polen. Begriffe wie »Zusagen«, »Integrität«, »Garantien«, »autonome Entwicklung« und »rechtmäßiger Anspruch« verliehen dem Ganzen einen Anstrich von Naturrecht, und dasselbe gilt für Punkt 14, in dem die Rede ist von einem »allgemeinen Verband der Nationen«, der durch gegenseitige Bürgschaften die politische Eigenständigkeit und die territoriale Unverletzbarkeit der großen wie der kleinen Staaten gleichermaßen garantiert.[7] Der Präsident schien eine Lösung für die Probleme der Welt skizziert zu haben. Doch leider war es nur ein Trugbild.

9 Monate nachdem Wilson in seiner Rede vor dem Kongress ein derartiges Maß an Uneigennützigkeit an den Tag gelegt hatte, schlug der neue deutsche Reichskanzler Max von Baden einen Waffenstillstand vor. Der Kaiser hatte Prinz Max am 30. September 1918 in das Amt berufen, damit er einen gerechten Frieden vereinbare. Max hatte sich zuvor gegen einen uneingeschränkten U-Boot-Krieg ausgesprochen und galt als Stimme der Mäßigung.[8] Das weckte die Hoffnung, dass sein Appell an Präsident Wilson nicht ungehört verhallen würde. Max schrieb direkt an Woodrow Wilson und erklärte, man akzeptiere das in der Ansprache vor dem Kongress am 8. Januar vorgelegte Programm als Ausgangspunkt für Friedensverhandlungen. Er bat um einen sofortigen Waffenstillstand.[9]

Das Telegramm von Prinz Max wurde am 5. Oktober 1918 an den US-Präsidenten weitergeleitet,[10] zusammen mit einem ähnlichen Friedensvorschlag aus Österreich-Ungarn.[11] Wilson allerdings erklärte, er werde nicht verhandeln, solange deutsche Truppen auf ausländischem Boden stünden.[12] Damit die Verhandlungen in Treu und Glauben geführt werden können, müssten die Mittelmächte Deutschland und Österreich-Ungarn ihre Truppen überall von fremdem Gebiet abziehen. Eine Frist für diesen Abzug nannte der Präsident nicht.[13] Was nun geschah, hatte mit Treu und Glauben nicht das Mindeste zu tun.

Was oftmals vergessen wird: Deutschlands Unterschrift unter das Waffenstillstandsabkommen war an Bedingungen geknüpft. Am 12. Oktober bestätigte die Regierung des Kaisers, dass sie zu ausführlicheren Gesprächen über einen Waffenstillstand bereit sei – unter der Bedingung, dass dies auf einer gemeinsamen Übereinkunft zu den praktischen Einzelheiten von Wilsons 14 Punkten basierte.[14] Niemand in der Reichsregierung hätte sich vorstellen können, dass es Militärberater der Alliierten sein würden, die die endgültigen Forderungen stellten. Und diese Berater hatten zu gewährleisten, dass Deutschland die Feindseligkeiten nicht würde wiederaufnehmen können. Tatsächlich hatten die Kommandeure der alliierten Streitkräfte Anweisung, umgehend mit militärischen Mitteln zu reagieren, sollte Deutschland eine der empörenden Forderungen nicht einhalten.

Seit 1915 hatten die Alliierten zahlreiche Angebote der Deutschen, über einen Frieden zu sprechen, ins Leere laufen lassen, aber die Reichsregierung hielt Woodrow Wilson für einen Ehrenmann. Die Deutschen wussten, dass Europa bankrott und man von den Vereinigten Staaten abhängig war, was die Versorgung mit Lebensmitteln und Geld anging. Lieferte Amerika nicht, drohten Hungersnöte und Chaos. Wenn es für beide Seiten ums Überleben geht, verhandelt man am besten mit kühlem Kopf und greift auf erfahrene Unterhändler zurück. Leider setzte die alliierte Führung auf einen anderen Ansatz.

Woodrow Wilson stand in Amerika unter dem Einfluss seiner Aufpasser von der Geheimen Elite und war völlig überfordert, was die politischen Schlaglöcher eines in Trümmern liegenden Kontinents betraf. Als Präsident Wilson Wochen nach dem Waffenstillstand in Paris eintraf, schrieb der britische Diplomat Sir Arthur Willert, er führe sich auf »wie eine Debütantin, die von der Aussicht auf ihren ersten Ball ganz entzückt ist«.[15] Das verwüstete Europa bot dem blauäugigen Wilson keinen Schutz. Erfahrenen Staatsmännern wie Clemenceau oder Balfour war er ohnehin nicht gewachsen, aber richtiggehend bauerntölpelig wurde es im Umgang mit David Lloyd George. Der britische Ökonom John Maynard Keynes beschrieb Wilson als »geistig langsamen Inkompetenten«[16] und fragte sich, ob die Bedingungen des Waffenstillstands, die er abgesegnet hatte, eher das Produkt einer Täuschung oder von Überheblichkeit seien.[17] Ob das eine oder andere, es passte beides gut zur Absicht der Geheimen Elite, Deutschland zu zerschmettern.

Ohne das Wissen der deutschen Delegation hatten sich die Regierungen Großbritanniens, Frankreichs und Italiens auf bestimmte Bedingungen für einen Waffenstillstand verständigt, die bis dahin noch nicht veröffentlicht worden waren. Die 14 Punkte waren kaum mehr als ein Köder, der ausgeworfen worden war, um die ahnungslosen Deutschen an den Haken zu bekommen. Der Kaiser versuchte, aus der Sackgasse zu springen, in die ihn die Alliierten gedrängt hatten, und sich in ruhigeres Fahrwasser zu flüchten, doch es war vergebens. Bei allem, was folgte, drängt sich insbesondere die Frage auf, warum es die Deutschen über sich ergehen ließen, dass die Alliierten Wilsons »Bedingungen« verwarfen. Angesichts ihrer Lage – allein an fremden Gestaden – blieb ihnen allerdings kaum eine andere Wahl.

Lloyd George führte die Blockade gegen Deutschland fort, und Frankreich war begierig, dem »besiegten« Widersacher strenge Wiedergutmachung abzuverlangen.[18] Als im Oktober die Vorgespräche zum Waffenstillstand anliefen, beharrte Wilson auf dem Rücktritt des Kaisers, was sich als größere Hürde für einen Frieden hätte erweisen können, aber der Kaiser dankte schließlich unter Protest ab.[19] Als die deutsche Waffenstillstandskommission Berlin verließ,[20] rechneten die Delegierten damit, dass schwere Entscheidungen vor ihnen liegen würden, aber nichts bereitete sie auf die empörenden Bedingungen vor, die in Anwesenheit von Marschall Foch laut verlesen wurden.

Die Deutschen wurden aufgefordert, binnen 2 Wochen die Westfront zu räumen. Das war keine Überraschung, aber alliierte Streitkräfte würden innerhalb eines Monats weite Teile des deutschen westlichen Rheinufers besetzen und am Ostufer eine neutrale Zone errichten. In diesen Teilen Deutschlands sollte eine Besatzungsarmee aus Amerikanern und alliierten Truppen die Macht haben. Alle von Deutschland besetzten Gebiete seien aufzugeben und die mit Russland und Rumänien getroffenen Vereinbarungen als null und nichtig zu erklären. Gemäß den Bedingungen des Waffenstillstands sollte Deutschland 5000 Geschütze, 25 000 Maschinengewehre und 1700 Flugzeuge übergeben. Die komplette deutsche U-Boot-Flotte würde beschlagnahmt werden, die deutschen Schlachtschiffe und Kreuzer würden im schottischen Scapa Flow interniert.[21]

Lassen Sie uns einen Moment darüber nachdenken, wie weit diese Bedingungen von dem »gerechten Frieden« abweichen, für den Lord Kitchener sich starkgemacht hätte. 3, 4 Tage vor seinem Tod hatte Lord Kitchener noch erklärt, man solle nicht »einem Land Territorium wegnehmen und es einem anderen geben«. Weiter sagte er: »Ich glaube, wenn man Elsass-Lothringen den Deutschen wegnimmt und Frankreich gibt, wird es einen Vergeltungskrieg geben.« Kitchener hätte den Deutschen auch die Kolonien als eine Art »Überdruckventil« gelassen.[22] Aber Kitchener war tot, seine Klugheit und sein gesunder Menschenverstand waren verstummt.

Dem Sieger gehört die Beute, das war schon immer so, aber die deutschen Streitkräfte waren nicht besiegt worden, und ihre Führung kam aus eigenen Stücken an den Verhandlungstisch auf der Grundlage von Treu und Glauben, auf die Woodrow Wilson scheinbar so großen Wert gelegt hatte. Die Geheime Elite hatte den Krieg verursacht; nun war sie entschlossen, Deutschland zu demütigen und noch das letzte Hemd zu nehmen.

35 Artikel umfasst das Abkommen zum Waffenstillstand, aber vor allem bei einem Punkt musste die deutsche Delegation doch sehr schlucken. In Artikel 26 hieß es ursprünglich: »Die Blockade der alliierten und assoziierten Mächte bleibt im gegenwärtigen Umfang bestehen. Deutsche Handelsschiffe, die auf hoher See gefunden werden, unterliegen der Wegnahme.«[23]

Als die deutschen Vertreter, unter ihnen der Delegationsleiter, Staatssekretär Matthias Erzberger, bei der ersten Zusammenkunft am 8. November davon hörten, fehlten ihnen die Worte.[24] Niemand hätte eine derartige Knebelbedingung erwartet. Die U-Boote kehrten auf ihre Stützpunkte zurück, und die alliierten Flotten regierten die hohe See völlig unangefochten, aber dennoch sollte die Seeblockade fortgesetzt werden? Die ursprüngliche Scheinblockade hatte entscheidend dazu beigetragen, dass der Krieg der

Geheimen Elite über 1915 hinaus fortgesetzt werden konnte, weil Deutschland mit allem versorgt wurde, was es zum Kämpfen benötigte. Die absolute Blockade dagegen, die während des finalen Kriegsjahres in Kraft gesetzt worden war, hatte entscheidend zu Deutschlands Niederlage beigetragen. Diese Politik auch nach dem Waffenstillstand fortzuführen, kam einem vorsätzlichen Völkermord gleich.

Verschlimmert wurden die Dinge noch durch Artikel 7, in dem Deutschland aufgefordert wurde, 5000 Eisenbahnlokomotiven und 150 000 Waggons in gutem Zustand abzutreten.[25] Sehen wir uns an, was diese »Bedingungen« für einen Frieden bedeuteten: Zusammengenommen zerstörten sie Deutschlands Möglichkeiten, in einem Land, das am Rande von Revolution und Anarchie entlangtaumelte, Hungersnöte abzuwenden. Die Bevölkerung war am Boden zerstört, viele Menschen waren auf der Flucht, hunderttausende enttäuschter Soldaten kehrten von der Westfront heim – wie sollte die Regierung diese Menschen alle ernähren, wenn sie keine Lebensmittel importieren durfte und nicht über die Möglichkeiten verfügte, das Wenige, was aus eigener Produktion zur Verfügung stand, unter das Volk zu bringen? Mangelernährung hatte das öffentliche Gesundheitssystem ohnehin bereits an den Rand des Kollapses getrieben.

Die ganze Situation war unmenschlich, entsprechend weigerten sich die deutschen Unterhändler anfangs auch, das Todesurteil für ihr eigenes Volk zu unterzeichnen. Erzberger schickte ein Eiltelegramm an seine Vorgesetzten, aber der neue Reichskanzler Friedrich Ebert gab grünes Licht.[26] Auch Feldmarschall von Hindenburg, der wusste, wie hoffnungslos die militärische Lage war, warf sein Gewicht zugunsten einer Unterschrift in die Waagschale.

Dennoch protestierte Matthias Erzberger. Er bat Ebert, dieser solle Präsident Wilson zum Eingreifen auffordern, damit die ansonsten unvermeidbare umfassende Hungersnot noch abgewendet werden könne. In den frühen Stunden des 11. November kamen die Delegierten erneut zusammen. Erzberger protestierte weiter: Die Blockade sei zentraler Teil des Kriegs gewesen, insofern wäre ihre Fortführung ganz genauso ein Teil der Kampfhandlungen wie alles, was direkt an der Front geschah. Die Alliierten könnten ihren guten Willen zeigen, indem sie die Blockade beendeten, und es wäre ein Anreiz, gemeinsam auf einen echten Frieden hinzuarbeiten.

Erzbergers hartnäckige Entschlossenheit schien Früchte zu tragen, denn in der endgültigen Fassung von Artikel 26 findet sich ein Zusatz: »Die Alliierten und die Vereinigten Staaten *nehmen in Aussicht,* während der Dauer des Waffenstillstands Deutschland in dem notwendig erkannten Maß mit Lebensmitteln zu versorgen.«[27] Der britische Premier Lloyd George wandelte in seinen Memoiren den Wortlaut der in letzter Minute vorgenommenen Modifizierungen leicht ab: »Die Alliierten werden sich bemühen, so weit als möglich mit Lebensmittellieferungen auszuhelfen.«[28] Das klang ein wenig freundlicher als »nehmen in Aussicht«, aber unter dem Strich änderte es nichts. Von derartiger Wortklauberei hing die Zukunft eines Landes ab. Die Alliierten würden »in Aussicht nehmen«, Deutschland das zum Überleben absolut Notwendigste zukommen zu lassen. Sie würden also nur darüber nachdenken! Gerade einmal 4 Tage Zeit erhielt die deutsche Delegation, um die alliierten Bedingungen zu akzeptieren, die rein gar nichts mehr mit den 14 Punkten Wilsons zu tun hatten. Sie waren richtiggehend aufs Kreuz gelegt worden.

Ein körperlich wie geistig völlig erschöpfter Erzberger vertraute aufrichtig darauf, dass der überarbeitete Artikel ein ernst gemeintes Versprechen enthielt.[29] Selbst nachdem er gezwungen war, am 11. November um 5 Uhr morgens das Waffenstillstandsabkommen zu unterzeichnen, warnte der deutsche Staatssekretär noch: Artikel 26 werde zu Hungersnöten und Anarchie führen. Er sollte Recht behalten. Artikel 26 erwies sich als Todesurteil, nicht nur für die Hungernden und Schwachen. Erzberger selbst wurde in Deutschland zur Zielscheibe des Hasses.

Am 26. August 1921 wurde Erzberger im Schwarzwald von zwei ehemaligen Marineoffizieren ermordet, Mitgliedern einer rechtsradikalen Untergrundgruppierung.[30] Wir möchten ihn nicht als Märtyrer hinstellen, aber die abfälligen Bemerkungen, mit denen die Londoner *Times* Matthias Erzberger belegte, hatte er gewiss nicht verdient. Sie schimpfte über seine »großspurigen Konflikte mit Marschall Foch … seine Ausflüchte … die ihren Höhepunkt in seiner Empfehlung fanden, den Friedensvertrag nicht zu unterzeichnen.«[31] Die Northcliffe-Presse tat ihn als Opportunisten ab, der ursprünglich den Krieg unterstützt hatte, sich dann aber in die Kapitulation geflüchtet habe, »als er Deutschlands Machtlosigkeit erkannte«.[32] Dass er vor den Folgen der Hungersnöte gewarnt hatte, wurde nicht erwähnt.

In der britischen Presse kamen Begriffe wie »Hunger« und »Hungersnot« nicht vor, als David Lloyd George beschloss, sich im Dezember 1918 zur Wiederwahl zu stellen. Der Meister des politischen Profitstrebens verschwendete keine Zeit, sondern rief allgemeine Wahlen aus, damit das britische Volk die »demokratische« Wahl habe zwischen seiner Koalition, die in der letzten Zeit den Krieg geleitet hatte, den von Herbert Asquith angeführten Resten der alten Liberalen oder der aufstrebenden Labour Party unter Ramsay MacDonald. Die Erwartungen waren hoch, schließlich war es Lloyd George gewesen, der den Krieg gewonnen hatte, oder? Lloyd George war entschlossen, dem Machtverlust vorzubeugen, der selbstverständlich drohte, wenn die Demobilisierung und das schwierige Umschalten der britischen Wirtschaft vom Kriegs- zum Friedensmodus gesellschaftliche und wirtschaftliche Umwälzungen mit sich brachten. Darüber hinaus bestand die Möglichkeit, dass sehr unangenehme Fragen zu den Ursachen des Krieges, über die Dauer und über begangene Fehler gestellt würden. Es war wieder typisch Lloyd George – dass er zur Wahl aufrief, hatte nicht das Geringste mit Gerechtigkeit zu tun, sondern einzig mit seiner politischen Amoralität.

Nur sehr wenige Personen in Großbritannien kannten die wahren Ursprünge des Krieges und wussten von Deutschlands Unschuld, insofern ist es wohl nachvollziehbar, dass grenzenlose Verbitterung gegenüber Deutschland herrschte. George Barnes, Mitglied der Labour-Partei und des Kriegskabinetts, stellte sich öffentlich hin und erklärte: »Ich bin dafür, den Kaiser aufzuknüpfen.«[33] Sir Eric Geddes von den Konservativen versprach, Deutschland auszuquetschen, »bis sie aus dem letzten Loch pfeifen«.[34] Die Geheime Elite hatte stets verlangt, Deutschland zu zermalmen, das war schließlich der Grund für den Krieg gewesen.

3 Wochen dauerte der Wahlkampf, und er wurde angetrieben von Gier, Vorurteilen und Täuschungen. Am Ende erklärte der Premierminister, Großbritannien habe jedes Recht auf einen Schadenersatz, der alle Kosten des Kriegs deckte. Seine Anhänger behaupteten, wer für den Koalitionskandidaten stimme, stimme für die Kreuzigung des neuen Antichristen (des Kaiserreichs).[35] Dahinter steckte natürlich der wahre Antichrist – die Geheime Elite. Man darf nicht unterschätzen, was zu leisten sie alles imstande war, wenn es darum ging, ihre Prioritäten durchzusetzen.

Gewählt wurde am 14. Dezember 1918, einem Samstag. Die Wahl brachte einen Erdrutschsieg für die Koalition aus David Lloyd Georges Liberalen und den Konservativen. Es gab aber auch andere, deren Wahlerfolge die Geheime Elite so nicht vorhergesehen hatte. Die Labour-Partei stellte 57 Abgeordnete, und in Irland besiegte die republikanische Sinn Fein nahezu überall die traditionelle Irish Parliamentary Party. Ironischerweise war Sinn Fein nicht am Dubliner Osteraufstand von 1916 beteiligt gewesen, aber die nachfolgenden Hinrichtungen, Ermordungen und Inhaftierungen republikanischer Iren veränderten die politische Landschaft.

Die Iren wurden verächtlich behandelt, das seit langem versprochene Gesetz zur Home Rule wurde an die Wehrpflicht für die British Army gekoppelt, der politische Wandel, den die überwiegende Mehrheit im Süden Irlands anstrebte, wurde wieder und wieder vertagt – all das sorgte für eine »große Ernüchterung«, wie es der irische Historiker Dr. Pat Walsh nannte. Sinn Fein eroberte 73 Sitze, aber jedes gewählte Mitglied weigerte sich, seinen Sitz in Westminster anzutreten. Tausende Iren waren im Krieg für »Zivilisation« und »Selbstbestimmung« gestorben, aber für ihr Land blieben diese hehren Ziele weiter eine Illusion.

Als die Stimmen in Großbritannien ausgezählt waren, war Lloyd George der unangefochtene Sieger. Jetzt konnte man sich daranmachen, die Deutschen auszuhungern. Es war tatsächlich der Mangel an Lebensmitteln gewesen, der Deutschland letztlich auf die Knie gezwungen hatte. Die Seeblockade zerstörte, nachdem sie endlich mit erbarmungsloser Effizienz umgesetzt worden war, alle Aussichten auf eine würdevolle Erholung. Doch Großbritannien war 1918 kaum imstande, seine eigene Bevölkerung mit ausreichend Lebensmitteln zu versorgen. Alle Macht lag hier in den Händen Amerikas, alles hing ab von Amerikas Überschüssen, von Amerikas Freigebigkeit. Die Großmächte der alten Welt waren angeschlagen, aber auch noch nicht bereit, ihren Platz für die neue Macht auf der anderen Seite des Atlantiks zu räumen. Hypersensibel wurde in Europa auf die vermeintliche Annahme der USA reagiert, sie könnten ohne Rücksprache und ohne gemeinsame Entscheidungsfindung über Europas wirtschaftliches Überleben befinden.[36] Doch das änderte nichts daran, dass Amerika zu essen hatte – und Essen ist Macht.

Am 10. August 1917 rief Präsident Wilson mit Zustimmung des Kongresses die U.S. Food Administration ins Leben.[37] Die Lebensmittelbehörde erhielt noch zwei untergeordnete Ministerien, die U.S. Grain Corporation und das U.S. Sugar Equalization Board. Die Verantwortung wurde derselben zuverlässigen Person übertragen, die die Geheime Elite zuvor damit beauftragt hatte, das Belgische Hilfswerk zu leiten: Herbert Hoover. Hoover hatte um die Leitung des Ministeriums gekämpft und erhielt nun den Zuschlag. Er genoss die Rückendeckung von Bankiers und Finanziers, vom J. P.-Morgan-Imperium und von der britischen Polit-Elite, die die Fassade des Belgischen Hilfswerks in der Absicht ins Leben gerufen hatten, die deutschen Streitkräfte mit Lebensmitteln zu versorgen.

Wie aus den Unterlagen im Archiv des Kongresses hervorgeht, machte Hoover deutlich, dass ein einziger, mit umfassenden Befugnissen ausgestatteter Verwalter der Behörde vorstehen sollte, kein Gremium. So wie in Belgien forderte er volle Kontrolle, und so wie in Belgien erhielt er sie. Als Leiter der U.S. Food Administration wurde er zum Lebensmitteldiktator.[38] Herbert Hoover hatte von Präsident und Kongress die Macht erhalten, die Verteilung, die Ausfuhr, die Einfuhr, den Einkauf und die Lagerung von Lebensmitteln zu regulieren. Er hatte ein Auge auf staatliche Unternehmen und landesweite Handelsverbände und forderte von örtlichen Käufern und Verkäufern Kooperation. Er verlangte, dass jeder Staat sich voller Patriotismus und Opferbereitschaft an die Aufgabe mache, mehr zu produzieren und weniger zu konsumieren. Vor allem jedoch kontrollierte Hoover die Preise und das Angebot. Solange er konnte, versuchte er, in den USA die Nachfrage nach Lebensmitteln zu drücken. De facto war Hoover Chef des ersten multinationalen Lebensmittelkonzerns der Welt.

Herbert Hoover war ein mit allen Wassern gewaschener Kommunikator, der auf zahlreiche Freunde und Bekannte in der amerikanischen Presse zurückgreifen konnte. Unter seiner Leitung drängte die Lebensmittelverwaltung gemeinsam mit dem Council of National Defense alle Hausbesitzer, sich schriftlich zum Sparen von Lebensmitteln zu verpflichten. Zwang plus freiwillige Selbstbeschränkung führten zu greifbaren Ergebnissen. 1918 exportierten die Vereinigten Staaten dreimal so viel Brotmehl, Fleisch und Zucker wie vor dem Krieg. Und Herbert Hoover kontrollierte den Warenfluss.

Bevor er Amerika verließ, um das Lebensmittelprogramm im vom Krieg verwüsteten Europa zu übernehmen, erklärte Hoover gegenüber der Presse, die wasserdichte Blockade Deutschlands müsse aufgegeben und das Land stabilisiert werden, denn sonst bleibe womöglich niemand mehr, mit dem man Frieden schließen könne. Er schloss mit einer Warnung: »Hunger ist die Mutter der Anarchie.«[39]

Am 21. November 1918 traf Hoover in London ein, um die Lebensmittelbeschaffung in Europa zu überwachen und zu kontrollieren. Sein britisches Pendant Sir John Beale gab ihm zunächst einmal Instruktionen mit auf den Weg. Beale, Direktor der Midland Bank, war sehr gut in der Politik, der Finanzwelt und der verarbeitenden Industrie vernetzt, weshalb man ihm das Lebensmittelministerium übertragen hatte.[40] Hoover beschreibt das Treffen der beiden so: »Sir John Beale vom britischen Lebensmittelministerium rief mich am Tag nach meiner Ankunft an und drängte mich, nicht länger öffentlich die Lebensmittelblockade gegen Deutschland zu diskutieren, da sie dagegen seien, sie zu lockern, ›bis die Deutschen ein paar Lektionen gelernt haben‹.«[41] Hoover mochte geglaubt haben, er habe das Sagen, aber die Agenten der Geheimen Elite rückten ihm den Kopf zurecht. Die Lebensmittelblockade würde Bestand haben, bis Deutschland angemessen bestraft worden war. Und als Instrument für diese »Maßregelung« war das Aushungern auserkoren worden. Damit würde man Deutschland vernichten. Durch Aushungern.

Die Geheime Elite war es, die das Monster der »Hunnen« heraufbeschwor. Sie erklärte die deutsche Führung zu Unrecht zu Verursachern des Kriegs. Sie opferte eine gesamte Generation für eine absurde Lüge. Sie häufte gewaltige Schuldenberge an, um sich selbst zu bereichern, und sie verkaufte ihre eigene Propaganda als Lehrmeinung der Geschichtsschreibung. Da blieb kein Platz mehr für Mitleid mit einem verhungernden Volk.

Auch alte Freunde spielten ihren Part. Londons kriegslüsterner Bischof Arthur Winnington-Ingram erinnerte am 1. Dezember 1918 in der Westminster Abbey seine Gemeinde daran, wie wichtig es sei, die Deutschen zu bestrafen. Er schlachtete die Hinrichtung von Edith Cavell noch einmal für Propagandazwecke aus, beschwor die tragische Erinnerung an die 10 000 tapferen Männer der Handelsmarine herauf, die auf See verloren gegangen waren, an versenkte Lazarettschiffe, an Frauen und Kinder, die in den eisigen Fluten ertrunken waren, und an Kriegsgefangene, die bei ihrer Befreiung halb verhungert waren. Seine Botschaft war dabei alles andere als subtil: Die Bestrafung für »das größte Verbrechen der nächsten 1000 Jahre« sei mehr als angebracht, tobte er. Seine vergiftete Logik: Sollte man die deutschen Übeltäter zu milde davonkommen lassen, würden die moralischen Grundsätze der Welt darunter leiden. Und triumphierend schloss der gute Bischof: »Gott erwartet von uns, die Bestrafung zu vollziehen.«[42] Seine unverfrorenen, vulgären Lügen waren unchristlich, aber lagen wenigstens auf einer Linie mit den bitteren Predigten, die er bereits seit Beginn des Kriegs gehalten hatte.[43]

Die vergiftete Propaganda, die all die Kriegsjahre hindurch verbreitet worden war, verschloss den Menschen die Herzen und erleichterte es den Agenten der Geheimen Elite, den finalen Akt der Boshaftigkeit in die Tat umzusetzen. Die *Daily News* druckte Ende November den Bericht eines schwedischen Korrespondenten ab, wonach in Teilen Deutschlands bis zu 95 Prozent der Bevölkerung seit mindestens 2 Jahren Hunger litten[44]. Die Öffentlichkeit reagierte, indem sie über »betrügerische Hunnen« schimpfte.[45]

Ein Beispiel: Millicent Fawcett war eine Gewerkschaftsführerin, Vorkämpferin für das Frauenwahlrecht und vehemente Feministin. Sie ging an die Öffentlichkeit und erklärte, die Vorsitzende des Allgemeinen Deutschen Frauenvereins habe sich an sie gewandt und sie gebeten, ihren Einfluss dafür zu nutzen, die Blockade zu beenden, denn »Millionen deutscher Frauen und Kinder werden hungern«. Es handele sich um typische deutsche Propaganda, erklärte Fawcett unbeeindruckt. Sie führte den Lebensmittelmangel auf die deutschen U-Boote zurück, deren »hinterhältige Taten nie von einem Deutschen, egal ob Mann oder Frau, kritisiert wurden«. Fawcett zitierte zudem »den amerikanischen Lebensmittelexperten« Herbert Hoover, demzufolge »Deutschland immer noch ein großer Teil der diesjährigen Ernte zur Verfügung steht«. Insofern sei es unwahrscheinlich, dass in den nächsten Monaten irgendein Teil der deutschen Bevölkerung werde hungern müssen.[46]

Derartige Geschichten gab es zuhauf. Die Brotrationen in Berlin seien erhöht worden und »besser als in Holland«, hieß es.[47] Die Northcliffe-Presse wetterte gegen das »reuelose« Deutschland, und bei dem Versuch, das Land zu weiteren Erniedrigungen zu verdammen, beschrieb der in Köln sitzende *Times*-Korrespondent seine Einschätzung der deutschen Mentalität so perfekt, dass er unbeabsichtigt die Wahrheit einfing. Seinem Bericht zufolge lautete die deutsche Sichtweise wie folgt:

> *»Deutschland ist geschlagen, aber so wäre es auch England ergangen, wenn sich die ganze Welt gegen England erhoben hätte. Von Anfang an hat Deutschland in Selbstverteidigung gekämpft, ansonsten hätte es niemals dermaßen lang durchgehalten. Sowohl Frankreich wie auch England hätten schon vor langer Zeit eingelenkt, hätten sie Entbehrungen erleiden müssen, wie sie die Deutschen erlitten haben. Wir sind fest davon überzeugt, dass dieser Krieg ein Aggressionskrieg gegen uns war und von Russland geführt wurde, einer Macht, der sich England von sich aus anschloss, um die Gelegenheit zu nutzen, einen ernst zu nehmenden Rivalen zu zerstören.«*[48]

Lassen Sie uns an dieser Stelle kurz innehalten. In diesem kurzen Absatz verbirgt sich die ganze Wahrheit: Deutschland *hatte* in Selbstverteidigung um sein Leben gekämpft. Großbritannien *hatte* gekämpft, um einen »ernst zu nehmenden Rivalen« zu zerstören. Es *war* ein Aggressionskrieg gewesen.[49] Doch der britische Journalist war verärgert, weil die »intelligenten, einflussreichen Deutschen« nicht ihrer Illusionen beraubt oder reumütig waren. Seine Botschaft war eindeutig: Der deutsche Geist war ungebrochen. Die Northcliffe-Presse streute die Lüge, das deutsche Volk erwarte von den Alliierten, dass sie vergeben und vergessen und »reinen Tisch machen« würden mit allem, was während des Kriegs geschehen war. Dieser Konkurrent müsse zermalmt werden, mit fairen Mitteln oder mit unfairen, so die Einschätzung der Northcliffe-Presse ... und wer den Krieg gewonnen hat, für den ist alles gerecht. Also lassen wir doch die Deutschen hungern.

Hoover erkannte: Die rachsüchtige Natur der Menschen spielte seinen Herren in Europa in die Karten,[50] aber er wagte es nicht, offen Kritik zu üben. Er forderte von der Regierung Ebert eine detaillierte Aufschlüsselung, was die deutsche Lebensmittelproduktion und die Gesundheitsstatistiken anging. Als ehemaliger Leiter des Belgischen Hilfswerks hatte er natürlich jeden Grund, die Wahrhaftigkeit offizieller deutscher Aussagen anzuzweifeln, also setzte er im Dezember 1918 seine eigenen erfahrenen Leute darauf an, die

Fakten zu prüfen. Ihr Ergebnis, das anschließend Washington übermittelt wurde: Die Lage war erschreckend. Vernon Kellogg[51] meldete, dass die deutsche Getreideproduktion von 30,2 Millionen Tonnen (1913/14) auf 16,6 Millionen Tonnen (1917/18) gefallen war.

Die Brotrationen waren auf unter 1800 Kalorien pro Tag gesenkt worden, die Produktion von Fleisch und Fetten war von 3,3 Millionen Tonnen auf unter 1 Million gefallen. Die Gesundheitsstatistiken zeigten ein Land in einer Krise. Die Geburtenrate in Berlin war von 6,1 Kindern pro 1000 Einwohner auf unter 1 gesunken, die Sterberate von 13,5 pro 1000 Einwohner auf 19,6 angewachsen. Die Kindersterblichkeit hatte um 30 Prozent zugelegt (zeitgleich sank sie in Großbritannien sogar[52]), bei Menschen über 70 war die Sterblichkeit um ein Drittel gestiegen. Ein Drittel aller Kinder litt unter Mangelernährung, Kriminalität war an der Tagesordnung, es gab Berichte von demoralisierten Soldaten, die Bauernhöfe plünderten, die Wirtschaft stand praktisch still, die Arbeitslosigkeit war gewaltig.[53] In Kelloggs Bericht hieß es, dass die unteren Schichten in den Großstädten hungerten. Jeden Tag gebe es 800 Tote durch Hunger oder Krankheiten, die vom Hunger verursacht wurden. Die Lebensmittelblockade fortzusetzen käme einem Verbrechen gegen Frauen und Kinder gleich und wäre ein Schandfleck für die westliche Zivilisation, lautete Hoovers Einschätzung. Wie ironisch, waren Briten und ihre Verbündeten doch angeblich ins Feld gezogen, um die Zivilisation zu retten.

Sieht man sich Hoovers Einschätzung an, könnte man meinen, seine menschlichen Instinkte würden sich bemerkbar machen, aber Unterlagen aus den Vereinigten Staaten zeigen,[54] was für ein enorm unsympathischer Mensch Hoover war, wie unaufrichtig, wie betrügerisch und – genau wie in Belgien – wie stark vom Geld besessen. Hoover strebte in seinen Geschäftsaktionen absolut freie Hand an. Im November und Dezember 1918 führte er zu eben diesem Thema einen Briefwechsel mit US-Präsident Wilson, dessen Aufpasser Oberst House und Außenminister Robert Lansing. Die Briten reagierten sehr sensibel auf alles, was es Amerika erlauben würde, bei Hilfsmaßnahmen für die europäische Zivilbevölkerung die Führungsrolle zu übernehmen.[55] Hoover wiederum war frustriert, weil er seinem Ziel, einzige Anlaufstelle für die Lebensmittelversorgung zu sein, nicht näher kam. Er verfasste ein Memorandum für den Präsidenten, welches Wilson an den Alliierten Obersten Kriegsrat weiterleitete. In dem Schreiben setzte sich Hoover dafür ein, den Posten eines Generaldirektors für Hilfsmaßnahmen zu erschaffen,[56] der dafür zuständig sein sollte, für »feindliche Bevölkerungen« Lebensmittel einzukaufen und zu verkaufen. In einem Punkt war Wilson nicht zu Kompromissen bereit: Politisch war es unerlässlich, dass die amerikanischen Ressourcen unter amerikanischer Kontrolle blieben, insofern musste der Generaldirektor ein Amerikaner sein.[57] Und an wen hat er dabei wohl gedacht?

Hoover hatte Washington darauf hingewiesen, dass für erste Einkäufe in Belgien, Polen, Serbien, Jugoslawien und Böhmen Betriebskapital und Vorschüsse benötigt wurden. Er wollte unbedingt Geld in die Hand bekommen. Am 1. Dezember sandte Hoover Wilson ein Telegramm aus Paris: Als Betriebskapital könne der US-Präsident doch 5 Millionen Dollar aus dem Präsidentenfonds nehmen, und »ich kann Ihnen die Summe mit Dividenden aus dem Sugar Equalization Board zurückzahlen. So können wir Mittelzuweisungen und nachfolgende Diskussionen [im Kongress] möglicherweise völlig vermeiden«. Hoover wollte eine schwarze Kasse führen, und seine finale Bitte untermauerte diese Frechheit noch: »Wäre es möglich, die Angelegenheit zu lösen, bevor Sie [nach Europa] abreisen?«[58] Wilson antwortete, dass »zu meinem großen Bedauern« die Bestimmungen für Mittelzuweisungen aus dem nationalen Sicherheits- und Verteidigungshaushalt ein derartiges Handeln nicht rechtfertigen würden.[59] Unfassbar. Hoover sah sich dermaßen fest im Sattel, dass er dem Präsidenten der Vereinigten Staaten eine geheime und unangemessene Finanztransaktion vorschlagen konnte, und diesem fällt nichts Besseres ein, als zu sagen: »Tut mir leid, aber ich kann die Regeln nicht brechen«?! Wer war hier Herr und wer Diener?

Am 10. Dezember 1918 fand in London eine Konferenz zu Hilfsmaßnahmen für Europa statt. Die amerikanische Delegation führte Herbert Hoover an, der die amerikanische Haltung auf eine Art und Weise vortrug, die deutlich machte, dass man andere Meinungen nicht akzeptieren werde. Dass es einen globalen Lebensmittelüberschuss gab, hing davon ab, dass das amerikanische Volk weiterhin freiwillig seine Bestände rationierte, insofern würden die Amerikaner keine Preiskontrollen akzeptieren, die nicht von der eigenen

Regierung angeordnet wurden, und keine Verteilung amerikanischer Lebensmittel dulden, die nicht von den USA organisiert wurde. Sollten alliierte Einkäufer sich in den direkten Handel zwischen den USA und neutralen Regierungen einmischen, wäre Schluss mit der Zusammenarbeit, warnte Hoover. Er schlug ein System ähnlich demjenigen vor, wie es für das Belgische Hilfswerk ins Leben gerufen worden war, mit eigenen Abteilungen für Einkauf, Transport, Finanzierung, Statistiken und sonstige Hilfsmaßnahmen.[60]

Alte Verdächtigungen, Eifersüchteleien und Ängste prallten hier auf Eigeninteressen. Politiker in Großbritannien, Frankreich und den USA wetteiferten um die Vormachtstellung auf der Weltbühne, was dazu führte, dass ehemalige Waffenkameraden auf einmal feststellten, dass sie leicht voneinander abweichende Ziele verfolgten.[61] Wie die Sirenen in den altertümlichen Sagen verführten Wilsons 14 Punkte die Deutschen zu der Auffassung, eine Aufarbeitung des katastrophalen Kriegs würde in der Absicht geschehen, eine bessere, gerechtere Welt herbeizuführen. Wie naiv. Die britischen, französischen und italienischen Delegierten waren mit der Aufgabe betraut worden, den Waffenstillstand in einen Friedensvertrag zu überführen, aber ihre eigensüchtigen und rachsüchtigen Prioritäten lenkten sie genauso davon ab wie die imperialen Träume. Diese würden zur Folge haben, dass sie ihren einstmals gefährlichen Feind weiter schwächten, indem sie ihm aus Rachsucht wirtschaftliche Lasten aufhalsten und ihn in den finanziellen Ruin trieben.[62]

Und Wilsons 14 Punkte hatten sie auch nicht akzeptiert. Punkt 2, die uneingeschränkte Freiheit der Schifffahrt auf hoher See, war etwas, was Großbritannien niemals akzeptieren würde. Diese Vorstellung stand im klaren Widerspruch zu dem Recht, das Gott höchstpersönlich der Royal Navy vermeintlich verliehen hatte und das es ihr erlaubte, überall auf der Welt nach Belieben jedes Schiff anzuhalten und zu kontrollieren. In Punkt 3 ging es darum, Handelsbarrieren abzubauen. Was war das denn für eine Idee? Das hätte doch die im Kabinett von Lloyd George so beliebte Vorrangstellung des Empire infrage gestellt! Und bei nicht weniger als 7 der 14 Punkte ging es um Dinge wie »Selbstbestimmung« und »autonome Entwicklung« – das passte überhaupt nicht zu dem großen Selbstbedienungsbuffet, das in Versailles aufgebaut werden sollte. Glaubte Wilson denn, seine europäischen Verbündeten würden einfach brav zur Seite treten und auf die Kriegsbeute verzichten, die ihnen ihrer Auffassung nach als Gewinner des Kriegs rechtmäßig zustand?

Auf französischem Gebiet waren die heftigsten Kämpfe ausgetragen worden, und so konzentrierten sich die Franzosen darauf, Deutschlands Grenzen neu zu ziehen. Punkten wie Nationalität oder historischer Loyalität wurde dabei keine Beachtung geschenkt. So viel zu den berühmten 14 Punkten. Ebenfalls fixiert waren die Franzosen auf Reparationen, auf finanzielle Entschädigung für die angerichteten Schäden. Mehr als ein Viertel der Produktionskapazitäten Frankreichs hatten gelitten, auf einem Gebiet von über 100 000 Quadratkilometern waren Städte, Dörfer und Ackerland in Mitleidenschaft gezogen worden.[63] Es handele sich um rechtmäßige Wiedergutmachung hieß es, dabei waren es die Alliierten gewesen, die Deutschland in den Krieg gezwungen hatten.

Wieder und wieder weigerte sich Frankreichs Finanzminister Louis-Lucien Klotz, über ein Ende der Blockade nachzudenken. Erst müsse das deutsche Finanzministerium seine Bestände an Geld, Krediten und Goldreserven den Alliierten übergeben. Die Alliierten verweigerten den Deutschen die Erlaubnis, ihr Geld für Lebensmittel auszugeben. Wiederholt fragte Klotz, warum es Deutschland gestattet sein solle, von seinem Gold und seinem Vermögen Lebensmittel zu kaufen, wenn es doch andere Schulden zu bedienen gelte.[64] Keynes beschrieb Klotz besonders grausam als »kleinen, dicklichen Juden mit mächtigem Schnurrbart … mit unstet flackerndem Blick … er versuchte, einem verhungernden Deutschland die Lebensmittellieferungen zu verweigern«.[65] Klotz war die Zielscheibe vieler erniedrigender Witze. Woodrow Wilson etwa schrieb von einem »Klotz am Hirn«.[66] So lange es ihr in den Kram passte, stellte die Geheime Elite Frankreich, Frankreichs Präsidenten Georges Clemenceau und dessen Finanzminister Klotz als Bösewichter in dieser Geschichte hin. Es wurde der Eindruck erweckt, es sei Frankreich und nicht Großbritannien, das Deutschland aushungere.

Doch das amerikanische Außenministerium wusste es besser. Noch ehe die Einzelheiten des Waffenstillstands publik wurden, hielt Außenminister Lansing eine Einschätzung zu den Zielen der Entente in Händen, die sich als erstaunlich vorausschauend erwies. Die Amerikaner rechneten damit, dass die USA und Großbritannien »logische und intensive« Wettbewerber um den globalen Kolonialhandel und den Handel mit Fernost werden würden,[67] während Frankreich auch künftig ziemlich abhängig von amerikanischen Importen bleiben würde. Korrekt wurde prognostiziert, dass die Blockade auf unbestimmte Zeit aufrechterhalten werden würde, weil die Entente imstande sein wollte, die deutschen Vorräte auf das zum Überleben Allernotwendigste zu drosseln und die Wiederaufnahme des deutschen Exporthandels so lang wie möglich hinauszuzögern. Nach Meinung der Experten würden auch die Friedensverhandlungen in die Länge gezogen, damit die Briten ihren In- und Auslandshandel mit großem zeitlichen Vorsprung vor Deutschland und neutralen Nationen wieder anlaufen lassen konnten.[68] Sie sollten in allen Punkten recht behalten.

Hier haben wir es kurzgefasst mit einem weiteren Ziel der Geheimen Elite zu tun: Dominanz des Welthandels. Die Geheime Elite war bereit, das Leid des deutschen Volks zu verlängern und sich auf diese Weise Zeit zu erkaufen – Zeit für die Erholung der eigenen Industrie und dafür, die vor dem Krieg herrschende britische Vormachtstellung im Welthandel zurückzuerobern. Was Lebensmittellieferungen an Europa anging, musste jeder einzelne Schritt warten, bis dieses Gremium oder jener Ausschuss seine Zustimmung gegeben hatte. Es ging darum zu zeigen, dass die Geheime Elite und die alte Weltordnung noch immer den lauten, anmaßenden Amerikanern überlegen waren, auch wenn diese der ganzen Welt ihre gewaltige Macht unter Beweis gestellt hatten. Doch es lag ein Wandel in der Luft.

Auf amerikanischer Seite war man überzeugt, die Alliierten dazu gebracht zu haben, zu Weihnachten 1918 die Lebensmittelblockade gegen die neutralen und befreiten Länder zu lockern. Weiter regte die Interalliierte Militär-Kontrollkommission an, dass neutrale Staaten Deutschland künftig mit Lebensmitteln beliefern dürften, und zwar im Austausch gegen Rohstoffe, die nicht in Konkurrenz zu Exporten der Alliierten standen. Am 25. Dezember verkündete Hoover der Weltpresse: »Das ist unser erster Schritt hin dazu, Deutschland zu ernähren.« Er setzte alle beteiligten Nationen in Kenntnis und erklärte, dass die britischen Blockadebehörden die Entscheidung bestätigt hätten.[69]

Ohne dass er oder irgendjemand sonst aus der amerikanischen Delegation in Europa davon wusste, wurde sein Durchbruch gerade einmal 6 Tage später, am 31. Dezember, von einer Gruppe alliierter Räte bei deren Treffen in London zunichtegemacht. Sie hoben die ursprüngliche Entscheidung auf und setzten die volle Blockade wieder in Kraft. Es habe sich »um eine plötzliche gemeinsame Versammlung gehandelt … zu der keine Amerikaner eingeladen wurden«, schrieb Hoover voller Sarkasmus. Die Amerikaner waren noch nicht einmal in Kenntnis gesetzt worden.

Für Hoover war das eine Ohrfeige, für die hungernden Deutschen ein weiterer Schlag in den Magen. Die Verschwörer in London hatten nicht nur Hoovers Strategie untergraben, sie brachten noch nicht einmal den Mut auf, ihm das persönlich mitzuteilen. Hoovers erste Sorge war – natürlich wie immer – die Frage, wie sich das finanziell auswirken würde. Die Briten führten eine wirtschaftliche Revolte an, die in den landwirtschaftlichen Industriezweigen der USA verheerende Folgen haben konnte. Allein die Grain Corporation hatte mehr als 300 Millionen Dollar an Krediten aufgenommen, weil sie sich vom Europa-Geschäft gewaltige Profite erwartete. Hoover schätzte, dass bereits 700 000 Tonnen an Lebensmitteln auf dem Weg in die Hungerregionen Europas waren. Die Kühlhäuser für verderbliche Waren standen am Rande ihrer Kapazitäten.

Bei jeder sich bietenden Gelegenheit spielte Herbert Hoover die Woodrow-Wilson-Karte. Seinen Depeschen, seinen Bitten und seinen versteckten Drohungen gegenüber den Lebensmittelbehörden der Alliierten lagen stets Begleitschreiben des US-Präsidenten bei.[70] Die Amerikaner waren aufgebracht, und das zu Recht. Sie hatten eine deutliche Aufstockung der Agrarproduktion in die Wege geleitet und ihren Bauern Preisgarantien gegeben, um nach Kriegsende mit Gott und der Welt – und dazu zählte auch Deutschland – einen schönen Reibach machen zu können. Diese Garantien erstreckten sich auch auf die Ernte von 1919, was bedeutete, amerikanische Produzenten mussten davor geschützt werden, dass Anbieter aus der südlichen Hemisphäre vorsätzlich die Preise unterboten. Zwischenzeitlich lagerten in den europäischen Depots mehr als 1,2 Milliarden Pfund Fett und 100 Millionen Bushel Getreide.[71] Noch bedenklicher war die Situation, was verderbliche Lebensmittel wie Milchprodukte und Schweinefleisch anging. Es war tragisch: Während Millionen Deutsche hungerten, steckten in Kopenhagen, Amsterdam, Rotterdam und Antwerpen enorme Mengen derartiger Güter fest.[72]

Und trotzdem leugnete die britische Presse weiterhin unerbittlich, dass in Deutschland gehungert wurde. Am 3. Januar 1919 tat ein Leitartikel in der *Times* das »deutsche Hungerschreckgespenst« als reine Erfindung ab. Was sollten die Menschen davon halten, wenn es in der angesehenen *Times* hieß: »Man sieht nicht mehr so viele Menschen mit Speckröllchen wie noch vor 5 Jahren, aber dafür sieht man eine gesündere, abgehärtete und grundsätzlich körperlich fittere Bevölkerung.« Was für eine verdrehte, armselige Logik.

Mitte Januar 1919 schien es, als hätten sich die »Großen Vier« (Großbritannien, Frankreich, die USA und Italien) geeinigt: Deutschland würde mit Lebensmitteln versorgt werden, und »wenn sich keine andere Möglichkeit eröffnet«, sollte das Land in Gold bezahlen und in begrenztem Rahmen Waren exportieren dürfen.[73] Und trotz alledem blieb die Blockade in Kraft. Der Blockadeausschuss der Alliierten weigerte sich, die erforderlichen Befehle zu geben, und die britische Flotte verhinderte entschlossen sämtliche Versuche von Hoovers Schiffen, in deutsche Gewässer einzufahren.

Die Rolle, die die britische Admiralität dabei spielte, den boshaften Würgegriff am Hals des besiegten Deutschlands aufrechtzuerhalten, ist viel zu wenig beleuchtet worden. Nicht nur, dass eine wasserdichte Blockade betrieben wurde, sie wurde auch noch zeitlich ausgedehnt und ohne jegliches Erbarmen durchgesetzt. Die Admiralität ordnete an, den Deutschen sämtliche Fischereirechte in der Ostsee zu entziehen – eine kriegerische Handlung, verkleidet im Namen des Waffenstillstands. Das deutsche Volk durfte sich nicht einmal seinen eigenen Fisch aus dem Meer holen. Im *Berliner Tageblatt* hieß es verständnislos, dass in Skandinavien Schiffe mit einem Frachtraum voller Fische nicht in Richtung Deutschland ablegen durften, weil die Engländer ihre Hungerblockade verlängert hatten.[74] Wir haben gezeigt: Wäre eine derartige Blockade 1915 umgesetzt worden, wäre der Krieg 3 Jahre früher zu Ende gewesen.

Im britischen Unterhaus wurden heftige Stimmen laut, die eine Wiedergutmachung um jeden Preis forderten. Der Abgeordnete Sir Edward Nicholl warf mit maßlos übertriebenen Zahlen um sich und behauptete, deutsche U-Boote hätten 23 707 080 Tonnen Frachtraum versenkt,[75] darüber hinaus wären 17 000 Seemänner der Handelsmarine ermordet worden – »auf Anweisung von Graf Luxemburg« und mit der Maßgabe, alle Spuren zu verwischen.

Die großen Vier – Clemenceau (links), Wilson, Orlando (mit dem Rücken zur Kamera) und Lloyd George

Nicholl behauptete, die Liga der Matrosen der Handelsmarine habe geschworen, man werde keinen Handel mit Deutschland betreiben … oder mit einem Deutschen segeln, bis Reparationen geleistet wurden und den Hinterbliebenen Wiedergutmachung gezahlt wurde.«[76] Der damalige Staatsdiener Harold Temperley schätzt die Gesamttonnage der versenkten Schiffe auf über 15 Millionen Tonnen, das Lloyd's-Register kommt auf 13 233 672 Tonnen, aber einmal abgesehen von etwaigen Übertreibungen: Die im Krieg erlittenen Verluste wirkten sich auf das Mitgefühl aus, das man den Verlierern gegenüber aufbringen konnte. Das ist verständlich, aber kein Grund, deswegen zu leugnen, dass Deutschland aus niederen Beweggründen ausgehungert wurde.

Der Waffenstillstand vom 11. November 1918 wurde am 13. Dezember 1918, am 16. Januar 1919 und am 16. Februar 1919 verlängert, am letzten Termin ohne Ablaufdatum – und Artikel 26 zur Blockade von Deutschland blieb weiter in Kraft.

Dank der Blockade konnte sich die britische Flotte von den Folgen des politischen Handelns distanzieren. Über diesen Luxus verfügte das britische Heer nicht, die Soldaten mussten sich in den deutschen Großstädten mit der Realität von Hunger, Mangelernährung, Armut und Leid auseinandersetzen. Im Kriegsministerium in London gingen Berichte von Offizieren ein, die in Hamburg und Hannover stationiert waren und den körperlichen Verfall der

Bevölkerung mit alarmierender Deutlichkeit beschrieben.[77] Im Großraum Hannover beispielsweise gab es für Kinder über 6 Jahre keine Milch mehr zu trinken.[78] Auch weiterhin wurde Krieg gegen Unschuldige geführt.

Premierminister David Lloyd George hatte einen Erdrutschsieg hinter sich, dennoch wartete er 5 Monate, bis das Immunsystem der Deutschen stark angeschlagen war, ehe er handelte. Die wirtschaftliche Notlage fachte politische Unruhen, Aufstände und Demonstrationen an und verhalf einer neuen Bedrohung zum Aufstieg – dem Bolschewismus.[79] Hunger und Unterernährung waren die Keimzellen von Revolten. Als die Risiken für die Stabilität in Europa zu groß wurden, war ein politischer Kurswechsel angezeigt. Die Warnungen, die beim britischen Kriegsministerium eingingen, nährten Zweifel am Wert der Blockade. Vierzehn ranghohe Armeeoffiziere, vor allem Hauptmänner mit Hintergrund in der Juristerei, der Wirtschaft oder dem Finanzwesen, verfassten einen Bericht über die kritische Lage in Berlin, München, Hamburg, Hannover, Leipzig, Dresden, Magdeburg und Kassel. Man stehe unmittelbar vor einer Katastrophe und »die Politik des Aushungerns« (man achte auf die Wortwahl! Die *Politik* des Aushungerns!) »ist nicht nur widersinnig, sondern schadet uns auch selbst … es wäre närrisch anzunehmen, dass das folgende Desaster auf Deutschland begrenzt bliebe«.[80] Ausgemergelte Kinder, die Angst vor Hunger, vor Kranken und Sterbenden … alles nicht so wichtig. Der Hunger hatte sich europaweit zu einer Bedrohung der sicherheitspolitischen Lage entwickelt. Die Krankheit breitete sich ebenso aus wie diese neue Bedrohung namens Bolschewismus. Die Offiziere hatten keine Ahnung, dass der Bolschewismus von den großen internationalen Banken finanziert wurde.

Im Februar 1919 erhielt das Kriegskabinett ein Memorandum zu diesen Erkenntnissen,[81] und zwar vom kürzlich zum Kriegsminister ernannten Winston Churchill.[82] Der Bericht zeichnet ein sehr drastisches Bild: Die Arbeitslosigkeit in Deutschland stieg alarmierend an, die Lebenskosten hatten ein gefährliches Niveau erreicht, und die Industrie kam nicht in Gang, weil es an Rohstoffen mangelte. Die Unterernährung verursachte körperliche und geistige Trägheit, Krankheiten intensivierten das Leid der Menschen noch. Das Fazit hätte deutlicher nicht ausfallen können: »Deutschland wieder zu proviantieren ist eine wirklich dringende Aufgabe, denn sonst brechen vor der nächsten Ernte Hungersnöte oder der Bolschewismus oder beide aus.«[83]

Auch Großbritannien hatte seine Mühe gehabt, die Bevölkerung mit ausreichend Nahrung zu versorgen, aber ab Ende 1918 traf dank Hoovers Flotte ein steter Strom an Lebensmitteln aus Amerika in Großbritannien ein. Nur was die Verteilung anging, waren weiterhin alle Ventile verstopft. Im Protokoll zur Sitzung des Kriegskabinetts vom 12. Februar 1919 heißt es, dass die britischen Häfen »bis zur absoluten Belastungsgrenze« gefüllt seien, die Lagereinrichtungen an ihre Grenzen stießen und die Fleischreserven so groß seien, dass man die Rationen der Zivilisten anheben könne.[84] Es wurde auch darüber gesprochen, neutrale Staaten mit britischen Exporten zu versorgen, aber das Gremium empfahl der Regierung, die Blockade aufrechtzuerhalten. Eine schnelle Lockerung würde es nicht geben … da musste erst der selbsternannte Superheld Herbert Hoover kommen und die Blase zum Platzen bringen. Hoover wusste, dass man ihm nicht widersprechen konnte, also schrieb er sich später den Löwenanteil beim Beenden der Lebensmittelblockade zu. Die nachfolgende Geschichte brachte Hoover 1959 in dem Buch *An American Epic, Part 2* zu Papier.

Am Abend des 7. März 1919 wurde Herbert Hoover in Paris von David Lloyd George einbestellt. Bei Lloyd George traf er auf einen verzweifelten General Herbert Plumer, seines Zeichens Kommandeur der britischen Besatzungsarmee in Deutschland. Plumer erklärte, seine Truppen würden nicht länger den Anblick von »abgemagerten und aufgeblähten Kindern ertragen, die die Abfälle der britischen Garnisonen durchsuchten«. Er behauptete, seine Soldaten würden selbst auf Rationen verzichten, um diesen Kindern etwas zu essen geben zu können, und sie wollten in die Heimat zurückkehren. Deutschland werde bolschewistisch, so Plumer weiter. Als Lloyd George Hoover fragte, warum er keine Lebensmittel nach Deutschland geschickt habe, explodierte Hoover und listete alle Hürden auf, die man ihm in den Weg gestellt habe. »300 Millionen Pfund verderbliche Waren« würden in wenigen Wochen schlecht werden, steckten aber in Belgien oder anderen Ländern in den Häfen fest, tobte er. Er verwies auf die boshafte und sinnlose Politik der Admiralität, den Deutschen das Fischen in der Ostsee zu untersagen, und auf die unmenschliche Methode, auch nach Deutschlands

Kapitulation Frauen und Kinder weiter auszuhungern. Angeblich schloss Hoover seine Brandrede mit der Warnung, dass »den Alliierten schließlich nichts Besseres zum Friedenschließen bleiben wird als den Deutschen seinerzeit bei ihrem Abkommen mit dem kommunistischen Russland«.[85] Ist das die Wahrheit oder eine romantische Verklärung?

Lloyd George kannte die Fakten aus all den Sitzungen des Kriegskabinetts, die er den Februar hindurch geleitet hatte.[86] Für ihn war das nichts Neues, doch es erwies sich als schwierig, die Franzosen aus ihrer hartnäckigen Haltung herauszuholen. Am 8. März tagte die Führung der Alliierten erneuert, und die Gespräche steuerten auf das gewohnte Patt zu, als mit theatralischem Aufschlag, der nach durchinszenierter Absprache roch,[87] eine verschlossene Botschaft an den britischen Premierminister eintraf. Absender war eben jener General Plumer. Tatsächlich war das Telegramm auf Bitten des Premierministers abgeschickt worden.[88] Lloyd George las die Nachricht von Plumer laut vor: Die Verzweiflung in Deutschland habe mittlerweile ein Ausmaß erreicht, dass »die Menschen das Gefühl haben, ein Tod durch die Kugel ist erstrebenswerter als ein Tod durch Verhungern … Ich bitte darum, ein verbindliches Datum für die Ankunft ersten Nachschubs festzulegen …«[89]

Frankreichs Finanzminister Klotz versuchte, die Nachricht zu ignorieren, aber Lloyd George wandte sich ihm mit unverhülltem Hass zu und überschüttete ihn mit Verachtung dafür, dass er so hartherzig bleibe, während Frauen und Kinder verhungerten.[90] Jetzt brach der Damm. Die Franzosen ließen zu, dass Deutschland sein Gold für Einkäufe verwenden durfte, aber das bedeutete nicht, dass sofort Hilfe in Gang kam. Weitere Fortschritte wurden am 14. März erzielt, als man sich in Brüssel darauf verständigte, dass Deutschland 370 000 Tonnen an Lebensmitteln und 70 000 Tonnen Fett pro Monat importieren durfte. Im April wurden sämtliche Blockadeeinschränkungen für Europas Neutrale aufgehoben.[91] Theoretisch hätte das zu einem Anstieg der Lieferungen an Deutschland führen können, aber tatsächlich war es so, dass alle von der Blockade betroffenen Nationen stark gelitten hatten und entweder die Lebensmittel selbst benötigten oder Preise aufriefen, die Deutschland zu zahlen nicht mehr imstande war.[92]

Aber damit nicht genug der Grausamkeiten: Querelen zwischen den von Hoover angeführten Amerikanern und den Entscheidern auf Seiten der

Alliierten verhinderten, dass die Blockade gegen Deutschland vor dem Ende der Waffenstillstandsperiode vollständig aufgehoben wurde. Selbst als bereits völlig klar war, dass die Regierung in Weimar den Vertrag von Versailles unterschreiben würde, gab es noch immer eine Fraktion, die nicht zu Zugeständnissen bereit war. Am 25. Juni beschlossen die Alliierten, die restlichen Blockademaßnahmen gegen die neutralen europäischen Staaten aufzuheben, aber bei Deutschland dauerte es, bis Beweise dafür vorlagen, dass die Deutschen den Vertrag von Versailles voll und ganz ratifiziert hatten. Das war am 12. Juli 1919 der Fall.[93] Die ganze Angelegenheit war so furchtbar wie kleinkariert.

Der förmliche Prozess, ausgehend von diesem bitteren Waffenstillstand einen Friedensvertrag auszuarbeiten, begann am 18. Januar 1919 im Spiegelsaal des Palasts von Versailles. Von Januar bis Juni 1919 war Paris die Hauptstadt der Welt.[94] An den komplexen Diskussionen zu der Frage, wie man die besiegten Nationen bestrafen solle, beteiligten sich Diplomaten aus 32 Staaten. Hinter den Kulissen jedoch agierten die wahren Strippenzieher der Macht und beeinflussten die zentralen Entscheidungen, die Ereignisse in Gang setzten, welche weit über unseren Zeitrahmen hinaus nachwirken.

Als zentrale Resultate von Versailles verzeichnet die Geschichtsschreibung die Entstehung des Völkerbunds, die fünf Friedensverträge mit den besiegten Nationen,[95] die Verteilung der deutschen und osmanischen Überseeterritorien als »Mandate« vor allem an Großbritannien und Frankreich, die Verpflichtung Deutschlands zu Reparationszahlungen und das Ziehen neuer Grenzverläufe. Wichtig in diesem Zusammenhang ist auch, was in Artikel 231 des Vertrags von Versailles steht: Dass »Deutschland und seine Verbündeten als Urheber für alle Verluste und Schäden verantwortlich sind, die die alliierten und assoziierten Regierungen und ihre Staatsangehörigen infolge des ihnen durch den Angriff Deutschlands und seiner Verbündeten aufgezwungenen Krieges erlitten haben«.[96]

Es gibt die These, wonach Deutschland, indem es diesen Punkt und damit die volle Schuld am Krieg akzeptierte, eingestand, für den Krieg verantwortlich gewesen zu sein. Professor Harry Elmer Barnes dagegen schreibt:

»Deutschland war in der Position eines Gefangenen vor dem Richterstuhl. Der Staatsanwalt durfte sich alle Freiheiten nehmen,

> *was die Dauer und die Art der Beweisführung anging, während dem Angeklagten der Rechtsbeistand verweigert wurde, ebenso die Möglichkeit, Beweise vorzulegen oder Zeugen beizubringen. Deutschland stand vor der Wahl: Entweder sofort das Geständnis unterschreiben oder eine Invasion und Besetzung des deutschen Staatsgebiets erdulden. Aller Wahrscheinlichkeit nach würde Deutschland das Schuldeingeständnis letztlich in jedem Fall abgerungen werden.«*[97]

Als Deutschland Artikel 231 aufgezwungen wurde, war das Land längst nicht mehr in der Lage, sich zur Wehr zu setzen. Die Waffen und die Flotte hatten die Deutschen wie gefordert abgegeben. Man darf auch nicht vergessen, dass die Blockade andauern würde, bis die Deutschen das Dokument unterschrieben, in dem stand, dass sie den Weltkrieg verursacht hatten. »Verhungert oder macht eine Falschaussage!«, das war die Wahl, vor der Deutschland stand. Es war eine Verzerrung der Wahrheit, eine krebsartige Lüge, die 20 Jahre später schreckliche Vergeltung nach sich ziehen sollte.

Die »großen Vier«, die auf dieser Bühne herumstolzierten, waren der französische Ministerpräsident Georges Clemenceau, der britische Premier David Lloyd George, der amerikanische Präsident Woodrow Wilson und der italienische Ministerpräsident Vittorio Emanuele Orlando. 145 Mal kam man informell zusammen, kämpfte darum, die eigenen Ziele durchzusetzen, und einigte sich schließlich in allen wesentlichen Punkten, die Deutschland 1919 akzeptieren musste. Paris wurde zum Stammsitz der internationalen Entscheider, der Macher, die in einem Scheingericht gleichermaßen als Geschworene wie auch als Richter agierten, einem Scheingericht, das neue Länder erschuf und eine neue Ordnung etablierte.

John Maynard Keynes war ebenfalls präsent bei der Pariser Friedenskonferenz, und der britische Ökonom verfolgte die heimtückischen Manipulatoren voller wütender Verachtung. Die Schuldzuweiser wussten, dass die neutralen Länder und das deutsche Volk auf schändliche Weise Schaden genommen hatten. Sie erhoben schwere Vorwürfe gegen die Franzosen: Gegen Marschall Foch und seine unerbittlichen Bedingungen für einen Waffenstillstand, gegen Ministerpräsident Clemenceau, weil der Deutschland nicht zu leistende Reparationszahlungen abverlangte, gegen Finanzminister Klotz, weil der darauf

Spiegelsaal, Palast von Versailles, 1919

beharrte, dass Deutschland seine Goldreserven nicht zum Kauf von Lebensmitteln nutzen können solle. Es gab Kritik wegen der Hinhaltetaktiken der Franzosen, dem ständigen Verweisen auf irgendwelche fragwürdigen Ausschüsse und ihre fehlende Bereitschaft, dem Hungern ein Ende zu bereiten.

Keynes ließ sich davon nicht hinters Licht führen. Er bewegte sich in Kreisen, deren Hauptmotiv darin bestand, Deutschland zu zermalmen, Großbritanniens Vorrangstellung im Handel und der Industrie wiederherzustellen und die Ideale von Rhodes und Milner zu propagieren. Er wusste nicht, wie weit die Komplizenschaft reichte, deshalb gab er persönlich der Unnachgiebigkeit der Admiralität in Whitehall die Schuld und erklärte voller Sarkasmus, weil die Admiralität 4 Jahre benötigt habe, das Blockadesystem zu perfektionieren, tue sie sich nun wohl schwer damit, die Blockade wieder aufzugeben.[98] Admiral Montague Browning, den Vertreter der britischen Admiralität, bezeichnete Keynes als »ignoranten Seebären … ohne jegliche Ideen in seinem Kopf bis auf die Ausmerzung und weitere Erniedrigung eines verachteten und besiegten Feinds«.[99]

Keynes brachte den Deutschen beträchtliche Sympathien entgegen. Während der Friedensverhandlungen wurde er zu einem engen Freund von Carl Melchior, dem Leiter der deutschen Finanzdelegation.[100] Ihr gutes Verhältnis zueinander trug dazu bei, dass man Lösungen fand für viele der Hindernisse, die die Lieferung von Lebensmitteln nach Deutschland blockierten. Melchior hatte vor dem Krieg als Syndikus und später als Partner für die Warburg Bank in Hamburg gearbeitet.[101] Aus der zentralen deutschen Delegation für die Friedensverhandlungen war Melchior der einzige Nichtparlamentarier. Ausgesprochen wichtig in diesem Zusammenhang ist der Hinweis auf seine Arbeit in der Bank für Internationalen Zahlungsausgleich und die Tatsache, dass er später Vorsitzender im Finanzkomittee des Völkerbunds wurde.[102]

Keynes aß zu Abend mit Melchior und Paul Warburg, den er beschrieb als »deutsch-amerikanischen Juden, aber einer der führenden Finanziers der Vereinigten Staaten und ehemaliger zentraler Geist des Federal Reserve Boards«.[103] Angesichts der Verbindungen zwischen Melchior, den Warburgs und der Bank Kuhn, Loeb & Company müssen wir wohl nicht groß rätseln, warum Melchior in Paris war. Tatsächlich muss man sich fragen, warum sich so dermaßen viele wichtige Bankiers aus den USA mit engen Verbindungen zu Rothschilds und Geheimer Elite in Paris aufhielten und wie die Geier über dem am Boden liegenden Deutschland kreisten.

Die Behauptung, internationale Bankiers hätten die britische Geheime Elite und deren politische Agenten in Richtung Verlängerung der Feindseligkeiten gedrängt, dürfte bei einigen Geschichtsstudenten zu kognitiven Dissonanzen führen, passt es doch so gar nicht zur Lehrmeinung des Mainstreams, zu dem, was man in der Zeitung liest oder in Filmen und TV-Berichten über den Ersten Weltkrieg zu sehen und hören bekommt. Die Einsicht, dass wir belogen wurden, eröffnet aber den Weg hin zu einer neuen Ebene der Erkenntnis dessen, was tatsächlich geschehen ist. Der Prozess könnte allerdings dauern. Ein Beispiel: Sehen wir uns sorgfältig an, wie sich die Delegationen zusammensetzten, die Briten und Amerikaner 1919 zu den Waffenstillstands- und den Friedensgesprächen in Paris entsandten. Als Keynes im Januar eintraf und mit der britischen Delegation im luxuriösen Hotel Majestic untergebracht werden sollte, »wusste niemand, was bei der Konferenz geschah und ob sie bereits begonnen hatte«.[104] Es gab zahllose Offizielle, die informelle Treffen besuchten, zu denen es oftmals keinerlei Unterlagen gibt. Paris quoll über vor Eigeninteressen aus aller Welt. Formell wurde Großbritannien vertreten durch diejenigen Personen, die später auch den Friedensvertrag unterzeichnen sollten: David Lloyd George, Arthur Balfour, Alfred Milner, Andrew Bonar Law und George Barnes – allesamt Männer mit engen Verbindungen zur Geheimen Elite oder zumindest dem Plazet des Geheimbunds.

Milners parlamentarischer Sekretär Leo Amery pendelte 5 Monate lang zwischen London und Paris, um die Debatten über die Zerschlagung des Osmanischen Reichs zu beeinflussen und die Verhandlungen mit Frankreich über die Zukunft der Araber und der Zionisten zu steuern – gerade für die Sache der Zionisten machte sich Amery sehr vehement stark.[105] Auch William Ormsby-Gore war anwesend, ein Mitglied der Geheimen Elite. Er war Milners parlamentarischer Privatsekretär gewesen und stellvertretender Sekretär von Sir Mark Sykes. Lord Robert Cecil, ein Cousin von Alfred Balfour, war seit 1916 für die Blockade verantwortlich und verfügte über direkte Verbindungen zu Herbert Hoover. Seine Aufgabe war es, sich mit Präsident Wilson kurzzuschließen, was dessen Ideen für einen Völkerbund anging,[106] und dabei darauf zu achten, dass die Interessen des Empire nicht angetastet würden. Er leitete später den Obersten Wirtschaftsrat und ließ sich dabei von Robert Brand beraten, einem Milner-Gefolgsmann aus der Zeit des Wiederaufbaus Südafrikas nach dem Burenkrieg. Brand war Geschäftsführer der Handelsbank Lazard Brothers und ein Direktor der Lloyd's Bank.[107] Keynes selbst war Berater des Finanzministeriums und hatte den Auftrag, Lord Cecils Team zur Seite zu stehen. Da er ein Außenseiter war, sind seine Beobachtungen nicht von geheimen Loyalitäten eingetrübt.

Was für eine Ansammlung loyaler Anhänger des Empire, die entschlossen waren, das Ringen um die Weltherrschaft im Namen der englischen Herrscherklasse bis zum bitteren Ende auszutragen. Die Erben der Träume von Cecil Rhodes marschierten mit ernsten Absichten im Hinterkopf in Richtung Versailles – es galt, das Empire zu beschützen, zu stärken und zu vergrößern, und zwar »zum Besten der Menschheit«. Im amerikanischen Lager verfügten sie über einen Verbündeten, der unerschütterlich an ihrer Seite stand, einen Akademiker und Historiker, den Professor Carroll Quigley als Mitglied der Geheimen Elite enthüllte – George Louis Beer.[108] Beer befürwortete vehement ein Mandatssystem, das es den Briten erlauben würde, die Verantwortung für Palästina zu übernehmen. Er war Mitglied der Tafelrunde, und Milner sorgte dafür, dass Beer im Völkerbund die Leitung der Mandatsabteilung übertragen wurde.

Zu den offiziellen Mitgliedern der amerikanischen Kommission gehörten Präsident Woodrow Wilson, Edward Mandell House, Außenminister Robert Lansing, Henry White, Exbotschafter in Rom und Paris, und General Talisker Bliss.[109] Es klingt merkwürdig, aber diese Männer waren vermutlich die unbedeutendsten Amerikaner in Paris. Natürlich standen Wilson und House im Rampenlicht, aber das passte den Mächten, die hinter den Kulissen wirkten, natürlich wie immer bestens. Woodrow Wilson hatte bei den Zwischenwahlen 1918 im Senat und im Abgeordnetenhaus schwere Rückschläge einstecken müssen: Die Demokraten verloren in beiden Kammern ihre Mehrheit an die Republikaner, was Wilsons Aussichten auf eine dritte Amtszeit schmälerte.[110]

Viel bedeutender waren die Interessengruppen aus dem Finanzwesen, die beschlossen, Wilson zu begleiten. Dazu gehörten Thomas Lamont (Seniorpartner bei J. P. Morgan in New York) und Bernard Baruch, der 1916 die Wall Street verlassen hatte, um Wilson als Berater zu dienen. Baruch saß im Beratergremium des Nationalen Verteidigungsrats der USA, wurde 1918 Vorsitzender des Rats für Kriegsindustrie und wirkte an der Modernisierung der amerikanischen Wirtschaft mit – so erfolgreich, dass er Berichten zufolge ein Privatvermögen in Höhe von 200 Millionen Dollar anhäufte.[111] Seine Wurzeln hatte er an der Wall Street und in der Kriegsindustrie, und er gilt als Rothschild-Agent.[112]

Auch Herbert Hoover tauchte immer wieder im Dunstkreis der Konferenzen auf und ließ sich von dem Team, mit dem er in Belgien gearbeitet hatte, beraten und unterstützen. Andere wichtige Persönlichkeiten kamen aus dem amerikanischen Finanzministerium, von der US-Notenbank,[113] von J. P. Morgans Bank in Boston, von der International Harvester Company (die Morgan seit 1902 gehörte) oder waren in Hoovers Machenschaften in Belgien involviert. Sie leisteten ebenfalls wichtige Beiträge. Vance McCormick, Vorsitzender des Democratic National Committee und Leiter der amerikanischen Delegation für die Friedensverhandlungen, war auf dem Papier nur ein gewöhnlicher Politiker, doch von 1916 bis 1919 leitete er auch das War Trade Board. An jeder Ecke stolperte man über Verbindungen zur Wirtschaft und zur Finanzwelt und speziell über Verbindungen zu J. P. Morgan.

Dass Großbanken auf höchster Ebene Geschäftemacherei betrieben, war kein rein amerikanisches Phänomen. Ein Beispiel dafür, wie reich auch europäische Bankiers wurden, zeigt der Erfolg von Émile Francquis Société Générale de Belgique nach Kriegsende. Durch die Verbindung zu Herbert Hoovers Belgischem Hilfswerk und die Kontakte zur Reichsbank während der Besetzung Belgiens hatte die Bank bereits exorbitante Gewinne gemacht, aber ab 1919 wurde in dieser Hinsicht ein ganz neues Kapitel geschrieben. Über den Londoner Ableger Banque Belge pour l'Étranger liefen sämtliche Angelegenheiten der Société Générale außerhalb der besetzten Gebiete. In der Zeit unmittelbar nach Kriegsende profitierte die Bank massiv von dem Zustrom an Kapital, der mit Unterzeichnung des Waffenstillstands zu sprudeln begann. Die Bank rief eine Reihe neuer Unternehmen in Leben, um besser vom Wiederaufbau Belgiens und der Ausweitung und Modernisierung der belgischen Infrastruktur profitieren zu können. Die Banque Belge pour l'Étranger eröffnete Filialen in New York (1917), Paris, Manchester und Köln (1919), Bukarest (1920) und Konstantinopel (1924).[114] Während die Armen in Belgien bedürftig und mittellos blieben, blühten die Banken des Landes richtig auf. In allen Kriegen werden Milliarden mit der Herstellung von Kriegsschiffen, Flugzeugen, Waffen und Munition verdient. Und ist der Krieg vorüber, bricht der nächste Zahltag heran, denn die im Konflikt beschädigten Städte und Dörfer müssen wiederaufgebaut werden. Der Krieg ist für Banken ein gutes Geschäft, sogar ein sehr gutes.

Wir haben es bereits wiederholt gesagt: Kein Ereignis »passiert einfach so«, es fällt nicht einfach vom Himmel oder geschieht als göttlicher Akt. Zwei wichtige Amerikaner, die sich ebenfalls auf den Weg nach Paris machten, waren Richter Brandeis vom Obersten Gerichtshof und sein enger Partner Felix Frankfurter. Brandeis war ganz offen »auf zionistischer Mission im Ausland« und verbrachte in Paris »drei geschäftige und einträgliche Tage«. Er schildert ein »effektives Mittagessen« mit Balfour und frühstückte mit den Mitgliedern der amerikanischen Delegation für die Friedensverhandlungen.[115] In beiden Fällen war das einzige Thema auf der Tagesordnung: Palästina. Tatsächlich statteten die meisten führenden Zionisten Paris während der Konferenz einen Besuch ab. Chaim Weizmann setzte seine erfolgreiche Taktik fort (Gespräche und Treffen, bei denen er die Mächtigen und Einflussreichen stark unter Druck setzte),[116] wobei der wichtigste Termin am 27. Februar 1919 im französischen Außenministerium am Quay d'Orsay stattfand. Für Großbritannien waren Arthur Balfour, Alfred Milner, Maurice Hankey und William Ormsby-Gore anwesend, allesamt stramm prozionistisch eingestellt. Die amerikanische Delegation wurde an jenem Tag einzig durch Robert Lansing und den ehemaligen Botschafter White vertreten, die Delegation der Zionisten wurde von Chaim Weizmann angeführt.[117] Er präsentierte eine Mitteilung der Zionistischen Bewegung, die sich für ein britisches Mandat für Palästina aussprach. Weizmann erklärte, er spreche im Namen einer Million Juden, die, »den Stab in der Hand, auf das Startsignal warten«.[118]

Der französischen Delegation gehörte der Historiker Sylvain Levi an, ein französischer Jude. Er war kein Zionist und zweifelte an, dass es korrekt sei, von einem »Land der Vorväter« zu sprechen. Er warnte, dass unter den osteuropäischen Juden viele sein würden, die »hochexplosive Leidenschaften mit nach Palästina bringen würden, die sehr ernsten Problemen förderlich wären in einem Land, das sich mit einem Konzentrationslager jüdischer Flüchtlinge vergleichen lässt«. Nationen sollten nicht nach Gutdünken erschaffen werden, so Levi: »Wenn eine gewisse Zahl an Zielen in die Tat umgesetzt wird, reicht das nicht aus, eine nationale Identität zu erschaffen …«[119] Levi warnte, es sei gefährlich, einen Präzedenzfall zu schaffen, wonach Bürger, die bereits die Staatsbürgerschaft eines Landes besäßen, aufgefordert würden, in einem neuen Land zu regieren und andere staatsbürgerliche Rechte auszuüben.[120]

Für ein zionistisches Ohr kam das Ketzerei gleich. Weizmann war fassungslos und vor Zorn wie erstarrt. Lansing sprang ihm zur Seite und bat um Klarstellung, was die korrekte Bedeutung einer »jüdischen nationalen Heimstätte« sei. Weizmann übte sich in Ausflüchten. Die Zionisten würden keine autonome jüdische Regierung installieren wollen, sondern nur im Rahmen eines Mandats eine Verwaltung aufbauen – »nicht zwingend jüdisch« –, die 70000 bis 80000 Juden jährlich nach Palästina schickt. Sie würden schrittweise eine Nationalität aufbauen, die so jüdisch wäre, wie die französische Nation französisch und die britische Nation britisch sei.[121]

Die Agenda der Zionisten entwickelte sich später offensichtlich und offen kontrovers, aber dem Angriff, den J. P. Morgan, Warburg, Rockefeller und die Wall Street gegen Versailles führten, wurde wenig Aufmerksamkeit geschenkt. Was hat diese Legion verdammter Bankiers nach Paris getrieben? Ihrer Anwesenheit haftete der Beigeschmack einer exklusiven Vertriebskonferenz an, denn in vielerlei Hinsicht war genau das ihre Absicht. Ein Krieg eröffnete zahlreiche Gelegenheiten, und das galt für seine Folgen ganz genauso. Das amerikanische *Bankers Magazine* berichtete im Januar 1919 über eine hochkarätige Konferenz in Atlantic City. »Ein Wiederaufbaukongress« hieß die Veranstaltung, geleitet wurde sie vom Bankier John D. Rockefeller Junior, von Präsident Wilsons Handelsminister William Cox Redfield und von James A. Farrell von der zum Morgan-Imperium gehörenden U.S. Steel Corporation. Rockefeller eröffnete den Kongress mit der Aussage: »Niemals zuvor hat sich dem Industrieführer mit klarer Vision eine derartige Gelegenheit eröffnet, eine solide Grundlage für industriellen Wohlstand zu schaffen, wie es heute der Fall ist.«[122]

Dieser Wohlstand ließ sich auf dem Rücken des Wiederaufbaus in Europa erreichen. Auf dem Kongress wurde betont: »Es gibt keinen offensichtlichen Grund, warum Unternehmen nicht mit Zuversicht zu der großartigen Arbeit des Wiederaufbaus voranschreiten sollten.« Der Marktplatz war die neue Welt der Nachkriegsinvestitionen, der Reparationszahlungen und des Wiederaufbaus, aber diese neue Weltordnung ging eine Partnerschaft mit ihrem Mentor aus der alten Welt ein.

In derselben Ausgabe des *Bankers Magazine* befürwortete die amerikanische Finanzelite die Wiedervereinigung der »beiden großen englischsprachigen Länder der Welt«, deren Sprache, Glaube an die Demokratie und Sorge um die Freiheit der Menschen »derselben Quelle entspringen«. Wenn man einmal die große Lüge von der »bedeutungsvollen Demokratie« und der »Sorge um die Menschheit« außer Acht lässt, sind das die windigen Formulierungen, hinter denen sich die Geheime Elite seit jeher versteckt hatte. Man vermeint fast, Cecil Rhodes sprechen zu hören. Großmütig akzeptierten die Amerikaner, dass Großbritannien die Zivilisation in die Welt getragen hatte, dass die Unterschiede zwischen den englischsprachigen Nationen kleiner geworden seien und dass eine umfassendere finanzielle Zusammenarbeit »von den englischen Bankiers begrüßt werden wird«. An dieser Stelle verkündete das *Bankers Magazine* ein neues Bündnis: »Die Menschen dieser beiden großen englischsprachigen Demokratien haben sich entschieden, künftig gemeinsame Sache zu machen – und keine Propaganda, und stamme sie aus der Hölle oder Deutschland, kann etwas an dieser Absicht ändern.«[123]

Und da haben wir es schwarz auf weiß, eine Aussage direkt aus dem Herzen des amerikanischen Bankenwesens, eine kategorische Erklärung, dass sich Großbritanniens Geheime Elite und der amerikanische Geldadel zusammenschließen und »künftig gemeinsame Sache« machen. Es waren genau jene Menschen, an die sich der Artikel richtete. Es ging nicht um gewöhnliche Menschen, sondern um mächtige Bankiers und Finanziers. Es war fast so, als würde in diesen Zeilen die Geburt einer neuen Weltordnung verkündet. Es war eine Hochzeit sich überlagernder Absichten, jetzt fehlte nur noch der Feinschliff am Ehevertrag. Das angloamerikanische Establishment würden sie gemeinsam steuern.

Besonders kränkend wird das Ganze dadurch, dass die gewöhnlichen Menschen in Großbritannien und Amerika zu diesem Zeitpunkt der Verzweiflung nahe waren. Die Preise explodierten, die Löhne waren niedrig, Arbeitskämpfe an der Tagesordnung. In Seattle und in Winnipeg brachen Generalstreiks aus.[124] In Glasgow mussten Truppen aus England angefordert werden, die sich mit aufgesetzten Bajonetten in die Menge stürzten. Durch die Straßen rollten Panzer, Gewerkschaftsführer wurden verprügelt und ins Gefängnis geworfen.[125] Das neue angloamerikanische Establishment jedoch stand weit über solchen Rassenunruhen. Das war seit jeher der Fall.

Am 28. Juni 1919 wurde endlich der Friedensvertrag von Versailles unterzeichnet. Kompromisse wurden darin nicht gemacht. Deutschland büßte fast ein Siebtel seiner Fläche ein und ein Zehntel seiner Bevölkerung. Es musste annähernd die Hälfte der Eisenerzproduktion, ein Viertel der Kohleproduktion und ein Siebtel der landwirtschaftlichen Produktionskapazitäten abtreten. Deutsche Kolonien gingen ebenso verloren wie sämtliche Auslandsbesitztümer des Reichs. Deutschland musste den Großteil der Handelsflotte abgeben und war langfristiger wirtschaftlicher Diskriminierung ausgesetzt. Die zulässige Größe von Armee und Flotte wurde stark beschnitten. Das Rheinland wurde entmilitarisiert, in drei Zonen aufgeteilt und die nächsten 5 bis 15 Jahre von alliierten Truppen besetzt. Das Saarland wurde dem Mandat des Völkerbunds unterstellt. Die Kohlebergwerke gingen an Frankreich. Danzig und die umliegende Region wurden in eine freie Stadt mit Sonderrechten umgewandelt. Österreichs Bundesversammlung hatte dafür gestimmt, die Verbindung zum Deutschen Reich zu akzeptieren, im Gegenzug wurde Österreich auf ewig Unabhängigkeit garantiert. Die Höhe der Reparationszahlungen sollte zu einem späteren Zeitpunkt festgelegt werden, aber dass es sich um eine sehr hohe Summe handeln würde, stand außer Frage. Der ermordete Kitchener dürfte in seinem feuchten Grab ordentlich rotiert haben. Ein gerechter Frieden war das nicht.

Amerikas Präsident Wilson erklärte vor der Unterzeichnung des Friedensvertrags, als Deutscher würde er die Unterschrift verweigern. Sein Außenminister Lansing erachtete die Deutschland auferlegten Bedingungen als unsäglich hart und erniedrigend, viele seien zudem nicht zu erfüllen. Wilsons Berater Edward Mandell House schrieb am 29. Juni in sein Tagebuch, der Vertrag sei schlecht und hätte niemals abgeschlossen werden sollen. Die Umsetzung werde Europa nichts als Schwierigkeiten bescheren.[126] Doch die wahren Sieger ließen sich nicht beirren. Der endgültige Vertrag ist ein Zeugnis dafür, wie wenig echten Einfluss Woodrow Wilson in Europa in die Waagschale werfen konnte.

Der Friedensvertrag von Versailles war ein Sprungbrett für künftige Kriege. Der Diplomat und Historiker George F. Kenan schrieb später, der Friedensvertrag »trug die Tragödien der Zukunft in sich, als habe der Teufel sie mit eigener Hand hinzugefügt«.[127] Indem Deutschland Artikel 231 akzeptierte, akzeptierte es den Vorwurf, den Krieg verursacht zu haben. Alte Reiche wurden zerschlagen und die Filetstücke verteilt. Das Kaiserreich von Queen Viktorias Enkel Wilhelm II. gehörte der Geschichte an. Das Zarenreich existierte nicht mehr, Zar Nikolaus II., der Vetter des britischen Königs Georg V., wurde von ebenjenen Bolschewiken hingerichtet, die amerikanische und britische Bankiers finanziert hatten. Die Siegermächte rissen das Osmanische

Reich in Stücke und eröffneten sich damit die Gelegenheit, den Nahen Osten mit einem Blick auf Ölschätze und strategisch vorteilhafte Positionen neu zu verteilen. Das britische Empire überlebte, musste aber einen hohen Preis bezahlen. Großbritannien hatte mindestens ein Viertel seiner Dollarinvestitionen verkaufen müssen und über 1 Milliarde Pfund bei den Vereinigten Staaten geliehen.[128] Der Kapitalfluss zwischen Amerika und Europa hatte nun gedreht und kam nicht mehr aus der Richtung, die das vorige Jahrhundert über dominiert hatte. Es war eine gewaltige Veränderung, und als großer Gewinner aus dieser finanzwirtschaftlichen Plattenverschiebung ging die Wall Street hervor.

Der Abschluss des Ersten Weltkriegs war nicht der Anfang vom Ende, sondern eine Grundlage künftiger Desaster. Eine neue Elite wollte den Frieden steuern und ihren Einfluss durch Organisationen zum Tragen bringen, die sie explizit zu diesem Zweck gegründet hatte. Bei der Friedenskonferenz von Paris organisierte Milners Hauptjünger Lionel Curtis im Hotel Majestic eine gemeinsame Konferenz britischer und amerikanischer »Fachleute für Außenpolitik«.[129] Die britische Seite bestand nahezu ausschließlich aus Männern und Frauen, die Professor Carroll Quigley als Mitglieder jener Gruppe identifiziert hat, die wir als Geheime Elite bezeichnen.[130] Die amerikanischen »Experten« arbeiteten für Banken, Universitäten und Einrichtungen, die von J. P. Morgan und Mitgliedern des Carnegie Trusts dominiert wurden.[131] Dieses Bündnis aus internationalem Finanzkapitalismus, politischen Vordenkern und Manipulatoren läutete ein neue Phase in der Geschichte der Geheimclique ein, während sie weiter auf ihr Ziel einer neuen Weltordnung hinarbeitete.

Die Geheime Elite nahm die erfolgreiche Tafelrunde und wandelte sie um in das Institute of International Affairs. Lionel Curtis machte sich dafür stark, dass »Nationalpolitik von einer Wahrnehmung der Interessen der Gesellschaft insgesamt geprägt wird«, was unter dem Strich nichts anderes bedeutet als: »Wir arbeiten zusammen und bestimmen gemeinsam, wie die sich schnell wandelnde Welt künftig aussehen wird.«[132] Und mit »Interessen« meinte er die Interessen des angloamerikanischen Establishments. Er sprach von den Vereinbarungen, die in Paris als Ergebnis der öffentlichen Meinung in diversen Ländern erzielt worden seien, und kam auf die Notwendigkeit zu sprechen, zwischen »falscher« und »richtiger« öffentlicher Meinung zu unterscheiden. Mit ernüchternder Gewissheit verkündete er: »Die richtige öffentliche Meinung wird in erster Linie von einer kleinen Anzahl Menschen produziert, die im echten Kontakt mit den Fakten stehen und die Themen, um die es geht, durchdacht haben.«[133] Er sprach von der Notwendigkeit, »eine öffentliche Meinung in den unterschiedlichen Ländern der Welt zu kultivieren«, und regte an, eine sehr exklusive Denkfabrik ins Leben zu rufen, in der die ähnlich denkenden »Experten« aus der britischen und der amerikanischen Delegation zusammenkommen sollten. Ein Auswahlkomitee wurde organisiert, das sich ausschließlich aus Agenten der Geheimen Elite zusammensetzte und verhindern sollte, dass man es »mit einer großen Menge inkompetenter Mitglieder« zu tun bekomme.[134] Britisches Herrscherklassedenken durch und durch. Eine neue angloamerikanische Elite genehmigter Mitglieder entstand aus eigener Wahl.

Und so nahm im Juli 1920 das auch als Chatham House bekannte Institute of International Affairs die Arbeit auf. 1926 erhielt es den Status einer Royal Charter.[135] Erster Beschluss war es, die Geschichte der Friedenskonferenz festzuhalten. Es wurde ein Ausschuss ins Leben gerufen, der das Schreiben der Texte steuern sollte. Anders gesagt: Er sollte dafür sorgen, dass nur ihre Darstellung der Ereignisse in die offizielle Geschichtsschreibung Einzug hielt. Von dem für J. P. Morgan arbeitenden Thomas Lamont wurde die neue Einrichtung mit einer Spende von über 2000 Pfund unterstützt. Wenn man das Geld zurückverfolgt, landet man immer bei den Mächten, die hinter den Politikern stehen. Gleichzeitig entstand die Schwesterinstitution des Instituts, nämlich das Council on Foreign Relations (CFR). In enger Zusammenarbeit und aus ähnlichen Quellen finanziert, stellten das CFR und Chatham House sicher, dass Großbritannien und die Vereinigten Staaten eine abgestimmte Außenpolitik verfolgten.

Wichtig an dieser Stelle ist der Hinweis, dass Curtis und seine neue Organisation Gastredner einluden, um mit ihnen zu diskutieren und die »richtige« Haltung zu entwickeln. Wohl auch deshalb war beim ersten Treffen, das vollständig aufgezeichnet und 1921 im *Round Table Journal* abgedruckt wurde,[136] D.G. Hogarth der Redner. Hogarth hatte während des Krieges im Arab Bureau gearbeitet und war mit T. E. Lawrence und Sir Mark Sykes befreundet,[137] den Männern also, die die Araber verraten hatten. Hogarth sprach über die arabischen Staaten und bezeichnete sie als Region, der man beim Entwickeln der »richtigen« Meinung helfen müsse. Chaim Weizmann sprach 1922 zum Thema Zionismus.[138] Auch er hat offenbar die »richtige« Meinung vertreten.

Eine letzte Aufgabe galt es zu erfüllen, ehe die Elite unbesorgt weiter voranschreiten konnte: Sie musste noch dafür sorgen, dass alle Beweise vernichtet wurden, die belegten, dass es eine Verschwörung gegeben hatte, 1914 den Krieg anzuzetteln und ihn über 1915 hinaus zu verlängern. Diese Aufgabe wurde Herbert Hoover übertragen, der ein starkes persönliches Interesse daran hatte, dass niemand seine betrügerischen Machenschaften beim Belgischen Hilfswerk aufdeckte. Unter der Bedingung, dass seine Beteiligung »strengst vertraulich« behandelt wurde, holte man Geschichtsprofessor Ephraim Adams von der Stanford University nach Paris. Adams, seit ihrer gemeinsamen Studentenzeit eng mit Hoover befreundet, sollte dort einen großen Raubzug koordinieren. Es ging darum, aus ganz Europa Unterlagen zum Krieg und seinen wahren Ursprüngen zusammenzutragen und verschwinden zu lassen, alles unter dem Mantel akademischer Seriosität. Adams beschloss, ein Tagebuch zu führen, gab das Vorhaben aber mit der falschen Begründung auf, er mache zu viele neue Bekanntschaften und die Arbeit sei zu interessant. Die Unterbrechung, die das Niederschreiben mit sich bringe, sei zu groß.[139] Die Aufgabe musste sofort angegangen werden, höchste Eile war geboten. Adams traf am 11. Juni in Paris ein und besaß keinerlei Aktionsplan. Er wusste nur von Hoover, dass alle gestohlenen oder illegal beschafften Dokumente zur Stanford University nach Kalifornien geschickt werden sollten – an einen Ort also, der kaum weiter weg von den Kriegsschauplätzen Europas hätte liegen können.

Nichts war zu unbedeutend. Entscheidungen darüber, was tatsächlich relevant sein könnte, wurden auf später verschoben. 2 Jahre später hatte Adams noch nicht einmal damit begonnen, die Schätze, die er davongeschleppt hatte, zu katalogisieren. Warum nicht? Weil dies bloß »Enttäuschung und Ärger« mit sich bringe, wenn man diese Aufgabe zu früh angehe, so die Erklärung.[140] In Belgien war der Zugang zu Regierungsunterlagen übrigens durch »Monsieur Émile Francqui, Bergbauingenieur und Bankier von globalem Ruf«, erleichtert worden.[141] Natürlich war er das. Wer sonst wusste schließlich, wo alle Skelette aus dem Skandal rund um das Belgische Hilfswerk verscharrt lagen? Francqui, dessen allmächtige Bank Société Générale de Belgique in Bargeld schwimmend aus dem Krieg herauskam und deren Aufschwung sämtliche Träume übertraf, wusste wie niemand sonst, welche Beweise es sofort zu entfernen galt.[142]

Sie fragen sich nun möglicherweise, warum Historiker und Enthüllungsjournalisten diese Scharade nicht öffentlich gemacht haben. Nun, Hoover und Francqui sorgten dafür, dass Dokumente verschwanden, die die dunklen Seiten des Belgischen Hilfswerks hätten enthüllen können, und somit sorgten sie gleichzeitig dafür, dass der Mythos der Hilfsorganisation fortlebte.

Hoover verfügte über zahlreiche mächtige Freunde. Er überzeugte General John Pershing, ihm fünfzehn Geschichtsprofessoren und Geschichtsstudenten zu überlassen, die in unterschiedlichen Dienstgraden gerade als Teil des amerikanischen Expeditionskorps in Europa stationiert waren. Hoover schickte diese Männer uniformiert in die Länder, die seine »Hilfsorganisation« mit Nahrung versorgte. Mit Nahrung in der einen Hand und Beteuerungen in der anderen stießen diese Agenten auf wenig Widerstand. In erster Linie waren sie an Material interessiert, das sich mit den Ursprüngen des Kriegs beschäftigte und mit der Arbeit des Belgischen Hilfswerks. Sie knüpften die richtigen Kontakte, stöberten nach Archiven und fanden so viele, dass Hoover sie schon bald »in den leeren Frachtern, die Nahrung gebracht hatten, als Ballast zurück in die USA verschiffte«.[143]

Hoover rekrutierte weitere 1000 Agenten, die im ersten Fischzug 375 000 Bände geheimer Kriegsunterlagen europäischer Regierungen abgriffen.[144] Hoover »spendete« angeblich 50 000 Dollar für das Projekt. Das Geld hätte ausgereicht, etwa 70 der Agenten ein Jahr lang zu bezahlen. Wie er die anderen 930 finanzierte, ließ sich nicht feststellen.

Die Männer hinter Hoover glaubten, ihnen blieben nur etwa 10 Jahre Zeit, sich die wertvollsten Unterlagen »anzueignen«. Ephraim Adams sagt, Hoover höchstpersönlich habe geschätzt, dass dies 25 Jahre[145] dauern werde – doch es werde »1000 Jahre« dauern, alles zu katalogisieren. Das Einsammeln nahm ein »rasendes Tempo« an.[146] Wie passend. Laut der offiziellen Propaganda handelte es sich um eine dringende Aufgabe, aber das Katalogisieren werde ein Jahrtausend dauern.

Belastendes Material in Großbritannien oder Frankreich heimlich zu entfernen und zu entsorgen stellte die Geheime Elite nicht vor größere Probleme, und auch der Zugang zu russischen Dokumenten gestaltete sich nicht schwierig, nachdem die Bolschewiken die Macht übernommen hatten. Professor Pawel Miljukow, in der provisorischen Regierung unter Alexander Kerensky Außenminister, erzählte Hoover, dass einige der Archive des Zaren zu den Ursprüngen des Kriegs in einer finnischen Scheune versteckt seien. Hoover sollte später prahlen: »Sie zu holen war überhaupt kein Problem. Wir fütterten Finnland damals durch.«[147]

Und so gelangte die Geheime Elite an tonnenweise Material aus der Zeit des Zarenregimes – Dokumente, die zweifelsohne extrem schädliche Informationen über die Ereignisse in Sarajevo und über Russlands geheime Mobilmachung enthielten. Auch belastende Korrespondenz zwischen dem russischen Außenministerium und seinen Mitarbeitern in Paris und Belgrad ist »verloren gegangen«. Eine unbekannte Person hat aus dem Archiv des russischen Außenministeriums alle diplomatischen Depeschen aus dem Jahr 1914 entfernt. Es handelte sich um Dokumente von gewaltiger Bedeutung, die gezeigt hätten, dass nicht Deutschland den Ersten Weltkrieg verursacht hatte.

Auf den ersten Blick mag das Entgegenkommen der Bolschewiken merkwürdig erscheinen. 25 Wagenladungen Materialien konnten Hoovers Agenten aus Petrograd holen.[148] Wie die *New York Times* meldete, kaufte Hoovers Truppe einem »Türsteher« die Dokumente für 200 Dollar in bar ab.[149] Dahinter dürften dunklere Mächte gewirkt haben. Wie wir in Kapitel 31 zeigten, stand die bolschewistische Führung in Kontakt mit amerikanischen Bankiers mit engen Verbindungen zur Geheimen Elite. Deshalb verkaufte sie ihnen die besten russischen Bodenschätze.

Kein Problem war es, Dokumente aus Deutschland zu beseitigen. 15 Wagenladungen verließen das Land, darunter die »vollständigen Geheimprotokolle der Obersten Heeresleitung« – ein »Geschenk« vom ersten deutschen Nachkriegskanzler Friedrich Ebert. Hoover schreibt, Ebert sei »ein Radikaler ohne jedes Interesse an der Arbeit seiner Vorgänger«,[150] aber ein Verhungernder gibt auch sein letztes Hemd für etwas Essbares. Ferner sammelten Hoovers Leute 6000 Bände an Unterlagen vom Hof zusammen, darunter alles Offizielle und alles Geheime zu den Kriegsvorbereitungen des Kaisers und seinem Verhalten in Kriegsdeutschland. Aber wo sind dann die stichhaltigen Beweise für Deutschlands Schuld? Hätte es sie gegeben, wären sie doch sofort öffentlich gemacht worden. Aber das ist nicht geschehen. Weil es sie nicht gab.

Anno 1926 verfügte die »Hoover-Kriegsbibliothek« über dermaßen viele Unterlagen, dass sie mit Fug und Recht als die weltgrößte Bibliothek zum Ersten Weltkrieg bezeichnet wurde.[151] In Wahrheit handelte es sich jedoch gar nicht um eine Bibliothek. Die Dokumente wurden physisch in Stanford gelagert, aber die Sammlung wurde separat aufbewahrt und war nur Personen mit allerhöchster Freigabe zugänglich. 1941 – 22 Jahre nachdem Hoover begonnen hatte, die wahre Geschichte des Ersten Weltkriegs beiseitezuschaffen – präsentierte man erste Unterlagen der Öffentlichkeit. Was unter Verschluss geblieben ist oder vernichtet wurde, werden wir niemals erfahren, aber es ist bezeichnend, dass nicht ein einziger Historiker jemals kontroverses Material reproduziert oder zitiert hat, das in der heute als Hoover Institution on War, Revolution, and Peace bekannten Einrichtung gelagert wird. Ganz abgesehen davon ist es verblüffend, dass nur sehr, sehr wenige Historiker überhaupt etwas über diesen illegalen Diebstahl von Dokumenten geschrieben haben, handelt es sich hier doch um Unterlagen, die das vielleicht wichtigste Ereignis in der Geschichte Europas und der Welt betreffen. Wie kommt das? Weil sie Geschichte stahlen, um sich selbst zu schützen.

Durch Lügen gerechtfertigt, durch Profiteure und Politiker mit verdeckten Absichten künstlich in die Länge gezogen, von der Geschichtsschreibung falsch dargestellt, Quell gewaltiger Schulden für Staaten und unwiederbringlicher Verluste für gewöhnliche Menschen – auf gewisse Weise hat dieser langwierige Krieg niemals ein echtes Ende gefunden. Alle Folgen des Kriegs wurden von dem Strudel eines in hohem Maße ungerechten Friedens aufgesogen. Und die »verborgenen Mächte«, der »Geldadel«, »die Drahtzieher hinter den Kulissen«, die den Krieg angestoßen hatten, hatten Ende 1919 ihre Kontrolle über die industrialisierte Welt weiter gefestigt. Versailles war nicht das Ende. Es lieferte der neuen Elite ein Forum, sich neu zu ordnen und einmal tief durchzuatmen. Es stand noch Schlimmeres bevor.

Zusammenfassung

- Am 11. November 1918 verstummten die Kanonen an der Westfront, aber der Krieg endete noch nicht. Die Lebensmittelblockade gegen Deutschland wurde verschärft, das Land wurde vom Hunger heimgesucht.
- Woodrow Wilson hatte im Januar 1918 dem amerikanischen Kongress ein 14-Punkte-Programm vorgestellt, ein Ausweg aus dem Krieg, der Gerechtigkeit und fairen Umgang versprach.
- Am 12. Oktober bestätigte die deutsche Regierung, dass sie ausführlicher über einen Waffenstillstand sprechen wolle. Dieser Schritt erfolgte in dem Glauben, die gemeinsam auszuhandelnde Vereinbarung basiere auf den praktischen Details aus Wilsons 14 Punkten.
- Tatsächlich jedoch waren die Bedingungen für den Waffenstillstand überraschend hart. Großbritanniens und Frankreichs Militärbehörden forderten scharfe Vergeltung. Sie wollten dafür sorgen, dass das Wenige, was Deutschland an Lebensmitteln hatte, praktisch nicht im Land bewegt werden konnte.
- Großbritanniens Premier Lloyd George setzte für Dezember 1918 Wahlen an. Im Wahlkampf arbeitete sein Lager mit übelsten antideutschen Slogans, um die Wählerschaft von sich zu überzeugen. Lloyd Georges Koalitionsregierung gewann erdrutschartig, aber in Irland fegte die neu gegründete Partei Sinn Fein die Irish National Party hinfort.
- Amerika belieferte Europa mit Lebensmitteln, und der dafür nötige Apparat unterstand der Befehlsgewalt einer einzigen Person: Herbert Hoover.
- 1918 kehrte Hoover nach Europa zurück. In London teilte man ihm mit, die Blockade Deutschlands gehe ihn nichts an und die britische Regierung werde erst dann lockerlassen, wenn die Deutschen »ein paar Lektionen gelernt« hätten. Deutschland sollte durch Aushungern in die Knie gezwungen werden, das war der Wunsch der Geheimen Elite.

- Offizielle Statistiken der deutschen Regierung sowie Aussagen von Hoovers Agenten zeigten, dass Deutschland im Dezember 1918 in einer schweren Krise steckte, weil es an Lebensmitteln fehlte. Das führte zu Mangelernährung, Verbrechen und wachsender Verzweiflung im gesamten Land.
- Wie immer verlangte Hoover, als Einziger die Lebensmittelverwaltung zu verantworten. Die Alliierten verwehrten sich den Eindruck, von den Amerikanern gerettet zu werden.
- Vor allem an den Franzosen nagten die während der Kriegsjahre erlittenen Erniedrigungen und Verluste. Sie forderten, Deutschland müsse sein Gold abgeben und dürfe es nicht dafür nutzen, Nahrung für die Bevölkerung zu kaufen.
- Der Waffenstillstand vom 11. November 1918 wurde am 13. Dezember 1918, am 16. Januar 1919 und am 16. Februar 1919 verlängert. Artikel 26, der die Blockade gegen Deutschland regelte, blieb die ganze Zeit über in Kraft und wurde auf unbegrenzt verlängert.
- Die britische Delegation bei den Pariser Friedensverhandlungen wurde von Mitgliedern der Geheimen Elite und ihnen nahestehenden Personen bestimmt, insbesondere von Alfred Milners Jüngern.
- In der amerikanischen Delegation dominierten die einflussreichen Bankiers und Finanziers, die den Kongress und das Präsidentenamt kontrollierten. An Einfluss überragte J.P. Morgan alle.
- Die belgischen Banken blühten in den Nachkriegsjahren auf, allen voran die Société Générale de Belgique von Emile Francqui.
- Chaim Weizmann und die Zionistenlobby wurden von der britischen Delegation unterstützt. Weizmann verlas eine Mitteilung der Zionistischen Organisation, wonach diese ein britisches Mandat für Palästina guthieß. Er erklärte, er spreche im Namen einer Million Juden, die, »den Stab in der Hand, auf das Startsignal warten«.
- Auf einer Konferenz, die im Januar 1919 in Atlantic City stattfand, erklärten die führenden Bankiers der Vereinigten Staaten, die Alliierten würden durch den Wiederaufbau Europas zu Wohlstand kommen.

Weiter verliehen sie ihrem Glauben an »die Wiedervereinigung der beiden großen englischsprachigen Länder der Welt« Ausdruck.

- Bei der Pariser Friedenskonferenz fand im Hotel Majestic eine gemeinsame Konferenz britischer und amerikanischer »Fachleute« statt. Von britischer Seite waren fast ausschließlich Männer und Frauen anwesend, die wir als Mitglieder der Geheimen Elite identifiziert haben. Die amerikanischen »Experten« kamen von Banken, Universitäten und Einrichtungen, die von J.P. Morgan und Mitgliedern des Carnegie Trusts dominiert wurden. Diese Zusammenkunft von internationalen Finanzkapitalisten, politischen Denkern und politischen Strippenziehern läutete eine neue Phase in der Geschichte des Geheimbunds ein, der weiterhin nach Weltherrschaft strebte.
- Herbert Hoover wurde damit beauftragt, jedes noch so kleine Beweisstück einzusammeln, das belegen könnte, welche teuflischen Machenschaften den furchtbaren Krieg verursacht und verlängert hatten und mit dem sich die Schuld der Geheimen Elite aufzeigen ließe. Hoover war angewiesen, alles, was er in Europa auftreiben konnte, nach Kalifornien in Sicherheit zu bringen.
- Das Ende des Ersten Weltkriegs war nicht der Anfang vom Ende, sondern nur der Ausgangspunkt für die noch folgenden Schwierigkeiten.

Postskriptum

Der Krieg, um alle Kriege zu beenden

Vor einem Jahrzehnt haben wir uns erstmals der Herausforderung von Professor Carroll Quigley gestellt, nach Beweisen für die geheime Clique um Cecil Rhodes zu suchen und herauszufinden, wie aus diesen Verschwörern die Geheime Elite wurde.[1] Damals standen wir sprachlos vor den Fakten, die ignoriert worden waren, wir waren erstaunt, mit welcher Leichtigkeit wichtige Personen aus der Geschichtsschreibung herausredigiert wurden, und wir waren empört, dass noch immer die alten Lügen über Ursachen und Verlauf des Ersten Weltkriegs im Umlauf waren. Bis heute wird Forschern der Zugang zu Unterlagen und offiziellen Dokumenten verwehrt. Die Informationen sind unter Verschluss, sie wurden verbrannt oder geschreddert. Doch in jahrelanger unermüdlicher Recherchearbeit haben wir zweifelsfrei nachweisen können, dass die Geheime Elite den Krieg gegen Deutschland verursachte und dass sie – in Zusammenarbeit mit den ihnen nahestehenden internationalen Bankiers und politischen Verbündeten in London und New York – das Gemetzel vorsätzlich weit über 1915 hinaus verlängerte. Sie war entschlossen, die alten Imperien zu zerschlagen, die die globale Vormachtstellung Großbritanniens gefährdeten. Deutschland musste zerschmettert werden. So, wie es im alten Rom hieß, Karthago müsse vernichtet werden, so konzentrierten die Geheime Elite und ihre Agenten ihre Macht auf die Aufgabe, Deutschland zu Boden zu werfen.

Seit fast einem Jahrhundert wird mantraartig der Mythos wiederholt, Deutschland habe vorsätzlich den Ersten Weltkrieg begonnen. Während der vergangenen Jahre gab es eine spürbare Neuausrichtung hin zu einer sanfteren Einschätzung. Jüngstes Beispiel dafür war Christopher Clarks Interpretation, wonach Europa wie ein Schlafwandler in den Krieg stolperte.[2] Doch das ist falsch. Wir können es nicht oft genug wiederholen: Es ist ein unumstößlicher Fakt, dass Millionen Menschen geopfert wurden, weil böse Profitjäger und durchtriebene Machtmenschen entschlossen waren, eine neue, nach ihrem Willen gestaltete Weltordnung zu erzwingen.

Kapitel um Kapitel haben wir Beweise vorgelegt, die unwiderlegbar zeigen, wie der Krieg in die Länge gezogen wurde, vorsätzlich und unnötig. Gleichlautende Vorwürfe wurden wiederholt im britischen Parlament, in der französischen Nationalversammlung und in zeitgenössischen Berichten erhoben, aber regelmäßig ignoriert, zurückgewiesen oder als völlig haltlos abgetan. Das Leiden während des Krieges in Europa, auf den Dardanellen und Gallipoli, auf hoher See und in der Luft, wurde durch Propaganda und Lügen gerechtfertigt, während zahllose Menschen Elend und Schmerz eleiden mussten. Sie wurden einer dunklen Sache geopfert, von der sie nichts wussten.

Offiziell gaben sich die Vereinigten Staaten neutral, aber unter dem Strich unterstützten sie von den ersten Kriegstagen an aktiv die Regierungen Großbritanniens und Frankreichs. Der Geldadel und die Aufpasser des Präsidenten, die die amerikanische Außenpolitik kontrollierten, hätten es niemals zugelassen, dass Deutschland diesen Krieg gewinnt. J. P. Morgan und seine Unterstützer aus den Kreisen der Rothschilds, die Rockefellers, die Bank Kuhn Loeb & Co. und die Warburgs strichen beispiellose Gewinne ein, während die Soldaten in den Schützengräben die absolute Hölle erlitten und die Bevölkerung an der Heimatfront Armut und Not erdulden musste. Ab Tag eins der Kriegshandlungen wusste Großbritannien die angloamerikanische Bankenbruderschaft hinter sich, aber es war keine leichte Aufgabe, die amerikanische Bevölkerung von ihrem Ja für eine Isolationspolitik und der tief sitzenden Ablehnung gegenüber einer Beteiligung am Krieg abzubringen und für ein aktives Engagement zu begeistern. Dank der finanziellen Schlagmacht der amerikanischen Banken, der Leistungsfähigkeit der amerikanischen Munitionsindustrie und der Lebensmittelproduzenten stand außer

Frage, dass die Alliierten den Krieg gewinnen würden, dennoch hatte das amerikanische Volk den Großteil des Krieges über keine Vorstellung davon, wie tief die Komplizenschaft der US-Regierung reichte.

Die Lügen und die Betrügereien dauerten ungebremst an. Mithilfe klug inszenierter Propaganda wurde gerechtfertigt, dass der Staat die Bürgerrechte beschnitt. Die Geheime Elite bringt für die Demokratie keinen Respekt auf. Wir leben in einem merkwürdigen Zeitalter alternativer Fakten und Fake News, aber glauben Sie bloß nicht, dass das etwas Neues ist. Woodrow Wilson wurde 1916 wiedergewählt, weil er »Amerika aus dem Krieg herausgehalten hatte« – keine drei Monate nach Beginn seiner zweiten Amtszeit legte er eine 180-Grad-Wende hin und beendete damit alle Träume der Deutschen von einem erfolgreichen Abschluss der Kampfhandlungen. Genauso haben Eliten seit jeher gearbeitet. Nachdem es den Truppen des Kaisers nicht gelang, in den ersten Kriegsmonaten Paris zu erobern, war klar, dass Deutschland nicht würde gewinnen können. Dafür war die andere Seite zu übermächtig.

Wenn noch immer Zweifel daran bestehen, welch gewaltige – und größtenteils nicht durch Wahlen legitimierte – Macht die Männer ausübten, die Professor Quigley Ende des 19. Jahrhunderts als Geheimclique identifizierte: 1912 waren Rhodes und W. T. Stead tot, aber das Vermögen von Cecil Rhodes war Alfred Milner und seinen Mitstreitern in die Hände gelegt worden, während die britische Presse – mit dem Segen der Geheimen Elite – von Lord Northcliffe dominiert wurde. Natty Rothschild ließ seine Gesundheit 1915 im Stich, aber seine Nachfolger und insbesondere sein Sohn Walter und sein Neffe James de Rothschild stellten sich an die vorderste Front einer aufstrebenden Macht namens Zionismus. Und über allem schwebte Alfred Milner. Der Mann, der die Gold- und Diamantenminen der Rothschilds in Südafrika gerettet hatte, wurde zum nicht gewählten Dauermitglied des Kriegskabinetts unter David Lloyd George.

Milner, der Mastermind; Milner, der »Rassenpatriot«; Milner, dem die obersten Ränge der britischen Armee loyal folgten; Milner, der Lloyd George seine Unterstützung beim Übernehmen der Regierungsverantwortung ausgesprochen hatte; Milner, dessen Jünger von ihren Büros in der Downing Street aus ein Auge auf die Politik von Lloyd George hatten; Milner, der sich persönlich vom letzten Zaren verabschiedete. Ein Mann, der für die Erbauer der neuen Weltordnung so wichtig war, dass sein Einfluss sorgfältig aus der Geschichtsschreibung retuschiert wurde. Hatten Sie zuvor schon einmal von Alfred Milner gehört? Fiel sein Name im Geschichtsunterricht oder während einer Vorlesung an der Universität? Wurde seine Rolle von jenen, die die Gedenkveranstaltungen für den Ersten Weltkrieg organisieren, lobend gewürdigt? Nein. Er war es, der den stählernen Willen aufbrachte, »die Schreihälse zu ignorieren« und seinen Weg so lange zu gehen, bis Deutschland zerschmettert am Boden lag.

Und was ist mit dem Hochstapler Herbert Hoover? Er erfand sich zwischen 1914 und 1919 als großer Menschenfreund neu, aber hinter seinem Erfolg standen die Männer, die den Krieg in die Länge gezogen sehen wollten. Nicht die Kommission für das Belgische Hilfswerk war seine große Leistung und auch nicht seine Rolle als Leiter der amerikanischen Lebensmittelverwaltung. Die Deutschen werden als diejenigen in Erinnerung bleiben, die 1914 Löwen und seine historische Bibliothek niederbrannten. Das war ein Verbrechen gegen die Menschheit. Hoover dagegen hat die Geschichte Vorkriegseuropas bis 1919 gestohlen und um die halbe Welt verschleppt, um sie dort wegzusperren. Aber das ist ja nicht so schlimm, er war ja einer von den Guten. Er tat es für die Nachwelt, oder? Schade nur, dass die Beweise – oder was davon noch da ist – in ewiger Dunkelheit verschwunden sind. Alle Frachtpapiere und Lieferscheine gingen verloren. Die Darstellung der Arbeit des Belgischen Hilfswerks blieb exklusiv den Hoover-Apologeten vorbehalten. Es ist furchtbar, eingestehen zu müssen, dass verzweifelte Menschen die geheimen Unterlagen über die Ursachen des Kriegs in Europa gegen Nahrung eintauschten. Das ist das Niveau, auf das der Mann, der 31. Präsident der Vereinigten Staaten werden sollte, herabsank.

So viele Fragen bleiben unbeantwortet, auch Sie werden gewiss noch viele Fragen haben. Lassen Sie sie nicht fallen. Ein Thema, das noch einer ausführlichen Prüfung bedarf, sind Woodrow Wilsons 14 Punkte. Rückblickend wirken sie wie eines der größten Trugbilder aller Zeiten, denn sie waren nie mehr als eine durchdachte Täuschung, ein Köder, den der Kaiser und seine Berater schluckten. Sie begingen den verheerenden Fehler, der US-Regierung Vertrauen zu schenken. Was haben sie sich nur gedacht? Die Deutschen wussten doch, wie abhängig Großbritannien und Frankreich von Amerika waren, sie wussten doch von den offenkundigen Lügen rund um die Versenkung der *Lusitania* und den vielen anderen Skandalen, aber dennoch waren sie offenbar bereit, Woodrow Wilson zu vertrauen. Die Amerikaner hatten sie mithilfe des Belgischen Hilfswerks vor dem Hunger gerettet, und die Achse Rockefeller-Rothschild sorgte dafür, dass Deutschlands Versorgung mit Öl reibungslos lief, doch nachdem die Amerikaner als Gegner Deutschlands in den Krieg eingetreten waren, hätten die Scheuklappen doch eigentlich wegfallen müssen, oder?

Aber verzweifelte Zeiten erfordern verzweifelte Taten. Das Versprechen eines gerechten Friedens lockte zu sehr, als dass es sich die Regierung des Kaisers erlauben konnte, diese Möglichkeit zu ignorieren. Es heißt, die Offensive der deutschen Truppen von März bis Juni 1918 habe die alliierten Streitkräfte an der Westfront so dicht in die Nähe einer Katastrophe gebracht wie seit 1914 bei der ersten Schlacht an der Marne nicht mehr,[3] aber Ludendorffs letzter großer Wurf wurde schließlich dadurch vereitelt, dass »das Heranführen amerikanischer Truppen gewaltig beschleunigt wurde«.[4] Die Entente und die Deutschen waren wie Preisboxer, die wussten, sie würden den anderen nicht zu Boden schlagen können – jeder stand in seiner Ecke und tat so, als könne er die nächste Runde nicht erwarten. Aber während Großbritannien und Frankreich dank der amerikanischen Unterstützung auf nahezu uneingeschränkte Reserven zurückgreifen konnten, hatte Deutschland buchstäblich sein Pulver verschossen. Wilsons 14 Punkte wirkten da wie die Grundlage für eine faire und ehrenhafte Beilegung des Konflikts. Es war ein Triumph der Täuschung über die Gerechtigkeit.

In Wahrheit hatte Deutschland seit Dezember 1914 viele Male Avancen in Richtung eines gerechten Friedens gemacht, aber 1915, 1916 und 1917 wollte die Entente davon nichts hören. Und tatsächlich wollte sie auch 1918 eigentlich nichts davon hören. Es gibt reichlich Belege dafür, dass sich das britische Kriegskabinett auf eine Fortführung der Kämpfe an der Westfront über 1919 hinaus einrichtete. Die Anwesenheit der Amerikaner veränderte sämtliche Dynamiken. Das Erscheinen der Amerikaner verschob sämtliche Gewichte. Die Zeit spielte den Alliierten in die Hände.

Dass Wilsons 14 Punkte international nicht auf Unterstützung stießen, machte die letzten Hoffnungen der deutschen Führung zunichte. Wilson war nicht mächtig genug, um zu verhindern, dass seine Vorschläge in Versailles zerpflückt wurden. Er kehrte als kranker und aller Illusionen beraubter Mann nach Amerika zurück. Er hatte die Mission der Eliten erfüllt, indem er die Haltung, die er während des Wahlkampfs von 1916 an den Tag gelegt hatte, revidierte und schlagartig Amerika dann doch in den Krieg führte. Mit seinem »Idealismus« hatte er die deutsche Führung verwirrt und seine politischen Widersacher in Amerika mit dem Vorschlag, einen Völkerbund zu gründen, verprellt.[5] Nominell fand diese Idee tatsächlich im Friedensvertrag von Versailles Niederschlag. Die von Problemen geplagte Geschichte des Völkerbunds (man könnte fast von einer dysfunktionalen Geschichte sprechen) wirkt bis heute nach, aber allein schon der Vorschlag, einen Völkerbund ins Leben zu rufen, brachte den amerikanischen Kongress dazu, den Friedensvertrag von Versailles abzulehnen.[6] Eine Reihe von Senatoren lehnte Wilsons Völkerbund so vehement ab, dass sie den Vertrag für tot erklärten und ihn anwiesen, tot zu bleiben.[7] Das könnte genauso gut als Nachruf auf Wilsons politische Karriere dienen. Im Oktober 1919 erlitt Wilson einen schweren Schlaganfall, woraufhin die Demokraten es ablehnten, ihn für eine dritte Amtszeit aufzustellen.

Und Russland? Wenn man bedenkt, welche Opfer das russische Volk im Krieg gegen Deutschland bringen musste, ist es doch eigentlich peinlich, dass die Russen nicht mit am Verhandlungstisch in Frankreich saßen. 3 lange Jahre hatte Russland gegen Deutschland und Österreich-Ungarn gekämpft und den Feinden schwere Verluste zugefügt, dabei aber noch mehr einstecken müssen.[8] Das vor langer Zeit abgegebene Versprechen, dass Russland nach dem Sieg über Deutschland Konstantinopel und den Bosporus annektieren könne, wurde angenehmerweise null und nichtig, als die Bolschewiken 1918 Frieden mit Deutschland schlossen.

Im Januar 1919 schnitt Lloyd George erstmals die Frage an, ob und inwieweit die Russen in den Friedensprozess eingebunden werden sollten,[9] aber der Oberste Rat war gespalten und einigte sich nicht auf eine Haltung. In Paris kursierten damals beunruhigende Berichte über den barbarischen »Roten Terror«, den die Bolschewiken angeblich ausübten, aber Lloyd George tat das als völlig übertrieben ab.[10] Natürlich. Der britische Premier war ein Meister der Verstellung. Ein weiteres Tabuthema war die gewichtige

Rolle, die die britischen und amerikanischen Bankiers spielten. Unter dem Strich zählt nur, dass Konstantinopel weiterhin nicht der Kontrolle der Russen unterlag und Russland nicht länger Persien, Indien oder den neu aufgeteilten Mittleren Osten bedrohte.

Geschichte ist mehr als nur eine Aneinanderreihung von Zeitaltern oder schön angeordneter Chronologien, in die Fachleute Ereignisse einsortieren oder in deren Rahmen sie sich eine eigene Darstellung zulegen. Geschichte lebt und atmet und steht niemals still. Sie ist unsere Vergangenheit, und sie beeinflusst unsere Zukunft sehr stark. Ereignisse, Entscheidungen und Konsequenzen sorgen dafür, dass Geschichte immer eine faszinierende Grundlage sein wird, die uns dabei hilft zu erkennen, wo wir gerade stehen und wie wir dorthin gekommen sind. Aber die historischen Unterlagen sind unvollständig. Sie wurden von Leuten, die etwas zu verbergen haben, manipuliert, sie wurden überarbeitet und missbraucht. Wo immer sich Lücken auftun, sollte man sich nach den Motiven fragen. Versuchen Sie, nicht den schwammigen Aussagen jener zu erliegen, die die Hände in die Luft werfen und behaupten, unsere Darstellung könnte letztlich nicht vollständig bestätigt werden, weil die Beweise nicht mehr vorliegen. Wir wissen, wie diese Menschen arbeiten. Ihre Methoden und Ausflüchte sind mittlerweile so durchsichtig, dass jede sachkundige Person die Klage abtun wird, es handele sich doch einzig um Indizienbeweise. Sie verstecken sich hinter dem abwertend gemeinten Schlachtruf »Verschwörungstheoretiker« und versuchen auf diese Weise, die Schuldigen zu schützen. Während der Jahre, in denen wir an diesem Buch gearbeitet haben, kamen ständig neue Erkenntnisse ans Licht – still und heimlich wurde die Spionagetätigkeit Edith Cavells eingestanden, die wahren Frachtpapiere der *Lusitania* wurden ebenso öffentlich wie all die massiven Übertreibungen des Bryce-Ausschusses. Dochdie großen Lügen überdauern und werden von den Mainstreammedien immer wieder aufgewärmt.

Unsere Bücher befassen sich mit dem Zeitraum zwischen 1890 und 1919, denn innerhalb dieses Zeitraums tat sich eine Gruppe elitärer Politiker, einflussreicher Persönlichkeiten, reicher Finanziers, entschlossener Meinungsmacher und ihre akademische Gefolgschaft zusammen. Gemeinsam arbeiteten sie daran, eine neue Weltordnung zu erschaffen, die ihrer Kontrolle unterstand. 1890 wurden diese Bestrebungen dominiert vom Wertesystem der englischen Oberschicht und der britischen Dominanz im Welthandel und der Politik. Bis 1919 bildeten sich stärkere Bande innerhalb des angloamerikanischen Establishments heraus, und der zehrende, vorsätzlich in die Länge gezogene Krieg hatte der neuen Weltordnung eine andere Ausrichtung gegeben – eher in Richtung einer transatlantischen Allianz und der dauerhaften special relationship zwischen Großbritannien und den Vereinigten Staaten.

Eines sollte allen klar sein: 1919 war kein Endpunkt. Niemand stellte sich hin und verkündete: »Auftrag erfüllt«. Ganz im Gegenteil. Die Ereignisse von 1919 waren einfach nur eine weitere Etappe, ein Baustein hin zu der angestrebten neuen Weltordnung. In vielen Teilen Europas verschoben sich die Grenzen. Den Siegern wurden neue territoriale Verantwortlichkeiten übertragen, sogenannte »Mandate«. Neue Länder wurden geformt. An erster Stelle standen wie immer wirtschaftliche Interessen. Um die lukrativeren Teile des ehemaligen Osmanischen Reichs flackerten ältere Dispute wieder auf. Deutschland war besiegt und erniedrigt worden, aber Deutschland es hatte überlebt. Die Politiker, die die Menschheit mit der Behauptung entehrten, der Weltkrieg habe die Zivilisation gerettet, blieben von juristischen Nachstellungen verschont. Sie brachten ihre Memoiren zu Papier, nahmen ihre Auszeichnungen entgegen und machten sich mit ihren Profiten ein schönes Leben. Eine Ebene höher zogen die Personen an den wahren Hebeln der Macht ihr Programm weiter durch, ohne das Tempo zu verlangsamen. Sie marschierten einfach unbemerkt weiter.

Wenn Sie meinen, nun über ein besseres Gespür dafür zu verfügen, wer diese Leute waren und sind, dann beteiligen sie sich an Quigleys Herausforderung. »Die Beweise für ihre Existenz sind nicht schwer zu finden, man muss nur wissen, wo man danach suchen muss«, erklärte er.[11] Diese Kreise bleiben weiter in den Kulissen, von wo aus sie Politiker und die Politik beeinflussen, die öffentliche Meinung kaufen, die Ihren entlohnen, die Medienberichterstattung verfälschen und sich selbst davor schützen, ins Rampenlicht der Öffentlichkeit zu geraten. Solange Kritik ignoriert werden kann, werden diese Menschen weiterhin die Geschichte kontrollieren. Sie können das Establishment aus seinem gemachten Nest herausschütteln, indem Sie offizielle Stellungnahmen hinterfragen und niemals zulassen, dass man Sie zu rasch mit der sogenannten Wahrheit abspeist.

Alles, was wir beschrieben haben, ist eine Reihe von Bausteinen. Die Geheime Elite hat sich gewandelt, aus ihr ist ein viel moderneres Phänomen geworden, aber das Ziel hat sich nicht geändert – noch immer will sie die neue Weltordnung definieren. Die Beweise für ihre Existenz sind nicht allzu schwer zu finden.

Verweise

Kapitel 1

1. Ronan McGreevy, *Irish Times,* 2. Januar 2014.
2. Gerry Docherty und Jim Macgregor, *Verborgene Geschichte – Wie eine geheime Elite die Menschheit in den Ersten Weltkrieg stürzte),* S. 9–15.
3. »Politics and Society«, »20th Century South Africa« *www.sahistory.org.za.*
4. Carroll Quigley, *The Anglo-American Establishment,* S. 4.
5. Ebd., S. 3.
6. Ebd, S. 197.
7. *W.T. Stead, The Last Will and Testament of Cecil John Rhodes,* S. 59.
8. Dazu gehörten Edmund Garrett *(Cape Times),* E.T. Cook *(Pall Mall Gazette* und *Westminster Gazette)* sowie Geoffrey Dawson *(The Times),* die allesamt zum inneren Kreis des Geheimbunds zählten und Kollegen sowie persönliche Freunde des Anführers Lord Alfred Milner waren.
9. W.T. Stead, *The Last Will and Testament of Cecil John Rhodes,* S. 55.
10. Siehe die offizielle James-Lees-Milne-Website, *http://www.jamesleesmilne.com/books.html.*
11. Carroll Quigley, *Tragedy and Hope: A History of the World in Our Time,* S. 137.
12. Niall Ferguson, *The House of Rothschild,* Bd. 11, S. 251.
13. Derek Wilson, *Rothschild: The Wealth and Power of a Dynasty,* S. 98–99.
14. Ferguson, *House of Rothschild,* S. XXVII.
15. Ebd., S. 319.
16. Quigley, *The Anglo-American Establishment,* S. 52–83.
17. Stead, *The Last Will and Testament of Cecil John Rhodes,* S. 108.
18. Quigley, *The Anglo-American Establishment,* S. 16–17.
19. John S. Ewart, *The Roots and Causes of the Wars,* Bd. II, S. 681.
20. Keith Hitchins, *Romania,* 1866–1947, S. 192.
21. Will Podmore, *British Foreign Policy Since 1870,* S. 11–20.
22. Pat Walsh, *The Events of 1915 in Eastern Anatolia,* S. 4.
23. Niall Ferguson, *Pity of War,* S. 41.
24. Nicholas D'Ombrain, *War Machinery and High Policy Defence Administration in Peacetime Britain, 1902–1914,* S. 125.
25. Docherty und Macgregor, *Verborgene Geschichte – Wie eine geheime Elite die Menschheit in den Ersten Weltkrieg stürzte,* S. 217–226.
26. Keith Jeffery, *Field Marshal Sir Henry Wilson: A Political Soldier,* S. 39.
27. D'Ombrain, *War Machinery and High Policy Defence Administration in Peacetime Britain, 1902–1914,* S. 142–133.
28. Ebd., S. 142–143.

29. David Lloyd George, *War Memoirs,* S. 27.

30. Quigley, *The Anglo-American Establishment,* S. 25.

31. Hansard, House of Commons, Debatte vom 12. Juli 1906, , Bd. 160, S. 1074–1171.

32. Baron John Arbuthnot Fisher, *Memories and Records,* Bd. II, S. 134–135.

33. Kabinettdokumente, CAB/38/113/1907, S. 12.

34. Quigley, *The Anglo-American Establishment,* S. 311–312.

35. Ebd., S. 102.

36. Ebd., S. 115.

37. Das britische Kriegsministerium legte im September 1905 dem Committee of Imperial Defence ein Schriftstück zu diesem Thema vor. CAB 38/10/1905, Nr. 73.

38. CAB 38/9/1905, Nr. 65.

39. Sir Frederick Maurice, *Haldane,* S. 175.

40. Vertraulicher Bericht von General Ducarne an den belgischen Kriegsminister, 10. April 1906, zitiert in: Dr. Bernhard Demburg, *The International Monthly,* New York, *http://libcudl.colorado.edu/wwi/pdf/i73726928.pdf.*

41. Ebd.

42. Ewart, *Roots and Causes of the Wars,* Bd. I, S. 542–546.

43. Albert J. Knock, *The Myth of a Guilty Nation,* S. 37, E-Book erhältlich unter *http://library.mises.org/books/Albert%20Jay%20Nock/The%20Myth%20of%20a%20Guilty%20Nation.pdf.*

44. Friedrich Stieve, *Isvolsky and the World War,* S. 117.

45. Sidney Bradshaw Fay, *The Origins of the World War,* Bd. I, S. 329.

46. Albert J. Nock, *Myth of a Guilty Nation,* S. 60.

47. Docherty und Macgregor, *Verborgene Geschichte – Wie eine geheime Elite die Menschheit in den Ersten Weltkrieg stürzte,* S. 271–282.

48. Iswolski an Sasonow, 31. Juli 1914, in: Fay, *Origins of the World War,* Bd. II, S. 531.

49. Fay, *Origins of the World War,* Bd. II, S. 532.

50. Lawrence Lafore, *The Long Fuse: An Interpretation of the Origins of World War,* S. 261.

51. George Malcolm Thomson, *The Twelve Days,* S. 152.

52. Fisher, *Memories and Records,* Bd. 1, S. 21.

53. Ferguson, *The House of Rothschild,* Bd. 11, S. 319.

54. Eine ausführliche Analyse zum Ausmaß dieser Kontrolle findet sich in unseren Blogeinträgen vom 18. und 19. Juni 2014. *https://firstworldwarhiddenhistory.wordpress.com/2014/06/18/.*

55. D'Ombrain, *War Machinery and High Policy,* S. XIII.

56. *https://firstworldwarhiddenhistory.wordpress.com/2014/08/25/.*

57. *www.firstwordlwarhiddenhistory.wordpress.com.*

Kapitel 2

1. *Manchester Guardian,* 5. August 1914, S. 4.

2. Jonathan Reed Winkler, (2008). *Nexus: Strategic Communications and American Security in World War I.*

3. House of Commons, Debatte vom 5. August 1914, Bd. 65, S. 1986.

4. House of Lords, Debatte vom 5. August 1914, Bd. 17, S. 384–5384.

5. Christopher Andrew, *Secret Service,* S. 181.

6. House of Commons, Debatte vom 7. August 1914, Bd. 65, S. 2191–2193.

7. House of Lords, Debatte vom 5. August 1914, Bd. 17, S. 374–384.

8. National Archives, PRO CAB 16/18A, S. 93.

9. House of Lords, Debatte vom 5. August 1914, Bd. 17, S. 374–384.

10. David Lloyd George, *War Memoirs,* S. 61.

11. Ebd.

12. David Lloyd George, House of Commons, Debatte vom 5. August 1914, Bd.. 65, S. 1991–2000.

13. House of Commons, Debatte vom 6. August 1914, Bd. 65, S. 2101–2107.

14. House of Lords, Debatte vom 5. August 1914, Bd. 17, S. 374–384.

15. House of Lords, Debatte vom 8. August 1914, Bd. 65, S. 2212–2222.

16. *Verborgene Geschichte – Wie eine geheime Elite die Menschheit in den Ersten Weltkrieg stürzte,* S. 346–348.

17. Michael und Eleanor Brock, *HH Asquith, Letters to Venetia Stanley,* S. 157.

18. Grey of Fallodon, *Twenty-Five Years,* Bd. II, S. 286–287.

19. Milner hatte sich sehr darüber geärgert, dass Kitchener 1901 bereit gewesen war, Kompromisse mit den Burenführern einzugehen.

20. J. Lee Thomson, *Forgotten Patriot,* S. 309.

21. Tony Heathcote, *The British Field Marshals 1736–1997,* S. 195.

22. Stephen Roskill, *Hankey, 1877–1918,* S. 134.

23. Winston Churchill, *The World Crisis, 1911–1918,* S. 190.

24. A. M. Gollin, *Proconsul in Politics,* S. 240.

25. Er war Militärberichterstatter für die zur Geheimen Elite gehörende *Times* gewesen und verfügte über einen eigenen Schreibtisch in den Büros des Kriegsministeriums.

26. Brock, *HH Asquith, Letters to Venetia Stanley,* S. 152.

27. *The Times,* 4. August 1914, S.5.

28. Ebd.

29. Leopold Amery, *My Political Life,* Bd. II, S. 21–23.

30. Brock, *HH Asquith, Letters to Venetia Stanley,* S. 157–158.

31. National Archives, CAB 21/1/1.

32. Max Arthur, *Forgotten Voices of the Great War,* S. 16.

33. Churchill, *The World Crisis, 1911–1918,* S. 191.

34. Hansard, House of Lords, Debatte vom 25. August 1914, Bd. 17, S. 501–504.

35. Brock, *HH Asquith, Letters to Venetia Stanley,* S. 154, und Grey of Fallodon, *Twenty-Five Years,* Bd. II, S. 279.

36. Arthur, *Forgotten Voices of the Great War,* S. 9.

37. Brock, *HH Asquith, Letters to Venetia Stanley,* S. 154.

38. Hansard, House of Commons, Debatte vom 6. August 1914, Bd. 65, S. 2073–2100.

39. Ebd.

40. Arthur Ponsonby, *Falsehood in Wartime,* S. 15.

41. Sidney B. Fay, *The Origins of the World War,* Bd. 1, S. 3.

42. M.L. Sanders, »Wellington House and British Propaganda in the First World War«, *The Historical Journal,* Bd. 18, Nr. 1 (März 1975), S. 119.

43. Hansard, House of Commons, Debatte vom 27. August 1914, Bd. 66, S. 123.

44. In den Jahren vor dem Krieg beauftragte Northcliffe William le Queux damit, *Die Invasion von 1910* zu schreiben, einen als Schocker ausgelegten Serienroman, der in der *Daily Mail* veröffentlicht wurde. Es war furchtbarer Blödsinn und schlecht geschrieben, aber sehr gründlich recherchiert.

45. Winkler, *Nexus: Strategic Communications and American Security in World War I.*

46. Patrick Beesly, *Room 40, British Naval Intelligence 1914–18,* S. 2.

47. H.C. Peterson, *Propaganda for War,* S. 13.

48. Konteradmiral Sir Douglas Brownrigg, *Indiscretions of the Naval Censor,* S. 2–4.

49. F.E. Smith, der spätere Lord Birkenhead, war eng befreundet mit Alfred Milner und Sir Edward Carson, beides Mitglieder der Geheimen Elite.

50. Hansard, House of Commons, Debatte vom 7. August 1914, Bd. 65, S. 2153–2156.

51. J.S. Ewart, *Roots and Causes of the Wars,* S. 30.

52. House of Commons, Debatte vom 10. September 1914, Bd. 66, S. 726–752.

53. Dillon, *The Times and the Press Censor,* House of Commons, Debatte vom 31. August 1914, Bd. 66, S. 454–511.

54. Irene Cooper Willis, *England's Holy War,* S. 179.

55. John F. Lucy, *There's a Devil in the Drum,* S. 74.

56. C.R. Cruttwell, *A History of the Great War 1914–1918,* S. 23.

57. Ebd.

58. Sonderausgabe der *Times,* 30. August 1914.

59. Hansard, House of Commons, Debatte vom 31. August 1914, Bd. 66, S 497–498.

60. *The Times,* 31. August 1914, S. 9.

61. Paul Greenwood, *The British Expeditionary Force –August/September 1914. http://1914ancien.free.fr/bef_1914.htm.*

62. Hansard, House of Commons, Debatte vom 31. August 1914, Bd. 66, S. 498–499.

63. Ebd., S. 372–374.

64. Quigley, *The Anglo-American Establishment,* S. 197.

65. *The Times,* 1. August 1914, S. 6.

66. S.J.D. Green und Peregrine Horden, *All Souls and the Wider World,* S. 171.

67. *The Oxford Pamphlets,* 1914–1915.

68. *https://archive.org/stream/27to54oxfordpam00londuoft#page/n1/mode/2up.*

69. The Round Table, *Special War Number, Germany and the Prussian Spirit,* S. 15.

70. Ebd., S. 30.

71. Quigley, *The Anglo American Establishment,* S. 85.

72. The Round Table, *Special War Number, Germany and the Prussian Spirit,* S. 37.

73. Das Zitat wird dem Parlamentarier Arthur Ponsonby zugesprochen.

74. Die *Church Family Times* bejubelte das Buch als das wichtigste literarische Ereignis im Jahr der Krönung, während der *Manchester Guardian* von einem höchst schädlichen Einfluss auf den Geist der Kinder sprach.

75. Quigley, *The Anglo-American Establishment,* S. 312.

76. Ebd.

77. Green und Horden, *All Souls and the Wider World,* S. 176.

78. *https://archive.org/stream/27to54oxfordpam00londuoft#page/n5/mode/2up.*

79. Quigley, *The Anglo-American Establishment,* S. 197.

80. Brock, HH Asquith, *Letters to Venetia Stanley,* S. 221.

81. Gary Messinger, *British Propaganda and the State in the First World War,* S. 38.

82. H.C. Peterson, *Propaganda for War,* S. 18.

83. Quigley, *The Anglo-American Establishment,* S. 313.

84. John Buchan, *Memory Hold The Door,* S. 169–170 und S. 205–208.

85. Sanders, »Wellington House and British Propaganda in the First World War«, *The Historical Journal,* Bd. 18, Nr. 1 (März 1975), S. 120–121.

86. Phillip Taylor, *British Propaganda in the 20th Century: Selling Democracy,* S. 11.

87. Quigley, *The Anglo-American Establishment,* S. 313.

88. Ebd., S. 27.

89. Ebd., S. 312.

90. Gareth S. Jowett und Victoria O'Donnell, *Propaganda and Persuasion,* S. 218.

91. *Report of the Central Committee for National Patriotic Organisations* (London 1916), S. 18ff.

92. Peterson, *Propaganda for War,* S. 19.

93. Quigley, *The Anglo-American Establishment,* S. 313.

94. Messinger, *British Propaganda and the State in the First World War,* S. 40.

95. Erster Bericht zur Arbeit des Wellington House, 7. Juni 1915, Inf. 4/5 (PRO), S.1.

96. Carnegie Endowment for International Peace, *Official German Documents relating to the World War,* Bd. II, S. 1315.

97. Abgedruckt 1917 im *Harper's Magazine.*

98. Bertrand Russell, *These Eventful Years,* Bd. 1, S. 381.

99. Gabriel Hanotaux, *Histoire Illustre de la Guerre de 1914,* Bd. 9, S. 56.

100. Niall Ferguson, *The Pity of War,* S. 212.

101. http://www.gwpda.org/wwi-www/BryceReport/bryce_r.html.

102. *Daily Mail,* 28. August 1914.

103. J. Lee Thompson, *Northcliffe, Press Baron in Politics,* 1865–1922, S. 231.

104. Pratap Chatterjee, *Verax, Truth, A Path to Justice and Reconciliation,* S. 151.

105. Ebd., S. 151–152.

106. Barbara Tuchman, *The Guns of August,* S. 130–132.

107. C.R.M.F. Cruttwell, A History of the Great War, S.16.

108. Quigley, *The Anglo-American Establishment,* S. 24.

109. »Warrant of Appointment«, *Report of the Committee on Alleged German Outrages,* 1915, S. 2.

110. *Report of the Committee on Alleged German Outrages,* 1915, S. 3–4.

111. Ebd., S. 7.

112. Ebd., S. 4–7.

113. Ebd., S. 60–61.

114. *New York Times,* 15. Mai 1915.

115. Irvin S. Cobb, *Paths of Glory,* S. 154.

116. Thomas Fleming, *The Illusion of Victory: America in World War I,* zitiert in *The Journal of History, http://hnn.us/articles/1489.html.*

117. Chatterjee, *Verax, A Path to Justice and Reconciliation,* S. 154.

118. *Report of the Committee on Alleged German Outrages,* 1915, S. 26.

119. H.C. Peterson, *Propaganda for War,* S. 53.

120. D.J. *Cardinal Mercier, Cardinal Mercier's Own Story,* S. 24.

121. Ebd., S. 34.

122. Brief von von Bissing an Kardinal Mercier, 20. April 1915, zitiert in *Cardinal Mercier's Own Story,* S. 109.

123. *The Times,* 17. Juli 1917, S. 3 (Maude Roythen).

124. *The Times,* 31. August, 1914, S. 4.

125. Albert Marrin, *The Last Crusade: The Church of England in the First World* War, S. 179.

126. Kevin Christopher Fielden, »The Church of England in the First World War«, (2005). *Electronic Theses and Dissertations. Paper 1080, http://dc.etsu.edu/etd/1080.*

127. Hugh McLeod, *Religion and Society in England, 1850–1914.* S. 20.

128. Marrin, *The Last Crusade,* S. 12.

129. *Christian Times,* 11. Juli 1914.

130. Henry Newbold, *War Trust Exposed,* S. 14–15.

131. Quigley, *The Anglo-American Establishment,* S. 25.

132. J.G. Lockhart, *Cosmo Gordon Lang*, 1949, S. 246.

133. *Oxford Pamphlets, 1914–1915;* To Christian Scholars of Europe and America; A Reply from Oxford to German Address to Evangelical Christians by Oxford Theologians.

134. *The Times*, 12. Oktober 1914, S. 5.

135. Arthur Marwick, *The Deluge; British Society and the First World War*, S. 33.

136. *The Times*, 16. März 1916, S. 9.

137. *The Times*, 10. Februar 1915, S. 5.

138. Ebd.

139. Fielden, *The Church of England in the First World War.*

140. C.H.W. Johns, *Who is on the Lord's Side? Sermons for the Times*, Nr. 9 (1914), S. 14.

141. *Oxford Dictionary of National Biography*, Jeremy Morris, Ingram, Arthur Foley Winnington, *http://www.oxforddnb.com/view/article/36979.*

142. Marrin, *The Last Crusade: The Church of England in the First World War.* S. 181.

143. *The Times*, 10. Februar 1915, S. 5.

144. Annette Becker, *A Companion to World War 1*, S. 237–238.

145. Winnington-Ingram, *The Potter and the Clay*, S. 42.

146. Ebd., S. 229.

147. Fielden, *The Church of England in the First World War.* S. 42.

148. F.P. Crozier, *A Brass Hat in No-Man's Land*, S. 43. *https://archive.org/stream/brasshatinnomans00fran#page/42/mode/2up/search/blood-lust.*

Kapitel 3

1. Sidney B. Fay, *Origins of the World War*, Bd. II, S. 532.

2. Harry Elmer Barnes, *Genesis of the World War*, S. 354.

3. Fernand Engerand, *La Bataille de la Frontiere, Briey* (August 1914), Vorwort, S. IX.

4. Clarence K. Streit, *Where Iron Is, There Is The Fatherland*, S. 1–2.

5. Engerand, *La Bataille de la Frontiere, Briey*, S. 4.

6. Ganz hervorragend beschrieben ist das in Eric Ambler, *Journey Into Fear* (dt. Titel: Die Angst reist mit), S. 77.

7. Engerand, *La Bataille de la Frontiere, Briey*, S. 1–2.

8. *Comité des Forges de France*, Rundschreiben Nr. 655, S. 13.

9. Philip Noel-Baker, *The Private Manufacture of Armaments*, S. 45.

10. Maurice Barrès, *L'Écho de Paris*, 25. Februar bis 8. März 1918.

11. Engerand, *La Bataille de la Frontiere, Briey*, S. 36.

12. Pierre Renouvin, *The Immediate Origins of the War*, S. 244.

13. So hat es der französische Munitionsminister Louis Loucher beschrieben.

14. Engerand, *La Bataille de la Frontiere, Briey*, Vorwort, S. X.

15. Nach dem Krieg griff Sir Edward Grey dasselbe Argument auf, um über Konteradmiral Consett zu spotten. Dieser hatte die britische Marineblockade Deutschlands (1914–16) kritisiert.

16. Engerand, *La Bataille de la Frontiere, Briey*, Vorwort, S. XIV–XV.

17. Ebd., S. 145–178.

18. ., S. 7.

19. ., S. 11.

20. *Journal Officiel de la République Française*, 31. Januar 1919.

21. Noel-Baker, *The Private Manufacture of Armaments*, S. 43.

22. *Journal Officiel de la République Française*, 24. Januar 1919.

23. Donald McCormick, *The Mask of Merlin,* S. 206.

24. Jean Noel Jeanneney und François de Wendel in *Republique, L'Argent et le Pouvoir, Revue Historique,* T. 257, Facs. 2 (522), April bis Juni 1977, S. 495–498.

25. Kongressarchiv für den 6. und 12. März 1934. Text der *Nye Resolution to Investigate America's Armament Makers,* United States Government Printing Office Washington: 1934; 52620–10175. Artikel aus *Fortune Magazine,* 22. Mai 1934, »A Primer on Europe's Armament Makers who prolong War and disturb Peace«.

26. Carroll Quigley, *Tragedy and Hope,* S. 518.

27. David Stevenson, *Armaments and the Coming of War: Europe, 1904–1914,* S. 29.

28. Ebd., S. 30.

29. Michael J. Rust, *The Journal of Economic History,* Bd. 37, Ausgabe 2, Juni 1977, S. 531.

30. Die Demanchy Bank wurde vom Hüttenkomitee kontrolliert.

31. Streit, *Where Iron Is, There Is The Fatherland,* S. 24–25.

32. Ebd.

33. Harold James, *Family Capitalism,* S. 185.

34. Ebd., S. 186.

35. Streit, *Where Iron Is, There Is The Fatherland,* S. 29–32.

36. James, *Family Capitalism,* S. 187.

37. Streit, *Where Iron Is, There Is The Fatherland,* S. 42–43.

38. *Le Matin,* 14. Februar 1919.

39. Streit, *Where Iron Is, There Is The Fatherland,* S. 46.

40. Kongressarchiv für den 6. und 12. März 1934. Text der *Nye Resolution to Investigate America's Armament Makers,* United States Government Printing Office Washington: 1934; 52620–10175. Artikel aus *Fortune Magazine,* 22. May 1934, »A Primer on Europe's Armament Makers who prolong War and disturb Peace«, S. 14.

41. Major General Smedley Darlington Butler, *War is a Racket,* S. 1.

42. Matthew White, *Source List and Detailed Death Tolls for the Primary Megadeaths of the Twentieth Century. http://necrometrics.com/20c5m.htm#WW1.*

43. Gerry Docherty und Jim Macgregor, *Verborgene Geschichte – Wie eine geheime Elite die Menschheit in den Ersten Weltkrieg stürzte,* S. 11–16.

Kapitel 4

1. Maurice Parmelee, *Blockade and Sea Power: The Blockade, 1914–1919,* S. 7.

2. George F. S. Bowles, *The Strength of England,* S. 162.

3. *The Times,* 16. Februar 1915.

4. Winston Churchill, *World Crisis,* S. 38–39.

5. Hew Strachan, *The First World War,* Bd. 1, S. 394–395.

6. Ebd.

7. Ebd.

8. *http://www.naval-history.net/WW1NavyBritishDestroyers.htm#1914.*

9. Hansard, House of Commons, Debatte vom 18. Februar 1914 , Bd. 58, cc961.

10. *The Times,* 10. November 1914.

11. Rear-Admiral M.W.W.S. Consett, *The Triumph of Unarmed Forces (1914–1918),* Vorwort, S. VII.

12. Bowles, *The Strength of England,* S. 162.

13. C. Paul Vincent, *The Politics of Hunger, The Allied Blockade of Germany, 1915–1919,* S. 36.

14. Ebd., S. 37.

15. Charles Ernest Fayle, *Seaborne Trade,* S. 56–57.

16. Norman Bentwich, *The Declaration of London, 1911, https://www.cambridge.org/core/journals/american-journal-of-international-law/article/the-declaration-of-london-with-an-introduction-and-notes-and-appendices-bentwich-norman-london-effingham-wilson-sweet-and-maxwell-1911-5-shillings/908C81C65A4725DEFD5C37A60BA7BE5B.*

17. J.A. Hammerton und H.W. Wilson (Hrsg.), *The Great War,* Bd. 7, S. 122.

18. Consett, *The Triumph of Unarmed Forces (1914–1918),* S. 23.

19. Hansard, House of Commons, Debatte vom 29. Juni 1911 , Bd. 27, cc574–696.

20. Hansard, House of Lords, Debatte vom 12. Dezember 1911 , Bd. 10, cc809–895.

21. Bowles, *The Strength of England,* S. 163.

22. National Archives, Cabinet Papers PRO CAB16/18A.

23. National Archives, PRO CAB16/18A, S. 429.

24. Ebd., S. 429–430.

25. Ebd., S. 74.

26. Ebd., S. 45.

27. Carroll Quigley, *The Anglo-American Establishment,* S. 158.

28. Viscount Milner, »Cotton Contraband«, *New York Times,* 21. August 1915.

29. Barbara Tuchman, *The Guns of August,* S. 333.

30. Thomas Baty und John Hartman Morgan, *War: Its Conduct and Legal Results,* S. 538.

31. Arthur J. Marder, *From the Dreadnought to Scapa Flow,* Bd. 11, S. 372–373.

32. E. Keble Chatterton, *The Big Blockade,* S. 33.

33. Ebd., S. 56–57.

34. Burton J. Hendrick, *The Life and Letters of Walter H Page,* Bd. 1, S. 380.

35. Chatterton, *The Big Blockade,* S. 5.

36. Ebd., S. 53.

37. Tuchman, *The Guns of August,* S. 337.

38. Ebd.

39. Ebd.

40. Marder, *From the Dreadnought to Scapa Flow,* Bd. 11, S. 374–375.

41. Gerry Docherty und Jim Macgregor, *Verborgene Geschichte – Wie eine geheime Elite die Menschheit in den Ersten Weltkrieg stürzte,* S. 246–247.

42. Webster Tarpley und Anton Chaitkin, George Bush, *The Unauthorised Biography,* S. 330.

43. Docherty und Macgregor, *Verborgene Geschichte – Wie eine geheime Elite die Menschheit in den Ersten Weltkrieg stürzte,* S. 248.

44. Joseph Ward Swain, *Beginning the Twentieth Century,* S. 472.

45. *http://encyclopedia.1914–1918-online.net/pdf/1914-1918-Online-Sweden-2014-10-08.pdf.*

46. Consett, *The Triumph of Unarmed Forces,* S. XV.

47. Ebd., S. VII.

48. Bowles, *The Strength of England,* S. 173.

49. Chatterton, *The Big Blockade,* S. 279.

50. Ebd., S. 43–46.

51. Ebd., S. 25.

52. Bowles, *The Strength of England,* S. 173.

53. Ebd., S. 176.

54. Chatterton, *The Big Blockade,* S. 214.

55. Docherty und Macgregor, *Verborgene Geschichte – Wie eine geheime Elite die Menschheit in den Ersten Weltkrieg stürzte,* S. 240–242.

56. Bowles, *The Strength of England,* S. 179.

57. Docherty und Macgregor, *Verborgene Geschichte – Wie eine geheime Elite die*

Menschheit in den Ersten Weltkrieg stürzte, S. 123.

58. Chatterton, *The Big Blockade,* S. 61.

59. Ebd., S. 73.

60. Marder, *From the Dreadnought to Scapa Flow,* Bd. 11, S. 373.

61. Consett, *The Triumph of Unarmed Forces,* S. 221.

62. Lord Sydenham of Combe, *Studies of An Imperialist,* S. 3.

63. Hansard, House of Commons, Debatte vom 12. Juli 1915 , Bd. 73, cc719–720.

64. Chatterton, *The Big Blockade,* S. 167.

65. Bell, *A History of the Blockade.*

66. Chatterton, *The Big Blockade,* S. 166167.

67. Bell, *A History of the Blockade.*

68. *The Times,* 20. Juli 1915, S. 7.

69. Ebd., 21. Juli 1915, S. 8.

70. Lord Lansdowne, House of Lords, Debatte vom 22. Februar 1916 , Bd. 21, cc97–98.

71. Consett, *The Triumph of Unarmed Forces,* S. 264–265.

72. Docherty und Macgregor, *Verborgene Geschichte – Wie eine geheime Elite die Menschheit in den Ersten Weltkrieg stürzte,* S. 57.

73. Hansard, House of Commons, Debatte vom 12. Juli 1915 , Bd. 73, cc712–713.

74 Bell, *A History of the Blockade.*

Kapitel 5

1. Bowles, *The Strength of England,* S. 193.

2. Consett, *The Triumph of Unarmed Forces,* S. X–XVI.

3. Ebd., S. 113–114.

4. Ebd., S. 118.

5. Ebd., S. XIII.

6. Ebd., S. 119–122.

7. Ebd., S. 127–128.

8. *The Times,* 18. Februar 1915.

9. Hansard, House of Commons, Debatte vom 22. Juli 1915, Bd. 73, cc1674–1794.

10. House of Commons, Debatte vom 19. Juli 1915, Bd. 73, cc1196–1272.

11. House of Commons, Debatte vom 27. Juli 1915, Bd. 73, cc2159–2184.

12. House of Commons, Debatte vom 19. Juli, Bd. 73, cc1196–1272.

13. Consett, *The Triumph of Unarmed Forces,* S. 119.

14. Ebd., S. 130.

15. Ebd., S. 131–132.

16. Hew Strachan, *The First World War,* Bd. 1, S. 1018–1019.

17. Consett, *The Triumph of Unarmed Forces,* S. 80.

18. George Seldes, *Iron, Blood and Profits,* S. 89.

19. Consett, *The Triumph of Unarmed Forces,* S. 80.

20. Ebd., S. 190–193.

21. Ebd., S. 141.

22. Ebd., S. 84–85.

23. Ebd., S. 201.

24. Ebd., S. 198.

25. Seventh Report of the Select Committee on National Expenditure, 21. Dezember 1920.

26. *Consett, The Triumph of Unarmed Forces,* S. 197–199.

27. Ebd., S. 199.

28. Ebd.

29. *The Times,* 24. Januar 1918, S. 8.

30. *Daily News,* 1. Januar 1915.

31. C. Paul Vincent, *The Politics of Hunger, The Allied Blockade of Germany 1915–1919,* S. 40.

32. *https://archive.org/details/unarmedforces00consuoft.*
33. Consett, *The Triumph of Unarmed Forces,* S. 268–293.
34. Ebd., S. 288.
35. Ebd., S. 210–217.
36. Ebd., S. 168.
37. Hansard, House of Lords, Debatte vom 20. Dezember 1915, Bd. 20, cc696–744.
38. Consett, *The Triumph of Unarmed Forces,* S. 134–136.
39. Ebd., S. 140–142.
40. Ebd., S. 148.
41. Martin Daunton, *Henderson, Alexander, first Baron Faringdon (1850–1934), Oxford Dictionary of National Biography,* Oxford University Press, 2004, *http://www.oxforddnb.com/view/article/47784.*
42. Hansard, House of Commons, Rede von Sir Edward Grey, 26. Januar 1916. Zitiert in dem Pamphlet *Great Britain's Measures Against German Trade,* veröffentlicht von Hodder & Stoughton.
43. *http://archive.org/stream/greatbritainsmea00greyuoft/greatbritainsmea00greyuoft_djvu.txt.*
44. *Hansard, House of Commons, Debatte vom 24. Februar 1916, Bd. 80, cc783.*
45. *Consett, The Triumph of Unarmed Forces,* S. 254.
46. Ebd., S. 253.
47. Ebd.
48. Auf die Geschichte der Kommission für das Belgische Hilfswerk gehen wir später ausführlicher ein.
49. Hansard, House of Commons, Debatte vom 12. Januar 1917, Bd. 77, cc134–163.
50. Winston Churchill, *The World Crisis,* S. 295.
51. Hansard, House of Commons, Debatte vom 27. März 1917, Bd. 92, cc226–280.
52. Hansard, House of Commons, Debatte vom 22. Juni 1915, Bd. 72, cc1094–1131.
53. Ebd.
54. Hansard, House of Lords, Debatte vom 22. Februar 1916, Bd. 21, cc72–128.
55. Hansard, House of Commons, Debatte vom 21. März 1918, Bd. 104, cc1231–1257.
56. Andrew S. Thompson, *Croft, Henry Page, first Baron Croft (1881–1947), Oxford Dictionary of National Biography,* Oxford University Press, 2004; Online-Ausgabe, Januar 2008, *http://www.oxforddnb.com/view/article/32633.*
57. Hansard, House of Commons, Debatte vom 21. März 1918, Bd. 104, cc1231–1257.
58. Foreign Office, 21. März 1916. Geheime Notiz zur Blockade der Nordsee. Gedruckt für das Committee of Imperial Defence. G-67.
59. Ebd.
60. Bowles, *The Strength of England,* S. 173.
61. Ian Cobain, *The Guardian,* 18. Oktober 2013.
62. Julian Thompson, *The Imperial War Museum, Book of The War at Sea,* 1914–1918.
63. Hansard, House of Lords, Debatte vom 27. Juni 1923, Bd. 54, cc647–654.
64. Ebd.
65. Ebd.

Kapitel 6

1. David Fromkin, *A Peace to End All Peace, The Fall of the Ottoman Empire and the Creation of the Modern Middle East,* S. 138; Niall Ferguson, *The Pity Of War,* S. 61.
2. Friedrich Stieve, *Izvolsky and the World War,* S. 44.
3. Sean McMeekin, *The Russian Origins of the First World War,* S. 28.

4. Pat Walsh, *Remembering Gallipoli,* S. 15.
5. *Willy-Nicky Letters,* 22. August 1905, und Sidney B. Fay, *Origins of the World War,* Bd. 1, S. 175.
6. Encyclopaedia Britannica, *These Eventful Years,* Bd. 2, S. 130–132.
7. Alan Moorehead, *Gallipoli,* S. 11–12.
8. J. Laffin, *The Agony of Gallipoli,* S. 4.
9. Geoffrey Miller, *Straits,* Kapitel XI.
10. Robert Rhodes James, *Gallipoli,* S. 8.
11. Hew Strachan, *The First World War,* S. 102.
12. Stieve, *Izvolsky and the World War,* S. 177.
13. W.W. Gottlieb, *Studies in Secret Diplomacy,* S. 34.
14. Ronald P. Bobroff, *Roads to Glory, Late Imperial Russia and the Straits,* S. 93.
15. McMeekin, *The Russian Origins of the First World War,* S. 30–34.
16. Ebd., S. 102.
17. Winston S. Churchill, *The World Crisis,* S. 221–222.
18. Dan Van Der Vat, *The Dardanelles Disaster,* S. 28.
19. L.A. Carlyon, *Gallipoli,* S. 42.
20. Gottlieb, *Studies in Secret Diplomacy,* S. 42.
21. Fromkin, *A Peace to End All Peace,* S. 57.
22. Sidney B. Fay, *Origins of the World War,* Bd. 11, S. 531.
23. Harry Elmer Barnes, *The Genesis of the World War,* S. 534. Kennan, *Fateful Alliance,* S. 161. Marc Trachtenberg, *The Meaning of Mobilization in 1914, International Security,* Bd. 15, Ausgabe 3.
24. Fay, *Origins of the World War,* Bd. 11, S. 532.
25. Fromkin, *A Peace to End All Peace,* S. 61.
26. Moorehead, *Gallipoli,* S. 25–26.
27. Fromkin, *A Peace to End All Peace,* S. 59.
28. J.S. Ewart, *The Roots and Cause of the Wars (1914–1918),* S. 207.
29. Sean McMeekin, *The Russian Origins of the First World War,* S. 103.
30. Ebd., S. 106.
31. Moorehead, *Gallipoli,* S. 26.
32. Arthur J. Marder, *From the Dreadnought to Scapa Flow,* Bd. II, S. 20–21.
33. Peter Hart, *Gallipoli,* S. 9.
34. C.R.M.F. Crutwell, *A History of the Great War, 1914–1918,* S. 69-72.
35. Marder, *From the Dreadnought to Scapa Flow,* S. 21.
36. Van der Vat, *The Dardanelles Disaster,* S. 32.
37. Churchill, *The World Crisis, 1911–1918,* S. 209.
38. Barbara Tuchman, *The Guns of August,* S. 137.
39. Ebd., S. 150.
40. Das wurde auf 23 Uhr GMT geändert, nachdem der Hinweis kam, dass es eine Stunde Zeitunterschied zwischen London und Berlin gab.
41. Martin Gilbert, *Winston S. Churchill,* Bd. III, S. 30.
42. Edmond Delage, *The Tragedy of the Dardanelles,* S. 2.
43. Tuchman, *Guns of August,* S. 146.
44. Moorehead, *Gallipoli,* S. 26.
45. Marder, *From Dreadnought to Scapa Flow,* S. 23.
46. Tuchman, *Guns of August,* S. 152.
47. Strachan, *The First World War,* Bd. 1, S. 650.
48. Erst am 12. August wurde zwischen Großbritannien und Österreich-Ungarn der Krieg erklärt.
49. Tuchman, *The Guns of August,* S. 153.
50. Crutwell, *A History of the Great War,* S. 71.

51. Ulrich Trumpener, »The Escape of the Goeben and Breslau«, *Canadian Journal of History,* September 1971, S. 171.

52. Strachan, *The First World War,* Bd. 1, S. 648.

53. Tuchman, *The Guns of August,* S. 150.

54. John Laffin, *The Agony of Gallipoli,* S. 6-7.

55. Trumpener, »The Escape of the Goeben and Breslau«, *Canadian Journal of History,* September 1971, S. 178–179.

56. Miller, *The Straits,* Kapitel 16.

57. Alberto Santini, »The First Ultra Secret: the British Cryptanalysis in the Naval Operations of the First World War«, *Revue internationale d'histoire militaire,* Ausgabe 63, 1985, S. 101.

58. McMeekin, *The Russian Origins of the First World War,* S. 109.

59. Ebd.

60. Trumpener, »The Escape of the Goeben and Breslau«, *Canadian Journal of History,* September 1971, S. 181–187.

61. Docherty und Macgregor, *Verborgene Geschichte – Wie eine geheime Elite die Menschheit in den Ersten Weltkrieg stürzte,* S. 70.

62. Trumpener, »The Escape of the Goeben and Breslau«, *Canadian Journal of History,* 1971, S. 179-183.

63. Ebd.

64. Ebd., S. 181.

65. Ebd., S. 175.

66. Geoffrey Miller, *Superior Force,* Kapitel 11. *http://www.superiorforce.co.uk.*

67. Crutwell, *A History of the Great War,* S. 72.

68. Churchill, *The World Crisis,* S. 209.

69. Crutwell, *A History of the Great War,* S. 72.

70. Strachan, *The First World War,* S. 674.

71. Gottlieb, *Studies in Secret Diplomacy,* S. 45.

72. Ebd.

Kapitel 7

1. W.W. Gottlieb, *Studies in Secret Diplomacy during the First World War,* S. 47ff., passim.

2. Sean McMeekin, *The Russian Origins of the First World War,* S. 106.

3. Ulrich Trumpener, »The Escape of the Goeben and Breslau«, *Canadian Journal of History,* September 1971, S. 171.

4. Martin Gilbert, *Winston S. Churchill,* Bd. III, S. 194.

5. Michael und Eleanor Brock, *HH Asquith, Letters to Venetia Stanley,* S. 171.

6. McMeekin, *The Russian Origins of the First World War,* S. 99-100.

7. Ebd., S. 105-106.

8. Djamal Pasha, *Memories of a Turkish Statesman, http://archive.org/details/memoriesofturkis00ahmeuoft.*

9. Brock, *HH Asquith, Letters to Venetia Stanley,* S. 179.

10. Joseph Heller, »Sir Louis Mallet and the Ottoman Empire, The Road to War«, *Middle Eastern Studies,* Bd. 12, Nr. 1 (Januar 1976), S. 36.

11. David Fromkin, *A Peace to End All Peace,* S. 101.

12. Brock, *HH Asquith, Letters to Venetia Stanley,* S. 171.

13. Heller, »Sir Louis Mallet and the Ottoman Empire«, *Middle Eastern Studies,* Bd. 12, Nr. 1 (Januar 1976), S. 36.

14. Ein Beispiel: Als Alfred Milner zu der Haltung gelangte, ein Krieg mit den Buren sei unvermeidlich, brachte er Kruger vorsätzlich dazu, den ersten Schritt zu machen. (Docherty und Macgregor, *Verborgene Geschichte – Wie eine geheime Elite die Menschheit in den Ersten Weltkrieg stürzte,* S. 43.)

15. Michael Hickey, *Gallipoli,* S. 27.

16. Tim Travers, *Gallipoli,* S. 20–21.

17. Hickey, *Gallipoli,* S. 27.

18. Heller, »Sir Louis Mallet and the Ottoman Empire«, *Middle Eastern Studies,* Bd. 12, Nr. 1 (Januar 1976), S. 36.

19. Gilbert, *Winston S. Churchill,* Bd. III, S. 194.

20. Hew Strachan, *The First World War,* Bd. 1, S. 675.

21. Sasonow an Girs, August 8, 1914, Telegram 1746, MO 6.1 No. 33.

22. Ronald Bobroff, *Roads to Glory, Late Imperial Russia and the Straits,* S. 101.

23. Ebd.

24. McMeekin, *The Russian Origins of the First World War,* S. 107.

25. Gottlieb, *Studies in Secret Diplomacy during the First World War,* S. 60.

26. Heller, »Sir Louis Mallet and the Ottoman Empire«, *Middle Eastern Studies,* Bd. 12, Nr. 1 (Januar 1976), S. 12.

27. Ebd., S. 14.

28. *Daily Telegraph,* 3. Oktober 1914.

29. A.L. Macfie, »The Straits Question in the First World War«, *Middle Eastern Studies,* Juli 1983, S. 49.

30. Heller, »Sir Louis Mallet and the Ottoman Empire«, *Middle Eastern Studies,* Bd. 12, Nr. 1 (Januar 1976), S. 20.

31. Robert Rhodes James, *Gallipoli,* S. 112.

32. Barbara Tuchman, *The Guns of August,* S. 67.

33. L.A. Carlyon, *Gallipoli,* S. 45.

34. McMeekin, *The Russian Origins of the First World War,* S. 110–111.

35. Fromkin, *A Peace to End all Peace,* S. 72.

36. Gilbert, *Winston S. Churchill,* Bd. III, S. 215.

37. Gottlieb, *Studies in Secret Diplomacy during the First World War,* S. 62.

38. Heller, *Sir Louis Mallet,* S. 21.

39. Pat Walsh, *The Great Fraud of 1914–1918,* S. 31.

40. Strachan, *The First World War,* Bd. 1, S. 680.

41. Pat Walsh, *Remembering Gallipoli,* S. 25.

42. Edward David, *Inside Asquith's Cabinet,* S. 205.

43. Bobroff, *Roads to Glory,* S. 115–116.

44. McMeekin, *The Russian Origins of the First World War,* S. 113.

45. Ebd., S. 114.

Kapitel 8

1. Harvey Broadbent, *Gallipoli, One Great Deception? https://honesthistory.net.au/wp/broadbent-harvey-deception/.*

2. Ebd.

3. Ronald P. Bobroff, *Roads to Glory, Late Imperial Russia and the Straits,* S. 122.

4. *The Times,* 10. November 1914, S. 9.

5. Sean McMeekin, *The Russian Origins of The First World War,* S. 123.

6. Martin Gilbert, *Winston S. Churchill,* S. 221.

7. McMeekin, *The Russian Origins,* S. 123.

8. W.W. Gottlieb, *Studies in Secret Diplomacy,* S. 68–70.

9. Ebd., S. 74–75.

10. Bobroff, *Roads to Glory,* S. 120–121.

11. Gottlieb, *Studies in Secret Diplomacy,* S. 75.

12. Winston Churchill, *The World Crisis, 1911–1918,* Bd. 1, S. 296.

13. Sir Alfred Knox, *With the Russian Army: 1914–1917,* S. 193.

14. Ebd., S. 213.

15. Ebd., S. 217.

16. Ebd., S. 220.
17. Ebd., S. 352–353.
18. Churchill, *The World Crisis, 1911–1918,* Bd. 1, S. 296–298.
19. Carroll Quigley, *The Anglo-American Establishment,* S. 153–160 und S. 313.
20. Stephen Roskill, *Hankey,* Bd. 1: *1897–1918,* S. 148.
21. Bobroff, *Roads to Glory, Late Imperial Russia and the Straits,* S. 125.
22. David Fromkin, *A Peace to End All Peace,* S. 127.
23. Quigley, *The Anglo-American Establishment,* S. 312.
24. Roskill, *Hankey,* S. 150.
25. Terence O'Brien, *Milner,* S. 267.
26. Quigley, *The Anglo-American Establishment,* S. 312.
27. Ebd., S. 52 und 56.
28. John Hanbury-Williams, *The Emperor Nicholas II As I Knew Him, Diary in Russia,* S. 22–25.
29. Ebd., S. 24.
30. McMeekin, *The Russian Origins of the First World War,* S. 129.
31. Hanbury-Williams, *The Emperor Nicholas II As I Knew Him, Diary in Russia,* S. 24.
32. Docherty und Macgregor, *Verborgene Geschichte – Wie eine geheime Elite die Menschheit in den Ersten Weltkrieg stürzte,* S. 284.
33. Graham T. Clews, *Churchill's Dilemma,* S. 60.
34. Churchill, *World Crisis 1915,* S. 94.
35. Hart, *Gallipoli,* S. 15.
36. Churchill, *World Crisis 1915,* S. 93.
37. Robert Rhodes James, *Gallipoli,* S. 27.
38. Tim Travers, *Gallipoli,* S. 22.
39. Edmond Delage, *The Tragedy of the Dardanelles,* S. 27–28.

Kapitel 9

1. Henry W. Nevison, *The Dardanelles Campaign,* S. 25.
2. Basil Liddell Hart, *History of the First World War,* S. 213.
3. Alan Moorehead, *Gallipoli, S.* 60.
4. Harvey Broadbent, *Gallipoli, The Fatal Shore,* S. 21.
5. John Laffin, *The Agony,* S. 9.
6. Memorandum des Generalstabs, 19. Dezember 1906, National Archives, PRO. CAB/4/2/92.
7. Michael Hickey, *Gallipoli,* S. 28.
8. Robert Rhodes James, *Gallipoli,* S. 3–4.
9. Robin Prior, *Gallipoli, The End of The Myth,* S. 18.
10. Moorehead, *Gallipoli,* S. 40.
11. Laffin, *The Agony of Gallipoli,* S. 15.
12. Moorehead, *Gallipoli,* S. 41.
13. Graham T. Clews, *Churchill's Dilemma,* S. 117–119.
14. Moorehead, *Gallipoli,* S. 46.
15. Peter Hart, *Gallipoli,* S. 23.
16. Clews, *Churchill's Dilemma,* S. 119–120.
17. Ebd.
18. Ebd.
19. W.W. Gottlieb, *Studies in Secret Diplomacy,* S. 88-89.
20. Ronald P. Bobroff, *Roads to Glory, Late Imperial Russia and the Straits,* S. 126.
21. Gottlieb, *Studies in Secret Diplomacy,* S. 90.
22. Clews, *Churchill's Dilemma,* S. 124–126.
23. Laffin, *The Agony of Gallipoli,* S. 22.
24. Ebd., S. 24.
25. Prior, *Gallipoli, The End of The Myth.* S. 23.
26. Brief von Churchill vom 12. Januar 1915 in: *World Crisis, 1911–1918,* S. 326–327.

27. Martin Gilbert, *Winston S. Churchill*, S. 279.

28. Prior, *Gallipoli*, S. 28–29.

29. Cecil Aspinal-Oglander, *Roger Keyes*, S. 126.

30. Dan Van der Vat, *The Dardanelles Disaster*, S. 88.

31. Prior, *Gallipoli*, S. 31.

32. Laffin, *The Agony of Gallipoli*, S. 26.

33. Prior, *Gallipoli*, S. 30.

34. Gilbert, *Winston S. Churchill*, S. 287–288.

35. Prior, *Gallipoli*, S. 31.

36. Gilbert, *Winston S. Churchill*, S. 288.

37. Ebd., S. 296–302.

38. Moorehead, *Gallipoli*, S. 55.

39. Steel, Nigel und Peter Hart, *Defeat at Gallipoli*, S. 14.

40. Gilbert, *Winston S. Churchill*, S. 304–305.

41. Laffin, *The Agony of Gallipoli*, S. 27.

42. Moorehead, *Gallipoli*, S. 56–57.

43. Laffin, *The Agony of Gallipoli*, S. 3.

44. Gilbert, *Winston S. Churchill*, Bd. III, S. 321.

45. Bobroff, *Roads to Glory, Late Imperial Russia and the Straits*, S.131.

46. Sean McMeekin, *The Russian Origins of The First World War*, S. 130–131.

47. Harvey Broadbent, *The Fatal Shore*, S. 28.

48. Arthur J. Marder, *From the Dreadnought to Scapa Flow*, Bd. II, S. 235–236.

49. Churchill, *The World Crisis*, 1915, S. 214.

50. Stephen Roskill, *Hankey*, Bd. I, S. 156.

51. Steel und Hart, *Defeat at Gallipoli*, S. 16–17.

52. Moorehead, *Gallipoli*, S. 60.

53. Prior, *Gallipoli*, S. 53.

54. Carlyon, *Gallipoli*, S. 50.

55. Aspinal-Oglander, *Roger Keyes*, S. 136.

56. Robert Burns, *To A Mouse, The Canongate Burns*, S. 95–96.

57. Tim Travers, *Gallipoli*, S. 29.

58. Marder, *From the Dreadnought to Scapa Flow*, Bd. II, S. 247.

59. Ebd., S. 248.

Kapitel 10

1. Les Carlyon, *Gallipoli*, S. 72.

2. Alan Moorehead, *Gallipoli*, S. 116.

3. Ellis Ashmead-Bartlett, *The Uncensored Dardanelles*, S. 14 und S. 247–248.

4. Robin Prior, Gallipoli, *The End of The Myth*, S. 67.

5. Peter Hart, *Gallipoli*, S. 63.

6. John Laffin, *The Agony of Gallipoli*, S. 43.

7. Sir Ian Hamilton, *Gallipoli Diary, Bd. 1*, Kap. 1, 14. März 1915, *http://www.gutenberg.org/files/19317/19317-h/19317-h.ht.* Diese Quelle ist für deutsche User derzeit leider per Gerichtsentscheid gesperrt. Es gibt jedoch einige Printausgaben

8. Harvey Broadbent, *Gallipoli, The Fatal Shore*, S. 37.

9. Laffin, *The Agony of Gallipoli*, S. 34.

10. Carlyon, *Gallipoli*, S. 60.

11. Ebd., S. 54.

12. Carlyon, *Gallipoli*, S. 86.

13. Laffin, *The Agony of Gallipoli*, S. 34.

14. Carlyon, *Gallipoli*, S. 87.

15. Laffin, *The Agony of Gallipoli*, S. 35.

16. Hamilton, *Gallipoli Diary, Bd. 1*, Kap. 1, 14. März 1915.

17. John North, *Gallipoli, The Fading Vision*, S. 247.

18. Moorehead, *Gallipoli*, S. 82–83.

19. Laffin, *The Agony of Gallipoli*, S. 35.

20. Michael Hickey, *Gallipoli*, S. 28.
21. T.R. Moreman, *Callwell, Sir Charles Stewart, 1859–1928, Oxford Dictionary of National Biography*, 2008.
22. Laffin, *The Agony of Gallipoli*, S. 12–13.
23. Moorehead, *Gallipoli*, S. 83.
24. Laffin, *The Agony of Gallipoli*, S. 30.
25. Hickey, *Gallipoli*, S. 68.
26. John Hargrave, *The Suvla Bay Landing*, S. 29.
27. Broadbent, *Gallipoli, The Fatal Shore*, S. 38.
28. Dan Van Der Vat, *The Dardanelles Disaster*, S. 145.
29. Prior, Gallipoli, *The End of The Myth*, S. 68.
30. Moorehead, Gallipoli, S. 88.
31. Ebd.
32. Prior, Gallipoli, *The End of The Myth*, S. 68.
33. Hamilton, *Gallipoli Diary, Bd. 1*, 15. März 1915
34. Robert Rhodes James, *Gallipoli*, S. 21.
35. Ellis Ashmead Bartlett, *The Uncensored Dardanelles*, S. 39-40.
36. Hickey, *Gallipoli*, S. 77.
37. Prior, *Gallipoli, The End of The Myth*, S. 242.
38. Hamilton, *Gallipoli Diary, Bd. I*, 5. April 1915
39. James, *Gallipoli*, S. 80.
40. Laffin, *The Agony of Gallipoli*, S. 258–259.
41. James, *Gallipoli*, S. 79.
42. Carlyon, *Gallipoli*, S. 105.
43. Moorehead, *Gallipoli*, S. 117–118.
44. Arthur J. Marder, *From Dreadnought to Scapa Flow*, Bd. 11, S. 258.
45. James, *Gallipoli*, S. 79.
46. Laffin, *The Agony of Gallipoli*, S. 40.
47. Hickey, *Gallipoli*, S. 87.
48. Marder, *From Dreadnought to Scapa Flow*, Bd. 11, S. 212.
49. Hart, *Gallipoli*, S. 56.
50. Laffin, *The Agony*, S. 35.
51. Edmond Delage, *The Tragedy of the Dardanelles*, S. 109.
52. Hickey, *Gallipoli*, S. 57–58.
53. Denis Winter, *Haig's Command*, S. 140.
54. Prior, *Gallipoli*, S. 80.
55. Laffin, *The Agony of Gallipoli*, S. 31.
56. Martin Gilbert, *Winston S. Churchill*, Bd. 111, S. 297.
57. Moorehead, *Gallipoli*, S. 90.
58. Marder, *From Dreadnought to Scapa Flow*, Bd. 11, S. 238.
59. Laffin, *The Agony of Gallipoli*, S. 44.

Kapitel 11

1. Sir Ian Hamilton, *Gallipoli Diary*, Bd. 1, 31. März 1915,
2. John Hargrave, *The Suvla Bay Landing*, S. 39–40.
3. L.A. Carlyon, *Gallipoli*, S. 119–122.
4. John Laffin, *The Agony of Gallipoli*, S. 55.
5. Ebd., S. 56.
6. Robin Prior, *Gallipoli, The End of The Myth*, S. 101.
7. Carlyon, *Gallipoli*, S. 120.
8. Alan Moorehead, *Gallipoli*, S. 145–148.
9. Hamilton, *Gallipoli Diary*, Bd. 1, 26. April 1915, 10. Prior, Gallipoli, S. 114.
11. Ebd., S. 31–33.
12. Tim Travers, *Gallipoli*, S. 101.
13. Peter Hart, *Gallipoli*, S.104–105.
14. Ellis Ashmead-Bartlett, *The Uncensored Dardanelles*, S. 81.

15. Hargrave, *The Suvla Bay Landing,* S. 41.
16. Baron John Arbuthnot Fisher, *Memories and Records,* Bd. 1, S. 77.
17. Martin Gilbert, *Winston S. Churchill,* S. 448–449.
18. Carroll Quigley, *The Anglo-American Establishment,* S. 312.
19. Ashmead-Bartlett, *The Uncensored Dardanelles,* S. 81.
20. Ebd., S. 163-164.
21. Carlyon, *Gallipoli,* S. 120.
22. Ashmead-Bartlett, *The Uncensored Dardanelles,* S.162–163.
23. Robert Rhodes James, *Gallipoli,* S. 210.
24. Hargrave, *The Suvla Bay Landing,* S. 66.
25. Rhys Crawley, *Climax at Gallipoli, The Failure of the August Offensive,* S. 58.
26. Hamilton, *Gallipoli Diaries,* Bd. II, 6. August, S. 53.
27. Hargrave, *The Suvla Bay Landing,* S. 75–76.
28. James, *Gallipoli,* S. 262.
29. Laffin, *The Agony of Gallipoli,* S. 153.
30. Michael Hickey, *Gallipoli,* S. 240.
31. Laffin, The Agony of *Gallipoli,* S. 154.
32. James, *Gallipoli,* S. 279.
33. Hargrave, *The Suvla Bay Landing,* S. 115.
34. Ebd., S. 131.
35. Hamilton, *Gallipoli Diary,* Bd. II, S. 51.
36. Ebd., S. 95.

Kapitel 12

1. Robert Rhodes James, *Gallipoli,* S. 222.
2. Robert Rhodes James, *Birdwood, William Riddell, first Baron Birdwood (1865–1951), Oxford Dictionary of National Biography,* Oxford University Press, 2004; online Mai 2009, *http://www.oxforddnb.com/view/article/31898.*
3. Edmond Delage, *The Tragedy of the Dardanelles,* S. 216–217.
4. Michael Hickey, *Gallipoli,* S. 319.
5. Delage, *The Tragedy,* S. 222.
6. James, *Gallipoli,* S. 222.
7. Tim Travers, *Gallipoli,* S. 273.
8. Stephen Roskill, *Hankey,* S. 189.
9. Ebd., S. 198-199.
10. Guy Payan Dawnay hatte am Staff College in Camberley studiert. Seine imperialistischen Sporen verdiente er sich als Mitgründer des Chatham Dining Clubs 1910 [Richard Davenport-Hines, Dawnay, Guy Payan (1878–1952), Oxford Dictionary of National Biography, Oxford University Press, 2004]. Der Dining Club war ein Hort jener, die wie die Geheime Elite an die Überlegenheit der britischen Rasse glaubten. Viele ranghohe Vertreter der Geheimen Elite traten dort zwischen 1910 und 1914 als Redner auf, beispielsweise Leo Amery, Robert Brand, William Waldergrave Palmer, der Earl of Selborne, Walter Long and George Lloyd. Maurice Hankey war eines der ersten Club-Mitglieder. *http://www.chathamdiningclub.org.uk/speakers/.*
11. Sir Ian Hamilton, *Gallipoli Diary, Bd II,* Kap. XVII, 19. August 1915.
12. National Archives PRO CAB 42/3.
13. Roskill, *Hankey,* S. 207.
14. Hamilton, *Gallipoli Diary,* Bd. II, Kap. XVII, 30. August 1915.
15. Richard Davenport-Hines, *Dawnay, Guy Payan (1878–1952), Oxford Dictionary of National Biography,* Oxford University Press, 2004.
16. John Laffin, *The Agony of Gallipoli,* S. 189.
17. Denis Winter, *Haig's Command, A Reassessment,* S. 291.
18. Alan Moorehead, *Gallipoli,* S. 305.
19. *http://adb.anu.edu.au/biography/murdoch-sir-keith-arthur-7693%5D.*

20. A.M. Gollin, *Proconsul in Politics,* S. 136–137.

21. Als »Tafelrunde« wurde Milners Organisation bezeichnet, die sich für imperiale Ideale starkmachte und Einfluss auf die Dominions und andere Territorien nehmen wollte.

22. Desmond Zwar, *In Search of Keith Murdoch,* S. 20.

23. Ebd., S. 22.

24. Hamilton, *Gallipoli Diary,* Bd. II, 2. September 1915.

25. Zwar, *In Search of Keith Murdoch,* S. 25.

26. Ebd., S. 28.

27. Ellis Ashmead-Barlett, *The Uncensored Dardanelles,* S. 239.

28. Ebd., S. 240–243.

29. Moorehead, *Gallipoli,* S. 309.

30. Travers, *Gallipoli,* S. 274.

31. Carroll Quigley, *The Anglo-American Establishment,* S. 312.

32. Carlyon, Gallipoli, S. 599.

33. Broadbent, *Gallipoli, The Fatal Shore,* S. 246.

34. Carlyon, *Gallipoli,* S. 496.

35. Docherty und Macgregor, *Verborgene Geschichte – Wie eine geheime Elite die Menschheit in den Ersten Weltkrieg stürzte,* S. 162–163.

36. Zwar, *In Search of Keith Murdoch,* S. 40–41.

37. Ashmead-Barlett, *The Uncensored Dardanelles,* S. 254–255.

38. Hansard, House of Lords, Debatte vom 14. Oktober 1915, Bd. 19, cc1045–1062.

39. Travers, *Gallipoli,* S. 275.

40. Les Carlyon, *Gallipoli,* S. 502.

41. Ebd., S. 503.

42. Ebd., S. 504.

43. Ebd., S. 619.

44. Moorehead, *Gallipoli,* S. 327.

45. *Milner Papers,* Bonar Law an Milner, 25. Juli 1916.

46. A.M. Gollin, *Proconsul in Politics,* S. 350–351.

47. Roger Owen, *Lord Cromer: Victorian Imperialist, Edwardian Proconsul,* S. 388–389.

48. Jenny Macleod, *Reconsidering Gallipoli,* S. 27.

49. Stephen Roskill, *Hankey,* S. 294.

50. Macleod, *Reconsidering Gallipoli,* S. 28-29.

51. Martin Gilbert, *Winston S Churchill,* S. 248.

52. Moorehead, *Gallipoli,* S. 40.

53. Carlyon, *Gallipoli,* S. 646.

54. Macleod, *Reconsidering Gallipoli,* S. 33.

55. Ebd.

56. Kevin Fewster, Vecihi Bagram und Hatice Bagram, *Gallipoli, The Turkish* Story, S. 10–11.

Kapitel 13

1. Jonathan Reed Winkler, *Nexus: Strategic Communications and American Security in World War 1,* S. 5–6

2. Patrick Beesly, *Room 40, British Naval Intelligence 1914–1918,* S. 2.

3. H.C. Peterson, *Propaganda for War,* S. 13.

4. Rear Admiral Sir Douglas Brownrigg, *Indiscretions of the Naval Censor,* S. 2–4.

5. Es mag für die Leserschaft überraschend sein, aber der Autor John Buchan gehörte zum äußeren Kreis der Londoner Geheimen Elite. (Carroll Quigley, *The Anglo-American Establishment,* S. 313.) Buchan schrieb *A History of the Great War* und diente dem Kriegsministerium als Chef des Geheimdienstes. Berühmt wurde er für Richard-Hannay-Kriminalromane wie *Grünmantel, Die 39 Stufen* und *Die drei Geiseln* – Bücher, die ganz offen das Wertesystem der Geheimen Elite propagieren und britische Propaganda verbreiten.

6. Beesly, *Room 40,* S. 3.

7. Christopher Andrew, *Secret Service,* S. 88.

8. Colin Simpson, *Lusitania,* S. 67.

9. Julian Thompson, *The War at Sea, 1914–1918,* S. 85.

10. Count Benckendorff, *Half A Life, The Reminiscences of a Russian Gentleman,* S. 158–160.

11. Winston S. Churchill, *The World Crisis 1911–1918,* S. 414–415.

12. Public Record Office, ADM 137/4156.

13. Beesly, *Room 40,* Fußnote auf S. 6.

14. Diana Preston, *Wilful Murder, The Sinking of the Lusitania,* S. 184.

15. Beesly, S. 20.

16. Ebd., S. 7.

17. Ebd.

18. Hansard, House of Commons Reports, 3. August 1903, Reihe 4, Bd. 126, cc1272–1273.

19. Hansard, House of Commons Reports, 2. August 1904, Bd. 139, cc673–674.

20. David Ramsay, *Lusitania, Saga and Myth,* S. 12–17.

21. John V. Denson, *A Century of War: Lincoln, Wilson and Roosevelt,* S. 135.

22. *Jane's All the World Fighting Ships,* 1914.

23. »Bericht über die förmliche Untersuchung bezüglich der Umstände rund um den Untergang des britischen Dampfschiffs *Lusitania* am 7. Mai 1915. Am 17. Juli 1915 beiden Kammern des britischen Parlaments vorgelegt.« *http://www.rmslusitania.info/primary-docs/mersey-report/.*

24. *New York Times,* 10. Mai 1915.

25. Julian Thomson, *The Imperial War Museum's Book of the War at Sea,* 1914–1918, S. 195.

26. Patrick Beesly, *Room 40,* S. 113.

27. *New York Times,* 9. Mai 1915.

28. Mitch Peeke, *The Lusitania Story.*

29. *lusitania.net,* Bericht und Manifest, bestätigt durch Wood Niebuhr & Co. Customs Brokers, New York.

30. Belege Nummern 170–172.

31. Gerry Docherty und Jim Macgregor, *Verborgene Geschichte – Wie eine geheime Elite die Menschheit in den Ersten Weltkrieg stürzte,* S. 351–356.

32. »Bericht über die förmliche Untersuchung bezüglich der Umstände rund um den Untergang des britischen Dampfschiffs *Lusitania* am 7. Mai 1915. Am 17. Juli 1915 beiden Kammern des britischen Parlaments vorgelegt.« *http://www.rmslusitania.info/primary-docs/mersey-report/,* Mersey Inquiry, Beweise von Tag 3.

33. *http://www.lusitania.net/deadlycargo.htm.*

34. Michael und Eleanor Brock, *HH Asquith, Letters To Venetia Stanley,* 11. Mai 1915, S. 590.

35. *The Times,* 11. Mai 1915, S. 9.

36. Arthur J. Marder, *From Dreadnought to Scapa Flow,* Bd. 11, S. 342-343.

37. Churchill, *The World Crisis 1915*, S. 283.

38. Marder, *From Dreadnought to Scapa Flow,* Bd. 11, S. 342–343.

39. *The Times*, 16. Februar 1915, S.8.

40. *The Times,* 19. Februar 1915, S. 9.

41. Vom Washington-Korrespondenten der *Times, The Times,* 6. Februar 1915, S. 9.

42. Walter Millis, *Road To War – America, 1914–1917,* S. 134–135.

43. Churchill, *The World Crisis 1915,* S. 284.

44. Ebd., S. 291–292.

45. Martin Gilbert, Churchill on America, S. 57.

46. *New York Tribune,* 1. Mai 1915.
47. *The Washington Times,* 1. Mai 1915, S. 1.
48. United States Library of Congress: *http://chroniclingamerica.loc.gov/lccn/sn83030214/1915-05-01/ed-1/seq3/#words=German+EMBASSY+WARNS+GERMAN+Embassy+warning+GERMANY*
49. Preston, *Wilful Murder, The Sinking of the Lusitania,* S.133.
50. Beesly, *Room 40,* S. 102.
51. Bei diesen Spezialschiffen handelte es sich um schwer bewaffnete Handelsschiffe mit verborgenen Geschützen. Ihr Auftrag war es, U-Boote anzulocken, um dann das Feuer auf das U-Boot zu eröffnen und es zu versenken.
52. Beesly, *Room 40,* S. 95.
53. Colin Simpson, *Lusitania,* S. 136–137.
54. Preston, *Wilful Murder, The Sinking of the Lusitania,* S. 205-206.
55. Colin Simpson, *Lusitania,* S. 127–128.
56. Docherty und Macgregor, *Verborgene Geschichte – Wie eine geheime Elite die Menschheit in den Ersten Weltkrieg stürzte,* S. 247-248.
57. Edward Mandell House und Charles Seymour, *The Intimate Papers of Colonel House,* Bd. 1, S. 432.
58. *The Scotsman,* 8. Mai 1915, S. 10.
59. *The Times,* 8. Mai 1915, S. 9.
60. Ebd., S. 10.
61. Simpson, *Lusitania,* S.173–174.
62 *http://www.rmslusitania.info/people/deck/william-turner/#bluebell.*
63. Bericht zur Untersuchung des Leichenbestatters in Kinsale, *The Scotsman,* 11. Mai 1915, S. 5.
64. Martin Gilbert, *Winston S. Churchill, Companion Bd. III,* S. 852.
65. Ebd., Schreiben von Maurice Brett an Lord Esher, 8. Mai 1915.
66. Hansard, House of Commons, Debatte vom 12. Mai 1915, Bd. 7, cc1656.
67. Brock, *HH Asquith, Letters to Venetia Stanley, S.* 487.
68. *The Times* und *The Daily Mail,* 21. Mai 1915.
69. Public Records Office, ADM/137/1058/3621/143.
70. Simpson, *Lusitania,* S. 182, Zitat aus den Schriften von Lord Mersey.
71. Ebd., S. 200.
72. Eric Saunder und Ken Marshall, *RMS Lusitania, Triumph of the Edwardian Age,* S. 46–47.
73 *http://www.rmslusitania.info/people/saloon/oliver-bernard/.*
74. Reed Winkler, *Nexus: Strategic Communications and American Security in World War 1,* S. 5–6.
75. *http://www.titanicinquiry.org/Lusitania/*
76. PRO ADM/137/1058. Webb machte Karriere. Als der Krieg endete, war er Konteradmiral, dann wurde er zum Stellvertreter des Hochkommissars von Konstantinopel ernannt, 1920 wurde er zum Ritter geschlagen.
77. Mersey-Bericht, Tag 1, geschlossene Sitzung, Zeugenaussage von Captain Turner. *http://www.titanicinquiry.org/Lusitania/.*
78. Beesly, *Room 40,* S. 97.
79. PRO ADM/137/1058.
80. Mersey-Bericht, Tag 4. *http://www.titanicinquiry.org/Lusitania/04Header3.php.*
81. Simpson, *Lusitania,* S. 232.
82. The Lusitania Inquiry, *The Times,* 19. Juli 1915.
83. Churchill, *World Crisis, 1911–1918,* S. 448.
84. Ebd., S. 447.

Kapitel 14

1. Carroll Quigley, *The Anglo-American Establishment*, G S G & Associates Pub, Reprint.
2. Gerry Docherty und Jim Macgregor, *Verborgene Geschichte – Wie eine geheime Elite die Menschheit in den Ersten Weltkrieg stürzte*, S. 21.
3. Lewis Einstein, *The United States and the Anglo-German Rivalry, National Review*, LX, Januar 1913.
4. Ebd., S. 736–750.
5. Quigley, *The Anglo-American Establishment*, S. 168.
6. Robert E. Osgood, *Ideals and Self Interest in America's Foreign Policy*, S.114–134 und 150–154.
7. Bryan an JP Morgan & Co., 15. August, *Library of Congress, Foreign Relations*, Supplement 580.
8. Daniel M. Smith, *Lansing and the Formation of American Neutrality Policies, 1914-1915, Mississippi Valley Historical Review*, Ausgabe 43, Nr. 1, S. 69.
9. Kathleen Burk, *War And The State, The Transformation of British Government, 1914-1919*, S. 89.
10. Kathleen Burk, *Britain, America and the Sinews of War*, S. 18–19.
11. Colin Simpson, *Lusitania*, S. 49–51.
12. *http://notorc.blogspot.co.uk/2013/02/dudley-field-malone-1-courage-of-his.html.*
13. *lusitania.net.*
14. Simpson, *Lusitania*, S. 59.
15. *The United States and War: President Wilson's Notes on the Lusitania and Germany's reply, Brooklyn Daily Eagle*, Bd. XXX (1915).
16. Simpson, *Lusitania*, S. 172–173.
17. *The United States and War: President Wilson's Notes on the Lusitania and Germany's reply, Brooklyn Daily Eagle*, Bd. XXX (1915), S. 47.
18. Persönliche Kommunikation mit Colonel Robert A. Lynn von der Florida Guard.
19. Mitch Peeke, *The Lusitania Story – The Struggle for The Truth.*
20. *The Times*, Samstag, 15. Mai 1915, S. 7.
21. *The United States and War: President Wilson's Notes on the Lusitania and Germany's reply, Brooklyn Daily Eagle*, Bd. XXX (1915), S. 47.
22. Ebd., S. 48.
23. Simpson, *Lusitania*, S. 168.
24. Charles E. Lauriat, *The Lusitania's Last Voyage.*
25. Burton J. Hendrick, *The Life And Letters Of Walter Page*, Bd. 1. S. 436.
26. Edward Mandell House und Charles Seymour, *The Intimate Papers of Colonel House*, Bd. 1, S. 432.
27. Schreiben von George Booth an Alfred Booth, 25. September 1914.
28. Thomas A. Bailey, *A Diplomatic History of the American People*, S. 626.
29. *New York Nation*, 13. Mai 1915.
30. H.C. Peterson, *Propaganda for War*, S. 170 und Fußnote 6.
31. Julian Thompson, *The Imperial War Museum's Book of The War at Sea, 1914-1918*, S. 195.

Kapitel 15

1. George I. Gay und H.H. Fisher, *Public Relations of the Commission For Relief In Belgium*, veröffentlicht 1929 in zwei Bänden von der Universität Stanford. Sie gilt weiterhin als die offizielle Version und wird oft als wertvolle Quelle herangezogen. *http://net.lib.byu.edu/estu/wwi/comment/CRB/CRB1-TC.htm.* Der Statistiker Gay gehörte zum Leitungsteam

und wurde 1918 zum stellvertretenden Direktor im Londoner Büro des Belgischen Hilfswerks ernannt. 1923 versetzte man ihn nach Kalifornien, um dort an den Unterlagen zum Belgischen Hilfswerk zu arbeiten. *(New York Times,* 26. Oktober 1964.) Hoovers offizieller Biograf George H. Nash veröffentlichte ein dreibändiges Werk über den Mann, der eines Tages Präsident der Vereinigten Staaten von Amerika sein würde. *http://net.lib.byu.edu/estu/wwi/comment/CRB/CRB1-TC.htm.* Sie war zwar ein Mitglied der Kommission, die in Belgien und Frankreich gearbeitet hatte, aber das Buch von Tracey Barrett Kittredge, *The History of the Commission for Relief in Belgium 1914-17,* wurde auf Anweisung von Herbert Hoover eingestampft. *A Journal From Our Legation in Belgium,* ein Werk des amerikanischen Diplomaten Hugh Gibson, wurde umgeschrieben und so ergänzt, dass Hoover in einem besseren Licht dastand. *http://www.ourstory.info/library/2-ww1/Legation/Gibson8.html.*

2. *Expériences et représentations de la pénurie alimentaire durant la Guerre 14–18. Allemagne-Belgique,* dirigée par Professor Laurence Van Ypersele; Brüssel, 6. November 2014.

3. Michael Amara und Hubert Roland, *Gouverner en Belgique occupee: Oscar von der Lancken-Wakenitz – Rapports d'activite 1915–1918 collection, Comparatisme et Societe,* Nr. 1, 2004, Einführung, S. 39.

4. George H. Nash, *Herbert Hoover The Humanitarian, 1914–1917,* Vorwort, S. X.

5. *The Commission for Relief in Belgium,* Bilanzen und Bücher, von den gemeinsamen Liquidatoren Edgar Rickard und W. B. Pollard. *https://archive.org/stream/executivepersonn00comm#page/n7/mode/2up.*

6. *https://www.measuringworth.com/calculators/uscompare/.*

7. Edwin W. Morse; *America in the War, Part V. Relief Work in Belgium and Northern France; Herbert Hoover and Engineering Efficiency,* S. 175.

8. David Lloyd George, *War Memoirs,* und Viscount Grey of Fallodon, *Twenty-Five Years, 1892–1916.*

9. Michael und Eleanor Brock, *HH Asquith, Letters to Venetia Stanley.*

10. *New York Times,* 17. Juli 1921.

11. John Hamill, *The Strange Case of Mr Hoover Under Two Flags,* S. 48–49.

12. Walter W. Liggett, *The Rise of Herbert Hoover,* S. 68–70.

13. *The Straits Times,* 3. März 1903. *http://eresources.nlb.gov.sg/newspapers/Digitised/Article/straitstimes19030303.2.3.*

14. *The Times,* 19. Januar 1903, S. 3.

15. Liggett, *The Rise of Herbert Hoover,* S. 111–112.

16. *The Times,* 2. März 1905, S. 9.

17. Carroll Quigley, *The Anglo-American Establishment,* S. 312.

18. Nash, *Herbert Hoover, 1914–1917,* S. 148.

19. Grey an Hoover, 9. Juni 1914, zitiert in Nash, ebd., S. 148.

20. Gay und Fisher, *Public Relations of The Commission for Relief in Belgium,* Dokument 190, Dezember 1914.

21. Nash, *Herbert Hoover,* S. 127.

22. Ebd., S. 3.

23. http://rbkclocalstudies.wordpress.com/2012/10/25/elegy-for-the-red-house/.

24. Papiere von Fred I. Kent (1901–1954). http://findingaids.princeton.edu/collections/MC077.

25. Nash, *The Life of Herbert Hoover,* S. 4.

26. *Chicago Tribune,* 6. August 1964. *http://archives.chicagotribune.com/1964/08/06/page/123/article/widow-recalls-husbands-voyage-on-gold-ship-u-s-s-tennessee.*

27. Nash, *Herbert Hoover,* S.7.

28. CRB, diverse Dokumente, H1. Nash, ebd., Referenz 22, Seite 386.

29. *New York Times,* 8. August 1914, S. 3.

30. Nash, *Herbert Hoover,* S. 10.

31. Ebd., S. 10.

32. Hoover an Page, 23. September 1914. Referenz 52, zitiert in Nash, *Herbert Hoover,* S. 387.

33. Burton J. Hendrick, *The Life and Letters of Walter H. Page,* Bd. 3, S.136.

34. Ferdinand Lundberg, *America's 60 Families,* S. 142.

35. Ray Stannard Baker (mit einem Pulitzerpreis ausgezeichneter Journalist und Vertrauter von Woodrow Wilson), *The Life and Letters of Woodrow Wilson, VI,* S. 33-34.

36. Antony Sutton, *The Federal Reserve Conspiracy,* S. 78.

37. Lundberg, *America's 60 Families,* S. 142-143.

38. *The Papers of Woodrow Wilson,* Bd. 32. Princeton NJ, zitiert in Nash, *Herbert Hoover, The Humanitarian,* S. 96.

39. Nash, *Herbert Hoover,* Vorwort, S. X.

40. Ebd., S. 16.

41. Hamill, *The Strange Career of Mr Hoover Under Two Flags,* S. 318.

42. *The Mining Magazine,* Juli 1916, S. 9.

43. Elena S. Danielson, *Historical Note on the Commission for Relief in Belgium,* in *United States in the First World War: An Encyclopaedia,* herausgegeben von Anne Cipriano Venzon. *http://www.oac.cdlib.org/findaid/ark:/13030/tf6z09n8fc/entire_text/.*

44. *The Times,* 23. Dezember 1914, S. 14.

45. *The Mining Magazine,* Juli 1916, S. 42, 103, 168, 232.

46. Tracy Barrett Kittredge, *The History of the Commission for Relief in Belgium, 1914–1917.* Primary Source Edition, S. 7.

47. Lipkes J. (2007) *Rehearsals: The German Army in Belgium, August 1914,* Leuven University Press. Hier geht man von etwa anderthalb Millionen aus.

48. Kittredge, *The History of the Commission,* S. 1.

49. *Rapport sur l'activite du Bureau Federal des Co-operatives Intercommunales de Revitaillement,* in *General Report on the functioning and operations of the Comité National de Secours et d'Alimentation – Quatrieme Parte,* S. 267.

50. Kittredge, *The History of the Commission,* S. 1.

51. Louis Delvaux, *A'nnals of the American Academy of Political and Social Science,* Bd. 247, Belgium in Transition (September 1946), S. 144.

52. *Rapport sur l'activite du Bureau Federal des Co-operatives – Quatrième Partie,* S. 267.

53. *http://www.hoover.archives.gov/exhibits/Hooverstory/gallery02/index.html.*

54. *Heures de Détresse, l'oeuvre du Comité national de secours et d'alimentation et de la Commission for Relief in Belgium, 1914–1915,* S. V. *http://uurl.kbr.be/1007553?bt=europeanaapi.*

55. Michael Amara und Hubert Roland, *Gouverner en Belgique Occupee,* S. 39.

56. Kittredge, *The History of the Commission,* S. 7.

57. Nash, *The Life of Herbert Hoover,* The Humanitarian, S.18.

58. Niall Ferguson, The *House of Rothschild: The World's Banker, 1849–1999,* Bd. II, S. XXVII.

59. Francis Neilson, *How Diplomats Make War,* S.179.

60. Banque Nationale de Belgique, *The Centenary of the Great War – the National Bank in wartime. http://www.nbbmuseum.be/fr/2013/11/wartime.htm.*

61. *Rapport sur les Petites Abeilles, Août 1914 – Décembre 1918, S. 20. http://www.14-18.bruxelles.be/index.php/fr/vie-quotidienne/femmes-et-enfants/textes-femmes-et-enfants/book/94/Array.*
62. Kittredge, *The History of the Commission,* S. 17.
63. Ebd., S. 12.
64. *Physics Today* (15) 3. 1962. Nachruf auf Dannie Heineman. https://physicstoday.scitation.org/doi/pdf/10.1063/1.3058089.
65. Nash, *Herbert Hoover,* S. 18.
66. Briefe und Tagebuch von Brand Whitlock, *The Journal,* Kap. II. *http://www.ourstory.info/library/2-ww1/Whitlock/bw02.html.*
67. Kittredge, *The History of the Commission,* S. 78.
68. Ebd., S. 34.
69. Nash, *Herbert Hoover,* S. 18.
70. Kittredge, *The History of the Commission,* S. 35.
71. In dem Bericht ist auf Seite 18 die Rede von »Botschaftern«, aber formal war Brand Whitlock Leiter der amerikanischen Gesandtschaft. Viele Autoren sind hier ungenau und sprechen von Whitlock als »Botschafter«.
72. Amara und Roland, *Gouverner en Belgique Occupee,* S. 39.
73. Bryan an Gerard, 7. October 1914, *The American Journal of International Law,* S. 314.
74. Kittredge, *The History of the Commission,* S. 37.
75. Nash, *Herbert Hoover,* S.19.
76. Liggett, *The Rise of Herbert Hoover,* S. 223.
77. Hamill, *The Strange Case of Mr Hoover Under Two Flags,* S. 150–160.
78. Nash, *The Life of Herbert Hoover: The Engineer, 1874–1914,* S. 5–11.
79. Kittredge, *The History of the Commission,* S. 37.
80. Nash, *The Life of Herbert Hoover: The Engineer,* S. 390–391.
81. Gay und Fisher, *Public Relations for the Commission for Relief in Belgium,* Pages Schreiben an Hoover, 25. Februar 1916. Fotokopie von gegenüberliegender Seite. *http://net.lib.byu.edu/estu/wwi/comment/CRB/CRB1-TC.htm.*
82. Nash, *The Life of Herbert Hoover: The Engineer,* S. 21.
83. *New York Herald,* 15. Oktober 1914.
84. Kittredge, *The History of the Commission,* S. 40.
85. *New York Times,* 1. November 1914.
86. Ebd.
87. *The Times,* 13. Oktober 1914.
88. Es gibt reichlich relevante Beispiele. Etliche finden sich in den Ausgaben der *New York Times* vom Juli 1916. Aus diesen Ausgaben stammen die im Text genannten Beispiele.
89. Nash, *The Life of Herbert Hoover, The Humanitarian, 1914–1917* S. 52.
90. Ebd., S. 49.
91. Ebd.
92. Hoover an Bates, 13. November 1914, in Nash, *The Life of Herbert Hoover,* S. 54.
93. Nash, *The Life of Herbert Hoover,* S. 55.
94. Whitlock an Bryan, 16. Oktober 1914, in Gay und Fisher. *Dokument 8,* zitiert in *American Journal of International Law,* S. 314.
95. Quigley, *The Anglo-American Establishment,* S. 31.
96. Kittredge, *The History of the Commission for Relief in Belgium* – Primary Source Edition, S. 56.
97. Brand Whitlock, Briefe und Tagebücher, 10. Dezember 1914. *http://www.ourstory.info/library/2-ww1/Whitlock/bw05.html.*
98. Nash, *The Life of Herbert Hoover,* S. 80.

99. Die Lektüre der Briefe und Tagebücher von Brand Whitlock zeigt, wie sehr der Marquis involviert und wie groß sein täglicher Nutzen in Brüssel war. *http://www.ourstory.info/library/2-ww1/Whitlock/bw05.html.*

100. Gay und Fisher, *Public Relations for the Commission for Relief in Belgium,* S. 13. Schreiben von Sir Arthur Nicolson an Botschafter Page, 20. Oktober 1914. *http://net.lib.byu.edu/estu/wwi/comment/CRB/CRB1-TC.htm.*

101. *Norddeutsche Allgemeine Zeitung,* 4. März 1915, S. 1.

102. Nash, *The Life of Herbert Hoover,* S. 34.

103. The Commission for Relief in Belgium, Bilanzen und Bücher. *http://babel.hathitrust.org/cgi/pt?id=coo1.ark:/13960/t04x5vs3b;view=1up;seq=7.*

104. Gay und Fisher, *Public Relations of the Commission for Relief in Belgium,* S. 5. *http://net.lib.byu.edu/estu/wwi/comment/CRB/CRB1-TC.htm.*

Kapitel 16

1. George H. Nash, *The Life of Herbert Hoover, The Humanitarian,* S. 49–52.

2. Ebd., S. 57.

3. Manfred Pohl und Sabiine Freitag, *Handbook on the History of European Banks,* S. 84.

4. Das Verhältnis von König Eduard VII. zu Sir Ernest Cassel war sehr eng. Ihm vertraute er und brachte ihm viel Wertschätzung entgegen. Cassell war die letzte Person, die Eduard 1910 vor seinem Tod sah.

5. R. Brian und J.L. Moreau, *Inventaire Des Archives de la Banque d'Outremer S.A., 1899–1957,* S. VII–VII. *https://www.bnpparibasfortis.com/docs/default-source/pdf-(fr)/patrimoine-historique-et-artistique/fr-inventaire-sgb.pdf?sfvrsn=2.*

6. Ebd.

7. Marie Therese Bitsch, *La Belgique Entre La France et d'Allemande,* 1905–1914, S. 134.

8. *The Times,* 22. Februar 1915.

9. Gabriel Tortella und Gloria Quirega, *Entrepreneurship and Growth: An International Historical Perspective,* S. 78–81.

10. E.D. Morel, *Affairs of West Africa,* S. 331.

11. *The Times,* 2. März 1905, S. 9.

12. Neal Ascherson, *The King Incorporated, Leopold and the Congo,* S. 199.

13. Charles D'Ydewalle, *Albert King of the Belgians,* S. 147.

14. Tracey Barrett Kittredge, *The History of the Commission for Relief in Belgium – Primary Source Edition,* S. 77.

15. Charles de Lannoy, *L'Alimentation de la Belgique par le comité national*, (veröffentlicht 1922), S. 32. *https://archive.org/details/lalimentationdel00lann.*

16. *The Times,* 22. Februar 1915.

17. Gay und Fisher, *Public Relations of the Commission for Relief in Belgium,* S. 245–250, Dokumente 135–138.

18. Nash, The Life of Herbert Hoover, S. 86–87.

19. Gerry Docherty und Jim Macgregor, *Verborgene Geschichte – Wie eine geheime Elite die Menschheit in den Ersten Weltkrieg stürzte,* S. 239–240.

20. Gay und Fisher, *Public Relations of the Commission,* S. 245, Dokument 135.

21. Ebd., S. 247, Dokument 136.

22. Bernhard Huldermann, *Albert Ballin,* S. 215.

23. Ebd., S. 223–228. *http://www.archive.org/stream/albertballin00hulduoft/albertballin-00hulduoft_djvu.txt.*

24. Gay und Fisher, *Public Relations of the Commission,* S. 248, Dokument 137.

25. Ebd., Dokument 138.

26. Pohl und Freitag, *Handbook on the History of European Banks.*

27. Brand Whitlock, *Belgium Under German Occupation,* S. 214.

28. D'Ydewalle, *Albert King of the Belgians,* S. 147.

29. Whitlock, *Belgium Under German Occupation,* S. 217.

30. Ebd., S. 215.

31. *New York Times,* 21. Dezember 1916, S. 8.

32. Nash, *The Life of Herbert Hoover,* S. 197.

33. *New York Times,* 31. Januar 1917.

34. John Hamill, *The Strange Case of Mr Hoover,* S. 322–323.

35. *New York Times,* 10. Mai 1917.

36. Nash, *The Life of Herbert Hoover,* S. 196. [143] Kittredge, *The History of the Commission for Relief in Belgium 1914–1917,* S. 81.

Kapitel 17

1. Tracy Barrett Kittredge, *The History of the Commission for Relief in Belgium 1914–1917 – Primary Source Edition,* S. 81.

2. Major von Frankenberg und Ludwigsdorf war ein deutscher Aristokrat und persönlicher Adjutant des Militärgouverneurs von Antwerpen.

3. Kittredge, *The History of the Commission,* S. 81.

4. Ebd., S. 82.

5. Edward David, *Inside Asquith's Cabinet,* S. 201–202.

6. Gay, George I. und H.H. Fisher, *Public Relations of the Commission for Relief in Belgium,* Bd. I, S. 308, Dokument 189.

7. Ebd., S. 308–309, Dokument 190.

8. Alfred Emmott war Vorsitzender des Ausschusses zum Handel mit dem Feind und leitete von 1915 bis 1919 das Ministerium für Kriegshandel.

9. Carroll Quigley, *The Anglo-American Establishment,* S. 57 und S. 313.

10. Gay und Fisher, *Public Relations,* Dokument 129, S. 232–235.

11. Ebd., Dokument 146, S. 263.

12. Mitte 1915 zeigten sich die Deutschen sehr besorgt, was Spionageaktivitäten anbelangte. Der Leiter der Politischen Abteilung in Belgien, Oscar von der Lancken, sprach explizit davon, dass Mitglieder des Comité Nationale in dem Monat, bevor Edith Cavell verhaftet wurde, illegal Informationen nach Großbritannien schickten. Siehe Michael Amara und Hubert Roland, *Gouverner En Belgique Occupée,* S. 99.

13. Gay und Fisher, *Public Relations,* Dokument 146, S. 264.

14. Ebd., Abs. 4. S. 265.

15. Gay und Fisher, *Public Relations,* Bd. 1, Dokument 33, S. 52.

16. Ebd.

17. Gay und Fisher, *Public Relations,* Dokument 190, S. 309.

18. Dass amerikanische Rhodes-Stipendiaten von der Uni Oxford mit der Aufgabe betraut wurden, passte der Geheimen Elite hervorragend in die Planungen. Die Stipendien waren von Cecil Rhodes ins Leben gerufen worden – dem Mann, der davon träumte, eine Welt zu erschaffen, die dominiert wird vom Besten der englischen Kultur. Aus einer Gruppe, die auf diese angelsächsisch beherrschte Welt hinarbeiten wollte, erwuchs die Geheime Elite, die dann den Ersten Weltkrieg anzettelte. [Gerry Docherty und Jim Macgregor, *Verborgene Geschichte – Wie eine geheime Elite die Menschheit in den Ersten Weltkrieg stürzte,* S. 17–31.] Insofern galten die amerikanischen Rhodes-Stipendiaten als hervorragende

Wahl, als es darum ging, die Arbeit des Belgischen Hilfswerks zu unterstützen. Allerdings erwiesen sie sich dann als völlig ungeeignet für ihre Arbeit – was aber egal war, da ohnehin kein echter Beitrag von ihnen erwartet wurde.

19. John Hamill, *The Strange Career of Mr Hoover*, S. 318.

20. Kittredge, *The History of the Commission for Relief in Belgium 1914–1917*, S. 90.

21. Whitlock an Page, 19. Dezember 1914.

22. Gay und Fisher, *Public Relations*, Dokument 31, S. 48–49.

23. Ebd., S. 49.

24. Ebd., Dokument 43, S. 73–74.

25. Ebd.

26. Amara und Roland, *Gouverner En Belgique Occupée*, S. 99.

27. Ebd.

28. Ebd., S. 214.

29. Ebd.

30. Ebd., Bericht August 1916 bis Januar 1917, S. 334.

31. Ebd., Bericht Februar bis Juli 1916 / Juli 1916 bis Januar 1917, S. 298.

32. Hansard, House of Commons, Debatte vom 10. Juli 1916, Bd. 84, c7.

33. Hansard, House of Commons, Debatte vom 18. Juli 1916, Bd. 84, c818.

34. Amara und Roland, *Gouverner En Belgique Occupée*, S. 55 ff.

35. Gay und Fisher, *Public Relations*, Percy an Hoover, 26. Januar 1916, Dokument 46, S. 79.

36. Ebd., Dokument 48, S. 80–81.

37. Ebd., Dokument 49, S. 81–82.

38. Ebd., Dokument 50, S. 82–83.

39. *Rapport Général sur le functionement et les opérations du Comité National de Secours et d'Alimentation, 1914–1919*, S. 35.

40. Hansard, House of Commons, Debatte vom 20. Juli 1916, Bd. 84, cc1158–1160.

41. Ebd.

42. Hansard, House of Commons, Debatte vom 27. Juli 1916, Bd. 84, cc1841–1842.

43. Evelyn Cecil, Hansard, House of Commons, Debatte vom 10. August 1916, Bd. 85, cc1201–1202.

44. Ebd.

45. Hansard, House of Commons, Debatte vom 23. November 1916, Bd. 87, cc1547–1548.

46. Hansard, House of Commons, Debatte vom 31. Dezember 1916, Bd. 88, cc1588–1589.

47. Brand Whitlock, *The Letters and Journal, Kap. VII*, 17. November 1916, http://www.ourstory.info/library/2-ww1/Whitlock/bw07.html.

48. Ebd., 6. November 1916.

49. Ebd.

50. Ebd.

51. Ebd., 1. August 1916.

52. George H. Nash, *Herbert Hoover, The Humanitarian*, S. 219.

53. Memorandum an Walter Hines Page, 3. Mai 1916.

54. Nash und Fisher, *Herbert Hoover*, S. 204.

55. Kittredge, *The History of the Commission for the Relief in Belgium, 1914–1917*, S. 364.

56. Ebd., S. 371.

57. Ebd., S. 374.

58. Whitlock, *Letters and Journal*, Kap. VII, 17, 6. November 1916. [202] Nash, *Herbert Hoover, The Humanitarian*, S. 298.

59. Ebd., S. 300.

60. Gay und Fisher, *Public Relations for the Commission for Relief in Belgium, Dokument 158*, S. 278.

61. Ebd.
62. *Hawara and Normanby Star,* Bd. LXXII, 6. Januar 1917, S. 4.
63. *Sydney Morning Herald,* 20. Februar 1934. Nachruf auf William A. Holman, Präsident des Belgischen Hilfswerks von New South Wales.
64. Hamill, *The Strange Career of Mr Hoover,* S. 348.
65. Nash, *The Life of Herbert Hoover,* S. 311.
66. Gay und Fisher, *Public Relations for the Commission for Relief in Belgium,* Dokuments 134–137, S. 241–248.
67. Nash, *The Life of Herbert Hoover,* S. 312.
68. Gay und Fisher, *Public Relations for the Commission for Relief in Belgium,* Dokument 240, S. 361.
69. Ebd., S. 354.
70. *The Times,* 17. März 1917, S. 8.
71. Sir Maurice de Bunsen, Aussage gegenüber der *Associated Press, New York Times* vom 6. März 1917.
72. Hamill, *The Strange Career of Mr Hoover,* S. 348.
73. Hoover-Telegramm 93 an das Londoner Büro des Belgischen Hilfswerks, 13. Februar 1917.
74. Nash, *The Life of Herbert Hoover,* S. 320.
75. *New York Times,* 14. Februar 1917.
76. Nash, *The Life of Herbert Hoover,* S. 326.
77. Whitlock, *Letters and Journals,* 4. März 1917.
78. Ebd., 13. März 1917.
79. Kittredge, *The History of the Commission for Relief in Belgium,* S. 418.
80. Nash, *The Life of Herbert Hoover,* S. 339.
81. Kittredge, *The History of the Commission for Relief in Belgium,* S. 435–442.
82. Amara und Roland, *Gouverner En Belgique Occupée,* S. 298.
83. Nash, *The Life of Herbert Hoover,* S. 358.
84. Gay und Fisher, *Public Relations for the Commission for Relief in Belgium,* Dokument 168, S. 286.
85. *New York Times,* 4. Mai 1917.
86. *The Times,* 20. Juli 1917, S. 5.
87. Gay und Fisher, *Public Relations of the Commission for Relief in Belgium,* Dokument 18, S. 19.
88. Nash, *Herbert Hoover, The Humanitarian,* S. 69–70.
89. Gay und Fisher, *Public Relations of the Commission for Relief in Belgium,* Dokument 147, S. 266.
90. Ebd., Dokument 134, S. 241–242.
91. Ebd., Dokument 140, S. 252–255.
92. Nash, *Herbert Hoover,* S. 176.
93. Das Massaker, das 1919 in Amritsar stattfand, ist auch als Jallianwala-Bagh-Massaker bekannt. *http://www.sikh-history.com/sikhhist/events/jbagh.html.*
94. Nash, *Herbert Hoover,* S. 270.
95. Liggett, *The Rise of Herbert Hoover,* S. 209.
96. Ebd., S. 210–211.
97. *http://www.encyclopedia.com/topic/Anglo_American_Corp._of_South_Africa_Limited.aspx.*
98. The Commission for the Relief in Belgium, *Balance Sheet and Accounts,* veröffentlicht 1921, S. 86. *https://babel.hathitrust.org/cgi/pt?id=loc.ark:/13960/t58d0dr51;view=1up;seq=7.*
99. Nash, *Herbert Hoover,* S. 274.

Kapitel 18

1. *Secrets and Spies, BBC Radio 4,* Sendung vom 15. September 2015.
2. Die möglicherweise schlimmste aller Propaganda-Hagiografien ist *The Martyrdom of Nurse Cavell: The Life Story of the Victim of Germany's Most Barbarous Crime* von William Thomson Hill.

Erschienen 1915 in London bei Hutchinson & Co.

3. H.C. Peterson, *Propaganda for War,* S. 61.
4. Diana Souhami, *Edith Cavell,* S. 105.
5. Ebd., S. 19.
6. *The British Journal of Nursing,* Mai 1924, S. 112.
7. Helen Judson, *Edith Cavell. The American Journal of Nursing,* Juli 1941, S. 871.
8. *Nursing Mirror and Midwives' Journal,* Bd. XXI, Nr. 526.
9. Hoehling, A. (1957). *The Story of Edith Cavell; The American Journal of Nursing,* S. 1320–1322.
10. Kenneth Bertrams, Nicholas Coupain, Ernest Homburg, Solvay, *History of a Multinational Family Firm,* S. 2.
11. *New York Times,* 27. April 1915.
12. Absatz 58 des deutschen Militärstrafgesetzbuchs.
13. Princess Marie De Croy, *War Memories,* S. 100–211. *https://archive.org/details/warmemories00croyuoft.*
14. Emmanuel Debruyne, »Patriotes désintéressés ou espions vénaux? Agents et argent en Belgique et en France occupées, 1914–1918«, in: *Guerre mondiales et conflits contemporains, 2008/4,* Nr. 232, S. 25–45.
15. Christopher Andrew, *Secret Service, The Making of the British Intelligence Service,* S. 45.
16. de Croy, *War Memories,* S. 117.
17. Ebd., S. 111.
18. Harry Beaumont, *Old Contemptible,* S. 148.
19. de Croy, *War Memories,* S. 106.
20. Ebd., S. 111.
21. Ebd.
22. George Gay und H.H. Fisher, *The Public Relations of the Commission for Relief in Belgium, Dokument 33, S. 52–53. http://www.gwpda.org/wwi-www/CRB/CRB1-TC.htm.*
23. de Croy, *War Memories,* S.131.
24. Ebd.
25. Ebd., S. 118.
26. *The Times,* 15. August 1914, S. 8.
27. *Nursing Mirror and Midwives' Journal,* Bd. XXI, Nr. 526, S. 57.
28. Souhami, *Edith Cavell,* S. 200–203.
29. Ebd., S. 248.
30. Ebd., S. 259.
31. *Nursing Mirror and Midwives' Journal,* Bd. XXI, Nr. 526, S. 57.
32. Ebd., S. 63.
33. Ebd., S. 64.
34. Ebd.
35. Beaumont, *Old Contemptible,* S. 154.
36. Souhami, *Edith Cavell,* S. 221.
37. Beaumont, *Old Contemptible,* S. 95.
38. Ebd., S. 181.
39. Souhami, *Edith Cavell,* S. 271.

Kapitel 19

1. Marie de Croy, *War Memories,* S. 127.
2. Brand Whitlock, *Belgium under the German Occupation, a personal narrative,* Bd. 2, S. 46.
3. Diana Souhami, *Edith Cavell,* S. 199.
4. *La Libre Belgique,* Ausgabe 30, Juni 1915.
5. Phil Tomaselli, *BBC History Magazine,* September 2002, S. 6.
6. 2001/02 freigegebene Unterlagen des Public Records Office, die oben zitiert werden.
7. Tomaselli, *BBC History Magazine,* September 2002, S. 6.

8. Ebd.

9. Ebd.

10. Unser Dank geht an unseren Kollegen Hugo Lueders aus Belgien, der uns an den Ergebnissen seiner persönlichen Recherche teilhaben ließ. Hugos hervorragende Arbeit lässt sich abrufen unter centenarynews.com. https://www.academia.edu/9532093/EDITH_S_WONDERLAND_IN_MEMORIAM_OF_EDITH_CAVELL_12_OCTOBER_1915#signup/close.

11. Harry Beaumont, *Old Contemptible,* S. 192.

12. Ebd., S. 172.

13. Emmanuel Debruyne und Jehanne Paternostre, *La résistance au quotidien 1914–1918, Témoignages inédits,* Racine, Brüssel, 2009: *Trois échelons vers la Hollande,* S. 45–51, zitiert von Hugo Lueders, siehe weiter unten.

14. Dame Stella Rimington, *BBC Radio 4, Secrets and Spies,* Sendung vom 15. September 2015.

15. Hugo Lueders, *Edith's Wonderland,* Fußnote 35 auf S. 15. *https://www.academia.edu/9532093/EDITH_S_WONDERLAND_IN_MEMORIAM_OF_EDITH_CAVELL_12_OCTOBER_1915#signup/close.*

16. Nicht datierte, handschriftliche Notiz von Capiau aus dem Privatarchiv von Herman Capiau, Centre de documentation, Musée Royal de l'Armée et d'Histoire militaire, Brüssel.

17. Siehe betreffende Seite auf: *whitlockfamilyassociation.com.s3amazonaws.com/sources/newspapers/NP0261.pdf.*

18. Dame Stella Rimington, *BBC Radio 4, Secrets and Spies,* Sendung vom 15. September 2015.

19. Whitlock, *Belgium under the German Occupation, a personal narrative,* Bd. 2, S. 138–139.

20. Ebd., S. 183.

21. Ebd., S. 225–226.

22. Hoover an Whitlock, 6. März 1916, Dokument 33, Gay und Fisher, *The Public Relations of the Commission for Belgian Relief,* S. 52.

23. *New York Times,* 18. März 1915.

24. *Nursing Mirror and Midwives' Journal,* Bd. XXI, Nr. 526, S. 64.

25. George H. Nash, *The Life of Herbert Hoover, The Great Humanitarian,* 1914–1917, S. 136.

26. *The Times,* 15. August 1914, S. 8.

27. Souhami, *Edith Cavell,* S. 271.

28. Project Gutenberg, *A Journal From Our Legation in Belgium,* von Hugh Gibson, *The Case of Miss Edith Cavell. http://webcache.googleusercontent.com/search?q=cache:http://net.lib.byu.edu/~rdh7/wwi/memoir/legation/Gibson8.htm.*

29. First World War Primary Documents, Maitre Gaston de Leval über die Hinrichtung von Edith Cavell. *http://www.firstworldwar.com/source/cavell_deleval.htm.*

30. Tracey Kittredge, *The History of the Commission for Relief in Belgium,* S. 97.

31. Beaumont, *Old Contemptible,* S. 173–174.

32. Souhami, *Edith Cavell,* S. 271.

33. de Croy, *War Memories,* S.192. *https://archive.org/details/warmemories00croyuoft.*

34. Charles F. Horne, *Source Records of the Great War,* Bd. III, National Alumni, 1923. *www.firstworldwar.com* – Primary Documents – Maitre Gaston de Leval on the Execution of Edith Cavell.

35. Jacqueline Van Til, *With Edith Cavell in Belgium,* S.125–131.

36. Souhami, *Edith Cavell,* S. 313.

37. *The Times,* 22. Oktober 1915, S. 9.

38. *www.firstworldwar.com–* Primary Documents – Hugh Gibson on the Execution of Edith Cavell.

39. John Hamill, *The Strange Career of Mr. Hoover, Under Two Flags,* S. 333.

40. Charles Tytgat, *Nos Fusillés (raconteurs et espions),* S. 67. *http://www.bel-memorial.org.*

41. *La Belgique et la guerre.* Georges Rancy, Edition Henri Bertels, 1927. *http://www.1914–1918.be/album.php?Album=photos2/president_hoover.*

42. Brand Whitlock an von der Lancken, 31. August 1915, zitiert in: Whitlock, *Belgium Under the German Occupation,* Bd. 2, S. 4.

43. Baron von der Lancken an Whitlock, 12. September 1915, zitiert in: Whitlock, *Belgium Under the German Occupation,* Bd. 2, S. 5.

44. Tytgat, *Nos Fusillés (raconteurs et espions),* S. 68–69.

45. Sadi Kirschen, *Devant les Conseils de Guerre Allemandes,* S. 54.

46. Ebd., S. 136.

47. Ebd., S. 55.

48. *www.firstworldwar.com* – Primary Documents, Maitre G. de Leval über die Hinrichtung von Edith Cavell, 12. Oktober 1915.

49. Whitlock, *Belgium Under German Occupation,* Bd. 2, S. 2. *http://www.firstworldwar.com/source/cavell_deleval.htm.*

50. Ebd., S. 3.

51. de Croy, *War Memories,* S. 127–8. *https://archive.org/details/warmemories00croyuoft.*

52. Antoine Redier, *La Guerre des Femmes, Histoire de Louise de Bettignes et de ses compagnes,* S. 30.

53. Ebd., S. 186.

54. Souhami, *Edith Cavell,* S. 325.

55. de Croy, *War Memories,* S. 176.

56. Whitlock, *Belgium Under German Occupation,* Bd. 2, S. 11.

57. Katie Pickles, *Transnational Outrage – The Death and Commemoration of Edith Cavell,* S. 29.

58. Souhami, *Edith Cavell,* S. 249.

Kapitel 20

1. Marie de Croy, *War Memories,* S. 179.

2. Ebd., S.190.

3. Brand Whitlock, *Letters and Journals,* 11. Oktober 1915. *http://www.ourstory.info/library/2-ww1/Whitlock/bw05.html.*

4. Ebd.

5. Brand Whitlock, *Belgium under the German Occupation,* Bd. 2, S. 15. http://archive.org/stream/belgiumundergerm02whit#page/68/mode/2up/search/edith+cavell.

6. Ebd.

7. Ebd., S. 19.

8. Hugh Gibson, *A Journal from our Legation in Belgium.*

9. *firstworldwar.com,* Primärquellen: The Rev H. Stirling Gahan on the execution of Edith Cavell. *Source Records of the Great War,* Bd. III, Hrsg. Charles F. Horne, National Alumni 1923.

10. *Exchange Telegraph,* Paris, 2. November 1915.

11. *firstworldwar.com,* Primärquellen: Alfred Zimmermann über die Hinrichtung von Edith Cavell.

12. Ebd.

13. Marie de Croy, *War Memories,* S. 165.

14. Ebd., S. 176.

15. *New York Times,* 10. Juli 1917.

16. Harry Brittain, *Pilgrim Partners, Forty Years of British American Fellowship,* S. 110–111.

17. Charles Tytgat, *Nos Fusillés (recruteurs et espions)*, S. 66.

18. *The Times*, 16. Mai 1919.

19. Whitlock, *Belgium under the German Occupation*, Bd. 2, S. 49.

20. Ebd., S. 51.

21. Amara, Michael und Hubert Roland, *Gouverner En Belgique Occupée*, S. 124.

22. Whitlock, *Belgium under the German Occupation*, Bd. 2, S. 55.

23. George H. Nash, *Herbert Hoover the Humanitarian*, S. 201.

24. Whitlock, *The Letters and Journals*, Kap. 6. (7. Februar 1916)

25. Ebd., Kap. 6, Anm. 7.

26. Nash, *Herbert Hoover the Humanitarian*, S. 201.

27. Richard Norton Taylor, *The Guardian*, 12. Oktober 2005.

28. *The Times*, 20. Oktober 1915, Editorial und S. 9.

29. Ebd.

30. Hansard, House of Lords, Debatte vom 20. Oktober 1915, cc1100–1104.

31. William Thomson Hill, *The Martyrdom of Nurse Cavell, The Life Story of the Victim of Germany's Most Barbarous Crime* (With Illustrations).

32. *The Times*, 16. Mai 1919, S. 13–14.

33. Ebd., S. 14.

34. Phil Tomaselli, *BBC History*, September 2002, S. 6.

35. Hugo Lueders, *https://www.academia.edu/9532093/EDITH_S_WONDERLAND_IN_MEMORIAM_OF_EDITH_CAVELL_12_OCTOBER_1915#signup/close.*

36. A.G. Gardner, *The Guardian*, 23 Oktober 1915; zitiert in: Irene Cooper Willis, *England's Holy War*, S. 231.

37. Dame Stella Rimington, *Secrets and Spies, BBC Radio 4*, Ausstrahlung vom 15. September 2015. *http://www.bbc.co.uk/programmes/b069wth6.*

38. National Archives, PRO/CP 1813, S. 424.

39. Ebd., S. 428.

40. Hansard, House of Lords, Debatte vom 20. Oktober 1915, Bd. 19, cc1100–1104.

41. Whitlock, *The Letters and Journals of Brand Whitlock*, Kap. V, 6. bis 9. Oktober 1915.

42. Diana Souhami, *Edith Cavell*, S. 346.

43. Ebd., S. 320.

44. Whitlock, *The Letters and Journals*, Kap. 5, 11. Oktober 1915. *http://www.ourstory.info/library/2-ww1/Whitlock/bw05.html.*

45. *New York Times*, 2. November 1915.

46. Sophie Schaepdrijver und Gabriel Petit, *The Death and Life of a Female Spy*, S. 92.

47. Whitlock, *Belgium Under German Occupation*, S. 198.

48. Vernon Kellogg, *Fighting Starvation*, S. 66.

49. Ebd.

50. Schaepdrijver und Petit, *The Death and Life of a Female Spy*, S. 92.

51. *The Times*, 18. Juni 1962, S. 14; Rhodri Jeffreys-Jones, Sir William Wiseman, *Oxford Dictionary of National Biography;* Christopher Andrews, *Secret Service, The Making of the British Intelligence Service*, S. 209.

52. Dame Rimington, *Secrets and Spies, BBC Radio 4*, Ausstrahlung vom 15. September 2015.

53. Gay, George und H.H. Fisher, *Public Relations of the Commission for Relief in Belgium*, Dokumente 46–50, S. 79–84.

54. Marie de Croy, *War Memories*, S. 204.

Kapitel 21

1. Hew Strachan, *The Morale of the German Army, 1917–18*, in: Hugh Cecil and Peter H. Liddle, *Facing Armageddon*, S. 383.
2. B.S. McBeth, *British Oil Policy 1919–1939*, S. 20.
3. Gerry Docherty und Jim Macgregor, *Verborgene Geschichte – Wie eine geheime Elite die Menschheit in den Ersten Weltkrieg stürzte*, S.10–15.
4. Carroll Quigley, *The Anglo-American Establishment*, S. 311.
5. Docherty und Macgregor, *Verborgene Geschichte – Wie eine geheime Elite die Menschheit in den Ersten Weltkrieg* stürzte S. 175 und S. 406.
6. Hansard, House of Lords, *Anglo–Persian Oil Co. Acquisition of Capital (Bill)*, Debatte vom 7. August 1914, Reihe 5, Bd. 17, cc461–462.
7. John Howard Morrow, *The Great War – An Imperial History*, S. 26.
8. Keith Jeffrey, *The British Army and the Crisis of Empire*, S. 36.
9. Dr. F.C. Gerretson, *History of the Royal Dutch*, Bd. III, S. 65.
10. David S. Landes, *The Unbound Prometheus*, S. 327.
11. William Engdahl, *A Century of War*, S. 25.
12. Ebd.
13. Alison Frank, *The Petroleum War of 1910: Standard Oil, Austria, and the Limits of the Multinational Corporation, The American Historical Review*, 114 (1), S. 16–41.
14. *Neue Freie Presse* (Wien), 24. September 1910.
15. Frank, *The Petroleum War*, S. 17.
16. Ebd., S. 28.
17. Ebd., S. 41.
18. *The Tablet*, 1. Juni 1912, S. 32.
19. *The Times*, 14. November 1916, S. 3.
20. Alison Frank, *Oil Empire, Visions of Prosperity in Austrian Galicia*, S. 171–173.
21. Ebd., S. 173.
22. 150 Years of Oil in Romania. *http://romaniancoins.org/10lei07petrol.html.*
23. Ebd.
24. Keith Hitchins, *Romania 1866–1947*, S. 192.
25. Daniel Yergin, The Prize, The Epic Quest for Oil, Money and Power, S. 163.
26. 61. Kongress der Vereinigten Staaten, 2. Sitzung, Senatsdokument 593, National Monetary Commission, *The German Great Banks and Their Concentration in Connection with The Economic Development of Germany* von Dr J. Reisser. *http://babel.hathitrust.org/cgi/pt?id=uc2.ark:/13960/t7cr5qn19;view=1up;seq=432.*
27. *New York Times*, 16. Mai 1911. Die Artikel erklären das Urteil des Supreme Courts. *http://query.nytimes.com/gst/abstract.htmlres=9900E5DA1431E233A-25755C1A9639C946096D6CF.*
28. M.Y.M. Babayev, *Baku Baron Days, https://www.azer.com/aiweb/categories/magazine/ai122_folder/122_articles/122_foreign_investment.html.*
29. Professor Robert W. Tolf, *The Russian Rockefellers*, S. 90–92.
30. Ron Chernow, *Titan*, S. 246.
31. Ebd.
32. Ebd., S. 247.
33. Ebd., S. 248.
34. Ebd.
35. Gerretson, *History of the Royal Dutch*, Bd. III, S. 80–81.
36. Ebd., S. 123.
37. Yergin, *The Prize*, S. 116.
38. Niall Ferguson, *The House of Rothschild*, S. 242.

39. Landes, *The Unbound Prometheus,* S. 290.
40. Docherty und Macgregor, *Verborgene Geschichte – Wie eine geheime Elite die Menschheit in den Ersten Weltkrieg stürzte,* S. 12.
41. *New York Times,* 10. Februar 1902.
42. 61. Kongress der Vereinigten Staaten, 2. Sitzung, Senatsdokument 593, National Monetary Commission, *The German Great Banks and Their Concentration in Connection with The Economic Development of Germany* von Dr J. Reisser.
43. Ebd., S. 412.
44. Ebd.
45. Fritz Stern, *Gold and Iron: Bismarck, Bleichröder and the Building of the German Empire,* S. 9–11.
46. Gerretson, *History of the Royal Dutch,* Bd. III, S. 119.
47. Ebd., S. 82.
48. Landes, *The Unbound Prometheus,* S. 235–237.
49. Alfred Dupont Chandler, *Scale and Scope: The Dynamics of Industrial Capitalism,* S. 438.
50. Ferguson, *The House of Rothschild,* S. XXVII.

Kapitel 22

1. William Engdahl, *A Century of War,* S. 20.
2. 1912 wurde der pensionierte Admiral Jackie Fisher zum Vorsitzenden der Königlichen Kommission ernannt, die sich mit flüssigen Treibstoffen befasste. Hintergrund war die Entscheidung, die gesamte Flotte auf Öl umzustellen. Der als »geheim« klassifizierte Bericht der Fischer-Kommission erschien am 27. November 1912, zwei Anschlussberichte folgten am 27. Februar 1913 und am 10. Februar 1914. Siehe Nationalarchiv.
3. Dr. F.C. Gerretson, *History of the Royal Dutch,* Bd. 1, S. 214.
4. *The Times,* 1. Juli 1908. Gerretson, History of the Royal Dutch, Bd. 2, S. 197–198.
5. Gerretson, *History of the Royal Dutch,* Bd. 2, S. 303.
6. Glyn Roberts, *The Most Powerful Man in the World, The Life of Sir Henri Deterding,* S. 106.
7. Engdahl, *A Century of War,* S. 63.
8. Gerretson, *History of the Royal Dutch,* Bd. 3, S. 228.
9. Ebd.
10. R.W. Ferrier, *The History of the British Petroleum Company,* S. 5.
11. Engdahl, *A Century of War,* S. 20.
12. Ferrier, *The History of the British Petroleum Company,* S. 97.
13. Ebd., S. 105.
14. Engdahl, *A Century of War,* S. 93.
15. Allen voran Donald Smith, auch bekannt als Lord Strathcona. Der kanadische Geschäftsmann war in Schottland geboren und nun als Finanzier und Philanthrop unterwegs. Donna McDonald, *Lord Strathcona,* S. 467.
16. *http://www.measuringworth.com/ukcompare/relativevalue.php.* Dr. F.C. Gerretson, Historiker von Royal Dutch/Shell, erklärt, D'Arcy habe 170 000 Pfund in Aktien erhalten, während es bei Ferrier heißt, er habe 170 000 Aktien erhalten.
17. Ferrier, *The History of the British Petroleum Company,* S. 112.
18. Gerretson, *History of the Royal Dutch,* S. 231.
19. Donna McDonald, *Lord Strathcona,* S. 507–526.
20. Daniel Yergin, *The Prize,* S. 159.
21. Ebd., S. 158.

22. *The Times*, 18. Juni 1914, S. 12.
23. Yergin, *The Prize*, S. 161.
24. *The Times*, 23. Juni 1914, S. 19. »Company Meetings, Shell Transport and Trading Co. (Ltd)«.
25. *The Times*, 18. Juni 1914, S. 12. »Die Ansichten von Mr Ramsay MacDonald«.
26. Hansard, House of Commons Debatte vom 10. August 1914, Bd. 65, cc2308–2335.
27. Pilger, *The New Rulers of the World*, S. 101.
28. Engdahl, *A Century of War*, S. 20.
29. Yergin, *The Prize*, S. 163.
30. Hansard, House of Commons, Debatte vom 5. August 1914, Bd. 65, cc2001.
31. *http://www.measuringworth.com/ukcompare/relativevalue.php*.
32. Churchill behauptete später ohne zu zögern, die aus diesem Unterfangen erzielten Erlöse bedeuteten, dass alle zwischen 1912 und 1914 gebauten Großkampfschiffe den britischen Steuerzahler nichts gekostet hätten. Winston Churchill, *The World Crisis* 1911–1918, S. 77.
33. *The Times*, 18. Juni 1914, S. 12.
34. Gerretson, *History of the Royal Dutch*, Bd. 4. Der Einschub auf S. 174–175 zeigt die komplexe Firmenstruktur des gewaltigen Konzerns Royal Dutch/Shell im Jahr 1914.
35. Ebd., S. 282.
36. Hansard, House of Commons, Debatte vom 17. Juli 1913, Bd. 55, cc1465–1583.
37. Hansard, House of Commons, Debatte vom 17. November 1914, Bd. 68, cc314–317.
38. Rear-Admiral M.W.W.P. Consett, *The Triumph of Unarmed Forces*, S.180.
39. Ebd.
40. Pierre de la Tramerye, *The World Struggle for Oil*, S. 103.
41. Consett, *The Triumph of Unarmed Forces*, S. 180–189.

Kapitel 23

1. E. Keble Chatterton, *The Big Blockade*, S. 73.
2. »The United States and War: President Wilson's Notes on the Lusitania and Germany's reply«, *Brooklyn Daily Eagle*, Bd. XXX (1915), S. 47.
3. Paul König, *Voyage of the* Deutschland, *The First Merchant Submarine*, S. 19. König war der Kapitän der *Deutschland*.
4. Dwight Messimer, T*he Baltimore Sabotage Cell, German Agents, American Traitors and the U-boat* Deutschland *During World War 1*, S. 139.
5. Carroll Quigley, *The Anglo-American Establishment*, S. 38.
6. Hansard, House of Commons, Debatte vom 31. Juli 1916, Bd. 84, cc2044–2046.
7. Im Parlament wurden immer wieder Fragen zum rumänischen Öl gestellt: Wie sahen die Besitzverhältnisse aus, wer besaß Aktien an welchen Unternehmen, wohin flossen die Kriegsgewinne? Beispielhaft dazu: Hansard, House of Commons, Debatte vom 6. Januar 1916, Bd. 77, cc1079–80.
8. Daniel Yergin, *The Prize*, S. 163.
9. C.R.M.F. Crutwell, *A History of the Great War*, S. 292.
10. Winston S. Churchill, *The World Crisis 1911–1918*, S. 675–679.
11. David Lloyd George, *War Memoirs*, Bd. 1, S. 548.
12. Ebd., S. 549.
13. Sir William Robertson, *Soldiers and Statesmen 1914–1918*, Bd. II, S. 127.
14. Lloyd George, *War Memoirs*, Bd. I, S. 549.
15. Ebd.

16. *The Times*, 11. Dezember 1916, S. 8.

17. Yergin, T*he Prize*, S. 164–165.

18. David Stevenson, *With Our Backs to the Wall: Victory and Defeat in 1918*, S. 225.

19. Liddell Hart, *History of The First World War*, S. 350.

20. Lloyd George, *War Memoirs*, Bd. II, S. 1921.

21. Ebd.

22. R.W. Ferrier, *History of the British Petroleum Company*, Tabelle 6.9, S. 236.

23. Ebd., Tabelle 6.6, S. 231.

24. *New York Times*, 24. Juli 1919.

25. Ebd.

Kapitel 24

1. Für ausführliche Informationen über die »Roberts-Akademie«, die privilegierte Clique von Militärs, die nach dem Burenkrieg die militärische Strategie und die militärischen Planungen der britischen Streitkräfte in den Jahren bis zum Ersten Weltkrieg dominierte, siehe Gerry Docherty und Jim Macgregor, *Verborgene Geschichte – Wie eine geheime Elite die Menschheit in den Ersten Weltkrieg stürzte*, S. 217–226.

2. *Ministry of Munitions*, Bd. 1, Teil 1, S. 21.

3. Hew Strachan, *The First World War*, Bd. 1, S. 997.

4. Hansard, House of Commons, Debatte vom 13. Juni 1911, Bd. 26, cc1459–1497.

5. David Lloyd George, *War Memoirs*, S. 76–77.

6. Strachan, *The First World War*, Bd. 1, S. 1000.

7. Lloyd George, *War Memoirs*, S. 84.

8. Strachan, *The First World War*, S. 998.

9. Nicholas A. Lambert, »Our Bloody Ships«, *Journal of Military History*, 1998, S. 36.

10. *Ministry of Munitions*, Bd. 1, Teil 1. S. 96.

11. Jon Tetsuro Sumido, »British Naval Operational Logistics, 1914–1918«, *Journal of Military History*, Bd. 57, Nr. 3, Juli 1993, S. 453.

12. Strachan, *The First World War*, S. 1001.

13. Lloyd George, *War Memoirs*, S. 89.

14. Michael und Eleanor Brock, *HH Asquith, Letters to Venetia Stanley*, S. 267.

15. Kathleen Burk, *Britain, America and the Sinews of War*, S. 14.

16. Docherty und Macgregor, *Verborgene Geschichte – Wie eine geheime Elite die Menschheit in den Ersten Weltkrieg stürzte*, S. 314.

17. Kathleen Burk, *War and the State, The Transformation of British Government 1914–18*, S. 89.

18. Lloyd George, *War Memoirs*, Bd. 1, S. 70.

19. Burk, *Britain, America and the Sinews of War*, S. 14.

20. J.P. Morgan, New York, an E.C. Grenfell, 11. November 11, 1914, PRO LG/C/1/1/32.

21. Edward Grenfell an David Lloyd George, 13. November 1914, PRO, LG/C/1/1/33.

22. Lloyd George an Grenfell, PRO LG/C/1/1/34.

23. Chris Wrigley, *The Ministry of Munitions* in: *Kathleen Burk, War and the State*, S. 41.

24. Burk, *Britain, America and the Sinews of War*, S. 18.

25. Docherty und Macgregor, *Verborgene Geschichte – Wie eine geheime Elite die Menschheit in den Ersten Weltkrieg stürzte*, S. 212–214.

26. Burk, *War and the State*, S. 90.

27. Hansard, House of Commons, Debatte vom 20. April 1915 , Bd. 71, cc175–176.

28. Lloyd George, *War Memoirs*, Bd. 1, S. 79–80.

29. Richard Toye, *Lloyd George and Churchill,* S. 133.

30. Lloyd George, *War Memoirs,* S. 82.

31. Ebd., S. 86–87.

32. Ebd., S. 89.

33. A.M. Gollin, *Proconsul in Politics,* S. 45–49.

34. Defence of the Realm Act (D.O.R.A.) Nr. 2 Act, 16. März 1915.

35. Defence of the Realm Act, 4 and 5 Geo. 5 c. 29, 8. August 1914.

36. D.O.R.A. No. 2 Act, 16. März 1915, Abschnitt 2E.

37. Ebd., Abschnitt 6A.

38. *http://www.theodora.com/encyclopedia/m2/munitions_of_war.html.*

39. Rudolf G. Binding, *A Fatalist At War,* S. 22.

40. Debatte vom 15. März 1915 im House of Lords, Bd. 18, cc719–724.

41. Brock, *HH Asquith, Letters to Venetia Stanley,* S. 488–9; und Lloyd George, *War Memoirs,* Bd. 1, S. 113–115.

42. Reginald Pound und Geoffrey Harmsworth, *Northcliffe,* S. 474.

43. Lloyd George, *War Memoirs,* S. 116.

44. Hansard, House of Commons, Debatte vom 21. April 1915 , Bd. 71, cc864–926.

45. Ebd.

46. Ebd., Bd. 71, cc918–919.

47. Harry J. Wilson, *Inspector of Factories,* 3. April 1915, zitiert in: *http://www.inverclydeshipbuilding.co.uk/home/general-history/drink-absenteism.*

48. *The Times,* 1. April 1915, S. 8.

49. Die Schlacht ist unter den Namen Festubert, Givenchy und Fromelles bekannt. Siehe A.M. Gollin, *Freedom or Control in the First World War, Historical Reflections,* 1976, S. 148.

50. *http://www.1914–1918.net/bat11.htm.*

51. Hugh Cecil und Peter H. Liddle, *Facing Armageddon, The First World War Experienced,* S. 42.

52. Trevor Royle, *The Kitchener Enigma,* S. 292.

53. Ebd., S. 290.

54. Cecil und Liddle, *Facing Armageddon,* S. 42.

55. Royle, *The Kitchener Enigma,* S. 290.

56. Docherty und Macgregor, *Verborgene Geschichte – Wie eine geheime Elite die Menschheit in den Ersten Weltkrieg stürzte,* S. 159.

57. Carroll Quigley, *The Anglo-American Establishment,* S. 13.

58. Milner Papers, Milner an Birchenough, 13. Mai 1915.

59. Gollin, *Proconsul in Politics,* S. 253.

60. Pound und Harmsworth, *Northcliffe,* S. 477.

61. *Daily Mail,* 21. Mai 1915. Siehe auch das Historische Archiv der *Daily Mail* unter *http://gale.cengage.co.uk/daily-mail-historical-archive/subjects-covered.aspx.*

62. John Pollock, *Kitchener,* S. 443–444.

63. Pound und Harmsworth, *Northcliffe,* S. 478.

64. Ebd.

65. Alex Brummer, *Daily Mail,* 28. Dezember 2012, Verweis auf Forschung von Professor Richard Roberts, Kings College, London.

66. Pound und Harmsworth, *Northcliffe,* S. 479.

67. Edward David, *Inside Asquith's Cabinet,* S. 242.

68. Donald McCormick, *The Mask Of Merlin,* S. 102.

69. J. Lee Thompson, *Forgotten Patriot,* S. 315.

70. Milner an Gwynne, 10. Mai 1915; in Thompson, *Forgotten Patriot,* S. 315.

71. Lloyd George, *War Memoirs,* S. 144.

72. George H. *Cassar, Kitchener, Architect of Victory,* S. 343.

73. McCormick, *The Mask of Merlin,* S. 100–101.

74. Hew Strachan, *The First World War,* Bd. 1, S. 1077.

75. McCormick, *The Mask of Merlin,* S. 102.

76. Rodger Davidson, *Oxford Dictionary of National Biography, http://www.oxforddnb.com/view/article/36147.*

77. Burk, *Britain, America and the Sinews of War,* S. 18.

78. *Daily Mail,* 26. Mai 1915.

79. J. Lee Thomson, *Northcliffe, Press Baron in Politics, 1865–1922,* S. 242.

80. George A.B. Dewar und J.H. Boreston, *Sir Douglas Haig's Command,* Bd. 1, S. 69.

81. *Ministry of Munitions,* Bd. 1, Teil 1, S. 150.

82. Strachan, *The First World War,* Bd. 1, S. 1069.

83. Keith Grieves, *Oxford Dictionary of National Biography, http://www.oxforddnb.com/view/article/33360.*

84. Wrigley, *The Ministry of Munitions: An Innovatory Department, in War and the State,* S. 39.

85. Lloyd George, *War Memoirs,* S. 150.

86. Strachan, *The First World War,* Bd. 1, S. 1079–1080.

87. The Times, 1. Juni 1915, S. 5.

88. Ebd., 4. Juni 1915, S. 9.

89. Ebd., 11. Juni 1915, S. 9.

90. Ebd., 14. Juni 1915, S. 8.

91. Ebd., 18. Juni 1915, S. 5.

92. R.J.Q. Adams, »Delivering The Goods: Reappraising the Ministry of Munitions: 1915–1916«, *Albion: A Quarterly Journal Concerned with British Studies,* Bd. 7, Nr. 3 (Herbst 1975), S. 232–244.

93. »Rules For The Limitation of Profits In Controlled Establishments«, PRO MUN /5/100/360/13.

94. *http://sites.scran.ac.uk/redclyde/redclyde/rceve5.htm.*

95. T.C. Smout, *A Century of the Scottish People, 1830–1950,* S. 268–269.

96. *The Times,* 27. Dezember 1915, S. 3.

97. Hansard, House of Commons, Debatte vom 7. November 1921, Bd. 148, cc17–18.

98. Richard Lewinsohn, *Sir Basil Zaharoff,* S. 21–22.

99. Robert Neumann, *Zaharoff the Armaments King,* S. 9.

100. McCormick, *The Mask of Merlin,* S. 201.

101. *The Times,* 6. Juli 1918, S. 9.

102. Lewinsohn, *Zaharoff the Armaments King,* S. 110.

103. Ferguson, *The House of Rothschild,* S. 354.

104. D.G. Paterson, »Spin Off and the Armaments Industry«, *Economic History Review,* Bd. 24, Ausgabe 3, S. 463–468.

105. Guiles Davenport, *Zaharoff, High Priest of War,* S. 154.

106. William Stewart, *J. Keir Hardie,* S. 340.

107. Discours de Jean Jaurès, Lyon-Vaise, 25. Juli 1915. *http://atelier-histoire.ens-lyon.fr/AtelierHistoire/episodes/ …/5.*

108. Stewart, *J. Keir Hardie,* S. 340.

109. John T. Flynn, *Men of Wealth,* S. 372.

110. McCormick, *The Mask of Merlin,* S. 202.

111. Jean-Marie Moine, *Basil Zaharoff (1839–46) »Le Marchand de Canons«, Ethnologie française nouvelle serie,* T. 36, No. 1, De la censure à l'autocensure (Januar bis März 2006), S. 143.

112. Donald McCormick, *The Mask of Merlin,* S. 206.

113. Ebd.

114. Moine, *Basil Zaharoff (1839–46) »Le Marchand de Canons«, Ethnologie* *française nouvelle serie,* T. 36, No. 1, De la censure à l'autocensure (Januar bis März 2006), S. 144.

115. Ebd., S. 140.

Kapitel 25

1. *The Times,* 12. November 1915, S. 9.

2. Trevor Royle, *The Kitchener Enigma,* S. 338.

3. Siehe *www.firstworldwarhiddenhistory.wordpress.com,* Munitions 4: *Lloyd George And Very Secret Arrangements.* Veröffentlicht am 24. Juni 2015.

4. Carroll Quigley, *The Anglo-American Establishment,* S. 313.

5. Stephen Roskill, *Hankey,* Bd. 1, 1877–1918. S. 237.

6. Sir George Arthur, *Kitchener,* Bd. III, S. 299.

7. Thomas Pakenham, *The Boer War,* S. 570.

8. Ebd., S. 551.

9. Lord Derby – Edward George Villiers Stanley, 17. Earl of Derby – half Kitchener bei dessen Rekrutierungsbemühungen. Als Generaldirektor für Rekrutierung setzte er im Oktober 1915 einen Plan um, zu dem das Melden von Freiwilligen sowie Wehrdienst gehörten. Nach Kitcheners Tod ernannte Asquith Lord Derby zum Unterstaatssekretär im Kriegsministerium. Derby war einer der wenigen Politiker, die das Vertrauen Kitcheners genossen.

10. Randolph S. Churchill, *Lord Derby, King of Lancashire,* S. 210.

11. Ebd.

12. Die vollständige Geschichte, wie die Geheime Elite Deutschland in einen Krieg trieb, können Sie nachlesen in: Gerry Docherty und Jim Macgregor, *Verborgene Geschichte – Wie eine geheime Elite die Menschheit in den Ersten Weltkrieg stürzte.*

13. PRO 30/57/53 Kitchener Papers.

14. Royle, *The Kitchener Enigma,* S. 348.

15. Edward Mandell House agierte im Weißen Haus als graue Eminenz hinter US-Präsident Woodrow Wilson. Der anglophile House war eng mit dem Finanzimperium von J.P. Morgan in New York verbunden und beriet den Präsidenten zu sämtlichen Aspekten des Kriegs in Europa.

16. Grey of Fallodon, *Twenty-Five Years,* Bd. III, S. 63.

17. Ebd., S. 68–71.

18. George Cassar, *Kitchener: Architect of Victory,* S. 474.

19. *The Times,* 1. Juni 1916, S. 10.

20. Churchill, *Lord Derby,* S. 210.

21. John Pollock, *Kitchener,* S. 471.

22. Randolph Churchill, *Lord Derby, King of Lancashire,* S. 209–210.

23. Churchill, *Lord Derby,* S. 210.

24. Roskill, *Hankey,* Bd. I: 1877–1918, S. 268.

25. Ebd., S. 269.

26. Cabinet Papers CAB 42/134/5/16.

27. Quigley, *The Anglo-American Establishment,* S. 153–160 und S. 313.

28. Dass es schlagartig zu Kitcheners Idee wurde, berichten diverse Historiker, darunter Trevor Royle, *The Kitchener Enigma* S. 356 , und John Pollock, *Kitchener,* S. 469.

29. Sir John Hanbury-Williams war der militärische Schreiber Lord Milners in Südafrika, ehe er 1900 Sekretär des Kriegsministers wurde. 1914 bis 1917 fungierte er als Leiter der britischen Militärmission in Russland und trug entscheidend dazu bei, dass die Regierung des Zaren Großbritannien dazu aufforderte, in ihrem Namen die Dardanellen anzugreifen.

30. PRO 30/57/67.

31. Pollock, *Kitchener,* S. 469.

32. Ebd., S. 470.

33. Royle, *The Kitchener Enigma,* S. 357.

34. Diese Anfrage kam überraschend und nahm Lloyd George aus der Gleichung, was die angedachte Reise nach Russland anbelangte. Er hatte überhaupt keine Erfahrung mit irischen Angelegenheiten. Er hatte in der Vergangenheit stets für die Home Rule gestimmt, und seine seltsame Intervention von 1916 änderte nichts an seiner Haltung. Der irische Historiker Jonathan Brandon schreibt, dass Lloyd George mit seinem doppelten Spiel das Schicksal der Irish Parliamentary Party besiegelte.

35. David Lloyd George, *War Memoirs,* S. 420.

36. Royle, *The Kitchener Enigma,* S. 357.

37. PRO 30/57/67, 27. Mai 1916.

38. Churchill, *Lord Derby,* S. 210.

39. Sir John Hanbury-Williams, *The Emperor Nicholas II, as I knew him,* S. 98.

40. Ebd., S. 99.

41. Ebd., S. 98–99.

42. Royle, *The Kitchener Enigma,* S. 358.

43. Arthur, *The Life of Lord Kitchener,* S. 349–350. Hier findet sich ein typisches Beispiel für die irreführende Vorstellung, der Zar habe den britischen Kriegsminister zu einem Besuch in Russland eingeladen.

44. *The Times,* 1. Juni 1916, S. 10.

45. Pollock, *Kissinger,* S. 475.

46. *The Times,* 3. Juni 1916, S. 8.

47. Nicholas A. Lambert, »Our Bloody Ships or Our Bloody System? Jutland and the loss of the Battle Cruisers, 1916«, *Journal of Military History,* Bd. 62, Nr. 1, Januar 1998, S. 47.

48. *http://www.battle-of-jutland.com/jutland-gains-losses.htm.*

49. S.W. Roskill, »The Dismissal of Admiral Jellicoe«, *Journal of Contemporary History,* Bd.1, Nr. 4 (Oktober 1966), S. 69.

50. Arthur Balfour war zum damaligen Zeitpunkt Erster Seelord. Er gehörte zum inneren Kreis der Geheimen Elite. Siehe Carroll Quigley, *The Anglo-American Establishment,* S. 17–18 und S. 312.

51. George H. Cassar, *Kitchener, Architect of Victory,* S. 476.

52. Ebd.

53. Alexander McAdie, »Fate and a Forecast«, *Harvard Graduate Magazine,* September 1923, S. 46.

54. Royle, *The Kitchener Enigma,* S. 364.

55. Reverend C.H. Hamilton, *The Times,* Leserbriefe, 9. Juni 1916, S. 9.

56. Hansard, House of Commons, Debatte vom 18. Februar 1914 Bd. 58, cc961–963W.

57. Beide Schiffe wurden aufgeführt in Churchills Listen mit 252 Schiffen, die mit Öl zu befeuern seien.

58. *The Times,* 10. August 1926, S. 9.

59. Royle, *The Kitchener Enigma,* S. 367.

60. Patrick Beesly, *Room 40 British Naval Intelligence 1914–1918,* S. 21–33.

61. National Archives ADM137/4105.

62. Royle, *Kitchener Enigma,* S. 369–370.

63. *Cassar, Kitchener, Architect of Victory,* S. 476 oder Royle, *Kitchener Enigma,* S. 480.

64. Jane E. Storey, *http://www.bjentertainments.co.uk/js/THE%20Orcadian.htm. The Arcadian, New Light On Hampshire Tragedy.*

65. Philip Magnus, *Kitchener, Portrait of an Imperialist,* S. 373.

66. Royle, *The Kitchener Enigma,* S. 374.

67. Joe Angus, Stromness, »World War One«, Orkney Public Library, Kirkwall, Interview für ein Tonarchiv von Eric Marwick.

68. Storey, *http://www.bjentertainments.co.uk/js/THE%20Orcadian.htm. The Arcadian, New Light On Hampshire Tragedy.*

69. Die Zeitangaben sind in Greenwich Mean Time (GMT). Die britische Sommerzeit ist eine Stunde weiter, entsprechend also GMT+1.

70. Royle, *Kitchener Enigma,* S. 372.

71. Aussage von Petty Officer Samuel Sweeney. Alle folgenden Zeugenaussagen wurden am 6. Juni 1916 um 14 Uhr telefonisch von O.C.W.P. durchgegeben.

72. Die genaue Zahl wird möglicherweise niemals bekannt werden. Royle spricht von 655 (S. 375), die Orkney Heritage Society beziffert die Zahl der Opfer mit 737, darin enthalten sind Männer, die beim Untergang der *Laurel Crown* starben. *http://www.orkneycommunities.co.uk/ohs/index.asp?pageid=592610.*

73. Das Carley-Floß bestand aus Kupfer- oder Stahlröhren, umgeben von einer schwimmfähigen Korkmasse. Das in Amerika produzierte Floß war starr und schwamm gleich gut, egal welche Seite oben war. Der Boden bestand aus Holz oder einem Gitter. Das Carley-Floß war während des Ersten Weltkriegs auf britischen Kriegsschiffen weit verbreitet.

74. *The Great War – I Was There,* Walter Farnden, Teil 15, S. 604–607.

75. Royle, *Kitchener Enigma,* S. 375.

76. W.S. Chalmers, »Brock, Sir Osmond de Beauvoir (1869–1947)«, rev. *Oxford Dictionary of National Biography,* Oxford University Press, 2004 *http://www.oxforddnb.com/view/article/32079.*

77. Storey, *http://www.bjentertainments.co.uk/js/THE%20Orcadian.htm.*

78. Ebd.

79. *The Times,* 7. Juni 1916. S. 10.

80. *The War Illustrated,* Bd. 4, 17. Juni 1916, S. 410.

81. *The Times,* 10. Juni 1916, S. 8.

82. *The Times,* 9. Juni 1916, S. 9.

83. Der Marinefriedhof in Lyness auf der Insel Hoy ist die letzte Ruhestätte von 445 Seeleuten aus dem Commonwealth. 109 davon starben während des Ersten Weltkriegs.

84. National Archives ADM 53/66480 und ADM 53/67364.

85. Royle, *Kitchener Enigma,* S. 371.

86. Viscount Jellicoe, *The Grand Fleet (1914–1916): Its Creation, Development and Work,* S. 427. Dort heißt es, Kitchener hätte drei Tage verloren, hätte er den Befehl gegeben, den Weg der *HMS Hampshire* von Minenräumern absuchen zu lassen. So verlor er sein Leben.

87. Hansard, House of Commons, Debatte vom 6. Juli 1916, Bd. 83 cc1796–1813.

88. Nach schottischem Recht wäre bei einem Unfall mit Todesfolge eine Untersuchung angezeigt gewesen. Dieser Prozess erfolgt vor einem Sheriff, ein Geschworenengericht ist dazu nicht erforderlich.

89. Hansard, House of Commons, Debatte vom 22. Juni 1916 , Bd. 83 cc316–313.

90. Wessons Dienstnummer lautete PO201136(PO). Eine volle Liste der Überlebenden und deren Dienstnummern wurde veröffentlicht.

91. *Sunday Express,* 8. Juli 1934.

92. Storey, *HMS Hampshire, Survivors and Their First Statements, http://www.bjentertainments.co.uk/js/survivors.htm%5D.*

93. Hansard, House of Commons, Debatte vom 6. Juli 1916, Bd. 83, cc1813.

94. Ebd.

95. Ebd.

96. *http://www.channel4.com/programmes/jutland-wwis-greatest-sea-battle.*

97. Hansard, House of Commons, Debatte vom 27. Juni 1916 Bd. 83 cc732–733.

98. *The Times,* 10. Februar 1926, S.10.

99. Ebd.

100. Cmd. 2710.

101. Fregattenkapitän Oskar Groos, *Der Krieg zur See 1914–18, Nordsee,* Bd. V, S. 201–202.

102. National Archives ADM 137/3138.

103. Groos, *Der Krieg zur See 1914–18,* Nordsee, Bd. V.

104. Information in Fußnote: *https://www.google.co.uk/url?sa=t&rct=j&q=&esrc=s&source=web&cd=1&ved=0ahUKEwj6-fzEvfrMAhVLDsAKHU30Am4QFggdMAA&url=http%3A%2F%2Fwww.rbls-kirkwall.org.uk%2Fmemorials%2FBur%2FGeorgePetrie.doc&usg=AFQjCNFPMO_PWaZWiQp6oJ3o_ONhNn72Ig&sig2=XPyFHttCwB_DkKyUPnrp_Q.*

105. National Archives ADM 137/3138.

106. Henry Newbolt, *History of the Great War, Based on Official Documents. Naval Operations,* Bd. IV, S. 1–21.

107. Lloyd George, *War Memoirs,* Bd. 1, S. 456.

108. Stephen Roskill, *Hankey,* Bd. I, S. 269.

109. Hankey, Tagebucheintrag vom 6. Juni 1916, zitiert in: Roskill, *Hankey,* Bd. 1, S. 279–280.

110. Lloyd George, *War Memoirs,* S. 456.

111. J. Lee Thomson, *Politicians, the Press and Propaganda, Lord Northcliffe & The Great War, 1914–1919,* S. 101.

112. *The Times,* 14. Juni 1914.

113. Boris L. Brasol, *The World At The Crossroads,* S. 80–81.

114. Lord Lansdowne, Hansard, House of Lords, Debatte vom 20. Juni 1916, Bd. 22, cc315–322.

115. House of Commons, Debatte vom 21. Juni 1916, Bd. 83, cc145–151.

116. John Buchan, *Episodes of the Great War,* S. 246–247.

117. *The Times,* 14. Juni 1914.

Kapitel 26

1. David French, »The Rise and Fall of Business as Usual«, *in Kathleen Burk, War and the State, The Transformation of the British Government, 1914–1919,* S. 10.

2. Kathleen Burk, *War and the State,* S. 90.

3. Michael Amara und Hubert Roland, *Gouverner En Belgique Occupée,* S. 99 und S. 214.

4. French, »The Rise and Fall of Business as Usual«, in Kathleen Burk, *War and the State,* S. 7.

5. David Lloyd George, *War Memoirs,* S. 70.

6. J. Lee Thompson, *Forgotten Patriot,* S. 483.

7. Henry Campbell-Bannerman starb am 22. April 1908 in 10 Downing Street an einem Herzinfarkt.

8. Andrew Bonar Law an Asquith, 17. Mai 1915.

9. Lloyd George, *War Memoirs,* S. 137.

10. Ebd., S. 135.

11. Roy Jenkins, *Asquith,* S. 360–361.

12. Hansard, House of Commons, Debatte vom 19. Mai 1915,, Bd. 71, cc2392–3.

13. Michael und Eleanor Brock, *HH Asquith, Letters to Virginia Stanley,* S. 598.

14. Brian P. Murphy, *Patrick Pearse and the Lost Republican Ideal,* S. 45.

15. Pat Walsh, *The Great Fraud of 1914–18,* S. 25.

16. Lloyd George, *War Memoirs,* S. 142.

17. Der exklusive Verbund aus Politikern und Finanziers, Botschaftern und Geschäftsleuten wurde 1902 in New York und London ins Leben gerufen. Sein Ziel: die engen Bande zwischen den englischsprachigen Völkern zu pflegen und die Werte der angelsächsischen Rasse zu verbreiten.

18. Anne Pimlott Baker, *The Pilgrims of America,* S. 4.

19. Roosevelt an Lloyd George, 1. Juni 1915, in voller Länge abgedruckt in: David Lloyd George, *War Memoirs,* S. 145.

20. Carroll Quigley, *The Anglo-American Establishment,* S. 313.

21. Stephen Roskill, *Hankey, Man of Secrets, 1877–1918,* S. 179–185.

22. Hansard, House of Lords, Debatte vom 20. Dezember 1915 , Bd. 20 cc696–744.

23. A.M. Gollin, *Proconsul in Politics,* S. 320.

24. Maurice Hankey, Tagebucheintrag vom 28. Oktober 1916, zitiert in Stephen Roskill, *Hankey: Man of Secrets,* S. 312.

25. Ebd.

26. Für eine ausführliche Untersuchung des Einflusses, den Lord Roberts auf das britische Militär ausübte, siehe Gerry Docherty und Jim Macgregor, *Verborgene Geschichte – Wie eine geheime Elite die Menschheit in den Ersten Weltkrieg stürzte.*

27. A.M. Gollin, *Hankey,* S. 313.

28. Ebd., S. 323–324.

29. F.S. Oliver, *Oxford Dictionary of National Biography,* Autor: Richard Davenport-Hines.

30. Alfred Milner, Leo Amery, Philip Kerr, William Waldorf Astor und Geoffrey Dawson ordnet Carroll Quigley in seinem Werk *The Anglo-American Establishment* ganz ausdrücklich in der »Gesellschaft der Auserwählten« ein, wie er sie nennt. Leander Starr Jameson dagegen zählt er zum äußeren Kreis. Wir haben den Kreis erweitert, vergrößert und unter dem Namen Geheime Elite zusammengefasst.

31. Thomas Pakenham, *The Boer War,* Prolog, S. 1–5.

32. Weil er an dem berühmt-berüchtigten »Jameson Raid« beteiligt war, wurde er zu 15 Monaten Gefängnis verurteilt, von denen er gerade einmal 3 absaß, dann wurde er begnadigt. Anschließend nahm seine Karriere Fahrt auf. Von 1904 bis 1908 war Starr Jameson Premierminister der Kapkolonie. 1912 kehrte er nach England zurück und blieb einer von Alfred Milners engsten Vertrauten.

33. Gollin, *Hankey,* S. 324.

34. Davenport-Hines, *Oxford Dictionary of National Biography.* s. oben.

35. Es ist stets sehr interessant zu beobachten, wie Historiker Dinge benennen. A.M. Collin tauft Milners Gruppe in *Proconsul in Politics* kühn »die Montagabendbande«, was sie ja auch war. Terence O'Brien in seinem Werk *Milner* hingegen spricht schlicht von der »Montagabendgruppe«, wodurch gar nicht erst der Verdacht aufkommt, es könne sich hier um eine Verschwörung handeln.

36. Amery Papers, »Notes for Monday's Meeting, 19th February 1916«.

37. Gollin, *Hankey,* S. 325.

38. *The Times,* 14. April 1916, S. 9.

39. *The Times,* 1. Dezember 1916, S. 9.

40. Tom Clarke, *My Northcliffe Diary,* S.107.

41. Docherty und Macgregor, *Verborgene Geschichte – Wie eine geheime Elite die Menschheit in den Ersten Weltkrieg stürzte,* Kap. 12, S. 179–190.

42. Später Viscount Lee of Farnham. Wie bei so vielen anderen Mitgliedern der Geheimen Elite wurde auch ihm die Loyalität mit politischen Ämtern vergolten, unter anderem als Generaldirektor der Lebensmittelproduktion (1917–18), Landwirtschaftsminister (1919–21) und Erster Lord der Admiralität (1921–22). Er stiftete dem Staat sein Anwesen Chequers, das bis heute als Landgut der britischen Premierminister fungiert.

43. Gollin, *Hankey,* S. 348 und S. 354.

44. A. Clark, *A Good Innings: the private papers of Viscount Lee of Fareham,* S. 92.

45. Ebd., S. 140.

46. Lloyd George, *War Memoirs,* S. 346.

47. V.W. Baddeley, »Lee, Arthur Hamilton, Viscount Lee of Fareham (1868–1947)«, rev. Marc Brodie, *Oxford Dictionary of National Biography.*

48. Edward Mandell House und Charles Seymour, *The Intimate Papers of Colonel House,* 1915–1917, S. 175.

49. Zu diesem Zeitpunkt finden sich tagtäglich Beispiele für die schreckliche Verschwendung von Menschenleben, die sich an der Westfront abspielte. Beispielhaft sei die *Times* vom 1. Februar 1916, S. 10, genannt.

50. Ab 1905 hatten sich Alfred Milner und die anderen Mitglieder der Tafelrunde in Großbritannien unermüdlich für das Empire starkgemacht und versucht, es auf »den kommenden Krieg« vorzubereiten. Siehe Docherty und Macgregor, *Verborgene Geschichte – Wie eine geheime Elite die Menschheit in den Ersten Weltkrieg stürzte,* S. 169–177.

51. Roskill, *Hankey,* Bd. 1, 1877–1918, S. 245.

52. Ursprünglich wurde dieser geheimnisvolle Ausschuss 1902 für den Zweck gegründet, den Premier in Fragen von Heeres- und Flottenstrategie zu beraten. Seit 1908 fungierte Maurice Hankey als stellvertretender Sekretär, ab 1912 hatte er das – enorm einflussreiche – Amt des Sekretärs inne.

53. House und Seymour, *The Intimate Papers,* S. 135.

54. Ebd., S. 170.

55. Angeblich besuchte Hankey am 27. Januar 1916 Hall und sprach mit ihm darüber, gefälschte deutsche Banknoten in Umlauf zu bringen. Im Verlauf des Gesprächs kam man zufällig auf den Besuch von House bei Sir Edward Grey. Zumindest möchte man uns das weismachen.

56. CAB 42/14/12.

57. CAB 42/18/8.

58. CAB 42/18/7.

59. CAB 42/18/10.

60. FO 899 Cabinet Memoranda 1905–1918, Memorandum von Lord Eustace Percy, 26. September 1916.

61. Harold Kurtz, »The Lansdowne Letter«, *History Today,* Bd. 18, Ausgabe 2, Februar 1968.

62. Randolph S. Churchill, *Lord Derby, King of Lancashire,* S. 210.

63. Asquith verlor seinen Sohn Raymond am 15. September 1916 an der Somme. Er war am Boden zerstört.

64. Hansard, House of Commons, Debatte vom 11. Oktober 1916 , Bd. 86, cc95–161.

65. *The Times,* 29. September 1916, S. 7.

66. Hankey, Tagebuch, 10. November 1916.

67. *The Times,* 27. Mai 1915.

68. Roy Hattersley, *David Lloyd George, The Great Outsider,* S. 402.

69. Lloyd George, *War Memoirs,* S. 574.

70. Roskill, *Hankey,* Bd. I, 1877–1918, S. 319.

71. Quigley, *The Anglo-American Establishment,* S. 313.

72. Jenkins, *Asquith; Portrait of a Man and an Era,* S. 421.

73. *The Times,* 4. Dezember 1915, S. 9.

74. Lloyd George, *War Memoirs,* S. 592.

75. Gollin, *Proconsul in Politics,* S. 295.

76. Library of the House of Commons, Prime Ministers, SN/PC/4256. S. 5.

77. Turner, »Cabinets, Committees and Secretariats: The Higher Direction of War«, in Kathleen Burk, *War and the State,* S. 59.

78. C.E. Caldwell und Ferdinand Foch, *Field Marshal Sir Henry Wilson VI: His Life and Diaries,* S. 304–305.

79. Terence H. O'Brien, *Milner,* S. 266–269.

80. Lloyd George, *War Memoirs,* S. 620.

81. Hankey, Tagebuch, 10. Dezember 1916.

82. War Cabinet 1, CAB 23/1/1. Diskutiert wurden die Kosten für die Darlehen aus Amerika, die sich auf 60 Millionen Dollar pro Woche beliefen. Sämtliche Zahlungen an Amerika liefen über Morgan, Grenfell & Co. Hankey notierte zudem, man habe die Presse darüber informiert, dass das Kriegskabinett jeden Werktag zusammenkommen werde.

83. Lord Vansittart schrieb, dass Hankey »schrittweise Sekretär von allem wird, was von Belang ist. Er verwandelte sich in einen Aufbewahrungsort der Geheimnisse, einen Chief Inspector der Informationsminen«. Robert Gilbert Vansittart, *The Mist Procession,* S. 164.

84. Über viele Seiten hinweg schreibt Lloyd George seine Meinung zu nahezu allen seinen Kollegen auf, aber interessanterweise lässt er Lord Milner komplett weg. Vielleicht schritt auch der Zensor ein. In jedem Fall ist es interessant zu sehen, mit welcher Sorgfalt wegretuschiert wurde, was Milner dazu beitrug, dass Lloyd George es bis zum Premierminister brachte.

85. Lloyd George, *Memoirs,* S. 596.

86. *The Times* schätzt, dass Lord Northcliffes langer, lobender Artikel über Lloyd George in 1000 amerikanischen, australischen, kanadischen, südafrikanischen, französischen, italienischen und sonstigen Publikationen abgedruckt wurde. [*The Times,* 11. Dezember 1916]

87. Gollin, *Proconsul in Politics,* S. 329.

88. *The Times,* 11. Dezember 1916, S. 4.

89. Gollin, *Proconsul in Politics,* S. 376.

90. Ebd., S. 329.

91. Docherty and Macgregor, *Verborgene Geschichte – Wie eine geheime Elite die Menschheit in den Ersten Weltkrieg stürzte,* S. 182–183.

92. Quigley, *The Anglo-American Establishment,* S. 6–9 und S. 140–147.

93. Professor Quigley hat das All Souls College in Oxford als Zentrum ausgemacht, dem die Intelligenzia der Geheimen Elite entsprang. S. *The Anglo-American Establishment,* S. 20–26.

94. Im August 1914 war Arthur Henderson noch ein ausgesprochener Kriegsgegner gewesen, aber innerhalb weniger Wochen änderte er seine Haltung völlig.

95. Gollin, *Proconsul in Politics,* S. 391.

96. E. S. Montagu war ein Freund von Asquith und ein angesehener Kollege von Lloyd George. Dass er 1916 nicht in Asquiths Kabinett einzog, wurde von den meisten Beobachtern als das Ende seiner politischen Karriere bewertet. Aber so tickt die Geheime Elite nicht.

97. Thomas S. Legg und Marie-Louise Legg, »Cave, George, Viscount Cave (1856–1928)«, *Oxford Dictionary of National Biography.*

98. Lord Ernle, *Whippingham to Westminster,* S. 248.

99. Quigley, *The Anglo-American Establishment,* S. 27.

100. Ebd., S. 312.

101. Ebd.

102. Handelsminister war 1906 Lloyd Georges erster Kabinettsposten. In seiner Amtszeit macht er sich bei der Industrie sehr beliebt, weil er oftmals ihre Interessen vertrat.

103. Lloyd George, *War Memoirs,* S. 61.

104. Ebd., S. 688–695.

105. Richard Davenport-Hines, »Kearley, Hudson Ewbanke, first Viscount Devonport (1856–1934)«, *Oxford Dictionary of National Biography.*

106. John Williams, »Thomas, David Alfred, first Viscount Rhondda (1856–1918)«, *Oxford Dictionary of National Biography.*

107. Geoffrey Jones, »Weetman Pearson, 1st Viscount Cowdray«, *Oxford Dictionary of National Biography.*

108. Gordon H. Boyce, *Co-operative Structures in Global Business,* S. 84–85.

109. Rear Admiral M.W.W.C. Consett, *The Triumph of Unarmed Forces,* S. 201.

110. Hansard, House of Commons, Debatte vom 14. Januar 1918 , Bd. 101, cc5–6.

111. Maurice Hankey, *Supreme Command,* Bd. II, S. 590.

112. John Turner, *Lloyd George's Secretariat,* S.1.

113. Quigley, *The Anglo-American Establishment,* S. 313.

114. Ebd., S. 91–93.

115. Als »Milners Kindergarten« wurde die Gruppe junger Oxford-Absolventen bezeichnet, die Milner dafür gewinnen konnte, ihm beim Wiederaufbau Südafrikas nach dem Burenkrieg zur Hand zu gehen. Im Anschluss legten sie steile Karrieren im Journalismus, in der Politik, im Bankenwesen und in der Finanzwelt hin – alles Bereiche, in denen die Geheime Elite großen Einfluss hatte. Mehr zum Thema bei Walter Nimocks, *Milner's Young Men.*

116. Milner an Lloyd George, 17. Januar 1917, im Nachlass von Lloyd George.

117. H.W. Massingham, *The Nation,* 24. Februar 1917.

Kapitel 27

1. Anthony Sutton, *Federal Reserve Conspiracy,* S. 82–83.

2. Carroll Quigley, *Tragedy and Hope,* S. 76.

3. Paolo Enrico Coletta, *The Presidency of William Howard Taft,* S. 154–157.

4. *http://uselectionatlas.org/RESULTS/national.php?year=1912.*

5. Albert Shaw, *President Wilson's State Papers and Addresses,* S. 150.

6. Hans S. Vought, *The Bully Pulpit and the Melting Pot, American Presidents and the Immigrant, 1897–1933,* S. 96.

7. Thomas A. Bailey, *A Diplomatic History of the American People,* S. 611.

8. Roger Casement war zum damaligen Zeitpunkt ein Held der irisch-republikanischen Bewegung. Das lag daran, dass er am Osteraufstand 1916 beteiligt gewesen war.

9. Edward Cuddy, »Irish Americans and the 1916 Election«, *American Quarterly,* Bd. 21, Nr. 2, Teil 1, Sommer 1969, S. 229–231.

10. *Irish World,* 24. Juni 1916.

11. Die *New York Times* beispielsweise forderte den Senat auf, Brandeis durchfallen zu lassen. *New York Times,* 29. Januar 1916, S. 3.

12. Bailey, *A Diplomatic History of the American People,* S. 622.

13. Paul Birdsall, »Neutrality and Economic Pressures«, *Science and Society,* Bd. 3, Nr. 2, (Frühjahr 1939), S. 221.

14. Cuddy, »Irish Americans and the 1916 Election«, *American Quarterly,* Bd. 21, Nr. 2, Teil 1, S. 235.

15. Walter Millis, *Road to War, America 1914–17,* S. 352.

16. *The Times,* 8. November 1916, S. 9.

17. *The Times,* 18. November 1916. S. 7.

18. Millis, *Road to War, America 1914–17,* S. 353.

19. Foley, *Ballot Battles: The History of Disputed Elections in the United States,* S. 202.

20. *New York Times,* 11. November 1916.

21. Foley, *Ballot Battles,* S. 431.

22. *The Times,* 13. November 1916, S. 9.

23. H.C. Peterson, *Propaganda for War,* S. 281.

24. Woodrow Wilson: Ansprache vor dem Senat der Vereinigten Staaten von Amerika; Weltliga für den Frieden, 22. Januar 1917.

25. Ebd.

26. *New York Times,* 23. Januar 1917, »Scenes in the Senate«.

27. *New York Times,* 23. Januar 1917. »Wilson's Senate Speech – Press comments«.

28. Alfred Carter Jefferson, *Anatole France: The Politics of Skepticism,* S. 195.

29. *http://www.firstworldwar.com/source/wilson1917inauguration.htm.*

30. Nachlass von Woodrow Wilson, Ansprache vor beiden Kammern des Kongresses zum Antrag, dem Deutschen Reich den Krieg zu erklären, 2. April 1917. *http://www.presidency.ucsb.edu/ws/index.php?pid=65366.*

31. Nachlass von Woodrow Wilson, Presidential Proclamation 1364, *https://www.presidency.ucsb.edu/documents/proclamation-1364-declaring-that-state-war-exists-between-the-united-states-and-germany.*

32. Peterson, *Propaganda for War,* S. 321–322.

33. American Press Resume (A.P.R.), veröffentlicht von Kriegsministerium und Außenministerium. »For Use of the Cabinet«, 18. April 1917.

34. A.P.R., 30. Mai 1917.

35. Peterson, *Propaganda for War,* S. 325.

36. A.P.R., 6. Juni 1917.

37. Peterson, *Propaganda for War,* Fußnote auf S. 324.

38. 65. Kongress, Sitzung 1, CH. 15 1917. H.R. 3545.

39. Patrick Beesly, *Room 40,* S. 207–208.

40. *https://de.wikipedia.org/wiki/Zimmermann-Depesche;* siehe auch: *http://www.firstworldwar.com/source/zimmermann.htm.*

41. Rodney Carlisle, »The Attacks on US Shipping that Precipitated American Entry into World War 1«, *The Northern Mariner,* XVII, No. 3, S. 61. *http://www.cnrs-scrn.org/northern_mariner/vol17/tnm_17_3_41-66.pdf.*

42. Telegramm an *SS Carvalho,* 2. März 1917.

43. *New York Times,* 11. Dezember 1918.

44. Peterson, *Propaganda for War,* S. 314.

45. Bailey, *A Diplomatic History,* Fußnote 28 auf S. 643.

46. Beesly, *Room 40,* S. 223.

47. Charles Seymour, *American Diplomacy During the World War,* S. 210.

48. Paul Birdsall, »Neutrality and Economic Pressures 1914–1917«, *Science and Society,* Bd. 3, Nr. 2 (Frühjahr 1939), S. 217.

49. Bailey, *A Diplomatic History of the American People,* S. 641.

50. Millis, *Road to War,* S. 400.

51. Peterson, *Propaganda for War,* S. 318.

52. Carlisle, »The Attacks on US Shipping that Precipitated American Entry into World War 1«, *The Northern Mariner,* XVII, No. 3, S. 61. *http://www.cnrs-scrn.org/northern_mariner/vol17/tnm_17_3_41-66.pdf.*

53. *New York Times,* 19. März 1917.

54. Congressional Record, 64. Congress of the United States, 9. Februar 1917, S. 2947.

55. Ebd.

56. Charles Tansill war Geschichtsprofessor an der American University. Er bereitete für den Kongress einen Band über die Schuldfrage im Ersten Weltkrieg vor und fungierte 1927 als Herausgeber des Bands »Documents on the Formation of the American Union« für die Kongressbibliothek. Sein Werk *Amerika geht in den Krieg* galt als offiziell akzeptierte Interpretation.

57. Charles Tansill, *America Goes to War,* S. 657.

58. Bailey, *A Diplomatic History,* S. 644.

59. Nomi Prins, *All The President's Bankers,* S. 47.

60. Ebd.

61. Schreiben von J.P. Morgan an Präsident Wilson, 4. April 1917, Wilson-Nachlass, Bd. 41.

62. *New York Times,* 25. April 1917.

63. Anhörung vor dem Sonderausschuss zur Untersuchung der Munitionsindustrie, US Senate S.Res. 206.

64. W.G. Carr, *Pawns in the Game,* S. 60.

65. Anhörung vor dem Sonderausschuss zur Untersuchung der Munitionsindustrie, US Senate S.Res. 206, Exhibit 2040, S. 7505.

66. David Lloyd George, *War Memoirs,* S. 70.

67. Ray Stannard Baker, *The Life & Letters of Woodrow Wilson,* S.181. Dies wurde in der Befragung von J.P. Morgan vor dem Sonderausschuss zur Untersuchung der Munitionsindustrie als Beweis zitiert. US Senate S.Res. 206, S. 7566.

Kapitel 28

1. Emeritierter Professor für Geschichte der Universität Tel Aviv und vielfach veröffentlichter Autor.

2. Schlomo Sand, *The Invention of the Jewish People,* S. XI.

3. Ebd., S. 131.

4. Ebd., S.134–135.

5. Ebd., S. 130.

6. Ilan Pappe ist ein israelischer Historiker und sozialistischer Aktivist. Er ist Professor an der Universität Exeter am College of Social Sciences and International Studies.

7. Ilan Pappe: *History of Israel, Stolen Land of Palestine. https://www.youtube.com/watch?v=uT5oVogE0Pg.*

8. Arthur Koestler, *The Thirteenth Tribe.*

9. Peter Frankopan, *The Silk Roads,* S. 111–114.

10. Eran Elhaik, Genforscher und ehemaliger Post-Doc-Mitarbeiter der Johns Hopkins University. Derzeit unterrichtet er an der Universität Sheffield.

11. Der Begriff wurde von Zionisten geprägt und soll Menschen jüdischen Glaubens oder israelische Bürger verunglimpfen, die die orthodoxe Geschichtsdarstellung der Zionisten hinterfragen.

12. CAB 23/4, WC 261, S. 6.

13. Das Originalzitat, aus dem diese Beobachtung stammt, kommt von Arthur Koestler, *Promise and Fulfilment, Palestine 1917–1949,* S. 4.

14. National Archives, War Cabinet Memorandum GT 2406.

15. CAB 24/30, GT 2406, S.1.

16. CAB 23/4, WC 261, S. 5.

17. *The Times,* 26. Oktober 1917, S. 7.

18. CAB 23/4, WC 261, S. 6.

19. Schreiben von A.J. Balfour an Lord Rothschild, 2. November 1917.

20. »Great Britain, Palestine and the Jews. Jewry's Celebration Of Its National Charter« – Anonymes Flugblatt, 1917.

21. Sol M. Linowitz, »Analysis of a Tinderbox: The Legal Basis for the State of Israel«, *American Bar Association Journal,* Bd. 43, 1957, S. 523.

22. Koestler, *Promise and Fulfilment, Palestine 1917–1949,* S. 4.

23. CAB 23/4/19, WC 245, S. 6.

24. A.M. Gollin, *Proconsul in Politics,* S. 401.

25. CAB 23/4/19, WC 245, S. 6.

26. GT-2015.

27. GT-2158.

28. CAB 23/4/19, S. 5.

29. CAB 23/4/1, WC 227, S. 1.

30. GT-1803 – *The Zionist Movement.*

31. Ebd.

32. Ebd.

33. CAB 24/24/4.

34. CAB 23/4/1, WC 227, S. 2.

35. Jessie Ethel Sampter, *A Guide to Zionism,* S. 59.

36. Ebd., S. 64.

37. Schreiben von Sir Clement Hill an Mr. L.J. Greenberg, 14. August 1903.

38. Chaim Weizmann, *Trial and Error,* S. 120–121.

39. Ebd., S. 121.

40. So wird beispielsweise Weizmann nirgendwo in Hankeys Tagebüchern erwähnt. GBR/0014/HNKY oder in Roskills hervorragender Arbeit über Hankey bis 1918.

41. Die Wahlen von 1906 gewannen die Liberalen unter Campbell-Bannerman erdrutschartig. Erst 1915 konnte A.J. Balfour das Amt des Premierministers wieder zurückgewinnen.

42. Niall Ferguson, *The House of Rothschild, The World's Banker, 1849–1999,* S. 417–418.

43. Weizmann, *Trial and Error,* S. 143.

44. *http://www.jta.org/1931/08/20/archive/baron-edmond-de-rothschild-86.*

45. Weizmann, *Trial and Error,* S. 189.

46. Carroll Quigley, *The Anglo-American Establishment,* S. 311–315.

47. Sampter, *A Guide to Zionism,* S. 71.

48. Ebd., S. 73.

49. Donald Neff, Fallen Pillars, Kap. 1, *http://www.washingtonpost.com/wp-srv/style/longterm/books/chap1/fallenpillars.htm.*

50. Ebd.

51. *http://www.washingtonpost.com/wp-srv/style/longterm/books/chap1/fallenpillars.htm.*

52. Warren und Brandeis, *Harvard Law Review,* Bd. IV, Dezember 15, 1890, Nr. 5, »The Right To Privacy«.

53. Muller vs. Oregon, 208 U.S. 412 (1908).

54. George R. Conroy, Herausgeber des ironischerweise *Truth* (»Wahrheit«) betitelten Magazins, verfasste einen oft zitierten und weiter verbreiteten Vorwurf gegen Brandeis, der ihn mit dem jüdischen Bankier Jacob Schiff in Verbindung brachte. Es war einer von zahlreichen Versuchen, Louis Brandeis zu diskreditieren.

55. Jonathan D. Sarna, »Louis D Brandeis: Zionist Leader«, *Brandeis Review,* Winter 1992.

56. Sampter, *A Guide to Zionism,* S. 81.

57. Neff, Fallen Pillars, *http://www.washingtonpost.com/wp-srv/style/longterm/books/chap1/fallenpillars.htm.*

58. Donald Lloyd Neff war ein Historiker und Journalist aus Pennsylvania. 16 Jahre lang arbeitete er für die *Times* und leitete unter anderem das Büro des Magazins in Israel. Er war auch für den *Washington Star* tätig. Angeblich ist wegen seiner Berichterstattung über Palästina seine Arbeit aus der Geschichtsschreibung gelöscht worden.

59. *New York Times,* 29. Januar 1916, S.1.

60. Ebd., S. 3.

61. Alphas Thomas Mason, *Brandeis – A Free Man's Life,* S. 451.

62. *New York Times,* 5. Juni 1916.

63. Ebd.

64. Gerry Docherty und Jim Macgregor, *Verborgene Geschichte – Wie eine geheime Elite die Menschheit in den Ersten Weltkrieg stürzte,* S. 246–247.

65. Mason, *Brandeis – A Free Man's Life,* S. 452.

66. Ebd., S. 451–452.

67. Trevor Wilson, »Scott, Charles Prestwich (1846–1932)«, Oxford Dictionary of

National Biography, Oxford University Press, 2004.

68. 1920/21 zerstritten sie sich für ein Jahr wegen der Irlandfrage.

69. Weizmann, *Trial and Error,* S. 190.

70. Bernard Wasserstein, »Samuel, Herbert Louis, first Viscount Samuel (1870–1963)«, *Oxford Dictionary of National Biography.*

71. Viscount Samuel, *Memoirs,* S. 139.

72. Ebd., S. 140–142.

73. Weizmann, *Trial and Error,* S. 191.

74. David Lloyd George, *War Memoirs,* S. 348–349.

75. Oscar K. Rabinowicz, *Fifty Years of Zionism,* S. 69.

76. Weizmann, *Trial and Error,* S. 192.

77. Viscount Samuel, *Memoirs,* S.142.

78. Michael und Eleanor Brock, *HH Asquith, Letters to Venetia Stanley.* S. 406.

79. Ebd., S. 477.

80. Ebd.

81. *http://www.jta.org/1931/01/15/archive/mr-lloyd-george-was-legal-adviser-to-dr-herzl-on-uganda-project-and-submitted-dr-herzls-views-to.*

82. Viscount Samuel, *Memoirs,* S. 143–144.

83. Vladimir Halpern, *Lord Milner and the Empire,* S. 169.

84. Ebd., S. 170.

85. Weizmann, *Trial and Error,* S. 226.

86. Ebd., S. 241.

87. J.A. Turner, *The Historical Journal,* Bd. 20, Nr. 1 (März 1977), S. 165–184.

88. Fredric Bedoire und Robert Tanner, *The Jewish Contribution to Modern Architecture, 1830–1930,* S. 131.

89. Walter Nimmocks, *Milner's Young Men,* S. 166.

90. Weizmann, *Trial and Error,* S. 232.

91. Mason, Brandeis – *A Free Man's Life,* S. VII.

92. Ebd., S. 452–453.

93. Richard Neb Lebow, »Woodrow Wilson and the Balfour Declaration«, *Journal of Modern History,* Bd. 40, Nr. 4 (Dezember 1968), S. 501–523.

94. *https://wwi.lib.byu.edu/index.php/XXII_THE_BALFOUR_MISSION_TO_THE_UNITED_STATES.*

95. Blanche E.C. Dugdale, *Arthur J. Balfour,* Bd. II, S. 231.

96. Lebow, »Woodrow Wilson and the Balfour Declaration«, *Journal of Modern History,* Bd. 40, Nr. 4 (Dezember 1968), Fußnote 22 auf S. 507.

97. Charles Seymour, *Mandell House,* Bd. II, S. 42–43.

98. Was für eine bezeichnende Aussage. Nachdem der Zar gestürzt war, konnte man sämtliche Versprechen gegenüber Russland sofort brechen.

99. Lebow, »Woodrow Wilson and the Balfour Declaration«, *Journal of Modern History,* Bd. 40, Nr. 4 (Dezember 1968), Fußnote 26 auf S. 508.

100. Ebd.

101. Nevzat Uyanik, *Dismantling the Ottoman Empire: Britain, America and the Armenian Question,* S. 62–63.

102. Memorandum von Henry Morgenthaus Geheimmission, 10. Juni 1917, Papiere von Robert Lansing, Kiste 7, Ordner 2. Zitiert in: Uyanik, *Dismantling the Ottoman Empire,* S. 63.

103. Weizmann, *Trial and Error,* S. 246.

104. Ebd., S. 247.

105. Der britische Stabschef in Ägypten und als solcher für die Sicherheit des Sueskanals zuständig. Verheiratet mit der Tochter von Lord Midleton, einem engen Freund von Viscount Milner. [I. S. Munro, »Graham, Sir Ronald William

(1870–1949)«, rev. *Oxford Dictionary of National Biography, [http://www.oxforddnb.com/view/article/33505].*

106. Weizmann, *Trial and Error,* S. 256.

107. United States Department of State, Papers Relating to the Foreign Relations of the United States 1917, (FRUS) Supplement 2, The World War (1917), S. 109.

108. Ebd.

109. Ebd., S. 127.

110. Ebd., S. 129.

111. Weizmann, *Trial and Error,* S. 227.

112. S.J. Res. 191, 67. Congress, 2. Sitzung, Congressional Record, Bd. LX11, Teil 5, S. 5376.

113. »The Lodge-Fish Resolution«, Herbert Parzen, *American Jewish Historical Quarterly,* Bd. 60. Nr. 1, »Zionism in America« (September 1970), S. 71.

114. Irwin Oder, »American Zionism and the Congressional Resolution of 1922 on Palestine«, *Publications of the American-Jewish Historical Society,* Bd. 45, Nr. 1 (September 1955), S. 44.

115. Weizmann, *Trial and Error,* S. 251.

Kapitel 29

1. Thomas E. Lawrence, *Seven Pillars of Wisdom,* S. 256–260.

2. Ebd., S. 259.

3. Jeremy Wilson, *Lawrence of Arabia, The Authorised Biography,* S. 606–607.

4. Die drei zentralen abrahamitischen Religionen sind das Judentum, der Islam und das Christentum. Ihnen ist der Glaube an einen einzigen Gott, an ein Leben nach dem Tod und an einen ständigen Kampf zwischen Gut und Böse gemein.

5. Lawrence, *Seven Pillars of Wisdom,* S. 260.

6. *http://www.nationalreview.com/article/418688/lawrence-arabia-was-zionist-benjamin-weinthal.*

7. Doreen Ingrams, *Palestine Papers,* S.1.

8. CAB 24/30 *The Future of Palestine,* S. 2.

9. Robert Fisk, *The Great War for civilisation, The conquest of the Middle East,* S. 400–401.

10. Lawrence, *Seven Pillars of Wisdom,* S. 24.

11. Liddell Hart, *T.E. Lawrence,* S. 61.

12. Dr. Peter Shamrock, »A Lapse into Clarity. The McMahon-Hussein Correspondence Revisited«, eingereicht bei der »Balfour Project« Conference, October 2015, *http://www.balfourproject.org/the-mcmahon-hussein-correspondence-revisited/.*

13. http://www.balfourproject.org/translation-of-a-letter-from-mcmahon-to-husayn-october-24-1915/.

14. CAB 27/24.

15. Ingrams, *Palestine Papers,* S. 48.

16. FO 882/2; ARB/15/3 S. 6.

17. Hart, *T.E. Lawrence,* S. 69–70.

18. Fromkin, *A Peace to End All Peace, The Fall of the Ottoman Empire and Creation of the Modern Middle East,* S. 48.

19. Lawrence James, »Sykes, Sir Mark, sixth baronet (1879–1919)«, *Oxford Dictionary of National Biography.* 20. Mayir Verete, »The Balfour Declaration and its Makers«, *Middle Eastern Studies,* 6 (1), Januar 1970, S. 54.

21. Lawrence, *Seven Pillars of Wisdom,* S. 5–6.

22. CAB 24/30.

23. CAB 24/28.

24. CAB 24/30, S. 2.

25. Ebd., S. 3.

26. Ebd., S.4.

27. GT 2263, S. 1.

28. CAB 24/28, GT 2263.

29. Ebd., S. 2.

30. Ebd., S. 3.

31. War Cabinet, No. 261, S. 5.

32. Ebd.

33. Ebd.

34. GT 2263.

35. Weizmann, *Trial and Error,* S. 226.

36. Will Podmore, *British Foreign Policy since 1870,* S. 21.

37. Thomas Pakenham, *The Boer War,* S. 115.

38. W.T. Stead, zitiert in: Hennie Barnard, *The Concentration Camps 1899–1902.*

39. Ein Beispiel war Leonard Stein, *The Balfour Declaration.*

40. Verete, »The Balfour Declaration and its Makers«, *Middle Eastern Studies,* 6 (1), Januar 1970, S. 50.

41. Ebd., S. 54–57.

42. War Cabinet 261, S. 5.

43. Ebd.

44. Ebd., S. 6.

45. *Great Britain, Palestine and the Jews: Jewry's celebration of its national charter,* Preface V. *https://archive.org/details/greatbritainpale00unse.*

46. Ebd., S. 13.

47. Nach der britischen Überreaktion auf den Osteraufstand waren im walisischen Frongoch teilweise rund 1800 Iren inhaftiert. Die meisten wurden im Dezember 1916 freigelassen, als David Lloyd George das Amt des Premierministers übernahm.

48. *The Times,* Dezember 1917, S. 2.

49. Der Prophet Mohammed führt seinen Stammbaum auf Ismael zurück, und zwar über dessen erstgeborenen Sohn Nebajot. Genesis 25:12–18.

50. *Great Britain, Palestine and the Jews,* S. 50–51.

51. Ebd., S. 66.

52. Ebd., S. 75.

53. CAB 23/4 WC 261, S. 6.

54. FO 395/202.

55. Ingrams, *Palestine Papers,* S. 19.

56. David B. Green, *The Balfour Project, http://www.balfourproject.org/this-day-in-jewish-historygeneral-allenby-shows-how-a-moral-man-conquers-jerusalem/.*

57. Lawrence, *Seven Pillars of Wisdom,* S. 360.

58. FO 371/3054.

59. Ormsby-Gore war parlamentarischer Privatsekretär von Alfred Milner, stellvertretender Sekretär im Kriegskabinett und von Sir Mark Sykes. Er war mit Chaim Weizmann befreundet, und dieser bestätigte Ormsby-Gore später als britischen Verbindungsoffizier zur Zionisten-Mission in Palästina.

60. CAB 27/23.

61. Ingrams, *Palestine Papers,* S. 21–22.

62. FO 371/3398.

63. Ingrams, *Palestine Papers,* S. 32.

64. FO 371/3395.

65. Ferguson, *The House of Rothschild,* S. 280.

66. Weizmann, *Trial and Error,* S. 189.

67. Ansprache bei Gedenkgottesdienst, gehalten von Reverend Dr. J. H. Hertz, 19. April 1915, *https://archive.org/stream/rthonlordrothsch00hert#page/n3/mode/2up.*

68. Ferguson, *The House of Rothschild,* S. 450.

69. *https://de.wikipedia.org/wiki/Lionel_Walter_Rothschild,_2._Baron_Rothschild.*

70. GT 1803 und CAB 24/24/4.

71. Ferguson, *The House of Rothschild,* S. 450.

72. *The Times,* 18. Juni 1917.

73. Weizmann, *Trial and Error,* S. 256.

74. Ebd., S. 201.

75. Ebd., S. 206.

76. Ebd., S. 238.

77. Ferguson, *The House of Rothschild,* S. 452.

78. Den Begriff »Charta« scheint die englische Zionistische Föderation erfunden zu haben. In ihrem nach Dezember 1917 anonym veröffentlichten Pamphlet *Great Britain, Palestine and the Jews: Jewry's Celebration of its National Charter* wird das Konzept einer »Charta« so wiederholt, als handele es sich im Grunde um die Magna Charta. Die Rede dort ist von einer »Nationalcharta«, einer »Charta des Zionismus« und der »Britischen Charta des Zionismus«.

Kapitel 30

1. Es war der 25. Oktober 1917 nach dem julianischen Kalender, der damals noch in Russland zum Einsatz kam. Der Rest Europas rechnete nach dem gregorianischen Kalender, und danach war es der 7. November 1917. Der julianische Kalender lag 13 Tage hinter dem gregorianischen zurück.

2. Zu Beginn des Ersten Weltkriegs wurde Russlands Hauptstadt Sankt Petersburg in Petrograd umbenannt, weil man einen weniger deutsch klingenden Namen wünschte. Von 1924 bis 1991 hieß die Stadt Leningrad, mit dem Fall des Kommunismus erhielt sie ihren alten Namen Sankt Petersburg zurück.

3. Sean McMeekin, *History's Greatest Heist, The Looting of Russia by the Bolsheviks,* S. XIX.

4. *New York Times,* 12. Mai 1917.

5. Peter Waldron, *The End of Imperial Russia, 1855–1917,* S. 22.

6. Ansiedlungsrayon wurde das Gebiet innerhalb des zaristischen Russlands bezeichnet, in dem Juden sich rechtmäßig niederlassen durften. Es umfasst Territorium, das heute in Russland, Weißrussland, der Ukraine, Polen, Moldawien und weiten Teilen von Lettland und Litauen liegt.

7. Dmitri Volkogonov, *Lenin, Life and Legacy,* S. 5.

8. *The Times,* 29. März 1919.

9. *Jewish Chronicle,* 4. April 1919.

10. *American Hebrew,* 20. September 1920.

11. Rabbi Stephen Wise, T*he American Bulletin,* 5. Mai 1935.

12. Aleksandr Solzhenitsyn, *Juifs et Russes pendant la periode soviétique,* Bd. 2, S. 44–45.

13. Ebd., S. 54.

14. Ebd., S. 91.

15. *https://archive.org/details/bub_gb_7cNJAAAAMAAJ.*

16. *New York Times,* 17. September 1914, Nachruf auf David Wolffsohn.

17. Der Zionismus entwickelte sich in Europa und Amerika vergleichsweise langsam. Zwischen 1900 und 1917 gab es ernste Meinungsverschiedenheiten zwischen Zionisten, die den Glauben in den Mittelpunkt rückten, und Zionisten, die politisch orientiert waren und vor allem ein Ziel verfolgten – die Rückkehr in das Land, das sie als ihre ehemalige Heimat bezeichneten: Palästina.

18. *Jewish Telegraphic Agency,* 14. Juli 1929. *http://www.jta.org/1929/07/14/archive/german-zionists-celebrate-seventieth-birthday-of-otto-warburg.*

19. Scotland Yard, *A Monthly Review of the Progress of Revolutionary Movements Abroad,* 16. Juli 1919.

20. Hilaire Belloc, *G.K's Weekly,* 4. Februar 1937.

21. Dmitri Volkogonov, *Trotsky, The Eternal Revolutionary,* S. 2–3.

22. Leon Trotsky, *My Life,* S. 132.

23. Volkogonov, *Trotsky, The Eternal*

Revolutionary, S. 11–12.

24. Michael Pearson, *The Sealed Train, Journey to Revolution,* S. 26.

25. Ebd., S. 30.

26. E.H. Carr, *The Bolshevik Revolution 1917–1923,* S. 26.

27. Trotsky, *My Life,* S. 160.

28. Volkogonov, Lenin, Life and Legacy, S. XXXII.

29. Pearson, *The Sealed Train,* S. 31.

30. Volkogonov, *Trotsky, The Eternal Revolutionary,* S. 47.

31. Carr, *The Bolshevik Revolution,* S. 86.

32. Volkogonov, *Lenin, Life and Legacy,* S. 84.

33. Volkogonov, *Lenin, Life and Legacy,* S. 85–86.

34. Ebd.

35. Carr, T*he Bolshevik Revolution,* S.26.

36. Volkogonov, *Trotsky, The Eternal Revolutionary,* S. 30–31.

37. Pearson, *The Sealed Train,* S. 32.

38. Gerry Docherty und Jim Macgregor, *Verborgene Geschichte – Wie eine geheime Elite die Menschheit in den Ersten Weltkrieg stürzte,* S. 94–95.

39. Ron Chernow, *The Warburgs,* S. 110.

40. Pearson, *The Sealed Train,* S. 34.

41. George Buchanan, *My Mission to Russia and Other Diplomatic Memories,* Bd. 1, S. 77.

42. Carr, *The Bolshevik Revolution,* S. 60.

43. Trotsky, *My Life,* S. 208.

44. Carr, *The Bolshevik Revolution,* S. 65.

45. McMeekin, *History's Greatest Heist,* S. XVII.

46. Docherty und Macgregor, *Verborgene Geschichte – Wie eine geheime Elite die Menschheit in den Ersten Weltkrieg stürzte,* S. 334.

47. Ebd., S. 268.

48. Guido Preparata, *Conjuring Hitler,* S. 27.

49. Carr, *The Bolshevik Revolution,* S. 66.

50. Richard B. Spence, *Hidden Agendas; Spies, Lies and Intrigue surrounding Trotsky's American visit of January-April 1917. https://www.scribd.com/doc/124323217/HIDDEN-AGENDAS-SPIES-LIES-AND-INTRIGUE-SURROUNDING-TROTSKY-S-AMERICAN-VISIT-OF-JANUARY-APRIL-1917.*

51. Ebd.

52. Ebd.

53. Trotsky, *My Life,* S. 267.

54. Spence, *Hidden Agendas; Spies, Lies and Intrigue surrounding Trotsky's American visit of January-April 1917.*

55. Ebd.

56. Ebd.

57. Ebd.

58. Boris L. Brasol, *The World at the Crossroads,* S. 58.

59. Ebd., S. 62–64.

60. CAB 23/1 War Cabinet 37, 18. Januar 1917, S. 3.

61. R.H. Bruce Lockhart, *Memoirs of a British agent,* S. 162.

62. J. Lee Thompson, *Forgotten Patriot,* S. 335.

63. Lockhart, *Memoirs of a British agent,* S. 163.

64. CAB/24/3/36, Lord Milners Memorandum vom 13. März 1917 (G-131).

65. CAB 23/2 War Cabinet 88.

66. Lockhart, *Memoirs of a British Agent,* S. 168–169.

67. David Lloyd George, *War Memoirs,* Bd. 1, S. 943.

68. Lockhart, *Memoirs of a British Agent,* S. 164.

69. Docherty und Macgregor, *Verborgene*

Geschichte – Wie eine geheime Elite die Menschheit in den Ersten Weltkrieg stürzte, S. 179–181.

70. Debatte vom 27. März 1917 im House of Commons, Bd. 92, cc295–318.

71. *The Times,* 6. März 1917, S. 6.

72. House of Commons, Debatte vom 3. April 1917, Bd. 92, c1120.

73. *New York Times,* 24. März 1917.

74. Preparata, *Conjuring Hitler,* S. 28–29.

75. G. Edward Griffin, *The Creature from Jekyll Island,* S. 274.

76. Die Tafelrunde war eine einflussreiche Denkfabrik und Lobbyvereinigung, in deren Mittelpunkt Alfred Milner und seine Gefolgsleute standen. Hauptziel war es, für seine Vorstellung von einer Ausbreitung des britischen Empire über die gesamte Welt zu werben.

77. Griffin, *The Creature from Jekyll Island,* S. 274.

Kapitel 31

1. Guido Preparata, *Conjuring Hitler,* S. 29.

2. *http://www2.stetson.edu/~psteeves/classes/rodzianko.html.*

3. Ebd.

4. Dimitri Volkogonov, *Lenin, Life and Legacy,* S. 106.

5. *http://www.smithsonianmag.com/history/abdication-nicholas-ii-left-russia-without-tsar-first-time-300-years-180962503/.*

6. Preparata, *Conjuring Hitler,* S. 29.

7. Ebd.

8. National Archives FO Telegramm 514, datiert 19. März 1915, und das Antworttelegramm FO 514, datiert 20. März 1917.

9. CAB/23/2 WC 100, 21. März 1917, S. 4.

10. Ebd., S. 5.

11. CAB 23/40/2, WC 101, 22 März 1917.

12. E.H. Carr, *The Bolshevik Revolution,* S. 67.

13. Michael Pearson, *The Sealed Train,* S. 57.

14. Pearson, *The Sealed Train,* S. 57–58.

15. Ebd., S. 58–59.

16. Ebd., S. 64.

17. Preparata, *Conjuring Hitler,* S. 30–31.

18. Ebd., S. 32–33.

19. Ebd., S. 33.

20. Pearson, *The Sealed Train,* S. 65.

21. Isaiah Friedman, *The Question of Palestine: British-Jewish-Arab Relations, 1914-1918,* S. 145.

22. Antony Sutton, *Wall Street and the Bolshevik Revolution,* S. 40.

23. Pearson, *The Sealed Train,* S. 83.

24. Ebd., S. 49.

25. Ebd., S. 61.

26. Volkogonov, *Lenin, Life and Legacy,* S. 115.

27. Ebd., S. 114.

28. Pearson, *The Sealed Train,* S. 101–102.

29. Ebd., S. 83.

30. McMeekin, *History's Greatest Heist,* S. 225.

31. Sutton, *Wall Street and the Bolshevik Revolution,* S. 57.

32. Ebd., S. 67.

33. McMeekin, *History's Greatest Heist,* S. 59.

34. Niall Ferguson, *The House of Rothschild,* S. 384.

35. Die verworrenen und undurchdringlichen Wege aufzuzeigen, über die die Rothschilds und ihre Partner von der Wall Street die Bolschewiken finanzierten, würde dieses Kapitel sprengen. Interessierte Leser möchten wir an *Wall Street and the Bolshevik Revolution* von Michael Sutton verweisen. Professor Sutton legt in dem beeindruckenden Werk genau dar, wie Guaranty Trust, American International Company und die Jacob Schiff und Paul

Warburg gehörende Bank Kuhn, Loeb & Company nicht nur den Bolschewiken große Summen Geld zukommen ließ, sondern auch dem deutschen Spionagenetzwerk.

36. A.N. Field, *All These Things*, Bd. 1, *http://www.yamaguchy.com/library/field_an/things_01.html.*

37. Sutton, *Wall Street and the Bolshevik Revolution*, S. 186–187.

38. Pearson, *Sealed Train*, S. 128.

39. Richard B. Spence, *Hidden Agendas; Spies, Lies and Intrigue surrounding Trotsky's American visit of January-April 1917.*

40. Ebd.

41. Nachruf, Sir Peter Bark, Bernard Pares, *The Slavonic and East European Review*, Bd. 16, Nr. 46 (Juli 1937).

42. Ebd.

43. *New York Times*, 18. März 1917.

44. *New York Times*, 20. März 1917.

45. *New York Times*, 24. März 1917.

46. Jüdisches Einwohnerregister von New York City, 1917–1918, S. 1019. *https://archive.org/stream/jewishcommunalr00marggoog#page/n953/mode/2up/search/money+market+of+the+.*

47. Elinor und Robert Slater, *Great Jewish Men*, S. 274–276.

48. G. Edward Griffin, *The Creature from Jekyll Island*, S. 210.

49. Cholly Knickerbocker, *New York Journal* American. Zitiert in: Griffin, S. 265.

50. Spence, *Hidden Agendas.*

51. Carroll Quigley, *Tragedy and Hope*, S. 324.

52. Der österreichische Philosoph Günter Jaschke schrieb kürzlich an Jim Macgregor, einen der Autoren, und fragte: »Wie kann es angehen, dass eine Minderheit von Idioten, Psychopathen und Verrückten die Welt beherrscht, während die stille Mehrheit gelähmt ist?«

53. Leon Trotsky, *My Life*, S. 279.

54. Sutton, *Wall Street and The Bolshevik Revolution*, S. 25.

55. Ebd., S. 32–33.

56. Ebd., S. 33–34.

57. Trotsky, *My Life*, S. 284.

58. Sutton, *Wall Street and the Bolshevik Revolution*, S. 32.

59. Carr, *The Bolshevik Revolution*, S. 89.

60. Volkogonov, *Lenin, Life and Legacy*, S. 131.

61. Ebd., S. 141.

62. Preparata, *Conjuring Hitler*, S. 36.

63. Griffin, *Creature from Jekyll Island*, S. 286.

64. Eugene Lyons begann seine journalistische Laufbahn in den 1920er-Jahren als begeisterter Befürworter der neuen Ordnung in der russischen Gesellschaft. Je mehr er von den enormen Exzessen mitbekam, die sich unter der Terrorherrschaft Stalins abspielten, desto stärker wurde der Hass, den der amerikanische Autor gegenüber dem Regime empfand.

65. Eugene Lyons, *Workers Paradise Lost*, S. 29.

66. McMeekin, *History's Greatest Heist*, S. 54.

67. Volkogonov, *Trotsky*, S. 95.

68. Sutton, *Wall Street and the Bolshevik Revolution*, S. 71.

69. Sutton, *The Creature from Jekyll Island*, S. 274.

70. Ebd., S. 275.

71. Sutton, *Wall Street and the Bolshevik Revolution*, S. 80.

72. Ebd., S. 97.

73. Ebd., S. 83.

74. Ebd.

75. Griffin, *The Creature from Jekyll Island*, S. 283.

76. Sutton, *Wall Street and the Bolshevik Revolution*, S. 83.

77. Bruce Lockhart, *Memoirs of a British Agent,* S. 222–223.

78. George F. Kennan, *Russia and the West under Lenin and Stalin,* S. 180.

79. Sutton, *Wall Street,* S. 19.

80. Lockhart, *Memoirs of a British Agent,* S. 206.

81. Ebd., S. 222–223.

82. Sutton, *Wall Street and the Bolshevik Revolution,* S. 36.

83. Ebd., S. 115.

84. Ebd., S. 171.

85. Lockhart, *Memoirs of a British Agent,* S. 256.

86. Ebd., S. 228–229.

87. Sutton, *Wall Street and the Bolshevik Revolution,* S. 94.

88. Lockhart, *Memoirs of a British Agent,* S. 224.

89. Sutton, *Wall Street and the Bolshevik Revolution,* S. 103.

90. Maxim Gorky, *The New Life,* April 1918.

91. *Trotsky, Terrorism and Communism. https://www.marxists.org/archive/trotsky/1920/terrcomm/ch04.htm.*

92. George Leggett, *The Cheka: Lenin's Political Police,* S. 114.

93. Robert Conquest, *Reflections on a Ravaged Century,* S. 101.

94. Volkogonov, *Trotsky,* S. 394.

95. Sutton, *Wall Street and the Bolshevik Revolution,* S. 57.

96. Ebd., S. 63.

97. U.S. State Dept., Decimal File, 861.51/815, 836, 837, October 1920. Auch: Sutton, *Wall Street and the Bolshevik Revolution,* S. 159–160, 165.

98. Griffin, *The Creature from Jekyll Island,* S. 293.

99. McMeekin, *History's Greatest Heist,* S. 136.

100. Ebd., S. 138–139.

101. Griffin, *The Creature from Jekyll Island,* S. 263

102. E.C. Knuth, *The Empire of the City,* S. 70.

103. Griffin, *Creature from Jekyll Island,* S. 233.

104. Gerry Docherty und Jim Macgregor, *Verborgene Geschichte – Wie eine geheime Elite die Menschheit in den Ersten Weltkrieg stürzte,* S. 23–25.

105. Derek Wilson, Rothschild: *The Wealth and Power of a Dynasty,* S. 98–99.

106. Knuth, *Empire of the City,* S. 68.

107. Ferguson, *House of Rothschild,* S. 65.

108. Ron Chernow, *The Warburgs,* S. 12.

109. A.N. Field, *All These Things,* Bd. 1, *http://www.yamaguchy.com/library/field_an/things_01.html.*

110. Spence, *Hidden Agendas.*

111. Sutton, *Wall Street and the Bolshevik Revolution,* S. 189.

112. Ebd.

113. Louis Marshall in einem Brief an Max Senior, datiert: New York, 26. September 1917. Zitiert in: B. Jensen, *The Palestine Plot, https://www.scribd.com/document/16563284/Jensen-The-Palestine-Plot-Quote-History-of-Zionism-1987.*

114. Carroll Quigley, *Tragedy and Hope,* S. 324.

Kapitel 32

1. Wilfred Owens *Dulce Et Decorum Est* ist das bekannteste Antikriegsgedicht des Ersten Weltkriegs. Es greift die alte Lüge an, wonach es eine großartige und glorreiche Sache ist, sein Leben für das eigene Land zu geben. *http://www.warpoetry.co.uk/owen1.html.*

2. Im imperialen Kriegskabinett saßen die Premierminister von Großbritannien,

Kanada, Australien, Neuseeland, Neufundland und Südafrika (vertreten durch Jan Smuts) zusammen.

3. Protokoll des Imperial War Cabinet, 32B, 16. August 1918, CAB 23/44A/13.
4. Wilhelm II., *Ereignisse und Gestalten aus den Jahren 1878–1918*, , S. 268–269.
5. Ansprache von Präsident Wilson vor dem Kongress, 8. Januar 1918; *Records of the United States Senate;* Record Group 46; National Archives.
6. *https://www.ourdocuments.gov/doc.php?doc=62&page=transcript.*
7. Es gibt viele Quellen, was den genauen Wortlaut anbelangt. Ein Beispiel ist die Yale Law School, *http://avalon.law.yale.edu/20th_century/wilson14.asp.*
8. *http://www.firstworldwar.com/bio/maxvonbaden.htm.*
9. »Erste deutsche Note an Wilson – Friedensersuchen«, Erich Ludendorff (Hrsg.), *Urkunden der Obersten Heeresleitung über ihre Tätigkeit 1916/8.* Berlin 1920, S. 535.
10. C. Paul Vincent, *The Politics of Hunger,* S. 61.
11. David Lloyd George, *War Memoirs,* Bd. 2, S. 1934.
12. *The Times,* 10. Oktober 1918, S. 7.
13. Robert Lansing an den Schweizer Charge d'Affaires in Washington, 8. Oktober 1918.
14. John Maynard Keynes, *The Economic Consequences of the Peace,* S. 27.
15. Arthur Willert, *The Road to Safety: A Study in Anglo-American Relations,* S. 166.
16. Keynes, *The Economic Consequences of the Peace,* S. 20–21.
17. Ebd., S. 29.
18. *http://www.firstworldwar.com/features/armistice.htm.*
19. Wilhelm II., *Ereignisse und Gestalten aus den Jahren 1878–1918,* S. 280–284.
20. Lloyd George, *War Memoirs,* Bd. 2, Anhang, S. 2044–2050.
21. Ebd., S. 2045.
22. Randolph S. Churchill, *Lord Derby, King of Lancashire,* S. 210.
23. National Archives, ADM 1/88542/290.
24. Vincent, *The Politics of Hunger,* S. 67.
25. Keynes, *The Economic Consequences of the Peace,* S. 50.
26. Lloyd George, *War Memoirs,* S. 1983–1984.
27. Herbert Hoover, *An American Epic 2,* S. 319.
28. Lloyd George, *War Memoirs,* S. 1985.
29. Vincent, *The Politics of Hunger,* S. 70.
30. *http://www.todayinhistory.de/index.php?what=thmanu&manu_id=1561&tag=26&monat=8&year=2016&dayisset=1&lang=en.* Die Mörder flohen nach ihrer Tat ins Ausland, kehrten aber zurück, nachdem die Nationalsozialisten eine Amnestie für sämtliche Verbrechen aussprachen, die »beim Aufbau des Nationalsozialismus« begangen worden waren.
31. *The Times,* 27. August 1921, S. 7.
32. *The Times,* 29. August 1921, S. 9.
33. The Times, 2. Dezember 1918, S. 9.
34. Keynes, *The Economic Consequences of the Peace,* S. 68.
35. Ebd., S. 69.
36. Vincent, *The Politics of Hunger,* S. 77–78.
37. Woodrow Wilson, Executive Order 2679-A, *http://www.conservativeusa.net/eo/wilson.htm.*
38. Lawrence E. Gelfand, *Herbert Hoover, The Great War and its Aftermath, 1914–1923,* S. 48.

39. *Christian Science Monitor*, 18 November 1918.
40. Kathleen Burk, *War and the State*, S. 139.
41. Hoover, *American Epic 2*, S. 319.
42. *The Times*, 2. Dezember 1918, S. 5.
43. Bei Militär und Kriegsministerium war der kriegshetzende Londoner Bischof Arthur Winnington-Ingram ausgesprochen beliebt. Der Rassist und Fremdenfeind war sehr erfolgreich darin, Männer dazu zu bringen, sich freiwillig zu melden. König Georg VI. machte ihn zum Ritter des Victoria-Ordens, Griechenland verlieh ihm das Großkreuz des Erlöserordens, Serbien zeichnete ihn mit dem Sankt-Sava-Orden erster Klasse aus.
44. *The Daily News*, 22. November 1918.
45. Vincent, *The Politics of Hunger*, S. 79.
46. *The Times*, 2. Dezember 1918, S. 9.
47. *The Times*, 10. Dezember 1918, S. 7.
48. *The Times*, 30. Dezember 1918, S. 7.
49. Tatsächlich könnte dieses Zitat die allumfassende Überschrift von V*erborgene Geschichte* sein.
50. Hoover, *An American Epic 2*, S. 318.
51. Kellogg verbrachte 1915 und 1916 in Belgien als Leiter von Hoovers Kommission für das Hilfswerk in Belgien. Er war Herbert Hoover treu ergeben.
52. *http://www.bclm.co.uk/ww1/childhood-in-ww1/49.htm.*
53. Hoover, *An American Epic 2*, S. 320.
54. FRUS, Bd. 2. *Papers relating to the Foreign Relations of the United States, The Paris Peace Conference 1919*, Bd. 2.
55. Ebd., S. 636–7, House an Lansing, 27. November 1918.
56. Ebd., House an Wilson, 28. November 1918.
57. Ebd., S. 639.
58. Ebd., Hoover an Wilson, 1. Dezember 1918, S. 645.
59. Ebd., Wilson an Hoover, 5. Dezember 1918, S. 648.
60. FRUS Bd. 2. *Papers relating to the Foreign Relations of the United States, The Paris Peace Conference* 1919, S. 649–653.
61. Vincent, *The Politics of Hunger*, S. 60–61.
62. Roy Hattersley, *David Lloyd George, The Great Outsider*, S. 490.
63. Ebd., S. 492–493.
64. Hoover, *An American Epic 2*, S. 323–324.
65. John Maynard Keynes, *Dr. Melchior, Two Memoirs*, S. 61.
66. FRUS, Bd. 13, S. 205.
67. FRUS, *Papers relating to the foreign relations of the United States, 1919, Paris Peace Conference*, S. 729.
68. Ebd., S. 731.
69. Hoover, An American Epic 2, S. 303–304.
70. FRUS Bd. 2. *Papers relating to the foreign relations of the United States, 1919, Paris Peace Conference*, S. 695–697.
71. Hoover, *Memoirs*, Bd. 1, S. 332.
72. Ebd., S. 333.
73. Ebd., S. 339.
74. *Berliner Tageblatt*, 13. Dezember 1918, S. 2.
75. Debatte vom 2. April 1919 im House of Commons, Bd. 114, cc1304–49.
76. Ebd., cc1311.
77. Berichte britischer Offiziere über die in Deutschland vorherrschenden wirtschaftlichen Zustände, Dezember 1918 bis März 1919, Cmd. 52, HMSO 1919. (Zeitraum: 12. Januar bis 12. Februar 1919, CAB/24/76)
78. Ebd., S. 57–58.
79. Hoover, Memoirs, Bd. 1, S. 340–341.
80. Berichte britischer Offiziere über die in Deutschland vorherrschenden wirtschaft-

lichen Zustände, Dezember 1918 bis März 1919, Cmd. 52, HMSO 1919, S. 84.

81. CAB/24/76/22.

82. Winston Churchill übernahm am 9. Januar 1919 als Kriegsminister wieder ein hohes Amt.

83. CAB/24/76/22.

84. Kriegskabinett 531, S. 2. *War Cabinet Minutes,* 12. Februar 1919. CAB/23/ 9/18.

85. Hoover, *An American Epic 2,* S. 337–338.

86. *http://filestore.nationalarchives.gov.uk/pdfs/large/cab-23-9.pdf.*

87. Vincent, *Politics of Hunger,* Fußnote auf S. 121.

88. Keynes, *Dr. Melchior, Two Memoirs,* S. 59.

89. Suda Lorena Bane und Ralph Haswell Lutz, *Blockade of Germany After the Armistice,* S. 214.

90. Keynes, *Dr. Melchior, Two Memoirs,* S. 60–61.

91. Eric W. Osborne, *Britain's Economic Blockade of Germany, 1914–1919,* S. 188.

92. Bane und Lutz, *The Blockade of Germany after the Armistice,* S. 549–550.

93. Ebd., S. 558–559.

94. Margaret Macmillan, *Peacemakers, Six Months That Changed The World,* S. 1.

95. Und zwar der Friedensvertrag von Versailles mit Deutschland (28. Juni 1919), der Vertrag von Saint-Germain mit Österreich (10. September 1919), der Vertrag von Neuilly-sur-Seine mit Bulgarien (27. November 1919), der Vertrag von Trianon mit Ungarn (4. Juni 1920), der Vertrag von Sèvres mit dem Osmanischen Reich (10. August 1920), später als Vertrag von Lausanne mit der Türkei noch einmal abgeschlossen (24. Juli 1923).

96. *http://net.lib.byu.edu/~rdh7/wwi/versa/versa7.html.*

97. Harry Elmer Barnes, *The Genesis of the World War,* S. 34-35.

98. Keynes, Dr. Melchior, *Two Memoirs,* S. 24.

99. Ebd., S. 13.

100. Ebd., S. 49–50.

101. A.N. Field, *The Truth About the Slump,* S. 35.

102. Ebd., S. 57.

103. Keynes, Dr. Melchior, *Two Memoirs,* S. 70.

104. Ebd., S. 12.

105. J. Lee Thompson, *Forgotten Patriot,* S. 359.

106. Der Völkerbund wurde am 10. Januar 1920 gegründet. Es war die erste internationale Organisation, die die Absicht verfolgte, den globalen Frieden zu bewahren sowie durch kollektive Sicherheitsabsprachen und Abrüstung Kriege zu verhindern. Gescheitert ist das Projekt, weil diejenigen, die die wahre Macht in Händen hielten, es scheitern sehen wollten.

107. Kathleen Burk, »Brand, Robert Henry, Baron Brand (1878–1963)«, *Oxford Dictionary of National Biography.*

108. Carroll Quigley, *The Anglo-American Establishment,* S. 168.

109. *https://www.loc.gov/law/help/us-treaties/bevans/m-ust000002-0043.pdf.*

110. *www.usmidtermelections.com/midterm_summary.php?year=1918_1918&chart.*

111. Mujahid Kamran, *The International Bankers, World Wars I, II and Beyond,* S. 146.

112. Ebd., S. 63.

113. Protokoll des Federal Reserve Board, 20. Januar 1919, *https://fraser.stlouisfed.org/files/docs/historical/nara/bog_minutes/19190120_Minutes.pdf.*

114. Manfred Pohl, *Handbook on the History of European Banks,* S. 84–85.

115. Brandeis: *A Free Man's Life,* S. 529.

116. Macmillan, *Peacemakers, Six Months That Changed The World.* S. 429.

117. FRUS Bd. IV, S. 159.

118. Ebd., S. 165.

119. Ebd., S. 167.

120. Ebd., S. 168.

121. Ebd., S. 169.

122. *The Bankers Magazine,* Bd. 49, Nr. 1, Januar 1919, S. 8.

123. Ebd., S. 7.

124. *https://libcom.org/history/1919-winnipeg-general-strike.*

125. Chanie Rosenberg, *http://pubs.socialistreviewindex.org.uk/sr226/rosenberg.htm.*

126. Professor Hans Fenske, *A Peace to End All Peace https://firstworldwarhiddenhistory.wordpress.com//?s=Fenske&search=Go.*

127. Adam Hochschild, *To End All Wars: A Story of Loyalty and Rebellion,* S. 357.

128. David S. Landes, *The Unbound Prometheus,* S. 362–363.

129. Das Eröffnungstreffen zur Gründung des Instituts fand am 30. Mai 1919 statt.

130. Gerry Docherty und Jim Macgregor, *Verborgene Geschichte – Wie eine geheime Elite die Menschheit in den Ersten Weltkrieg stürzte,* S. 18.

131. Carroll Quigley, *The Anglo-American Establishment,* S. 182–183.

132. M. L. Dockrill, »The Foreign Office and the ‚Proposed Institute of International Affairs 1919'«, *International Affairs* (Royal Institute of International Affairs 1944), Bd. 56, Nr. 4 (Herbst 1980), S. 667.

133. Ebd., S. 666.

134. Alle ranghohen Organisierer wurden wieder und wieder als Mitglieder der Geheimen Elite identifiziert: Lord Robert Cecil, Valentine Chirol (Auslandsredakteur der *Times*), Geoffrey Dawson, G. W. Prothero und so weiter.

135. Dockrill, »The Foreign Office and the ‚Proposed Institute of International Affairs 1919'«, *International Affairs* (Royal Institute of International Affairs 1944), Bd. 56, No. 4 (Fall 1980), S. 671.

136. Docherty und Macgregor, *Verborgene Geschichte – Wie eine geheime Elite die Menschheit in den Ersten Weltkrieg stürzte,* S. 169–177.

137. Hogarth und T.E. Lawrence waren beide größtenteils verantwortlich für *The Bulletin,* ein geheimes Magazin zur Nahostpolitik. Lawrence gab die am 6. Juni 1916 erschienene Erstausgabe heraus und steuerte anschließend zahlreiche Berichte bei. So konnten die Leser Woche für Woche verfolgen, wie sich der Aufstand der Araber entwickelte und zum Ende der osmanischen Herrschaft auf der arabischen Halbinsel führte. Laut britischem Außenministerium handelte es sich um »ein bemerkenswertes nachrichtendienstliches Journal, das so geheim war, dass von jeder Ausgabe jeweils nur rund 30 Kopien ausgegeben wurden. […] Auch darf aus dem Magazin nicht zitiert werden, nicht einmal in geheimen Kommunikationen«. *http://www.archiveeditions.co.uk/titledetails.asp?tid=7.*

138. Quigley, *The Anglo-American Establishment,* S. 185.

139. Ephraim Adams, *The Hoover War Collection at Stanford University, California; a report and an analysis,* S. 7. *https://archive.org/details/cu31924031034360.*

140. Ebd.

141. Ebd., S. 36.

142. *http://www.fundinguniverse.com/company-histories/generale-bank-générale-de-banque-history/.*

143. Whittaker Chambers, Hoover Library,

http://whittakerchambers.org/articles/time-a/hoover-library/%5D.

144. *New York Times,* 5. Februar 1921.

145. Adams, *The Hoover War Collection,* S. 5.

146. Cissie Dore Hill, *Collecting the Twentieth Century,* S. 1, *https://www.hoover.org/research/collecting-twentieth-century.*

147. Chambers, Hoover Library, *http://whittakerchambers.org/articles/time-a/hoover-library/.*

148. Ebd.

149. *New York Times,* 5. Februar 1921.

150. Chambers, Hoover Library.

151. *New York Times,* 5. Februar 1921.

Postskriptum

1. Carroll Quigley, *The Anglo-American Establishment,* S. X.

2. Christopher Clark, *The Sleepwalkers, How Europe Went To War in 1914.*

3. Report of the Committee of Prime Ministers. Vorläufiger Entwurf, Anhang zum Protokoll für das Imperiale Kriegskabinett, 32B, 16. August 1918, S. 167.

4. Ebd.

5. Der Völkerbund war eine internationale Organisation, die 1920 als Folge des Friedensvertrags von Versailles entstand. US-Präsident Woodrow Wilson hatte die Gründung des Bunds als Teil seiner 14 Punkte für einen gerechten Frieden in Europa angeregt, aber der Kongress verweigerte die Zustimmung.

6. Zunächst am 19. November 1919, dann erneut am 19. März 1920. *New York Times,* 20. März 1920.

7. Margaret Macmillan, *Peacemakers, Six Months That Changed the World,* S. 71.

8. FRUS, Bd. 3, S. 581–584.

9. National Archives, CAB 29/28.

10. Quigley, *The Anglo-American Establishment,* S. IX-X.

11 Ebd.

Bibliografie

Primärquellen

Congressional Record of the United States Government.

First World War Primary Documents, *Maitre Gaston de Leval on the Execution of Edith Cavell, http://www.firstworldwar.com/source/cavell_deleval.htm.*

Hansard, House of Commons, Debates.

Hansard, House of Lords, Debates.

Milner Papers, Bodliean Library, Oxford.

National Archives Public Records Office, Cabinet Papers – PRO/CAB Referenz.

National Archives Public Records Office, Admiralty Papers – PRO/ADM.

National Archives Public Records Office, Cabinet Memoranda 1905–1918.

Oxford Dictionary of National Biography.

Papers relating to the Committee of Imperial Defence, National Archives, Kew.

Papers relating to the Foreign Relations of the United States Government (FRUS).

Papers relating to the Foreign Relations of the United States, The Paris Peace Conference 1919. FRUS Bd. 2.

Papers of Woodrow Wilson.

Privatarchiv Herman Capiau, Centre de documentation, Musée Royal de l'Armée et d'Histoire militaire, Brüssel.

Record Group 46; Records of the United States Senate; National Archives.

Seventh Report from the Select Committee on National Expenditure, 21. Dezember 1920.

United States Library of Congress.

Zeitungen, Magazine & Journale

American Bulletin

American Hebrew

American Journal of International Law

BBC History Magazine

Chicago Tribune

Christian Times

Daily News

Daily Telegraph

Exchange Telegraph

Fortune Magazine

Guardian

Irish World

Irish Times

International Monthly, New York

Jewish Chronicle

Kölnische Volkszeitung

L'Écho de Paris

La Libre Belgique

Journal Officiel de la République Française

Le Matin

Neue Freie Presse (Wien)

New York Herald

New York Nation

New York Times

New York Tribune

New York World

Norddeutsche Allgemeine Zeitung

Nursing Mirror and Midwives' Journal

Philadelphia Public Leger

Scotsman

Straits Times

Sydney Morning Herald

Tablet

The British Journal of Nursing

Times

Washington Post

Washington Times

Artikel, Flugblätter und Berichte

American Press Resume (A.P.R.), veröffentlicht von britischem Kriegsministerium und Außenministerium. »For Use of the Cabinet«.

Angus, Joe, Stromness, *World War One*, Orkney Public Library, Kirkwall, Interview für Tonarchiv von Eric Marwick.

Balfour Project, The, *http://www.balfourproject.org/427/.*

Banque Nationale de Belgique, *The Centenary of the Great War – the National Bank in Wartime. http://www.nbbmuseum.be/fr/2013/11/wartime.htm.*

Birdsall, Paul, *Neutrality and Economic Pressures, Science and Society*, Bd. 3, Nr. 2, (Frühjahr 1939)

British Wreck Commissioner's Inquiry, *http://www.titanicinquiry.org/Lusitania/indxb.php.*

Broadbent, Harvey, *Gallipoli: One Great Deception?, http://www.abc.net.au/news/2009-04-24/30630.*

Burk, Kathleen, *History Today*, Bd. 43, Ausgabe 3, März 1993. *http://www.historytoday.com/kathleen-burk/money-and-power-america-and-europe-20th-century.*

Carlisle, Rodney, »Attacks on American Shipping that Precipitated the War«, *The Northern Mariner*, XVII, Nr. 3, S. 61. *http://www.cnrs-scrn.org/northern_mariner/vol17/tnm_17_3_41-66.pdf.*

Comité des Forges de France, Circulaire Nr. 655.

Commission for Relief in Belgium, Balance sheets and Accounts, by Joint Liquidators, Rickard, Edgar und Pollard, W. B. *https://archive.org/stream/executive personn00comm#page/n7/mode/2up.*

Crammond, Edgar, »The Cost of War«, *Journal of the Royal Statistical Society*, Bd. LXXVIII, Teil III, Mai 1915.

Cuddy, Edward, »Irish Americans and the 1916 Election«, *American Quarterly*, Bd. 21, Nr. 2, Teil 1, Sommer 1969.

Danielson, Elena S., »Historical Note on the Commission for Relief in Belgium«, in Anne Cipriano Venzon (Hrsg.): *United States in the First World: An Encyclopaedia.*

Delvaux, Louis, *Annals of the American Academy of Political and Social Science*, Bd. 247, »Belgium in Transition« (September 1946).

Dockrill, M. L., »Historical Note: The Foreign Office and the ›Proposed Institute of International Affairs‹«, *Royal Institute of International Affairs*, 1944, Bd. 56, Nr. 4 (Herbst 1980).

Einstein, Lewis, »The United States and the Anglo-German Rivalry«, *National Review*, LX, Januar 1913.

Fielden, Kevin Christopher, *The Church of England in the First World War*, (2005). *Electronic Theses and Dissertations.* Paper 1080. *http://dc.etsu.edu/etd/1080.*

Fitzgerald, John J., »The Task of Financing the War«, *The Annals of the American Academy of Political and Social Studies*, Bd. 75.

Frank, Alison, »The Petroleum War of 1910: Standard Oil, Austria, and the Limits of the Multinational Corporation«, *The American Historical Review,* 114.

Great Britain's Measures Against German Trade, verlegt von Hodder & Stoughton.

»Great Britain, Palestine and the Jews. Jewry's Celebration of Its National Charter« – anonymes Flugblatt, 1917.

Heller, Joseph, »Sir Louis Mallet and the Ottoman Empire, The Road to War«, *Middle Eastern Studies,* Bd. 12, Nr. 1 (Januar 1976).

Heures de Détresse, l'œuvre du comité national de secours et d'alimentation et de la Commission for Relief in Belgium, 1914–1915. *http://uurl.kbr.be/1007553?bt=europeanaapi.*

Hill, Cissie Dore, *Collecting the Twentieth Century. http://www.hoover.org/research/collecting-twentieth-century.*

Horne, Charles F., *Source Records of the Great War,* Bd. III, (Hrsg.) National Alumni, 1923. *firstworldwar.com* – (Primary Documents – Maître G. de Level on the Execution of Edith Cavell).

Hoehling, A. (1957), »The Story of Edith Cavell«; *The American Journal of Nursing.*

Jeanneney, Jean-Noël, Francois de Wendel in: *Republique, L'Argent et le Pouvoir,Revuie Historique,* T. 257, Facs. 2 (522), April bis Juni 1977.

Judson, Helen, »Edith Cavell«, *The American Journal of Nursing,* Juli 1941.

Kongress, 61., 2. Sitzung, Senatsdokument 593.

Kurtz, Harold, »The Lansdowne Letter«, *History Today,* Bd. 18, Ausgabe 2, Februar 1968.

Lambert, Nicholas A., »Our Bloody Ships or Our Bloody System? Jutland and the loss of the Battle Cruisers«, *Journal of Military History,* Bd. 62, Nr. 1, Januar 1998.

Lebow, Richard Neb, »Woodrow Wilson and the Balfour Declaration«, *Journal of Modern History,* Bd. 40, Nr. 4 (Dezember 1968)

Linowitz, Sol M., »Analysis of a Tinderbox: The Legal Basis for the State of Israel«, *American Bar Association Journal,* Bd. 43, 1957.

Lueders, Hugo, »Edith's Wonderland«, *https://www.academia.edu/9532093/.*

Macfie, A.L., »The Straits Question in the First World War«, *Middle Eastern Studies,* Juli 1983.

McAdie, Alexander, »Fate and a Forecast«, *Harvard Graduate Magazine,* September 1923.

Mersey Report Day 1, In Camera, Testimony of Captain Turner. *http://www.titanicinquiry.org/Lusitania/.*

Bernard Pares, Sir Peter Bark, *Slavonic and East European Review,* Bd. 16, Nr. 46 (Juli 1937).

Physics Today (15) 3. 1962. Nachruf auf Dannie Heineman.

Rapport l'activité du Bureau Fédéral des Coopératives Intercommunales de Ravitaillement. General Report on the functioning and operations of the Comite National de Secours et Alimentation – Quatrième Partie.

Reisser, Dr. J., »National Monetary Commission, the Economic Development of Germany«.

Report of the Committee on Alleged German Outrages, 1915 (Bryce).

Rimington, Dame Stella, *BBC Radio 4, Secrets and Spies,* Sendung vom 15. September 2015.

Roskill, S. W., »The Dismissal of Admiral Jellicoe«, *Journal of Contemporary History,* Bd. 1, Nr. 4 (Oktober 1966).

Round Table, Special War Number, »Germany and the Prussian Spirit«, 1914.

Rust, Michael J., *The Journal of Economic History,* Bd. 37, Ausgabe 2, Juni 1977.

Sanders, M.L., »Wellington House and British Propaganda in the First World War«, *The Historical Journal,* Bd. 18, Nr. 1 (März 1975).

Santini, Alberto, »The First Ultra Secret: the British Cryptanalysis in the Naval Operations of the First World War«, *Revue Internationale D'Histoire Militaire,* Bd. 63, 1985.

Sarna, Jonathan D., »Louis D Brandeis: Zionist Leader«, *Brandeis Review,* Winter 1992.

Shamrock, Dr. Peter, »A Lapse into Clarity. The McMahon-Hussein Correspondence Revisited", Vortrag bei der Konferenz des Balfour Project im Oktober 2015, *http://www.balfourproject.org/the-mcmahon-hussein-correspondence-revisited/.*

Sizer, Roseanne, »Herbert Hoover and the Smear Books, 1930–32«, *State Historical Society of Iowa,* Bd. 47, Nr. 4 (Frühjahr 1984).

Smith, Daniel M., »Lansing and the Formation of American Neutrality Policies, 1914–1915«, *Mississippi Valley Historical Review,* Bd. 43, Nr. 1, S. 69.

Storey, Jane E., »New Light On Hampshire Tragedy«, *http://www.bjentertainments.co.uk/js/THE%20Orcadian.htm, The Arcadian.*

»The United States and War: President Wilson's Notes on the Lusitania and Germany's reply«, *Brooklyn Daily Eagle,* Bd. XXX (1915).

Trachtenberg, Marc, »The Meaning of Mobilization in 1914«, *International Security,* Bd. 15, Ausgabe 3.

Trumpener, Ulrich, »The Escape of the Goeben and Breslau«, *Canadian Journal of History,* September 1971.

Verete, Mayir, »The Balfour Declaration and its Makers«, *Middle Eastern Studies* 6 (1), Januar 1970.

Warburg, Paul, *A Plan for a Modified Central Bank. The Federal Reserve System: Its Origins and Growth,* Bd. 2.

Warren und Brandeis, *Harvard Law Review,* Bd. IV, 15. Dezember 1890, Nr. 5, »The Right To Privacy".

Wilson, Woodrow: Address to the Senate of the United States; World League for Peace, 22 Januar 1917. *http://www.presidency.ucsb.edu/ws/?pid=65396.*

Sekundärquellen

Adams, Ephraim, The Hoover War Collection at Stanford University, California; a report and an analysis, (1921), S. 7. *https://archive.org/details/cu31924031034360.*

Adam-Smith, Patsy, *The Anzacs.*

Aldington, Richard, *Lawrence of Arabia.*

Amara, Michael und Hubert Roland, *Gouverner en Belgique occupée: Oscar von der Lancken-Wakenitz – Rapports d'activité 1915-1918.*

Ambler, Eric, *Journey Into Fear.*

Amery, Leopold, *My Political Life,* Bd. II.

Anderson, Scott, *Lawrence of Arabia, War, Deceit, Imperial folly and the Making of the Modern Middle East.*

Andrew, Christopher, *Secret Service.*

Arthur, Sir George, *The Life of Lord Kitchener.*

Arthur, Max, *Forgotten Voices of the Great War.*

Ascherson, Neal, *The King Incorporated, Leopold and the Congo.*

Ashmead-Bartlett, Ellis, *The Uncensored Dardanelles.*

Aspinal-Oglander, G., *Roger Keyes.*

Babayev, Mir, *Baku Baron Days.*

Baker, Anne Pimlott, *The Pilgrims of America.*

Baker, Ray Stannard, *The Life and Letters of Woodrow Wilson, VI.*

Ballard, Robert und Spencer Dunmore, *Robert Ballard's Lusitania.*

Bane, Suda Lorena und Ralph Haswell Lutz, *Blockade of Germany After the Armistice.*

Bailey, Thomas A., *A Diplomatic History of the American People.*

Bardon, Jonathon, *A History of Ireland in 250 Episodes.*

Barnes, Harry Elmer, I*n Quest of Truth and Justice.*

Barnes, Harry Elmer, *The Genesis of the World War.*

Barnes, Harry Elmer, *Who Started the First World War?*

Barr, James, *A Line in the Sand, Britain, France and the Struggle that Shaped the Middle East.*

Barr, James, *Setting the Desert on Fire, T. E. Lawrence and Britain's Secret War in Arabia, 1916–1918.*

Barnett, Correlli, *Studies in Supreme Command in the First World War.*

Baty, Thomas und John Morgan, *War: Its Conduct and Legal Results.*

Beaumont, Harry, *Old Contemptible.*

Beesly, Patrick, *Room 40, British Naval Intelligence 1914–1918.*

Bell, Archibald, *A History of the Blockade of Germany.*

Benckendorff, Count Constantine, *Half A Life, The Reminiscences of a Russian Gentleman.*

Bentwich, Norman, T*he Declaration of London, 1911.*

Bertrams, Kenneth, Coupain, Nicholas und Ernest Homburg, *Solvay, History of a Multinational Family Firm.*

Binding, Rudolf G., *A Fatalist at War.*

Birkenhead, Earl of, Churchill, 1874–1922.

Birmingham, Stephen, *Our Crowd.*

Bitsch, Marie Therese, *La Belgique Entre La France et l'Allemagne, 1905–1914.*

Bobroff, Ronald P., *Roads to Glory, Late Imperial Russia and the Straits.*

Bowles, George F.S., *The Strength of England.*

Brasol, Boris L., *The World at the Crossroads.*

Brian, R. und J.L. Moreau, *Inventaire Des Archives de la Banque d'Outremer S.A., 1899–1957.*

Brittain, Harry, Pilgrim Partners, F*orty Years of British American Fellowship.*

Broadbent, Harvey, *The Fatal Shore.*

Brock, Michael und Eleanor Brock, *H.H. Asquith, Letters to Venetia Stanley.*

Brown, James, *Anzac's Long Shadow, The Cost of Our National Obsession.*

Brownrigg, Rear Admiral Sir Douglas, *Indiscretions of the Naval Censor.*

Buchan, John, *Episodes of the Great War.*

Buchan, John, *Greenmantle.*

Buchan, John, *Memory Hold The Door.*

Buchan, John, *Nelson's History of the Great War.*

Buchanan, George, *My Mission to Russia and Other Diplomatic Memories, Bd. 1.*

Buchanan, George, *My Mission to Russia and Other Diplomatic Memories, Bd. 2.*

Buchanan, Meriel, *The Dissolution of an Empire.*

Burk, Kathleen, *Britain, America and the Sinews of War.*

Burk, Kathleen, *War and the State, The Transformation of British Government, 1914–1919.*

Butler, Major General Smedley Darlington, *War is a Racket.*

Cafferky, John P., *Lord Milner's Second War, The Rhodes-Milner Secret Society, The Origins of World War 1and the Start of the New World Order.*

Caldwell, C. E. und Marschall Foch, *Field Marshal Sir Henry Wilson VI: His Life and Diaries.*

Carlyon, L. A., *Gallipoli.*

Carr, E. H., *The Bolshevik Revolution 1917–1923.*

Carr, W. G., *Pawns in the Game.*

Casement, Roger, *The Crime against Europe, The Writings and poetry of Roger Casement.*

Cassar, George, *Kitchener: Architect of Victory.*

Cecil, Hugh und Peter H. Liddle, *Facing Armageddon: The First World War Experienced.*

Chandler, Alfred Dupont, *Scale and Scope: The Dynamics of Industrial Capitalism.*

Chapman, Stanley, *The Rise of Merchant Banking.*

Chatterton, E. Keble, *The Big Blockade.*

Chernow, Ron, *The House of Morgan.*

Chernow, Ron, *Titan, The Life of John D. Rockefeller.*

Chernow, Ron, *The Warburgs.*

Churchill, Randolph S., *Lord Derby, King of Lancashire.*

Churchill, Winston S., *World Crisis 1911–1918.*

Clark, A., *A Good Innings: the private papers of Viscount Lee of Fareham.*

Clarke, Tom, *My Northcliffe Diary.*

Clews, Graham T., *Churchill's Dilemma.*

Clifford, Brendan, *Alsace-Lorraine and the Great Irredentist War.*

Clifford, Brendan, *Connolly and German Socialism.*

Coletta, Paolo Enrico, *The Presidency of William Howard Taft.*

Cobb, Irvin S., *Paths of Glory.*

Combe, Lord Sydenham of, *Studies of an Imperialist.*

Conquest, Robert, *Reflections on a Ravaged Century.*

Consett, Rear Admiral M.W.W.P., *The Triumph of Unarmed Forces.*

Cooper, Duff, *Haig,* Bd. 1.

Cowles, Virginia, *Winston Churchill.*

Crankshaw, Edward, *The Shadow of the Winter Palace.*

Crawley, Rhys, *Climax at Gallipoli, The Failure of the August Offensive.*

Crozier, Brig.-General F.P., *A Brass Hat in No man's Land.*

Crutwell, C.R.M.F., *A History of the Great War, 1914–1918.*

Davenport, Guiles, *Zaharoff, High Priest of War.*

David, Edward, *Inside Asquith's Cabinet.*

Debruyne, Emmanuel und Jehanne Paternostre, *La résistance au quotidien 1914–1918, Témoignages inédites.*

De Croy, Princess Marie, *War Memories.*

De Groot, *Douglas Haig, 1861–1928.*

Delage, Edmond, *The Tragedy of the Dardanelles.*

Denson, John V., *A Century of War: Lincoln, Wilson and Roosevelt.*

Denton, Kit, *Gallipoli, One Long Grave.*

Dewar, George A.B. und J.H. Boreston, *Sir Douglas Haig's Command.*

Dixon, Norman, *On the Psychology of Military Incompetence.*

Docherty, Gerry und Jim Macgregor, *Verborgene Geschichte, Wie eine geheime Elite die Menschheit in den Ersten Weltkrieg stürzte.*

D"Ombrain, Nicholas, *War Machinery and High Policy Defence Administration in Peacetime Britain, 1902–1914.*

Dugdale, Blanche E. C., *Arthur J Balfour,* Bd. II.

D'Ydewalle, Charles, *Albert King of the Belgians.*

Edward, David, *Inside Asquith's Cabinet.*

Engdahl, William, *A Century of War.*

Engelbrecht, H.C. und F.C. Hanighen, *The Merchants of Death.*

Engerand, Fernand, *La Bataille de la frontière, Collection Grandes Lettres.*

Esher, Viscount Reginald, *The Tragedy of Lord Kitchener.*

Ewart, John S., *The Roots and Causes of the Wars,* Bd. II.

Farrer, David, *The Warburgs.*

Fay, Sidney Bradshaw, *The Origins of the World War, Bd. I.*

Fahey, Rev. Denis, *The Rulers of Russia.*

Feis, Herbert, *Europe, The World's Banker 1870–1914.*

Ferguson, Niall, *The House of Rothschild,* Vol II.

Ferguson, Niall, *The Pity of War.*

Ferrier, R.W., *The History of the British Petroleum Company.*

Fewster, Kevin, Bagram, Vecihi und Hatice Bagram, *Gallipoli, The Turkish Story.*

Field, A.N., *All These Things,* Bd. 1.

Finkelstein, Israel und Neal Asher Silberman, *The Bible Unearthed, Archeology's New Vision of Ancient Israel and the Origin of its Sacred Texts.*

Fisher, Baron John Arbuthnot, *Memories and Records,* Bd. II.

Fisher, Irving, *The Money Illusion.*

Fleming, Thomas, *The Illusion of Victory, America in World War 1.*

Flynn, John T., *Men of Wealth.*

Foley, Edward, *Ballot Battles: The History of Disputed Elections in the United States.*

Foy, Michael und Brian Barton, *The Easter Rising.*

Frank, Alison, *Oil Empire, Visions of Prosperity in Austrian Galicia.*

Frankopan, Peter, *The Silk Roads.*

French, David, *The Rise and Fall of Business as Usual.*

Fromkin, David, *A Peace to End All Peace, The Fall of the Ottoman Empire and the Creation of the Modern Middle East.*

Fromm, Erich, *Anatomie der menschlichen Destruktivität.*

Gay, George I. und H. H. Fisher, *Public Relations of the Commission For Relief In Belgium.*

Geiss, Immanuel, *July 1914.*

Gelfand, Lawrence E., Herbert Hoover, *The Great War and its Aftermath, 1914–1923.*

George, David Lloyd, *The Truth About Reparations and War-Debts.*

George, David Lloyd, *War Memoirs,* Vols. I & II.

Gerretson, Dr. F. C., *History of the Royal Dutch,* Bd. III.

Gibson, Hugh, *Journal From Our Legation in Belgium, The Case of Miss Edith Cavell.*

Gilbert, Martin, *Churchill on America.*

Gilbert, Martin, *Winston S. Churchill,* Bd. III.

Goldston, Robert, *The Russian Revolution.*

Gollin, A.M., *Proconsul in Politics.*

Gottlieb, W.W., *Studies in Secret Diplomacy.*

Green, S.J.D. und Peregrine Horden, *All Souls and the Wider World.*

Greenwood, Paul, *The British Expeditionary Force August-September 1914.*

Griffin, Des, *Descent Into Slavery.*

Griffin, G. Edward, *The Creature from Jekyll Island.*

Grigg, John, *Lloyd George, The People's Champion.*

Grey, Mary, *Chaim Weizmann (1874–1952).*

Grey of Fallodon, Viscount, *Twenty-Five Years, 1892–1916.*

Groos, Fregattenkapitän Oskar, *Der Krieg zur See 1914–18, Nordsee,* Bd. V.

Guehenno, Jean-Marie, *The End of the Nation State.*

Haldane, Richard Burdon, *An Autobiography.*

Halpern, Paul, *A Naval History of World War 1.*

Halperin, Vladimir, *Lord Milner and the Empire, The Evolution of British Imperialism.*

Hamill, John, *The Strange Career of Mr. Hoover Under Two Flags.*

Hamilton, Sir Ian, *Gallipoli Diary,* Bd. 1.

Hammerton und Wilson (Hrsg.), *The Great War.*

Hankey, Maurice, *Supreme Command,* Vol. II.

Hanbury-Williams, John, *The Emperor Nicholas II As I Knew Him.*

Hanotaux, Gabriel, *Historie Illustre de la Guerre de 1914,* Bd. 9.

Hargrave, John, *The Suvla Bay Landing.*

Hart, Liddell, *History of the First World War.*

Hart, Liddell, *T. E. Lawrence.*

Hart, Peter, *Gallipoli.*

Hattersley, Roy, *David Lloyd George, The Great Outsider.*

Heathcote, Tony, *The British Field Marshals 1736–1997.*

Hedges, Chris, *American Fascists, The Christian Right and the War on America.*

Hendrick, J., *The Life and Letters of Walter H Page,* Bd. I.

Hill, William Thomson, *The Martyrdom of Nurse Cavell: The Life Story of the Victim of Germany's Most Barbarous Crime.*

Hickey, Michael, *Gallipoli.*

Hitchins, Keith, *Romania, 1866–1947.*

Hochschild, Adam, *To End All Wars, A Story of Protest and Patriotism in the First World War.*

Hoover, Herbert, *An American Epic 2.*

Hoover, Herbert, *Memoirs,* Vol 1.

Hopkirk, Peter, *The Great Game, On Secret Servive in High Asia.*

House, Edward Mandell, *Philip Drue: Administrator.*

House, Edward Mandell und Charles Seymour, *The Intimate Papers of Colonel House, 1915–1917.*

Huldermann, Bernhard, *Albert Ballin.*

Hyam, Ronald, *Britain's Imperial Century, 1815–1914, A Study of Empire and Expansion.*

Ingrams, Doreen, P*alestine Papers: 1917–1922: Seeds of Conflict.*

James, Harold, *Family Capitalism.*

James, Robert Rhodes, *Gallipoli.*

Jefferson, Alfred Carter, *Anatole France, The Politics of Skepticism.*

Jeffrey, Keith, *The British Army and the Crisis of Empire.*

Jeffery, Keith, *Field Marshal Sir Henry Wilson: A Political Soldier.*

Jenkins, Roy, *Asquith; Portrait of a Man and an Era.*

Jellicoe, Viscount John, *The Grand Fleet (1914–1916): Its Creation, Development and Work.*

Jensen, B., *The Palestine Plot.*

Jowett, Gareth S. und Victoria O'Donnell, *Propaganda and Persuasion.*

Kamran, Mujahid, T*he International Bankers, World Wars 1, 11, and Beyond.*

Kaufman, Richard, *The War Profiteers.*

Kennan, George F., *Russia and the West under Lenin and Stalin.*

Keynes, J. M., *The Economic Consequences of the Peace.*

Keynes, J. M., *Two Memoirs: Dr. Melchior; A Defeated Enemy and My Early Beliefs.*

Kirkconnell, Robert, *American Heart of Darkness, Vol. 1: »The Transformation of the American Republic into a Pathocracy«.*

King, Peter, *The Viceroy's Fall, How Kitchener Destroyed Curzon.*

Kirschen, Sadi, *Devant les Conseils de Guerre Allemandes.*

Kitson, Sir Arthur, *The Bankers' Conspiracy, with the Money Question.*

Kittredge, Tracey Barrett, *The History of the Commission for Relief in Belgium 1914–17.*

Knox, Sir Alfred, *With the Russian Army, 1914–1917.*

Knuth, E.C., *The Empire of »The City", The Secret History of British Financial Power.*

Koestler, Arthur, *Promise and Fulfilment, Palestine 1917–1949.*

Koestler, Arthur, *The Thirteenth Tribe.*

Kollerstom, Nick, *How Britain Initiated Both World Wars.*

König, Paul, *Voyage of the Deutschland, The First Merchant Submarine.*

Laffin, J., *The Agony of Gallipoli.*

Lafore, Lawrence, *The Long Fuse: An Interpretation of the Origins of World War 1.*

Lake, Marilyn und Henry Reynolds, *What's Wrong with Anzac? The Militarisation of Australian History.*

Landes, David S., *The Unbound Prometheus.*

Langewiesche, Dieter, *Liberalism in Germany.*

Lannoy, Charles de, *L'Alimentation de la Belgique par le comite national.*

Lauriat, Charles E., *The Lusitania's Last Voyage.*

Lawrence, T.E., *Seven Pillars of Wisdom.*

Leggett, George, *The Cheka: Lenin's Political Police.*

Lenin, Wladimir Iljitsch und Josef Stalin, *The Russian Revolution.*

Lewinsohn, Richard, *Sir Basil Zaharoff.*

Lichnowsky, Prince, *Heading for the Abyss.*

Liggett,Walter W., *The Rise of Herbert Hoover.*

Lipkes, J., *Rehearsals: The German Army in Belgium, August 1914.*

Lockhart, R.H. Bruce, *Memoirs of a British Agent.*

Long, Walter Hume, *Memories.*

Lucy, John F., *There's a Devil in the Drum.*

Ludendorff, Erich (Hrsg.), *Urkunden der Obersten Heeresleitung über ihre Tätigkeit 1916/18.*

Lundberg, Ferdinand, *America's 60 Families.*

Lyons, Eugene, *Workers Paradise Lost.*

Macleod, Jenny, *Reconsidering Gallipoli.*

Macdonald, Lyn, *Somme.*

Macmillan, Margaret, *Peacemakers, Six Months That Changed The World.*

Magnus, Philip, *Kitchener, Portrait of an Imperialist.*

Mair, Craig, *Britain at War 1914–1919.*

Manchester, William, *The Arms of Krupp.*

Marder, Arthur J., *From the Dreadnought to Scapa Flow,* Bd. 11.

Marrin, Albert, *The Last Crusade: The Church of England in the First World War.*

Marwick, Arthur, *The Deluge; British Society and the First World War.*

Masefield, John, *Gallipoli.*

Mason, Alphas Thomas, *Brandeis – A Free Man's Life.*

Massie, Robert, *Castles of Steel: Britain, Germany and the winning of the Great War at Sea.*

Maurice, Sir Frederick, *Haldane.*

Maxton, James, *Lenin.*

McBeth, B.S., *British Oil Policy 1919–1939.*

McCormick, Donald, *The Mask of Merlin.*

McDonald, Donna, *Lord Strathcona.*

McLeod, Hugh, *Religion and Society in England.*

McMeekin, Sean, *History's Greatest Heist, The Looting of Russia by the Bolsheviks.*

McMeekin, Sean, *The Russian Origins of the First World War.*

McNeal, Shay, *The Plots to rescue the Tsar, The Truth behind the Disappearance of the Romanovs.*

Mercier, D.J. Cardinal, *Cardinal Mercier's Own Story.*

Messimer, Dwight, *The Baltimore Sabotage Cell, German Agents, American Traitors and the U-boat Deutschland During World War 1.*

Messinger, Gary, *British Propaganda and the State in the First World War.*

Miller, Geoffrey, *Straits.*

Millis, Walter, *Road to War – America, 1914–1917.*

Milner, Viscount Alfred, *Cotton ContraBd..*

Moody, John, *The Masters of Capital: A Chronicle of Wall Street.*

Moorehead, Alan, *Gallipoli.*

Morel, E.D., *Affairs of West Africa.*

Morel, E.D., *Truth and the War.*

Morgan, J.H., *The German War Book.*

Morrow, John Howard, T*he Great War – An Imperial History.*

Morse, Edwin W., *America in the War,* Part V. *Relief Work in Belgium and Northern France; Herbert Hoover and Engineering Efficiency.*

Murphy, Brian P., *Patrick Pearse and the Lost Republican Ideal.*

Nash, George H., *Herbert Hoover The Humanitarian, 1914–1917.*

Nash, George H., *The Life of Herbert Hoover: The Engineer.*

Neff, Donald, *Fallen Pillars.*

Nevison, Henry Woodd, *The Dardanelles Campaign.*

Newbold, J.T. Walton, *How Asquith Helped the Armaments Ring.*

Newbold, J.T. Walton, *The War Trust Exposed.*

Newbolt, Henry, *History of the Great War, Based on Official Documents. Naval Operations,* Vol IV.

Nimmocks, Walter, *Milner's Young Men.*

Nock, Albert J., *Myth of a Guilty Nation.*

Noel-Baker, Philip, *The Private Manufacture of Armaments.*

North, John, *Gallipoli, The Fading Vision.*

O'Brien, Terence, *Milner.*

Osgood, Robert E., *Ideals and Self Interest in America's Foreign Policy.*

O'Sullivan, Tim, *The Casement Diary Dogmatists.*

Owen, Robert L., *The Russian Imperial Conspiracy, 1892–1914.*

Owen, Roger, *Lord Cromer: Victorian Imperialist, Edwardian Proconsul.*

Pakenham, Thomas, *The Boer War.*

Pappe, Illan, *The Ethnic Cleansing of Palestine.*

Parmalee, M., *Blockade and Sea Power: The Blockade, 1914–1919.*

Pasha, Djamal, *Memories of a Turkish Statesman.*

Passmore, Kevin, *The Right in France from the Third Republic to Vichy.*

Pearson, Michael, *The Sealed Train, Journey to Revolution, Lenin 1917.*

Peeke, Mitch, *The Lusitania Story.*

Perris, George Herbert, T*he War Traders: An Exposure.*

Peterson, H. C., *Propaganda for War.*

Peterson, H.C. und Gilbert C. Fite, *Opponents of War, 1917–1918.*

Pickles, Katie, *Transnational Outrage – The Death and Commemoration of Edith Cavell.*

Pilger, John, *The New Rulers of the World.*

Piper, Richard, *Communism: A History.*

Pitt, Barrie, *1918, The Last Act.*

Podmore, Will, *British Foreign Policy Since 1870.*

Ponsonby, Arthur, *Falsehood in Wartime.*

Pohl, Manfred und Sabine Freitag, *Handbook on the History of European Banks.*

Pollock, John, *Kitchener.*

Pound, Reginald und Geoffrey Harmsworth, *Northcliffe.*

Powell, Anne, *A deep Cry, First World War Soldier-poets killed in France and Flanders.*

Powell, E. Alexander, *Fighting in Flanders.*

Preparata, Guido Giacomo, *Conjuring Hitler, How Britain and America Made the Third Reich.*

Preston, Diana, *Wilful Murder, The Sinking of the Lusitania.*

Prins, Nomi, *All the Presidents' Bankers.*

Prior, Robin, *Gallipoli, The End of The Myth.*

Quigley, Carroll, *The Anglo-American Establishment.*

Quigley, Carroll, *Tragedy and Hope: A History of the World in Our Time.*

Rabinowicz, Oscar K., *Fifty Years of Zionism.*

Rait, Robert S., *Critical Moments in British History.*

Ramsay, David, *Lusitania, Saga and Myth.*

Redier, Antoine, *La Guerre des Femmes, Histoire de Louise de Bettignes et de ses compagnes.*

Renin, Ludwig, *War.*

Renouvin, Pierre, *The Immediate Origins of the War.*

Roberts, Glyn, *The Most Powerful Man in the World, The Life of Sir Henry Deterding.*

Robertson, Sir William, *Soldiers and Statesmen 1914–1918.*

Rose, Norman, *The Cliveden Set, Portrait of an Exclusive Fraternity.*

Roskill, Stephen, *Hankey, Man of Secrets,* Vol.1, *1897–1918.*

Roth, Cecil, *The Sasson Dynasty.*

Royle, Trevor, *The Kitchener Enigma.*

Russell, Bertrand, *These Eventful Years,* Bd. 1.

Sachar, Abram Leon, *A History of the Jews.*

Sampter, Jessie Ethel, *A Guide to Zionism.*

Samuel, Herbert, *Memoirs, Viscount Samuel.*

Sand, Schlomo, *The Invention of the Jewish People.*

Sand, Schlomo, *The Invention of the Land of Israel, From Holy Land to Homeland.*

Sand, Schlomo, *The Words and the Land, Israeli Intellectuals and the Nationalist Myth.*

Sasonow, Serge, *Fateful Years, 1909–1916, The Reminiscences Of Serge Sazonov.*

Saunder, Eric und Ken Marschall, *RMS Lusitania, Triumph of the Edwardian Age.*

Schaepdrijver, Sophie, *Gabriel Petit, The Death and Life of a Female Spy.*

Schechtman, Joseph B., *The Life and Times of Vladimir Jabotinsky: Rebel and Statesman.*

Schneer, Jonathon, *The Balfour Declaration, The Origins of the Arab-Israeli Conflict.*

Seldes, George, *Iron, Blood and Profits.*

Seymour, Charles, *American Diplomacy During the World War.*

Shartle, Samuel G., *Spa, Versailles, Munich.*

Shaw, Albert, *President Wilson's State Papers and Addresses.*

Shaw, Stanford J. und Ezel Kural Shaw, *History of the Ottoman Empire and Modern Turkey.*

Sheffield, Gary, *Forgotten Victory, The First World War Myths and Realities.*

Sheridan, Owen, *Propaganda as Anti-History.*

Simpson, Colin, *Lusitania.*

Slater, E. und R. Slater, *Great Jewish Men.*

Smout, T.C., *A Century of the Scottish People, 1830–1950.*

Solzhenitsyn, Aleksandr, *Juifs et Russes pendant la Periode Soviétique,* Bd. 2.

Stead, William T., *The Last Will and Testament of Cecil John Rhodes.*

Steel, Nigel und Peter Hart, *Defeat at Gallipoli.*

Stern, Fritz, *Gold and Iron: Bismarck, Bleichröder and the Building of the German Empire.*

Stevenson, David, *Armaments and the Coming of War: Europe, 1904–1914.*

Stevenson, David, *With Our Backs to the Wall: Victory and Defeat in 1918.*

Stevenson, David, *1914–1918, A History of the First World War.*

Stewart, William, *J. Keir Hardie.*

Stieve, Friedrich, *Isvolsky and the World War.*

Stone, Oliver und Peter Kuznick, *The Untold History of the United States.*

Strachan, Hew, *The First World War,* Bd.1.

Streit, Clarence K., *Where Iron is, There is the Fatherland.*

Souhami, Diana, *Edith Cavell.*

Sutton, Antony, *The Federal Reserve Conspiracy.*

Sutton, Antony, *Wall Street and the Bolshevik Revolution.*

Swain, Joseph Ward, *Beginning the Twentieth Century.*

Sydenham of Combe, Lord, *Studies of An Imperialist.*

Tansill, Charles Cannon, *America Goes to War.*

Tarpley, Webster und Anton Chaitkin, *George Bush, The Unauthorized Biography.*

Taylor, A.J.P., *Essays in English History.*

Taylor, A.J.P., *Lloyd George, Rise and Fall.*

Taylor, Phillip, *British Propaganda in the 20th Century: Selling Democracy.*

Terraine, John, *General Jack's Diary, War on the Western Front, 1914–1918.*

Terraine, John, *The Road to Passchendaele.*

Thomson, George Malcolm, *The Twelve Days.*

Thomson, J. Lee, *Forgotten Patriot.*

Thomson, J. Lee, *Northcliffe, Press Baron in Politics, 1865–1922.*

Thomson, J. Lee, *Politicians, the Press and Propaganda, Lord Northcliffe & The Great War, 1914–1919.*

Thompson, Julian, *The Imperial War Museum, Book of The War at Sea, 1914–18.*

Tolf, Robert W., *The Russian Rockefellers.*

Tooley, T. Hunt, *Merchants of Death Revisited.*

Tortella, Gabriel und Gloria Quirega, *Entrepreneurship and Growth: An International Historical Perspective.*

Toye, Richard, *Lloyd George & Churchill, Rivals for Greatness.*

Tramerye, Pierre de la, *The World Struggle for Oil.*

Travers, Tim, *Gallipoli.*

Travers, Tim, *The Killing Ground, The British Army, The Western Front and the Emergence of Modern Warfare, 1900–1918.*

Trotzki, Leo, *My Life, An Attempt at an Autobiography.*

Tuchman, Barbara, *The Guns of August.*

Tumulty, Joseph, *President Wilson as I Knew Him.*

Turner, John, *Lloyd George's Secretariat.*

Tytgat, Charles, *Nos Fusilles (raconteurs et espions).*

Uyanik, Nevzat, *Dismantling the Ottoman Empire: Britain, America and the Armenian Question.*

Van Der Vat, Dan, *The Dardanelles Disaster.*

Van Til, Jacqueline, *With Edith Cavell in Belgium.*

Verax, Truth, *A Path to Justice and Reconciliation.*

Viereck, George Sylvester, *The Strangest Friendship in History: Woodrow Wilson and Colonel House.*

Vincent, C. Paul, *The Politics of Hunger, The Allied Blockade of Germany, 1915–1919.*

Volkogonov, Dmitri, *Lenin, Life and Legacy.*

Volkogonov, Dmitri, *Trotsky, The eternal* Revolutionary.

Von Bulow, Prince Bernhard, *Imperial Germany.*

Vought, Hans P., *The Bully Pulpit and the Melting Pot, American Presidents and the Immigrant, 1897–1933.*

Waldron, Peter, *The End of Imperial Russia, 1855–1917.*

Walsh, Pat, *The Events of 1915 in Eastern Anatolia.*

Walsh, Pat, T*he Great Fraud of 1914–1918.*

Walsh, Pat, *Remembering Gallipoli.*

Weizmann, Chaim, *Trial and Error.*

Whitlock, Brand, *Belgium under the German Occupation, a personal narrative*, Bd.2.

Whitlock, Brand, *Letters and Journal of Brand Whitlock, The Journal*, Kap. II.

Willert, Arthur, *The Road to Safety: A Study in Anglo-American Relations.*

Willis, Irene Cooper, *England's Holy War.*

Wilson, Derek, *Rothschild: The Wealth and Power of a Dynasty.*

Wilson, Jeremy, *Lawrence of Arabia.*

Wilson, Mairead, *Roger Casement: A Reassessment of the Diaries Controversies.*

Wilson, Sir Henry, *Diaries.*

Wilson, Trevor, *The Myriad Faces of War.*

Winkler, Jonathan Reed, *Nexus: Strategic Communications and American Security in World War 1.*

Winnington-Ingram, Arthur F., *The Potter and the Clay.*

Winter, Denis, *Death's Men, Soldiers of the Great War.*

Winter, Denis, *Haig's Command.*

Woodbury, Martha Liggett, *Stopping The Presses, the Murder of Walter Liggett.*

Wright, Peter E., *At the Supreme War Council.*

Yergin, Daniel, *The Prize, The Epic Quest for Oil, Money and Power.*

Zwar, Desmond, *In Search of Keith Murdoch.*

Zweig, Arnold, *Outside Verdun.*

INDEX

A

B

C

D

E

F

G

H

L

M

S

Z